5470

Historia de la literatura hispanoamericana

Tomo II

Del neoclasicismo al modernismo

Historia de la literatura hispanoamericana

Tomo II

Del neoclasicismo al modernismo

Fernando Ainsa
Fernando Alegría
Guillermo Araya
Ledda Arguedas
Emilio de Armas
Ángel Augier
Marcos Ricardo Barnatán
Trinidad Barrera
Jesús Benítez
Rodolfo A. Borello
Salvador Bueno
M.ª Milagros Caballero
Eduardo Camacho Guizado
Emilio Carilla
Boyd G. Carter
Juan Collantes de Terán
Rómulo Cosse
Eugenio Chang-Rodríguez
Teodosio Fernández
Guadalupe Fernández Ariza
Roberto Fernández Retamar
Renán Flores Jaramillo
Marina Gálvez
José Luis Gómez Martínez
José Carlos González Boixo
Rafael Gutiérrez Girardot
Roberto Hozven
Luis Íñigo Madrigal
Solomon Lipp
Antonio Lorente

José Luis Martín
Juana Martínez
Donald McGrady
Almudena Mejías Alonso
Domingo Miliani
Carmen de Mora
Mabel Moraña
Fernando Moreno Turner
Enriqueta Morillas
José Olivio Jiménez
Julio Ortega
José Miguel Oviedo
José Emilio Pacheco
Nicaso Perera San Martín
Javier Pinedo
Enrique Pupo Walker
Orlando Rodríguez
Alfredo Roggiano
Miguel Rojas-Mix
Luis Sáinz de Medrano
Ivan Schulman
Donald Shaw
Saul Sosnowsky
Bernardo Subercaseaux
Adrian Van Oos
Benito Varela Jácome
Luis Zayas Micheli

Luis Íñigo Madrigal (Coordinador)

CATEDRA

CRITICA Y ESTUDIOS LITERARIOS

Cubierta: Manuel Luca de Tena

COLABORADORES DEL TOMO II

Fernando Ainsa, UNESCO-París, Francia.
Fernando Alegría, Universidad de Stanford, EE.UU.
Guillermo Araya (†), Universidad de Amsterdam, Holanda.
Ledda Arguedas, Universidad de Roma, Italia.
Emilio de Armas, La Habana, Cuba.
Ángel Augier, La Habana, Cuba.
Marcos Ricardo Barnatán, escritor-periodista, España-Argentina.
Trinidad Barrera, Universidad de Sevilla, España.
Jesús Benítez, Universidad Complutense de Madrid, España.
Rodolfo A. Borello, Universidad de Ottawa, Canadá.
Salvador Bueno, La Habana, Cuba.
M.ª Milagros Caballero, Universidad de Sevilla, España.
Eduardo Camacho Guizado, Universidad Complutense de Madrid, España.
Emilio Carilla, Universidad de Buenos Aires, Argentina.
Boyd G. Carter, Universidad de Texas, EE.UU.
Juan Collantes de Terán, Universidad de Sevilla, España.
Rómulo Cosse, Universidad de Washington, EE.UU.
Eugenio Chang-Rodríguez, Queens College, EE.UU.
Teodosio Fernández, Universidad Autónoma de Madrid, España.
Guadalupe Fernández Ariza, Universidad de Málaga, España.
Roberto Fernández Retamar, La Habana, Cuba.
Renán Flores Jaramillo, UNED-Madrid, España.
Marina Gálvez, Universidad Complutense de Madrid, España.
José Luis Gómez Martínez, Universidad de Georgia, EE.UU.
José Carlos González Boixo, Universidad de León, España.
Rafael Gutiérrez Girardot, Universidad de Boon, República Federal Alemana.
Roberto Hozven, Universidad Católica de Washington, EE.UU.
Luis Íñigo Madrigal, Universidad de Ginebra, Suiza.
Solomon Lipp, Universidad de McGill, Canadá.
Antonio Lorente, Universidad Complutense de Madrid, España.
José Luis Martín, Universidad de Puerto Rico, Puerto Rico.
Juana Martínez, Universidad Complutense de Madrid, España.
Donald McGrady, Universidad de Virginia, EE.UU.
Almudena Mejías Alonso, Universidad Complutense de Madrid, España.
Domingo Miliani, Caracas, Venezuela.
Carmen de Mora, Universidad de Sevilla, España.
Mabel Moraña, Universidad de Washington, EE.UU.
Enriqueta Morillas, Universidad Complutense de Madrid, España.
José Olivio Jiménez, Universidad de Nueva York, EE.UU.
Julio Ortega, Universidad de Texas, EE.UU.
José Miguel Oviedo, Universidad de Indiana, EE.UU.
José Emilio Pacheco, Universidad de México, México.
Nicasio Perera San Martín, Universidad de Nantes, Francia.
Javier Pinedo, Universidad de Talca, Chile.
Enrique Pupo-Walker, Universidad de Nashville, EE.UU.
Orlando Rodríguez, Universidad de Caracas, Venezuela.
Alfredo Roggiano, Universidad de Pittsburgh, EE.UU.

Miguel Rojas-Mix, Nogent sur Marne, Francia.
Luis Sáinz de Medrano, Universidad Complutense de Madrid, España.
Ivan Schulman, Universidad de Illinois, EE.UU.
Donald Shaw, Universidad de Edimburgo, Escocia.
Saul Susnowsky, Universidad de Maryland, EE.UU.
Bernardo Subercaseaux, Universidad de Washington, EE.UU.
Adrian Van Oss (†), Universidad de Leiden, Holanda.
Benito Varela Jácome, Universidad Santiago de Compostela, España.
Luis Zayas Micheli, Universidad Católica de Puerto Rico, Puerto Rico.

Prólogo

El Tomo I de esta *Historia de la Literatura Hispanoamericana (Época Colonial,* Madrid, Cátedra, 1982, 434 págs.), aducía, en unos párrafos impresos en la primera solapa, que en él se había optado «por exponer la diversidad y aun diferencia de enfoques que en la historiografía literaria hispanoamericana existen, solicitando y acogiendo los diversos criterios, sin otra exigencia que las de su rigor académico y su coherencia interna». Y agregaba, «el *desideratum* de una historia de la literatura hispanoamericana regida por una unidad teórica exige (además, naturalmente, de un conocimiento global de la materia que se pretende historiar), una gran cantidad de investigaciones básicas y propedéuticas, una continuada labor común a la cual el presente libro quiere contribuir».

La generosa recepción brindada a quel tomo primero por los círculos académicos, señaló la mencionada, aunque casi inevitable, falta de unidad. «Esta obra en colaboración —escribía Antonio Tovar («Literatura colonial hispanoamericana», *Gaceta Ilustrada,* Madrid, 25.07.82, pág. 21)—, más que un tratado, es una colección de monografías diversas, de las que unas se refieren a figuras salientes y otras ofrecen cuadros de conjunto.» También, inevitablemente, se anotó en aquel primer volumen la exclusión de algunos autores, particularmente indígenas o mestizos, así como la de determinados temas (véase, por ejemplo, la reseña aparecida en *Latin American Indian Literatures,* 7, 1, University of Pittsburgh, primavera 1983, pág. 96; y Jons Beverley, reseña sobre el libro aparecida en *Revista Iberoamericana,* LI, números 130-131, enero-junio, 1985, págs. 359-362). Todas las notas críticas mencionadas (que agradezco sinceramente, al igual que el resto de las aparecidas), subrayaban también la calidad de diversos capítulos de la obra.

En la laboriosa preparación del presente volumen, no sólo se ha multiplicado casi por tres el número de colaboradores en relación al anterior, sino también diversas dificultades para concluir la tarea. John Beverley, en su excelente e iluminadora reseña del Tomo I ya mencionada, escribía que «la crítica contemporánea, especializada en el *close-reading* del texto, se ha preocupado poco por la literatura colonial hispanoamericana»; esa falta de preocupación puede extenderse, sin faltar a la verdad, a la literatura hispanoamericana decimonónica, zona ni siquiera dominada, como la colonial en el decir de Beverley, «por la erudición filológica, por la fijación de textos y variantes, por las visiones de conjunto o los *style-concepts* del historiador literario», puesto que en ella faltan tanto esas visiones de conjunto actualizadas, como ediciones críticas de los más de sus escritores representativos, y, en muchos casos, el necesario saber filológico. Una visión extendida y a menudo ni siquiera malintencionada, entrevé a Hispanoamérica como un continente sin Historia, en perpetuo nacimiento, incapaz de madurez; muchos hispanoamericanos, en el terreno de los estudios literarios, contribuyen impensadamente a esa imagen reductora, no sólo por el atento seguimiento de las últimas novedades teóricas importadas, sino también, y principalmente, por su exclusiva dedicación a la literatura coetánea: basta comparar las referencias bibliográficas dedicadas a cualquier escritor del XIX, con las consagradas a casi cualquier escritor del XX (o mejor, de la segunda mitad del XX), para constatar lo dicho.

El presente volumen de la *Historia de la Literatura Hispanoamericana*, según una previsión hecha al mencionar el anterior, *«promises to be fundamental»* (Leslie Bethell, ed., *The Cambridge History of Latin America*, Volume III, *From Independence to c. 1870,* Cambridge, Cambridge University Press, 1985, pág. 916); en cualquier caso, éste al igual que el anterior, pretende contribuir a una continuada labor común que supere las limitaciones de la historia literaria hispanoamericana.

No puedo terminar estas líneas sin dedicar este Tomo II, con sus logros y sus defectos, a dos muy queridos amigos que en él colaboran y que han muerto antes de que la obra vea la luz: Guillermo Araya y Adriaan van Oss; sus contribuciones al volumen, en una muestra más de la generosidad que prodigaron en sus vidas, se cuentan entre las más brillantes y lúcidas del conjunto.

L.I.M.

I

Introducción general

La América decimonónica

ADRIAN C. VAN OSS

INDEPENDENCIA

Pocas veces en la historia, una comunidad tan grande se ha deshecho con tanta celeridad. En 1800 el imperio español en América se extendía desde California en el norte hasta Tierra del Fuego en el sur, distancia mayor de la que en el Viejo Mundo separa Estocolmo del Cabo de Buena Esperanza. Veinticinco años después sólo seguían unidas a España las islas de Cuba y Puerto Rico. En los demás territorios la Independencia se había cumplido tan rápida y violentamente como la Conquista trescientos años antes. La Independencia rompió la unidad formal del mundo colonial: una serie de nuevas repúblicas lucharon por mantener su frágil integridad territorial al mismo tiempo que trataban de librarse de los escombros del antiguo régimen[1].

Aunque las guerras que precipitaron la fractura estallaron súbitamente, éstas representaban el desenlace de una secuencia más larga de acontecimientos que habían tenido lugar tanto en Europa como en América desde el siglo XVIII. Mirando en otra dirección, hacia el futuro, la Independencia de Hispanoamérica se nos presenta como una etapa temprana en un largo proceso mundial de descolonización, que comenzó con la revolución norteamericana y que, de cierto modo, sigue hoy.

Por cierto que uno de los factores conducentes al desmembramiento del imperio español fue un descontento generalizado con sus instituciones. Curiosamente, este descontento se manifestó primero en España y no en las Indias. El siglo XVIII había comenzado con las Guerras de Sucesión, que finalizaron con la sustitución de la Casa de Habsburgo por la de Borbón. Felipe V (1700-1746), Fernando VI (1746-1759) y Carlos III (1759-1788) siguieron el ejemplo de sus parientes y se rodearon de consejeros franceses. En vez del concepto patriarcal del estado de los Habsburgo, según el cual el imperio se componía de muchos reinos unidos solamente por su compartida fidelidad a la corona española, los Borbones concibieron todos sus territorios como un solo reino,

dentro del cual la función de las colonias era la de promover los intereses de la metrópoli. Los Borbones y sus ministros se opusieron, además, al intrincadísimo aparato estatal que habían heredado de los Habsburgo e instituyeron a lo largo del siglo una serie de reformas basadas en el ideal de una administración científica y centralizada[2]. La culminación de estas reformas fue la aplicación en Hispanoamérica del sistema francés de los intendentes, representantes administrativos que respondían directamente al rey y cuyo principal objetivo era aumentar los ingresos de la corona mediante la estimulación de la economía local y una más rigurosa recaudación de impuestos.

Imperfectamente implementadas, las reformas borbónicas no conformaron ni a la corona ni a la población colonial, que resistía cualquier intento de limitar las tradicionales libertades que le garantizaba el antiguo sistema. Muchos criollos influyentes veían a los intendentes como agentes de un control social que no deseaban. Sobre todo los oficiales locales se indignaron por esta intrusión en un terreno que por tradición y uso consideraban como suyo. Estos grupos se unieron al efecto de aislar a los intendentes y frustrarlos en la ejecución de sus proyectos, saboteando en lo posible las reformas pretendidas.

Los objetivos fiscales de los Borbones tropezaron con no menos resistencia. Desde 1750 en adelante se realizaron repetidos intentos de aumentar la cobranza de impuestos a través de una administración más estricta. El alza de la carga impositiva respondía en parte a las exigencias de la política extranjera y las guerras de España en Europa. Inevitablemente esta presión fiscal despertó la oposición de muchos en América. La resistencia a los impuestos se hizo más evidente después de 1765, y jugó un papel importante en las sublevaciones peruanas de 1780 y en la rebelión comunera de Nueva Granada en 1781.

Las tendencias centralizadoras de las reformas borbónicas y la subordinación de los intereses criollos a los de la metrópoli, exacerbaron viejas tensiones en la sociedad colonial, incitando a los españoles nacidos en América contra los peninsulares, o gachupines, de España. La aristocracia criolla ocupaba una po-

---

[1] Sobre el período de la Independencia me remito a los excelentes estudios generales de García Samudio (1945), Humphreys y Lynch (1965), Graham (1972a), Chaunu (1973a) y Lynch (1973). Los datos bibliográficos completos se encuentran en la bibliografía al final de este artículo.

[2] Véliz, 1980, págs. 70-89.

sición ambigua en la sociedad colonial: si bien se permitía el lujo de portarse como dueña y señora de los indios y castas, tenía que soportar la amargura de sentirse menospreciada por los españoles de nacimiento. «El más miserable europeo, sin educación y sin cultura», escribió Humboldt, «se considera superior a los blancos nacidos en el nuevo continente»[3]. Esta discriminación se reflejaba en el sistema de nombramientos políticos. Mientras que los criollos ocupaban la gran mayoría de los cargos eclesiásticos y civiles, la cumbre del poder seguía reservada a los peninsulares: obispos, arzobispos y, por supuesto, virreyes rara vez fueron americanos. Las reformas centralizadoras del siglo XVIII sólo agudizaron el sentimiento criollo de exclusión, negándosele la perspectiva de una participación mayor. En la medida que los nuevos intendentes (invariablemente enviados de España) lograban diluir la autoridad de los oficiales locales (en su mayoría criollos), la élite americana se veía aún más alejada del centro de poder, relegada a una condición de inferioridad que parecía que sería permanente.

Contradicciones económicas, que de alguna manera habían permanecido sumergidas durante más de dos siglos de régimen colonial, ahora emergían para encender pasiones en ambos lados del Atlántico. El comercio marítimo, tanto clandestino como legal, se intensificó en todas partes del mundo durante el siglo XVIII. Para combatir el contrabando entre Indias y los países del norte de Europa, los monarcas españoles adoptaron medidas para liberalizar y promover el comercio dentro de los límites del imperio. Poco a poco, después de 1765, se fue desmantelando la antigua estructura de monopolios y restricciones. Se abandonó el sistema de flotas y se bajaron tarifas. Se suprimió el monopolio gaditano, autorizando a muchos otros puertos españoles para comerciar directamente con las Indias. En 1778 se extendió el «libre comercio» al puerto de Buenos Aires y a los de Chile y Perú; en 1789 a los de Nueva España y Venezuela.

Estas y otras reformas sin duda estimularon la economía imperial en general. En el espacio de seis años, de 1778 a 1784, los ingresos españoles de Indias subieron de 75 a 1.213 millones de reales[4]. La vida de los puertos americanos afectados cambió por completo. En 1760 seis naves acarreaban todo el comercio entre La Habana y España. Veinte años después se empleaban doscientas. En 1801 más de

mil barcos españoles y extranjeros visitaron el puerto cubano[5].

Sin embargo, algunos intereses sufrieron por la liberalización y sus protestas se hicieron oír tanto en España como en América. En la península los reformistas liberales se tuvieron que enfrentar con los poderosos intereses mercantiles de Cádiz, que vieron sus antiguos privilegios anulados, pugna que se prolongó hasta 1824, cuando la Independencia americana ya era un hecho[6]. Y en las colonias había que medir la satisfacción de los comerciantes en los puertos favorecidos, como Buenos Aires o La Habana, contra la decepción y encono de los de otras ciudades, particularmente Lima, que como Cádiz perdió sensiblemente como consecuencia de los nuevos arreglos. La oposición de estos grupos frenó el ritmo de la liberalización y a pesar de las reformas de Carlos III y sus ministros, las colonias seguían sufriendo múltiples restricciones, trabas e impuestos que, juntos, constituían una constante fuente de fricciones. No es mera coincidencia que todos los documentos de independencia firmados después de 1810 hagan referencia a las restricciones comerciales e impuestos en perjuicio del desarrollo de la agricultura y de la industria[7].

Más peligroso aún para el futuro del imperio era la existencia de un contrabando floreciente entre Indias y los países del norte de Europa y, en menor grado, los Estados Unidos. El norte miraba con codicia los productos tradicionales de exportación del sur: tinturas, plantas medicinales, cueros, maderas y metales preciosos, así como las cosechas comerciales de la agricultura tropical. Por otro lado veía en Hispanoamérica un prometedor mercado para su creciente producción industrial, la ferretería, los cristales y sobre todo los textiles. Semejante comercio por supuesto siempre había existido a través de los puertos españoles de Sevilla y Cádiz, pero ahora los contactos directos se multiplicaban en la forma de un contrabando masivo. Las exportaciones de géneros de algodón británicos, por ejemplo, crecieron de unas 7 mil libras en 1794-1796 a 595 mil libras diez años más tarde, y a 1.353 mil en 1814-1816[8]. El volumen del comercio entre Hispanoamérica y Estados Unidos aumentó más de seis veces entre 1795 y 1801[9]. Irónicamente, las mismas reformas establecidas para estimular el comercio con España, también sirvieron para facilitar el con-

[3] Citado en Humphreys, 1969, pág. 83.
[4] Lynch, 1973, pág. 12.

[5] Parry, 1973, pág. 320; Humphreys, 1969, pág. 79.
[6] Costeloe, 1981, pág. 209-234.
[7] García Samudio, 1945, pág. 35.
[8] Delgado Ribas, 1981, pág. 51.
[9] García Samudio, 1945, pág. 35.

trabando. A los funcionarios reales les resultaba cada vez más difícil registrar el verdadero destino de los buques y la composición de sus cargamentos.

Gran Bretaña en particular supo aprovechar la coyuntura, estableciendo puertos libres en Dominica y Jamaica en 1776 y en otros puntos estratégicos del Caribe después de 1787. Trinidad, por ejemplo, se convirtió en un verdadero paraíso de los contrabandistas, vendiendo mercaderías al continente por un valor de más de un millón de libras esterlinas cada año. Las autoridades españolas observaban esto con impotencia. En 1776 la corona recomendó a los obispos americanos que consideraran el contrabando como pecado mortal[10]. Al mismo tiempo que el comercio clandestino minaba las bases económicas del imperio, nadie ignoraba que las colonias se beneficiaban de él. Las economías hispanoamericanas que más rápidamente crecían durante los últimos decenios de la época colonial eran aquellas donde los ingleses eran más activos: Venezuela, las islas del Caribe y Buenos Aires.

La reorientación comercial de Hispanoamérica hacia los mercados en el Atlántico norte fue acompañada por un cambio paralelo en las corrientes intelectuales y culturales. Aunque llegaron tarde y en forma atenuada, las ideas de la Ilustración se comunicaron a los círculos intelectuales en América, suscitando planteamientos potencialmente perturbadores acerca de la naturaleza de la sociedad, el estado y, por consiguiente, el futuro del régimen colonial. España misma en el siglo XVIII, comenzando con su corte afrancesada, sirvió como el principal conducto para estas nuevas ideas que venían del norte, al menos hasta que los «excesos» de la revolución francesa hicieron que la corona intentara suprimir muchas de ellas[11]. Las obras de Montesquieu, Rousseau, Voltaire y otros ilustrados circulaban primero en España, después en América. El prócer argentino de la Independencia Manuel Belgrano, recordaría muchos años después que recibió su primera educación en las ideas constitucionalistas y liberales precisamente en la Universidad de Salamanca, donde había cursado leyes. Las bibliotecas coloniales contaban con los trabajos fundamentales que habían inspirado las revoluciones francesa y norteamericana y algunos de ellos comenzaban a aparecer en traducción, como el *Contrato social* de Rousseau, traducido por Mariano Moreno alrededor de 1810 y la traducción de Antonio Nariño de la *Declaración de los derechos del*

Manuel Belgrano.

hombre. Pocos de los hombres que más tarde dirigirían los movimientos patrióticos permanecieron indiferentes a las nuevas corrientes filosóficas, cargadas de influencia francesa e inglesa. Quien tuvo una educación «completamente francesa» fue el Libertador Simón Bolívar. En sus últimos años su biblioteca contenía un ejemplar del *Contrato social* que había pertenecido a Napoleón y que le había regalado el general inglés Wilson[12].

Las ciencias exactas también recibieron un fuerte impulso. Otra vez la influencia europea se insinuó sutilmente, a través de la física de Newton que se comenzaba a enseñar en algunas universidades, o la expedición de Nordenflicht a las minas de Potosí en 1788[13]. Zarparon expediciones científicas rumbo a América bajo la dirección de prominentes naturalistas, geólogos y astrónomos europeos, juntando y dibujando especímenes y registrando sus observaciones. Un ilustre representante del nuevo espíritu científico en América fue don José Celestino Mutis, un médico de Cádiz que se trasladó a Bogotá poco después de 1760. Como escaseaban los maestros cualificados, Mutis fue invitado a dar instrucción en matemáticas y física en el Colegio del Rosario de Bogotá. Sus intereses también abarcaban la astronomía e hizo construir un observatorio, enseñando las teorías de Copérnico. Movido por

[10] Humphreys, 1969, págs. 87-89.
[11] Sarrailh, 1957 y Herr, 1973.

[12] García Samudio, 1945, págs. 60-62.
[13] Lanning, 1956; Lohmann Villena, 1982, págs. 112-113.

la inquietud de espíritu característica de su época, Mutis extendió sus estudios al campo de la botánica, dirigiendo la expedición cuyo legado principal fue la inmensa colección *Flora de Bogotá,* que llegó a contener más de seis mil dibujos y acuarelas e igual número de especímenes clasificados, representando la vida vegetal de su país adoptivo. La obra botánica de Mutis fue continuada por su discípulo, Francisco José de Caldas, célebre prócer colombiano fusilado por las fuerzas realistas en 1816. Al estilo de la época, Caldas mostró una preocupación utilitarista en el cultivo de la ciencia, que lo llevó de la botánica y la geografía a la economía, el comercio y la política[14]. En esta progresión Caldas puede haber sido influenciado por el ejemplo de Benjamín Franklin, quizás el representante más destacado del Iluminismo en el Nuevo Mundo, signatario de la Declaración de la Independencia de los Estados Unidos y más tarde embajador de su país en Francia. Caldas mantuvo una correspondencia científica con Franklin y siguió su ejemplo cuando cambió sus actividades científicas por la política.

Los últimos decenios del período colonial fueron testigos de una proliferación impresionante de sociedades culturales y literarias, bibliotecas y academias. Se fundaron nuevas cátedras de ciencias naturales, matemáticas y medicina; escuelas de dibujo, náutica y minería; teatros y jardines botánicos. Un papel importante en la difusión del pensamiento ilustrado, fue desempeñado por las llamadas Sociedades Económicas de Amigos del País, fundadas en todo el mundo hispánico en la segunda mitad del siglo XVIII. Hacia 1800 casi todos los centros urbanos de importancia contaban con estas Sociedades[15]. Organizaban tertulias, reuniones y concursos públicos, otorgando premios por el mejor ensayo sobre un tema económico dado. Un aspecto importante de estas actividades es que pretendían aplicar las últimas ideas europeas a cuestiones netamente locales. Un típico ensayo premiado por la Sociedad de Guatemala en 1797 aplicaba preceptos del utilitarismo inglés al «problema» de inducir a los indios de aquel reino a calzar zapatos y vestirse al estilo europeo[16]. Aunque tales proyectos casi nunca se pusieron en obra, sí señalaban una nueva actitud de parte de las élites criollas frente a sus problemas y una modificada conciencia de su lugar en el mundo.

Sería posible multiplicar los ejemplos para mostrar la creciente receptividad de Hispanoamérica a las influencias no españolas; las tensiones entre la metrópoli y la colonias, así como entre las colonias mismas en las áreas de economía y cultura; la brecha que se abría entre criollos y peninsulares; las influencias positivas y negativas de las revoluciones francesa y norteamericana sobre la intelectualidad criolla. Pero ninguna de estas causas bastaría para explicar el momento y la forma en que finalmente se produce la Independencia, porque ésta depende de una conjunción peculiar de sucesos que tienen lugar no en América sino en Europa. Sólo con ligera exageración Pierre Chaunu acentúa la esencial pasividad del Nuevo Mundo en vísperas de su emancipación: «La América española que no es sino una provincia de Europa, aunque ambigua y frágil, no inventa la Independencia, la recibe»[17].

Varios episodios demuestran que los motivos internos y el deseo de reformas no eran lo suficientemente fuertes en sí para provocar la disolución del vínculo con España. Uno de éstos fue la famosa y violenta Rebelión de los Comuneros de Nueva Granada, dirigida en 1781 por el mestizo José Antonio Galán, un desafío a la autoridad colonial que tardó siete meses en ser aplastado[18]. Otra sublevación aún más conocida tuvo lugar en el altiplano peruano cerca del Cuzco en 1780. El cacique José Gabriel Condorcanqui cambió su nombre por el de Tupac Amaru en honor del último rey inca, reunió un ejército de seis mil hombres y los dirigió en una rebelión contra el gobierno virreinal. De la misma manera que en Nueva Granada, el orden fue restaurado después de pocos meses. Tomaron preso a Tupac Amaru y lo descuartizaron. Aunque muchos han visto estas rebeliones sociales como precursoras de los movimientos de Independencia, sus brutales excesos y sangrientos desenlaces probablemente sirvieron más para asustar a la clase de los criollos pudientes, de cuyo beneplácito dependería el éxito de cualquier movimiento.

Algo parecido le pasó al revolucionario venezolano Francisco de Miranda. Miranda había vivido muchos años como exiliado político en los Estados Unidos, Francia e Inglaterra, donde se mantenía en contacto con otros refugiados latinoamericanos. Quizás alentado por sus amigos, zarpó de Nueva York en 1806 en el barco *Leandro* con otros doscientos hombres y una imprenta, rumbo a Venezuela. Pen-

[14] Chiaramonte, 1979, págs. 318-319.
[15] Véanse, por ejemplo, Shafer, 1958; Luque Alcaide, 1962; y Cardozo Galué, 1973.
[16] Fr. Matías de Córdova, «Utilidades de que todos los indios y ladinos se vistan y calcen a la española, y medios de conseguirlo sin violencia, coacción ni mandato», 1979, publicado como apéndice a Guillén, 1966, Vol. II, págs. 344-366.

[17] Chaunu, 1973a, pág. 30.
[18] Loy, 1981.

saba que su aparición frente a la costa bastaría para arrasar con el gobierno realista como con un castillo de naipes. Al llegar descubrió su error: la expedición sufrió una derrota total y Miranda sólo con dificultad pudo escapar otra vez a Inglaterra. El fracaso se debió a la ilusión de que al menor llamado, el pueblo venezolano abandonaría al gobierno y se uniría a la causa de la insurrección. Las condiciones todavía no habían alcanzado ese punto crítico. El momento de la Independencia no se determinó en América sino en Europa.

El imperio español sucumbió entre 1808 y 1824. Más precisamente, España se hundió bajo el peso de guerras y disensiones internas, dejando el imperio acéfalo. Decenios de una política exterior excesivamente activa bajo Carlos III y su sucesor Carlos IV, habían dejado a la corte casi sin recursos. El apoyo español a las colonias norteamericanas en su lucha contra Inglaterra había resultado lo suficientemente caro, pero cuando ésta fue seguida por una corta guerra con Francia en 1793-1795 y el conflicto más largo con Inglaterra que comenzó en 1796 y se extendió con interrupciones hasta 1808, la actuación de España en Europa se iba pareciendo a un baile interminable cada vez con otra pareja. Su economía se hallaba seriamente desquiciada, su flota agotada. Dentro de este contexto, América comenzó a adquirir la importancia de un posible rescate de guerra. En 1797 Inglaterra ordenó a su gobernador en Trinidad que apoyara eventuales insurrecciones en el continente sudamericano. En 1806, sin autorización de Londres, Sir Home Popham dirigió una fuerza británica en una breve invasión y ocupación de Buenos Aires. Aunque los ingleses fueron expulsados, no fue un ejército español sino milicias de criollos las que liberaron a Buenos Aires del invasor. El virrey había huido, desamparando su capital ante el avance enemigo. Los criollos dirigentes no olvidarían fácilmente que una milicia patriota por primera vez había derrotado a un ejército europeo.

La guerra entre España y Gran Bretaña terminó cuando Napoleón Bonaparte invadió la península en 1807-1808, poniendo fin por el momento a la potencia independiente de España misma. En 1808 Carlos IV abdicó el trono en favor de su sucesor Fernando VII, gesto relativamente vacío puesto que Napoleón desconoció a ambos, reemplazándolos por su hermano Joseph. La invasión napoleónica y la usurpación de la corona constituían la ocasión inmediata y la condición necesaria para los movimientos de Independencia en Hispanoamérica.

Tanto en España como en América, la noticia de la usurpación del trono por Joseph Bonaparte fue recibida con universal rechazo. Juntas y cabildos surgieron de la noche a la mañana para proclamar su lealtad al monarca destronado, Fernando VII. La Junta de Sevilla se autodesignaba como «Suprema de España e Indias» aunque nadie sabía con qué autoridad hacía esto. En América reinaba la confusión mientras que las juntas asumían los poderes de virreyes, presidentes y audiencias. Hubo agitaciones y cambios de autoridad, entre otras, en Bogotá (1808), Caracas, Buenos Aires, Chuquiasca y La Paz (1809). Si el rey estaba ausente, así decían las juntas, el poder revertía al pueblo, aunque con «el pueblo» no querían significar otra cosa que ellos mismos: la pequeña minoría criolla que se ocupaba de cuestiones de estado. Inmediatamente se manifestaron tendencias separatistas. En Quito en 1809 una conspiración logró reducir a prisión al presidente de la audiencia y a la mayoría de los otros oficiales españoles, formando un nuevo gobierno que desconocía la Junta de Sevilla. La supresión de los rebeldes fue ocasión de sangrientos combates por las calles de la ciudad. Más al sur, el cabildo de La Paz asumió plenos poderes el 16 de julio de 1809, después de obligar al gobernador y al obispo a renunciar a sus cargos. Se constituyó la Junta Representativa de los Derechos del Pueblo que al día siguiente declaró: «Ya es tiempo de levantar el estandarte de la libertad en estas desgraciadas colonias» [19].

A pesar de semejantes convulsiones, la mayoría de los intelectuales criollos todavía hubieran preferido reforma a revolución. Desde hacía tiempo que en algunas mentes la antigua concepción patrimonial del imperio originalmente desarrollada por los Habsburgo, que lo imaginaban según el modelo de una gran familia unida bajo la figura paternal del rey, había ido cediendo lugar a una nueva concepción: España como un estado transatlántico compuesto de elementos geográficamente diversos ligados entre sí no por relaciones de vasallaje sino por tradiciones lingüísticas y culturales comunes, una liga cuyos diversos elementos compartían una igualdad esencial. Simón Bolívar y otros americanos ilustrados aceptaban en un principio esta visión igualitaria, que implicaba la posibilidad de continuar la unión con España pero sin la subordinación perpetua de las «colonias» a los intereses unilaterales de la metrópoli.

Durante el período de ascendencia liberal marcado por la convocación de las Cortes de Cádiz a partir de 1810, los delegados america-

---

[19] Citado en García Samudio, 1945, pág. 83.

nos a estas Cortes elevaron sus demandas por un tratamiento igualitario. Tenían fundamentos para creer que estas aspiraciones serían respetadas, pues los liberales españoles habían aceptado este principio en teoría e incluso lo habían incorporado en su proyecto de una nueva constitución. Pero llegado el momento, los mismos políticos se mostraron incapaces de trasladar los principios a la práctica. Cuando los delegados americanos solicitaron a las Cortes la representación proporcional en base a la población, los delegados peninsulares votaron en contra. Como la población de la península era menor que la de los territorios de ultramar, la representación proporcional hubiera significado el predominio americano en las Cortes, una situación que España se negaba a aceptar. Habiendo fracasado en su intento de obtener igual representación, los delegados criollos naturalmente tampoco obtuvieron el apoyo necesario para sus principales aspiraciones económicas: igualdad de oportunidades profesionales para criollos, libre comercio exterior, supresión de las trabas a la producción local y autonomía provincial. Desde el punto de vista americano, las Cortes habían quebrado su promesa, desconociendo aspiraciones que los mismos liberales españoles habían alentado, estableciendo la Independencia

Miguel Hidalgo.

como la única alternativa aceptable para muchos criollos[20].

Incluso ahora, sin embargo, las fuerzas realistas mantenían su ventaja. En 1810 el cura mestizo Miguel Hidalgo y Costilla habló a una multitud convocada en el pueblo mexicano de Dolores, incitándoles a la rebelión contra las autoridades españolas. Supo movilizar un gran número de hombres en una campaña que después pareció incapaz de controlar. La anarquía y destrucción que siguieron a las huestes del padre Hidalgo llevaron a la consecuencia fatal de que muy pocos criollos influyentes se unieron a su movimiento. En el curso de diez meses la rebelión de Hidalgo fue deshecha. El ejército español capturó a Hidalgo y lo ejecutó junto con otros jefes. Algunos pudieron escapar y durante varios años continuaron la guerrilla en otras provincias. El jefe más conocido después de Hidalgo fue José María Morelos, también un cura. Resistió más tiempo, pero al final también fue capturado y ejecutado en 1815. Al igual que las de los Comuneros y Tupac Amaru, las rebeliones de Hidalgo y Morelos eran movimientos campesinos, dirigidos contra el orden social existente. El temor de los criollos pudientes por un levantamiento popular era más fuerte que su resentimiento hacia los gachupines[21]. Por esta razón eligieron el partido de los españoles en la represión de semejantes movimientos, desembocando en verdaderas guerras civiles, en las cuales la cuestión de la Independencia sólo jugaba un papel secundario.

Con la muerte de Morelos, la situación militar en México parecía haberse estabilizado. Otra vez, sin embargo, acontecimientos europeos vinieron a insuflarles nueva vida a las moribundas fuerzas de la insurrección. Una serie de derrotas en otras partes de Europa provocaron el retiro de las tropas francesas de España, lo que llevó a la restauración de Fernando VII en el trono, en 1814. El regocijo inicial se convirtió en amarga desilusión cuando el rey comenzó a indicar claramente su intención de anular las reformas llevadas a cabo durante su ausencia por las juntas y Cortes, eliminando las libertades constitucionales, restableciendo la Inquisición, instaurando una persecución de los liberales[22]. En América el gobierno de Fernando pretendía volver a la situación colonial anterior a 1808, un régimen al cual los americanos se habían desacostumbrado. En México el gobierno realista adoptó medidas para liquidar a los liberales que habían ejercido la autoridad durante el exilio del rey, empujándo-

[20] Anna, 1982.
[21] Hamnett, 1980.
[22] Kaplan, 1969, pág. 119.

José María Morelos.

Retrato de Simón Bolívar como presidente (grabado inglés de la primera mitad del siglo XIX).

los hacia la causa revolucionaria. De este conflicto de intereses y confusión de oficios surgió un nuevo líder: un militar desertor a la cabeza de un auténtico ejército criollo de Independencia. Su nombre era Agustín de Iturbide. Iturbide logró algo que ni Hidalgo, ni Morelos habían sido capaces de conseguir, el apoyo criollo. Después de una corta y sorprendentemente fácil campaña militar, Iturbide entró
triunfante en la ciudad de México. México era
independiente.

En América del Sur, los sucesos militares siguieron otro trayecto. Allí los grandes coman-
dantes fueron Simón Bolívar y José de San
Martín.

Bolívar nació en Caracas en 1783, hijo de
una rica familia criolla. Fue dos veces a Europa y respiró el vertiginoso ambiente de París
en los años posteriores a la Revolución. Estaba de vuelta en Venezuela cuando llegaron las
noticias de la invasión napoleónica de España. Participó en la creación de una junta venezolana en 1810 y apoyó una declaración formal de independencia en 1811. Después de algunos meses los realistas lograron reprimir este

José de San Martín.

17

temprano movimiento de emancipación y Bolívar emprendió una campaña guerrillera. Al mando de un pequeño ejército ganó una serie de batallas e incluso tomó Caracas, desde donde los realistas volvieron a expulsarlo. En 1814 se escapó de Venezuela, primero a Nueva Granada, luego a Jamaica y finalmente a Haití. Como en México, las fuerzas insurgentes parecían vencidas. En Venezuela como en México, fue la restauración de Fernando VII lo que salvó a Bolívar del olvido. En 1816 salió de Haití para iniciar su última campaña. Desde las selvas de la cuenca del Orinoco, Bolívar se dirigió con sus hombres hacia el oeste. Esta vez sólo le aguardaban victorias. No se detuvo en lo que ahora es la frontera de Colombia y tomó Bogotá en 1819.

Al mismo tiempo que Bolívar proseguía su campaña en Venezuela y Colombia, una segunda campaña se estaba desarrollando en el sur del continente bajo el liderazgo del argentino José de San Martín. En contraste con el romántico y extrovertido Bolívar, San Martín era más austero, un soldado profesional que estaba contento simplemente con ganar batallas. Cuenta la leyenda que guardaba tres retratos en su aposento: a la izquierda el de Napoleón, a la derecha el del general inglés Lord Wellington y entre ambos el suyo.

Desde mayo de 1810 se había constituido una junta de gobierno en Argentina. Al contrario de lo ocurrido en Venezuela, la autoridad colonial nunca se restableció. Pero mientras Perú permaneciera en manos de España, el peligro de una reconquista militar no podía ser descartado. Fue para extirpar esta amenaza que San Martín en 1814 emprendió la organización de una expedición militar contra Perú por vía de Chile. Después de dos años San Martín había levantado su Ejército de los Andes, en Mendoza: cinco mil hombres, entre los cuales mil quinientos esclavos negros a los que se había prometido su liberación a cambio del servicio militar. En enero de 1817 este ejército salió de Mendoza, cruzó la cordillera de los Andes y sorprendió a una fuerza realista en los llanos de Chacabuco. Dos días después el ejército victorioso entró en Santiago. La victoria de Maipú en abril de 1818 aseguró la Independencia de Chile. Se estableció un gobierno y se iniciaron los preparativos para la invasión de Perú.

Como una campaña por tierra se juzgaba demasiado azarosa había que organizar una escuadra marítima. Y como Chile no disponía de barcos adecuados ni marineros entrenados, llevó dos años preparar la expedición que finalmente salió de Valparaíso en 1820: siete buques de guerra que transportaban 4.500 solda-dos y 1.600 marinos. Los capitanes eran ingleses y norteamericanos y los aspectos navales de la expedición fueron dirigidos por el famoso oficial británico Lord Cochrane. Después de un viaje de más de mil quinientos kilómetros, el ejército libertador desembarcó en la costa sur del Perú, pero San Martín no se decidió a atacar Lima inmediatamente. Hasta el fin la ciudad permaneció como un baluarte realista. En 1821 el virrey abandonó la ciudad y se retiró con su ejército a las montañas del interior. Muchos habitantes de Lima huyeron con el virrey; otros aceptaron la Independencia con resignación o movidos por el miedo[23].

Mientras tanto Bolívar había anexionado lo que hoy es Ecuador. La única fuerza española de importancia se encontraba ahora completamente aislada en el Alto Perú. En 1824 este último ejército se rindió después de una batalla final cerca del pueblo de Ayacucho, ubicado a tres mil metros de altura en el camino de Lima a Cuzco. La batalla de Ayacucho significó el fin del dominio español en el Perú y en toda América del Sur.

Aparte de poner fin a su condición colonial, las guerras civiles que terminaron en la Independencia no resolvieron ninguna de las profundas incertidumbres que enfrentaba a la sociedad hispanoamericana. Aunque las guerras de Independencia a veces han sido interpretadas como grandes movimientos populares cuyo triunfo señalaba la victoria de «la idea de libertad» sobre «los defensores del sombrío pasado colonial», las revoluciones en realidad no fueron ni populares ni fundamentalmente democráticas. La emancipación sólo supuso la sustitución de una minoría blanca peninsular por otra de criollos[24]. Estos últimos querían la autodeterminación para sí mismos y no necesariamente para las castas, los indígenas y negros que juntos constituían la gran mayoría de la población. Marcos Kaplan ha señalado el papel ambivalente que jugaron las actitudes sociales de los criollos en el proceso de Independencia:

> La lucha por el cambio en la hegemonía es frenada inicialmente por temor a que, de llevarse adelante, pueda desencadenar un radicalismo de las masas populares (esclavos, indígenas, blancos pobres) con imprevisibles consecuencias. Este temor, sin embargo, opera en algunos casos como acelerador, ante el peligro de que el Imperio no logre mantener el orden y la jerarquía social tradicional o que se derrumbe inesperadamente, provocando un vacío de poder. La Independencia

[23] Anna, 1975.
[24] Zavala, 1972, pág. 15; Humphreys, 1969, págs. 10-11.

es visualizada en algunos casos por la élite criolla como medio preventivo de tomar el poder antes de que advenga una subversión incontrolable[25].

Por lo tanto no es sorprendente que cuando la Independencia finalmente fue un hecho, no trajo grandes consecuencias inmediatas para las estructuras económicas y sociales. Esto explica por qué el grueso de la población hispanoamericana, y especialmente la población indígena, contemplaba la Independencia con pasiva indiferencia, o bien sólo participó en ella subordinadamente, cuando eran obligados a tomar partido en los combates entre las distintas facciones.

Y facciones hubo. Rastreando los orígenes de la tradición política hispanoamericana, Richard Morse ha comparado las guerras de Independencia con la Reforma protestante en Europa. Ambas se produjeron dentro de un orden institucional católico que mostraba ciertos indicios de decadencia y ambas, como dice Morse, «se desplegaron como incoordinados brotes de revueltas dispersas y disparatadas. Ninguna de las dos fue anunciada por un cuerpo coherente de doctrina revolucionaria y ambas improvisaron sus múltiples "ideologías" bajo la presión de los acontecimientos»[26]. Pululaban las divergencias: ¿debíase conservar la antigua sociedad estamental con su concepción jerárquica y su fundamento religioso, o habría que reemplazarla por una sociedad más liberal basada en el nuevo culto del individuo? La forma de gobierno, ¿debería ser monárquica o republicana? La esclavitud, ¿conservarla o abolirla? ¿Deberían restablecerse los monopolios comerciales o suprimir todas las restricciones? La controversia más enconada de todas dividía a centralistas de separatistas: ¿había que establecer un gobierno central fuerte y unificado, o justamente dejar las provincias en el goce de su autonomía? Frente a semejantes dilemas, la reducida comunidad política se disolvió en una cacofonía de opuestos puntos de vista: monárquicos contra republicanos, clericales contra liberales, unitarios contra federales, radicales contra conservadores. El carácter fluido del debate político daba lugar a extrañas combinaciones y alianzas. Por ejemplo los centralistas argentinos generalmente eran liberales en términos económicos y culturales, mientras que los federalistas más se inclinaban a defender las tradiciones coloniales. En Venezuela, muchos liberales eran hacendados y paternalistas, mientras que los llamados conservadores defendían los principios del liberalismo económico[27].

Ni los supremos dirigentes de la Independencia podían ponerse de acuerdo, y por esta razón jamás lograron consolidar su poder. Bolívar soñaba con una gran república hispanoamericana. San Martín quería una monarquía. En 1822 los dos libertadores se entrevistaron en la ciudad portuaria de Guayaquil en Ecuador. Cuando San Martín no obtuvo las concesiones que deseaba de Bolívar, regresó enojado a Lima, donde había dejado el mando a cargo de un hombre de su confianza. Creía que por lo menos contaba con la lealtad de sus subordinados, pero a su llegada a Lima se desengañó. Descubrió que durante su ausencia había ocurrido un cambio de autoridades y que los nuevos jefes no requerían más su servicios. San Martín se fue del Perú sin participar en la última batalla de la campaña que tan brillantemente había iniciado. Murió años después, solo y amargado, como exiliado en Francia.

El destino no fue mucho más generoso con Bolívar. Después de regir un tiempo como jefe de la República de Colombia, renunció a todas sus responsabilidades civiles y militares en 1830, difamado por muchos de sus compatriotas como déspota, promotor de la monarquía y enemigo de la república[28]. Dentro del año murió en el pequeño puerto de Santa Marta. Sólo tenía 47 años. Antes de morirse escribió que América era ingobernable: lamentó haber servido a la revolución.

Hasta al oportunista Iturbide le fue mal. Después de su triunfal entrada en la capital mexicana en septiembre de 1821, se le otorgó el título honorífico de Libertador, pero al mismo tiempo se convocó un congreso para redactar una constitución. Desde el primer momento se produjeron roces entre el mandatario y el congreso. Después de unos meses agitados Iturbide trató de imponer una solución, haciéndose proclamar Emperador Agustín I el 18 de mayo de 1822. Las conspiraciones contra él empezaron inmediatamente, al igual que la persecución de los opositores. A fines de agosto, diecinueve diputados y varios oficiales del ejército estaban en la cárcel. Esta represión no podía extenderse indefinidamente y mientras tanto Iturbide sólo gobernaba gracias al apoyo de la fuerza armada. Este apoyo tampoco era incondicional, como señaló un diplomático extranjero cuando escribió a su gobierno que Iturbide sólo se mantendría en el poder mientras tuviera dinero para pagar a sus

---

[25] Kaplan, 1969, pág. 120.
[26] Morse, 1974a, págs. 53-54.

[27] Graham, 1972a, págs. 27-29; Humphreys, 1969; páginas 8-9; Kaplan, 1969; págs. 121-122; Safford, 1974, páginas 72-73.
[28] Lynch, 1983, pág. 34.

oficiales y soldados. Don Agustín comprendía esto mejor que nadie y ya estaba tramitando un préstamo en Londres a este fin, estableciendo un precedente que otros gobiernos hispanoamericanos en el siglo diecinueve seguirían. Como el préstamo tardó en materializarse, Iturbide recurrió a procedimientos más expeditivos, entre los cuales se contaron préstamos forzados, primero de los comerciantes ricos de la capital y luego de la iglesia. Esto mantuvo contento al ejército por el momento, pero no le ganó la amistad de los que tuvieron que entregar el dinero. En esta situación, Iturbide supo apoderarse de un envío de 1,2 millones de pesos, en ruta de México a España por Veracruz. Los problemas del tesoro se solucionaron, pero esta actuación tan arbitraria demostró que Iturbide era incapaz de gobernar el país por medios más ordenados. Un golpe de estado lo derrocó el 19 de marzo de 1823. Su imperio había durado diez meses[29].

Donde hombres de semejante prestigio habían fracasado, otros de menor estatura apenas tenían esperanza de poderse mantener. Con la excepción de Chile, que fue una de las pocas repúblicas con una vida institucional relativamente estable, los gobiernos se sucedían con rapidez temible. En los primeros treinta y cinco años de su historia nacional, México experimentó cuarenta y cuatro cambios de gobierno. Tan sólo en el año de 1833 pasaron siete presidentes por el mando; en 1847 otros cinco. Los gobiernos mexicanos entre 1821 y 1855 tenían una expectativa promedio de vida de nueve meses[30]. En Argentina, durante el año de 1820 la anarquía alcanzó tales extremos que el gobierno de Buenos Aires cambió de manos un promedio de una vez cada dos semanas y hasta hubo un día con tres gobernadores[31]. Aunque la situación tendía a estabilizarse con el paso del tiempo, una crónica falta de continuidad perseguiría a las repúblicas hispanoamericanas durante todo el siglo XIX. En sus primeros cien años Venezuela experimentó cerca de cincuenta revoluciones, Bolivia alrededor de sesenta[32].

Con el hundimiento de la autoridad central, tendencias centrífugas regionalistas, que durante siglos habían permanecido escondidas detrás de la fachada de la unidad imperial, ahora se manifestaban abiertamente. El antiguo virreinato de Nueva Granada, después de mantener su integridad territorial durante algunos años como República de Colombia, se fraccionó en tres estados más pequeños (Ecua-

dor, Colombia y Venezuela) en 1830, año de la muerte de Bolívar. Del mismo modo el virreinato del Río de la Plata se dividió en cuatro repúblicas: Bolivia, Paraguay, Uruguay y Argentina. El virreinato del Perú se transformó en Chile y Perú. El proceso de desintegración regional alcanzó su extremo en América Central, que, de acuerdo con su historia oficial, se independizó en 1821, uniéndose primero a México para luego separarse otra vez, constituyendo las Provincias Unidas del Centro de América en 1824. Pero aún la débil federación centroamericana era poco más que una ficción legalista. Los cabildos locales en Nicaragua y Honduras habían rechazado al gobierno de Guatemala un año antes de declararse la independencia de España y cuando ésta se proclamó, cada cabildo actuaba por sí solo y no como una unidad nacional. La federación nunca funcionó bien y se disolvió completamente, después de varios años, en las cinco pequeñas repúblicas que hoy conocemos de Guatemala, Honduras, El Salvador, Nicaragua y Costa Rica[33].

Para todos aquellos que habían soñado, con Bolívar, en una gran unión hispanoamericana, este fraccionamiento representaba una grave desilusión. Por otra parte, el proceso de desintegración regional bien hubiera podido ir mucho más lejos todavía. La rebelión de Los Altos pretendía crear un nuevo estado independiente en el oeste de Guatemala y sólo fue sofocada con dificultad. En Bolivia, movimientos separatistas posteriores al desprendimiento del Río de la Plata fracasaron más por la falta de apoyo que recibieron de los estados vecinos que por una efectiva organización nacional en aquel país. Argentina muy bien hubiera podido convertirse en un verdadero mosaico de estados diminutos, como demostraron los sucesos de 1820. En ese año el jefe político local Francisco Ramírez fundó la República de Entre Ríos, la cual incluía Corrientes. En el noroeste, Bernabé Aráoz, gobernador de Tucumán, proclamó la República Federal de Tucumán, abarcando las provincias de Tucumán, Catamarca y Santiago del Estero. Esta última, a su vez, no perdió tiempo en declararse independiente de Tucumán, y fue rápidamente invadida por su nueva metrópoli. La multiplicación de nuevas repúblicas no terminó ahí. El 17 de enero de 1820, Córdoba declaró su independencia de Buenos Aires, para que sólo seis semanas después La Rioja proclamara su independencia de Córdoba[34]. Estas pequeñas

[29] Bazant, 1978, págs. 30-36.
[30] Sinkin, 1979, pág. 96.
[31] Lynch, 1973, pág. 70.
[32] Humphreys, 1969, págs. 12-13.

[33] Chinchilla Aguilar, 1977, págs. 409-454; Luján Muñoz, 1982; Wortman, 1982, págs. 215-216, 229-267.
[34] Marroquín Rojas, 1971; Fifer, 1972, págs. 27-28; Lynch, 1973, págs. 68-69.

«naciones» casi no tenían perspectivas de sobrevivencia, pero el mero hecho de su efímera existencia demuestra la profundidad de los sentimientos separatistas.

En su lucha por la unificación nacional, los gobiernos hispanoamericanos contaban con muy escasos recursos, origen de una debilidad fiscal crónica que han seguido sufriendo desde entonces. Los gastos militares consumían una proporción cada vez mayor de los ingresos del estado, y éstos se hallaban disminuidos por los estragos de la guerra. El régimen fiscal seguía, a grandes rasgos, sin modificaciones desde la época colonial. Pero la recaudación de tributos y otros impuestos inevitablemente se dificultó a causa de los conflictos, mientras que los experimentados contadores españoles habían abandonado sus puestos, dejando la administración de la hacienda pública en manos de funcionarios demasiadas veces incompetentes. Intentos para reformar el sistema impositivo como en Bolivia en 1825-1826, o de formular presupuestos nacionales como en el Perú a partir de 1827, no dieron el resultado deseado [35]. Los gobiernos republicanos se tambaleaban al borde de la insolvencia.

Para financiar sus déficit, los estados hispanoamericanos recurrieron a préstamos extranjeros, hipotecando de esta manera su futuro y entrando en una peligrosa situación de dependencia externa. La deuda pública de México aumentó de 32 millones de pesos en 1824 a 50 millones en 1850. Más del 60 por ciento de la deuda pública de Venezuela, que subió de unos 19 millones de pesos en 1830 a casi 198 millones de bolívares en 1898, se debía a bancos extranjeros. Préstamos eran pagados con préstamos en un círculo vicioso de deudas. En Guatemala el gobierno de Carrera negoció un préstamo con el banco londinense Isaac & Samuel en 1856, con el solo propósito de pagar deudas anteriores. Al conceder el préstamo, Isaac & Samuel exigió como garantía una fianza del 50 por ciento de los futuros recibos aduaneros del estado. Otros países gravaron sus recursos naturales para obtener créditos en el exterior. Los préstamos de 1869, 1870 y 1872 hicieron aumentar la deuda externa peruana a 49 millones de libras esterlinas, con intereses anuales que ascendían a la cantidad de 2,5 millones de libras. Estos préstamos eran garantizados por una hipoteca sobre los depósitos nacionales del guano. La existencia de yacimientos minerales en algunos países llegó a distorsionar aún más sus políticas fiscales. Los depósitos chilenos de salitre y cobre obviaron la necesidad de exigirle impuestos a la poderosa clase terrateniente de aquel país, eliminando así una posible fuente de conflicto interno, pero sólo a cambio de la dependencia financiera de los acreedores extranjeros [36].

El servicio de la creciente deuda pública se convirtió en una carga pesada sobre los tesoros nacionales, circunscribiendo progresivamente las opciones políticas de los estados. Ya en 1845 el servicio de la deuda pública consumía el 37 por ciento de los ingresos totales del gobierno de Venezuela. Hacia fines del siglo el servicio de la deuda representaba el mayor gasto en cada uno de los presupuestos centroamericanos. La pesada deuda externa no sólo era humillante sino que incluso podía comprometer la misma integridad territorial de la nación. En 1838, el ministro argentino en Londres, actuando con instrucciones de Buenos Aires, propuso renunciar a toda pretensión argentina sobre las Islas Malvinas a cambio de la cancelación de la deuda argentina con Gran Bretaña. Los británicos rechazaron la propuesta. Como expresó Lord Aberdeen, ¿por qué Inglaterra iba a comprar lo que ya poseía? [37].

La debilidad fiscal y el partidismo interno se combinaron para producir en la mayoría de los países una notoria discontinuidad institucional. Inspirados por el espíritu constitucionalista de la época, y tal vez en la ilusión de que las leyes podrían crear orden donde los hombres habían fallado, los constructores de las repúblicas hispanoamericanas elaboraron artificiosas constituciones nacionales que incorporaban los más elevados ideales políticos hasta entonces desarrollados por las sociedades humanas. Muchos han señalado la influencia de los escritos constitucionalistas franceses y norteamericanos sobre los documentos hispanoamericanos, pero en realidad las fuentes eran más eclécticas aún, desde los antecedentes extranjeros más recientes hasta las más antiguas tradiciones hispánicas. Pierson llama la atención sobre las influencias española, francesas, inglesa, italiana y hasta suiza sobre el pensamiento jurídico en Venezuela en el siglo pasado. Mecham, aunque reconoce la deuda del federalismo mexicano con el sistema norteamericano, nota que este modelo general sufrió una fuerte revisión al ser adoptado a la práctica mexicana. Según Dealy, el estudio de los documentos políticos del siglo diecinueve revela que «sus autores poseían un genio ad-

[35] Lofstrom, 1970; Romero, 1968, págs. 61-80.

[36] Bazant, 1978, págs. 39, 60; Izard, 1976, pág. 27; Harwich Vallenilla, 1976, pág. 227; Woodward, 1976, pág. 129; Blakemore, 1975, págs. 78-80; Bauer, 1975, pág. 81.

[37] Pérez Vila, 1976, págs. 59-60; Woodward, 1976, página 194; Lynch, 1981, pág. 267.

Buenos Aires en 1834, desde la playa, a la altura de la calle Corrientes (litografía de Gregorio Ibara).

mirable para adoptar el lenguaje, estilo y entusiasmo de la época, a la vez que conservaban su propia herencia no democrática casi intacta»[38]. Los ideales sustentados en las constituciones hispanoamericanas, ya fuesen prestados o importados, no gozaban del apoyo orgánico que les hubiera permitido sobrevivir. Con la excepción de Uruguay, cuya constitu-

ción original de 1829 permaneció vigente a lo largo del siglo, o de Paraguay, cuyos mandatarios no vieron la necesidad de una constitución política hasta 1870, todos los estados pasaron por una sucesión de leyes fundamentales. Dieciséis repúblicas generaron cerca de cien de estas cartas en los años anteriores a 1900 (Cuadro 1), con un promedio de un cambio constitucional en algún país hispanoamericano por año.

[38] Pierson, 1935; Mecham, 1938; Dealy, 1968.

CUADRO 1

CONSTITUCIONES HISPANOAMERICANAS, SIGLO XIX

País	Constituciones
Chile	11 de agosto de 1811 (Reglamento para el Arreglo de la Autoridad Ejecutiva Provisoria de Chile); 27 de octubre de 1812 (Reglamento Constitucional Provisorio); 23 de octubre de 1818; 8 de agosto de 1828 (Constitución Política Nacional); 25 de mayo de 1853 (enmendada en 1865, 1878, 1884, 1887).
Argentina	12 de octubre de 1811 (Reglamento de la Junta Conservadora de la Autoridad del Señor Don Fernando VII); 22 de noviembre de 1811 (Estatuto Provisional del Gobierno de las Provincias Unidas del Río de la Plata); 1815 (Estatuto Provisional); 25 de mayo de 1819; 23 de enero de 1825 (propuesta Ley Fundamental, rechazada por una mayoría de las provincias); 1.º de mayo de 1853 (enmendada en 1860).
Venezuela	21 de diciembre de 1811 (Constitución de los Estados Unidos de Venezuela); 17 de diciembre de 1819 (Venezuela forma parte de la República de Colombia, constituida bajo la Ley Fundamental de la

País	Constituciones
	Unión del Pueblo de Colombia); 6 de octubre de 1821 (Constitución de Colombia); 22 de septiembre de 1830 (Constitución de Venezuela, se disuelve Gran Colombia); 18 de abril de 1857; 31 de diciembre de 1858; 22 de abril de 1864; 27 de mayo de 1874; 27 de abril de 1881; 21 de junio de 1893.
México	22 de octubre de 1814 (Constitución de Apatzingán); 4 de octubre de 1824 (Constitución de los Estados Unidos Mexicanos); 1.º de enero de 1837; 15 de mayo de 1856 (Estatuto Orgánico Provisional de la República Mexicana).
República Dominicana	1 de diciembre de 1821 (Acta Constitutiva del Gobierno Provisional del Estado); 1822-1844 ocupación por Haití; 6 de noviembre de 1844; 27 de febrero de 1854; 23 de diciembre de 1854; 19 de febrero de 1858; 1861-1865 reocupación por España; 20 de junio de 1896.
Perú	20 de septiembre de 1822 (nunca entró en vigencia); 18 de marzo de 1828; 10 de junio de 1834; 10 de noviembre de 1839 (Constitución de Huancayo); 13 de octubre de 1856; 10 de noviembre de 1860.
El Salvador	24 de junio de 1824; 22 de noviembre de 1824 (El Salvador ingresa como estado a la federación centroamericana sin abandonar su constitución del 24 de junio); 18 de febrero de 1841; 24 de junio de 1859; 16 de octubre de 1871; 9 de noviembre de 1872; 6 de diciembre de 1883; 13 de agosto de 1886.
Guatemala	22 de noviembre de 1824 (Constitución de la Federación de Centro América); 1851 (Acta Constitutiva de la República de Guatemala, enmendada el 29 de enero de 1855); 23 de octubre de 1876 (Pro-Constitución de Guatemala); 11 de diciembre de 1879 (enmendada el 5 de noviembre de 1887).
Nicaragua	6 de abril de 1826 (Constitución del Estado de Nicaragua); 12 de noviembre de 1838 (Constitución Política del Libre, Soberano e Independiente Estado de Nicaragua); 19 de agosto de 1858 (Constitución Política de la República de Nicaragua); 10 de diciembre de 1893; 7 de octubre de 1896.
Bolivia	19 de noviembre de 1826; 1831 (enmendada en 1834); 28 de octubre de 1836; 1843; 1851;1861; 1868; 1871; 1878; 1880.
Costa Rica	1 de abril de 1829 (Asamblea del Estado reconoce la desintegración de la federación centroamericana y decreta la autonomía); 21 de enero de 1847 (primera constitución); 26 de diciembre de 1859; 7 de diciembre de 1871 (enmendada en 1882 y 1888).
Uruguay	10 de septiembre de 1829.
Ecuador	(En 1830 se disuelve Gran Colombia, cfr. Venezuela); 14 de agosto de 1830 (primera constitución de la República del Ecuador); 22 de junio de 1835; 1843; 1846; 1861; 1869; 1884; 1897.
Colombia	(En 1830 se disuelve Gran Colombia, *cfr.* Venezuela); 17 de noviembre de 1831 (Ley Fundamental del Estado de la Nueva Granada); 20 de abril de 1843; 28 de mayo de 1953 (Constitución Política de Nueva Granada, enmendada el 27 de febrero de 1855); 22 de mayo de 1858 (Constitución de la Confederación Granadina); 8 de mayo de 1863

23

País	Constituciones
	(Constitución de los Estados Unidos de Colombia); 4 de agosto de 1886.
Honduras	1848 (primera constitución, hasta 1848 pertenecía a la federación centroamericana); 1865; 1880; 1894.
Paraguay	15 de agosto de 1870.
Cuba	Ninguna en el siglo XIX; posesión española hasta 1899; ocupación militar por Estados Unidos 1899-1902.
Panamá	Ninguna en el siglo XIX; formaba parte de Colombia hasta 1903; primera constitución 13 de febrero de 1904.

Fuente: Rodríguez, 1906-1907.

De inestimable importancia para el desarrollo de las repúblicas decimonónicas fue el conflicto entre Iglesia y Estado que se alzó en todas partes de Hispanoamérica. Durante el período colonial las instituciones eclesiásticas y seculares estaban unidas bajo el patronato real. Gobierno y sociedad descansaban sobre un fundamento religioso, expresado entre otros en el hecho de que se les encargaba a los curas párrocos no sólo el cuidado espiritual de sus congregaciones sino también un sinnúmero de tareas que hoy en día se considerarían como pertenecientes a la competencia de las autoridades civiles y policiales.

La unidad de iglesia y estado no sobrevivió a la Independencia. La iglesia fue comprometida en la pugna entre liberales, muchos de los cuales sustentaban ideas anticlericales, y los conservadores, que querían someterla al estado por asumir los derechos patrimoniales que antes habían correspondido a la corona española. La mayoría de los liberales veían en la iglesia una influencia retrógrada sobre la población y un obstáculo al progreso económico. Abogaban por la separación de iglesia y estado y por la libertad de religión. Para limitar el poder del clero y estimular la economía, se proponían nacionalizar las propiedades eclesiásticas. Los conservadores, aunque se oponían a las nacionalizaciones, sí aceptaban la idea de aprovechar la riqueza de la iglesia en beneficio del estado, por ejemplo mediante préstamos obligatorios. En todos los países hispanoamericanos se adoptaron estatutos anticlericales durante el siglo XIX. Estos se tienen que interpretar dentro del contexto de la debilidad fiscal del estado: tanto liberales como conservadores volvieron los ojos a las riquezas eclesiásticas como una fuente potencial de ingresos. Llama la atención que los conflictos entre iglesia y estado se recrudecieran durante períodos de guerra y dificultades económicas, tiempos en que el estado andaba más necesitado de dinero[39].

Una de las consecuencias más graves de los ataques a la iglesia fue el socavamiento de los mecanismos de la administración rural, donde los curas párrocos habían desempeñado un papel esencial. En México entre 1810 y 1834, el número de sacerdotes clérigos disminuyó hasta la mitad, de 4.299 a 2.282; el número de regulares bajó de 3.122 a 1.726. Entre 1818 y 1836 los recibos de la arquidiócesis por motivo de diezmos bajaron un 91 por ciento[40]. Cuadros parecidos se produjeron también en otros países. En 1825 el arzobispo de Guatemala calculaba que los ingresos parroquiales de su jurisdicción habían disminuido en un tercio desde 1815, causando el abandono de muchos beneficios por sus curas. Entre 1805 y 1872 el número de curas regulares y seculares en Guatemala bajó de 453 a sólo 119[41]. La progresiva disminución del clero no podía sino agravar lo que Sarmiento, hablando de Argentina, llamó la «desasociación» de la campaña:

La sociedad ha desaparecido completamente; queda sólo la familia feudal, aislada, reconcentrada; y no habiendo sociedad reu-

[39] Slicher van Bath, 1981, págs. 12-13; Mecham, 1966.
[40] Prien, 1978, pág. 396; Costeloe, 1966, pág. 21.
[41] Holleran, 1949, págs. 85, 236; Antonio Larrazábal, «Apuntamientos sobre la agricultura y comercio del reyno de Guatemala» (1811), reproducido como apéndice documental a García Laguardia, 1971, pág. 382.

nida, toda clase de gobierno se hace imposible: la municipalidad no existe, la policía no puede ejercerse y la justicia civil no tiene medio de alcanzar a los delicuentes[42].

En este vacío surgió el caudillo rural, personaje universal en el paisaje político hispanoamericano del siglo XIX. En 1902 Manuel Díaz Rodríguez comparó las «continuas guerras» y «corrupción de costumbres» de su país con «las mismas guerras continuas y costumbres depravadas» de Italia durante los siglos XV y XVI, «con sus múltiples pequeñas repúblicas y principados». La inutilidad e impotencia de los órganos oficialmente reconocidos de la administración local, y la falta de organización política en la capital, suscitaron en las oligarquías locales y las familias extendidas una lucha por prestigio y poder. Como Italia al fin de la Edad Media, Hispanoamérica tuvo sus «brutales *condottieri* y rudos capitanes» que aunque fuese de la manera más primitiva, contribuyeron al marco necesario para la organización política[43]. La efectividad de los caudillos locales y regionales radicaba en su capacidad de reunir a parientes, amigos, inquilinos y peones en bandas armadas cuando esto hacía falta. Mediante amenazas y la selectiva distribución de favores, los caudillos regían por la fuerza de su personalidad; eran jefes de clanes, a veces grandes terratenientes, hombres como el general venezolano Ramón Castillo, que con la palabra podía movilizar a mil campesinos de las propiedades de su familia[44].

Ser caudillo no implicaba ninguna ideología o programa político específico, aunque algunos caudillos sí tenían fuertes convicciones políticas. El público conocía a la facción de un caudillo por el nombre de su líder, pero frecuentemente la identificaba políticamente como liberal o conservadora, a veces en base a un mero capricho o impresión, otras veces porque adquiría el carácter de un verdadero movimiento político. Un ejemplo del tipo del caudillo «iluminado» fue el «Ilustre Americano» Antonio Guzmán Blanco, que dominó la política venezolana de 1870 a 1888. Su deseo de remodelar su país según ejemplos franceses y norteamericanos era inspirado por su admiración tanto por la industriosidad yanqui como por la cultura del Segundo Imperio. No obstante, semejantes movimientos políticos se desarrollaron como estructuras personalistas y su destino era determinado por la suerte del caudillo[45].

Antonio Guzmán Blanco.

Típicamente, el caudillo se mostraba debidamente respetuoso de las fórmulas y exterioridades del republicanismo, las constituciones que, aunque se cambiasen frecuentemente, no alteraban fundamentalmente el proceso político. Sus palabras elegantes y frases legales reflejaban actitudes intelectuales más que realidades prácticas y por lo tanto dotaron el ejercicio del poder de un lustre y una dignidad de la que, de otra manera, habría carecido. Ello permitió a los caudillos mezclarse y formar alianzas con políticos en la capital, tanto como para que éstos a veces fueran a la búsqueda de un caudillo para luego lanzarlo al escenario nacional. Gilmore señala como un rasgo invariable de la vida política venezolana en el siglo XIX la presencia del «grupo o camarilla» que «pone en el gobierno a un hombre fuerte, para girar a su alrededor como insectos en torno a una luz»[46].

Atravesando las divisones étnicas y las diferencias de clases, el caudillismo clásico era una pirámide de poder que descansaba sobre relaciones de patronaje y lealtad personal. El sistema político nacional presuponía la existencia de muchos caudillos al mismo tiempo. En la base de la escala jerárquica estaba el pequeño agricultor, el jornalero, el vago. Un caudillo local o regional mantenía relaciones de patronaje con otro más poderoso. La persona que podía contar con el apoyo de todos los caudillos regionales dominaba la vida política

[42] Sarmiento, 1970, pág. 43.
[43] Morse, 1974b.
[44] Morse, 1974a, pág. 56; Humphreys, 1969, páginas 216-228; Gilmore, 1964.
[45] Nava, 1965; Gilmore, 1964, págs. 56-59.

[46] Gilmore, 1964, pág. 29.

25

nacional. Si ninguno lograba este apoyo amplio, los resultados inevitables eran la inestabilidad y los enfrentamientos violentos, lo que explica los períodos alternativos de anarquía y extendida tiranía personalista experimentados por tantos países hispanoamericanos a lo largo del siglo XIX[47].

El fenómeno del caudillismo está estrechamente relacionado con el proceso de militarización de la sociedad que siguió a la Independencia. El período colonial no había dejado una tradición militar digna de mención. Hubo pocas rebeliones, pocos conflictos armados de cualquier tipo. Las obras de arquitectura militar se limitaban a unos pocos fortines para defensa de las costas y algunos presidios pobrísimos en las zonas fronterizas[48]. Las milicias coloniales eran pequeñas y mal organizadas[49]. El militarismo hispanoamericano, al igual que el caudillismo, surgió a raíz de las guerras de Independencia y consolidación nacional. Estas guerras crearon por primera vez la necesidad de ampliar el número de hombres bajo armas, no sólo para librar los combates sino también para dotar a los nuevos gobiernos de algún medio para asegurar la obediencia de las poblaciones[50].

Desde el primer momento, los autores de la Independencia tradujeron sus hazañas en oficios políticos. En Colombia, por ejemplo, 21 de los primeros 23 funcionarios políticos nombrados habían sido oficiales en el ejército de la Independencia. En Venezuela también, los «Libertadores» opinaban que, habiendo creado el estado, ahora ellos tenían derecho de dirigirlo. En México, los caudillos dominaban el ejército y la fuerza armada creció; en los treinta y cinco años que siguieron a la Independencia, el número de soldados aumentó de 16.136 a 64.316, un incremento de 300 por ciento. Los gastos militares consumían una proporción cada vez más grande de los presupuestos nacionales. El ejército en Venezuela insumía el 21,5 por ciento del presupuesto en 1842; en Colombia el 50 por ciento. Los gastos militares de la Argentina entre 1830 y 1850 oscilaban entre el 50 y el 70 por ciento del desembolso total. Ya en el año 1855 el ejército mexicano consumía el 80 por ciento del presupuesto federal, el resto se destinaba a los gastos de gobierno y el servicio de la deuda nacional[51].

Los conflictos extranjeros, prácticamente desconocidos en el período colonial, también estimularon la militarización. Hubo cinco guerras importantes entre estados latinoamericanos durante el siglo XIX. La primera enfrentó las Provincias Unidas del Río de la Plata con Brasil en 1825-1828 y terminó con la creación de Uruguay como estado independiente para servir de valla entre los dos países en conflicto. La segunda, que en cierto modo no fue sino una continuación de la primera, estalló a raíz de un conflicto entre el dictador argentino Juan Manuel de Rosas y los llamados *blancos* del Uruguay, quienes se aliaron con Brasil. En 1836-1839 Chile y Argentina invadieron a la efímera confederación de Perú y Bolivia, provocando el exilio europeo de su creador, Andrés de Santa Cruz. La sangrienta guerra del Paraguay (1865-1870) diezmó la población paraguaya. Según una fuente, los 1.300.000 habitantes que había contado Paraguay en 1863 se vieron reducidos a sólo 221.079 (28.746 hombres, 106.2544 mujeres y 86.079 niños) ocho años después[52]. El último gran conflicto del siglo XIX fue la Guerra del Pacífico, en la que Chile venció a las fuerzas combinadas de Perú y Bolivia, desenlace que costó a Bolivia su acceso al mar así como la pérdida de sus ricos depósitos de salitre.

Varias potencias extrarregionales también manifestaban ambiciones hegemónicas, las que no vacilaban en perseguir por medios militares. México en particular sufrió repetidas intervenciones e invasiones de los Estados Unidos y Francia. Las guerras con Estados Unidos significaron para México la pérdida de más de la mitad de su territorio nacional. La presencia británica también se hizo sentir. Al mismo tiempo que los bancos ingleses estaban prestando dinero a los estados centroamericanos, en parte para cubrir sus gastos militares, fuerzas británicas estaban probando las defensas de estos mismos países en sus costas atlánticas. En 1848 Gran Bretaña ocupó el asentamiento hondureño en la desembocadura del Río San Juan y cuatro años más tarde declaró las islas de la bahía de Honduras colonia británica. Los ingleses sólo se retiraron bajo presión diplomática internacional. En 1859 Londres firmó un tratado con Guatemala, por el cual Guatemala reconoció la soberanía británica sobre Belice a cambio de la promesa inglesa de construir un camino desde la capital de Guatemala hasta la costa del Caribe. El camino nunca fue construido, pero Inglaterra se quedó con Belice[53].

[47] Morse, 1974a, pág. 56.
[48] Ver, por ejemplo, Hardoy, 1973-1974; Calderón Quijano, 1953; y Chueca Goitia, Torres Balbas y González González, 1951.
[49] Archer, 1977; Kuethe, 1978.
[50] Halperín Donghi, 1972, pág. 19.
[51] Gilmore, 1964, págs. 11, 133; Lynch, 1981, pág. 199; Halperin Donghi, 1972, pág. 30; Sinkin, 1979, pág. 97.

[52] Chaunu, 1973b, pág. 100.
[53] Woodward, 1976, págs. 134-135.

Mercado de Montevideo, 1839-1840 (Adolphe Bayot).

LA POBLACIÓN

A pesar de los graves disturbios políticos y de los conflictos armados, las recién creadas repúblicas de Hispanoamérica experimentaron una pronunciada expansión demográfica en el siglo XIX. Surgieron nuevas activades económicas y la población creció, acelerando la tendencia generalmente positiva establecida desde la segunda mitad del siglo XVII. Paradójicamente, la misma falta de estabilidad política y la debilidad institucional de las nuevas naciones contribuyeron en cierta medida a este avance económico y demográfico, ya que al desmoronarse el sistema colonial de restricciones y monopolios, se abrieron posibilidades inexploradas hasta entonces. La mayoría de los estados hispanoamericanos con el beneplácito de sus socios comerciales en el extranjero, adoptaron la política del liberalismo económico. En parte esta lección les fue dictada por su propia debilidad burocrática. En algunos casos el liberalismo reflejaba más bien un reconocimiento de la incapacidad general para intervenir efectivamente en la vida económica, que a una deliberada preferencia política.

Hay que considerar el desarrollo hispanoamericano en el siglo XIX a la luz de lo que estaba ocurriendo en otras partes del mundo. De acuerdo con una estimación reciente, la población del mundo entero casi se duplicó entre 1800 y 1900, de 900 millones a casi 1.600 millones de habitantes[54]. Esta multiplicación de consumidores y capacidad productiva contribuyó a una expansión generalizada de oferta y demanda de toda clase de bienes y servicios. En el mismo período, los avances tecnológicos provocaron grandes adelantos en el transporte a larga distancia. El mundo no sólo se hizo más populoso, sino también más pequeño. El crecimiento de la población hispanoamericana respondió en gran medida al estímulo económico de un creciente comercio con el mundo exterior, en especial con el norte de Europa[55].

Durante este siglo en que la población mundial se duplicó, la de Hispanoamérica se triplicó. Ningún país de América dejó de crecer, pero hubo disparidades regionales enormes, produciéndose una diferenciación por zonas bien características de la época (Cuadro 2).

---

[54] McEvedy y Jones, 1978, pág. 342.
[55] Sobre la historia demográfica de América Latina en general, véase Sánchez-Albornoz, 1974.

CUADRO 2

LA POBLACION DE HISPANOAMERICA
Y DEL MUNDO, 1800-1900

País	Población 1800 (en millones)	Población 1900 (en millones)	Indice 1900 (1800=100)
Argentina	0,3	4,75	1583
Uruguay	0,1	0,9	900
Cuba, República Dominicana y Puerto Rico	0,7	3,3	471
Colombia	1,0	4,25	425
América Central	1,0	4,0	400
Chile	0,9	3,0	333
Ecuador	0,5	1,5	300
Perú	1,5	3,75	250
Venezuela	1,0	2,5	250
México	5,5	13,5	245
Paraguay	0,3	0,6	200
Bolivia	0,9	1,5	167
Hispanoamérica	13,7	43,55	318
Estados Unidos	6,0	76,0	1267
Canadá	0,5	5,25	1050
Brasil	2,5	18,0	720
América, otros	9,0	99,25	1103
Europa occ.	111,5	217,5	195
Resto del mundo	759,3	1261,5	166
TOTAL	893,5	1621,8	182

Fuente: McEvedy y Jones, 1978.

El patrón diferencial regional de crecimiento demográfico puntualiza la importancia del comercio con Europa como uno de los principales estímulos a la población. Las regiones costaneras, siendo más accesibles al comercio ultramarino, sintieron esta influencia mucho más fuertemente que el interior del continente. Bolivia y Paraguay, los dos países geográficamente más cerrados al exterior, también experimentaron las más bajas tasas de crecimiento en el siglo XIX. Al otro extremo, fueron los países de clima templado con puertos sobre el Atlántico, los que más rápidamente se desarrollaron: Argentina y Uruguay (con Canadá y Estados Unidos, si se incluye a Norteamérica para completar el cuadro comparativo). Estas regiones, por carecer de la gran población indígena característica de Mesoamérica y los países andinos, siempre habían permanecido como zonas periféricas o fronterizas durante el período colonial[56]. Sólo adquirie-

ron importancia en el siglo XIX, bajo la influencia del comercio atlántico, alcanzando o bien dejando atrás a los centros antiguos de la época colonial.

Si la expansión de las economías de exportación provocó un cambio en el balance demográfico a favor de las costas y en contra del interior, también afectó el balance este-oeste del continente. Por razones de proximidad, el comercio europeo se dirigía mucho más a las regiones sobre el Atlántico que a las del Pacífico. Efectivamente, los países atlánticos crecieron desproporcionadamente, como se puede apreciar en la siguiente comparación de los respectivos índices de población en 1900 (donde la población en 1800=100):

países con costa atlántica 545
países con costa atlántica y pacífica 290
países con costa pacífica solamente 284
países sin costas 175

Durante el siglo XIX el centro geográfico de

[56] Slicher van Bath, 1979; van Oss, 1978.

la población hispanoamericana se mudó hacia el este, alejándose de los antiguos centros coloniales cerca del Pacífico, acercándose al Atlántico y a Europa.

El crecimiento demográfico tomó su fuerza de dos fuentes: el crecimiento vegetativo y la inmigración. Durante la primera mitad del siglo, el crecimiento natural fue el factor más importante, aunque en algunas regiones fue frenado a causa de las violentas luchas internas. En la segunda mitad del siglo, la inmigración proveniente de fuera del continente se aceleró y para 1900 estaba en vías de transformar completamente la composición étnica de países como Uruguay y Argentina.

Por sus aspectos sociales más dramáticos, la inmigración tal vez haya recibido más atención de los historiadores que el aumento vegetativo subyacente. Sin embargo no deberíamos menospreciar este último factor, especialmente en aquellos países donde nunca hubo movimiento inmigratorio significativo. Por ejemplo, durante el período 1832-1844 la inmigración apenas aportó el uno por ciento del crecimiento demográfico de Venezuela y aun en Argentina, país de inmigrantes por excelencia, las grandes masas de colonos europeos que arribaron a finales del siglo sólo vinieron a completar una fuerte tendencia de crecimiento natural que había comenzado mucho antes. Entre 1825 y 1857, cuando la inmigración a la Argentina todavía era muy moderada, la población del Plata casi se duplicó, aparentemente a causa de una disminución en la tasa de mortalidad. No obstante el papel limitado de los inmigrantes, fue la economía de exportación de Buenos Aires la que estimuló el auge: el mayor crecimiento se experimentó en las provincias del litoral, y sobre todo en la propia provincia de Buenos Aires, donde la población creció de 72.168 a 495.107 entre 1797 y 1869, una tasa promedio de crecimiento de alrededor de 27 por mil[57]. Algo parecido encontramos en Guatemala durante el auge de la cochinilla, donde en 1860 se calculaba un exceso de nacimientos sobre muertes en toda la república de casi 30 por mil[58]. Si semejantes tasas de incremento natural se hubieran producido y continuado durante todo el siglo y en todas partes de Hispanoamérica, el crecimiento habría sido aún más espectacular de lo que fue.

Por supuesto hubo interrupciones y reveses. Los ciclos que caracterizaban casi todos los productos de exportación, implicaban bajas severas que afectaban cruelmente el destino de la población que dependía de ellos para su sub-

sistencia. Y las guerras también tuvieron sus consecuencias demográficas, comenzando con las propias guerras de Independencia, particularmente virulentas en un país como Venezuela, por ejemplo, donde la población disminuyó a raíz de ellas en un veinte o quizás en un treinta por ciento. La producción agrícola se paralizó y los hatos de ganado, tan importantes para la economía de Venezuela, se vieron diezmados: de unas 1.200.000 cabezas en 1804 a 256.000 después de la guerra[59]. Chile se convirtió en otro cementerio de guerra. Loveman estima una pérdida de quizás un quince por ciento de la población masculina adulta de 1810 a 1830 y una disminución correspondiente en la producción agraria[60]. Llama la atención la tremenda capacidad recuperativa de la población frente a estas catástrofes. Así tenemos, por ejemplo, el Bajío mexicano, una de las regiones más golpeadas por los conflictos armados en la época de la Independencia: su minería y agricultura sufrieron gravísimos daños pero, paradójicamente, y como para burlarse de ellos, siguieron en aumento tanto su población como los valores de sus tierras[61].

Esta vitalidad frente a las alteraciones políticas y la destrucción de la guerra, caracteriza el siglo XIX. Por rápido que fuera, sin embargo, el crecimiento demográfico aún estaba lejos de acercarse a sus límites naturales. La densidad de población siempre era mínima en comparación con la que servía de base a las economías más avanzadas del mundo. Aunque la población hispanoamericana creció mucho más rápidamente en el siglo XIX que la europea, en 1900 Europa seguía manteniendo una densidad demográfica aproximadamente dieciséis veces mayor que Hispanoamérica, representando una diferencia enorme en potencialidad humana. En comparación con Europa, América seguía siendo, como en la época colonial, un archipiélago débilmente articulado de islotes cultivados separados entre sí por vastos espacios casi despoblados[62].

Para la mentalidad expansionista de los líderes políticos hispanoamericanos, estos espacios representaban un desafío, obstáculos a la civilización y a la prosperidad, «desiertos» para ser conquistados y colonizados:

Allí la inmensidad por todas partes: inmensa la llanura, inmensos los bosques, inmensos los ríos, el horizonte siempre incierto, siempre confundiéndose con la tierra entre celajes y vapores tenues que no dejan en

[57] Brito Figueroa, 1966, I, págs. 264-265; Lynch, 1981, págs. 92-93.
[58] Casal, 1981, págs. 25-27.

[59] Izard, 1976, págs. 8-20; Pérez Vila, 1976, pág. 43.
[60] Loveman, 1979, págs. 141-143.
[61] Brading, 1978, págs. 50-60, 89.
[62] Hennessy, 1978, desarrolla este tema ampliamente.

la lejana perspectiva, señalar el punto en que el mundo acaba y principia el cielo[63].

En un país como Argentina, el desafío del «desierto» unió a estadistas y políticos tan diversos como Rivadavia, Rosas y Alberdi, quienes, aunque no coincidieron en ninguna otra cosa, creían que su colonización era una condición fundamental para lograr el progreso de la nación. En el caso de Alberdi, esta convicción inspiró su famosa frase «gobernar es poblar» y lo incitó a formular planes para atraer inmigrantes europeos a la Argentina. Rosas no estaba menos convencido de la necesidad de poblar los confines de la provincia de Buenos Aires, aunque fuera por los métodos más improbables, como el secuestro que hizo en algún momento de todas las prostitutas de la capital, enviándolas a la frontera bajo escolta militar, esperando promover el aumento de la población rural de esta manera[64].

Los proyectos para atraer a colonizadores extranjeros se multiplicaron en la medida que casi todos los gobiernos se enfrentaban con el problema de la baja población y su corolario, la conciencia de un subdesarrollo económico respecto al mundo noratlántico. A su vez, estas políticas de colonización adquirieron un fuerte sabor de racismo, dirigiéndose no sólo a la colonización del desierto, sino a la europeización de la sociedad en general. Buenos Aires, por falta de agricultores, se hallaba, a pesar de la fertilidad de sus suelos, desprovisto de víveres por los años de 1820 (una libra de mantequilla costaba más que una oveja, y un huevo más que dos). Para estimular la agricultura, el entonces presidente Rivadavia se proponía introducir a inmigrantes, sobre todo del norte de Europa, porque creía que éstos poseían las calidades de industria y disciplina de las que carecían los nativos del país[65]. Semejantes esfuerzos se realizaron en otras partes del continente, como por ejemplo Centroamérica bajo el gobierno de Mariano Gálvez. El economista político guatemalteco Pío Casal justificaba esta política en términos abiertamente raciales, «porque así como del cruzamiento de las razas se obtiene la perfección de los individuos, así la introducción del elemento extranjero, bien escogido, da por resultado en las naciones el desarrollo rápido de la civilización»[66].

La adulación de Pío Casal por lo europeo, compartida por muchos criollos influyentes, implicaba cierto menosprecio por la propia población rural, particularmente la población indígena, que se juzgaba inherentemente inferior a la gran tarea de desarrollo nacional. Pío Casal y otros de su parecer volvían los ojos a

esos hombres ricos de inteligencia y de bienes de fortuna... verdaderos *pioneers* de la civilización, destinados a llevarla y difundirla a países nuevos... impelidos por el destino a cumplir una misión providencial, la del progreso. Hombres de esa clase necesita Guatemala[67].

Los gobiernos hispanoamericanos se mostraban dispuestos a subsidiar cualquier proyecto, por más descabellado que pareciera, con tal que prometiera traer a los deseados inmigrantes. Muchas veces se encargaba la ejecución a una compañía extranjera, como un proyecto argentino para una colonia de escoceses cerca de Buenos Aires bajo contrato con los hermanos Robinson en 1825-1828, o la concesión espectacularmente mal concebida hecha por el gobierno peruano al colonizador Cosme Schultz para traer trece mil alemanes a la cuenca del Amazonas en 1853. Una concesión guatemalteca a una compañía belga para la colonización de su costa norte fracasó trágicamente a causa de la pésima organización del proyecto y de una epidemia: de unos 882 colonos belgas que llegaron en 1844 y 1845, más de 200 murieron; casi todos los sobrevivientes se precipitaron a volver arruinados a su país de origen[68].

Hubo cientos de estos proyectos de europeización en el siglo XIX, tan poco prácticos como ambiciosos. En 1847 el gobierno peruano adoptó una ley ofreciendo una prima de treinta pesos por inmigrante introducido para trabajos agrícolas, sin notable éxito. En 1873 hubo un proyecto de lotear tierras en la costa entre inmigrantes europeos[69]. Entre los pocos proyectos logrados podemos mencionar la Colonia Tovar, establecida cerca de Caracas por el rico propietario venezolano Martín Tovar, con inmigrantes alemanes en 1843, o un grupo de colonizadores galeses que ocuparon una parte de la cuenca del Chubut en Patagonia. La colonización alemana en el siglo XIX dejó una huella indeleble en la región boscosa del sur de Chile[70]. Pero la mayoría de los proyec-

[63] Sarmiento, 1970, págs. 31-32.
[64] Halperín Donghi, 1976, págs. 437-489; Lynch, 1981, págs. 55-56.
[65] Ferns, 1960, págs. 137-140.
[66] Casal, 1981, pág. 11.

[67] Casal, 1981, págs. 54-55.
[68] Ferns, 1960, págs. 137-140; Romero, 1968, II, páginas 55-60; Randall, 1977, pág. 83; Everaert, 1976, páginas 334-336; Solórzano, 1977, págs. 314-315.
[69] Romero, 1968, II, págs. 48-49, 55-60; Randall, 1977, pág. 83.
[70] Brito Figueroa, 1966, I, págs. 264-265, 315; Sánchez-Albornoz, 1974, págs. 149-150; Blancpain, 1974.

tos de colonización planeada fracasaron miserablemente.

Después de la abolición de la esclavitud[71], y con la expansión de las economías de exportación en la segunda mitad del siglo XIX, la importación de obreros bajo contrato dio lugar a cierta forma de movimiento inmigratorio, aunque tal vez no es el sentido «civilizador» de los proyectos de colonización. Eran asiáticos y, en menor grado, europeos que llegaron para llenar la «falta de brazos» generada por la expansión económica. Desde aproximadamente 1850 en adelante comenzaron a llegar obreros chinos a los puertos del Pacífico, contratados en su país para trabajar en las minas, plantaciones y en la construcción de los ferrocarriles americanos. El comercio se centraba en la costa del Perú. Antes de su prohibición en 1874, casi 90.000 obreros chinos entraron a trabajar en una variedad de ocupaciones, principalmente en las regiones de Lima y Trujillo[72]. Menos conocido es el papel de los obreros europeos, contratados para trabajar en las regiones atlánticas de Hispanoamérica. Aunque algunos chinos fueron a trabajar a Cuba, por ejemplo, constituían una pequeña minoría. La construcción de los ferrocarriles cubanos dependía mucho más de la importación de obreros europeos, sobre todo de Irlanda, pero también de Alemania, Inglaterra y otros países. Los europeos no tuvieron ningún tratamiento especial. Más de un cuarto de ellos murieron, mientras que otro quince por ciento volvió a Europa. El sesenta por ciento restante se quedó en Cuba, donde se agregó a la clase obrera nativa[73].

Durante el período colonial y hasta entrado el siglo XIX, la dificultad del pasaje hizo de la migración transoceánica un compromiso permanente, un viaje en sentido único para la gran mayoría de los emigrantes. Los adelantos tecnológicos del siglo XIX, en cambio, ocasionaron una disminución radical tanto en la duración como en el costo del viaje. Apareció por primera vez el personaje novedoso del migrante transatlántico temporario, y hasta estacional. En creciente número, estos migrantes estacionales, a los que se llamaba «golondrinas» porque como esas aves sólo pasaban parte del año en el país, cruzaban el Atlántico en busca de suelos altos en las cosechas de trigo y maíz en América del Sur. A finales del siglo, Argentina atraía unos cincuenta mil trabajadores emigrantes de Italia y España cada año. Miles de ellos abandonaban sus pueblos europeos en octubre o noviembre, llegando a Argentina para participar en las cosechas, primero en el norte y luego bajando hacia el sur. Alrededor del mes de abril, cuando se terminaba el trabajo, los obreros golondrina volvían a embarcarse para Europa, donde llegaban a tiempo para participar en las labores en sus países nativos, un ejemplo impresionante de la creciente movilidad personal a fines del siglo XIX[74].

La inmigración europea, tanto temporaria como permanente, tuvo su mayor impacto en dos países que habían pertenecido a las regiones más escasamente pobladas del continente en el período colonial: Argentina y Uruguay. En Argentina, donde migrantes británicos habían jugado un papel prominente en el comercio y la ganadería desde muy temprano, la inmigración cobró mucha más fuerza en la segunda mitad del siglo, alcanzando sus niveles mayores en 1884-1889 y 1905-1912. Para esta época, la gran mayoría de los emigrantes provenían del sur de Europa[75]. Muchos de los primeros inmigrantes habían llegado como peones, reclamando sueldos que podían ascender a una libra esterlina. Entre ellos se destacaban los irlandeses, famosos como pastores de ovejas: en 1865 había 28.000 irlandeses residentes en la Argentina, sobre un total de 32.000 súbditos británicos. Pero también personas de otras nacionalidades se dirigían al puerto de Buenos Aires. En 1850 ya había 20.000 franceses en la ciudad y sus suburbios, empleados principalmente como mecánicos y artesanos, mientras que muchos italianos trabajaban en los transportes fluviales[76]. Entre 1850 y 1860 entraron unos 30.000 inmigrantes al país; entre 1860 y 1880, alrededor de 400.000. Iba en aumento el aporte de los países mediterráneos. La mayoría de los recién llegados entre 1850 y 1880 eran vascos e italianos del norte[77]. El sector inmigrante creció inexorablemente, del 12,1 por ciento de la población total en 1869,

---

[71] La abolición de la esclavitud fue un proceso gradual en Hispanoamérica: Chile en 1823, América Central en 1824, México en 1829, Argentina en 1840, Uruguay en 1846. Ocurrió más tarde en los países donde existía una tradición esclavista más fuerte: Venezuela y Perú (1854), Paraguay (1870), Cuba (1886), Puerto Rico (1873); Sánchez-Albornoz, 1974, págs. 144-145. Con pocas excepciones, la esclavitud ya era una institución moribunda en el momento de su supresión oficial. Las provincias argentinas, por ejemplo, sólo contaban unos 300 esclavos negros en 1843; en Venezuela, hacia 1844, los esclavos sólo constituían el 1,75 por ciento de la población total; Lynch, 1981, págs. 119-122; Pérez Vila, 1976, págs. 52-53.

[72] Sánchez-Albornoz, 1974, págs. 150-151; Romero, 1968, II, págs. 48-49; Randall, 1977, págs. 88-89; Browning, 1975, págs. 248-249.

[73] Knight, 1977, págs. 33-34.

[74] Scobie, 1971, págs. 119, 130-131.

[75] Scobie, 1974, pág. 9; Ferns, 1960, págs. 67-68, 76; Lynch, 1981, pág. 248.

[76] Ferns, 1960, pág. 141; Lynch, 1981, pág. 248.

[77] Ferns, 1960, pág. 340.

al 25,5 por ciento en 1895 y al 29,9 por ciento en 1914[78].

La preponderancia extranjera se sentía más fuertemente en Buenos Aires, donde los inmigrantes constituían cerca del 50 por ciento de la población a partir de 1869. Dentro de Buenos Aires, los extranjeros se congregaban en los barrios del centro, como el de San Nicolás por ejemplo, donde los argentinos de nacimiento formaban un grupo minoritario entre los españoles, italianos, franceses, rusos y otras nacionalidades que juntas determinaban el carácter multiétnico del centro. Si Buenos Aires había comenzado el siglo como poco más que una aldea grande, para 1900 se había convertido en una gran metrópoli internacional. Vista desde la perspectiva del campo, la ciudad debe haber parecido como un embrollo de lenguajes y costumbres exóticas, una cabeza de playa para la influencia extranjera.

guay que los uruguayos de nacimiento apenas constituían una mayoría de la población (55 por ciento en 1872). El cosmopolitismo de Montevideo era aún más pronunciado que el de Buenos Aires: el censo de 1843 registra 168 extranjeros residentes en la capital por cada cien uruguayos[79].

Por importante que haya sido la inmigración en Argentina y Uruguay, su impacto sobre el resto del continente fue mucho menor. La experiencia del Río de la Plata no se repitió en ninguna otra parte de Hispanoamérica. Los tradicionales centros de población indígena y colonial en Mesoamérica y los países andinos ofrecían en general menos alicientes a la migración europea y por lo tanto experimentaron un crecimiento más moderado, menos extravertido. Chile, país vecino de Argentina hacia el occidente, atraía emigrantes de las mismas regiones europeas que Argentina o Uru-

Calle de Montevideo, 1880 (Chute and Brooks, Uruguay).

Al otro lado del Río de la Plata, en Uruguay, pasó algo parecido. En las llanuras de la república oriental, los ganaderos británicos conquistaron un lugar tan prominente que apellidos como Dickenson, Leighton, Young y Crocker se convirtieron en sinónimos de la élite terrateniente. La inmigración alteró tan completamente la composición étnica del Uru-

guay, pero en cantidades menores. En 1895, cuando un cuarto de todos los residentes de la Argentina había nacido en el extranjero, los inmigrantes sólo constituían el 2,9 por ciento de la población chilena[80]. En Venezuela hasta

[78] Sánchez-Albornoz, 1974, pág. 164.

[79] Barrios Pintos, 1973, págs. 209-212; Sánchez-Albornoz, 1974, pág. 149.
[80] Loveman, 1979, págs. 38-39; Blancpain, 1974, página 481.

1850, como hemos visto, la inmigración apenas contribuyó en un uno por ciento al crecimiento demográfico general. Hacia fines del siglo XIX el movimiento inmigratorio aumentó ligeramente, pero ni siquiera en grado suficiente para mantenerse a la par del crecimiento vegetativo[81]. México, con su gran población nativa, tampoco experimentó mucho caudal inmigratorio. El censo de 1900 sólo registró la presencia de 57.507 extranjeros en territorio mexicano, el 0,5 por ciento de la población total. Países como El Salvador y Colombia eran más cerrados todavía. A Colombia pueden haber llegado unos cien emigrantes por año entre 1880 y 1890, y tal vez doscientos por año entre 1890 y 1910[82]. La inmigración, fuente de vida para Argentina y Uruguay, en otras partes de Hispanoamérica no era mucho más que una curiosidad exótica.

VIDA ECONÓMICA

La dispersión demográfica y la falta de buenas comunicaciones internas impidieron que las economías hispanoamericanas desarrollaran un fuerte dinamismo autóctono en el siglo XIX. La mayoría de la población seguía viviendo como había vivido en el período colonial; las sociedades eran enfáticamente agrarias. En el aislamiento de sus pueblos, las comunidades indígenas del interior se dedicaban a sus cultivos haciendo uso de técnicas antiquísimas. En una época en que la oficina de patentes de los Estados Unidos estaba registrando más de mil nuevos inventos agrícolas por año, las chinampas precolombinas del Valle de México seguían representando el apogeo de la agricultura intensiva en Hispanoamérica. En los pueblos de Guatemala persistían las formas comunales de tenencia de la tierra, como los terrenos llamados *yaxbax,* cuyos frutos desde la época prehispánica se destinaban al culto divino. Los indígenas de Momostenango sólo empezaron a reemplazar sus coas y macanas tradicionales por instrumentos más modernos a finales del siglo XIX, y las azadas que usaban eran una refinación colonial española de modelos precolombinos hechos de madera y hueso. Este hondo tradicionalismo no era el resultado de una mentalidad retrógrada de parte de la raza indígena, aunque no faltaban intelectuales que lo querían interpretar así. Al contrario, las técnicas indígenas en muchos casos eran más avanzadas que las de los agricultores «españoles». En las sierras del interior de la República Dominicana, donde no existían comunidades indígenas, la agricultura era tan primitiva que el primer arado sólo fue introducido en Santiago en 1898. Habiéndolo visto, los agricultores de la región rechazaron el nuevo aparato, prefiriendo seguir con sus conocidas azuelas y machetes[83].

La mentalidad conservadora de la población rural no hizo nada para adelantar la causa de la agricultura moderna, pero un obstáculo mucho más formidable a la diversificación e intensificación agrícola fue la mera abundancia de tierras, lo cual es otra manera de decir escasez de población. La historia agraria de Europa enseña que la producción agrícola es muy sensible a los cambios de precios, los cuales a su vez sólo reflejan niveles de demanda. En Europa, la agricultura intensiva se desarrolló como una respuesta a la presión demográfica en áreas muy densamente pobladas. En pocas palabras: el motivo de la intensificación de la agricultura no es tanto la riqueza sino la necesidad[84]. En gran parte del continente americano, este motivo no existía. En Venezuela se calculaba hacia 1840 que las tierras efectivamente cultivadas sólo representaban el uno por ciento de las potencialmente cultivables. En Colombia sólo se cultivaba el tres por ciento de la superficie arable en 1870. En las regiones ganaderas de Honduras y Nicaragua durante la primera mitad del siglo XIX muchos hacendados simplemente abandonaron sus estancias: había tierra en abundancia, pero sin obreros ni demanda por sus productos, la tierra carecía de cualquier valor[85].

El estímulo extranjero que provocó la expansión económica en Hispanoamérica originó el principio de una dependencia económica externa que muchos historiadores consideran como el legado principal de aquella época. Consistió en un vertiginoso aumento en el volumen del comercio internacional en todo el mundo, crecimiento que superó en mucho a los productos nacionales de los países individualmente. Según el cálculo de Hobsbawm, el valor del comercio internacional en general se duplicó entre 1720 y 1780, se triplicó de nuevo desde 1780 hasta 1840, y se sextuplicó entre 1840 y 1875[86].

En parte, esta expansión correspondía a la

[81] En 1874-1888 ingresaron al país 26.090 inmigrantes, un promedio de 1.733 anuales; Brito Figueroa, 1966, I, páginas 264-265, 315.

[82] Sánchez-Albornoz, 1974, pág. 153; Browning, 1975, págs. 248-249; McGreevey, 1971, pág. 206.

[83] Feller, 1962, págs. 576-577; Coe, 1964, págs. 90-99; Solórzano, 1977, págs. 259-263; McBride, 1971, pág. 16 y siguientes; Hoetink, 1982, pág. 5.

[84] Slicher van Bath, 1974, págs. 353 y siguientes.

[85] Frankel, 1976, pág. 135; McGreevey, 1971, pág. 122; Wortman, 1982, págs. 270-271.

[86] Hobsbawm, 1976, pág. 50.

Anuncios aparecidos en un periódico mexicano en la segunda mitad del XIX.

introducción de una serie de adelantos tecnológicos, como la invención de la hélice alrededor de 1840, la introducción de cascos de hierro a partir del decenio siguiente y el perfeccionamiento de la máquina de vapor. La ca-

pacidad de la flota mercantil mundial aumentó de 6,7 millones de toneladas en 1840 a 43 millones en 1913, con un creciente porcentaje de buques de vapor. Una de las consecuencias fue la disminución radical de los costos del transporte marítimo: en el curso del siglo XIX los precios de flete transatlántico bajaron un promedio de aproximadamente 90 por ciento[87].

Después de la Independencia, los gobiernos hispanoamericanos no tardaron en eliminar las restricciones al comercio libre, dejando intactas solamente algunas barreras selectivas contra la introducción de productos que también se elaboraban localmente, como vino, ron, cerveza, sombreros y jabón[88]. Como era de esperarse, el ritmo de vida en los puertos se avivó rápidamente. El número de buques extranjeros que visitaban el puerto de Buenos Aires aumentó de un promedio de 107 por año en 1810-1819, a 280 en 1830-1839, y 674 por año en 1850-1859. Las entradas de veleros al puerto del Callao también se hicieron más frecuentes: 49 en 1838, un promedio anual de 186 entre 1841 y 1860, 319 por año desde 1861 hasta 1867, y 937 por año entre 1870 y 1879[89].

¿De quiénes eran estos barcos? Muy pocos nanvegaban bajo banderas latinoamericanas. En 1818 Bernardo O'Higgins hizo la observación de que entre todo el pueblo chileno no se hallaba ni un marinero. Esta situación, que Chile compartía con otros países hispanoamericanos, no cambió radicalmente durante el siglo XIX. En 1895 todas las marinas mercantes latinoamericanas juntas constituían menos del dos por ciento del tonelaje de barcos de vapor en el mundo; sus actividades se limitaban principalmente al tráfico costanero local. Como primera potencia marítima en el mundo en el siglo XIX, Gran Bretaña dominaba las rutas transatlánticas. El servicio regular de línea entre Falmouth y Río de Janeiro comenzó ya en 1808 y fue extendido hasta Buenos Aires a partir de 1824. En 1842 estas dos líneas ocupaban continuamente a catorce naves. Alrededor de 1840, la Royal Mail Steam Packet Company comenzó a abrir sus servicios a Cuba, Tampico y Veracruz en México, Chagres en el istmo de Panamá, y Puerto Cabello y La Guaira en Venezuela. Después de 1850, la Pacific Steam Navigation Company extendió operaciones a los puertos de la costa occidental del continente, donde competía durante los tres últimos decenios del siglo con la compañía alemana Kos-

---

[87] North, 1958; Fletcher, 1958, págs. 556-557; Furtado, 1976, pág. 43; Hobsbawm, 1976, págs. 58, 310.
[88] Solórzano, 1977, págs. 248-255; Loveman, 1979, página 146; Romero, 1968, II, págs. 20-25.
[89] Lunch, 1981, pág. 252; Romero, 1968, II, pág. 118.

Expedicionarios franceses llegando a las costas de Veracruz (grabado francés anónimo de mediados del siglo XIX).

mos y la francesa Compagnie Maritime du Pacifique[90]. La competencia francesa y alemana hizo bajar aún más los precios del transporte marítimo, pero no amenazaba seriamente el predominio inglés en los puertos sudamericanos, como se aprecia en el Cuadro 3. Solamente en la región del Caribe, tan cerca de los puertos de Estados Unidos, los norteamericanos lograron romper la superioridad británica; sólo en Cuba —colonia española todavía en 1895— los españoles pudieron retener una porción del comercio que antaño había sido todo suyo. En todos los otros puertos americanos, Inglaterra había asumido por completo la vieja preeminencia española.

La composición de la flota mercante internacional que servía estos puertos reflejaba una nueva orientación del comercio por mar, una aceleración de la tendencia establecida desde fines del siglo XVIII hacia la dominación por las economías en expansión del Atlántico norte, en cuya órbita Hispanoamérica ahora se venía ubicando. La posición de Gran Bretaña como primera nación comerciante del mundo, la convirtió en el mercado principal de las exportaciones hispanoamericanas así como la

CUADRO 3

TONELAJE RELATIVO DE LA NAVEGACION EXTRANJERA EN LOS PUERTOS HISPANOAMERICANOS (EXCLUSIVE BANDERAS LATINOAMERICANAS)

Puerto	Año	Gran Bretaña %	Alemania %	Francia %	Italia %	EE.UU. %	España %
Montevideo	1897	49,8	15,2	12,2	13,6	0,5	—
Buenos Aires	1895	56,6	14,7	6,8	10,5	1,3	1,0
Valparaíso	1894	64,1	27,0	6,6	—	0,7	—
Veracruz	1871	42,4	2,2	17,8	0,8	31,3	1,7
La Habana	1895	12,1	1,2	2,7	—	39,7	43,4

Fuente: Albion, 1951, págs. 373-374.

[90] Albion, 1951; Greenhill, 1977a.

fuente más importante de sus importaciones (Cuadro 4). Sólo después de mediados del siglo comenzó a manifestarse cierto desafío al predominio británico de parte de los Estados Unidos, y entonces sólo en el Caribe.

culados en vista de los cargamentos que traerían a la vuelta[91].

De su parte, ¿qué ofrecía Hispanoamérica a Europa? Durante el período colonial, los altos costes del transporte habían limitado las ex-

CUADRO 4

PROCEDENCIA DE IMPORTACIONES Y DESTINO DE EXPORTACIONES EN ALGUNOS PAISES HISPANOAMERICANOS (PORCENTAJE POR VALOR)

Año	País	Imp./Exp.	Gran Bretaña	Europa continental	EE.UU	Otros	Total
1822	Argentina	Importaciones	50,9	19,8	12,0	17,3	100
1856-60	Guatemala	Importaciones	66,3*	28,1	2,4	3,2	100
1859	Cuba	Exportaciones	25,0	12,0	41,9	21,1	100
1877	Cuba	Exportaciones	4,4	5,7	82,0	7,9	100
1888	Chile	Importaciones	43,4	33,3	5,2	18,1	100
1888	Chile	Exportaciones	77,8	12,4	2,8	7,0	100
1905	Perú	Importaciones	41	25	8	26	100
1905	Perú	Exportaciones	47	17	7	29	100
1913	Centroamérica	Imp. y exp.	17,6	21,0	44,6	16,8	100

* Con inclusión de Belice.
Fuentes: Ferns, 1960, pág. 80; Casal, 1981, págs. 59-60; Knight, 1977, pág. 44; Blancpain, 1974, pág. 811; Romero, 1968, II, pág. 172; Woodward, 1976, pág. 184.

El tipo de productos importados de Europa no había cambiado radicalmente desde el período colonial: manufacturas, especialmente textiles, constituían el grueso de los cargamentos que salían de Europa para América. Los precios de la tela bajaron como resultado de la competencia inglesa en los mercados del Nuevo Mundo. En Argentina, los ponchos de fabricación local se vendían a 7 pesos, mientras que los ponchos hechos en Yorkshire se conseguían a 3. Era la época de la gran expansión industrial en Gran Bretaña (durante la primera mitad del siglo XIX, Inglaterra surtía hasta dos tercios de las manufacturas que circulaban en el mercado internacional), y la demanda hispanoamericana por esta producción avanzó a la par. Las importaciones argentinas de géneros británicos de algodón aumentaron de un promedio anual de 10,8 millones de yardas en 1822-1825 a 46,6 millones en 1849; sedas de 83.060 pesos a 231.485; cerámicas de 353.684 a 1,7 millones. La ferretería, los vidrios, la cuchillería, etc. completaban los cargamentos que salían rumbo al oeste. Una última exportación británica, curiosamente, era el carbón. La presencia de carbón como lastre en las naves que salían de Europa para cruzar el Atlántico demuestra la capacidad limitada de los mercados hispanoamericanos para absorber las manufacturas europeas. Las naves no se llenaban con estos productos cuando zarpaban para América; sus calados estaban cal-

portaciones al mínimo: los metales preciosos y algunas cosechas tropicales que Europa no podía producir. Con la baja de los fletes, aumentó no sólo el volumen sino también la variedad de las exportaciones. Sin embargo, la incorporación de Hispanoamérica al mercado mundial tuvo lugar dentro de límites estrechamente limitados: prácticamente no poseía industrias en el sentido europeo y su agricultura podía competir con la de Europa únicamente donde la presencia de ciertas condiciones climáticas, o la disponibilidad de superficies cultivables casi infinitas, la dotaban de una ventaja decisiva. Estos impedimentos significaban que la demanda europea seguía concentrándose en una lista relativamente corta de materias primas, situación que tendía a fomentar la hiperexplotación de estos productos y el descuido de otros. Un esquema de las exportaciones significativas de Hispanoamérica en el siglo XIX (Cuadro 5) demuestra la extrema sencillez de esta estructura; la expansión de las economías de exportación descansaban sobre una base muy reducida.

Dependencia, orden colonial, división internacional de trabajo: éstas son algunas de las frases empleadas para describir el desarrollo desequilibrado de América Latina en el siglo XIX, un desarrollo que respondía a las exigencias de mercados situados a miles de kilóme-

[91] Furtado, 1976, págs. 43-44; Lynch, 1981, páginas 137-151, 254.

CUADRO 5

EXPORTACIONES HISPANOAMERICANAS EN EL SIGLO XIX

Productos, por tipo	Principales áreas exportadoras
I. Agricultura tropical (azúcar, café, cacao, tabaco, añil, cochinilla, algodón, plátanos, henequén).	Zona del Caribe, Ecuador.
II. Agricultura de clima templado (trigo).	Argentina, Chile.
III. Ganadería (cueros, lana).	Argentina, Uruguay, Venezuela.
IV. Minería (cobre, estaño, plata, oro, salitre, guano, petróleo).	México, Perú, Bolivia, Chile.
V. Productos silvestres (maderas, quina, caucho, chicle, bálsamo, zarzaparrilla).	Zona del Caribe, oriente del Perú.

tros de sus orillas: «économie vassale de l'Europe», dice Chaunu, «à qui elle fournit les matières premières et les vivres pour recevoir en échange les produits qu'elle est incapable de manufacturer, une économie vivifiée par les capitaux européens»[92]. La lógica de este desarrollo complementario trae inevitablemente la especialización regional y la dependencia de monocultivos frente a los caprichos de la demanda externa. Ya hacia fines del siglo XVIII, la economía hasta entonces autosuficiente de Cuba responde a la liberalización del comercio de esclavos y la destrucción de las plantaciones azucareras en las islas francesas del Caribe con la instalación de sus propias plantaciones de caña. Desde la nada, la producción de azúcar crece vertiginosamente y en 1855 representa el 84 por ciento del valor de todas las exportaciones cubanas. La insaciable demanda europea (el consumo *per capita* de azúcar en Gran Bretaña se cuadruplica entre 1844 y 1876) provoca el paso de la fiebre del azúcar a la República Dominicana. En 1875 un cubano establece el primer gran ingenio en el sur de la isla; en 1882 ya son treinta los ingenios. La exportación del azúcar aumenta de 7.000 toneladas en 1880 hasta 145.000 en 1916, transformando la economía nacional[93].

En todas las tierras bajas costaneras del continente encontramos procesos parecidos. Desde fines del siglo XVIII en adelante, las exportaciones de la Argentina aumentaron extraordinariamente, pero su composición se mantu-

vo casi igual: los cueros y otros productos ganaderos siempre constituyeron el 95-97 por ciento del total. En otras regiones vemos lo mismo. Ya a partir de 1830 el cacao y el café conjuntamente representaban el 50-70 por ciento del valor de todas las exportaciones venezolanas. En el Ecuador, la exportación del cacao subió de unas 5.000 toneladas en 1840 a 40.000 por año en 1910-1914. En vísperas de la primera guerra mundial el cacao representaba más del 75 por ciento del valor exportado por este país. Más al norte, el valor promedio anual de las exportaciones colombianas (principalmente tabaco, café y quina) se quintuplicó entre 1840 y 1900. El cultivo de estos productos se concentraba en la baja cuenca del Río Magdalena, Antioquia, el Quindío, Cundinamarca y partes de Santander. Las provincias aisladas del interior casi no eran afectadas[94].

Los auges por supuesto no eran permanentes. En la agricultura como en la minería, un acontecimiento aparentemente aislado en otra parte del mundo podía causar el colapso del mercado de un producto determinado, con consecuencias desastrosas para las regiones especializadas en ese ramo. Semejantes reveses podían ocurrir como resultado de la competencia extranjera o de un nuevo adelanto tecnológico. Como ejemplo de un revés sufrido por la competencia extranjera podríamos mencionar el caso de las exportaciones chilenas de trigo. Aparte de Oregón, en el norte, Chile era la única área del Pacífico donde se producían apreciables cantidades de trigo alrededor de 1850, cuando se descubrió oro en Australia y California. Durante algunos años, el trigo chileno experimentó un auge determinado por estos nuevos mercados hasta que, a partir de 1857, tanto Australia como California se hicieron autosuficientes en cereales. Por algún tiempo más, Chile siguió exportando a Inglaterra, pero para los años de 1880, la masiva producción norteamericana, australiana, rusa y luego argentina, puso fin a esta posibilidad también: el ciclo había terminado. De la misma manera, las exportaciones centroamericanas del añil sucumbieron ante la competencia bengalí, y el auge del tabaco colombiano terminó súbitamente después de 1875 como consecuencia de la apertura de los nuevos cultivos en la isla de Java[95].

Muy ilustrativo en este sentido es el caso del algodón, cultivado en América Central, Perú

---

[92] Chaunu, 1973b, pág. 109.

[93] Knight, 1977, pág. 45; Hobsbawm, 1976, pág. 176; Hoetink, 1982, págs. 6-9; Cassá, 1980, págs. 13-26, 128-142.

[94] Scobie, 1971, pág. 305; Lynch, 1981, pág. 83; Pérez Vila, 1976, págs. 47-49; Linke, 1967, pág. 136; Hyland, 1982, págs. 372-374.

[95] Bauer, 1975, págs. 63-71; Wortman, 1982, pág. 257; McGreevey, 1971, pág. 98.

Recolectores de café, 1900 (Melitón Rodríguez, Colombia).

y otras partes de Hispanoamérica a raíz de la guerra civil en Estados Unidos, que interrumpió la producción en el sur de este país. Para mantener el abastecimiento de su industria algodonera, los ingleses se esforzaban en desarrollar fuentes alternativas de esta materia prima. En Guatemala el propio cónsul británico se encargó de fomentar este ramo de producción, distribuyendo semillas y libritos de instrucción donados por la asociación de manufactureros de textiles de Manchester. En la costa del Perú la producción algodonera de los valles de Piura, Lima y otros se cuadruplicó bajo este estímulo. Con el fin de la guerra civil, la producción norteamericana se restableció y las exportaciones hispanoamericanas volvieron a sus niveles anteriores[96].

Un ciclo cedía lugar al siguiente. En El Salvador, a pesar de la competencia asiática, el añil seguía representando el producto principal de exportación hasta 1875, cuando fue reemplazado por el café. En medio siglo, el café conquistaría completamente la agricultura comercial: en 1916 el café constituía el 93 por ciento de las exportaciones salvadoreñas, comparado con menos del 3 por ciento de añil. Una transición parecida ocurrió en Guatemala, donde se introdujo la cochinilla por primera vez en la región de Amatitlán y Antigua en 1815. En treinta años este tinte se convertiría en la exportación principal de Guatemala, representando más del 90 por ciento del total en 1840-850. El descubrimiento en 1856 de los tintes artificiales en base al carbón de piedra puso rápido fin a ese ciclo, iniciando una conversión masiva al café. Esta nueva cosecha, que sólo formaba el uno por ciento de las exportaciones en 1860, ya constituía el 44 por ciento en 1870 y no menos del 85 por ciento en 1914[97].

Los ciclos más espectaculares se produjeron en la minería. El siglo XIX vio nuevas iniciativas en este área, basadas en técnicas y capitales importados. Algunos proyectos no tuvieron más que un impacto local, como el del empresario británico Marshall Bennett, quien hizo transportar una máquina de vapor desde Belice para la explotación de una mina en

[96] Woodward, 1976, pág. 131; Romero, 1968, II, páginas 51-52.

[97] Browning, 1975, págs. 271, 365; Wortman, 1982, páginas 242, 258-259; Woodward, 1976, págs. 131, 149-160.

Honduras, o un cierto Mr. Gerhard, descubridor de una mina en Aguacate (Costa Rica) que le valió 408.000 pesos en oro en el espacio de cinco años. En México, donde las vetas eran más ricas, se concibieron proyectos más grandiosos. Ya en 1823-1827, compañías inglesas invirtieron más de 12 millones de pesos en Real del Monte y otras minas. A partir de 1880, estas empresas comenzaron a introducir la electricidad en sus minas y el proceso de cianuro para extraer oro y plata reemplazó al antiguo proceso basado en el azogue. La producción minera y metalúrgica de México se multiplicó diez veces entre 1877 y 1910, debido principalmente al impacto de las inversiones extranjeras. En 1911 el valor de las minas beneficiadas por norteamericanos se calculaba en $249 millones, el de las británicas en $44 millones. El valor de las minas explotadas por mexicanos era exiguo en comparación. La dominación extranjera se extendió a la industria petrolera, surgida bajo el régimen de Porfirio Díaz. En 1911 la mitad de la inversión extranjera en esta área era británica, casi el 40 por ciento norteamericana y la restante francesa[98].

El producto motor de la economía peruana en el siglo XIX fue el guano[99]. Este poderoso fertilizante, amontonado en grandes capas sobre las islas desérticas frente a la costa del Perú, ya era conocido en la época precolombina, pero sólo se comenzó a explotar sistemáticamente después de 1830. Al darse cuenta de su gran valor potencial, el gobierno peruano nacionalizó todos los depósitos del guano en 1842, permitiendo su extracción bajo licencia. Trabajadores convictos y chinos, con rostros invisibles detrás de máscaras de hierro contra el polvo, minaban las capas, cargando el guano con palas mecánicas, grúas y cadenas en cajones y carros de metal y de allí en buques con destino a Estados Unidos o Europa, convirtiéndolo en el producto de exportación de mayor relieve en la historia económica del Perú. El auge del guano duró hasta aproximadamente 1875, después de esta fecha las ventas comenzaron a disminuir, parcialmente como resultado de su reemplazo por otro producto más de la minería sudamericana, el salitre[100].

Las propiedades del nitrato de sodio, o salitre, también eran conocidas desde la época prehispánica pero, como en el caso del guano, su explotación comercial (como fertilizante y en la elaboración de explosivos) sólo comenzó después de 1820. Inicialmente los depósitos se hallaban divididos entre Perú, Bolivia y Chile, pero en virtud de su victoria en la Guerra del Pacífico este último país se apoderó de los yacimientos peruanos y bolivianos, una franja sobre la costa del Pacífico de unos 600 kilómetros de extensión por unos 150 de ancho. Hacia fines del siglo, los puertos salitreros se extendían desde Pisagua hasta Taltal. Los principales consumidores del salitre eran los cultivadores de remolachas en Europa, particularmente en Alemania. Cuando estalló la primera guerra mundial, los aliados bloquearon los envíos a Alemania, eliminando así las ventas chilenas a este país y, peor aún, provocando el desarrollo en Alemania de un substituto artificial. Al poco tiempo los abonos artificiales, derivados al principio del carbón y después del aire por medio del proceso Haber-Bosch, pusieron un fin definitivo al ciclo del salitre.

Se calcula el valor de los 36 millones de toneladas de salitre que fueron extraídos de Chile entre 1830 y 1907, en 222 millones de libras esterlinas. El gobierno chileno participó en estas ganancias mediante un impuesto sobre el salitre. En 1880 este impuesto suministró el gobierno el 5,2 por ciento de sus ingresos anuales, en 1889 el 43 por ciento y en 1894 el 68 por ciento. Pero los beneficiarios principales no eran chilenos sino los dueños extranjeros de las instalaciones. En 1894, 46 de las 52 oficinas salitreras, con el 92 por ciento de la producción total, pertenecían a ciudadanos de otros países. Más de la mitad de la producción estaba concentrada en manos de trece compañías inglesas y buques británicos transportaban una proporción correspondiente de los cargamentos que salían de Chile. Aun así, no se puede subestimar el impacto del ciclo del salitre sobre la economía chilena. Se transformó la vida de puertos como Iquique y Antofagasta y en el momento de su apogeo la industria proporcionaba empleo a más de 50.000 chilenos[101].

La dominación extranjera de los sectores más dinámicos de la economía, se explica en parte por la insuficiencia de las instituciones de banca y crédito en Hispanoamérica, que impedía cualquier capitalización autóctona. La expansión de las economías exportadoras de-

[98] Wortman, 1982, págs. 243-244; Bazant, 1978, páginas 39-40; 114-117.

[99] Llámese así el excremento de las aves marinas, especialmente el «guanay», de donde viene el nombre de la sustancia. «En todas partes del mundo», comenta Romero, «las aves producen guano, pero solamente las islas del Perú saben conservarlo puro, con su íntegro contenido de nitrógeno, debido a que en la costa peruana no llueve jamás»; Romero, 1968, II, págs. 95-107.

[100] Rasmussen, 1962, pág. 580; Randall, 1977, páginas 78-79, 93, 194; Mathew, 1977, pág. 338.

[101] Encima, 1912, págs. 175-176; Romero, 1968, II, páginas 143-146; Greenhill, 1977c.

Guaneras de las Islas Chinchas, Perú, finales del siglo XIX.

pendía de inversiones infraestructurales que casi siempre superaban la capacidad de los mercados internos de crédito. Tradicionalmente, las riquezas de la Iglesia la habían convertido en la institución bancaria más importante del período colonial: conventos, monasterios y catedrales también servían de bancos, prestando dinero a interés (comúnmente del 5 por ciento al año), generalmente en la forma de censos fincados en bienes inmuebles. Una de las consecuencias de las medidas anticlericales tomadas en casi todas las repúblicas hispanoamericanas, fue la descapitalización de la Iglesia mediante la supresión de diezmos, la confiscación de propiedades y la liquidación de capellanías. Previsiblemente, los ataques a la Iglesia también la debilitaron en su capacidad de institución financiera[102].

Se produjo una situación de crónica escasez de crédito, reflejándose en tasas de interés prohibitivamente altas sobre los préstamos locales. En México, la tasa normal de 5 por ciento de interés anual que había cobrado la Iglesia antes de la Independencia, subió ahora al 12 por ciento o más. En Venezuela en 1829, las tasas de interés variaban entre el cinco y el diez por ciento *al mes.* En Centroamérica hacia 1832 se cobraba entre el dos y el tres por ciento al mes, es decir 5 ó 7 veces lo que había costado el crédito en el período colonial. Un informe peruano alrededor de 1862 habla de un interés de 12,5 por ciento al mes, tasa absolutamente fuera del alcance de agricultores cuyas empresas raras veces rendían más del cinco por ciento sobre capital al año[103].

Las altas tasas de interés también pusieron el crédito fuera del alcance de los gobiernos, que para cubrir sus déficit tuvieron que negociar préstamos en el extranjero, especialmente en Londres, «el repositorio de crédito del mundo entero» como algunos decían. En vez de los créditos pequeños a intereses exorbitantes que eran los únicos que podían encontrar en sus propios países, los gobiernos recurrían a los bancos de Londres, que se mostraban dispuestos a prestar cantidades mucho mayores a intereses que solían variar entre el 6 y 9 por cien-

[102] Lavrin, 1973; Bauer, 1971; Costeloe, 1966; Costeloe, 1967; Bazant, 1966.

[103] Bazant, 1975; Pérez Vila, 1976, pág. 70; Wortman, 1982, págs. 258-259; Randall, 1977, pág. 111; Bauer, 1975, pág. 88.

to al año. Estas tasas relativamente bajas conducían al endeudamiento. Los gobiernos contrataban sus deudas en Londres porque era el único lugar donde podían encontrar el dinero que necesitaban y porque era más barato endeudarse en Londres que en sus propios países [104].

Un agravante de la falta de crédito fue una escasez general de circulante, lo que dificultaba hasta las transacciones más simples. En el Perú después de la Independencia, los negocios se hacían mediante una mezcla de monedas de todos los países vecinos, además de las viejas monedas coloniales. En Guatemala hacia 1845 circulaban monedas del Perú, de Bolivia e incluso pesetas provinciales de España. En varios países se recurrió al papel moneda y se emitieron monedas de cobre, pero el público veía estas emisiones con desconfianza. Con la aparición de papel moneda en Argentina, por ejemplo, el valor del peso bajó a la mitad. En la ciudad mexicana de San Luis Potosí el efectivo escaseaba aún entre personas muy ricas [105].

Tempranos intentos de crear bancos nacionales fracasaron a causa de la inestabilidad política, la legislación protectora de deudores heredada de la época colonial que impedía los juicios hipotecarios, y estatutos contra la usura que establecían primas de interés demasiado bajas en el nuevo contexto. En Venezuela, por ejemplo, seguía vigente una ley que fijaba la tasa máxima de interés en 6 por ciento anual, pero en la práctica nadie prestaba dinero por un interés tan bajo. La ley sólo aumentaba los riesgos del prestamista clandestino, aumentando así el interés que cobraba en vez de disminuirlo [106].

En ausencia de un sistema bancario formal, las casas comerciales, predominantemente europeas, desempeñaban un papel importante como prestamistas locales. Aparte de su capacidad limitada, otra consecuencia de este sistema era la de atar la suerte de los productores locales a la de los intereses mercantiles de las ciudades portuarias. Los préstamos no se hacían tanto en efectivo como en la forma de un crédito de consumo con las mismas casas mercantiles. Puesto que la exportación de productos agrícolas generalmente se realizaba a través de las propias casas, la operación crediticia muchas veces se reducía a un simple adelanto al agricultor sobre su cosecha del año siguiente [107].

La formación de bancos auténticos presuponía una liberalización de las leyes: donde se eliminaban los impedimentos legales, los bancos no tardaban en fundarse. Venezuela fue uno de los primeros países en reformar sus leyes, adoptando una legislación favorable a la libertad de contratos, y a los acreedores en vez de deudores, entre 1834 y 1841. El primer banco en Caracas (el «Banco Colonial Británico») abrió sus puertas en 1839 y le siguieron otros, tanto nacionales como extranjeros. Las tasas corrientes de interés disminuyeron del 60 ó 120 por ciento anual, al 24 y hasta el 12 por ciento. Otros países siguieron el ejemplo de Venezuela. En 1856 Chile cambió su ley de hipotecas y en el mismo año se fundó la Caja de Crédito Hipotecario, la primera institución chilena de crédito a largo plazo para la agricultura; el primer banco comercial en Chile, el Banco de Valparaíso de Depósitos y Descuentos, también fue fundado en 1856; en 1890 había un total de catorce bancos en la república. México suprimió sus leyes contra la usura en 1861 y tres años más tarde el London Bank of Mexico and South America estableció su sucursal en la capital, introduciendo la circulación de billetes de banco por primera vez. El primer banco comercial en Perú sólo fue fundado en 1862 y otros países tardaron aún más. El sistema bancario guatemalteco empezó a configurarse después de 1870 y el primer banco en la República Dominicana (fundado con capital francés) sólo se inauguró en 1889 [108].

En general, los bancos hispanoamericanos sufrían de cierta falta de experiencia y de su escala reducida de operaciones. Los depósitos eran numerosos y pequeños. Un caso ilustrativo es el de la Caja de Ahorros de Caracas, cuyos depósitos en un día cualquiera del año 1843 ascendían a la cantidad de 12.036,77 pesos, recibiendo ese día 60 depósitos por valor de 207 pesos, con un solo retiro de 8 pesos, tendencia muy positiva, pero ninguna base todavía sobre la cual edificar el desarrollo futuro de la nación [109].

Los bancos extranjeros, que gozaban de las mismas libertades que las empresas nacionales y que disponían de recursos mucho más amplios, no perdían tiempo en establecer su presencia. Como era de esperarse, compañías bri-

[104] Graham, 1972b, pág. 100; Casal, 1981, pág. 73-79; Solórzano, 1977, págs. 323-324; Véliz, 1977, pág. 12.

[105] Romero, 1968, II, pág. 90; Wortman, 1982, páginas 258-259; Solórzano, 1977, págs. 275-280, 303-306; Lynch, 1981, págs. 84-85; Bazant, 1975, pág. 59.

[106] Solórzano, 1977, págs. 276-277, 297, 307; Randall, 1977, págs. 71-72; Pérez Vila, 1976, pág. 70.

[107] Jones, 1977a, págs. 31-32; Joslin, 1963, pág. 19; Greenhill, 1977b; Lynch, 1981, pág. 255; Loveman, 1979, págs. 38-39; Bauer, 1975, págs. 38-39, 87-88, 214.

[108] Pérez Vila, 1976, págs. 74-76; Bauer, 1975, páginas 90-92; Bazant, 1978, pág. 87; Solórzano, 1977, páginas 329-334; Randall, 1977, pág. 111; Cassá, 1980, páginas 145-146.

[109] Pérez Vila, 1976, pág. 64-65.

tánicas lograron adueñarse de la situación, sobre todo después de 1863, cuando el London and River Plate abrió su oficina en Buenos Aires, el primer banco en forma de sociedad anónima que existió en América Latina. En pocos años esta empresa estableció sucursales en Rosario, Córdoba y Montevideo, al mismo tiempo que el London Bank of Mexico and South America comenzaba a desplegar sus actividades en otras partes del continente: Lima y Callao en 1863, México y Bogotá en 1864. A partir de 1880 se creó una multitud de nuevos bancos británicos, entre ellos el English Bank of the River Plate (1881), Bank of Tarapacá and London (1888) y el Anglo-Argentine Bank (1889), cada uno con su red de sucursales[110].

Las compañías de seguros también se multiplicaron después de 1860 en todas las ciudades principales. Tan sólo en Valparaíso había 24 agencias extranjeras (en su mayoría británicas) en 1904 e incluso San Salvador tenía su agente de la compañía Sun a partir de 1873[111].

Las instituciones bancarias extranjeras jugaban un papel ambiguo en el desarrollo económico nacional. Por un lado, contribuían sin duda al crecimiento de las facilidades crediticias, fomentando la inversión tan necesaria para los proyectos de modernización. En los treinta años de 1882 a 1911 en México, por ejemplo, la circulación de billetes de banco creció de 2 millones a 116 millones de pesos y los depósitos de demanda de cero a 76 millones. La circulación total de dinero aumentó de 36 millones a 310 millones de pesos; el total de créditos concedidos por todos los bancos subió de 3 millones a 720 millones. Por otro lado, los bancos no se ocupaban, como algunos hubieran deseado, de canalizar capitales extranjeros hacia los mercados nacionales, sino solamente de administrar las cuentas que mantenían con los inversionistas locales. Y por competir con los bancos nacionales, pueden haber retardado el desarrollo de políticas coherentes para normalizar y racionalizar el sistema de banca y crédito. México sirve otra vez de ejemplo: en 1910, como una docena de bancos particulares tenían derecho de emitir sus propios billetes; ningún banco central existía todavía[112].

Un obstáculo aún mayor a la modernización de la vida económica lo formaba el sistema rudimentario de transportes. Hispanoamérica carecía de un sistema de canales y carreteras en el sentido europeo. La falta de medios de transporte y comunicación constituía el prin-

cipal embarazo al desarrollo de cualquier tipo de comercio interno. El problema era más grave justamente en las regiones montañosas donde la mayor parte de la población hispanoamericana siempre había vivido. En 1823, por ejemplo, el ministro del Interior de Colombia lamentaba el hecho de que «en todo el vasto territorio de la república no hay una sola carretera...; todos son senderos y muy malos, particularmente en tiempo de lluvias». Todos los cargamentos que transitaban entre Bogotá y su salida al mar, el puerto fluvial de Honda, tenían que llevarse a lomo de mula o, faltando animales, por cargadores humanos. Aparte del peligro que esto significaba a los cargadores, el transporte humano costaba el doble de lo que cobraban los arrieros. Sin embargo, poco se hacía para mejorar el sistema. Todavía en 1889 demoraban más los cargamentos en transitar la distancia entre Honda y Bogotá, que en transportarse desde Europa a Honda[113].

No era distinta la situación en América Central, donde no existía en 1850 ni un solo camino transitable por carro. A lo largo de los escabrosos senderos que conducían de la capital al fondeadero más cercano en el Lago de Izabal, el precio promedio del transporte importaba un peso por quintal por legua. Las recuas que salían de la capital tardaban tres o cuatro semanas o más en llegar al fondeadero y el inglés John Baily calculaba que este viaje por tierra costaba cuatro veces el flete desde Izabal hasta Europa[114].

Incluso las llanuras de Argentina presentaban formidables obstáculos al transporte. Desde la época colonial, carretas tiradas por bueyes habían atravesado la ruta principal que conducía desde Buenos Aires hasta Córdoba y de allí al oeste, hacia Mendoza por San Luis, o al norte, rumbo a Santiago del Estero, Tucumán, Salta y Jujuy. Las carretas iban provistas de enormes ruedas de madera, necesarias para sortear las desigualdades del terreno y los pantanos.

Los gastos del transporte limitaban estrictamente la variedad de productos que podían ser intercambiados con ganancia aun dentro de una sola región, como demuestra el Cuadro 6 para la provincia de Buenos Aires en el siglo XIX.

La dificultad del transporte no sólo limitaba el crecimiento urbano sino también la potencialidad agrícola del campo. Hacia fines del siglo XVIII, la ciudad mexicana de Guanajuato compraba todo su maíz de estancias ubicadas dentro de un radio de 55 kilómetros. Si los

[110] Joslin, 1963; Jones, 1977a.
[111] Jones, 1977b.
[112] Bazant, 1978, pág. 110.

[113] McGreevey, 1971, págs. 41-44, 246.
[114] Baily, 1850, págs. 19-28.

CUADRO 6

DISTANCIAS A LAS CUALES EL COSTO
DEL TRANSPORTE ERA IGUAL A LA
MITAD DEL PRECIO DE CIERTOS
ARTICULOS EN EL MERCADO DE BUENOS
AIRES

Artículo	Distancia (leguas)
Ladrillos	6
Maíz	60
Trigo	75
Tasajo	95
Vino local	200
Sebo	226
Caña de Mendoza	226
Cueros salados	340
Lana	400
Cerdas (mixtas)	426
Cueros secos	515

Fuente: Burgin, 1969, pág. 162.

productores de maíz hubieran podido 'enviar su maíz por canal o río, pagando las mismas tarifas que se cobraban en esa época por el transporte por canoa en los lagos alrededor de la ciudad de México, el radio del abastecimiento de maíz a Guanajuato se habría extendido a más de 500 kilómetros[115].

Nuevas carreteras sólo comenzaron a construirse después de 1850. La primera carretera en las afueras de Bogotá fue estrenada en 1851 y en 1865 la red vial medía unos 150 kilómetros en total, pero aún en 1923 un escéptico podía observar que Antioquia y Cundinamarca eran los únicos departamentos de la república donde los caminos se extendían mucho más allá de los límites urbanos. En Chile se comenzaron a construir mejores caminos y puentes en las cercanías de la capital alrededor de 1850 y los gobiernos centroamericanos hicieron construir carreteras para unir Guatemala, Tegucigalpa, San Salvador, Managua y San José con sus respectivos puertos. En Guatemala se abrió la carretera Tecpán-Totonicapán hacia 1863, extendiendo así el trayecto que ya comunicaba la capital con Antigua y Chimaltenango[116].

La primera carretera propiamente dicha del Perú se construyó en 1884 en las inmediaciones de Macate (Ancash). La hizo una compañía inglesa que pronto fracasó por falta de pastos para alimentar las 200 mulas que había puesto en servicio para atender al tránsito. Otros proyectos fallaron por falta de interés y

dinero. Otro recurso escaso era la mano de obra. Había que recurrir a la coerción para inducir a obreros campesinos a dejar sus casas para trabajar en las cuadrillas. Por esto la construcción de caminos generalmente se asociaba con algún tipo de trabajo forzado. En Guatemala, por ejemplo, cada hombre adulto tenía la obligación legal de contribuir cuatro días o dos pesos cada año a los trabajos viales[117].

Una innovación mucho más significativa en el sistema de transportes fue la introducción de los ferrocarriles, que hicieron para las comunicaciones internas de algunas partes de Hispanoamérica más o menos lo que hicieron los vapores para el tráfico transoceánico. Esencialmente, las vías férreas se desarrollaron como extensiones de las grandes rutas del comercio marítimo, comenzando en los puertos oceánicos e insinuándose tierra adentro, haciendo posible el envío de cargamentos pesados al mar. Una vez construidas, por supuesto, también servían para el tráfico local, generando toda clase de actividad económica a lo largo de sus trayectos.

Los planes para el primer ferrocarril latinoamericano, en Cuba, comenzaron en 1830, el mismo año en que se abrió el primer servicio en el mundo de pasajeros y carga con locomotoras de vapor, entre Liverpool y Manchester en Inglaterra. El fruto de esta iniciativa, adoptada por la Real Junta de Fomento en La Habana, fue la construcción de una línea de 82 kilómetros entre La Habana y Güines en 1834-1838, la cual entró en servicio antes que cualquier línea en España misma. La red cubana de ferrocarriles fue concebida, por supuesto, en términos de su principal producto de exportación: al cabo de pocos años los ferrocarriles servían todas las importantes zonas de producción azucarera en la isla[118].

A Cuba le siguieron Perú y Chile. En estos países, la construcción ferroviaria dependía de los grandes ciclos de exportación del guano y del salitre. La primera línea hecha en el continente sudamericano (1848-1851) conducía desde Lima a su puerto del Callao, un trecho de trece kilómetros que siempre había constituido el enlace vital entre la capital peruana y el mar. Las otras líneas peruanas fueron concebidas de la misma manera, dirigiéndose de los puertos hacia el interior. El gran ferrocarril que conducía desde Mollendo hasta Arequipa (inaugurado en 1870) fue construido por el empresario norteamericano Henry Meiggs con material inglés y trabajadores en su mayoría

---

[115] Coatsworth, 1978, pág. 91.

[116] McGreevey, 1971, pág. 246; Bauer, 1975, pág. 29; Woodward, 1976, pág. 161; Casal, 1981, pág. 54.

[117] Romero, 1968, II, págs. 117-118; Woodward, 1976, págs. 161-162.

[118] Knight, 1977, págs. 32-33; Ellis, 1958, pág. 323.

Obreros tendiendo una línea de ferrocarril (grabado de Manuel Manilla).

chilenos. Otra obra de Meiggs fue la línea de Lima a Jauja, obra maestra de ingeniería que en menos de 140 kilómetros asciende a 4.774 metros de altura, pasando por 80 puentes y 76 túneles. Los únicos materiales que no fueron importados de Inglaterra o Estados Unidos fueron los durmientes de madera, traídos de Chile, a un promedio de 800 por día[119]. El primer ferrocarril en Chile, construido entre 1849 y 1851, unía las regiones mineras de Copiapó con el puerto de Caldera; hacia 1863 otra línea ligaba a Valparaíso con Santiago y fue extendida al sur hacia San Fernando. El impacto del ferrocarril sobre Caldera fue profundo, convirtiéndola de una aldea de quizás 50 habitantes en 1850, en pueblo portuario de 2.000 en 1853. El número de naves que visitaban Caldera aumentó de 160 por año en 1850 a más de 600 cinco años después[120].

El descubrimiento de oro en California y Australia a mediados del siglo XIX fue el aliciente que provocó la temprana terminación de un ferrocarril trans-ístmico en Panamá; ya en enero de 1855 era posible cruzar el continente americano en tren. Característicamente, el ferrocarril panameño había sido diseñado por una compañía francesa y construido por otra norteamericana[121].

Los dos países que desarrollaron los siste-mas ferroviarios más extensos, México y Argentina, sólo los comenzaron a construir después de 1850. La primera línea mexicana, abierta al tráfico en 1851, cubría los 16 kilómetros desde el puerto de Veracruz hasta el Río San Juan. El equipo consistía inicialmente en carretas tiradas por mulas transitando sobre rieles. Las locomotoras de vapor sólo se introdujeron a partir de 1873, con la terminación de la vía hasta la ciudad de México. En Argentina el primer trayecto corría desde Buenos Aires al pueblo de Flores, unos 14 kilómetros al oeste del puerto. Poco después, otras líneas comenzaron a abrirse en forma de abanico hacia el norte, siguiendo el curso del estuario, y hacia el sur, donde el servicio a Chascomús se inauguró en 1866. Un segundo puerto, Rosario, formaba el término de un ferrocarril hasta Córdoba. Con la terminación de una línea entre Buenos Aires y Rosario, el sistema ferroviario argentino había adquirido su fisonomía definitiva, la de una gigantesca telaraña de hierro con el gran puerto de Buenos Aires en su centro, extendiéndose sobre las llanuras del litoral y la pampa húmeda hacia las fronteras de la colonización europea[122]. Para finales del siglo, Argentina y México, las dos naciones más extensas de Hispanoamérica, habían superado a todos los otros países, contando entre ambas con casi tres cuartos de todas las líneas en servicio (Cuadro 7).

[119] Romero, 1968, II, págs. 130-134; Randall, 1977, pág. 81.
[120] Loveman, 1979, págs. 150-159.
[121] Hobsbawn, 1976, pág. 64; Woodward, 1976, página 130.

[122] Rees, 1976, págs. 110-111; Cuccorese, 1969, páginas 7-26; Scobie, 1974, págs. 10-11, 23, 93.

Fotografía de la estación «Buenavista», México,D.F., de la línea ferroviaria México-Veracruz, inaugurada el 1 de enero de 1873.

CUADRO 7

HISPANOAMERICA: ESTADO FERROVIARIO HASTA 1893

País	Primera línea en servicio	Extensión en explotación (km), 1893
Cuba	La Habana-Güines, 1838	
Perú	Lima-Callao, 1851	1.532
Chile	Copiacó-Caldera, 1851	2.824
México	Veracruz-Río San Juan, 1851	10.660
Panamá	Interoceánica, 1855	100
Argentina	Buenos Aires-Flores, 1857	12.994
Ecuador	Guayaquil-Bucay, ca. 1870	92
Colombia (sin Panamá)	Barranquilla-Sabanilla, 1871	320
Uruguay	Montevideo-Durazno, 1874	1.602
Guatemala	San José-Escuintla, 1880	105
Costa Rica	Puntarenas-Esparta, ca. 1880	259
Venezuela	La Guaira-Caracas, 1883	480
El Salvador	Sonsonate-Acajutla, ca. 1885	90
Paraguay	Asunción-Trinidad, 1886	252
República Dominicana	Sánchez-La Vega, 1887	130
Bolivia	Ascotán-Oruro, 1890	923
Honduras	(antes de 1892)	111
Nicaragua	(antes de 1892)	145

Fuentes: Castro, 1893; Knight, 1977, págs. 32-33; Romero, 1968, II, págs. 130-134; Randall, 1977, pág. 81; Loveman, 1979, pág. 150; Rees, 1976, pág. 110; Woodward, 1976, pág. 130; Cuccorese, 1969, págs. 7-26; Linke, 1967, págs. 115-118; McGreevey, 1971, págs. 253-255; Reyes Abadie y Williman H., 1969, págs. 47-49; Solórzano, 1977, págs. 335-336; Floyd, 1976, pág. 196; Browning, 1975, pág. 276; Pendle, 1967, págs. 75-76; Hoetink, 1982, pág. 55.

«Ahí viene» —alcanza a exclamar un personaje del pueblo de Macondo cuando ve llevar al primer tren— «un asunto espantoso como una cocina arrastrando un pueblo»[123]. Pese a este juicio estético devastador, los espíritus progresistas de la época veían en los ferrocarriles un poderoso instrumento para transformar la vida de sus países, estimular la producción, crear mercados nacionales, orientar la economía y los pensamientos del hombre hacia el exterior. Hasta se resucitó el antiguo sueño bolivariano de la unificación interamericana, como se desprende de una carta dirigida por Juan José Castro en 1893 al ministro de Fomento del Uruguay:

> Dos grandes pensamientos señalan el movimiento progresista del nuevo mundo en estos últimos años del siglo, que no concluirá, seguramente, sin haber contemplado la inauguración de los grandes trabajos que demandan: el ferrocarril inter-continental y el ferrocarril inter-oceánico sud-americano. Tiene el primero por objeto vincular con comunicaciones directas a todos los pueblos de América desde el Canadá hasta el Estuario del Plata y Chile, —y está destinado el segundo a reducir el tiempo de las comunicaciones del Pacífico, del Plata y del Brasil con el continente europeo, desenvolviendo además nuevas corrientes de comercio propio entre las repúblicas que abrace la nueva línea férrea[124].

Ninguna esperanza podía haber más quimérica que ésta. No sólo nunca se pusieron de acuerdo los distintos países sobre una red integrada que abarcara el continente, sino que dentro de cada país individualmente reinaba un particularismo desbordante. Las redes nacionales se reducían en la regla a una serie de líneas privadas, cada una con sus propios materiales y trochas, que no correspondían necesariamente a las de las demás líneas. A finales del siglo Venezuela contaba con no menos de once distintas líneas férreas, Chile con quince, Perú con dieciséis. Los gobiernos no sentían la necesidad de una política coherente para contener este desarrollo anárquico[125].

Al mismo tiempo que las naciones del nuevo mundo luchaban por mejorar sus comunicaciones internas, también emprendían proyectos ambiciosos para establecer comunicaciones directas con puntos más distantes. Hasta mediados del siglo XIX, las técnicas empleadas para transmitir información de un lugar a otro apenas habían cambiado desde la época de la conquista española. Noticias de todo tipo, desde las condiciones de mercado hasta las modas literarias, llegaban tarde si es que llegaban a las ciudades hispanoamericanas. En 1850, por ejemplo, una simple carta demoraba entre dos semanas y dos meses en transitar la corta distancia entre Guatemala y Costa Rica[126]. El culto al progreso económico exigía el mejoramiento del sistema de comunicaciones. Durante la segunda mitad del siglo XIX las técnicas de la transmisión electrónica se fueron introduciendo en los centros políticos y comerciales de Hispanoamérica, abriéndoles la posibilidad de comunicarse casi instantáneamente con las otras capitales del mundo. Primero vino el telégrafo. Inventado casi simultáneamente por varios investigadores en 1836-1837, el telégrafo sólo fue ampliamente aplicado después de 1850. La red europea de telégrafos se expandió de unos 3.000 kilómetros de líneas en 1839 a más de 67.000 kilómetros en 1859. El nuevo aparato no tardó en cruzar el Atlántico. Lima se comunicó con su puerto Callao en 1857, un año antes de que Chile adquiriera su telégrafo entre Santiago y Valparaíso. Los cables seguían las rutas de los ferrocarriles. En 1867, el sistema chileno de telégrafos se extendía desde Concepción hasta Copiapó, una distancia de 1.905 kilómetros. En 1872 Santiago fue comunicado con Buenos Aires, y con la apertura del cable transatlántico entre Brasil y Portugal en 1874 Chile se puso en contacto con Europa. Los efectos eran visibles para todos: *El Mercurio* de Santiago publicó sus primeras noticias transmitidas directamente de Europa el día 6 de agosto de 1874[127].

Los teléfonos llegaron más tarde y tuvieron menor impacto. A los seis años de haberse concedido a Alexander Graham Bell la primera patente sobre el teléfono, se habían organizado dos empresas norteamericanas para llevar el nuevo invento a la América Latina. Hacia 1885 existían compañías telefónicas en México, Argentina, Uruguay, Cuba, Venezuela, Colombia, Chile, Ecuador y Guatemala. La mayoría de estas empresas las explotaban ciudadanos de Estados Unidos, aunque inversionistas británicos participaban en las compañías de Argentina y Uruguay. Los primeros teléfonos se aplicaron sobre todo en la esfera político-militar. El primer servicio interurbano de Guatemala comunicaba las oficinas gubernamentales de la capital con otras en Quezaltenango. En Santiago (República Dominicana),

[123] Gabriel García Márquez, *Cien años de soledad*, Buenos Aires, Sudamericana, 1971, 27.ª ed., pág. 192.
[124] Castro, 1893, pág. 5.
[125] Harwich Vallenilla, 1976, pág. 208; Castro, 1893, páginas 394, 444-445; Lewis, 1977.

[126] Woodward, 1976, pág. 116.
[127] Hobsbawn, 1976, pág. 59; Romero, 1968, II, página 141; Johnson, 1948.

el gobierno hizo instalar la primera línea entre el fuerte de San Luis y el palacio del gobernador provincial; el sistema telefónico urbano sólo comenzó a funcionar como una empresa privada a partir de 1910[128].

El afán de mejorar comunicaciones, tan característico del pensamiento progresista decimonónico, penetraba hasta los rincones más apartados del continente, manifestándose en proyectos para abrir los ríos a la navegación de vapores, y en el proyecto más ambicioso de todos, el de abrir un canal interoceánico por el istmo centroamericano, sueño finalmente realizado por los norteamericanos en el siglo XX[129]. Todas estas empresas tenían en común que superaban las capacidades humanas y financieras de los países donde se habían de realizar. Por eso muchos estadistas realizaban esfuerzos para alentar el asesoramiento técnico y la inversión en sus países, prometiéndoles a los capitalistas extranjeros garantías de ganancias, dispensas impositivas, inmunidad de intervención estatal y otras ventajas. Los inversionistas extranjeros, y sobre todo británicos, respondían vehementemente. Mediante bancos, préstamos gubernamentales e inversiones directas, sólo Gran Bretaña invirtió unos 20 millones de libras esterlinas en América Latina entre 1815 y 1830, cantidad que se duplicó entre 1830 y 1850. Este proceso se aceleró en la segunda mitad del siglo. En 1880 se calculaba el valor nominal de las inversiones británicas en América Latina en 179 millones de libras; en 1913 se estimaba en 999 millones[130].

El resultado previsible era que casi ningún sector de la economía hispanoamericana se substraía de la participación extranjera. Las principales inversiones tempranas tomaron la forma de empréstitos a los nuevos estados, pero la participación directa en toda clase de negocios creció rápidamente también. En el área de las inversiones directas, predominaban los ferrocarriles: todos los países sudamericanos, así como Costa Rica, El Salvador y Guatemala en América Central, tenían por lo menos un ferrocarril británico cada uno[131]. Pero había mucho más. La diversidad de las actividades extranjeras se aprecia a través de un resumen de las inversiones británicas en Argentina en 1875, según el cual su distribución (en miles de libras esterlinas) era la siguiente:

Empréstitos al estado	12.970	(56,2%)
Ferrocarriles	6.610	(28,6%)
Bancos	1.600	(6,4%)
Tranvías	800	(3,2%)
Saladeros	530	(2,3%)
Minas	200	(0,8%)
Compañías de gas	200	(0,8%)
Telégrafos	150	(0,6%)
Total	23.060	(100%)[132]

Dentro del contexto hispanoamericano, éstas eran cantidades abrumadoras, las cuales amenazaban sumergir a los inversionistas nacionales. Según el historiador mexicano Jan Bazant, se puede estimar el total de las inversiones en la minería, producción petrolera, ferrocarriles, industria, servicios públicos, comercio y bancos de su país alrededor de 1910 en $2 mil millones; de esta suma, intereses extranjeros controlaban más de dos tercios, ciudadanos mexicanos menos de un tercio. El único ramo de la economía todavía dominado por mexicanos era la agricultura[132]. No es de maravillar que muchos hispanoamericanos se hayan sentido como desplazados en sus propios países, suscitando un resentimiento contra los países del norte que se convertiría en uno de los temas más profundos del nacionalismo en nuestro siglo.

Los cambios en la vida económica del siglo XIX se sintieron con mayor fuerza en las ciudades. En primer lugar surgieron nuevas presiones demográficas a raíz de un crecimiento urbano que variaba entre moderado en los centros más antiguos como México, Lima o Bogotá, y desbordante en algunas ciudades que en el período colonial habían sido relativamente pequeñas (como Buenos Aires y Santiago de Chile; ver el Cuadro 8).

Con el crecimiento urbano se abrieron nuevas perspectivas para una incipiente industrialización, orientada en parte hacia los mercados extranjeros, pero, en creciente medida, también hacia los nacientes mercados internos. Como ejemplo de una industria exportadora podemos mencionar los saladeros que se iban estableciendo en Buenos Aires y Montevideo después de 1810, y los frigoríficos a partir de 1882. Surgieron otras fábricas para la elaboración de extracto de carne y carne en lata, como la de «Liebig's Extract of Meat Co., Ltd.» constituida en Londres y Montevideo en 1865 y posteriormente adquirida por la «Société de Fray Bentos Giebert y Cía.», responsable de la llegada a Europa en 1878 de la pri-

[128] Rippy, 1946; Woodward, 1976, pág. 163; Hoetink, 1982, pág. 58.
[129] Martin, 1918; Estrada Ycaza, 1973, II, pág. 236; Gilmore y Harrison, 1948; Gray, 1945; Romero, 1968; II, páginas 135-137; Woodward, 1976, págs. 121-122, 137-138, 146.
[130] Ferns, 1960, págs. 134-137; Graham, 1972b, pág. 5; Albion, 1951, pág. 371; Joslin, 1963, págs. 98-100.
[131] Joslin, 1963, págs. 100-101.

[132] Ferns, 1960, págs. 325-327.

POBLACION APROXIMADA DE ALGUNAS CIUDADES PRINCIPALES EN EL SIGLO XIX

Ciudad	Población 1800	Población 1850	Población 1900
Buenos Aires	40.000	83.000	885.000
Santiago de Chile	30.000	93.000	288.000
La Habana	62.000	144.000	253.000
Bogotá	24.000	30.000	97.000
México	131.000	195.000	344.000
Caracas	31.000	37.000	78.000
Lima	56.000	80.000	123.000

Fuentes: Sánchez-Albornoz, 1974, págs. 127-128; Morse (ed.), 1973, II, págs. 18, 62, 144, 164, 174, 200, 214; McGreevey, 1971, pág. 110; Scobie, 1974, págs. 6, 11, 39; Mamalakis, 1979-1980, II, pág. 413.

Baños de los Poccitos de la Plata, Uruguay, 1880 (fotografía de Chute and Brooks).

mera lata de *corned beef* con el nombre de «Fray Bentos» en la etiqueta[133].

De clara orientación interna, en cambio, eran las fábricas de tejidos que surgieron a raíz de la competencia inglesa, reemplazando a los telares artesanales de la época colonial. A mediados del siglo XIX, México contaba unas cincuenta de estas fábricas, ubicadas principalmente en la ciudad de Puebla. Después de 1890 la industria algodonera mexicana experimentó su mayor auge, gracias a la modernización tecnológica de las fábricas y el mejoramiento de los transportes internos. La productividad de los telares mexicanos era muy elevada: se-

[133] Barrios Pintos, 1973, págs. 151-152, 171, 179, 194-195, 229-232; Joslin, 1963, págs. 115-116; Lynch, 1981, páginas 14-15, 78-81.

gún el estudio analítico de Jan Bazant las fábricas mexicanas podían competir con las de los países industrialmente adelantados[134].

La producción industrial para los mercados nacionales, aunque modesta, no era nada despreciable y se iba diversificando a lo largo del siglo. Los tempranos gobiernos republicanos de Colombia, por ejemplo, ofrecían privilegios especiales a los colombianos que se dedicaran a la producción local de loza, cristales, lienzos, hierro y papel. La mecanización se extendía a la elaboración de toda clase de comestibles (licores, cerveza, hierro, chocolates, pastas alimenticias) y de artículos de uso cotidiano (muebles, pieles y calzados, fósforos, camisas y ropa femenina, jabones, velas, cigarros y cigarrillos). Entre las fábricas limeñas de mayor relieve en el siglo XIX mencionamos las cervecerías de Baertel (1845) y Backus & Johnston (1879), la primera fábrica de fideos y galletas (1864), los aserraderos de E. Ginoccio (1862) y Ciurlizza y Maurer (1866), así como la fábrica de Pedro Roselló (1870). En Buenos Aires en 1892 existían unas 296 fábricas, con 380 máquinas de vapor, empleando a 12.000 hombres y mujeres. El ritmo de la industrialización se aceleró hacia finales del siglo: el 40 por ciento de las fábricas chilenas en 1895 se habían fundado durante los cinco años anteriores. En 1911 había casi 6.000 fábricas con 75.000 obreros, la mayoría de ellas situadas en las ciudades de Santiago y Valparaíso[135].

Las nuevas técnicas industriales transformaron el paisaje urbano. En las ciudades portuarias iban multiplicándose los muelles de hierro y cemento, los faros y boyas; las reformas del puerto de Buenos Aires culminaron con la inauguración de un sistema fabuloso de dársenas en medio de la ciudad a partir de 1889. Otras obras públicas visibilísimas incluían los mercados cubiertos y mataderos centrales construidos durante la segunda mitad del siglo. Menos visibles pero igualmente importantes eran los nuevos sistemas de cloacas y suministro de aguas destinados a aliviar las pésimas condiciones sanitarias[136].

El crecimiento de las ciudades suponía cambios en las facilidades del transporte urbano. Se introdujeron nuevos tipos de vehículos, des-

de bicicletas hasta tranvías. Muchos se quejaban del estrépito y peligro, pero los precios de las tierras servidas por ellos aumentaron vertiginosamente, sobre todo después del reemplazamiento del «ferrocarril de sangre» por vagones eléctricos. La introducción de los tranvías hizo posible la descentralización geográfica de las ciudades, que es una de las características más llamativas del urbanismo moderno en Hispanoamérica. La ampliación de los sistemas de transporte público abrió el camino al auge de los suburbios. A los fracciona-

AMERICAN PATENT PORTABLE HOUSE M'F'G. CO., Corona, New York City.
Window Frames, Sash, Doors, Blinds, Mantels, Newels, Paint and Oil, Hardware.

Plano No. 240.
Iglesia de 40 piés de frente con 44 de fondo.
Precio, entregada en el puerto de Nueva York $1,550

No. 150. Frente con Bisagras de Abrir para Arriba.

Construimos de este modelo casas para galerías de tiro al blanco, casas de campamento y de recreo para niños. El costo es muy poco más alto que el de los edificios ordinarios del mismo tamaño.
Precio de 9x15 piés $140

Iglesia y casa prefabricadas, anunciadas en *La América Científica e Industrial*, 1900.

[134] Bazant, 1978, págs. 44-45, 113, 115; Bazant, 1964. En Lima se fundó la primera fábrica de hilados y tejidos de algodón (Santiago e hijos) en 1848; las fábricas guatemaltecas de tejidos surgieron a partir de 1880. Romero, 1968, II, pág. 140; Solórzano, 1977, págs. 282, 336.
[135] McGreevey, 1971, pág. 41; Cassá, 1980, II, pág. 143; Casal, 1981, págs. 55-56; Romero, 1968, II, págs. 142-143; Joslin, 1963, pág. 116; Loveman, 1979, pág. 210; Bauer, 1975, pág. 204.
[136] Estrada Ycaza, 1973, II, págs. 116-117, 122; Lynch, 1981, pág. 252; Scobie, 1974, págs. 70-86; Jones, Jones y Greenhill, 1977, págs. 83-94.

dores de La Verónica, en las afueras de la ciudad de México, les gustaba propagar el mensaje de que «La Colonia La Verónica está tan cerca del Centro de la ciudad como el palacio nacional» [137].

El avance material de las ciudades ocasionó modificaciones en los usos y costumbres. Según Andrés Carretero, el nacimiento del tango en los suburbios de Buenos Aires se debe, entre otras causas, a la introducción del tranvía a caballo (que facilitó el transporte) y el alumbrado a gas y luego eléctrico (que fomentó la vida nocturna). Las mismas innovaciones avivaron toda clase de diversiones: se edificaron estadios y teatros, hipódromos y parques públicos. Aparecieron hoteles y restaurantes donde antes apenas habían existido. En Buenos Aires los restaurantes de lujo lucían nombres coquetos como Rôtisserie Francesa o Confitería del Águila. Al otro extremo del espectro social prosperaban las academias de baile y los prostíbulos [138].

La antigua unidad arquitectónica de las ciudades hispanoamericanas desapareció ante una verdadera invasión de nuevos estilos y géneros. A las familias ricas se les ocurría encargar la construcción de sus mansiones en estilo *petit hôtel* a arquitectos ingleses o franceses, mientras que la presión demográfica obligaba a la mayoría de la población a vivir en los conventillos proyectados para albergar a la mayor cantidad posible de personas por cuarto, o en las chozas precarias situadas en las afueras de las aglomeraciones urbanas. En el campo de los edificios públicos se inventaron combinaciones fantásticas, como paraderos de ferrocarril en forma de capilla gótica, iglesias inspiradas en templos romanos, baños públicos en forma de mezquita. Alejo Carpentier, comentando esta discordia de elementos, ha caracterizado a las ciudades hispanoamericanas como «un amasijo, un arlequín de cosas buenas y cosas detestables», notando en su propia ciudad de La Habana la presencia de «todos los estilos imaginables: falso helénico, falso romano, falso Renacimiento, falso castillos de la Loira, falso rococó, falso *modern-style*», además del estilo auténtico y sobrio de La Habana colonial [139].

En estos mismos excesos, tan típicos del siglo XIX, reconocemos algunas de las virtudes y vicios de la época que los produjo: receptividad a lo extranjero sin adecuada valorización de lo propio, afán por la novedad sin clara visión del futuro, vitalidad desbordante frente a crecientes tensiones sociales que anunciaban la llegada de un siglo aún más problemático y febril.

---

[137] Katzman, 1973, pág. 34.
[138] Carretero, 1964; Scobie, 1974, págs. 118-119.

[139] Alejo Carpentier, «Problemática de la actual novela latinoamericana», en *Tientos y diferencias,* Montevideo, Arca, 1967, págs. 5-41; cita págs. 13-14.

BIBLIOGRAFÍA

ALBION, Robert G., «British Shipping and Latin America», *Journal of Economic History,* XI, 1951, págs. 361-374.

ANNA, Timothy E., «The Peruvian Declaration of Independence: Freedom by Coercion», *Journal of Latin American Studies,* VII, 1975, págs. 221-248.

— «Spain and the Breakdown of the Imperial Ethos: The Problem of Equality», *Hispanic American Historical Review,* LXII, 1982, págs. 254-272.

ARCHER, Christon I., *The Army in Bourbon Mexico, 1760-1810,* Albuquerque, University of New Mexico Press, 1977.

BAILY, John, *Central America; Describing Each of the States of Guatemala, Honduras, Salvador, Nicaragua, and Costa Rica; their Natural Features, Products, Population, and Remarkable Capacity for Colonization,* Londres, Trelawney Saunders, 1850.

BARRIOS PINTOS, Aníbal, *Historia de la ganadería en el Uruguay, 1574-1971,* Montevideo, Ministerio de Educación y Cultura, 1973.

BAUER, Arnold J., «The Church and Spanish American Agrarian Structure: 1765-1865», *The Americas,* XXVIII, 1971, págs. 78-98.

— *Chilean Rural Society from the Spanish Conquest to 1930,* Cambridge, Cambridge University Press, 1975.

BAZANT, Jan, «Industria algodonera poblana de 1800-1843 en números», *Historia Mexicana,* XIV, Núm. 1, 1964, págs. 131-143.

— «La desamortización de los bienes corporativos en 1856», *Historia Mexicana,* XVI, Núm. 2, 1966, págs. 193-212.

— *Cinco haciendas mexicanas: tres siglos de vida rural en San Luis Potosí (1600-1910),* México, Colegio de México, 1975.

— *A Concise History of Mexico, from Hidalgo to Cárdenas, 1805-1940,* Cambridge, Cambridge University Press, 1978.

BLAKEMORE, Harold, «Limitations of Dependency: An Historian's View and Case Study», *Boletín de Estudios Latinoamericanos y del Caribe,* número 18, 1975, págs. 74-87.

BLANCPAIN, Jean-Pierre, *Les allemands au Chili (1816-1945),* Colonia, Böhlau Verlag, 1974.

BRADING, David A., *Haciendas and Ranchos in the Mexican Bajío: León 1700-1860,* Cambridge, Cambridge University Press, 1978.

BRITO FIGUEROA, Federico, *Historia económica y social de Venezuela,* 2 vols., Caracas, Universidad Central de Venezuela, 1966.

BROWNING, David, *El Salvador: la tierra y el hombre,* San Salvador, Ministerio de Educación, 1975.

BURGIN, Miron, *Aspectos económicos del federalismo argentino*, Buenos Aires, Solar/Hachette, 1969.

CALDERÓN QUIJANO, José Antonio, *Historia de las fortificaciones de Nueva España*, Sevilla, Escuela de Estudios Hispano-Americanos, 1953.

CARDOZO GALUÉ, Germán, *Michoacán en el siglo de las luces*, México, Colegio de México, 1973.

CARRETERO, Andrés M., *El compadrito y el tango (el hombre de la Argentina comercial)*, Buenos Aires, Pampa y Cielo, 1964.

CASAL, Pío (Enrique Palacios), *Reseña de la situación general de Guatemana, 1863*, ed. de Jorge Luján Muñoz, Guatemala, Academia de Geografía e Historia de Guatemala, 1981.

CASSÁ, Roberto, *Historia social y económica de la República Dominicana*, 2 vols., Santo Domingo, Alfa y Omega, 1980.

CASTRO, Juan José, *Estudio sobre los ferrocarriles sud-americanos y las grandes líneas internacionales, publicado bajo los auspicios del Ministerio de Fomento de la República Oriental del Uruguay, y enviado a la exposición universal de Chicago*, Montevideo, Imprenta a Vapor de la Nación. 1893.

COATSWORTH, J. H., «Obstacles to Economic Growth in Nineteenth-Century Mexico», *American Historical Review*, LXXXIII, 1978, págs. 80-100.

COE, Michael D., «The Chinampas of Mexico», *Scientific American*, CCXI, Núm. 1, 1964, páginas 90-99.

COSTELOE, Michael P., «The Administration, Collection and Distribution of Tithes in the Archbishopric of Mexico, 1800-1860», *The Americas*, XXIII, 1966, págs. 3-27.

—*Church Wealth in Mexico: A Study of the «Juzgado de Capellanías» in the Archbishopric of Mexico, 1800-1856*, Cambridge, The University Press, 1967.

—«Spain and the Latin American Wars of Independence: the Free Trade Controversy, 1810-20», *Hispanic American Historical Review*, LXI, 1981, págs. 209-234.

CUCCORESE, Horacio Juan, *Historia de los ferrocarriles en la Argentina*, Buenos Aires, Ediciones Macchi, 1969.

CHAUNU, Pierre, «Interpretación de la independencia de América Latina», en CHAUNU, HOBSBAWM y VILAR, 1973a, págs. 9-42.

—*Histoire de l'Amérique Latine*, París, Presses Universitaires de France, 1973b.

CHAUNU, Pierre, Eric J. HOBSBAWM y Pierre VILAR, *La independencia de América Latina*, 1973.

CHIARAMONTE, José Carlos, *Pensamiento de la Ilustración: Economía y sociedad iberoamericanas en el siglo XVIII*, Caracas, Biblioteca Ayacucho, 1979.

CHINCHILLA AGUILAR, Ernesto, *La vida moderna en Centroamérica*, Guatemala, Ministerio de Educación, 1977.

CHUECA GOITIA, F. L., L. TORRES BALBAS y J. GONZÁLEZ GONZÁLEZ, *Planos de ciudades iberoamericanas y filipinas existentes en el Archivo de Indias*, 2 vols., Madrid, Instituto de Estudios de Administración Local, 1951.

DEALY, Glen, «Prolegomena on the Spanish American Political Tradition», *Hispanic American Historical Review*, XLVIII, 1968, págs. 37-58.

DELGADO RIBAS, Josep Maria, «La integración de Hispanoamérica en el mercado mundial (1797-1814)», *Boletín Americanista*, Núm. 31, 1981, págs. 41-52.

ELLIS, C. Hamilton, «The Development of Railway Engineering», en SINGOR *et al.*, 1958, páginas 322-349.

ENCINA, Francisco A., *Nuestra inferioridad económica: sus causas, sus consecuencias*. Santiago de Chile, Imprenta Universitaria, 1912.

ESTRADA YCAZA, Julio, *El puerto de Guayaquil*, 2 vols., Guayaquil, Archivo Histórico del Guayas, 1973.

EVERAERT, John, «El movimiento emigratorio desde Amberes a América durante el siglo XIX», *Jahrbuch für Geschichte von Staat, Wirtschaft un Gesellschaft Lateinamerikas*, XIII, 1976, páginas 331-360.

FELLER, Irwin, «Inventive Activity in Agriculture, 1837-1900», *Journal of Economic History*, XXII, 1962.

FERNS, H. S., *Britain and Argentina in the Nineteenth Century*, Oxford, Oxford University Press, 1900.

FIFER, J. Valerie, *Bolivia: Land, Location, and Politics since 1825*, Cambridge, Cambridge University Press, 1972.

FLETCHER, Max E., «The Suez Canal and World Shipping, 1869-1914», *Journal of Economic History*, XVIII, 1958, págs. 556-573.

FLOYD, Mary B., «Política y economía en tiempos de Guzmán Blanco: Centralización y desarrollo, 1870-1888», en IZARD *et al.*, 1976, págs. 163-201.

FRANKEL, Benjamín A., «La guerra federal y sus secuelas, 1859, 1869», en IZARD *et al.*, 1976, páginas 129-162.

FURTADO, Celso, *Economic Development of Latin America: Historical Background and Contemporary Problems*, 2.ª ed., Cambridge, Cambridge University Press, 1976.

GARCÍA LAGUARDIA, Jorge Mario, *La génesis del constitucionalismo guatemalteco*, Guatemala, Editorial Universitaria, 1971.

GARCÍA SAMUDIO, Nicolás, *La independencia de Hispanoamérica*, México, Fondo de Cultura Económica, 1945.

GILMORE, Robert L., *Caudillism and Militarism in Venezuela, 1810-1910*, Athens, Ohio, 1964.

GILMORE, Robert L. y John Parker HARRISON, «Juan Bernardo Elbers and the Introduction of Steam Navigation on the Magdalena River», *Hispanic American Historical Review*, XXVIII, 1948, págs. 335-359.

GRAHAM, Richard, *Independence in Latin America: A Comparative Approach*, Nueva York, Knopf, 1972a.

—*Britain and the Onset of Modernization in Brazil, 1850-1914*, Cambridge, The University Press, 1972b.

GRAY, William H., «Steamboat Transportation on the Orinoco», *Hispanic American Historical Review*, XXV, 1975, págs. 455-469.

GREENHILL, Robert, «Shipping 1850-1914», en PLATT (ed.), 1977, págs. 119-155.

—1977b, «Merchants and the Latin American Trades: An Introduction», en PLATT (ed.), 1977a, págs. 159-197.

—«The Nitrate and Iodine Trades, 1880-1914», en PLATT (ed.), 1977c, págs. 231-283.

GUILLÉN, Flavio, *Un fraile prócer y una fábula poema, estudio acerca de Fray Matías de Córdova,* 2 vols., Guatemala, Ministerio de Educación, 1966.

HALPERÍN DONGHI, Tulio, *Hispanoamérica después de la independencia: consecuencias sociales y económicas de la emancipación,* Buenos Aires, Paidós, 1972.

—«¿Para qué la inmigración? Ideología y política inmigratoria y aceleración del proceso modernizador: el caso argentino (1810-1914)», *Jahrbuch für Geschichte von Staat, Wirtschaft und Gesellschaft Lateinamerikas,* XIII, 1976, págs. 437-489.

HAMNETT, Brian R., «Mexico's Royalist Coalition: The Response to Revolution 1808-1821», *Journal of Latin American Studies,* XII, 1980, págs. 55-86.

HARDOY, Jorge E., «La forma de las ciudades coloniales en la América española», *Revista de Indias,* XXXIII-XXXIV, 1973-1974.

HARWICH VALLENILLA, Nikita, «El modelo económico del liberalismo amarillo: historia de un fracaso, 1898-1908», en IZARD *et al.,* 1976, páginas 203-246.

HERR, Richard, *The Eighteenth Century Revolution in Spain,* Princeton, Princeton University Press, 1973.

HOBSBAWM, E. J., *The Age of Capital 1848-1875,* 2.ª impresión, Londres, Weidenfeld and Nicolson, 1976.

HOETINK, H., *The Dominican People 1850-1900: Notes for a Historical Sociology,* Baltimore, Johns Hopkins University Press, 1982.

HOLLERAN, Mary P., *Church and State in Guatemala,* Nueva York, Columbia University Press, 1949.

HUMPHREYS, R. A., *Tradition and Revolt in Latin America and Other Essays,* Nueva York, Columbia University Press, 1969.

HUMPHREYS, R. A. y John LYNCH (eds.), *The Origins of the Latin American Revolutions, 1808-1826,* Nueva York, Knopf, 1965.

HYLAND, Richard P., «A Fragile Prosperity: Credit and Agrarian Structure in the Cauca Valley, Colombia, 1851-87», *Hispanic American Historical Review,* LXII, 1982, págs. 369-406.

IZARD, Miguel, «Período de la independencia y la Gran Colombia, 1810-1830», en IZARD *et al.,* 1976, págs. 1-31.

IZARD, Miguel, *et al., Política y economía en Venezuela, 1810-1976,* Caracas, Fundación John Boulton, 1976.

JOHNSON, John J., *Pioneer Telegraphy in Chile, 1852-1876,* Stanford, Stanford University Press, 1948.

JONES, Charles, «Commercial Banks and Mortgage Companies», en PLATT (ed.), 1977a, págs. 17-52.

—«Insurance Companies», en PLATT (ed.), 1977' págs. 53-74.

JONES, Linda, Charles JONES y Robert Greenhill, «Public Utility Companies», en PLATT (ed.), 1977, págs. 77-118.

JOSLIN, David, *A Century of Banking in Latin America,* Oxford, Oxford University Press, 1963.

KAPLAN, Marcos, *Formación del estado nacional en América Latina,* Buenos Aires, Amorrortu, 1969.

KATZMAN, Israel, *Arquitectura del siglo XIX en México,* Tomo I, México, Universidad Nacional Autónoma de México, 1973.

KNIGHT, Franklin W., *Slave Society in Cuba during the Nineteenth Century,* 4.ª impresión, Madison, University of Wisconsin Press, 1977.

KUETHE, Allan J., *Military Reform and Society in New Granada, 1773-1808,* Gainesville, University Presses of Florida, 1978.

LANNING, John Tate, *The Eighteenth-Century Enlightenment in the University of San Carlos de Guatemala,* Ithaca, Cornell University Press, 1956.

LAVRIN, Asunción, «La riqueza de los conventos de monjas en Nueva España: estructura y evolución durante el siglo XVIII», *Cahiers des Amériques Latines,* VIII, 1973, págs. 91-122.

LEWIS, Colin, «British Railway Companies and the Argentine Government», en PLATT (ed.), 1977, págs. 395-427.

LINKE, Lilo, *Ecuador: Country of Contrasts,* 3.ª ed., Londres, Oxford University Press, 1967.

LOFSTROM, William, «Attempted Economic Reform and Innovation in Bolivia under Antonio José de Sucre, 1825-1828», *Hispanic American Historical Review,* L, 1970, págs. 279-299.

LOHMANN VILLENA, Guillermo, «Algunas notas documentales sobre la presencia de alemanes en el Perú virreinal», *Jahrbuch für Geschichte von Staat, Wirtschaft und Gesellschaft Lateinamerikas,* XVIII, 1982.

LOVEMAN, Brian, *Chile: The Legacy of Hispanic Capitalism,* Nueva York, Oxford University Press, 1979.

LOY, Jane M., «Forgotten Comuneroso: The 1781 Revolt in the Llanos of Casare», *Hispanic American Historical Review,* LXI, 1981, páginas 235-257.

LUJÁN MUÑOZ, Jorge, *La independencia y la anexión de Centroamérica a México,* Guatemala, Serviprensa, 1982.

LUQUE ALCAIDE, Elisa, *La Sociedad Económica de Amigos del País de Guatemala,* Sevilla, Escuela de Estudios Hispano-Americanos, 1962.

LYNCH, John, *The Spanish American Revolutions, 1808-1826,* Londres, Weidenfeld and Nicolson, 1973.

—*Argentine Dictator: Juan Manuel de Rosas, 1829-1852,* Oxford, Clarendon Press, 1981.

—«Bolívar and the Caudillos», *Hispanic American Historical Review,* LXIII, 1983, págs. 3-36.

MAMALAKIS, Markos J., *Historical Statistics of Chile,* 2 vols., Westport, Greenwood Press, 1978-1980.

MARROQUÍN ROJAS, Clemente, *Francisco Morazán y Rafael Carrera,* Guatemala, Ministerio de Educación, 1971.

MARTIN, Percy Alvin, «The Influence of the United States on the Opening of the Amazon to the World's Commerce», *Hispanic American Historical Review,* I, 1918, págs. 146-162.

MATHEW, W. M., «Antony Gibbs & Sons, the Guano Trade and the Peruvian Government, 1842-1861», en PLATT (ed.), 1977, págs. 337-370.

McBRIDE, Felix Webster, *Cultural and Historical Geography of Southwest Guatemala,* Westport, Greenwood Press, 1971.

McEVEDY, Colin y Richard JONES, *Atlas of World Population History,* Harmondsworth, Penguin, 1978.

McGREEVEY, William Paul, *An Economic History of Colombia, 1845-1930,* Cambridge, Cambridge University Press, 1971.

MECHAM, J. Lloyd, «The Origins of Federalism in Mexico», *Hispanic American Historical Review,* XVIII, 1938, págs. 164-182.

—*Church and State in Latin America,* 2.ª ed., Chapel Hill, University of North Carolina Press, 1966.

MORSE, Richard M., «The Heritage of Latin America», en WIARDA (ed.), 1974a, págs. 25-69.

—«Toward a Theory of Spanish American Government», en WIARDA (ed.), 1974b, págs. 105-127.

MORSE, Richard M. (ed.), *Las ciudades latinoamericanas,* 2 vols., México, Sep-Setentas, 1973.

NAVA, Julián, «The Illustrious American: The Development of Nationalism in Venezuela under Antonio Guzmán Blanco», *Hispanic American Historical Review,* XLV, 1965, págs. 527-543.

NORTH, Douglas, «Ocean Freight Rates and Economic Development, 1750-1913», *Journal of Economic History,* XVIII, 1958, págs. 537-555.

OSS, Adriaan C. van, «Comparing Colonial Bishoprics in Spanish South America», *Boletín de Estudios Latinoamericanos y del Caribe,* Núm. 24, 1978, págs. 27-66.

PARRY, John H., *The Spanish Seaborne Empire,* Harmondsworth, Pelican, 1973.

PENDLE, George, *Paraguay: A Riverside Nation,* 3.ª ed., Londres, Oxford University Press, 1967.

PÉREZ VILA, Manuel, «El gobierno deliberativo. Hacendados, comerciantes y artesanos frente a la crisis, 1830-1848», en IZARD *et al.,* 1976, págs. 33-89.

PIERSON, William Whatley, «Foreign Influences on Venezuelan Political Thought, 1830-1930», *Hispanic American Historical Review,* XV, 1935, págs. 3-42.

PLATT, D. C. M. (ed.), *Business Imperialism, 1840-1930: An Inquiry Based on British Experience in Latin America,* Oxford, 1977.

PRIEN, Hans-Jürgen, *Die Geschichte des Christentums in Lateinamerika,* Göttingen, Vandenhoeck & Ruprecht, 1978.

RANDALL, Laura, *A Comparative Economic History of Latin America, 1500-1914. Volume 4: Peru,* Ann Arbor, University Microfilms, 1977.

RASMUSSEN, Wayne D., «The Impact of Technological Change on American Agriculture, 1862-1962», *Journal of Economic History,* XXII, 1962, págs. 578-591.

REES, Peter, *Transportes y comercio entre México y Veracruz, 1519-1910,* México, Sep-Setentas, 1976.

REYES ABADIE, W. y José C. WILLIMAN H., *La economía del Uruguay en el siglo XIX,* Montevideo, Nuestra Tierra, 1969.

RIPPY, J. Fred, «Notes on Early Telephone Companies of Latin America», *Hispanic American Historical Review, p* XXVI, 1946, págs. 116-118.

RODRÍGUEZ, José Ignacio, *A Compliation of the Political Constitutions of the Independent Nations of the New World. With Short Historical Notes and Various Appendixes,* 2 vols., Washington, International Bureau of the American Republics, 1906-1907.

ROMERO, Emilio, *Historia Económica del Perú,* 2.ª ed., 2 vols., Lima, Universo, 1968.

SAFFORD, Frank, «Bases of Political Alignment in Eary Republican Spanish America», en Richard GRAHAM y Peter H. SMITH (eds.), *New Approaches to Latin American History,* Austin, University of Texas Press, 1974, págs. 71-111.

SÁNCHEZ-ALBORNOZ, Nicolás, *The Population of Latin America: A History,* Berkeley, University of California Press, 1974.

SARMIENTO, Domingo F., *Facundo: civilización y barbarie,* Madrid, Alianza, 1970.

SARRAILH, Jean, *La España ilustrada de la segunda mitad del siglo XVIII,* México, Fondo de Cultura Económica, 1974.

SCOBIE, James R., *Argentina: A City and a Nation,* Nueva York, Oxford University Press, 1971.

—*Buenos Aires. Plaza to Suburb, 1870-1910,* Nueva York, Oxford University Press, 1974.

SHAFER, Robert J., *The Economic Societies in the Spanish World, 1763-1821,* Syracuse, Syracuse University Press, 1958.

SINGOR, Charles, *et al., A History of Technology,* 7 vols., *Vol. 5: The Late Nineteenth Century,* Oxford, Clarendon Press, 1958.

SINKIN, Richard N., *The Mexican Reform, 1855-1876, A Study in Liberal Lation-Building,* Austin, University of Texas Press, 1979.

SLICHER van BATH, B. H., *Historia agraria de Europa Occidental (500-1850),* Barcelona, Península, 1974.

—«Economic Diversification in Spanish America around 1600: Centres, Intermediate Zones and Peripheries», *Jahrbuch für Geschichte von Staat, Wirtschaft und Gesellschaft Lateinamerikas,* XVI, 1979, págs. 53-95.

—«Tussen kerk en staat ligt de vrijheid», discurso inaugural, Rijksuniversiteit te Leiden, 30 de septiembre, 1981.

SOLÓRZANO, F., Valentín, *Evolución económica de Guatemala,* 4.ª ed., Guatemala, Ministerio de Educación, 1977.

VÉLIZ, Claudio, «The Irisarri Loan», *Boletín de Estudios Latinoamericanos y del Caribe,* Núm. 23, 1977, págs. 3-20.

—*The Centralist Tradition of Latin America,* Princeton, Princeton University Press, 1980.

WIARDA, Howard H. (ed.), *Politics and Social Change in Latin America: The Distinct Tradition,* Amherst, University of Massachusetts Press, 1974.

WOODWARD, Ralph Lee Jr., *Central America: A Nation Divided,* Nueva York, Oxford University Press, 1976.

WORTMAN, Miles L., *Government and Society in Central America, 1680-1840,* Nueva York, Columbia University Press, 1982.

ZAVALA, Silvio, *La filosofía política en la Conquista de América,* 2.ª ed., México, Fondo de Cultura Económica, 1972.

La cultura hispanoamericana del siglo XIX

Miguel Rojas Mix

Resulta necesario en un capítulo como éste precisar en qué sentido ha de hablarse de cultura. Porque la historia conoce una cantidad de significados diversos que van desde el *paideia* griego a la concepción antropológica anticipada por Spengler, y desde la idea aristocrática hasta la visión populista. Hablar de «cultura hispanoamericana del siglo XIX» implica reconocerla como fenómeno histórico, como ruptura que se recompone en la concreción temporal de visiones del mundo en las que se mezclan lo transmitido, lo aprendido y lo creado, que se reproducen en los modos de vida y en las instituciones de un grupo social. En este sentido la noción de cultura debe entenderse como una galvanización histórica de elementos conflictivos. Se trata de una dialéctica de asimilación e innovación en la que se enfrentan a una cultura dominante, la hispanidad colonial, elementos marginales, indios o africanos, elementos nuevos, influencia francesa, inglesa, o elementos que estaban en semilla, identidades nacionales. La transformación cultural del siglo es expresión del cambio en la correlación de fuerzas entre los viejos y los nuevos fundamentos. Es este desequilibrio el que produce el paso de la cultura colonial a la cultura hispanoamericana. Los elementos nuevos son los grandes trazos que definen la época. Su coherencia nace, no de un recorte abstracto en el tiempo histórico, sino de la vigencia de su dominación. Vemos que algunas de las tendencias desbordan el siglo y que otras se detienen antes de que éste alcance su fin. Viene a ser incluso más justo en Hispanoamérica hablar de «culturas» en plural, ya que diversas visiones del mundo se yuxtaponen en relaciones taraceadas, a menudo más conflictivas que armoniosas. Y en las que de continuo la cultura dominante resulta más marginalizadora que sincrética.

Hablar de la cultura Hispanoamericana del siglo XIX, compruébase por lo demás simplificador. Tanto el período de tiempo, como el gentilicio, son desbordados por las coherencias e incoherencias de las tendencias y los conflictos ideológicos.

Sería igualmente simplificador, pero de otro lado bastante ajustado a la realidad, llamar a esta cultura escuetamente romántica. Simplificador porque es manifiesto que la cultura hispanoamericana comienza el siglo apoyándose

sobre todo en las ideas ilustradas y los estilos neoclásicos, y porque termina volviéndose hacia el realismo y con un rebusque modernista que dominará el cambio de siglo.

Por otra parte, resulta ajustado a la realidad llamar romántica a la época, puesto que son las preocupaciones románticas y las de su continuadora, la filosofía positivista, las que imponen las grandes líneas del pensamiento y del arte. Aunque a veces los cauces estilísticos en que se expresan: el academicismo o el primitivismo, no le sean propios.

¿Cuáles son estas tendencias y cómo se manifiestan en la cultura?

Prácticamente ellas aparecen ya en el pensamiento de Bolívar, bajo la forma de tres preocupaciones capitales:

1. La valoración del pasado.
2. La cuestión de la identidad continental, o el ideal americanista.
3. La cuestión de las identidades nacionales o la formación del Estado.

A estos tres grandes temas habría que agregar las preocupaciones o los intereses que aporta el romanticismo y que sirven de galeras para conducir esta problemática. En lo que a nosotros nos interesa estas preocupaciones románticas son fundamentalmente: el reconocimiento de la naturaleza, el exotismo, la exploración de la sociedad, el sentimiento popular y la exaltación de la técnica y el progreso.

La verdad es que si este último tema es un eje del pensamiento de la época, él había sido formulado ya por los ilustrados y sólo va a ser reforzado por los románticos, que lo llevarán del campo filosófico al campo literario y artístico. Es manifiesto que la causa inmediata del reforzamiento de esta tendencia es el impacto de la «revolución tecnológica», que su consecuencia es el cambio del cuadro de vida y que en la Hispanoamérica del XIX, ésta se expresa sobre todo en una radical transformación del cuadro urbano.

VALORACIÓN DEL PASADO

La revisión crítica del pasado es característica del primer hispanoamericanismo. Esta visión dominante de la historia se extiende entre dos documentos fundamentales: *La Carta de Jamaica* escrita por Bolívar en 1815 y *Nuestra América* de Martí en 1891.

A excepción de unos pocos autores, Bello entre ellos, este primer hispanoamericanismo caracteriza la Conquista y la Colonización españolas como épocas de barbaridades y tiranías. Épocas en que América estaba privada de Libertad. Incluso, dice Bolívar, privada de «tiranía activa». Y agrega una frase que más de un historiador gusta poner en itálicas: «los americanos en el sistema español no fueron sino siervos para el trabajo y a lo más consumidores». Es una crítica feroz al pasado que se hace a través de los grandes temas de la Ilustración: los de la tolerancia y el progreso. Una valoración, pues, de la historia que justificaba la ruptura. Del pasado español se guarda sólo la lengua para que sirva de base a la unión de los «americanos». En Bolívar esta valoración concluía en un colofón de animosidad hiperbólica: «Más grande es el odio que nos inspira la Península, que el mar que nos separa de ella».

Si *Nuestra América* de Martí refleja análogos sentimientos respecto a la colonización española, su valorización del pasado es más compleja. Martí nos da una visión del pasado en tres tiempos: pasado español, pasado indígena y pasado inmediato.

Martí reivindica el pasado precolombino. En el mismo texto «Los Códigos Nuevos», que habla de la Conquista como la ingerencia de una civilización devastadora habla de la obra majestuosa de la civilización americana. Pero este pasado —afirma— no es sólo preciso resucitarlo, sino que hay que fortalecerlo. Recuperarlo y hacerlo vivir en la América mestiza. Porque al ser interrumpido por la conquista se creó un pueblo mestizo, que únicamente la reconquista de la libertad puede desenvolver y restaurar en su propia alma. Es la condición de mestizo la que hace la especificidad de América. La que le dará su identidad.

El pasado cercano es el que empieza a adelantar con la Independencia: con Bolívar, con Hidalgo, San Martín y Sarmiento... Este pasado vecino, Martí lo juzga desde el punto de vista de los nuevos peligros que amenazan a «Nuestra América». Fundamentalmente los del imperialismo y la recolonización. Y en relación con ellos lo valora desde la perspectiva del progreso, y desde las antinomias que en este marco se intentan establecer para pergeñar un futuro: entre civilización y barbarie, entre razas latinas y razas sajonas.

Esta valoración del pasado tiene importantes consecuencias:

1) Una búsqueda de modelos foráneos que lleva de la Colonia a la colonización, y que Martí critica acervamente. Estos modelos son impuestos en nombre del progreso y la civilización frente a la tradición retardataria que representaban la herencia española y la barbarie indígena.

2) Una reescritura de la historia. Esta revaloriza, por una parte, el pasado anterior al español, introduce al indígena como protagonista en el arte y en la literatura y concluye defendiendo una sociedad multirracial. Y por otra, apunta a un acto fundacional: constituir las nuevas repúblicas. La labor de escritor, de historiador y de político se confunden.

Los modelos foráneos o el «criollo exótico»

Si la colonización aparece no sólo deseable, sino necesaria para pensadores como Sarmiento y Alberdi, no ocurre lo mismo con Martí.

Alberdi y Sarmiento consideran que la recolonización es fundamental para organizar la República Argentina. Ambos, más que por un modelo, se orientan por experiencias concretas. Sarmiento piensa que los argentinos deben convertirse en los yanquis de América del Sur; pero, en este punto es quizá Alberdi el más preciso. Es incluso a través de la idea de recolonización que Alberdi plantea el tema de la identidad. La patria no es el suelo —dice— la patria es la libertad, el orden, la riqueza y la civilización cristiana. Todas estas ideas las ha traído Europa. Los americanos son europeos nacidos en América. Así, la patria original es Europa. Es por eso que él propone la recolonización. Es preciso buscar una nueva dependencia, una nueva subordinación, pero libremente. Solicitar la presencia de los europeos para producir ahora un mestizaje positivo, que Alberdi entiende como una mezcla, no con razas inferiores, indios y negros, sino de los mejores americanos con los mejores europeos. A su proyecto recolonizador él lo llama «civilizador» y lo define fundamentalmente en dos puntos: política de inmigración y libertad de comercio. El capital —declara— debe ser un inmigrante privilegiado. Hay que proteger las empresas particulares, desarrollar una política de inmunidad y privilegios para las inversiones, hacer desaparecer las aduanas...

Por el contrario, la idea de identidad de Martí descansa en una concepción profundamente anticolonizadora. «El criollo exótico». Esa es su expresión clave. Permanentemente denuncia los modelos y las modas extranjeras:

> Eramos una máscara, con los calzones de Inglaterra, el chaleco Parisiense, el chaquetón de Norteamérica y la montera de España... Entiendan que se imita demasiado y que la salvación está en crear.

Y poco antes Rubén Darío, prologando un libro había dicho casi las mismas palabras sobre Santiago de Chile: «Santiago toma el té como Londres, y la cerveza como Berlín... Santiago gusta de lo exótico, y en la novedad siente de cerca a París. El mejor sastre es Pinaud y su *bon marché* la Casa Prá.»

Martí piensa que no se puede regir un país con ideas prestadas, «con antiparras yanquis o

Las academias discuten temas viables. La poesía se corta la melena zorrillesca y cuelga del árbol glorioso el chaleco colorado. La prosa centellando y cernida, va cargada de ideas. Los gobernadores, con las repúblicas de indios, aprenden indio.

Fundar la economía, el teatro, el arte en la realidad, en los caracteres nativos, esa es la propuesta de Martí. Son en efecto esos «carac-

La Plaza de Armas de Santiago de Chile en el siglo XIX, según litografía de F. Sorrieu.

francesas»... En el *Manifiesto de Montecristi*, reitera que muchos de los trastornos en la fundación de las Repúblicas de Hispanoamérica, vienen del error de tratar de ajustarlas a moldes extranjeros... La verdad, continúa, es que ni el libro europeo ni el libro yanqui daban la clave para el enigma hispanoamericano... «Hay que leer para aplicar, pero no para copiar». No importa que andemos al principio a tropezones. No hay que renegar de nuestra creación, ni avergonzarse de que ella pueda llevar delantal indio. «El vino de plátano y si sale agrio ¡es nuestro vino!»

Surgen los estadistas naturales del estudio directo de la naturaleza. Leen para aplicar, pero no para copiar. Los economistas estudian las dificultades en sus orígenes. Los oradores empiezan a ser sobrios. Los dramaturgos traen los caracteres nativos a la escena.

teres nativos», los que darán sentido de revolución cultural a la Revolución Mexicana ya en el siglo siguiente. Pero, todavía en el XIX inicia esta tarea José Guadalupe Posada. Él va a convertir al indio, al mexicano, en el protagonista de su arte. Hasta entonces el indio no parecía digno de interesar a la estética, ni de llamar la atención del creador. Era feo. Así de simple. Carecía de la belleza ideal del modelo griego. Cuando se le introducía, al igual que al negro, era una nota de color local, una sátira o una anécdota. Jámás un protagonista. Sí, a veces, como en las series de Landaluze en la misma Cuba o de Figari en Uruguay. Pero entonces era el personaje principal de una comedia bufa, el blanco de la mordacidad racista del artista. Justamente, el hecho de traer los caracteres nativos a escena será el origen del indoamericanismo y del afroamericanismo. Y es por ello que con razón, concluye Martí:

57

«Los gobernadores, con las repúblicas de indios, aprenden indio».

Crear es la palabra de base de la generación de fin de siglo —afirma Martí. Pero esta creación tiene que partir de las realidades sociales y culturales de la América mestiza, de la cual ya la mesticidad es una fundamental. Lo mestizo por definición implica confluencia de tradiciones. Y la condición de mestizo las reconoce todas. No se trata de renunciar a ninguna, sino de convocarlas, sintetizarlas, fundirlas, trasuntarlas, hermanar la vincha y la toga, destacar al indio y abrir espacio al negro.

La lucha contra el criollo exótico es una lucha contra la colonización. Ella se da fundamentalmente en el campo de la cultura, porque implica construir una cultura y una educación con nuestra realidad. Implica aprehender nuestro pasado, no el ajeno, sin que éste se olvide. Ya en su época Martí se percataba de que antes de conocer a los griegos debíamos saber quienes fueron los incas y los aztecas. Y que éste era un problema de identidad sobre el que descansaba la cultura. De ahí que resultara exótico el criollo que se veía o se creía francés. Más que exótico para el europeo, era exótico de sí mismo, pues vivía su realidad como exótica.

Descubrimiento del pasado precolombino

Por lo que se refiere a la revalorización del pasado precolombino, éste había encontrado portavoces importantes desde comienzos del siglo. Sin embargo, es sólo a partir del siglo XX, y gracias a la renovación estética que producen el cubismo, el fauvismo y el arte abstracto, cuando se comienzan a revalorizar las producciones de las culturas extra-europeas. Hasta entonces éstas no eran consideradas como altas culturas o como verdaderas culturas, con capacidad creadora y artística. Sus producciones valían apenas como objetos pintorescos. En la *Historia de América* de Robertson, se leía que los monumentos de naciones tan groseras como las mexicanas o peruanas no podían ni siquiera ser considerados como remedos de arte. Y, si es cierto que Alexander von Humboldt, asumió la tarea de sacar del olvido los monumentos americanos, no es menos cierto que tampoco él los consideraba arte.

La verdad es que no era todavía fácil en la época de Humboldt poder apreciar el sentido artístico de las obras extra-europeas. Las consideraciones a lo Robertson estaban respaldadas por el rechazo sacramental de una ideología que asociaba estas obras con la idolatría. Por otra parte, tanto en el clasicismo como en el romanticismo imperaba una tendencia esencialmente figurativa que era incapaz de entender formas que «distorsionaban» las figuras y que recurrían a símbolos y motivos que no eran clasificables dentro del repertorio de los objetos conocidos. Todas estas efigies resultaban «bárbaras» para el hombre del Viejo Mundo. Forster comenta en *A Voyage Round the World (1777)*, refiriéndose a las grandes estatuas de la Isla de Pascua, que sus rasgos eran pocos diferenciados, las orejas demasiado largas y que, un artista europeo se habría avergonzado de ellas. Sólo el cubismo y la abstracción vendrían a poner sobre el tapete del arte formas que parecían una distorsión de la realidad. Las consideraciones de Humboldt sobre la belleza, cuando observa estos monumentos y los compara con otros de la Antigüedad, siguen dominadas por las concepciones de una estética eurocéntrica. No obstante, él es el primero en afirmar el valor de la investigación de los objetos indígenas, señalando que este estudio ha dejado desde fines del siglo anterior de ser considerado como indigno. Alude aquí, de paso, a algo a que ya se ha hecho referencia, a la revalorización del romanticismo, que abre la puerta a una estética de las obras de pueblos que no están dentro de la tradición clásica. En todo caso, Humboldt no va más allá de considerarlos documentos históricos u objetos curiosos, lo que implicaba manifestar interés sin expresar juicio estético.

> Desde fines de siglo se ha operado una revolución feliz en la manera de entender la civilización de los pueblos y las causas que han favorecido o detenido el progreso... y mis investigaciones sobre los pueblos indígenas de América aparecen en una época en que no se considera indigno de atención todo aquello que se aleja del estilo, del cual los griegos nos han dejado modelos inimitables (*Vues des Cordillères*).

Por cierto que no constituyen un ideal de belleza ni se encuentra en ellos la perfección de las formas. Así escribe en el prólogo al libro de Nebel:

> Al publicar, después de mi regreso de México, un ensayo sobre el arte y los monumentos indígenas de los pueblos del Nuevo Continente, he expresado la esperanza de que el interés filosófico de nuestra vieja Europa se extienda poco a poco sobre la historia y los tipos misteriosos de la civilización naciente de América antes de la conquista española. No es el bello ideal, ni el sentimiento de perfección de las formas, lo que se busca en los monumentos de los pueblos del Nuevo Mundo...

Lo que despertaba el interés de Humboldt era su valor de documentos históricos, de testimonio de la cultura de un pueblo:

> Monumentos de pueblos que están separados de nosotros por largos siglos, pueden cautivar nuestro interés de una doble manera... Sin embargo, los monumentos de pueblos que no han alcanzado un alto grado de cultura intelectual, ya sea por causas políticas o religiosas, eran pocos receptivos para las bellezas de las formas, y sólo merecen atención como monumentos históricos (*Pittoreske Ansichten*).

broso y sombrío que contrasta con las artes y las dulces ficciones de los pueblos de Grecia (*Vues des Cordillères*).

Sin duda fue Humboldt el que despertó el interés de la ciencia y de los artistas viajeros que lo siguen, por las antigüedades americanas. Con él se inician los estudios arqueológicos sistemáticos de las altas culturas. Los libros que se publican, a comienzos del siglo XIX, reproducen incluso las ilustraciones de las *Vues des Cordillères*. Ya en la década del 30 aparecen algunas obras fundamentales de-

«Pirámide de Cholula», ilustración de *Sites de Cordillères et monuments des peuples indigènes de l'Amerique,* de Alexander von Humboldt.

Humboldt, por lo demás, veía estrechamente asociada la creación artística a la libertad humana, cuyo supuesto era la libertad política. Era por ello, por esa falta de libertad, pensaba, que las civilizaciones precolombinas no habían logrado alcanzar las cimas del arte:

> Las instituciones políticas más complicadas que muestra la historia de la sociedad humana, han ahogado el germen de la libertad individual. El fundador del imperio del Cuzco se enorgullecía de poder forzar a los hombres a ser felices, con los que los había reducido al estado de simples máquinas. La teocracia peruana era menos opresiva sin duda que el gobierno de los reyes mexicanos; pero la una y el otro han contribuído a donar a los monumentos, al culto y a la mitología de ambos pueblos montañeses, ese aspecto tene-

dicadas al estudio de los antiguos monumentos mexicanos.

Entre 1831 y 1848 se edita en Londres el gigantesco trabajo enciclopédico de Edward Kingsborough, *Antiquities of Mexico*, cuyos siete atlas en folio, aparte de reproducir los monumentos que había dado a conocer Humboldt, publican una colección de facsímiles de pinturas y códices mexicanos; especialmente aquéllos que eran conservados en bibliotecas europeas. Durante la impresión de la obra de Kingsborough, apareció en París (1834) las *Antiquités Méxicaines,* fruto de las expediciones de 1805, 1806 y 1807 de M. Dupaix, con dibujos del artista mexicano Castañeda y con prólogo de Humboldt. El atlas reproducía casi todos los monumentos conocidos hasta entonces; en forma especial los de Mitla y Palenque.

Otros libros importantes siguieron: el de Carl Nebel, *Voyage Pittoresque et Archéologique dans la partie la plus intéressante du Méxique* (París, 1836), también con prólogo de Humboldt; el *Voyage pittoresque et archéologique dans la province de Yucatán* (1838) de Frederick Waldeck y el de Frederick Catherwood *Incidents of Travel in Central America, Chiapas and Yucatan* (Londres, 1841).

Es así como el romanticismo, en su interés por lo exótico, va a sacar a la luz el pasado americano y va a valorizarlo, abriendo las puertas primero al «indianismo» y después al «indigenismo», pero sobre todo a la investigación científica. Con él se cambia de juicio, se transforma la evaluación que se tiene del pasado indígena. Y es quizá esta evolución la que permite a Martí a fines de siglo, reivindicar la tradición precolombina y afirmar que la española había sido una civilización devastadora; que aquél pasado era preciso no sólo resucitarlo, sino fortalecerlo y hacerlo vivir en la América mestiza. ¿En qué medida —podría uno preguntarse— la revalorización del pasado precolombino que hicieron los románticos, favoreció en América latina la formulación de un proyecto de sociedad mestiza? De hecho la idea se desarrolla a fines de siglo. Apunta en la obra de Martí y de Justo Sierra, en México. Se la proponen la Revolución Mexicana y sus teóricos al dar vuelta el siglo, y la teorizan en el Perú González Prada, Mariategui y el propio Haya de la Torre. Pero éstas ya son historias del siglo siguiente.

Otro aspecto de esta reescritura de la historia, es la obra de los historiadores que pretenden fundar las nuevas Repúblicas. Labor que como señalamos, une al historiador con el político, pero en la cual participan activamente el escritor y el artista, según veremos al hablar de las identidades nacionales.

La cuestión de la identidad continental o el ideal americanista

La cuestión de la identidad continental encuentra cuatro respuestas en el siglo XIX y el esbozo de una quinta, que se desarrollará plenamente en el siglo siguiente. Estas respuestas se concretan en oportunas y adecuadas denominaciones: Hispanoamérica, Latinoamérica, Iberoamérica, Panamérica e Indoamérica. No podemos ocuparnos de todas, veremos sólo las dos primeras que son las que interesan para nuestros propósitos. Brevemente podemos señalar de las otras, que Iberoamérica nace al fundarse la Unión Ibero-americana en 1885, aunque el nombre de América Ibera ya había sido utilizado anteriormente, en particular por José Victorino Lastarria en *La América* (1867, 2ª.ed.). Panamérica con la primera conferencia panamericana 1889/90. Y el primero en hablar de América India parece ser Bilbao en una conferencia dada en París en 1856.

El Primer Hispanoamericanismo

El bolivarismo constituye en realidad la ideología del primer hispanoamericanismo.

Si durante la Colonia el americano se satisfizo con las identidades de «criollo», «indiano» o «español de Indias», a comienzos del siglo XIX el problema de la identidad aparece estrechamente asociado al de la independencia. Aunque inmediatamente después de ella siguen llamándose «americanos», más entrado el siglo se refieren a Hispanoamérica.

Esta primera *afirmación* de identidad continental se define como hispana por el único vínculo de importancia que habría dejado la dominación española: la lengua. En consecuencia Hispanoamérica es vista como una comunidad cultural, formada por las repúblicas que habían sido colonias españolas.

El rechazo al pasado español es otra característica de esta ideología. Así, si entre las repúblicas americanas se establece una solidaridad política, que llega a concretarse en tratados de alianzas y que aspira a consolidarse en confederaciones, es para hacer frente a enemigos comunes: básicamente España. Esta es la gran diferencia entre el primer y el segundo hispanoamericanismo (el que nace con la «Generación del 98»), la imagen que uno y otro tiene de España. Si el segundo hispanoamericanismo es una ideología de aproximación a la Madre Patria, el primero es de distanciamiento.

Producto de este hispanoamericanismo, por ejemplo, fue la guerra con España en 1862. La ocupación de las Islas Chinchas hizo que Chile, Bolivia y Ecuador se pusiesen del lado del Perú en nombre de la solidaridad hispanoamericana.

Otros hitos importantes de esta ideología son los intentos de confirmar la personalidad hispanoamericana en una serie de congresos. Congresos que no hacen sino continuar el de Panamá, convocado por Bolívar en 1826: El Primer Congreso de Lima de 1847/48, el Congreso Continental de Santiago de Chile de 1856 y el Segundo Congreso de Lima de 1864/65.

Aun cuando este primer hispanoamericanismo postule una «sociedad plurirracial», lo que no siempre es el caso como hemos visto con

Sarmiento y Alberdi, sólo a fines de siglo surgirán pensadores que abonarán abiertamente el proyecto de una sociedad mestiza.

El propio Bolívar, cuando reflexiona sobre su identidad de «americano», justamente la define como una especie media entre el indio y el europeo. Una ambigüedad más que un mestizaje. Más que una búsqueda de personalidad nacional se trata de la preocupación de una clase, de una casta. Lo cierto es que la condición de «americano» como identidad, y más avanzado el siglo la de «hispanoamericano», es asumida casi exclusivamente por una clase. El pueblo, que como decía Bolívar en «El Discurso de Angostura», era más bien un compuesto de África y América que una emanación de Europa, carecía de preocupaciones continentales y encontraba su filiación en entidades mucho más restringidas: la familia, el clan, la nación (en el sentido de nación de origen de los esclavos, criterio con el cual se reunían en «murgas» en el momento del carnaval); cuando no en la hacienda y en la familia del amo.

Si el hispanoamericanismo de Bolívar se funda en una sociedad plurirracial, no es menos cierto que él ve la «populación americana» compuesta por diversas castas que deben vivir en perfecta armonía, cada una ocupando su lugar en la escala social. Una sociedad jerarquizada a la cabeza de la cual estaría el «americano del sur», por «su dulzura ilimitada y por sus cualidades intelectuales».

A esta América, a la que da diversos nombres, llamándola más corrientemente América Meridional, Bolívar le asigna un destino solidario: «Que nuestra divisa sea unidad de América Meridional», proclamaba en 1818; y agrega en carta dirigida a Puyrredón desde Angostura: «Una sola debe ser la patria de todos los americanos, ya que en todo hemos tenido una perfecta unidad». Esta «América Meridional» que va «desde Nuevo México hasta Magallanes», es la América Hispana porque su unidad descansa en la lengua. Pero si ésta es su pilar cultural, sus pilares políticos son la libertad y la independencia, y en ese sentido es enemiga de España. Su idea es de una América libre e independiente, que no esté sometida a ninguna tutela y que, sobre todo, rechace toda forma de colonialismo. Así lo expresa en una carta a Monteagudo, a propósito del intento de Bernardino Rivadavia de formar una federación americana con Gran Bretaña como líder: «Todo bien considerado tendremos tutores en la juventud, amos en la madurez y en la vejez seremos libertos».

Por otra parte, Bolívar define esta América Meridional como profundamente distinta de la América inglesa, precisamente por reconocer-la culturalmente española. Y, aún cuando muchos veían como paradigma para sus países el modelo liberal de los Estados Unidos, a fines de siglo el hispanoamericanismo se precisa por oposición a otra concepción de la unidad americana: la del panamericanismo, que es la concepción de una América unida pero bajo la hegemonía de los Estados Unidos.

Dado que el primer hispanoamericanismo se mantiene en el siglo XIX sobre todo como una unidad cultural del continente, va a ser fundamentalmente difundido por los intelectuales que hacen reiteradas declaraciones de fe hispanoamericana. Ya entonces se hablaba de una identidad a través de la cultura y de una cultura, un arte y una literatura americanas que rompieran las ataduras de dependencia con la metrópoli. Uno de los que mejor ilustra esta manera de pensar es el escritor chileno Daniel Barros Grez:

> Estoy íntimamente convencido, no diré de la utilidad de las Bellas Letras, sino aún más, de la necesidad que todo pueblo tiene de cultivar su literatura; pues de otro modo, no adquirirá jamás la independencia de espíritu que ha menester para adelantar por si mismo en el camino de la civilización. He dicho *su literatura*, porque a ningún país le es dado aspirar a la autonomía intelectual si no cultiva una literatura propia, hija de su clima, que retrate su cielo; que de el perfil de sus montañas; que dibuje sus bosques y sus valles, y ponga de manifiesto todo el esplendor de la naturaleza para despertar en el corazón de los hombres el amor a lo bello. Los esfuerzos hechos por la industria y el arte son poderosísimos ejemplos que, presentados oportuna y convenientemente ante los ojos del pueblo, lo incitan a imitar lo que es bueno... Nuestra espléndida naturaleza es digna de ser cantada en lira de oro. La tragedia, la comedia, la novela, etc., no necesitan mendigar asuntos extraños, cuando tenemos en nuestra historia una multiplicidad de hechos interesantísimos, y cuya simple representación, ya sea plástica, ya sea narrativa, entraña provechosas lecciones.
>
> Y no sólo creo que la literatura esté llamada a representar un rol puramente nacional. Esta esfera de acción por importante que sea, es todavía estrecha para un elemento de tan poderoso alcance como fecundo en resultados. Si me fuera dado expresarme así, diría: que la alta misión de la literatura es *internacional*. Me refiero especialmente a las repúblicas hispano-americanas. Hijas de una misma idea, nacidas en un mismo tiempo, hablando un mismo idioma, y persiguiendo un mismo ideal, es menester que estén animadas siempre de análogos sentimientos. La forma de expresión social tiene que ser la misma, y he aquí un gran vínculo que la literatura está

61

llamada a fortificar entre nuestras repúblicas. Hermanas por sus dolores, hermanas por sus victorias, hermanas por sus propósitos y aspiraciones ¿pueden no serlo en su literatura, es decir, en la expresión de esos dolores, de esos triunfos y de esas aspiraciones? Creo firmemente que no.

Por eso me parece, que para que la literatura cumpla su misión regeneradora entre nosotros, debe ser eminentemente fraternal, fortificando y estrechando los vínculos de unión que han de ligar a nuestras repúblicas. Solamente, así, podrá el arte crear espíritus progresistas, y preparar a los pueblos para gozar de la verdadera libertad, que es aquella que garantiza, en vez de amenazar la del pueblo vecino. Una literatura que se encerrara dentro de los límites de su propio país, no haría comprender en toda su extensión al ciudadano sus deberes de hombre libre. Una poesía que sólo sabe cantar la libertad de la patria y carece de notas para incitar a los demás pueblos al cumplimiento de su deber, no nos enseña a ser libres. Sería un arte fatal, y solamente conozco otro peor: aquél que cree inspirar al verdadero patriotismo, excitando rivalidades y encendiendo la discordia entre países, cuya unión, es la condición indispensable para su progreso. No: A las Bellas Artes no les es dado hacer germinar las bajas pasiones ni renunciar a su alta misión de ennoblecer, embelleciendo y enriqueciendo el espíritu: y uno de los principales fines de nuestra literatura, debe ser el enseñarnos que nuestra libertad no consiste en la esclavitud ajena; que nuestros adelantos no estriban en el atraso del vecino; y que podríamos desear, confesar y ensalzar el engrandecimiento de otros países, sin dejar de ser patriotas. *Peruana* en el Perú, *Mexicana* en México; *Argentina* en las Provincias Unidas del Plata, etc., es menester que sea americana en todas partes, porque este carácter de fraternidad, no es ni puede ser un impedimento para que el arte se manifieste aquí, allá, y más allá, con el sello peculiar a cada clima y a los usos y costumbres de cada nación.

Este texto resulta fundamental para entender el sentido en que se planteaba la identidad hispanoamericana a fines del XIX; y en particular el papel que se le atribuía a la cultura: a la creación artística y literaria en la definición de esta identidad. La literatura aparece jugando varios roles. Ella genera la independencia de espíritu que es necesaria para el progreso ¿Y quién puede olvidar que la obsesión del siglo es la idea de progreso, que le acaba de ser reafirmada por el positivismo? Su creación —la de una literatura continental— debe cancelar el colonialismo; porque sólo una literatura independiente puede producir la autonomía intelectual. Y lo mismo vale para el arte.

Pero, ¿qué es esta independencia? Antes que nada es una independencia temática. La recuperación de los asuntos que son propiamente americanos y el abandono de asuntos extraños. Si se observa, sobre todo, lo que es la pintura de esa época se entiende lo que quiere decir Barros Grez: los temas son añejas alegorías clásicas: como «La Caridad Romana» o escenas bíblicas al estilo de «La Vuelta del Hijo Pródigo», etc., etc. El tema vernáculo se niega a hacerse presente. Pero es que ni siquiera el personaje autóctono aparece. Se esconde al indio y al mestizo porque se les considera repugnantes para la estética. Y en los pocos casos que el artista se ve obligado a hacer figurar a un indio, resuelve el problema «embelleciéndolo»; es decir, lo pinta con cuerpo de atleta olímpico y sólo las pocas plumas de la cabeza nos advierten que se trata de un natural de América. En la literatura el fenómeno es aún más complejo. Recuérdese que la novela acaba de nacer. La independencia temática implica buscar en la historia y en la naturaleza. Descubrir sus propios cielos, abrir las ventanas y mirar sus árboles, asombrarse del propio paisaje, contemplar como se comportan los hombres, investigar lo cotidiano. Es una literatura de reconocimiento en la medida que lleva al americano a explorar su propio mundo. La paradoja es que a esta búsqueda, que por cierto es una búsqueda de identidad, llega el escritor igualmente a través de un proceso de colonialismo cultural. En efecto, es el modelo romántico el que lo lleva a interesarse por lo exótico. Son Humboldt, Chateaubriand, Saint-Pierre, Hugo, Lamartine, Walter Scott, Manzoni... los que le hacen descubrir al indio como personaje e interesarse por su geografía y su historia. El gusto por el «exotismo» lo lleva a una constatación simple: ¡si tiene el paisaje exótico en el patio de su casa! Así, recogiendo el guante romántico, introduce como efecto exótico su propia naturaleza. La hace personaje. Llevado por el modelo vive su propia realidad como exótica, pues la mira buscando en ella lo pintoresco. La mira con la distancia del viajero. Y lo mismo vale para los otros motivos románticos: las escenas de dinero, la vida urbana, los personajes populares y los tipos nativos. De paso descubre al indio, al mulato y al negro. Rehace su historia y se descubre él mismo en cuanto criollo. Pues esta literatura es la literatura de una clase. Es ella la que escribe, ella la que habla de Hispanoamérica. El primer hispanoamericanismo es una identidad criolla.

Es criolla, porque es un pathos criollo reconocerse en el siglo XIX en una doble identidad. Y Barros Grez le atribuye al arte este doble rol: el de identidad nacional, anticolonial y reconocimiento del entorno real; y el de identidad internacional o hispanoamericana.

La literatura nacional para él es muy distinta de la patriotera y jingoísta. De esa que sólo canta la libertad de la patria; o de esa otra, peor aún, que incita a la discordia entre los países cuya unión es condición indispensable para su progreso.

En la época la idea de hispanoamérica se funda en la historia, en la lengua y en el ideal solidario. Del entrelazado de estas fibras se teje la amarra que la literatura está llamada a fortificar. Y más que eso, a regenerar, a recrear. El arte tiene una función libertaria para Hispanoamérica: lo libera del colonialismo y educa al pueblo. (En este punto el romanticismo americano guarda la función paradigmática que el clasicismo atribuía al arte: la función pedagógica: debe incitar al pueblo a imitar lo bueno.) A través de la lengua, de la descripción de lo real y de la reestructuración de la historia crea vínculos de unión, desarrolla el espíritu progresista y prepara al pueblo para la verdadera libertad.

Por eso, concluye Barros Grez, peruana, colombina, argentina o chilena en cada país, la literatura ha de ser americana en todas partes.

Esa es su misión de identidad.

El Latinoamericanismo

Este primer hispanoamericanismo concluye en dos direcciones: en el hispanoamericanismo de la Generación del 98 y en el Latinoamericanismo.

El segundo hispanoamericanismo, el de la Hispanidad, es producto de una reconciliación paradójica entre hispanos y americanos a través de la idea de latinidad. Fundamentalmente esta reconciliación se produce a través del «arielismo» de Rodó y se pacta en el prólogo que Clarín escribe para *Ariel*.

El latinoamericanismo surge como terminología en las décadas del 50 y 60. Es por igual expresión de la idea de «latinidad», pero se resignifica políticamente en la obra de Martí.

El segundo hispanoamericanismo es expresión de una contraofensiva que lanza la «Generación del 98» para recuperar a América. Esta generación levanta como estandarte el tema de la «Hispanidad» y denuncia la visión catastrófica de la dominación española, llamándola «Leyenda Negra». Con ella Hispanoamérica va a ser redefinida como una identidad común de los pueblos de España y América.

La noción de América latina, hasta donde yo he podido seguir su huella, es utilizada por primera vez por el pensador chileno, Francisco Bilbao quien, habla de América latina en una conferencia dada en París en 1856. Más tarde utiliza incluso el gentilicio «latinoamericano» y habla de «raza latinoamericana» (Carta a Miguel Luis y Gregorio Víctor Amunátegui del 16 de enero de 1862). Sin embargo, los que divulgaron el término fueron los franceses. La idea de «Latinoamérica» desembarca en México con Maximiliano y llega sosteniendo la política francesa. Se difunde para oponer otro contexto, otra visión, otra simbología y otros intereses a las personificaciones de las personalidades americanas de entonces: la de hispanoamericanos y la de América sajona. Era un programa de acción que expresaba las aspiraciones de los franceses frente a los Territorios *d'Outre-Mer*. Se pensaba que dentro de una identidad pan-latinista, ellos tendrían cabida en el nuevo continente.

Francisco Bilbao; dibujo de H. Meyer (1856).

Surgió, pues, el nombre para legitimar la política expansionista de Napoleón III. Su ideólogo más destacado fue en la época Michel Chevalier, que divulgó la visión pan-latinista a través de la *Revue de Races Latines*, que se publica entre 1857 y 1871. Es en este sentido

63

de defensa de la latinidad que Rodó va a utilizar el término en *Ariel*.

Bien que el pan-latinismo fuese expresión de una política colonialista y hegemónica, tenía una característica que ha hecho, tal vez, que el nombre de América latina se conserve. Oponía como esencias diferentes el latinismo al espíritu sajón, y se levantaba como una política para detener el imperialismo de los Estados Unidos. Es en este sentido que «Nuestra América» de Martí, antiimperialista y anticolonialista se trasiega en latinoamericanismo en el siglo siguiente. Sobre todo, porque es contraria a la política hegemónica que los Estados Unidos pretendían legitimar a través del sistema panamericano.

Rodó retoma la tesis del espíritu latino y lo defiende por oposición a la barbarie utilitaria de los sajones. Así lo propio del «americano latino» sería su cultura refinada y espiritual. Era la «nordomanía»; es decir, el deseo de imitar a los yanquis lo que desnaturalizaba y deslatinizaba los espíritus.

La cuestion de las identidades nacionales o la formacion del Estado

A grandes rasgos, se puede decir que después de la Independencia hay tres proyectos de organización nacional: uno conservador y dos liberales.

El conservador es simple. Es el de la oligarquía que pretende poner el sistema colonial a su servicio.

A su vez, el proyecto liberal adquiere dos formas fundamentales: el criollo y el mestizo.

El mestizo se desarrolla sobre todo en México y tiene como ideólogos a Justo Sierra y en el siglo siguiente a Vasconcelos. Este proyecto se institucionaliza con la Revolución Mexicana.

En el siglo XIX la tesis de Sierra se inscribe en la filosofía positivista y en la idea de progreso. Sierra afirma que el mestizo es el grupo social más apto para el progreso, para la transformación social. Que de él ha se surgir la burguesía liberal positivista. ¿Por qué? Porque la historia lo ha probado. El indio no es un iniciador y los criollos resultan retrógrados. Es el mestizaje el que ha quebrantado el poder del clero y de las castas. Por eso el mestizo es el factor dinámico de la nacionalidad.

En términos algo más fantasiosos, expresará Vasconcelos en el siglo siguiente su convencimiento, de que la raza mestiza está destinada a ser crisol de todas las razas.

El otro proyecto es el criollo. Al igual que el anterior encarna el mito liberal, del que es preciso señalar que si bien se opone a los oligarcas, no por ello es necesariamente democrático. En realidad busca el cambio para desplazar del poder tanto al metropolitano como al conservador. Lo que caracteriza el proyecto criollo es que está contra el mestizaje. Piensa que es de él de donde han surgido todos los defectos que lastran el progreso de América: la ociosidad, la incapacidad industrial, la barbarie... Por cierto que nadie ilustra mejor este pensamiento que Sarmiento. Es él quien va a señalar, no sólo al indio, sino a las oligarquías rurales como principales agentes de la barbarie. De una barbarie criolla que se enfrenta a otro criollo, al criollo civilizador; es decir, al criollo urbano. Particularmente en Sarmiento el proyecto civilizador es un proyecto de urbanización. Esto, afirmado explícitamente por Sarmiento, es una verdad que se demuestra en los hechos —la remodelación de las ciudades a mediados de siglo— para toda Hispanoamérica. Es la ciudad la que representa la modernidad frente al campo, idéntico al pasado.

Las concepciones deterministas que fijan las relaciones entre hombre y medio geográfico dominan la época. Vienen de la teoría de los climas de Montesquieu y ya aparecen en Bolívar. Son particularmente importantes en Hispanoamérica porque permiten afirmar lo singular, redefiniendo e interpretando ideas europeas a partir de la realidad geográfica o climática. Sarmiento se adelanta incluso a Hippolyte Taine, diciendo que al caudillo lo explica el medio. Es por eso que la urbanización resulta condición *sine qua non* de la República.

La idea democrática en este proyecto es restringida. Sarmiento, no obstante citar y admirar *la Democracia en América* de Tocqueville, está convencido de que se es un peligro identificar la soberanía y la voluntad general con la simple mayoría. El pueblo es falible. Antes de darle responsabilidades es preciso educarlo. Esta es una teoría que en última instancia pone al pueblo bajo tutela. Aparece ya en Bolívar y se manifiesta en su labor constitucional. Es un argumento ilustrado que retoma el positivismo y que en América simplemente se inscribe en la fórmula que considera al indio y al negro bárbaros e incapaces de ejercer soberanía. Más conservador que Sarmiento, Alberdi se opone abiertamente a la concepción contractual rousseauniana. Dice en *Las Bases*: «Nada tiene que ver la voluntad del pueblo para que exista gobierno». No hay contrato social.

Y no menos antidemocrático es el fundador del Estado chileno, Portales, cuando a comienzos de siglo escribe a su socio, Cea, desde Lima:

La democracia que tanto pregonan los ilusos es un absurdo en los países como en los americanos, llenos de vicios y donde los ciudadanos carecen de toda virtud, como es necesario para establecer una verdadera república. La monarquía no es tampoco el ideal americano: salimos de una terrible para volver a otra y ¿qué ganamos? La república es el sistema que hay que adoptar, pero ¿sabe cómo yo la entiendo para estos países? Un gobierno fuerte, centralizado, cuyos hombres sean verdaderos modelos de virtud y patriotismo, y así enderezar a los ciudadanos por el camino del orden y de las virtudes. Cuando se hayan moralizado, venga el gobierno completamente liberal, libre y lleno de ideales, donde tengan parte todos los ciudadanos. Esto es lo que yo pienso y todo hombre de mediano criterio pensará igual.

La idea de que hay que educar al pueblo antes de llegar a una democracia plena está en la base de las políticas culturales de las nuevas repúblicas.

En general ellas tratan de reformar la enseñanza, privilegiando una educación positivista. Alberdi hablaba de que había que emancipar mentalmente al americano. Para ello había que alejarlo de la *educación* sofista y demagoga que le dio la colonización y darle *instrucción*; es decir, capacitación técnica. Esto, como dijimos, haría de ellos los yanquis de América del Sur.

La extensión de la educación fue la preocupación principal en los primeros tiempos. Tanto en Argentina como en Chile, para lograr este objetivo a corto plazo, se trató de introducir el sistema lancasteriano, que suplía la falta de maestros y que permitía que uno sólo pudiera enseñar en una escuela a doscientos o trescientos alumnos. El propio Bolívar invitó en 1824 a Lancaster a Venezuela. Por su parte Sarmiento fue un gran fundador de escuelas normales, tanto en Chile como en Argentina.

Por igual se van a reformar o fundar las universidades en esta época. Las antiguas universidades coloniales se laicizaron. Algunas se refundaron como la Universidad de Chile en 1843; otras comenzaron a existir: la de Buenos Aires en 1821, la de Montevideo en 1823...

La educación planteó un problema particularmente complejo en esta época: el de la religión. El liberalismo se define obstinadamente laico y secularizador; el romanticismo, por el contrario, va acompañado de un renacer de la mística y del sentimiento religioso. Es probable que sea la restauración religiosa que se produce entre las décadas del 20 y 30, la que vuelva a plantear los atractivos del cristianismo. En estos años surge el pensamiento tradicio-nalista de La Mennais y De Maistre y se restablece la Compañía de Jesús.

Lo complejo es entender las relaciones difíciles, y a menudo contradictorias, entre liberalismo y religiosidad romántica. En el arte y la literatura se observa incluso una cristiandad seducida por el liberalismo, que defiende a la vez los valores cristianos y la enseñanza laica. Por otra parte, la visión religiosa de la sociedad aparece como una etapa a superar en la ideología del progreso, otro de los grandes vectores del pensamiento de este siglo. Justamente uno de los pensadores más influidos por el tradicionalismo de De Maistre y de Bonald, Alberdi, es uno de los que manifiestan la mayor fe en el progreso técnico. Es él quien afirma que más que cualquier congreso, lo que unirá a América será el ferrocarril.

La idea de progreso está asimismo en la base del proyecto de identidad nacional. En cuanto tal configura una identidad futura, un «llegar a ser». La barbarie es la anti-figura, la identidad rechazada, perseguida. Las señas personales que hay que borrar. Las huellas que hay que hacer desaparecer.

La antinomia civilización/barbarie es a la vez la oposición de dos identidades: la europea y la americana. Sarmiento habla de civilización europea y de barbarie indígena. Para él este conflicto de identidades se refleja en todos los campos. Incluso en el traje: el frac contra el poncho tiene una pequeña guerra civil. Está convencido de que, declarándose defensor de la causa americana, Rosas quería destruir en nombre de América el legado de Europa. Sarmiento no veía otra solución al conflicto que la eliminación física de la barbarie. Para Sarmiento la palabra «civilización» guarda su sentido original de «civis», vida urbana. Y por tanto su antagonismo entre civilización y barbarie es el antagonismo ciudad/campo: «Existían antes dos sociedades diversas: las ciudades y las campañas *(sic.)*». Este es un antagonismo entre formas no sólo de vida, sino de gobierno: entre la anarquía y el orden. Porque el «caudillismo» es producto de una población agraria diseminada en grandes extensiones, lo que hace imposible formar una sociedad civil; es decir, una ciudad. Facundo, Rosas, Artigas, los caudillos eran todos hostiles a la ciudad. El triunfo de la civilización hará del argentino un hombre urbano, un ciudadano, un hombre de progreso. La destrucción de la barbarie implica el fin del modo de vida rural, de la identidad gauchesca...

Por cierto que en la propia Argentina, Sarmiento va a encontrar una respuesta. Una exaltación de la barbarie, pero redefinida: afín a la existencia libre, portadora de un sentimiento de la vida, con el cual se identificaban numerosos hombres en el siglo XIX, y precursor de la crítica al progreso que en el siglo siguiente lanzarán los anarquistas, desde Sorel hasta Bernard Shaw. Esta es la barbarie que exalta José Hernández en el *Martín Fierro* y en *La Vida del Chacho*. Una barbarie manumisa y montaraz. La barbarie del hombre libre e independiente, condicionado a lo sumo por los trabajos del campo. Una barbarie anterior a la consolidación de la gran propiedad agrícola. La barbarie que antecede al alambrado. Una barbarie que reivindica al pueblo, mientras que el antagonismo ciudad campo de Sarmiento, antes de la formación del proletariado urbano resultaba fundamentalmente una lucha contra el pueblo, hasta entonces básicamente rústico: roto, gaucho, cholo...

Pero, en general el hispanoamericano del XIX cree en el progreso. A fines de siglo reemplaza la concepción de Comte, autoritaria, por la de Spencer, precisamente por el rasgo que ésta tiene de progresista en el sentido político. El inglés sostenía que la línea normal del desarrollo social debía llevar a la suplantación del tipo inferior de organización social militarista por el tipo industrial, porque la industria era claramente amante de la paz y porque ella requería no sólo orden doméstico, sino también amistad y ósmosis entre las naciones para el intercambio de materias primas, de técnicas y de mercados. Es por eso que en *Madre América*, Martí habla de una América que avanza con Bolívar de un brazo y Herbert Spencer del otro.

En el campo de la cultura esta identidad nacional encuentra diversos cauces, *media*, diríase hoy. El primero fue la prensa. Los periódicos eran indispensables para mover los espíritus y hacer circular la información. En los años que siguen a las Declaraciones de Independencia salen a luz más periódicos que en toda la época colonial: la *Gaceta de Buenos Aires* y el *Semanario de Caracas*, que aparecen en 1810, y *La Aurora de Chile*, de 1812, figuran entre los primeros.

Al aproximarse la medianía del siglo se suman las revistas a los periódicos. Ellas tienen otra función. Son portavoces, junto a las sociedades literarias, del movimiento intelectual. Surgen en todas las repúblicas. Para dar un ejemplo mencionemos sólo las que se fundan en Chile en un periodo de veinte años, entre 1840 y 1860: *Los Anales de la Universidad de Chile* (1844), *El Semanario de Santiago* (1842), *El Museo de Ambas Américas* (1842), *El Crepúsculo* (1843), *La Revista de Santiago* (1848), *La Revista de Ciencias y Letras* (1857), *La Revista del Pacífico* (1859), *La Semana* (1859)...

Por otra parte, la identidad nacional buscó institucionalizarse, lo que llevó a una intensa actividad constitucional y de codificación. En 1814 se dicta la primera constitución en México y en 1818 en Chile. A ellas van a seguir la de Argentina y la Gran Colombia en 1819, la del Perú en el 23, la de Bolivia, obra de Bolívar, en el 26, la de Uruguay en el 30 y la de Paraguay en el 44. Por cierto que el resto del siglo va a conocer nuevas y nuevas constituciones, en una especie de legiferomanía que acredita las dificultades de las repúblicas, que unen o desunen provincias, que unifican o federalizan, o que resuelven, estabilizándose por la vía del autoritarismo, como es el caso de la Constitución del 33 en Chile. Más o menos de los mismos años son los códigos fundamentales, que se inspiran en su mayoría en la legislación napoleónica.

Otro cauce a través del cual se manifiesta la afirmación de la identidad nacional es la labor historiográfica. Las repúblicas nacientes necesitan hacerse rápidamente un pasado. Consignar los hechos recientes y reescribir la historia. Sólo así pueden acreditarse como individualidades. Es por ello que la labor de los historiadores de la época está fundamentalmente orientada a escribir las historias nacionales. Sin embargo, aún dentro de esta afirmación de identidad nacional, los historiadores no olvidan el cuadro hispanoamericano. Citamos sólo a guisa de ejemplos: Barros Arana, *Historia General de Chile*, Vicuña Mackenna, *Historia de Santiago* e *Historia de Valparaíso*, Miguel Luis Amunátegui, *Los Precursores de la Independencia de Chile*, Bartolomé Mitre, *Historia de Belgrano y la Independencia Argentina*, Vicente Fidel López, *Historia de la República Argentina*, Lucas Alamán, *Historia de México*, Rafael María Baralt y Ramón Díaz, *Historia de Venezuela*. Pero también José Toribio Medina, que publica una verdadera biblioteca de documentos sobre América.

Junto con la literatura estas tendencias se expresan en la remodelación de las ciudades y en las artes plásticas: Parigual se expresa en ellos las pulsiones específicas de Hispanoamérica como las propias del clasicismo y romanticismo, cuyas líneas se encabalgan a menudo en forma inextricable. En las artes plásticas el romanticismo es tardío, es el neoclasicismo, bajo la forma de academicismo, el que domina el siglo. Lo curioso es que el estilo neoclásico sirve de vehículo a las preocupaciones románticas. A fines de siglo, el «art noveau» hace furor: Saturnino Herrán (1887-1918) en

México, Carlos Federico Sáez (1878-1901) en Uruguay... Su equivalente arquitectónico es la construcción en metal, que es la que mejor encarna la idea de «progreso». Por eso esta obsesión de la época se manifiesta mejor que en parte alguna en la transformación del cuadro urbano.

La ciudad

A mediados del siglo se produce una transformación urbana tan radical en la mayoría de los países de Hispanoamérica (de Iberoamérica deberíamos decir pues esto es también válido para el Brasil) que es incluso posible hablar de una segunda fundación de la ciudad. Con la Independencia en realidad lo que se inicia es un nuevo colonialismo. Sarmiento y Alberdi defienden la recolonización por los países europeos como forma de progreso. Las burguesías locales se vinculan miméticamente a las nuevas metrópolis. Imitan sus modos de vida, se transforman en sus aliados en la explotación del país. Este afán se expresa a boca llena en la ciudad.

> ¡Cómo adelantamos! exclama -un personaje de Blest Gana en *El Jefe de la Familia*.
> Mucho... —responde el visitante— Santiago es ahora una hermosa ciudad y me dicen que todo está en relación con sus bellos edificios, pues aquí se gasta un lujo asombroso.
> (Suspirando) Es cierto..., muy desgraciadamente cierto... —responde el huésped—. Dicen que nos estamos civilizando mucho, porque en materia de moda estamos cada día más a la europea, y como el lujo es por allá ruinoso, nosotros también tratamos de arruinarnos civilizadamente.

Fundamentalmente lo que aparece con la Independencia es el espacio y el imaginario de clases. Durante la Colonia, la asociación entre sitio público y vida social era muy fuerte. El nuevo modelo urbano, en cambio, influido por el romanticismo, desarrolla la ideología del «ambiente privado» y los clisés de la época piensan en la «morada burguesa», como el refugio del individuo solitario.

La ciudad se reconstruye en función de la única clase que se ha independizado: el criollo blanco. La fisonomía colonial, que databa de la fundación de la ciudad, en realidad no se modifica en el momento mismo de la Independencia, sólo se altera sustancialmente al promediar el siglo, como consecuencia de cambios fundamentales en la infraestructura económica y de las consecuentes transformaciones sociales y técnicas. En todas las capitales americanas opérase en aquel momento la gran transformación. De este tiempo es la apertura de las largas y espaciosas avenidas que rompen el tradicional esquema en damero, en beneficio de una concepción más «moderna» de la urbe: «Río Branco» en Río de Janeiro, «Paseo de la Reforma» en Ciudad de México, «Avenida de Mayo» en Buenos Aires. Es la misma época en que se construyen los *Champs Elysées* en París o la *Commonwealth Avenue* en Boston. Junto a las avenidas nacen los grandes parques destinados al «paseo». La ciudad se divide en barrios, residenciales y obreros. Surgen los cafés, los clubes privados, los jardines íntimos. La ciudad debe garantizar a partir de ese momento la seguridad del capital y de la propiedad privada. De ahí que justamente en esta época nazcan en América los cuerpos de policía.

Únicamente entonces termina para la plaza, y también para la ciudad, la época colonial, y nace la plaza moderna: la «plaza de la Independencia». Así se las llama en todas partes, pues nada parece resumir como ellas el cambio político, social y cultural. Tal se la bautiza en Santiago de Chile. Y en otras ciudades este carácter se indica dándoles el nombre de un prócer: «plaza Bolívar» en Caracas y Bogotá, o el de una fecha efeméride: «plaza de Mayo» en Buenos Aires.

Es en la segunda mitad del siglo cuando se remodelan las ciudades. La remodelación sigue al cambio económico que se produce en la época: elevación de los precios de materias primas: del café, del trigo, aparición de un nuevo mercado para la carne con la invención de los buques-frigoríficos, etc. Un ejemplo ilustra mejor este fenómeno.

La remodelación de la ciudad de Santiago de Chile tiene lugar después del auge económico que experimentó el país como consecuencia del ingente aumento de la exportación y del precio del trigo a partir de 1848. Este fenómeno es secuela directa de la gran demanda que se genera en el área del Pacífico con el *rush* del oro. Primero son los yacimientos de California, luego en 1851 los de Australia.

En Chile, el valor total de las exportaciones de harina y trigo aumenta entre 1844 y 1855 en un 800%. El precio de la fanega de trigo sube en un 300% entre 1849 y 1855, y en el mismo lapso la harina aumenta en un 100%.

Al igual de lo que ocurre cuando se descubren los grandes yacimientos mineros en la segunda mitad del siglo, la distribución de los mayores ingresos beneficia casi exclusivamente a la oligarquía terrateniente y a la incipiente burguesía industrial y comercial. Esta clase invierte proporciones considerables de estas

Ciudad mexicana en el siglo XIX; grabado de Manuel Manilla.

rentas en la adquisición de bienes suntuarios que le permiten configurar un *status*, fundado principalmente en la europeización. Es entonces cuando el «afrancesamiento», bordeando incluso los límites de la caricatura, se impone como signo de prestigio de la clase dominante. Es la imagen del «criollo exótico».

A su vez los mayores ingresos permiten la transformación de la ciudad.

A fines de siglo ella se hará —más aún— con el espíritu funcionalista que vehicula la ideología del progreso y que se expresa en los criterios científicos y tecnicistas y en una confianza ilimitada en la civilización. Testimonio de esta ideología es la arquitectura en metal. Ella es la que manifiesta en la arquitectura la fe en la tecnología y el progreso. Es la arquitectura del positivismo. Un último ejemplo para ver cómo ella se impone. En Chile, entre 1863 (año en que Viollet-le-Duc publica *Entretiens sur l'Architecture*, defendiendo entre otras cosas el uso del hierro estructural) y 1913 se construyen los más importantes tramos del ferrocarril, los puentes y los viaductos. Todos los mercados de la capital y de las ciudades más importantes. La totalidad de las estaciones. Los más grandes edificios comerciales. Sin contar los invernaderos públicos, ni el Museo de Bellas Artes, así como numerosas iglesias.

UN ARTE FUNDADOR

A comienzos del siglo XIX la Independencia marca la ruptura de América con el barroco.

Para la clase que aspira asumir el poder, el neoclásico aparece como correlato artístico de las nuevas ideas. La Enciclopedia, el liberalismo y el neoclasicismo se oponen en su espíritu al absolutismo y a la frondosidad del barroco. Si el barroco es el arte de la monarquía absoluta, el neoclasicismo es proclamado el estilo de las ideas liberales y de la burguesía emancipadora. Y esto incluso antes de la emancipación, pues a partir de fines del siglo XVII llegan a América pintores y arquitectos españoles (Manuel Tolsá entre los más conocidos), franceses e italianos que, imbuidos del ideario humanista-liberal, preconizan la aceptación de la simplicidad racional y científica del neoclásico.

En Brasil el paso al neoclásico se opera en forma totalmente natural al fundarse en 1816 —durante el exilio de dom Joâo IV—, la Academia de Bellas Artes, integrada por los pintores franceses Le Breton, Taunay y Debret y por el arquitecto Grandjean de Montigny. Sin embargo, los cánones clásicos que se imponen en la arquitectura oficial brasileña, y que son adoptados en sus residencias por elementos de la alta burguesía, van a enfrentarse a una tradición persistente de constructores que siguen edificando en el estilo colonial. El arte neoclásico se vuelve arte culto, a la moda, y el colonial, otrora áulico y señorial, va a replegarse, generando en su resistencia al nuevo estilo el germen de una búsqueda popular.

Si el enfrentamiento entre neoclásico y barroco se da en Brasil al margen del enfrentamiento político, y sin que ello implique una lucha anticolonial ni un propósito de independencia, en otros países, en cambio, el choque adquiere este carácter. El neoclásico va a dar imagen a las recién creadas repúblicas. Así en Buenos Aires, la fachada de la Catedral —punto de referencia privilegiado de la topografía urbana— es completada en 1823 por el francés Prosper Catelin, en un estilo que imita directamente La Madeleine y el Palacio Borbón. En Chile, el Palacio de La Moneda, centro neurálgico de la vida ciudadana, es construido por otro arquitecto neoclásico, Joaquín Toesca. Y así podríamos seguir recorriendo las grandes ciudades de América del Sur.

En México, los artistas neoclásicos comienzan a llegar con la fundación de la Academia de San Carlos en 1785. La Academia, que fue suprimida durante la guerra de la Independencia y reabierta en 1843, bajo el gobierno del dictador Santa Anna, nos suministra un ejemplo curioso de las relaciones entre arte y proyecto social, de las conexiones entre cultura oficial, arte de clase y dependencia. En efecto, desde su fundación la Academia consagra la dependencia, ya que institucionaliza un arte oficial fundado en la «copia de los buenos autores». En la práctica los alumnos trabajan sobre estampas, copiando camafeos y yesos griegos y romanos. Daban pues la espalda a la realidad. Consecuentes con el gusto neoclásico les eran ajenos el interés por el paisaje, los cromatismos locales y los pintoresquismos criollistas. El neoclásico es un arte de arquetipos que tiene el sentido paradigmático propio de una tradición iconográfica cargada de contenido literario. El personaje neoclásico se mueve en un espacio que sólo se menciona sin jamás ser descrito. Incluso en literatura, Fernández de Lizardi, en el *Periquillo Sarniento*, nuestra primera novela, pasea su héroe por innumerables lugares y lo hace representar múltiples papeles, sin que haya descripción alguna de dichos lugares o de dichos personajes. En pintura, los artistas neoclásicos ejecutan cuadros con paisajes ideales, y sus héroes bíblicos o sus protagonistas de la historia, sólo admiten los arquetipos de belleza clásica que preconizaba la estética de Winckelmann. Tenían, pues, que cerrar los ojos, y sobre todo las ventanas, para no ver una flora, una fauna y un paisaje distintos, que les anunciaba por todas parte la América en que vivían. Cuando la Academia de San Carlos vuelve a abrirse en 1843, su espíritu no ha cambiado. El decreto de reorganización es un notable ejemplo de cómo el arte llamado «culto» puede convertirse en vehículo de colonización. El desarrollo del arte y la formación del artista pasa según este decreto por la contratación de directores europeos, el perfeccionamiento obligatorio en el Viejo Mundo y la adquisición de «buenas obras» en el extranjero. Por cierto que las pinturas así producidas estaban destinadas a satisfacer «los nobles sentimientos y la elevada moral de un público selecto». Y la creación era estimulada por «personas decentes y de buen gusto».

Sin embargo, ya el neoclásico inicia las tareas que se da al arte en relación con la problemática cultural y política del siglo.

La pintura va a acreditar la presencia de la nueva clase que toma el poder y a legitimar las recientes repúblicas escribiendo su historia. En este sentido los géneros privilegiados de la época son el retrato y el retablo histórico. En esta tarea se confunden los artistas neoclásicos con los románticos y con los *naifs*.

Si es cierto que la mayoría de los artistas conocidos a principios de siglo son extranjeros, es asimismo efectivo que casi todos son grandes retratistas. Monvoisin, Rugendas, Charton son los más señalados entre los que recorren América del Sur.

Monvoisin (1790-1870), que se estableció en Chile entre 1842 y 1858 y recorrió Montevideo, Argentina, Perú y Brasil, pintó lo más distinguido de la sociedad limeña, al Emperador Pedro II en Brasil, a Rosas y Manuelita y a los otros próceres argentinos de la época: Lavalle..., a los militares y hombres de Estado en Chile: Andrés Bello, Manuel Bulnes. Monvoisin inició además el trabajo de escribir la historia y muchas de sus grandes telas son páginas fundadoras de las nuevas repúblicas: *La Abdicación de O'Higgins*.

Esta labor por cierto va a ser continuada por los artistas locales como Prilidiano Puyrredón (1823-1870), explorador del alma de la oligarquía porteña y Enrique Pellegrini (1800-1875), un saboyardo que se asentó en Buenos Aires; Javier Mandiola (1820-1900) y Pedro Lira (1845-1912) en Chile; Pelegrin Clavé (1811-1880) y Juan Cordero (1834-1884) en México; Aurelio García (1830-1870) en Paraguay, famoso por su «Retrato ecuestre del mariscal López»; Ignacio Merino (1817-1876) y Luis Montero (1826-1869) en el Perú, ambos grandes escenaristas del hecho histórico.

Perpetuar el hecho histórico es una forma de crear la identidad nacional. Por eso el género encuentra hábiles servidores en todas partes. Además de los señalados hay que mencionar a los extranjeros. No sólo a los que visitaron América, sino a los que ilustraron la gesta emancipadora desde Europa: Rugendas es autor de una famosa «Batalla de Maipú». En París encontré el original del famoso «Abrazo de Maipú». Nadie lo sabe, pero es obra de uno de los más grandes pintores románticos: Géricault.

Entre los artistas nacionales hay que agregar a José María Espinoza (1796-1883) en Colombia; a Juan Lovera (1778-1841), Martín Tovar y Tovar (1828-1902) y Arturo Michelena (1863-1898) en Venezuela. Un notable ejemplo de anti-hispanismo en la pintura es la tabla naif y anónima: «Policarpa Salvatierra al patíbulo. Sacrificada por los españoles en esta plaza el 14 de nov. de 1817 —Su memoria eternice entre nozotros y que su fama rresuene de polo a polo!!!»

La ausencia de una emancipación violenta y las guerras civiles hace que en Centro América falte el retablo histórico. Sólo en el siglo XX aparecerá la valoración plástica de la Independencia.

Sin duda en este aspecto los artistas criollos que mejor ilustran las preocupaciones del siglo y que dan vida a una iconografía para «hacer patria» son el Mulato Gil y Juan Manuel Blanes.

José Gil de Castro (c.1790-1850) que vivió largo tiempo en Chile, pero que nació y murió en Perú, fue más conocido por el nombre de Mulato Gil. Naif lo llaman algunos, último de los pintores coloniales, primero de la época republicana le dicen otros. En todo caso su estilo nada tiene que ver con los pintores neoclásicos. Con ellos lo empareja la función de legitimación que asume. Su pintura acompaña y sirve a la emancipación. Nadie ha sabido componer como él la iconografía de los próceres de la Independencia. Su pintura consagra el cambio de mano del poder. Aparte de la aristocracia criolla, pasan por su caballete San Martín, O'Higgins, Bolívar, Sucre y sus principales colaboradores.

Juan Manuel Blanes (1830-1901), uruguayo, iniciador de la pintura histórica en el Río de la Plata, se dio a la inmensa tarea de documentar e ilustrar la historia de su pueblo. Un pueblo que él siempre consideró que se extendía más allá de las fronteras del Uruguay, un «pueblo americano», que comprendía Chile, Argentina y Paraguay por lo menos. Por mencionar únicamente los países de que deja testimonio su obra. Entre sus telas más famosas figuran: *Ultimos momentos del General Miguel Carrera, La Revista de Rancagua* (que tiene a San Martín de figura central) y *Juramento de los treinta y tres orientales en la playa de la Agraciada.*

Con Blanes no sólo culmina el período de escritura de la historia hispanoamericana en la pintura, de ilustración veraz, documental y naturalista: período al que mejor se acomodan los estilos académicos y realistas; sino que también llega a su madurez la investigación del carácter nacional de las nuevas repúblicas: el descubrimiento del gaucho, el reconocimiento del paisaje. Es en estas escenas campesinas, donde se despliega sobre todo la sensibilidad romántica.

Resulta decisivo para imponer esta sensibilidad la influencia de Chateubriand y de Bernardin de Saint-Pierre. Y la de Humboldt, por otra parte, que contribuye poderosamente al «descubrimiento» de la naturaleza.

Con los franceses culmina el «primitivismo» y el tópico del «buen salvaje». Con ellos se inicia una verdadera moda que da origen a una fuerte corriente dentro del romanticismo continental: el indianismo. El indianismo va a buscar la imagen del indio en el pasado y en el paisaje, porque ambos se hacen uno en cuanto «naturaleza». Es por eso, que si esta boga se ve robustecida por el «descubrimiento» de la naturaleza que trae el romanticismo, no lo es menos por la fundación de los estudios precolombinos, que inician la actividad de Humboldt y sus continuadores europeos. Aunque para ser justos tendríamos que señalar que, incluso antes del alemán, Malespina se proponía estudiar la arqueología de lo que llamaba «antigüedades peruleras». Y uno de los pintores de su expedición, el italiano Brambilla (1750-1832), realizó vistas de las antigüedades mexicanas y peruanas. Por cierto, que estos estudios encuentran también cultores entre los científicos criollos. La prueba la dan las *Antigüedades Peruanas* (1851) de Mariano Eduardo Rivero y la obra de Manuel Orozco y Berra que hizo la primera clasificación de las lenguas indígenas de México.

Más que en el campo científico, el indianismo se encuentra en la literatura y en el arte. En literatura la lista es larga y se mezclan obras extranjeras y criollas. Entre los textos figuran desde *Atala* de Chateaubriand y sus pastiches criollos (numerosos en pintura), hasta *Guatimozín* de Gertrudis Gómez de Avellaneda, *Cumandá* de Juan León Mera y el *Enriquillo* de Manuel Jesús Galván. Es el indígena visto a «la manera europea». Constantemente su autor es un blanco que ignora los verdaderos problemas del indio.

Por otra parte, si el indianismo es un asunto mistificador, que no hace sino reproducir estereotipos del indígena, sea porque lo idealiza sea porque lo reduce a la barbarie o lo folcloriza, es parigual una actitud que se vincula al anti-españolismo de la época. Como lo señala Cometta Mazoni (*El indio en la poesía de América española*), el indianismo no es sólo la idealización, la simpatía, sino también la hostilidad y el rencor que se encuentra en la poesía y la pintura de Argentina y Chile, por ejemplo, en *La Cautiva* de Echeverría, en el *Santos Vega* de Ascasubi, en el *Martín Fierro* de Hernández, pero también en el ciclo de la «epopeya de las Pampas» de Rugendas o en «Regreso del malón» de Angel della Valle.

Difiere el indianismo del indigenismo, que caracteriza el siglo siguiente, en que éste se interesa por el indio contemporáneo, busca un conocimiento auténtico de su realidad y concluye en una reivindicación del indio, marcando una nítida diferencia u oposición entre él y sus explotadores; en cambio, el indianismo no es anti-«blanco». En literatura el indigenismo se inicia con González Prada y con *Aves sin Nido* de Clorinda Matto de Turner; en pintura con el arte de la Revolución Mexicana.

Uno de los mejores ejemplos del indianismo en pintura lo suministra una enorme tela de Monvoisin titulada *Caupolicán cautivo atado a una litera y Fresia arrojándole su hijo*. Aquí el jefe aborígen se convierte en un barbudo Aníbal que tendido sobre pieles de leopardo (que no existen en la Araucaria), espera su ajusticiamiento atado como un salame. Ni un sólo rasgo físico delata que se trata de los araucanos. Todo ha sido occidentalizado: las vestimentas parecen de opereta. Lo nativo se ha hecho exotismo. ¡Y pensar que el artista viajó especialmente a las tierras mapuches para documentarse!

Y la lista del arte indianista es larga.

En Chile continúa en la escultura local con las obras de Nicanor Plaza (1844-1918). Las más conocidas: «El Caupolicán» y «El jugador de chueca». En Ecuador con Joaquín Pinto (1842-1906), que pinta al indio ecuatoriano en todas sus circunstancias: de músico, pastor, peón... En México, Rodrigo Gutiérrez (1848-1903) en «El descubrimiento del Pulque» reemplaza los decorados «orientalistas», a la moda en la época, por la escenografía azteca. Los indios son pasados por una estética occidentalizante: cuerpos clásicos, coronados por rasgos indios. Lo mismo se advierte en dos famosas esculturas de la época: el «Tlahuicole» de Manuel Vilar (1812-1860) y el «Monumento a Cuauhtémoc» de Miguel Noreña (1843-1890). Luis Montero (1826-69) introduce el tema peruano en «Los funerales de Atahualpa», pero salvo el título todo se hace con los gestos académicos de la iconografía europea.

El romanticismo va a continuar las tendencias que se inician con el clasicismo y agrega otras. El indianismo es un rasgo común, al igual que el rasgo didáctico, que se expresa en la historia novelada. Sólo que con el romanticismo ésta se hará más «patriotera», sirviendo, sobre todo a fin de siglo, de base a los odios entre países vecinos y a las contiendas fronterizas. Si *Durante la Reconquista* de Blest Gana es expresión del antihispanismo, novelas me-

«Puente colgante de Penipé», ilustración de *Sites de Cordillères...* de Alexander von Humboldt.

nos conocidas como *La Generala Besundía* de Ramón Pacheco están escritas para exaltar el jingoísmo chileno y alimentar, después de la Guerra del Pacífico, el odio y el desprecio contra los vecinos peruanos y bolivianos.

El romanticismo pregona «el retorno a la naturaleza», lo cual significa no sólo el descubrimiento del paisaje, sino además una exploración de la sociedad, de lo cotidiano. La aparición de un costumbrismo que retrata los modos de vida de las nacientes clases sociales. Eso que en Hispanoamérica se llama «criollismo», constituye, a la vez una exploración y un acto de fundación de la identidad nacional. Ahí quedan fijados los tipos sociales: el caballero, el medio pelo, el futre, el catrín, el cachifo, el roto, el cholo, el gaucho...

En el «descubrimiento del paisaje» de América por los románticos y sus sucesores, la obra de Humboldt vuelve a desempeñar un papel decisivo. El naturalista alemán estaba convencido de que la naturaleza americana daría lugar a una renovación del género paisajístico y proponía a los artistas pasar a ese continente para reproducir la naturaleza en forma «fiel y viva» (*treu und lebendig*). Numerosos artistas, especialmente alemanes, van a comisionados o inspirados por el viajero a trabajar en el Nuevo Continente. Entre ellos Rugendas, que recorre Brasil, México, Chile y los países andinos y del Plata; Hildebrandt, que se dirige al Brasil y Belerman que pasa a Venezuela, por no citar sino algunos. Estos pintores van a tener una gran influencia en la generación de artistas hispanoamericanos que son sus contemporáneos o que les siguen. Pintando como ellos llega Pizarro, a mediados del siglo a Venezuela, para instalarse luego en Francia donde firmará sus obras como Camille Pissarro. Otros artistas han de representar mejor en las escuelas locales ese paisajismo «fiel y vivo» que preconizaba el alemán, y van a iniciar este género en el que se funden romanticismo, realismo e impresionismo. Precursora resulta en este terreno la expedición botánica de Celestino Mutis (1732-1808) quien, con el fabuloso equipo de artistas que ilustran la *Flora de Bogotá*, explora a fondo la naturaleza colombiana (6717 dibujos se conservan en el Jardín Botánico de Madrid). Más tarde, 1850, la labor es continuada por la Comisión Corográfica que suministra a través de sus artistas un documento vívido de la tierra, el paisaje y el hombre colombiano a mediados de siglo. Los artistas paisajistas se encuentran en todos los países. En Ecuador es el propio Juan León Mera el que se ocupará de recoger el paisaje de la sierra. En México una escuela se inicia con el italiano Landesio (1810-1879) y con su discípulo, el

más importante paisajista del siglo: José María Velasco (1840-1912)... Podríamos seguir la lista país por país... No tiene interés. En todo caso, detengámonos en el más importante de todos ellos: Rugendas.

Sin duda Johann Moritz Rugendas (1802-1858) es el más conocido de los artistas que visitaron América. Ningún otro permaneció tanto tiempo, ni visitó tantos países ni se familiarizó tan profundamente con las diferentes formas del paisaje, ni logró establecer un contacto tan estrecho con los hombres. Sarmiento decía: «Humboldt con la pluma y Rugendas con el lápiz son los dos europeos que más a lo vivo han descrito la América». Sus estampas de personajes populares con verdaderos estudios de sicología social que revelan el espíritu de las diversas clases y castas: el huaso aristocrático, el lépero arrogante, el indio melancólico... Resultado de su primer viaje, al Brasil (1821-1825) fue la edición de su *Voyage Pittoresque au Brésil* (1835); que, aparte de ofrecer una descripción completa del país: paisajes, arquitecturas, costumbres..., constituye un descarnado testimonio de la vida de los negros en las plantaciones. A su regreso a París, Rugendas trabó contacto con Humboldt que había de convertirse en su protector. Él le ayudó a publicar el álbum y a realizar su segundo viaje.

Durante este segundo viaje (1831-1847), recorrió Rugendas México y América del Sur, componiendo la más importante iconografía artística que se posee sobre la naturaleza y la sociedad hispanoamericana decimonónica. Muchos de sus dibujos sirvieron para ilustrar libros científicos y de viajes: *Historia Física y Política de Chile* (París 1854) de Claudio Gay, *Mexico und die Mexicaner* (Londres 1852) de Carl Sartorius. Pero, a diferencia de las ilustraciones de artistas anteriores, dirigidas a satisfacer las curiosidades exóticas de un público europeo, las láminas de Rugendas tuvieron un público más amplio en América que en el Viejo Continente. Incluso puede afirmarse que estas ilustraciones contribuyeron a despertar una conciencia de identidad en el hispano americano, pues a través de ellas se percataban que tanto el mundo natural que constituía el escenario de su existencia, como la sociedad de la cual formaba parte, eran valoradas, precisamente, por ser diferentes del mundo europeo.

Rugendas es también uno de los maestros en esa pulsión típica del romanticismo que significa la exploración de la sociedad. Ésta, como lo señalamos, se expresa en esa tendencia llamada «criollista», que se conoce bien en literatura, pero cuyo correlato en pintura ha sido menos estudiado. De criollistas podemos calificar las obras de Carlos Morel («El Cielito»), muchas de las de Puyrredón y cierto las de León Pallière (1823-1887), que inicia la pintura gauchesca. Criollistas son también los que se ocupan de las «cosas de negro» como en la propia Argentina Martín L. Boneo (1829-1915) con su «Candombe Federal» o Landaluze en Cuba, del que ya hablamos. Al indianismo corresponde el negrismo, tendencia anti-esclavista o satírica pero que no implica una reivindicación cultural del negro, como más tarde la «negritud». Notable es la aparición de un costumbrismo popular y satírico que en Colombia es recogido en el famoso álbum de Ramón Torres Méndez *Escenas de costumbres bogotanas*, serie de escenas populares en que se cruzan los cachifos, los cachacos y las sirvientas con las empingorotadas damas bogotanas. Numerosos álbumes de artistas viajeros dejan por todas partes un testimonio naturalista y documental de la sociedad: en México, Linati (1790-1832) en *Costumes civiles, militaires et religieux du Méxique* describe desde la china poblana, hasta la riña de gallos. En la región del Plata son numerosos los álbumes de trajes y costumbres: los más conocidos son los de Bacle (1833-35), el de Emeric Essex Vidal (1820) y el de D'Hastral (1845). En Atlas de Gay ya citados, dos cuadros marcan el género: «El Velorio del Angelito» (1848) de Charton y «La Zamacueca» (1872) de Manuel A. Caro.

Entre los artistas nacionales, sin embargo, ninguno es más singular que Pancho Fierro. Como Ricardo Palma (1833-1919) es el analista de las *Tradiciones Peruanas*, el mulato Fierro (1810-1879) es el cronista gráfico de Lima. Es un naif, que desconoce la perspectiva, pero un colorista sensacional. Su personaje es el pueblo: el indio o el zambo que hacen los pequeños oficios; los bailes populares, los bobos. Sus dibujos son copiados interminablemente en el mundo entero. Yo mismo he encontrado a un misterioso autor chino: llamado Liang Jih-Hsien o Tingqua que produjo todo un album de personajes populares inspirados en Pancho Fierro. De ellos, probablemente el más bello y el más evidente es el que muestra a la famosa rejoneadora Juanita Breña.

El romanticismo y el realismo son populares en varios sentidos: en su interés por lo criollo, en su visión de la cultura, en sus preocupaciones políticas, en su anti-esclavismo, incluso en su indianismo.

En este sentido se opone al cultismo neoclásico y se sitúa en el origen de una pintura popular fuertemente enraizada en lo americano: la del mulato Gil y la de Pancho Fierro, de

que ya hablamos, y la de Posada en México. Posada es probablemente el artista que mejor anuncia lo que será una de las preocupaciones fundamentales del siglo siguiente: la creación de un arte nativo. Si la preocupación de la primera Hispanoamérica es fundar la nación con el arte, documentar, utilizar el arte como carta de identidad nacional, el siglo XX se planteará el tema de la identidad del arte: ¿Existe un arte latinoamericano? Es por eso que Martí, que anuncia el siglo, afirma que: «No hay letras, que son expresión, hasta que no hay esencia que expresar en ellas. Ni habrá literatura hispanoamericana, hasta que no haya Hispanoamérica» (*Ni será escritor inmortal en América*).

Si el arte latinoamericano existe, sin duda que es José Guadalupe Posada (1852-1931) uno de sus fundadores. Pocos artistas han logrado ser tan populares. La burguesía mexicana, que amaba exportar artistas académicos desdeñaba su arte, tildándolo de popular. Posada en efecto lo era; sobre todo porque este término, utilizado en forma peyorativa por la burguesía, quería decir mexicano, americano, autóctono, nativo... En varios sentidos Posada era popular. Primero, porque se enfrentaba a una tradición académica y ajena, a la que oponía la vitalidad de la imagen de un pueblo visto en sus peripecias cotidianas y sobre todo, en su condición de víctima de la tiranía. En este sentido además de ser populares, sus grabados van a prestar una voz al pueblo. En segundo lugar, Posada es popular porque toma su iconografía de una tradición profundamente anclada en el espíritu mexicano. Pensemos sólo en las «calaveras» —uno de sus temas mayores—, y veremos que en ellas culminan y se unen numerosas tradiciones que forman la identidad de su pueblo. Allí se junta la tradición precolombina de la muerte, de Coatlicue, con el tópico medieval del «triunfo de la muerte». A éstas se une una tradición de sátira política que utiliza desde fines del siglo XVIII el artilugio de enviar a los señorones su necrología para el día de los muertos. A estas notas se las llamaba «calaveras». En el mismo tema se asocia además la tradición de una artesanía popular, que el mismo día adorna y alimenta todo México con calaveras de azúcar. Posada corona estas tradiciones y crea con sus calaveras un lenguaje significado políticamente. Finalmente Posada es un artista popular, porque ningún otro llega como él a tan vastos sectores del pueblo. Sus «volantes», en los que el grabado se acompañaba de un poema, a menudo de un corrido, se distribuían cada día por miles.

Los sueltos de Posada deben su popularidad no sólo a los tacos del artista, sino también a los corridos que los acompañaban. La combinación era perfecta; el corrido atraía al hombre del pueblo porque relataba hechos de su vida y de su mitología cotidiana. Por el camino de la sátira el corrido se orienta hacia lo político y se opone a la colonización (crítica al «cientifismo» y el «afrancesamiento», como simbólicamente expresa el nombre de *jarocho* nombre que dan en la región de Veracruz: al *jaro*, la lanza que los indios empleaban para defenderse del conquistador).

Con Posada se inaugura el siglo XX. Su propuesta se inscribe al margen del «cosmopolitismo» modernista. Pero ella es continuada en la Revolución Mexicana, en el afán de creación de un arte nativo, en el indigenismo, en la reivindicación de la cultura africana, en el reclamo de las personalidades indo y afroamericanas. Y, en la afirmación de la identidad latinoamericana, fuertemente opuesta al panamericanismo, la otra gran política de unidad continental.

BIBLIOGRAFÍA

ALBERDI, Juan Bautista, *Bases y puntos de partida para la organización política de la República Argentina,* Buenos Aires, 1852.
— *Acción de la Europa en América* (en *Autobiografía*), 1895.
BARROS GREZ, Daniel, *El Huérfano* (6 tomos), Santiago de Chile, 1881.
BERDECIO, Roberto y APPELBAUM, Stanley, *Posada's popular Prints,* Nueva York, 1972.
BILBAO, Francisco, *El Evangelio Americano,* 1864.
BITTENCOURT, Gean María y FERNÁNDEZ, Neusa, *A Missao Artistica Francesa de 1816,* 1967.
BOLÍVAR, Simón, *La Esperanza del Universo,* UNESCO, 1983.
BOULTON, Alfredo, *Historia de la Pintura Venezuela,* Tomo II, Epoca Nacional, Caracas, 1968.
CARILLA, Emilio, *El Romanticismo en la América Hispana,* Madrid, 1958.
COMETTA, Mazzoni, *El indio en la poesía de América española,* Buenos Aires, 1939.
MELÉNDEZ, Concha, *La novela indianista en Hispanoamérica,* Madrid, 1934.
DARÍO, Rubén, Prólogo del libro *Asonantes* de Narcizo Tondreau en *Revista Artes y Letras,* Tomo XVI, 1889.
DEL CARRIL, Bonifacio, *Mauricio Rugendas* (Artistas extranjeros en la Argentina), Buenos Aires, 1966.
— *Enciclopedia del Arte en América* (5 tomos), Buenos Aires, 1968.
EYZAGUIRRE, Jaime, *José Gil de Castro pintor de la Independencia americana,* biografía y catálogo, Santiago de Chile, 1950.
FELIÚ CRUZ, Guillermo y WALDO SILVA et al., *Monvoisin,* Santiago de Chile, s/f.
GONZÁLEZ PRADA, *Nuestros Indios* (1904).
HENRÍQUEZ UREÑA, Pedro, *Historia de la cultura en la América Hispánica,* México, 1947.
— *Seis ensayos en busca de nuestra experiencia,* Buenos Aires, 1928.
— *Historia del Arte Colombiano,* Vol. IV. Del Rococó al primer tercio del siglo XX (ed. Barney-Cabrera), Colombia, 1975.
— *Historia General del Arte Mexicano,* tomo II, Epoca Moderna y Contemporánea (Raquel Tibol), México, 1964.

HUMBOLDT, Alexander von, *Pittoreske Ansichten der Cordilleren und Monumente amerikanischer Völker,* Tüvingen, 1810.
— *Vues des Cordilleres et monuments des peuples indigènes de l'Amérique* (2 tomos), París, 1834.
MARIÁTEGUI, José Carlos, *Siete Ensayos de interpretación de la realidad peruana,* Lima, 1928.
MARTÍ, José, *Páginas Escogidas* (2 tomos), La Habana, 1971.
MOORES, Guillermo, *Estampas y vistas de la ciudad de Buenos Aires, 1599-1895,* Buenos Aires, 1945.
— *La Novela Romántica Latinoamericana* (Recopilación de textos sobre), La Habana, 1978.
PÉREZ ARBELÁEZ et al., *La expedición botánica del Nuevo Reino de Granada,* Madrid, 1954.
PORTALES, Diego, Epistolario (3 tomos), Santiago de Chile.
RICHERT, Gertrud, *Johann Moritz Rugendas, Ein deutscher Maler des XIX Jahrhunders,* Berlín, 1959.
RODÓ, José Enrique, *Ariel,* 1900.
ROJAS-MIX, Miguel, *La Plaza Mayor, El urbanismo instrumento de dominio colonial,* Barcelona, 1978.
— «Die Bedeutung Alexander von Humboldts für die künstlerische Darstellung Lateinamerikas», *Alexander von Humboldt Werk und Weltgletung,* Munich, 1969.
ROJAS MIX, Miguel y BARREIRO SEGUIER, Rubén, «Arte popular, folklore, arte culto. La expresión estética de las culturas latinoamericanas», *Nova América,* núm. 4, 1981. Turín.
SABOGAL, José, *Pancho Fierro, Estampas del pintor peruano,* Buenos Aires, s/f.
SARMIENTO, D. F., *Civilización y Barbarie, Vida de Juan Facundo Quiroga,* El Progreso, mayo/junio, 1845.
— *Conflicto y armonía de las razas en América,* Buenos Aires, 1883.
SIERRA, Justo, México Social y Político, *Obras Completas,* México, 1948.
SUÁREZ-MURIAS, Marguerite, *La novela romántica en Hispanoamérica,* Nueva York, 1963.
VASCONCELOS, José, *La Raza Cósmica,* México, 1948.

Revistas literarias hispanoamericanas del siglo XIX

BOYD G. CARTER

La publicación periódica desempeñó una función de enorme utilidad en las letras hispanoamericanas del siglo XIX. Aunque las revistas, en su mayoría, tuvieron existencia efímera, no por ello fue menor su influencia en el desarrollo de las letras. Por faltar en las nuevas repúblicas, recién independizadas de España, facilidades y recursos económicos suficientes para hacer imprimir libros, los escritores tuvieron que recurrir a las publicaciones periódicas como medios de divulgación de sus obras y como fuentes de literatura contemporánea, de traducciones, y de información sobre las letras y asuntos culturales vigentes.

La revista literaria, hablando en términos precisos, apenas existió en Hispanoamérica antes del Modernismo. Si es cierto que con anterioridad a la tercera parte del siglo hubo buenas revistas con acento en la literatura de invención y la crítica, no lo es menos que la revista verdaderamente literaria, exceptuando *El Renacimiento* de Ignacio Manuel Altamirano (1834-1893), no empezó a aparecer sino en vísperas o en los comienzos del Modernismo.

A cuantas revistas existieron en el siglo XIX les tocaba la responsabilidad de publicar materias diversas por falta de publicaciones especializadas. Por esto, en no importa qué revista, fuera cual fuera su título, se solían hallar escritos literarios junto a artículos sobre costumbres, arte, cultura, y asuntos diversos. Hay que notar que en el siglo XIX la palabra «literaria» fue tan de rigor en un título de revista como en el siglo XX lo es la palabra «cultura».

EL PERIODISMO LITERARIO

Es de esperar que un día algún estudioso del asunto sepa referir, como es debido, la deuda de las letras a los periódicos y, especialmente, a los diarios. En ellos hay que buscar una buena parte de la literatura hispanoamericana de aquel tiempo. Las razones para ello tuvieron que ver con la falta de estabilidad política y económica, las intervenciones de potencias extranjeras, la carestía del papel, la censura que era más fácil ejercer con los libros y la predilección de los lectores por los géneros breves (cuentos, cuadros de costumbres, ensayos, poesías).

En los diarios había folletines, en su mayoría novelas traducidas del francés, reimpresiones de obras en español, secciones llamadas «Literatura», «Crónicas», «Revistas», «Bibliografía», «Variedades», «Gacetillas», en las que se hallaban dispersos artículos críticos y biográficos, reseñas de libros, notas y apuntes de actualidad, anécdotas, poesías, cuadros de costumbres, leyendas, revistas de teatro, de la ópera y de modas.

Anuncio de la Librería de Francisco Abadiano.

Los diarios siguientes sobresalieron por sus realizaciones y méritos literarios: *El Diario de México* (1805), *El Mercurio* (1827) de Chile, *El Comercio* (1839) del Perú, *El Siglo Diez y Nueve* (1841) de México, *Diario de la Marina* (1844) de Cuba, *Estrella de Panamá* y *Star Herald* (1849), *La Prensa* (1869) y *La Nación* (1870), estos dos últimos de la Argentina.

El Diario de México (1805-1817), la primera publicación diaria del país, fue en palabras de Alfonso Reyes (1889-1959) «el centro literario de la época»[1]. Con anterioridad a *El Diario* hubo varias iniciativas periodísticas dignas de mencionarse, entre las cuales se cuentan las *Gacetas* de México (1722), de Guatemala (1729) y de Lima (1743). Si las *Gacetas* dejaron pocas huellas en la literatura colonial, apenas tuvieron mayor impacto el *Mercurio de*

---

[1] Reyes, «Un recuerdo del "Diario de México"», *Obras,* I, pág. 345.

México (1742), o las publicaciones del Padre José Antonio Alzate (1729-1799): *Diario Literario* (1768) y *Gazeta de Literatura de México* (1788-1795). La revista de más significado durante el siglo XVIII fue el *Mercurio Peruano* (1791-1795), que sobresalió menos por su material literario que por su contenido científico, tecnológico y utilitario.

El *Diario de México,* además de destacarse como órgano literario, representó una valiosa fuente de información sobre la vida social de aquel tiempo. José Joaquín Fernández de Lizardi (1776-1827), autor de *El Periquillo Sarniento* (1816), narrativa picaresca tenida por la primera verdadera novela hispanoamericana, recogió mucho material para su obra en las columnas de esta publicación.

Con respecto a las aportaciones de dichos diarios a las letras, importa observar que fue en las columnas de *El Mercurio,* en 1842, donde Domingo Faustino Sarmiento (1811-1888) y Andrés Bello (1781-1865) sostuvieron su famosa polémica sobre el romanticismo[2]. *La Nación,* fundada por el egregio escritor y estadista argentino, Bartolomé Mitre (1821-1906), acogió colaboraciones de escritores continentales, notablemente a partir de 1889 las de Rubén Darío (1867-1916), y de José Martí (1853-1895), así como de escritores europeos y, desde luego, de autores nacionales.

Hasta la fecha no se ha rescatado un enorme acopio de contribuciones literarias de importantes escritores que colaboraron en los periódicos hispanoamericanos del siglo XIX. He aquí la conclusión parcial del Malcolm D. McLean en lo que concierne al contenido literario no explorado en los diarios, basada en su estudio estadístico, en 1965, y de las colaboraciones de diez escritores mexicanos publicados en *El Siglo Diez y Nueve* (1841-1896, —con algunas interrupciones):

> De las 747 selecciones publicadas en el *Siglo* por diez autores que se han estudiado, sólo 125, o sea el diecisiete por ciento, han sido hasta hoy aprovechables en libros; es decir, que el ochenta y tres por ciento de su obra literaria se encuentra todavía enterrada en las colecciones de periódicos[3].

Un estudio semejante de los demás grandes diarios del siglo XIX ofrecería sin duda alguna, resultados muy parecidos a los obtenidos por McLean.

---

[2] Véase Boyd G. Carter, «Los proscritos argentinos», *Las revistas literarias de Hispanoamérica,* págs. 41-58.
[3] McLean, *El contenido literario de «El Siglo Diez y Nueve»,* págs. 48-49.

DESDE LA INDEPENDENCIA HASTA ALBORES DEL MODERNISMO

A. México

El Iris, fundada en 1826 por el cubano José María Heredia (1803-1839), Florencio Galli y Claudio Linati (1790-1832), este último introductor de la litografía en México, debe considerarse como la primera auténtica revista literaria de Hispanoamérica. Heredia escribió la parte de más significado literario: poesías, críticas y bosquejos de Goethe, Byron, Ossian y otros. Conviene recordar que «En el teocalli de Cholula», poema que escribió Heredia en 1820, encierra el primer reflejo del romanticismo en la naciente literatura nacional de Hispanoamérica.

En el decenio de los años 30, el poeta romántico Ignacio Rodríguez Galván (1816-1842) y el notable impresor y editor de revistas, Ignacio Cumplido (1811-1887) continuaron la labor periodística de Heredia. *El Mosaico Mexicano* (1836-1842) de Cumplido, fue elogiado por la marquesa Calderón de la Barca (1806-1882) en su *Vida en México* (1843). Manuel Payno (1810-1894) y Guillermo Prieto (1818-1897) que militaron con el Presidente Benito Juárez (1806-1872) durante la Reforma y la Intervención, fundaron dos excelentes revistas en el decenio de los años 40: *El Museo Mexicano* (1843-1845) y la *Revista Científica y Literaria de México* (1845-1847). Debido a conmociones civiles y a intervenciones extranjeras no aparecieron sino dos publicaciones de verdadero alcance literario entre las revistas de Payno y Prieto y *El Renacimiento* (1869) de Ignacio Manuel Altamirano: *La Ilustración Mexicana* (1851-1854) editada por Francisco Zarco (1829-1869) y *La Cruz* (1855-1858). Esta última era una digna publicación literaria, no obstante su misión polémica de «difundir las doctrinas ortodoxas y vindicarlas de los errores dominantes».

La primera revista fundamental en las letras mexicanas fue *El Renacimiento* (1869). Altamirano la fundó como foco de entusiasmo «para la juventud estudiosa de México», y como una publicación en que se daría generosa acogida a las composiciones de «todas las comuniones políticas». Logró su propósito. En opinión de José Luis Martínez se consiguió en esta revista semanal «la afirmación de una conciencia nacional» y hasta la caracteriza de «la más valiosa revista literaria con que cuenta México»[4].

---

[4] Martínez, *La expresión nacional,* págs. 107, 121.

Entre *El Renacimiento* y el derrocamiento del Presidente Sebastián Lerdo de Tejada (1827-1889), en 1876, por el General Porfirio Díaz (1830-1915) se publicaron *El Domingo* (1871-1873), *El Artista* (1874-1875), *El Federalista* (1871-1877) y *El Eco de Ambos Mundos* (1873-1874), revistas todas de carácter literario muy intenso y en su mayoría de contenido inédito.

En estas publicaciones ya apuntan elementos nuevos, discordes con la nota romántica que fue la dominante desde la Independencia. Colaboraciones de escritores modernistas o de orientación más o menos cercana a esta tendencia aparecieron en *El Nacional* (1880-1884), *La Familia* (1883-1890), *La Epoca Ilustrada* (1883-1885), *La Patria* (1883-1895). Llaman especialmente la atención: la *Revista Nacional de Letras y Ciencias* (1889-1890), dirigida por los eminentes escritores Justo Sierra (1848-1912), Manuel Gutiérrez Nájera (1859-1895), Francisco Sosa (1848-1925), Jesús Valenzuela (1856-1911), y Manuel Puga y Acal (1860-1930), así como *El Mundo Literario e Ilustrado* (1891) de Juan de Dios Peza (1852-1910).

La República Literaria (1886-1890) de Guadalajara, fue la revista de más importancia publicada fuera de la capital en el siglo XIX. También en las provincias se publicaron otras dos revistas de valiosos logros, nacidas el mismo año que *El Renacimiento* de Altamirano: *La Ilustración Potosina,* fundada y dirigida por José Tomás de Cuéllar (1830-1894) y *La Revista de Mérida.*

Además de en los diarios referidos, en *El Monitor Republicano* (1844-1896) y en las revistas mencionadas, se encuentra material literario en publicaciones de intento satírico o festivo, notablemente en *La Orquesta* (1861-1876), *La Chinaca* (1862), *La Cuchara* (1862-1863), *El Padre Cobos* (1869). Por sus columnas, escritas por selectas plumas nacionales, desfilan aguadores, lloronas, léperos, viejos y viejas verdes y otros tipos sociales. Durante la Intervención la nota satírica contra los franceses y sus partidarios mexicanos fue la dominante en estas revistas.

B. Centro América y Las Antillas

1. Centro América

Los países centroamericanos de mayor actividad literaria periodística en el siglo XIX fueron Guatemala y El Salvador.

Guatemala.—Con anterioridad a la fundación de *El Museo Guatemalteco* (1856-1859),

«Prieto, con su elocuencia, salva a Juárez y sus compañeros» (1847), de una colección de poesías de Prieto.

la producción literaria de Guatemala se recogía en publicaciones periódicas de existencia efímera. En opinión de Rubén Darío la mejor revista de Guatemala «indubitablemente fue *El Porvenir*»[5] (1877-1882). Entre los eminentes colaboradores de esta revista, editada por L. Montúfar (1823-1898), sobresalen los nombres de José Martí y Manuel Gutiérrez Nájera.

El espíritu y el intento literario de *El Porvenir* se perpetuó en las revistas *El Álbum Literario* (1884), *El Ensayo* (1884), *La Revista* (1888-1890), *Centroamérica Ilustrada* (1889), y *El Eco de los Salones* (1892), estas dos últimas bajo la dirección de Máximo Soto Hall (1871-1944). Le tocó a *Guatemala Ilustrada* (1892-1894) ser la primera revista modernista del país.

El Salvador.—Aunque el periodismo en El Salvador empezó con *El Semanario Político*

---

[5] Darío, «La literatura en Centroamérica», *Revista de Arte y Letras* (Chile), 12 (1888), pág. 601.

Mercantil en 1824, no se publicaron allí revistas de tipo literario sino hasta el decenio del ochenta. *La Juventud* (1880-1883) fue importante, dice John E. Eglekirk[6], para «un estudio de la época premodernista», y el *Repertorio Salvadoreño* (1888-1892) para «los orígenes del modernismo en Centroamérica». Las revistas siguientes sobresalen como vehículos del modernismo: *La Juventud Salvadoreña* (1889-1897), *La Pluma* (1893-1894), y *El Pensamiento* (1894-1896).

La tendencia modernista en El Salvador coincidió cronológicamente con la existencia de amplios y excelentes medios de divulgación. Como animadores del movimiento en el país se destacan los nombres de Francisco Gavidia (1864-1955), Román Mayorga Rivas (1862-1926), Alberto Masferrer (1867-1932), Vicente Acosta (1867-1908), y Arturo Ambrogi (1878-1936).

Panamá.—No fue sino en 1866 cuando apareció el primer periódico literario de Panamá, *El Céfiro,* sustituido en 1870 por *El Crepúsculo.* Entre otras empresas en el campo cultural de Panamá, entonces parte de Colombia, se cuentan *El Cronista* (1878), *El Estudio* (1879), *El Ancón* (1882), *El Estímulo* (1890), *El Duende* y *La Nube* (1893), *El Lápiz* (1894). En torno de *El Cosmos* (1896-1897) se agrupó la generación modernista de Panamá.

Costa Rica.—Los escritos culturales y literarios costarricenses se recogieron en su mayoría en la prensa periódica hasta 1890. *El Diario de Costa Rica,* iniciado en 1885, fue muy importante desde el punto de vista intelectual del país. Próspero Calderón, fundador de *Guatemala Ilustrada,* estableció *Costa Rica Ilustrada* (1890-1892) que publicó obras de Julián del Casal, Darío, Gavidia y Gutiérrez Nájera, así como de escritores no hispanoamericanos. El director-propietario de *Revista de Costa Rica* (1892) fue Justo A. Facio (1859-1931).

Honduras.—*El Alba* (1882) fue una de las primeras revistas literarias de Honduras. Además de *La Juventud Hondureña* (1891-1897), revista abierta tanto al modernismo como a la expresión nacional, las siguientes publicaciones hondureñas vieron la luz durante la primera etapa de la época modernista: *El Guacerique* (1892), *La Regeneración* (1894), *La Semana* (1895). Los dos principales representantes del modernismo en el país fueron Juan Ramón Molina (1875-1908) y Froilán Turcios (1878-1943).

Nicaragua.—«La patria de Rubén Darío no se destacó como centro de actividad del movimiento modernista»[7], observa Max Henríquez Ureña. Tampoco se destacó Nicaragua en el siglo XIX por sus revistas literarias. El joven Darío como los demás escritores del país, divulgaron sus obras en la prensa o en revistas extranjeras. La primera publicación diaria del país fue *El Diario de Nicaragua* (1844).

2. Las Antillas

Cuba.—La vida literaria de Cuba no sufrió las rupturas ni los altibajos de las demás colonias recién separadas de España, y luchando por hacerse repúblicas.

Otto Olivera observa que ya en las poesías del *Papel Periódico de La Habana* (1790-1805) se inician tendencias renovadoras, líricas y de acento local en las letras[8]. Entre esta publicación y la segunda etapa de la alta literatura periodística, iniciada con la creación de la *Revista Bimestre Cubana* (1831-1835), vieron la luz *Recreo de las Damas* (1821), *El Revisor Político y Literario* (1823), *La Moda* o *Recreo Semanal* (1829) y *El Regañón* (1823), periódico costumbrista.

Escritores del prestigio de M. J. Quintana (1772-1857), F. Martínez de la Rosa (1787-1862) y Jorge Ticknor (1791-1871) tenían en gran aprecio la *Revista Bimestre Cubana,* caracterizada como una revista del tipo de la de Edimburgo y de la *Quarterly* de Inglaterra[9]. Unos veinte años más tarde apareció la *Revista de La Habana* (1835-1857), tenida por una de las más importantes del siglo. La dirigió Rafael María de Mendive (1821-1886).

El decenio 1880-1890 fue un período de intensa actividad literaria en Cuba. En 1884, la *Nueva Revista de Buenos Aires* describió *El Palenque Literario* (1879-1882) como una revista digna de las Antillas[10]. Al extinguirse la *Revista de Cuba* (1877-1884), admirable vehículo de la literatura cubana, fundada y dirigida por José Antonio Cortina (1852-1884), nació al año siguiente la *Revista Cubana* (1885-1894) bajo la dirección de Enrique José Varona (1849-1933). Si en todas estas revistas apenas se nota el reflejo del entonces naciente modernismo, en *La Habana Elegante* (1883-1896) y en *El Fígaro* (1885-1925) se aco-

---

[6] Englekirk, «La literatura y la revista literaria en Hispanoamérica», *Revista Iberoamericana,* 28, núm. 53 (enero-junio, 1962), pág. 42.

[7] M. Henríquez Ureña, *Breve historia del Modernismo,* 2.ª ed. (1962), pág. 387.

[8] Olivera, *Breve historia de la literatura antillana,* página 13.

[9] Véase Bertha Becerra y Boneto, «Biografía de la "Revista Bimestre Cubana"», *Revista Bimestre Cubana,* 69 (1952-1953-1954), pág. 72.

[10] Véase «La vida literaria en Hispanoamérica», *Nueva Revista de Buenos Aires,* 9 (enero de 1884), pág. 321.

gió tanto la producción modernista de la primera como de la segunda etapa del movimiento. Conviene recordar que lo mejor de la cosecha de Julián del Casal se publicó en *La Habana Elegante*. Otras revistas más o menos en la órbita del modernismo fueron *La Habana Literaria* (1891-1893), *Hojas Literarias* (1893-1894), *La Revista Blanca* (1894-1896).

Santo Domingo.—Entre *El Telégrafo Constitucional* (1821), el primer periódico de Santo Domingo, y la *Revista Científica, Literaria y de Conocimientos* (1883-1884), se publicó la expresión literaria del país además de en la prensa, en *El Oasis* (1854) y en *El Porvenir* (1872). Tulio Manuel Cestero (1877-1954) sustituyó a Fabio Fiallo (1866-1942) en la dirección de *El Hogar,* que fundó éste último en 1894. A *Letras y Ciencias* (1892-1898) precedieron *El Listín Diario* (1889) y *El Lápiz* (1891-1892). La más importante revista de Santo Domingo de la época modernista fue *Letras y Ciencias,* en cuyas páginas se hallan colaboraciones de casi todos los escritores continentales eminentes de aquel entonces. En esta revista, importante órgano del modernismo y de lo nacional Darío Herrera le rinde homenaje a Martí (27 de mayo de 1895) a quien proclama, junto con Manuel Gutiérrez Nájera, iniciador del modernismo americano[11].

Puerto Rico.—La *Revista Puertorriqueña* (1887-1893) fue una de las más valiosas revistas literarias hispanoamericanas de su tiempo, notable por su tono cosmopolita y énfasis en las letras extranjeras. Aunque Max Henríquez Ureña afirma que el influjo del modernismo llegó a Puerto Rico con varios lustros de atraso[12], hay que notar que en esta revista se hallan colaboraciones de Salvador Díaz Mirón, de Darío y de Gutiérrez Nájera. Con anterioridad a la *Revista Puertorriqueña* las revistas del tipo «aguinaldos», publicaciones de vida breve, y la prensa recogieron la producción literaria del país. La revista puertorriqueña de mayor longevidad del siglo XIX parece haber sido el *Almanaque-Aguinaldo de la Isla de Puerto Rico* (1859-1889).

C. Sudamérica

1. Los proscritos argentinos en el periodismo literario

a) *Argentina.*—La única revista literaria publicada en la Argentina durante la dictadu-

ra (1835-1852) de Juan Manuel Ortiz de Rosas (1793-1877) fue *La Moda* (1837-1838).

En 1833 vieron la luz 33 periódicos en Buenos Aires. A partir de 1835 y hasta 1852, fecha de la caída de Rosas, el número de periódicos porteños nunca excedió de tres. Mientras duró el régimen de Rosas los escritores argentinos se refugiaron en el Uruguay, Chile, Bolivia, Brasil, Francia y otros países, donde fundaron revistas y participaron en la vida literaria del país[13].

Entre el derrocamiento de Rosas y el decenio de los años 80 se publicó un gran número de revistas en Argentina. Solamente en 1877 aparecieron 148 periódicos, de los cuales 18 eran literarios y científicos. Las revistas de más importancia y respetable vejez eran la *Revista Argentina* (1868-1872; 1879-1882), *Revista del Río de la Plata* (1871-1878), *Revista de Buenos Aires* (1863-1871) y *La Nueva Revista de Buenos Aires* (1881-1885). En esta última revista se reprodujo de Antonio Zinny su «Bibliografía periodística de Buenos Aires hasta la caída de Rosas». En la *Revista del Río de la Plata* se dieron a conocer *El Matadero* y otros escritos de Esteban Echeverría (1805-1851). Además de la misión patriótica de las revistas argentinas, Ernesto Quesada (1858-1934), con su padre Vicente G. Quesada, director de la *Nueva Revista de Buenos Aires,* se propuso la de estrechar los vínculos de solidaridad continental y de «hacer cesar el aislamiento pernicioso con que, respecto a los otros países de América, vivimos»[14].

La Biblioteca (1896-1898) de Paul Groussac (1848-1929) se señala como uno de los logros periodísticos más acertados del siglo XIX. En otro lugar se ofrecerán datos sobre las revistas argentinas del decenio 1890-1900 así como sobre las actividades de los proscritos en el extranjero.

b) *Chile.*—La llegada de los proscritos argentinos a Chile tuvo un fuerte impacto tanto en los ilustres exiliados como en la gestación de la vida literaria chilena[15].

En 1842 Vicente Fidel López (1815-1903) fundó la *Revista de Valparaíso,* en que colaboraron sus compatriotas Juan María Gutiérrez (1809-1878) y Juan Bautista Alberdi (1810-1884). Sarmiento publicó su obra más famosa y leída, *Civilización y barbarie: Vida*

[11] Darío Herrera, *Letras y Ciencias* (Santo Domingo), núm. 79 (julio de 1895). Fechado mayo 27 de 1895. Reproducido en *Revista Dominicana de Cultura,* I, núm. 2 (dic. de 1955), pág. 255-256.

[12] M. Henríquez Ureña, *Breve historia del Modernismo,* pág. 456.

[13] Para la actuación periodística de los proscritos argentinos en el extranjero, véase: B. G. Carter, *Las revistas literarias de Hispanoamérica,* págs. 41-58.

[14] E. Quesada, «El momento intelectual argentino: Revistas y periódicos», *La Nueva Revista de Buenos Aires,* 5 (oct. de 1882), pág. 475.

[15] Para el papel del periodismo literario en el desarrollo de la literatura chilena, véase: Roberto Vilches, *Las revistas literarias chilenas del siglo XIX,* pág. 6.

de *Juan Facundo Quiroga* (1845). También en 1842 apareció *El Semanario de Santiago* (1842-1843), órgano de la Sociedad Literaria formada por José Victorino Lastarria. Afirma este benemérito de las letras chilenas que en *El Semanario, El Crepúsculo* (1843-1844) y en *La Revista de Santiago* (1848-1851) colaboraron no menos de cuarenta escritores chilenos[16]. Otros frutos periodísticos del movimiento intelectual impulsado por los argentinos o por la presencia de otros extranjeros en el país fueron *Anales de la Universidad de Chile*, decano de las revistas de Hispanoamérica, *Museo de Ambas Américas*, publicación de Manuel Rivadeneira, dirigido por el colombiano Juan García del Río, y *El Lautaro* de Andrés Bello.

Bajo el estímulo y el ejemplo del movimiento literario de 1842 vio la luz en Chile entre esta fecha y 1881, un conjunto de valiosas revistas literarias de notable longevidad, entre las cuales podemos citar, *El Correo Literario* (1858-1865) y *Revista Chilena* (1875-1880). En las postrimerías de 1881 apareció *La Época*, la primera publicación en que colaboró Darío al llegar a Chile. Posteriormente colaboró el nicaragüense en *El Mercurio, El Heraldo, La República* y *La Revista de Artes y Letras* (1884-1890). Varios escritos, poemas y prosas de Darío aparecidos en estas publicaciones

Bartolomé Mitre.

[16] Lastarria, *Recuerdos literarios*, pág. 313.

fueron recopiados en *Azul* (1888)[17], libro que le valió al autor un elogioso comentario crítico de Juan Valera. La fecunda evolución en revistas literarias de los valores chilenos alcanzó su expresión máxima en la *Revista de Artes y Letras*[18]. A pesar de los méritos de *Revista del Progreso* (1888), *Revista de Bellas Artes* (1889), *Biblioteca Republicana* (1894), dirigida por Pedro Pablo Figueroa (1857-1910), *La América Moderna* (1894), *Revista Literaria* (1895-1896) y *La Revista Cómica* (1895-1898), estas publicaciones, exceptuando quizá esta última, no se destacan sobremanera por sus aportaciones al modernismo. Desaparecida la *Revista de Artes y Letras* no volvió a señalarse en Chile otra revista de tendencias más o menos semejantes, hasta que se fundó la revista *Atenea* en 1924.

c) Uruguay.—Esteban Echeverría fue el decano intelectual de los proscritos argentinos que fueron al Uruguay, entre quienes Miguel Cané (1812-1863), Bartolomé Mitre (que pasó a Bolivia en 1845 y en 1847 a Chile), y José Mármol (1818-1871), «verdugo poético» de Rosas. En Montevideo, estos escritores con otros compatriotas proscritos, fundaron unas diez publicaciones periódicas en las que se empeñaron en vapulear sin piedad al dictador Rosas. Mármol publicó sus obras de más interés literario en Montevideo. A esta ciudad llevó Echeverría sus conceptos del romanticismo y las ideas socializantes de su Asociación de Mayo[19].

La Mariposa (1851-1852) y *El Eco de la Juventud* (1854-1855) fueron iniciativas de estudiantes universitarios. Muy digno de tomarse en cuenta, si se considera la presencia de su pensamiento en la obra de José Enrique Rodó (1871-1917), es el interés que se manifestó sobre Ernest Renan (1823-1892) en *La Aurora* (1862-1863), en *El Iris* (1864-1865), y en *La Revista Literaria* (1865-1866).

Otras revistas portadoras de la cultura nacional que antecedieron al advenimiento del modernismo en el Uruguay fueron: *Literatura del Plata* (1859-1860), *El Espíritu Nuevo* (1878-1879), *La Revista de Ciencias y Literatura* (1880), *Revista del Plata* (1882-1883), *La Ilustración del Plata* (1887-1888), *Revista Uruguaya* (1892), *Las Primeras Letras* (1892-1894).

d) Bolivia.—El más ilustre proscrito argentino que se radicó en Bolivia fue Bartolomé Mitre. En La Paz, Mitre fundó la primera

[17] Véase *Obras escogidas de Rubén Darío publicadas en Chile*, I. Ed. crítica y notas de Julio Saavedra Molina y Erwin K. Mapes (Santiago de Chile, Universidad de Chile, 1939). Sobre *Azul*, págs. 115-402.
[18] Véase B. G. Carter, «Revista de Arte y Letras», *Las Revistas literarias de Hispanoamérica*, págs. 144-146.
[19] Véase *ibid.*, págs. 47-50.

publicación diaria del país. *La Época,* en la que dio a luz en forma de folletín su novela *Soledad* (1845), la primera obra de ficción escrita y publicada en Bolivia[20].

En La Paz sirvió *El Iris* (1829-1839) como vehículo del romanticismo, la tendencia literaria dominante de Bolivia como en los demás países sudamericanos, en el decenio de los años treinta. Entre la *Revista de Cochabamba* (1852) y el estallido de la Guerra del Pacífico (1879-1883) vieron la luz en diferentes ciudades de Bolivia por lo menos una docena de revistas literarias, en su mayoría de provechosa consulta. El padre de Ricardo Jaimes Freyre, Julio Lucás (seud. *Brocha Gorda)* publicó sus «Tradiciones bolivianas» en *La Revista del Sur* (1868; Tacna).

Las nefastas consecuencias de la Guerra del Pacífico para el país no favorecieron la publicación de revistas literarias durante los dos últimos decenios del siglo XIX. No obstante, aparecieron varias muy dignas de mencionarse: *Revista Literaria* (1881; Sucre), *Página Literaria* (1895-1902). Entre los esfuerzos periodísticos literarios al fin del siglo dignos de especial mención, en opinión de Enrique Finot[21], se señalan *La Revista de La Paz* y *La Revista de Bolivia.*

Conviene notar que Ricardo Jaimes Freyre, uno de los próceres de las letras bolivianas, fundó, en colaboración con Rubén Darío, la *Revista de América* (1894) en Buenos Aires, la primera revista en América que divulgó información relevante sobre el simbolismo francés[22].

e) Paraguay.—La historia trágica y agitada de este país no favoreció el desarrollo de un periodismo fecundo de notable dimensión literaria. Por esto sorprende que hubiera tantas publicaciones periódicas de mérito, dadas las circunstancias.

Siguió a *El Paraguay Independiente* (1845), el primer periódico del país, y a *El Seminario* (1853-1857), *El Eco del Paraguay* que se extinguió al estallar la Guerra del Paraguay contra Argentina, Brasil y Uruguay (1865-1870). Según consigna Enrique D. Parodi en la *Revista del Paraguay* (I, 1891), aun durante esta guerra de agotamiento vieron la luz *El Centinela* (1867-1868), *La Estrella* (1869), *La Regeneración* (1869-1870) y dos periódicos escritos en guaraní. Parodi menciona varias publicaciones aparecidas entre 1870 y 1891, pero agre-

ga que le faltan datos sobre la mayor parte de ellas[23].

Entre *El Porvenir* (1882) y *La Revista del Instituto Paraguayo* (1896-1909) se establecieron *La Revue du Paraguay* (1888-¿?), *La Ilustración Paraguaya* (1888-1889), y *La Revista del Paraguay* (1891-1893; reaparecida en 1897). No hemos encontrado reflejo alguno de la modalidad modernista en las revistas hojeadas. El periodismo literario en el Paraguay queda todavía sin investigar, de modo sistemático, que sepamos.

f) Ecuador.—El estilo que usó Juan Montalvo (1832-1889) en sus catilinarias contra Gabriel García Moreno (1821-1875) encerraba tonos, ritmos y rasgos en desacuerdo con las entonces vigentes verbosidades románticas. Las publicaciones *El Cosmopolita, El Regenerador, Las Catilinarias, La Canalla* y otros vehículos periodísticos de su ira contra el dictador constituyen insólitas realizaciones de excelencia estilística en el periodismo literario del siglo XIX.

Antes de la *Revista Ecuatoriana* (1889-1894; Quito) nacieron varios órganos de sociedades literarias: *La Aurora* (1871-1873) de «La Esperanza» de Azuai; *La Luciérnaga* (1876) de El Liceo de la Juventud de Cuenca; *Revista* (1886-1887) de la Escuela Literaria de Quito. Otras revistas que recogieron la expresión literaria del país fueron el *Repertorio Literario de los Andes* (1869-1874) y *Revista Literaria* (1881; Quito).

La crítica no está de acuerdo en cuanto a la fecha del inicio del modernismo en Ecuador. Para Max Henríquez Ureña la nueva literatura data de la fundación de la *Revista Guayaquil*[24] (1895-1898). Por otra parte, existía plena conciencia del movimiento en la *Revista Ecuatoriana* en que se notan los nombres de Silva, Darío, Gutiérrez Nájera, Díaz Mirón y Gavidia. Es cierto, sin embargo, que el modernismo en Ecuador tuvo sus críticos, notablemente Remigio Crespo Toral (1860-1939; seud. *Stein)* quien desató su hostilidad contra el movimiento en «Los parnasianos en América», artículo publicado en *La Unión Literaria* (1893-1894) de Cuenca[25].

El animador más entusiasta del modernismo en el país fue Emilio Gallegos del Campo (1875?-1914) que colaboró en *Revista Guayaquil* y fue uno de los fundadores de *América Modernista* (1896) en Guayaquil. *La Semana*

---

[20] Véase Enrique Finot, *Historia de la literatura boliviana* (1947), pág. 184.

[21] *Ibid.* (1955), pág. 273.

[22] Véase *La «Revista de América» de Rubén Darío y Ricardo Jaimes Freyre.* Ed. facsimilar. Estudio y notas de Boyd G. Carter (Managua, Publicaciones del Centenario de Rubén Darío, 1967), pág. 35.

[23] Parodi, «La Prensa», *Revista del Paraguay,* I (1891), 341-348.

[24] M. Henríquez Ureña, pág. 386.

[25] Stein (seud. de Remigio Crespo Toral), «Los parnasianos en América», *La Unión Literaria* (Cuenca), I, número 12 (marzo de 1894), 449-471.

Literaria (1896-1897) de Quito, caracterizó a esta revista como «tentativa infructuosa de transplante de una escuela exótica a nuestro terruño literario»[26].

g) *Perú*.—En otro lugar se aludió a *El Comercio* como importante vehículo del periodismo literario peruano iniciado por Manuel Amunátegui en 1839. La nota política eclipsó la nota literaria en las revistas establecidas entre esta fecha y *La Revista de Lima* (1859-1863), exceptuando acaso el material publicado en el *Ateneo Americano* (1847-1848) y en *El Semanario de Lima* (1848). *La Revista de Lima* contenía un conjunto diverso de escritos nacionales, incluso contribuciones de Ricardo Palma. Posteriormente, y hasta el decenio 1880-1890, *El Correo del Perú* (1871-1877) y la *Revista Peruana* (1879-1880) se destacaron como buenos medios literarios. En el primer tomo de la *Revista Peruana* se hallan hasta treinta «Tradiciones» de Ricardo Palma.

La *Revista Social* (1885-1888) fue el portavoz del «Círculo Literario» integrado por el agrupamiento postromántico en torno a Manuel González Prada (1848-1918). En su «Discurso del Olimpo» (1888), éste afirma con respecto a sus propósitos: «Cultivamos una literatura de transición, vacilaciones, tanteos y luces crepusculares».

Dice Estuardo Núñez que unas 50 publicaciones literarias se dieron a luz en el Perú entre 1880 y 1902[27]. De éstas sobresale *El Perú Ilustrado* (1887-1897?), dirigida a partir de 1889 por Clorinda Matto de Turner, cuya obra *Aves sin nido,* aparecida el mismo año, inició la novela indigenista. Anota Allen W. Phillips que la palabra *modernismo* empleada por Darío en el artículo «Fotograbado» en *El Perú Ilustrado* en 1890 (8 de noviembre) «se va llenando de significado concreto»[28]. Influirá notablemente en *El Perú Ilustrado* (segunda época, 1893-1896) el paladín del modernismo peruano, José Santos Chocano.

h) *Colombia*.—El periodismo literario de Colombia se inició en *La Estrella Nacional*[29] (1836). Posteriormente se afirmó y se afinó la aportación periodística a las letras nacionales en una sucesión de valiosas publicaciones, de las cuales, por falta de espacio, sólo mencionamos: *El Albor Literario* (1845), *El Álbum* (1856-1857), *La Biblioteca de Señoritas*

(1858-1859), *La Aurora* (1867-1869), *El Hogar* (1868), *El Museo Literario* (1871) —estas dos últimas dedicadas a la mujer—, *La Revista de Bogotá* (1871-1872), *El Eco Literario* (1873; sucesor de *El Mosaico), La Tarde* (1874-1875), y *La Pluma* (1880).

Entre las publicaciones periódicas que tuvieron trayectorias de larga y fecunda longevidad se cuentan *El Mosaico* (1858-1872), verdadero almacén documental literario y cultural de aquel tiempo, *La Caridad* (1864-1882), *La Revista de Colombia* (1868-1874), *El Repertorio Colombiano* (1878-1889), y *La Patria* (1877-1882). Fue esta última revista, dirigida por Adriano Paéz, el órgano de los liberales mientras que *El Repertorio Colombiano* fue el portavoz oficial de la Academia Colombiana, institución identificada con la opinión conservadora.

El Papel Periódico Ilustrado (1881-1888), descrito como «luz y ornamento de toda biblioteca colombiana»[30], fue la mejor revista literaria del país en el decenio de los años ochenta. Posteriormente se recogieron las composiciones de los jóvenes modernistas y demás escritores nacionales en *Miscelánea* (1887-1915; Medellín), *Colombia Ilustrada* (1889-1892) la *Revista Literaria* (1890-1894) y especialmente en la *Revista Gris*[31] (1892-1896).

i) *Venezuela*.—Le tocó a Andrés Bello ser el primer venezolano que fundó y dirigió revistas fuera del país (en Londres)[32]: *La Biblioteca Americana* (1823) y *El Repertorio Americano* (1826-1827). A José Luis Ramos le correspondió la prioridad de establecer las dos primeras revistas literarias en Venezuela: *La Olivia* (1836) y *La Guirnalda* (1839). Estas revistas, con *El Liceo Venezolano* (1842), *El Álbum* (1844-1845), *El Repertorio* (1844), *El Mosaico* (1854-1857) y la *Revista Literaria* (1865-1866), todas pulcramente editadas, formaron el núcleo de la naciente literatura venezolana[33].

Entre estas publicaciones periódicas y los importantes órganos del modernismo que fueron *El Cojo Ilustrado* (1892-1915) y *Cosmópolis* (1894-1895) aparecieron las revistas siguientes cuyo contenido refleja bien la vida literaria y cultural de la época: *La Revista Venezolana* (1881) de José Martí, *La Entrega Literaria* (1882), *La Lira Venezolana*

---

[26] *La Semana Literaria,* núm. 1 (dic. 24 de 1896), pág. 3.

[27] Núñez, «Las generaciones postrománticas del Perú», *Letras,* núm. 5 (1936), pág. 416.

[28] Phillips, «Rubén Darío y sus juicios sobre el modernismo», *Revista Iberoamericana,* 24, núm. 47 (enero-junio, 1959), pág. 42.

[29] Véase José J. Ortega Torres, *Historia de la literatura colombiana* (1934), pág. 668.

[30] *Ibid.,* pág. 603.

[31] Dice Ortega: «El modernismo tuvo por punto inicial entre nosotros la célebre *Revista Gris,* que dirigió Maximiliano Grillo de 1892 a 1896». *Ibid.,* págs. 768, 780.

[32] Véase Pedro Grases, *La trascendencia de la actividad de los escritores españoles e hispanoamericanos en Londres de 1810 a 1830* (Caracas, Editorial Élite, 1943), págs. 59-71.

[33] Véase Humberto Cuenca, *Imagen literaria del periodismo* (1961), pág. 150.

(1882-1886), *Revista Dominical* (1883), *El Lápiz* (1885), *La América Ilustrada y Pintoresca* (1888-1890), *La Revista Universal Ilustrada* (1891), *Ciencias y Letras* (1893, Curaçao), *Revista Literaria de los Andes* (1894-1896), y *Miniatura* (1894).

LAS REVISTAS DEL MODERNISMO

La crítica no está de acuerdo en lo que concierne a los orígenes del modernismo. Hay quienes dan como fecha de sus comienzos la publicación de *Azul* de Rubén Darío, en 1888, otros la aparición de *Ismaelillo* de José Martí en 1882 y de *Cuentos Frágiles* de Manuel Gutiérrez Nájera en 1883. Todavía otros se remontan a los años 1875-1877 en busca de los albores del movimiento. Durante aquellos años los escritos de José Martí y de Manuel Gutiérrez Nájera en *El Federalista* (1871-1877), y de este último en *El Correo Germánico* (1876) ya encierran rasgos estilísticos y conceptos de estética y de crítica que identifican a esos escritores como iniciadores del movimiento.

El escritor dominicano Darío Herrera observó en *Letras y Ciencias* (julio de 1895) que el título de iniciadores del modernos «corresponde más propiamente a José Martí y a Manuel Gutiérrez Nájera» que a Darío y Casal, quienes eran los propagadores del movimiento. «Ambos vinieron a la vida literaria mucho antes que Darío y Casal, y eran modernistas cuando todavía no había escrito Darío su *Azul* ni Casal su *Nieve*»[34].

Los anticipos, albores, elementos, perfiles y logros del modernismo, señalados en las revistas presentadas anteriormente, florecieron en un conjunto de publicaciones literarias periódicas durante el decenio finisecular y especialmente entre los años 1892 y 1896. He aquí las revistas más importantes del decenio en cuanto a sus perfiles modernistas y realizaciones: Argentina: *Revista de América* (1894), *La Biblioteca* (1896-1898), *El Mercurio de América* (1898-1900); Colombia: *Revista Gris* (1892-1896); Ecuador: *Revista Guayaquil* (1895-1898); Chile: *La Revista Cómica* (1895-1898); México: *El Mundo Ilustrado* (1894-1914), *Revista Azul* (1894-1896), *Revista Moderna* (1898-1911); Perú: *El Iris* (1895-1896); El Salvador: *La Pluma* (1893-1894); Uruguay: *Revista Nacional de Literatura y Ciencias Sociales* (1895-1897); Venezuela: *El Cojo Ilustrado* (1892-1915), *Cosmópolis* (1894-1895).

[34] Véase la nota 11.

A BOLIVAR.

—o—

¡ Padre y creador de vírgenes naciones,
Astro de libertad, genio de gloria,
Árbitro del destino y la victoria,
Terror de España y sus rugientes Leones ¡

Desciende á contemplar tus creaciones,
Acatada y triunfante tu memoria,
Tus grandes hechos que la absorta historia .
Acaso un dia llamará ficciones.

Pueblos son tus pirámides triunfales,
Un bello mundo de tu genio el fruto,
Tu herencia gloria, libertad, anales ;

Y la gloria es tu féretro : de luto
Mi patria ante las pompas funerales
Duelo inmenso te rinde por tributo.

Poema de Juan Vicente González, publicado en la *Revista Literaria* editada por él en Caracas, 1865 (facsímil).

Sería largo comentar como es debido las aportaciones de dichas publicaciones (y de otras no mencionadas) al modernismo como expresión de su labor al servicio de la cultura nacional. Por regla general *El Mundo Ilustrado* y *El Cojo Ilustrado,* semanarios de múltiples objetivos, se abstuvieron de tomar partido en polémicas. Por otra parte las pequeñas revistas *Cosmópolis, El Iris, Revista Gris* y la *Revista de América* se distinguen por la nota partidaria o polémica de su crítica. La *Revista de América* se destaca por su aportación de noticias y por sus juicios críticos sobre el vanguardismo europeo, notablemente el simbolismo[35].

Las revistas más literarias y cosmopolitas de la época modernista fueron la *Revista Azul* y la *Revista Moderna*[36], la primera fundada y dirigida por Manuel Gutiérrez Nájera y Carlos Díaz Dufoo y la segunda por Jesús E. Valenzuela. Los 128 números de la *Revista Azul,* la mejor revista íntegramente literaria del siglo XIX en Hispanoamérica, constituyen un acervo precioso de literatura original, de crítica, de estética, de traducciones, de cultura nacional y de información literaria.

[35] Véase la nota 22.
[36] Para estudios de estas revistas, véase en *Las revistas literarias de México* (México, INBA, 1963), B. G. Carter, «La *"Revista Azul",* resurrección fallida *"Revista Azul"* de Manuel Caballero», págs. 47-80; Porfirio Martínez Peñaloza, «La *"Revista Moderna"*», págs. 81-110. Estos estudios fueron recopilados por Lily Litvak en *El Modernismo* (Madrid, Taurus, 1975).

Sobresalen por su contenido crítico *La Biblioteca* de Paul Groussac así como *El Mercurio de América* de Eugenio Díaz Romero (1877-1927). Esta última revista fue el mejor vehículo del modernismo en` la Argentina. A la *Revista Gris,* dirigida por Maximiliano Grillo, le tocó ser el punto inicial del modernismo en Colombia[37]. En cuanto a *Cosmópolis,* fue la pequeña revista finisecular más literaria de Venezuela.

Con todo, la publicación periódica hispanoamericana del siglo XIX supo franquear obs-

[37] Véase la nota 31.

táculos al parecer insuperables y pudo dejar logros de positivo valor y de imprescindible utilidad y consulta a pesar de guerras, intervenciones extranjeras, conmociones civiles, caudillos despóticos, falta de fondos y medios técnicos. A través de las revistas hispanoamericanas se puede seguir la evolución literaria de las jóvenes repúblicas desde sus tímidos tanteos a raíz de la Independencia hasta el apogeo triunfante de los esfuerzos de sus escritores, manifestado rotundamente en el florecimiento de sus revistas literarias durante el último decenio del siglo XIX.

BIBLIOGRAFÍA

I. GENERAL

Índice bibliográfico de (55) revistas hispanoamericanas, publicadas de 1843 a 1935. Preparado por Sturgis E. Leavitt, Madaline W. Nichols y Jefferson Rea Spell, Santiago de Chile, Fondo Histórico y Bibliográfico José Toribio Medina, 1960.

ANDERSON, Robert R., *Spanish American Modernism, A Selected Bibliography,* Tucson, The University of Arizona Press, 1970.

CARTER, Boyd G., *Revistas literarias de Hispanoamérica,* México, Ediciones de Andrea, 1959. Bibliografía escogida del contenido de revistas (págs. 192-256) tomada de 45 revistas literarias del siglo XIX. Pequeños estudios de 50 revistas importantes (págs. 75-184).

—*Historia de la literatura hispanoamericana a través de sus revistas,* México, Ediciones de Andrea, 1968, Bibliografías, págs. 214-251, General (214-218); Por países (218-234); Índices de revistas (234-239); Modernismo (239-246); Vanguardismo (246-251).

CHARNO, Steven M., *Latin American Newspapers in United States Libraries,* Austin and London, University of Texas Press, 1968.

ENGLEKIRK, John E., «La literatura y la revista literaria en Hispanoamérica», *Revista Iberoamericana,* 26, núm. 51 (enero-junio, 1961), 9-79; 27, número 52 (julio-diciembre, 1961), 219-279; 28, número 53 (enero-junio, 1962), 9-73; 29, núm. 55 (enero-junio, 1963), 9-66.

FOSTER, David W. y Foster, Virginia Ramos, *Manual of Hispanic Bibliography,* Seattle and London, University of Washington Press, 1970.

GROPP, Arthur E., *A Bibliography of Latin American Bibliographies,* Metuchen, N. J., 1968.

—*Union List of Latin American Newspapers in Libraries in the United States,* Bib. series núm. 39. Washington, D. C., Pan American Union, 1953.

HENESTROSA, Andrés y FERNÁNDEZ DE CASTRO, José S., *Periodismo y periodistas de Hispanoamérica,* Biblioteca enciclopédica Popular, número 150, México, Secretaría de Educación Popular, 1947.

HENRÍQUEZ UREÑA, Max, *Breve historia del modernismo,* 2.ª ed. México, Fondo de Cultura Económica, 1962.

MOORE, E. R., «Bibliografía, Anónimos y Seudónimos Hispanoamericanos», *Revista Iberoamericana,* 5, núm. 9 (mayo, 1942), 179-197.

OTERO, Gustavo Adolfo, *La cultura y el periodismo en América,* 2.ª ed., aumentada y revisada, Quito, Casa Editora Liebmann, 1953.

Union List of Serials, 3.ª ed. Contiene 156.499 títulos de periódicos en 956 bibliotecas de los Estados Unidos y del Canadá, New York, H. W. Wilson Co., 1960.

VALLE, Rafael Heliodoro, «Bibliografía del periodismo de América Española», *Handbook of Latin America,* 1941, págs. 559-591.

ZUBATSKI, David S. A., «Bibliography and Cumulative Indexes to Latin American Journals of the XIX and XX Centuries», *Revista de Historia de América,* núm. 70 (julio-diciembre, 1970), 421-469.

II. NACIONAL

A. Las Antillas

Antología de la literatura dominicana, 2 vols., Santiago, Ediciones del gobierno dominicano, 1944. Véase el primer tomo (325-339) para una lista de periódicos y revistas.

FIGUEROA, Esperanza, «Inicios del periodismo en Cuba (en el 150.º aniversario del "Papel Periódico"»», *Revista Bimestre Cubana,* 49 (1942), 39-68.

LABRAÑA, José, «La prensa en Cuba», *Cuba en la Mano,* Enciclopedia Popular Ilustrada, dirigida por Esteban Roldán O., La Habana, Ucar, García y Cía., 1940, págs. 649-786.

LUGO LOBATÓN, Ramón, *Periódicos dominicanos en el Archivo General de la Nación,* Ciudad Trujillo, Montalvo, 1953.

OLIVERA, Otto, *Breve historia de la literatura antillana,* México, Ediciones de Andrea, 1957.

PEDREIRA, Antonio S., *Bibliografía puertorriqueña.* Madrid, Imprenta de la Librería y Casa Editorial Hernando, 1932.

—*El periodismo en Puerto Rico. Bosquejo histórico desde su iniciación hasta el 1930,* La Habana, Imp. Ucar, García y Cía., 1941.

PERAZA SARAUSA, Fermín, «Índice del "Papel Periódico de La Habana"», *Revista Bimestre Cubana,* tomos 51 y 52 (1943); tomos 53 y 54 (1944).

B. Centroamérica

AYALA DUARTE, Crispín, «Historia de la literatura en Nicaragua», *Anales de la Universidad Central de Venezuela* (mayo-junio, 1931), 259-291.
BONILLA, Abelardo, *Historia y antología de la literatura costarricense,* tomo I, San José, C. R., Trejos Hnos., 1957.
DÍAZ, Víctor Miguel, *Historia del periodismo en Guatemala,* Guatemala, Gilberto Valenzuela, 1929.
Diccionario de la literatura latinoamericana, Centro América, I, Costa Rica, El Salvador y Guatemala; II, Honduras, Nicaragua y Guatemala, Washington, D. C., Unión Panamericana, 1963.
DURÓN, Jorge Fidel, *Índice de la bibliografía hondureña,* Tegucigalpa, Imprenta Calderón, 1946.
MONTALBÁN, Leonardo, *Historia de la literatura de la América Central,* 2 vols., San Salvador, Ministerio de Instrucción Pública, 1929-1931.
NÚÑEZ, Francisco María, *La evolución del periodismo en Costa Rica,* San José, Diario de Costa Rica, Ediciones, 1921.
OLIVERA, Otto, *La literatura en publicaciones periódicas de Guatemala (Siglo XIX),* New Orleans, Tulane University Press, 1974.
La Prensa en El Salvador. Periódicos que se publicaron en El Salvador (Guía general), El Salvador, 1906.
RECUERO, María T., *Breve historia del periodismo en Panamá,* Panamá, Talleres Gráficos, 1935.
TORUÑO, Juan Felipe, *Desarrollo literario de El Salvador,* San Salvador, Ministerio de Cultura, Departamento Editorial, 1958.
VALLE, Rafael Heliodoro, «El periodismo en Honduras», Notas para su historia, *Revista de Historia de América* (México), núm. 48 (diciembre, 1959), 517-600.
ZÚÑIGA, Andrés C., *Periodistas nicaragüenses,* Madrid, 1895.

C. México

Diccionario de Escritores Mexicanos, Ocampo de Gómez, Aurora M., Prado Velásquez, Ernesto *(Panorama de la literatura mexicana* por María Carmen Millán), México, UNAM, Centro de Estudios Literarios, 1967.
CARTER, Boyd G., «Nota bibliográfica sobre revistas literarias de México», *Boletín de la Biblioteca Nacional* (2.ª época), 17, núms. 3-4 (julio-diciembre, 1966), 41-52.
FIERRO GONZÁLEZ, Margarita, *Revistas mexicanas en que se inicia el modernismo,* Tesis de Maestra en Letras, México, Facultad de Filosofía y Letras, UNAM, 1951.
IGUÍNIZ, Juan B., *Bibliografía biográfica mexicana,* México, UNAM, 1968. Periódicos y revistas, 269-303.
JIMÉNEZ RUEDA, Julio, *Letras mexicanas en el siglo XIX,* México, Fondo de Cultura Económica, 1944.

MARTÍNEZ, José Luis, *La expresión nacional, Letras mexicanas del siglo XIX,* México, Imprenta Universitaria, 1955.
MCLEAN, Malcolm D., *Contenido literario de «El Siglo Diez y Nueve»,* Washington, D. C., Inter-American Bibliographical and Library Association, 1940. Reproducido en *Boletín Bibliográfico de la Secretaría de Hacienda y Crédito Público* (México), 1965.
OCHOA, Campos, *Reseña histórica del periodismo mexicano,* México, Porrúa, 1968.
SPELL, J. R., «Mexican Literary Periodicals of the Nineteenth Century», PMLA, 52 (1937), 272-312.
TORRES, Teodoro, *Periodismo,* México, Ediciones Botas, 1937. Contiene el catálogo de publicaciones en la Biblioteca Nacional de México, 1730-1893.
WOLD, Ruth, *El Diario de México, Primer cotidiano de Nueva España,* Madrid, Gredos, S. A., 1970.

D. Sudamérica

Argentina

FERNÁNDEZ, Juan Rómulo, *Historia del periodismo argentino,* Buenos Aires, Librería Perlado, 1943.
GALVÁN, Moreno C., *El periodismo argentino,* Buenos Aires, Claridad, 1944.
LAFLEUR, Héctor René, Provenzano, Sergio D.; Alonso, Fernando Pedro, *Las revistas literarias argentinas (1893-1960),* Buenos Aires, Ediciones Culturales Argentinas, Ministerio de Educación y Justicia, 1962.

Bolivia

Diccionario de la literatura latinoamericana, BOLIVIA, Washington, D. C., Unión Panamericana, 1958.
FINOT, Enrique, *Historia de la literatura boliviana,* 2.ª ed. La Plaz, Gisbert y Cía., 1955, México, Porrúa, 1947.
LOZA, León M., *Bosquejo histórico del periodismo boliviano,* La Paz, Imprenta y Litografía «El Siglo», 1926.
MORENO, Gabriel René, *Ensayo de una bibliografía general de los periódicos de Bolivia, 1825-1905.* Suplemento a la Biblioteca Boliviana, Santiago de Chile, 1905.

Colombia

GIRALDO JARAMILLO, Gabriel, *Bibliografía de bibliografías colombianas,* 2.ª ed. de Rubén Pérez Ortiz, Bogotá, Instituto Caro y Cuervo, 1960.
NÚÑEZ SEGURA, S. J., José A., *Literatura colombiana,* 10.ª ed., Medellín, Bedout, 1967.
ORTEGA TORRES, José J., *Historia de la literatura colombiana,* Bogotá, Escuela Tipográfica Salesiana, 1934.
OTERO MUÑOZ, Gustavo, *Historia del periodismo en Colombia,* Biblioteca Aldeana de Colombia, tomo 61, Bogotá, Minerva, 1936.

PÉREZ ORTIZ, Rubén, *Seudónimos colombianos,* Bogotá, Publicaciones del Instituto Caro y Cuervo, 1961.

Chile

CASTRO, Raúl Silva, *Prensa y periodismo en Chile (1812-1956),* Santiago de Chile, Ediciones de la Universidad de Chile, 1958.
FEIN, John M., *Modernism in Chilean Literature, The Second Period,* Durham, N. C., Duke University Press, 1965. Indice de *Revista Cómica,* págs. 135-147.
LASTARRÍA, José Victorino, *Recuerdos literarios,* 2.ª ed. Santiago, Librería de M. Servat, 1885.
VILCHES, Roberto, *Las revistas literarias chilenas del siglo XIX,* Santiago, Imprenta Universitaria, 1942.

Ecuador

Diccionario de la literatura latinoamericana, ECUADOR, Washington, D. C., Unión Panamericana, 1962.
ARBOLEDA R., Gustavo, *El periodismo en el Ecuador,* Guayaquil, Linotipos de El Grito del Pueblo, 1909.

Paraguay

PARODI, Enrique D, «La prensa», *Revista del Paraguay,* año I (1891), 145-158; 197-204; 245-254; 341-348; 389-396; 441-452.
RODRÍGUEZ-ALCALÁ, Hugo, *Historia de la literatura paraguaya,* México, Ediciones de Andrea, 1970.

Perú

GARCÍA CALDERÓN, Ventura, «La literatura peruana, 1535-1914», *Revue Hispanique,* 31 (1914), 305-391.
MIRÓ QUESADA, Carlos, *Historia del periodismo peruano,* Lima, 1957.
TUMBA ORTEGA, Alejandro, «Periódicos nacionales del siglo XIX que existen en la Biblioteca Central de la Universidad Nacional Mayor de San Marcos», *Boletín Bibliográfico,* 14, núms. 3-4 (diciembre, 1944), 254-301; 15, núm. 3-4 (diciembre, 1945), 141-237.

Uruguay

ENGLEKIRK, John E. y Ramos, Margaret M., *La narrativa uruguaya,* estudio crítico-bibliográfico, Berkeley y Los Angeles, University of California Press, 1967, Revistas (59-69).
MUSSO AMBROSI, Luis, *Bibliografía de bibliografías uruguayas, Montevideo, Castro y Cía., 1964.*
PRADERIO, Antonio, *Índice cronológico de la prensa periódica del Uruguay* (1807-1852), Montevideo, Universidad de la República Oriental del Uruguay, 1962.
SCARONE, Arturo, «La prensa periódica del Uruguay de los años 1896-1900», *La Revista Nacional* (Montevideo), núms. 26, 29, 33, 38, 42, 49, 53, 60, 67, 74; Años 1940-1944.

Venezuela

CARDOZO, Lubio y Pintó, Juan, *Seudonimia literaria venezolana* (con un apéndice de José E. Machado), Centro de Investigaciones Literarias, Serie bibliográfica 6, Mérida-Venezuela, Universidad de los Andes, 1975.
CUENCA, Humberto, *Imagen literaria del periodismo,* México/Caracas, Cultura Venezolana, 1961.
—«Periódicos y revistas venezolanas del siglo XIX», *Boletín de la Biblioteca Nacional* (Caracas), número 1 (enero-febrero, 1959), 16-22.
Diccionario general de la literatura venezolana (autores) por Cardozo, Lubio y Pintó, Juan, Centro de Investigaciones Literarias, Mérida-Venezuela, Universidad de los Andes, 1974.
GRASES, Pedro, *Materiales para la historia del periodismo en Venezuela durante el siglo XIX,* Caracas, Ediciones de la Escuela de Periodismo, 1950.
MOSER, Gerald M. y Woodbridge, Hensley C., *Rubén Darío y «El Cojo Ilustrado»,* Nueva York, Hispanic Institute, Columbia University, 1961-1964. Sobretiro de la *Revista Hispánica Moderna.*
PICÓN-FEBRES, Gonzalo, *La literatura venezolana en el siglo XIX,* Buenos Aires, Ayacucho, 1947.

II
Neoclasicismo, Romanticismo, Naturalismo

1. Novela

Evolución de la novela Hispanoamericana en el XIX

BENITO VARELA JÁCOME

1. LA NOVELA ROMÁNTICA

1.1. *Iniciación del género*

La novela hispanoamericana descubre sus verdaderos cauces de expresión con el romanticismo. Pero antes, a lo largo del primer tercio del XIX, se producen varios tanteos narrativos interesantes. El *Periquillo Sarniento* [1] es el punto de arranque. Su autor, el mejicano José Joaquín Fernández de Lizardi, proyecta las ideas liberales de su labor periodística en cuatro novelas, elaboradas entre 1815 y 1820. La concepción del universo social y de lo procesos agenciales de este corpus novelístico están bastante lejos de la nueva mentalidad romántica, en efervescencia en Europa. Su doctrina social, la intencionalidad didáctica, las ideas de educación y progreso, la crítica de las instituciones, la aplicación de la moral burguesa enlazan, por un lado, con el iluminismo, con la literatura y la filosofía francesas del XVIII; por otro, con la picaresca de los siglos XVI-XVII. Para la estructuración del *Periquillo Sarniento,* Lizardi utiliza préstamos de la picaresca, del *Guzmán de Alfarache* y *Estebanillo González;* pero tiene, también, un antecedente en *Los infortunios de Alonso Ramírez.* En el relato autodiegético, el agente es protagonista de las peripecias de la novela y testigo de las situaciones contextuales, y toma una peculiar postura crítica en el análisis del proceso educacional, de la ruptura de los códigos de comportamiento y de los estratos sociales. En las últimas unidades narrativas funciona una determinada normativa moral que desemboca en la regeneración y conversión del pícaro, con la filiación a una sociedad ordenada y con una muerte ejemplarizadora. Tienen efectividad los cuadros sociales, aunque pertenecen a unas realidades superadas. Además, están atenuadas por las digresiones, las estructuras lingüísticas tradicionales y la convencional narración en primera persona que no es más que un recurso para exponer las ideas moralizantes del autor [2].

La novelística de Fernández de Lizardi no tiene una continuación efectiva. El proceso narrativo en los países hispanoamericanos es discontinuo, con frecuentes espacios vacíos, hasta la década 1840-1850. En 1826, se publica la primera novela histórica, *Xicoténcatl,* pero su discurso narrativo se mantiene dentro de un equilibrio clasicista, sin contaminación de procedimientos de Walter Scott. Frente a la nostalgia del pasado histórico, los contextos contemporáneos americanos se proyectan, por estos años, en los artículos de costumbres, derivados de Larra y Mesonero Romanos; sin embargo, tienen una fuerza testimonial en el temprano metagénero de novela antiesclavista cubana, y en tres obras argentinas, de distinto signo, que interpretan situaciones límite de la dictadura de Juan Manuel de Rosas: *El matadero,* de Echeverría; *Facundo,* de Sarmiento, y la primera versión de *Amalia,* de Mármol, publicada en una revista de Montevideo.

1.1.1. La primera novela histórica

En 1826, se publica *Xicoténcatl,* primera novela histórica del XIX. La primera edición, de Filadelfia [3], es anónima, pero en Valencia, en 1831, se publica con el mismo título una novela cuyo autor es Salvador García Bahamonte [4]. La acción se localiza en la conquista de Méjico, con el enfrentamiento entre el héroe traxcalteca Xicoténcatl y Hernán Cortés. Dinamizan la historia las sangrientas batallas, las victorias y las retiradas, la muerte de los jefes indios, la entrada en Traxcala, en 1519. Al lado del conquistador extremeño y del agente central del relato, actúan otros personajes históricos: Moctezuma, Maxiscastzin, doña Marina, Diego de Ordaz y fray Bartolomé de Olmedo. La fuente básica es la *Historia de la conquista de Méjico,* de Antonio de Solís, y, para la matanza de los nobles mejicanos en el Templo Mayor, fray Bartolomé de las Casas.

Con las tensiones bélicas se mezclan las intrigas amorosas. La hermosa Teutila, prometida de Xicoténcatl, sufre el apasionado asedio de Cortés y es salvada de la violación por Die-

---

[1] Vid. en este volumen el artículo de Luis Iñigo Madrigal sobre Lizardi.
[2] Vid. Luis Sáinz de Medrano, Introducción al *Periquillo Sarniento,* Madrid, Editora Nacional, 1976.

[3] Puede leerse en *La novela del México colonial,* T. I, Madrid, Aguilar, 1964, págs. 75-177. Recopilación de Antonio Castro Leal.
[4] Cfr. Reginald F. Brown, *La novela española, 1700-1850,* Madrid, Archivos y Bibliotecas, 1953. Registra del mismo autor, *Los solitarios o desgraciados efectos de una guerra civil,* publicada también en 1831.

go de Ordaz, que también está enamorado de ella. la trama sentimental se complica con la función centrípeta de doña Marina, amante del conquistador, enamorada de Ordaz y poderosa atracción para el jefe indio. Pero el complejo proceso tiene un desenlace fatal: Xicoténcatl muere ahorcado y Teutila fallece antes de vengar su holocausto. A pesar de esta funcionalidad tensional, el autor no ha asimilado aún el efectismo y el sentimentalismo de la corriente romántica hispanoamericana posterior. Los sentimientos están regidos por el racionalismo del XVIII. Hay una carencia de procedimientos scottianos; sin embargo, algunas matizaciones de la naturaleza se relacionan con Chateaubriand.

La novela es considerada por Concha Meléndez [5] como una anticipación de la novela indigenista, por la conflictividad étnica, por los juicios negativos sobre los conquistadores, hombres crueles, violadores de las normas de convivencia. La Malinche aparece como un ejemplo de mujer falsa, apasionada, sensual. Y Cortés está pintado con negras tintas: modelo de orgullo y autoritarismo; «monstruo», «bárbaro» y «asesino». Esta postura criticista se aproxima a la que sostiene el escritor francés del XVIII, Jean-François Marmontel, frente a la conquista de América por los españoles, en *Les Incas ou la destrution d'Empire du Pérou* (1778) [6].

Ruinas de un templo en Uxmal (grabado de finales del XIX.

1.1.2. Anticipación de *El matadero*

Esteban Echeverría es el impulsor de la corriente romántica en la Argentina, pero en 1838, consigue con *El matadero* la exploración directa y efectiva de una zona concreta del mundo urbano bonaerense, dentro del contexto conflictivo de la dictadura rosista. Como el escritor porteño será estudiado en otro capítulo de este volumen, nos limitaremos sólo a resaltar algunos aspectos de su narración. Indudablemente, su postura estética es totalmente distinta de la aplicada en su producción lírica. La selección lingüística está en función del relato; las connotaciones empleadas contrastan con la plasticidad y el tono enfático de la poesía. A la carencia de poetismo en la descripción y narración, se añaden, en la parte dialogística, las formas diastráticas de la lengua coloquial y las expresiones vulgares.

Predomina en *El matadero* el enfoque objetivo, sin fórmulas convencionales, idealizantes. El ritmo narrativo es un anticipo de la novela realista de las últimas décadas del siglo. En la presentación del matadero de Buenos Aires, emplea la alternancia entre la perspectiva variable y los encuadres sucesivos de las reses degolladas y la acción gestual de personas «embadurnadas de sangre». Destaca en estas tomas la intensificación del espectáculo «horriblemente feo, inmundo y deforme». El protagonismo es popular, pero con una interpretación degradadora, inspirada por la filiación política federal de las gentes que frecuentan el matadero. Es necesario destacar que la dinámica excesiva del discurso narrativo y los brochazos grotescos desbordan los esquemas del cuadro de costumbres. Podemos comprobarlo en las disputas por los desperdicios, entre muchachos, mujeres y perros; en la secuencia del inglés derribado por el caballo y «hundido media vara en el fango», resonancia del *Buscón;* en la persecución del toro por las calles.

El efectismo tiene un relieve singular en dos situaciones límite. La cabeza del niño sajada por la cuerda tensa que enlaza al bovino; y el acosado y torturado, hasta que «un torrente de sangre brotó borbolleando de la boca y las narices del joven y extendiéndose empezó a caer por entrambos lados de la mesa.» Para Cedomil Goic [7], «el humor satírico de que hace gala Echeverría es de una actitud dolorosa y valiente». Pero además, su postura crítica, paródica, y su anticlericalismo tienen una vinculación con el enciclopedismo, con las ideas volterianas, sobre todo, al interrrelacionar la abstinencia de la cuaresma y el hambre del pueblo, al identificar a los federales y al Restaurador con el catolicismo.

[5] *La novela indianista en Hispanoamérica,* Madrid, Hernando, 1934.
[6] Hay traducción al español anterior a *Xicoténcatl: Los Incas o la destrucción del Perú,* París, Masson, 1822.
[7] Cedomil Goic, *Historia de la novela hispanoamericana,* Valparaíso, Ed. Universidad, 1972, pág. 54.

1.1.3. Secuenciación discontinua de los metagéneros narrativos románticos

La novela romántica no se aclimata en Hispanoamérica hasta el año 1846. Esto significa un claro asincronismo, con respecto a la narrativa de Europa y de Estados Unidos, debido a la conflictividad ideológica y a la carencia de modelos culturales idóneos. El romanticismo europeo se había desarrollado, dentro de unos contextos históricos y socioeconómicos concretos, animado por la efervescencia cultural y las teorías de la filosofía de la época. Varios factores determinantes generan el cambio de la mentalidad intelectual, de la nueva formulación estética: el pensamiento enciclopedista francés; la ruptura con el racionalismo y el criticismo; el movimiento prerromántico *Sturn und Drang,* contrapuesto a la *Aufklärung* alemana; «la intuición intelectual» y «la confirmación del Yo sobre el No-Yo», de Johan G. Fichte; el «alma universal» de Schelling; la defensa de Hegel del «progreso en la conciencia de la libertad» y de la identificación de los escritores con el pasado, «que es esencialmente un ahora».

En cambio, las singulares situaciones contextuales de las naciones emancipadas no favorecen la concreción de una conciencia cultural, ni el desarrollo de las manifestaciones artísticas. La cruenta lucha de la independencia no culmina hasta 1824, con las decisivas batallas de Ayacucho y Junín. El largo proceso de cambio y modernización está frenado por situaciones anárquicas y regímenes oligárquicos, por luchas civiles, rectificación de fronteras, elaboración de las constituciones democráticas, reforma de la enseñanza, esfuerzos por conseguir tratados comerciales con los países europeos[8].

La transformación de la sociedad emancipada y la imposición de las ideas liberales son procesos muy lentos. Sólo la inquietud ideológica y cultural, impulsada por las sociedades literarias, y el auge del periodismo hacen posible que se cumpla la aserción de Victor Hugo: «El romanticismo es el liberalismo en literatura.» Pero la implantación de la nueva corriente literaria es tardía, como lo confirman las primeras polémicas entre clásicos y románticos, en el Salón Literario de Buenos Aires, en el Certamen de Mayo de Montevideo, en las tres polémicas sucesivas surgidas en Chile, en 1842, entre los argentinos Sarmiento y Vicente Fidel López y los chilenos J. M. Núñez, Salvador Sanfuentes, Jotabeche y García Reyes[9].

Al margen de los obstáculos históricos, se produce, con una secuenciación discontinua, la introducción de modelos narrativos foráneos. La traducción y difusión de autores extranjeros configura distintos metagéneros novelísticos, en parámetros cortados por una variabilidad fluctuante. El largo proceso, de interpretación del sentimiento de la naturaleza y de los comportamientos agenciales arranca de Rousseau y se difunde con *Pablo y Virginia,* de Bernardin de Saint-Pierre. La temprana versión de *Atala,* hecha por Fray Servando Teresa de Mier[10], publicada en París en 1801, se populariza desde 1822 con la representación de la tragedia del mismo título, del colombiano José Fernández Madrid, y los poemas de José María Heredia y Gabriel de la Concepción Valdés. Chateaubriand crea un singular exotismo, difundido en castellano desde 1813, centrado en el paisaje de Luisiana, las costumbres de los indios natchez y la pasión amorosa entre jóvenes de distinta etnia y religión. Pero lo que es exotismo desde la perspectiva europea, es la concreta realidad próxima, autóctona, para los novelistas hispanoamericanos.

La aproximación directa a la naturaleza americana y el protagonismo indígena tienen distinta dimensión en las novelas de James Fenimore Cooper, *El espía* (1821), *Los pioneros* (1823), *El último mohicano* (1826) y *Las Praderas* (1827). Cooper, considerado como «el Walter Scott de América», impone la «solemne melancolía» de la destrucción del indio, la bipolarización civilización-barbarie; se convierte en fuente inspiradora de Sarmiento, Vicente Fidel López, José María Heredia y, más tarde, de Juan León de Mera[11].

De la conjunción de funciones de la novelística de Chateaubriand y de la de Cooper deriva la serie de novelas indianistas. El escritor francés aporta la «armonía entre la religión y la naturaleza», el conflicto entre creencias distintas, los sentimientos amorosos, las situaciones de huida y persecución. Cooper brinda la descripción del bosque y las praderas, el conflicto de los pieles rojas con la civilización, la contraposición entre la libertad natural y la sumisión impuesta por los blancos, la simbología heroica del indio Natty Bunpoo.

La novela indianista, iniciada muy temprano, en 1832, con *Netzula,* de Lafragua, se desarrolla en estratificación con los otros meta-

[8] Cfr. John Lynch, *Las revoluciones hispanoamericanas, 1808-1826,* Barcelona, Ariel, 1980.
[9] Vid. Emilio Carilla, *El romanticismo en la América hispánica,* Madrid, Gredos, 1967, t. I, págs. 139-142.
[10] Aunque firmado por S. Robinson, pseudónimo habitual de Simón Rodríguez, la traducción parece ser obra de Fray Servando Teresa de Mier; cfr., sin embargo, Pedro Grases, *La primera versión castellana de «Atala»,* Caracas, 1955.
[11] Cfr. Concha Meléndez, *op. cit.,* págs. 50-56. Para las influencias de la novela romántica extranjera vid. también: Emilio Carilla, *op. cit.,* págs. 59-129.

géneros románticos; en su época culminante, con *Cumandá* (1871), de Mera, se superpone sobre la narrativa de tendencia realista, y las últimas manifestaciones del ciclo coinciden, incluso, con la incorporación de las técnicas naturalistas.

El mismo Chateaubriand, «inventor de la melancolía moderna», creador del prototipo de héroe romántico, solitario, desarraigado, acosado por el instinto, abre una nueva vía: la de la novela sentimental, enriquecida con la herencia de *Pablo y Virginia* y por el autobiografismo amoroso de las primeras décadas del siglo. La secuenciación de la novela sentimental en Hispanoamerica, iniciada con *Soledad,* de Mitre, sigue un proceso discontinuo, hasta *María* (1867). Pero ya las derivaciones de la novela de Jorge Isaacs, contrastan con la estratificación histórico-social y cultural y con las corrientes realista y naturalista. El ciclo se prolonga, sorprendentemente, con un sentimentalismo convencional y efectista, hasta la década finisecular, con ejemplos típicos como *Carmen,* de Pedro Costera, *Sara* (1891), de José Rafael Guadalajara, y *Angelina* (1895), de Rafael Delgado.

De las situaciones límite de la esclavitud en el ámbito geográfico del Caribe deriva, entre 1838 y 1841, un metagénero narrativo de testimonio antiesclavista. La novela abolicionista, surgida en Cuba, país que continúa bajo el dominio español, tiene precedentes en *Bug-Jargal* (1826), de Víctor Hugo, y en *El esclavo o Memorias de Archy Moore* (1836), de Richard Hildreth, pero se produce antes de la famosa novela de Harriet Beecher Stowe, *La cabaña del Tío Tom.*

También tienen relación con la realidad contemporánea, próxima o presente, algunas novelas históricas, centradas en episodios límite de la lucha por la independencia, la violencia de las guerras civiles, la proscripción, el bárbaro despotismo de las dictaduras. Debemos destacar el enfrentamiento de los exiliados argentinos con las situaciones dramáticas del país. Aparte del *Facundo* (1845), escrita en Chile por Sarmiento, merece un análisis especial *Amalia,* de José Mármol, compuesta en Montevideo, con el juego del ideario político, la represión de la *mazorca* y la historia sentimental de la pareja de agentes sacrificados por la fuerza represora.

Estos cuatro ciclos narrativos exploran, con sensibilidad distinta, las situaciones del macrocosmos histórico-social contemporáneo, las distintas categorizaciones literaturizadas de los comportamientos humanos. Pero, como contraste con la ambientación en espacios temporales próximos, surge un prolongado metagé-

nero de reconstrucción nostálgica del pasado. El escritor escocés Walter Scott proporciona las funciones básicas a nuestros novelistas: combinación de lo maravilloso y lo verosímil; la operatividad de la turbulencia, la agnanórisis, el fuego, el disfraz; la acción de la violencia; el heroísmo y la traición; la lucha por la libertad...

Las novelas de Walter Scott se difunden a partir de la traducción de fragmentos del *Ivanhoe,* por Blanco White, en 1823, y las versiones de José Joaquín de Mora, de *Ivanhoe* y *El talismán* en 1825. Después de la traducción de *Weverley,* por José María Heredia, se suceden las impresiones de varias obras en Méjico, La Habana, Lima y Santiago de Chile, desde 1835.

La estratificación de estos ciclos novelísticos con el realismo y el naturalismo desborda todo encuadre de los escritores hispanoamericanos en tres generaciones cronológicas que establecen algunos historiadores. Es necesario resaltar que la secuenciación de la novela romántica es discontinua, hasta bordear el lustro finisecular; por eso, falta la correlación con las situaciones contextuales, con la operativa literaturización del discurso lingüístico, con las tendencias estéticas del último tercio del XIX [12].

1.2. *La novela indianista*

La novela indianista, surgida de concretas realidades étnicas y de las influencias ya señaladas, se configura, en su primera etapa, como un macrocosmos funcional idealizante, ambientado en espacios geográficos de exultante naturaleza, con el color local de las costumbres y los mitos indígenas, movido por procesos amorosos entre indios y blancos o centrado en una desdichada pareja de indios. El punto de arranque es la narración *Netzula,* publicada en 1832. Su autor, el mexicano José María Lafragua, a pesar del escaso mérito literario del relato, refleja el patetismo de la derrota de los aztecas y reproduce en su protagonista algunos rasgos de *Atala* [13].

Los distintos tópicos del ciclo aparecen ya incorporados en *Caramurú* (1848), del uruguayo Alejandro Magariños Cervantes. Su acción amorosa se complica con la lucha emancipa-

---

[12] La novela romántica plantea una serie de problemas que habría que analizar, desde la perspectiva de la nueva crítica. Para algunos aspectos concretos cfr.: *Romanticism. Points of View,* ed. de Robert F. Gleckner y Gerald E. Enscoe, Detroit, Wayne State University Press, 1975.

[13] Al lado de la influencia de Chateaubriand, hay que señalar la influencia de Volney en la novela indianista. Cfr. Jean Gillet, «Chateaubriand, Volney et le Sauvage Américain», en *Romantisme,* 36, págs. 15-26, París, 1982.

dora y con el juego de la inverosimilitud, las funciones folletinescas y la truculencia. El autor, al exaltar la generosidad del protagonista, lo identifica con un prototipo de gaucho. A pesar de intentar describir el color local y la belleza del desierto, la novela carece de valores literarios aceptables y no interesa a un lector de hoy.

En el Río de la Plata, surgen varias novelas derivadas de la leyenda de Lucía Miranda, creada ya por Ruy Díaz de Guzmán, en el poema *Argentina* (1612). Rosa Guerra publica, en 1860, la primera versión novelesca, con el título de *Lucía Miranda*. El relato tradicional proporciona a la escritora argentina todos los ingredientes románticos. El cacique Mangaré asalta el fuerte Espíritu Santo, para raptar a la cristiana Lucía, de la que está enamorado; el marido de la dama, Sebastián Hurtado, persigue al raptor y lo hiere mortalmente. La cautiva pasa a poder de Siripo que la mata con su marido, al ser rechazado. Por la misma fecha, y con idéntico título, Eduarda Mansilla de García amplía la historia con los antecedentes de la expedición de Gaboto, el pintoresquismo de la vida de los charrúas y el intento de descripción del paisaje de la Pampa.

Después de *Cumandá*, obra maestra del ciclo, el indianismo se proyecta en otros países. El venezolano José Ramón Yepes asimila modelos de Chateaubriand, para describir, con cierta riqueza cromática, la naturaleza tropical, en *Iguacaya* (1872), y pone en acción la función lúdica de un mito, las costumbres de los indios, el suicidio efectista del cacique y la locura irreversible de la protagonista. Por su particular protagonismo, Concha Meléndez [14] considera como indianistas las novelas históricas *Guatimozin, Enriquillo, Los mártires de Anáhuac,* de Eligio Ancona, y *Nezahualpilli,* de Juan Luis Tercero [15].

1.2.1. El efectismo de *Cumandá*

La novela indianista tiene su máxima expresión en *Cumandá* o *Un drama de un salvaje,* publicada en 1871 y difundida a partir de su segunda edición, de 1879. Su autor, el ecuatoriano Juan León de Mera (1832-1894), tiene una temprana preocupación por los nativos, manifestada en los poemas de las *Melodías indígenas,* la tradición incaica *La virgen del Sol* y los estudios sobre la poesía quechua. Tiene un conocimiento directo del espacio geosocial, por sus experiencias como gobernador de la provincia de Tungurahua. Sigue el relato oral del viajero inglés Richard Spruce, encargado por su gobierno de recoger semillas de la quina en la selva ecuatoriana. Y se documenta, además, en la historia de las misiones, en las tensiones de las tribus orientales, y en la indómita ferocidad de los jíbaros que reducen las cabezas degolladas de los enemigos al volumen de «una pequeña naranja».

Entre los modelos literarios ocupa un primer plano Fenimore Cooper; el relato de una joven refugiada en una misión, para librarse del sacrificio, coincide con el eje agencial de la novela del escritor norteamericano, *The Wep of Wish-ton-wish* (1829); una niña blanca raptada por indios salvajes, crece en su comunidad, se casa con Conunchet y muere, cuando éste es ejecutado po su enemigo. Mera conocería, también, las novelas del mismo autor, *Los pioneros* y *El matador de venados.* Utiliza, por otro lado, modelos literarios derivados de *Pablo y Virgina* y de la poetización de la naturaleza de Chateaubriand.

J. L. Mera parte de la vinculación al ámbito rural de la quinta de Atocha, orientada hacia la imponente cumbre del Chimborazo, y al recorrido de la región de Oriente, limitada por las cumbres de los Andes y regada por ríos caudalosos —Santiago, Pastaxa, Napo, Putamayo— que fluyen desde las cimas hasta el cauce del Amazonas. Pero este amplio escenario está descrito con procedimientos mnemotécnicos románticos, en los que las reglas para reforzar la memoria tienden a la idealización, con una función de connotaciones que resaltan la riqueza de sensaciones de la naturaleza. Pero además, este paisaje está lleno de contrastes que ofrecen a la Cumandá fugitiva sabrosos frutos y aguas fétidas, enormes serpientes y tigres de movimientos fascinadores:

> Un pabellón de lianas en flor intercepta el paso a la doncella prófuga; es preciso abrir esas cortinas; ábrelas con grave sorpresa de un enjambre de alados bellos insectos que se desbandan y huyen; pero en el fondo de la tan rica morada duerme encogida en numerosos anillos una enorme serpiente, que al ruido se despierta, levanta la cabeza y la vuelve por todas partes en busca del atrevido viviente que se ha aproximado a su palacio. Asústase Cumandá, retrocede y procura salir de aquel punto dando un rodeo considerable.
>
> Tras las lianas halla un reducido estanque de aguas cristalinas; su marco está formado de una especie de madreselva, cuyas flores son pequeñas campanillas de color de plata bruñida con badajos de oro, y de rosales sin espinas cuajados de botones de fuego a medio abrir. Por encima del marco ha doblado la cabeza sobre el cristal de la preciosa fuen-

---

[14] Concha Meléndez, *op. cit.,* págs. 75, 91 y 108.

[15] Para el protagonismo de los aborígenes, Aída Cometta Manzoni, *El indio en la novela de América,* Buenos Aires, Futuro, 1960.

te una palmera de pocos años que, cual si fuese el Narciso de la vegetación, parece encantada de contemplar en él su belleza. La joven, embelesada con tan hechicero cuadro, se detiene un instante. Siente sed, se aproxima a la orilla, toma agua en la cavidad de las manos juntas, la acerca a los labios y halla que es amarga y fétida.

Deja a la izquierda la linda e ingrata fuente, y continúa siguiendo el rumbo de la fuga con ligero paso. El Sol se ha encumbrado gran espacio y la hora del desayuno está muy avanzada. Cumandá siente hambre; busca con ávidos ojos algún árbol frutal; y no tarda en descubrir uno de uva *camairona* a corta distancia; se dirige a él, y aún alcanza a divisar por el suelo algunos racimos de la exquisita fruta; mas cuando va a tomarlos, advierte al pie del tronco, y medio escondido entre unas ramas, un tigre, cuyo lomo ondea con cierto movimiento fascinador [16].

En el ámbito geosocial, destaca el enclave de la misión de Andoas, desbordada por la vegetación, a la orilla del atronador cauce de lava del río Pastaxa; es un núcleo culturizado, frente a los rincones aislados, hostiles, desconectados de la «sociedad civilizada». Para Mera, la sociedad civilizada y los gobiernos son los responsables de la aculturización de las tribus y de «sus espantosas guerras de exterminio». Dentro de este espacio se desarrolla un esquema mítico demasiado efectista, que arranca de la situación límite del pasado, con la muerte de la mayor parte de la familia del hacendado Orozco, dentro de la casa incendiada por un indio. Después del trágico suceso, José Domingo Orozco entra al servicio de la misión. Su hijo Carlos, en sus recorridos por la selva, se enamora de la bella india Cumandá. Los dos enamorados, sin saber que son hermanos, viven un conflictivo proceso agencial, obstaculizado por pruebas peligrosas, desencadenantes del desenlace fatal:

Agentes	Orozco, Carlos-Cumandá
Pruebas	Oposición de los indios —Peligros mortales
Proceso de frustración	Boda de Cumandá con cacique —Prisión de Carlos— Sacrificio de Cumandá
Anagnórisis	Cumandá es hermana de Carlos
Desenlace fatal	Cumandá, envenenada —Carlos muere de dolor

Las funciones efectistas, folletinescas, están justificadas, a veces, por los códigos de comportamiento de los jíbaros, por el juego de varias bipolarizaciones: barbarie/civilización; blancos/indios; paganos/cristianos; marginación/bienestar. Juan León de Mera, a pesar de su conservadurismo ultramontano, tiene una postura de cierto compromiso, ante estos problemas. No podemos olvidar que su novela fue concebida durante el poder teocrático de Gabriel García Moreno y escrita en la dictadura del general Veintimilla. La preocupación axial de *Cumandá* es la regeneración de los indios; las órdenes religiosas los fueron incorporando gradualmente a la civilización; pero con la expulsión de los jesuitas de las misiones, el abandono del Gobierno y la explotación de los latifundistas, retornan al comportamiento del «salvaje indómito». Aflora indudablemente la concepción maniqueísta de «buenos» y «malos»; pero la «bestia humana» debe ser convencida de su destino divino; por eso, el autor manifiesta radicalmente que «sin la creencia... el individuo se convierte en el salvaje indómito y la sociedad en un tribu de bárbaros». Como ya ha señalado Hernán Vidal [17], no falta en Mera el afán de reactualizar los experimentos misioneros de fray Bartolomé de Las Casas.

1.3. *La novela abolicionista*

Con el libre cambio y el auge del cultivo azucarero, Cuba se convierte, desde finales del XVIII, en una colonia próspera que atrae a la emigración y a los barcos de la trata. En las primeras décadas del XIX, miles de esclavos negros y mulatos trabajan duramente en los ingenios, en la zafra. En 1833, Inglaterra declara abolida la esclavitud en sus colonias; por las presiones de lord Palmerston se conciertan acuerdos antitratistas entre el Gobierno inglés y España; para su supervisión, llega a La Habana el cónsul inglés Richard M. Madden; pero la trata continúa, a pesar de las ideas de igualdad y libertad que circulan por el continente.

En la década 1830-1840, se agudiza la tensión del problema y surgen las críticas contra los hacendados criollos. Domingo del Monte y José A. Saco difunden sus ideas reformistas y es entonces cuando se escriben las primeras narraciones antiesclavistas. En 1838, el colombiano, residente en Matanzas, Félix Tanco Bosmeniel, compone el relato *Petrona y Ro-*

---

[16] Juan León de Mera, *Cumandá*, Madrid, Espasa Calpe, 1967, Col. Austral, 1035, pág. 158.

[17] Hernán Vidal, «*Cumandá*: Apología del estado teocrático», en *Ideologies and Literature*, núm. 15, págs. 57-74. También: Eduard Hodonsek, «Juan León de Mera y *Cumandá*», en *Ibero-Americana Pragensia*, 1974, VIII, páginas 31-50.

salía, precedido de un manifiesto antiesclavista. En la misma fecha, Anselmo Suárez y Romero elabora la novela corta *Francisco.* Parece que fue publicada en inglés, por la Sociedad Antiesclavista de Londres; pero el texto castellano es de impresión póstuma, en Nueva York en 1880. La pareja de esclavos Francisco y Dorotea representa una conflictividad agencial movida por varias funciones: la nostalgia del lejano continente africano, la dureza de la esclavitud en los ingenios azucareros, los castigos corporales, la miseria, el aislamiento. Suárez y Romero tiene la intención de resaltar su denuncia, pero recurre a procedimientos románticos; se sirve del simplismo maniqueísta buenos-malos; idealiza la etopeya del agente y acumula signos caracterizadores positivos sobre Dorotea [18].

El metagénero de la novela abolicionista continúa en 1839, con la publicación de la primera parte de *Cecilia Valdés,* de Cirilo Villaverde, y culmina con la edición del texto completo y definitivo de esta novela, en 1882. Como a este autor se le dedica un estudio especial en este volumen, habrá que comprobar las ideas reformistas presentes en la primera parte y el reflejo de las amargas experiencias del autor en las tres partes siguientes. El planteamiento dramático de la segregación étnica se mueve dentro de una perspectiva patriarcalista de la esclavitud, dentro de los códigos de comportamiento dual de buenos-malos, pecado-expiación, justicia-injusticia. La oposición del angelismo-satanismo, representado por el trato humanitario, por la prohibición de la violencia, por un lado, y por otro, por el trabajo extenuante, por el terror de los castigos y torturas.

En *Cecilia Valdés o La loma del ángel,* la segregación étnica se marca en tres campos: los distintos códigos para las relaciones amorosas; la imposibilidad de labilidad social, y las duras condiciones de existencia de negros y mulatos. El proceso amoroso se intensifica, además, con varias funciones efectistas derivadas de la novela folletinesca: relaciones incestuosas entre los hermanos que ignoran su parentesco; el odio y la venganza de Cecilia, abandonada, por medio de Pimienta que apuñala a su rival Leonardo. Pero la novela significa, sobre todo, la exploración de las múltiples realidades de La Habana y del mundo rural; y el testimonio de las situaciones socioeconómicas, la organización agrícola, las presiones del colonialismo, y los alegatos contra él, durante el reinado de Fernando VII; la depresión educa-

Gertrudis Gómez de Avellaneda.

tiva; la persecución y el encarcelamiento de los patriotas [19].

1.3.1. La naturaleza y la pasión amorosa de *Sab*

Tiene un significado singular la aportación de Gertrudis Gómez de Avellaneda a la novela antiesclavista, con *Sab,* compuesta ya hacia 1839 y publicada en 1841. La escritora cubana sigue los típicos modelos de la novela romántica; mezcla reminiscencias autobiográficas de Tula y modelos literarios [20]. La crítica ha señalado las influencias, del *Werther,* de Walter Scott y, especialmente, de la novela juvenil de Víctor Hugo, *Bug-Jargal* (1826), protagonizada por un esclavo que encabeza una revuelta en Haití [21]. Además, no podemos olvidar las posibles resonancias en Cuba de la novela *The Slave* (1826), de Richard Hil-

---

[18] Luis Yero Pérez, «El tema de la esclavitud en la narrativa cubana», en *Islas,* Universidad de las Villas, septiembre-diciembre 1974.

[19] Vid. edición de Olga Blondet Tudisco y Antonio Tudisco, Nueva York, Anaya, 1971.
[20] Vid. María José Alonso Seoane, «Importancia del elemento autobiográfico en la novela *Sab* de Gertrudis Gómez de Avellaneda», en *AlfInge,* núm. 1, págs. 21-42, Universidad de Córdoba, 1983.
[21] En 1835 se publica la traducción de *Bug-Jargal,* hecha por Eugenio de Ochoa.

dreth[22], diatriba contra la sociedad norteamericana, «sojuzgadora de la raza negra», publicada bastante años antes de la famosa obra de Harriet Beecher Stowe, *La cabaña del Tío Tom* (1852).

La acción de la novela se localiza en la provincia central de Cuba, Camagüey, tierra natal de la escritora: en los «campos pintorescos», regados por el Tinina, en el camino de Puerto Príncipe a las aldeas de Cubitas, frente a las perspectivas de las «sabanas inmensas». Al describir el paisaje tropical de aquel «país privilegiado», se sirve de la reconstrucción mnemotécnica, pero con resonancias literarias del sentimiento de la naturaleza, inicado por Rousseau, en la visión patriarcal de Clarens y en *Ensoñaciones de un paseante solitario,* y consolidado por el sentimiento plástico de Saint-Pierre. La autora resalta la acción lumínica sobre el paisaje a la hora del ocaso, pero, en vez de la suavización de los matices, intensifica los contrastes cromáticos, mediante deslumbramientos, sin gemas deluyentes. Por otro lado, el paisaje se transforma con los temores de la noche profunda, con la proyección subjetiva de «pensamientos más sombríos, más terribles». La tempestad sorprende a Enrique y Sab, y las expresiones hiperbólicas se acumulan, para ofrecer al lector un cuadro efectista de espectacularidad romántica.

El alegato reivindicador está justificado por la «vida terrible» de los negros, en el trabajo constante de la zafra, semidesnudos bajo el terrible sol del mediodía, dob3ladas sus espaldas por el peso de la caña que transportan. De noche giran en torno al trapiche, hasta la alborada:

> ...es un cruel espectáculo la vista de la humanidad degradada, de hombres convertidos en brutos, que llevan en su frente la marca de la esclavitud y en su alma la desesperación del infierno[23].

El propio Sab confiesa su dramática dependencia: «Prefiero a aquella raza desventurada, sin derechos de hombres... Soy mulato y esclavo.» Pero la actitud ante los esclavos no es siempre la misma. Don Carlos y Carlota practican el paternalismo con Sab; Enrique se pregunta: «¿para qué necesita el talento y la educación un hombre destinado a ser esclavo?» Pero queda claro que la trata es el «tráfico de la carne».

Por otro lado, Sab se solidariza con los indios, al referirse a «la muerte horrible y bárbara que los españoles dieron al cacique de Camagüey». No podemos olvidar que, a pesar de predominar en este compromiso del sentimiento y la pasión sobre el testimonio social, el Censor Regio de la Imprenta de La Habana prohibe la entrada en Cuba, en 1844 de los ejemplares de la novela.

El proceso agencial se relaciona con la complejidad étnica. Gómez de Avellaneda subvierte los códigos de relación entre las dos razas: por un lado, el mulato enamorado de su ama, la blanca Carlota; por otro, Teresa convertida en compañera y confidente de Sab. Los protagonistas de la novela, al enfrentar sus sentimientos, se idealizan. La textura física y algunas inclinaciones de Sab tienen semejanza con el poeta mulato cubano Plácido, fusilado en 1844, por conjurado. Su fidelidad amorosa llega hasta el sacrificio; a pesar de sus circunstancias adversas, no se revela contra el destino, se mantiene sumiso. El concierto matrimonial entre Carlota y Enrique Otway, hijo de un rico comerciante judío, produce dos víctimas que mantienen en secreto sus sentimientos: Sab apasionadamente enamorado de su dueña, y Teresa, prendida de Enrique. Nos encontramos, por lo tanto, con este cuadrilátero amoroso:

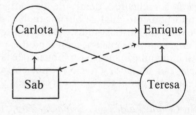

Pero el discurso narrativo elaborado por Gómez de Avellaneda, activa varias funciones opuestas. Frente a la firmeza de Carlota, Enrique se mueve por el egoísmo y la ambición. Al lado de su versatilidad, el mulato mantiene oculto su amor y se sacrifica por él; no sólo hace donación del dinero que le ha tocado en la lotería, sino que pone en peligro su vida para entregar la carta que facilitará la unión de la pareja. Simbólicamente, se sincroniza la boda de Carlota y Enrique con la muerte de Sab y la entrada de Teresa en un convento. Indudablemente, la novela abunda en situaciones efectistas, melodramáticas; en las confidencias de Sab y Teresa; en la delirante y larga carta en la que el esclavo confiesa su secreto amor; en la emoción de monólogos indirectos como éste: «Volví a encontrar solamente al miserable esclavo, apretando contra la tierra un co-

[22] *«The Slave,* primera novela abolicionista norteamericana», *Anuario L/L,* 3-4, págs. 68-86, La Habana, 1972-1973.
[23] *Sab,* pág. 136; edición de Mary Cruz, La Habana, Instituto Cubano del Libro, 1973 (con una larga introducción). Puede consultarse también la ed. de Carmen Bravo Villasante, Salamanca, Anaya, 1970.

razón abrasado de amor, celos y desesperación»[24].

1.4. La novela sentimental

1.4.1. Desfase cronológico

El juego de las emociones, la hipersensibilidad psicológica, los sentimientos amorosos y la proyección subjetiva sobre el paisaje configuran el metagénero de novela sentimental. No podemos olvidar que esta categorización tiene ya sus raíces en el último tercio del siglo XVIII. La marquesa de Deffand, apasionada del poeta inglés Horacio Walpole, mezcla en sus *Cartas* el desencanto y el amor. Bernardin de Saint-Pierre impone el sentimiento elegíaco y lírico. Pero ya desde *La nouvelle Heloïse* (1761), las historias amorosas se centran en la espontaneidad instintiva, en la emoción, en la pasión trágica. Sin embargo, la nueva sensibilidad amorosa se consolida con la rápida difusión de las traducciones, de las autobiografías sentimentales, desde *René* (1802) hasta *Graziella* (1849), de Lamartine[25]. El género se mantiene en Hispanoamérica hasta la última década del XIX, como podemos comprobar en este paradigma:

Año	Novelas	Autores
1847	*Soledad*	B. Mitre
1851	*Esther*	M. Cané
1858	*El primer amor*	Blest Gana
1861	*Julia*	L. B. Cisneros
	La peregrinación de Bayoán	Hostos
1867	*María*	J. Isaacs
1869	*Clemencia*	Altamirano
1871	*Angélica*	L. C. Ortiz
1878	*María*	Valderrama
1882	*Carmen*	P. Costera
1895	*Angelina*	R. Delgado

[24] Para las situaciones contextuales de la novela antiesclavista, Raúl Cepero Bonilla, *Azúcar y abolición,* La Habana, Ciencias Sociales, 1971; y Pedro Deschamps, *El negro y la economía habanera del siglo XIX,* La Habana, Unen, 1970.
[25] *L'Autobiographie,* volumen monográfico de la *Revue d'Histoire Litteraire de la France,* 75, núm. 6, 1975.

Al margen del sentimiento amoroso, latente en la narrativa indianista, la primera novela de la serie es *Soledad,*[26] escrita en Bolivia, durante el destierro del autor, Bartolomé Mitre. Dentro del espacio geográfico limitado por las estribaciones de las cumbres andinas bolivianas, el escritor argentino localiza una compleja historia amorosa, con la acumulación de tópicos del género y situaciones efectistas derivadas del folletinismo francés. La agente de la acción, Soledad, es un prototipo de heroína romántica que lee *La Nueva Heloïsa,* escribe un diario sentimentaloide y está convencionalmente idealizada, con formas estereotipadas como estas: «imagen escapada de las telas de Rafael»; «un serafín bajado del trono del Señor»; «la estatua de la castidad meditando». Mitre usa «de las prerrogativas del novelista, que todo lo sabe»; su narración depende más del «interés del juego recíproco de las pasiones, que de la multiplicidad de los sucesos, poniendo siempre al hombre moral sobre el hombre fisiológico».

Los esquemas míticos sentimentales inspiran, también, a otro escritor argentino, Miguel Cané, para la elaboración de *Esther.* Las convencionales situaciones amorosas se suceden con distinta fortuna, hasta llegar al final elegíaco de la muerte de la protagonista. La localización en Florencia es un pretexto para apuntar impresiones artísticas. Mezcla, además, referencias a los escritores argentinos de su tiempo.

En el centro de este paradigma cronológico, resalta *La peregrinación de Bayoán,* del intelectual puertorriqueño Eugenio María de Hostos (1839-1903). La prosa poemática actúa sobre la visión polidimensional del espacio geográfico antillano y del sentimiento delirante de los agentes. El proceso amoroso de Bayoán y Marién, a parte de su simbolismo geográfico y étnico pasa por tres fases: la supeditación del amor al deber patriótico; el viaje de la pareja, desde el Caribe a España, mezcla de arrebatos líricos, de esperanza de felicidad y sobresaltos; y la frustración de todos los sueños, con la muerte de Marién, narrada con estremecido efectismo. Pero además, en sus páginas entra también el ideario político y la postura reformista. Por este motivo fue silenciada en España. Sin embargo, la ideología, la actitud combativa, frente a los males de la colonia, y el alegato contra la eliminación de los indios pierden efectividad, entre el lirismo, la conciencia paroxística de exaltación de las pasiones y el tono altisonante de la prosa.

[26] Publicada como folletín de *La Epoca,* periódico de La Paz, dirigido por el propio Mitre, en 1847.

1.4.2. Culminación del metagénero

La culminación del metagénero es *María*, del colombiano Jorge Isaacs. La novela, típico ejemplo de la *Weltanschaung* romántica, nos ofrece una plástica interpretación de la naturaleza del Valle del Cauca, la exploración de las estructuras socioeconómicas del mundo rural y las situaciones de convivencia de distintos grupos étnicos. El enfrentamiento entre los latifundios de las planicies y los minifundios de la sierra, las distintas escalas de la pirámide social, la diferenciación étnica y los contrastes socioeconómicos, a pesar de su exploración convencional y de las interrelaciones dominadas por el paternalismo, crean una clara bipolarización:

Latifundios

— hacendados
— clasicismo suave
— bienestar
— servidumbre

— esclavos
— trabajo campo
— fiestas populares

Minifundios

— pequeños propietarios
— trabajo agrícola
— existencia mediocre

— chagras
— viviendas miserables
— trabajo duro

Efraín se convierte en narrador autodiegético; en forma retrospectiva, con un encadenamiento analéptico, relata su apasionada aventura amorosa y, al mismo tiempo, aparece como observador del espacio geográfico y como testigo de las estructuras sociales. Es un prototipo de los héroes románticos, al protagonizar una «vía purgativa», intensificada por la nostalgia de la emigración y por la grave enfermedad y la muerte de su amada. Por eso, lo más importante en *María* es la romántica «mentalidad impetuosa», categorizada por los sentimientos exaltados, la soledad, la melancolía, el desarraigo, el delirio amoroso. Algunas funciones agenciales están movidas por signos caracterizados del *mal du siècle,* del *Weltschmerz,* con sus desmayantes emociones y sombríos presagios. Además de su parentesco con Atala, Virginia o Graziella, María puede considerarse como una Margarita Gautier rezagada[27].

---

[27] Estudio especial en este volumen. Cfr. Benito Varela Jácome, Introducción y edición, en *Las mejores novelas universales,* t. XXII, Madrid, Cupsa 1984; y la edición de Bruguera, Barcelona, 1968.

1.4.3. La novela sentimental en Méjico

La evolución del metagénero novela sentimental llega en Méjico hasta el último trimestre del siglo. En 1869, se publica *Clemencia,* de Ignacio Manuel Altamirano, autor que se estudiará más adelante. Sobre el espacio real de la ciudad de Guadalajara se localiza una historia amorosa reconstruida con los tópicos del género: retratos femeninos idealizados, convencionales; engaños y desengaños; honorabilidad y traición. El efectismo se acumula al final: Flores es procesado por traición; Valle le sustituye en la cárcel y es fusilado en su lugar. Clemencia rechaza a Flores, el conocer su delito, y se desmaya al recibir la noticia del fusilamiento de su pretendiente. También Pedro Costera conjuga todos los tópicos románticos en su novela *Carmen,* a pesar de la fecha tardía de su publicación, en 1882. Aunque es «el primero en burlarse del romanticismo y de despreciar el dolor», idealiza en esta autobiografía sentimental la figura de la agente, reconstruyendo nostálgicamente una parcela del pasado; hay una proyección subjetiva sobre el paisaje. Carmen es una huérfana abandonada y de origen desconocido; su grave enfermedad se opone a la felicidad amorosa. El conflicto de la anagnórisis y la muerte de la protagonista ponen un efectismo elegíaco en el desenlace del discurso narrativo.

1.5. *La novela histórica*

La novela histórica surge en Europa a comienzos del XIX, en unos años de fuerte crisis, cuando, detenido el «rodillo» de Napoleón, se instala la nueva frontera política derivada del Congreso de Viena, y la revolución industrial entra en su segunda fase. Las situaciones contextuales brindan un complejo de tensiones, pero los escritores románticos prefieren relatar el «irrealismo e ilusionismo» del pasado. Walter Scott reconstruye la romántica caballeresca medieval; Victor Hugo intenta resucitar el París del XV; Manzoni dota de un sentido especial al Milán del XVII...

La *historical romance* se introduce gradualmente en Hispanoamérica en un tiempo de crisis, de afirmación del nuevo *status* político y socioeconómico. Los jóvenes narradores se sienten fascinados por la poderosa nostalgia del pasado lejano. La nueva mentalidad liberalizada, inquietada por las impresiones de la independencia conseguida, reacciona contra el dilatado periodo de dominio colonial, y busca el más lejano punto de conflictividad en la época de la conquista. Adaptan las técnicas de estructuración del discurso scottianno, pero sustituyen la caballeresca medieval y el honorable *gentleman* inglés por los audaces conquistadores y los héroes indígenas que defienden su territorio natural. Plantean, como consecuencia, la contraposición dialéctica entre el presente de implantación republicana y el pasado de sumisión virreinal[28].

Los códigos del *Redgauntle* se generalizan y crean un nutrido corpus de novela histórica, ambientada en episodios de la conquista y de los siglos XVII-XIX. Las primeras novelas intentan reconstruir hechos de la historia del Perú: *Gonzalo Pizarro* (1839), del mejicano Manuel Ascencio Segura; *Huayna Capaz* y *Atahualpa,* del colombiano Felipe Pérez. La cruenta conquista de Méjico, además de *Guatimozín* (1846), inspira varias novelas tardías, Eligio Ancona sigue las campañas de Cortés y su lucha con Xitoténcatl, en *Los mártires de Anáhuac* (1870), novela efectista en los incendios y en la tremenda matanza con perspectiva omnisciente por el novelista. El sentimentalismo y las situaciones folletinescas restan veracidad al relato. Frente al antiespañolismo de Ancona, Juan Luis Tercero manifiesta su simpatía por los conquistadores españoles y defiende las acciones de Hernán Cortés en *Nezahualpilli* (1875), aunque los únicos valores de esta obra son las concretas descripciones paisajísticas de Tlaxcala y Michoacán y del «hermoso espectáculo del Valle de México».

Todo este proceso interpretativo de las situaciones límite de la conquista culmina, en 1879-1882, en el equilibrio expresivo y el rigor histórico de *Enriquillo,* del dominicano Manuel de Jesús Galván.

1.5.1. Los procesos inquisitoriales, materia novelesca

Novelistas de diferentes países utilizan la tradición residual de los principales acontecimientos de la colonia. Los procesos inquisitoriales contra las desviaciones religiosas y morales, contra judíos, protestantes y renegados proporcionan materia para un metagénero narrativo. Lima y Méjico, ya desde 1569, son centros claves de la actuación del Santo Oficio, y por ello estas dos ciudades son las preferidas para la ambientación novelística.

El primer ejemplo significativo de este metagénero es *La novia del hereje* o *La Inquisición en Lima,* de Vicente Fidel López, publicada como folletín, en 1846, y en libro,

Vicente Fidel López.

en 1854. la formación filosófica del escritor argentino influye en su interpretación de las tensiones del pasado histórico, y las lecturas de Walter Scott, Fenimore Cooper y Eugène Sué condicionan la organización del discurso narrativo y el tratamiento efectista de algunas situaciones. La acción se localiza en la Lima de los años 1578-1579, por ser entonces el «centro de vida que el Gobierno español había dado a todos los territorios» americanos.

Por *La novia del hereje* circulan personajes históricos, como el virrey Francisco de Toledo, el arzobispo Megrovejo, Sarmiento de Gamboa, Francis Drake. Pero el encuadre histórico se dinamiza por el juego de intrigas, personajes funestos, venganzas, incursiones de los piratas, batallas navales, procesos del Santo Oficio... La actitud liberal y anticlerical del autor se proyecta sobre el proceso amoroso de una pareja de distinta religión. La católica María, perseguida por la Inquisición por sus relaciones con un hereje, es liberada de la prisión por su amado Henderson, auxiliado por algunos contestatarios limeños, y puede restaurar su felicidad, alejada del espacio adverso peruano, en un ambiente protestante como el de Inglaterra.

También el escritor chileno Manuel Bilbao

---

[28] George Lukács, *La novela histórica,* México, ERA, 1966; y *Le Roman Historique,* volumen monográfico de *Revue d'Histoire Littéraire de la France,* 75, 2-3, 1975.

(1829-1895) escribe y publica, durante su estancia en Lima, *El Inquisidor Mayor. Historia de unos amores* (1852). Mantiene asimismo una postura liberal y cleró foba para novelar los horrores de los tribunales inquisitoriales en el mismo marco limeño colonial, forzando la intriga con procedimientos folletinescos.

La persecución del tribunal del Santo Oficio se intensifica en Méjico, desde 1642, sobre todo, contra el criptojudaísmo. Sus tensiones atraen a varios novelistas. Entre 1848 y 1850, Justo Sierra O'Reilly (1814-1861) publica, en el folletín de *El Fénix, La hija del hereje.* En el marco del Yucatán del siglo XVII, el escritor mejicano localiza la historia amorosa de la pareja María Alvarez y Luis Zubiaur, frustrada por la maquinación del Santo Oficio que los persigue por la sospecha de ascendencia judía. Las influencias de Bulwer-Lytton, Walter Scott, Dumas y Eugenio Sué fuerzan el discurso narrativo, con intrigas, violencias y secuencias efectistas.

Años más tarde, en 1868, Vicente Riva Palacio se enfrenta con situaciones históricas y procesos inquisitoriales, en la Nueva España del XVII, en dos novelas con perspectiva histórica reelaborada con procedimientos ficcionales, de sorpresa y de misterio, con situaciones de tormento y brujería. Los modelos están en Walter Scott, en Sué, en el efectismo del relato folletinesco. En el largo discurso narrativo de *Monja y casada, virgen y mártir* acumula y entrelaza citas amorosas, disputas por herencias, crímenes pasionales, enredos dramáticos, funciones diabólicas, brujerías, narcóticos, tormentos en los calabozos del Santo Oficio, mujeres desdichadas que se precipitan en el abismo... La misma compleja estructura folletinesca se repite en *Martín Garatuza,* protagonizada por personajes supervivientes de la novela anterior. El agente central, en sucesivos cambios de disfraz, se mueve en las turbulencias de los criollos. Se suceden «trampas infernales», bodas engañosas, anagnórisis de hijos perdidos, sangrientas venganzas, expiación en un convento [29].

1.5.2. La aventura de la piratería

Otro polo de sugestión del pasado americano es la piratería. La navegación de los corsarios intenta contrarrestar la doctrina del *mare clausum* defendida por España, las rutas comerciales cerradas cubiertas por los galeones españoles. Ya en las últimas décadas del XVI, los piratas franceses y los corsos de Hakins y

Drake operan por el litoral americano, inquietan los puertos del Atlántico y del Pacífico. Las incursiones de los holandeses menudean a lo largo de la primera mitad del XVII, y en la segunda mitad de esta centuria, Jamaica se convierte en gran base de la piratería inglesa, de las acciones de Morgan y Vernon. Los filibusteros y bucaneros dominan puntos estratégicos en el mar del Caribe, hasta 1750 [30].

Los testimonios de abordajes, saqueos y prisioneros, tan frecuentes en las historias, son tema de las diatribas de Juan de Castellanos, Cristóbal de Llerena, Miramontes, Rodríguez Freyle, Sigüenza y Góngora, Oviedo, Herrera... Para algunos escritores clásicos, estas depredaciones son represalias de la herejía, del luteranismo, de la «confabulación contra España». Pero el punto de vista de los románticos cambia este concepto parcial. Los piratas, con su aventura, con su navegación audaz, se convierten en símbolos de la libertad. Cuatro escritores, difundidos en los círculos culturales hispanoamericanos, contribuyen a esta perspectiva: Lord Byron exalta la existencia temeraria del corsario; Walter Scott dinamiza sus aventuras en *The Pirate;* el norteamericano Fenimore Cooper interpreta sus aventuras en *The Pilot;* José de Espronceda introduce en su poesía a estos héroes marginados.

Este metagénero novelístico de piratería, iniciado ya por Vicente Fidel López, con *La novia del hereje,* se mantiene hasta finales de siglo, en estratificación cronológica con el realismo y naturalismo. La serie continúa con *El filibustero* (1851), del mejicano Justo Sierra O'Reilly y con *El pirata* o *La familia de los condes de Osorno,* de Coriolano Márquez Coronel. En 1865, el chileno Manuel Bilbao publica *El pirata de Guayas,* relato de escasos valores literarios, lleno de ingenuas situaciones melodramáticas. Eligio Ancona mezcla, en *El filibustero* (1866), las efectistas aventuras del corso con un proceso amoroso desdichado, lleno de situaciones inverosímiles y con las represiones de la Inquisición. Las intrigas folletinescas entran también en *Los piratas del golfo* (1869), de Riva Palacio. El famoso pirata Roberto Cofresí, que merodea por el litoral de Puerto Rico, a comienzos del XIX, suministra sus audaces *razzias* a un metagénero narrativo concreto. El puertorriqueño Alejandro Tapia Rivera novela, en *Cofresí* (1876), funciones sentimentales, traiciones, situaciones folletinescas que culminan con el fusilamiento del agente, acaecido, en realidad, en 1825. También el dominicano Francisco Carlos Ortega

---

[29] Para problemas históricos: A. Kamen, *La inquisición española,* Madrid, 1973.

[30] Cfr. Juan Juárez Moreno, *Corsarios y piratas en Veracruz y Campeche,* Sevilla, Escuela de Estudios Hispanoamericanos, 1972.

interpreta las aventuras del mismo personaje en *El tesoro de Cofresí* (1889). El ciclo de la piratería se amplía, además con *Carlos Paoli,* de Francisco Acuña Gabaldón; *Los piratas de Cartagena* (1885), de la colombiana Soledad Acosta de Samper; *Los piratas,* de Carlos Sáez Echevarría; y *Esposa y verdugo, otros piratas de Tenco* (1897), de Santiago Cuevas Puga.

El jardín de palacio del pirata Sir Walter Raleigh, de una serie de grabados de finales del XIX sobre la mansión

1.5.3. *Guatimozín,* de Gómez de Avellaneda

El entusiasmo por Walter Scott y Chateaubriand y los modelos de Larra y Espronceda, deciden a Gertrudis Gómez de Avellaneda (1814-1873) a novelar dramáticos episodios históricos de la conquista de Méjico, en *Guatimozín* (1846). Utiliza como fuentes principales las *Relaciones* de Cortés, Bernal Díaz del Castillo, Antonio de Solís, Clavijero y Roberston. Conocería también la novela de García Bahamonte, *Xicoténcatl,* ya que las aventuras y la ejecución de este caudillo de Tlaxcala ocupa varios capítulos en su obra; existe, además, una indudable coincidencia entre los dos desenlaces, con la venganza de las dos viudas indias. La viuda del jefe tlascalteca, Teutila, llega, con fingimiento, hasta la residencia del conquistador y lo hiere, lanzándole un puñal. En el epílogo de la escritora cubana, la loca viuda del último emperador finge amistad con Marina para herir a Cortés.

La influencia scottiana está presente ya en los primeros capítulos que sirven de introducción para ilustrar al lector sobre las conquistas de Cortés, su alianza con Tlaxcala y la situación del «imperio de Moctezuma». La entrevista entre el conquistador y el emperador sirven de motivo para describir las costumbres y las fiestas populares mejicanas. La prisión de Moctezuma y el destierro de Guatimozín generan las situaciones conflictivas de la segunda parte. Con la rebelión de los mejicanos y la muerte de su emperador, el héroe tlaxcalteca pasa a un primer plano, y como nuevo emperador se convierte en el duro opositor de Hernán Cortés; pero después del cerco y la conquista de la capital, padece el «martirio» de la prisión y es ahorcado.

La novela abunda en situaciones de violencia, acotadas por la escritora con comentarios generalizadores. Por ejemplo, la emboscada y la matanza de los españoles en la «Noche Triste», están atenuadas por el engarce de diálogos, de exclamaciones, con la imprecisión de sintagmas de vago sentido: «confusión», «terribles escenas de matanza», «emociones de peligro», «entusiasmo por la patria». Alguna de las situaciones límite, como la acción de ahorcar a Guatimozín, está dominada por efectismo enfático. Sin embargo, en otros episodios, la lengua se equilibra, se hace más directa, por su proximidad a las fuentes históricas. Pueden destacarse dos ejemplos: la visión de la «mortífera epidemia de la viruela» que intenta trasmitir el terror de la corte de Tenoxticlán, y la narración del cerco de Méjico y de la derrota de los españoles[31].

No podemos olvidar que los episodios históricos están reconstruidos con imaginación y fantasía, con la consiguiente deformación de la veracidad de los hechos. Dentro de una relativa postura neutral, Gómez de Avellaneda resalta la osadía y ambición de Cortés, la crueldad de sus acciones represivas; exalta, en cambio, el heroísmo y los sentimientos de los príncipes mejicanos. Dentro del marco histórico, se entrelazan los procesos amorosos de las parejas Guatimozín y Gualcazinla, Cortés y Marina y Tecnixpa y Velázquez. Las situaciones sentimentales se repiten, o se intensifican, dominadas por las situaciones límite de la lucha. La mujer del último emperador pierde la razón, al verlo preso. El episodio más novelesco es el del amor apasionado de Tecnixpa por el capitán español Velázquez de León; para Concha Meléndez[32] su gracia juvenil recuerda a la Mila de Chateaubriand, pero su desdicha la convierte en una segunda Atala.

1.5.4. La historicidad de *Enriquillo*

El ciclo de la novela histórica culmina con *Enriquillo,* publicada, la primera parte,

[31] Teodosio Fernández Rodríguez, Introducción a *Guatimozín,* Madrid, Nacional, 1985.
[32] Concha Meléndez, *op. cit.,* págs. 75-70.

en 1879, y la edición completa en 1882. Su autor, el dominicano Manuel de Jesús Galván, tiene un claro sentido de la historia y la geografía de la Isla Española, y, al sujetarse a la historicidad de los hechos, crea una novela didáctica, veraz y equilibrada. En los años en que escribe se ha superado ya la fantasía romántica. Por eso, en su prosa tienen una representación objetiva los sucesos históricos de las primeras décadas del siglo XVI. Se enfrenta con la conflictividad creada por el gobernador Nicolás de Ovando, al sacrificar a «más de 80 caciques indios, abrasados entre las llamas o al filo de implacables aceros»; pondera los procedimientos más reflexivos de Diego Velázquez y elogia el testimonio histórico de Bartolomé de las Casas. Describe con detalle la corte de los virreyes Diego Colón y doña María de Toledo. Además de las intrigas cortesanas, las tensiones están representadas por la conflictividad del enfrentamiento entre los conquistadores y los indios, por las distintas situaciones de violencia, por la rebeldía del cacique Guarocuya, conocido con el nombre de Enriquillo.

La amplia perspectiva histórica deriva de fuentes concretas: la *Historia de las Indias,* del P. Las Casas, citada con frecuencia textualmente; las *Décadas,* de Herrera; las *Elegías*

José Mármol (grabado de 1890).

de ilustres varones de Indias, de Juan de Castellanos; la *Vida de Colón,* de Washington Irving, y otras biografías y documentos del Archivo de Indias. Además, en su organización narrativa encontramos resonancias de Antonio de Solís y del Inca Garcilaso de la Vega. La preocupación historiográfica de Galván se descubre en transcripciones literales de las crónicas, las pormenorizadas explicaciones, las notas a pie de página. La fidelidad a la historia imprime un *tempo lento* al relato, merma la profundidad psicológica, el juego de lo imaginativo y ficcional. Para José Martí, en *Enriquillo* se manifiesta una «novísima y encantadora manera de escribir nuestra historia americana». La lucha de los indios, mandados por Guarocuya, tiene para Galván un sentido nacionalista, es un símbolo de la defensa de los derechos indígenas, en el XVI y en los mismos años en que se escribe la novela[33].

En interrelación con los acontecimientos históricos, se desarrollan tres procesos amorosos: las traiciones contra la india doña Ana, viuda de Hernando de Guevara; los obstáculos que impiden la felicidad de doña María de Cuéllar, enamorada de Juan de Grijalba, pero obligada a casarse con Diego Velázquez; y por último, el idilio entre Enriquillo y Mencía, consumado en el matrimonio, pero cortado violentamente por la muerte heroica del cacique en las montañas de Bahoruco. Aunque el escritor dominicano parece olvidar los modelos de estructuración de los grandes novelistas románticos, algunas unidades narrativas y ambientales descubren ecos de Scott, Saint-Pierre y Manzoni.

1.6. *Testimonios de la historia del XIX*

La novela histórica, con su proyección hasta finales de siglo, explora también los conflictos y la estructuración social de la época contemporánea, con enfoques diferentes: *climax* romántico, intrigas folletinescas, elementos costumbristas, criollismo y ensayo de perspectivas de realismo moderado. El autoritarismo instalado en algunos países, con las consiguientes situaciones de represión, sirve de fuente para la iniciación del metagénero de poder personal. La dictadura de Juan Manuel de Rosas condiciona las tensiones de *Amalia,* de José Mármol. Las conmociones mejicanas de la época de Santa Anna ambientan las funciones de *Los bandidos de Río Frío,* de Manuel Payno, y la persecución de los plateados dinamiza la acción de *El Zarco,* de Altamirano.

[33] Enrique Andersen Imbert, «El telar de una novela histórica: *Enriquillo* de Galván», en *Crítica interna,* Madrid, Taurus, 1961.

Por su parte, el boliviano Nataniel Aguirre reconstruye, en *Juan de la Rosa,* episodios de la Independencia.

1.6.1. *Amalia,* síntesis de funciones románticas

Durante su forzado exilio en Montevideo, José Mármol narra la dramática situación de Buenos Aires, en 1840; crea un tenso *climax* de violencia, representado por la represión contra los unitarios y por la guerra civil. Además de testimonio histórico, *Amalia* es una singular síntesis de distintos géneros de novela romántica. El autor organiza toda la categorización romántica sobre varios ejes semánticos en interacción: la relación sentimental entre Amalia y Eduardo; la cruenta guerra civil entre los federales rosistas y los unitarios de Lavalle; las bipolarizaciones políticas y sociales; el terror de la *mazorca.* Pero además, el discurso narrativo está elaborado con elementos que tienen un claro parentesco con los distintos metagéneros narrativos de la época: el juego mnemotécnico de algunos clisés descriptivos, la proyección subjetiva, la exaltación sentimental, las funciones folletinescas, las pulsiones efectistas, impuestas por la publicación en entregas sucesivas, las pespectivas internas del proceso amoroso. Las bipolarizaciones ideológicas crean un *climax* de peligro para la pareja de enamorados, un enfrentamiento de fuerzas antitéticas. El terror rosista está funcionando como el «horror gótico» del *romance* inglés del *Romantico Revival.* Los dos agentes protagonizan su amor dentro del estrecho círculo de la represión, en una psicosis de miedo. Las bandas armadas, con el espectacular asalto a la Casa Sola y el sucesivo allanamiento violento de la quinta de Barracas generan las tensiones que provocan la situación dramática, efectista, final [34]:

FUNCIONES DESENCADENANTES

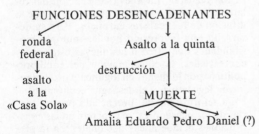

1.6.2. Romanticismo y costumbrismo en Méjico

El efectismo romántico, el costumbrismo y la historia se conjugan en una serie de novelas de varios países. En Méjico, la época turbulenta del general Santa Anna, la intervención francesa y el emperador Maximiliano inspira una serie de novelas por entregas. Ya en 1845-46, Manuel Payno publica *El fistol del diablo,* novela irregular, folletinesca, animada por los sucesos históricos de la guerra con Estados Unidos y el regreso del general Santa Anna, cuadros de costumbres y fuerzas sobrenaturales movidas por un diablo con nombre de Rugiero. La descripción de la ciudad de Méjico de noche y de madrugada, los encuadres del barrio obrero y la visión de los léperos contrastan con las tensiones efectistas, con las situacions folletinescas.

En la tardía y larguísima novela *Los bandidos de Río Frío,* publicada por entregas en 1889-1891, Payno nos ofrece otro panorama de la época de Santa Anna, sin abandonar las convencionales situaciones románticas, los efectismos folletinescos. Por los caminos de Veracruz, el coronel Yáñez, ayudante del presidente, actúa como jefe de bandoleros. Al lado de las turbulencias, no faltan en el autor dotes de observación para ofrecernos la pintura irregular de toda una época, para entrelazar historias y «cuadros de costumbres», testimonios como el de la persecución de los perros vagabundos, asilvestrados. Resalta la preocupación social, al introducir una dinámica teoría de presentar diferentes estratos; demuestra interés por los mestizos y las impresionantes viviendas de los indios; describe con notas trágicas y dolorosas el mundo suburbano. Pero esta visión múltiple está aún representada por una actitud de socialismo utópico, vinculado a la novelística romántica.

Payno se propone escribir «escenas de la vida real y positiva de mi país, cuadros menos mal o bien tratados de costumbres que van desapareciendo, de retratos de personas que ya murieron»; y esto contribuye a que su novela pueda considerarse como «la pintura de una época» [35].

Desborda los esquemas de la novela histórica *El Zarco,* de Ignacio Manuel Altamirano, dada a conocer en 1886 y publicada en 1902. Su mismo subtítulo, «Episodio de la vida mexicana en 1861-63», está apuntando hacia una geografía y unas situaciones contextuales concretas. Sobre unos itinerarios concretos de

---

[34] Teodosio Fernández Rodríguez, Introducción a *Amalia,* Madrid, Nacional, 1984; y B. Varela Jácome, estudio y edición en *Las mejores novelas...,* ed. cit., páginas 5-505.

[35] Jaime Delgado, «*Los bandidos de Río Frío,* reconstrucción de un mundo histórico», *Anales de Literatura Hispanoamericana,* 1, págs. 177-194, Madrid, 1972.

«tierra caliente», sigue las cabalgadas violentas de los plateados. Es indudable que disminuye el efectismo de *Clemencia;* encontramos, incluso, descripciones de paisaje que se acercan a los códigos realistas. Pero los clisés románticos se mantienen, a pesar de la fecha avanzada de la novela. Y el viejo tópico del enamoramiento de una muchacha de la mesocracia y un bandolero, con todos sus riesgos, obstáculos y rivalidades, prepara las tensiones efectistas del proceso agencial[36]:

Acción amorosa	Obstáculos oponentes	Desenlace trágico
Manuela	Plateados	Fusilamiento del Zarco
El Zarco	Nicolás lucha contra bandoleros	Locura y muerte de Manuela

1.6.3. Las perspectivas bolivianas de *Juan de la Rosa*

Tiene un nivel estético distinto una novela tardía, publicada en 1885, poco difundida y relegada por la crítica. Me refiero a *Juan de la Rosa: memorias del último soldado de la independencia,* de Nataniel Aguirre (1843-1888). Con una perspectiva de setenta y dos años, el escritor boliviano novela los episodios históricos acaecidos en su país, entre 1809 y 1811, con la insurrección de La Paz y la independencia de Cochabamba. El agente-narrador, Juan, desde la perspectiva amarga de la ancianidad, reconstruye su propia aventura infantil y los hechos históricos, las victorias y derrotas de la lucha por la emancipación. Narra con detalle, con efectividad de un cronista de Anusaya; contrasta sus recuerdos con las opiniones de los historiadores; consigue cuadros dramáticos, como el de la casa ardiendo y las mujeres muertas; tiene vigor y tensión el alzamiento de las mujeres de Cochabamba, en su lucha contra el ejército regular, ocupando los puestos de los hombres muertos, y su matanza en la Coronilla.

El viaje hacia la hacienda de las Higueras, por los escalones de la montaña, nos pone en contacto con la geografía; las orientaciones de la Cordillera Real se ajustan a la topografía concreta; las perspectivas de los valles, a pesar de algunas expresiones subjetivas, están bastante cerca de las descripciones realistas. También algunos encuadres urbanos y los rasgos de los personajes apuntan una línea renovadora. Además, hay en la novela de Aguirre una presencia indígena, los indios y sus condiciones de servidumbre; los *aillos* y las villas de la provincia de La Paz combaten por la emancipación; las referencias al quechua, «ya muy alterado entonces», y la reproducción de *yaravís* incaicos, traducidos al castellano.

El autobiografismo de *Juan de la Rosa* funciona desde una perspectiva externa; cuando se centra en los hechos históricos se aproxima, por su viveza narrativa a la primera serie de *Episodios nacionales,* de Pérez Galdós. Las expresiones «fui espectador», «lo que vi del alzamiento», confirman la perspectiva de observador. A veces, la relación aparece en boca de otro personaje; por ejemplo, la batalla de Aroma contada por Alejo, en una lengua llena de formas coloquiales. Pero además de testigo de la Historia, Juan es protagonista; y en este plano, varias funciones verbales están marcando la subjetividad del relato. Por otro lado, la repetición de redundancias, las formas enfáticas, las connotaciones de la idealización femenina, el mismo tópico del origen ignorado del agente y la anagnórisis final demuestran la pervivencia de elementos románticos[37].

2. DESFASE DE LA INCORPORACIÓN DEL REALISMO

2.1. *Proceso de cambio*

Hemos señalado ya los problemas que plantea la periodización de las tendencias narrativas. La persistencia de los distintos metagéneros románticos retrasa el salto desde los círculos de la subjetividad, el sentimentalismo, la desilusión y la nostalgia del pasado, al descubrimiento de los círculos de la realidad, de la verosimilitud, del intento de lograr una «figuración realista». La nueva concepción del relato deriva de la corriente costumbrista y de la difusión de los realistas europeos. Pero su desarrollo está favorecido por las múltiples posibilidades que ofrecen las nuevas estructuras contextuales: la consolidación del equilibrio político, por lo menos en algunos países; la reforma legislativa, y el despegue económico.

La reforma liberal, potenciada por las teorías de los pensadores, se concreta en las constituciones democráticas nacionales, en la planificación de la educación y el progreso, en el

---

[36] En este volumen el artículo de Ledda Arguedas sobre Altamirano.

[37] Cfr. la edición de La Habana, Casa de las Américas, 1978. Prólogo de Rosa Iliana Bouder.

denso movimiento migratorio, sobre todo, en el último tercio de la centuria. Entre 1850-1870, comienza el despegue económico, potenciado por los préstamos y las inversiones de los países europeos manifestado en los cambios de la agricultura y la ganadería y en la introducción de maquinaria técnica en la industria y la minería. El desarrollo de una mediana dinámica económica que genera el paso de una sociedad semifeudal, precapitalista, al sistema capitalista[38].

Esta compleja realidad, en proceso de cambio, brinda múltiples posibilidades a los novelistas para explorar el macrocosmos circunvalente; pero en su aproximación están actuando modelos culturales y concretos esquemas literarios. Los modelos culturales y las especulaciones científicas se defienden en los círculos literarios y en las aulas universitarias. Contribuyen a crear un *climax* cultural los periódicos y las revistas literarias. La filosofía de Comte, Stuart Mill y Spencer, a pesar de su tardía introducción, ejercen efectiva influencia. Humanistas, profesores y filósofos difunden las teorías positivistas, desde mediados de la década de los sesenta. La postura de los liberales combatientes se conjuga con el pensamiento comtiano, incluso en la adopción de su lema, «Orden y Progreso». En México, Justo Sierra aplica las ideas de Spencer a la organización del «nuevo orden», al análisis de los niveles verticales de la sociedad mejicana[39].

Estos factores de cambio contextual crean los condicionamientos idóneos para la implantación del realismo. Pero es necesario que los narradores encuentren los puntos de vista de convergencia entre el enfoque narrativo y las estructuras del macrocosmos concreto. Los nuevos códigos técnico-estilísticos, impuestos en Europa, a partir de 1830, por cuatro maestros que establecen la definitiva *kalakagathia* de la sociedad burguesa, se introducen tardíamente en Hispanoamérica. La nueva perspectiva arranca de la decisión de Stendhal de aproximarse al cosmos mediato, con la óptica objetiva ya sintetizada por Saint-Réal: «una novela es un espejo que se pasea a lo largo de un camino real.» Henri Beyle, con su estilo voluntariamente frío y desnudo, impone la nueva forma de analizar la personalidad humana y las inquietudes y transformaciones de la sociedad de su tiempo. El denso universo de la *Comédie humaine,* de Balzac, basado, en parte, en las teorías de los discípulos de Descar-

tes, pone en juego los cinco sentidos literarios: «la invención, el estilo, el pensamiento, el saber, el sentimiento.» El tercer maestro, Charles Dickens, interpreta la estratificación social, con la labilidad ascendente o descendente impuesta por la revolución industrial; explora el movimiento de péndulo entre lo humano y lo inhumano *(quod* y *wicked).* Por último, Gustave Flaubert crea una nueva óptica narrativa que se anticipa al riguroso análisis naturalista; en *Madame Bovary* (1857), recontruye la vida provinciana, a base de «exponer las cosas como las veo, a expresar lo que me parece verdad»[40].

2.1.1. Asimilación discontinua de procedimientos realistas

En la secuenciación discontinua de los diferentes metagéneros narrativos románticos, se produce un triple desfase: cronológico, estético y contextual. Mediado el siglo, varias obras aún incorporan el rótulo de «novela costumbrista»; sus autores exploran parcelas de la realidad, pero sin una interrelación dependiente de la historia social; siguen apegados al color local, a las funciones efectistas, las apostillas moralizantes y las actitudes propias del romanticismo social. Sin embargo, en algunas novelas, la perspectiva costumbrista va perdiendo pintoresquismo, para incorporar gradualmente juicios irónicos, intenciones polémicas, enfoques del realismo crítico.

En esta línea de vacilación estética está *Manuela* (1866), de Eugenio Díaz (1804-1865). El escritor colombiano, conocedor de los postulados del socialismo utópico de Proudhon y de las intrigas folletinescas de *Los misterios de París,* no consigue librarse totalmente de la sugestión romántica del pintoresquismo, ni de las funciones efectistas proyectadas sobre las tensiones y el final dramático de la historia amorosa de Manuela y Dámaso. Pero, como contraposición, corrige la perspectiva costumbrista, con una postura más objetiva, abierta a la reproducción plástica de la naturaleza, de las fiestas populares, de los contextos ideológicos y las situaciones de marginación social; por otra parte, emplea en los diálogos una lengua coloquial rica en formas diastráticas, peculiares de una concreta zona colombiana[41].

---

[38] Vid. J. Garciarena, *Poder y clases sociales en el desarrollo de América Latina,* Buenos Aires, Paidós, 1972.
[39] Leopoldo Zea, *El pensamiento latinoamericano,* Barcelona, Ariel, 1976.

[40] Es necesario replantear los códigos realistas. Roger Fowler, *News accents Linguistics and the Novel,* Londres, Methuen, 1979; y Patrick Imbert, «Semiostyle: la description chez Balzac, Flaubert et Zola», *Littérature,* núm. 38, París, 1980.
[41] Cedomil Goic, *op. cit.,* págs. 57-64.

Este proceso de basculación estética se mantiene a lo largo de varias décadas. La intención de cambio de algunos escritores será estudiada, más adelante, en capítulos especiales. Pero necesitaríamos un examen mucho más amplio para aclarar la confusión creada por la crítica, al hablar de «realismo romántico», al identificar el realismo con la mímesis del costumbrismo. Para una aproximación, tendríamos que calibrar el dudoso encuadre de varios narradores. Apuntaremos dos ejemplos. En el ámbito mejicano, la pretendida fidelidad reproductora de los tipos populares y de las estructuras de la clase media, en las narraciones de la primera serie de *La linterna mágica* (1871-1872), de José Tomás de Cuéllar. En la evolución de la novelística chilena, la mezcla de costumbrismo, subjetivismo y excesos folletinescos llega hasta muy tarde. Nos puede servir de ejemplo la larguísima novela de Daniel Barros Grez, *Pipiolos y pelucones* (1876).

La técnica de configurar la perspectiva contextual y la ponderación para dinamizar comportamientos humanos se desarrolla muy lentamente. Algunas de las novelas llamadas realistas se montan sobre estructuras horizontales; otras nos brindan una prospección vertical en las estructuras profundas de la sociedad. El punto cronológico de la fijación de la óptica realista de herencia balzaciana, está representado por las novelas de la segunda etapa del chileno Alberto Blest Gana: *Martín Rivas, El ideal de un calavera* y *La flor de la higuera*[42].

La formación romántica de Alberto Blest Gana (1830-1920) condiciona los códigos estéticos de sus primeras obras; pero con la lectura de Balzac, «hace un auto de fe de su literatura anterior», y, ya desde 1861, defiende la observación directa de la naturaleza y de los incidentes verosímiles de la existencia, y señala como modelo «la marcha de la literatura europea durante los últimos treinta años». El momento de cambio está representado por *Martín Rivas* (1862); aunque el escritor chileno se mantiene dentro de la perspectiva que anuncia el consabido rótulo de «Novela de costumbres político-sociales», justificado por la persistencia del costumbrismo, en la repetición de cuadros funcionales o independientes y en la incorporación de registros vulgares en los diálogos. También en los tópicos del proceso amoroso de Martín y Leonor y en la idealización excesiva de algunos personajes está presente la herencia romántica.

Claro que sobre el color local y las situaciones convencionales de la historia sentimental, Blest Gana superpone los códigos realistas, de raíz balzaciana, para la representación de la vida individual y colectiva de los círculos socioeconómicos santiaguinos, a mediados de siglo, y para el testimonio del levantamiento liberal contra el gobierno en 1851. En la exploración múltiple de la sociedad urbana, resalta la postura axiológica en la oposición del comportamiento individual y el del grupo social. Plantea, además, un paralelo crítico entre los círculos burgueses, la actitud *snob* y las expansiones de las gentes de «medio pelo». Sin embargo, es necesario puntualizar que el realismo blestganiano es aún vacilante, no ha asimilado la interrelación entre la historia natural y la historia social, y sus protagonistas resultan excesivamente convencionales. No se supedita ciegamente a los enfoques de Balzac; pero la *Comédie humaine* inspira, indudablemente, su ciclo novelístico de análisis de la vida nacional en transformación[43].

2.1.2. Confluencia de procedimientos narrativos

Compartimos la opinión del profesor John S. Brushwood[44], de que resulta difícil establecer la cronología precisa de la asimilación plena de los códigos realistas. La basculación estética se mantiene hasta la década finisecular, en claro contraste con los contextos sociales y culturales de cada país. Para algunos novelistas, resulta ardua la búsqueda de los procedimientos eficaces para trasmitir lo real con fidelidad; en los intentos de objetivar el discurso narrativo para la representación del macrocosmos y de las tensiones agenciales, se interfieren las descripciones mnemotécnicas forzadas por la proyección sentimental y el subjetivo antropocentrismo de los personajes. El autobiografismo nostálgico condiciona el ritmo narrativo de *Juvenilia;* los clisés románticos actúan en la reconstrucción histórica de Acevedo Díaz; las «quimeras de la imaginación» y los delirios del *Werther* interfieren la exploración realista del mundo polidimensional de Buenos Aires, en *El libro extraño,* de Sicardi; en *La Calandria,* de Rafael Delgado, contrastan las expresiones coloristas, los tópicos sentimentales románticos y las situaciones efectistas con la interpretación realista del espacio serrano; las tintas tenebrosas, el *climax* efectista, se mezclan con la dinámica realista-naturalista, en *¡Temóchic!,* de Heriberto Frías.

---

[42] En este volumen el estudio de Guillermo Araya sobre Alberto Blest Gana.

[43] Cfr. Oldrich Balic, «*Martín Rivas* y el realismo», en *Ibero-Americana Pragnesia,* X, págs. 19-58, 1976.

[44] *Genteel Barbarism. Experiments in analysis of Nineteenth-century Spanish-American novels,* University of Nebraska Press, 1981, págs. 8-14.

Entre los ejemplos singulares del desfase de esta vacilación electiva, representa un eslabón operativo el corpus novelístico del uruguayo Eduardo Acevedo Díaz, estudiado más adelante. Sus obras, publicadas dentro de la época realista-naturalista, interpretan la turbulenta lucha por la independencia y su consolidación en la Banda Oriental; pero, además, son novelas de la tierra, del mundo rural, con un protagonismo popular de charrúas, gauchos y matreros; *Ismael* (1888) se vincula con el romanticismo por la genealogía del agente, las descripciones del paisaje selvático del Río Negro y el efectismo de varias secuencias dramáticas, como el cruento castigo de Jorge Almagro, arrastrado por el caballo. En otro polo, están las tensiones psicológicas superadas por reacciones instintivas, naturales; la intensificadora crudeza plástica del degüello del soldado español, y algunos encuadres enfocados con distanciamiento, desde un punto de vista exterior, frío y objetivo. En *Nativa* (1890), la ambientación histórica está superada por mayor objetividad narrativa. Al lado de los residuos románticos —la atmósfera de misterio que rodea a Berón, el relato fantástico de Anacleto, las acotaciones paisajísticas...—; resalta el enfoque realista del barrio costanero de Montevideo, el ambiente de la estancia y el protagonismo de los marginados que actúan en el mundo rural uruguayo. Incluso tópicos de la pastoral, como el panal de miel, se resuelve con un movimiento real, convertido en avispero que ataca a Dora y al capataz. Se ajusta, igualmente, al código de los realistas la selección lingüística, la utilización de formas coloquiales y el engarce de registros guaraníes[45].

2.1.3. Tendencia ecléctica de *La Calandria*

Se inserta también dentro de una tendencia ecléctica *La Calandria* (1890), de Rafael Delgado. El escritor mejicano, a pesar de los ditirambos de la crítica, narra desde una perspectiva estética paranacrónica, proyectando esquemas románticos sobre una época avanzada, en pleno desarrollo del realismo-naturalismo. En la novela, enlaza las funciones de una vulgar historia dramática, reiterada a lo largo del XIX. Carmen, hija natural de un hacendado y una lavandera, huérfana, protagoniza contrapuestos procesos amorosos: el idilio con el ebanista Gabriel y la aventura de seducción y abandono por Alberto Rosas, señorito rico y depravado. Pero, la herencia romántica condiciona el discurso narrativo forzado que

transforma la historia vulgar en un *climax* efectista que culmina en las febriles pesadillas que empujan a la protagonista al suicidio con veneno. Los procedimientos enfáticos intensifican la conflictividad agencial y transforman las percepciones; la proyección sentimental resalta la acción lumínica sobre el paisaje, enfatiza las emociones de la muchacha, al contemplarlo. El encuadre de la pareja de enamorados recuerda «los dibujos de las novelas románticas». Carmen canta, con languidez, «las oscuras golondrinas» de Bécquer. A veces, el paisaje se transforma cromáticamente, con un proceso pictórico próximo al impresionismo y al modernismo:

> A las primeras inciertas claridades, sucedieron rosados fulgores que se desvanecían en violadas ondas; el rosa se tornó en púrpura, y, poco a poco, se hizo más y más vivo, más intenso, hasta tomar el color del fuego y convertirse en un amarillo deslumbrador[46].

Los agentes de *La Calandria* se mueven entre dos ámbitos opuestos, pero sin una conciencia de conflicto social. En cambio, en la interpretación de la naturaleza, el autor aplica procedimientos de un realismo moderado. La *fantápolis* de Pluviosilla es una representación de la Orizaba natal, lo mismo que Villaverde y Villatriste de otras novelas; y el pequeño pueblo Xiochiapán reproduce San Andrés de Tenejapa. El código realista funciona en algunas situaciones del mundo provinciano y en el detallismo descriptivo del paisaje serrano, de los fértiles valles, entre las estribaciones de la cordillera, de los caminos «de color ladrillo» que ascienden hasta los peñascales y el pueblo de Xiochiapan. El panorama contemplado desde la altura, nos recuerda algunas páginas de Pereda. El código señalizador del realismo funciona en cinco localizaciones: «al fondo», las gargantas de peñas gigantescas y verdor; «a la

Elementos románticos	Factores realistas
— proyección sentimental	— Objetivismo moderado
— claro de luna	— detallismo acumulativo
— rimas de Bécquer	— códigos realistas
— efectismo	— localizaciones espaciales
— tópicos folletinescos	

---

[45] En este volumen el trabajo de Fernando Ainsa sobre Acevedo Díaz.

[46] Porrúa, México, pág. 78.

izquierda», la aldea, de casas humeantes, rodeada de huertas; «a la derecha», la montaña cortada a pico; «atrás», valles en pintoresca perspectiva, sabanas sin término; «a lo lejos», los cerros y «el volcán con su brillante corona de nieve».

El lector de la novela se encuentra, por lo tanto, con la conjución de signos estéticos disímiles, con la alternancia de fórmulas románticas y realistas:

Entre la simulación romántica y las reproducciones realistas, resalta el impresionante plano del cadáver de *La Calandria*:

> Estaba amarilla, con manchas rojas y amoratadas. Los ojos tenían un cerco violáceo, casi negro. La boca, contraída horriblemente, parecía que dejaba escapar un grito de desesperación. Una ligera espuma escurría de los labios[47].

Estas percepciones desnudas, desubjetivizadas, nos aproximan al enfoque naturalista. Pero debemos recordar que Rafael Delgado se opone explícitamente al naturalismo; confiesa, en cambio, su eclecticismo, en un diálogo de *Los parientes pobres* (1902): «—¿Romántica y realista? —No son términos antitéticos.» Este eclecticismo se mantiene también, con la eliminación de bastantes fórmulas románticas, en *Los parientes ricos* (1902), centrada en la convivencia y los consabidos obstáculos para las relaciones amorosas de una pareja de distinto encuadre socioeconómico.

3. Imposición del realismo

3.1. *Principales núcleos narrativos*

Desde 1870, se van imponiendo, en varios países, las coordenadas de «Orden y Progreso», de «Progreso y Administración». Se inicia un dinámico *periodo de modernidad,* impulsado por la transformación social y cultural, por la introducción del pensamiento europeo y la experimentación científica. La filosofía positivista de Comte se difunde en los círculos universitarios; se adoptan las teorías de John Stuart Mill sobre las aspiraciones humanas al placer y la búsqueda de la mayor felicidad; se discuten las hipótesis de Charles Darwin, sobre la transmisión de la herencia, la adaptación al medio y la lucha por la existencia; se analiza la conjunción de funciones cerebrales y nerviosas en la evolución mental, aducidas por Herbert Spencer. Pero la transformación socioeconómica, la implantación de formas culturales, la introducción de las corrientes filo-

sóficas y literarias es un fenómeno asincrónico, a lo largo del continente[48].

El asincronismo cultural contribuye al desajuste estético de la novela. Hemos aludido ya a la confluencia de distintas tendencias. El desfase cronológico, con respecto al realismo europeo, se produce también entre los países hispanoamericanos. Para este estudio sintético, es necesario destacar unos cuantos núcleos geográficos, en donde el realismo se impone, en fechas concretas, en los últimos años del XIX.

La producción chilena se centra, a lo largo de más de medio siglo, en el proceso de vacilante exploración de las costumbres santiaguinas y de la reconstrucción del pasado de Blest Gana; pero la corriente abiertamente realista no se manifiesta hasta la primera década del XX. En cambio, podemos afirmar que la aclimatación decidida y consciente del realismo se anticipa en la Argentina con el «grupo del 80» que cristaliza en 1884, con media docena de novelas significativas.

Hemos destacado como en Colombia surge, ya en 1866, una mezcla de costumbrismo y perspectivas objetivas en *Manuela,* de Eugenio Díaz. Sin embargo, sólo el corpus novelístico del antioqueño Tomás Carrasquilla abre nuevas vías al relato colombiano; pero su obra se encuadra dentro del primer tercio de nuestro siglo.

La fórmula combinatoria de fantasía, efectismo folletinesco y realidad persiste en el Perú, durante varias décadas. Por eso, el realismo no se consolida hasta 1888 y 1889, con las primeras novelas de Mercedes Cabello de Carbonera y Clorinda Matto de Turner. También los novelistas venezolanos se mantienen apegados a los procedimientos técnico-estilísticos del romanticismo; pero la publicación de *Peonía,* de Romero García, en 1890, impone un realismo equilibrado que se complicará con la combinación de fórmulas realistas y naturalistas en *Todo un pueblo,* de Miguel Eduardo Pardo.

Por último, merece un análisis especial el significativo grupo mejicano, representado por varias novelas que se orientan, gradualmente, hacia perspectivas objetivas, como la tetralogía de Emilio Rabasa, publicada en los años 1887-1888, y *La parcela,* de López Portillo y Rojas, ejemplo de asimilación de los códigos descriptivos de Pereda.

3.2. *El 80 Argentino*

En la República Argentina, el periodo de transformación política, económica y cultural

---

[47] Idem, pág. 155.

[48] Cfr. *Los parientes ricos,* México, CEM, 1944, página 235.

culmina en 1880. Se liquida el largo conflicto con las provincias, al establecer definitivamente la capital de la nación en Buenos Aires. La sumisión de los territorios indígenas, por el general Roca, había abierto nuevas perspectivas agropecuarias. Una oligarquía liberal replantea las bases sociales y los intercambios comerciales con los países europeos. Varios factores culturales contribuyen a crear un *climax* propicio para un cambio profundo en la novela; la acción educacional planificada por Sarmiento; las tertulias; las revistas literarias y la conversión de *La Prensa* y *La Nación* en grandes periódicos; el arraigo del positivismo en Círculos universitarios; el eclecticismo filosófico del francés Amédès Jacques, director del Colegio Nacional; la introducción de los libros franceses; los viajes de escritores a Europa. Al mismo tiempo, cristaliza una actividad científica, impulsada, principalmente, por el paleontólogo Florentino Ameghino[49].

Los escritores del 80 están movidos por los mismos propósitos regeneracionistas, pero difieren en su actitud ideológica y en su concepción de la novela. Se adscriben a un realismo moderado Lucio Vicente Mansilla, Eduardo Wilde, Miguel Cané, Carlos María Ocantos; Lucio Vicente López nos transmite un testimonio autobiográfico de la transformación de Buenos Aires; Cambaceres incorpora las teorías del naturalismo, para enjuiciar, con rigidez ideológica, los códigos de su clase; Sicardi bascula entre el *gestus* social de la burguesía y la lucha obrera del suburbio; Martel y Villafañe se enfrentan con las basculaciones económicas generadas por la especulación en la Bolsa[50].

3.2.1. Confluencia de perspectivas

Es indudable la circularidad cultural de la generación del 80, pero la crítica crea la confusión, al intentar el encuadre estético de sus representantes. Hay en todos una voluntad de cambio de perspectiva narrativa, a pesar de sus basculaciones técnicas y expresivas. Aunque priva la decisión de crear escritura realista, en varias novelas siguen gravitando fórmulas románticas; en otras, se ensaya un *semioestilo* de realismo moderado. Además, los ochentis-

tas Cambaceres y Podestá adoptan la perspectiva exterior, extradiegética, y los procedimientos experimentales del naturalismo.

El corpus narrativo de la generación se inicia con *Pot-pourri,* de Cambaceres, en 1881, y llega a su pleno desarrollo en 1864-1885, con la publicación de ocho novelas que intentamos encuadrar estéticamente:

1884	*Juvenilia*	romántica/realista
	Fruto vedado	realismo moderado
	La gran aldea	romántica/realista
	Música sentimental	naturalista
	Inocentes o culpables	realismo crítico
1885	*Don Perfecto*	romántica/realista
	Ley social	realista
	Sin rumbo	naturalista

Miguel Cané (1851-1905), preocupado por el gusto, por depurar el estilo, prescinde del presente conflicto, para reconstruir el pasado personal, con una perspectiva psicológica interna, con un procedimiento de «pacto autobiográfico». El yo-narrador es portavoz de sus experiencias de estudiante en el Colegio Nacional. Se mueve dentro de un curioso diletantismo, en una postura de *gentleman* del 80. *Juvenilia* fue escrita en «horas melancólicas, sujetas a la presión ingrata de la nostalgia». Su discurso narrativo carece de tensiones. Y esto no es una suposición; el propio escritor lo confirma:

> Creo que me falta una fuerza esencial en el arte literario, la impersonalidad, entendiendo por ella la facultad de dominar las fantasías íntimas y afrontar la pintura de la vida con el escalpelo en la mano que no hace vacilar el rápido latir del corazón[51].

Indudablemente, inciden los elementos psicológicos en la reconstrucción de las reminiscencias; algunos elementos están edulcorados por pinceladas de nostalgia, de melancolía. Además, el autor alude a lecturas románticas y folletinescas. Pero como contraste, la vida estudiantil, reflejada con procedimientos mnemotécnicos, alcanza unos contornos reales, concretos, y su ritmo narrativo tiene resonan-

[49] José Luis Romero, *El desarrollo de las ideas en la sociedad argentina del siglo XX,* México, Fondo Cultura Económica, 1965; y F. Alonso y A. Rezzano, *Novela y sociedad argentinas,* Buenos Aires, Paidós, 1971.

[50] Mauricio Lebedinsky, *La década del 80,* Buenos Aires, Siglo Veinte, 1967; Santiago González et alt., *El 80. Visión del mundo,* Buenos Aires, Centro Ed. de América Latina; y David Viñas, *Literatura argentina y realidad política,* Buenos Aires, Siglo XX, 1971.

[51] Nota preliminar: ed. Buenos Aires, Espasa Calpe, Col. Austral, 1944.

Sarmiento (caricatura de la época).

a unos códigos de corrección que no tienen relación con la moral naturalista. En cuanto a García Merou escribe ensayos sobre la novela experimental, cita a Zola y asume la función de la herencia en su protagonista:

> Llevaba la herencia de varias generaciones envilecidas; y en su sangre se reunían fatalmente los detritus y la escoria de esa pobre y lastimosa especie rebajada por siglos y siglos de vicios y de crímenes, transmitidos de padres a hijos, como los malos humores de organismo morboso.

Pero, a pesar de todo, en *Ley social* predomina la perspectiva realista; además, en el proceso del triángulo amoroso, están patentes los ideales y la problemática romántica y ciertos elementos decadentistas, y el pasado de su formación romántica pesa también en su agente Marcos.

3.2.2. *La gran aldea,* entre el romanticismo y el realismo

Dentro del ámbito sociocultural del 80, *La gran aldea* (1884) es la primera novela que sienta las bases del macrocosmos urbano bonaerense, en proceso de desarrollo. Su autor, Lucio Vicente López (1848-1894), nace en Montevideo, por el exilio de sus padres durante la dictadura de Rosas; pero acumula suficientes experiencias porteñas, con sus estudios de Derecho, el ejercicio de la docencia, el periodismo y el activismo político. Estas vivencias directas de Buenos Aires se proyectan sobre la reconstrucción de franjas concretas de la historia del país y de la transformación socioeconómica de la capital, en un amplio marco cronológico, desde 1852 a 1884. Sobre la dinámica del acontecer político y la evolución económica, se superponen las funciones de la acción, en progresión presente, desde el casamiento de Ramón, tío del agente-relator, con Blanca, y el proceso analéptico de las peripecias individuales del pasado, desde la muerte de los padres, a lo largo de veinticinco años[52].

La gran aldea es una novela autobiográfica que plantea al crítico varios problemas. El novelista transmite su voz al agente narrador, Julio; lo convierte en relator de su propia existencia, en testigo observador y juez. Pero, para clasificar este autobiografismo, sería necesario analizar, con detalle, el *semioestilo* de sus diferentes enfoques. Con frecuencia, descubrimos un punto de vista interior, subjetivis-

cias de Dickens y testimonia la implantación de nuevos sistemas filosóficos, sobre todo el positivismo comtiano y el eclecticismo de Amédès Jacques.

Se mantiene dentro de un modelo especial de realismo equilibrado la novela *Fruto vedado,* al evocar cuadros vivos del campo tucumano y episodios amorosos de su propia juventud. Su autor, el francés Paul Groussac, llegado a Buenos Aires en 1866, se incorpora al movimiento intelectual, realiza una eficaz y diversa labor en distintos géneros y consigue expresarse en castellano con soltura y corrección. En cambio, la crítica inscribe dentro del naturalismo *Ley social,* de Martín García Merou, e *Inocentes o culpables.* Esta obra de Argerich es un claro ejemplo de realismo crítico, sujeta

---

[52] Iber H. Verdugo, Estudio preliminar a *La gran aldea,* Buenos Aires, Kapelusz, 1975.

mo por la emoción del pasado, representado por formas retóricas, redundancias y reiteración de enunciados admirativos e interrogativos. Dentro de la nostalgia de la infancia y la adolescencia, resaltan los grabados románticos de los protagonistas scottianos Waverley y Guy Mannering, y la lectura de *Ivanhoe,* «que debía deslumbrar más tarde mi imaginación virgen de impresiones». Otras emotivas evocaciones de la niñez, «triste y árida», están dominadas por la impresionabilidad; la representación de *Flor de un día,* de Campodrón, lo rodea de fantasía excéntrica. Incluso cuando evoca la batalla de Pavón (1861), el entusiasmo por la derrota de Urquiza y la emoción de contemplar el desembarco de los vencedores subjetiviza la función del «yo».

También derivan de esquemas sentimentales románticos las formas narrativas empleadas para narrar el adolescente enamoramiento de Valentina. Byron, Musset y Vigny generan sueños, delirios y tristezas; transforman su visión del paisaje y sus sentimientos, hasta hacerle confesar: «El romanticismo es la adolescencia del arte.» En la idealización femenina entran tópicos trasnochados; y, además, el paisaje enriquece sus sensaciones con la proyección sentimental:

> La noche era espléndida; sobre un cielo sereno se extendía el vapor majestuoso de la vía láctea, semejante a una gran vela de ópalo sobre una bóveda de zafiro. La luna, ya en sus últimos días, atravesaba el espacio como una galera antigua; la fresca y tibia brisa del mar llevaba en sus ráfagas unas cuantas nubes blancas. El alma del mundo inundaba el espacio. Alcé los ojos al cielo y, absorto en el espectáculo de la noche, me pareció ver pasar a Valentina como una visión por el éter, huyendo de mí como huían aquellas nubes [53].

Por sus fórmulas románticas, por el planteamiento de algunas funciones agenciales, *La gran aldea* es un ejemplo de paracronismo. Pero el autor cambia de punto de vista, en varios momentos; emplea un «yo testimonial» para referirse a la efervescencia política y al ambiente de las tertulias. La circularidad del proceso individual del relator, entre el pasado infantil y el presente de 1883, ofrece una amplia perspectiva para enfrentarse con la transformación demográfica, social y económica de la capital. El Buenos Aires de 1862, «patriota, sencillo, semitendero, semicurial y semialdea», se había convertido en ciudad con pretensiones europeas, había incorporado modas y costumbres extranjeras. Un aspecto del cambio se

manifiesta en el paralelo irónico entre las tiendas del pasado, con sus vendedores corteses, y los comercios europeizados de hogaño. La actitud crítica se centra en la oligarquía dominadora, en la burguesía porteña, «iletrada, muda, orgullosa, aburrida, honorable rica y gorda»; se extiende a las reuniones sociales, en los bailes del Club del Progreso; se recubre de tendencia moralizante, al registrar la inclinación al lujo y las desviaciones amorosas de Blanca, al enfrentar el exceso del baile de disfraces.

El ritmo narrativo cambia en algunas unidades; se dinamiza, se ajusta a la omnisciencia neutra, se intensifica con encuadres efectistas. Tenemos, incluso, secuencias de óptica objetiva, como ésta:

> Entonces el cuadro que se presentó a la vista de los que allí se encontraron fue terrible: en un extremo de la estancia, la cuna de la niña cubierta de hollín: las cortinas se habían encendido, el fuego había invadido las ropas; la desgraciada criatura había muerto quemada, por un descuido de Graciana, que, atolondrada por la fuga, había dejado la bujía a poca distancia de la cuna. El rostro de la niñita era una llaga viva: tenía los dientes apretados por la última convulsión; con la mano izquierda asada por el fuego, se asía desesperadamente de una de las varillas de bronce de la camita, y la derecha, dura, rígida, en ademán amenazante; la actitud del cadáver revelaba los esfuerzos que la víctima había hecho para escapar del fuego, en vano [54].

A pesar de este enfoque dramático y del testimonio socioeconómico presente en la novela, las hipérboles efectistas, las expresiones redundantes, las calificaciones edulcoradas y las reflexiones morales sobre la conducta y la culpabilidad de Blanca, responden a las lecturas románticas del autor.

3.2.3. El realismo crítico de Argerich

Más firme, más en consonancia con la fecha clave de 1884, es la postura de Juan Antonio Argerich. A pesar del rótulo de «novela naturalista», su obra *Inocentes o culpables* no puede encuadrarse dentro del experimentalismo de Zola. La estructura de su discurso narrativo se basa en la perspectiva realista; además, la actitud correctora de los vicios de la burguesía bonaerense no tiene relación con la moral del naturalismo. En cambio, por la preocupación sociológica del autor, sobre el movimiento demográfico de Buenos Aires, la cos-

---

[53] Ed. cit., pág. 63.

[54] Id., pág. 147.

movisión geosocial, la fuerte corriente migratoria y el intento de análisis mordaz de la política argentina, podemos encasillar *Inocentes o culpables* dentro del realismo crítico, en el sentido que tiene esta denominación para George Lukacs.

Sin embargo, esta clasificación tiene sus reparos. El realismo de Argerich no es el verdadero *tertium datur* eficaz frente a los dilemas de la problemática del momento. Parece consciente al denunciar a «los infinitos camaleones de la política», el hecho verificable de miles de niños que no reciben instrucción, los códigos de comportamiento de concretos sectores sociales. Pero también manifiesta su actitud moralizante, su intención correctora de ciertas desviaciones; por cierto que responsabiliza de éstas a tres novelas románticas: el *Werther*, *La dama de las Camelias* y *María*, «libros que pugnan, en todo sentido, con la lógica a que responden las necesidades del organismo humano», que «no son más que puñales envenenados» para la juventud.

En contraposición, centra el proceso agencial en el matrimonio Dagiore y Dorotea, descendientes de emigrantes italianos, como pretexto para resaltar la función negativa de la «emigración inferior europea», para aludir a las teorías de Darwin y apuntar la acción de la herencia:

> Había algo más aún, que contribuía a explicar el desesperante estado de José, y era la *herencia fisiológica recibida de sus padres*. Tanto Dorotea y Dagiore, como sus respectivas familias, no habían ejercitado sus cerebros en muchas generaciones, y, por lo tanto, no podían transmitir ninguna buena predisposición para el franco vuelo del pensamiento.

Descubrimos, por otro lado, cierto determinismo en la seducción de Dorotea por el Mayor, porque «hay microbios también en la atmósfera moral, y el espíritu de Dorotea estaba impregnado de ellos». La actitud es distinta, en las detalladas situaciones íntimas de la pareja; el autor elude la tensión naturalista con una intencionada contención. Podemos aducir varios ejemplos: el momento culminante de la noche de bodas se simula con esta sola expresión «un estupro legal»; el parto se intensifica con la utilización mecánica del forceps; el largo proceso de seducción se transmite dislogísticamente, pero la entrega se disimula con esta confirmación: «Fue el amante de Dorotea».

Al analizar el apasionamiento de la protagonista, el autor se acerca al temperamento físico-moral, pero también descubre en sus ideas raíces románticas, derivadas de novelas en las que, después de muchos sufrimientos, se alcanzaba la felicidad; incluso, en su desolación nota la carencia del tópico sentimental de «un rayo melancólico de luna».

La moral de *Inocentes o culpables* es distinta de la concepción de Zola. El reiterado sentido de corrección ética puede ser un argumento diferenciador. Parece significar una forma de arrepentimiento el desengaño cruel y la pesadilla nocturna de la exploración del mundo prostibulario, al fustigar la «procesión del vicio» de los jóvenes de buenas familias que «no tardarán en ser salpicados por el lodo infecto de enfermedades degradantes». Los prostíbulos son «el estercolero para que se revuelque la podredumbre de la ciudad». La principal víctima es José Dagiore; el contagio incurable lo empuja a la desesperación y al suicidio, descrito con una perspectiva exteriorizada. Claro que esta situación límite genera la disputa sobre la antinomia que da título a la novela. Para el abogado progresista, estos jóvenes son *inocentes*, porque son arrastrados inconscientemente por cierto determinismo; para el sacerdote, son *culpables*, conscientes de su transgresión religiosa.

El discurso narrativo de *Inocentes o culpables* se plantea y desarrolla con logicidad realista. Algunos encuadres del espacio están descritos desde la óptica de los personajes; también las reflexiones y pensamientos de Dorotea se transmiten en forma de discursos relatados. Los códigos descriptivos realistas se aplican con frecuencia, sobre todo en los dinámicos planos del mercado. Los diálogos están sometidos a constante depuración de formas diastráticas dialectales, lo mismo que otras novelas de la época. Pero aquí, el propio escritor advierte que había recogido innumerables registros lingüísticos, sin embargo desiste de emplearlos, porque, para él, el escritor tiene el deber de respetar el idioma, para instruir a las masas incultas.

3.2.4. Nuevas situaciones contextuales

Hacia 1890, las situaciones contextuales cambian para los novelistas. Buenos Aires ha crecido con la eclosión migratoria de la década anterior. Durante la presidencia de Juárez Celman aumenta la corrupción y el favoritismo; el desequilibrio y la fuerte crisis financiera se agrava con el movimiento revolucionario del 26 de julio de 1890. Las situaciones contextuales se proyectan sobre la novelística de la década de los 90. El metagénero narrativo de la Bolsa, las primeras entregas del *Libro extraño*, de Sicardi, y el nutrido ciclo de *novelas argentinas,* de Ocantos, exploran las estructuras socioeconómicas, los valores de cambio y la conflictivdad de la época.

Carlos María Ocantos (1860-1949), a pesar de los procedimientos lingüísticos convencionales, de los resabios románticos y del costumbrismo de *Don Perfecto* (1885), se instala dentro de los límites del realismo, al explorar las estructuras urbanas y rurales de su país. En su discurso narrativo confluyen varios modelos: los *realemas* de raíz balzaciana; las resonancias de Flaubert; un protagonismo colectivo, de *roman fleuve,* inspirado por Pérez Galdós; procedimientos descriptivos próximos a Pereda. Su consolidación se produce en la década 1890-1900, con *Quilito* (1891), *Entre dos luces* (1892), *El candidato* (1893), *La Ginesa* (1894) y *Tobi* (1896).

El mundo rural de la provincia de Buenos Aires, con concretas situaciones contextuales contemporáneas, está explorado en la novela *Entre dos luces.* El espacio geosocial del Ombú está reflejado con procedimientos descriptivos próximos a Pereda; pero su reconstrucción pierde efectividad, por la intercalación de enunciados admirativos e interrogativos, por el engarce de formas retóricas vulgares. En los niveles de lengua, escasean las connotaciones, pero los diálogos se mantienen dentro de la normativa, sin abuso de las formas dialectales locales. La situación histórica y socioeconómica del espacio provinciano está manifestada a través de las luchas electorales, las situaciones de violencia y las críticas contra el presidente y la organización de país.

3.2.5. El metagénero de la Bolsa: Julián Martel

Los conflictos dramáticos generados por la especulación en la Bolsa de Buenos Aires mueven las funciones cardinales de un metagénero formado por tres novelas publicadas en la misma fecha, 1891: *Quilito,* de Ocantos; *Horas de fiebre,* de Segundo Villafañe, y *La Bolsa.* Al lado del realismo urbano, con resonancias galdosianas, de *Quilito,* y del verismo documental, sin excesos, de *Horas de fiebre,* resalta el singular realismo crítico de Martel.

La Bolsa, de José María Miró (1867-1893), publicada con el seudónimo de Julián Martel, en 1891, es un denso documento de la crisis, de la morfología horizontal y de las estructuras verticales de la ciudad. Su autor es un testigo directo de la compleja realidad bonaerense, como cronista volante de *La Nación,* y se introduce en los distintos ambientes, en su existencia bohemia de trasnocheo. El primer «escenario» se reconstruye bajo la cortina de la lluvia, a través del dinámico avance del viento Sud-Este, que caracolea por la Plaza de Mayo, arremete contra el Palacio de Gobierno, el Cabildo y las columnas de la Catedral, hasta lanzarse contra la mole de la Bolsa de Comercio. Esta cabalgada, interpretada con un tono irónico, tiene un sentido simbólico de alegato crítico contra la degradación de las instituciones.

La Bolsa es el espacio geosocial básico de todas las tensiones, audacias, trampas y trágicas ruinas de la novela. De las perspectivas de «la multitud ansiosa, estremecida por corrientes eléctricas», se destaca, en tomas sucesivas, el doctor Glow; además, el novelista detiene su óptica en personajes concretos —apostantes ansiosos, banqueros, corredores y agentes— que trafican en el negocio. Las especulaciones atraen y degradan a representantes de la burguesía capitalista. La figura de picota es el doctor Glow, que cambia su rentable despacho de abogado brillante, por el albur de las especulaciones, hasta empeñar toda su fortuna, y caer en una ruina irreversible. Al final de su andadura novelística, en la mente febril del agente, la Bolsa se metamorfosea en este monstruo aniquilador:

> Pero de pronto vio que los brazos que lo estrechaban transformábanse en asquerosas patas provistas de largas uñas en sus extremos. Y el seno palpitante se transformaba también, y echaba pelos, pelos gruesos, largos, cerdosos, que pinchaban como las púas de un erizo. Y cuando quiso huir, arrancarse a la fuerza que lo retenía fue en vano. Las uñas se clavaron en su piel, y sus articulaciones crujieron haciéndose pedazos. En su espantosa agonía, alzó los ojos buscando la cara que momentos antes besara con pasión, y vio que las hermosas facciones que tanto había admirado, se metamorfoseaban lentamente. La boca se alargaba hasta las orejas, y agrandábanse y multiplicábanse los dientes, en tanto que los ojos, furiosos y bizcos, se revolvían en unas órbitas profundas y sin párpados. Y él entonces debatiéndose en el horror de una agonía espantosa, ¡loco, loco para siempre!, oyó estas tres palabras que salían roncamente por la boca del monstruo:
> —Soy la Bolsa [55].

Martel está movido por dos propósitos: reflejar la situación de la sociedad, y enfrentar el estado de ánimo de los hombres de su generación. Para conseguirlo, se sirve de una especial forma de realismo crítico, pero con la utilización de connotaciones degradadoras que

---

[55] Cfr. ed. de Diana Guerrero: *La Bolsa,* Buenos Aires, Huemul, 1979, pág. 242.

pueden considerarse como un anticipo del expresionismo. El sentido de lo real y de los códigos descriptivos de Balzac quedan muy atrás. Lo más frecuente es que el novelista profundiza en los ambientes, con la «mirada sagaz del periodista burlón». Su ironía se manifiesta en la intencionalidad de la selección de connotaciones cáusticas, hirientes: «tilburís desairados, guasos, plebeyos»; coches de alquiler, de aspecto «alicaído, transnochado, en consonancia con las yuntas caricaturescas»; «joven muy peripuesto y afiligranado»... Se repiten los rasgos grotescos, deformantes de los personajes, con resonancias de Quevedo y procedentes del esperpentismo. El ingeniero Zelé es «un hombrachón muy feo, narigón, flaco, zanquilargo, de cabeza cuadrada, matemática». Antonio Roselano resalta por «la faz rubicunda, teñida por aquel pincel a cuyo extremo hay una botella de ginebra», por la «nariz prominente, llena de grietas rojizas». Los procedimientos intensificadores, a base de connotaciones discordantes, se reiteran en la sucesión de encuadres de los extranjeros, en un mosaico preexpresionista que actúa de sátira de la emigración:

> Turcos mugrientos, con sus feces rojos y sus babuchas astrosas, sus caras impávidas y sus cargamentos de vistosas baratijas; vendedores de oleografías groseramente coloreadas; charlatanes ambulantes que se habían visto obligados a desarmar sus escaparates portátiles pero que no por eso dejaban de endilgar sus discursos estrambóticos a los holgazanes y bobalicones que soportaban pacientemente la lluvia con tal de oir hacer la

Frente de la Bolsa de Comercio de Buenos Aires, a finales del siglo.

apología de la maravillosa tinta simpática o la de la pasta para pegar cristales; mendigos que estiraban sus manos mutiladas o mostraban las fístulas repugnantes de sus piernas sin movimiento, para excitar la pública conmiseración; bohemios, idiotas, hermosísimas algunas, andrajosas todas, todas rotosas y desgreñadas, llevando muchas de ellas en brazos niños lívidos, helados, moribundos, aletargados por la acción de narcóticos criminalmente suministrados...[56]

La crítica del autor se dirige, igualmente, contra el Gobierno, la corrupción y el despilfarro, y, muy especialmente, contra los judíos, reyes de las finanzas europeas: «ocultos en la sombra, van avanzando paso a paso, conquistando todas las posiciones, haciéndose dueños de la prensa y, por lo tanto, de la opinión, de la cátedra, de la magistratura, del Gobierno...» Julián Martel ensaya distintos puntos de vista, para su sátira y para representar el cosmos dinámico e incoherente de la ciudad. Sigue el movimiento de la mirada, para captar los objetos de los interiores o para describir espacios amplios. Pero en otro nivel estilístico, emplea parlamentos retóricos, expresiones enfáticas situaciones efectistas, que quedan flotando en la novela como tópicos románticos.

3.2.6. El eclecticismo de Francisco Sicardi

Este ciclo narrativo ochentista se cierra a finales del siglo XIX, con la larga novela *Libro extraño,* publicado en cinco volúmenes entre 1894 y 1902. Su autor, el médico Francisco A. Sicardi (1856-1902), sienta estos principios en el prólogo: «es necesario que los hechos tengan sitio, fecha y criaturas...; en el arte, no tienen vida duradera, sino las cosas sobrehumanas, que en todo tiempo y lugar sean reflejo de la verdad»[57]. A pesar de estas afirmaciones, descubrimos en su obra una clara vacilación estética, una confluencia de procedimientos técnicos, perspectivas narrativas distintas. El discurso narrativo, segmentado constantemente, resulta demasiado caótico; las unidades se multiplican, se interfieren, configuran una estructuración predominantemente confusa.

La objetividad de la exploración del macrocosmos urbano de Buenos Aires contrasta con los tópicos románticos utilizados para trazar la tipología de los agentes. El médico Carlos Méndez, complejo tipo psicológico, intuitivo introvertido, se mueve dentro del círculo de la

---

[56] Id., pág. 35.
[57] Cfr. la ed. de Barcelona, F. Granada y Cía., Editores. s/f (en 2 volúmenes).

tristeza y la desesperanza, tipificado por la *Schwernunt* de los filósofos alemanes; está dominado por las «quimeras de la imaginación» y los desalientos profundos, que lo empujan al borde del suicidio. Su inquietud torturante se proyecta sobre su poema romántico «La sombra», «terrible y macabro», salpicado de construcciones enfáticas, de «ecos lúgubres del Miserere», con resonancias becquerianas. Su hijo Ricardo es otro prototipo romántico, dominado por el desasosiego, por el tedio, el «lúgubre desasosiego», por obsesivas ideas suicidas, derivadas de la lectura del *Werther*. En otra esfera, lo siniestro, la «atmósfera tétrica», la «tranquilidad de los sepulcros» asedian a Genaro y mueven las reflexiones de Clara.

—Para explorar las distintas zonas urbanas bonaerenses, Sicardi emplea la omnisciencia selectiva, pero cambia de enfoque varias veces. A pesar de su visión variada y confusa del cosmos multidimensional, el lector puede completar el desarrollo de la ciudad, ya esbozada en *La gran aldea*. La eclosión migratoria europea contribuye a la transformación cosmopolita. El autor exalta el tenaz trabajo de los emigrantes vascos, gallegos, italianos y franceses. Las diferentes etnias configuran un nuevo tipo físico. Pero «el alma de la vieja raza» vive llena de los recuerdos del heroísmo, de la «armonía gigantesca» de la Pampa.

Dentro de las redes isotópicas urbanas, se intensifican las perspectivas, los concretos encuadres de la cosmovisión suburbana. El multiforme ambiente nocturno parece ocultar «algún siniestro poema de suciedad y miseria». Las notas intensificadoras se acumulan, en las calles, en las crudas relaciones de Genaro con Clarisa, en el cuarto del conventillo. A veces, las exploraciones de las miserias del suburbio están juzgadas desde las ideas filantrópicas del autor. Desde la óptica de Genaro, la visión del suburbio se completa y determina, como un conjunto de síntomas de miseria, de marginación, de hediondez, de lacras físicas y morales. Con procedimientos fotográficos en contrapicado, campo y contracampo, de óptica próxima al naturalismo, se reproduce el ambiente. A veces, los encuadres colectivos se dinamizan en fundido constante:

> Caminaba entre las emanaciones podridas, mirando una tras otra las casitas bajas, iguales en largas hileras, impregnadas de líquidos verdosos las paredes, el revoque hecho papilla y descarado a trechos. Se paraba en las ventanas de las zahurdas esquivas, en cuyo fondo blanqueaba apenas la cama, ávido y desventurado y asomaba su cabeza por los vidrios heridos sus ojos por los vaivenes soñolientos de la silla de terroso de las taber-

nas, y en la atmósfera llena de turbiones de humo, miraba los hombres beodos, apoyados los codos sobre la mesa, tragar con ojos revueltos los semblantes afrodisíacos de las mujeres macilentas, grabada la frente casi siempre de los estigmas indelebles de la crápula. Veía muchas veces danzar y girar las parejas al compás de la habanera, que hace arrastrar el ponche compadre y derrama en el ambiente la nota lasciva y hombres acostados más tarde, gruñendo el sueño borracho, y mujeres azotadas, el rostro de moretones y de cuando en cuando al choque de chispa de los puñales, describiendo en el aire los jeroglíficos homicidas [58].

La indudable vinculación parcial con el naturalismo está patente en preocupación cientifista. En la lucha de Carlos Méndez con la enfermedad, es obligado el empleo de un léxico del campo médico. El reflejo de la muerte en un rostro es un buen empleo de focalización objetiva:

> párpados abiertos y el ojo en una extraña fijeza y yo vi que el círculo de terciopelo negro de la pupila se fue agrandando hasta tocar la esclerótica [59].

El ataque de epilepsia de Genaro es un claro ejemplo de intensificación, al desplomarse, en sus convulsiones entre los brazos que le sujetan:

> Una brusca contracción de todos los músculos le arquea el cuerpo tetánico, el torax y el abdomen rígidos, la nuca doblada hasta la espalda. No respira casi. Va a morir...; pero la convulsión lo azota lejos, entero, entero, y lo estrella contra los adoquines [60].

Incluso, el determinismo vivifica la célula y la sangre, rige el crecimiento del cuerpo.

> como una planta, con la raíz viboreando entre el humus, sin conciencia de su yo humano, ya dominada la mísera larva por las angurrias del bruto [61].

Conecta, también con el naturalismo la existencia de Germán Valverde, con las taras de su origen, con sus elucubraciones sobre los «parias que viven y mueren como los vegetales» y su odio anárquico contra los privilegiados, porque «tiene la sangre llena de fibrona y glóbulo rojo levantisco.»

58 Id., t. I, pág. 193.
59 Id., t. II, pág. 247.
60 Id., t. I, pág. 445.
61 Id., t. II, pág. 445.

3.3. *El realismo peruano*

En la novela peruana se mantiene durante varias décadas la fórmula combinatoria de realidad, fantasía y efectismo folletinesco. Entre 1860 y 1880, el grupo «Bohemia» de Lima sigue apegado a la estética romántica. Incluso el narrador más influyente, Luis Benjamín Cisneros, para transcribir el costumbrismo y las inquietudes de la política contemporánea se sirve de la novela sentimental o crea unos prototipos románticos en *Eduardo o un joven de mi generación* (1864), que recuerda las *Conféssions d'un enfant du siècle,* de Musset.

La aplicación de las ideas liberales y del pensamiento positivista no aparece hasta 1888, con *Sacrificio y recompensa,* de Mercedes Cabello de Carbonera (1845-1809). Su actitud se basa en el equilibrio, en el orden, en el postulado positivista de «el amor por principio... y el progreso por fin.» Y no duda de que «el realismo debe acogerse a la doctrina positivista de Augusto Comte». Pero se aproxima también a Zola, cuando compara la exploración del novelista con la exactitud de la exploración del médico. Su novela *Blanca Sol* (1889), basada en unos amores adúlteros, en combinación con el vicio del juego en la clase alta limeña, mantiene un código moral que mueve su dura crítica contra la codicia, la hipocresía, la injusticia, la intriga. En relación con la situación oficial del Perú de la época, es un alegato incisivo *El conspirador* (1892), subtitulada *Autobiografía de un hombre público.* La autora intenta «retratar ʼielmente los sucesos de la vida ordinaria»; e ʼroceso de ascensión política, narrado con un pacto autobiográfico distinto del romántico, se mueve entrè sus corrupciones, sus trampas, sus concesiones de mando a la amante Ofelia, sobre las maquinaciones públicas y las injusticias sociales.

3.3.1. Proceso narrativo de Clorinda Matto de Turner

En el proceso de un realismo más testimonial, ocupa un puesto destacado, por su alegato reinvicador del indio peruano, en la línea de las campañas de González Prada, la novela *Aves sin nido* (1889). Como se verá más adelante, su autora, la cuzqueña Clorinda Matto de Turner, consigue crear un alegato reivindicador del indio; explora, con actitud comprometida, la situación conflictiva de una comunidad rural, subdesarrollada, aislada del progreso, sumida en la depresión educativa. Las tensiones de la acción están movidas por conflicto étnico, por la bipolarización entre ᵢₙdios dominados y *encastados* o dominantes. En el espacio geosocial de Killac, *Fantápolis* que representa a Calca, en el departamento del Cuzco, la dramática situación del indio está condicionada por esta constelación de funciones negativas, degradadoras de la dignidad y la libertad humanas[62]:

Fuerzas fácticas   *Funciones opresivas*

El proceso narrativo de Clorinda Matto culmina con *Herencia* (1895), novela de total ambientación urbana, en la vieja zona colonial de Lima, llena de contrastes, focalizados desde perspectivas objetivizadas o de interiorización omnisciente. El espacio horizontal se verticaliza, se covierte en *survey* urbano, con el análisis del comportamiento de los estamentos burgueses.

Sobre este espacio urbanosocial, se desarrollan dos procesos agenciales, tratados con perspectivas narrativas y códigos de comportamiento opuestos. El amor de la pareja Ernesto-Margarita se rige por las normas de las relaciones permitidas del campo de la cultura; es un idilio de situaciones convencionales; el tópico «encuentro entre dos almas gemelas», con final feliz; configura un discurso paranacrónico, dominado por la afectación, por la impre-

---

[62] Vid. Benito Varela Jácome. Estudio y edición de *Aves sin nido,* en t. XXII de *Las mejores novelas de la literatura universal,* Madrid, Cupsa, 1984, págs. 707-858.

sionabilidad, vinculado al lirismo sentimental de herencia romántica.

Esta historia sentimental tiene su réplica en el proceso paralelo de la aventura pasional de Camila y Aquilino, inscrita en el campo de la naturaleza. Con la innovación técnica, en los distintos niveles, la novelista consigue estructurar un proceso agencial relacionado con la obra de Zola, con la teoría mecanicista, con la «observación experimental». La sumisión erótica de la pareja da como resultado una patografía bastante distinta de las relaciones amorosas del realismo. La inclinación sensual de Aquilino está regida por fenómenos fisiológicos, por el deseo, los ramalazos nerviosos, la fuerza instintiva:

La imaginación exaltada sublevó a la bestia. El pensamiento, cada segundo más incisivo al deseo, sacudió el organismo del macho, y Aquilino fue lanzado por una fuerza superior a todo cálculo psicológico[63].

También en la sumisión amorosa de Camila influyen factores vinculados con las especulaciones científicas asimiladas por el naturalismo. Actúan operativamente los factores ambientales, englobados por la biología posterior bajo la denominación de *fenotipo;* están presentes, además, la propensión hereditaria y las latencias infantiles. Su voluptuosidad está condicionada por dos conjuntos de factores dominantes, de actuación externa e interna:

Factores exógenos

contactos táctiles
el calórico
la hora propicia
naturaleza tropical
atmósfera
«gérmenes afrodisíacos»
«corrientes magnéticas»

CRISIS DE CAMILA

Factores endógenos

tendencias hereditarias
latencias infantiles
lucha: lo cierto/o lo incierto
adecuación organismo
exigencias materiales
líbido
vértigos

En su vértigo sensual, se conjugan «las emociones del cuerpo y las sombras del alma»; actúan los «estremecimientos inconscientes de la carne», «la herencia fatal de la sangre». La entrada al audaz seductor está determinada por la naturaleza, por el momento psicológico «de la germinación». Las vinculaciones con las teorías de Emilio Zola y con las leyes de Mendel son claras: «La ley cumple con rigorismo doloroso, la ley fatal de transmisiones de la sangre que se cumple en las familias por la inevitable sucesión»[64].

3.3.2. El realismo moderado de *Peonía*

A pesar de los comentarios contradictorios de la crítica, es necesario destacar el equilibrio de *Peonía* (1890), de Manuel Vicente Romero García (1865-1917). En contradicción con su dedicatoria a Jorge Isaacs, el escritor se adscribe al realismo; aplica una perspectiva moderadamente objetiva, para «fotografiar un estado social de mi patria», para interpretar el despotismo de Gúzman Blanco, como «enseñanza de las generaciones futuras.» La rotulación de «Novela de costumbres venezolanas»

puede estar justificado por la sugestión del mundo rural, por la descripción de danzas y santos populares. Sin embargo, el novelista apunta que no se ha consolidado aún la literatura nacional, porque los escritores se han dedicado «a copiar modelos extranjeros, y han dejado una hojarasca sin sabor y sin color venezolanos». Por otra parte, aplica puntos de vista realistas, para describir las rancherías y vacadas de los valles del río Tuy. El encuentro con los novillos y la cacería de váquiros tienen cierto paralelo con Fernán Caballero y otros novelistas españoles. La contemplación del panorama de las cumbres, se presenta en encuadres sucesivos, según los códigos realistas, bastante próximos a José María de Pereda:

A los bordes de las quebradas, en los vegotes, los cacaguales, con su sombra de bucares; en las laderas, el cafetal, bajo guanos de verde negro; más arriba, los conucos, cercados de ñaragatos y pata de vaca, copiando los caprichos de un suelo de mosaico o los cuadrados regulares de un tablero de ajedrez.

A un lado, los cerros, desnudos de toda vegetación, calcáreos, estériles, rocas basálticas, coronadas de grama; cocuizas, cocuyes, toda la inmensa variedad de las agaves; y los cactus, desde el cardón centenario que da filamentos resistentes, hasta la roja pitahaya y la dulce nina, ese químico que convierte el murcílago insaboro en ricos cristales de azúcar.

[63] Clorinda Matto de Turner, *Herencia,* Lima, Instituto Nacional de Cultura, 1974, pág. 71.
[64] Id., pág. 153.

Al otro lado, cedros seculares y caobos gigantescos, envueltos en mantos de enredaderas, esmaltados de topacios y rubíes y amatistas; rosa-cruz, de cuyas raíces manan los arroyos que se convierten en cascadas bulliciosas[65].

Romero García mantiene, además, una postura crítica ante las situaciones contextuales. Testimonia las luchas políticas, las situaciones de violencia, la intransigencia ideológica que lleva al escritor a la prisión y al destierro; censura las costumbres de «aquellos pueblos de América», la deficiente educación de la mujer, la ignorancia; denuncia los obstáculos opuestos al progreso y confiesa su clerofobia. En el plano literario, reacciona contra las historias románticas y los poemas sentimentales:

> —A mí me persigue la fatalidad; yo creo que si algún día llego a tocar la dicha, en el instante mismo en que lo haga, me muero.
> —Déjate de tonterías, niña —la dije en tono de dulce reproche—. ¿Tú has leído novelas?
> —Algunas.
> —Pues eso es lo que te tiene enferma; las novelas que van a nuestros hogares dan a la mujer una atmósfera romántica, ridícula.
> —¿Y no dicen que las novelas son copias del natural?
> —Sí, algunas; pero estas mismas son copias que obedecen al espíritu de la época en que se hacen; ahora, treinta o cuarenta años estaban muy bien esos poemas sentimentales. Hoy día no son aceptables[66].

3.3.3. El realismo-naturalismo de *Todo un pueblo*

Más efectiva es la aportación de *Todo un pueblo* (1899), de Miguel Eduardo Pardo, por la selección lingüística, la exploración del espacio geosocial de Caracas y la postura experimentadora del novelista. La lengua se enriquece, al describir la naturaleza, con connotaciones relacionadas con la estética modernista. La acción lumínica dota al paisaje de calidades pictóricas, vinculadas, a veces, con el impresionismo pero también intensificadas cromáticamente. La luz intensa parece incendiar la atmósfera: en la cima de la montaña «adquiere cárdenos resplandores de volcán»; arranca vivos y sangrientos colores de las piedras del arroyo; «al revolcarse, despiadado y frenético sobre la tierra desnuda, la tierra se estremece, abre su seno voluptuoso y exhala su tibio y prolongado sopor de lujuria...» Descubrimos

la misma plasticidad en la descripción del bosque y de la selva, con una germinación «ciega de lujuria», «infatigable en su lujuria y salvajismo». En la acumulación de formas lingüísticas embellecedoras, destacan las connotaciones idealizantes de los rasgos físicos de Isabel Espinosa, y los sintagmas modernistas empleados por el poeta Arturito Canelón: «senos ebúrneos», «talles aéreos».

Pero en *Todo un pueblo* predomina la perspectiva realista, para describir distintos espacios de la *fantápolis* de Villabrava, imagen de la capital venezolana, emplazada sobre la falda de un cerro, y para enfrentar diferentes estructuras socioeconómicas, opuestas actitudes ideológicas, confluencias de niveles culturales. La *high-life* caraqueña coincide en el Club Villabrava, en los bailes de carnaval, en la frivolidad de las reuniones; los *clubmen* elegantes frecuentan el balneario de Amaruto o las quintas residenciales. El Café Indiano es el centro de parasitismo de los *dandys,* de la juventud desocupada. En cambio, el popularismo está representado por el Club Criollo y por los cafés de concurrencia únicamente masculina. La crítica social se adensa, cuando el novelista se opone abiertamente a los emigrantes, «andrajosos y sucios»; cuando contrapone códigos de comportamiento o enfrenta el conservadurismo tradicional, rígido, a las algaradas democráticas, a la postura comprometida de Julián, rechazado por su clase por «impío», por «ultrajar a la historia patria».

Al lado de la perspectiva de simple observador, el novelista se introduce en los ambientes más densos como experimentador, con un punto de vista de raíz naturalista. Podemos constatarlo en las relaciones eróticas del campo de la naturaleza: la desenfrenada sensualidad de Ambrosio Espinosa, dominado por el deseo «irresistible, encarnizado, brutal, salvaje»; «la plena y seductora florescencia de la criolla Susana» y «su caída en el abismo», determinada por las circunstancias. También están enfocadas con una óptica zolesca los episodios de violencia, sobre todo, la situación límite final, en la que Julián sorprende a Susana en el lecho con Espinosa, dispara sobre éste y saca el cuchillo para rematarlo, mientras su madre huye despavorida[67].

3.4. *Concreción del realismo en Méjico*

3.4.1. El ciclo de Emilio Rabasa

Después del periodo de vacilaciones estéticas, ya estudiado, Emilio Rabasa (1856-1933)

---

[65] Manuel Romero García, *Peonía,* Madrid, Sociedad Española de Librería, 1920, pág. 18.
[66] Id., pág. 147.

[67] Cfr. la ed. de Madrid, Ed.-América, s/a.

busca en Cervantes, Quevedo y Pérez Galdós modelos lingüísticos y enfoques para explorar la múltiple realidad mejicana, para mover en la acción personajes prototípicos, a través de la tetralogía formada por *La bola, La gran ciencia, El cuarto poder* y *Moneda falsa,* publicadas en 1887-1888. Con un autobiografismo efectivo, en el que alternan el yo-protagonista, el observador de la historia y el procedimiento impersonalizado de omnisciencia neutra. Con una estructuración cronológica, el agente-narrador Juan Quiñones relata su participación activa en tres espacios ejemplarizadores. Localiza las tensiones del motín, de la revolución parcial de *La bola* (1887), en el pueblo de San Martín de la Piedra, *fantápolis* que no existe en los mapas de Méjico, pero que es un reflejo de su comarca natal de Ocozocuantha, en el estado de Chiapas. La dinámica de la lucha, las maniobras de avance y retroceso, la crítica de la doblez del cabecilla don Mateo Cabezudo, la fuerte censura de la «bola», pueden ser un anticipo del desencanto de Martín Luis Gúzman y Mariano Azuela, ante la gran Revolución mejicana:

Dentro del ámbito provinciano se encadenan las luchas políticas de *La gran ciencia,* movidas por la astucia, la trampa, la felonía y el dolo. En cambio, en los últimos volúmenes de la tetralogía, *El cuarto poder* y *Moneda falsa,* la acción se traslada a la capital de la República; se centra en la actividad periodística. Rabasa critica la venalidad de los comentaristas políticos y sus cambios ideológicos, en pro de su propio medro personal. La crítica se extiende a la función pública de los políticos, a la exploración de los lugares públicos, las pensiones, las casas de vecindad, descritas con un detallismo que nos recuerda a Pérez Galdós.

La tetralogía de Emilio Rabasa nos ofrece espacios geosociales descritos con procedimientos realistas; nos brinda el testimonio ideológico y social de un contexto histórico concreto. Pero para la historia sentimental de Juan con Remedios se sirve de algunos clisés románticos. Idealiza la figura femenina con connotaciones positivas, y considera su amor como «un idilio romántico que se mantenía, limpio, luminoso y tranquilo», frente al «brutal realismo del mundo». Se proyecta un claro efectismo sobre la enfermedad y la muerte de Remedios. Sin embargo, el escritor mejicano tiene conciencia de la nueva concepción de las historias amorosas. Contamos con un revelador testimonio, en el capítulo V de *La bola,* cuando advierte al lector que no se tomará «el trabajo de inventar, pintar y adornar una heroína con tubérculos, ni que quiera seguir hilo por hilo y lamento por lamento, la historia triste de un amor escrofuloso»[68].

3.4.2. Las tensiones de *¡Temóchic!*

También puede considerarse como un precedente del metagénero narrativo de la Revolución a *¡Temóchic!* (1893), de Heriberto Frías. El propio escritor participó en la dramática campaña contra el pueblo serrano, en el estado de Chihuahua, en 1889, como subteniente del Noveno Batallón. La novela es un testimonio de un singular hecho histórico, relacionado con los movimientos mesiánicos en América. Temóchic, situado en el corazón de la Sierra Madre, se convierte en un enclave de fanatismo, se subleva contra el Gobierno y mantiene en jaque al ejército regular. Su líder, Cruz Alvarez, impone en la comunidad un catolicismo cismático; expulsa al párroco, se convierte en «policía de la Divina Majestad» y se autoproclama «Papa Máximo». El pueblo, capital de la «Reforma», se exalta con una «cálida ráfaga de fanatismo religioso»; y emprende de la guerra santa «contra los soldados del infierno», y, en lucha inverosímil, derrota a las columnas que pretenden cercarlos, dispersa a los sitiadores y hace prisionero a un coronel.

Varias funciones dinamizan la acción, la intensifican: el asedio, los disparos de cañón, la conquista del cerro de la Cueva; el aullar de los perros que defienden los cadáveres de los perros hambrientos, el saqueo e incendio de las casas; los cadáveres sanguinolentos; el pueblo que arde lentamente, en tinieblas; el incendio de la iglesia; el ataque a la fortaleza; los hombres que salen casi desnudos, ennegrecidos; una vieja que se arroja al abismo; el desfile trágico de los prisioneros...

Heriberto Frías trasmite la perspectiva de sus experiencias a un *alter ego,* el estudiante Miguel, que participa como oficial en la campaña y protagoniza una aventura amorosa con Julia. En la estructuración autobiográfica actúan, con frecuencia, el sentimiento y la interiorización, de raíces románticas. Miguel es un «espíritu triste» que proyecta su lirismo sobre la naturaleza, dota al paisaje de semas oscuros, percibe «himnos del crepúsculo» y el «concierto lúgubre de alaridos quejumbrosos», la luz del ocaso extingue «anegando el inmenso valle en una sombra glacial y melancólica.» Las expresiones románticas se engarzan en la prosa, con semas de soledad, de queja, de «rumores vagos y tristísimos», del «doliente suspiro de la sierra abrupta»; menudean los sin-

---

[68] Ed. de México, Ed. Porrúa, 1970.

tagmas retóricos, los tópicos enfatizados: ladridos, «como fatídicos presagios»; «en la noche de su infortunio, un rayo esplendoroso de esperanza». Las relaciones de la pareja son un «poema de amor, incienso y sangre», se intensifica con situaciones efectistas, folletinescas [69].

Por el contrario, los encuadres del paisaje se reproducen con técnicas realistas. Tonifican los nervios del narrador las perspectivas de las cimas y el «ondular oscuro de las barrancas». Desde la óptica del agente, los elementos orográficos destacan con equilibrio expresivo: «al borde de altas rocas, empezaban a erizarse los pinos y arbustos», «el fondo del derrumbadero», «el inmenso valle cruzado por la cinta serpenteante de un río». Y, bajo el sol deslumbrante,

> dorsos inmóviles y escuetos de los cerros lejanos perfilaban el horizonte vasto, recortando con sus filos ondulados o dentado el azul intensísimo del cielo [70].

Ciertos efectos lumínicos, cambiantes, generan connotaciones que se aproximan a la poesía modernista de la época, como el efecto del disco del sol naciente, «con su explosión de finísima luz dorada que incendió la cima de los cerros, aclaró la lila del cielo, borró jirones de niebla...» La acumulación de funciones nominales, para dinamizar la ascensión del batallón, desde Ciudad Guerrero hasta la sierra, para interpretar la efervescencia de los campamentos y la embriaguez de la tropa, las marchas y contramarchas, el ritmo cinético de la lucha, de los asaltos, de avance y dispersión, se ajustan a los códigos del realismo, pero también aportan paralelos descriptivos y narrativos con Zola, especialmente con su novela bélica *La débâcle,* localizada en la guerra franco-prusiana [71].

Algunas situaciones límite de ¡*Temóchic!* se intensifican con excesos efectistas o brochazos naturalistas. La visión de las soldaderas, con sus rostros enflaquecidos, negruzcos, de harpías, produce en Miguel «una torturante interrogación siniestra», le recuerda el barrio mejicano, «hirviendo de mugre, lujuria, hambre, chingubre y pulque». El desenlace, «siniestro y trágico», con el fulgor de los «cadáveres ardiendo», con el «valle erizado de bárbaras tumbas», queda como la síntesis de «la siniestra soledad tenebrosa» del pueblo destruido.

Las relaciones amorosas del campo de la naturaleza se narran con una focalización y unas formas lingüísticas, muy próximas al naturalismo. Al lado del brutal abandono voluptuoso de las soldaderas y de las «abominables relaciones» de Bernardo con su adolescente sobrina, Miguel revive las sensaciones «en el vértice del extasis» y la experiencia física de su unión con Julia, dominada por «caricias de una sensualidad brusca, precipitada, convulsa», con un «deleite no gustado hasta entonces» [72].

3.4.3. Influencia de Pereda en López-Portillo

El ciclo del realismo mejicano se cierra en 1898, con la publicación de *La parcela.* Su autor, José López-Portillo y Rojas (1850-1923), confiesa su oposición a los modelos narrativos franceses y a los autores que «se empeñan en ser elegantes y voluptuosos como Musset, solemnes y paradógicos como Victor Hugo, obscenos como Zola y limadores desesperantes como Flaubert y los Goncour». Se muestra, en cambio, partidario de Galdós y Valera, y se entusiasma con Pereda: «Quién puede negar a José María de Pereda ser el primer hablista del mundo hispánico, una especie de Cervantes redivivo...» [73].

La parcela desborda el rótulo de «Novela de costumbres mexicanas». El espacio geográfico corresponde al Jalisco del escritor, y el lugar de Citola coincide con las poblaciones de Cocula y Tequila. El paisaje adquiere plasticidad, en el deslumbramiento de los amaneceres y en el juego cromático de los anocheceres: queda, incluso, un resabio romántico, en las sombras del misterioso cuadro que infunde en la mente del contemplador Gonzalo, «cierto pavor sagrado ante la profunda cañada». A veces, los procedimientos descriptivos, con sus precisas indicaciones deícticas, se aproximan a los utilizados por Pereda:

> Por todas partes, al pie de los vallados de piedra, a la orilla de los fosos, crecía el tepopote de hojas finísimas y tupidas. Las varas de San Francisco, de color morado, erguíanse aquí y allá sobre la hierba; la barbudilla extendía su ramaje profuso costeando la vereda; las hiedras desplegaban sus vistosas y delicadas corolas, como finas copas alzadas al cielo para recibir el rocío; las níveas flores de San Juan ostentábanse en artísticos ramos formados por la mano de la naturaleza; y por todas partes, bordando el verde tapiz con vistosísimas labores, lucían las estrellitas blancas su belleza casta y purísima. Más arriba comenzaron los robles de anchas

---

[69] James W. Brown, Prólogo y notas a ¡*Temóchic!* México, ed. Purrúa, 1968.

[70] Ed. cit., pág. 10. Como modelo de descripción vid. capítulo XXXI.

[71] J. Brown, prólogo cit., pág. XVII.

[72] Vid. cap. XXX.

[73] Cfr. la ed. de *La parcela,* México, Imp. de «El Tiempo», 1904.

y duras hojas a destacarse sobre el terreno, primero como centinelas avanzados, luego como tiradores dispersos, y al fin como ejército apiñado y numeroso. Vinieron después los encinos de finas hojas a mezclarse con ellos; el madroño nudoso de rojos peciolos, apareció en zona más elevada...[74]

La descripción de algunas actividades campesinas es generalizante; en cambio, en los interiores de la mansión de don Pedro se acumulan los elementos precisos. Los retratos de los protagonistas se ajustan a los códigos realistas, con excepción de la idealizante figura de Ramona, en la mente de su amado Gonzalo.

López-Portillo conduce la acción, desde un punto de vista omnisciente; penetra en los secretos de los agentes, se detiene en su carácter, aclara los diálogos, moraliza sobre el comportamiento y la honorabilidad. Establece el enfrentamiento entre buenos y malos; las cualidades morales recaen sobre el endeble y mestizo don Pedro Ruiz, mientras que el físico imponente y el aspecto avasallador de don Miguel Díaz está descompensado con la avaricia, la envidia, la ruptura de la amistad y la violencia. El conflicto estalla por la posesión de una parcela de tierra; don Miguel la reivindica ante su legítimo propietario don Pedro, y consigue, con los astutos manejos del abogado Jaramillo que le falle el juez a su favor, contra todo derecho. El accidentado litigio rompe la antigua amistad entre las dos familias y obstaculiza el proyecto matrimonial entre los dos jóvenes enamorados, Gonzalo y Ramona, La invasión del monte, la lucha entre caporales, el duelo a machete, la prisión de Roque y su asesinato, intensifican la acción. El conflicto se dinamiza en la pelea entre Pánfilo y Roque, narrada en *tempo lento,* con un procedimiento tensional de factura realista. Podemos comprobarlo en estas primeras secuencias:

> En el silencio del campo, y en lo escondido de la hondonada, no se oía más que el choque de los aceros y el furioso resoplar de los brutos. Varias veces se apartaban los combatientes obligados por los quiebros y saltos de las cabalgaduras; pero pronto las reducían a la obediencia. Aproximábanse tanto a ocasiones, que no podían hacer uso de la hoja de las espadas, y se golpeaban rudamente con las empuñaduras. Lo inútil de la lucha los exaltaba; los caballos jadeantes, espumantes y cubiertos de sudor, parecían fieras.
> Exasperado Pánfilo, inclinó la cabeza para cubrir el rostro con el ancho sombrero, y dirigiendo la punta del machete al pecho de Roque, aflojó la rienda e hincó espuelas al

caballo. No tuvo tiempo Roque para apartar el suyo; pero con la agilidad que da el instinto de la propia conservación, y sin saber cómo, echó el busto rápidamente al lado opuesto, y pasó el arma sin herirle, aunque desgarrándole la camisa y la chaqueta. Y como había levantado la diestra maquinalmente, dejóla caer sobre la cabeza de Pánfilo, en el momento en que éste pasaba como una exhalación junto a él. El golpe fue rudo y estuvo a punto de derribar a Vargas; Roque creyó que le había hendido el cráneo[75].

En contrapunto con el litigio por la tierra, se desarrolla el proceso amoroso. La relación entre Gonzalo, hijo de don Pedro, y Ramona, hija del litigante don Miguel, en los primeros años se mantiene como un idilio convencional, con un predominio de lo subjetivo sobre la objetividad. Las connotaciones positivas de la textura de la joven, los tópicos de los diálogos, el lirismo y, sobre todo, las reacciones efectistas del repensar de Gonzalo, están pasando como préstamos del sentimentalismo romántico. Pero la lucha entre los dos hancedados interrumpe la felicidad de la pareja. Se introduce incluso, el tópico de un rival, Luis Medina, que suscita los celos de Gonzalo. La reconciliación de las dos familias elimina los obstáculos, genera situaciones emotivas, de cierto tono efectista; conduce al final feliz a los enamorados.

4. LA NOVELA NATURALISTA

Dentro de la asincronía de superposiciones narrativas, es necesario establecer los límites entre el realismo y el naturalismo. Para marcar el deslinde con claridad, no podemos olvidar el largo proceso de reorganización de la sociedad hispanoamericana y la lenta introducción de las corrientes de pensamiento y de la renovación científica. Comte, Schopenhauer, Stuart Mill, Spencer, Charles Darwin, Mendel, Claude Bernard, proporcionan los modelos efectivos para los códigos elaborados por Zola: la selección natural y la lucha por la existencia; la ley de transmisión hereditaria; la aplicación del método experimental al estudio natural y social del hombre; la actuación del novelista como el médico experimentador sobre el círculo social y el círculo vital; la afirmación de Claude Bernard de que la experiencia se basa en la costatación de los fenómenos creados o determinados por el experimentador. El *sentido de lo real,* según la óptica de

---

[74] Ed. cit., pág. 173.

[75] Id., pág. 105.

123

Zola, se basa en descubrir la naturaleza tal cual es; las funciones del relato se consideran «sólo como desarrollos lógicos de los personajes»; el fundamento de la documentación para elaborar el macrocosmos narrativo; las reacciones interiores se supeditan al factor mecanicismo. En el experimentalismo, los escritores se deciden a «estimular la reflexión del lector, mostrando sin disfraz, la verdad», la misión de reproducir «los objetos tal como él los ve»[76].

La recepción de las teorías filosóficas y científicas, en Hispanoamérica, es discontinua y, en algunos países, no encuentra suficiente eco en la novela, como ya hemos señalado. De todas formas, debemos destacar unos núcleos significativos. En Buenos Aires, además del arraigo de las doctrinas de Comte y de Spencer, Florentino Ameghino, al regresar de Europa, defiende las teorías transformistas de Darwin y aplica a sus investigaciones paleontológicas «los principios de transformación transformista basado sobre las leyes naturales y proporciones matemáticas». A su libro revelador *La antigüedad del hombre en el Plata,* sigue la elaboración de las teorías biológicas en *Filogenia* (1884). Por estas mismas fechas, Cambaceres aplica a sus novelas los códigos naturalistas. También en Uruguay, se aclimata la corriente zolesca, en la década finisecular, fomentada por el grupo positivista de la Universidad de Montevideo y por la polémica entre positivistas y espiritualistas, en el Ateneo[77].

Méjico es el centro más importante de la asimilación y reelaboración de la filosofía de Comte y Spencer y de las teorías de Darwin, a través de la generación del Ateneo de la Juventud. En el liberalismo de Juárez, el médico Gabino Barreda aplica el positivismo a los sistemas educativos. En la época de Porfirio Díaz, el partido de los científicos, encabezado por Justo Sierra, intenta insuflarlo en la política, con esta síntesis: «La ciencia como un instrumento del orden político, condición de una libertad sólo admitida en materia económica»[78]. Sin embargo, el naturalismo no aparece hasta *Santa* (1902), ya que el discurso narrativo de la primera novela de su autor, Federico Gamboa, *Suprema ley* (1895), se mueve dentro de los esquemas realistas, y los amores

adúlteros de Clotilda con Julio Ortegal tienen más vinculación con concretas novelas folletinescas que con Zola. Puede ser válida la opinión de Alfonso Reyes de que «los directores positivistas tenían miedo de la evolución, de la transformación».

Puerto Rico es otro enclave efectivo de aclimatación de la novela esperimental, por medio de Zeno Gandía. El terreno cultural estaba preparado, en ciertos ambientes reducidos, por la difusión del positivismo y, sobre todo, por un fuerte anhelo regenerador, aparecido en España, a partir de la revolución de 1868, con la intención de sustituir los esquemas restrictivos y encontrar soluciones para la situación de la colonia.

Novelistas de distintos países demuestran una lectura de Zola y utilizan algunos de sus códigos, como ya hemos apuntado. Pero el *corpus* de novela propiamente naturalista es reducido; podemos quedarnos con siete novelas, publicadas entre 1885 y 1899, con arreglo a este paradigma:

Años	Novelas	Autores
1884	*Música sentimental*	Cambaceres
1885	*Sin rumbo*	Cambaceres
1887	*En la sangre*	Cambaceres
1889	*Irresponsable*	M. T. Podestá
1895	*La Charca*	Zeno Gandía
1896	*Garduña*	Zeno Gandía
1899	*Gaucha*	Javier de Viana

4.1. *El naturalismo de Cambaceres*

Después del análisis del dilatado proceso del realismo, podemos afirmar que el verdadero introductor del naturalismo en Hispanoamérica fue el bonaerense Eugenio Cambaceres (1843-1888). Sus estudios universitarios, su actividad como abogado, la intervención en la política del país, la cultura francesa heredada de su familia paterna, los viajes a Europa y el conocimiento directo de la novelística de Zola; determinan la búsqueda de nuevas formas de expresión. Ya en las palabras preliminares de

[76] Vid. Émile Zola, *Le roman expérimental,* París, Garnier-Flammarion, 1971; Yves Chavrel, *Le naturalisme,* París, Presses Univ. de France, 1982. Para una nueva perspectiva. Roger Fowler, «How to see thriygh kabguage: perspective in fiction», en *Poetics,* 11, núm. 3, págs. 213-235, Amsterdam, 1982.

[77] Vid. Pedro Henríquez Ureña, *Historia de la Cultura en América Hispana,* México, F.C.E., 1955.

[78] Vid. Leopoldo Zea, *El positivismo en México: nacimiento, apogeo y decadencia,* México, F.C.E., 1968.

su primera obra, *Pot-pourri* (1881), subtitulada *Silbidos de un vago,* además de citar a Balzac y Zola, expresa su deseo de copiar «del natural, usando de mi perfecto derecho», y apunta ya al principio de su narrativa posterior:

> pienso, con los sectarios de la escuela realista, que la exhibición sencilla de las lacras que corrompen el organismo social es el reactivo más enérgico que contra ellos puede emplearse[79].

A pesar de esta afirmación, Cambaceres emplea el relato en primera persona; sin embargo, la postura del agente-narrador de testigo impersonal está ya lejos del autobiografismo romántico. A veces, su prosa resulta desenfadada, con resonancias de Cervantes y de la picaresca; pero, en ocasiones, está agitada por «la imaginación calenturienta». No falta la exploración social, con la introducción en varios ambientes porteños; refleja la dinámica del carnaval; critica las elecciones, movidas por «demagogos y pillos»; plantea problemas educacionales del país; muestra a la vida campesina; manifiesta su oposición a los emigrantes, al crear una grotesca figura de picota, representa por un criado gallego[80].

La técnica del discurso narrativo de Cambaceres cambia en *Música sentimental* (1884), aunque sigue apegado al autobiografismo. En primer lugar, en este pacto autobiográfico, el agente-narrador prescinde de las intenciones subjetivizantes; actúan como omnisciencia neutra; controla la acción gestual de Pablo y Loulou, transcribe sus diálogos; es como un *alter ego* del propio novelista. Además, en algunos capítulos, están vistas desde la óptica de otros personajes. El enfoque del «cargamento» de emigrantes vascos y portugueses, de comerciantes españoles y franceses, desembarcados en el puerto de Burdeos, se acerca al realismo crítico; en esta línea resalta, también, la exploración de la vida galante de la capital francesa, a través de las experiencias de Pablo, un argentino de familia acomodada, que va «a liquidar sus capitales a ese mercado gigantesco de carne viva que se llama París».

A pesar del narrador intradiegético, del alegato sobre la «dignidad y la deslealtad» y de las reflexiones morales, Cambaceres incorpora procedimientos zolescos. La fuerza mecanicista del deseo trastorna a Pablo, con una especie de *delirium tremens* de concupiscencia; mientras que en el narrador, el roce del cuerpo de Loulou genera «un estallido brutal de sensualismo». La cruda historia de Loulou, con resonancias de *Nana,* rompe con todos los convencionalismos del relato; el punto de arranque es su violación por los cómicos: «todos pasaron a tropel sobre mi cuerpo, bañado en llanto, jadeando, desgarrada, hecho pedazos mi pudor...»

Eugenio Cambaceres (dibujo de Ross, 1887).

La alucinante historia del norteamericano Peternsen que establece un harén de monas, para procrear una nueva civilización, «un nuevo edificio social», además de ser un precedente de anticipación del siglo XX, es una parodia de la doctrina evolucionista de Charles Darwin[81]. Por otro lado, la intensificación naturalista actúa en el tratamiento médico de Pablo, herido de gravedad en un duelo. El aspecto de la herida, el cuadro de síntomas, resaltan con acres connotaciones y funciones verbales de sentido virulento:

> De la faz interna de los labios, otras ulceraciones arracaban en arcos truncos de círculo, en fragmentos de líneas curvas, llegando hasta cruzar por encima los bordes libres donde, después de trasudar un líquido amarillento y viscoso que manchaba la ropa de gris como la serosidad de un cáustico, dibujaban gruesos festones de costras negras[82].

[79] Cfr. *Obras completas,* Santa Fe, Castellví, 1965, página 15.
[80] Cfr. caps. IV, XVIII, XIX y XX.

[81] Ed. cit., págs. 105-107.
[82] Id, págs. 146.

4.1.1. El determinismo de *Sin rumbo*

En su tercera obra, Cambaceres sustituye el autobiografismo por la reproducción objetivizada y experimental de la naturaleza y del comportamiento humano; asimila modelos filosóficos, científicos y literarios de Schopenhauer, Darwin, Claude Bernard y Zola. Por eso, podemos considerar a *Sin rumbo* (1885) como la primera novela hispanoamericana abiertamente naturalista[83]. En los primeros capítulos se conjugan el concepto darwiniano de la lucha por la existencia y el «medio que determina y completa al hombre». En la faena del esquileo, se superponen el trabajo de hombres y mujeres y la resistencia de la oveja, con la pérdida de lonjas de cuero que se desprenden pegados a la lana y «las carnes cruelmente cortejeadas», en heridas anchas, sangrantes. El hacinamiento de animales y peones se mantiene durante los días estivales, en el tumulto de la marca y el encierro de los terneros enlazados. De noche, los peones hablan alrededor del fogón, y, fuera, resuena el paso de la tropilla y los relinchos. La actividad de la estancia se dinamiza con el rodeo: «El campo, estremecido, temblaba sordamente, como tronando lejos.»

La intervención del campo bonaerense, desde una perspectiva exterior. Los amplios enfoques resaltan con gemas cromáticas; los espacios reducidos se estructuran con una precisa orientación geométrica; la naturaleza se presenta como una armonía del universo; y su germinación persiste, incluso, en la reseca tierra agrietada, en «los pastos abatidos y marchitos». Al mismo tiempo, el sentido de lucha, de supervivencia, está presente en este ámbito rural. La naturaleza se altera con la lluvia torrencial, el desbordamiento de los ríos y la dilatación de las lagunas. Hombres y animales luchan para recorrer los caminos, librarse de los atascos, vadear las corrientes; la inteligencia y el instinto se alían contra «la fuerza inconsciente y ciega de la naturaleza desquiciada» (cap. XXX), contra la tormenta que rueda por la llanura, arrasa los galpones y dispersa los ganados.

Dentro de esta naturaleza, enfocada sin convencionalismos idealizantes, se enmarca la existencia de Andrés dominada por las reminiscencias del pasado, por la fuerza instintiva presente, por la idea inquietante de Schopenhauer: «si la vida es tanto más feliz cuanto menos se la siente, lo mejor sería como verse libre de ella». La soledad y el negro pesimismo del agente nada tiene que ver con el comportamiento de los héroes románticos; aquí está «abismado el espíritu en el glacial y terrible *nada* de las doctrinas nuevas». El desequilibrio en su organismo llega «hasta el paroxismo de las facultades», condiciona su estado mental cercano a la locura. «La llamada de los sentidos» rige, también, la existencia de Andrés, en dos aventuras amorosas de muy distinto signo, ambas dentro del campo de la naturaleza, al margen de las relaciones estables codificadas por la tradición cultural. La unión con la campesina Donata se produce bajo «el brutal arrebato de la bestia», lo mismo que en la novelística de Zola; la ataca de súbito, sin ceremonias previas, y ella se entrega, «acaso obedeciendo a la voz misteriosa del instinto, subyugada, a pesar suyo, por el ciego ascendiente de la carne en contacto de ese otro cuerpo de hombre»[84]. La pasional aventura con la *prima donna* del Teatro Colón se caracteriza por el dominio de los sentidos, por la sumisión del cuerpo. Pero este desenfreno pasional no satisface las apetencias vitales de Andrés; al contrario, genera el hastío, la marcha «sin rumbo, en la noche negra y helada de su vida».

La doctrina de Schopenhauer de «la negación consciente de la voluntad de vivir», de la supresión de la persona, genera las ideas de suicidio que actuarán en el desenlace de la novela. La existencia del agente cambia, al reintegrarse a la hacienda y recoger a su hija Andrea, después de la muerte de Donata, en el sobreparto. Se instala en la estancia, comparte el trabajo con la peonada y se esfuerza en su reconstrucción económica, pero la crisis existencial continúa, turbada por presagios, por «confusos temores».

Tres fuerzas negativas se oponen al nuevo «rumbo» emprendido y lo empujan al suicidio: los rebaños dispersados por la tempestad; la hija atacada de difteria y muerta; y el incendio del almacén. La tremenda tensión irreflexiva final está narrada, con desnudo naturalismo, en estas secuencias de la impresionante situación límite:

> Volvió, se sentó, se desprendió la ropa, se alzó la falda de la camisa, y tranquilamente, reflexivamente, sin fluctuar, sin pestañear, se abrió la barriga en cruz, de abajo arriba y de un lado a otro, toda...
> Pero los segundos, los minutos se sucedían y la muerte, asímismo, no llegaba. Parecía mirar con asco esa otra presa, harta, satisfecha de su presa. Entones, con rabia, arrojando el arma:

[83] Vid. Juan Epple, «Eugenio Cambaceres y el naturalismo en Argentina», en *Ideologies and Literature,* 14, páginas 16-50, University of Minnesota, 1980.

[84] *Sin rumbo,* ed. cit., pág. 159.

—¡Vida perra... —rugió Andrés— yo te he de arrancar de cuajo!...

Y recogiéndose las tripas y envolviéndolas en torno de las manos, violentamente, como quien rompe una piola, pegó un tirón.

Un chorro de sangre y de excrementos saltó, le ensució la cara, la ropa, fue a salpicar la cama del cadáver de su hija, mientras él, boqueando, rodaba por el suelo...[85]

El proceso agencial de Andrés se relaciona con las teorías filosóficas decimonónicas, está condicionado por un determinismo psicológico y físico:

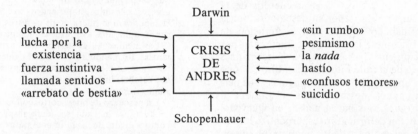

4.1.2. La ley de la herencia

La exploración experimental se intensifica, y se amplía, en la última novela de Cambaceres, *En la sangre* (1887), áspero compromiso con parcelas de la realidad bonaerense. El autor se introduce en un ambiente como «experimentador», para constatar la dura lucha por la subsistencia del emigrante italiano, para testimoniar la deformación de la textura física, las taras morales y la corrupción de la pandilla de niños callejeros. El difícil proceso de labilidad social del «tachero» determina el medio adverso en que se mueve la infancia y la adolescencia de Genaro. Después de la muerte repentina del padre, el agente protagoniza la existencia absurda y airada de falso estudiante en la Universidad; la lucha contra las burlas crueles de sus compañeros, contra el hastío y los presentimientos. Pero más que del medio desfavorable es víctima de la «vergüenza» de su origen, de «todos los gérmenes malsanos que fermentaban en él», «de las sugestiones imperiosas de la sangre, de la irresistible influencia hereditaria[86].

El novelista relata, en *tempo lento* las fases de la lucha para sobreponerse a sus tendencias; pero choca con el determinismo de la «inmutable fijeza de las eternas leyes de su casta, de la sangre, de la herencia transmitida por sus padres», que actúan sobre su comportamiento con la misma mecanicidad «de la caída de un cuerpo»:

Y víctima de las sugestiones imperiosas de la sangre, de la irresistible influencia heredi-taria, del patrimonio de la raza que fatalmente con la vida, al ver la luz, le fuera transmitido, las malas, las bajas pasiones de la humanidad hicieron de pronto explosión en su alma[87].

El determinismo de la herencia biológica, de indudable raíz zolesca, domina su voluntad, mina su moral, lo precipita en el «intolerable hastío, en desaliento profundo». Abandona el estudio y busca una salida en el arrivismo, y gasta su pequeña fortuna, para triunfar en los círculos sociales. La vía segura es «un buen matrimonio». El «no había nacido en la Calabria; había nacido en Buenos Aires; creía ser criollo, generoso y desprendido, como los otros hijos de la tierra». Para imponerse al clasismo de la sociedad, elige como víctima a la rica heredera Máxima; la seduce, para conseguir el matrimonio. Pero la disposición de la herencia, al fallecimiento de su suegro, y el nacimiento del hijo no son suficientes para lograr la ansiada estabilidad; las obligaciones económicas y las violentas crisis del matrimonio se suceden. Y Genaro termina su andadura novelística basculando entre un estado monologante de zozobra, «un vacío inconmensurable» y las variaciones de un determinismo necesario.

4.2. *Disección y neurosis de la novela de Podesta*

La carrera de Medicina, la larga experiencia hospitalaria y la especialización en enfermedades mentales proporcionan a Manuel T.

[85] Idem, pág. 204.
[86] *En la sangre,* ed. cit., pág. 220.

[87] Id., pág. 217.

Podestá (1853-1918) las bases para su novela *Irresponsable* (1889). En el discurso narrativo, el escritor bonaerense se sirve de varios puntos de vista: relato autobiográfico, con las modalidades del yo-testigo, observador, y el yo-experimentador; omnisciencia neutral; repensar interiorizado del «hombre de los imanes»; perspectivas objetivas, en tercera persona; encuadres fotográficos... Los «recuerdos de la Universidad» resalta por su desenfado, por el ritmo dinámico logrado con la iteración de yuxtaposiciones. También se caracterizan por su función cinética las sucesivas percepciones del paseo de la calle Florida. La sátira y el tono satírico aparecen en algunas páginas. Los perfiles humanos desmesurados, estilizados o achaparrados, nos hacen pensar en Quevedo. La intención deformadora esperpentiza los encuadres del «hombre de los imanes», en su textura física y su ruína moral, «hundido en la miseria», «segregado de la sociedad»; impulsado a «caminar por las aceras como un escarabajo». Podestá, al introducir al lector en el anfiteatro de Anatomía, sigue los modelos de Zola para su larga descripción acumulativa, recargada con temas oscuros, acres, con indicadores truculentos. Como podemos comprobar, en este ejemplo reducido, es muy difícil encontrar en la novelística del XIX, un sistema de encuadres intensificados con esta cruda objetividad fotográfica:

> Era un espectáculo poco simpático el ver aquellos despojos humanos pendientes de un clavo y sujetos con piolas; piernas que les faltaba la piel, y cuyos músculos, color vinagre subido, tomaban matices negruzcos en distintos puntos, dejando ver en otros una faja brillante, nacarada, tiesa, un tendón estirado, que había sido bien raspado con el bisturí para rastrear la inserción del músculo. Algunas veces pendía de la viga una mano descarnada, seca, medio momificada por el frío, en cuyo dorso serpenteaban nervios, venas, arterias y un manojo de tendones que se irradiaban hasta la extremidad de los dedos...
> Ya era la mano perfectamente disecada; otras, una pierna, los pulmones enjutos, sin aire, colgando como dos jirones de trapo y adheridos a la tráquea que servía de piola; el corazón, el noble músculo, lleno de cera, hinchado, repleto, sin la apariencia y la forma poética que le asigna el misticismo: un corazón anónimo, colgado de un clavo [88].

Las experiencias del Hospital de Hombres y sus especialidades de cirugía y psiquiatría capacitan a Podestá para aproximarse a la enfermedad, a la neurosis y a la muerte con óptica científica. Del mundo tenebroso del depósito de presos, podemos recortar este primer plano en relieve del ebrio enfermo:

> Volvían a caer sus párpados hinchados, glutinosos, equimóticos; entreabría su boca para dar salida a la espuma sanguinolenta que se pegaba como un copo a sus labios gruesos, carnudos, amoratados, sosteniendo el superior una hilera de pelos duros, entrecanos, adheridos a la carne como una costra.
> Las mejillas, surcadas por venas azules, sinuosas, formando arborizaciones, que iban a terminar en el cuello, donde las gruesas venas estaban hinchadas, pletóricas, y amenazando romperse.
> Un pescuezo de buey, corto, colorado, que se dilataba en cada sacudida respiratoria, como si el aire de los pulmones pasase al través de las mallas de sus tejidos [89].

Las claves de la novela están, sobre todo en la compleja tipología del agente, a través de la introversión, la transformación física, la «herencia patológica», la inconsciencia, la irreversible locura. El «hombre de los imanes» es un prototipo de solitario, aislado, sin amigos; es un inadaptado, sin adecuarse a las normas codificadas por su grupo social; está imposibilitado para la lucha, se deja «subyugar miserablemente». Es un hombre «sin rumbo», que anticipa al Andrés de Cambaceres; no tiene esperanzas «de encontrar un punto de apoyo para el porvenir». Las teorías mecanicistas inciden en su proceso de grave alienación: «su cerebro trastornado, desquiciado, perdiendo sus facultades de dirigir el equilibrio de la máquina humana». La vía descendente se agudiza con la caída en el vacío, en situaciones irreversibles, hasta entrar en el infierno dantesco del manicomio.

4.3. *Del realismo al naturalismo, en Uruguay*

El ámbito cultural de Montevideo, el régimen de latifundio rural, la alternancia entre poder personal y civilismo, proporcionan bases documentales a la narrativa uruguaya finisecular. Ya en 1888, Carlos Reyles introduce en su primera obra, *Por la vida,* este principio revelador del predominio de las inclinaciones fisiológicas: «Damián creía que el verdadero motor de las acciones humanas eran los apetitos del cuerpo y juzgaba malo todo sistema social o moral que no los tuviese en cuenta.» El disfrutar del placer, los impulsos primarios, el imperativo sexual entran en *Las hermanas*

---

[88] Manuel T. Podestá, *Irresponsable,* Buenos Aires, Minerva, 1924, páginas 27-28.

[89] Id., pág. 210.

Flammary (1893), de Mateo Macariños Solsona, novela con resonancias de *Las Soeurs Vatard,* de Huysmans.

Carlos Reyles aprovecha sus experiencias de hacendado y cabañista y las reformas ganaderas de su padre, para reproducir el mundo de una estancia uruguaya, en la novela *Beba* (1894). El estanciero Gustavo Ribero, con su decidida labor reformista, representa las ideas del padre del escritor de modernización de las técnicas pecuarias, como fuente de la prosperidad del país. Está descrito con perspectivas realistas el espacio geosocial de «El embrión», animado por las faenas camperas, los rudos trabajos de aparceros y peones, el entrevero de animales y hombres en la actividad de la yerra. Dentro de este ámbito tiene efectividad dialéctica la bipolarización mundo rural-ciudad.

La influencia del medio en el comportamiento de los protagonistas se vincula, en cierta manera, con las teorías zolescas. El desbordamiento del río Negro enreda, en su fuerza y sus peligros al grupo familiar que pretende vadearlos; la dramática lucha de Ribero y Beba por la supervivencia descubrirá la atracción pasional que se sobrepone sobre todos los tabúes. Sin embargo la entrega queda velada por la sugerencia. Igualmente, tiene escasa efectividad el relato del suicidio de la agente, internándose en el mar.

El cientifismo se manifiesta en las preferencias por la zootecnia, las leyes de la herencia, las colecciones de minerales y plantas secas y los hallazgos de las exploraciones paleontológicas. Zola está presente en el sistema de perfección de la especie; el semental tiene el nombre de Germinal; se estudia «la reproducción entre consanguíneos, destinada a fijar algunas cualidades»; y se tiene en cuenta este principio: «la consanguinidad es la ley de herencia que obra sobre potencias acumuladas, como obran las fuerzas paralelas aplicadas a un mismo punto». Con esta consanguinidad se relaciona, simbólicamente, el monstruo engendrado por Beba, pero además, puede significar un castigo, ejemplarizador de las relaciones endógenas.

Como contrapartida estética, encontramos engarzados, a lo largo del relato, tópicos paracrónicos de raíz romántica: «tristezas inexplicables» de Beba; personificación de ésta en Ofelia y otras heroínas; «negra tristeza de los grandes desencantos». Y, por otra parte, no encaja en el realismo de la novela el diario artificioso, predominantemente subjetivo de Beba, incluido en los capítulos XIV-XVI[90].

4.3.1. La iniciación naturalista de Javier de Viana

La visión operativa del mundo rural se completa en *Gaucha* (1899), de Javier de Viana (1868-1926), localizada en Gutiérrez, zona aislada, sin comunicaciones, del departamento de Minas. Esta geografía real, recorrida por el largo y caudaloso Cebollatí, de campos bajos, cenagosos, de «bañados» interminables, de selvas de paja brava, está circundado por la línea dentada de la alta y áspera sierra. El paisaje está enfocado en forma directa, desde una perspectiva subjetivizada por lejanas simulaciones románticas o enriquecido por la plasticidad de las percepciones de la estética modernista. Pero esta naturaleza se manifiesta en una germinación que determina las relaciones de los personajes. La interacción entre el «medio adverso» y el hombre se basa en dos tipos de inadaptación: mimética y agresiva. En este sentido, Javier de Viana es un novelista analítico. Gutiérrez es un refugio de matreros, bandoleros y perdularios que ejecutan toda clase de violencias. Los estancieros duermen con los fusiles junto a la cama. El bandolero Lorenzo, en un polo de barbarie, defiende su existencia atacando; reacciona agresivamente frente al medio; practica un código de comportamiento tendente a la destrucción.

Varias funciones cardinales de *Gaucha* reflejan la tendencia naturalista. El medio adverso actúa sobre los agentes de la novela. El gaucho trenzador Zoilo, completamente aislado en el rancho, es incapaz de adaptarse a las nuevas condiciones que impone la evolución económica; su «espeso cerebro primitivo» determina su «individualismo feroz», su «alma seca», su condición de «bestia humana». También el extrañamiento de Juana deriva de la miseria del rancho destruido, del estero y los bañados, del temor a la violencia de los bandoleros. La ley de la herencia controla los comportamientos de la pareja de enamorados. Lucio lleva «en la sangre el bálsamo de la desidia nativa, la suprema indiferencia fatalista de la raza». Una «herencia atávica, un fruto exótico sin destino ni misión» actúan en Juana, como proyección del pasado, de la unión de Rosa y Luis del Valle, exiliado de la dictadura de Rosas. Esta extraña herencia de dos sangres, de un «amor frenético que crece en el campo con la frondosidad lujuriante de los árboles de la selva», le impide «adaptarse al temperamento de sus semejantes»; se siente «fatalmente condenada por delitos que no había cometido, sentía en el alma la lasitud de las luchas irracionales»[91].

---

[90] Cfr. ed. de la Colección de Clásicos Uruguayos, Montevideo, 1966.

[91] *Gaucha,* Montevideo, Col. de Clásicos Uruguayos, 1956, pág. 115.

El concepto darwiniano de la lucha de la existencia está impuesto por la misma norma extrema de la naturaleza de «vivir y morir, libre y salvaje, sin ley y sin amo». Y el destino de los agentes es semejante al del charrúa, «de consumirse, de desaparecer en la lucha, como si el progreso y la civilización» actuasen como disolvente. La vida como lucha está representada, de manera singular, por la pasión, por el placer de matar. La persecución y el exterminio se imponen a lo largo de la campiña, simbolizados por el águila que revolotea «perseguida por los caranchos», por los «chimangos destrozando un corderito»[92].

En el proceso amoroso, disuenan las notas idealizantes y las situaciones sentimentales. Pero el destino de Juana está regido por leyes impuestas por la novela experimental. Trasterrada a una zona aislada, en el espacio miserable del rancho, al cuidado de un ogro insensible como su tío Zoilo, se enfrenta con «un destino feroz»; bascula entre la inquietud de «una niebla blanca, densa y fría» y las «pesadillas horripilantes y las pasiones insatisfechas» que agitan su organismo con procedimientos de raíz mecanicista. Recurre, incluso, al cientifismo de los naturalistas, para simbolizar la fuerza extraña que crece en su cuerpo: «el *algo* extraño, misterioso y terrible, que dominaba en el fondo de su alma, como una planta epifita». Su trayectoria agencial cambia, desde la visita del bandolero al rancho. Su sufrimiento moral se manifiesta con síntomas que están dentro de lo que los psicólogos llaman «la carencia de sensaciones por la acción continuada de la misma sensación». De la insensibilidad salta a las pesadillas, a la «enfermedad tenaz y cruel» que sigue «su lenta labor destructora». Todo el complejo proceso es la confluencia de dos grupos de síntomas:

Físicos	Morales
«pálida, temblorosa»	«languidecía de amor y de celos»
«mejillas encendidas»	desazón
«miembros enflaquecidos»	«*algo* extraño en su cuerpo»
adelgaza notablemente	«sueño extraño»
«palidez de lirio»	«desesperante inquietud»
mueca dolorosa	«moral angustia»
«faz congestionada»	rebelión
«ojos brillantes de deseo»	«loca de desesperación»
«débil y consumida»	«pensamientos lúgubres»

[92] Idem, pág. 210.

El medio se hace más hostil, después de su encuentro con Lorenzo en el bañado. En su constante desasosiego, se mueve como «autómata», como «un elemento enfermo e inservible en la sociedad en que vivía». La situación límite de la violación por Lorenzo deja un estigma en el cuerpo de Juana, una «mancha infamante», un recuerdo «de dolor y repugnancia». La unión con Lucio parece abrir una etapa de felicidad; pero la venganza de Lorenzo precipita el final trágico de la novela. Los bandoleros asaltan el rancho, lo incendian y matan a Zoilo y Lucio. Juana, aterrorizada, huye entre las llamas que avanzan por el estero; se derrumba sobre la grama, y allí es violada, sucesivamente, por los hombres de la partida. Después, la atan a un árbol, abandonada a morir, en medio del impresionante silencio de la llanura.

4.4. *El naturalismo de Zeno Gandía*

El naturalismo se introduce en Puerto Rico en unas circunstancias histórico-culturales distintas de las de las otras naciones hispanoamericanas, ya que a este país no había llegado la independencia y seguía supeditado a la administración española. Los ecos de la nueva corriente narrativa los encontramos en *El Buscapié*, fundado por Fernández y Juncos y en la polémica periodística de 1889-1890. Podemos encontrar procedimientos técnicos del zolismo en las novelas *Inocencia*, de Del Valle Artiles, y en *La pecadora*, de Salvador Brau. Pero el primer novelista naturalista puertorriqueño es Manuel Zeno Gandía (1855-1930). Sus estudios de Medicina, terminados en Francia, sus experiencias hospitalarias y el contacto directo con la concepción novelística de Zola, en las tertulias parisinas, le proporcionan la documentación científica y la técnica narrativa para explorar, en profundidad, una sociedad rural en subdesarrollo, para interpretar la marginación del mundo del jíbaro en la *Crónica de un mundo enfermo*.

La charca (1894) es su primer testimonio del infradesarrollo del campesinado, del autoritarismo de los explotadores, la ruptura de los códigos de comportamiento moral y las situaciones límite de violencia. La naturaleza exuberante, la germinación de las tierras cálidas no mejoran la depresión económicosocial. Un conjunto de lacras frena la regeneración del pueblo; varios factores de descomposición obstaculizan la movilidad regeneradora del progreso, del desarrollo. Una constelación de elementos negativos generan la marginación, la miseria, la aculturización, la ignorancia, el analfabetismo, la subalimentación, el hambre, el depauperismo, la insalubridad, la enfermedad, el laxismo, el alcoholismo, la degradación. Zeno Gandía, a través de sus portavoces en la novela —el doctor Pintado y el hacendado ilustrado don Juan del Salto— plantea soluciones que superen la situación de la «generación perdida»; expone un sistema de factores regeneradores, para conseguir en el futuro un adecuado desarrollo rural. En este proyec-

to, las funciones físicas y económicas, la planificación social, la higiene, la salud, la laboriosidad, se interrelacionan estrechamente con la cultura, el progreso, las leyes protectoras, la acción política. Para eliminar la miseria se necesita una gigantesca «espumadera que depurase el corrompido monstruo de las cordilleras». Podemos diagramar así la bipolarización entre las lacras degradadoras y las funciones de movilidad regeneradora[93]:

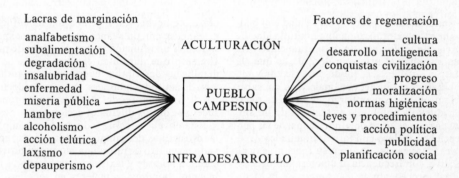

Zeno Gandía adopta el método experimental para estudiar el medio, las leyes de la herencia, el atavismo étnico. Las ideas darwinistas de la lucha por la supervivencia se mezclan con «la acción selectiva de la especie». Las dificultades de adaptación de los negros de la trata al clima tropical, a la distinta alimentación; el mestizaje con las hembras aborígenes, la depresión que mina los organismos, contribuyen a la decadencia presente. Extralimita el concepto de Zola sobre la operatividad de la fuerza determinista: «lo mismo los fenómenos físicos que los morales se encadenan y gravitan entre sí, como los astros».

Las crisis sociales están condicionando las desviaciones morales y la ruptura de los códigos de comportamiento. Por un lado, la indefensión de las mujeres en el ámbito rural, obligadas a buscar, con su entrega, el apoyo de los hombres. Por otro, las causas mórbidas de la indigencia y el alcohol, de la insensibilidad ante las reglas prescritas, que conducen a varios protagonistas al vicio, a execrables hechos delictivos. Son sintomáticos ejemplos de esta sociedad deprimida los asesinatos de Ginés y Deblás y los dramas de Leandra, Aurelia y Silvina. La víctima principal es Silvina, esclava en el círculo familiar, casada contra su volun-

tad, obligada a cohabitar con el amante de su propia madre.

Silvina protagoniza dos acciones paralelas: la extorsión degradante impuesta por el feroz Gaspar y por Galante, que la convierten en «materia inerte», y el amor secreto de Ciro, imposibilitado por el temor. Protagoniza varias escalas de una vía purgativa, intensificada con la trágica experiencia de la tienda de Andújar y con la prisión de Ciro. Con la requisitoria contra su marido Gaspar, por asesinato, y la libertad de Ciro se abre para ella una etapa de felicidad. Pero la función desencadenante del asesinato de su amado la empuja a otra situación límite: la protección de Mercante, que resulta tan infame como Gaspar y la obliga a compartir la vivienda con otra amante. Pretende huir de esta situación, pero el destino fatal, representado por un fulminante ataque de epilepsia, la derrumba sobre el precipicio. El proceso funcional, que conduce a esta situación irreversible, es factible de diagramar de esta manera[94]:

[93] Benito Varela Jácome, Estudio y edición de *La charca,* en t. XXII de *Las mejores novelas de la literatura universal,* Madrid, Cupsa, 1984, págs. 859-1010.

[94] Cfr. ed. cit., pág. 872.

```
Función                         Sumisión amorosa
desencadenante                        │
      │                               ▼
      ▼                         unión con Mercante
asesinato de Ciro                     │
      │                               ▼
      ▼                          situación
desesperación de                 denigrante
   Silvina
      └───────────────┬───────────────┘
                      ▼
              Desenlace fatal
                      ↓
                   huida
                      ↓
           despeñamiento   MUERTE
```

Zeno Gandía reproduce la realidad con puntos de vista externos, con una multiplicidad de niveles de visión, con un desplazamiento focal que responde al principio de Zola de que «la descripción debe ser sentida por el lector como tributaria del ojo del personaje y no del saber del novelista». Sin embargo, el novelista puertorriqueño amplifica la efectividad de los sintagmas con el juego polidimensional de las percepciones, incluso con formas nominales y verbales enfatizadas. Pero, en su función lexical, recurre, con frecuencia, a una terminología especial, procedente de los campos de la Medicina y las Ciencias Naturales.

4.4.1. El realismo crítico de *Garduña*

Zeno Gandía amplía su exploración del mundo rural puertorriqueño en *Garduña*[95] (1896). Pero esta novela fue compuesta, según el propio escritor, hacia 1890, por eso está más próxima a un realismo crítico que a las intensificaciones naturalistas. El espacio geográfico se reproduce con una focalización objetiva; el código descriptivo se fija con localizaciones precisas, con la reiteración de *shifters* locativos que transmiten al lector una organización geométrica. La selección lingüística corresponde a las técnicas descriptivas del realismo. Pero, a veces, la llanura se convierte en un panorama fantástico. Lo mismo que en *La charca,* se repiten las percepciones, en una línea próxima a la prosa modernista; la lengua se enriquece, al describir el efecto lumínico del alba: «el suave pincel de los días daba en el horizonte las primeras pinceladas»; y se intensifica con el deslumbramiento, con el «baño de ardorosa luz»: «un sol de zona cálida parecía quemar el pavimento, envolvía a las gentes con hálitos de hoguera». El punto de vista cambia, cuando encuadra a personas. Los bultos que cruzan la plaza, de noche, son seguidos con un enfoque de cámara, con un avance de *travelling,* expresado con una función verbal de semas de movimiento que aumentan el ritmo cinético. El detallismo descriptivo opera en la reproducción de actitudes laborales, en la visión del tropel de trabajadores del ingenio, con las tomas sucesivas de sus diferentes acciones.

Esta novela es, sobre todo, un testimonio de las estructuras del campo puertorriqueño, apoyado en cuatro estratos: una burguesía provinciana, ignorante y laxista; los trabajadores del ingenio; hombres y mujeres en indefensión, movidos por el alcohol y la promiscuidad amorosa; y Garduña y sus auxiliares, expoliadores

Manuel Zeno Gandía.

95 Cfr. *Garduña,* Río Piedras, Edil Inc., 1973, páginas 161-162.

de los pequeños propietarios. La crítica se centra en un abogado sin conciencia, «amparado por la perversión de los cortesanos y alentado por el idiotismo de los necios», bautizado, intencionadamente, con el nombre de «Garduña» por sus extorsiones y trampas.

El cientifismo entra ya en el relato, para describir la sintomatología de la enfermedad de Tirso Mina que va minando «su organismo para entregarlo decrépito a la muerte». La situación se intensifica, entre «el delirio y esos estados alternados de lucidez e inconsciencia que anuncian la escena final», en el impresionante aspecto de la carne infectada; «aquel veneno deletereo desprendíase irrespirable de un cuerpo caduco».

La doble seducción de Casilda sigue un detenido proceso, distinto de las entregas instintivas y rápidas de la narrativa de Zola. Pero las funciones clave de su degradación están perfilando ya el drama de la Silvina de *La charca*. Abandonada por Honorio, después de poseerla y adueñarse del testamento que guardaba su abuelo, el ciego Ocampo, se refugia en el círculo laxista de Aguasanta, lleno de incitaciones «voluptuosas». Quiere ser honrada y trabajar, pero sucumbe al asedio del maestro, y queda en un angustioso estado de indefensión, de caída degradante: «cien veces cambió un mendrugo por una noche de vértigo. Fue pues rodando, rodando siempre, hasta llegar al fondo de la desgracia». La situación límite demuestra un cambio de concepción narrativa del autor; sin embargo, las reflexiones morales de Zeno Gandía tienen aún poca relación con la «moral de Zola».

BIBLIOGRAFÍA

ALEGRÍA, Fernando, *Breve historia de la novela hispanoamericana,* 3.ª ed., México, Ediciones de Andrea, 1966, 301 págs. (Historia Literaria de Hispanoamérica, 1).

ANDRADE COELLO, Alejandro, *La novela en América (Sus raíces),* Quito, Imp. del Ministerio de Educación, 1941, 49 págs.

BARBAGELATA, Hugo, D., *La novela y el cuento en Hispanoamérica,* Montevideo, Enrique Míguez y Cía, 1947.

CASAS DE FAUNCE, María, *La novela picaresca latinoamericana,* Barcelona, Planeta, 1977, 248 págs.

CARTAGNARO, R. Anthony, *The Early Spanish American Novel,* Nueva York, Las Américas, 1971, 208 págs.

COMETTA MANZONI, Aída, *El indio en la novela de América,* Buenos Aires, Futuro, 1960, 101 págs. (Colección Eurindia, 14).

FLORES, Angel, *Historia y Antología del cuento y la novela en Hispanoamérica,* Nueva York, Las Américas, 1967, 694 págs.

GOIC, Cedomil (ed.), *La novela hispanoamericana: descubrimiento e invención de América,* Valparaíso, Ediciones Universitarias de Valparaíso, 1973, 238 págs.

— *Historia de la novela hispanoamericana,* Valparaíso, Ediciones Universitarias de Valparaíso, 1972, 304 págs.

LOVELUCK, Juan (ed.), *La novela hispanoamericana,* 3.ª ed., actualizada, Santiago de Chile, Editorial Universitaria, 1969, 357 págs.

MELÉNDEZ, Concha, *La novela indianista en Hispanoamérica (1832-1889),* Madrid, Hernando, 1934.

MONTERDE, Francisco (Comp.), *Novelistas hispanoamericanos,* México, 1943, 219 págs. (Selecciones Hispanoamericanas.)

SÁNCHEZ, Luis Alberto, *Proceso y contenido de la novela hispanoamericana,* Madrid, Gredos, 1953, 664 págs. (Biblioteca Románica Hispánica.)

SCHWARTZ, Kessel, *A New History of Spanish American Fiction,* Coral Gables, Florida, University of Miami Press, 1971-1972, 2 vols.

SUÁREZ-MURIAS, Marguerite, *La novela romántica en Hispanoamérica,* Nueva York, Hispanic Institute, 1963, 247 págs.

TORRES RIOSECO, Arturo, *La novela en la América Hispana,* Berkeley, University of California Press, 1939, 255 págs.

ÚSLAR PIETRI, Arturo, *Breve historia de la novela hispanoamericana,* Caracas-Madrid, Edime, s. d. (1954).

YÁÑEZ, Mirta (Com.), *La novela romántica latinoamericana,* La Habana, Casa de las Américas, 1978, 576 págs. (Serie Valoración Múltiple.)

YÉPEZ MIRANDA, Alfredo, *La novela indigenista,* Cuzco, Lib. e Imp. H. G. Rozas, 1935, 104 páginas.

ZUM FELDE, Alberto, *Índice de la literatura hispanoamericana,* II, La narrativa, México, Guarania, 1959, 517 págs.

José Joaquín Fernández de Lizardi

LUIS IÑIGO MADRIGAL

En los albores del siglo XIX, los graves maestros de los Seminarios, ostentando las borlas y los arreos de su ministerio, empuñan el cetro de la literatura oficial. Mientras tanto, la literatura libre se asila en los tenderetes y escondrijos de los libreros: la representan los zumbones redactores del *Diario de México,* los epigramatarios, los críticos desabridillos y alegres. Más tarde, acrecido el tumulto de la revolución, rotos los frenos de la tribuna pública, surgen aquí y allá los periodistas valientes, los portavoces del pensamiento nuevo —luchadores que usan de su pluma como de algo vivo y cotidiano. En este mundo de escaso valor artístico, pero de mucha letradura, de mucho ambiente y vitalidad, descuella por el vasto esfuerzo de su obra, por su prestigio moral, y aun por su buena suerte de haber novelado el primero en nuestro país —hasta el punto, al menos, en que fue Cervantes el primero en novelar en lengua española—, José Joaquín Fernández de Lizardi, el constante y honrado «Pensador Mexicano» de las polémicas tenaces y de las ironías sencillas. Como quiera que se le considere, es un centro[1].

El párrafo con que don Alfonso Reyes abre su artículo sobre «El Periquillo Sarniento y la crítica mexicana» establece, a poco que se le tamice, las determinantes históricas, las características literarias, la razón de la popularidad de la obra de Lizardi. También, la particular situación social que le distingue, en cuanto escritor, dentro del sanctasantórum de la literatura hispanoamericana de comienzos del XIX: autor de innúmeros panfletos, fundador y redactor único de diversos periódicos, Lizardi vivió de su pluma en un tiempo en que tal empeño era, no sólo pretensión insólita si se la quería conjugar con la consideración estética de lo escrito, sino también mal visto:

> ... el autor es un hombre honrado, a quien la suerte (siempre cruel con los buenos) después de haberle quitado sus bienecillos, lo ha reducido al doloroso estado de escribir para mal comer, prefiriendo hacerlo así, antes que buscar el pan en una banca de juego, aman-

José Joaquín Fernández de Lizardi.

cillando su alma con la fullería y el delito vergonzoso[2].

Esto se escribía a propósito del autor en *El Diario de México,* en 1811. Y más de un decenio después, cuando el mexicano había sumado a sus títulos el de novelista, se insistía en parecidos argumentos:

> Sólo es pequeño el pobre Pensador Mexicano. Pequeño en facultades, pues está pereciendo de hambre, y por eso escribe para comer[3].

Escribir para comer; he aquí un dicterio definitivo en una sociedad en donde el mecenazgo es ya una especie en vías de extinción, pero que aún no ha sido sustituido por un mercado libre; y en la cual la literatura es considerada, no todavía como una mercancía, sino como la

---

[1] Alfonso Reyes, «El *Periquillo Sarniento* y la crítica mexicana», *Revue Hispanique,* XXXVIII; reproducido en *Simpatías y diferencias* (1945), que cito por la edición de México, Porrúa, Colección de Escritores Mexicanos, edición y prólogo de Antonio Castro Leal, Tomo II, 2.ª ed., 1975, págs. 143-155; v. pág. 143.

[2] Citado por Jefferson Rea Spell, *The life and works of Jose Joaquin Fernandez de Lizardi,* Filadelfia, 1931, página 16.

[3] *Id., Ibid.,* pág. 40.

más alta expresión de los menesteres del espíritu, refrendadora de la posición social de aquellos que la cultivan.

La obra de Lizardi no puede ser entendida sin referencia a la actividad periodística mexicana de comienzos del XIX, encabezada por el cotidiano *Diario de México*[4]. Esa labor periodística, que durante la época de la insurrección alcanzó un desarrollo extraordinario (quince órganos entre 1810 y 1821, en México, y en el país, en conjunto, cuarenta[5]), iniciado por *El Despertador Mexicano* que Miguel Hidalgo, el cura de Dolores hizo publicar en Guadalajara en diciembre de 1810, comprendía por una parte un interés cultural enciclopédico, y por otra la crítica de las instituciones sociales de la época.

Autor de una extensísima bibliografía, que incluye una enorme cantidad de folletos, gran número de periódicos, misceláneas y calendarios por él redactados; pero también poesía, fábulas, obras dramáticas y novelas (entre las que se cuenta la primera publicada por un hispanoamericano en Hispanoamérica, *El Periquillo Sarniento,* 1816):

> Lizardi ha venido a ser, con el tiempo, un símbolo histórico... El Romance del Periquillo, como decían entonces, es amado sin ser leído —mucho menos gustado. Pero la gente vulgar, siempre complicada, cree que gusta de él. La popularidad de Lizardi (como novelista, se entiende) es la popularidad de un hombre o, mejor dicho, de un seudónimo. *El Pensador Mexicano* se llamó su periódico; El Pensador Mexicano acostumbraba él firmarse; mas la gente vulgar piensa que la posteridad le atribuyó el mote de Pensador porque lo era[6].

La excepcional nombradía de Lizardi, dentro del grupo de sus pares (los publicistas o los escritores mexicanos de la época de la Independencia), tal vez admita un intento de explicación desde su peculiar trayectoria vital; y es posible, también, que esa trayectoria, magnificada o forzada por su propio protagonista, ofrezca elementos que permitan comprender rasgos de su literatura[7].

El 15 de noviembre de 1776, fue bautizado, en la Parroquia de Santa Cruz y Soledad de la capital de Nueva España, un niño, hijo legítimo de Manuel Fernández Lizardi y Bárbara Gutiérrez, nacido ese mismo día, a quien se puso el nombre de José Joaquín Eugenio[8]. El padre del futuro escritor (estudiante sempiterno de Medicina: aprobó el primer curso en 1753 y obtuvo el grado en 1780) se trasladó por motivos profesionales a Tepozotlan, pueblo cercano a la capital, cuando José Joaquín era todavía niño; allí recibiría su educación elemental, complementada, ya adolescente, en Ciudad de México, donde estudió latín en una escuela particular y, posteriormente, algunos cursos en el prestigioso Colegio de San Ildefonso. Casado en 1805 ó 1806 con Dolores Orendain, los primeros treinta años de la vida de Lizardi no ofrecen datos biográficos significativos. Su vida —anota Spell— «was that of the typical poor Spaniard» perteneciente a una familia «rich in pride, but poor in purse»[9].

El dictamen de Spell, más allá de sus connotaciones raciales (y, naturalmente, leyendo «criollo» donde escribe «Spaniard»), debe entenderse desde la particular situación del México de finales del XVIII y comienzos del XIX. Conmovido desde la década anterior por las reformas borbónicas y por la expulsión de los jesuitas, el Virreinato de Nueva España (en donde Gálvez había permanecido desde 1765 a 1771) había sido escenario de reacciones ai-

---

[4] Fundado por el dominicano Jacobo de Villaurrutia y el mexicano Carlos María de Bustamante en 1805, el *Diario de México* continuó apareciendo hasta 1817, con una primera época hasta 1812; de lema inequívocamente neoclásico (instruir y deleitar); contó entre sus colaboradores a muchos de los principales escritores mexicanos de la época y, ocasionalmente, al propio Lizardi. V. Ruth Wold, *El Diario de México. Primer cotidiano de Nueva España,* Madrid, Gredos, 1970.

[5] Cfr. Pedro Henríquez Ureña, *Historia de la cultura en la América Hispánica,* México, Fondo de Cultura Económica, 1947, pág. 69; v. también Miguel I. Verges, *La independencia mexicana y la prensa insurgente,* México, El Colegio de México, 1941.

[6] Reyes, *op. cit.;* los juicios del gran humanista mexicano sobre su coterráneo no siempre fueron bien acogidos; v. p. ej. Agustín Yáñez, estudio preliminar a J. Joaquín Fernández de Lizardi, *El Pensador Mexicano,* México, Universidad Nacional Autónoma, Biblioteca del Estudiante universitario 15, 1940 (2.ª ed. 1954).

[7] Para la biografía de Lizardi sigo en lo principal el aún actual estudio de Spell, *op. cit.,* «I. The Life of Fernández de Lizardi». El ensayo de Jean Franco, «La heterogeneidad peligrosa: Escritura y control social en vísperas de la independencia mexicana», *Hispamerica,* 34/35, abril-agosto 1983, págs. 3-34, abunda en interesantes observaciones sobre la relación de las características de la obra de Lizardi con la práctica literaria de su época, si bien, pienso, en un sentido diverso del que se seguirá aquí.

[8] El tardío descubrimiento (1914) de la partida bautismal en que constan esos datos hizo que, durante largo tiempo, corriesen sobre Lizardi algunas suposiciones que eran, a un tiempo, producto y parte de su popularidad: «se cree (especialmente por el testimonio de sus retratos) que fuera mestizo», escribe don Pedro Henríquez Ureña en 1910 (en la *Antología del Centenario, Estudio documentado de la liberación mexicana durante el primer siglo de independencia, Primera Parte, 1810-1821,* publicada en México aquel año), pero al margen de la fe de bautismo puede leerse «Joseph Joachim Eugenio, Espanol» (de acuerdo con la práctica habitual en el Virreinato de Nueva España de anotar en los libros parroquiales el grupo al que pertenecían los inscriptos: españoles, castas e indios), y de los datos de los progenitores del futuro escritor sólo se puede deducir que ellos, a su vez, eran también criollos.

[9] Spell, *op. cit.,* pág. 13.

radas de diversos grupos sociales afectados por las reformas y aun de rebeliones abiertas contra el poder colonial. Cuando en 1808 llegan a México las noticias de la invasión napoleónica de España y de los hechos que de ella se derivan, las tensiones entre los grupos peninsulares y criollos se resuelven en una rebelión contra el Virrey Iturrigaray que había mostrado proclividad por la aristocracia local: el Virrey es enviado a la Península y algunos miembros de la élite criolla que habían postulado la necesidad de una junta local que gobernase en tanto Fernando VII permanecía prisionero, apresados. Es en ese año de 1808 cuando Lizardi escribe su primera composición conocida: una «Polaca en honor de nuestro Católico Monarca el Señor Don Fernando Séptimo», con ocasión del advenimiento al trono de éste y anterior a los sucesos reseñados [10]. No debe llamar la atención esa muestra de adhesión al monarca. La situación social de nuestro escritor puede asimilarse a la del grupo de lo que, en la historia mexicana de la época, se ha llamado «letrados»:

> criollos y pobres todos ellos, dedicados al desempeño de la abogacía, la administración o la cura de almas, y entregados a la lectura de obras teológicas y jurídicas. Relegados en su mayoría a las ciudades de provincia, formaban una élite intelectual unida por la insatisfacción común. Económicamente improductiva, esta *intelligentsia* acaparaba un arma terrible: la ilustración, depositada casi toda ella en sus manos. Su falta de asidero en la sociedad colonial, su resentimiento contra un sistema que los relegaba frente a los «gachupines» inmigrantes, su mayor sensibilidad crítica ante las desigualdades e injusticias, los llevó a oponer al orden existente otro más justo [11].

Sin que, en un primer momento, y acaso por razones tácticas, rechazasen la legitimidad del poder real. La pertenencia de Lizardi a ese grupo presenta, con todo, un rasgo distintivo: la formación irregular, podría decirse autodidacta, de nuestro autor, que él siente íntimamente como una inferioridad y manifiesta a menudo, más allá de las fórmulas de falsa modestia («me fingí más ignorante de lo que soy», «Yo no soy teólogo ni canonista ni cosa que valga. Harto ignorante soy, y sin libros ni amigos», etc.), en significativa alternación con orgullosas expresiones de superioridad y con la exhibición (lla-

mativa incluso para la época) de sus saberes. Ubicado socialmente al margen de las élites criollas y, por cierto, de los ricos peninsulares; afín al grupo de criollos ilustrados que iban a impulsar los proyectos independentistas, pero no totalmente igual a ellos [12]; imbuido del sentimiento iluminista de los escritores de la época; sometido a las tensiones históricas de su tiempo, Fernández de Lizardi tal vez encuentre, por su vida y por su obra, adecuada expresión en el epitafio que había imaginado para sí mismo: «Aquí yacen las cenizas del Pensador Mexicano, quien hizo lo que pudo por su patria.»

Y lo que pudo hacer (lo que hizo), fue mucho, aunque los agitados años que vivía su patria introdujeran en varios sentidos, en ese hacer, limitaciones y palinodias. Los primeros años de la vida de Lizardi transcurren en un México en el que se desarrollan una serie de cambios que culminarán por el tiempo en que aquél empieza a dedicarse, casi exclusivamente, al ejercicio de las letras:

> un rapidísimo crecimiento económico que descoyunta las estructuras sociales forjadas a través de un siglo de lento reacomodo y hace más evidentes las desigualdades existentes; una inflexibilidad casi total de la fábrica política y social para dar cabida a los nuevos grupos y absorber las contradicciones y expectativas creadas por el proceso anterior; y una difusión también acelerada de las ideas de la modernidad que darán fundamento a los grupos marginados para proyectar y racionalizar sus reivindicaciones [13].

Tras el llamado «grito de Dolores», que en la noche del 15 de septiembre de 1810 pronuncia el párroco de ese pueblo, Miguel Hidalgo y Costilla, por la religión, por la Virgen de Guadalupe, y contra los gachupines, el que inicia la independencia mexicana, están esos cambios. El movimiento de Hidalgo, como se sabe, fue un movimiento popular (el único movimiento de la independencia americana con ese

---

[10] «Polaca, que en honor de ntro. Católico Monarca el Señor Don Fernano Séptimo, cantó J. F. de ..» en *Colección de Poesías que se han podido juntar escojiendo las que han parecido mas dignas de darse a la prensa,* México, 1809.

[11] Luis Villoro, «La revolución de Independencia», en *Historia General de México,* México. El Colegio de México, 2.ª ed. corregida, 1977, 4 vols., tomo II, págs. 303-356; la cita en pág. 314.

[12] No solamente en el sentido ejemplificado anteriormente, sino en conjunción con él, por la falta de empleo público o de cualquier orden que padeció endémicamente Lizardi: «Jamás he pretendido empleo ni colocación alguna, no sólo por la falta de méritos, pues muchos se han colocado sin ellos; sino porque no he tenido genio adulador que es *simpliciter necesarium (sic)* a todo pretendiente» (1812); «Nunca he tenido un empleo ni un maravedí por cuenta de mi patria o en recompensa por los servicios que siempre he hecho dentro y fuera de México» (1821); cit. por Spell, *op. cit.,* pág. 13, n. 10.

[13] Enrique Florescano e Isabel Gil Sánchez, «La época de las reformas borbónicas y el crecimiento económico 1775-1808», en *Historia General de México,* El Colegio de México, 2.ª ed., corregida, 1977, 4 vols., tomo II, páginas 183-301; la cita en pág. 301.

carácter) que tuvo contadas adhesiones entre las élites criollas; los éxitos iniciales del cura de Dolores, su conquista de parte considerable del territorio nacional y de la adhesión multitudinaria de grupos desheredados, hacen que las clases propietarias amenazadas organicen, para oponérsele, milicias que, al mando de Félix María Calleja, infligen diversas derrotas a los revolucionarios y terminan por capturar a su dirigente, ejecutado en Chihuahua, en marzo de 1811.

> Su fracaso —escribe Halperin Donghi— se había debido a la unidad que había suscitado en su contra entre todos los privilegiados de México (y la experiencia dejada atrás revelaba que esos privilegiados eran más numerosos de lo que algunos de ellos habían sabido), pero se debía también a que no había suscitado una solidaridad igual entre los desposeídos[14].

También el sucesor de Hidalgo, el clérigo mestizo José María Morelos, por más que intentase cambiar (sin lograrlo) el sentido de guerra social del movimiento, para convertirlo en un enfrentamiento entre «americanos» y peninsulares, sería, tras una serie de fortunas y adversidades, vencido, capturado y ejecutado en diciembre de 1815[15]. En el lapso que media entre el «grito» de Dolores y la muerte de Morelos, una serie de acontecimientos que afectaban a la totalidad del antiguo imperio español repercutían también en el Virreinato de Nueva España: en septiembre de 1810 se reunían por vez primera las Cortes de Cádiz y, el 18 de marzo de 1812, se firmaba en la misma ciudad la nueva constitución española. Esa constitución, promulgada en México el 30 de septiembre del mismo año (aunque nunca fuese aplicada integralmente) establecía una serie de libertades inéditas, entre ellas la de imprenta. Pero el orden monárquico, criollo y absolutista que empezaba a ganar la partida en el país, no estaba dispuesto a excesivas liberalidades, la libertad de imprenta fue suprimida en diciembre, tras algo más de dos meses de vigencia. Y cuando, en marzo de 1814, Fernan-

do VII regresa a España, convertido al absolutismo, derogando la Constitución y disolviendo las Cortes, todo parece haber vuelto al antiguo orden imperial.

En México es virrey Calleja (1813-1816), bajo cuyo mandato, como símbolo de vuelta a lo antiguo, se restablece la Inquisición. El sucesor de Calleja, Juan Ruiz de Apodaca, emprende la persecución de los focos rebeldes que aún subsisten; el éxito corona su empeño, y a finales de 1817 parecen haber sido aniquilados los últimos restos de la insurrección popular; el triunfo de la oligarquía criolla parece completo, pero nuevas tensiones comienzan ya a desarrollarse. La economía mexicana había sido seriamente afectada por los años de enfrentamientos; las milicias creadas para contener la insurrección se habían constituido en un verdadero ejército, cuyo peso en la vida política y social del país distaba de ser insignificante; y, finalmente, el régimen monárquico español, forzado por los levantamientos liberales, restablecía la Constitución de Cádiz, jurada por Fernando VII el 9 de marzo de 1820. En tales circunstancias un militar criollo que se había distinguido en la guerra contra los rebeldes, Agustín de Iturbide, proclama el 24 de febrero de 1821 el «Plan de Iguala», que prevé la independencia mexicana, la conservación de la religión católica y de la forma monárquica de gobierno y la creación de un nuevo ejército que garantice la nueva organización del país. El Plan, que concita la unidad de la oligarquía criolla, concita también una adhesión multitudinaria; Juan de O'Donojú, nombrado nuevo jefe político de Nueva España por las Cortes españolas, no puede sino aceptar la independencia del Virreinato. Iturbide, al mando del ejército trigarante (religión, unión, independencia) entra en la ciudad de México el 27 de septiembre, en olor de multitud; contradicciones entre el triunfante militar y los grupos criollos dominantes hacen que Iturbide opte por declararse Emperador de México, siendo coronado como tal el 21 de julio de 1822; su breve reinado se extiende sólo hasta el 19 de marzo de 1823 en que, vencido por una rebelión liberal, abdica. México era ya independiente y se preparaba a ser republicano, pero el poder real continuaba en manos de los grupos oligárquicos y de sus representantes.

La obra literaria de José Joaquín Fernández de Lizardi pertenece al periodo de la historia mexicana que corre entre los sucesos de 1808 en Nueva España (o si se quiere, desde las reformas borbónicas que son la motivación de esos sucesos), y la abdicación de Iturbide (pudiendo también esta fecha extenderse para incluir los años iniciales de la organiza-

---

[14] Tulio Halperin Donghi, *Reforma y disolución de los Imperios ibéricos,* Madrid, Alianza Editorial, Historia de América Latina 3, 1985; pág. 146.

[15] Para una relación muy detallada, acerbamente negativa y no siempre fiable de la rebelión de Hidalgo y de Morelos (así como del periodo general que estamos tratando), v. Francisco de Paula de Arrangoiz, *Méjico desde 1808 hasta 1867, Relación de los principales acontecimientos políticos que han tenido lugar desde la prisión del Virey Iturrigaray hasta la caída del Segundo Imperio. Con una noticia preliminar del sistema general de gobierno que regía en 1808, y del estado en que se hallaba el país en aquel año,* Tomo I, Madrid, Imprenta a cargo de D. A. Pérez Durrull, 1871.

ción republicana); pertenece en un doble sentido: en cuanto producto caracterizado de la época, pero también como elemento significativo de ella.

La actividad de Lizardi durante el periodo de insurgencia de Hidalgo y de Morelos no es bien conocida. En 1811 era Teniente de Justicia en Tasco, en las fechas en que este fue tomado por los insurgentes; se le acusó después de haber colaborado con ellos y fue detenido, pero probó su inocencia y fue puesto en libertad. En el mismo 1811 hay constancia de que el autor escribe algún poema, tarea que intensifica en 1812 (a través principalmente de poemas satíricos que se imprimen y venden en hojas sueltas, aunque también publica, sin demasiado éxito de crítica, dos composiciones en el *Diario de México* [16]), si bien en esas fechas aparece una mutación significativa en su producción: el cambio de la poesía a la prosa o, mejor dicho, el vuelco hacia la atención preferente de esta última. Sus primeros escritos en prosa significan

> ...not only a change in literary form but a definitive change in his general purpose in writing. While, in the poems, he had concerned himself with the social conditions about him, after 1812 he turned his attention to much needed political reforms [17].

Así, en octubre de 1812, vigente la libertad de prensa, aparece el primer número del periódico cuyo nombre se confundiría en la Historia con el de su autor: *El Pensador Mexicano;* nueve números aparecerían hasta diciembre del mismo año. El noveno contenía un escrito sobre los insurgentes que acarreó a su autor —acaso inmotivadamente— el ser conducido a prisión («Tanto era el temor que me tenían por mi opinión», se gloriaría 10 años después). En prisión permaneció siete meses, sin por ello permanecer inactivo: entre diciembre de 1812 y enero de 1813 se publicaron otros cuatro números de la primera serie de *El Pensador...,* pero en ellos se podía percibir un tono más conciliador con el poder que en los anteriores; tanto como para que un corresponsal de Morelos advirtiese a éste sobre el autor.

> Este sujeto no es digno de la atención de V.E. porque luego que lo prendieron mostró su debilidad, y ha escrito varios papeles adulando a este maldito Gobierno y perjudicó a algunos individuos con bajeza [18].

Tal juicio es sin duda desmesurado y explicable sólo desde la vehemencia del enfrentamiento de la época; Lizardi continuó siendo crítico con respecto a las instituciones y a los vicios de la sociedad colonial y su actividad de publicista, continuada e incrementada tras su salida de la cárcel, habría de procurarle aún persecuciones. Cierto es que ni la segunda serie de *El Pensador Mexicano* (que apareció entre septiembre y diciembre de 1813, y llegó a dieciocho números) ni la tercera (aparecida en 1814 y que comprende catorce números) le acarrearon disgustos especiales; pero cuando la Inquisición fue reinstaurada (diciembre 1814), algún artículo publicado con anterioridad fue denunciado como ofensivo para la iglesia.

En 1815 publica un nuevo periódico, *Alacena de frioleras* y una serie de panfletos titulada *Caxoncito de la alacena*. Son, quizá, las crecientes dificultades con que topa su actividad crítica en ese tipo de publicaciones, las que llevan a Lizardi a intentar un nuevo camino: en diciembre de 1815 se publica el *Prospecto de la vida e aventuras de Periquillo Sarniento,* primer anuncio de la obra que habría de hacer ingresar a su autor en la historia de la literatura.

El «Prospecto», destinado a presentar la obra a los posibles lectores o, más que ello, a los posibles suscriptores, explicaba la simplicidad del título del futuro libro (menor, sin embargo, que la de aquél con que apareció finalmente) [19], adelantaba una «Idea de la obra» que, a más de su argumento, incluía algunas consideraciones valederas sobre sus características más notorias:

> *De suerte que se puede decir que Periquillo trató más bien de escribir una miscelánea divertida, crítica y moral, que solamente su vida como suena en el título; pero siempre se nota que procura o ridiculizar el vicio o criticarlo, o pintarlo con sus denegridos colores, al paso que no perdona diligencia para manifestar a la virtud con todo el atavío de su esplendor* [20].

Para terminar con unos «Avisos a los suscriptores» en donde se especificaban las formas de edición y venta de la obra, a la que, en el cuer-

---

[16] La fábula «La abeja y el zángano» (14 de febrero de 1812) y la décima «Envite» (8 de agosto de 1812); v. Wold, *op. cit.,* págs. 76-78 donde también constan las reacciones suscitadas por esas obras de Lizardi.

[17] Spell, *op. cit.,* pág. 17.

[18] Cit. por *id. ibid.,* pág. 26.

[19] El título anunciado era *Vida de Periquillo Sarniento, escrita por el para sus hijos, y publicada para los que la quieran leer,* por don J. F. de L., autor del periódico titulado *El Pensador Mexicano.*

[20] El subrayado es nuestro y pone de manifiesto la preocupación temprana de Lizardi por la abundancia de digresiones que luego se criticarían a su obra y que trataría de justificar en diversas ocasiones.

po del prospecto, se llamaba así, u «obrita», o libro, pero por cierto no novela[21].

La obra prometida apareció al año siguiente[22]; como el «Prospecto» había adelantado, narra aventuras de un muchacho al que, las propias malas inclinaciones y una educación perniciosa, convierten en pícaro; y que, al final de su mala vida, arrepentido y reformado, decide relatarla, paso por paso, para advertencia y reparo de sus hijos. El lector asiste así a los primeros años del personaje; escucha las protestas de su madre, quien, contra el parecer paterno y la pobreza de su hogar, se opone a que el hijo aprenda un oficio, impropio —dice— para un muchacho de su alcurnia; concurre con el Periquillo (nacido Pedro Sarmiento) a diversas escuelas que muestran los muchos vicios de la educación de la época y sus escasas virtudes; contempla los pasos de su temprano apicaramiento y con él conoce diversos espacios de la vida mexicana de su tiempo: un convento, el hospital, la cárcel le acogen en su seno; y es tahur, aprendiz de barbero, escribiente, mancebo de botica, falso médico; súbitamente rico, por un premio de lotería, dilapida en pocos meses una fortuna; casa, enviuda; es sacristán, mendigo, soldado; viaja a Manila y parece rehabilitarse; naufraga en el regreso, se finge conde, retorna a la patria, torna a la picardía; pero pronto comienza a enmendarse, contrae segundas nupcias y muere, años después, como un santo varón.

Esta abundancia de aventuras no impide la aún mayor de digresiones moralizantes. En éstas y en aquéllas Lizardi ejerce su oficio de crítico social, pero mientras las primeras le permiten exhibir sus dotes de fino observador de la realidad, incluyendo en ella el lenguaje popular, las segundas (repetitivas, en muchas ocasiones innecesarias, a menudo de refrito[23]) desalientan a los más sufridos lectores.

Más que una vida el *Periquillo,* como decía su propio autor, es una «miscelánea divertida, crítica y moral». La primera calificación, que podría parecer desmesurada, se justifica en cuanto que la serie de aventuras del protagonista tienen, en muchas ocasiones, indiscutible gracia: tanto por la captación de personajes, ambientes y costumbres populares, de estratos de los bajos fondos que lindan con la delincuencia, los «léperos»: elección que sin duda era inevitable en un lugar que, según observación de Humboldt, tenía por esos tiempos cerca de treinta mil mendigos), como por el uso de un lenguaje que incorpora (no sólo en las intervenciones de los personajes, sino también cuando habla el narrador) los modos de expresión cotidianos, criollos, de la sociedad que retrata.

La dimensión crítica de la obra (que obedece tanto a la vocación de Lizardi como a las preferencias de la literatura de la época) es, sin duda, la más notable y ha sido destacada reiteradamente por la crítica. En 1928 se señalaba que,

> aunque ninguna de las obras de «El Pensador Mexicano» tienen *(sic)* el pulimento artístico que distingue las producciones maestras de algunos escritores humorísticos y costumbristas hispanos, conviene recordar que la literatura sólo ayudaba a Fernández de Lizardi en su propósito para llevar a cabo una serie de reformas sociales[24],

disculpando, a continuación, la presencia en su obra de las disquisiciones morales en virtud de ese propósito y enumerando los distintos sectores y aspectos que comprendía. Y Noel Salomon, en «La crítica del sistema colonial de la Nueva España en *El Periquillo Sarniento»,* relaciona ese propósito de reforma social con la estructura de la sociedad en que nace, sosteniendo que:

> ... aunque J. J. Fernández de Lizardi volvió a repetir esquemas tradicionales de la sátira

---

[21] Entre las múltiples razones que pueden justificar esa ausencia, no es la menos importante el que la obra en cuestión sea presentada como una «vida», de donde, para guardar la verosimilitud, el término novela no fuera conveniente. En el «Prólogo, dedicatoria y advertencias a los lectores» que antecede a la obra, su autor vuelve a llamarla obra, obrita o aun obrita, pero cuando habla el narrador dice que puede ser útil «para algunos jóvenes (o no jóvenes) que sean amigos de leer novelitas y comedias, y como pueden faltarles o no tenerlas a mano algún día, no dejarán de entretenerse y pasar el rato con la lectura de mi vida descarriada». En la «Apología de El Periquillo Sarniento» que Lizardi publicó en febrero de 1819, como respuesta a una crítica de su obra y que, en la edición de 1842, se incorporó a los preliminares de la obra, dice contestando a su detractor: «Hablando del estilo dice "que yo soy el primero que ha novelado en el estilo de la canalla". Ahora bien: *en mi novela* se hallan de interlocutores colegiales, monjas, frailes...» (subrayado mío).

[22] La obra se publicó por entregas, con el título de *El Periquillo Sarniento,* en México, Oficina de don Alejandro Valdés, 3 vols., 1816; el volumen IV y final no llegó a imprimirse por contener un alegato en contra de la esclavitud que disgustó a la autoridad virreinal. La primera edición completa tiene la siguiente ficha: *El Periquillo Sarniento,* México, Imprenta de Galván, 5 vols., 1830-1831.

[23] V. la excelente edición, con prólogo y notas de *El Periquillo Sarniento* hecha por Felipe Reyes Palacios para las *Obras* de José Joaquín Fernández de Lizardi, México, Universidad nacional Autónoma de México. En la nota 4 de las «Advertencias generales a los lectores» (Vol. VIII, 1982) explica Reyes Palacios, p. ej., de donde provienen gran parte de las citas clásicas del *Periquillo:* de la obra de Nicolas Jamín, *El fruto de mis lecturas o maximas y sentencias morales y políticas,* Madrid, 1795.

[24] J. F. Spell, «La sociedad mexicana juzgada por Fernández de Lizardi», *Anales del Museo Nacional de Arqueología, Historia y Etnología,* México, época 4, V, 1927-1928, págs. 224-240; la cita en pág. 225.

picaresca, debemos ver que su ironía y su crítica social adquirieron un sentido nuevo. Si se enseña *(sic,* evidentemente por ensaña) con este o aquel personaje es porque representa una sociedad bien definida cuyo sistema condena él en nombre de la clase media a la que pertenece. La nobleza incapaz, los abusos del clero, la corrupción de los funcionarios, son para el autor mexicano otras tantas características del régimen de la Nueva España en los albores del siglo XIX,

para concluir: «*El Periquillo Sarniento* es la novela de la independencia mexicana»[25].

La frase, sin duda, es atendible, si se considera entre sus premisas las características de aquella Independencia y la posición que Lizardi ocupaba en la sociedad. Una y otra pueden rastrearse en la tercera de las características de la «miscelánea», la moral. La visión crítica de lo cotidiano, de los lugares conocidos en que transcurre la acción y de los personajes que los habitan, da lugar en el *Periquillo* a consideraciones graves y sentenciosas (apoyadas, las más de las veces, en farragosas citas de una gran diversidad de procedencias), dentro del espíritu de una ética de la buena voluntad; ética de sometimiento a las estructuras dadas que limita los deberes del hombre a los modelos existentes y a los principios que dividen los campos de la buena o de la mala conducta; es decir, el tipo de ética que corresponde a una sociedad tradicional. Es esa ambivalencia (que se suma a otras en que abunda el autor), la que funda principalmente las encontradas reacciones que, casi desde su publicación, ha suscitado la obra[26]; es ella también, paradójicamente, la que determina su vigencia, la que hace que el *Periquillo* sea aún hoy (poco) leído, la que mantiene su primacía en el total de la producción novelesca del autor.

Porque en los tres años siguientes a la publicación de su primera novela, Lizardi escribió otras tres, sin abandonar por eso su labor de publicista. En 1818 publicó *Noches tristes y día alegre* y el primer volumen de *La Quijotita y su prima.* En 1819 el segundo volumen de *La Quijotita;* en ese mismo año es posible que escribiera *Don Catrín de la Fachenda,* que sólo sería publicado, póstumamente, en 1832. Además, en 1816 había editado el primero de

sus «Calendarios» (que co̲ ̲ ̲ ̲ posteriores); en 1817 las *Fáb̲ ̲ ̲* algunas de las cuales habían a̲ ̲ ̲ riódico entre 1813 y 1814; en 1̲ ̲ de versos titulado *Ratos entret̲ ̲ ̲* cluía composiciones de otros p̲ ̲ ̲ poráneos aparte de las propias, t̲ ̲ ̲ ̲ ̲ s conocidas con anterioridad. Y dura̲ ̲te todo ese lapso, diversos panfletos.

Nada de esa abundante producción alcanzaría la altura del *Periquillo,* y ciertamente no las novelas.

Noches tristes y día alegre[27], escrita explícitamente a imitación de las *Noches lúgubres* de Cadalso, y que ha sido invocada como una muestra temprana del romanticismo en Hispanoamérica, no pasa de ser una manifestación (cierta o fingida) de acendrada religiosidad[28] y de una ética que entiende las normas morales como imposición exterior a la humanidad, sustituyendo la realización del hombre en la tierra por la esperanza de un premio en el más allá: la historia, resumida por el propio autor en el «Argumento o Idea de las *Noches tristes»* que antecede al texto, es la siguiente:

La persona fatal o desgraciada de la novela es un tal Teófilo, hombre virtuoso, cuya paciencia y constancia probó la Providencia en cuatro noches.

En la primera, se ve calumniado y reducido a una cruel y horrorosa prisión.

En la segunda, que se intitula *La pérdida en el bosque,* presencia el fin funesto de su criado, hombre criminal y blasfemo. Él mismo se ve a los bordes del precipicio y escapa a favor de la espantosa luz de un rayo.

En la tercera noche, sufre un triste desvelo, con la muerte de una infeliz, en cuya casa se hospedó.

En la cuarta y última, después de haberse perdido, se refugia en un cementerio, en donde halla improvisadamente el cadáver de su infeliz mujer. Este terrible encuentro lo hace desfallecer y rendirse bajo su peso. El sepulturero que lo acompaña lo lleva a su casa, en la que, después de vuelto en sí, logra con ventaja el premio de su resignación cristiana.

Efectivamente, el cadáver hallado no es el de su esposa, a quien encuentra en compañía de

[25] Noel Salomón, «La crítica del sistema colonial de la Nueva España en *El Periquillo Sarniento», Cuadernos Americanos* XXI, núms. 138, 1965, págs. 167-179; las citas en págs. 178 y 179.

[26] Las diversas apreciaciones que persiguieron en vida a Lizardi, tanto por su actividad de publicista cuanto por su actividad literaria, se han perpetuado hasta nuestros días; v. p. ej., James McKegney, «El Pensador Mexicano—Reactionary», *Revista de Letras,* Mayagüez, Puerto Rico, III, núm. 9, 1971, págs. 61-67.

[27] *Noches tristes* se publicó en México, en la Oficina de don Mariano de Zuñiga y Ontiveros, en 1818. Con el agregado de «día alegre», capítulo final de la obra, esto es *Noches tristes y día alegre,* en México, Oficina de don Alejandro Valdés, 1819, como segundo tomo de la recopilación *Ratos entretenidos;* v. *infra.*

[28] Su constante prédica contra los eclesiásticos corruptos no impidió a Lizardi una obra piadosa; es autor también de una pieza de teatro denominada *Auto Mariano para recordar la milagrosa aparición de Nuestra Madre y Señora,* escrita en 1817 o antes.

Charro mexicano del siglo XIX; grabado de Manuel Manilla.

su tío, acaudalado eclesiástico que desde entonces subvenciona a la pareja.

Tras las *Noches,* que constituyen un caso diferenciado en su novelística, Lizardi volvió a intentar el esquema general del *Periquillo* en *La Quijotita y su prima*[29], que a través de la oposición de dos personajes femeninos, las primas Pudenciana y Pomposita (la Quijotita), niñas criadas de modó asaz diverso por sus progenitores y que, de resultas de los diversos modos en que han sido educadas, representan modos encontrados de ser (como sus nombres lo indican, la primera es una niña dotada de innúmeras virtudes y de una manifiesta «madurez», en tanto la segunda es vana, insubstancial, frívola, etc.):

> La una de ellas —dice el propio autor— presenta todo el fruto de una educación vulgar y maleada, y la otra el de una crianza moral y purgada de las más comunes preocupaciones.

En el contraste de estas dos educaciones se hallará la moralidad y la sátira, y en el paradero de ambas señoritas el fruto de la lectura, que será o deberá ser el temor del mal, el escarmiento y el apetito del buen obrar[30].

personajes planos y estáticos, la Quijotita y su prima están al servicio de la «idea» de la obra, la extraordinaria importancia de la formación de la infancia (especialmente en el caso de las mujeres, puesto que ellas estarán, a su vez, encargadas de educar a los hijos) necesaria para cualquier proyecto de reforma social. Esa idea y sus frondosas ramificaciones[31] oscurecen no sólo a los personajes, sino también al espacio y a la misma acción. La crítica social, que en la primera novela de Lizardi se había resuelto en una curiosa, pero atractiva mezcla de costumbrismo, ironía y prédica moral, se encamina aquí por los caminos del sermón incesante, «el mas abominable sermón de que las letras nacionales tienen memoria», en palabras de un crítico mexicano[32].

Muy otra índole tiene la postrer novela de Lizardi, *Don Catrín de la Fachenda*[33]. Próxima por su estructura picaresca al *Periquillo,* pero enfocada desde un punto de vista diametralmente opuesto, el de un pícaro que al final de sus días no sólo no se siente arrepentido de su mala vida pasada, sino orgulloso de ella, la novela es de lectura mucho más fácil (y tal vez entretenida) que ninguna otra del autor. El «Catrín», esto es, el individuo que la Academia califica de «elegante, bien vestido, engalanado, emperejilado» (pero que es también pagado de si mismo, fanfarrón, holgazán, arribista), es un personaje típico de la sociedad mexicana de la época y ta vez de cualquier época y sociedad; al poner el relato en su boca, Lizardi puede ejercer una ironía constante, manifiesta ya desde las primeras líneas:

> Sería yo el hombre más indolente, y me haría acreedor a las execraciones del universo, si privara a mis compañeros y amigos de este precioso librito, en cuya composición me he alambicado los sesos, apurando mis no vulgares talentos, mi vasta erudición, y mi estilo sublime y sentencioso,

[29] *La Quijotita y su prima. Historia muy cierta con apariencias de novela,* México, Oficina de don Mariano de Zúñiga y Ontiveros, 2 vols., 1818-1819, ed. incompleta; la primera ed. completa es la de México, imprenta de Altamirano, 4 vols. 1831-1832.

[30] «Prólogo en una carta y su contestación», que antecede al texto de la novela.

[31] Entre ellas, nada menos que la de cumplir con el supuesto pedido de una ficticia lectora, de «dar a luz una obrita sin zaherir generalmente al sexo (femenino, LIM), ridiculizara los defectos más comunes que en él se advierten».

[32] Carlos González Peña, «El Pensador Mexicano y su tiempo», en *Conferencias del Ateneo de la Juventud,* México, Universidad nacional Autónoma de México, 1962 (la conferencia fue pronunciada el año del Centenario).

[33] *Vida y hechos del famoso caballero Don Catrín de La Fachenda,* México, Imprenta del ciudadano Alejandro Valdés, 1832.

y continúa a lo largo de todo el libro, dedicado a describir la vida de quien se califica a sí mismo como

> ... un caballero ilustre por su cuna, sapientísimo por sus letras, opulento por sus riquezas, ejemplar por su conducta y héroe por todos sus cuatro costados,

para ejemplo y edificación de catrines[34]. Es justamente esa fijación del punto de vista la que determina que el *Catrín* tenga, desde el ángulo de la captación y la crítica de la sociedad mexicana de la época, un interés menor que el de su hermano mayor, el *Periquillo;* pero es también gracias a ella que la obra se aligera de las reiterativas, extensas y casi siempre soporíferas digresiones moralizantes que tiene su antecesor. Como documento de época, como expresión de la obra de Lizardi, el *Catrín* es sin duda inferior al *Periquillo;* como mera literatura, tal vez sea superior.

Las dificultades de impresión y difusión que encontraban sus novelas fueron, sin duda, parte para que, una vez restablecida la constitución y, con ella, la libertad de imprenta (31 de mayo de 1820), Lizardi abandonara para siempre el género. No abandonó sin embargo su incansable actividad. En el mismo 1820 creó un

[34] La perspectiva adoptada tiene, indiscutiblemente, mayor modernidad que la del *Periquillo*, y sería común en la novela europea del XIX; piénsese, p.ej., en *Mayor Gahagan* (1839) o en *The Luck of Barry Lyndon* (1844) de W. M. Thackeary.

nuevo periódico, *El Conductor Eléctrico,* que publicó veinticuatro números ese año. A comienzos del siguiente, producida la rebelión de Iturbide, se unió a él, llegando a dirigir una imprenta de las tropas insurgentes. Tras la coronación como emperador de Agustín I, Lizardi empezó a hacer públicas, en diversos escritos, sus diferencias con la política llevada por el gobierno. Tampoco la nueva constitución mexicana, dictada en 1824, colmó las aspiraciones de Lizardi: los viejos sectores reaccionarios, como queda dicho, continuaban manejando el poder real: contra esos sectores se enderezó principalmente la crítica del autor en una nueva publicación periódica, *Conversaciones del payo y el sacristán* (julio 1824-agosto 1825). Y aunque en 1825 Lizardi vio reconocida oficialmente, con un título militar honorífico y un cargo público, su importante contribución al surgimiento del México independiente, no por ello dejó de poner de manifiesto los vicios que, a su juicio, pervivían en la naciente nación: en abril de 1827 los explicitó en su *Testamento y despedida del Pensador Mexicano.*

Dos meses después, el 21 de junio de 1827, sin medios de fortuna y minado por una vieja enfermedad, moría en ciudad de México el Pensador Mexicano, José Joaquín Fernández de Lizardi, autor de la primera novela propiamente hispanoamericana.

Como quiera que se le considere, es un centro.

BIBLIOGRAFÍA

Indicamos a continuación sólo las primeras ediciones de las novelas de José Joaquín Fernández de Lizardi:

El Periquillo Sarniento, México, Oficina de Don Alejandro Valdés, 3 vols., 1816; la primera edición completa es la de México, Imprenta de Galván, 5 vols., 1830-1831. *Noches tristes,* México, Oficina de don Mariano de Zúñiga y Ontiveros, 1818; *Noches tristes y día alegre,* México, Oficina de don Alejandro Valdés, 1819. *La Quijotita y su prima. Historia muy cierta con apariencia de novela,* México, Oficina de don Mariano de Zúñiga y Ontiveros, 2 vols, 1818-1819; la primera edición completa es la de México, Imprenta de Altamirano, 4 vols, 1831-1832.

Vida y hechos del famoso caballero Don Catrín de la Fachenda, México, Imprenta del ciudadano Alejandro Valdés, 1832.

En 1963 la Universidad Nacional Autónoma de México emprendió la edición de las *Obras* de Fernández de Lizardi. El volumen I (cuya edición y prólogo estuvieron a cargo de Jacobo Chen-

cinsky y Luis Mario Schneider), comprende *Poesía y Fábulas.* El volumen II (editado por Jacobo Chencinsky), está dedicado al *Teatro.* A partir del Volumen VIII (1982) se emprendió la publicación de las novelas del autor.

Anotamos ahora algunos títulos críticos sobre J. J. Fernández de Lizardi no citados en las notas.

BEROUD, Catherine, *El Periquillo Sarniento* y *Don Catrín de la Fachenda:* dos facetas de una misma realidad, en Claude Dumas, ed., *Culture et societé en Espagne et en Amérique Latine au XIX siècle,* III, Lille, Centre d'Etudes Ibériques et Ibero-Americaines de l'Université de Lille, 1980, págs. 109-120.

BUENO, Salvador, «El negro en el *Periquillo Sarniento:* antiracismo de Lizardi», *Cuadernos Americanos,* 183 (1972), págs. 124-139.

CARILLA, Emilio: «Tres escritores hispanoamericanos: Lizardi, Hidalgo y Melgar», *Boletín de la Academia Argentina de la Lengua,* XXVIII (1963), págs. 89-120.

DEHESA, M. T., y GÓMEZ FARIAS, *Introducción a*

la obra dramática de J. J. Fernández de Lizardi, México, Universidad Autónoma de México (1961).

FRANCO, Jean, «Women, Fashion and the moralist Early Nineteenth-Century Mexico», en Lia Schwartz Lerner e Isaías Lerner, ed.s, *Homenaje a Ana María Barrechechea,* Madrid, Castalia (1984), págs. 421-430.

FRITZ, Robert-Karl, «The Attitude of J. J. Fernández de Lizardi (El Pensador Mexicano) toward Mexican Independence from Spain», *Dissertation Abstract International,* 36 (1975), páginas 2.870 a 2.871.

GONZÁLEZ OBREGÓN, Luis, *Don J. J. Fernández de Lizardi,* México, Botas, 1938.

LARREA, María Isabel, *El periquillo Sarniento:* un relato ejemplar», *Estudios Filológicos,* 18 (1983), págs. 59-75.

PALACIOS SIERRA, Margarita, *Estudios preliminares e índices del periodismo de J. J. Fernández de Lizardi,* México, Universidad Nacional Autónoma de México, (1965).

PAWLOWSKI, John, «The Novels of Fernández de Lizardi», *Dissertation Abstract International,* 33, (1973), págs. 5.742 a 5.743.

— *«Periquillo and Catrín,* Comparison and Contrast», *Hispania,* 58 (1975): págs. 830-842.

PÉREZ BLANCO, Lucrecio, «Pensamiento y configuración narrativa en *Periquillo Sarniento», La Ciudad de Dios,* 193, II, mayo de 1983: páginas 375-410.

RAYMOND, Kay E.: «Women in the Works of J. J. Fernández de ilzardi», *Dissertation Abstract International,* 44 (3) (1983), pág. 764 A.

SÁNCHEZ CASTANER, Francisco: «Valores novelísticos del mejicano Fernández de Lizardi», *Cuadernos Hispanoamericanos,* 280-282 (1973), págs. 687-697.

SOLÍS, Emma, *Lo picaresco en las novelas de Fernández de Lizardi,* México, Lim, 1952.

SPELL, Jefferson R., «The intellectual Background of Lizardi as Reflected in *El Periquillo», PMLA,* LXXI, núm. 3, junio de 1956, págs. 414-432.

VOGELY, Nancy, «*El Periquillo Sarniento.* The problem of Mexican Independence», *Dissertation Abstract International,* 40 (1980), págs. 6.300 A-6.301 A.

Cirilo Villaverde

Luis Sáinz de Medrano

Dentro de la narrativa cubana del siglo XIX es seguramente *Cecilia Valdés o la Loma del Ángel* de Cirilo Villaverde la pieza más sólida. Cuba conoció en esa centuria un extraordinario desarrollo del relato en prosa, que parecía querer compensar la anterior penuria literaria. Coincide este auge con movimientos sociales y políticos de notable intensidad, determinados en gran parte por la crisis abierta en torno a las relaciones de dependencia con España, sólo compartidas con Puerto Rico en el ámbito hispanoamericano, y la sedimentación de una conciencia nacional. Un factor de marcada incidencia en este contexto será el problema de la esclavitud, que dará lugar a todo un ciclo de novelas.

La figura de Villaverde (1812-1894) representa muy bien al intelectual cubano de este siglo. Periodista, narrador y pedagogo, luchador por la causa de la independencia de su país, exiliado durante dos largos períodos en Estados Unidos, donde llegó a defender la idea de la anexión de Cuba a éstos como única solución posible para cambiar de *status,* su actividad y su novela son un reflejo fehaciente de las tensiones de su patria (*).

Cecilia Valdés es, en efecto, un gran espejo paseado a lo largo de una expresiva parte del camino recorrido por la sociedad de la mayor de las Antillas en el siglo XIX. Es ante todo una novela de costumbres con fuerte acento crítico, en la que el tema de la esclavitud llega a cobrar una dimensión monográfica llena de hondo dramatismo y en la que, por otra parte, se dan inequívocos matices de carácter romántico. Con acertada precisión pudo situar Fernando Alegría a Villaverde «entre los románticos que superaron el sentimentalismo y el historicismo para acercarse a un estilo realista que constituye el primer signo de una novela regionalista americana»[1].

Decir que la novela tiene como asunto los amores infortunados de Cecilia Valdés, bella mulata de aspecto blanco, y Leonardo, hijo de un rico hacendado español, con el que le unen

insospechados lazos de sangre que convierten en incestuosa su relación, es definir únicamente el eje utilizado como fundamento, no muy vigoroso en ocasiones, y apoyatura de todo un entramado temático que da al relato una gran complejidad. *Cecilia Valdés*, comparada con otras dos máximas creaciones de la narrativa hispanoamericana del XIX, *Amalia,* de José Mármol, y *María,* de Jorge Isaacs, se nos revela como menos ajustada que la primera en cuanto a montaje de elementos narrativos conducentes a articular una historia y mucho menos sutil y analítica que la segunda en lo que respecta al diseño del fenómeno amoroso. Con todo, la novela cubana ofrece unos indiscutibles valores que no sólo reposan en lo paradigmático y testimonial, aunque esto sea lo primero que se aprecia en ella.

Juan H. Remos la ha definido como «la epopeya social cubana de nuestros años de formación nacional»[2]. Acaso convenga mejor a *Cecilia Valdés* la balzaquiana designación de comedia humana, aunque el humanismo que se desprende del texto esté rebajado por la prevalencia de lo externamente descriptivo sobre la indagación psicológica.

La acción de la novela se desarrolla en el primer tercio del siglo XIX. Nada más comenzar se nos va introduciendo en las enigmáticas circunstancias del nacimiento de Cecilia, hija natural, según sabremos después, del hacendado don Cándido Gamboa y de una mulata. Asistiremos luego al desarrollo de la muchacha en el popular barrio habanero de la Loma del Ángel, amada en silencio por un hombre de color, José Dolores Pimienta, sastre y tocador de clarinete, y, sin platonismo alguno, por el joven Leonardo, hijo legítimo del mismo don Cándido, a quien corresponde, ignorantes ambos de su consanguinidad. Muy pronto entraremos en el ámbito de la familia Gamboa, representante conspicua de la alta burguesía cubana, y de sus allegados. En la segunda parte de la novela aparecen los primeros contactos con el tema de la esclavitud, a través de las disquisiciones sobre los problemas referentes a la trata de negros, uno de los saneados negocios del hacendado, mientras los hilos de la trama van amplificando las situaciones básicas. En la

---

(*) Otras obras de Villaverde, *La pena blanca, La cueva de Taganana, El perjurio* y varios otros cuentos, y las novelas cortas *El guajiro, La peineta calada, Dos amores, El penitente,* etc.

[1] Alegría, Fernando, «*Aspectos fundamentales de la novela romántica latinoamericana*», en *La novela romántica latinoamericana,* serie Valoración Múltiple, La Habana, Casa de las Américas, 1978.

[2] Remos, Juan J., *Proceso histórico de las letras cubanas,* Madrid, Ediciones Guadarrama, 1958, pág. 136.

tercera parte la acción se traslada a un nuevo escenario: el ingenio azucarero de «La Tinaja» adonde los Gamboa se desplazan con otros personajes para pasar las Pascuas. Aquí tendremos ocasión de enfrentarnos abiertamente con el mundo de los esclavos, retratado en crudas escenas, a la vez que van perfilándose los datos concernientes al origen de Cecilia. En la cuarta parte volvemos a La Habana. Los acontecimientos marchan con rapidez. Encerrada Cecilia en la Casa de Recogidas por instigación de Gamboa, que desea romper la inaceptable relación entre ella y su hijo, obtiene la libertad por mediación de Leonardo. Sin embargo, tras el nacimiento de una niña hija de ambos, el joven se alejará de ella y prepara su boda con una muchacha de su clase, Isabel. La boda no llegará a celebrarse al ser apuñalado y muerto por Pimienta, el respetuoso adorador de Cecilia, instigado por ésta. Cecilia es encerrada durante un año en un hospital, donde conoce a su madre y puede suponerse que queda enterada por ella de su identidad.

Por lo que a este asunto central se refiere, la intriga tiene, como vemos, una configuración cerrada. La narración no comienza in medias res sino que arranca de un nacimiento y termina en una muerte, límites ambos hechos de un ciclo completo. Es evidente que el condicionamiento original que pesa sobre Cecilia no podrá nunca ser superado, de tal forma que el factor de cambio, que es indispensable en cualquier narración para que se produzcan las modificaciones que han de conducir a una situación nueva y favorable se ofrece aquí como inexistente, como un irrealizable desiderátum. El interés de la novela en este aspecto se mantiene no ante la expectativa de que la pareja Cecilia-Leonardo pueda encontrar un feliz cauce para su mutua atracción, lo cual está descartado, sino que depende del dilema entre una solución que evite el amenazador incesto y ofrezca una salida a los dos personajes, y el cumplimiento de las oscuras previsiones. Es evidente por otro lado que la brecha entre ellos está suficientemente abierta por su pertenencia a grupos sociales tan dispares por lo que el hecho de que Cecilia y Leonardo sean hermanos, siendo tan grave, difícilmente puede contribuir a ahondarla más. El efectismo romántico queda, sin embargo, adensado por tal componente, si bien es curioso que una vez producido el incesto no se aproveche la carga dramática que tal desenlace conlleva. El autor a partir de aquí se apresura a concluir la novela en forma excesivamente apresurada, al diluirse las consecuencias del asesinato del joven: nada se sabe de la suerte del matador, Cecilia es castigada con una pena leve, y los in-

formes sobre otros personajes, uno de ellos ajeno al hecho, aunque escuetos, parecen más importantes que cualquier otra consideración sobre éste.

EL REALISMO COSTUMBRISTA

Cecilia Valdés puede estar concebida en principio como una trágica historia pasional, pero los elementos superpuestos la convierten ante todo, como se ha dicho, en un relato donde tiene prioridad lo costumbrista, apoyado en datos específicamente reales. Si es verdad que una parte de ese costumbrismo tiene valor gratuito, se da también, como dice Raimundo Lazo, «el tratamiento de las costumbres como medio de sugerir la transformación de una sociedad injusta y cruel»[3]. Son muy abundantes las alusiones a lugares, hechos y personajes auténticos de la época descrita, época bien delimitada y punteada ciertamente mediante la indicación de fechas concretas, según veremos al hablar del aspecto temporal, desde el mes de noviembre de 1812 en que nace Cecilia hasta el mismo mes de 1831, momento del crimen.

Ya al comienzo de la novela se nos sitúa en un punto bien delimitado de La Habana. El final del itinerario que recorre el aún no identificado Gamboa cuando va a visitar a la madre de Cecilia comprende la calle de Covadonga y el callejón de San Juan de Dios, donde se encuentra el hospital del mismo nombre y un número determinado de casas, en una de las cuales, entre las calificadas como «las de mejor apariencia»[4] y marcada por otros pormenores entra el referido personaje. A partir de aquí son incontables las precisiones del mismo tipo: calles de la Loma del Ángel, barrio de San Francisco, calle de San Ignacio, del Sol, plazuela de la catedral, campo de Punta, cárcel pública, Seminario, Capitanía General... Sería enormemente prolijo reproducir la toponimia habanera de *Cecilia Valdés* y los nombres de establecimientos públicos, como la relojería de Dubois, las afamadas sastrerías, etc. etc., datos con los que se puede reconstruir admirablemente la fisonomía de la capital cubana en la época indicada. Otro tanto se puede decir de los lugares campesinos detallados en la obra. Piénsese por ejemplos en las minuciosas precisiones geográficas con que se inicia el capítulo I de la tercera parte, la pintura de la vega de Vuelta Abajo en el III, entre no pocas

---

[3] Lazo, Raimundo, *Estudio crítico,* en su edición de *Cecilia Valdés,* México, Editorial Porrúa, 1972, pág. XXIII.

[4] Villaverde, Cirilo, *Cecilia Valdés,* estudio crítico por Raimundo Lazo, ed. cit., pág. 2 (Las citas de la novela se harán siempre por esta edición, si no se advierte lo contrario.)

más. En cuanto a hechos y personajes históricos anotemos muy por encima al obispo Espada y Landa, el coronel Molina, el ajusticiamiento de una mujer, la intervención del abogado Bermúdez, José Antonio Saco, los militares españoles radicados en Cuba tras la fracasada expedición a Méjico, la galería de damas y caballeros de alcurnia asistentes al baile de la Sociedad Filarmónica a fines de 1830, acontecimiento documentado, según aclara el autor en una oportuna nota, con un semanario de la época, los participantes en el baile de la gente de color, el capitán general Vives. A este respecto son muy significativas las notas que, como la que acabamos de mencionar, atestiguan la veracidad de determinado pasaje. En algún caso consisten en una explicación concreta; en otros se limitan a la expresiva indicación de «histórico».

Sobre los aspectos netamente costumbristas a los que estas precisiones sirven de coordenadas, puede decirse que proliferan a lo largo de todo el relato, al punto de producir reiteradas suspensiones de la acción principal, sobre todo cuando se trata de datos no significativos. El autor diríase que se detiene aquí y allá gustosamente para recrearse en la descripción de los hábitos y comportamientos de una sociedad observada en sus más diferentes estratos. En este sentido, junto a las múltiples anécdotas pintorescas, destacaremos las escenas de la Feria de la Merced en la Loma del ángel, las clases de Derecho Civil de José Agustín Govantes en el Colegio de San Carlos, la comida familiar en casa de los Gamboa, el ambiente de la sastrería del maestro Uribe, los paseos por el Prado habanero, los ya mencionados bailes de la Sociedad Filarmónica y de las gentes de color, las escenas de la molienda de caña en los trapiches, la vida en el ingenio «La Tinaja», etc.

LOS ASPECTOS CRÍTICOS

Villaverde no es ni mucho menos un escritor revolucionario sino un filántropo reformista. De la novela no se deduce ningún ataque a fondo a las estructuras sociales, descontando su actitud abolicionista en lo referente a la esclavitud y, por supuesto, su deseo de romper lazos con España. Lo que denuncia es sobre todo comportamientos viles: los reprobables medios de enriquecimiento de la burguesía representada por don Cándido en la trata y uso de negros, su inmoderado afán de auparse hasta la nobleza por la fuerza del dinero, la corrupción de funcionarios. En cuanto a la crítica política, los sentimientos del autor

se traducen en consideraciones acerca del sistema colonial personificado en el capitán general Vives, cuya actividad «se basaba en el principio maquiavélico de corromper para dominar»[5]. Recuérdense las apreciaciones acerca de la situación posterior a los dos períodos constitucionales (1808-1813 y 1821-1823) tras los que «había pasado sobre Cuba la ola del despotismo metropolitano»[6] y otros juicios análogos sobre la administración española, aunque no se produzca un planteamiento crítico coordenado en ese sentido.

El problema de la esclavitud

Este es un subtema, más bien incidental en principio, que cobra en la totalidad del texto novelesco una dimensión particularmente profunda. Como ya hemos dicho Cuba produjo un grupo muy caracterizado de relatos en torno al tema, entre los que destacan, además de *Cecilia Valdés, Francisco,* de Anselmo Suárez Romero, *Sab,* de Gertrudis Gómez de Avellaneda, y *Romualdo: uno de tantos,* de Francisco Calcagno, por referirnos sólo a las creaciones del período romántico. El tema negro en realidad arranca de los mismos orígenes de la literatura cubana, es decir, del poema «Espejo de paciencia», de Silvestre de Balboa. Para considerar su importancia ya en nuestra época, baste recordar la excepcional obra de Nicolás Guillén.

Ello no es de extrañar si tenemos en cuenta el peso de la población negra en Cuba y el arraigo de la institución esclavista. Desde que Diego Velázquez inició en 1511 la auténtica colonización de la isla, la afluencia de esclavos africanos fue incesante hasta el último tercio de la pasada centuria. Ya en 1544 aproximadamente una cuarta parte de los 2.000 individuos que componían la población de la isla estaba compuesta por esclavos. A comienzos del XIX se iniciaron los esfuerzos serios de acabar con la institución, sobre todo a partir de 1808, cuando las presiones de Inglaterra, que promulgó la abolición de este tráfico en tal año, se hicieron muy intensas. Pero era muy difícil, a pesar de los intentos que se realizaron en las Cortes de Cádiz y de las recomendaciones del Congreso de Viena, acabar con un sistema en el que convergían tantos intereses y sobre el que reposaba la economía de las Antillas españolas. En 1872 llegó a Cuba el último barco con esclavos, tras haberse decretado en 1870 la libertad de los hijos de éstos en

---

[5] Idem, pág. 17.
[6] Idem, pág. 53.

147

el momento de su nacimiento. El tratado de Zanjón, que puso fin en 1878 a diez años de guerra interna, significó sólo la libertad, curiosamente, de los negros que habían luchado en el bando revolucionario. Finalmente la esclavitud será derogada en forma absoluta en 1886.

En la época en que se desarrolla, pues, la acción de nuestra novela, la trata de esclavos tenía verdadero auge, a pesar de las limitaciones derivadas del control ejercido por los ingleses sobre los barcos españoles, de acuerdo con el tratado de 1817, según el cual los británicos debían comprobar en cada caso si el cargamento de esclavos procedía de África, lo cual no era tolerado, o, por el contrario, de otras colonias españolas, en cuyo caso podían seguir a su destino. Las posibilidades de crear equívocos fraudulentos eran sin duda muy amplias, de modo que en 1827 se calculaba en 286.942 el número de esclavos existentes en Cuba.

En *Cecilia Valdés* el tema aparece por primera vez planteado en toda su crudeza —prescindiendo de algunas ilustrativas escenas anteriores— en el capítulo XII de la primera parte, cuando la esposa y el hijo del hacendado Gamboa conversan acerca de las actividades del mismo como receptor de mano de obra negra, y sigue en el V de la segunda parte, en el que los mismos personajes continúan abordando los problemas concretos relacionados con la llegada de una nutrida expedición de esclavos, problemas nacidos precisamente de la intervención inglesa. Viene después el primer apaleamiento de la obra, dado por Leonardo a un esclavo supuestamente desobediente, y en seguida asistiremos a los preparativos de don Cándido para atender la llegada de un cargamento de «bultos» (VI, 2.ª p.) y la subsiguiente explicación a su esposa, donde sale a relucir el tratado con Inglaterra y las terribles circunstancias que rodean la venida de estos negros, algunos de ellos arrojados al mar ante la persecución de un navío inglés.

El tema sigue aflorando con dramatismo en las siguientes páginas, de tal modo que todo queda preparado para que encuentre su «clímax» en la tercera parte de la novela, en la que, trasladada la acción al ingenio azucarero «La Tinaja», presenciaremos una serie de escenas donde se ponen como nunca de relieve los horrores de la esclavitud —después de haber mostrado como hábil contrapunto el trato humano dado a los negros en la finca cafetalera de Tomás Ilincheta, gracias a la intervención de Isabel, su hija, con la que tratará al final de llegar al altar Leonardo. Este contraste, aunque pretenda subrayar las cualidades morales del mencionado personaje femenino y sirva

asimismo para producir un determinado efecto expresivo, es una prueba más del realismo fundamental de la novela, ya que es bien sabido que los esclavos que trabajaban en los cafetales llevaban una existencia algo menos dura que la de los empleados en las refinerías de azúcar.

En «La Tinaja» se plantea inmediatamente un punto de tensión motivado por la carencia de noticias sobre ciertos esclavos huídos algunos días antes. Encontraremos también a María de Regla, ama de cría de la hermana de Isabel y de la propia Cecilia, desterrada allí arbitrariamente, cuya historia quedará por el momento relegada a un segundo plano ante la noticia de haber sido detenido el cabecilla de los fugados, Pedro Briche. Todavía se adensará la atmósfera de crueldad antes de que aparezca, en un contexto ya bien perfilado, la figura martirizada de Pedro en la sórdida enfermería de la plantación, yacente y preso en el cepo, «Jesucristo de ébano en la cruz»[7]. Seguirán acumulándose las escenas que reflejan un espantoso estado de cosas, entre las que sobresale el relato del suicidio de Pedro, personaje que Villaverde creó sobre el modelo real del capitán cimarrón Pedro José. Pedro Briche ha podido ser calificado como «la más soberbia y edificadora [figura] de toda la novelística cubana del siglo XIX. La más entera y admirable. La más valiente y pura»[8]. La estampa imprevista de otro negro que ha acudido también al suicidio como liberación y los datos retrospectivos ofrecidos por el relato de María de Regla terminan de definir el sombrío panorama.

La novela romántica

Son innegables, como hemos dicho, los elementos románticos en *Cecilia Valdés*. Está ante todo la historia del amor imposible entre Cecilia y Leonardo, aunque cada uno de ellos la viva con una aspiración diferente. El secreto que sobre ellos pesa, cuyo desvelamiento está a punto de producirse a veces ante quienes están directamente afectados por él, es una circunstancia de la que depende el *«fatum»* que domina el relato, determinante del inevitable final desgraciado, final que de todos modos, como se ha dicho, está prefigurado por los obstáculos sociales que separan a la pareja. Cecilia, en definitiva, si se atiende a sus anteceden-

[7] Idem, pág. 210.

[8] Sosa, Enrique, «La economía en la novela cubana del siglo XIX: lucha de clases», en *Islas 54,* revista de la Universidad Central de Las Villas, La Habana, mayo-agosto de 1976, pág. 10.

tes familiares, no es sino el último escalón de un negativo ciclo de relaciones entre la raza negra o mulata y la blanca, cuya fusión normalizada se sentía como imposible. Bien lo manifiestan estas palabras de María de Regla a Cecilia: «Su merced es pobre, no tiene ni gota de sangre azul y es hija... de la Casa Cuna. No es posible que lo dejen [a Leonardo] casarse con su merced»[9].

Románticos son, pues, tanto el «*fatum*» como el trágico desenlace, típico de otras novelas hispanoamericanas de esta corriente, como *Sab* —sólo que en ésta se produce el matrimonio «burgués» y es al defraudado negro enamorado a quien le corresponde morir —*Amalia, María* o *Cumandá,* de Juan León Mera, en la cual acecha también por cierto el problema del incesto, evitado por la muerte.

Anotaríamos además algún rasgo aislado significativo de lo que pudo haber sido un notable ingrediente romántico en la novela. Pensamos por ejemplo en el relato de la buena de Cecilia, en el capítulo III de la primera parte, referente al rapto de una muchacha por el diablo, donde encontramos una veta de fantasía y misterio abandonada voluntariamente por el autor, por quien sabemos que la anciana le hizo a Cecilia «muchos otros cuentos por el estilo»[10]. Sin duda también las tradiciones autóctonas de los esclavos habrían dado un buen pie para ello, pero esta es una materia que apenas queda apuntada cuando en el capítulo V de la tercera parte se alude a la creencia de aquéllos en el regreso a la tierra natal después de la muerte.

A cuenta asimismo de la sensibilidad romántica hay que cargar la presencia de lo patético —sufrimientos de los esclavos, congojas de Charo, la perturbada madre de Cecilia, desolaciones de Chepilla, su abuela, angustias de Isabel— y, en fin, la marcada inclinación historicista del relato.

Por lo demás, la voluntad de realismo asfixia otras afloraciones del espíritu romántico, además de limitar las ya señaladas. Lo más contundente en este sentido es la falta de idealización de los personajes o de la naturaleza. No en vano pudo afirmar Villaverde: «Me precio de ser, antes que otra cosa, escritor realista, tomando esta palabra en el sentido artístico que se le da modernamente»[11].

Calle de la Habana a finales del XIX, según un grabado de la época.

Personajes

La novela es prolífica en personajes, una buena parte de los cuales fueron tomados del natural[12]. Está claro que en el fondo también las figuras inventadas por el autor tienen en alguna forma fundamentos reales.

Como es previsible, los tipos humanos son introducidos por el omnisciente autor, quien va dándoles paso progresivamente y dirigiéndolos con cuidado. Ninguno en verdad se desprende de estos hilos conductores (tal vez el único que lo haga dentro de su dramático hermetismo sea el negro José Briche). Casi todos son dibujados explícitamente por la mano del autor, quien para empezar suele aludir a sus características visibles y después a su historial y a su modo de ser. Véase por ejemplo la presentación de *seña* Josefa (cap. I, 1.ª parte) o la de Cecilia Valdés (cap. II, 1.ª parte). Claro que el autor tiene la suficiente flexibilidad para permitir que en alguna ocasión un personaje quede definido en cuanto a su temperamento por su propio comportamiento, puesto en seguida de relieve, o por otros. Así, por ejemplo, en el caso de don Cándido Gamboa conoceremos en primer lugar su aspecto («un caballero de hasta cincuenta años de edad, alto, robusto, nariz grande aguileña, boca pequeña...», etc.[13]) y a continuación deduciremos fácilmente su carácter violento al observar sus intemperancias. Respecto a doña Rosa, su esposa, recibiremos antes de nada los pormenorizados informes sobre su físico y vestimenta,

[9] *Cecilia Valdés,* pág. 296.
[10] Idem, pág. 15.
[11] Villaverde, Cirilo, *Prólogo* a *Cecilia Valdés o la Loma del Ángel,* La Habana, Instituto Cubano del Libro, 1972, pág. 77.

[12] V. Lazo, Raimundo, *apéndice documental informativo,* en ed. cit., donde se dan interesantes pormenores sobre el particular.
[13] *Cecilia Valdés,* pág. 33.

y sabremos pronto de su escasa sensibilidad para lo que no sean sus propios intereses afectivos o materiales por el displicente comentario que hace de una noticia de prensa. Quizá sea Leonardo, el hijo de ambos, uno de los personajes menos convencionalmente presentados, toda vez que tras una situación de expectativa aparece fugazmente en circunstancias muy fuera de lo común y vuelve a desaparecer para permitir que sean sus padres quienes definan su carácter y comportamiento mediante una acalorada conversación. En los capítulos siguientes habrá ocasión de observar algunos de sus rasgos psíquicos, y sólo en el capítulo III de la segunda parte sabremos que «pasaba por mozo de buen parecer y varoniles formas» [14]. Con Isabel Ilincheta volveremos, sin embargo, al procedimiento inicial. Conoceremos primero «las gracias naturales de que la había dotado el cielo» [15] y a continuación sus dotes morales.

No estamos con todo ante un relato donde se dé un ahondamiento psicológico verdadero. Acaso la multitud de personajes exige tanta atención por parte del autor que no hay posibilidad de estudiar a cada uno suficientemente. El continuo movimiento de la acción —a pesar de los factores retardantes a que aludiremos— va también en detrimento de ese deseable análisis interno. Eso quita indudablemente consistencia en general a los personajes.

La propia Cecilia es una criatura que no acaba de soportar bien su papel de heroína. Prolijamente definidos sus rasgos externos («Era su tipo el de las vírgenes de los más célebres pintores...», etc. [16]), la tantas veces llamada «virgencita de bronce» no acaba de alcanzar la dimensión dramáticamente humana que las circunstancias propiciarían. Recorre el camino hacia su inexorable destino sin rebelarse contra su condición y lo oscuro de sus orígenes —algo evidente aunque no conozca la realidad última de los mismos. Lejos de poseer una conciencia de clase o raza, rechaza la idea de casarse con quien no sea blanco, y sus afanes están más cerca de la obstinación que de la perseverancia. La brusquedad con que se plantea su actuación final y su situación posterior no deja de contribuir a esa carencia de sutileza emocional que en ella se advierte.

Don Cándido Gamboa es un arquetipo del hacendado ambicioso y duro, sensible no obstante a las tensiones familiares y poseedor incluso de algunas virtudes domésticas. Carga con un tremendo y secreto problema que lucha por resolver toscamente y sin que repercu-

ta en su humanización. Doña Rosa es aún más difusa. Incluso sus actuaciones caritativas en favor de ciertos esclavos disuenan con su comportamiento general. Asume bien, sin embargo, la función de «destinador» o fuerza activa con relación a otros personajes, y es quizá la única figura que tiene carácter de personaje agente y no paciente. José Dolores Pimienta, el leal enamorado de Cecilia, es poco más que una sombra con mínima capacidad de reacción ante los obstáculos (sólo al final tendrá una reacción tan violenta como ciega), en la que se malogra lo que podía haber sido una compleja e interesante personalidad. Leonardo Gamboa, a pesar de momentáneas rebeldías que no consiguen darle ductilidad, se queda en otro arquetipo cargado de egoísmo y superficialidad. Es mucho menos protagonista que «destinatario». Otros personajes menores, como la triste Chepilla o Isabel, cuya lucha interior entre su vaga inclinación por Leonardo y la fidelidad a sus propias ideas es patente, encierran una más perceptible vibración humana. No es ese el caso de María de Regla, ante quien se crea una expectativa que no acaba luego de tener correspondencia con la escasa adhesión que su figura suscita. Hay otros personajes secundarios que no tienen demasiado sentido novelístico, aunque sí testimonial, al no participar en la «dinámica de grupo» del relato. No juegan en suma ningún papel en la red de relaciones que lo componen.

Composición

Cecilia Valdés tiene una hábil estructuración, aunque algunas de sus piezas no acaben de estar bien trabadas. La novela está dividida en cuatro partes, tres de las cuales corresponden a los acontecimientos que transcurren en la ciudad de La Habana, como hemos visto, y una, la tercera, a los sucedidos en el campo. El ritmo de los hechos cobra una mayor celeridad cuando éstos transcurren en la ciudad. En el campo, por el contrario, la acción se remansa, tendremos más oportunidad de acercarnos a algunos de los personajes, los caracteres parecen definirse mejor en presencia de las dolorosas estampas de la esclavitud. El mundo de los dominadores y el de los dominados se enfrentan radicalmente y los contenidos de la novela alcanzan ahí su mayor densidad, al disminuir además un poco la habitual acumulación de episodios.

Los cambios espaciales son en conjunto muy frecuentes dentro de estos dos grandes ámbitos, y sobre todo en el de la ciudad: salones de la burguesía, viviendas populares, paseos de

[14] Idem, pág. 84.
[15] Idem, pág. 87.
[16] Idem, pág. 7.

las gentes distinguidas, barrios modestos, suburbios, aulas universitarias, centros administrativos y de gobierno, haciendas de Vuelta Abajo. Cierto que esta movilidad se ve contrapesada por dos factores muy destacables, las continuas interferencias de lo descriptivo en lo narrativo y los episodios parásitos —de los que también la parte tercera queda más libre.

Las dos primeras cumplen el cometido de permitir el despliegue de una amplia galería de personajes y situaciones. La tercera, sin dejar de ampliarlas, constituye un punto climático y de reflexión. En la cuarta hay un apresurado enlazar de acontecimientos hasta llegar al apresurado final.

Desde un punto de vista temporal recordaremos ante todo lo ya dicho sobre el deseo de precisión en lo cronológico que el texto refleja. Los primeros hechos se desarrollan «un día de noviembre de 1812»; el asesinato de Leonardo, otro día del mismo mes de 1831. Los hechos posteriores relatados en muy breves líneas, excepto uno, no dejan también de tener una precisión temporal: Cecilia permanece un año encerrada en un hospital, Isabel se retira al convento donde profesa al cabo de un año de noviciado, Dionisio —personaje más bien circunstancial— es condenado a diez años de prisión una vez transcurridos cinco de los sucesos aquí narrados. Se diría que el deseo de no perder las coordenadas de lo temporal domina hasta el final.

Esto es evidente a lo largo de toda la novela. El capítulo II de la primera parte se abre con esta indicación que hace referencia al nacimiento de Cecilia: «algunos años más adelante», indeterminación que queda rápidamente deshecha cuando se añade: «mejor dicho, uno o dos después de la caída del segundo breve período constitucional en que quedó establecido el estado de sitio de la isla de Cuba y de Capitán General don Francisco Dionisio Vives»[17]. Después se sitúa la edad de Cecilia alrededor de los once o doce años, con lo que el anclaje en la concreción temporal es evidente. En el capítulo IV leemos: «cinco o seis años después de la época a que nos hemos contraído en los dos capítulos anteriores»[18]. Hemos avanzado, pues, de dieciséis a dieciocho años en un gran salto desde el comienzo de la novela. En el capítulo IX sabremos que dieciocho años exactamente por una alusión al año anterior de 1829»[19], con lo que queda claro que a partir de aquí la acción de la novela tiene lugar en el período 1830-31, dos años, el primero de los cuales es minuciosamente examina-

do y más sintetizado el segundo, repartidos en los treinta y seis capítulos restantes; dos años punteados por numerosas fechas concretas. Se diría que para el autor son frustrantes los saltos en el tiempo que naturalmente tiene que realizar.

Ante la imposibilidad de seguir minuciosamente el discurrir del tiempo, se ofrece un significativo número de anticipaciones cronológicas (prolepsis) y de evocaciones del pasado (analepsis). Así en cierta ocasión se nos informa de que determinadas fiestas religiosas celebradas en la novela, se extendieron hasta 1832[20], o se nos habla, desde 1830, de las actividades del padre Félix Varela en la Universidad de La Habana hasta 1821[21], por mencionar un mínimo de ejemplos.

Estos datos, incidentales la mayor parte de las veces, si no enriquecen la trama propiamente dicha, contribuyen a ambientar los antecedentes y consiguientes del período de tiempo seleccionado, con lo que insensiblemente se va ofreciendo una panorámica mucho más extensa que la que aquélla exigiría. Bien es verdad que a cambio de esto se acentúa la dispersión de lo esencial. En estos casos es más patente que nunca la intervención del autor omnipresente, que parece perder su condición de heterodiegético.

Villaverde no parece haberse planteado ningún problema técnico a priori y su actitud como narrador en cuanto a la composición de la obra no se vio modificada por los muchos años transcurridos desde que apareció la primera parte en 1839 hasta la publicación de la totalidad en 1882. Todo lo supeditó a su propósito de informar tan completa y fehacientemente como fuera posible, pero sin duda fue consciente cuando hablaba, como hemos visto, de realismo «en el sentido artístico» de que su obra sería algo más que una mera duplicación de la realidad. En efecto, la inevitable selección de hechos, el montaje de secuencias y personajes, el juego de tensiones y distensiones y los efectos derivados del léxico empleado, produjeron un fecundo rebasamiento de la función meramente representativa o referencial del lenguaje, dando como resultado mucho más que un informe sociológico, una novela.

Ahora bien, en esa obsesiva persecución de la realidad es necesario insistir —porque es algo bien deducible de cuanto llevamos dicho— en el más importante de los rasgos de estilo a que ello da lugar, el descriptivismo. Sin volver atrás sobre lo expuesto sobre el retrato de seres humanos, subrayaremos que el autor

[17] Idem, pág. 6.
[18] Idem, pág. 15.
[19] Idem, pág. 45.

[20] Idem, pág. 15.
[21] Idem, pág. 43.

enfoca su poderosa lente sobre lo abstracto y lo concreto, muy en particular sobre lo concreto, con sistemática insistencia: recuérdese por ejemplo la relación de manjares que componen el almuerzo de los Gamboa (cap. XI, 1.ª parte), el paseo de la buena sociedad por el Prado (cap. II, 2.ª parte), el aspecto del baile en la Sociedad Filarmónica, incluidas relación de asistentes y composición de la cena (capítulo III, 2.ª parte), la visión de la geografía cubana en el camino a «La Tinaja» (caps. I y III, 3.ª parte) o la exhaustiva y técnica verbalización de las labores efectuadas en dicho ingenio azucarero (cap. VIII, 3.ª parte).

El lenguaje

Salvando ciertas impropiedades que debieron llamar la atención de sus contemporáneos (aunque Villaverde quiso eliminar en 1882 las aparecidas en la primera tarde, así como más tarde, sin efectos editoriales, sometió todo el texto a una seria revisión), y hoy no significan mucho, de un modo general en la novela se utiliza un lenguaje que podríamos definir como correctamente convencional. Los personajes de la clase alta, incluido don Cándido, cuyas bases culturales son mínimas, manejan una sintaxis lógica y su léxico es preciso y nada imaginativo. Más interés tiene el vocabulario puesto en boca de las gentes de extracción popular, que en la edición parcial de 1839 era simplemente el normal del autor y fue remodelado en la de 1882. Baste esta corta muestra tomada del capítulo XI de la segunda parte donde una vendedora de comestibles se cree en la obligación de dar su opinión sobre la situación local: «Labana etá perdía, niña. Toos son mataos y latrosinio. Ahora mismito han desplumao un cristián alante de mi sojo...»[22]. En el caso especial de los esclavos, el acentuado primitivismo del lenguaje es un signo de su penosa condición. Seguramente con el propósito de acentuar su dignidad humana, el autor, acertadamente, apenas hace hablar al prófugo Pedro Briche. Claro que estaban lejanos los tiempos en que los novelistas buscarían hacer una transposición estética de la lengua del pueblo en vez de una reproducción siempre proclive al pastiche. Añadiremos que en algún caso el personaje popular comparte en exceso las formas cultas del lenguaje de los burgueses. Tal es el caso de la propia *seña* Josefa, acaso porque el autor haya buscado subrayar la «decencia» y el carácter elevado del personaje.

La novela ofrece también indudable riqueza en otros aspectos lingüísticos, como cuando en aras de lo humorístico se distorsiona la lengua catalana[23], y por supuesto en lo que se refiere al vocabulario técnico, sumamente estimable, como el referente a la navegación, al arte de los sastres, a la industria de los trapiches azucareros, y en todos aquellos casos en que el afán descriptivista enfrenta a Villaverde con la necesidad de ofrecer un inventario de voces especializadas. Puede señalarse también la presencia de españolismos y arcaísmos, más patentes seguramente estos últimos («no embargante» por «sin embargo», «al paño» por «al oído», «magüer que», «pañizuelo», etc.). Posiblemente el autor haya incurrido en ultracorrección a fuerza de querer servir mejor a ese realismo deseado a ultranza, el mismo que le impide, por ejemplo, que su lenguaje, a fuerza de atenerse a lo preciso, alcance un vuelo verdaderamente lírico al reproducir las bellezas del paisaje o la hermosura de Cecilia.

Fuentes literarias

«Hace más de treinta años que no leo novela ninguna, siendo Walter Scott y Manzoni los únicos modelos que he podido seguir al trazar los variados cuadros de Cecilia Valdés» afirmó Villaverde en el prólogo para su novela escrito en 1879, fecha en que se hallaba terminada. Ello podría excusar de cualquier otra indagación al respecto, pero las citas literarias, adagios o fragmentos de folklore popular colocadas al inicio de cada uno de los capítulos (a imitación por cierto de Walter Scott) abren una serie de pistas que habría que seguir aunque no sin cautela. Frente a las probables y eventuales tutorías de los escritores cubanos: los Palma, Heredia, Pérez de Montes de Oca, Milanés, etc., y de los románticos españoles: Zorrilla, Espronceda, Rivas, reveladas por las alusiones a los mismos, otras citas —la Biblia, algunos clásicos españoles, ciertos proverbios latinos o castellanos— pueden tener apenas una significación decorativa. Y es muy curioso que ni Manzoni ni Scott formen parte de ellas. Todas en suma revelan el vasto trasfondo cultural de Villaverde, cuya sutil incidencia en la novela sería tan sugerente como arduo detectar y de la que se deducirían interesantes matices sobre el realismo a ultranza del autor.

[22] Idem, pág. 137.

[23] Idem, pág. 248.
[24] Villaverde, Cirilo, *Prólogo* cit. a edición Instituto Cubano del Libro, pág. 77.

BIBLIOGRAFÍA

VILLAVERDE, Cirilo, *Cecilia Valdés o la Loma del Ángel,* edición, prólogo y notas por Olga Blondet Tudisco y Antonio Tudisco, Nueva York, Las Américas, 1944 (reproducida en Anaya, Madrid, 1971).
—*Cecilia Valdés o la Loma del Ángel,* edición crítica y notas por Esteban Rodríguez Herrera, La Habana, Lex, 1953.
—*Cecilia Valdés o la Loma del Ángel. Novela de costumbres cubanas,* La Habana, Consejo Nacional de Cultura, 1964.
—*Cecilia Valdés,* estudio crítico por Raimundo Lazo, México, Porrúa, S. A., 1972.
—*Cecilia Valdés o la Loma del Ángel,* introducción (y notas) de Esteban Rodríguez Herrera, La Habana, Instituto Cubano del Libro, 1972.
BARAONA, Javier, «Itinerario de Cecilia Valdés», revista *Carteles,* núms. 18 y 19, La Habana, 1950.
BARREDA, Pedro, *The black protagonists in the Cuban novel,* Amherst, The University of Massachusetts Press, 1979.
CARILLA, Emilio, *El romanticismo en la América hispánica,* 2 vols., Madrid, Gredos, 1967.
DE LA CRUZ, Manuel, «Cirilo Villaverde», en *Cromitos cubanos,* Madrid, 1926.

FERNÁNDEZ DE CASTRO, José Antonio, *El tema negro en las letras de Cuba (1608-1935),* La Habana, Mirador, 1943.
HENRÍQUEZ UREÑA, Max, *Panorama histórico de la literatura cubana,* 2 vols., Nueva York, 1963.
LAZO, Raimundo, *Historia de la literatura cubana,* La Habana, Universitaria, 1967.
NUNN, Juan José, *Proceso histórico de las letras cubanas,* Madrid, Guadarrama, 1958.
RODRÍGUEZ GARCÍA, José A., «La primitiva Cecilia Valdés», en *Cuba intelectual,* La Habana, 1910.
SOSA, Enrique, «La economía en la novela cubana del siglo XIX», en *Islas 54,* revista de la Universidad Central de Las Villas, La Habana, mayo-agosto de 1976.
SUÁREZ-MURIAS, Margarita, *La novela romántica en Hispanoamérica,* Nueva York, 1963.
TORRIENTE, Lolo de la, *Cirilo Villaverde y la novela cubana,* La Habana, Universidad de la Habana, 19.
Varios autores, La novela romántica latinoamericana, serie Valoración Múltiple, La Habana, Casa de las Américas, 1978.
VARONA, Enrique José, «El autor de "Cecilia Valdés"», en *Homenaje a Cirilo Villaverde,* La Habana, 1964.

José Mármol

Teodosio Fernández

El poeta frente a la tiranía

José Pedro Crisólogo Mármol nació en Buenos Aires el 2 de Diciembre de 1817[1]. De sus inciertos primeros años sabemos, por su propio testimonio, que sus estudios fueron muy irregulares, y que hacia 1832 se trasladó con su familia a Montevideo, ciudad natal de su madre. En 1837 lo encontramos de nuevo en Buenos Aires, donde ingresa en la Escuela de Derecho o Academia de Jurisprudencia. Allí fue discípulo de Diego Alcorta, personaje decisivo en la formación del futuro escritor, y compañero de José Tomás Guido, Félix Frías, Luis L. Domínguez y otros miembros distinguidos de su generación.

No eran buenos tiempos para la Confederación Argentina. Las ya antiguas disputas de unitarios y federales en torno a la organización política de la nueva república habían ensangrentado el país hasta hacerlo ingobernable. Sólo Juan Manuel de Rosas, poderoso estanciero del sur de Buenos Aires, se había mostrado capaz de sacarlo de la anarquía, eliminando a las facciones en conflicto: con el apoyo de los federales, entre 1829 y 1833 gobernó su provincia con poderes extraordinarios, y la oposición unitaria hubo de salir para el exilio; con el apoyo de los federales «apostólicos», o simplemente rosistas, se había hecho de nuevo con el poder en 1935, y ahora fueron los federales doctrinarios quienes en gran número abandonaron Buenos Aires. Con la instauración de gobiernos afines en las demás provincias, que delegaron en él las relaciones exteriores de la Confederación, el «Restaurador de las Leyes» conseguía por un tiempo establecer un orden: el suyo.

Con los unitarios se habían ido los mejores representantes de la literatura neoclásica argentina, y en los años treinta el ambiente cultural porteño vivió la irrupción del Romanticismo. Esteban Echeverría era el mentor intelectual del grupo de jóvenes que en junio de 1837 inauguró el Salón Literario, en cuyas sesiones se examinarían los factores que habían impedido el progreso nacional. En ellas se señaló con insistencia que la emancipación mental no había acompañado a la emancipación política, y que pervivía el oscurantismo de la colonización española. La conquista de la independencia cultural se convirtió, en consecuencia, en objetivo fudamental, y para conseguirlo se juzgó necesaria la producción de una literatura derivada del medio, comprometida con la realidad americana. Paralelamente se buscaba una solución conciliadora para el enfrentamiento entre unitarios y federales, y durante algún tiempo los contertulios del Salón no encontraron especiales dificultades.

Éstas empezaron en 1838, cuando Francia, en apoyo de reclamaciones insignificantes de algunos súbditos suyos, estableció el bloqueo del puerto de Buenos Aires y de todo el litoral argentino. Quienes manifestaban gustos afrancesados se convertían en sospechosos de traición a la patria, y ante las suspicacias del régimen el Salón Literario dejó de existir. Muchos de sus miembros abandonaron cualquier actividad comprometedora, pero con los interesados en seguir adelante Echeverría fundaba en·junio de ese año la Joven Generación Argentina, también conocida después como Asociación de Mayo, organización secreta destinada a la lucha contra Rosas. Pronto tuvieron que dispersarse, ante la creciente intolerancia del Gobierno de Buenos Aires, que se enfrentaba a un momento difícil: tenía que sofocar conspiraciones y levantamientos en el interior, al tiempo que veía amenazadas las fronteras de la Confederación. Con la colaboración francesa, el general Fructuoso Rivera se hacía con el poder en Montevideo, que se convierte en lugar propicio para las actividades antirrosistas. Allí se refugiarán, como antes los unitarios, las personalidades más relevantes de la nueva generación: Echevarría, Juan Bautista Alberdi y Juan María Gutiérrez, entre otros.

En 1839, tal vez por recibir y difundir prensa de Montevideo, José Mármol conoció las cárceles de Rosas, recordadas años más tarde en su novela *Amalia*:

> «Sólo, sumido en un calabozo donde apenas entraba la luz del día por una pequeña claraboya, yo no olvidaré nunca el placer que sentí cuando el jefe de policía consintió en que se me permitiese hacer algunas velas y algunos libros. Y fue sobre la llama de esas velas que carbonicé algunos palitos de yerba

---

[1] La fecha de nacimiento de Mármol varía según sus distintos biógrafos. Nos inclinamos por la que se deduce de su fe de bautismo, publicada por Mariano de Vedia y Mitre en el periódico *La Nación* de Buenos Aires, el 2 de diciembre de 1916, pág. 5.

mate para escribir con ellos, sobre las paredes de mi calabozo, los primeros versos contra Rosas, y los primeros juramentos de mi alma de diez y nueve años, de hacer contra el tirano y por la libertad de mi patria todo cuanto he hecho y sigo haciendo, en el largo período de mi destierro[2].»

Ese breve episodio (permaneció en prisión del 1 al 7 de abril) fue decisivo en la vida del futuro escritor: con él se inicia su carrera literaria y tal vez su violenta oposición al régimen rosista, cualquiera que hubiese sido su actitud anterior, de la que nada sabemos con certeza, salvo que su nombre nunca aparece relacionado con el Salón Literario ni con la Joven Generación Argentina. El hecho es que permanece en Buenos Aires a pesar del incidente, en una época especialmente difícil para Rosas, a quien amenazaba la expedición unitaria del general Juan Lavalle. Ya en noviembre de 1840[3], cuando la expedición «libertadora» se ha retirado sin conseguir sus propósitos y la represión se acentúa en la ciudad, Mármol decide embarcarse secretamente para Montevideo, donde se incorpora de inmediato a las actividades de los proscritos. Allí se dio a conocer como poeta, en el certamen con que se celebró en 1841 el aniversario de la Revolución de Mayo. Juan María Gutiérrez consiguió el primer premio y Luis L. Domínguez el segundo. El tercero fue para Mármol por su poema «Al 25 de mayo de 1841,» que recibió una calurosa acogida del público. Su prestigio se consolidaría dos años después con «A Rosas, el 25 de mayo de 1843,» en cuyos cuarenta y dos cuartetos de alejandrinos desató todo su furor contra el tirano y predijo la liberación de la patria.

Para esa fecha, sin embargo, Rosas se había impuesto a sus enemigos en todos los frentes. Perdidas las esperanzas de un pronto regreso a Buenos Aires y cansado al parecer de las rencillas continuas entre los unitarios, los federales doctrinarios y los seguidores de Echeverría, Mármol se traslada a Río de Janeiro. Desde allí se embarca rumbo a Chile en febrero de 1844, pero al intentar doblar el cabo de Hornos la nave estuvo a punto de naufragar y

hubo de regresar al punto de partida. En los tres meses pasados en el mar concibe e inicia un largo poema, *El peregrino,* que fue dando a conocer fragmentariamente y en desorden a partir de 1846. Había de constar de doce cantos, pero sólo han llegado hasta nosotros los seis primeros y los dos últimos. Probablemente Mármol nunca escribió los restantes, a los cuales pertenecerían fragmentos agregados en ediciones recientes, como el titulado «Las nubes», que Juan María Gutiérrez había ya incluido en su *América poética* (1846). Los que completó recogen las experiencias de Carlos, el joven «trovador del Plata» en quien se desdobla el autor, en un viaje por mar que se inicia en Río de Janeiro y se interrumpe en las latitudes más australes de las costas americanas (desde el primero al sexto), y en otro más breve que lo lleva de regreso desde Río a Montevideo, como a Mármol en 1846 (undécimo y duodécimo). Cada uno de los cantos ofrece dos partes, que a veces admiten subdivisiones: en la primera es el poeta quien da cuenta del desarrollo de las travesías, quien describe con entusiasmo la naturaleza del trópico o de la pampa, quien comparte con el mar y la noche sus sentimientos, o reflexiona sobre la historia de la patria; en la segunda, de carácter más estrictamente lírico y por lo general mucho más breve, se escucha la voz del peregrino, que da rienda suelta a sus sentimientos amorosos, religiosos o patrióticos. Del solemne tono general se aparta el canto cuarto (también ocasionalmente quinto), por el humor y hasta el sarcasmo con que se comentan los avatares de la práctica de la literatura, o se describen los compañeros de viaje. En los demás Mármol pretendía —y lo consiguió, a juzgar por los elogios de Juan María Gutiérrez, Domingo Faustino Sarmiento y otras personalidades ilustres de su generación— convertirse en portavoz apasionado de los sentimientos de los proscritos: de su nostalgia del hogar familiar, de la patria lejana o de la amada ausente, y de su desencanto por la juventud perdida en el destierro. También daba cuenta de sus inquietudes políticas, de sus esperanzas en un futuro feliz que hiciese olvidar el presente infausto de la tiranía, y fuese digno de las glorias nacionales del pasado. Por estas y otras razones los *Cantos del peregrino* constituyen una de las muestras más destacadas de la poesía romántica rioplatense, a pesar de sus deficiencias literarias, con frecuencia señaladas: a pesar de las reiteraciones inútiles, de las incorrecciones sintácticas, de las impropiedades ocasionales del léxico y de los defectos en la versificación.

En 1851 reunió en *Armonías* cuarenta poe-

[2] En nota al capítulo XV de la tercera parte.
[3] En este punto tampoco concuerdan las fuentes consultadas. A pesar de que los poemas «La tarde» y «El suspiro» aparecen fechados en Montevideo en diciembre de 1839, nos decidimos por los datos que constan en un fragmento del «Diario» de Mármol, según el cual no llegó a la capital uruguaya hasta el 21 de noviembre de 1840, a las 10,30 de la noche, a bordo de la goleta de guerra francesa *Joséphine.* Véase Ricardo Rojas, *Historia de la literatura argentina. Ensayo filosófico sobre la evolución de la cultura en el Plata,* 2.ª parte, «Los proscriptos», vol. II (vol. 6 de las *Obras completas* de Rojas), Buenos Aires, Editorial Losada, 1948, págs. 438-440.

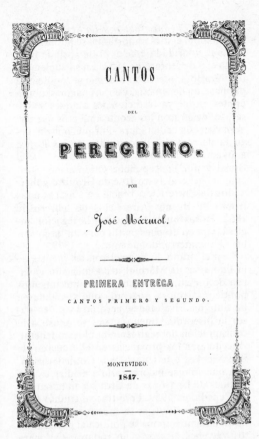

Portada de la primera entrega de los *Cantos del Peregrino.*

mas, casi todos los que había escrito, y los «Pensamientos a Teresa», en prosa. Cuando en 1854 publicó en dos tomos sus *Poesías* agregó alguno más, y otros fueron incorporados al volumen de sus *Obras* que preparó su hijo Juan A. Mármol en 1889. Como los *Cantos del peregrino,* estas composiciones ofrecen una gran variedad de metros y estrofas, y también son semejantes los valores y los desaciertos. Los motivos que las inspiran son diversos, y tal vez es llamativa aquí la escasez de referencias a la naturaleza americana. Con distintos pretextos, como aniversarios de la independencia y otros acontecimientos de interés público, Mármol insistió en el énfasis de las épicas hazañas de la independencia (el glorioso pasado argentino) y en los vaticinios de un futuro feliz para las tierras de América. En ocasiones, menos de las que con frecuencia se supone, se ocupó directamente de Rosas, para maldecirlo y para reclamar el castigo de sus crímenes. A esos poemas debe sobre todo su fama, aunque son mayoría los de carácter íntimo, los que dan cuenta del pensativo sentir del desterrado en torno al amor, la patria, Dios, la vida o la muerte. No sólo son políticas las causas del exilio, que en ocasiones se muestra como el cumplimiento de un destino adverso, más allá de la voluntad de los hombres: el poeta es un peregrino en la tierra, un ángel proscrito que conserva el recuerdo nostálgico de la armonía celeste y trata de recuperarla en su obra. En la de Mármol se conjuga, por tanto, una poesía cívica de evidente filiación neoclásica con la expresión de las dramáticas inquietudes espirituales propias del romanticismo.

Esa confluencia define por sí misma la actitud del escritor argentino ante las corrientes literarias de su época. Mármol nunca se sumó decididamente a las filas del romanticismo introducido por Echeverría en el Río de la Plata. Veía la nueva poesía, la suya y la de los jóvenes de su época, como una evolución natural de la que había practicado la generación precedente. Las circunstancias habían cambiado —las brillantes campañas militares de la independencia quedaban ya lejos, y ahora era el tiempo de la patria humillada por el tirano—, y eran las circunstancias las que ahora la habían hecho triste y meditabunda, melancólica como la vida en el destierro. En ocasiones se manifestó en sus poemas contra toda preceptiva, con el objeto de garantizar la espontaneidad de un arte que hacía derivar de la vida, de la naturaleza y del sentimiento, sin más complicaciones teóricas, pero no demostró interés por las doctrinas literarias de neoclásicos y románticos y se mantuvo ajeno a sus disputas. Eso facilitó sus relaciones con los miembros de la generación precedente, sobre todo con Florencia Varela, al que le unían la amistad y una gran admiración. Su romanticismo indudable, como el de muchos autores hispanoamericanos de la época, se apoyaba sobre la tradición de la poesía patriótica, de la función cívica que consideraba un deber del escritor. Mármol, por otra parte, tampoco parece haberse preocupado en exceso por la creación de una literatura autónoma, aunque sean frecuentes sus denuestos a la tradición cultural española, responsable en último término, como era de esperar, de la tiranía de Rosas. No sintió la necesidad de buscar modelos ajenos a la literatura en lengua castellana, aunque probablemente conocía a los poetas ingleses y franceses de mayor prestigio. Alguna relación puede encontrarse entre *La peregrinación de Childe Harold* y los *Cantos del peregrino,* aunque ya en 1849 (en el prólogo a los dos primeros cantos) Juan María Gutiérrez puso de manifiesto las notables diferencias que alejaban de Byron al poeta argentino de la patria perdida, ocasionalmente pueden advertirse ecos de Victor

Hugo y de otros poetas franceses; nunca tan notorios como los que remiten a algunos españoles, Espronceda y Zorrilla sobre todo, a quienes Mármol admiraba.

En un tercer tomo de sus *Poesías,* publicado en 1855, incluyó *El poeta* y *El cruzado,* dramas ambos en verso y en cinco actos que habían sido llevados a escena en Montevideo, en 1842. Los dos ofrecen historias de amor que concluyen trágicamente, al gusto romántico, y son buena muestra de las búsquedas y las limitaciones de los escritores de la época. El primero, que alcanzó tres representaciones y críticas positivas, era de asunto «contemporáneo»: discurría en torno a las desventuras de un joven poeta pobre, enamorado de una muchacha rica (contra la voluntad del padre de ésta, naturalmente), y abundaba en referencias a una sociedad corrompida en tiempos de guerra y muerte. Algunas reflexiones de particular interés abogaban por un teatro de contenidos americanos, que hacían imposible la condición «europea» del pasado y la sangrienta intolerancia del presente. Para evitar esas dificultades, la acción de *El cruzado,* que no pasó del estreno, se desarrollaba en Asia, en el contexto medieval de las luchas entre cruzados y musulmanes. Los escasos comentarios que suscitó señalaron lo inadecuado de un drama alejado de la realidad americana en el tiempo y en el espacio, y reclamaron la atención del autor para asuntos propios de su ambiente. Mármol no volvió a probar suerte en la escena.

En 1849 publicó un opúsculo titulado *Asesinato del Sr. Dr. D. Florencia Varela, redactor del «Comercio del Plata,» en Montevideo,* en el que se ocupaba de la muerte violenta de su amigo, ocurrida el 20 de marzo de 1848. Tras analizar los móviles del crimen, dictaminaba la culpabilidad como instigador del general Manuel Oribe, expresidente de la República Oriental que en esos momentos, con la colaboración de Rosas, dirigía el sitio de la capital uruguaya. Y en 1850 dio a la imprenta otro folleto, *Manuela Rosas. Rasgos biográficos,* sobre la hija del dictador. Mármol trataba de obtener para ella la comprensión del lector, convirtiéndola en mediadora entre el tirano y el pueblo. Sus defectos estarían determinados por la maldad de su padre, por la barbarie de la que ella era la primera víctima.

En los años de la proscripción Mármol desarrolló también una incansable actividad periodística. Muchos de sus poemas salieron a la luz en la prensa, pero más abundantes fueron sus crónicas de actualidad y sus artículos doctrinados. Fue colaborador o redactor en *El Talismán, El Nacional, ¡Muera Rodas!, El Comercio del Plata* y otros periódicos, y fundó

El Album, El Conservador y *La Semana.* Este fue sin duda el más importante: se publicó con cierta regularidad desde el 21 de abril de 1851 hasta el 9 de febrero de 1852. En su suplemento literario apareció *El cruzado* y se inició la publicación de *Amalia*, y en sus páginas, abundantes en los ya tradicionales ataques a Rosas, se registraron los acontecimientos que terminarían con la dictadura. Porque, por fin, llegó la derrota del Restaurador de las Leyes: apoyado por la provincia de Corrientes, por el Brasil y por la República Oriental del Uruguay, el general Justo José de Urquiza, gobernador de Entre Ríos, vencía en Caseros a las tropas de Buenos Aires, el 3 de febrero de 1852. Rosas buscó refugio en la legación inglesa, y poco despues partía para un largo exilio en Inglaterra, donde murió en 1877.

Con el tirano desaparecieron las fuentes de la literatura de Mármol, cuya atención ganaron de inmediato los nuevos acontecimientos políticos. Urquiza pretendía que se olvidasen las antiguas rivalidades, pero no tardó en nacer la discordia. Buenos Aires se opuso a la consagración del régimen republicano federal, suscrito por las provincias en el Acuerdo de San Nicolás, y se separó de la Confederación, a la que sólo se incorporaría a medias tras la victoria de las tropas de Urquiza en la batalla de Cepeda, en 1959. Pero tras su triunfo final en Pavón, en 1961, es Buenos Aires quien definitivamente impone su política al país. En estos vaivenes las cosas no rodaron mal para Mármol, que vio pronto en el vencedor de Caseros a un sucesor de Rosas y se inclinó, al menos temporalmente, hacia el nacionalismo bonaerense: fue senador provincial en la Legislación de Buenos Aires y miembro del Consejo Municipal, y después de Pavón diputado al Congreso Nacional; desde 1858 ocupó la dirección de la Biblioteca Pública, y durante los años 1964-65 residió en el Brasil como ministro plenipotenciario del gobierno de Bartolomé Mitre. Los discursos parlamentarios, los folletos políticos y la nutrida correspondencia que como siempre mantiene, acaparan en estos años la actividad del escritor, que colabora en numerosos periódicos, como *El Progreso, El Mercurio* y *La Tribuna.* Corrige también sus textos literarios, pensando en la edición de sus *Obras Completas,* pero tras la caída de Rosas apenas algunas composiciones de circunstancias son la única novedad.

En el prólogo a sus *Poesías,* en 1854, se encuentra ya la justificación de un silencio que sería definitivo: a los triunfos militares de la independencia y a los sufrimientos de la proscripción había sucedido una época de vulgaridad y desencanto, indigna de la atención del poeta. «La Musa Argentina —escribía—, sin hallar ni una desgracia ni una gloria que esté a la altura de sus inspiraciones, se ha velado y un solo eco de su lira no se ha oído para saludar una libertad incompleta, y un triunfo más incompleto aún.» Ya en 1870, en su introducción a las *Poesías* de Estanislao del Campo, insistía en lamentar el descolorido presente, privado de batallas y destierros que fuesen motivos sublimes de inspiración. Así conservó intacta la imagen que le había dado prestigio: en los homenajes que recibió a su muerte, acaecida el 9 de agosto de 1871, hubo referencias para su labor de periodista y parlamentario, pero se recordó sobre todo al portavoz de los proscritos, al poeta enfrentado a la tiranía.

Amalia

Concebida como un nuevo ataque a la dictadura de Rosas, *Amalia* comenzó a aparecer, como hemos indicado, en el suplemento literario de *La Semana,* en 1851. Apenas tuvo noticias del resultado de Caseros, Mármol suspendió la publicación del periódico para trasladarse a Buenos Aires, asegurando a sus lectores que conseguiría la información necesaria para perfeccionar el final de su novela, interrumpida en el capítulo XII de la quinta y última parte. El clima de conciliación que entonces se perseguía desaconsejó por algún tiempo su difusión, y es ya en 1855 cuando aparecen los ocho tomos de su edición definitiva[4].

Los acontecimientos relatados por Mármol se desarrollan en Buenos Aires, entre el 4 de mayo y el 5 de octubre de 1840. Ese tiempo corresponde a uno de los momentos más difíciles vividos por el rosismo: al bloqueo francés y a la hostilidad del gobierno uruguayo del general Rivera se suman las amenazas de Lavalle, que con no pocas vacilaciones dirigía sus tropas hacia la ciudad, y de la coalición del Norte, que agrupaba contra Rosas a las provincias de Tucumán, Salta, Jujuy, La Rioja y

[4] Los publicó la Imprenta America de Buenos Aires, como parte del plan de Mármol para editar sus obras completas. Ya en 1851 la Imprenta Uruguaya de Montevideo había reunido los capítulos de *Amalia* que habían aparecido hasta entonces en *La Semana*. Un primer volumen contenía las tres primeras partes de la novela, y el segundo, muy breve, apenas doce capítulos de la cuarta. Para las modificaciones introducidas en la edición de 1855, véase Liliana Giannangeli, *Contribución a la bibliografía de José Mármol,* Universidad Nacional de la Plata, 1972, páginas 62-67.

Al regresar a Buenos Aires Mármol fundó un nuevo periódico, *El Paraná.* En su primer número, del 25 de Octubre de 1852, explicaba las razones por las que renunciaba a continuar la publicación de su novela, pero aseguraba que se editaría fuera del país, junto con dos nuevos «romances» hasta ahora desconocidos: *Agustina y Las noches de Palermo.*

Catamarca. La policía del régimen hubo de incrementar la vigilancia para evitar las conspiraciones internas y la huida de quienes pretendían incorporarse a los ejércitos enemigos, y la represión se acentuó a partir de septiembre, cuando ya Lavalle se había retirado sin conseguir sus propósitos y la armada francesa estaba a punto de levantar el bloqueo. Mármol recoge minuciosamente esas circunstancias históricas, y en ellas inscribe las andanzas de sus personajes. Al iniciarse el relato, Eduardo Belgrano es descubierto por la policía cuando trata de embarcarse para Montevideo, y sólo la intervención de su amigo Daniel Bello lo libra de una muerte segura. Daniel oculta al herido en casa de una prima suya, Amalia Sáenz de Olavarrieta, y así se inicia la historia de amor entre Amalia y Eduardo, que se cierra trágicamente al final de la novela. Las muchas páginas intermedias abundan en episodios sentimentales, en indagaciones de la policía, en temores y esperanzas, y sobre todo en actividades de Daniel para conjurar los peligros y provocar la caída del tirano.

Frecuentemente se ha negado a *Amalia* la condición de novela histórica, y se ha hecho de ella el ejemplo por excelencia de novela política. Las razones estriban fundamentalmente en la proximidad de los hechos relatados, que privaría al autor de la perspectiva adecuada para tratarlos desapasionada y objetivamente. Mármol, desde tales presupuestos (que gratuitamente aseguran la existencia de narraciones históricas objetivas, no ideologizadas), en ningún caso habría olvidado su posición personal ante los acontecimientos que recrea. Pero, cualesquiera que sean los juicios posteriores sobre su obra, la indudable es que escribía presionado por el prestigio de que entonces gozaba la novela histórica y desde la «explicación inicial» es evidente su intención de escribir un relato de esas características y con los procedimientos técnicos que exigía. De su preocupación por la exactitud dan testimonio su minuciosas referencias a los acontecimientos de la época, y los documentos insertados en el relato o añadidos en notas a pie de página. Todo ello, ciertamente, no invalida su condición de arma política contra el dictador, aún en el poder cuando se inició la publicación de la obra, que es también una novela sentimental, con una intriga amorosa tópicamente romántica, y es sobre todo un ensayo sobre los problemas argentinos, que se analizan por boca de los personajes o a través de las intervenciones directas del autor. Y es la visión que resulta de ese análisis la que condiciona todo el desarrollo de la trama novelesca.

En efecto, *Amalia* abunda en lugares comunes del Romanticismo —las oposiciones maniqueas, los incidentes trágicos, los finales apocalípticos, los presagios funestos, el destino adverso, la naturaleza grandiosa y acorde con las situaciones o los estados de ánimo de los personajes—, pero siempre en función del pensamiento del Mármol en torno a los problemas de su país. Ya Domingo Faustino Sarmiento, en su *Civilización y barbarie. Vida de Juan Facundo Quiroga* (1845), había visto esos problemas como un conflicto entre la civilización y la barbarie, entre la ciudad y el campo, entre lo europeo y lo americano, y puntos de vista similares se reiteran en la novela que nos ocupa: los unitarios poseen la inteligencia y la sensibilidad, mientras que los federales se caracterizan por su rudeza primitiva. El contraste se manifiesta en la apariencia física, sobre todo en los rostros, y también en el vestido, en el calzado, en la decoración de las viviendas, en las maneras sociales, en el lenguaje. La reciente historia argentina cultural española está destruyendo la civilización europea de las ciudades. El apasionamiento, inevitable en las dramáticas circunstancias de la persecución o del exilio, convierte las diferencias políticas en un enfrentamiento entre el Bien y el Mal, entre la Virtud y el Vicio: queda en evidencia la condición demoníaca de los partidarios de Rosas, máquina infernal de terror y de muerte, mientras que la razón, la justicia y la libertad están, como era de esperar, del bando unitario.

Mármol trató de fundamentar su visión de la realidad argentina analizando sus factores determinantes, que creyó encontrar en la pervivencia del mundo colonial y en una difícil geografía: son las condiciones de la pampa las que engendran al gaucho, un ser a mitad de camino entre la barbarie absoluta, la de los indígenas, y la sociedad civilizada, a la que le unen la religión y el idioma. Como Sarmiento, no puede ocultar una involuntaria admiración al describir las habilidades de esos habitantes del desierto que saben cuidar de sí mismos frente a una naturaleza hostil, que desprecian al hombre de la ciudad y se burlan de la acción de la justicia. Respetan, sin embargo, a quienes sobresalen entre ellos, y así pudieron surgir los caudillos como Juan Facundo Quiroga o como Rosas, «el mejor gaucho en todo sentido». Sin duda esta explicación del caudillismo no era rigurosa —ignoraba que los caudillos eran en su mayoría grandes hacendados, habitantes de las ciudades y a veces miembros distinguidos de la aristocracia criolla, y que defendían un orden distinto al que los ilustrados de Buenos Aires habían pretendido imponer, porque sus intereses eran también distintos—, pero permitía la elaboración de una teoría de las luchas civiles como resultado inevitable de la oposición que el mundo rural ofrecía a las innovaciones introducidas por la revolución de 1810. El sistema republicano no era el adecuado para un pueblo que carecía de la educación que la capacitase para recibir aquella magnífica utopía.

La cuestión planteada, en último término, es la que enfrenta a las fuerzas progresistas y reaccionarias del país (desde la perspectiva de Mármol), y no a federales y unitarios, que como concepciones irreconciliables de la organización del estado habían perdido actualidad: unos y otros habían tenido que optar por la sumisión a Rosas o por el exilio. Eso explica la actitud en ocasiones benévola del autor hacia los federales —el padre de su héroe lo es, y nada impide a Daniel Bello sobresalir por nacimiento y educación, por su distinción y por sus gustos europeos— y las críticas a los unitarios, tanto por la labor de gobierno realizada en el pasado como por las actividades que desarrollan en Montevideo. Mármol se adhiere, en general, a los puntos de vista y a las soluciones defendidas por la Asociación de mayo: había que salvar los grandes principios que guiarán la lucha por la independencia, pero había que contar con la realidad nacional, que los hacía inaplicables en tanto que el pueblo careciese de la educación necesaria. Por

José Mármol.

el momento, como se deduce de las palabras y de la actitud de Daniel Bello —que no se cansa de lamentar la incapacidad argentina para cualquier tipo de asociación—, lo importante era superar el individualismo y las rencillas internas de quienes dirigían sus esfuerzos con el mismo fin de derrocar al tirano.

Planteado el conflicto en términos de civilización y barbarie, esa oposición condiciona todo el desarrollo de la novela. Mármol hace uso de la retórica romántica en la presentación y los diálogos de quienes representan la cultura, y muestra a través de ellos los gustos y la visión del mundo que podían caracterizar a un sector minoritario, al tanto de la última hora de Europa. Amalia es su concreción femenina: es el dechado de la civilización en sus maneras, en su forma de vestir y de amar, en la decoración refinada de su casa donde lee las *Meditaciones* de Lamartine; es pálida, extremadamente sensible, majestuosa y bellísima. La caracterización de Eduardo Belgrano concuerda con las cualidades de la heroína: inteligente, valeroso, rico, generoso, de ascendencia ilustre, educación perfecta y apariencia física impecable, hasta su expresión melancólica es la que corresponde a la palidez de su semblante. Las relaciones amorosas que mantienen, marcadas por un destino trágico que anticipa presagios funestos, pertenecen también al arsenal romántico. Y de estirpe romántica es también Daniel Bello, aunque ofrece características peculiares: síntesis equilibrada de sentimiento e inteligencia, es capaz de una visión realista y objetiva de los problemas y de las soluciones para afrontarlos; amante del riesgo, que afronta sin perder el dominio de sí mismo y de la situación, la encontramos en lances nocturnos, en salones y bailes, en intrigas y conjuras, siempre entregado a la tarea de minar la dictadura por cualquier medio; es también el portavoz de las ideas de Mármol y de la generación de 1837, en la que él mismo se incluye.

Frente a ellos está la barbarie, representada por Rosas y sus allegados. El realismo de las descripciones, resueltas con una economía que contrasta con la retórica empleada al ocuparse de los «civilizados», no significa que los personajes negativos y los ambientes en que se mueven sean más «reales», ni siquiera por la condición histórica de la mayoría: son también personajes literarios, a menudo perversamente románticos. La personalidad del dictador es sin duda compleja, pero se insiste únicamente en sus cualidades negativas, y sus partidarios, por lo general, no tienen otras. Algunos destacan con méritos propios, como la malvada María Josefa Escurra, cuñada del dictador,

pero normalmente no son más que piezas en el aparato represivo del régimen, en su condición de miembros del gobierno, o de la policía, o de la Sociedad Popular Restauradora o Mazorca, que agrupaba a los más fanáticos. Y la conciencia de clase del novelista se radicaliza en sus referencias al «vulgo», a los gauchos, negros e indios innominados, seres bestiales que le merecen el desprecio más absoluto, como los más puros representantes de la barbarie y base en la que se apoya el poder del tirano.

Aunque su valoración positiva o negativa esté generalmente determinada por su proximidad a los héroes unitarios o al dictador, los distintos personajes no carecen de rasgos individualizadores, y a veces no encajan sin dificultad en el esquema ideológico que rige la obra. Mármol imagina algunos de disparada comicidad, que contrastan con el dramatismo general del relato, y se muestra comprensivo con ciertos miembros de la familia de Rosas, en especial con su hija Manuela. La novela se enriquece así con una gran variedad de matices, cuya complejidad se manifiesta sobre todo en el lenguaje utilizado en los diálogos. Los registros empleados, desde luego, son fundamentalmente dos, los exigidos por el conflicto entre la civilización y la barbarie: los personajes cultos se expresan correctamente y utilizan un léxico selecto, con frecuencia libresco, mientras que los partidarios del dictador —en su mayoría plebeyos o aplebeyados— se aproximan a lo que podía ser el habla popular porteña de la época. Pero a partir de ese esquema inicial las variaciones posibles son múltiples, en la medida en que interfieren circunstancia de toda índole: educacionales, sexuales, sociales, políticas, profesionales, etc. Mármol las tiene en cuenta, y logra una caracterización directa de sus personajes que constituye uno de sus mejores aciertos. Y no hay que olvidar que los efectos cómicos o grotescos de ciertos diálogos se basan fundamentalmente en el lenguaje empleado.

También son variados los registros utilizados por un narrador que es a la vez ensayista, historiador y novelista. Es evidente el contraste entre el lenguaje preciso y con pretensiones de objetividad con que Mármol desarrolla la acción —un curioso afán de exactitud le lleva a dar minuciosa cuenta de las horas y lugares de los hechos, y a explicar directamente al lector los pasajes que pudieran resultar confusos—, y aquel otro con que manifiesta sus emociones ante los variados y grandiosos espectáculos de la naturaleza, ante la belleza femenina y cuanto se relaciona con ella, ante el amor; es entonces cuando abusa de una adjetivación abundante y sublimadora, de los períodos amplios, de los lugares comunes de la literatura romántica. La exaltación lírica condiciona el uso de esa retórica fácil, como la exaltación política exige la que afecta a los fragmentos en que se da cuenta de las circunstancias históricas o se analizan las causas determinantes de la dictadura, en los cuales el autor no pretende sólo exponer sus planteamientos, sino también convencer al lector de que son los acertados. Mármol demuestra una notable capacidad para hallar el lenguaje adecuado a cada ocasión, aunque no era, desde luego, un estilista: ahí están sus deslices sintácticos, sus derivaciones inusitadas y la abundancia de galicismos, entre otros aspectos criticables de su tratamiento del idioma.

A pesar de las múltiples digresiones, de la reiterativa exposición de algunas ideas y del lastre que suponen los numerosos documentos incrustados en el relato —todo lo cual se integra en la novela y le confiere complejidad en último término—, *Amalia* se ganó la atención de los lectores, como demuestran sus repetidas ediciones[5]. A ese éxito extraordinario no es ajena la habilidad folletinesca de su desarrollo, pues no hay que olvidar que se escribió para la prensa, y que esa publicación fragmentaria exigía una cuidadosa dosificación del interés. Pero eso no empaña el mérito de Mármol, que supo ofrecer la crónica viva de una época, con el apasionamiento que imponía la condición casi autobiográfica del relato. En tal sentido, y a pesar de su partidismo evidente, la obra tiene una excepcional interés histórico, como recreación de un período crucial en la constitución de la República Argentina. Y no es menor su interés literario: es uno de los mejores resultados de la adecuación a la realidad americana de las corrientes estéticas importadas por Echeverría, es la primera novela escrita y publicada en el Río de la Plata, y una de las muestras más destacadas del romanticismo social hispanoamericano. Al margen de las circunstancias históricas particulares que pretendía reflejar y que probablemente exageró, su autor consiguió mostrar con singular acierto el clima de corrupción y terror generado por un poder arbitrario y cruel, asentado en la delación, la violencia y el asesinato, y con ello iniciaba la larga serie de ficciones que han encontrado su tema en las dictaduras.

---

[5] *Y un plagio: hacia 1867, en París, Gustave Aimard publicó* La Mas-Horca, *a la que seguiría una segunda parte titulada* Rosas. *Ambos volúmenes no eran otra cosa que una traducción francesa de* Amalia, *en la que se habían cambiado algunos nombres propios, y poco más. Véase Liliana Giannangeli,* op. cit., *págs. 118-121.*

BIBLIOGRAFÍA

CRÍTICA

ARRIETA, Rafael Alberto, «José Mármol, poeta y novelista de la proscripción», en su *Historia de la literatura argentina, 6 vols., II,* Buenos Aires, Peuser, 1958, págs. 215-268.

CURIA, Beatriz Elena, «Problemas textuales de *Amalia», Incipit,* Buenos Aires, 1982, páginas 61-83.

CUTHBERSON, Stuart, *The poetry of José Mármol,* Boulder, University of Colorado, 1935.

DEVOTO, Daniel, «Las hijas de *Amalia:* reflexiones sobre la novela histórica», *Revue de Littérature Comparée,* 52, 1978, pás. 339-366.

MEGWINOFF, Grace Elaine, «¿Es *Amalia* una novela realista?», *La Torre,* 79-80, 1973 , págs. 186-197.

VIDAL, Hernán, *«Amalia,* melodrama y dependencia», *Ideologies and Literature,* I, ii, 1979, páginas 143-158.

OBRAS

Amalia, Montevideo, 1844 (1.ª parte); Buenos Aires, 1850 (2.ª parte); *Amalia. Novela Histórica americana. 2 vols. 1851. (Biblioteca de Grandes Novelas); Buenos Aires, 1855.*

Amalia, Buenos Aires, 2 vols. Estrada, 1944 (Biblioteca de Clásicos argentinos 14 y 15); prólogo y notas de Adolfo Mitre.

Cantos del peregrino, Canto XII, Montevideo, 1846; Cantos I-IV, Montevideo, 1846; Canto XI, folletín de *La Reforma Pacífica,* Buenos Aires, 1857 (los Cantos VII-X no fueron escritos).

Armonías, Montevideo, 1851.

Poesías Completas, Buenos Aires, Academia Argentina de Letras, 2 vols (1946-1947), prólogo de Rafael Alberto Arrieta.

Obras poéticas y dramáticas, coleccionadas por José Domingo Cortés, París, Bouret, 1875.

Alberto Blest Gana

GUILLERMO ARAYA

Alberto Blest Gana aparece estudiado en la mayoría de los manuales de historia de la literatura hispanoamericana como el novelista más importante del realismo de esa región del mundo en el transcurso del siglo XIX[1]. De una su primera novela importante, *La aritmética en el amor,* hasta hoy, los investigadores chilenos se han preocupado de analizar e interpretar sus obras. Más tarde se ha ocupado también de él la crítica extranjera[4].

Plaza de Santiago de Chile; grabado de Saison Boilly (1836).

de sus obras, *Durante la Reconquista,* se ha afirmado que «Es una de las mejores novelas históricas de Hispanoamérica»[2] y que es «una de las más excelsas novelas de América»[3]. Las historias de la literatura chilena dedican también un extenso espacio a este escritor. No parece haber ninguna discrepancia en la crítica chilena en el sentido de afirmar que A. Blest Gana es el más grande novelista que ha producido este país. Una de sus novelas, *Martín Rivas,* la han leído prácticamente todos los chilenos que han cursado los primeros años de la enseñanza media. Desde la publicación de

[1] «El más grande novelista hispanoamericano del siglo pasado fue indiscutiblemente Alberto Blest Gana, cuya ambición era llegar a ser el "Balzac de Chile".» Arturo Torres Rioseco, *La gran literatura iberoamericana,* Buenos Aires, Emecé Editores, 2.ª edición, 1951, pág. 207.

[2] Enrique Anderson Imbert, *Historia de la literatura hispanoamericana,* México, FCE, 4.ª edición, 1962, T. 1, página 263.

[3] Mariano Latorre, *La literatura de Chile,* Buenos Aires, 1941, pág. 68.

[4] Hay cuatro libros de estudiosos chilenos dedicados a este autor: Hernán Díaz Arrieta *(Alone), Don Alberto Blest Gana,* Santiago, edit. Nascimento, 1940, 338 págs.; Hernán Poblete Vars, *Genio y figura de Alberto Blest Gana,* Buenos Aires, Edit. Universitaria, 1968, 255 págs.; Raúl Silva Castro. *Alberto Blest Gana (1830-1920) (Estudio biográfico y crítico).* Santiago, Imprenta Universitaria, 1941, 652 págs.; Id. *Alberto Blest Gana.* Santiago, Zig-Zag, 1955, 352 págs. (Es una refundición de la obra anterior). El primero y tercero de estos libros compartieron el premio otorgado por la Universidad de Chile con motivo de un concurso al que convocó en 1937 sobre la vida y la obra de Blest Gana; todos estos libros tienen abundante bibliografía sobre la producción propia del autor y de los estudios realizados en torno a ella; el libro de Poblete y el primero citado de Silva tienen abundante material iconográfico. También Ricardo Latcham dedicó un estudio de conjunto a A. Blest Gana, *Blest Gana y la novela realista,* Santiago, Anales de la Universidad de Chile, año CXXVI, núm. 112, 4.º trimestre de 1958, págs. 30-46 (Reproducido en Ricardo A. Latcham. *Antología. Crónica de varia lección,* Santiago, Zig-Zag, 1965, selección y prólogo de Alfonso Calderón y Pedro Lastra, págs. 286-310.) Ya en 1922 se escribió la primera tesis sobre A. Blest Gana en EE. UU., Ethel Gertrude Dunn, *An analysis of the works of A. Blest Gana, with an appendix showing the influence of Balzac,* 161 págs. Acaba de publicarse la «Bibliografía anotada de y sobre Alberto Blest Gana», de Jorge Román Lagunas, *Revista Iberoamericana,* números 112-113, julio-diciembre, 1980, págs. 605-647.

Alberto Blest Gana nació en Santiago, en 1830. Era hijo de un médico irlandés, William Cunningham Blest y de Luz Gana López, dama de la aristocracia nacional. Su padre hizo una brillante carrera funcionaria y universitaria, siendo uno de los fundadores de la escuela de medicina de Santiago. A. Blest Gana ingresó pronto en la escuela militar, dirigida por uno de sus tíos, y en 1847 viajó a Francia, donde obtuvo el título de ingeniero militar. Regresó a Chile en 1851. Presenció la revolución de 1848 en Francia y leyó entonces —y meditó— a Balzac y Stendhal. En el hogar paterno, desde niño, había escuchado primero y leído después, las obras de W. Scott y de Dickens. En 1853-54 abandona la carrera militar e ingresa en la administración pública, contrae matrimonio con Carmen Bascuñán Valledor y publica su primera novela. En 1864 es nombrado intendente de la provincia de Colchagua. En 1866 es designado encargado de negocios en los EE. UU. y un año más tarde embajador en Londres y en París. En 1887 se jubila como diplomático y permanece el resto de su vida en Francia. Después de su salida del país en 1866 hasta su muerte en 1920, nunca más regresó a Chile. Su familia y él están enterrados en el cementerio Père Lachaise de París. Durante su larga vida de diplomático prestó valiosos servicios al país, especialmente durante la guerra que Chile sostuvo contra Perú y Bolivia desde 1879 hasta 1883, la llamada Guerra del Pacífico. En 1870 observó los acontecimientos de La Comuna y vivió a partir de 1914 las dificultades de la Primera Guerra Mundial. Uno de sus nietos luchó en el ejército francés. De sus once hermanos, conviene retener el nombre de Guillermo, su mayor inmediato, que fue el mejor poeta chileno lírico del siglo XIX y de Joaquín, su menor inmediato, que se dio a conocer desde muy joven como crítico literario y que después se dedicó a la política.

La obra de A. Blest Gana es extensa. Como diplomático y funcionario ha dejado una enorme cantidad de archivadores repletos de sus informes enviados al gobierno. Alguna poesía de su adolescencia se ha conservado en las páginas de una de las revistas de la época. Escribió numerosos artículos de costumbres a partir de 1853 que se caracterizan por la liviandad, las seguras dotes de observación que revelan y por ciertos toques graciosos. Aunque el modelo general en Hispanoamérica en la época fue sin duda Larra, sus artículos están más próximos al estilo y temple de los de Ramón de Mesonero Romanos. Algo parecido

puede decirse del mayor costumbrista de la época José Joaquín Vallejo, *Jotabeche* (1809-1858)*. Recuérdese que el *Panorama matritense* de don Ramón se enmarca entre 1832-1835 y sus *Escenas matritenses* entre 1836-1842. De su corta estancia en EE. UU. quedó su relato de viaje *De Nueva York al Niágara,* Santiago, 1867[5]. Estas páginas conservan toda la frescura de un observador atento que sabe conjugar toques de humorismo con oportunidad. Al viajero le sorprendieron la pujanza vital, económica y técnica de los EE. UU. y la gran independencia que ya entonces disfrutaban las mujeres norteamericanas.

En cuanto a doctrina literaria, dejó sólo dos escritos: «De los trabajos literarios en Chile», *Rev. La Semana,* Santiago, mayo de 1859, número 4, 11 de junio de 1859, págs. 51-2; «Literatura chilena (Algunas consideraciones sobre ella)», *Revista del Pacífico,* Valparaíso, T. IV, pág. 418, 1861[6]. Sobre todo este último es de gran importancia para comprender su obra de novelista. Volveremos a él más adelante.

En *El Correo literario,* Santiago, 1858, apareció la única obra teatral suya que se conoce: *El jefe de la familia.* Como en todos los casos en que los novelistas ensayan el drama, esta obra tiene las mismas características que su producción narrativa. Está bien estructurada y tiene bastante gracia. No desmerece frente a su producción novelística.

La fama de este autor se funda en sus novelas. Como escritor fue esencialmente novelista y entre sus novelas breves *(nouvelles),* de diferente extensión, publicó dieciocho títulos[7].

___

* Véase en este mismo volumen el artículo sobre José Joaquín Vallejo de... (N. del Coord.)

[5] Con el título de *Costumbres y viajes (Páginas olvidadas),* Santiago, Difusión, 1947, 303 págs., José Zamudio Z. ha reunido la mayor parte de sus artículos y su relato de viaje ya señalado. Zamudio indica, además, los diarios y revistas de la época en los que aparecieron publicados por primera vez los artículos de A. Blest Gana. V. las págs. 17-20. También hay información detallada sobre esto en el libro de 1940 de Silva Castro, *op. cit.,* págs. 612-616.

[6] Ambos textos están reproducidos en Blest Gana, *El jefe de la familia y otras páginas,* Santiago, Zig-Zag, 1956, páginas 449-453 y 418-432 respectivamente. El último de los textos citados fue el discurso que leyó A. Blest Gana el 3 de enero de 1861 cuando fue incorporado a la facultad de humanidades de la Universidad de chile. Este escrito será citado más adelante bajo la denominación de *Discurso* y la pieza anterior bajo *Trabajos.*

[7] 1. «Una escena social». Rev. *El Museo,* números 13, 14 y 17-20, Santiago, 1853 (Ocupa siete páginas. En una edición de Zig-Zag, Santiago, s/a, de 26 × 18,5 cm., a doble columna, hace 31 páginas.)

2. «Engaños y desengaños». *Rev. de Santiago,* 1. 1, Santiago, 1855 (La edición de 1858, Valparaíso, tiene 190 págs.)

3. «Los desposados». Idem supra (La edición de Zig-Zag, Santiago, 1953, de 21 × 14 cm. está compuesta de 65 págs.)

4. «El primer amor». *Rev. del Pacífico,* del núm. 1 en adelante, Valparaíso, 1858 (En la edición por separado de ese mismo año, Valparaíso, cuenta de 94 págs.)

Si dejamos aparte *De Nueva York al Niágara,* escrito y publicado en 1867, hay un lapso de treinta y tres años entre la publicación de *La flor de la higuera,* 1864, y *Durante la Reconquista,* 1897. El escritor dedicó ese largo período íntegramente a sus labores administrativas de Intendente y diplomáticas de Embajador. Cuando fue designado para el primero de esos cargos tenía ya un extenso manuscrito con la redacción de *Durante la Reconquista.* En los mismos instantes que se trasladaba a San Fernando para ejercer su cargo de Intendente, ató el manuscrito y lo selló con lacre. El funcionario no quería distraerse con labores ajenas al servicio. Sólo en 1887, cuando obtuvo su jubilación como diplomático, hizo saltar el sello de su último trabajo literario. Pero la relectura lo llevó a romper todo lo escrito y a recomenzar la obra. El enorme silencio señalado ha movido a algunos críticos a distinguir dos épocas en su producción novelística: desde 1853 hasta 1864 y desde 1897 hasta su muerte. Así lo establecen, por ejemplo, Díaz Arrieta y Silva Castro. Otros hablan de 3 etapas: la inicial desde 1853 hasta 1860 *(La Aritmética en*

el amor), la de una anticipada madurez (1860-1864) y el período de la vejez[8]. Pero tales etapas no se ajustan a las características de sus obras. El largo período aliterario de treinta y tres años no llevó al autor a escribir novelas de un tipo diferente de las anteriores. En su visión del mundo, estilo, técnica, valores y estructura, obedecen a las mismas opciones fundamentales, tanto en las novelas escritas hasta 1864 como las escritas a partir de 1897. Los más de treinta años dedicados a los papeles e informes diplomáticos interrumpen físicamente su impulso creador, pero cuando éste se reinicia la estética que orienta la ejecución de las últimas novelas será exactamente la misma que la que había orientado sus obras anteriores, escritas antes del comienzo de sus labores administrativas. Tampoco es efectivo, como quiere Lazo, que haya una etapa de iniciación completamente diferente al período de su producción posterior. Es efectivo que *La aritmética en el amor* es su primera novela importante. Pero después de ella habrá cinco novelas que no son superiores a las escritas con anterioridad a *La aritmética (El pago de las deudas, La venganza, Mariluán, La flor de la higuera* e, incluso, la última de todas, *Gladys Fairfield).* No hay, pues, etapas ni ciclos en la producción novelística de Blest Gana. Desde *Una escena social* (1853) hasta *Gladys Fairfield* (1912), el narrador tiene esencialmente los mismos medios expresivos y las obras presentan una orientación estética esencialmente igual. Hay una excepción importante a esta afirmación válida en lo principal: en *Los trasplantados* hay evidentes rasgos del naturalismo a lo Zola. Incluso los capítulos VII y VIII de esta novela, que tienen por tema las carreras de Longchamp, siguen muy de cerca el capítulo XI de *Naná,* obra que tuvo noventa (¡!) ediciones el primer año de su publicación (1880).

De entre este *corpus* novelístico unitario de dieciocho novelas es posible, sin embargo, distinguir con plena seguridad las más valiosas de las menos valiosas o mediocres. Sus novelas importantes o valiosas son seis: *La aritmética en el amor, Martín Rivas, El ideal de un calavera, Durante la Reconquista, Los trasplantados* y *El loco Estero.* De ellas me ocuparé más adelante.

NOVELA Y CUENTO EN CHILE HACIA 1850

La guerra de independencia de las colonias españolas en América produjo un intenso y ex-

5. *Juan de Aria,* El aguinaldo del Ferrocarril. Santiago, 1858, 58 págs.

6. *La fascinación,* Valparaíso, Imprenta y Librería El Mercurio de Santos Tornero y Cía., 1858, 67 págs.

7. *Un drama en el campo,* Rev. La Semana, núms. 8 y 9, 1859. (En la revista ocupa nueve páginas.)

8. *La aritmética en el amor,* Imprenta y Librería El Mercurio de Santos Tornero, Valparaíso, 1860, 576 págs.

9. *El pago de las deudas,* Idem supra, 1861, 98 págs.

10. *La venganza,* La Voz de Chile. Diario de Santiago, números 15-17, 1862.

11. *Martín Rivas,* Imprenta de «La Voz de Chile», Santiago, 1862, 197 págs.

12. *El ideal de un calavera,* Idem supra, 1863, VI+402 págs.

13. *Mariluán,* La Voz de Chile. Diario de Santiago, números 186-207, 1862.

14. *La flor de la higuera,* Diario El Independiente. Santiago, 1864. (En una edición de Zig-Zag [V. N.º 3] hace 35 págs.)

15. *Durante la Reconquista,* Garnier hermanos, París, 1897, T. I, VI+533 págs., T. II IV+582 págs.

16. *Los trasplantados,* Idem supra, 1904. T. I. VI+333 págs., T. II, IV+526 págs.

17. *El loco Estero,* Idem supra, 1909, T. I. VI+202 págs., T. II. IV+213 págs.

18. *Gladys Fairfield,* Idem supra, 1912. VIII+180 págs.

Cito sólo las primeras ediciones. Unicamente para complementar algún dato, número de páginas, cito alguna otra edición. De todo lo que escribió Blest Gana hay, por lo menos, una segunda edición. Normalmente sus obras se publicaron en Chile o Francia, primeras ediciones, y luego se reeditaron en esos dos países. Posteriormente ha habido ediciones de algunas de sus obras en España y en diferentes países de Hispanoamérica.

Sólo dos de sus novelas han sido traducidas a otras lenguas: *El ideal de un calavera* al francés con el título de *L'idéal d'un mauvais sujet,* por la Edit. Hachette, bajo los consejos del autor (no conozco el año de esta traducción), y *Martín Rivas* al inglés, translated from Spanish by Mrs. Charles Witham. New York, Alfred A. Knopf; London Chapman and Hall Ltd., 1916, 431 págs.

[8] Raimundo Lazo, *Historia de la literatura hispanoamericana.* El siglo XIX, 1780-1914, Porrúa, México, 3.ª edición, 1976, pág. 116.

tendido sentimiento antiespañol en los hombres del siglo XIX. Políticos, intelectuales y escritores dejan traslucir muy a menudo y con fuerza esta actitud. Para ellos la Colonia es un período de dominio de España en América y no una etapa primera y larvaria de las naciones que forjarán su independencia entre 1810 y 1824. Por la exaltación del aborigen que la caracteriza, sólo *La Araucana* de Ercilla escapa en Chile al rechazo de lo colonial que imperó allí a lo largo de todo el siglo XIX y que, en muchos casos, todavía perdura.

Bello llegó a Chile en 1829 y por su enorme ciencia y por su formación neoclásica, trató de anudar la cultura nacional incipiente con la tradición española. Sus esfuerzos se centraron en la pureza lingüística y en el cultivo sabio de la poesía. Trató de fomentar también el gusto por el teatro y, naturalmente, emprendió las tareas jurídicas y docentes de todos conocidas. Pero la novela no fue su preocupación central. Por su formación y sus gustos cabe deducir que el género novelesco no ocupaba en su intelecto un lugar muy importante. Por eso es que no se conoce orientación suya ninguna respecto de este género literario que tan enorme desarrollo tendría en el siglo XIX. Bello muere en 1865 absorbido por su colosal tarea de lingüista, poeta, crítico literario, educador y jurista, pero sin que su acción se haya hecho sentir sobre los esfuerzos que desde 1843 *(El men-*

digo de Lastarria) los jóvenes chilenos venían realizando para crear en el país el cuento y la novela nacionales.

Aunque hay otros intentos anteriores, se acepta prácticamente por todos que la primera novela chilena es *El inquisidor mayor,* de Manuel Bilbao, publicada en Lima en 1852[9]. Aunque Manuel Bilbao publicará otras obras de ficción, no logró afirmar su perfil de novelista. Sólo un año después, en 1853, Blest Gana publica su primera *nouvelle, Una escena social* y desde entonces, hasta poco antes de su muerte, no interrumpirá su ciclo creador, dejada aparte la etapa de treinta y tres años ya señalada que dedicó a sus tareas funcionarias. Esta tenaz vocación de toda su vida hace de él el verdadero creador de la novela chilena.

Sin duda que la polémica de 1842 entre los escritores argentinos y los chilenos en torno al romanticismo y a la tradición literaria sirvieron también de incentivo a la preocupación y a la reflexión sobre la novela. Lastarria y otros escritores chilenos continuarán en su labor literaria después de agotada esa polémica y harán beneficiarse al género novelesco de sus inquietudes surgidas o intensificadas entonces. De 1848 son dos artículos de Joaquín Blest Gana: «Walter Scott» y «Causas de la poca originalidad de la literatura chilena»[10]. Este último es especialmente importante. En él no sólo se preocupa de pasar revista al tema que da título al artículo, sino que también va deslizando entre líneas el modelo de literatura chilena que el crítico propugna. Más tarde, en 1860, el mismo Joaquín firma junto con Lastarria un informe crítico sobre una obra de los hermanos Amunátegui que se ocupa de la poesía hispanoamericana dirigido al decano de la Facultad de Humanidades[11]. En este breve escrito, los informantes exaltan como uno de los méritos principales de la obra su americanismo[12].

PERSONALIDAD DE A. BLEST GANA
Y DOCTRINA LITERARIA

Los hermanos Arteaga Alemparte, suerte de Plutarco bicéfalo de los prohombres chilenos

Alberto Blest Gana en un grabado del siglo XIX.

[9] V. Ricardo Latcham, *op. cit.,* nota 3, *El centenario de la novela chilena, «El inquisidor mayor» de Manuel Bilbao,* págs. 282-285, y Raúl Silva Castro, *Panorama de la novela chilena (1843-1954).* México, FCE, 1955, págs. 23-24.
[10] *Revista de Santiago,* T. I, Santiago, Imprenta chilena, 1848, págs. 153-158, y T. II, págs. 58-72.
[11] «Crítica literaria», *Revista del Pacífico,* T. III, 1860, págs. 31-34.
[12] En un artículo muy sólido e inteligente, Bernardo Subercaseaux pasa revista documentada y rigurosa a estos problemas: «Nacionalismo literario, realismo y novela en Chile», *Rev. de crítica literaria latinoamericana,* Lima, año V, núm. 9, primer semestre de 1979, págs. 21-32.

del siglo XIX han dejado una escueta y severa semblanza de A. Blest Gana firmada por Domingo[13]: «... de continente seguro y un tanto marcial, de modales correctos y desembarazados, que bailaba a la perfección, que sabía conversar amenamente con las mujeres y discretamente con los hombres» (pág. 434). Y más adelante: «... no tomaba gran interés en la política militante». Teniendo como trasfondo su obra literaria y su biografía estas líneas resultan reveladoras. Blest Gana fue ante todo un ciudadano, un funcionario y un caballero ejemplar. Creyó en el liberalismo de su época y en el progreso, pero se abstuvo de participar en la lucha política. En sus relaciones con los demás tendió siempre a una conducta irreprochable y prefirió dedicarse a la observación antes que a la acción. Su personalidad fuertemente marcada por un sentido moral exigente se traducirá en el transcurso de toda su obra. Personajes masculinos y femeninos de sus novelas que observen las virtudes burguesas del trabajo, la limpieza de propósitos y que sean en todo superiores moralmente, lograrán éxito. Los corrompidos o débiles, los perversos o caídos, irán irremediablemente al fracaso. En muchas de las novelas de Blest Gana, enamorados que encuentran resistencia para progresar en su entrega amorosa deciden fugarse. Universalmente tales fugados —más pronto o más tarde— encuentran la muerte o desembocan fatalmente en el fracaso. La moral burguesa de Blest Gana, en consonancia con la de su época y de la sociedad chilena de entonces, se objetiva reiterada e inequívocamente en su producción novelística. El ciudadano intachable que fue Blest Gana traspasó al narrador de novelas una actitud de honorabilidad que actuó como línea de fuerza en su producción tanto para darle una orientación inequívoca como para limitarla sustancialmente en cuanto a profundidad, valentía y originalidad. Narrador y autor comulgan plenamente con una moral burguesa eficaz y valiosísima en la vida práctica, pero amputadora y empobrecedora en el ámbito de la literatura.

En su *Discurso,* su texto doctrinal más importante, otorga a la novela costumbrista el gran mérito de exaltar los ejemplos morales positivos que ofrece la sociedad reflejada en dichas novelas. El cultivo en Chile de tal tipo de novelas es aconsejable, entre otras cosas, porque «su influencia en el mejoramiento social es al propio tiempo más directa también que la de otros géneros de novela pueden ejercer...»

(pág. 428). Insiste más adelante, «... en hacer resaltar la fealdad de aquéllos [los vicios] está el deber del novelista y no en callarlos, y para esto las segundas [las virtudes] le ofrecen un poderoso auxiliar»[14]. Hay una clara correspondencia, pues, entre ciudadano y novelista, entre moral práctica cotidiana y concepción ética de la novela. Críticos muy penetrantes y valiosos han interpretado mal algunos aspectos de la novelística de A. Blest Gana por no haber captado adecuadamente su concepción moral burguesa de la ficción literaria.

A los grandes escritores de la independencia americana se les planteó de manera aguda el problema de cómo hacer literatura propiamente americana sin darle la espalda a la cultura occidental. Hombres como Olmedo, Heredia y Bello tuvieron lúcida y honda conciencia de la situación que se les presentaba como poetas del Nuevo Mundo entonces recientemente liberado. Dentro de los gustos y la cultura de la época resolvieron ejemplarmente el problema. Utilizaron con sabiduría el acervo literario universal técnico y formal y lo llenaron de temática y de contenido americano[15]. A los novelistas, más tarde, se les planteó, en cada país de América, una situación semejante. La solución del problema no fue única ni estable. Importa ahora lo que pensó e hizo Blest Gana. En su *Discurso* trata a fondo la situación de la novela en Chile (América) en esos momentos —hacia 1860— y manifiesta claramente sus preferencias y las razones que las justifican. Como queda dicho, este *Discurso* es del 3 de enero de 1861, pero obviamente contiene reflexiones y decisiones que venían fraguándose de mucho antes. De modo que lo expuesto en este escrito vale para toda la obra de Blest Gana, la hecha anteriormente y la aún no realizada, puesto que hemos establecido ya que no hay etapas diferentes en su producción.

Distingue allí el autor tres clases de novelas: la fantástica, la histórica y la de costumbres.

Tal vez por parecerle obvio no define lo que es «la novela o cuento fantástico». Afirma que en Chile no se ha cultivado nunca prácticamente; tal carácter tendría en parte *Don Guillermo* de Lastarria, pero más bien le parece, atinadamente, una novela política; agrega que el éxito de tal tipo de novela es muy difícil en Chile por no existir allí el gusto por esta

---

[13] Justo y Domingo Arteaga Alemparte, *Los constituyentes de 1870,* Santiago, Imprenta Barcelona, 1910, páginas 434-438.

[14] Pág. 430. Hago académica la grafía bellista de la época en Chile.

[15] En relación con esto, Pedro Henríquez Ureña, *Las corrientes literarias en la América hispánica,* México, FCE, 1949, pág. 109, escribió respecto de Bello: «El deseo de independencia intelectual se hace explícito por primera vez en la *Alocución a la poesía* de Andrés Bello.»

clase de relatos y por no existir en América —según él— «las antiguas y poéticas tradiciones» que abundan en Europa. Como novelista práctico, Blest Gana se atuvo escrupulosamente a esta doctrina. No cultivó nunca este tipo de novela. Sólo *La flor de la higuera* se aproximaría a esta clase de obras. Unos amantes contrariados aprovechan la superstición popular de que la higuera florece a medianoche el día de San Juan. La muchacha es sorprendida y, autoengañada, cree en una aparición sobrenatural cuando se ve rodeada por sus celadores. Esta situación en que confunde lo real con lo fantástico termina por ocasionarle la muerte. Relato muy débil e imperfecto tal vez por la escasa convicción que el narrador tenía sobre tal tipo de literatura.

Tampoco define lo que entiende por novela histórica, pero esto en su época hubiera sido una insolencia majadera. Todo el mundo identificaba automáticamente entonces en Chile (y en América) novela histórica y Walter Scott. El maestro y creador indiscutido de esta clase de obras era el autor de *Ivanhoe*. Blest Gana demuestra entusiasmo por este tipo de novelas e invita a los escritores de su tiempo a cultivarla. Con el infaltable reflejo antiespañol de la época escribe que no hay necesidad de «...remontarnos al eterno batallar de la conquista» [de América por los españoles]; que en las gestas de la independencia de los países del Nuevo Mundo hay amplio material para ejercitar las dotes literarias narrativas dentro del marco de la novela histórica. También en esta ocasión su doctrina dirigió su praxis de narrador. *Durante la Reconquista* es la única novela histórica que escribió A. Blest Gana. En la primera edición esta obra llevaba como subtítulo *Novela histórica*. Es la única que lució tal denominación por voluntad del autor[16]. Esta novela narra acontecimientos de la historia de Chile que transcurrieron durante dos años y algunos meses entre el desastre de Rancagua, 1 y 2 de octubre de 1814, y la batalla de Chacabuco, 12 de febrero de 1817. Oficialmente la independencia de Chile se inicia el 10 de septiembre de 1810. De esta fecha a Rancagua se extiende el período que se llama de la Patria Vieja. Entre Rancagua y Chacabuco, el período

así enmarcado se denomina Reconquista y a partir de Chacabuco en adelante, Patria Nueva. *Durante la Reconquista* tiene, pues, por asunto ese lapso de la historia chilena así denominada. Es un tema de la historia *nacional* tal como la entendían los hombres del siglo XIX y no algo discutiblemente nacional según el criterio de entonces, como hubiera sido el caso si hubiera tratado un asunto del período colonial. La devoción que A. Blest Gana y los escritores de su tiempo sentían por W. Scott los hubiera podido llevar a ver en la Colonia el equivalente de la Edad Media en Europa, inspiradora de los *romance* de su maestro. Pero más fuerte fue para Blest Gana su rechazo del tradicionalismo y de lo español que el esquema deductible del novelista escocés. La independencia respecto de Scott no se limita en Blest Gana sólo a esto. Como veremos más adelante, la concepción misma de la novela histórica tal como se concretizó en *Durante la Reconquista* difiere notable y creadoramente del modelo ofrecido por W. Scott.

En otras novelas de Blest Gana hay episodios narrados de la historia chilena o francesa. En *Martín Rivas,* la creación y desarrollo de la Sociedad de la Igualdad y el Motín de Urriola (20 de abril de 1851); en *El ideal de un calavera,* el motín del cerro Barón y el asesinato de D. Portales por los militares de la época (6 de junio de 1837); en *El loco Estero,* la entrada triunfal de Bulnes vencedor en la guerra contra la Confederación de Perú y Bolivia (Batalla de Yungay, 20 de enero de 1839); y en *Los desposados,* Luis es el jefe de las barricadas de la revolución de 1848 en París. Pero estos episodios aislados son elementos rodeados de una gran masa de acontecimientos cuya historicidad no está comprobada, es decir, que no son históricos. Por lo mismo nadie podría llamar históricas a tales novelas a causa de episodios de ámbito reducido dentro del contenido total de cada obra.

Más espacio dedica el autor a la novela de costumbres en su *Discurso* y muestra por ella una clara preferencia. Sus consideraciones en torno a ella las inicia así: «... creemos que, consultado el espíritu de la época y la marcha de la literatura europea *durante los últimos treinta años,* la novela que está llamada a conservar por mucho tiempo la palma de la supremacía es la de costumbres» (pág. 427-8). Estima que la novela histórica creada por Scott, no obstante su gran valor, no se ha renovado acertadamente por la acción de otros escritores y que hay un público numeroso —de acuerdo «con el espíritu de la época»— que no se interesa por los valores de fina poesía y por los elevados sentimientos tratados en las no-

---

[16] Universalmente los subtítulos de las novelas de Blest Gana han desaparecido en las ediciones más próximas a nuestros días. En el caso de *Durante la Reconquista* como en el de todos los demás. ¿Por qué? Simplemente por la ninguna, absolutamente ninguna, atención que los editores otorgan a su trabajo. Para ellos se trata de sacar al mercado un libro que se venda. Y nada más. Mientras menos cueste tenga, mejor. La idea de encargar a un crítico responsable para que revise la primera o las primeras ediciones a fin de dar a la imprenta un texto cuidado o íntegro, no perturba la impermeable constitución de sus cerebros.

velas de Sir Walter, pero que sí manifiesta gran apetencia por las narraciones en que se presenten asuntos de la vida cotidiana. Esta gente mayoritaria... «ha menester para nutrir su espíritu de un alimento más sencillo del que aquellos preciosos modelos del arte (las novelas históricas a lo Scott) le presentan». Sólo la «gente de esmerada educación» sigue conservando interés por la novela histórica. Blest Gana hace aquí claramente la distinción de la tradición narrativa y crítica inglesa entre *romance* y *novel*[17]. La novela de costumbres está dotada para él de tres elementos estructurales básicos en cuanto a su contenido: en ella hay cuadros de la vida de todos los días que quedan allí pintados verbalmente, la descripción se desarrolla sin dificultades como resultado de la atenta observación de la realidad y por la gran cantidad de acontecimientos que caben en su seno dará lugar a intrigas bien elaboradas. Por sus cuadros, la novela de costumbres atraerá la atención de todos los lectores, por sus descripciones atraerá al pensador y estará llena de «color local», por sus intrigas variadas y complejas será del gusto de muchos. Además, como ya queda indicado arriba, la presentación de los vicios y virtudes propios de la vida real permitirá al narrador exaltar las últimas y combatir los primeros. Establecido lo anterior, Blest Gana formula la pregunta crucial para él y para los escritores de su época. ¿Puede haber una novela de costumbres efectivamente nacional? Su respuesta es afirmativa plenamente: «Estudiando pues nuestras costumbres, tales como son, comparándolas en las diversas esferas sociales, caracterizando los tipos creados por esas costumbres y combinándolos, a fin de ofrecer una imagen perfecta de la época con sus peculiaridades características, la novela no puede dejar de ser esencialmente nacional, según el mayor o menor acierto de los que a ella consagran sus esfuerzos» (página 429).

La preferencia que en este texto doctrinal mostró Blest Gana por la novela de costumbres la corroboró profusamente en su producción novelística. Mientras que las doce novelas menos valiosas de este autor llevan ora el subtítulo de *novela original* o simplemente *novela* (más numeroso el primero de los dos), tres de sus novelas importantes reciben como subtítulo en sus primeras ediciones la palabra *costum-*

bre: *La aritmética en el amor (Novela de costumbres), Martín Rivas (Novela de costumbres político-sociales), El ideal de un calavera (Novela de costumbres)*[18]. Es impresionante comprobar que los críticos han escrito cientos y hasta miles de páginas sin señalar claramente que la praxis novelesca de Blest Gana se corresponde cabalmente con su doctrina novelesca. Teniendo presente tal correspondencia estricta la labor crítica se simplifica y elimina todo margen de error: la obra novelesca de A. Blest Gana puede ser analizada e interpretada, comprendida, con sus propios enunciados teóricos.

Debe llamar la atención que el nombre de Balzac no figure en este *Discurso*. Parece claro por lo que digo en la nota 17 bis que el ejemplo de Balzac actuó en la elaboración y obtención de las ideas aquí recordadas del *Discurso*. Hay sin embargo una mención expresa, clara e inequívoca de la enorme significación que el conocimiento de Balzac y de su obra tuvo para la formación y proyectos de Blest Gana. En 1864 escribió a su amigo Vicuña MacKenna una carta en la que le decía «... desde un día en que leyendo a Balzac hice un auto de fe en mi chimenea, condenando a las llamas las impresiones rimadas de mi adolescencia, juré ser novelista y abandonar el campo literario si las fuerzas no me alcanzaban para hacer algo que no fuesen triviales y pasajeras composiciones»[19]. Sin duda el principal esquema de novela realista que Blest Gana trató de adaptar a la realidad chilena lo tomó de Balzac. Basta leer un poco a uno y otro autor para darse cuenta de ello. Las visión cíclica de la sociedad, la importancia del tema del dinero, el gusto por la intriga bien montada y con momentos de gran suspense, el gusto por la observación detallada, son todos elementos que

---

[17] Clara Reeve definía en 1785 la *novel* como «... una pintura de la vida y de las costumbres reales y de la época en que se escribe» y para *romance* establecía que «... describe en estilo alto y elevado lo que nunca ha ocurrido ni es probable que ocurra». Clara Reeve, *Progress of Romance*, Londres, 1785. Citada en René Wellek y Austin Warren, *Teoría literaria,* Madrid, Gredos, 4.ª edición, 1974, págs. 259 y 357.

[18] Walter T. Phillips dedicó una tesis al costumbrismo de A. Blest Gana, *Chilean Customs in the Novels of Alberto Blest Gana.* USC., 1943, de la cual hace un resumen en «Chilean Customs in Blest Gana's Novels», *Hispania,* vol. XXVI, núm. 4, diciembre 1943, págs. 397-406. El autor hace una clasificación en quince tipos principales de las costumbres descritas por Blest Gana en sus novelas que transcurren en Chile. Luego usa una abundante bibliografía de la época correspondiente a la reflejada en tales novelas, 1814 a 1860, historiadores, viajeros, etc. y llega a la siguiente conclusión: «Checking with other sources named above revealed a high degree of accuracy in Blest Gana's pictures of the customs of Chile. Three hundred and thirty-two citations were made from sources other than the novels of Blest Gana, and twelve disagreements were found between Blest Gana and the other authorities» (pág. 402).

[19] Citada de la obra de Silva Castro, Zig-Zag, 1955, página 49. Por lo demás, en su primera obra narrativa, *Una escena social,* el ingenuo escritor de entonces cita a Balzac como una autoridad que apoya sus puntos de vista: «Balzac ha dicho que los sentimientos verdaderos se comprometen con la impudicia de las cortesanas...». *Op. cit.* en nota 7, pág. 67.

Blest Gana aprendió de Balzac[20]. Naturalmente la sociedad y la cultura francesas eran muy otras que las chilenas y Balzac era un monstruo apasionado y genial, lúcido y embriagado, ingenuo y sabio, de dimensiones colosales que jamás soñó con poseer Alberto Blest Gana.

En el *Discurso* revela también A. Blest Gana otra condición personal que le sirvió enormemente en su carrera de literato. En la página 427 de ese texto afirma que el escritor que quiera llegar a hacer algo debe tener una gran tenacidad y observar una gran continuidad en el trabajo. En su carta a Vicuña MacKenna, el texto interrumpido arriba sigue así: «Desde entonces he seguido, *incansable,* como tú dices, mi propósito, sin desalentarme por la indiferencia, sin irritarme por la crítica... El secreto de mi *constancia* está en que escribo no por el culto a la gloria... sino por necesidad del alma...». Esta probada tenacidad, rasgo suyo muy íntimo, es un aspecto caracterológico que comparte también con Balzac y, naturalmente, con todos los otros grandes creadores.

En su artículo *Trabajos,* Blest Gana había ya desarrollado a fondo, en 1859, su pensamiento en torno al tópico de la tenacidad laboriosa y en torno a otros temas. Allí manifiesta su profunda adhesión al progreso y a la civilización. Dice que, en el fondo, hay que trabajar incansablemente con la vista puesta en estos ideales superiores. El trabajador intelectual, el escritor, debe trabajar dura y constantemente, no obstante que sus resultados sean modestos. La falta de desarrollo de la literatura chilena, su frágil existencia, se debe a la falta de tenacidad de los escritores. Sólo su continuado empeño cambiará esta situación. No tiene ninguna importancia que las obras literarias europeas sean superiores a las americanas: hay que producir. Es la actitud de Martí, nuestro vino amargo, pero nuestro.

La personalidad civil de Blest Gana ha determinado aspectos importantes de su doctrina literaria. Su carácter ha sido un firme soporte del escritor. Lo indiscutible y claro es que este hombre hizo en su vida práctica exactamente lo que cualquiera esperaría de él de acuerdo con lo que sabemos de su personalidad y que el novelista realizó cabalmente en su praxis de escritor lo que había pensado y escrito en sus artículos doctrinales. No hay ninguna grieta entre el hombre y el novelista. No hay ninguna grieta entre los proyectos que formuló el narrador, entre sus ideas en torno a la novela, y las características concretas que presentan sus obras.

LA ARITMÉTICA EN EL AMOR

En 1859 la Universidad de Chile convocó un concurso para el año siguiente invitando a los interesados a presentar «una novela en prosa, histórica o de costumbres, al arbitrio del autor, pero cuyo asunto fuese precisamente chileno»[21]. Blest Gana presentó *La aritmética en el amor* y obtuvo el premio. En ella encontró la fórmula adecuada de novela que venía buscando desde sus primeros intentos conocidos que comenzaron a aparecer publicados en 1853. El autor eligió la fórmula de la novela de costumbres y cumplió con creces las exigencias de chilenidad que señalaba la convocatoria del concurso. El jurado no dejó de resaltar con satisfacción tal característica: «El gran mérito de esta composición es el ser completamente chilena. Los diversos lances de la fábula son sucesos que pasan efectivamente entre nosotros»[22]. E. Astorquiza, años más tarde, escribió sobre el informe del jurado: «Lo que Lastarria y Amunátegui omitieron decir era que estaban en presencia de un gran hecho histórico: el nacimiento de la novela chilena»[23]. Lo que a su vez omitió decir Astorquiza, y en lo que otros críticos repararon más tarde, es que el realismo literario surgía con esta novela diez años antes que en España[24]. Como se recordará, la primera novela de Galdós, *La fontana de oro,* se publicó en 1870.

Dos triángulos fundados en el amor y el dinero simultáneamente, con muchos elementos coincidentes pero con diferencias apreciables y muy diversos destinos, estructuran y dan dinamismo a la novela. El ángulo principal de uno de los triángulos está constituido por Fortunato, joven pobre que busca fortuna (de ahí el ingenuo simbolismo de su nombre) porque ama a Amelia, muchacha también pobre con la cual no cree que podría ser feliz sin poseer antes una esposa adinerada. El ángulo principal del otro triángulo es un personaje femenino, Julia, hermosa mujer pobre que tiene un amante, Peñalta, pero que busca un marido rico para hacerse una vida más regalada y

---

[20] V. el artículo, bastante débil, de Maurice Frayse, «Alberto Blest Gana et Balzac», *Caravelle,* Toulouse, núm. 20, 1973, págs. 117-134.

[21] Tomo la cita de Silva Castro, *op. cit.,* pág. 188.
[22] Pág. 189. El jurado lo componían Lastarria y M. L. Amunátegui.
[23] Eliodoro Astorquiza, «Don Alberto Blest Gana», *Revista chilena,* núm. XXXIV, agosto de 1920, págs. 345-70. La cita está en la pág. 351.
[24] «Como había ocurrido con el romanticismo en poesía, el realismo moderno en la novela hizo su aparición en la América española antes que en España». P. Henríquez Ureña, *op. cit.,* pág. 152.

agradable junto a su amado. Julia encontrará este marido providencial en Anselmo, un tío de Fortunato ya anciano, adinerado e ingenuo que la amará profundamente. Fortunato fracasará en dos proyectos de matrimonio por conveniencia intentados con Margarita y Juana. Mientras se suceden los empeños de Julia por casar con don Anselmo, mientras Fortunato corre tras las afortunadas Margarita y Juana —Julia manteniendo a su amante Peñalta y Fortunato amando y exponiéndose por Amelia— y mientras van apareciendo muchos otros personajes secundarios movidos también por el amor y el dinero, o sólo por el dinero, o por la gula, como el reverendo Ciriaco Ayunales (otra vez el simbolismo ingenuo del nombre), el narrador va describiendo puntualmente el ambiente urbano de Santiago, la vida corriente, las casas, las calles, los salones y también aspectos típicos de la vida de provincia cuando Fortunato, acorralado, debe abandonar la capital para vivir en una ciudad de caricaturesco ambiente provinciano.

Mezclado con los personajes atrapados en sus respectivos triángulos, desempeñando un papel importante y negativo, aparece un personaje, Anastasio Bermúdez, que encarnará el engaño, la mezquindad, la doblez y la malignidad. Una falsificación que Fortunato se ve en la obligación de efectuar para ayudar notablemente al padre de Amelia, tendrá también una gran importancia en la novela. Un valor semejante tendrán unas cartas comprometedoras sustraídas a Julia. Habrá que agregar, por último, que en las primeras líneas de su novela el narrador advierte que los sucesos que revela acaecieron en 1858. Es decir, sitúa con exactitud la cronología de los acontecimientos narrados.

La escueta enumeración de elementos hecha para *La aritmética en el amor* refleja muy bien el mundo novelesco de A. Blest Gana. Con un desarrollo menor o mayor, con un manejo que revela más o menos maestría, ellos reaparecen prácticamente en toda su obra de ficción. Hay que tener presente, sin embargo, una distinción que ya ha sido aludida antes. *La aritmética en el amor* contiene el esquema estructural novelesco en que culmina toda la labor del literato anterior a 1860. Este esquema le abre el camino para escribir sus novelas más importantes. Cronológicamente, pues, esta novela es la primera de la serie de seis que hemos calificado como sus mejores novelas. Sin duda es la menos acabada de esta serie de seis, la más imperfecta, y en cierto modo todavía larvaria, pero como un desarrollo necesario de su arquitectura novelesca se explican perfectamen-

Plaza de Copiacó, en Santiago de Chile, a mediados del siglo XIX.

te *Martín Rivas, El ideal de un calavera, Durante la Reconquista, Los trasplantados,* y *El loco Estero.* Estas novelas están potencialmente contenidas en *La aritmética en el amor.* Todas ellas se ordenan con una técnica semejante, con una idéntica visión del mundo, con un mismo modo narrativo. A. Blest Gana, para lo mejor de su obra, no cambió nunca de esquema novelístico. Por eso a lo largo de su extensa vida atravesó ciego y sordo por entre las diversas tendencias literarias que se sucedían en Europa y América. Como los grandes novelistas del realismo europeo (Balzac, Dickens, Galdós) se mantuvo fiel a la fórmula descubierta en los inicios de su madurez, después de algunos tanteos que a tropezones lo conducían a ella.

TEMÁTICA Y PERSONAJES

En cuanto a los personajes, dos temas principales recorren toda la obra de Blest Gana, el amor y el dinero. La mayoría de los críticos ha percibido esto sin dificultad[25].

El tema amoroso tiene tres desarrollos posibles: conduce al matrimonio (héroes logrados), a la fuga (fracaso y normalmente muerte) o, por último, se presenta bajo la forma de amor extramatrimonial, de unión libre entre amantes (también en este caso deriva a la muerte o al fracaso). En *La aritmética en el amor,* Fortunato contraerá matrimonio con Amelia. Fortunato ha cometido errores, pero su motivación ha sido altruista. Julia, la adúltera, será desheredada por Anselmo. En la novela todo está unido causalmente. Anselmo enferma fulminantemente cuando descubre que Julia lo engaña con Peñalta. Perdona a Fortunato por haberle cuidado abnegadamente a Amelia durante su enfermedad. El viejo imprudente morirá, la adúltera se llevará un chasco y los más virtuosos se unirán para siempre. En *Martín Rivas,* Leonor y Martín contraen matrimonio y ambos se insertan en la vida burguesa y acomodada de la familia de la muchacha; Rafael San Luis, coprotagonista de la novela, pierde a su novia Matilde y muere porque antes ha tenido amores ilegítimos con Adelaida, la cual ha concebido un hijo suyo. En esta novela ya hay un muñón de fuga amorosa. Aparentemente Martín rapta a Edelmira. Queda en claro, posteriormente en la novela, que esto es falso. Pero la sola imputación

de rapto cuesta a Martín el abandono de la casa de su protector, el padre de Leonor, el enojo de ésta y los riesgos que corre de perder la vida en el motín de Urriola. En *El ideal de un calavera,* Inés resiste el apasionamiento amoroso de Abelardo y se casa con otro. Desde entonces Abelardo lleva una vida bohemia, de calavera, amargado y sin propósitos claros. Rapta a Candelaria, la hace su amante y vive con ella. Aunque arrepentida más tarde, Candelaria será el agente del traslado de Abelardo a Valparaíso donde será fusilado. En *Durante la Reconquista,* Laramonte rapta a Trinidad. Ella morirá de enfermedad repentina mientras Laramonte sale desterrado al Perú. Antes, sutilmente lo deja saber el narrador, Laramonte ha tenido amores con Violante de Alarcón. Los propósitos de ésta de casar con Abel se verán frustrados: éste será asesinado por San Bruno. Patricio Fuentealba ama a Mercedes en *Los trasplantados.* Ambos ensayan una fuga frustrada. Mercedes terminará suicidándose. Un personaje secundario de esta novela, Sagraves, que tiene sin embargo bastante importancia en su estructura y mensaje, vive amancebado con Odile, hija de una lavandera, y tienen dos hijas. Todos morirán. Primero una hija y luego los tres restantes se ahogan voluntariamente en el Sena con el cadáver de la hija muerta en brazos del padre. Manuela y Quintaverde son amantes en *El loco Estero.* Manuela engaña abiertamente a su marido Matías. Morirá de muerte repentina cuando Quintaverde la abandone para desposar a otra mujer. Esta muerte permitirá que Díaz y Deidamia, los protagonistas jóvenes, contraigan matrimonio[26].

Hay un cuarto desarrollo posible para el tema amoroso. Sólo se presenta dos veces. Y en los dos casos son personajes femeninos los que aportan tal desenvolvimiento. Es el amor abnegado. El sacrificio de una mujer enamorada para que su amado consiga a otra mujer. En *Engaños y desengaños* Elisa, profundamente enamorada de Ismael, proporcio-

---

[25] Por ejemplo, Leoncio Guerrero, «Alberto Blest Gana y su época», *Atenea,* año XXXIX, T. CXLVI, núm. 36, Concepción, 1962, págs. 103-114, afirma: «Esta novela de Blest Gana [*Martín Rivas*], como todas las de este escritor, tiene como aglutinante los problemas amorosos...», página 109.

[26] En el resto de la obra de Blest Gana hay otros matrimonios obtenidos como premio por los protagonistas ejemplares y muchas otras fugas que terminan en el fracaso y la muerte. *Engaños y desengaños,* Ismael y Laura casan; Clementina y Luis deciden ahogarse en el Sena desesperados por los fracasos subsiguientes a su fuga en *Los desposados;* Camilo casa con Adelaida en *La fascinación;* Clara con Casimiro en *El jefe de la familia; Juan de Aria* pierde a Julia que muere, a consecuencia de la fuga de ambos; Pablo rapta a Paulina en *Un drama en el campo.* Su hermano Antonio lo hiere con arma de fuego y abandona el hogar paterno. Paulina es desheredada por sus padres; Luciano se suicida en *El pago de las deudas* después del fracaso de su fuga con Adelina; Peuquilén es cómplice de Fermín en el rapto de Rosa que se narra en *Mariluán.* Cogido de amor repentino por la muchacha, asesina a Fermín después de la fuga de éste con Rosa.

na las pruebas de la inocencia de Laura para que éste case con ella. Cumplida su misión, profesa en el monasterio del Carmen Alto de Santiago. En *Martín Rivas* Edelmira explica a Leonor la falsedad del rapto que se le imputa a Martín. Y para salvarlo de su condena a muerte, se ofrece en matrimonio a Ricardo Castaños. Su sacrificio hará posible el casamiento de Martín con Leonor.

El dinero es un tema que afecta tanto a los protagonistas como a los personajes secundarios. En relación con el amor, el dinero actúa como un factor que coadyuva al matrimonio de las parejas o se transforma en impedimento definitivo. Fortunato sólo puede casarse con Amelia cuando hereda a su tío. Éste ha conquistado a Julia porque es adinerado y Julia ha casado con él sólo por esta razón. Todos los demás personajes de esta novela, *La aritmética en el amor,* giran también en torno al dinero. Bermúdez busca un matrimonio de conveniencia. Petronila, hermana de Anselmo, intriga para que éste la deje en herencia parte de sus bienes. El padre de Amelia soporta crisis económicas que sólo la generosidad poco moral de Fortunato le permiten sobrellevar. Recuérdese que el nombre completo del protagonista es Fortunato Esperanzano. En *Martín Rivas* la gran dificultad de Martín para conquistar a Leonor es la riqueza de ella y su propia pobreza. Su conducta virtuosa, la gran personalidad de Leonor y la notable debilidad del padre de ésta deben conjugarse para allanar el obstáculo. La primera vez que Rafael San Luis pierde a Matilde se debe a la ruina económica de su padre. Toda la familia Molina, excepto Edelmira, espera obtener ventajas económicas en sus tratos con los jóvenes de la burguesía. Fidel Elías, Simón Arenal y el mismo Dámaso Encina tienen las ideas políticas que en cada momento protejan mejor sus intereses económicos. Parte del rechazo de Inés hacia Abelardo en *El ideal de un calavera* se explica porque su familia es rica y la del galán modesta. Don Lino Alcunza pretende seducir a Candelaria amparado en su solvencia económica que impresiona a la muchacha y a su familia. En *Durante la Reconquista,* Violante de Alarcón enfila las armas de su coquetería hacia Abel Malsira porque lo sabe primogénito de una casa poderosa económicamente. El bastardo Juan Argomedo se vende a San Bruno y mata a su madre para obtener dinero. En *Los trasplantados,* la pobreza de Patricio impide su casamiento con Mercedes Canalejas. La riqueza de la familia Canalejas permite entregarla a un príncipe. Sagraves y su familia se suicidan, entre otras razones, abrumados por la pobreza. La dote que el Sr. Estero re-

gala a Deidamia y a Díaz facilita el casamiento de éstos en *El loco Estero.* En los otros doce relatos y en su obra de teatro el tema del dinero tiene también una gran importancia. No hay en la obra de Blest Gana el retrato de ningún avaro. Lo más próximo es la figura de Genaro Gordanera, de *Los trasplantados,* presentado como un viejo tacaño.

Socialmente, los temas tratados por Blest Gana son las costumbres, la descripción de las diversas esferas sociales (observación social), la historia y la política.

Las costumbres están descritas como usos señalados al pasar cuando el narrador caracteriza a los personajes o describe ambientes. O están presentadas como cuadros de costumbres[27]. La técnica para introducir éstos es siempre la misma: los personajes de la novela respectiva se ven envueltos en situaciones tradicionales de la vida social. En *Martín Rivas,* se describe latamente una fiesta de la más modesta burguesía. En la época se llamaba a este tipo de fiestas *picholeo.* El narrador describe la casa, los trajes, los bailes, las comidas, los cantos, las bebidas y el transcurso del *picholeo* desde su preparación hasta su término. También en esta novela hay una pintura igualmente minuciosa del aniversario de la independencia de Chile. Desarrollada al aire libre esta festividad, el narrador describe las cabalgaduras y sus jinetes, los carruajes de la gente adinerada, las carretas de los más humildes y las ramadas en las que se bebe y se baila. Es en *El ideal de un calavera* donde se acumula quizás el mayor número de cuadros de costumbres. Allí se describe un juego de prendas, un *rodeo* y *aparta* (recogida y separación de animales vacunos), una función de teatro popular y diversas fiestas y diversiones propias del ambiente social modesto por el cual transitan los protagonistas. En *Durante la Reconquista* hay la maravillosa descripción de una *chingana* (taberna popular) en la que se baila *cueca* (danza nacional chilena), se bebe mistela y en la que el puñal de los galanes del pueblo está dispuesto a intervenir en cualquier momento. Incluso en el mundo sofisticado de París, el narrador se las arregla para descubrir cuadros costumbristas. En *Los trasplantados,* un ela-

---

27 W. T. Phillips, art. cit., hizo la siguiente clasificación de las costumbres descritas en las obras literarias de Blest Gana ambientadas en Chile: «Dress of the Chilean People; Customs of the Home; Customs of the Family; Customs Pertaining to Servants; Customs Pertaining to Education; Vices of the Chilean People; Foods and Beverages; Social Diversions; Public Festivals and Religious Customs; Customs Pertaining to Healt, Medicine, and Punishment of Crime; Customs Pertaining to Commerce and Government; Street Life in Santiago; Customs of Country Life; and Travel and Transportation», pág. 399.

borado carácter de tales tienen las descripciones del palacio del hielo, las carreras de *Longchamp* y los paseos de los carruajes por el *Bois de Boulogne*. El Ñato Díaz es un afamado elevador de cometas *(encumbrar volatines,* decimos en Chile) y toda su técnica y los incidentes de las competencias entre cometas *(comisiones)* están frescamente recogidas en *El loco Estero*.

Una de las características que A. Blest Gana propugnaba para la novela costumbrista nacional era la de comparar las costumbres «en las diversas esferas sociales» *(Discurso,* página 429). Primero: es altamente oportuno retener la expresión *esfera social* que él emplea. Si pretendemos reemplazarla por *clase social,* darle un alcance terminológico exacto dentro de la sociología, o cargarla de un sentido ideológico determinado, cometeríamos violencia con el pensamiento del autor, con sus concepciones doctrinales, con su concepción intuitiva y empírica de la sociedad de su tiempo y —por último— caeríamos en desfiguraciones graves de la dosis de verdad y objetividad que Blest Gana aprisionó en esta expresión y en las obras resultantes de su praxis de narrador. *Esfera social* es una denominación relativamente vaga, pero que se precisa con bastante claridad en las obras de este escritor, en la presentación que hace en sus novelas de las diversas capas sociales que él percibe en el Chile de su tiempo. Segundo: fiel al programa novelístico expuesto en su *Discurso* se esfuerza por caracterizar las diversas esferas sociales de acuerdo con las costumbres de cada una. Y tercero: estas diversas esferas sociales sostendrán entre sí unas complejas relaciones de pugna y convivencia en sus obras literarias, especialmente a partir de *Martín Rivas* en adelante.

En esta novela hay unas breves pinceladas en las que la esfera social del pueblo asoma tímidamente: un cochero, una criada de casa pobre, unos lustradores de botas y una masa amorfa que contempla el motín de Urriola. Hay otras dos capas que nombra el autor con fraseología clara e inequívoca. A una la llama «las buenas familias». Otras veces la denomina aristocracia. Es la esfera de la burguesía adinerada. A la otra la denomina «medio pelo». Nunca designa, por el contrario, la esfera social a la que pertenece el protagonista Martín Rivas. Sin duda el nombre que le corresponde es el de burguesía modesta o clase media sin fortuna. En el transcurso de toda esta novela los cuadros de costumbres que se describen, o los usos que se señalan al pasar, corresponden a la aristocracia o a la esfera del «medio pelo». Cuando estas dos esferas se suman en actos sociales colectivos, el narrador se encarga de indicar la conducta diferencial de los personajes pertenecientes a cada una. En *El ideal de un calavera* cambia el ámbito de observación. Aquí se describen fundamentalmente la esfera de la burguesía modesta (Abelardo y su amigo Solama, también don Lino) y del «medio pelo» representado por la familia Basquiñuelas a la cual pertenece Candelaria. También figura un cursi (en Chile decimos *siútico*) de buena familia, pero plegado al estilo de vida de Abelardo y Solama. Inés Arboleda pertenece a la aristocracia. Pero su capa social no tiene prácticamente cabida en esta novela. Inés misma es un personaje esporádico. Las armonías y conflictos se suscitan aquí entre la burguesía sin fortuna y el «medio pelo». En *Durante la Reconquista* ocupa un gran espacio la aristocracia criolla; prácticamente no hay «medio pelo» (tal vez, con dudas, podría sostenerse que Juan Argomedo pertenece a él); figura como único caso en las obras de Blest Gana un mulato, José Retamo [28] y tiene una importancia bastante notable la capa popular cuyo portavoz y héroe es Cámara. Por la índole de esta novela no hay aquí conflictos entre estas esferas. Todas ellas están unidas y se enfrentan al enemigo común: a los realistas españoles. En *Los trasplantados* la situación se complica con la pertenencia al mundo de la novela de las capas sociales francesas. En cuanto a las hispanoamericanas que allí figuran están en colisión la aristocracia con la burguesía pobre (enfrentamiento entre la familia Canalejas y Patricio), o esta última se pone al ruin servicio de la primera: Sagraves. De la sociedad francesa figuran los nobles tronados y las *demi-mondaines*. Hay también un príncipe aspirante a un minúsculo trono centroeuropeo, pero que durante el transcurso de la novela es un simple cazadotes. En *El loco Estero,* el Ñato Díaz tiene notas muy populares pero puede inscribirse dentro de la burguesía modesta, también el resto de los personajes que pertenecen a las capas de los funcionarios y militares de la época.

---

[28] En su estupendo artículo, aparecido casi simultáneamente con la novela, Diego Barros Arana nos informa: «El José Retamo de la novela, a quien se supone que le daban el sobrenombre de Callana, es la fotografía exacta de José Romero, más conocido con el sobrenombre de Peluca, mulato truhán y burlón, pero notable caballero por sus sentimientos, por su bondad, por su filantropía y por su juicio recto y claro. José Romero, oficial del batallón de pardos (infantes de la patria) en la batalla de Maipú y por largos años oficial de sala de la Cámara de diputados, mereció por sus virtudes que el pueblo le erigiese un monumento sobre su tumba en el cementerio de Santiago». Diego Barros Arana, «Durante la Reconquista (Novela histórica por don Alberto Blest Gana», *Anales de la Universidad de Chile,* tomos XCVI-XCVIII, año 55.º, Santiago, 1897, págs. 5-10, la cita en pág. 9.

Alone hizo una observación indiscutible en torno a los personajes de A. Blest Gana: «...sus personajes adquieren mayor vitalidad a medida que bajan socialmente y la pierden de un modo visible en cuanto suben. O sea, ocurre todo lo contrario de lo que, en apariencia, debería ocurrir»[29]. Esta observación puede trasladarse de los personajes a las capas sociales correspondientes. A los lectores de hoy todo lo concerniente a las inferiores les resulta más fresco, espontáneo y gracioso. A medida que se remonta en el espectro social el mundo se hace más acartonado, rígido e inerte. El narrador pertenecía a la clase alta y deja un retrato de ella muy negativo. Sus componentes están llenos de vicios y de cobardía, predomina sobre todo el interés económico, el arribismo social y el oportunismo político. Estos rasgos se dan plenamente en *Martín Rivas, Los trasplantados* y, en parte de esa capa social, en *Durante la Reconquista.* Sólo algunos escasos miembros de ella tienen personalidad fuerte y virtudes humanas valiosas. Sobre todo tres mujeres: Leonor *(Martín Rivas),* Luisa Bustos *(Durante la Reconquista)* y Mercedes *(Los trasplantados).* En cuanto a los tipos masculinos de la aristocracia, sólo Abel y Alejandro Malsiva quedan en el recuerdo como personajes dignos. Pero en todo caso mucho menos enérgicos y elaborados que las protagonistas femeninas señaladas. La burguesía modesta aparece dotada de educación y buenos modales. Sus gustos e ideales coinciden con los de la aristocracia, pero aparece descrita como más valiosa y enérgica moralmente. El héroe virtuoso por excelencia de esta esfera social es Martín Rivas. Muy parecido a él, pero mucho menos afortunado, es Patricio Fuentealba de *Los trasplantados.*

La esfera social del «medio pelo», tratada a fondo en *Martín Rivas* y en *El ideal de un calavera,* es la única clara —admirablemente— definida por el narrador: «Colocada la gente que llamamos de *medio pelo* entre la democracia que desprecia y las *buenas familias,* a las que ordinariamente envidia y quiere copiar sus costumbres, presentan una amalgama curiosa, en las que se ven adulteradas con la presunción las costumbres populares, y hasta cierto punto en caricatura las de la primera jerarquía social, que oculta sus ridiculeces bajo el oropel de la riqueza y de las buenas maneras»[30]. Globalmente esta capa juega un papel mezquino en la narrativa de Blest Gana. Las mujeres están destinadas a ser amantes vergonzantes de los personajes de la aristocracia o de la burguesía modesta. Tienen hijos ocultamente, se fugan con sus amantes, son perseguidas por viejos sin escrúpulos. Los hombres son oportunistas sin principios, capaces de engañar y de cometer no importa qué bajeza para conseguir dinero y ascenso social. Amador Molina de *Martín Rivas* es el prototipo de esta clase de personajes. Es un cursi al borde de la delincuencia, siempre turbio y siempre truhán. La capa social entera es bastarda. Huye del pueblo pero nunca accede a la clase superior. Está en una permanente fuga y un constante proyecto de ascenso social que no alcanza ni puede realizar. Sólo un personaje hay digno en este estrato social: Edelmira, que es capaz de sacrificarse por Martín Rivas.

El año 1862, el mismo año que *Martín Rivas,* se publicó *Los Miserables* de Víctor Hugo. Allí el autor define la capa social a que pertenecían los Thénardier, ese matrimonio roñoso y repugnante que explotaba a Fantine y maltrataba a Cosette. Es impresionante comprobar la similitud de la definición de Hugo con la de Blest Gana:

> Ces êtres appartenaient à cette classe sociale bâtarde composée de gens grossiers parvenus et de gens intelligents déchus, qui est entre la classe dite moyenne et la classe dite inférieure, et qui combine quelques-uns des défauts de la seconde avec presque tous les vices de la première sans avoir le généreux élan de l'ouvrier ni l'ordre honnête du bourgeois[31].

En la novela chilena y en la francesa esta esfera social desempeña un papel parecidamente repugnante[32].

[29] Hernán Díaz Arrieta (Alone), *Historia personal de la literatura chilena.* Santiago, Zig-Zag, 1954, pág. 181.
[30] *Martín Rivas,* Santiago, Zig-Zag, 4.ª edición, 1948, pág. 73.
[31] Editions Rencontre, Suisse, 1966, livre quatrième, chap. II, pág. 210.
[32] Para un mayor desarrollo de estos puntos de vista, V. Guillermo Araya, «El amor y la revolución en "Martín Rivas"», *Bulletin Hispanique,* Burdeos, T. LXXVII, números 1-2, enero-junio, 1975, págs. 5-33.
La expresión «medio pelo» para designar este estrato social no pudo ser explicada satisfactoriamente por mí en el artículo citado. Allí suponía que la expresión era de origen animal (v. nota 7 de dicho artículo). Jaime Concha se entusiasmó con esta hipótesis y agregó por su cuenta: «Obviamente, la fórmula debió tener un origen ganadero y surgir entre grupos agropecuarios que consideraban a otros sectores como socialmente inferiores» (Jaime Concha, «Prólogo» a *Martín Rivas,* Caracas, Biblioteca Ayacucho, 1977, nota 36, pág. 62). Ahora creo que puedo dar una explicación semántica más satisfactoria de esta expresión. El Diccionario de la Academia Española trae *s/pelo,* la locución *de medio pelo* con el significado de "loc. fig. y fam. con que se zahiere a las personas que quieren aparentar más de lo que son"... El significado despreciativo está también en el diccionario de Malaret desplazado a un campo semántico racial: *De medio pelo (s/pelo)* "Dícese de la persona de color que no es de pura raza blanca"; atribuye este significado a Puerto Rico (Augusto Malaret, *Diccionario de americanismos,* Buenos Aires, 3.ª ed., 1946). Neves trae la expresión

El estrato popular, el pueblo, sólo tiene cabida en *Durante la Reconquista*. El *roto* Cámara[33] es su símbolo. Y es un magnífico símbolo. Primitivo, leal, valiente, astuto y listo, enamorado y de fácil palabra para convencer a las muchachas de las que se enamora, enemigo mortal de los españoles, patriota a carta cabal, es el representante más acabado del chileno surgido directamente del pueblo, no contaminado por la sociedad ni deformado por la educación. Mariano Latorre escribió que «Cámara es la más valiosa interpretación del roto chileno que existe en nuestra literatura»[34]. No obstante que casi todos los personajes protagónicos mueren a manos de los españoles en *Durante la Reconquista,* alguien observó a A. Blest Gana que Cámara no moría en la novela. El novelista replicó de inmediato: «Ño [señor] Cámara representa al pueblo chileno, y el pueblo chileno no muere: vive y vivirá siempre»[35].

La política como tema de algún desarrollo aparece sólo en *Martín Rivas* y *Durante la Reconquista.* En la estancia provincial de Fortunato, hay sólo una suerte de alegoría política que divide a los habitantes de la ciudad en dos bandos irreconciliables. En *El ideal de un calavera* la participación de Abelardo en el complot contra Portales es nula. En *El loco Estero* aún planea la figura de ese poderoso ministro y hay referencias borrosas respecto del pasado *pipiolo* de algunos personajes[36]. En *Martín Rivas* están presentados los bandos liberal y conservador de los años 1850-1851. La presencia de Bilbao se presiente y las actividades de la sociedad de la Igualdad ocupan cierto espacio. La intensidad de la pugna política que va a desembocar en la guerra civil de 1851 se dibuja con bastante nitidez. No se nombra a Manuel Montt, pero su presencia pesa en el ambiente de la novela. Liberales por momentos y conservadores cuando les conviene, el novelista retrata bien a los oportunistas políticos, los llamados «tejedores» en esa época. En *Durante la Reconquista* dos fuerzas irreconciliables se oponen: los patriotas y los realistas (españoles). Entre ellos, disimulándose y buscando cómo situarse, están una vez más los oportunistas y los indecisos. En toda la obra de Blest Gana no hay sino tres personajes cuyo destino está marcado por los acontecimientos políticos. Esto ocurre con Rafael San Luis *(Martín Rivas),* pero su dedicación a la política es secundaria y derivativa. Aunque muere en el motín de Urriola, ha llegado a ella sólo para consolarse de su fracaso amoroso. Luisa Bustos *(Durante la Reconquista)* es la mujer patriota decidida a jugarse todo por la libertad de su tierra. Toma parte en planes clandestinos para combatir al enemigo, mantiene entrevistas secretas para apoyar los preparativos de los patriotas pero, en última instancia, muere por actuar más como mujer enamorada que como heroína. Manuel Rodríguez, personaje histórico de la novela, dedica su vida a luchar por la independencia de Chile. El novelista no hace aquí más que aprovechar el personaje proporcionado por la historia y por la mitología nacional. Naturalmente hay que agregar a Cámara, del cual sabemos que es un patriota consumado. Por la parte española son leales a su propia causa especialmente San Bruno, que está presentado como el símbolo de la crueldad dominadora. Pero aquí otra vez estamos frente a un personaje histórico.

Aparte los episodios históricos esporádicos que aparecen en otras novelas ya señaladas más arriba, el tema histórico tiene un gran desarrollo en *Durante la Reconquista*. Siguiendo muy fielmente a Barros Arana y a los hermanos Amunátegui, A. Blest Gana narró varios episodios verídicos que ocurrieron en el tiempo que abarca su obra[37]. Tales son la entrada triunfal de Osorio en Santiago, la batalla de Rancagua, la matanza de patriotas en la

---

sin *de,* registra simplemente *Medio pelo (s. v.)* con la mención de «mulato» y la atribuye a toda América (Alfredo Neves, *Diccionario de americanismos,* Buenos Aires, Sopena Argentina, 2.ª ed., 1975. Anotemos que no es efectivo que esta expresión se use en toda América con ese valor, en Chile no existe). La Academia, *s/sombrero,* trae la expresión *sombrero de pelo* y con el significado de «sombrero de copa» la refiere a Chile y Argentina. Vicuña Mackenna había escrito por su parte: «El doctor Blest [el padre de Alberto] llevó durante sesenta años la misma forma de sombrero de anchas alas que trajo de Londres a Santiago cuando había sombreros de pelo entero (cual éralo el suyo) y sombreros de *medio pelo* que de estos últimos, por más baratos que los otros, fue de donde las gentes viniesen en llamar tales a los que no habían nacido en casa, chácara o bodegón de buen tamaño (Benjamín Vicuña Mackenna, «El Dr. don Guillermo C. Blest», artículo publicado a la muerte de ese médico en 1884, cit. por Raúl Silva Castro, *Alberto Blest Gana,* Santiago de Chile, Imprenta Universitaria, 1941, pág. 79). La expresión *medio pelo* habría tenido un camino sinuoso. Primero tuvo un valor general de reprobación de conducta, luego significó una categoría racial vista como inferior y de ahí pasaría a designar una capa social singularizada por lo modestia de sus atuendos, en especial el sombrero.

[33] *Roto* es el nombre que en Chile recibe el hombre de la clase popular.

[34] Mariano Latorre, *op. cit.,* pág. 68. V. también el estudio de Russell O. Salmon, «Alberto Blest Gana como retratista del roto», *Caravelle,* Toulouse, núm. 20, 1973, páginas 135-148.

[35] V. Silva Castro, *op. cit.* de 1955, pág. 286.

[36] *Pipiolos* fue el nombre de los liberales exaltados que tuvieron importancia política en Chile entre 1824 y 1830.

[37] Diego Barros Arana, *Historia General de Chile.* Santiago, 1888. Miguel Luis y Gregorio Víctor Amunátegui, «La Reconquista española», *Anales de la Universidad,* Santiago, 1851. V. también William E. Wilson, «Blest Gana's debt to Barros Arana», *The Hispanic American Historical Review,* Vol. XIX, núm. 1, febrero, 1939, págs. 102-105.

cárcel de Santiago en la noche del 8 al 9 de noviembre de 1814, la embajada traída a Chile de parte de San Martín por José Antonio Alvarez Condarco y el asalto a Melipilla por las huestes de Rodríguez y Neira. Los personajes históricos chilenos son los dos que acabo de nombrar y también Juan Argomedo; de la parte española lo son Osorio, Marcó del Pont, San Bruno, Villalobos y el mayor Antonio Morgado. Como ya indiqué antes, nota 28, el mulato Callana, si no histórico, por lo menos existió en la realidad[38].

Cinco de las seis obras principales de A. Blest Gana, traen indicación muy precisa de mano del narrador en cuanto al año o a la época en que transcurren los hechos narrados. *Martín Rivas* comienza en el mes de julio de 1850 y termina el 30 de octubre de 1851; no se señala con precisión la fecha de inicio de *El ideal de un calavera,* pero sabemos que termina un poço después de junio de 1837; la cronología bastante precisa de *Durante la Reconquista* ya fue indicada (1814-1817); *El loco Estero* comienza el 19 de diciembre de 1839 y su transcurso puede calcularse en un año más o menos. Como ya dije, *La aritmética en el amor* se desarrolla en el año 1858. No hay cronología precisa para *Los trasplantados,* pero obviamente está situada en el París de fines del siglo XIX. La cronología de estas seis novelas, pues, tiene una secuencia interna muy diferente al orden en que fueron escritas. La secuencia temporal de su redacción quedó indicada en la nota número 6. Aquí acabo de indicar su orden temporal interno.

ESTÉTICA DEL TRIÁNGULO

El amor y el dinero se transforman de temas en motivos en las obras de Blest Gana mediante la existencia de triángulos. Estos triángulos son el esquema de afinidades y rechazos que producen entre los personajes el amor y el dinero mezclados o la atracción y la repugnancia amorosa por sí solas. En una proporción enorme todas las obras de ficción de este autor están destinadas a narrar las variadas alternativas vitales de personajes antagonizados o atraídos entre sí porque tienen un mismo centro de interés amoroso. De las diecinueve obras literarias de A. Blest Gana, diecisiete están estructuradas por triángulos. Sólo dos, *La*

venganza y *La flor de la higuera,* escapan a esta ley[39].

En sus obras más simples y menos elaboradas suele haber un solo triángulo amoroso. En las mejores y más elaboradas, hasta cuatro. Dos hay en *La aritmética en el amor, El ideal de un calavera* y *El loco Estero;* tres en *Los trasplantados* y cuatro en *Martín Rivas* y en *Durante la Reconquista.* Algunas veces estos triángulos tienen elementos en común; otras, son triángulos diferentes respecto de los personajes que los componen. A veces uno de los tres factores del triángulo no es singular sino plural. Así ocurre por ejemplo en *La aritmética en el amor* y *Martín Rivas.* En la primera, Fortunato corteja a Margarita y a Juana. Cualquiera de ellas —y otras virtuales también— cumplen la misma función. Fortunato busca la riqueza a través de la mujer y no a la mujer misma. Leonor, en la segunda, aparece cortejada por Emilio y Clemente cuando llega Martín. Los dos primeros cumplen la simple función de admiradores. Aquí también hay una pluralidad física pero una sola función amorosa. Y en ambas novelas lo interesante es tal función y no la diversidad de personajes que la encarnan. La mayoría de los triángulos están constituidos por personas de la misma generación, pero también se da el caso de viejos enamorados de jóvenes. Es el caso de Anselmo que ama a Julia en *La aritmética en el amor* y de Lino, que persigue a Candelaria en *El ideal de un calavera.* Predomina el triángulo formado por personajes solteros; pero el adulterio existe en *La aritmética en el amor,* Julia ama a Peñalta estando casada con Anselmo; Manuela ama a Quintaverde en *El loco Estero* engañando a Matías. En *Gladys Fairfield* Florencio y Gladys se aman, pero la mujer de Florencio es Rafaela. Hay triángulos integrados por personajes de la misma esfera social, pero se presentan otras combinaciones. Lino y Abelardo, burguesía modesta, aman a Candelaria, «medio pelo»; Martín, de igual estrato que Abelardo y Lino, ama a Leonor, burguesía rica, pero los admiradores de ésta son también de la aristocracia. En la misma novela, *Martín Rivas,* Rafael y Matilde pertenecen a la alta burguesía, pero el tercer miembro del triángulo, Adelaida, pertenece al «medio pelo». En *Los trasplantados,* Mercedes, alta burguesía, se ama con Patricio, burguesía modesta, pero la familia la casa con un noble, el príncipe Stephan. Las combinaciones anteriores se basan en rasgos objetivos, individuales y so-

---

[38] El asesinato de Alejandro Malsira y sus compañeros en la cárcel son una versión novelada que se basa en la suerte que allí corrieron José Clemente Moyano y un soldado de apellido Concha. V. Francisco Antonio Encina, *Historia de Chile,* Santiago, Edit. Nascimento, 2.ª edición, T. VII, 1953, págs. 44-46.

[39] *La venganza* es una suerte de *tradición* a lo Ricardo Palma, radicada en Lima precisamente. No es propiamente una novela. *La flor de la higuera* es uno de sus relatos más imperfectos y se basa en una superstición popular.

ciológicos. Atendiendo a los rasgos psíquicos y a los sentimientos de los amantes, otra gran gama de combinaciones existe en la obra de Blest Gana. Desde luego los amadores son capaces de sentir el amor de muy diversas maneras. Muy abundante es el amor íntegro y verdadero que dos miembros de un triángulo sienten recíprocamente. En este caso el tercer personaje puede manifestar tipos de atracción muy diferentes por el elemento común del triángulo. A veces ocurre que la atracción es pura o preferentemente económica: Violante por Abel en *Durante la Reconquista*, Luciano por Luisa en *El pago de las deudas*, Stephan por Mercedes en *Los trasplantados*. En ocasiones, siendo intenso el amor, es cambiable por otro: Matilde y Rafael en *Martín Rivas*, Fortunato respecto de Amelia en *La aritmética en el amor*. Existe el amor puramente erótico: Cámara por Mañunga y Marica en *Durante la Reconquista*, Juan por Luisa en la misma novela. El amor bajo, distorsionado por algún elemento perverso o vivido como simple sustitución: Mateo por Carolina en *Una escena social*, el Mayor del ejército por Julia en *Juan de Aria*, el de Rafael por Adelaida en *Martín Rivas*. El amor frívolo: Elena por Fernando en *El primer amor*, Rosa por Stephan en *Los trasplantados*. Hay el amor que cesa o desaparece; el interrumpido pero que se reinicia; el que se desarrolla y crece; el inexistente pero que se forma y se desarrolla (Luisa y Abel en *Durante la Reconquista);* el amor pasión (casi típico de Abelardo en *El ideal de un calavera* que siente tal tipo de amor por Inés y Candelaria sucesivamente); y hay el amor abnegado que lleva al sacrificio.

La existencia de triángulos eróticos trae por consecuencia inevitable el surgimiento de rivalidades. El primer grado es el de la simple rivalidad amorosa. Luego, viene la rivalidad que degenera en disputa: Luciano y José Dolores en *El pago de las deudas,* Marica y Muñunga en *Durante la Reconquista*. El último grado de la rivalidad lo constituye la agresión violenta entre los émulos que puede llevar a la muerte de uno de ellos: Pablo y Antonio en *Un drama en el campo;* Fermín y Peuliquén en *Mariluán*, Lino y Abelardo en *El ideal de un calavera*. Inversamente, hay el sacrificio que un rival hace colaborando con el otro para beneficio del amado común: Edelmira con Leonor en *Martín Rivas* y Elisa con Laura en *Engaños y desengaños*. En un caso la colaboración es interesada. Ricardo Castaños ayuda a escapar a Martín de la cárcel porque esto le permitirá obtener a Edelmira.

Al comparar la conducta amorosa de personajes masculinos y femeninos resulta que la mujer es muy superior al hombre. Es mucho más frecuente que el hombre ame a la mujer por instintos bajos o con intenciones bastardas. Muy frecuentemente la mujer ama plenamente, o simplemente no ama. Hay hombres y mujeres que aman por interés económico. Pero los hombres son más cazadotes que las mujeres. Hay rivales femeninas que disputan por su amado, pero nunca ninguna de ellas llega a la violencia de hecho o a matar a la contrincante. Nunca hay el caso de que un hombre sacrifique su amor por la felicidad de su amada. Por dos veces hacen esto las mujeres en obras diferentes. El único suicidio individual por amor que existe en toda la obra de Blest Gana es el de Mercedes en *Los trasplantados* que prefiere la muerte antes que entregarse a Stephan, a quien no ama, y traicionar así su amor por Patricio.

EL NARRADOR

La visión del mundo del narrador es laica. La religión es una costumbre, una conducta tradicional de la sociedad que no se discute. Pero en ninguna de sus obras hay un fervor religioso. Es un recurso que usan alguna vez los enamorados que abandonan el triunfo a otros o que necesitan meditar y consolarse de su fracaso. Elisa en *Engaños y desengaños*, Rafael San Luis en *Martín Rivas*. O es el recurso de los ancianos para consolarse de la corrupción del mundo: la abuela Regis de *Los trasplantados*.

Ideológicamente, el narrador —y el escritor— afirma varias veces su fe en la civilización y el progreso. Es un liberal principialista como hubo tantos en esos años. Cree en la libertad como en el bien supremo, «... la libertad, esta esquiva querida de todos los pueblos»[40], «... las cuestiones que agitan a la humanidad como una fiebre, que sólo se calmará cuando su naturaleza respire en la esfera normal de su existencia, que es la libertad»[41]. Algunas veces aparece un franco aserto populista en el lenguaje del narrador. Suele invocar al pueblo y manifestar su fe en él. Pero ese es un pueblo completamente abstracto. No está dicho cómo se impondrá a las demás clases, ni hay acción alguna en las novelas de Blest Gana que tenga al pueblo por su agente principal. El único héroe popular, Cámara, es esencialmente instintivo y devotamente fiel y obediente de sus amos y superiores. Ideológicamente

[40] *La aritmética en el amor*, Santiago, Zig-Zag, s/a, página 100.
[41] *Martín Rivas, op. cit.*, pág. 42.

se entusiasma a veces el narrador con el pueblo en estallidos puramente verbales; en su visión del mundo, sin embargo, se refleja en muchos indicios su actitud paternalista y patriarcal hacia las etapas populares. En rigor el narrador adopta mucho más a gusto la actitud del observador que la función del panfletista o del ideólogo que aprovecha sus obras literarias para hacer proselitismo. Y más allá de toda duda, está regido mucho más hondamente por las leyes del corazón, amante o enamorado, que por el fanatismo del político militante.

En muchas ocasiones asombra la ingenuidad moral del narrador. Aparece tan pudibundo y recatado que semeja un ser seráfico. Pero esto no impide que maneje con vigor la ironía hasta llegar a lo sarcástico y lo grotesco. Su crítica la descarga, especialmente sobre los oportunistas políticos, los cursis aristocráticos y sobre el «medio pelo». En *Martín Rivas* su sátira es continua y a ratos implacable. Naturalmente, su postura es de comprensión y cariño con los personajes que encarnan la pureza moral. Con éstos no se permite la más leve ironía. Un cierto maniqueísmo recorre así sus obras. Los viciosos, corrompidos y cobardes de un lado; los virtuosos, sanos y valientes del otro.

Técnicamente, el narrador usa incansablemente la caracterización de los personajes mediante la atribución de conductas o actitudes que les son consustanciales. Engracia, en *Martín Rivas,* está siempre con su perrita Dianela en brazos; Timoleón aparece sin fallar disparando voladores en *El ideal de un calavera;* Cata y Cleta no olvidan jamás referirse a la muerte del novio de una de ellas en *Durante la Reconquista;* Juan Gregorio no agota nunca su tos corta y seca mientras dura la lectura de *Los trasplantados.*

Los personajes son definidos por el narrador y ya no cambian jamás a lo largo de toda la obra. Su identidad es inmutable, sin evolución posible. Incluso después de muerta la adúltera Manuela, Matías sigue leyendo *Robinson Crusoe* como empezó a hacerlo desde su primera presentación en *El loco Estero;* no hay nada que haga modificarse el propósito de Abelardo por conseguir a Inés en *El ideal de un calavera,* etc. Obviamente el narrador usa la técnica propia de la novela realista de la época sin modificaciones de importancia.

Aunque a veces el narrador indica sus fuentes de información, para el motín de Urriola, en *Martín Rivas* por ejemplo, normalmente goza de una irrestricta omnisciencia. Sus apariciones son más frecuentes en sus obras iniciales, poco a poco se retira y deja de ser perceptible para el lector. Esto trae beneficios estéticos a

sus novelas porque desaparecen así cursilerías de la pèor especie como la siguiente: «Un criado introdujo al joven en un elegante salón amueblado con sencilla elegancia, en donde se respiraba *la suave y embalsamada atmósfera* de que saben rodearse las mujeres bonitas...»[42].

«MARTÍN RIVAS» Y «EL IDEAL DE UN CALAVERA»

Martín Rivas es la obra más frecuentemente reeditada de A. Blest Gana[43]. Es la obra que goza —o sufre— de mayor número de críticas. Publicada originalmente en números sucesivos de la revista *La Voz de Chile,* su entrega final apareció en el núm. 109 del 18 de julio de 1862. Menos de un mes más tarde, el 17 de agosto, publicó Barros Arana un artículo sobre esta novela en el *Correo del Domingo* de Santiago[44]. Este libro ha entrado en las costumbres de los chilenos. No hay prácticamente chileno con alguna afición a la lectura que no lo haya leído. Esto explica sus continuas reediciones. Pero también en el extranjero es la obra más conocida de A. Blest Gana y donde quiera que haya estudiantes de literatura hispanoamericana en el mundo han escuchado su nombre y la han leído en parte o entera. Su lectura es especialmente atractiva para adolescentes y para pre-adolescentes. La explicación es muy simple. Muchachos y muchachas se identifican fácil y gustosamente con los héroes de la novela, Martín y Leonor. Él es estudioso, inteligente y tenaz; ella es bella, altanera y orgullosa, pero enamorada cambia profundamente y lucha con invencible decisión por su amado. Los lectores adultos captamos otros valores: el costumbrismo, la aguda observación social, el perfil nítido de las luchas políticas de la época, el oportunismo burgués y, en definitiva, el variado y vivo retrato de la sociedad chilena de esa época. Para el adolescente, la novela tiene la fuerza oculta de un cuento de hadas. Un joven pobre que conquista el amor y la riqueza venciendo ogros que tienen la forma de burgueses egoístas y de truhanes marrulleros. Para el adulto existe lo mismo, más la complacen-

---

[42] *La fascinación,* Santiago, Zig-Zag, s/a, pág. 19. Cursivas mías, G. A.

[43] El *Boletín del Instituto de Literatura chilena,* Santiago, año II, núm. 3, octubre de 1962, enumera veintidós ediciones en español y una traducción al inglés. Aunque hay alguna diferencia en la nómina, igual número trae Cedomil Goic, *La novela chilena,* Santiago, Universitaria, 4.ª edición, 1976, pág. 184. Pero este recuento se detuvo en 1968. Román Lagunas, V. nota 4, enumera 36 ediciones de *Martín Rivas.* Pero hay una al menos que se le escapa, la de J. Concha, V. nota 32.

[44] Artículo reproducido en el *Boletín del Instituto de Literatura Chilena,* V. supra, págs. 2-3.

cia de asomarse a un mundo sepultado por los años que revela sus secretos.

Martín es el héroe virtuoso por excelencia. Es pobre, no tiene esperanzas de conquistar a la rica heredera; debe cumplir pesadas obligaciones con su familia. Se enamora de él una muchacha hermosa, Edelmira, pero que él no ama. Tiene que socorrer a señoritos torpes y cobardes, Agustín; batirse con pícaros ingeniosos y atrevidos, Amador; ayudar a amigos nobles cuya vida está signada por un romanticismo trágico, Rafael San Luis. Todo lo consigue. Sobre todo consigue dominarse a sí mismo. No es débil como San Luis. Éste se enreda con Adelaida. Martín se reprime frente a Edelmira y la transforma en aliada providencial. Y, sobre todo, consigue que la princesa altanera se enamore profundamente de él. El narrador nos recuerda con mucha frecuencia las altas virtudes de Martín: «Desde el día siguiente principió Martín sus tareas con el empeño del joven que vive convencido de que el estudio es la única base de un porvenir feliz, cuando la suerte le ha negado la riqueza» (edición cit. pág. 44); «No obstante su largo insomnio, abandonó el lecho a las siete de la mañana y empleó, como de costumbre, dos horas en sus estudios» (pág. 271); «... pero dotado por la naturaleza de sólida energía, lejos de abatirse con la perspectiva de su triste porvenir, encontró en su propio sufrimiento la fuerza que a muchos les basta en estos casos» (pág. 306).

A nivel de la sociedad, Martín lleva a cabo todas sus proezas venciendo simultáneamente las dos esferas sociales que se reparten entre sí todo el libro: la burguesía rica (aristocracia) y el «medio pelo». Él no pertenece a ninguna de las dos, viene de fuera tanto social como geográficamente. Su esfera es la de la burguesía modesta. Su lugar de nacimiento es Copiapó, la provincia. Burgués modesto y provinciano es capaz de imponerse a las capas sociales superior e inferior que amenazan devorarlo en la capital. En general, los críticos han visto con claridad que Martín es el símbolo de esa capa social ascendente[45]. Esto es verdad. Pero para muchos lectores, Martín es el héroe que vence endriagos y ogros. Y Leonor es la bella obtenida como premio a su valentía y carácter[46].

[45] «Se ha dicho que Martín Rivas es la clase media, con todo el impulso de surgir, de hacerse un destino con los recursos de su propia capacidad». Milton Rossel, «Pasado y presente de Martín Rivas», *Atenea*, Concepción, año XXXIX, T. CXLVI, núm. 396, 1962, págs. 93-102. La cita está en la pág. 98. V. también George D. Schade, «Notas sobre Martín Rivas: evaluación y vigencia», *La literatura iberoamericana del siglo XIX*, Universidad de Arizona, 1974, págs. 119-154.

[46] Un interesante análisis marxista de esta novela lleva a cabo Jaime Concha en el prólogo a la edición venezolana, V. nota 32.

Moral y estéticamente *El ideal de un calavera* es la novela más audaz de Blest Gana. Es la única de sus seis grandes novelas que tiene por protagonista a un tipo impugnable moralmente. Fortunato, de *La aritmética en el amor*, no es un ejemplo de moral burguesa; pero sus trapacerías nunca llegan a lo irremediable. Sin grandes pasiones, apenas las circunstancias lo permiten, endilga sus pasos por la buena senda. Abelardo es absolutamente refractario al medio. Está determinado por la pasión y se regirá por su capricho y su voluntad hasta la muerte. Es un personaje byroniano, generoso y simpático, pero románticamente atormentado y de sino fatal. Aunque el narrador soslayadamente desliza su opinión sobre el protagonista con el adjetivo *calavera* que usa en el título para deslindar responsabilidades, no trepida en hacer de este apasionado frenético la piedra sillar de su obra. Este es un Abelardo criollo que no encuentra a su Eloísa. Decide enamorarse de una coqueta, Inés, que no acepta el papel de amante ciega al ambiente y sólo atenta a la pasión amorosa que él desea asignarle y decide no dejar de amarla nunca pase lo que pase. El rechazo de ella lo transforma en un amargado y en un bohemio. Acorazado por una indiferencia completa hacia el medio, comete tropelías y quema su tiempo mientras busca la forma de morir. Un motín que nada le importa y que no entiende le ofrece la oportunidad. Sino romántico el de Abelardo, y la más romántica de todas las novelas del autor la que le da vida. Un personaje de abolengo romántico es también Rafael San Luis de *Martín Rivas*. Pero Rafael es un romántico triste y derrotado; Abelardo es rebelde y con pespuntes demoníacos. Jamás Rafael raptaría a su amante del «medio pelo» Adelaida; Abelardo no sólo rapta a la suya, Candelaria, sino que castiga con riesgo de matarlo o de morir él a su rival Lino Alcunza. Jamás pensaría Rafael fugarse con su amada Matilde; Abelardo le propone la fuga a Inés en la primera oportunidad que se le ofrece. Rafael muere en un motín cuya ideología y fines comparte aunque sea superficialmente; Abelardo se hace matar por un complot que no tiene ningún significado para él. Rafael es un romántico delicado y tímido; Abelardo un romántico de fuerte personalidad y audaz. Rafael es víctima de las circunstancias; Abelardo decide su destino por voluntad propia.

Hay un personaje secundario en esta novela que tiene interés. Es Solama, un amigo de Abelardo, que se pasa la vida haciendo discursos disparatados y que se aísla de las mujeres y de los negocios del mundo. Es un excéntrico simpático y filantrópico. En *Los trasplantados*, con variaciones interesantes, hay un personaje que se le parece, Cirilo Campaña. Es un positivista bondadoso y sonriente que mira con comprensión y lejanía las debilidades humanas. Desempeña el mismo papel de consejero y amigo del protagonista de esta novela, Patricio, que Solama en *El ideal de un calavera* respecto de Abelardo.

Martín Rivas y Abelardo son héroes completamente opuestos. Carácter y destino antagónicos, aunque ambos pertenecen a la burguesía pobre. Martín busca hacerse abogado pasito a paso. Abelardo se hace militar abruptamente y se lanza con vehemencia a la vida. Martín logra derrotar, con inteligencia y serenidad, la esfera aristocrática y el «medio pelo». Conquista a Leonor, la personalidad más valiosa de la primera, y transforma en su aliada a Edelmira, el tipo más puro y noble del segundo. Ambas mujeres se unirán para salvarle la vida y por el sacrificio de la humilde obtendrá la adinerada. Abelardo fracasa en toda la línea. No logra penetrar en la familia de la aristócrata Inés. Sus amores con Adelaida, del «medio pelo», le significarán su alejamiento de Santiago y su muerte. Adelaida no coopera con Inés. Es su rival y pretende hacerle un mal irreparable denunciando a su marido sus últimos coqueteos con que encandila a Abelardo. En definitiva, las acciones conjugadas de Adelaida e Inés llevan a Abelardo a la muerte. Martín Rivas es símbolo de la modesta burguesía emergente, ¿de qué es símbolo Abelardo? Los críticos normalmente no dan respuesta. Un crítico ofrece una explicación para esta novela. No es una respuesta a la pregunta que acabo de formular —pregunta que el crítico no se plantea— sino una explicación global: «[En esta novela hay] una descripción de un *demi-monde* frustrado, excluído del poder, incapaz de ascender socialmente...»[47]. Esta afirmación no es convincente. Abelardo no está determinado por el ambiente. Él, voluntariamente, fija su destino. ¿Es símbolo de la burguesía modesta que no puede ascender? No, no es ningún símbolo. Es simplemente un carácter de destino trágico por su desprecio de la sociedad y por su apasionamiento romántico. Es una versión de Blest Gana del héroe maldito, rebelde a toda disciplina, aislado, y en contra de todos; pase lo que pase siempre terminará por aparecer como víctima de la sociedad que no lo comprende. ¿Cómo podría comprenderlo la sociedad si él mismo no hace ningún esfuerzo por comprenderla a ella? Situación, pues, sin solución posible. Altanero y

Fotografía de Blest Gana con uniforme diplomático y firma del novelista.

demoníaco, el héroe se encamina hacia una muerte temprana.

«LOS TRASPLANTADOS» Y «EL LOCO ESTERO»

Estas dos novelas son las más anudadas a la biografía del autor. *El loco Estero* de una manera patente. El narrador coloca un velo transparente que permite percibir sin esfuerzo en los niños que allí aparecen a su hermano Guillermo y a él mismo. Parte importante de la fábula puede ser reconocida como hechos reales que Blest Gana conoció y vivió de niño. El Estero que allí figura como personaje era un vecino de la familia Blest en la Alameda de Santiago[48]. En *Los trasplantados* no se puede aislar ningún hecho preciso que pertenezca a

[47] Jean Franco, *Historia de la literatura hispanoamericana,* Barcelona, Ariel, 1975, pág. 129.

[48] «... el mismo *loco Estero* no es otro que un señor Otero que vivía en Santiago, por los años de 1839 a 1840, en estado de enajenación mental, en la casa de la Cañada arriba, enfrente del Cuartel de Artillería, al pie del Cerro, que ocupaban por entonces, por mitad, la familia del doctor Blest, el padre del novelista, y la familia Otero, a la cual pertenecía el personaje indicado. Los niños que figuran en esta novela son el mismo don Alberto y su hermano don Guillermo». Domingo Amunátegui Solar, «Bosquejo histórico de la literatura chilena», *Revista de historia y geografía,* Santiago, 1915, 1920, págs. 564-5.

la vida del autor. Sin embargo todo en ella respira la experiencia vivida. En 1870 se radica el autor en París. *Los trasplantados* se publica en 1904. Prácticamente sin interrupción, el novelista ha vivido los treinta y cuatro años enmarcados entre estas fechas en París. Allí ha crecido su familia. Allí ha visto innumerables chilenos e hispanoamericanos que se trasplantan a París. ¿Alguno de sus hijos hablaba más fluidamente el francés que el español como Juan Gregorio? ¿Alguna hija suya sentía vergüenza quizás de ser *rastaquouère* como Dolorcitas y Milagritos? No lo sabemos a ciencia cierta. Los biógrafos de A. Blest Gana son púdicos como señoras de la Acción Católica. Apenas sugieren algo en torno a las posibilidades enunciadas aquí, enmudecen y disimulan de inmediato.

Sólo su larga permanencia en París permitió al autor captar bastante a fondo la vida frívola y social de los hispanoamericanos en esa ciudad. Su conocimiento de la sociedad francesa es también notable. Esta novela sólo pudo ser escrita por un observador atento que había vivido largos años en París. El narrador se ha vuelto serio y grave. Apenas si hay algunas jugarretas cómicas de dos niños de la familia Canalejas. Toda la novela es severa. El narrador manifiesta un temple austero y parece sufrir con lo que va narrando. Mariano Latorre, siempre perspicaz, dice: «... el novelista parece haber perdido su humor optimista»[49]. Implacablemente va machacando con la casuística de los personajes el significado principal de la novela. El mensaje de ésta es nítido e implacable. Todos los hispanoamericanos (chilenos) que hayan cortado las raíces con su tierra, se hayan trasplantado a París (Europa), van irremediablemente al fracaso o a la muerte. Se transformarán en una población flotante sin ideales y sin energías, perdida en un mundo frívolo y corrupto. Para que no haya sombra de dudas, el narrador ha construido una novela minuciosa, detallista, con una fábula muy simple, en la que el despeñadero moral y humano es registrado hora por hora y casi minuto por minuto. Cualquiera que sea el carácter de los personajes, su esfera social o su excusa para no regresar a la patria, es condenado por el narrador. Todos estos personajes van a la deriva. En la familia Canalejas el padre, Graciano, disimula una quiebra económica que se perfila en el horizonte y tiene amores clandestinos con menores de edad; sus hijas Milagros y Dolores son mujercitas frívolas y vacías que sólo piensan en la moda y el arribismo social. Una ya tiene un amante con el beneplácito

inexpreso de su marido, la otra tal vez lo coja pronto. El hijo, Juan Gregorio, es un vago semi-alcoholizado y tísico. Quiteria, su mujer, se desespera por no poder atender a todas sus citas con las modistas y por su gordura un poco excesiva. Genaro Gordanera, su cuñado, es un viejo tacaño que usa como expediente su falta de salud para no regresar a la patria. En el fondo es un abúlico y un apocado. Las otras familias de la burguesía hispanoamericana rica no ofrecen una situación diferente. Los Fuenteviva regresan por fin a su tierra, pero su hija Rosaura se fuga de la estación misma del tren. Les crea así una tragedia definitiva. En la modesta burguesía *rastá* que allí figura, Sagraves se ha convertido en un guiñapo humano. Responsable y capaz recién llegado a París, ha ido siendo devorado por los vicios y la pobreza en la ciudad luz. Hay sólo tres hispanoamericanos dignos en la novela: Patricio, Mercedes y la abuela Regis. Los tres quieren volver a su patria. La abuela es incapaz de hacerlo sola por su vejez y falta de medios. A Mercedes la sacrifica la familia casándola por arribismo social con un príncipe. Se suicida. Patricio queda vivo. Sin duda volverá a su patria y allí será un brillante ingeniero. Su vida, sin embargo, está definitivamente rota. El culto parisino de los *rastá* ha llevado a su amada a la muerte. Los representantes de la sociedad francesa con los que se relacionan los trasplantados está constituida por viejas nobles tronadas, duquesa de Vieille-Roche; por cortesanas de vida más que ambigua y de origen vergonzante, Rosa Montestruc; por seductores de mujeres casadas tontas, Guy de Morin; por príncipes sin dinero, con muchas deudas y llenos de vicios, Stephan Roespingsbruck.

Por las razones que sean, A. Blest Gana tampoco regresó a Chile. Para consolarse escribió en su vejez *El loco Estero*. Y la novela le resultó lúdica porque su recuperación de la patria lo hace volver a su infancia. La lectura de esta novela trae a la memoria pasajes de *Tom Sawyer*. Los niños juegan en esta novela. Juega su amigo joven y admirado, el Ñato Díaz[50]. Juega con ellos a *encumbrar volantines,* pero juega también a libertar a un misterioso prisionero que pasa por loco. Los niños gozan y sufren con todas estas aventuras. El narrador acertó al no centrar la novela exclusivamente en su yo individual. Tuvo la modestia de reducirse a un niño comparsa en el mundo de su infancia que recrea con frescura admirable. El foco de luces más potentes lo endereza hacia el protagonista, el Ñato Díaz. Este es el héroe de origen más popular de toda la obra

---

[49] *Op. cit.,* pág. 67.

[50] *Ñato* en Chile significa chato.

de Blest Gana. Cámara, naturalmente, lo es más aún, es un *roto* chileno, pero Cámara no es el personaje principal de *Durante la Reconquista*. Díaz lo es, y plenamente, de *El loco Estero*. Pero su modesto origen ha servido para dotarlo de conocimientos y de argucias insospechados. Su educación callejera lo ha dotado de armas para vencer a todos sus enemigos y para llevar a buen término todos sus planes. Díaz es el protagonista más listo de las obras de A. Blest Gana. Con su inteligencia vence cuanto obstáculo se le opone y consigue así casar con Deidamia. Esta novela tiene como subtítulo *Recuerdos de la niñez*. No figura aquí la palabra *costumbres*. Pero esto no significa que ella sea de otra clase que *La aritmética en el amor, Martín Rivas* y *El ideal de un calavera*. No, es también una novela costumbrista, plena de observación social y de cuadros de la época. El autor quiso sin embargo resaltar el carácter de memorias de esta novela como su rasgo distintivo.

«DURANTE LA RECONQUISTA»

A. Blest Gana supo siempre que había una gran diferencia, una diferencia de género, entre las novelas históricas de Scott y lo que él quería y podía hacer. En su *Discurso* de 1861 muestra una clara preferencia por la novela de costumbres *(novel)*. No descarta la posibilidad de que se escriban novelas históricas, pero parece que pensaba firmemente que otros y no él debían emprender la tarea. Sin embargo, en 1864 tenía un borrador de novela histórica. Lo rompió en Francia y escribió de nuevo el libro. Y este libro, *Durante la Reconquista,* resultó ser una novela histórica, pero no un *romance* a la manera de Scott. Cuando retomó la idea de su borrador de 1864, luego de su jubilación en 1887, era un hombre de 57 años, plenamente maduro. Ya había escrito tres novelas de costumbres bastante logradas: *La aritmética en el amor, Martín Rivas* y *El ideal de un calavera*. Con su experiencia vital ya larga y con su pericia literaria ya probada, se sintió capaz para crear un tipo de novela histórica adecuado para reflejar la realidad chilena (e hispanoamericana). No se elevó a las zonas de los sentimientos puros y de las hazañas míticas de los caballeros de W. Scott. Tomó un trozo de la historia de Chile y lo narró con la técnica y la visión del mundo que había ensayado ya en sus novelas costumbristas anteriores. Es decir, creó así una obra literaria de carácter histórico que era una *novel* y no un *romance*. Dicho de otra manera: creó una novela histórica costumbrista.

Sabemos por muchos indicios que Blest Gana corregía poco. Su hábito no era el de hacer y rehacer. Por eso es sorprendente que haya roto un manuscrito íntegro. Y precisamente en el caso de su única novela histórica. Para un hombre moderado y de una formación literaria no muy sólida, condiciones ambas que se daban en él, era temerario escribir una novela histórica que fuera abiertamente diferente de las de su admirado Scott. ¿Hay algún otro antecedente que explique su destrucción del manuscrito de 1864 y su audacia innovadora? Aunque aparecido antes en revistas, *La guerra y la paz* de L. Tolstoi termina de ser publicada en libro, por primera vez, en 1869. Su éxito fue fulminante. Su última parte apareció en diciembre de ese año. Una traducción alemana de toda la obra se publicó ya en febrero de 1870. En 1879 apareció en París la traducción francesa llevada a cabo por Irina Priskovic. Blest Gana vería en esta obra un esquema de novela histórica muy diferente al de Scott. Y mucho más apto para sus propósitos literarios. En esa genial novela se enfrentan dos bandos, el uno invasor, el francés, y el otro que lucha por su independencia, el ruso. La vida pacífica y patriarcal se cuartea de arriba abajo. Familias numerosas, ricas y de gran poder, desaparecen porque los hijos mueren en la guerra y porque los viejos se dejan aniquilar. Mientras la guerra lo destruye todo, los amantes siguen el impulso ciego de sus pasiones. Es todo el pueblo ruso el que lucha contra el Emperador y el ejército invencible. Los hechos narrados no son míticos ni remotos[51]. La nobleza de sentimientos no tiene los toques románticos irrealistas del *romance* inglés. Ellos son compatibles con las pasiones humanas desencadenadas que surgen como chorros de lava por todos lados. Tolstoi nació en 1828 y murió en 1910. Es el coetáneo casi exacto de A. Blest Gana (1830-1920). Nuestro chileno en París sabría, como sabía todo el mundo entonces, de las genialidades y revolucionarias iniciativas de ese hombre extraordinario. ¿Parece desatinado pensar que todo esto influyera en él? No tan extensa como *La guerra y la paz, Durante la Reconquista* es, sin embargo, una novela muy larga[52]. Una y otra son impresionantes *romans-fleuves*.

En la novela chilena tienen representación todas las capas sociales existentes entonces. Es la única novela de Blest Gana en la que hay

---

[51] La cronología interna de *La guerra y la paz* se extiende desde 1805 a 1812. La de *Durante la Reconquista* desde 1814 a 1817. De 1812 a 1869 —publicación en libro de la novela tolstoiana— hay una distancia de 57 años. Entre 1817 y 1897 —publicación de la novela bestganiana— hay 80 años de intervalo.

[52] En una edición de Santiago, Zig-Zag, 3.ª edición, 1951, 1000 páginas de 21×14,5 cm.

un triángulo erótico formado por personajes de la clase popular (Mañunga-Cámara-Marica). La familia Malsira, rica y poderosa, queda destruida. Sus miembros mueren en la cárcel o en el enfrentamiento con los españoles (los hombres); por enfermedades repentinas o a causa del dolor (las mujeres). Toda la sociedad chilena se moviliza contra el ejército español represor y conquistador. La vida social y las diversiones patriarcales e ingenuas van desapareciendo brutalmente. Los amantes perecen o son separados por la lucha frontal entre un pueblo que busca la libertad y un ejército invasor. Este enfrentamiento masivo impide que las parejas se unan aunque hagan todo lo posible para ello. Política y militarmente, Manuel Rodríguez se enfrenta sistemáticamente con San Bruno. El patriota chileno con el cruel capitán español. En un ámbito erótico, lenta pero fatalmente, se desarrolla la rivalidad entre la patriota chilena Luisa Bustos y la viuda española Violante de Alarcón. El coronel español Hermógenes Laramonte tiene la posibilidad de contraer matrimonio con la chilena Trinidad Malsira, pero la dureza del enfrentamiento lo impide. No hay una sola unión entre peninsulares y criollos que se logre. Todo lo malbarata el antagonismo colectivo y generalizado. El mensaje de la novela es inequívoco: la lucha bélica destruye todo equilibrio social y no hay amistad ni armonía posible con el invasor.

Algunos críticos afirman que la mejor novela de A. Blest Gana es *Martín Rivas*. Otros que es *El ideal de un calavera*. Otros aun, *El loco Estero*. También algunos piensan que *Durante la Reconquista* está por encima de todas. Este es un ejercicio más de juez de campo que de crítico. Pero como la diversidad de opiniones existe, es difícil permanecer al margen. Para mí no cabe duda alguna que *Durante la Reconquista* es la más valiosa de las novelas de este autor. No sólo eso sino que como decía Mariano Latorre, «... la consideramos como una de las más excelsas novelas de América». Naturalmente que para el lector no chileno la percepción de esta novela ofrece algunas dificultades. Pero lo mismo ocurre con cualquiera otra novela respecto de cuyo autor el lector no sea connacional. La universalidad de la historia de Chile es muy reducida en comparación con el radio internacional de largo alcance de los hechos históricos de los países europeos y de EE. UU. Pero no se olvide que el período de la Reconquista en Chile finalizó definitivamente con la batalla de Maipú (5 de abril de 1818). El ejército patriota estaba al mando, en esa batalla, de San Martín. Con el ejército libertador, largamente preparado en

Mendoza, el general argentino había atravesado los Andes en 1817. Más tarde, con la ayuda del pueblo de Chile, se trasladaría al Perú, para iniciar allí el proceso de liberación del Virreinato para afianzar así la libertad de toda la América del Sur. Después de la revolución norteamericana, la nuestra, la hispanoamericana, fue la segunda gran guerra anticolonialista de la historia. Todo esto se jugaba, en cierta medida, en el Chile de 1814 a 1817 que A. Blest Gana fijó para siempre en *Durante la Reconquista*.

CHILENIDAD

Los escritores e intelectuales de Hispanoamérica percibieron claramente la tarea que tenían de comprender e interpretar las nacionalidades nacientes. Los literatos enfrentaban una doble dificultad: buscar las formas adecuadas y seleccionar del *totum revolutum* observable lo verdaderamente significativo desde el punto de vista nacional. A. Blest Gana cumplió con éxito notable tales propósitos. Naturalizó en Chile los géneros de la novela costumbrista y una forma de novela histórica apta para los propósitos del pasado histórico chileno (e hispanoamericano). Incluso cuando debió novelar el lamentable extrañamiento de los hombres del Nuevo Mundo en Europa encontró la fórmula adecuada. Aplicó a la observación de la vida y la sociedad en París el mismo método de sus novelas costumbristas chilenas. No por azar, entonces, sus seis mejores novelas son aquéllas en que la forma conveniente se unió a un contenido bien articulado y elegido.

Silva Castro ha reparado en la perspicacia con que el novelista refleja en sus vivencias de niño el impacto enorme que en la sociedad chilena produjo la batalla de Yungay (1839). Hasta entonces el sentimiento de nacionalidad no estaba extendido a todas las capas sociales o era de una escasa intensidad[53]. Los niños que observan la entrada del ejército restaurador —uno de ellos es el propio A. Blest Gana— bajo los arcos triunfales de la principal avenida de Santiago, encabezado por el general Bulnes, el mariscal de Ancach y por el presidente de la República, se sienten inflamados en cuanto a las aspiraciones futuras de grandeza: «Un fuego interno, una ambición de señalarse en la vida, de que sus nombres sonaran algún día en los ruidosos ecos de la fama, inflamaba a los dos chiquillos en presencia de aquella glorificación del prestigioso guerrero»[54]. De una ma-

[53] Raúl Silva Castro, *Alberto Blest Gana*, Zig-Zag, 1955, *op. cit.*, págs. 327-330.
[54] A. Blest Gana, *El loco Estero*, Santiago, Zig-Zag, 4.ª edición, 1946, pág. 111.

nera vivida, intuitiva, el novelista transmite lo que más tarde han descubierto historiadores profesionales: «La batalla de Yungay es el hecho más transcendente en la historia de la República. Fue la chispa eléctrica que determinó la eclosión del sentimiento adulto de la nacionalidad, y de las fuerzas espirituales que el azar feliz iba a transfigurar en estado en forma...»[55].

Generación tras generación los chilenos deben incorporar a su psique individual los fundamentos de la nacionalidad surgidos en el siglo XIX. La nación chilena, como todas las otras, tiene muchos medios para crear en los miembros de su colectividad el sentimiento de pertenecer a una tradición histórica determinada. Existe la educación, el estudio de la historia, las efemérides, etc. En el caso de Chile, las novelas de Blest Gana son de una gran eficacia en la conservación de la memoria del pasado. Sus novelas se leen con agrado y divierten a los lectores. Sin esfuerzo, al mismo tiempo, van incorporando en su conciencia el perfil de la identidad y continuidad nacionales. Como conjunto, las novelas de Blest Gana constituyen el instrumento más eficaz para tales fines. Como obra del siglo XIX sólo compiten con ellas las maravillosos *Recuerdos del Pasado* de V. Pérez Rosales. Para el período colonial, sólo *La Araucana* desempeña una función semejante. Así como los jóvenes griegos leían a Homero para reconocer su pasado y para darse ánimos en sus tareas futuras, los chilenos encuentran en las obras de Blest Gana satisfacción a sus deseos de conocer el pasado de la nación e inspiración para el porvenir siempre impreciso y difícil.

VALORACIÓN

Para intentar una valoración de conjunto de la producción de A. Blest Gana hay que compararlo con los grandes escritores realistas europeos: Balzac, Dickens, Galdós. Sería absurdo establecer paralelismos entre sus novelas y formas narrativas de épocas posteriores. Los tres grandes novelistas citados describieron también la sociedad de su tiempo de sus respectivos países. Todos ellos crearon personajes inolvidables. No se limitaron a narrar sólo lo habitual, sino que también exploraron en las psicologías perversas o sublimes, presentaron personalidades estrambóticas y complicadas, penetraron en el crimen y la locura. La genialidad de estos colosos de la novela realista se basa en su capacidad de captación y de adivinación de la patología humana. La patología humana conductual y caracteriológica que cohabita estrechamente con un mínimo de normalidad para mantener a los seres libres en el circuito del juego social. Se interesaron en la exageración intelectual y estética, en lo fantasmagórico del ser humano.

Algunos críticos han querido ver las limitaciones estéticas de A. Blest Gana en su falta de estilo: «Lo que estropea la literatura de Blest Gana en todas sus novelas es la pobreza de su lenguaje literario»[56]. Es también la opinión de Alone, pero mejorada porque éste se refiere además a lo psicológico: «[Es efectiva] su ausencia de valores universales como penetración psicológica o belleza de estilo»[57]. Está claro que Blest Gana no fue un estilista. Su lengua es apenas correcta y a veces ramplona y descuidada. Pero, ¿no se habló en la generación del 98 del estilo *agarbanzado* de Galdós? ¿Quién sostendría que Balzac y Dickens son maestros del estilo? Comparado con estos gigantes, A. Blest Gana no es menor que ellos por sus definiciones estilísticas. Nuestro novelista es menor que ellos porque se mantuvo casi siempre dentro de los márgenes de una visión burguesa y equilibrada del mundo. Es un narrador que está dominado por la honorabilidad del funcionario y del ciudadano ejemplar. No penetra en el mundo del desequilibrio mental ni en los entresijos de los instintos destructivos o de las más bajas pasiones. Sus héroes son capaces de sacrificar por sentimientos y pasiones vulgares y corrientes: conseguir a la mujer amada, luchar por la patria, ayudar a un amigo. Pero son incapaces de vivir pasiones de una ambición desmesurada o de un sentimentalismo seráfico. Algunos de sus personajes arañan tales orillas del psiquismo humano desorbitado, Matías Cortaza en *El loco Estero*, Abelardo en *El ideal de un calavera*, pero sus personalidades son tímidos esbozos respecto de las creaciones de los maestros del género. La sensatez psíquica y moral rige las criaturas blestganianas. Su conducta se enmarca dentro de lo colectivo habitual. Las variadas formas de la locura y de lo complicado imperan en el universo de los grandes novelistas del siglo XIX europeo. Dostoievski llevará esta dimensión de la novela de ese siglo a un nivel insuperable.

Comparado con los novelistas hispanoamericanos de su siglo, Blest Gana es el mejor de todos. Su falta de genio no impide que haya sido un muy buen novelista de nuestro continente. Sus novelas se leen aún con placer y entusiasmo. Una de ellas, *Durante la Reconquista,* es una gran novela hispanoamericana de todos los tiempos.

---

[55] Francisco A. Encina, *op. cit.,* T. XI, 2.ª edición, 1969, pág. 496.

[56] Jean Franco, *op. cit.,* pág. 129.
[57] Hernán Díaz Arrieta (Alone), *Historia personal de la literatura chilena,* pág. 185.

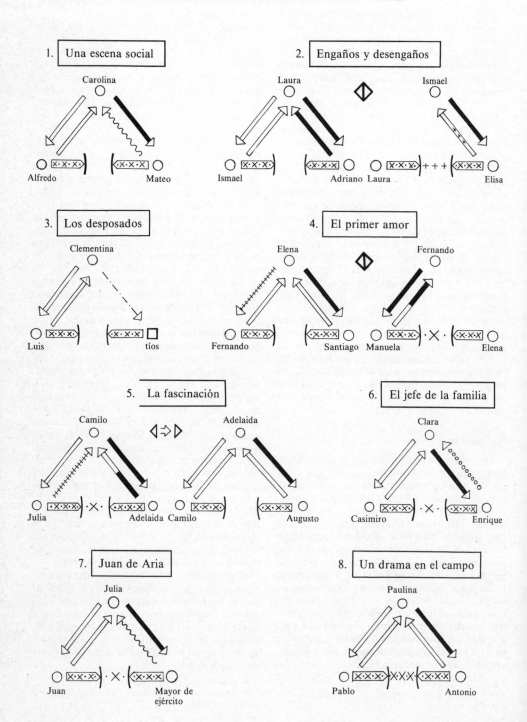

TRIÁNGULOS AMOROSOS
en las novelas de Blest Gana y en su pieza teatral.

1. Una escena social

Carolina

Alfredo   Mateo

2. Engaños y desengaños

Laura   Ismael

Ismael   Adriano Laura   Elisa

3. Los desposados

Clementina

Luis   tíos

4. El primer amor

Elena   Fernando

Fernando   Santiago Manuela   Elena

5. La fascinación

Camilo   Adelaida

Julia   Adelaida Camilo   Augusto

6. El jefe de la familia

Clara

Casimiro   Enrique

7. Juan de Aria

Julia

Juan   Mayor de
               ejército

8. Un drama en el campo

Paulina

Pablo   Antonio

186

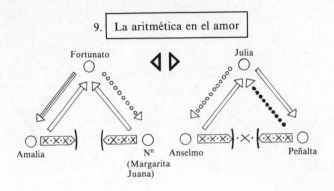

9. La aritmética en el amor

Fortunato ◁▷ Julia

Amalia   Nⁿ (Margarita Juana)   Anselmo · × · Peñalta

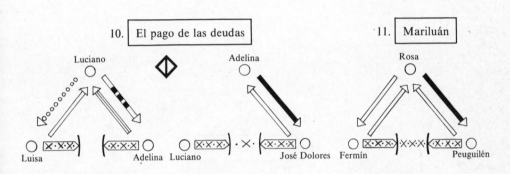

10. El pago de las deudas ◈ 11. Mariluán

Luciano   Adelina   Rosa

Luisa   Adelina   Luciano · × · José Dolores   Fermín ×·×·× Peuguilén

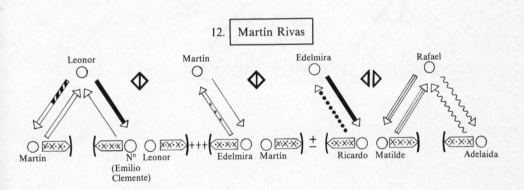

12. Martín Rivas

Leonor ◈ Martín ◈ Edelmira ◁▷ Rafael

Martín   Nⁿ (Emilio Clemente) Leonor +++ Edelmira Martín ± Ricardo Matilde Adelaida

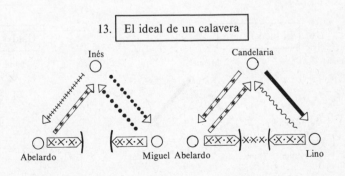

13. El ideal de un calavera

Inés   Candelaria

Abelardo   Miguel Abelardo ×·×·× Lino

14. Durante la Reconquista

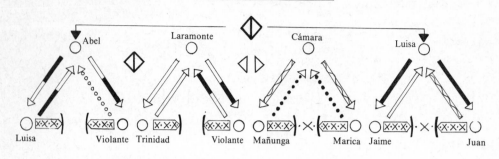

15. Los trasplantados

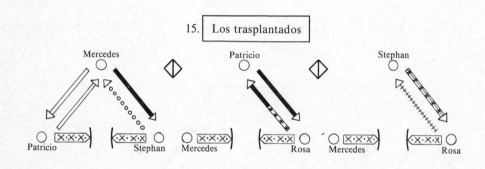

16. El loco Estero
Gladys Fairfield

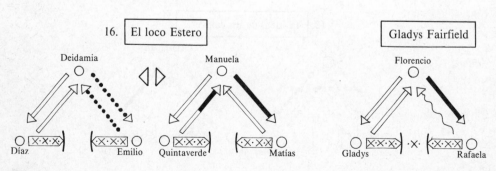

SIMBOLOS

Amor verdadero, pleno

No hay amor

Amor abnegado que se sacrifica

Amor transable

Amor interrumpido pero que se reinicia

Amor que cesa o desaparece

Inexistencia de amor que nace y se desarrolla

Amor pasión

Amor pasión que no se realiza

Amor pasión transable

Amor puramente erótico

Interés amoroso que se transforma en amor

Amor motivado por el dinero

Amor distorsionado por algún elemento bajo o perverso

Amor con componentes frívolos

Relación amorosa virtual

Amor no definido

Relación de amistad

Relación de rivalidad amorosa

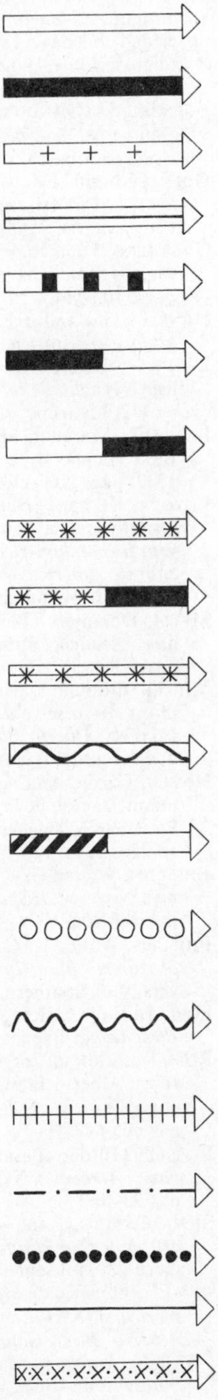

Personaje

Personaje virtual

Sustitución. No importa la persona concreta

No enfrentamiento

Colaboración

Colaboración abnegada

Colaboración interesada

Disputa entre rivales

Enfrentamiento violento

Triángulos con uno o más factores en común

Triángulos separados

Triángulo que se transforma en otro

BIBLIOGRAFÍA

Obras:

Una escena social, Santiago de Chile, El Museo, 1853.
Engaños y desengaños, Santiago de Chile, Revista de Santiago, 1855.
El primer amor, Valparaíso, Tornero, 1858.
Juan de Aria, Valparaíso, Tornero, 1859.
La fascinación, Valparaíso, Tornero, 1858.
Un drama en el campo, Santiago de Chile, La Semana, 1859.
La aritmética en el amor, Valparaíso, Tornero, 1860.
El pago de las deudas, Valparaíso, Tornero, 1861.
Martín Rivas. Santiago de Chile, Imp. de La Voz de Chile, 1862.
El ideal de un calavera, Santiago de Chile, Imp. La Voz de Chile, 1863.
Durante la reconquista, París, Garnier, 1897, 2 vols.
Los trasplantados, París, Garnier, 1904.
El loco Estero, París, Garnier, 1909, 2 vols.
Gladys Fairfield, París, Garnier, 1912.

Crítica

ANÓNIMO, *«Martín Rivas, bibliografía de ediciones y referencias», Boletín del Instituto de Literatura Chilena,* Santiago de Chile, II, núm. 3, oct. 1962, págs. 4-5.
ARAYA, Guillermo, «El amor y la revolución en *Martín Rivas», Bolletin Hispanique,* 1975, número 77, págs. 5-33.
— «Historia y sociedad en la obra de Alberto Blest Gana», *Revista de crítica literaria latinoamericana,* 1981, VII, núm. 14, páginas 29-64.
ASTORQUIZA, Eliodora, «Don Alberto Blest Gana», *Revista Chilena,* 1920, núm. 34, págs. 345-370.
BALLARD, John Steven, «El ciclo de novelas sociocríticas de A. Blest Gana: El desarrollo de la estética realista y de la ideología liberal», *Dissertation Abstracts International,* XLIV, núm. 5, nov. 1983, pág. 1466 A.
BARROS ARANA, Diego (firmado *X*), «*Martín Rivas,* novela de costumbres político-sociales por don Alberto Blest Gana», *El Correo del Domingo,* Santiago de Chile, núm. 18, 18 de agosto de 1862.
CASTILLO, Homero, y SILVA CASTRO, Raúl, «Las novelas de don Alberto Blest Gana», *Revista Hispánica Moderna,* XXIII, núm. 3-4, 1957, páginas 292-304.
CONCHA, Jaime, «*Martín Rivas* o la formación del burgués», *Casa de las Américas,* 1975, núm. 89, págs. 4-18.
CRUZ, Pedro Nolasco, «Don Alberto Blest Gana», en su *Estudios sobre literatura chilena,* vol. II. Santiago de Chile, Nascimento, 1940, páginas 81-95.
DÍAZ ARRIETA, Hernán, *Don Alberto Blest Gana, biografía y crítica,* Santiago de Chile, Ercilla, 1940.
EDWARDS, Alberto, «Una excursión por Santiago antiguo. El *Martín Rivas* de Blest Gana y la sociedad chilena en 1850», *Pacifico Magazine,* Santiago de Chile, II, núm. 38, febrero de 1916, páginas 115-128.
FUENZALIDA GRANDÓN, Alejandro, *Algo sobre Blest Gana y su arte de novelar,* Santiago de Chile, Universitaria, 1921.
GOIC, Cedomil, «Martín Rivas», en *La novela chilena. Los mitos degradados,* Santiago de Chile, Universitaria, 1968, págs. 33-49 y 184-187.
GUERRERO, Leoncio, «Alberto Blest Gana y su época», *Atenea,* CXLVI, núm. 396, abr-jun. 1962, págs. 103-114.
HUNEEUS GANA, Jorge, *Don Alberto Blest Gana y la novela histórica,* París, Garnier, 1897.
LATCHAM, Ricardo A., «Blest Gana y la novela realista», *Anales de la Universidad de Chile,* número 112, 4.º trimestre de 1958, págs. 30-46.
LATORRE, Mariano, «El pueblo en las novelas de Blest Gana», *Atenea,* XXIV, núm. 100, agosto 1933, págs. 168-173.
LOYOLA, Hernán, «*Don Guillermo* y *Martín Rivas:* visión paralela», en Cedomil Goic (ed.): *La novela hispanoamericana: descubrimiento e invención de América,* Valparaíso, Ediciones Universitarias de Valparaíso, 1972, págs. 55-70.
MELFI, Domingo, «Blest Gana y la sociedad chilena», *Atenea,* núm. 100, agosto 1933, páginas 168-173.
MILLER, Edmund Davison, *La sociedad chilena coetánea como se ve a través de las principales novelas de Alberto Blest Gana,* México, Universidad Nacional Autónoma, 1949.
NOVAK, Carole Ann, «*El ideal de un calavera:* una manifestación de la conciencia social de Alberto Blest Gana», *Cuadernos Americanos,* 1981, número 226, págs. 146-154.
PHILLIPS, Walter T., «Chilean Customs in Blest Gana's Novels», *Hispania,* XXVI, dic. 1943, páginas 397-406.
PHILLIPS, Walter T., *Chilean Customs in the Novels of Alberto Blest Gana,* Ph. D. Dissertation, University of Southern, California, 1943.
POBLETE VARAS, Hernán, *Genio y figura de Alberto Blest Gana,* Buenos Aires, Eudeba, 1968.
ROMÁN-LAGUNAS, Jorge, «Bibliografía anotada de y sobre Alberto Blest Gana», *Revista Iberoamericana,* núms. 112-113, jul-dic. 1980, páginas 605-647.
ROSSEL, Milton, «Pasado y presente de *Martín Rivas», Atenea,* CXLVI, núm. 396, 1962, páginas 93-102.
SILVA CASTRO, Raúl, «Blest Gana y su novela *La aritmética en el amor», Atenea,* CXXXIX, número 289, jul-sept. 1960, págs. 27-47.
— «El centenario de *Martín Rivas», Revista Iberoamericana,* XXIX, 1965, págs. 139-146.
— *Alberto Blest Gana (1839-1920),* Santiago de Chile, Universitaria, 1941; 2.ª ed., refundida, Santiago de Chile, Zig-Zag, 1955.

— *Don Alberto Blest Gana y su novela «Durante la Reconquista»,* Santiago de Chile, Ercilla, 1934.

VALENZUELA, Víctor M., *Chilean Society as Seen Throught the Novelistic World of Alberto Blest Gana,* Ph. D. Dissertation, Columbia University, 1965.

WILSON, William C. E., *The Historical Element in the Novels of Alberto Blest Gana,* Ph. D. Dissertation, University of Washington, 1928.

Ignacio Manuel Altamirano

LEDDA ARGUEDAS

El historiador Luis González señala que hacia 1850, «... despueś de tres décadas de vida independiente, México, aporreado, andrajoso, sin cohesión nacional, sin paz, sólo podía exhibir con orgullo a sus intelectuales [1]». Dada la época, esos intelectuales eran o liberales o conservadores, y, con programas y métodos distintos, su objetivo era el mismo: organizar el país, «aporreado» por la miseria económica, por el asalto imperialista que había llegado del norte y por sus propias disidencias.

Ignacio M. Altamirano forma parte de esa generación de pensadores liberales que en la segunda mitad del siglo XIX buscaron por todos los medios —inclusive el de las armas— dar un fundamento y una organización moderna a la nación mexicana.

Altamirano hijo de indios puros nace en Tixtla, un pueblo del actual estado de Guerrero, en 1834, cuando Antonio López de Santa Anna da un golpe de estado que implica la abolición de una serie de leyes reformistas del gobierno liberal anterior.

Hasta 1854, la figura extravagante de Santa Anna domina la escena política del país, cuya zona central se veía asolada por partidas de bandoleros, producto de las tropas de «leva» que los cientos de generales-caudillos organizaban personalmente para derrocarse unos a otros. En Yucatán, la explotación despiadada llevaba a los mayas a la «guerra de castas», que tuvo consecuencias destructivas para el extremo sur de la República; mientras, en el extremo norte, 2.000.000 de kilómetros cuadrados pasaban a ser propiedad de los Estados Unidos de América.

Altamirano vive una infancia relativamente tranquila, vagabundeando por los breñales de su pueblo, adquiriendo apenas las reglas elementales de la aritmética en la escuela de su municipio, y esperando, tal vez, la oportunidad que llegará en 1849, de iniciar una educación más amplia. En ese año, Ignacio Manuel ingresa en el Instituto Literario de Toluca, gracias a una beca que el gobierno del Estado había instituido para los jóvenes indios «inteligentes y distinguidos». En el Instituto, además de pulir su español, estudia latín, francés y filosofía; desempeña posteriormente el cargo de bibliotecario —lo cual le permite lecturas sin fin— y escribe sus primeros versos y artículos. Más tarde enseña francés en colegios particulares y, aún adolescente, se desplaza por distintos pueblos de la República, formando parte —como apuntador— de una compañía de «cómicos de la legua», que pone en escena el drama histórico *Morelos en Cuaula*[2].

La vida errante queda atrás cuando llega a la Ciudad de México y comienza sus estudios de Derecho en la Academia de Letrán[3]. Aquí, en 1854, acoge el llamado a las armas lanzado por los liberales quienes, no muy pacientemente, habían esperado en Nueva Orleans y en Brownsville el momento propicio para arrancar a la patria de las manos de Santa Anna: Altamirano regresa al sur de su infancia, ahora como secretario de Juan Álvarez, el general en jefe del ejército liberal. La lucha concluye triunfalmente y vuelve a México a reanudar sus estudios.

La victoria obtenida con las armas busca expresarse en instituciones y los liberales convocan un Congreso Constituyente, a cuyas encendidas sesiones asiste Altamirano con la juventud letrada de entonces —Arróniz, Florencio M. de Castillo, Juan Díaz Covarrubias, José Rivera y Río— para escuchar los también encendidos discursos de Francisco Zarco, Ponciano Arriaga, Ignacio Ramírez, la flor y nata de los líderes liberales. Pero los conservadores no se daban por vencidos: la Constitución se jura en diciembre de 1857 e inmediatamente, a través de una proclama, los grupos de la tradición la desconocen. Estalla otra guerra civil —la Guerra de Reforma— que dura, en su primera etapa, tres años. La causa reformista vence en 1861 y Altamirano se convierte en diputado al Congreso de la Unión. Pero mientras el joven liberal sacudía las conciencias populares reformistas, los grupos de la

[1] Luis González, «El periodo formativo», en *Historia mínima de México,* México, El Colegio de México, 1974, pág. 103.

[2] Altamirano nunca quiso reconocer la paternidad de esta obra que algunos críticos le atribuyen.

[3] La Academia se funda en 1836 y en sus trabajos participaron los más distinguidos escritores de la época como Guillermo Prieto, Jose M.ª y Juan Nepomuceno Lacunza, Andrés Quintana Roo, Francisco Ortega, Fernando Calderón, Ignacio Ramírez. José Luis Martínez anota que «... aparte de impulsar nuestras letras de una manera general, la Academia de Letrán tuvo un propósito nacionalista bien definido». José Luis Martínez, *Unidad y diversidad de la literatura latinoamericana,* México, Joaquín Mortiz, 1972, pág. 117.

reacción entraban en componendas con las monarquías europeas y las primeras tropas intervencionistas francesas desembarcaban en Veracruz. Otra vez la contienda, ahora con el sesgo que implica la defensa de la independencia y de la integridad nacionales.

En un primer momento, las cosas marchan mal para los republicanos: el gobierno se retira al norte del país y en México se instaura la monarquía de Maximiliano de Habsburgo. Sin embargo, los ejércitos de la Reforma nunca abandonaron el combate y en junio de 1867, después del sitio de Querétaro[4], las armas republicanas derrotan definitivamente a las armas imperiales y a sus ayudantes, los conservadores nacionales. En Querétaro, el coronel Altamirano se hace notar «... por el entusiasmo y arrojo que lo han distinguido en todos los ataques..., animando con sus palabras y su ejemplo a los valientes soldados de la República»[5].

Con la caída de Maximiliano se inicia la historia moderna de México. A partir de ese momento y durante todo el periodo histórico de lo que se conoce como República Restaurada, bajo la jefatura de Benito Juárez, Altamirano consagra su «entusiasmo y arrojo» a la cultura, buscando los cimientos, organizando las ideas, propugnando métodos y teorías de lo que considera debe ser la expresión literaria nacional.

Su labor de difusión es formidable: en el mismo año de 1867 funda, junto con Ignacio Ramírez y Guillermo Prieto, El Correo de México; dos años más tarde la revista El Renacimiento, que constituye entonces su empresa cultural de mayor resonancia, no sólo porque se propone reanimar las letras nacionales postradas por tanto conflicto, sino también porque el principio que la alienta es el de la pacificación y la concordancia en y por la cultura. La presentación de la revista, escrita por Altamirano, termina con estas palabras: «Nada nos queda ya por decir, sino es que fieles a los principios que hemos establecido en nuestro prospecto, llamamos a nuestras filas a los amantes de las bellas letras de todas las comuniones políticas y aceptaremos su auxilio con agradecimiento y con cariño. Muy felices seríamos si lográsemos por este medio apagar

completamente los rencores que dividen todavía por desgracia a los hijos de la madre común[6].

Altamirano acoge en las páginas de El Renacimiento las firmas de intelectuales liberales y conservadores[7], y continúa su tarea infatigable. En 1870 dirige el Liceo Hidalgo[8]. En 1871 colabora en la fundación de El Federalista, en 1875 en la de La Tribuna, en 1880 dirige La República; participa activamente en las innumerables academias literarias y científicas que por entonces florecen en el país y ocupa puestos públicos importantes como el de Magistrado de la Corte Suprema de Justicia, Oficial Mayor de la Secretaría de Fomento, diputado; a los que se unen el de profesor en distintas escuelas de la Ciudad de México.

Altamirano es inagotable también en su tarea de escritor. Entre 1868 y 1883 publica una serie de artículos —conocidos con el nombre global de Revistas Literarias de México—, que, no obstante, su fuerte tono subjetivo, efecto de la intención política, constituyen el primer proyecto serio de sistematización histórico-crítica de la producción literaria mexicana a partir de la Independencia. Escribe el prólogo a varias novelas de escritores contemporáneos. En algunos de estos prólogos[9], así como en los ensayos «De la poesía épica y de la poesía lírica» y «Carta a una poetisa», ambos de 1871, encontramos compendiada su doctrina cultural y la que podríamos llamarse su estética literaria de corte nacionalista[10].

Entre sus obras de creación se cuentan los relatos, «Las tres flores» (1867), «Antonia»

---

[4] En Querétaro, ciudad del centro de México los ejércitos republicanos, al mando de los generales Mariano Escobedo y Ramón Corona, atacaron repetidas veces, sufriendo graves pérdidas, a las tropas intervencionistas comandadas por el mismo Maximiliano. Finalmente vencieron, sellando asimismo la suerte del monarca extranjero quien fue fusilado.

[5] Citado en el prólogo de Antonio Acevedo Escobedo a Ignacio M. Altamirano, Aires de México, México, U.N.A.M., 1955, pág. IX.

[6] «Introducción a "El Renacimiento" en Ignacio M. Altamirano, La literatura nacional, (edición y prólogo de José Luis Martínez», México, Porrúa, 1949, I, págs. 220-221.

[7] «Y al lograr la convivencia, dentro de las páginas de El Renacimiento, de un Ignacio Montes de Oca y un José M.ª Roa Bárcena, imperialistas y conservadores, junto a un Ignacio Ramírez, un Guillermo Prieto y el mismo Altamirano, republicanos y liberales, manteniendo íntegramente la promesa de respeto a las ideas de cada uno... se logró un renacimiento cultural pocas veces igualado en nuestra historia.» José Luis Martínez, «México en busca de su expresión», en Historia General de México, II, México, El Colegio de México, 1976, pág. 1048.

[8] El Liceo Hidalgo se funda en 1851. En él participan todos los antiguos integrantes de la Academia de Letrán, así como las nuevas generaciones de escritores. «En 1870, y ya en manos de Ignacio M. Altamirano, tuvo el Liceo su segunda época y su máximo florecimiento. No hubo escritor por aquellos años que no perteneciera a esta institución (...) Hasta 1882, en que cerró sus puertas, el Liceo lucha por el nacionalismo en las letras propuesto por la Academia de Letrán e impulsado ahora por Altamirano.» María del Carmen Millán, Literatura mexicana, México, Esfinge, 1962, págs. 130-131.

[9] Por ejemplo, los que introducen Pasionarias (1882) de Manuel M. Flores y El romancero nacional (1885) de Guillermo Prieto.

[10] Tanto los prólogos como los ensayos citados aparecen en Ignacio M. Altamirano, La Literatura nacional, op. cit.

El Jarabe de Ultratumba, grabado de José Guadalupe Posada.

(1868), «Julia» (1870), recogidos en el volumen *Cuentos de Invierno,* editado en 1880; *Clemencia* (1869), novela de tema histórico-sentimental; la novela breve *La navidad en las montañas* (1871), su obra más difundida como lo indican sus numerosas ediciones. También en 1871 se publica *Rimas,* esfuerzo lírico juvenil, y en 1901, póstuma, la novela *El Zarco.*

Ya por los años en que terminaba de componer *El Zarco,* alrededor de 1888, Altamirano se había apartado de la política y se dedicaba exclusivamente a escribir, a leer y a alentar con su magisterio a los jóvenes escritores. Hacia el final de su vida, en 1889, acepta el cargo de Cónsul General en España, con sede en Barcelona. De la ciudad catalana se traslada, también como Cónsul a París, y de ahí, buscando alivio para su salud quebrantada, pasa a San Remo, en donde muere en febrero de 1893.

EL NOVELISTA

La crítica concuerda en atribuir a Altamirano el papel de iniciador de la novela moderna mexicana[11]. Y esto es porque es el primer no-velista de su país que escribe empujado por una preocupación estética, por un afán decidido respecto a la forma y a la técnica. Es necesario puntualizar que esa inquietud está subordinada, la mayoría de las veces, a una idea central: construir una narrativa nacional e integrar a través de la literatura la conciencia del país desperdigada y lacerada inevitablemente por las luchas civiles y por las agresiones externas. Para lograr este objetivo, Altamirano propone a los escritores mexicanos que abandonen la reprobable costumbre de imitar a los autores extranjeros y que vuelvan los ojos a la patria, al pueblo, a la propia historia para dar fuerza y sentido a su inspiración[12].

Sus tres obras de ficción principales, *Clemencia, La navidad en las montañas* y *El Zar-*

---

[11] Ver Antonio Acevedo Escobedo, prólogo a Ignacio M. Altamirano, *Aires de México, cit.,* pág. XXII; Fernando Alegría, *Historia de la novela hispanoamericana,* México, de Andrea, 1974, pág. 55. Carlos González Peña, *Historia de la literatura mexicana. Desde los orígenes hasta nuestros días,* México, Porrúa, 1969, pág. 217; Rogelio Rodríguez-Coronel, prólogo a Ignacio M. Altamirano, *El Zarco,* La Habana, Casa de las Américas, 1976, pág. XII; Ralph E. Warner, *Historia de la novela mexicana en el siglo XIX,* México, Antigua Librería Robledo, 1953, pág. 52.

[12] Por ejemplo, en «Elementos para una literatura nacional», Altamirano proclama: « Nuestras guerras de independencia son fecundas en grandes hechos y terribles dramas. Nuestras guerras civiles son ricas de episodios, y notables por sus resultados (...) ¡Nuestra era republicana se presenta a los ojos del observador, interesantísima, con sus dictadores y sus víctimas, sus prisiones sombrías, sus cadalsos, su corrupción, su pueblo agitado y turbulento, sus grandezas y sus miserias, sus desengaños y sus esperanzas!». Poco más adelante, profetiza: «En su color americano propio, nacerá bella, interesante, maravillosa. Mientras que nos limitemos a imitar la novela francesa, cuya forma es inadaptable a nuestras costumbres y a nuestro modo de ser, no haremos sino pálidas y mezquinas imitaciones, así como no hemos producido más que cantos débiles imitando a los trovadores españoles y a los poetas ingleses y a los franceses. La poesía y la novela mexicana deben ser vírgenes, vigorosas, originales, como lo son nuestro suelo, nuestras montañas, nuestra vegetación.» Ignacio M. Altamirano, *La literatura nacional, Cit.* I, págs. 12-14.

co, están construidas en función de estas aspiraciones.

En *Clemencia*[13], Altamirano cuenta un drama de amor, que tiene como trasfondo episodios de la Guerra de Intervención —corre el año de 1863— que se unen a descripciones detalladas de la Ciudad de Guadalajara y de los paises aledaños. Clemencia e Isabel están unidas por una amistad fraternal, a pesar de que sus temperamentos y sus voluntades son absolutamente distintos y hasta opuestos, como anticipan sus rasgos físicos[14]. Las dos amigas conocen a dos oficiales del Ejército liberal acuartelado en Guadalajara. Los dos oficiales, Fernando Valle y Enrique Flores son, también ellos, antinómicos por prestancia y por carácter[15].

Clemencia e Isabel se enamoran del apuesto Enrique; pero mientras la dulce y frágil Isabel no hace nada por esconder su amor, Clemencia calla, disimula y, aparentemente, endereza su simpatía hacia el taciturno y, en cierto modo, misterioso Fernando. El idilio entre Isabel y Enrique durará poco, porque el codiciado oficial mostrará inmediatamente su naturaleza insensible y egoista. Pero no sólo en amores Enrique pregona su traza cínica y ambiciosa. Estas características funcionan como indicio de la revelación central del relato: Enrique es un traidor a la causa liberal de los patriotas mexicanos, y es el oscuro Fernando quien descubre su contubernio con los franceses. Fernando, cuya descripción inicial lo connotaba negativamente, se transforma en cumbre de generosidad: aunque ha denunciado a Enrique

por las exigencias del patriotismo, la noche anterior al fusilamiento lo ayuda a escapar, trocando así su vida por la del amigo traidor. Clemencia, en tanto, al enterarse de la condena a muerte de Enrique, ha movido cielo y tierra tratando de salvarlo. En su empresa la ha asistido Isabel, quien sólo es capaz de arrodillarse y llorar. Después de una serie de equívocos, falsas atribuciones y ocultamientos, las pruebas se impondrán y Clemencia tendrá que reconocer, entre autorecriminaciones, su error tremendo. Pero ya es demasiado tarde, y sólo le queda asistir, impotente, al fusilamiento del noble y magnánimo Fernando, quien frente al pelotón, aparece «heroicamente hermoso». Ante esa muerte, la respuesta de Clemencia es renunciar a su belleza y refugiarse en un convento francés.

El autor desarrolla la trama de esta novela, a través del enfrentamiento de los cuatro personajes paradigmáticos, con límpida coherencia. En el tejido narrativo hasta el mínimo detalle ha sido enlazado con atención cuidadosa. Altamirano vigila la forma, alejándose de las farragosas elaboraciones propias de los primeros intentos de la narrativa mexicana aún vigentes en su época. Sin embargo, esto no significa que la obra esté perfectamente lograda.

Los personajes, definidos escrupulosamente en sus atributos físicos y aún caracteriales, resultan estáticos, y, cuando experimentan la transformación, las motivaciones de ésta no son convincentes.

El ejemplo más claro es el de Fernando Valle. Estereotipo del héroe romántico —signado por un destino triste, oscuro y fatal—, Fernando, paradójicamente, nos es presentado al principio y durante una buena parte de la narración como un ser indigno de cualquier relación humana. Con tales características, su sacrificio final resulta poco verosímil; sobre todo, es incomprensible la súbita belleza que su gesto heroico le confiere.

Altamirano trata de explicarnos el origen del carácter melancólico del personaje y exponer así las causas de su decisión fatídica. La vida de Fernando ha sido sellada por la ausencia de cariño, sobre todo familiar. Y el alejamiento del hogar, causado por el despego de los padres, se ha profundizado y convertido en ruptura por la adhesión de Fernando a la fe liberal: «He sido liberal, he ahí mi crimen para mi familia, he ahí el título de gloria para mí...» (pág. 208). Fernando se convierte a las ideas liberales convencido por un compañero del Liceo, «ay, el único cariño profundo de (su) vida solitaria» (pág. 205). De este personaje causa implícita de la mutación repentina de Fernando, el lector sólo logra saber que «Era un mu-

---

[13] La edición consultada es Ignacio M. Altamirano. *Clemencia* y *La navidad en las montañas,* México, Porrúa, 1971 (Edicion y prólogo de Antonio Castro Leal).

[14] Clemencia es «blanca, de ojos y cabellos negros y labios de mirto» (pág. 38); Isabel es «rubia, de grandes ojos azules, de tez blanca y sonrosada» (pág. 35). La boca «encarnada (de Isabel) sonreía con una sonrisa de ángel»; la boca «sensual (de Clemencia) tenía la sonrisa de las huríes, sonrisa en que se adivinan el desmayo y la sed» (pág. 41).

[15] «Enrique era el tipo completo del león parisiense en su más elegante expresión...» (pág. 11) «... era seductor; su fisonomía era tan varonil como bella; tenía grandes ojos azules, grandes bigotes rubios, era hercúleo, bien formado y tenía fama de valiente» (pág. 10). Además «... el comandante Flores era idolatrado por sus soldados, muy querido por sus compañeros, y el favorito de su jefe...» (pág. 9). Fernando Valle, en cambio, «... era un muchacho de veinticinco años como Flores, pero de cuerpo raquítico y endeble, pero tampoco de ese moreno agradable de los españoles, ni de ese moreno oscuro de los mestizos, sino de ese color pálido y enfermizo que revela o una enfermedad crónica o costumbres desordenadas. Tenía los ojos pardos y regulares, nariz un poco aguileña, bigote pequeño y negro, cabellos lacios, oscuros y cortos, manos flacas y trémulas... Taciturno, distraído, metódico, sumiso con sus superiores, aunque traicionaba su aparente humildad el pliegue altanero de sus labios; severo y riguroso con sus inferiores, económico, laborioso, reservado y frío, este joven tenía aspecto repugnante y, efecto, era antipático para todo el mundo.» (página 12).

chacho pobre, pero de un talento luminoso y de un corazón de león. No jugaba, no paseaba, no tenía visitas; en vez de distraerse pensaba...» *(Ibid)*.

Este esquematismo, en el que puede rastrearse un eco del movimiento romántico europeo, recoge, sobre todo, una herencia que se remonta a Joaquín Fernández de Lizardi: Altamirano trata de enviar un mensaje moral y para ello procede contrastando personalidades. Clemencia es enérgica, pero su egoísmo y su coquetería la pierden. Isabel es noble, pero débil y quejumbrosa; tampoco ella logra el amor. Enrique es gallardo, pero ambicioso y, peor aún, cobarde. Y, en fin, Fernando es feo y antipático en sociedad, pero casi sublime en su renunciamiento. De los cuatro, el único que veremos triunfador, haciendo caracolear su caballo al mando de un batallón francés que ingresa en la Ciudad de México, es a Enrique. Esta imagen del traidor puede constituir una advertencia final en el sentido de que en una sociedad poco inclinada a premiar las dotes del espíritu, el ambicioso y el cínico pueden vencer (aunque por la historia sepamos que el triunfo fue efímero)[16].

Con *Clemencia,* su primera novela, Altamirano predica una estética: hay que ser claros, concisos, podar el artificio inútil y narrar los hechos lo más límpidamente posible. Además intenta poner en acción los principios fundadores de lo que consideraba la expresión literaria nacional: el material que recrea proviene de la historia y de los paisajes de las comarcas patrias. Predica igualmente una concepción moral de la vida —de fondo cristiano, en donde el altruismo, el desprendimiento personal, la abnegación y el sacrificio constituyen la suma máxima de las cualidades humanas. Ambas prédicas se alimentan de la ideología liberal, que impulsó siempre a Altamirano en su actividad tanto de creador como de organizador intelectual.

Mensaje moral e ideario político, firmemente entrelazados, surgen también, aunque con distinta intensidad, como el sustrato último de *La navidad en las montañas* y *El Zarco.*

En *La navidad...*[17] la política adquiere los tonos del llamado a una organización social justa y fraterna, casi bucólica. La acción novelesca de esta obra es mínima, pues se reduce al encuentro casual, en una noche de Navidad, de un capitán del Ejército de la Reforma con un cura de virtudes extraordinarias. Este pastor de almas aborrece y combate la idolatría; rechaza cualquier retribución de los fieles; ha

renunciado a la casa que el pueblo le destinaba para dársela al maestro; vive de su tabajo y, lo que es más importante, ha revolucionado la agricultura y las costumbres del pueblito montañés en donde ejerce su ministerio, transformándolo en un modelo de bienestar y concordia. Cuando el militar liberal escucha este recuento de fatigas y entusiasmos, no puede más que exclamar, conmovido hasta las lágrimas: «¡Señor cura... ¡usted es un demócrata verdadero!» (pág. 244). El capitán evoca melancólicamente momentos de la infancia, del hogar paterno y de otras navidades y da rienda suelta a hondas reflexiones sobre la situación de su país y sobre las posibilidades de progreso que esa situación presenta. Concluye su examen considerando bendita esa navidad «... que (le) ha hecho encontrar lo que (le) había parecido un sueño de (su) juventud entusiasta...» *(Ibid),* pues, «... lo que había creído difícil, largo y peligroso, no era sino fácil, breve y seguro, siempre que un clero ilustrado y que comprendiese los verdaderos intereses cristianos, viniese en ayuda del gobernante...» (página 259).

El sueño de Altamirano es ese cura consciente, verdadero ejecutor de las enseñanzas envangélicas. Ante un sacerdote así, que aplica en su aldea el programa liberal, las armas reformistas no tendrían razón de ser. Liberales demócratas y ministros de Cristo trabajarían juntos, fraternalmente, por el bien del país.

Con *La navidad...* Altamirano preconiza su propio empeño conciliador —ya instituido a través de las páginas de *El Renacimiento*— entre las facciones político-ideológicas que se enfrentaron en las guerras civiles. El autor quiere convencernos de que su ideal no es una mera fantasía. Por eso señala en una nota que el personaje del cura es «rigurosameente histórico» (pág. 237). En efecto, igualmente históricos fueron los esfuerzos del liberalismo mexicano por enlazar religión y política, por «conciliar espíritu cristiano y economía burguesa»[18]. *La Navidad...* concentra todo su interés en esta idea política y los personajes desfilan exclusivamente como intérpretes de ella[19].

---

[16] Cfr. Fernando Alegría, *op. cit.,* pág. 60.
[17] La edición consulada es Ignacio M. Altamirano, *Clemencia y La navidad en las montañas, cit.*

[18] Gastón García Cantú, «La quimera liberal», en *Utopías mexicanas,* México, Fondo de Cultura Económica, 1978, pág. 81.
[19] Con el marco de un paisaje encantado —entre pastores «como los que aparecen en los idilios de Teócrito y en las églogas de Virgilio y Garcilaso» (pág. 251)— desfila el alcalde, «autoridad emanada del pueblo, honrado y buen anciano, padre de una numerosa familia, labrador acomodado...» (pág. 263); desfila el maestro, «de inteligente fisonomía» (pág. 249), estudioso, perseverante, trabajador... Y por ahí se asoma el Tío Francisco, «... en cuyo semblante, en el que podían descubrirse todos los signos de la raza in-

La creación literaria se ve confinada al papel de pretexto, de instrumento de ideas políticas que la preceden. Lo que en *Clemencia* aparece como trasfondo, en *La navidad...* —sucesión de estampas que no deja de conmover debido a su ingenuidad sin retoques— se impone francamente y, entonces, el discurso político sofoca el discurso literario.

En realidad, no podía ser de otra manera. Como señala José Luis Martínez, «... la historia de la cultura mexicana en el siglo XIX sólo se explica por los choques de liberales y conservadores, y por el triunfo de los primeros, que impusieron a la época su propio sello...» [20].

La fiebre de la política —que en este caso se traducía en el esfuerzo de construir una nación y de pacificar las conciencias— invadía todos los rincones de la vida y avasallaba especialmente la literatura. La urgencia primordial era la de *decir* —ideas, programas, modelos de comportamiento social— mientras que el *cómo decirlo* resultaba, hasta cierto punto, secundario.

En *El Zarco* [21] moral y fe política se funden para dar vida a un mensaje que recoge los valores centrales sobre los que Altamirano quiere apoyar la regeneración de su sociedad.

Aquí, tal vez más aún que en *Clemencia,* la arenga moral se construye a través de la oposición de temperamentos y voluntades, y en última instancia, de formas antinómicas de *estar* en la sociedad. La narración se desarrolla en 1861, en Yautepec, un pueblo de los alredededores de Cuernavaca, hostigado por un grupo de bandoleros, « los plateados», que recorre la región provocando el terror de los tranquilos habitantes. Entre los habitantes de Yautepec encontramos a Manuela, joven y bella, pero ambiciosa y altanera, que es amiga de Pilar, no tan espectacularmente atractiva, pero noble y pura. Nicolás, un joven herrero —«... con el tipo indígena bien marcado, pero de cuerpo alto... esbelto... y embellecido por el trabajo...» (pág. 291— hace la corte a Manuela, a quien querría por esposa. Pero Manuela ha dado ya su amor a Zarco, uno de los jefes de «los plateados». Pilar, mientras tanto, sufre en silencio a causa de su amor por Nicolás. Manuela huye con el Zarco y su madre muere de dolor y de vergüenza. Nicolás deberá enfrentarse con la cobardía de un jefe del ejército federal que titubea y busca excusas para no perseguir a los bandidos. Manuela —en contra de sus propias expectativas, que incluían cabañas idílicas disimuladas por el bosque y aventuras caballerescas— descubrirá el infierno en Xochimancas, el escondite de su amado, pero no tendrá la fuerza necesaria para escapar de ese antro inmundo adonde la han llevado su codicia y su perversión. La virginal Pilar será capaz de desafiar el «qué dirán» del pueblo de Yautepec, con tal de salvar a su amado Nicolás, a quien la villanía del jefe del ejército ha llevado a la cárcel. Frente a la actitud de Pilar, el joven herrero descubrirá repentinamente que siempre había abrigado por ella un amor limpio y sosegado. Inútil insistir en la traducción de los símbolos: Manuela y el Zarco encarnan todo el mal; Pilar y Nicolás resumen todo el bien. Los primeros serán castigados con la muerte: él a la horca y su querida aniquilada por la desesperación; mientras el matrimonio consagrará el «amor bueno» de los segundos. Por lo demás, el ajusticiamiento del Zarco lo lleva a cabo Martín Sánchez, personaje «rigurosamente histórico», precisa Altamirano, a quien «los plateados» le habían desbaratado la familia y la propiedad. Este hombre, especie de «ángel exterminador», «de vengador de su familia, se había convertido en vengador social» (pág. 227), con facultades extraordinarias concedidas por el presidente Benito Juárez.

En esta obra la parábola moral se arraiga firmemente en el modelo de sociedad que el autor anhelaba. Los personajes, sobre todo los masculinos, son portadores no sólo de un carácter determinado, sino, además, de una ubicación social concreta y específica que funciona como explicación preliminar de sus voluntades. Los dos espacios en que se desarrolla la acción, Yautepec, el pueblo de los honrados labradores, y Xochimancas, la madriguera de los bandidos, representan mundos absolutamente irreconciliables [22]. En Yautepec, la propiedad, el patrimonio construidos con el trabajo honesto que no puede admitir la avidez y la irreflexión de mujeres como Manuela; en Xochimancas, el desorden total, la suciedad y la degeneración de quienes se burlan del trabajo saqueando y destruyendo.

Al delinear esos mundos contrapuestos, Altamirano evoca la idea de organización social que su liberalismo instruía. Una sociedad cuyos ejes centrales son el trabajo, la propiedad y la familia y en donde las pasiones son admitidas sólo si se despojan de sus efectos de desconcierto y de confusión; en otras palabras, si no son pasiones.

---

dígena pura, había un no sé qué que inspiraba profundo respeto...» (pág. 272); el Tío Francisco, además, «... era el modelo de los esposos y de los padres de familia...» (pág. 272) Todos juntos celebran la navidad.

[20] José Luis Martínez, «México en busca de su expresión», en *Historia General de México, cit.,* pág. 1020.

[21] La edición consultada es la de Casa de las Américas, *cit.*

---

[22] Cfr. R. Rodríguez-Coronel, prólogo a *El Zarco, cit.*

La acción no carece de brío, pero los personajes de *El Zarco* asumen sólo los contornos de síntesis humanas estrechas que se mueven como emblemas de funciones y disfunciones sociales cuyo enfrentamiento se resuelve a favor del orden y del sosiego.

El recurso a la construcción de personajes arquetípicos define la narrativa de Altamirano y obedece, en primera instancia, al propósito extraliterario del autor. Tal propósito le lleva a introducir personajes apenas esbozados, fugaces siluetas, fundamentales en la transformación de los protagonistas y, sobre todo, para el mensaje socio-político. Es el caso de *Clemencia* del liceísta, amigo de adolescencia de Fernando Valle. Ese muchacho de quien sólo sabemos que es pobre, estudioso y sacrificado, representa al individuo que el autor desea como fundamento humano de su sociedad. Por su parte el Martín Sánchez de *El Zarco* informa de otro ingrediente indispensable en la personalidad de los forjadores de una nación: la capacidad de acción, decidida y enérgica, que nace de una convicción privada para después crecer y exaltarse como motivo social. El y el cura de *La navidad...* participan, cada uno con sus características específicas, del modelo de sujeto que el autor privilegia. Sin embargo, es con Nicolás con quien Altamirano logra construir en *El Zarco* lo que había insinuado a través de Fernando Valle en su primera novela, y lo que había bosquejado tímidamente con la aparición navideña del tío Francisco[23]. Nicolás, indio, trabajador, ahorrador, decidido y esposo honesto condensa en sí el máximo de los atributos que, de acuerdo con los principios de liberalismo de Altamirano, la sociedad mexicana puede exigir a sus componentes individuales. Pero este arquetipo quiere *decir* algo más. No es casual que todos los héroes positivos sean morenos, o declaradamente indios, mientras que los héroes blancos son portadores de valores y comportamientos negativos y disgregantes. Altamirano busca responder a una realidad y a una historia particulares; proponiendo al hombre de piel oscura —mestizo o indio— como soporte social básico.

Altamirano se opone al esquematismo dominante de la cultura eurocéntrica —donde todos los malos son feos y oscuros, o mejor, donde todos los bellos y claros son, por fuerza, buenos. Sin embargo, tratando de negar esa visión esquemática, enuncia un nuevo maniqueísmo cuya novedad consiste sólo en la inversión de los signos opuestos.

La idea finalizada de la novela que Altami-

Ignacio Manuel Altamirano.

rano divulgaba determina los límites de su fórmula narrativa. Para él, la novela era «... un género literario de rango superior (que), aunque revestido con las galas de la fantasía... es necesario apartar sus disfraces y buscar en el fondo de ella el hecho histórico, el estudio moral, la doctrina política, el estudio social, la predicación de un partido o de una secta religiosa: en fin, una intención filosófica y trascendental en las sociedades modernas»[24].

La predicación de Altamirano en favor de una sociedad ordenada y justa, basada en el trabajo y en la industria, no pudo realizarse. Ya para la época en que terminaba *El Zarco* los sueños liberales habían desembocado en el Porfiriato[25]. El liberalismo —en su doble cara de instrumento de crítica y de construcción utópica— fue sustituido por la doctrina positiva y el régimen se enmascaró «con los ropa-

---

[23] Ver nota 19.

[24] Ignacio M. Altamirano, «Revistas literarias de México, (1821-1867)», en *La Literatura nacional*, I, *op. cit*, págs. 17-18.
[25] La época que va de 1877 a 1911 se llama El Porfiriato porque la figura de Porfirio Díaz la domina.

jes del progreso, la ciencia y la legalidad republicana»[26]. La burguesía fuerte y nacional en cuyo nacimiento habían depositado sus espe-

[26] Octavio paz, *El laberinto de la soledad,* México. Fondo de Cultura Económica, 1959, pág. 117.

ranzas los líderes de La Reforma, era suplantada por una aristocracia latifundista y especuladora, fundamento del nuevo régimen político. En literatura se avecinaba el modernismo.

BIBLIOGRAFÍA

Obras

Poesía:

Rimas, 1.ª edición en el folletín *El Federalista,* México, Imprenta de F. Díaz de León y S. White, 1871; 2.ª edición de *El Domingo,* México, Imprenta de F. Díaz de León y S. White, 1871; 3.ª edición corregida y aumentada, México, Tipografía Literaria de Filomeno Mata, 1880; 4.ª edición, México, Secretaría de Fomento, 1885, México-París, Librería de la Vda. de Ch. Bouret, 1903.

Prosa:

«Las tres flores», 1.ª edición en *El Correo de México,* 1867, con el título de «La novia»; 2.ª edición en *El renacimiento,* 1869, con el subtítulo de «Cuento alemán».
«Antonia», 1.ª edición en *El Domingo,* 1872.
«Julia», 1.ª edición en *El Siglo XIX,* 1870, con el título «Una noche de julio».
Estos tres relatos se encuentran en el volumen *Cuentos de invierno,* México, Tipografía Literaria de Filomeno Mata, 1880.
«Atenea» (novela inconclusa), en *Homenaje a Ignacio Manuel Altamirano,* México, Imprenta Universitaria, 1935.
Clemencia, 1.ª edición en *El Renacimiento,* 1869; 2.ª edición, México, Imprenta de F. Díaz de León y S. White, 1869. Otras ediciones: París, Librería de la Vda. de Ch. Bouret, 1904, y México, Editorial Porrúa, 1944. Edición y prólogo de Antonio Castro Leal (Colección de Escritores Mexicanos, vol. 3).
La navidad (en las montañas). A partir de la quinta edición, París, 1891, llamada *La navidad en las montañas;* 1.ª edición en *Álbum de navidad,* México, Imprenta de Ignacio Escalante y Cía., 1880; 2.ª edición dentro del volumen *Cuentos de invierno,* México, Tipografía Literaria de Filomeno Mata, 1880. La última edición, México, Editorial Porrúa, 1944. Edición y prólogo de Antonio Castro Leal (Colección de Escritores Mexicanos, vol. 3).
El Zarco (novela póstuma); 1.ª edición, México, J. Ballescá y Cía., 1901. Otras ediciones: Buenos Aires-México, Colección Austral, 1940, y La Habana, Casa de las Américas, 1976. Prólogo de Rogelio Rodríguez Coronel.

Paisajes y leyendas, tradiciones y costumbres de México, 1.ª serie, México, Imprenta y Litografía Española, 1884; 2.ª serie, México, Antigua Librería Robredo, 1944. Introducción y recopilación de Ralph E. Warner.

Crítica

Alba, José de, «Semblanza de Ignacio Manuel Altamirano», *Cuadernos del Congreso para la Libertad de la Cultura,* París, núm. 86, 1964, páginas 86-88.
Bleznick, Donald W., *La mexicanidad en la vida y en la obra de Ignacio Manuel Altamirano,* México, 1948.
Campuzano, Juan R., «Altamirano, niño indígena», *Romance,* México, I, núm. 15, 1940, pág. 17.
Carrell, Thelma R., *The Role of Ignacio Manuel Altamirano in «El Renacimiento»,* Ph. D. Dissertation, University of Illinois, 1953.
Covo, Jacqueline, «Theorie et practique du roman nationaliste chez le Mexicain I. M. Altamirano», en Claude Dumas (ed.), *Nationalisme et litterature en Espagne et en Amerique Latine au XIX siècle,* Lille, Universite de Lille II, 1983.
Díaz y de Ovando, Clementina, «La visión histórica de Ignacio Manuel Altamirano», *Instituto de Investigaciones Estéticas,* México, núm. 22, 1954, págs. 33-53.
Fernández, Justino, «Ignacio Manuel Altamirano», *Letras Mexicanas,* núm. 15, 1940, págs. 9-11.
Figueroa, Pedro Pablo, *Un poeta indígena: la raza nativa, la literatura y la libertad en América,* Santiago de Chile, Imprenta de Benjamín Vicuna Mackenna, 1893.
González-Obregón, Luis, *Biografía de Ignacio Manuel Altamirano,* México, Tipografía del Sagrado Corazón de Jesús, 1893.
González-Ramírez, M., *Altamirano,* México, UNAM, 1936.
González-Vargas, Enrique, *El Instituto Literario del Estado de México en la época de Ignacio Manuel Altamirano,* Toluca, Agrícola Mexicana, 1956.
Grudzinska, Grazyna, «Teoría y práctica del nacionalismo literario en I. M. Altamirano», en Claude Dumas (ed.), *Nationalisme et litterature en Espagne et en Amerique Latine au XIX siècle,* Lille, Universite de Lille II, 1982.
Ibargüengoitia Chico, Antonio, *Las ideas religiosas de Ignacio Manuel Altamirano y el pensa-*

miento liberal francés en México, tesis doctoral, México, Universidad Nacional Autónoma de México.

MAGDALENO, Mauricio, «Dos cabezas indias», *El libro y el pueblo,* México, XII, 1934, págs. 1-12.

MARTÍNEZ, José Luis, «Altamirano, novelista», *Universidad,* Monterrey, núm. 19, diciembre 1951, págs. 61-69.

MIRELES MALPICA, G., *La significación de Balbuena, Alarcón y Altamirano dentro de la evolución de la cultura mexicana,* México, 1954.

NACCI, Chris N., *Ignacio Manuel Altamirano,* Nueva York, Twayne, 1970.

OCHOA CAMPOS, Moisés, *El pensamiento político de Ignacio Manuel Altamirano,* Sociedad Mexicana de Geografía y Estadística, 1955.

— «Ignacio Manuel Altamirano y *El Renacimiento*», *El libro y el pueblo,* núm. 67, 1970, págs. 26-37.

RUISÁNCHEZ, Julia, «Bibliografía de Ignacio Manuel Altamirano», en *El libro y el pueblo,* XII, número 9, septiembre 1934, págs. 458-462.

SÁNCHEZ, Luis Alberto, «Ignacio Manuel Altamirano», en *Escritores representativos de América,* 1.ª serie, Madrid, Gredos, 1963, vol 2, páginas 122-131.

SERRANO MARTÍNEZ, Celedonio, *Ignacio Manuel Altamirano, breve asomo a su vida y a su obra,* Toluca, Instituto Científico y Literario Autónomo del Estado de México, 1952.

VALLE, Rafael Heliodoro, *Bibliografía de Manuel Ignacio Altamirano,* México, Imprenta de la Nación, 1939.

WARNER, Ralph E., *Bibliografía de Ignacio Manuel Altamirano,* México, Universitaria, 1955.

— *The Life and Work of Ignacio Manuel Altamirano,* Ph. D. Dissertation, University of California, 1935.

Jorge Isaacs

DONALD MCGRADY

Resulta de veras triste considerar la vida del colombiano Jorge Isaacs (Cali, 1837-Ibagué, 1895), autor de la primorosa novela romántica y realista, *María*. Baste decir que Isaacs nunca se repuso del dolor de verse venido a menos después de una juventud feliz y desahogada. Durante toda su vida adulta Isaacs trató en vano de recuperar la posición perdida, persiguiendo ilusorios ardides económicos y políticos. Pasemos en piadoso silencio el recuento de tan penosa —y a menudo vergonzosa— vida, para fijarnos en los triunfos literarios del autor.

Isaacs escribió numerosas poesías, varios dramas (todos inéditos, menos uno) y algunos fragmentos de novela, pero —como sucede con otros escritores colombianos de renombre internacional— su fama se debe a un solo libro: la novela *María*. Se publicó *María* en Bogotá en 1867, siendo bien recibida por la crítica, pero sin alcanzar inmediatamente un gran éxito de librería. Sin embargo, a los pocos años el entusiasmo de los intelectuales se comunicó al pueblo, y las ediciones se sucedieron rápidamente. Más de cincuenta ediciones de *María* vieron la luz antes de 1900, y su popularidad no ha disminuido hasta la fecha, a pesar de las tendencias anti-románticas de nuestro siglo: para el año del centenario de *María*, en 1967, el número de sus impresiones documentadas se aproximaba a ciento cincuenta. Esta cifra atestigua el hecho de que aún hoy día *María* sigue siendo la novela más leída de Hispanoamérica. La obra ha rebasado la barrera del idioma, con traducciones al inglés, al francés y al portugués. Además, *María* ha tenido varias adaptaciones dramáticas y cinematográficas. Rubén Darío dijo de *María* que era una de las dos mejores novelas latinoamericanas (consideraba que la otra era *La gloria de don Ramiro,* de Enrique Larreta), y Unamuno afirmó que al leer la novela a los cincuenta y nueve años, le afectó más que si hubiera tenido quince. Quizá ninguna otra ficción ha ejercido tan profunda influencia en Hispanoamérica: existen diecisiete imitaciones de *María,* sin contar las obras que emulan sólo unos episodios del idilio. Los lectores del siglo XX han disfrutado tanto de la lectura de *María* como sus abuelos del siglo pasado. Aunque han pasado de moda algunos de los sentimientos retratados en *María,* el conflicto básico de la

Jorge Isaacs.

obra —la lucha entre el amor y la muerte— es de validez eterna, y seguirá cautivando a lectores de todos los países y todas las épocas. Unido a su tema de interés universal, *María* tiene una forma clásica que se coloca por encima de técnicas pasajeras, y que presenta la historia de una manera clara y lineal. Estas cualidades de buena trama y buena forma aseguran que la obra maestra de Jorge Isaacs seguirá siendo no sólo la mejor novela romántica en lengua española, sino uno de los clásicos del idioma.

Isaacs utilizó dos importantes fuentes de inspiración para su novela: las reminiscencias literarias y su propia biografía. Su heroína deriva principalmente de antecedentes novelescos, pero el héroe Efraín está basado ante todo en las experiencias personales del autor. Asimismo una parte de la acción novelesca procede de la literatura romántica, y otra proviene de la vida de Isaacs. La colocación de la historia en el Valle del Cauca refleja, claro está, la biografía del autor, y lo mismo puede decirse de los siguientes elementos en la trama de *María:* El padre de Efraín, un judío de Jamaica, inmigra muy joven a la provincia del Chocó, y a los veinte años (diecinueve en la vida real) se vuelve católico para casarse con la hija de un militar español. Al igual que el progenitor de Isaacs, el de Efraín es dueño de una hacienda en la sierra cerca de Cali y de dos haciendas azucareras en el valle. Cuando el padre de Efraín pierde una suma considerable por el defraude de un socio, Isaacs alude a una serie de pérdidas económicas sufridas por su propio padre durante muchos años, debido ante todo a su afición al juego (vicio atribuido en la novela a un empleado).

En la primera frase de la obra, Efraín cuenta que estudió en el colegio del doctor Lorenzo María Lleras en Bogotá; lo mismo hizo Isaacs, pero sin llegar a graduarse. El deseo del padre de Efraín de que éste emprenda estudios de medicina parece reflejar idéntico anhelo por parte de la familia del novelista. La muerte de un hermano mayor hace que recaigan grandes responsabilidades sobre Efraín; lo mismo le sucedió a Isaacs. Igual que su creador, Efraín es poeta y ayuda a su padre en la administración de sus fincas. Algunos personajes menores de *María* (el Dr. Mayn, Juan Angel, el profesor Bracho, el portero Escamilla) fueron tomados de la vida real; cabe sospechar lo mismo de muchos otros. La extensa descripción que Efraín hace de su viaje por el río Dagua y el camino de herradura hasta Las Cruces está basada en las experiencias personales de Isaacs, quien trabajó de inspector de caminos en ese distrito durante los años 1864-1865.

Uno de los aspectos de *María* más comentados por la crítica es la cuestión de sus fuentes. José María Vergara y Vergara, amigo y consejero legal y literario de Isaacs, fue el primero en plantear el problema, al comparar *María* con *Pablo y Virginia,* de Saint-Pierre, y con *Atala,* de Chateaubriand. La verdad es que *Pablo y Virginia* influyó decisivamente sobre la concepción de *María,* mientras que la inspiración de *Atala* sólo se percibe en el relato de «Nay y Sinar», un cuento intercalado en la novela. Dejando a un lado los tópicos que se hallan en muchas novelas románticas (culto de la melancolía, uso y abuso del sentimentalismo, descripciones poéticas de una naturaleza exótica, exaltación del catolicismo, narración en primera persona, vago erotismo, el inevitable final desdichado, etcétera), se hace evidente que la influencia de *Pablo y Virginia* opera sobre cuatro aspectos de *María:* 1) el prefacio, donde el autor declara su propósito lacrimó-

geno; 2) los protagonistas y las líneas generales del argumento; 3) innumerables pormenores relacionados con la trama; 4) similitudes de técnica narrativa. Bastará señalar las coincidencias entre los personajes y las tramas de una y otra novela para constatar la preponderancia del influjo de Saint-Pierre sobre Isaacs.

Tanto en *María* como en *Pablo y Virginia* los protagonistas son jóvenes que han vivido juntos y que se han amado desde la niñez, que son cristianos, de raza blanca y de la misma nacionalidad que el autor. Además, el argumento principal de las dos novelas es el mismo: dos criaturas se ven unidas en su infancia por infortunios (la pobreza y la orfandad) de la familia de la niña. Se aman tiernamente desde los primeros años y se crían juntos, casi como hermanos, en medio de una naturaleza exuberante. Cuando llegan a la edad adolescente, se confiesan su amor y piensan consagrarlo en el matrimonio. Los padres (o los tutores), aunque dan su consentimiento para la unión, quieren aplazarla por algunos años, e insisten en que uno de los protagonistas realice un viaje con fines educativos y con miras a un mejoramiento económico que ha de redundar en el bien de todos. Los amantes contemplan el viaje con gran temor, temiendo que no producirá los resultados anhelados, y que ha de causar su separación eterna. Estos presentimientos resultan fatídicamente fundados, pues el viaje causa la muerte de la heroína. El protagonista es tan profundamente afectado por el fallecimiento de su amada que cae gravemente enfermo. Después de reponerse de su enfermedad, y sumido en la melancolía más abyecta, recorre los lugares donde había gozado del idilio con su novia, y también visita su tumba. Algún tiempo después, el protagonista se deja morir de amor.

Estas coincidencias de trama no dejan lugar a duda a que *Pablo y Virginia* sea la fuente principal de *María.* Pero también influyeron otros novelistas románticos franceses sobre Isaacs, sobre todo Alfonso de Lamartine, autor de *Graciela* y *Rafael.* Probablemente la idea más básica que tomó Isaacs de Lamartine fue la de escribir una novela compuesta principalmente de reminiscencias literarias combinadas con elementos autobiográficos. Otras influencias generales son la división de la novela en capítulos muy breves, y el título que nombra solamente a uno de los protagonistas. Existen además muchas otras coincidencias concretas entre *Graciela* y *María.* Ambas heroínas son huérfanas que viven en la misma casa que sus novios, y una de sus tareas consiste en cuidar a los niños pequeños del hogar. Graciela oye la historia de Pablo y

Virginia de los labios de su amado y se siente estremecida por ella, al igual que María escucha a Efraín la relación de *Atala;* ambas jóvenes lloran durante la lectura y son comparadas por sus novios con las heroínas de los libros que leen. Lamartine enseña ciertas materias a Graciela, así como Efraín es maestro de María. Un intruso pide en matrimonio a ambas heroínas, y es rechazado. Graciela y María se ponen melancólicas al saber del viaje de sus novios, y se desmayan cuando parten. Poco antes de morir, ambas escriben cartas a sus amantes, diciendo que vivirán si ellos vuelven, y al morir les legan sus trenzas. En las dos novelas aparecen medallitas de la Virgen, flores en cartas de amor, y comparaciones orientales. Tanto Lamartine como Efraín se complacen en contemplar los brazos y pies desnudos de sus amadas.

La atención prestada por Efraín al timbre de la voz de María tiene paralelos tanto en *Graciela* como en *Rafael.* Además, el prefacio de *María* es una imitación directa del de *Rafael:* en ambos se revela que el autor de la autobiografía entregó su manuscrito a un amigo poco antes de su muerte (aunque muchos años después del fallecimiento de su novia), y que este amigo se ha encargado de publicar las memorias, junto con un prefacio de su propia mano. Tanto Rafael como Efraín releen su correspondencia amorosa, compaginando las cartas; los renglones finales de la última misiva de Graciela y María son casi ilegibles, debido a la aproximación de la muerte. Al fallecer, ambas heroínas parecen sonreír. Al enterarse de la muerte de sus novias, se desmayan Rafael y Efraín. La súbita catástrofe económica sufrida por la familia de Lamartine probablemente sugirió a Isaacs la idea de condensar en un solo golpe la gradual decadencia financiera de su propia familia.

El análisis anterior demuestra que Jorge Isaacs tiene una deuda considerable con ciertos modelos del Romanticismo francés. Como Chateaubriand y Lamartine, se inspira en Saint-Pierre para la forma y el estilo de su novela. Pero Isaacs lleva mucho más lejos su imitación de Saint-Pierre, puesto que funda gran parte de la acción de *María* sobre *Pablo y Virginia.* Resumiendo, se puede decir que las líneas generales de la trama de *María* siguen las de *Pablo y Virginia,* y que muchos más incidentes proceden de *Graciela* y *Rafael.* La mayoría de las contribuciones originales de Isaacs han de buscarse en las descripciones del escenario colombiano, en los elementos autobiográficos, en los personajes secundarios, y en el color local.

Como muchas otras novelas hispanas escritas durante la misma época, *María* combina la forma y el contenido de dos movimientos literarios: el Romanticismo y el Realismo. Se acaba de ver que Isaacs tomó gran parte de su argumento (amén de varios procedimientos narrativos) de Saint-Pierre, un precursor del romanticismo francés, y de Lamartine, uno de los románticos gálicos más afamados. Es probable que muchas situaciones y técnicas en *María* deriven de estos mismos escritores, pero como tales procedimientos llegaron a ser lugares comunes en la novela romántica europea después de Saint-Pierre, no parece prudente afirmar que Isaacs los tomara de ningún autor en particular. Algunas de estas técnicas son: el uso de augurios para sugerir la posibilidad de tragedia futura durante los momentos de dicha; la inserción de reflexiones axiomáticas sobre situaciones concretas, señalando su relación con lo universal; la comparación de los protagonistas con algún elemento de la naturaleza en la cual se mueven; las descripciones poéticas de una naturaleza bella y grandiosa, muchas veces exótica; el concepto del amor como una fuerza todopoderosa, que se siente hacia una sola persona; la imposibilidad de consumación del amor, con un final trágico del idilio; la utilización del sentimentalismo, del pesar prolongado, y de la melancolía; el uso de símbolos y de lo sobrenatural; el empleo de lo vago e impreciso en relación con los personajes y con algunos lugares de la acción; la exaltación del catolicismo; los estados de ánimo del narrador reflejados en la naturaleza; etcétera.

En la época en que Isaacs componía *María,* muchos escritores colombianos cultivaban el género del costumbrismo, siguiendo los modelos de Mesonero Romanos, Estébanez Calderón y Larra. Los cuadros de costumbres colombianos, al igual que los españoles, pretendían conservar el recuerdo de las prácticas típicas, y a la vez satirizar lo ridículo en los usos locales. Este interés en los tipos castizos y en las costumbres locales fue fomentado por el sentimiento romántico, aunque el costumbrismo tiene un evidente parentesco con el Realismo, puesto que se propone representar sus temas con una objetividad casi fotográfica.

Dada la enorme popularidad del costumbrismo en Colombia, no sorprende que Isaacs haya dedicado una porción considerable —fragmentos de once capítulos— al color local. Efraín describe la boda de unos esclavos, dando cuenta detallada de su vestimenta, sus instrumentos musicales y sus bailes; documenta extensamente las costumbres de los antioqueños, las cuales revelan industria y economía; y describe el trabajo, la comida, la vestimenta, las viviendas, la música, los remedios caseros y las supersticiones de los negros que habitan las orillas del Dagua. En todos sus cuadros de tipos populares, Isaacs reproduce ejemplos de su lenguaje pintoresco e incorrecto.

Es verdad que estos cuadros de costumbres no adelantan la acción: pero el hecho es que en *María* hay poco desarrollo novelístico: al autor le interesa más evocar un estado de ánimo que desenvolver un argumento novelesco. Y estas escenas costumbristas desempeñan otra importante función artística: ayudan a redondear el carácter de Efraín. En sus relaciones con los campesinos y los negros, el protagonista despliega características que de otro modo permanecerían ocultas: es humilde con los humildes y siente un verdadero interés en sus asuntos.

Ya se ha visto que el contenido y la forma narrativa adoptados por Isaacs son predominantemente románticos, pero también en *María* se manifiestan ciertas proclividades del realismo. El realismo busca ante todo la representación objetiva de la realidad social contemporánea; se propone retratar la vida en todos sus aspectos: por lo tanto introduce personajes bajos y sucesos y lugares corrientes. La preocupación por la sociedad tal como es, implica que el realismo cobija un sentido de compasión humana y el deseo de reformar las injusticias sociales. Para reproducir la realidad con la mayor fidelidad posible, el autor realista se explaya en descripciones de detalle minucioso; su ideal es representar los escenarios y los personajes igual que lo haría una cámara fotográfica.

La crítica ha aseverado repetidamente que la sociedad retratada en *María* es un mundo idealizado (y por tanto romántico, según esta teoría) en que todos los personajes son buenos y nobles. Esto dista mucho de ser cierto, tanto en lo relativo a la sociedad como conjunto, como por lo que atañe a los personajes individuales. La sociedad representada en *María* nada tiene de ideal, puesto que admite la institución repelente de la esclavitud. Jorge Isaacs demuestra la preocupación social del movimiento realista al censurar esta enormidad antihumanitaria. Su protesta más vigorosa en contra de la esclavitud ocurre en la segunda parte del cuento intercalado de «Nay y Sinar» (capítulos XLII-XLIII). Aquí describe todas las degradaciones de esta institución bárbara: la crueldad de los caudillos africanos, que venden como esclavos a sus enemigos, y a veces hasta a sus propios familiares; el dolor de los desafortunados que se ven separados de sus hogares; los horrores de los buques que transportan los esclavos; etcétera. Es evidente, entonces, que no tienen razón los que hablan de una «sociedad romántica e idealizada» en *María*.

Resulta que los individuos que integran la sociedad en *María* tampoco son figuras románticas idealizadas. En realidad, sucede todo lo contrario: los únicos personajes típicamente románticos son María y la madre de Efraín (ambas son mujeres dulces y sumisas, envueltas en una aureola de perfección, cuyo único fin en la vida es amar a sus maridos e hijos, actuales o futuros). Todos los demás personajes, inclusive Efraín y su padre, son creaciones realistas que parecen haber sido inspiradas en la vida misma. Efraín encarna la personalidad de su creador, aunque con idealización, claro está, y su padre está basado asimismo en el modelo del progenitor de Isaacs. Estos ejemplos bastan para desacreditar la noción de que sólo se encuentran personajes sentimentales y románticos en *María*.

Aunque Isaacs tituló su novela *María,* el verdadero protagonista es Efraín. Desde las palabras iniciales del libro («Era yo niño...»), se hace evidente que la acción girará en torno al narrador. Sin embargo, es inevitable que un narrador revele mucho acerca de su propio carácter al describir una serie de acontecimientos en que él ha intervenido. Efraín se da perfecta cuenta de esto; por tanto, procura conservar las apariencias de modestia, al tiempo que hace lo posible por destacar su valor propio. Su método consiste en afectar modestia al mencionarse directamente, pero al mismo tiempo selecciona el material al ser narrado para poner de relieve sus cualidades personales. La estimación y afecto que Efraín siempre encuentra no se explica sólo por su posición privilegiada dentro de la sociedad local, sino también por su generosidad y consideración hacia sus inferiores. Hace frecuentes regalos a los campesinos antioqueños, logra que su padre conceda derechos de agua a Custodio, manda al médico a examinar a Salomé, y alterna con los negros y mulatos. Estas inusitadas tendencias democráticas producen extrañeza en sus amigos. Al mismo tiempo, Efraín se complace en aludir a los lujos que se permite su familia, y a su posición de aristócratas.

Una de las facetas más interesantes de la personalidad de Efraín es su pronunciada sensualidad. Este rasgo, perceptible a través de todo el libro, aparece por vez primera en el cap. I, donde Efraín evoca «melodías voluptuosas» y «ropajes de mujeres seductoras» para describir la belleza del Valle del Cauca. Efraín admira abiertamente los encantos femeninos de las hijas de José, de la hermana de Emigdio, y de una «núbil negra» (LVII). Posiblemente la mujer que más atrae a Efraín físicamente sea la voluptuosa Salomé, de quien le impresionan los «amorosos labios» y los «desnudos y mórbidos brazos» y «aquel talle y andar, y aquel seno, [que] parecían cosa más que cierta, imaginada» (XLVIII). Efraín no es de los que opinan que el hombre no debe sentir atracción física hacia su futura esposa; él confiesa francamente su deleite en contemplar los hombros desnudos de María, en sentir el roce de su vestido y en tocar sus brazos.

Los rasgos definidores de la psicología de Efraín (su orgullo como miembro de la aristocracia local, su interés en los humildes, su sensualidad, su condición de poeta, su amor a la naturaleza) están ampliamente documentados en la personalidad de su creador. Salta a la vista, entonces, que Efraín no es un estereotipo literario, como suele declarar la crítica, sino que es un autorretrato de su autor. Es cierto que Efraín coincide con el típico héroe romántico en su gran capacidad emocional y en su tendencia a creerse espiritualmente superior a sus prójimos; pero éstas también son coincidencias con la personalidad de Isaacs. Efraín se distingue claramente de sus antecedentes literarios en que no es el poeta-profeta, ni el psicópata, el errante solitario, ni el hombre fatal. Aunque él percibe los defectos de la sociedad, no es ni un rebelde ni un reformador. No es excesivamente introspectivo, ni tan preocupado con su yo que caiga en la patología de la egolatría. A Efraín no le afligen las pasiones oscuras ni la desilusión con la vida. No es que no posea algunos rasgos románticos, sino que no los tiene exagerados, como ocurre con la mayoría de los héroes literarios, y casi todas estas características provienen del modelo viviente de Jorge Isaacs, no de fuentes novelescas. En cambio, una cualidad que innegablemente deriva de la literatura romántica anterior es la adoración avasalladora de Efraín por María.

Si el carácter de Efraín emana primordialmente del de su creador, el de María proviene principalmente de la tradición literaria. Por consiguiente, Efraín posee una personalidad completa, integrada de virtudes y defectos, mientras que el nimbo de perfección que rodea a María le quita un poco de calor humano. El que pertenezca a una larga serie de heroínas literarias dificulta que se escape a la clasificación de un tipo, en vez de ser un carácter de personalidad propia. En vista de las desventajas implícitas en la presentación de cualquier tipo literario, hay que reconocer que Isaacs ha logrado un notable triunfo en la caracterización de María.

Efraín utiliza la técnica de la sugerencia, en lugar de la explicación abierta, al empezar a aludir a su novia. Ella aparece entre el grupo de familiares que despiden a Efraín, y según relata éste, «esperó humildemente su turno...» (I); el adverbio *humildemente* a la vez describe una característica de María y denota que ella es una persona especial. Ella es el último ser a quien Efraín ve al alejarse de su casa. La técnica de la sugerencia continúa en el cap. II, donde María se sonroja cuando Efraín involuntariamente le roza el talle con el brazo. Desde el cap. III, el narrador menciona sin ambages su afecto por María. Aquí comenta por primera vez lo melodioso de su acento, una cualidad que resaltará constantemente a lo largo del libro, como si oyera su voz todavía, a pesar de que hace muchos años que murió. También compara Efraín la sonrisa de María con la de «una virgen de Rafael», con la «Virgen de la Silla». Ciertamente, la equiparación con una pintura sugiere que María tiene más de etéreo que de terrenal.

María muestra ser dulce y sumisa desde su aparición inicial; al contrario que otras mujeres, ella no granjea placer de las pequeñas riñas de novios y hace lo posible por evitarlas. Ella cree en la superioridad intelectual de los hombres, y piensa que las mujeres no deben ofrecerles consejos. El temperamento manso y pacífico de María no la coloca en una posición de desventaja respecto al novio más dominante; es precisamente su suavidad lo que más cautiva a Efraín. En pocas palabras, María es una mujer verdaderamente femenina, que sabe comunicar su amor sin que se note. Este rasgo de feminidad es lo que hace de María la mujer ideal.

Aunque inteligente, María no posee una educación formal, otro ideal romántico. Los instintos maternales de María cumplen otro requisito del romanticismo, igual que su firme fe religiosa, su languidez amorosa, su deliciosa timidez, y su inocencia y ternura. Pero también existe otra faceta menos pasiva en su personalidad: a veces escucha las conversaciones ajenas, sabe ser resoluta cuando es necesario, y alguna vez se muestra juguetona y traviesa (XXXV). En suma, María encarna el ideal romántico de la mujer perfecta: representa la feminidad en todo lo que tiene de bondadosa, ingenua y atractiva. María es modesta y a la vez tan enamorada que ya no duerme bien (XII). De haber vivido, habría resultado idéntica a la madre del Rafael de Lamartine: una mujer que existe únicamente para Dios, su marido y sus hijos. Cuando a tal sublimidad de alma se agregan los encantos físicos de María, se ve que Efraín tiene razón al considerarla la más bella de las criaturas de Dios (LX).

La historia de Nay (o Feliciana) y Sinar, que ocupa los capítulos XL a XLIII, constituye un ejemplo tardío de una técnica de larga tradición. Este procedimiento de introducir cortas narraciones independientes en el cuerpo de narrativas largas es tan antiguo como la misma ficción europea, pues ya hay interpolaciones en la *Odisea* y la *Eneida*. Esta intercalación —cuya trama imita la de *Atala,* de Chateaubriand— le permitió a Isaacs lograr un efecto que no podía faltar en la obra de un verdadero romántico: el exotismo. Al situar su novela en Colombia y hacer que sus protagonistas fueran personas civilizadas, Isaacs perdió la oportunidad de conseguir esa nota de exotismo que Saint-Pierre y Chateaubriand habían obtenido con sus héroes primitivos colocados en una naturaleza lejana y extraña. Ya que ni los protagonistas ni el escenario tenían nada de exóticos para sus lectores, Isaacs se vio obligado a introducir algo completamente ajeno al argumento principal para obtener esa cualidad indispensable. De ahí la intercalación de «Nay y Sinar», episodio localizado en un país lejano y cuyos protagonistas son seres primitivos. Pero había otro motivo igualmente importante para la interpolación. Ya se ha visto el interés de Isaacs en el tema de la esclavitud; por tanto, resulta evidente que la acción de «Nay y Sinar» pasa en África no sólo porque era un continente exótico, sino porque le brindaba la oportunidad de tratar un problema social de gran interés para sus lectores. Esta amalgama de lo exótico con el ansia de reforma social supone una nueva dimensión en el arte romántico.

La prosa de Isaacs en *María* es de las más artísticas de su tiempo; su estilo suele ser musical y pictórico a la vez que preciso y de mucha fuerza expresiva. Sin embargo, las descripciones y las porciones narrativas se destacan más por su viveza y naturalidad que los diálogos. Las partes que describen a María se distinguen por su poesía, una cualidad atribuible al afecto de Isaacs por su heroína. En el nivel de la ficción, Efraín parece pulir con máximo cariño los pasajes tocantes a su novia, como para darles una forma digna de ella. El mismo cuidado se trasluce en sus descripciones de la naturaleza —su segundo amor—, la cual presenta en forma tan poética como la novia. Las estrechas relaciones entre la mujer y la naturaleza se manifiestan en la costumbre de Efraín de emplear metáforas sobre la una para describir a la otra. La intención de acomodar la forma al contenido se percibe además en los capítulos de color local, donde el narrador utiliza un lenguaje coloquial, y hasta jocoso.

BIBLIOGRAFÍA

OBRAS

María, Bogotá, J. B. Gaitán, 1867 (prólogo de J. J. Vergara y Vergara).
María, ed. de Donald McGrady, Barcelona, Labor, 1970 (Textos Hispánicos Modernos, 10).
Poesías, Bogotá, 1864.
Poesías, Buenos Aires, 1879.
Saulo. Poema. Canto I, Bogotá, 1881.
Poesías, Cali, Biblioteca de la Universidad del Valle, 1967 (Ed. del Centenario de la Obra, 1867-1967; prólogo de Mario Carvajal).

CRÍTICA

ARCINIEGAS, Germán, *Genio y figura de Jorge Isaacs,* Buenos Aires, Eudeba, 1957.
BORELLO, Rodolfo, «Sociedad y paternalismo en *María», Ottawa Hispánica,* 2, 1980, págs. 33-49.
KARSEN, Sonia, «La estructura de *María», Revista Hispánica Moderna,* XXXIV, 1968, páginas 685-689.
MAGNARELLI, Sharon, «María and History», *Hispanic Review,* 1981, Spring, 49 (2), págs. 209-217.
MCGRADY, Donald, «Función del episodio de Nay y Sinar en *María», Nueva Revista de Filología Hispánica,* XVIII, 1965-1966, págs. 169-171.

— «La poesía de Jorge Isaacs», *Boletín del Instituto Caro y Cuervo,* XIX, 1964, págs. 416-480.
— «Las fuentes de *María», Hispanófila,* 24, 1965, págs. 43-54.
— *Jorge Isaacs,* Nueva York, Twayne Publischer, 1972.
— *Bibliografía sobre Jorge Isaacs,* Bogotá, Instituto Caro y Cuervo, 1971 (Col. Series Bibliográficas, VII).
MEJÍA, Gustavo, «La novela de la decadencia de la clase latifundista: *María* de Jorge Isaacs», *Escritura,* 1976, págs. 261-278.
MELÁNDEZ, Concha, «El arte de Jorge Isaacs en *María», Asomante,* I, 2, 1945, págs. 69-86.
MENTON, Seymour, «La estructura dualística de *María», Boletín del Instituto Caro y Cuervo,* XXV, 1970, págs. 252-277.
PORRAS COLLANTE, Ernesto, «Paralelismo y oposición en la estructura de *María», Thesaurus,* 31, 1976, págs. 58-83.
— «Complementación en la estructura de *María», Thesaurus,* 31, 1976, págs. 327-357.
SKLODOWSKA, Elzbieta, «*María,* de Jorge Isaacs, ante la crítica», *Thesaurus,* septiembre-diciembre de 1983, págs. 617-624.

Eduardo Acevedo Díaz

FERNANDO AINSA

Eduardo Acevedo Díaz (1851-1951) estuvo siempre convencido de que la novela histórica es y debe ser uno de los géneros llamados a primar en el campo de la literatura «ahora y en lo venidero»[1]. Desde la publicación de *Ismael* (1888), en la que novela el período de la lucha por la independencia del Uruguay en 1811, hasta *Lanza y sable* (1914) sobre la fratricida división del país entre *blancos* y *colorados,* pasando por sus novelas sobre la ocupación portuguesa de 1823 (*Nativa* y *Grito de Gloria*) creyó que «se entiende mejor la historia en la novela, que en la novela de la historia»[2]. Juego de palabras que le había permitido preguntarse:

> ¿Qué es más preferible para la formación del buen gusto popular y su reforma, la novela de la historia —no la historia misma— que deforma los hechos y los hombres, o la novela histórica, que resucita caracteres y renueva los moldes de las grandes encarnaciones típicas de un ideal verdadero?[3].

Para Acevedo Díaz resultaba claro que:

> El novelista consigue, con mayor facilidad que el historiador, resucitar una época, dar seducción a un relato. La historia recoge prolijamente el dato, analiza friamente los acontecimientos, hunde el escalpelo en un cadáver, y busca el secreto de la vida que fue. La novela asimila al trabajo paciente del historiador, y con un soplo de inspiración reanima el pasado, a la manera como un Dios,

con un soplo de su aliento, hizo al hombre de un puñado de polvo del Paraíso y un poco de agua del arroyuelo[4].

Casi toda su obra narrativa debe ser analizada desde esta perspectiva, sin perjuicio de que se descubran las cualidades literarias que le dan la vigencia hispanoamericana que va más allá de las fronteras nacionales a las que se había voluntariamente limitado.

La preocupación que expresaba Acevedo Díaz en ese momento no hacía más que sintetizar las inquietudes de una generación, la llamada generación del Ateneo, cuya acción se había desarrollado a lo largo de la década del 80, una década que puede ser considerada como decisiva en el desarrollo de la literatura en general y de la novela en particular.

La necesidad de forjarse una imagen del pasado para poder proyectar mejor el futuro se hace evidente y una forma instrumental de la literatura, como lo era la novela histórica, parece ser inevitable para expresar la realidad anhelada. El pasado no sólo tiene que ser recuperado, sino hecho inteligible para las nuevas generaciones. Como afirmaría años después el escritor Francisco Espínola prolongando la reedición de *Soledad*:

> Tenemos que salvar la mayor extensión posible del pasado para que siga actuante en el presente a fin de ir *formando* la nación. Porque todavía no somos del todo una nación[5].

En ese sentido, el intento novelesco de Eduardo Acevedo Díaz debe completarse con la obra de los historiadores Francisco Bauzá en 1880, Carlos María Ramírez en 1884 y Justo Maeso en 1885[6]. La reflexión sobre el des-

---

[1] De «La novela histórica», artículo publicado en *El Nacional,* Montevideo, septiembre 29, 1895, donde añade que «sociedades nuevas como las nuestras, aun cuando acojan y asimilen los desechos o la flor, si se quiere, de otras razas, necesitan empezar a conocerse a sí mismas en su carácter e idiosincrasia, en sus propensiones nacionales, en sus impulsos e instintos nativos, en sus ideas y pasiones. Para esto es forzoso recurrir a su origen, a sus fuentes primitivas y a los documentos del tiempo pasado, en que aparece escrita con sus hechos, desde la vida del embrión, hasta el último fenómeno de la obra evolutiva».

[2] En su advertencia preliminar a *Lanza y sable,* (1914), publicada bajo el título que pretendía ser objetivo, *Sin pasión y sin divisa,* Acevedo Díaz dedica su esfuerzo de reconstrucción histórica «a la juventud que estudia y piensa, a los que saben de historia verdadera y sociología», y sostiene que la historia en la novela «abre más campo a la observación atenta, a la investigación posicológica, al libre examen de los hombres descollantes y a la filosofía de los hechos», precisando finalmente que: «El conocimiento del carácter y tendencias, vicios y virtudes de la propia raza debe interesar al espíritu de los descendientes con preferencia a la simple exposición de sucesos y efectos.»

[3] *Consultas,* prólogo de *Minés, (1907).*

[4] «La novela histórica», artículo citado.

[5] «Más que nunca necesitamos hoy elementos aglutinantes, factores que consigan, por sobre las diferencias individuales, enérgicos nexos colectivos. Difundir y explicar la obra de Acevedo Díaz tiene ese valor», completa Francisco Espínola en el prólogo a *Soledad* y *El combate de la tapera* (Biblioteca Artigas, Montevideo, 1954); páginas XXX y XXXII sobre *Nación y país.*

[6] Del mismo período son la *Historia de la dominación española en el Uruguay* de Francisco Bauzá (1880), el *Artigas* de Carlos María Ramírez (1884) y *El General Artigas y su época* de Justo Maeso (1885), esfuerzo de reconstrucción del pasado que se acompaña de una revalorización de la figura de José Gervasio Artigas, olvidada y marginada en el transcurso del siglo XIX.

tino nacional se había generalizado a todos los niveles y no faltaban las visiones pesimistas y negativas que propiciaban, como el mejor modo de terminar con los problemas de identidad, la incorporación lisa y llana del Uruguay a la Argentina[7]. El proceso debe ser examinado ahora en su contexto y desde una adecuada perspectiva histórica. El esfuerzo intelectual que se cumplió en ese período no sólo era para fundar una nación con los girones y los despojos heredados del pasado, sino para crear un país viable y realmente independiente, echando las bases de un estado capaz de funcionar.

NACE LA NOVELA HISTÓRICA

Con Eduardo Acevedo Díaz nace en el Uruguay la novela dotada de virtudes literarias tanto en el plano sustancial como en el formal. Los antecedentes en el género habían sido débiles. No en vano Bartolomé Mitre, el escritor y presidente argentino, había escrito en su exilio de Bolivia en 1846 y al prologar su novela *Soledad* que:

> La América del Sur es la parte del mundo más pobre en novelistas originales. Si tratásemos de investigar las causas de esta pobreza diríamos que parece que la novela es la más alta expresión de civilización de un pueblo, a semejanza de aquellos frutos que sólo brotan cuando el árbol está en toda la plenitud de su desarrollo.

A lo que añadía:

> La forma narrativa viene sólo en la segunda edad de los pueblos, cuando la sociedad se completa, la civilización se desarrolla, la esfera intelectual se ensancha y se hace indispensable una nueva forma que concrete los diversos elementos que forman la vida del pueblo llegado a ese estado de madurez[8].

Sin embargo, Alejandro Magariños Cervantes, autor de la primera novela uruguaya —*La Estrella del Sur*— *Memorias de un buen hombre,* seis volúmenes publicados en Málaga en 1849 había abordado ya en 1850, en su novela histórica *Caramurú,* temas, personajes y paisajes que reaparecen con vigor en Acevedo Díaz. La naturaleza campestre, indios, gau-

chos y criollos desfilan en una obra de trama truculenta, pero fundamentalmente nacional.

Otros esfuerzos como la novela sentimental y folletinesca *Cristiana* de Daniel Muñoz o el poema épico narrativo *Tabaré* de José Zorrilla de San Martín, publicado en el mismo año que *Ismael,* en 1888, intentaron también cohesionar los dispersos materiales de la nacionalidad en un proyecto en el que una forma de percepción del pasado histórico pudiera justificar la empresa del futuro[9].

Eduardo Acevedo Díaz (1851-1921) encarna la lenta transición del romanticismo al naturalismo que caracteriza el período. Si se niega, como sus compañeros de generación, a abandonar totalmente el romanticismo que parece ser tan adecuado para expresar el sentimiento de la nacionalidad, no cae, en cambio, en sus excesos retóricos y, sobre todo, siguiendo una línea ya inaugurada por el romántico argentino Esteban Echeverría en sus tensos relatos realistas, hace de la descripción del entorno social e histórico una forma de apropiación estética de la realidad puesta al servicio del proyecto de darle al país una literatura nacional. Sin embargo, no puede evitar que en su visión de la naturaleza y en la tipificación de sus personajes se perciban ya los ecos cientificistas del evolucionismo, del naturalismo y del positivismo que dominará el panorama filosófico y cultural del fin del siglo.

Nacido el 20 de abril de 1851 en el seno de una familia de militares por parte materna, Eduardo Acevedo Díaz se propuso realizar los estudios de Derecho que abrían la carrera política de los jóvenes liberales del período, pero rápidamente los abandonó para integrar las filas revolucionarias de Timoteo Aparicio contra la dictadura militar de Lorenzo Latorre (1870-72). A diferencia de otros jóvenes de la generación del Ateneo, no se conforma con las polémicas intelectuales y filosóficas y pasa a la acción directa. Su presencia en trincheras y campos de batalla. Sus periodos en la cárcel, le dan un profundo conocimiento del pueblo y le permiten integrar una galería de personajes que enriquecerá sus novelas al mismo tiempo que lo distanciará del clasismo aristocratizante de las minorías intelectuales universitarias. La grandilocuencia de las pasiones del romanticismo cederá a la observación *naturalista,* donde el reino animal puede prolongarse sin saltos abruptos cualitativos ni estéticos en el sencillo mundo del campesino. El liberalismo y racionalismo abrirán las puertas al posi-

---

[7] El descreimiento del futuro y de la viabilidad del Uruguay como país independiente aparece en la obra de Angel Floro Costa *Hirvono* (1880) y en la proposición de Juan Carlos Gómez de incorporación «federada» del país a la Argentina.

[8] Citado por Juan Carlos Ghiano en *Testimonio de la novela argentina,* Buenos Aires, Ediciones Leviatán, 1956, pág. 35.

[9] En *Ismael* se insiste en la importancia de «la doble vista, una para el pasado y otra para el porvenir» que debe tener una novela histórica que pretende ser auténtica y profunda.

tivismo y al evolucionismo cienticista. Con ellos se gravarán, lamentablemente muchas páginas de sus novelas, un peaje sociológico cuando no directamente docente que deberá pagar a los entusiasmos de la época.

Al firmarse la paz de abril de 1872 Acevedo Díaz se lanza al periodismo político y funda *La República* primero y luego *La revista uruguaya*, al mismo tiempo que colabora activamente en *La Democracia*, periódicos del Partido Nacional, para nuevamente integrarse en el proceso revolucionario en 1875. Esta renovada posición combativa lo llevó a exiliarse en la Argentina, desde cuyas orillas no dejó de fustigar periodísticamente a los sucesivos gobiernos militares del Uruguay. Sin embargo, en tanto que civilista y hombre universitario y liberal, Acevedo Díaz terminó también por reaccionar contra el caudillismo de Aparicio Saravia en su propio Partido, lo que desencadenó contra su persona una campaña que lo llevó a vivir en el extranjero a partir de 1904 y hasta su muerte el 18 de junio de 1924. Por esta razón ha sido llamado «el primer caudillo civil que tuvo la República».

En el centro de una vida tan agitada en lo personal y político pudo, sin embargo, concebir una obra ambiciosa con la cual se funda no sólo la novelística uruguaya, sino muchos de los rasgos de la identidad nacional. Su obra de creación puede ser dividida en dos grupos. Por un lado, el ciclo histórico compuesto por la tetralogía de *Ismael* (1888), *Nativa* (1890), *Grito de Gloria* (1894) y *Lanza y sable* (1914) y, por el otro, las novelas *Brenda* (1886) con que inició su carrera literaria, *Soledad* (1894) y *Minés* (1907) y relatos como *El combate de la tapera* (1892), considerado un ejemplo fundamental del realismo rioplatense.

Al margen de sus artículos políticos. Acevedo Díaz ejerció también un intenso periodismo cultural, filosófico e histórico, habiendo prologado de forma explícita varias de sus novelas para ilustrar justamente sus teorías literarias sobre la función de la novela histórica. Su obra ensayista y crítica figura sobre todo en sus libros *Épocas militares de los países del Plata* (1911) y *El mito del Plata* (1916), pero también en recopilaciones póstumas de sus escritos, especialmente en *Crónicas, discursos y conferencias (Páginas olvidadas)*, editada en 1935.

Los personajes de Acevedo Díaz dan por primera vez en el Uruguay la impresión de estar «amasados en el barro original de la nacionalidad», como afirma Zum Falde, dejando de lado la copia directa de los modelos europeos de la época y las influencias del romanticismo al modo de Víctor Hugo y, sobre todo, de Wal-

Eduardo Acevedo Díaz en 1895.

ter Scott. Representativos de clases, profesiones y medios diferentes, pero sin caer en ningún caso en el estereotipo, estos héroes se aparecen integrados con naturalidad en las escenas de la vida cotidiana del país que Acevedo Díaz reconstruye con indiscutible verosimilitud histórica. Sus gauchos, indígenas y criollos no visten los disfraces multicolores de un artificioso americanismo literario sino que, en nombre de un realismo que intenta enraizarse en la naturaleza y en la historia del país, aglutina y cristaliza los elementos de una flamante nacionalidad.

Mitos, imágenes y símbolos de validez universal se insertan en el espacio americano, proceso de trasposición y de nacionalización de singular importancia y cuyas expresiones en la literatura gauchesca, especialmente *Martín Fierro* de José Hernández, *Los tres gauchos orientales* de Antonio Lussich y *Paulino Lucero* de Hilario Ascasubi, todas ellas de 1872, habían ya marcado la caracterización de tipos y personajes esencialmente arquetípicos de las flamantes nacionalidades rioplatenses. El poeta José Zorrilla de San Martín, autor de un libro deliberadamente patriótico —*La epopeya de Artigas*— puntualizaría más tarde que:

Debe entenderse por Patria, ante todo y sobre todo, una comunidad de imágenes, de recuerdos, de emociones entre los habitantes de
una región deteminada de la tierra[10].

A esta función aglutinante, en la que se integran también leyendas, mitos y tradiciones,
se asociará la noción germánica de *folklore,*
originalmente erudita y luego popularizada, en
cuyo nombre el *costumbrismo* y el *nativismo*
inaugurarán nuevas corrientes nacionalistas.

LA ESTRUCTURA LITERARIA DEL CICLO NOVE-LESCO

Acevedo Díaz fue, como debe ser en principio todo buen novelista, el creador de un mundo, es decir el artífice de una realidad coherente y capaz de sostenerse por sí misma, independientemente de las obligadas referencias
a la realidad uruguaya que intentaba reflejar.
Hechas las salvedades de su circunstancia histórica y del esfuerzo totalizador que guió el
plan de su obra, especialmente en su tetralogía, es importante analizar el conjunto de su
obra desde un punto de vista literario.

Lector admirado de Homero, en muchas de
las páginas de sus novelas se descubre el tono
épico de *La Ilíada,* aliento perceptible en las
descripciones de batallas y episodios colectivos donde logra sus mejores momentos. Un soplo romántico inspirado en Walter Scott y Alejandro Dumas guía, sin embargo, los apasionados conflictos de muchos personajes, aunque aparezcan neutralizados por la objetividad
realista de un Balzac, un Tolstoi y del Galdós
de *Los episodios nacionales*, ya que, como ha
puntualizado Bella Jozef, «contrariamente a
los románticos, la mirada de Acevedo Díaz hacia el pasado no es nostálgica»[11]. Su galería de
personajes humanos y sociales también hereda
algunas de las notas del naturalismo de Emile
Zola, por quien confesó abiertamente sentir
admiración —«el más grande hombre de letras
de nuestro tiempo», sostuvo en 1902[12]— sin
que por ello haya caído en sus excesos, como
sucedería con otro narrador uruguayo, Javier
de Viana.

Lo importante es destacar cómo influencias
literarias múltiples y contradictorias pueden
—a través de un proceso acelerado de acultu-
ración, como el que se dio en los países americanos del período, ansiosos de encontrar su
propia vía de expresión— concretarse en una
obra resultante tan original que no puede ca-
talogarse en ninguna de las corrientes que la
han inspirado desde tiendas estéticas diversas.
El ejemplo de Acevedo Díaz es bien ilustrativo de como la crítica debe desprenderse de las
categorías y etiquetas de la literatura europea
para juzgar muchas obras hispanoamericanas,
tendencias y escuelas estéticas del viejo continente sirviendo apenas como pista o primera
orientación en una valoración que debe ser
obligadamente mucho más compleja.

DE LA COLONIA A LA INDEPENDENCIA

Ismael (1888) inició el ciclo de novelas históricas de Acevedo Díaz y se convirtió rápidamente en un auténtico *romance americano*, tal
como lo habían proyectado infructuosamente
los primeros románticos del Salón Literario.
Con el transfondo de la vida de la colonia en
los momentos que preceden la Guerra de la Independencia, con el rumor perceptible de la
gesta de José Gervasio Artigas motivando la
obra, Acevedo Díaz tiene la habilidad de elegir un personaje central aparentemente secundario y marginal al conflicto.

Ismael, el héroe que da título a la novela, es
un gaucho mestizo que desconoce sus propios
orígenes, probablemente un padre *godo* y una
madre indígena. Nómada y vagabundo, hura-
ño y solitario como todos los gauchos de Acevedo Díaz, llega un día a trabajar como peón
en una estancia donde, a pesar suyo, se enamora de la hija del estanciero, Felisa, cortejada a su vez por el *mayordomo,* el español Almagro, a quién Ismael se enfrenta en un duelo
criollo a cuchillo. Temeroso de las represalias,
como tantos gauchos de la literatura rioplra-
tense (basta pensar en *Martín Fierro*), se convierte en un *fuera de la ley (fora-ejido,* forajido), viviendo en el monte como un *matrero*
junto a otros escapados de la justicia española.

El torbellino de la guerra de la independencia lo arrebata y se incorpora a la *montonera*
artiguista. Ismael, blandiendo una lanza *tacua-
ra* y las *boleadoras* indias, recorre los campos
que se van liberando de la corona española y
llega a la estancia donde trabajó, convertida
ahora en un desolado erial. Allí descubre que
Felisa ha muerto trágicamente intentando defenderse del mayordomo. En un significativo
duelo el gaucho criollo Ismael derrota al cruel
godo, sobre el fondo de un país que descubre
su independencia. Estamos en 1811, una fecha
significativa en la historia uruguaya.

La estructura de *Ismael* no es lineal. A un
largo prólogo de siete capítulos en que se pre-

---

[10] Introducción de José Zorrilla de San Martín a *Las instrucciones del Año XIII* de Héctor Miranda.
[11] *Presenca de Acevedo Díaz no romance histórico uru-
guaio* por Bela Jozef (Río, 1957).
[12] *El Nacional,* Montevideo, 1 de octubre 1902.

senta el apacible Montevideo colonial, pero donde ya fermentan las ideas independistas en discusiones ideológicas y políticas, sucede la novela propiamente dicha con la irrupción de *Ismael.*

> El gaucho va a ocupar la escena, a llenarla con sus pasiones primitivas, sus odios y sus amores, sus celos obstinados, sus aventuras de leyenda,

Ha advertido didácticamente el propio autor al final del capítulo VII y su drama individual aparece hábilmente integrado en la acción histórica colectiva. Gracias a procedimientos narrativos como el *flash-back,* Acevedo Díaz injerta en un largo *racconto* sobre el pasado de Ismael y de Felisa, la acción revolucionaria de la novela teniendo así sus pausas y sus diversificaciones personalizadas.

El campo, cuya naturaleza es morosamente descrita con una profunda vivencia interior, aparece enfrentado a la ciudad. A las discusiones teóricas y filosóficas urbanas se opone la acción de los grupos de gauchos revolucionarios del medio rural. Aunque la experiencia vital del autor es perceptible —universitario citadino que tomó las armas en el campo— en ningún momento asume abiertamente una opción a favor de uno u otro de los medios, ya identificados en el siglo XIX, según los puntos de vista en juego con la *civilización* y la *barbarie.*

Esta pareja antinómica que caracteriza uno de los ejes en que se escinde la narrativa hispanoamericana del siglo XX, no es sólo causa de divisiones y enfrentamientos en lo cultural, sino también en lo político-partidario como el propio Acevedo Díaz narra en *Lanza y sable.* Pero es evidente que al mantenerse en la ambigüedad de una oposición no resuelta que presenta con sus contradictorios aspectos positivos y negativos, su obra gana en riqueza y complejidad. Ni sus gauchos están idealizados, ni el triunfo de la *civilización* sobre la *barbarie* es tan evidente como podía haberlo sido en la prosa de un Domingo Faustino Sarmiento.

A esta obra sigue *Nativa* (1890), cuya acción figura en 1824, durante la dominación lusitana del Uruguay y la creación de la Provincia Cisplatina del imperio portugués. Nuevamente la acción histórica colectiva aparece como el telón de fondo de la trama individual. El héroe, especie de *alter-ego* del narrador, es Luis María Berón. Este joven montevideano se ha incorporado a la insurrección del capitán Leonardo Olivera y herido en una escaramuza se refugia en una estancia de vida idílica, «Los tres ombúes», donde inspira el amor de las dos hijas del estanciero Robledo, Natalia y Dora.

Berón prefiere a Nata, por lo que Dora sufre silenciosamente y muere —como una Ofelia criolla— ahogada en el río. Sin embargo, el amor de Natalia tampoco es fácil, ya que —como la Felisa de *Ismael*— la hermosa joven es cortejada por un *colonizador,* en este caso el teniente brasileño Pedro de Souza con quién se enfrentará, como Ismael lo había hecho con Almagro, verdadero triángulo amoroso agravado por las diferencias políticas.

También aquí la narración injerta un largo *racconto* sobre el Montevideo bajo la ocupación portuguesa, la juventud de Berón en un medio social despreocupado y su decisión de incorporarse a la revolución nacionalista de Leonardo Olivera. Los capítulos que describen la vida de Montevideo a partir de la entrada de las tropas de Lecor son muy explícitos. La sobria vida colonial española de *Ismael* ha cedido al boato y a la exteriorización ostentosa de los invasores de Brasil. Ferias y fiestas públicas, bailes emplumados, charangas militares y la aparición de suburbios arrabaleros marcan las notas de una dominación.

Las disgresiones históricas, sociológicas y aún las referencias botánicas y zoológicas (un verdadero catálogo de historia natural acompaña la acción de los revolucionarios), convierten a buena parte de *Nativa* en un compendio sobre la vida rural y campestre del Uruguay de la época. Su finalidad didáctica evidente y el esfuerzo por aglutinar los dispersos signos distintivos de una nacionalidad, no transforman, sin embargo, la novela en una gravosa empresa de difícil lectura sino que, por el contrario, permiten una amena introducción a un pasado de donde salen rescatados indios, negros, gauchos, mestizos y mujeres del pueblo.

Pese a que como universitario y con mentalidad de *Doctor,* Acevedo Díaz podría haber despreciado a ese pueblo desposeído e ignaro, su obra no hace sino reconocer la enorme deuda que la nación tiene con los que hicieron *realmente* la patria. Personajes como el indio Cuaró y Napinda adquieren así una dimensión épica indiscutible, sin caer por ello en el estereotipo habiéndole valido a Acevedo Díaz la acusación de pintar indígenas «falsos, imaginarios y fantásticos»[13].

---

[13] La publicación del cuento «La cueva del Tigre» (diario *Época,* agosto 1890) donde utilizaba materiales etnológicos sobre los charrúas reunidos por su abuelo, el general Antonio Díaz, hasta ese momento ignorados, le valió una polémica con el general Modesto Polanco que había tenido ocasión de observar a los indios en sus campañas (*Época,* septiembre 16 de 1890.) Para responder a las acusaciones, el autor de *Ismael* publicó en 1891 los apuntes de su abuelo con el título «Etnología indígena: la raza charrúa a principios de este siglo» (*Revista Nacional,* junio 1891, reproducidos luego por el diario *Época,* pero sobre todo decidió la

213

Sus valientes mujeres, tan sensuales como combativas, son capaces de tomar las armas y ocupar el lugar de los soldados caídos en batalla, tal como se describe en el relato *El combate de la tapera,* donde se escenifica el combate del Catalán librado el 4 de enero de 1817 y que puede sin dificultad integrarse al resto de las novelas. Las *soldadas* Ciriaca y Catalina (Cata) figuran en la antología del coraje femenino junto al resto de las bravas criollas de la tetralogía novelesca de Acevedo Díaz y a las de una narrativa hisponoamericana que ha tenido una particular debilidad por las heroínas femeninas.

La épica colectiva y el desapasionamiento político

Nativa, que también es un nombre de mujer, termina como una «obra abierta» contemporánea. La liberación final de Luis María Berón por el mismo gaucho Ismael Velarde de la primera parte del ciclo histórico, ahora capitán de Blandengues, no cierra realmente la acción de la novela, sino que abre un nuevo capítulo de la historia que proseguirá sin interrupción en *Grito de Gloria* (1893), tercera parte de la tetralogía.

Luis María Berón se ha incorporado a la Cruzada Libertadora de los Treinta y Tres Orientales, episodio de particular importancia en la historia del Uruguay y de donde, más allá de la causa común contra el invasor lusitano, surgen las rivalidades entre caudillos (Lavalleja y Oribe por un lado y Rivera por el otro) y las diferencias que están en el origen del bipartidismo que divide el país entre Blancos (Partido Nacional) y Colorados (Partido Colorado) y que Acevedo Díaz ejemplifica en el duelo que enfrenta al indio Cuaro con el gaucho Ladislao Luna.

Aunque la acción colectiva, éxodos campesinos, campos arrasados por la guerra, estancias devastadas y pueblos en ruinas, ocupan buena parte del relato que culmina en la minuciosa reconstrucción de la batalla de Sarandi, Berón sigue amando a Natalia, conoce la apasionada sexualidad de la valiente y combativa Jacinta y enfrenta a su rival el Capitán Souza en plena batalla, donde cae herido para morir finalmente en la desolada estancia de

«Los tres ombúes», donde es enterrado junto a la tumba de Dora.

Años después, en 1914, viviendo lejos del Uruguay, Eduardo Acevedo Díaz culmina su tetralogía con *Lanza y sable,* una novela que subtituló explícitamente *sin pasión y sin divisa,* donde analiza el origen del bipartidismo en el período de 1834 a 1838, a través de la rica y compleja personalidad de Don Fructuoso Rivera, primer presidente constitucional del Uruguay y fundador del Partido Colorado. En el momento de escribir esta novela, Acevedo Díaz ha reconocido que «el arquetipo del gaucho ya no existe» y que «en las campanas quedó su sombra»[14], por lo que su visión está deliberadamente enfriada por la distancia que media entre «el gaucho de bota de potro» y «el moderno labriego de alpargata».

A estas diferencias sociológicas esenciales, opone también el desapasionamiento político y una vocación de intentar comprender objetiva e históricamente el período de gestación uruguaya que novela. De ahí los asépticos títulos de algunos capítulos de *Lanza y sable* como «Epícresis del cuatrienio», «Proteo», «Tercería coadyuvante», «Duodramas intensos» o «Norteos de centauro».

Aunque construida con la intención de ser objetiva en lo histórico-político la novela gira apasionadamente alrededor de la figura de una mujer —Paula— síntesis y encarnación de todas las caracterizaciones femeninas de las novelas anteriores. Paula tiene algo de la inocencia y frescura de Felisa y de Natividad, pero también del coraje y la sensualidad de Jacinta y redondea aún más la personalidad de Soledad, la heroína de la *nouvelle* que lleva su nombre. A su alrededor giran pretendientes que, en el momento de la revolución —anunciado en el capítulo XI— partirán a combatir por divisas partidarias diferentes (Ubaldo Vera es Colorado y Camilo Serrano es Blanco) y se enfrentarán en la batalla, no sólo por sus diferencias políticas, sino por el amor de Paula.

Una vez más en la obra de Acevedo Díaz, la lucha por el corazón de una mujer adquiere una significación política y nacional, como si sus bravas hermosas criollas no fueran más que la encarnación simbólica de la nación y la patria que hay que conquistar. Otros símbolos aparecen en la muerte de Camilo Serrano por su padre natural, el indio Cuaró, dramática advertencia del profundo significado de las guerras civiles que desgarran a la familia oriental. Esta alerta se prolonga en el exilio con que se cierra la obra, exilio de héroes obligados a abandonar su propio país y expresión de la

---

incorporación de personajes indígenas en su obra posterior, especialmente en *Nativa* (1894). De ahí la fuerza mítica de Cuaró y las largas descripciones sobre tolderías y costumbres indígenas de la novela. José Joaquín Figueira en «Eduardo Acevedo Díaz y los aborígenes del Uruguay» (*Revista Interamericana de Bibliografía*, Vol. XXI, núm. 2-Washington DC, abril-junio 1971) ha efectuado un estudio antropológico de la polémica entre Acevedo Díaz y Polanco.

[14] Prólogo a *Lanza y sable,* Montevideo, Clásicos Artigas, 1965; pág. 5.

Gauchos (1865); fotografía de Benito Panunzi.

profunda amargura desde la que escribía el propio Acevedo Díaz viviendo en un destierro civil y político.

GAUCHOS HOSCOS Y TACITURNOS

El análisis de la obra de Eduardo Acevedo Díaz debe completarse con el de sus novelas cortas, *Brenda, Soledad* y *Minés*. Tenida como obra primeriza por la crítica contemporánea, *Brenda* (1886) fue publicada como folletín en *La Nación* de Buenos Aires y pese a lo esquemático de su trama, tuvo éxito popular. Su interés radica, sin embargo en el esfuerzo por presentar un carácter femenino como personaje central literario y en el adelanto de la temática de las contiendas civiles en que se debate la nacionalidad incipiente.

Pero es *Soledad* (1894), la novela que mejor plasma la ambición literaria de Acevedo Díaz. Novela de la soledad de la tierra despoblada, de las vastas extensiones de bosques, montes y praderas inexplotadas, es al mismo tiempo una novela de amor que combina dosificadamente los ingredientes románticos y realistas que caracterizan la novelística de Acevedo Díaz en una acción narrativa ágil y un estilo sobrio, la sociología y la novela histórica habiendo quedado marginadas de sus páginas. Sin embargo, aunque los ecos grandilocuentes de Victor Hugo, que tanto efecto habían tenido en Hispanoamérica, ya habían sido desterrados, *Soledad*, a modo de Chateaubriand, parece resucitar el elogio por amores primitivos y simples en el marco de una naturaleza idílica.

Pablo Luna, un gaucho trovador, payador solitario —«sólo como un hongo de esos que crecen en un estero de chilcas y abrojales»[15]— llega un día a los campos de Montiel, a la estancia que administra Don Manduca Pintos. Sin pasado conocido, silencioso, vive una vida primitiva y aislada, como había vivido el gaucho Ismael. Su única compañera «a quien hacía hablar un idioma de armonías», es la guitarra, «la mejor amiga de los tristes»[16]. Porque «el gaucho-trova», como la llaman se ha criado «pulsando instrumentos y aprendiendo en la espesura el modular de los pájaros, porque a veces seguía el ritmo con el canto o el silbido de modo que no se supiera distinguir entre los sones y los ecos, si era guitarra o era flauta la que gemía, si era un hombre el que lanzaba los trinos o era un boyero el que confundía sus armónicos concentos con el vibrar de las cuerdas»[17]. El arte imita la naturaleza, el canto de los pájaros acompaña nuevamente

---

[15] *Soledad* con estudio preliminar de Jorge Albistur, Editorial Ciencias, Montevideo, 1981, pág. 31.

[16] *Ibidem,* pág. 31.

[17] *Ibidem,* pág. 33.

a los hombres en su soledad, al punto que gracias al mimetismo que procura el sonido de una guitarra su inserción en el medio ambiente es total.

Reducida, una bruja que también vive en la comarca, es expulsada por Don Manduca Pintos. Al interceptarlo y echarle unas yerbas a modo de maleficio, Pintos la hace atacar por sus perros que la despedazan, arrojando sus restos a un barranco. Allí la encuentra Pablo Luna, reconociendo a su madre, a la que no había visto desde su infancia, en los rasgos desfigurados de la bruja.

Los engranajes de la tragedia empiezan a girar hacia su fatal desenlace, porque al mismo tiempo Soledad —prometida por su padre, Don Brigido Montiel, al rico hacendado Pintos— se enamora de Pablo Luna. La hermosa criolla no sabía lo que «era querer» y descubre el amor a través de signos indirectos como darse cuenta que:

> A su alrededor había como un vacío y que la soledad no la llevaba en el nombre sino dentro de sí misma[18].

O viendo como «un padrillo de enredadas cerdas y pelos bastos, impetuoso y gruñidor» se aparea con una yegua, «lleno de vigor pujante (...) hipando bravio, encrespada la crin», espectáculo al que está habituada, pero que ese día le hace «ondular» el seno y arder las mejillas.

Como si no hubieran suficientes ingredientes para hacer estallar la tragedia, Acevedo Díaz acumula dos escenas sucesivas de peculiar intensidad. Pablo Luna que trabaja como esquilador es injustamente echado y humillado delante de todos los peones por Don Brigido Montiel. Sin reaccionar deja la estancia y se refugia en su rancho adonde va a buscarlo Soledad. La entrega tierna y apasionada de la muchacha se produce con pocas palabras, pero con gestos elocuentes de sensualidad apenas contenida.

> Después la ciñó con sus brazos de la cintura, resollante, la trajo hacia sí impetuoso y la tuvo estrechada largos momentos hasta hacerla quejarse[19].

Breve descripción que precede un, «Me lastimas bruto» que dice Soledad «en voz bajita».

Pero Don Montiel, que ha seguido a su hija los descubre y golpea duramente a Pablo. Una vez más el gaucho recibe el humillante castigo sin reaccionar, pero una venganza empieza a madurar lentamente en su espíritu. Esa misma noche incendia los secos campos que rodean la estancia.

La descripción del incendio es de una gran fuerza y en ella Acevedo Díaz despliega hábilmente la técnica del punto de vista múltiple, para irlo haciendo cada vez más vívido en su inexorable progresión destructiva. Los capítulos del incendio se suceden al ritmo de las llamas: el primero, guiado por la mano del incendiario; el segundo, por la sorpresa de Soledad despertándose entre el crepitar del fuego después de haberse dormido envuelta por los recuerdos del «goce voluptuoso» de la tarde; el tercero, entre las maldiciones de Montiel y el cuarto, con la aterrorizada huida de Pintos. El todo es contemplado por Pablo Luna como un espectáculo natural, porque «perseguido, acosado, ultrajado, era poco para él incendiar y matar»[20], hasta que descubre que su amada está en peligro.

Don Manduca huye a caballo con Soledad, pero ante la barrera del fuego y de los animales matados por los peones para detener con la sangre el avance del fuego, la deja caer para salvarse. Pablo interviene, arrojando al brasileño a las llamas y rescatando a Soledad, que sube a la grupa de su caballo, de un lado la guitarra («confidencia amada de sus dolores») y del otro «una hermosa, último ensueño de su vida»[21].

El mito del forastero, el extranjero que irrumpe en un medio apacible alterando sus componentes esenciales, constante temática de la literatura hispanoamericana, aparece ya en Acevedo Díaz. Es la nueva mirada la que altera un frágil equilibrio y es la aparición del otro, el «extraño en el paraíso» el que desencadena el drama. Si en *Nativa* es el joven ciudadano Luis María Berón el que trae la desazón al espíritu de las dos hermanas, aquí es el payador nómada el que altera el futuro previsible del estanciero y del prometido que se le había destinado, personajes que inauguran una larga progenie literaria.

Debidamente injertada en el panorama de la novelística hispanoamericana del siglo XIX, la obra de Eduardo Acevedo Díaz debería ocupar un lugar más destacado. Su *Soledad* puede figurar junto a la *María* de Jorge Isaacs. Muchas de sus páginas épicas son, sin lugar a dudas, representativas de los mejores esfuerzos por plasmar una naciente nacionalidad, como sólo se verá para el resto de iberoamérica en el siglo XX, especialmente a partir de la novela de la revolución mexicana y que, en el caso del Uruguay, tendrá escasos seguidores (algunas novelas como *Corral abierto* de En-

---

[18] *Ibidem*, pág. 50.
[19] *Ibidem*, pág. 57.

[20] *Ibidem*, pág. 73.
[21] *Ibidem*, pág. 75.

rique Amorim y *Fronteras al viento* de Alfredo Gravina son la excepción que confirma la regla).

Sin embargo, la dimensión americana de Acevedo Díaz está por conquistarse[22] y, tal vez, lo que deba hacerse es releer el conjunto de su obra sin hacer el permanente paralelo histórico-didáctico nacionalista a que sus referencias épicas obligan en una lectura únicamente circunscrita al Uruguay. Injertado en el contexto hispanoamericano al que por destino pertenece, su nacionalismo adquiere un sentido que deja de ser crónica para transformarse en símbolo. Nada más y nada menos que lo que sucede con la buena literatura que puede ser universal a partir de una comarca.

[22] Alejandro Paternain en el estudio que ha consagrado al autor de *Ismael (Acevedo Díaz,* Arca, Montevideo, 1980) reclama una corrección de la lectura tradicional de su prosa «concentrando la atención en pasajes poco transitados por la exégesis, y observando la textura de sus narraciones con una diferente» (pág. 32).

BIBLIOGRAFÍA

OBRAS

Brenda, Biblioteca de la Nación, Buenos Aires, 1917, 366 págs.

Ismael, con prólogo de Francisco Espínola (Círculo Editorial, Montevideo, 1966; 316 págs.)

Nativa Biblioteca Artigas, Montevideo, 1964, 424 páginas.

Grito y gloria, Biblioteca Artigas, Montevideo, 1964, 380 págs.

Lanza y sable, Biblioteca Artigas, Montevideo, 1965, 357 págs.

Soledad y *El combate de la tapera,* obra frecuentemente reeditada y acompañada de estudios críticos sobre la obra de Acevedo Díaz, los más importantes aparecen detallados en la bibliografía sobre el autor.

Minés, Biblioteca de la Nación, Buenos Aires, 1915, 287 págs.

Épocas militares de los países del Plata, Arca, Montevideo, 1973, selección de textos.

El mito del Plata, comentario al último juicio del historiador Mitre sobre Artigas, Talleres Gráficos Ríos, Buenos Aires, 1917, 196 págs.

CRÍTICA

ALBISTUA, Jorge, *Estudio preliminar a El combate de la Tapera y Soledad,* Montevideo, Ciencias, 1981, 88 págs.

ARDAO, Arturo, «La evolución filosófica de Acevedo Díaz», en *Etapas de la inteligencia uruguaya,* Departamento de publicaciones de la Universidad de la República, Montevideo, 1968, 438 páginas.

ESPÍNOLA, Francisco, Prólogo a *Ismael,* Montevideo, Círculo Editorial, 1966 y a *Soledad* y *El combate de la tapera,* Montevideo, Biblioteca Artigas, 1954.

PATERNAID, Alejandro, *Eduardo Acevedo Díaz,* Figuras ARCA núm. 8, Montevideo, 1980, 80 páginas.

RAMA, Angel, *Ideología y arte de un cuento ejemplar* en *El combate de la tapera,* Documentos literarios, Arca, 1975, 134 págs.

RELA, Walter, *Guía bibliográfica,* Montevideo, Ulises, 54 págs.

RIVA, Hugo, Prólogo y notas a *Soledad* y *El combate de la tapera,* Montevideo, Ediciones de la Banda Oriental, 1981, 64 págs.

RODRÍGUEZ MONEGAL, Emir, *Vínculo de sangre (Acevedo Díaz, novelista),* Colección Libros Populares ALFA núm. 20, Montevideo, 1968, 180 páginas.

ZUM FELDE, Alberto, *Proceso intelectual del Uruguay,* Claridad, Montevideo, 1941, páginas 169-191.

Clorinda Matto de Turner

M.ª MILAGROS CABALLERO

VIDA Y CONTEXTO LITERARIO

El día 11 de noviembre de 1852 nace en Cuzco (Perú) Grimanesa Martina Matto Usandivares, conocida en la historia literaria como Clorinda Matto de Turner, hija de D. Ramón Matto y Torres, y Dña. Grimanesa Concepción Usandivares, de la más rancia aristocracia cuzqueña. Manuel Cuadros ha glosado los primeros años de la escritora dedicada a los suyos, años repartidos entre su ciudad natal y la hacienda familiar de Paullo-Chico, en contacto directo con los indios, cuya lengua llega a dominar a la perfección. Así se justifica la declaración que inserta en el prólogo de *Aves sin nido*: «Amo con amor de ternura a la raza indígena, por lo mismo que he observado de cerca sus costumbres, encantadoras por su sencillez» (pág. 2).

Su vida cambia de escenario al casarse el 27 de julio de 1871 con D. José Turner, médico inglés con negocios agrícolas en Tinta, donde fija residencia el nuevo matrimonio. En el retiro campesino, Clorinda —llamada así por su marido— encontrará tiempo para compaginar las labores propias de su estado con el ejercicio literario, en el que se inicia ahora. Julio Sandoval ha recogido algunos testimonios de su producción primera, insertos en la órbita del incipiente y superficial romanticismo peruano y publicados en periódicos cuzqueños: *El Heraldo, El Ferrocarril, El Eco de los Andes.* . . Son versos y tradiciones que imitan a Palma sin demasiado éxito. Apuntan tímidamente a sus preocupaciones futuras: el interés por lo indígena, desdibujado aún por el ropaje folklórico, y la reivindicación del papel social de la mujer, que debe ser potenciado por la educación. Adolecen de didactismo y presentan resabios enciclopedistas y románticos.

Igualmente cristaliza en estos años una vocación periodística que en adelante va a ocupar gran parte de su tiempo: Funda y dirige *El Recreo del Cuzco* (abril 1876), a través del cual va incrementando paulatinamente su producción y prestigio. Prueba de ello es la velada en casa de Doña Juana Manuela Gorriti, el 28 de febrero de 1877, en la que es coronada simbólicamente, como testimonia Joaquín Lemoine.

Conviene recordar que en esta etapa adquieren gran importancia las veladas literarias, cuyo auge acompaña al de la tradición y el cuento. Dentro del campo narrativo se van afirmando las figuras femeninas de la capital: Mercedes Cabello de la Carbonera, Amalia Puga de Losada, Juana Rosa Amézaga, etc. Predomina una atmósfera ténuemente romántica, a la que van superponiéndose los nuevos aires literarios del continente europeo: realismo y naturalismo. Contribuye también a afirmarlos ese soterrado «limeñismo satírico», disolvente eficaz de las esencias románticas, según Raimundo Lazo.

La Guerra del Pacífico revoluciona el panorama nacional, y también afecta directamente la vida de la escritora. Clorinda colabora con la causa de Andrés A. Cáceres, defensor de los indios que resiste en la sierra peruana, hasta conseguir alzarse como presidente en Lima (1886). En mitad de la contienda (1881) muere su esposo. Para afrontar los graves problemas económicos que la acosan se instala en Arequipa (1884) y acepta la jefatura de redacción de *La Bolsa*, uno de los periódicos más prestigiosos de allí. Su actividad periodística está íntimamente ligada a la problemática del momento. Recoge ahora parte de sus *Tradiciones Cuzqueñas* (1884), editadas con prólogo de Palma, obra que sirve para darle popularidad.

Este paréntesis vital se cierra en 1886, año en que se traslada a Lima y reemprende una labor más específicamente literaria. Organiza sus propias veladas, en las que prima el amor por lo nativo, el énfasis en el progreso científico y el valor de la literatura. Fruto de esta actividad y de sus presupuestos ideológicos son dos obras del 89: *Aves sin nido* y *Bocetos al lápiz de americanos célebres*, que incluye una biografía de la autora firmada por Abelardo Gamarra. El 5 de octubre del mismo año le es ofrecida la jefatura de redacción de *El Perú Ilustrado*, que será hasta 1892 el órgano difusor de sus veladas y a través del cual presenta personajes como González Prada —con cuyos ideales reformistas concuerda— y Rubén Darío.

Funda ahora una imprenta propia, en colaboración con sus hermanos, para dar salida a su incansable producción: las novelas *Indole* (1891) y *Herencia* (1895); *Hima Sumac*, drama fallido (1892); *Leyendas y Recortes*, miscelánea que recoge sus mejores tradiciones de tema indígena; asimismo, el periódico bisemanal *Los Andes*. Se convierte en una figura controvertida y polémica, pronuncia conferencias y colabora activamente en política. En 1895, como consecuencia de la derrota electoral de Cáceres, la casa e imprenta de la escritora son saqueadas. La primera parte de *Boreales, miniaturas y porcelanas* (1902) refleja los pormenores de la dolorosa lucha fratricida, así como el posterior exilio voluntario de Clorinda en Buenos Aires. Bien recibida en la Argentina, prolonga en los 14 últimos años de su vida la trayectoria intelectual anterior: colabora con *La Nación, La Prensa, La Alborada*... Lanza un nuevo periódico, *El Búcaro Americano*, y trabaja desde 1896 como profesora de la Escuela Normal y de la Comercial de Buenos Aires.

Por último, realiza uno de los ritos más característicos de los intelectuales y artistas hispanoamericanos: el periplo europeo. Del 27 de mayo al 4 de diciembre de 1908 recorre el viejo continente: España, Francia, Inglaterra, Italia, Suiza, Alemania... son jalones obligados del itinerario, de los que da puntual testimonio en su *Viaje de Recreo* (1909), que refleja también la persistente enfermedad pulmonar que causará su fallecimiento el 25 de octubre de 1909 en Buenos Aires.

Obra

Por su interés literario intrínseco y sus repercusiones posteriores centraremos nuestro estudio en la narrativa de Clorinda Matto. Dejando a un lado las tradiciones, carentes de originalidad, dedicaremos nuestro análisis a sus tres novelas.

Aves sin nido (1889)

«La novela tiene que ser la fotografía que estereotipe los vicios y virtudes de un pueblo, con la consiguiente moraleja correctiva para aquellos y el homenaje de admiración para éstas». La frase del proemio de *Aves sin nido* explicita los motivos de su génesis, que determinan la radical dualidad de perspectivas de la novela, a tono con la orientación de la literatura peruana de la época. La novela como fotografía —trasposición de la famosa sentencia de Stendhal— anuncia la llegada al país del realismo francés, triunfante en España desde 1870. Clorinda parte de su experiencia en el hogar de Tinta, cuyo correlato en la obra es el de los Marín; y en su deseo de «hacer apuntes del natural» —como diría Fernán Caballero que se mueve en la misma encrucijada— desemboca en una especie de costumbrismo pa-

ralelo al de algunos coetáneos como Abelardo Gamarra, por ejemplo.

Por la vía del afán realista se introduce en la literatura el indio cotidiano. Abordado hasta entonces desde una óptica idealizada y nostálgica, como accesorio decorativo y exótico, va a convertirse en figura clave de la futura novela indigenista, centrada en torno al Cuzco y sur andino en la década del 20. Su problemática se plantea todavía en términos ético-pedagógicos y no económico-sociales, como sucederá después. Subsiste el didactismo moralizante, de clara raigambre romántica, que conlleva un lastre sentimental e idealista interpuesto entre el lector y la realidad. A través de él vierte Clorinda su deseo de redención social: se propone hacer patentes las lacras de la sociedad provinciana corrupta que explota a los más débiles. Idéntica preocupación subyacía en los dos precedentes inmediatos de *Aves sin nido* : *El padre Horán* (1848), de Narciso Aréstegui, quien había fundado la 1ª Sociedad Amiga de Indios; y *La trinidad del indio* (1883), de José Itolarrares.

El momento cronológico, así como el contexto literario, explican la constante fluctuación perspectivística en las novelas de la Matto. La escritora hace causa común con una de las mejores novelistas del período, Mercedes Cabello de Carbonera, quien publicó en 1892 un ensayo donde se objetivan las vacilaciones de la narrativa de la época, decidiéndose por una orientación ecléctica: «La novela del porvenir se formará sin duda con los principios morales del romanticismo, apropiándose los elementos sanos y útiles aportados por la nueva novela naturalista». («La novela moderna», Lima, *Hora del hombre,* 1948, pág. 65). Solución de compromiso que explica las contradicciones detectables en obras como las que analizamos a la hora de describir personajes o paisajes. Los abundantísimos excursos del narrador —cuya óptica suele coincidir con la de los forasteros— se inclinan hacia la hinchazón retórica romántica, dentro de las coordenadas señaladas.

La novela se organiza ateniéndose a la bipolarización sarmientina civilización (Lima) / barbarie (interior serrano), anticipando el enfrentamiento cosmovisional de José Mª Arguedas (costa / sierra). Surge como novela de tesis, cuya linealidad cronológica se desglosa en dos partes:

La primera, que consta de 26 capítulos, está centrada en un eje accional: «librar la sangrienta batalla de los buenos contra los malos» (página 34). Tiene como actores, por un lado, los forasteros —personificados en el matrimonio limeño de los Marín—; y por el otro, los no-

El Cuzco a finales del XIX

tables del lugar serrano que forman la «trinidad aterradora del indio», según las palabras de Gónzalez Prada, con las que coincide la Matto. En la obra están simbolizados en el cura, el cacique y el juez. Su referente inmediato es el indígena, definido por la pasividad.

Sobre este telón de fondo se pone en marcha la trama argumental en el segundo capítulo, con la petición de ayuda de la india Marcela a Lucía Marín; petición que pone de manifiesto los abusos sufridos por los humildes e impulsa un desarrollo narrativo en torno a la serie de intentos frustrados de remediarlos (cap. IV, V y VII) hasta el aparente triunfo de los buenos (cap. IX y X). La intervención de los forasteros a favor del estrato indígena genera la oposición de los notables (cap. VIII), que se transforma en sentencia de muerte para los intrusos (cap. XIV) y desemboca en un motín (cap. XV y XVIII).

La «asonada» o motín marca el punto culminante de la trama. Este motivo llega a Clorinda por dos vías: una literaria, *El padre Horán*, obra ya citada, sobre la que publica un estudio crítico-biográfico en *El Perú Ilustrado* el 30 de agosto de 1890; y otra vital: la experiencia directa de su abuelo en la investigación subsiguiente al asesinato que recrea Aréstegui. Los capítulos finales de esta primera parte abordan las consecuencias del motín: arrepenti-

miento de los personajes débiles: el cura Pascual (cap. XXIV y XXV) y el gobernador Pancorbo (cap. XXIII); puesta en marcha de las investigaciones (cap. XXI, XXII y XXIV); y muerte de la india Marcela (cap. XX-XXIII). Sus hijas, «aves sin nido», son recogidas por los Marín y se insinúa la relación entre una de ellas, Margarita y el supuesto hijo del gobernador, Manuel, personaje afiliado al bando de los buenos como reflejo de su educación limeña.

La segunda parte, dividida en treinta y dos capítulos, desarrolla la problemática de la primera a partir de tres ejes argumentales:

1.— Maquinaciones de los notables para mantener su *status*: dilatan el juicio abusando de sus prerrogativas políticas (cap. V, XI, XIV y XV); y sobre todo buscan un chivo expiatorio, el indio rico Champi, al que se acusa de provocar la asonada (cap. VI, X, XVII, XXI y XXII). El objetivo de esta parte de la trama es obvio: avalar la tesis de la explotación indígena ya expuesta. Aparecen aquí los más amargos lamentos acerca del destino de esta desgraciada raza, cuya única salvación está en la muerte: «Nacimos indios, esclavos del cura, esclavos del gobernador, esclavos del cacique (...) La muerte es nuestra dulce esperanza» (pág. 241). Este enfoque es ampliamente compartido por el narrador, que en un excurso de-

221

clara: «¡Ah! Plegue a Dios que algún día, ejercitando su bondad, decrete la extinción de la raza indígena (...) ya que no es posible que recupere su dignidad, ni ejercite sus derechos» (pág. 11). Los forasteros van perdiendo su primitivo optimismo, sin llegar a identificarse con la óptica resignada de los sojuzgados. La conclusión de la novela, ya adelantada en el proemio, es que el problema no debe plantearse a nivel individual, porque atañe a toda la sociedad:

—¿Y quién libertará a toda su desheredada raza?
—Esta pregunta habrá que hacerla a todos los hombres del Perú. (pág. 253)

2.— El segundo bloque temático gira en torno de la partida de los buenos a Lima (capítulos VII, XIII, XVI, XIX, XX, XXII, XXIII, XXVI y XXIX). De la amplitud del espacio que se le dedica se desprende la importancia de la tesis latente: la capital es el paradigma de las virtudes peruanas; para ser útil al país la juventud debe trasladarse allí. Estas ideas, comunicadas a Manuel por Fernando Marín (pág. 181) encubren un hecho innegable: el fracaso limeño en la primera confrontación de los dos mundos y la consiguiente necesidad de replegarse sobre sí mismo.

3.— El tercer núcleo secuencial, íntimamente ligado al anterior y de clara estirpe romántica, se centra en el surgimiento del amor (capítulos II, IV, IX, XII, XIX, XXVI, XXXI y XXXII) entre las dos «aves sin nido», Manuel y Margarita, que en la anagnórisis final y por curiosa ironía del destino, resultan hermanos, hijos ambos del obispo Claro.

La técnica compositiva es floja. Hay abundante material de relleno, que obedece al deseo de la escritora de ejemplificar sus asertos, pero que igualmente es fruto de su incapacidad para sostener la tensión narrativa, mejor lograda en la primera mitad. Episodios como el descarrilamiento del tren durante el viaje de regreso de los Marín a Lima (cap. XXVII y XXIX) basados en la técnica de la «pista falsa» son absolutamente redundantes. Pequeñas tramas secundarias se abortan en germen. Por otro lado, los momentos culminantes carecen de fuerza dramática; y la división en capítulos que dejan sistemáticamente interrumpidas las secuencias desdibujan la acción. En algunas ocasiones un narrador omnisciente, que hace y deshace a voluntad, intenta retomar el hilo narrativo: «mientras las huérfanas hacen esta visita, veamos lo que pasa en la casa blanca» (pág. 212).

Al servicio de la tesis se mueven los *personajes* según baremos axiológicos previamente establecidos. Faltos de profundidad psicológica, funcionan en bloques familiares. La dualidad buenos / malos se fragmenta originando una nueva dicotomía en el último grupo: los decididamente corruptos, cuyo nefasto influjo en el alejado ámbito serrano refuerza la importancia de escoger un personal administrativo adecuado; y aquellos otros caracterizados no tanto por su maldad como por su debilidad. Entre ellos destacan el gobernador Pancorbo y el cura Pascual, víctimas respectivamente de la barbarie serrana y del celibato eclesiástico, al que Clorinda es refractaria: «¡Desgraciado el hombre que es arrojado al desierto del curato sin el amparo de la familia!» (pág. 103). En la obra, el sacerdote indigno reconoce sus faltas y se arrepiente.

La mujer desempeña un papel insustituible. Considerada «diamante en bruto», que al hombre y la educación toca convertir en brillante (pág. 41), conjuga su proclamada misión de «poetizar la casa» (pág. 200) con un voluntarismo positivo que le lleva a intervenir en los asuntos exteriores. En este sentido puede mencionarse la resolución de Lucía Marín en su lucha contra la injusticia, o la iniciativa de las indias en su súplica impetratoria frente al pesimismo resignado de los maridos. Todo ello responde al feminismo de Clorinda vertido en multitud de artículos y conferencias a lo largo de su vida.

Aves sin nido no pasa de ser un precedente en el camino del indigenismo. Para su culminación habrá que esperar a obras como *Cuentos andinos* (1920), de López Albújar o *Tempestad en los Andes* (1927), de Luis E. Valcárcel. El planteamiento paternalista, que hoy se considera obsoleto, le ocasionó a la autora persecuciones políticas e incluso la excomunión.

Indole (1891)

Con un intervalo de dos años, Clorinda Matto de Turner publica una nueva obra. Prescinde ahora de la declaración de principios que significaba el proemio de *Aves sin nido*; no obstante lo cual, el punto de vista de la peruana aparece expuesto en boca del narrador en el capítulo X de la segunda parte. La firme creencia en su misión: «Nadie sino el novelista observador que llevando el correctivo en los puntos de su pluma penetra los misterios de la vida» (pág. 250), se mezcla con la melancolía y el sentimiento de impotencia ante las trabas sociales existentes: «¡Ay de aquella mano que, enristrando la poderosa arma del siglo, la tajante pluma, osara tasajear velo y tradición! Los pueblos se moverían para condenarla» (pág. 251). Palabras especialmente significativas, por cuanto la autora acentúa en esta obra el anticlericalismo que ya se perfilaba claramente en la anterior criticando por una parte, el funcionamiento deshonesto de ciertos sacerdotes, y por otra, el sistema social que les permite el dominio de la mujer a través de la confesión.

Indole es una novela bimembre donde alternan contrapuntísticamente dos estratos sociales, el humilde y el medio-alto. El primero queda representado en el relato por los amores de Ildefonso y Zisca, enmarcados en un alegre y despreocupado ambiente campesino (capítulos VIII, X, XIII, XVIII, XXI, XXV, XXVIII; así como II, V y VI de la segunda parte). Hay un toque de idealismo y ternura en el prisma romántico con que se enfocan diálogos y distendidas escenas costumbristas. Clorinda olvida su anterior denuncia de la explotación del indígena, llevada por una nueva finalidad testimonial: oponer el sano funcionamiento del estrato inferior a las manipulaciones de los señores.

Sobre este último grupo se forja la tesis novelesca: «la buena índole siempre triunfa». Este aserto atestigua el solapado, pero eficaz avance del naturalismo, enmascarado bajo el nombre de «observación fisiológica». El narrador, algo ingenuamente, se apoya en ella para justificar la fuerza de «la inclinación natural peculiar a cada individuo» (pág. 237) que, según él, traduce la lógica de los hechos y es reflejo de las leyes impresas por Dios en el universo (pág. 213). Con esta concepción la escritora armoniza el determinismo propio de fines del XIX con el deísmo filosófico del XVIII. En la novela, no sólo se superpone a modo de excurso dirigido al lector, sino que es asumido por los personajes, con especial relevancia en la mujer «no habría cedido por nada del mundo. *Tu conoces mi índole*» —dice Eulalia a su marido en una situación comprometida (página 201).

La tesis se explicita argumentalmente mediante la historia de dos matrimonios, definidos por una relación axiológica: buena / mala índole, que se traduce en la contraposición de la honradez de Antonio López y la auténtica religiosidad de su mujer, Eulalia, con la corrupción de Valentín Cienfuegos y la beatería de Asunción.

La lógica de las acciones refleja el proceso de contaminación del primer bloque por el segundo, a partir de dos instancias desencadenantes: 1.— La *quiebra* inminente de D. Antonio; y 2.— El intento de *seducción* de Dña Eulalia por parte del cura Peñas, elemento de enlace y distorsión entre las dos familias. Ambos asuntos se conectan por su trasfondo, un problema de honra.

En el desdibujado escenario de haciendas andinas ya conocido, el desastre económico se plantea de modo romántico en los capítulos iniciales y alcanza su punto álgido con la firma de un documento para constituir una sociedad fraudulenta entre los dos amigos (capítulo VI). Esta parece ser la única alternativa al suicidio que se le ofrece a Antonio. No sólo el asunto, sino también el planteamiento y los recursos utilizados —por ejemplo, el documento cae ocasionalmente en manos del sacerdote, quien lo empleará para chantajear a Eulalia (cap. XXV y XXVII)— se mueven dentro de los más estrictos cánones del romanticismo.

La trama progresa por medio de extensos diálogos. El lector entrevé la organización del nuevo trabajo (caps. IX, XIV y XXIV) basado en la manipulación del indígena que, «envuelto en la noche de la ignorancia» (pág. 99), se convierte en eficaz instrumento de los desaprensivos. Igualmente se plasman las reacciones psicológicas: tristeza en Antonio López por haber comprometido su honra, y perversa alegría en Valentín Cienfuegos, personaje oportunista que corresponde a los notables de *Aves sin nido*, con la diferencia de que participa también de la idealización limeña.

En la segunda parte se precipita la decisión de Antonio de abandonar el negocio y partir a Lima (caps. IV y VIII), con lo que, a modo de moraleja, asistimos al triunfo de su buena índole impulsada por la de su mujer, que le sirve de ejemplo. La moraleja determinista se completa con otra, que acentúa el planteamiento romántico de la quiebra: la delación vengativa de Valentín se vuelve contra el acusador (caps. IX, XI, XII, XIV y XVI). Los malos siempre pierden.

La seducción soporta el peso novelesco. Perfilada con mayor complejidad, recoge el surgimiento de los celos y las ambigüedades psicológicas de los personajes. Desde luego, no cabe hablar aquí de la maestría de un Clarín en *La Regenta*, por ejemplo. La peruana acierta a describir, no a sugerir, la vacilación femenina. En cuanto al sacerdote el proceso es más burdamente fisiológico: a partir de la visita a Eulalia en su hacienda, que lo pone en marcha (cap. VII), se desarrolla una fluctuante etapa intermedia de acoso psicológico. En ella se incluyen una entrevista en el confesionario, en la que el clérigo ofrece una aparente ayuda espiritual (cap. XV), y un par de encuentros en las haciendas de los López y Cienfuegos (capítulos XX, XXIII y XXV). Mediante sabrosos diálogos se exagera de forma paródica el influjo que la figura sacerdotal ejerce sobre las mujeres, así como sus defectos, presentados sin paliativos. Esta etapa culmina con una propuesta más o menos velada de adulterio (capítulos XXVI y XXVII), frustrada por la aparición de los maridos. El asalto definitivo se producirá en casa de los López, al amparo de la circunstancia de la boda campesina (capítulo XXVIII). La buena índole femenina se impone y el sacerdote es rechazado.

La segunda parte de la obra, como ocurría en el caso de la quiebra, describe las consecuencias de la primera: el chantaje sobre el marido que lo descubre (cap. I) y las cavilaciones en torno a posibles forma de rehabilitación (caps. III y IV), que se concretan en una hábil huida al servicio del ejército. La irrupción de este grupo (caps. IV, VII y X) inserta la novela en el contexto sociopolítico peruano, de más peso en *Indole* que en *Aves sin nido*. El triunfo militar lleva aparejado el del sacerdote oportunista, que obtiene una canongía. Ahora se presenta en toda su crudeza la velada crítica anterior: «El ridículo caerá sobre usted sólo, don Antonio. ¿Quién le creerá en la sociedad lo que usted cuente de mí? Mi condición, mi estado me escudan y ... *la sociedad es mía*» —dice el cura Peñas al marido presuntamente ultrajado (pág. 200). La implacable denuncia de los malos sacerdotes que «siembran en el confesionario la cizaña de la familia y la deshonra del hogar», en palabras de Antonio López (pág. 209), trata de paliarse, a veces de modo poco convincente, con la defensa de la religión que, ¡cómo no!, tiene en la capital sus mejores exponentes (pág. 241).

En conjunto, *Indole* es más ágil que la novela anterior, ya que los frecuentes diálogos le dan una relativa fluidez, disminuyen los excursos del narrador y se consigue que las intrigas aparezcan imbrincadas en un mismo capítulo.

Herencia (1893)

Herencia supone la culminación del quehacer narrativo de Clorinda Matto de Turner. Es fruto del progresivo deslizamiento de los presupuestos operantes en las dos obras anteriores y de su aplicación a una realidad distinta: el espacio urbano, concretamente Lima, idealizada hasta el momento y cuya figura se desmorona ahora.

La finalidad de la narración es doble y paralela a la que produjo *Indole*: 1.— Describir una realidad, en este caso, la sociedad limeña abordada bajo el prisma crítico; y 2.— probar una tesis de tipo naturalista: el poder de la herencia, desglosada en dos campos complementarios, el biológico y el educativo. La obra insiste en el primero, aplicándolo a la mujer. La tesis puede sintetizarse en el siguiente diálogo que mantienen dos personajes masculinos:

—¡Ah doctor! ¡Es el todo! El ejemplo del hogar importa para mí toda la doctrina de moral social.

— Cabales. Por eso las esposas y las madres libidinosas dejan a las hijas la herencia fatal.

— Sí, la terrible *herencia*. (pág. 114)

A pesar de su feminismo militante y de haber reconocido la injusticia de la sociedad que perdona los deslices de los hombres, Clorinda se muestra mujer de su época al hacer responsables de las taras hereditarias al género femenino; cuestión que en la novela es asumido incluso por éste último. La unilateralidad de puntos de vista al respecto es total: los nuevos matrimonios están prefijados por sus antecedentes. Por supuesto, el narrador avala teóricamente el simplista determinismo zolesco. Los excursos admirativos de tono romántico han sido sustituídos en su mayoría por largas disquisiciones explicativas (págs. 152—153, por ejemplo) encaminadas a fijar cómo el clima y la hora nocturna doblegan la voluntad femenina, ya minada por la funesta herencia: «Cuando el sol comienza a ponerse principia la pasión a actuar en el organismo femenino»... —dice en otra ocasión (pág. 178).

La tesis naturalista toma cuerpo de nuevo en una trama de tipo opositivo, ésta vez aceptablemente llevada y centrada en torno de la historia de dos familias, los Aguilera, paradigma de la vacía sociedad limeña; y los Marín, excepción al paradigma. Estos últimos son los conocidos protagonistas de *Aves sin nido*, historia que se supone aunque las dos obras funcionan independientemente.

La materia novelesca se organiza en torno a tres grandes núcleos secuenciales: el primero se centra en la presentación de los personajes, los Marín (cap. I) y los Aguilera (cap. II) dentro del estrato social alto; y los humildes, el arrivista Aquilino Merlo (cap. III) que seducirá a la hija de los Aguilera, y Espíritu Cárdenas, celestina ocasional de sus amores, símbolo de la miseria económico-moral del bajo pueblo limeño (caps. IV).

La introducción a la alta sociedad capitalina se lleva a cabo por el baile en casa de los Aguilera (caps. V, VII y VIII), ocasión para poner de manifiesto la ausencia de sólidos valores en ese ámbito. Las actitudes de las dos familias se revelan contraponiendo el fin de fiesta en sus respectivas casas (caps. IX y X). Este segundo núcleo secuencial se cierra con la parodia del evento por las clases populares (capítulo XI).

A partir del capítulo XII se desarrolla el

grueso de la acción narrativa, consistente en el relato de dos relaciones, las de Camila Aguilera — Aquilino Merlo / Margarita Marín — Ernesto Casaalta, reflejo de las de sus progenitores. La narración monolítica se va intensificando en torno a este doble círculo, hasta su culminación matrimonial acelerada en los últimos capítulos (XXIV—XXXII); apostillada por el narrador en el párrafo final: «En el curso de la vida, a través de los sucesos, Margarita y Camila habían entrado en posesión de lo que les legaron sus madres: su educación, su atmósfera social y más que su sangre era pues la posesión de la HERENCIA» (página 247).

Aunque es claro el sello naturalista en la concepción global de la obra, así como en el proceso de seducción de Camila, siguen percibiéndose elementos románticos. Casi todos afectan a la pareja ejemplar: desde la figura de Ernesto, noble pero pobre, hasta los acontecimientos novelescos, como la compra del billete (cap. XII) que al ser premiado facilita su boda (cap. XVI). Esto es algo característico, aunque no privativo de Clorinda Matto: recor-

demos las primeras narraciones de la condesa de Pardo Bazán, por ejemplo.

La crítica del funcionamiento social basado en las apariencias que lleva a las familias hasta la quiebra es directa y recorre todo el relato, agudizándose en determinados momentos (cap. X, XIX y XXVIII). Fernando Marín reflexiona sobre ello actuando como portavoz de las preocupaciones de la Matto: «Las fortunas del vecindario se desmoronan a la luz del gas de las tertulias que obligan a sacrificios y que no son más que el fruto del anhelo de ostentar ante el mundo lo que no se tiene» (pág. 158). Se señalan la ausencia de caridad limeña y los fraudulentos manejos políticos mediante tramas secundarias (caps. XII y XIX) que, aunque en menor medida, adolecen de los defectos detectados en *Aves sin nido*. Todavía la tesis se impone a la estructura narrativa.

La trayectoria novelesca de Clorinda corre, pues, paralela a sus vivencias: idealización de la lejana capital que, tras su conocimiento directo, se hunde. El ciclo se ha cerrado tras abarcar inquisitivamente el entorno a su alcance.

BIBLIOGRAFÍA

OBRAS:

Tradiciones cuzqueñas, Arequipa, Imprenta La bolsa, 1984, vol. I; Lima, Imprenta de Torres Aguirre, 1886, vol. II.
Aves sin nido, novela peruana, Buenos Aires, F. Lajoune, 1869.
Aves sin nido, Lima, Imprenta del Universo de Carlos Prince, 1889; prólogo de Emilio Gutiérrez de Quintanilla.
Bocetos a lápiz de americanos célebres, Lima, Imprenta Bacigalupi, 1890.
Indole, novela peruana, Lima, Tipo-litografía Bazigalupi, 1891.
Leyendas y recortes, Lima, Imprenta La Equitativa, 1893.
Herencia, Lima, Imprenta Bacigalupi, 1893.
Boreales, miniaturas y porcelanas, Buenos Aires, Juan A. Alsina, 1902.
Viaje de recreo, Valencia, Sempere, 1909.

CRÍTICA

CAMPBELL, Margaret V., «The *Tradiciones cuzqueñas», Hispania,* XLII, 1959, págs. 492-497.

CASTRO ARENAS, Mario, «Clorinda Matto de Turner y la novela indigenista», en *La novela peruana y la evolución social,* Lima, Cultura y Libertad, 1965, págs. 105-112.
CORNEJO POLAR, Antonio, «Clorinda Mato de Turner: para una imagen de la novela peruana del siglo XIX», *Escritura,* 1977, págs. 91-107.
CUADROS, Manuel E., *Paisaje y obra. Mujer e historia. Clorinda matto de Turner: estudio crítico-biográfico.* Cuzco, H. G., Rozas, Sucs., 1949.
SCHNEIDER, Luis Mario, «Clorinda Matto de Turner», en Clorinda MATTO DE TURNER, *Aves sin nido,* Nueva York, Las Américas Publishing Company, 1968; edición, prólogo y notas de Luis Mario Schneider, págs. VII-LIII.
TAMAYO VARGAS, Augusto, Guía para un estudio de Clorinda Matto de Turner, Lima, Turismo, 1945.
YÉPEZ MIRANDA, Alfredo, «Clorinda Matto de Turner en el 90 aniversario de su nacimiento», *Revista Universitaria,* XXIII, núm. 86, Cuzco, 1944, págs. 156-174.

2. Cuento y otras formas narrativas

El cuento hispanoamericano del siglo XIX

El cuento literario hispanoamericano se erige en el siglo XX como el género de enorme elaboración artística que alcanzará un carácter predominante en la prosa literaria actual. Sus raíces pueden encontrarse ya en las crónicas y en algunos textos narrativos de la época colonial como han verificado los estudios de J. J. Arrom y algunos otros investigadores. A lo largo del XIX aumenta de forma considerable, la creación de narraciones breves, afianzándose el gusto por el relato corto y sentándose las bases sobre las que se irán conformando las líneas esenciales de la cuentística actual. Los periódicos desempeñan un papel decisivo en la difusión de estos relatos y ya en 1829 comienzan a publicarse en ellos las primeras narraciones. José María Heredia publica entre 1829 y 1832 sus *Cuentos orientales* que, aun cuando no haya constancia de que sean creaciones originales, son los primeros registrados en los periódicos de la época.

Estudiar el cuento del siglo XIX, cuando está a punto de finalizar el XX impone necesariamente una revisión del concepto genérico, tomando como punto de partida los propios presupuestos decimonónicos de la narración breve, y teniendo en cuenta que la noción del género en el siglo pasado no se ajusta exactamente a la que predomina en la actualidad. Cuando hablamos del cuento del siglo XIX hemos de tener presente que se aplica tal denominación a un relato de características similares pero no idénticas a las del siglo XX: aquel que se describe fundamentalmente a partir de Horacio Quiroga que fijó la mayoría de los principios por los que se rige la narración breve actual.

Un primer acercamiento a aquella narrativa trasluce una gran imprecisión en relación al concepto y al término cuento: En algunas ocasiones bajo tal denominación se incluyen verdaderas novelas como es el caso de los titulados *Cuentos de invierno* de Altamirano, que, sin embargo, él mismo había calificado en cierta ocasión «impresiones en forma de novelitas». De tal indeterminación participa igualmente Juan León Mera cuando con el título de *Novelitas ecuatorianas* agrupa tanto novelas como cuentos. De la misma forma, Alberdi aplica el rótulo de cuento a su obra *Peregrinación de la luz del día* que él mismo reconoce como un libro multiforme y que, en absoluto, participa de los presupuestos del relato breve, confirmando la inexactitud con que se empleaba el término. En otras circunstancias ni siquiera se encuentra el vocablo adecuado, como se hace patente en las manifestaciones vacilantes de Rafael Delgado en el prólogo a su libro *Cuentos y notas* («que algún nombre he de darles», dice) en el que no acierta a encontrar la denominación apropiada para sus composiciones, dejando al lector la opción de definirlas por sí mismo: «cuentos, sucedidos, notas, bocetos o como te plazca llamarlos»[1].

Es de señalar que se han considerado como cuentos narraciones cuya estructura aún no se conforma como la de aquél y por lo tanto deberían ser juzgados más bien como formas constituyentes de una fase previa al mismo. Son embriones cuya organización interna reduce su ámbito narrativo y remite a una simple escena carente de trama y de la tensión propia del género. Es el caso, por ejemplo, de «Amistad» de Rafael Delgado que, después de una descripción detallada del lugar, introduce a dos personajes cuya función es dar testimonio, como narradores, del suceso central del relato protagonizado por otros dos personajes. La brevísima escena que presencian es un subterfugio sin embargo, para que el propio narrador introduzca finalmente unas observaciones de índole moral sobre la amistad, que inducen a pensar que este tipo de composición podría ser considerado como heredero de formas simples, como los «enxiemplos» de la tradición hispánica.

De características similares es el relato «El domingo» de Ángel del Campo (*Micrós*), en el que el narrador, para meditar sobre la fugacidad del tiempo, usa como pretexto la descripción de un día de domingo, allá en su juventud: «esa edad que es el domingo de los recuerdos, ese domingo que se llora cuando llegan el lunes, martes, miércoles, etc., toda la semana de la existencia real, prosaica, interminable, que se llama la Vida»[2]. El relato se reduce a una larga descripción de objetos, edificios, escenas y personajes anónimos sin mayor alcance y de efectos retardados, a los que se añade

---

[1] Rafael Delgado, *Cuentos y notas,* México, Ed. Porrúa, 1970.
[2] Angel del Campo (Micrós), *Pueblos y canto,* México, U.N.A.M., 1973.

229

Lastarria a los cincuenta y tres años.

la ausencia de algún suceso intenso que produzca emoción en el lector.

De tal precariedad narrativa participan también algunos de los relatos de José Victorino Lastarria, quien suele utilizar el procedimiento de inserción de una anécdota distendida y más o menos fuertemente trabada, en un ambiente histórico-político que constituye realmente su preocupación central.

De manera que todas estas tentativas más que auténticos cuentos constituyen meditaciones, ejemplos u observaciones cuyo soporte es una escena que sirve de pretexto para los fines pretendidos.

Esta inseguridad e imprecisión, frecuente a lo largo de la centuria, es indicio de la falta de una conciencia clara sobre la índole de estas composiciones breves. Edgar Allan Poe, sin embargo, ya había prefigurado los elementos básicos del cuento artístico antes de mediar el siglo. El escritor norteamericano reivindicó la calidad y categoría literaria del cuento y trató de borrar los prejuicios literarios de la época en contra de la narración breve: «Opino —escribe— que en el dominio de la mera prosa, el cuento propiamente dicho ofrece el me-

jor campo para el ejercicio del más alto talento[3]». Para diferenciarlo de otros géneros breves, Poe subraya «el pulimento y ajuste» que le caracteriza y afirma que mientras que aquellos producen un«reposo», éste busca un «efecto» para lo cual es necesario una «unidad de impresión». Los incidentes del cuento —piensa— deben organizarse «combinándolos de la manera que mejor lo ayude a lograr el efecto preconcebido» de tal modo que la primera fase ya debe tender a la producción de tal efecto, tratando de evitar la «excesiva longitud». Poe además señaló la importancia de otros elementos esenciales de plena vigencia en la actualidad. El papel fundamentel de Poe en las letras norteamericanas lo desempeñó en Hispanoamérica Horacio Quiroga, quien a principios del siglo XX elaboró una serie de precisiones sobre el género narrativo breve. Pero mientras tanto los escritos del siglo XIX van elaborando inconscientemente una cuentística que paulatinamente se acerca a las depuradas composiciones de nuestros días.

Sobre los orígenes del cuento decimonónico hay encontradas opiniones que, sin embargo, se dirigen unitariamente hacia un solo punto de referencia: el cuadro de costumbres. Éste, cultivado por grandes creadores como José María Vergara y Vergara, José Caicedo Rojas, José S. Álvarez (Fray Mocho,) José Tomás de Cúellar, Guillermo Prieto, José Joaquín Vallejo (Jotabeche,) etc., se impuso en la prosa narrativa hispanoamericana influida por la obra de los costumbristas españoles Mesonero Romanos, Estébanez Calderón y Larra. Para algunos críticos, el cuento procede del cuadro de costumbres y para otros, por el contrario, nace independientemente de aquel.

Entre los primeros, Pedro Lastra considera que el cuadro de costumbres conduce gradualmente al cuento a medida que los elementos constitutivos de aquél van adquiriendo dinamismo y complejidad. Basándose en el esquema generacional, Lastra destaca el papel preponderante del costumbrismo durante el período romántico en un anhelo por hallar los rasgos de una expresión nacional y estima que sólo a finales del siglo XIX, cuando el realismo imprime un fuerte carácter criollista a la literatura, comienzan a apreciarse avances considerables respecto a la ténica cuentística.

Enrique Pupo-Walker, sin embargo, parte del principio de que cuento y cuadro de costumbres son dos tipos de narración breve totalmente diferentes en lo que respecta a su organización interna y a su intención, y sostiene

---

[3] Edgar Allan Poe, *Ensayos y críticas,* Madrid, Alianza Editorial, 1973.

que se produce una «confusión» al considerar al primero como producto formal del segundo. Esta confusión se origina con *El matadero,* en donde se funden rasgos esenciales del cuento y del artículo de costumbres, y explica que «se trata de una fusión, tal vez ineludible, pero que ha sido también la causa de los malentendidos y juicios tarados por la vaguedad»[4].

De cualquier forma lo que conviene tener en cuenta es que, aún perteneciendo ambos a géneros narrativos breves, deben disociarse porque existen diferencias esenciales que atañen a diversos aspectos de su organización y propósitos. La intención del autor de cuadros de costumbres responde a una doble actitud. Por un lado, pretende mostrar la realidad circundante —nacional o local— al mundo exterior, ajeno a su entorno, para lo cual se convierte en testigo de la circunstancia inmediatamente vivida. Los costumbristas hispanoamericanos dan fe de los cambios operados y los logros adquiridos después de la independencia, en busca de las distintas idiosincrasias nacionales o los tipismos locales con el fin de acercar América al extranjero e, incluso, a ellos mismos. La historia cotidiana, la vivida día a día es lo que interesa a los costumbristas según lo explica Caicedo Rojas:

> Los artículos de costumbres, como complemento indispensable de la Historia, son de grande importancia para dar a conocer en todos sus pormenores una sociedad, un pueblo en su modo íntimo de ser. La Historia (...) no entra sino ocasionalmente en aquellas minuciosidades que la pintan por todas sus fases, con sus vicios, virtudes, estilos, trajes, maneras, etc., y denuncian, para corregirlas, las extravagancias y defectos sociales[5].

Junto a esta actitud testimonial, entroncada con la historia, existe otra no menos característica del costumbrismo hispánico: el afán ejemplificador y edificante, en virtud del cual el autor lo que hace no es mostrar sino proyectar su propia moralidad, enseñar lo que deberían ser las buenas costumbres en la sociedad. Caicedo Rojas hace la siguiente observación al respecto:

> Los «cuadros de costumbres» tienen el doble objeto de pintar y corregir los usos y manera de vivir de la sociedad moderna y contemporánea. (...) Muchos creen que los artículos de costumbres tienen por único objeto divertir, o hacer reir al lector; pero ésta es

una triste equivocación: es ver las cosas por un solo lado y muy superficialmente. Este género, dentro de los límites que le están señalados, tienen como he dicho, un fin más elevado, el *castigat ridendo mores* que se aplica a la comedia[6].

La técnica del cuadro de costumbres se adapta a esta doble finalidad recurriendo a largas descripciones detallistas que debilitan la tensión y que además no aportan elementos determinantes sino que, al contrario, constituyen premeditadas imprecisiones que cumplen la misión de difuminar el acercamiento a los escenarios o la caracterización de los personajes. Y ello porque el costumbrismo quiere tipificar, uniformar tanto a personajes como a sujetos y por lo tanto el individualismo y la concreción desaparecen por esa tendencia hacia el esquematismo y la generalización. Fernández Montesinos amplía esta consideración al contemplar como:

> Defectos casi siempre imputables al costumbrismo: un cierto desenfoque, una flojedad de contornos debida a que el interés de la peripecia se sacrifica a los accesorios, a que el autor se complace más en mostrar el *modo de estar* que *el modo de ser* de sus personajes[7].

De todo ello podemos inferir la disparidad de criterios que guían al cuentista y al costumbrista al observar que este último desecha elementos imprescindibles para el cuento y, sin embargo, desarrolla otros de efectos negativos para su perfecta organización interna. Planteados así, muy brevemente, los términos del cuadro de costumbres que acreditan su configuración como una práctica narrativa diferente del cuento trataremos de ir perfilando e identificando las características de ese incipiente género del siglo XIX, que se desarrolla y perfecciona gradualmente a lo largo de la centuria, sin olvidar que es frecuente, a pesar de las diferencias señaladas, la unión entre ambas modalidades como ocurre en uno de los primeros relatos breves de la historia literaria del pasado siglo: *El matadero.* En este relato, son prácticamente delimitables las fronteras entre el ámbito que constituye el cuento y el que compone el cuadro de costumbres. Las primeras secuencias remiten a procedimientos propios del costumbrismo como el pintoresquismo local, la referencia a la realidad histórica inmediata, la descripción minuciosa de detalles que delinean el escenario y la proyección

    [4] Enrique Pupo-Walker, *La vocación literaria del pensamiento histórico en América,* Madrid, Ed. Gredos, 1982.
    [5] José Calcedo Rojas, *Apuntes de ranchería,* Bogotá, Biblioteca Popular de Cultura Colombiana, 1945.

    [6] José Calcedo Rojas, *op. cit.*
    [7] José Fernández Montesinos, *Costumbrismo y novela,* Madrid, Ed. Castalia, 1983.

ideológica del autor con carácter tendencioso. También hay que tener en cuenta como rasgos costumbristas la reducción máxima de la acción en la que los acontecimientos protagonizados por grupos de personajes, se construyen a base de pinceladas que diseñan un plano general donde actúan todos al unísono, así como el tipismo y anonimato de los personajes carentes de toda individualización, salvo menciones a personajes referenciales que no actúan como agentes de la acción sino que ilustran el cuadro político y social.

La primera mitad del relato, consagrado a presenciar el marco contextual como reflejo y síntoma de todo un país desde la perspectiva ideológica del autor, finaliza cuando el orden descriptivo que la sostiene cede paso al modo narrativo conductor de las acciones de otros personajes individualizados. El relato de la persecución y captura del toro y el de la muerte del joven unitario tras su tortura, insertados ambos de forma paralelística, ingresan la narración en el dominio del cuento. El episodio del toro fugitivo va preparando la creación de un climax que alcanza su punto culminante cuando muere el unitario. La narración en esta segunda mitad, se depura de referencias ambientales, concentra su atención en los personajes y acrecienta su intensidad con la llegada del protagonista. Esta anécdota final se convierte en el núcleo narrativo desde el que irradian, en un movimiento expansivo, distintas significaciones que invaden un área cada vez más amplia. Desde la sencilla anécdota final, que fundamenta el cuento, sustentada sobre un enfrentamiento de raíz partidista que ha sido interpretada simbólicamente como crucifixión o violación, según las perspectivas de enfoque, se abre un marco referencial más amplio en el cuadro descriptivo del matadero, objeto de la articulación costumbrista. Y en él, la incidencia ideológica del autor —el joven liberal Echeverría de la Argentina de Rosas— proyecta el relato hacia otro ámbito mayor que afecta a todo el país en donde se reproducen los mismos sucesos a gran escala. *El matadero* gana en profundidad y riqueza de significados en virtud de su derivación final hacia el cuento. Éste aventaja al cuadro de costumbres por su mayor capacidad de abstracción y sugerencia al no someterse a la finalidad testimonial y didáctica de aquél. Pero es de suponer que Echeverría aún no era consciente del valor que otorgaba a su relato al liberarse, al menos en parte, de las limitaciones costumbristas.

También es necesario registar el contagio que se produce entre el cuento y algunos géneros adyacentes que se inscriben a veces bajo su denominación sin serlo propiamente. En este sentido hay que subrayar la importancia de las leyendas y las tradiciones que otorgan un carácter peculiar a la narrativa breve romántica. Ambos géneros comparten la revalorización del pasado y de la literatura popular y ponen de manifiesto la influencia ejercida por Walter Scott en lo que respecta a la reconstrucción arqueológica vigente en el romanticismo.

A la leyenda, particularmente, no le interesa la veracidad histórica y su componente máximo lo constituye, de una manera indistinta, la imaginación o la tradición, preferentemente de transmisión oral, de modo que puede tanto inventar, como convertir en maravilloso un suceso real. Es fácil rastrear leyendas o elementos legendarios en algunos cuentos decimonónicos. Manuel Payno en «La aventura de un veterano» subtitulado por él mismo «Cuento romántico», ya incluye algunos elementos propios de la leyenda que rodean al relato de una atmósfera de misterio que a veces raya los límites de lo terrorífico: un jinete misterioso en la oscuridad de la noche, un molino encantado, un grupo de espectros con sayal de fraile, etc. Todo ello para crear un ambiente de gran tensión en el que se plantea una cuestión de honor resuelta finalmente de forma favorable para los agraviados. Esta derivación, sin embargo, hace desvanecer el ambiente legendario y sumerge la trama en la más palpable y descarnada realidad.

López Portillo y Rojas crea definitivamente una leyenda del más puro romanticismo en «Adalinda.» El narrador se traslada a la época de Carlomagno. Éste, enamorado apasionadamente de una joven hermosa, virginal y, humilde, se la lleva a su palacio, donde viven «consagrados a contemplarse y a quererse». El rey tiene que partir un día a una campaña y cuando regresa victorioso se encuentra a Adalinda en el lecho de muerte. La desaparición de la amada produce tal dolor en aquél que, enajenado, no puede apartarse de su cuerpo inerte. Los sabios del reino se reúnen en concilio y resuelven que el rey es víctima de un hechizo. Un día finalmente, logran examinar el cuerpo de Adalinda en busca de algún amuleto que produjese el maleficio y descubren en la boca «una gran perla del oriente más hermoso». Para destruir el sortilegio se arrojó la perla a un pantano y en ese mismo lugar el monarca quiso levantar un templo y edificar su palacio. A pesar del ambiente creado, propio de las maravillas de los cuentos de hadas, el narrador se propone dar visos de credibilidad al relato en las palabras del epílogo: «¿Quién podría fijar el verdadero origen de los hechos y de las cosas? Las explicaciones pomposas que de ellos se dan a las veces, suelen ser gratuitas y falsas. Causas íntimas y a veces pequeñas dan nacimientos a hazañas y monumentos. Así, el amor es el origen de la imperial Aix-la-Chapelle»[8].

Tomás Carrasquilla incluye entre sus cuentos varias leyendas de origen conocido, como «Prefacio de Francisco Vera», de extracción popular. Este narra la confesión de un bandolero, acusado por un cura, que se entrega por devoción a la Virgen de las Mercedes, la cual actúa milagrosamente. Los sucesos se sitúan en España y el propio autor da noticia de su origen: «Este cuento, localizado en Antioquia, y muy en boga hace sesenta años entre las gentes del pueblo, no es otra cosa que una variante de "el Romance del Cura", recogido por Rodríguez María no hace muchos años. Probablemente esta narración la trajo a Antioquía algún valenciano»[9]. En «La diestra de Dios Padre» el escritor colombiano elabora una leyenda de tema religioso en la que cuenta la historia de un hombre piadoso al que se le acerca un día Dios en ropas de peregrino y le otorga cinco deseos. En «El alma sola» teje otra narración legendaria basada en la creencia popular de las almas en pena.

Así mismo son dignas de destacar las leyendas del mexicano Vicente Riva Palacio incluidas en *Los cuentos del general,* «Las mulas de su excelencia», «La horma de su zapato», «Las madreselvas», etc., que se encuadran en marcos tan dispares como el Madrid decimonónico, el virreinato mexicano, o, incluso, el mundo árabe en tiempos del profeta Mahoma, época a que se remonta el relato titulado «Las madreselvas» en donde muestra el origen de estas flores necrófagas que habitan en los cementerios.

El escritor que recrea leyendas de mayor tono lírico y maravilloso es el también mexicano Justo Sierra, que en «Marina», «Fiebre amarilla», «La sirena», «Playera» y otros, muestra su preferencia por los motivos marinos. De gran originalidad es «Fiebre amarilla» que habla del origen legendario de la enfermedad del mismo nombre, en donde emplea ya una gran cantidad de recursos modernistas relativos a la luz y al color y una técnica cuentística bastante depurada. El relato se rodea de un ambiente mágico desde el recurso inicial empleado para introducir la leyenda. Después de una tempestad «sobre una hoja amarillenta temblaba una gota de agua, lágrima postrera de la tormenta», uno de los protagonistas mira atentamente «aquella perla de cristal» y ve, como en una bola mágica, el Golfo de México, en cuyo centro se levanta un islote de «impuro color de oro» del que emerge «una voz infinitamente triste, como la voz del mar» que cuenta la leyenda: Starei, jovencita bellísima, hija del golfo, hace enloquecer de amor a todos los hombres «pero si alguno se acercaba a ella, el Golfo rugía sordamente y el pájaro de las tempestades cruzaba el espacio». Un día, después de una noche tormentosa, Starei recoge a un náufrago moribundo del que se enamora y entonces prometer casarse con el hombre que sea capaz de salvarle la vida. De entre todos aparece uno:

> Alto y fuerte; sus cabellos del color del vellón del maíz, se levantaban rígidos sobre su frente ancha y broncínea y, dividiéndose en dos porciones, caían espesos y lacios en derredor de su cuerpo atlético; sus cejas eran dos delgadas líneas rojas que se juntaban en el arranque de su nariz aguileña; (...) Estaba desnudo y espléndidamente tatuado con dibujos rojos; de la argolla de oro que rodeaba su cintura pendía una tela bordada maravillosamente de plumas de «huitzili», el colibrí de Anáhuac[10].

Este hombre llamado Zekon (nombre que quiere decir «fiebre») salva al náufrago, que resulta ser un misionero. Starei cumple su promesa y se casa con Zekon; al salir al día siguiente de la cabaña nupcial y recibir el primer rayo de sol en sus ojos, éstos se vuelven amarillos como los de su esposo. Entonces el misionero descubre, demasiado tarde, que Starei se había casado con el diablo. Y concluye la voz que emana de la isla:

> Este es el centro del imperio de Starei, desde aquí irradia su eterna venganza contra los blancos. Murió el misionero, poco tiempo después, de una enfermedad extraña, y su helado cadáver se puso horriblemente amarillo, como si sobre él se reflejaran los ojos de oro impuro de Zekon[11].

De mayor envergadura es la producción decimonónica de la tradición que, como género literario, fue asumida plenamente por Ricardo Palma, cuya preocupación por fijar las características y límites del mismo, así como su voluntad de estilo, fue puesta de manifiesto en varios escritos y pudo ser transmitido a la gran cantidad de seguidores que captaron sus directrices sobre la concepción artística de las tradiciones. Sin embargo, simultáneamente a Ri-

---

[8] José López Portillo y Rojas, *Cuentos completos,* Guadalajara, Ediciones I.T.G., 1952.

[9] Tomás Carrasquilla, *Obras completas,* Madrid, E.P.E.S.A., 1952.

[10] Justo Sierra, *Obras completas,* tomo II, México, U.N.A.M., 1948.

[11] Justo Sierra, *op. cit.*

cardo Palma y a los tradicionalistas, el género aflora espontáneamente en otros autores que, en muchos casos, no tienen plena conciencia de la naturaleza de sus creaciones, por la gran cantidad de elementos concomitantes que existen entre el cuento y la tradición. Ésta recrea la historia, la historia menor, utilizando algunos rasgos propios de la técnica cuentística como brevedad, concisión e imaginación, pero recurre a procedimientos que no son atribuibles necesariamente al cuento, si bien son inherentes a ella misma como el humor, la ironía, el tono popular, la base histórica y la intención didáctica.

Se observa que con el título de cuento, o agrupados y confundidos con ellos, aparece un considerable número de tradiciones o de elementos tradicionalistas en los cuentistas decimonónicos. El chileno Daniel Riquelme, por ejemplo, que recrea varios momentos de la guerra del Pacífico en sus relatos denominados «Chascarrillos militares», más tarde publicados con el título de *Bajo la tienda,* utiliza en algunos de ellos procedimientos más típicos de la tradición que del cuento. Son dignos de mención, entre otros, el denominado «El Huáscar» basado en un episodio popular en relación con un buque de guerra peruano, temido como grave amenaza para la flota chilena, que se perpetuó a modo de refrán en la vida cotidiana, y «La derrota de Calama» «exponente de su buen sentido del humor y del tono llano y coloquial de sus relatos», en el que pone de relieve la gran fuerza de los rumores populares, capaces de modificar la historia creando acontecimientos realmente inexistentes como el que da título a la narración.

Rafael Delgado, aunque no con la misma agilidad que Palma, escribe igualmente algunos relatos de índole tradicionalista como los titulados «La noche triste» y «La misa de madrugadas» en los que narra algunas anécdotas vividas en la historia inmediata de Pluviosilla, el entorno urbano literario creado por él. Justo Sierra, por su parte, ostenta una notable preferencia por las reconstrucciones bíblicas o religiosas para sus narraciones tradicionalistas como se hace patente en «Memorias de un fariseo», «En Jerusalén», «666; César Nero», etc. Igualmente son dignas de tener en cuenta algunas otras tradiciones como «¡Se me augan los pieses!», «Anecdóticos», «Humo de cigarro» y «Tradiciones argentinas» de Fray Mocho, «Los funerales de una cortesana» de Julián del Casal. También Rubén Darío se decide a «espigar en el fertilísimo campo —dice él— del Maestro Ricardo Palma», y en su relato «Las albóndigas del coronel» se confiesa «seguidor de la *Ciencia del buen Ricardo».*

Más que otros autores no abiertamente tradicionalistas, Riva Palacio revela su inclinación hacia la tradición en numerosos de sus *Cuentos del general:* «El voto del soldado», «La leyenda de un santo», «Ciento por uno», «La bendición de Abraham», «Las honras de Carlos V», «El nido de los jilgueros», etc. La mayoría de ellos muestra una preferencia manifiesta por los primeros años del México virreinal del que ofrece un anecdotario variadísimo. La tradición de Riva Palacio, de un tono no tan popular como el de Palma y un regocijo menos humorístico que el suyo, consigue trazar unos relatos muy pulidos, verdaderos modelos de concentración y síntesis, que revelan un narrador magistral con una gran sensibilidad en la selección de los temas y un enorme dominio de la técnica narrativa. Buen ejemplo de ello es la titulada «La bendición de Abraham», sobre la introducción del trigo en México, que roza el clima de la leyenda en el planteamiento inicial, cuando el narrador relata como un pajarillo huido de su jaula cae extenuado y hambriento en un campo de trigo. Una espiga apiadada le entrega algunos de sus granos con ayuda del viento y entonces él, agradecido, le refiere las palabras del Génesis que Dios dirigió a Abraham: «Se multiplicará tu semilla como las estrellas del cielo, como las arenas de las costas de los mares.» A continuación, sin embargo, recurre al dato fidedigno y documentado históricamente para explicar cómo pasó a México el primer grano de trigo que evidentemente —explica Riva Palacio con

Ricardo Palma.

cierto gracejo— era de aquella espiga compasiva. También a la época virreinal mexicana se remontan algunas tradiciones de Guillermo Prieto como «El Duque de Alburquerque» y «El Marqués de Valero».

Esbozadas las variantes que configuran buena parte del relato breve decimonónico, se hace necesario ahora fijar la atención en las composiciones consideradas estrictamente cuentos; señalar sus límites cronológicos dentro de las corrientes literarias del siglo pasado implica una tarea harto difícil, sino imposible. Pretenderlo puede resultar forzado y artificioso ya que, especialmente a finales del siglo XIX, es frecuente la coexistencia de movimientos literarios y tendencias, incluso en un mismo autor. De ahí que sea más eficaz de describir su propia configuración como género así como su desarrollo y evolución hacia el concepto actual del mismo, siempre sobre la base de la simultaneidad de las distintas estéticas del siglo.

Desde la perspectiva de nuestros días, al lector acostumbrado a los cuentos actuales pueden parecerle sobrecargadas las composiciones decimonónicas ajenas todavía a las elaboradas depuraciones a que han sido sometidas en la actualidad. Aún así, el cuento del siglo XIX ya logra recoger en muchos casos la instantaneidad como esencia de la narración, y el escritor comprende que éste es un medio flexible y el más efectivo para captar los momentos claves, más intensos o decisivos, de la vida humana, pero no tiene todavía conciencia de la significación y alcance del género como lo tiene el cuentista de nuestros días. Éste consigue extremar el estilo y la técnica para enfatizar el tema elegido, sustrayendo el relato a las digresiones dilatorias que retardan el efecto pretendido. Además el escritor actual incorpora a la narración no sólo las experiencias determinantes del hombre en situaciones límite, sino también aquellos pormenores de la vida cotidiana que son los que constituyen la esencia fundamental del discurrir humano.

Baquero Goyanes observa este mismo rasgo diferenciador entre las composiciones breves peninsulares de las dos últimas centurias:

> En los cuentos decimonónicos aparecen hombres que viven ante nosotros ese momento *suyo,* para desaparecer luego con la vida rota o lograda (...) En las narraciones más modernas que ya no se contentan con presentar el momento decisivo de una vida, (...) avanzado más, narran un momento cualquiera —gris, insignificante— por considerar que, en potencia, contiene toda una vida[12].

[12] Mariano Baquero Goyanes, *El cuento español en el siglo XIX,* Madrid, C.S.I.C., 1949.

El cuento contemporáneo gana en intensidad al despojarse de largas descripciones, de epílogos aclaratorios de índole moralizante o didáctica, de explicaciones innecesarias que se desprenden del propio relato, y además presenta una más amplia gama de modalidades que el decimonónico, aún reconociendo en éste un vasto repertorio.

En un intento abarcador y con el ánimo de sistematizar el relato breve del siglo pasado se ha agrupado éste sobre la base de tres núcleos que se organizan en torno a otros tantos factores de índole distinta como son el amor, el extrañamiento y las relaciones sociales. Resultado de ello es la triple modalidad narrativa que configura esencialmente el cuento decimonónico: sentimental, fantástica y social.

EL CUENTO SENTIMENTAL

Esta modalidad ocupa un lugar preponderante en la narrativa breve del siglo XIX. El romanticismo orientó el tema amoroso según los códigos de un idealismo exacerbado que derivó en un tipo de conducta muy peculiar basado en la convicción de la existencia de un solo y único amor, concebido como efecto purificador del alma que debía, por lo tanto, mantenerse inmaculado eternamente. De ahí que exaltara los principios de la inocencia, el candor y la pureza, que definieron un tipo de héroe y de heroína y crearon determinadas situaciones convertidas en signos propios de la mayoría de los relatos amorosos. Es así en «Un recuerdo y unos versos» de Juan León Mera, «Nocturno» y «La novela de un colegial» de Justo Sierra, «Amor secreto», «Alberto y Teresa» y «Un doctor» de Manuel Payno, «El arpa» de López Portillo, «Adolfo», «Amor de niño» y «Así» de Rafael Delgado, etc.

En gran parte de estos cuentos que, en su conjunto presentan el defecto de ser demasiado dilatados, la heroína suele presentar rasgos comunes desprendidos de su aspecto físico y de sus cualidades espirituales. Puede ser descrita como «una graciosa y simpática joven, algo pálida y triste, envuelta en su alma en el cándido velo de la pureza infantil» o «una jovencita de rostro expresivo y tierno, de delgada cintura, de rostro lleno de alegría y entusiasmo, mujer celestial» que provoca «pasiones ardientes, puras y castas» o «amores puros y candorosos, amores de las flores y del céfiro». También suele ser considerada «ángel puro», «casta virgen» con quien se sueña «una existencia entera de ventura doméstica». Juan León Mera reflexiona sobre la condición e importancia de este amor juvenil en su relato «Un recuerdo y unos versos».

El amor de los jóvenes, tenido por cosa frívola por algunas almas irreflexivas y superficiales, no es para menospreciado, ni para que se deje pasar desadvertido; esa pasión, según se la comprenda y dirija, es el genio bueno o malo que frecuentemente obra con gran poder en los caracteres y en el destino del hombre: el porvenir depende muchas veces de esa llama con la cual juega la inocencia sin quemarse, en tanto que no viene la malicia a terciar en los juegos. ¡Y cuán difícil es evitar que esta intrusa venga a envenenar las entrañas de aquel ángel compañero de la primera infancia![13]

La secuenciación básica de estos cuentos sigue un desarrollo similar en todos a partir del nacimiento del amor sublime en el que ocupan un papel esencial como coadyuvantes la música, las flores y la poesía. Inevitablemente siempre ocurre una separación forzosa que puede estar producida por varios factores: una inexplicable indiferencia, un viaje inesperado, la muerte de uno de los dos enamorados; eventualidad esta última que ocurre con mayor frecuencia y que generalmente está ocasionada por una enfermedad que la antecede («fiebre nerviosa», «violenta fiebre»). De manera que el amor ideal, que apunta normalmente a su legitimación por el matrimonio, resulte irrealizable, ya que siempre se ve truncado por hechos imprevistos que lo obstaculizan. Manuel Payno se recrea en este tipo de desenlace funesto en su cuento «Alberto y Teresa», donde sigue pormenorizadamente el final trágico de los dos protagonistas a manera de ensayo de cuento con dos finales, situando al narrador en la doble perspectiva de los personajes.

El ejemplo más extremado de amor imposible lo proporciona Rafael Delgado en «Amor de niño» donde, desde el principio, asume la irrealidad del amor al presentar a un personaje enamorado de la fotografía de una mujer, cuyas cualidades son sólo producto de su fantasía y cuya imagen responde a un ser inexistente y por lo tanto inalcanzable.

López Portillo y Rojas, que oscila pendularmente de la estética romántica a la realista, ofrece otro tipo de obstáculo menos frecuente en el romanticismo que consiste en la introducción de un personaje cuyo matrimonio anterior es el impedimento que obstaculiza la legitimación amorosa presente. Es así en cuentos como «La fuga», «El brazalete», «En diligencia», etc. En este último pone de manifiesto el debate del romanticismo frente al realismo y naturalismo de su época, en la voz de dos personajes. Uno de ellos,

Pertenecía a la escuela naturalista, y proclamaba la muerte próxima e ignominiosa del clasicismo y del romanticismo. Aquí fue donde entramos aquel buen mozo y yo en batalla campal. El naturalismo —díjele por contrariarle— es la corrupción de la literatura. No señor —me replicó con viveza— es la efloreciencia de un arte nuevo; el verdadero y digno de cultivo. Acto continuo bosquejó su credo literario, poniendo por los suelos a los genios más renombrados de la época, y declarando que los mejores escritores de los tiempos modernos eran Balzac, Flaubert y Zola. No había más literatura que la naturalista, y Zola era su profeta[14].

Según se desprende del relato, parece que el romanticismo comenzaba a estar por entonces relegado al gusto exclusivo de las mujeres, de ahí que el narrador del cuento explique con cierto tono burlesco que se hace pasar por romántico para poder conquistar a la dama: «convertirme en defensor del sentimentalismo, en poeta llorón de los años 30 a 40; no me hacía más que la melena de la época». En este mismo cuento hace un análisis de la naturaleza femenina que revela un ligero cambio de actitud manifiesta en el tono cientifista que pretende darle a su explicación:

...La mujer carece de sentido estético, y (...) abandonada a sí misma, es como el ciego que se dirige sistemáticamente a estrellarse la nariz contra las paredes, o a echarse de cabeza en los pozos. Gústale parecer abnegada, y sin duda por esto escoge lo peor a la continua: entre el cojo y el de las piernas sanas, se decide por el cojo; entre el pobre y el rico, por el pobre; entre el buen mozo y el feo, por el feo; entre el inteligente y el tonto, por el tonto. En su sublime desinterés, toma siempre el partido del débil. (...) Si quisiera explicar este fenómeno, diría que tal explicación de la mujer a lo menos bueno a lo malo, no es más que el desarrollo de su naturaleza. Nació para el sacrificio; la maternidad, la crianza de los niños, el tomar puntos a las medias, ¿Qué otra cosa son sino otras tantas penas? Sienten que han nacido conformadas para el heroísmo y necesitan para vivir someterse a privaciones y pesares. Por eso les seduce el tipo de Tenorio, porque Tenorio es su azote; por eso se casan con los miserables que no pueden darles de comer, y con los borrachos que les pegan. ¿Quién duda que en su mismo sufrimiento hallan su delicia?[15]

Simultáneamente el ideal romántico de mujer va modificándose para crear un tipo no tan cándido y más lozano, desenvuelto y atrevido

[13] Juan León Mera, *Novelitas ecuatorianas,* Madrid, Tip. de Ricardo Fe, 1909.

[14] José López Portillo y Rojas, *op. cit.*
[15] *Ibídem.*

que el anterior. La relación amorosa va superando los rubores del idilio romántico para ser más inmediata y directa. El planteamiento final abandona lo trágico y asume una filosófica aceptación de los contratiempos, lo que refleja un cambio esencial en los valores de la sociedad. Desde el punto de vista de la técnica narrativa, este cuento implica también una progresión ya que, a pesar de las digresiones, logra un final rápido efectista y sorpresivo.

Los escritores de tendencia realista crean otros signos para la formulación del código amoroso, transformando la heroína celestial e idolatrada en una mujer maltratada, y el hombre honesto en un ser vicioso y egoísta. El amor ideal irrealizable es sustituido por una unión por conveniencia, cifrada en la sinceridad, y con frecuencia consumada, si bien susceptible de ser truncada por divorcio, abandono, o crimen pasional por adulterio. Manuel Zeno Gandía, en quien concurren también elementos románticos y modernistas, es claro exponente de esta nueva concepción del relato sentimental en cuentos como «Rosa de mármol», «De buena cepa» y «Y Gastón fue». En «Piccola» y «La trenza» trata de analizar científicamente el fracaso amoroso como resultado de un determinismo social o sicológico que imprime un carácter específico a ciertos personajes, los cuales sufren un proceso que, partiendo de la infancia, se hace irreversible en la madurez. El cuento titulado «El sofisma» es un verdadero manifiesto realista sobre las relaciones amorosas en el que a través de un personaje, el autor ataca los prejuicios sociales mediante «doctrinas frías, heladas, terribles con las cuales parece querer apedrear la resistencia de siglos de convencionalismos, de ideas bases en el edificio del mundo». Suscita también una polémica sobre el matrimonio y las leyes sociales que se imponen sobre el amor, declarando que:

> La esposa social es condicional. Se entrega con tal que el hombre cumpla determinados requisitos. Los convencionalismos no deben ser hipócritas, ni arrebatar a la mujer el libre derecho a la elección; porque entonces hacen aparecer mejor los estados sociales en que el amor se colma sin convencionalismos [16].

En el código amoroso modernista, menos analítico que el anterior, se aprecian aún ciertas ataduras a los conceptos románticos si bien adaptados a la prédica modernista. Los signos de este código se reviste de una menor rigidez

y de una disposición a la apertura de las relaciones en un ámbito en que se evidencia claramente la supremacía del esteticismo sobre el cientifismo, y en el que la incorporación del erotismo y el goce sensual constituyen la mayor aportación modernista al cuento sentimental. Rubén Darío, en el titulado «El palacio del sol», proclama abiertamente los nuevos cauces de la relación amorosa a través de un discurso impregnado de un claro simbolismo sexual. El narrador se dirige a «las madres de las muchachas anémicas» aconsejándolas que:

> Para encender la púrpura de las lindas mejillas virginales, (...) es preciso abrir la puerta de su jaula a vuestras avecitas encantadoras, sobre todo cuando llega el tiempo de la primavera y hay ardor en las venas y en la savia y mil rayos de sol abejean en los jardines, como un enjambre de oro sobre las rosas entreabiertas [17].

Es todavía evidente, sin embargo, la vinculación al romanticismo en cuentos como «Juan el organista» de Gutiérrez Nájera, «El velo» de Julián del Casal y «El año que viene siempre es azul» de Rubén Darío, entre otros.

Amado Nervo, que cultiva con preferencia el relato amoroso en sus *Cuentos de juventud* y exalta el amor como esencia vital en los titulados «Cuento de invierno», «Un mendigo de amor» y otros, conserva cierto gusto por el ideal romántico y así lo reconoce en «Mi desconocida» donde el narrador confiesa:

> Me gustan las mujeres pálidas, enfermizas; de aspecto apacible y melancólico; las que nunca ríen ruidosamente, sonriendo sólo de cuando en cuando y que unen a todo esto una cabellera oscura y rizada y unos ojos muy claros. ¡Romanticismo pasado de moda, ¿verdad? (...); pero, qué queréis, «yo soy así»! [18]

Sin embargo, en otros cuentos como «Crimen pasional», «La llave de plata», «Cartas cantan», «El engaño», «Relligio», etc., supera la concepción del amor único y legítimo y asume la aceptación de la existencia cambiante y susceptible de transformaciones. A este respecto, son muy ilustrativas las palabras de la heroína de «Cartas cantan»:

> Estoy echando carnes. Siempre temí la obesidad y hoy no me disgusta (...) seré una mamá gorda colorada como nodriza normanda (...) ¡y qué! (...) ¡Qué necia es la mu-

[16] Manuel Zeno Gandía, *Cuentos,* Nueva York. Las Américas, P. C., 1975.

[17] Rubén Darío, *Cuentos completos,* México, F.C.E., 1950.
[18] Amado Nervo, *Obras completas,* Madrid, Aguilar, 1962.

jer cuando juzga que sólo una vez se ama en la vida! Si cada primavera trae nuevas flores, ¿por qué en el corazón que amó y fue feliz no han de estallar nunca más yemas henchidas de savia? Después de todo ¡Cómo mienten las novelas románticas [19]!

Este nuevo enfoque modernista del tema amoroso, que se advierte también en otros cuentos de Rubén Darío, Gutiérrez Nájera y Julián del Casal, incorpora asimismo el motivo del adulterio, y es el comienzo de la andadura que llevará hasta las formas mas procaces del sexo que impera en cierta narrativa actual.

EL CUENTO FANTÁSTICO

Otra vertiente importante de la narración breve que comienza en el romanticismo es su atención hacia la modalidad fantástica en la que se trata de dar verosimilitud a lo inverosímil, producto esto último de creaciones en las que intervienen sucesos sobrenaturales de diversa índole, con un interés especial por el motivo de las apariciones. Las visiones o aparecidos, espíritus de seres humanos o sobrehumanos, pueblan con frecuencia cuentos de tendencia romántica y modernista de autores como Tomás Carrasquilla, Roa Bárcena, Riva Palacio, López Portillo, Manuel José Othon, Gutiérrez Nájera, Rubén Darío, Amado Nervo, etc. El título de una colección de cuentos de Tomás Carrasquilla, *De tejas arriba,* alude a una faceta de ese mundo sobrenatural, el que por «inescrutable no puede someterse a reglas fijas ni a fórmulas humanas». Sus composiciones entroncan con la tradición católica de los milagros producidos por intervención divina.

Es digno de mencionarse, entre ellos, el cuento titulado «El gran premio» cuyo protagonista, imagen de la soberbia humana, hace un pacto con el diablo en contra de los designios divinos que se hacen manifiestos en distintas apariciones.

Son más numerosos, sin embargo, los cuentos de aparecidos relativos a espíritus que se presentan en el mundo terrenal adoptando la forma humana que ostentaban en vida. Esta tendencia narrativa podría estar vinculada tanto a la cuentística popular sobre aparecidos como a la gran influencia que ejerció en el siglo pasado la doctrina espiritualista, nacida en Estados Unidos y enormemente extendida en Francia, donde alcanzó gran celebridad Allan Kardec que publicó *El libro de los espíritus* en 1875, conocido seguramente en Hispanoamérica. Entre los cuentos de esta modalidad se encuentran: «Un viaje al purgatorio» de Riva Palacio, «El espejo» de López Portillo, «Lanchitas» y «El hombre del caballo rucio» de Roa Bárcena, entre otros. Estos relatos rozan levemente los ambientes terroríficos que suministra la narrativa breve de otras literaturas decimonónicas y se mantienen alejados de las truculencias y espantos de aquellas adoptando una actitud más moderada.

En «Lanchitas» la narración avanza notablemente por la gran condensación lograda y por la adquisición de un tono que presagia la actitud de cierta literatura actual. Refiriéndose a la anécdota que va a relatar dice el narrador: «al cabo sí es absurdo»[20]; afirmación de la que se desprende que el principio de verosimilitud, esencial en la narrativa decimonónica, comienza a entrar en crisis, si bien todavía no se aprecia una modificación de los valores porque, aunque aquel logra crear magistralmente una tensión entre lo real y lo irreal, finalmente se resuelve la historia por un detalle minúsculo y fortuito que revela la certeza de lo ocurrido. Luis Leal insiste en este aspecto declarando que:

> Supo darle verosimilitud a un asunto un tanto increíble, hasta el punto de que nos hace aceptar el prodigio de la confesión del hombre muerto como si hubiera realmente ocurrido. El motivo del pañuelo, fundamental en el cuento, sirve para transformar lo inverosímil en verosímil[21].

El mismo tono desenfadado del cuento de Roa Bárcena, es el del narrador de «La pasión de Pasionaria» de Gutiérrez Nájera. Éste muestra su desdén por la ausencia o presencia de credibilidad que pueda suscitar en el lector su relato afirmando: «No sé si los muertos vuelven, ni si emigran las almas a otros cuerpos; pero voy a narrarles una historia»[22].

Rubén Darío en «Thanathopia» incorpora ya una ligera base científica para la explicación del fenómeno de las apariciones y acrecienta ostensiblemente el ambiente de espanto. El horror alcanza límites mayores en «El origen del diluvio», relato en el que Leopoldo Lugones, conocedor ya de Poe (como también lo eran Darío y otros modernistas) pone la historia —descripción alucinante de la tierra en la fase previa al diluvio— en la voz de un espíritu que se manifiesta a través de una médium.

[19] Amado Nervo, *op. cit.*

[20] José María Roa Bárcena, *Relatos,* México, U.N.A:M., 1941.
[21] Luis Leal, *Historia del cuento hispanoamericano,* México, De Andrea, 1971.
[22] Manuel Gutiérrez Nájera, *Cuentos y cuaresmas del Duque Job,* México, Ed. Porrúa, 1978.

Desde otra perspectiva, Manuel José Othón trata también el tema en algunos relatos, especialmente en «Encuentro pavoroso» y «Coro de brujas», en los que su planteamiento se hace, sin embargo, sobre la antinomía realidad-apariencia para combatir lo que, desde una mentalidad católica, él considera superstición. Utiliza el procedimiento de exagerar los ambientes terroríficos en los que tienen lugar las escenas de aparecidos, para después negarlas como simple apariencia y en cambio afirmar la realidad. En «Encuentro pavoroso» se cuenta lo sucedido a un jinete que viaja solo en la noche; en su trayecto experimenta varios momentos de horror que van preparando lentamente la llegada al punto culminante que se produce cuando el protagonista se encuentra con un jinete espectral que cabalga pausadamente en la noche. Más adelante descubre la verdadera explicación del hecho que lo revela como un suceso intrascendente, desvaneciéndose el ambiente terrorífico ante la evidencia de que la aparición era sólo producto de una errónea interpretación y no de la realidad.

De distinta índole son los cuentos fantásticos inspirados en el motivo de la metempsicosis. Éste puede proceder de los primeros acercamientos —posiblemente a través de la literatura francesa— a las culturas orientales cuyas religiones pregonan la transmigración de las almas, pero también cabe vincularlo a la doctrina pitagórica enormemente conocida y difundida a finales del siglo XIX. Riva Palacio lo desarrolla con cierta ingenuidad en «El matrimonio desigual», en el que el protagonista, desde el más allá, recapacita sobre la necesidad de seguir en este mundo y se reencarna en el cuerpo de un niño para comenzar a vivir otra existencia.

Abiertamente relacionado con las religiones orientales es «Un fenómeno inexplicable» de Leopoldo Lugones. El personaje, un homeópata que vive intensamente la ciencia pero «la ciencia libre, sin capilla ni academias», expresa su admiración por los yoguis, «esos singulares mendigos cuya vida se comparte entre el espionaje y la taumaturgia». Con el tiempo, consigue adquirir sus mismas facultades, «producir cuando quieren el autosonambulismo, volviéndose de tal modo insensibles, videntes» y se propone conocer su doble: «ver que era lo que salía de mí, siendo yo mismo». Por fin descubre que su otro yo es un mono, «un horrible animal que me miraba fijamente» del que no puede apartarse convirtiéndose en su presa. Todos los intentos posteriores de reintegración son frustrados, perdiendo el personaje para siempre el concepto de su unidad.

Entre los modernistas se crea una corriente de preocupación interesada en investigar los misterios del universo y los enigmas del ser y de la muerte según las interpretaciones de la doctrina pitagórica y las ciencias ocultas. Algunos de ellos se inician en la teosofía tratando de descubrir la dimensión transcendente de la naturaleza humana, la existencia de lo sobrenatural, como desafío al orden racional de la mentalidad positivista. Rubén Darío, que mostró su interés por los arcanos del universo en varios cuentos, en «El caso de la señorita Amelia» hace un compendio de todos sus conocimientos con estas palabras:

> Yo que he penetrado en la cábala, en el ocultismo y en la teosofía, que he pasado del plano material del *sabio* al plano astral de *mágico* y al plano espiritual del *mago*, que sí como obraba Apolonio el Thianense y Paracelso y que he ayudado en su laboratorio en nuestros días, al inglés Crookes; yo que ahondé en el Karma bhúdico y en el misicismo cristiano, y sí al mismo tiempo la ciencia desconocida de los fakires, la teología de los sacerdotes romanos, yo les digo que *no hemos visto los sabios ni un solo rayo de la luz suprema*, y que la inmensidad y la eternidad del misterio forma la única y pavorosa verdad [23].

Díaz Rodríguez en «Cuento azul» plantea la unión armónica del hombre con el universo a través del amor en imágenes llenas de color y fantasía. Baldomero Lillo expresa su deseo del advenimiento de una nueva humanidad por procedimientos sobrenaturales que sumergen algunos de sus cuentos en espacios refulgentes de luminosidad y metales dorados como en «El rapto del sol», «Irredención», «El oro», etc. Leopoldo Lugones en la mayoría de los relatos que componen *Las fuerzas extrañas,* opone el poder de la magia y lo sobrenatural a las ciencias experimentales creando composiciones del más alto grado terrorífico entre los modernistas. El escritor hace gala de extensos conocimientos físicos, químicos y matemáticos, acumulando en sus relatos datos científicos que sustentan la trama para después sobrepasar el ámbito puramente experimental y resolver los acontecimientos por cauces mágicos, producto de la fantasía, que se manifiestan a través de fenómenos naturales y extraños o, también, por la existencia de facultades humanas superiores. Tal ocurre en los cuentos titulados «La lluvia de fuego», «El escuerzo», «La fuerza omega» y «La metamúsica». En este último, el protagonista descubre los colores de la música argumentando vehementemente y con fundamentos científicos que «no se trata

---

23 Rubén Darío, *op. cit.*

239

de teorías. Las notas poseen cada cual su color, no arbitrario, sino real. Alucinaciones y chifladuras nada tienen que ver con esto»[24]. En él, el narrador asume la teoría pitagórica de la armonía y el ritmo cósmico cuando afirma que «el universo es musica».

Todo lo dicho hasta ahora confirma, a pesar de la opinión contraria de algunos críticos, la existencia de un cuento fantástico en el siglo pasado que puede considerarse un avance de composiciones posteriores como las de Horacio Quiroga, Felesberto Hernández, Jorge Luis Borges, Juan José Arreola o Julio Cortázar[25].

EL CUENTO SOCIAL

Los problemas derivados de la organización social constituyen otro de los núcleos dominantes del relato decimonónico. La preocupación de los narradores por captar aspectos relativos a ciertas instituciones sociales y por desvelar la situación de.seres marginados de la sociedad ponen de relieve la magnitud que alcanza el cuento social en el siglo pasado. A diferencia de las otras modalidades referidas anteriormente, ésta presenta una dificultad mayor de organización por la enorme complejidad que ofrece la realidad social especialmente en los años de crisis finiseculares. De la variedad de cuestiones registradas por los cuentistas, se abordarán aquí solamente las que pueden ser consideradas como constantes de mayor importancia por la frecuencia de su tratamiento.

La exaltación de la institución familiar, por ejemplo, es el objetivo primordial para algunos escritores que valoran ésta como el núcleo más sólido de la vida social cimentado en la convivencia armoniosa, el amor fraternal, la obediencia y el respeto filial, la autoridad paterna, la devoción y el sacrificio materno, etc. Este criterio fundamenta algunos cuentos de tendencia romántica en los que el microcosmos social que es la familia detecta los valores de una sociedad fuertemente ordenada y jerarquizada. De esta tendencia destacan «Mi única mentira», «Para testar» y «La chachalaca» de Rafael Delgado y también «Una madre» y «La casa del poeta» de Julián del Casal, entre otros. Por el contrario, otros autores que posiblemente consideran resquebrajada y en proceso de descomposición esta institución, reflejan, en un enfoque realista, su decadencia

como resultado de una sociedad también en crisis. Estos examinan en sus relatos factores como la ruptura de la unidad familiar, el abandono paterno, la ilegitimidad filial, disputas y riñas por herencias, odios y envidias fraternales, etc., según se aprecia en los cuentos de Amado Nervo titulados «El heredero» y «Decepción» y en los de Javier de Viana «Teru-te-ro» y «En familia», entre otros.

El motivo de la infancia ha sido desarrollado frecuentemente por los narradores del pasado siglo bajo prismas muy distintos que presentan manifestaciones del mundo infantil tanto de carácter trágico y descarnado como lírico y emotivo, dependiendo de la estética a la que se adscriban. La mayor parte de los cuentos dirigidos a esta causa se engloba dentro de la primera faceta, más propia del realismo, y remite a problemas relacionados con la inserción social de la infancia que hablan de explotación, delincuencia, malos tratos, educación, mortalidad, etc. Todo ello es objeto de preocupación para autores como Rubén Darío en «Botín y sangre», «El perro del ciego» y «El dios bueno», Amado Nervo en «El colmo», Tomás Carrasquilla en «Simón el mago» y «El chino de Belén», Angel del Campo (Micrós) en «El choto serrano», «Pobre viejo» y «La mesa china», Baldomero Lillo en «Era él solo», «La compuerta n.º 12» y «Petaca y Cañuela», Gutiérrez Nájera en «La balada de año nuevo», «La hija del aire», «La mañana de San Juan», etc. En este último, el cuentista mexicano articula un ataque desesperado contra la gravedad de la explotación infantil inquiriendo en tono patético

> ¿Quién libertará a esos pobres seres que los padres corrompen y prostituyen, a esos niños mártires cuya existencia es un larguísimo suplicio, a esos desventurados que recorren los tres grandes infiernos de la vida, la Enfermedad, el Hambre, y el Vicio[26]?

La sociedad rural, abordada muy esporádicamente por autores de procedencia romántica y realista como Riva Palacio, López Portillo, Juan León Mera y algo más por Rafael Delgado y Baldomero Lillo, es una de las bases esenciales de la cuentística de Javier de Viana. El gusto por lo rural es producto del acercamiento romántico a lo popular y lo regional, pero·mientras el romanticismo capta lo que en él hay de folklórico y pintoresco el realismo se vuelca sobre los aspectos psicológicos y sociales que conforman su realidad. En los relatos de Campo, Gurí y Macachines, el cuentista uruguayo no ofrece un cuadro idílico del

[24] Leopoldo Lugones, *Las fuerzas extrañas,* Buenos Aires, M. Gleizer, 1926.
[25] CA. Oscar Hann, *El cuento fantástico hispanoamericano en el siglo XIX.*

[26] Manuel Gutiérrez Nájera, *op. cit.*

habitante de la campaña, sino que ahonda en sus problemas sociales y políticos e indaga sobre su naturaleza campesina, recogiendo aspectos de su existencia cotidiana que superan el costumbrismo. Sus cuentos presentan la decadencia de los viejos valores gauchos en trance de extinción por la avalancha de la civilización urbana y sobre todo por la miseria e ignorancia de los paisanos. Viana anticipa el criollismo de Horacio Quiroga en cuentos como «La vencedora» en el que afronta el mismo tema que aquel en «A la deriva»: la picadura mortal de una víbora a un hombre que, en el caso de Horacio Quiroga, muere prontamente y en el que de Viana, es salvado gracias a las artes de una curandera. El distinto tratamiento del asunto crea, sin embargo, una distancia entre ambos autores; Viana rodea el suceso de un marco humano y referencial excesivo en el cual se diluye la tensión, Quiroga, por el contrario, deja al hombre solo frente a su destino irrevocable, intensificando el patetismo y concentrando la emoción sobre el personaje.

Otra faceta del criollismo la ofrece el retrato de la sociedad provinciana que ha sido objeto de análisis en cuentos de Rafael Delgado, Tomás Carrasquilla, y sobre todo en los de Roberto J. Payró. En los relatos de *Pago Chico,* su autor muestra las relaciones entre la población y las fuerzas vivas del pueblo constituidas por el juez de paz, el escribano, el comisario, etc., que sustentan la vida política y social provinciana deteriorada por el engaño y la corruptela. Es muy acertado el criterio de Luis Leal para quien «más que cuentos los de *Pago Chico* son estudios sociológicos en torno a la vida de un pueblo en transición, estudios hechos por un literato con visos de sociólogo[27].

El mundo del trabajo y la explotación del oprimido tiene eco en algunos autores, entre los cuales cabe destacar a Rubén Darío por sus cuentos titulados «El fardo», «Morbo et umbra», «¿Por qué?», etc. Pero sobre todo hay que mencionar los cuentos mineros de Baldomero Lillo, autor que, en la mayoría de los relatos de *Sub terra* y en algunos de *Sub sole,* presenta un mundo degradado por la violencia y la injusticia motivado por las presiones que ejercen las jerarquías dominantes sobre el trabajador minero. Este soporta su existencia prácticamente confinado, junto con su familia, en los terrenos de la compañía explotadora subsistiendo en condiciones ínfimas. La situación social que reflejan estos cuentos, a los que se aplica a veces los códigos del naturalismo

Horacio Quiroga.

de Zola, es estremecedora y raya los límites de la animalidad. Buen ejemplo del estado desesperado que viven sus personajes es el cuento titulado «El chiflón del diablo» en el que la explotación de que es objeto el minero se convierte en causa de tragedia mayor.

Los ambientes urbanos han suscitado menor interés entre los cuentistas decimonónicos, más preocupados por exaltar los valores criollos de lo rural, pero aún así han mostrado cierto interés por aspectos de la vida de la ciudad desprendidos de las mismas dificultades que la subsistencia en ella entraña dentro de una sociedad desigual e injusta. El abuso, la prostitución y en general todos los problemas derivados de un estado precario de supervivencia, ha inspirado cuentos de Angel del Campo, Roa Bárcena y Riva Palacio, entre otros. Es digno de mención el cuento de este último titulado «Un stradivarius» cuyo tema coincide con el que desarrolla Roa Bárcena en «Un cuadro de Murillo». La narración del primero, más elaborada y efectista, se basa en una anécdota que plantea el recurso del engañador engañado poniendo de manifiesto la mezquindad de algunos ciudadanos y las pugnas que se discuten entre la astucia y la avaricia.

De distinta índole pero también objeto de preocupación es el problema relacionado con

---

[27] Luis Leal, *op. cit.*

241

la inserción del propio escritor en su medio social. Esta cuestión, que atañe directamente a la creación artística, ha sido suscitada casi exclusivamente por algunos narradores modernistas. Un relativo número de cuentos trata de recoger la dinámica de esta relación incorporando al papel protagonista a escritores y artistas que aparecen emitiendo quejas desesperadas ante la precariedad de su situación[28].

A través de varios cuentos se advierte que la conciencia arraigada de su pertenencia a una casta superior lleva a los escritores a distinguir dos clases de hombres: los vulgares, «raza de lacayos incapaces de nobleza» y los poetas o escritores en general, tesoro espiritual de la sociedad materialista burguesa con aspiraciones superiores e ideales sublimes. Díaz Rodríguez recoge esta doble condición del hombre en distintos cuentos, e incluso en el titulado «Rojo pálido» atribuye tal dualidad al protagonista que se debate entre ambas situaciones: «De un lado, el artista orgulloso que habita cumbres; del otro, el hombre vulgar que siente de un modo intenso la vida, de sangre fuerte y pasiones ásperas; de un lado, el artista que no acepta cadenas, lazos ni tiranías (...); del otro, el hombre vulgar que se forja gustoso cadenas muy pesadas (...); de un lado el artista que anda siempre tras lo original, en persecución de la belleza oculta, de la forma rara, y vive en los dolores y alegrías hondos y nobles del que crea; del otro, el hombre vulgar que se contenta con placeres fáciles y no aspira sino a hacerse de un puesto en el banquete y a que sea abundante su ración de pan y amor»[29].

El mismo Díaz Rodríguez en «Cuento áureo» insiste en la condición del creador que vive un mundo de valores y aspiraciones estéticas, distinto del que impera en el hombre medio, describiendo al escritor como «un pobre diablo (...) mitad mendigo, mitad trovero: Bohemio le llamaban desdeñosamente los hombres y lo creían estúpido porque despreció la riqueza, el poder y los abrazos infames. No tenía sino un manto agujereado por las lluvias del cielo y las piedras del camino, pero él no se hubiera trocado por el más rico poseedor de tesoros»[30]. De estos cuentos se desprende que el escritor es un ser inútil, demente y extraño, absolutamente incomprendido en el mundo positivista por la —considerada desde su perspectiva— ignorancia burguesa, que no entiende sus altos ideales ni valora su arte, porque éste «no está en los fríos envoltorios de mármol, ni en los cuadros lamidos, (...) El arte no viste pantalones ni habla en burgués, ni pone los puntos en todas la ies. Él es augusto, tiene mantos de oro, o de llamas, o anda desnudo, y amasa la greda con fiebre, y pinta con luz y es opulento...»[31]. Pero en realidad este personaje autoconsiderado diferente y superior se enfrenta a una realidad dolorosa para él, fruto de la toma de conciencia de su condición de trabajador no retribuido porque su producción no interesa a la mayor parte de la clase adinerada. La burguesía dominante rechaza al escritor que se ve expulsado de los sectores privilegiados de la sociedad y obligado a sobrevivir dificultosamente con serios problemas económicos. En este medio se siente marginado socialmente y si bien lucha por hacer reconocer su valía y su función social, resulta desprestigiado, solitario, y abrumado por «un porvenir de miseria y hambre», tal y como se desprende de los cuentos de Rubén Darío titulados «El velo de la reina Mab», «El rey burgués», «El sátiro sordo», «El pájaro azul», etc. En «La canción del oro» el escritor nicaragüense presenta a un poeta hambriento, cantando un himno social amargo y desesperado, que es igualado socialmente a «los miserables, beodos, pobres de solemnidad, prostitutas, mendigos, vagos, rateros, bandidos, pordioseros, peregrinos, ...»[32] La amarga realidad determinada por el materialismo positivista, reserva al creador un papel relegado en la sociedad. Este, motivado por sus convicciones artísticas e imbuido de su función estética, adopta la solución de protegerse y aislarse en un mundo de paroxismo creador, desde donde considera «grotesca la sociedad, repugnante y feo el mundo». Pero a la larga resolverá, como es sabido, ponerse al servicio de la clase que lo desprecia para ejecer otras actividades que le permitan vivir en la medida de sus necesidades.

De todo lo dicho hasta aquí pueden extraerse algunos de los logros del cuento hispanoamericano del siglo XIX, así como su verdadera dimensión cifrada en varios rasgos esenciales que cimentan su configuración. Si bien es cierto que, como se apuntó al principio, existen dudas e imprecisiones sobre el concepto genérico, y también ciertas contaminaciones con otros géneros cercanos, que no son sino indicadores de los tanteos y búsquedas de que el cuento es objeto en un siglo en que sólo en escasas literaturas se han fijado sus normas. También hay que reconocer, sin embargo, que la mayor parte de los cuentistas consiguen componer, aunque sea vacilante e inconscien-

---

[28] Angel Rama, *Rubén Darío y el modernismo,* Caracas, Universidad Central de Venezuela, 1970.

[29] Manuel Díaz Rodríguez, *Cuentos de color,* Caracas, Barcelona, Ediciones Nueva Cádiz. Sin fechar.

[30] Manuel Díaz Rodríguez, *op. cit.*

[31] Rubén Darío, *op. cit.*

[32] Rubén Darío, *op. cit.*

temente, auténticas obras maestras, algunas de las cuales rozan ya las cuidadas elaboraciones de los cuentos de la actualidad.

La fisonomía peculiar del relato breve se establece, por un lado, en un diseño modelado entre el cuento bien construido para conseguir todos los efectos y la narración ambigua y laxa constituyente de un estado embrionario de aquel. Y por otro, se debate entre la creación del cuento concebido como tal y las composiciones de géneros adyacentes como la leyenda y la tradición. Aunque en este trabajo, con una finalidad meramente sintetizadora, se han reducido a tres las modalidades esenciales del cuento, hay que concluir que su riqueza es una verdad fehaciente y meritoria que consolida una producción cuentística notable. Finalmente, es necesario señalar que su valoración en la historia literaria hispanoamericana es fundamental para comprender el amplio y esmerado corpus narrativo que constituye la cuentística de nuestros días.

BIBLIOGRAFÍA

EMILIO CARILLA, *El romanticismo en la América Hispánica,* tomo II, Madrid, Gredos, 1975.

JOSÉ OLIVIO GIMÉNEZ y otros, *Estudios críticos sobre la prosa modernista hispanoamericana,* Nueva York, Eliseo Torres, 1975.

PEDRO LASTRA, *El cuento hispanoamericano del siglo XIX,* Santiago de Chile, Universitaria, 1972.

LUIS LEAL, *Historia del cuento hispanoamericano,* México, De Andrea, 1971.

ENRIQUE PUPO-WALKER, *La vocación literaria del pensamiento histórico en América,* Madrid, Gredos, 1982.

— «El cuadro de costumbres, el cuento y la posibilidad de un deslinde», *Revista Iberoamericana,* Pittsburgh, enero-junio, 1978.

Varios autores, *El cuento hispanoamericano ante la crítica,* Madrid, Castalia, 1973.

José Joaquín Vallejo
(Jotabeche)

FERNANDO MORENO TURNER

De siempre, la historiografía literaria ha reservado un lugar privilegiado a la obra de José Joaquín Vallejo (1811-1858), considerada como una de las expresiones más notables del costumbrismo decimonónico en Chile. Testigo singular de una época de lógicas convulsiones sociales, Vallejo supo presentar en sus artículos algunas de sus facetas más relevantes. Las luchas por la Independencia, las pugnas entre liberales y conservadores, el progresismo y la modernización impulsados por un sistema autoritario que favorece el pacto neocolonial constituyen, cuando no ocupan el primer plano, el telón de fondo delante del cual se despliega una aguda y profusa descripción de espacios, tipos y costumbres.

Entre 1841 y 1847, instalado en su ciudad natal de Copiapó, en el norte del país, publica José Joaquín Vallejo (bajo el seudónimo de *Jotabeche*, tomado de las iniciales de Juan Bautista Chaigneau, un argentino de reconocida fama humorística radicado en aquella ciudad) la mayor parte de sus escritos. A Copiapó ha vuelto para ejercer como abogado, después de haber realizado estudios en Santiago y de haber desempeñado, durante algunos meses, labores administrativas en la Intendencia de Maule. Sus primeros textos periodísticos aparecieron en el diario satírico *La guerra a la Tiranía*, en 1840. A partir de 1841 y con intervalos irregulares hasta 1851 publica artículos y cartas en *El Mercurio* de Valparaíso. También escribe, entre 1842 y 1843, para el *Semanario de Santiago* y, en su ciudad, funda *El Copiapino*, diario en el que colabora asiduamente entre 1845 y 1847. Pero José Joaquín Vallejo se dedicó también a los negocios (las actividades mineras y su participación en la compañía del ferrocarril de Copiapó a Caldera le depararon satisfacciones económicas) y a la política (fue regidor y diputado de Copiapó —asociado al grupo conservador— y representante diplomático de Chile en Bolivia). Tales ocupaciones le proporcionaron, en buena medida, el material de base sobre el cual habría de construir el sólido edificio que constituye el conjunto de sus conocidos artículos de costumbres.

UN ARTICULO BIEN DEFINIDO. TEMAS Y PROBLEMAS.

Los artículos de costumbres de *Jotabeche* (por lo demás, gran admirador de Mariano José de Larra) comparten con la literatura de la época una similar concepción utilitaria. Es el momento en el que la literatura aboga por una actitud ética y política en beneficio del mejoramiento de la vida en las incipientes repúblicas americanas. Y conviene recordar que Vallejo se adscribió a los principios conductores del llamado «Movimiento Literario de 1842» que, animado por José Victorino Lastarria, propugnaba una expresión veraz y auténtica de lo nacional gracias a una apertura y una originalidad que permitieran interpretar y afianzar lo específicamente continental. De ahí surge el interés por el color local, por el realismo pintoresquista que pone el énfasis en la pormenorización de tipos y costumbres, realizada, en gran medida, desde una perspectiva crítica e irónica: se ponen así en evidencia los quiebros y distorsiones de la sociedad y del régimen político.

Los artículos de *Jotabeche* presentan ciertas constantes estructurales sobre las cuales se asienta la exposición temática y la intencionalidad del discurso. Evidentemente, la primera de ellas se relaciona con el concepto de veracidad. Así, junto con las apelaciones directas al lector, encontramos la utilización de la primera persona como modo narrativo predominante. Tampoco faltan las autorreferencias y abundan las alusiones a la exteriorización de experiencias concretas, a la observación directa de la realidad: «He visto esta población, no de casas, sino de cuevas. He visto un cerro...», dirá, por ejemplo, en su artículo «Mineral de Chañarcillo». Esta insistencia en el conocimiento de hecho, en la verificación de anécdotas y situaciones (referidas o experimentadas personalmente), el énfasis dado a la vivencia de los sucesos pintorescos y de los usos y hábitos que se practican en el tejido social y que constituyen las bases de su funcionamiento, hacen merecedor a *Jotabeche* del apelativo de nuevo cronista, no de gestas, sino de gestos.

Vendedores callejeros chilenos; litografía de Lehnert sobre un dibujo de Claudio Gay.

En segundo lugar, y en conformidad con la intención ético-didáctica que preside el conjunto de su obra, en un gran número de textos de *Jotabeche* se produce una suerte de focalización de la materia narrada a partir de principios o categorías concebidas como universales. El discurso sigue así un recorrido que conduce de una situación general a una particular, asumiendo esta última el carácter de ejemplo, comprobación o verificación de una ley fundamentada por la moral y la razón. Es lo que se percibe nítidamente en artículos tales como «Mineral de Chañarcillo», «La mina de los candeleros», «El derrotero de la veta de los tres portezuelos», «El provinciano en Santiago» y «El espíritu de suscripción», entre tantos otros.

Por último, conviene agregar que este propósito moralizante y didascálico resulta acentuado por la suspensión del discurso narrativo, suspensión provocada por la introducción de aseveraciones, reflexiones y digresiones en torno al tema desarrollado. Así por ejemplo, refiriéndose a las variaciones de la fortuna y a la triste situación reservada a sus protagonistas *Jotabeche* exclama «¡Especie humana! ¿En qué te diferencias de una prostituta, sino es en que tu nunca llegarás a vieja para enmendarte?» («Los descubrimientos del Mineral de Cha-

ñarcillo»). Junto con este procedimiento, y con idéntico afán, Vallejo procede a la utilización de preguntas y a la presentación de diálogos que recrean, concretan y ejemplifican una determinada situación.

Jotabeche tuvo conciencia de la dificultad de la empresa ético-didáctica y, haciendo uso del humor —un rasgo que se encuentra a lo largo de toda su obra—, se refiere a ella en términos que dejan establecido que su labor es la respuesta adecuada y necesaria frente a las coerciones y errores en los que incurre la mecánica social: «Corregir al hombre es alcanzar el cielo con las manos, es pedirle lana al burro o sermones a un caballo. Y ¿me ocuparé yo de una empresa tan necia? No en mis días. Sólo hago lo que la mitad del mundo hace de la otra mitad, lo que hace un dentista del infeliz que le encarga la refacción de su boca, o el peluquero de la calva que va a vestir con los despojos de un difunto; sólo quiero divertirme y emplear mis ocios, como llama un poeta a su tiempo más ocupado, en tomar las represalias más justas y legítimas, las que el enemigo autoriza con sus propias hostilidades.» («Paseos por la tarde. Segundo artículo»).

La orientación temática de los artículos de Vallejo es múltiple y variada. Incluso la naturaleza, la belleza y majestuosidad del espacio natural forma también parte —en la medida en que es comparada con el espacio humano y que permite, por ende, los comentarios correspondientes— de los temas edificantes de su obra («Visita al Cajón del Maipo», «Copiapó»). Por otro lado, *Jotabeche* proclama las virtudes del buen sentido, de la solidaridad y de la justicia («El Teatro», «Los Vapores y el Hospicio de Chañarcillo», «Corpus Christi», «Los descubridores del mineral de Chañarcillo»), pone en evidencia las diferencias sociales («Mineral de Chañarcillo») aunque permite suponer que se trata de una situación ineluctable a la que nos conduce el uso de la razón («La mina de los candeleros») tan deleznable como necesaria («Algo sobre los tontos.»)

Junto a lo anterior, *Jotabeche* se dedica a denunciar algunas de las taras que carga y arrastra el conglomerado social. Objeto de su sátira serán, por ejemplo, el egoísmo y las falsas atenciones («Una enfermedad»), la hipocresía («La cuaresma»), el robo y la usurpación en todos los niveles de la escala social («Los cangalleros»), la adulación y la mentira («El provinciano renegado») y también y muy frecuentemente, la vida administrativa y política, el abuso y la arbitrariedad de las autoridades, como se verá más adelante.

En determinadas ocasiones será un relato en su totalidad el que asumirá un carácter paradigmático, como sucede con *Un chasco*, donde se pone de manifiesto la tragedia que puede ocasionar una inocente broma de mal gusto. En un plano similar pueden ser situados otros dos relatos, considerados como manifestaciones embrionarias del cuento chileno, en los que *Jotabeche* rinde homenaje a la valentía, la voluntad y el coraje de personajes olvidados por la Historia, pero que protagonizaron heroicos episodios durante la lucha por la independencia. Se trata de «El último jefe español de Arauco» y de «Francisco Montero. Recuerdos del año 20.»

El TIEMPO DE LA HISTORIA. LA FUERZA DE LA COSTUMBRE. LA POLÍTICA DEL HUMOR.

No sólo los hechos concernientes al proceso de emancipación preocuparon a José Joaquín Vallejo. En gran parte de la obra de este cuidadoso observador del entorno social rezuma un contexto histórico coetáneo de singular importancia y, en especial, para el norte de Chile, donde las actividades mineras conocen un desarrollo fulgurante. Es, precisamente, el descubrimiento del Mineral de Chañarcillo (en 1832), el que inicia el auge de la minería en Chile. La producción y la explotación de la plata aumenta rápida y considerablemente y el puerto de Copiapó se convierte en una plaza de enorme significación en lo que concierne a las actividades industriales y de negocios relacionadas con este sector, iniciándose así la expansión de la economía chilena dentro de los esquemas del capitalismo comercial.

Jotabeche dedica algunas de sus páginas más notables a la presentación y explicación de las actividades mineras, con las que geográfica y laboralmente estaba tan vinculado. Las diversas labores realizadas en las minas, los hallazgos y las buenas y malas fortunas que han traído consigo, las creencias y las supersticiones, el derrotero existencial y la vivencia de los mineros, sus hábitos y sus diversiones, son algunos de los aspectos que surgen de esos artículos («Mineral de Chañarcillo», «Los descubridores del mineral de Chañarcillo», «La mina de los Candeleros», «El derrotero de la veta de los Tres Portezuelos.»)

Los cambios históricos, la evolución de las costumbres y las transformaciones de la vida ciudadana se materializan y especifican en los artículos de *Jotabeche* mediante la comparación entre un antes y un después, un después que goza de los logros de la independencia («Mineral de Chañarcillo», «Corpus Christi») así como de los adelantos y progresos del mundo moderno (*El puerto de Copiapó, ¡Quién te vio y quién te ve!, Un viajecito por mar*). Es esta estructura del ahora y el entonces la que le permite señalar y destacar las nuevas realizaciones, detenerse en el cambio y renovación de las formas de vida para, al mismo tiempo y sin por eso frenar sus críticas cáusticas y aceradas, poner en evidencia un optimismo que corre parejo con la fe en la razón y en el progreso.

El lector contemporáneo puede encontrar también en algunos textos de Vallejo un testimonio apasionado del ambiente literario y cultural de la época. A este respecto destaca su polémica con Domingo Faustino Sarmiento —exiliado en Chile— a propósito de la reforma ortográfica propuesta por éste en 1843 y que *Jotabeche* no cesa de criticar, velada o directamente, en algunos de sus artículos, como, por ejemplo, en «El espíritu de suscripción»: «Todos lo declaran campeón de la noche en punto a *dansista, eladista, pabista, vinista* y *coñaquista*. (Estas palabras no son del castellano sino mías, y por tanto *americanas*. He querido escribirlas con la ortografía de este nombre, en primer lugar porque de lo mío puedo hacer lo que se me antoje; y en segundo, por declararme de una vez *suscriptor* a la reforma propuesta por el *antecristo literario* que amenaza nuestro alfabeto)». También se referirá en varias ocasiones a los excesos del Romanticismo y del espíritu romántico, tendencia que por la época comenzaba a ganar adeptos y a la que, irónicamente, califica como moda digna de ser seguida a ojos cerrados y a la que, de todos modos es imposible resistir: «Hazte romántico, hombre de Dios, resuélvete de una vez al sacrificio. Mira que no cuesta otra cosa que abrir la boca, echar tajos y reveses contra la aristocracia, poner en las estrellas la democracia, hablar de independencia literaria, escribir para que el diablo te entienda, empaparse en arrogancia, ostentar suficiencia y tutear a Hugo, Dumas y Larra, hablando de ellos como de unos calaveras de alto bordo, con quienes nos entendemos *sans compliments*.» (Carta de *Jotabeche* a un amigo en Santiago).

El tono irónico-festivo que predomina en la mayor parte de los textos de Vallejo surge con soltura en todos aquellos artículos dedicados a la descripción de ciertos hábitos y situaciones bien precisas. Así el Carnaval y la Cuaresma alimentan narraciones desenfadadas en las que se exponen las cualidades del juego y las diversiones, por un lado, y el característico comportamiento de los fieles que olvidan, por lo general, los preceptos inculcados por la Iglesia una vez fuera de ella, por otro. Las actividades regulares y cotidianas también encontrarán cabida en sus bosquejos: la siesta, los rumores, los paseos por el campo, las reuniones y las tertulias. En esta línea temática su artículo más conocido es sin duda el que se refiere al viaje iniciático (la mayor parte de las veces primero y último) que el provinciano emprende a la capital; más que un derecho, deber y necesidad. Llegará a la ciudad con ansias de sabiduría y conocimiento, pero la experiencia pronto lo desencantará. En el anonimato de la urbe no será más que el objeto de la burla de los citadinos, se reirán de él los paseantes, se ensañarán con él los rateros, no encontrará la comprensión ni la justicia por parte de las autoridades, no le reconocerán los capitalinos que conoció, y que con tanto fasto recibió, en su pueblo. Será necesario, por ende, andar con cautela y tratar de aprender antes de adentrarse en ese peligroso y distinto mundo santiaguino: «No hay paso que dé, palabra que pronuncie, ropa que vista, ni género de cosa en que se meta que no sea para su ruina, que no promueva la burla y la risa de cuantos con él topan. Por eso yo aconsejaría al provinciano que su primera diligencia, así que se encuentre en la capital, sea de ponerse en rigurosa cuarentena, no haciendo su *entrada en aquel mundo* sino después de pasar este período de maldición, más o menos largo, según el carácter y antecedentes del individuo.» («El provinciano en Santiago»).

En todos estos artículos *Jotabeche* procede a una suerte de disección del organismo social con una escritura mesurada y oportuna. Su mirada sagaz ofrece una imagen dinámica, ingeniosa y amena en la que se perciben los rasgos profundos del comportamiento y de la mentalidad imperantes en la época, al mismo tiempo que pone al descubierto las disensiones entre el buen sentido y la desmesura, entre la intolerancia y el ejercicio de la voluntad, entre una lógica moralizante y las fáciles desviaciones materialistas.

Tal como se ha adelantado, el humor es, sin duda, uno de los aspectos predominantes y globalizadores de la obra de *Jotabeche*. Un humor que se expresa fundamentalmente mediante la utilización de la ironía: un modo de presentación indirecto que revela la distancia entre un ideal y la realidad, entre lo que es y lo que debería ser. Se trata de una ironía que recurre al principio de la fingida valoración de una realidad distorsionada y que presenta, además, un penetrante sentido de lo concreto puesto que Vallejo tiene conciencia de que todo no pasa de ser una simple noción si no se precisan y establecen las condiciones concretas para su realización.

Aunque el humor cubre el espacio textual vallejiano, este humor no es uniforme, sino que adquiere distintos y a veces concomitantes matices que van desde la simple ocurrencia o la descripción de una situación cómica hasta la más absoluta y total antífrasis. Pero hay más, porque el humor de *Jotabeche* no reside tan sólo en un determinado guiño al lector o en la eficacia cómica de una determinada expresión sino también, y sobre todo en la amalgama, en la comparación, en la asimilación de diversos elementos, en los movimientos de conjunto, en los efectos de acumulación, ruptura y encadenamiento y también en los juicios que de ellos se desprenden y que orientan al lector hacia determinadas conclusiones en beneficio de las consideraciones ético-didácticas anteriormente señaladas.

Como ya se habrá observado a lo largo de estas notas, pocos son los hechos o situaciones que escapan a los sarcasmos de *Jotabeche*. Y uno de sus blancos preferidos lo constituyen los avatares de la vida política y administrativa. En este sentido, y por medio de simples alusiones o extensos comentarios Vallejo se referirá, por ejemplo, a las vanas conversaciones frente a las necesidades del pueblo («Las tertulias de esta fecha»), a la política inexplicable del gobierno («Una enfermedad»), a la prepotencia policial («El Teatro», «Los Vapores y el Hospicio de Chañarcillo») o a la ineficacia de los dirigentes: «... yo pisé la tierra de Valparaíso, o más bien el barro de Valparaíso; el cual barro túvelo desde luego por una consecuencia de haber llovido, y no por una consecuencia de haber autoridades, según graves periodistas se empeñan en probarlo todos los inviernos.» («Estractos de mi diario»). También comentará los abusos, la arbitrariedad, las elecciones decididas de antemano («El espíritu de suscripción», «Algo sobre los tontos», «Carta de Jotabeche a un amigo de Santiago») o simplemente los halagos y apoyos interesados: «Los almofreces, petacas, baúles, canastos, sacos y paquetes forman un hacinamiento abismal, un océano revuelto, un laberinto, un pleito sustanciado en Freirina, una sociedad política que se propone sostener a un ministro porque le creen todavía muy lejos de caer para dejar de hacerle la corte.» («Las salidas a paseos»).

Como provinciano, *Jotabeche* experimentó, lógicamente, los resultados de la política de absorción, por parte del poder de la capital, de la mayor parte de las funciones relativas a la administración pública. Y a este centralismo dedicará también agudos comentarios en sus artículos «Cosas notables», «Suplemento a los extractos de mi diario» y en su «Carta de Jotabeche», dirigida a su amigo Miguel Talavera: «¿No es mejor que todas estas grandezas se hallen reunidas en un sólo punto, y que allí las ofrezca el gobierno a la disposición de todos vosotros? ¿No tenéis en Santiago una Universidad Nacional, una Biblioteca Nacional, un Museo Nacional, una Escuela Normal Nacional, varias academias nacionales, un teatro nacional? ¿Qué cosa, en fin, hay en Santiago que no sea nacional? /.../ ¿En qué ocasión invierte medio real el gobierno que no sea en honra y provecho de todos vosotros? ¿Paga una lista militar numerosa? De ella salen gobernantes para cuanto departamento tiene la república; y si gobiernan bien los militares, no hay para qué averiguarlo; tiempo perdido: háganlo bien o mal, no queda otro recurso que sufrirlos.» De talante similar es el artículo que dedica al espíritu y al comportamiento liberal en donde, situándose en la perspectiva de un miembro del partido, pasa revista a sus vicios y virtudes, aspectos que, a su juicio, no son sino las dos caras de una misma moneda: el afán de desquite, renombre y bienestar material que caracteriza a sus coetáneos («El liberal de Jotabeche»).

El fundamento del incisivo humor de Vallejo, de su acentuada ironía no es otro que ese afán de corrección de acuerdo con las pautas dictadas por la ética y la razón. Pero, como se habrá observado, *Jotabeche* no se presenta como el detentor de una verdad, no enjuicia desde un pedestal incontaminado sino que, como sus destinatarios, como sus lectores, se ve a sí mismo sometido a las dificultades, contingencias y presiones del entorno, lo cual tiene como resultado acentuar la eficacia del procedimiento.

Situado en medio del incesante movimiento, de ese envolvente torbellino social, Vallejo no dejará de rastrear y de encontrar los materiales adecuados para su reflexión: «¿Más costumbres? Las encontraréis buenas y malas donde quiera que dirijáis vuestros pasos: las buenas cantando victoria, las malas capitulando con la reforma. En todas partes está patente la fermentación regenerativa de nuestra época, la lucha de la razón entre lo nuevo y lo viejo, entre los ardientes innovadores y el calmoso justo medio, entre los patriotas saltarines y los patriotas gotosos, entre los que gritan ¡adelante! ¡abajo el estorbo! y los que contestan, ¡no hay que atropellar! ¡caerá a su tiempo! El Gobierno, entre tanto, dice a cada cual *piensa Ud. muy bien*: y siguen andando las cosas, sigue el gobierno con su opinión y sigue cada loco con su tema. ¡Lo que vale un gobierno bien educado!» («Suplemento a los extractos de mi diario»).

En definitiva es *Jotabeche* un francotirador de la (su) franqueza, una suerte de espíritu integrado y marginal, que en sus escritos, a través del ejercicio del constante vaivén entre lo que es y lo que debería ser, expresa y denuncia los errores de la sociedad y los valores de una ideología dominante cuyos fundamentos, ambiguamente, asume, defiende y combate.

BIBLIOGRAFÍA

OBRAS

Obras de don José Joaquín Vallejo (Jotabeche), Biblioteca de Escritores de Chile, Vol. VI. Imprenta Barcelona, Santiago de Chile, 1911 (incluye un estudio crítico y biográfico de Alberto Edwards).

JOTABECHE, *El provinciano en Santiago y otros artículos de costumbres*, Selección y notas de Pedro Lastra, Editora Santiago, Santiago de Chile, 1966.

VALLEJO, José Joaquín, *Crónicas Chilenas*, Introducción biográfica y selección de Raúl Silva Castro, Andrés Bello, Santiago, 1970.

CRÍTICA

AMUNATEGUI, Solar Domingo, *Las letras chilenas*, Santiago, Nascimiento, 1934.

DUSSUEL, Francisco, *Literatura chilena (del siglo XVI al XIX)*, Tomo I, Santiago, 1960.

GOIC, Cedomil, *Historia de la novela hispanoamericana,* Valparaíso, Ediciones Universitarias de Valparaíso, 1972.

LAZO, Raimundo, *Historia de la literatura hispanoamericana*, El siglo XIX, México, Porrúa, 1967.

SILVA CASTRO, Raúl, «El artículo de costumbres. Su evolución en la literatura chilena», en *Anales de la Universidad de Chile*, núm. 119, 1960, páginas 244-249.

— *Panorama literario de Chile*. Santiago, Editorial Universitaria, 1961.

URIBE ECHEVARRIA, Juan, «Contribución al estudio de la literatura de costumbres en Chile», en *Tipos y costumbres de Chile* (recopilación de Pedro Ruiz Aldea), Santiago, 1947, págs. IX-LXXVI.

Guillermo Prieto

GUADALUPE FERNÁNDEZ ARIZA

VIDA

En la historia literaria mexicana del siglo XIX cabe un lugar destacado para la figura de Guillermo Prieto. Pasó su vida (1818-1897) dedicado intensamente a la política y a las letras. Desde muy joven se reveló su capacidad para componer versos y a los catorce años consiguió la ayuda de don Andrés Quintana Roo, ministro de Justicia, a quien se había presentado como poeta; obtuvo de esta forma un empleo y el poder ingresar en el colegio de San Juan de Letrán. Durante dos años Prieto y un grupo de alumnos de este centro se reunían en los ratos libres en la habitación de José M.ª Lacunza, donde leían sus composiciones y eran censuradas por los componentes del grupo. Este fue el origen de la Academia de Letrán, una de las instituciones que más impulsaron la literatura mexicana en la segunda mitad del XIX. Las primeras publicaciones de Prieto son unos sonetos de tema religioso que compuso por encargo del Dr. Barrientos, eminente clérigo de aquella época y que aparecieron con el nombre del autor en todas las puertas de las iglesias de la capital mexicana. En 1834 Prieto conoció a la que sería su primera esposa, quien le inspiró muchos poemas y se convirtió en un estímulo que le ayudaría a superar su estrechez económica. Para el acto de la distribución de premios del colegio de San Juan de Letrán (1837) Guillermo Prieto compuso una «Oda a la Patria», donde presenta la situación de desamparo de la cultura como actitud del gobierno de esos momentos. El presidente Bustamante, que estaba presente, quedó impresionado hasta el punto de nombrarle su secretario particular y redactor del *Diario Oficial*. A la caída de Bustamante pasó a ser colaborador de *El Siglo XIX*, labor desarrollada a lo largo de cincuenta y tres años. Entre 1843 y 1844 colaboró en la redacción de *El Museo Mexicano,* revista literaria de gran relevancia. La principal aportación de Prieto fueron doce artículos de viaje. Durante la guerra entre México y los Estados Unidos, Guillermo Prieto desarrolla una gran actividad política llegando, a partir de estos momentos, a representar a cinco Estados y al Distrito Federal, entre los años 1848 y 1897, consiguiendo ser nombrado tres veces Ministro de Hacienda, desde cuyo puesto realizó importantes reformas administrativas. Su oposición al general Santa Anna le valió un destierro a Querétaro, dedicándose en este tiempo a escribir poemas, leyendas y episodios autobiográficos. En 1867 Prieto se encuentra en la capital comprometido en la tarea del desarrollo de una literatura nacional mexicana. Aparece entonces *Veladas literarias,* obra en la que se incluyen algunos de sus poemas. Al mismo tiempo comienzan a salir sus poesías satíricas en *La Orquesta,* periódico humorístico-satírico. Comparte esa labor con la militancia política, situación que dura hasta 1878 en que deja transitoriamente la política para dedicarse a la literatura, publicando durante este año una columna semanal en *El Siglo XIX: Los San Lunes de Fidel,* conjunto de cuadros en los que se advierte la huella de los costumbristas españoles. Al año siguiente sale a la luz *Versos inéditos;* esta publicación aparece cuando Prieto pasa ya de los sesenta años y en ella se recoge su obra poética, quedando una gran parte de sus escritos sólo en colecciones de periódicos y revistas.

Guillermo Prieto en 1873.

251

Sin abandonar la política continúa escribiendo; en 1883 sale la segunda edición de sus poesías con el título de *Musa Callejera,* uno de sus libros más conocidos, al que sigue el *Romancero nacional,* que sería prologado por Ignacio Manuel Altamirano. Empieza la redacción de sus memorias, en las que se nos presenta una galería de personajes del siglo XIX, que puede servir como fuente para el estudio de la historia mexicana de este período. En sus últimos años sería considerado el poeta más popular de México.

OBRA

La creación poética de Guillermo Prieto desarrolla una amplia gama temática. Entre sus composiciones encontramos el tema religioso en poemas dedicados a Cristo en la Cruz o a la Virgen. Así se inició como poeta y estos versos fueron publicados en los periódicos donde colaboraba[1]. A partir de 1833 empieza a componer versos patrióticos inspirados, sobre todo, en las fiestas nacionales. Son muy numerosos estos poemas, hasta tal punto que podría formarse un calendario patriótico mexicano[2]. La serie de poemas amorosos se inicia con «La sonrisa del pudor» (1838); están inspirados en gran medida por su esposa María. La composición más popular de esta serie es «Trova a María» (1843), recogida en *Versos inéditos.* La naturaleza es también otra fuente de inspiración desde época temprana. «A un sabido de Chapultepec» fue escrito a los dieciocho años y apareció en *El año nuevo de 1837,* junto con otras colaboraciones de sus amigos de la Academia de Letrán. Su pieza más lograda en este género es sin duda «Fuentes poéticas» (1844), en la que exhorta a los jóvenes poetas mexicanos a recrear las bellezas naturales del país. Prieto llegó a ser uno de los más fervientes admiradores del poeta cubano José M.ª Heredia. En el *Romancero* aparece como un motivo repetido la imagen del salto de agua, y hay varios poemas dedicados al Niágara. Otra dirección de su poesía contempla a escritores y hombres ilustres a los que el poeta mexicano rinde homenaje. El poema dedicado a su amigo Ignacio Manuel Altamirano (1889) es el ejemplo mejor logrado en este campo. Pero no podrían faltar tampoco los versos satíricos; la sátira era para Prieto un arma de combate en su lucha política y esto se refleja en su poesía. Los poemas que entran dentro de esta línea se publicaron en *D. Simplicio*, periódico satírico del que Prieto había sido fundador. Una de las series más importantes es la de romances históricos; en total la integran más de trescientas composiciones que muestran un recorrido por la historia, abarcando más de tres siglos de la vida mexicana: la época virreinal, luchas de independencia, guerra de México y Estados Unidos, llegando hasta la guerra de Reforma. El *Romancero* fue escrito en la madurez del poeta, publicado por cuenta del gobierno y prologado por Ignacio Manuel Altamirano.

El México popular está también presente en la poesía de Prieto a través de sus costumbres y tipos como el *charro* o la *china poblana;* esta última fue uno de sus personajes favoritos. En 1879 estas poesías se recogieron en una obra titulada *Versos inéditos.* Al final del segundo tomo se incluyeron varias composiciones con el nombre de *Musa callejera.* Estas alcanzaron una popularidad tal que su título se extendió a toda la obra a partir de la segunda edición.

La obra en prosa de Prieto es también un fruto temprano. Sus colaboraciones en revistas y periódicos siguen la tendencia del costumbrismo romántico y sus modelos fueron Larra y Mesonero Romanos. En 1842 Guillermo Prieto adoptó el seudónimo de «Fidel», nombre extraído de los cuadros de Mesonero. Prieto se inició en el género a la edad de veintidós años; entre 1840 y 1881 escribió unos 150 cuadros. Sus artículos tienen una dirección crítica; intenta denunciar en ellos los abusos cometidos en distintos campos de la realidad social mexicana. Transcribo sus palabras para ilustrar los objetivos que el escritor se propone:

> Si se quiere moralidad y progreso, debe comenzarse por corregir las costumbres. ¿Y cuál es el paso previo? Conocerlas. ¿Y de qué manera mejor que describiéndolas con exactitud?[3]

Los artículos de Prieto dibujan un amplio panorama de la vida de México, llevando a sus cuadros los tipos y las costumbres populares, desde los indios a los criollos, desde el campo a la ciudad. Llegó a crear una galería de tipos entre los que destaca la figura de «el cochero», modelo que tuvo diversas variantes. La colección de artículos más conocidos fue publicada en *Los San Lunes de Fidel.* Y también fueron apareciendo semanalmente en *El Siglo XIX,* a partir de 1878.

[1] «Viernes Santos», fue publicado en *El Siglo XIX,* 29 de marzo de 1950.

[2] Para este tema, véase Malcolm D. McLean, *Vida y Obra de Guillermo Prieto,* México, El Colegio de México, 1960, págs. 49-50.

[3] G. Prieto, «Costumbres, Fiestas de indios», *El Siglo XIX,* 5 de febrero, 1842.

En el campo del ensayo Guillermo Prieto cultivó tres temas fundamentales: la economía política, las relaciones de viajes y la historia. Estas materias nos permiten conocer su pensamiento político así como su protagonismo en ese período de la historia mexicana en el que jugó un papel importante.

Las dotes de cronista se revelan en los dos volúmenes en que nos da su autobiografía. Sus *Memorias de mis tiempos* se presentan como una amena crónica de la vida del personaje y su entorno, abarcando el período de 1828 a 1833. Esta obra fue publicada en 1906.

Como obras menores podemos citar algunas piezas teatrales, alrededor de media docena; entre las más conocidas está *El susto de Pinganillas*.[4] Esta labor creadora se acompañó de un ejercicio crítico, recogido en *El Siglo XIX*.

Una de las contribuciones más importantes de Guillermo Prieto a la literatura mexicana la constituyen sus narraciones. En general esta dirección de su obra ha sido poco valorada por la crítica. Luis Leal lo considera uno de los precursores del cuento y ve en sus cuadros costumbristas el germen del cuento mexicano. Sin embargo, una lectura atenta de sus escritos nos permite situarlo entre los iniciadores del relato breve. Dentro de este género, sus historias muestran una diversidad de temas y tendencias. Prieto recupera la leyenda autóctona y la convierte en materia de sus relatos. Así procede cuando nos narra la metamorfosis del mítico Quetzalcóatl, el gran sacerdote azteca que se emborracha por la intervención de sus enemigos, y que para pagar su culpa se arroja a un volcán ardiente de donde saldrá convertido en estrella. «La leyenda de Quetzalcóatl»[5] está contada en verso octosílabo, siguiendo de esta forma un tipo de versificación muy empleado por el autor en su *Romancero* y en sus composiciones de tema popular.

Como ejemplo de historia encajada en las narraciones costumbristas encontramos un breve cuentecillo introducido en *Los San Lunes de Fidel*[6]. Se trata en este caso de ensayar un tipo de relato que su autor llama «leyenda». Aparece también un marco narrativo en el que se produce el encuentro entre Fidel y su amigo Domingo; Fidel recoge información para el periódico y quiere meter en sus pági-

Ilustración para un artículo de Prieto sobre los cocheros (1844).

nas esas «baratijas tradicionales», «desempolvar esos cuadros viejos» para ver si son o no aceptados por el público. Fidel pide a Domingo que le cuente la leyenda de la fundación de México y éste propone a su hija para que cumpla esa función. Julia será, pues, la voz que narra la historia, siendo éste un proceso de figuración de la oralidad del cuentecillo. Se narra así la maravillosa historia de la fundación de Tenoxtitlán y su mítico héroe Axolotha, que desaparece en el agua del lago llamado por la diosa Chiuacóatl, quien le llevó ante la presencia de Huixilopoxtlí del cual recibe el mensaje de levantar un templo en ese lugar. Después fue transportado hasta encontrar a sus compañeros quienes le reciben con gran alegría y deciden secundar su empresa.

En esta narración se ha utilizado un material legendario transformándolo en cuento, y hay en ello una intención clara del autor manifestada explícitamente al final del relato:

> El duelo se convirtió en contento y hubo regocijos y fiestas reales... hasta que el cuento se fue por un callejoncito para que me cuente usted otro más bonito...

Estamos con este relato ante una tendencia

4 G. Prieto, *El susto de Pinganillas*. Capricho dramático con que los alumnos del Colegio de S. Ildefonso felicitaron el cumpleaños del excmo. Sr. General D. José María Tornel, la noche del 19 de marzo de 1843, impreso en México, 1843.

5 Cfr. «Leyenda de Quetzalcóatl», *El Album de la Mujer*, México, 10 de febrero de 1884.

6 Cfr. G. Prieto, *Los San Lunes de Fidel*, México, Secretaría de Educación Pública, 1948.

que arranca de *Los Comentarios Reales* del Inca Garcilaso y que cultivaron autores como José M.ª Arguedas o Miguel Ángel Asturias[7].

En mayor número Guillermo Prieto cultivó la narración breve sobre la época virreinal. La pasión por la historia es un presupuesto romántico que los escritores hispanoamericanos adoptaron. Para éstos el pasado virreinal era un período poco explorado, al ser escasos los estudios históricos, y se vieron ante un terreno casi virgen, que incorporaron a su obra, rescatándolo mediante una tarea de fijación literaria que conlleva la poetización de la época.

Guillermo Prieto es en este campo una figura paralela a Ricardo Palma, quien en sus *Tradiciones peruanas* realiza una labor semejante, convirtiéndose en el cronista del Perú colonial. Ambos escritores van a estar comprometidos en la creación de una literatura nacional y este proyecto también determina esa reconstrucción del proceso histórico.

En el escritor mexicano el mundo virreinal se vierte en dos géneros diferentes: el romance histórico y el relato breve. Sus narraciones reflejan la estructura social de la Colonia, retratada en sus clases y castas. Interviene con un papel protagónico la aristocracia: los nobles o los que aspiran a serlo; las figuras más repetidas son virreyes, oidores y caballeros. A veces, estas figuras están presentadas en forma contradictoria al oponer la solemnidad del rango a su conducta ruin e infame. El ambiente en que se mueven es el social, minuciosamente dibujado en todos sus pormenores: hábitos y costumbres, como fiestas, creencias supersticiosas, milagrería, etc. Se da una gran relevancia al medio en el que se desenvuelve el personaje, el cual queda caracterizado a través de la fijación de su marco situacional; se da con ello una incidencia de lo descriptivo en lo narrativo, hasta tal punto que a veces la estampa costumbrista domina la narración.

Hay gran diversidad en estos relatos; unos muestran una acción complicada con enredos, intrigas, amores clandestinos, ambición y venganza; otros, por el contrario, presentan una acción de gran sencillez, una breve anécdota sirve de pretexto para desarrollar la gracia o el humor. En los primeros hay una actitud crítica, mientras que en los del segundo tipo el texto se convierte en un objeto lúdico.

Algunas de estas narraciones son auténticas leyendas en las que adopta la forma del verso octosílabo, como sucede en «El Callejón del

muerto»[8]. Aquí el narrador que cuenta la historia es el anciano Modesto Zorongo, del que se hace una pormenorizada descripción física. Según la leyenda los vecinos de un callejón cercano al convento del Carmen advierten ruidos extraordinarios a media noche. Avisan a las autoridades, la Inquisición interviene y descubren a tres damas que se divierten con sus respectivos galanes y blasfeman contra la religión católica. Son condenadas y mueren en el tormento. Los hombres también acaban en la horca. Pero las almas de las damas se aparecen todas las noches para gritar injurias ante los restos de los ahorcados, que el tiempo va destruyendo. Al final sólo queda una calavera que da nombre al lugar y a la leyenda.

Entre las narraciones en prosa merecen citarse «El duque de Alburquerque», y «El marqués de Valero»[9]. La primera se inicia en un escenario español, la ciudad de Sevilla, donde se ha dado cita la hija del duque y un joven galán. El duque vigila a los amantes y también el padre del mancebo. Tropiezan los dos y en un duelo muere el anciano padre del joven. Este quiere vengar la muerte del padre y sigue al duque a su virreinato en América; intenta matarlo, no lo consigue, pero es ajusticiado y muere. Su cabeza y su mano se exhiben clavadas en una pica. La hija acaba loca en un convento de Sevilla, recordando el horrible crimen de su galán.

La segunda comienza en Veracruz, ciudad que recibe al marqués en 1717 para ocupar el puesto de virrey. Allí se enamora de la bella y frívola Lucesita Ruiz, esposa del capitán Camacho. El virrey seduce a la dama, ella abandona al marido y se marcha a México siguiendo al virrey. El marido celoso intenta matar al marqués, pero es apresado e internado en un manicomio. Cuando consigue salir sigue fingiéndose loco y prepara su venganza. Una noche asalta la casa de su esposa, la estrangula y se apodera de la niña, fruto de esos amores culpables, huye con ella ante los gritos de horror del marqués, que mira el cadáver de la bella Lucesita y el rapto de su hija. De esta forma se venga del seductor.

En el relato aparece un tema tópico: el adulterio y el consiguiente castigo por la transgresión de la ley, en este caso la muerte. La originalidad reside en esa osadía del autor que, en los dos relatos, fija y data los hechos y a sus autores, con una doble finalidad: la verosimilitud y la crítica. En el segundo relato

---

[7] Cfr. E. Pupo-Walker, «Notas sobre la trayectoria y significación del cuento hispanoamericano», en *El cuento hispanoamericano ante la crítica,* Madrid, Castalia, 1980.

[8] G. Prieto, «Rasgos históricos», *El Mosaico Mexicano,* México, 7 (1842).

[9] Relato recogido por José Mansicidor en su Antología, *Cuentos mexicanos del siglo XIX,* México, Nueva España, s/f.

adopta el relator una perspectiva de narrador omnisciente, identificándose con el personaje víctima, el marido burlado, y desde este ángulo presentará la infamia y la cobardía en la figura del virrey. La infidelidad y la crueldad serán los atributos de la dama. El narrador interviene directamente en la trama y opina sobre el engaño femenino, para ello recurre incluso a la cita literaria:

> A cuántas mujeres pueden aplicársele los versos del inmortal Saavedra:

> Era un sepulcro de luciente mármol de prodredumbre y de gusanos cárcel.

En estos versos epigramáticos está sintetizada la moraleja de clara orientación didáctica: prevenir contra la belleza física, máscara que oculta una conducta inmoral. La belleza femenina encierra algo fatídico; al mismo tiempo es una fuerza que atrae y destruye. Es este el sentido que cobra un tema de larga tradición literaria, con diversos significados según el contexto en que se inserta[10]. En un tercer apar-

tado podemos incluir las narraciones de temas varios, entre las que se encuentra «Aventura de Carnaval»[11] presentada por su autor de la siguiente forma: «El cuentecillo que voy a relatar a ustedes no abunda en incidentes dramáticos, ni tiene todo aquel enredo romancesco de otros de su jaez». En el relato el autor se erige en confidente del protagonista de la historia; la descripción de la fiesta de Carnaval constituye una estampa costumbrista que sirve de marco a la aventura del joven galanteador Julián Enríquez quien, perseguido por una dama oculta bajo un disfraz, se imagina ser protagonista de la historia de una bella esposa infiel y un marido celoso. El enredo se aclara y la misteriosa enmascarada no es otra que: la costurera, desdentada y pálida, del joven galán. El conflicto se resuelve felizmente y adquiere la narración un tono humorístico al mostrarse el contraste entre el ideal soñado y la opuesta realidad. Domina todo el relato la descripción de la fiesta de Carnaval y en ese ambiente, retratado minuciosamente, se mueve el débil hilo narrativo que constituye la fábula.

---

[10] En la corriente erasmista, los mármoles preciosos de los sepulcros ocultan la miseria humana, así se expresa el tópico «vanidad de vanidades». Cfr. M. Bataillon, *Erasmo y España*, México, F.C.E., 1966. Otros escritores renacentistas, no pertenecientes al erasmismo, también participan de esta concepción, como por ejemplo Fray Antonio de Guevara, Cfr. *Epístolas Familiares*, Erd. J. M.º de Cossío, Madrid, Real Academia, 1951, Tomo I, pág. 460. El pensamiento barroco se vincula al tema de la manifestación de la honra humana, condenada por Quevedo, como una de

tantas apariencias del mundo terreno. Cfr., *Sueños*, F. C. R. Maldonado, Madrid, Castalia, 1972, págs. 169-70. El romanticismo, recuperador de muchos presupuestos barrocos, hereda esta concepción, enriqueciéndola con nuevos matices, algunos de ellos ya anticipados en obras de finales del XVIII, como en las *Noches lúgubres*, con el intento fallido de recuperación del cadáver de la amada por Tediato, ya convertido en gusanos.

[11] Narración que aparece en la «Antología» de José Mansicidor, *O. C.*

BIBLIOGRAFÍA

OBRAS

Colección de poesías escogidas y publicadas e inéditas, México, Palacio Nacional, 1895.
Musa Callejera, México, Imp. Universitaria, 1940.
El romancero nacional, México, Secretaría de Fomento, 1885.
Los San Lunes de Fidel, México, Secretaría de Educación Pública, 1948.
Una excursión a Jalapa en 1875, Cartas al Nigromante, México, Curatepetl, 1918.
Viajes de Orden Suprema, Años de 1853, 54 y 55, México, Patria, 1970.

CRÍTICA

GERTZ, MANERO, A., *Guillermo Prieto, biografía,* México, Secretaría de Educación Pública, 1967.
MANSICIDOR, J., *Cuentos mexicanos del siglo XIX,* México, Nueva España (s. f.).
MC LEAN, M. D., *El contenido literario de El Siglo Diez y Nueve,* UNAM, 1938.
— *Vida y obra de Guillermo Prieto,* México, El Colegio de México, 1960.

— *Notas para una bibliografía de Guillermo Prieto,* México, 1968.
MENÉNDEZ PELAYO, M., *Historia de la poesía hispanoamericana,* Vol. I, Madrid, 1845.
MONTERDE, F., *Aspectos literarios de la cultura mexicana,* México, Seminario de Cultura Mexicana, 1975.
ORTIZ, VIDALES, S., *Don Guillermo Prieto y su época. Estudio costumbrista e histórico del siglo XIX,* México, Botas, 1939.
Revista de Revistas, El semanario nacional, Número dedicado a Guillermo Prieto, México, 10 de febrero de 1918.
REYES, A., *El paisaje en la poesía mexicana del siglo XIX,* México 1911.
RIVA PALACIO, V., *El Parnaso mexicano, Guillermo Prieto, Su retrato y biografía,* México, Librería de La Ilustración, 1885.
SPELL, J. R., «The costumbrista movement in mexico», *Publications of Modern Language Association of America,* vol. L (1935).
URBINA, L. G., *La vida literaria en México,* Madrid, Imprenta Sáez Hermanos, 1917.

Ricardo Palma

José Miguel Oviedo

Ricardo Palma nació el 7 de febrero de 1833, en Lima, como hijo natural de padres de origen humilde. Siendo todavía estudiante publica sus primeros versos (1848) y dirige un periódico satírico; más tarde, en 1851, estrena su primer drama romántico y se une a los jóvenes «bohemios». Complicaciones derivadas de «amorcillos de estudiante» le obligan a alejarse del ambiente y a tomar un puesto de contador de la marina mercante, experiencia durante la cual sufre un naufragio (1855). Este mismo año publica su primer libro de poemas: *Poesías*. En 1860 es desterrado por motivos políticos a Chile, donde pasa tres fructíferos años, que le permiten pulir sus tradiciones, cuyas primeras versiones datan de la década anterior, y completar sus *Anales de la Inquisición de Lima*, que publicará en 1863, en Lima, donde regresa amnistiado. Viaja por Europa en 1864 y conoce París y Londres. En 1865 aparecen publicados *Armonías*, poemas, y *Lira Americana*, recopilación de poetas del Perú, Chile y Bolivia. En 1866 participa en la lucha contra la intervención española y salva la vida de milagro. Se une a la causa revolucionaria del coronel Balta y oficia de secretario privado suyo cuando éste asume la presidencia. Es elegido senador en 1868. En 1870, en Le Havre, aparece otro libro de poemas: *Pasionarias*, y en 1872, en Lima, la primera serie de *Tradiciones*, lo que coincide con su retiro de la vida política. La segunda y tercera serie aparecen en 1874 y 1875, respectivamente, con gran éxito. Se casa con Cristina Román en 1876. La cuarta serie aparece en 1877; a partir de 1883, recopilaciones de éstas y nuevas series seguirán apareciendo continuamente. En 1878 desata una gran polémica con su trabajo histórico *Monteagudo y Sánchez Carrión*. Este año se retira a vivir en el balneario de Miraflores. Allí le sorprende la guerra con Chile y la invasión de la ciudad de Lima. El conflicto limita su actividad literaria. En el incendio que sigue a la ocupación chilena pierde su casa de Miraflores, su biblioteca personal y varios manuscritos. En 1883, acepta la propuesta presidencial para reconstruir y dirigir la Biblioteca de Lima; al año siguiente se inaugura la nueva Biblioteca, gran obra del esfuerzo y dedicación de Palma. En 1887 recopila todas sus *Poesías* escritas hasta la fecha e incluye *La bohemia de mi tiempo*, «confidencias literarias» sobre la generación romántica peruana; es nombrado Decano de la Academia Peruana de la Lengua. En 1892 viaja a España, para las celebraciones del cuarto centenario del descubrimiento de América, y discute con los miembros de la Academia española sobre neologismos y americanismos, preocupación lingüística cuyo fruto publicará en 1896. Aparecen en Barcelona a partir de 1893 los tomos de la edición Montaner y Simón de las *Tradiciones peruanas*, y desde el Perú sigue agregando nuevas series complementarias a las seis primeras. Muy débil de salud, pero siempre activo intelectualmente, renuncia a la dirección de la Biblioteca en 1911; al año siguiente se ve envuelto en un incidente relativo a la misma, en el que Manuel González Prada, que ya lo había atacado en 1888 como escritor, critica su labor de bibliotecario. En 1914 se le desagravia nombrándosele director honorario de la Biblioteca. Muere en Miraflores el 6 de octubre de 1919.

Manuel González Prada.

Ricardo Palma pertenece cronológicamente (nace en 1833 y muere en 1919) a lo que se llama «segunda generación romántica» de América hispana. De inmediato hay que aclarar que en el Perú no existió una «primera generación», porque el romanticismo fue una ola que golpeó muy tardíamente sus costas: para todos los efectos prácticos, el romanticismo peruano es un fenómeno del medio siglo, coincidente con movimientos de repliegue y reajuste dentro del mismo sector romántico en países como Argentina y Chile. El grupo romántico peruano fue bautizado por el propio Palma como el de «los bohemios», una generación de poetas mediocres y aparatosos que adoptaron acríticamente el repertorio prestigioso del romanticismo europeo, que les llegaba muy desmayado por la mediación de sus lacrimosos discípulos españoles. Su rebelión romántica fue bastante artificial: no existía razón para dar una gran batalla literaria, primero porque la literatura era algo que interesaba seriamente a muy pocos en la Lima de entonces, y luego porque las únicas formas vigentes de ejercicio literario —la poesía neoclásica, la sátira, la prosa costumbrista— no provocaban mayor rechazo. El romanticismo peruano fue bastante ecléctico, como lo prueba justamente la obra de Palma con su asimilación de los patrones del costumbrismo hispánico, que siguió tan campante bajo los embates ruidosos de «los bohemios».

La vinculación intelectual de Palma con estos poetas se trasluce claramente en los trabajos literarios de su adolescencia —versos de amor, «romances», teatro histórico-patriótico, páginas periodísticas—, y se extiende aproximadamente hasta 1860. El aporte de Palma en esta etapa de iniciación tiene pocas manifestaciones originales: sencillamente es uno más dentro de una corriente que entonces emergía con cierta notoriedad y pretensión. Ya maduro y célebre, el autor juzgará este período, en las páginas de La bohemia de mi tiempo (1887), con el tono entre burlón y amistoso de quien dispensa pecados de juventud.

Aun en su obra poética puede verse, al lado de la semejanza generacional, la distancia que guardaba respecto de los otros románticos: la vena sentimental y tremebunda, dominante en Poesías (1855), Armonías (1865) y Pasionarias (1870), va decreciendo ante el vigor humorístico y picaresco de los ejercicios poéticos (a veces muy triviales) que recoge en Verbos y gerundios (1877) y en sus Poesías completas (1918). Simbólicamente, Palma cierra su etapa de autor teatral romántico con un «auto de fe [de] mis tonterías dramáticas», del que sólo logró salvarse Rodil, estrenada en 1852. Del

romanticismo le atrajo, en cambio, el historicismo, su postulación de una literatura nacional y su exaltación del «color local». El periodismo eventual, satírico y de combate político, también lo reclama: en 1848, a los quince años, ya era director de una hoja irreverente titulada El Burro, y seguirá vinculado a ese tipo de periodismo todavía muchos años después.

Entre 1859 y 1861, El Liberal, El Diario, La República y sobre todo La Revista de Lima (el tardío órgano literario del romanticismo peruano, que Palma llegó a dirigir), difunden, entre otras publicaciones suyas, las primitivas tradiciones escritas en ese período: «El Nazareno», «Palla-Huarcuna», «Mujer y tigre», «La hija del oidor», «Un bofetón a tiempo» y otras más. Sus cuadros evocativos con suaves toques románticos que halagaban el gusto por lo legendario y lo pintoresco de la época; el tono general todavía es demasiado idílico o demasiado artificial, sin el alivio sostenido del humor. Esta etapa de búsqueda inicial concluye hacia fines de 1860, fecha en la que Palma sale desterrado rumbo a Chile, y en la que empieza a notarse que el impulso del grupo romántico en el país decrece; al despedirse de su país («Parto ¡oh patria! desterrado... / De tu cielo arrebolado / mis miradas van en pos») se despedía también de una época y partía al reencuentro consigo mismo en una fase de mayor madurez y originalidad.

En Valparaíso y Santiago de Chile, Palma pasó casi tres años de exilio que serán literariamente intensos y fructíferos. Trabó estrecha amistad con varios integrantes de la élite intelectual chilena y se vinculó con sus cenáculos, asociciones culturales y revistas, entre ellas la Revista del Pacífico y la Revista de Sud América. En la primera publicó, aparte de versos, una tradición («El virrey y de la adivinanza»), y en la segunda, otras siete, refundiendo algunas escritas o aparecidas anteriormente en Lima (como Apuntes históricos. Sobre el conde de Superunda, titulada primero Debellare superbos), más otras escritas en Valparaíso (como Justos y pecadores o La hija del oidor). También dio a conocer en esta publicación algunas páginas de sus Anales de la Inquisición de Lima, cuyo plan fue concebido en el Perú pero cuya documentación amplió sustancialmente en Chile. El libro, publicado en Lima en 1863, es importante porque puede decirse que, con él, comienza la plenitud literaria de Palma. Todo lo anterior no pasa de ser un tanteo algo desordenado de varios géneros y asuntos; los Anales demuestran que su talento ha encontrado un terreno propicio pero descuidado en la época; le ha tomado —como dice él— gusto a los «papeles viejos» en los que hurga con alegría, porque ha descubierto —mejor y primero que nadie en su tiempo— que están henchidos de vida y ha percibido el sentido vigente de la historia. Los *Anales* son la primera tentativa seria para probar (y probarse) que tiene aptitud de historiador para dar con el dato, ordenar la información, captar el sabor de época. En su cuarta edición de 1910, Palma presenta claramente el libro como un antecedente inmediato de las *Tradiciones:*

> Este libro hizo brotar en mi cerebro el propósito de escribir *Tradiciones*. Por eso estimo, como complementario de mi afortunada labor, terminar esta publicación «el *Apéndice a mis últimas tradiciones peruanas*» reproduciendo, a guisa de remate y contera, estos *Anales,* que, en puridad de verdad, son también *tradiciones*[1].

La obra resulta hoy menos interesante por su carácter histórico que por la incierta mezcla de fantasía y realidad que, en su época, le fue criticada. Su intuición histórica, en la que los valores de la amenidad y la tipicidad cuentan mucho, está cargada de intenciones, de simpatías y diferencias, de pareceres y prejuicios que se entrecruzan con la declarada objetividad del estudioso. Precisamente, la alusión anticlerical y el gesto burlón, señalan el comienzo de la producción madura de Palma.

Las tradiciones son un rebrote americano de las diferentes formas de literatura historicista —leyenda, novela histórica, crónica o narración de tema tradicional— que el romanticismo puso de moda en Inglaterra, Francia y España. Walter Scott, Chateaubriand y los numerosos costumbristas románticos españoles (Larra, Gil y Carrasco, Fernández y González, Estébanez Calderón, Mesonero Romanos, etc.) fueron los modelos más fértiles y populares para sus seguidores hispanoamericanos. Palma conoció, leyó y apreció a la mayoría de éstos, quizá a todos, eclécticamente. Es la amplia difusión del género, su novedosa vuelta al pasado y la certeza de que la historia americana es un caudal precioso, lo que estimula el deseo de Palma de escribir tradiciones. Las primeras que salieron de su pluma no se llamaban así ni eran exactamente eso: él las llama «leyendas», «romances históricos», «romances nacionales», nombres que designan composiciones de estilo afectado e impersonal que no se distinguen sustancialmente de los numerosos ejemplos que pueden hallarse en la época. En algunos casos contamos con la versión original de esas primitivas tradiciones, lo que permite observar en qué dirección evolucionan la visión y el estilo de Palma. Por ejemplo, *Mauro Cordato,* publicada originalmente en 1853, presenta un episodio de la época del virrey Abascal, con una borrosa sequedad y un general estiramiento estilístico que lleva la impronta de la reconstrucción histórica de carácter romántico; pero la versión de la misma pieza, publicada con el título de *El mejor amigo... un perro* en la cuarta serie de *Tradiciones peruanas* de 1883, traza un cuadro vital y sabroso, que nos ahorra las ampulosidades retóricas y cobra, más bien, un tono satírico e irreverente que gana la simpatía del lector. En vez de incurrir en enfáticas apelaciones sentimentales, el texto definitivo le hace un gesto de amistosa complicidad que acorta todas sus distancias con el pasado.

La primera vez que usa el nombre de «tradición peruana» es para una composición de 1854 titulada *Infernum el hechicero* y nunca recogida en series. De hecho, no es fundamentalmente distinta de las anteriores. Y aunque en otra publicada en 1860, *Debellare superbos* (que Palma llama «crónica» y no «tradición»), hay una importante declaración de principios sobre el nuevo género y su destino en Hispanoamérica, habrá que esperar hasta 1864 para encontrar una tradición modelo: *Don Dimas de la Tijereta,* «cuento de viejas, que trata de cómo un escribano le ganó un pleito al diablo». El trasfondo histórico se ha hecho más leve y hasta intrascendente para disfrutar la tradición: importan el arte de narrar, de tramar una fábula divertida y fantástica para probar la mala fama de los escribanos, de usar un lenguaje de gran plasticidad y riqueza cuyas fórmulas recogen un saber popular y una experiencia muy añeja de la vida social.

¿Qué es la tradición de Palma? Resulta difícil definirla porque es un arte cambiante y fragmentarista, hecho de múltiples elementos mínimos cuya combinación puede variarlas sustancialmente. No hay un tipo único de tradición: aunque Palma es inconfundible, sus maneras son muchas y a veces sorprendentes. Más que un género, la tradición es el resultado de varios géneros o subgéneros literarios, a los que él añade las virtudes específicas de su talento. Sus bases son, sin duda, la leyenda romántica en prosa y el artículo de costumbres. Es evidente la filiación romántica de la tradición y del gusto de Palma por la historia como tema literario. En el grupo «bohemio» el pasatismo es una actitud que se manifiesta con fuerza y en abundancia, pero la diferencia entre Palma y sus juveniles compañeros reside en

---

[1] Ricardo Palma, *Tradiciones peruanas completas,* 5.ª ed., Madrid, Aguilar, 1964, 1207. En adelante se cita en el texto con la sigla *TPC.*

que aquéllos no sólo repitieron la actitud pasatista de procedencia europea, sino también sus *tópicos,* es decir, los motivos del medievalismo y el orientalismo. Aunque Palma pagó tributo a esas fáciles modas como poeta romántico, muy pronto y firmemente se apartó de esa tentación libresca, quizá porque percibió su profunda irrealidad, su falsedad irrecusable de copia. Imitando el gesto, pero imitando bien, Palma entendió que él, como los maestros europeos, debía buscar en su propia tradición nacional; de este modo, adaptó el nuevo espíritu literario de la época a una serie de circunstancias y personajes que los lectores reconocían como propios y caracterizadores, y ofreció la versión romántica de ellos —delicadamente romántica porque la idealizaba entre pullas y burlas. Descubrió así el enorme valor del filón histórico y, sobre todo, la posibilidad artística de contar la historia a su manera, como recuento ameno y pintoresco. Palma verá en el pasado nacional lo que ningún «bohemio» alcanzó a ver: la *poesía* de la historia misma, el raro encanto de mirar hacia atrás y encontrarse con imágenes consabidas pero de interés siempre renovado y general. Las tradiciones reanimaban un pasado compartido y se instalaban en la senda de la literatura popular —otro sueño del romanticismo peruano que se quedó en promesa. El sesgo peculiar de su reconstrucción evocativa está dado por el hallazgo de un decir de apariencia coloquial y espontánea. No buscaba el autor ninguna grandiosidad épica en la historia, ni la usaba como pretexto para hacer ampulosas reflexiones éticas; sencillamente, veía en ella una serie de pequeños motivos de ironía y gracejo, la faz doméstica y real de un país. Como dice Ventura García Calderón:

> No le busquemos ascendencia, como tantos, en las reconstrucciones históricas de Walter Scott. Son éstas obras de un romántico empedernido, y Palma dejó de serlo pronto. La Edad Media es un próvido almacén de accesorios románticos. ¿Podemos decir lo mismo del coloniaje? Si a aquélla le convienen perfectamente los dos adjetivos famosos de Verlaine, *enorme* y *delicada,* sólo el segundo se aplica a nuestra colonia. Y precisamente el literato y su época favorita concordaban. Palma es un desterrado de aquella edad galante que sumaba con tan cínico abandono la santa credulidad y el libertinaje. No le pidáis grandes frescos de novela a lo Walter Scott, a lo Victor Hugo. Él sólo puede y quiere limitarse a los menudos hechos desportillados, a la historia pasada por cedazo[2].

² Ventura García Calderón, «La literatura peruana (1535-1914)», *Revue Hispanique,* 31:80, agosto de 1914, 371.

Cierta alquimia se opera al trasvasar Palma la historia a la tradición, y esa alquimia tiene que ver con la doble presencia del espíritu satírico criollo y el sabor castizo. En el Perú, la vena satírica es tan honda, larga y reiterada que puede considerarse inagotable: es una herencia literaria que se extiende desde los albores de la conquista española hasta las formas más bien espurias del presente. La sátira ha sido como un bastión de la actitud resistente del espíritu criollo, tanto contra el mero artificio retórico sin raíces y sin conexión con el cuerpo social, como contra la fuerza innovadora de ciertas corrientes literarias. Ha puesto siempre de relieve su «buen sentido», sus gustos tradicionales, su «razonable» equilibrio entre lo nuevo y lo viejo, entre el país y España. Bajo su despreocupada superficie, la sátira ofrecía una imagen muy convincente de *lo peruano* (en una época en que la búsqueda de identidad era tan importante), del temple nacional y de sus afecciones, sentimientos y posturas ante su propia realidad. Su lenguaje no podía sino ser «realista»: el rumor vital de la calle, las consejas, proverbios y refranes populares, la frase ocurrente y feliz. Palma decía, exagerando, que era el pueblo, y no él, el verdadero autor de las tradiciones. Gran parte del placer que éstas brindan consiste en *oírlas,* en escuchar a través de ellas el modo de hablar de una época. Muchas veces, su verdadero origen y su mayor gracia eran orales. Palma se preciaba del regionalismo y del populismo de su vocabulario; los críticos han destacado la «peruanidad» de su obra, el «limeñismo» de su léxico y aun el «perricholismo» de su visión local para explicar su arte. El autor llegó a personificar la voz anónima del vulgo creador que él quería recoger, en la quizá apócrifa figura de «mi abuela, que era de lo más limeño que tuvo Lima en los tiempos de Abascal» («Croniquillas de mi abuela», *TPC,* 859), que también se desdobla en «aquella bendita anciana que para mí era *mi tía Catita* y para otros *mi abuela la tuerta* [que] acostumbraba en la noche de luna congregar cerca de sí a todos los chicos y chicas del vecindario, embelesándolos, ya con una historieta de brujas y ánimas en pena o ya con cuentos sobre antiguallas limeñas» («¡Ahí viene el cuco!», *ibid.,* 667), o se encarna en el ubicuo e irresponsable «don Adeodato de la Mentirola» («Franciscanos y jesuitas», *ibid.,* 284) a quien le atribuye todo lo que no puede atribuirle a otro. Con frecuencia los sabrosos prototipos de lengua oral de Palma, eran sólo aparentes: se los había prestado el romancero tradicional, la literatura del Siglo de Oro, las crónicas coloniales, el viejo costumbrismo español. En el fondo era un escritor castizo, inclinado a usar una norma lingüística de procedencia arcaizante, prestigiada por la pátina de un uso secular.

El casticismo de Palma no era, sin embargo, estrecho. Como escritor intentaba, en realidad, una conjunción armónica de los usos americanos (especialmente peruanos) con la pauta peninsular. Los escritores cuidadosos del buen decir español, como él, debían evitar el peligro de la pobreza y la anarquía lingüística, riesgo que Palma veía ligado al afrancesamiento de la generación más joven, a la detestada *gali-parla* que tanto atacó. En una carta al español Vicente Barrantes, del 28 de enero de 1890, hace una orgullosa definición literaria:

> Mi estilo es exclusivamente mío: mezcla de americanismo y españolismo, resultando siempre castiza la frase y ajustada la sintaxis de la lengua... Precisamente, el escritor *humorista,* para serlo con algún brillo y llamar sobre sí la atención, tiene que empaparse mucho de la índole del idioma y hacer serio estudio de la estructura de la frase, de la eufonía y ritmo de la palabra, etc., etc. Señáleme usted siquiera veinte frases mías anti-castizas o siquiera antigramaticales, una docena de palabras (salvo las subrayadas de origen americano) que no sean rigurosamente españolas o usadas por los escritores considerados como autoridades en lingüística, y rompo la pluma y me dedico a coser zapatos. Mi estilo es exclusivamente mío y muy mío, y tanto que me ha colocado en la condición del jorobado que asistió con máscara a un baile de carnaval. La joroba lo denunciaba[3].

Palma es el único prosista romántico peruano que tiene una clara conciencia de estilo. Muchos, siguiéndole a él, quisieron resucitar el pasado o satirizar las costumbres hablando «como habla el pueblo». No lo consiguieron porque identificaron la sátira con el repentinismo o la chocarrería. Palma, en cambio, otorgó a la tradición la gracia del arte o, mejor, de la artesanía; convencido de que la esencia de la tradición era la forma, la elaboró con la minucia y el rigor maniático de un orfebre. Escribe en la misma carta a Barrantes:

> Para mí una tradición no es un trabajo ligero, sino una obra de arte. Tengo una paciencia de benedictino para limar y pulir mi frase. Es la forma, más que el fondo, lo que las ha hecho tan populares *(Ibid,* 334).

Y en carta a Pastor Obligado, escribe:

> Bien haya, repito, la hora que me vino en mientes el platear píldoras, y dárselas a tragar al pueblo, sin andarme en chupaderitos ni con escrúpulos de monja boba. Algo, y aún algos, de mentira, y tal o cual dosis de verdad, muchísimo de esmero y pulimento en el lenguaje, y cata la receta para escribir Tradiciones[4].

Como se nota, la cuestión de la forma se vincula con el asunto de las relaciones entre la tradición y la historia, es decir, de la cuota de veracidad que admite el género, lo que ha sido siempre un motivo de polémicas. Palma no tenía aquellos «escrúpulos» respecto de la historicidad de un asunto; como fuente histórica, las tradiciones son sospechosísimas. Pero si la tradición no es historia, ¿qué es entonces, qué relación guarda con ésta? Palma dictaminó que la tradición era un género ancilar de la historia, un sucedáneo para educar a un pueblo poco letrado, una graciosa «hermana menor» de la historia que le agrega la dimensión de la fantasía, la superstición popular, la voluntad mitificante y legendaria de las explicaciones ingenuas pero aceptadas por todos. En el prólogo a las *Tradiciones cuzqueñas* de su discípula Clorinda Matto de Turner, hace un preciso deslinde sobre los límites de la historia y las libertades de la tradición: «A ella, sobre una pequeña base de verdad, le es lícito edificar un castillo. El tradicionista tiene que ser poeta y soñador. El historiador es hombre del raciocinio y de las prosaicas realidades»[5].

A su corresponsal Alberto Larco Herrera le dice en 1907: «La tradición no es precisamente historia, sino relato popular, y ya se sabe que para mentiroso el pueblo. Las mías han caído en gracia, no porque encarnen mucha verdad, sino porque revelan el espíritu y la expresión de las multitudes» *(E,* I, 519).

Estilo, sabor popular y gracia son, en opinión del propio Palma, tan consciente de su propio trabajo creador, las virtudes indispensables del buen tradicionista. Virtudes plurales adecuadas a un género que es en realidad un precipitado de los más diversos elementos cuya fórmula final tiende a sufrir continuas variaciones. Caso de raro equilibrio, la tradición es un ejemplo de mestizaje literario que reúne con sutileza lo vernáculo y lo clásico, lo limeño y lo hispánico, lo colonial y lo republicano, la historia y el cuento, sin confundirse necesariamente con ninguno de ellos.

---

[3] Ricardo Palma, *Epistolario,* Lima, Editorial Cultura Antártica, 1949, I, 333-34. En adelante se cita en el texto con la sigla *E.*

[4] Carta en *Tradiciones peruanas.* Quinta serie, Lima, Imprenta del Universo de Carlos Prince, 1883.

[5] «Prólogo» en Clorinda Matto de Turner, *Tradiciones cuzqueñas,* Cuzco: 1954, ix-x.

El arte prolijo y paciente de Palma consistía, precisamente, en dar la impresión contraria: la de la espontaneidad total, la del típico contar popular de anécdotas e historias entretenidas. «Charla de viejo», llamaba él a sus relatos. ¿Cómo los elaboraba, cómo nacían las tradiciones? El punto de partida era, por lo general, un dato o episodio histórico, escrito o recogido oralmente y luego perfeccionado por la investigación personal en cualquier clase de «papeles viejos» que Palma revolvía con tanta pasión y fortuna. Sus fuentes eran variadísimas: las actas del Cabildo de Lima, manuscritos de las bibliotecas conventuales, los cronistas de Indias, memorias de virreyes, poemas coloniales, relaciones militares, estadísticas o eclesiásticas, cartas y documentos históricos o literarios, obras clásicas, etc. Algunas tradiciones no tienen más objeto que contar el origen de una frase divertida, o hacer lexicografía amena explicando el sentido de un refrán o el nombre de una calle, o celebrar las glorias del cigarro, o exhibir conocimientos de tauromaquia.

A partir de ese primer elemento, Palma traza un breve relato de tal manera que la perspectiva de los hechos no le impida intervenir ni estar lejos de su lector —un lector que más bien cree estar escuchando que leyendo. Palma no es un narrador discreto, ni confía en la autonomía de su cuento; le gusta intervenir, soltar comentarios implicantes al oído, hacer acotaciones, permitirse largos paréntesis explicativos para que se vea cuánto sabe de tal o cual personaje, saltar del pasado trayéndose una alusión aguda a la época presente, etc. La forma abierta, flexible y sin rigor aparente, adereza continuamente el cuento. La voz narrativa se hace oír desde el principio:

> Confieso que, entre las muchas tradiciones que he sacado a luz, ninguna me ha puesto en mayores atrenzos que la que hoy traslado al papel. La tinta se me vuelve borra entre los puntos de la pluma, tanto es de espinoso y delicado el argumento. Pero a Roma por todo, y quiera un buen númen sacarme airoso de la empresa, y que alcance a cubrir con un velo de decoro, siquier no sea muy tupido, este mi verídico relato de un suceso que fue en Lima *más sonado que las narices* (*TPC,* 470).

Si es lícito hablar de una tradición prototipo, ésta suele tener tres partes o momentos. La primera parte presenta la historia que se va a narrar u ofrece un cuadro del ambiente en el que ocurrirá la tradición. Con frecuencia ese primer tramo del relato adelanta una buena porción de la historia misma y la desarrolla

hasta un punto crucial, que cautiva la atención del lector. Palma juega con la expectativa creada y demora su resolución, interponiendo la segunda parte de la tradición: el «consabido parrafillo histórico». (En varias tradiciones breves, ese «parrafillo» está refundido en la primera parte, como ocurre en «Un cerro que tiene historia», donde la segunda sección comienza: «Larga nos ha salido la digresión. Reanudemos el relato», *TPC,* 42.)

El «parrafillo histórico» es una herencia del romanticismo y de su gusto por la digresión, informativa o erudita. En la opinión de Palma tenía además importancia didáctica (recuérdese lo de educar al pueblo haciéndole conocer su historia por fragmentos), aparte de satisfacer una pretensión de historiador que siempre mantuvo al lado de su labor como tradicionista. Muchas veces resulta impertinente para los efectos de la narración, pues se pone a informar sobre minucias muy laterales. Es un lastre que impide, en definitiva, que la tradición sea un verdadero cuento, aunque pueda estar muy cerca de serlo.

Tras este intermedio, venía la tercera parte en la que el autor redondeaba la anécdota y narraba más abundantemente. Es habitual que esta parte tenga profuso diálogo, lo que contribuye a dar vivacidad a la escena y perfil memorable a los personajes: como en el teatro, la morbidez del decorado cumple un papel fundamental en la ilusión escénica, y los caracteres se retratan con sus propias palabras. Toda la astucia verbal de Palma está aquí en su apogeo: refranes y proverbios, coplillas y epigramas, sentencias picarescas y frases intencionadas, preguntas especiosas y respuestas pícaras, se acumulan en un *tempo* dinámico que conduce casi sin dilación al final sorpresivo y a la moraleja del asunto.

Lo interesante es observar que todas las alteraciones de la verdad histórica, los datos inventados o supuestos («las telarañas de mi ingenio», decía Palma), no hacen sino crear una fuerte vivencia histórica, que se fija fielmente en la imaginación: su atracción es irresistible. Raúl Porras Barrenechea afirmaba que la imborrable «impresión histórica» que dejan es permanente, porque en conjunto parecen «más historia que la historia misma»[6]. Sin Palma, gran parte de ese pasado legendario se hubiese perdido, porque no habría tenido el color, el movimiento y la actualidad que han conservado. Palma fue un anticuario y un restaurador de los episodios que la historia oficial dejaba de lado.

[6] Raúl Porras Barrenechea, *El sentido tradicional de la literatura peruana,* Miraflores, Raúl Porras Barrenechea, 1969, 58.

El éxito de las tradiciones y el prestigio de Palma como escritor en toda América y España, no fueron realmente puestos en tela de juicio sino en 1888, cuando recibió el famoso y frontal ataque de Manuel González Prada, caudillo, ideólogo y esteta de una nueva generación —había nacido en 1844, once años después que Palma— marcada profundamente por el desastre nacional de la guerra con Chile (1879-83), afrancesada en sus gustos y, sobre todo, antirromántica. La violenta diatriba de González Prada, colocó al escritor más representativo de la literatura peruana por entonces, el más celebrado y honrado, en el banquillo de los acusados. El furor parricida de los jóvenes mostró su obra bajo una luz distinta y lo señaló como un culpable ante la opinión pública: su amor al pasado era, ahora, síntoma de una «mentalidad colonial», de una actitud «reaccionaria», de una «evasión» frente a los temas del presente.

El debate sobre el significado real —es decir, el valor estético y humano— de las tradiciones comienza allí y se ha mantenido vivo prácticamente hasta hoy. Palma ha estado sometido, al vaivén de las épocas, a una continua gimnasia de ataque y defensa; ha sido objeto de la crítica más severa y de la exaltación más banal. Por lo mismo, hay que tratar de ver a Palma con ecuanimidad, juzgando su obra en perspectiva y sin los prejuicios (a favor o en contra) que nublan a algunos de sus críticos.

Aunque el número de sus tradiciones que tratan temas coloniales es cuantioso, hay que reconocer que Palma no adora irrestrictamente esa época: cualquiera puede comprobar que la evoca burlándose un poco de ella, ironizando con sutileza sobre sus usos y costumbres. La fustiga y la ama; la hace víctima de sus pullas, pero también el objeto de sus remilgos y añoranzas. El espíritu de Palma no es tanto colonialista, como *ambiguo* y *tolerante:* aunque encuentre en el pasado motivos de repudio, eso no lo aparta de él, como sí lo apartan de su contexto contemporáneo las miserias de la vida nacional, la inmoralidad pública, la ingratitud y la incomprensión de las gentes. Puede tener defectos, pero el pasado colonial es su refugio, su paraíso psicológico cuando la época actual lo hiere con su prosaísmo y practicidad. Si condena a los jesuitas, si revela los oscuros entretelones de la Inquisición y si, en general, hace gala de anticlericalismo, la vida religiosa puede apasionarlo literariamente más que la política contemporánea. Su adhesión al pasado está llena de concesiones.

La relación de Palma con la colonia es ambigua porque la imagen literaria que ofrece de ella es *complaciente* y *cortesana:* corresponde a una visión ya bastante generalizada de la vida colonial, que es la visión tradicional de la burguesía criolla emergente tras la emancipación americana. Los testimonios de viajeros, la mitificación popular, el mismo desengaño republicano, habían contribuido a hacer de la colonia una realidad legendaria aun antes de que Palma fijase esa imagen arcádica en sus tradiciones. Palma no *inventó* el mito colonial: lo aprovechó, le brindó un canon literario de vasto alcance. Las tradiciones se concilian con el ánimo regresivo de la burguesía peruana que contempla con nostalgia su propio pasado dependiente y para la que «todo tiempo pasado fue mejor». Esa presencia del pasado es una forma de comentario social: obedece a una experiencia frustrada de la comunidad republicana, que se manifiesta en actitudes de resentimiento y escepticismo ante los proyectos de la actualidad. Evocar lisonjera y frívolamente la colonia en la Lima de entonces, donde las huellas y los hábitos de la dominación española estaban muy vivos y constituían rasgos sustanciales de su fisonomía, era, como diría Palma, dar «en la yema del gusto». Así, la tradición fue un género de popularidad abrumadora y, luego, cuando ganó prestigio en el ámbito de la lengua, se convirtió en un clásico.

Insistir en la conciencia artística de Palma; destacar que, entre todos los satíricos y costumbristas de antes y después, es el más preocupado por la cuestión formal, no significa ignorar que el arte de Palma es, sin duda, un *arte menor*. Aunque la variedad de asuntos y enfoques es muy grande, Palma se repite y autoimita constantemente. El suyo es un arte de mistificación, incluyendo la mistificación de la fórmula afortunada de la tradición. Sus virtudes máximas son la amenidad, la nota pintoresca, el toque gracioso; se trata de virtudes que, por cierto, no son indicio de una gran literatura. Sus cuadros evocativos, aunque realmente muy divertidos, son, a la larga, monocordes y superficiales: las situaciones son básicamente las mismas, con frecuencia sólo las palabras (los dicharachos, las copiosas paremias, las curiosidades dialectales) cambian. Las historietas de agravio y venganza, las que se resuelven mediante la presencia del diablo, los idilios prohibidos que mal acaban o arruinan una honra, la fábula del pecador arrepentido o del burlador burlado son tópicos que, aparte de provenir de la comedia clásica y la picaresca española, se reiteran sistemáticamente en el repertorio del autor. Palma trabaja con unos cuantos prototipos y los prodiga sin descanso, disimulándolos entre variantes meramente léxicas. Tiene, además, la tendencia de confundir la elocuencia con la charla trivial y a desviarse de su asunto central, que por sí mismo puede ser interesante, para allegar anécdotas que no siempre vienen al caso: hay mucha garrulería, mucha dispersión y tentación miscelánea que se van dejando notar, pese a los primores de la forma, conforme se leen más y más tradiciones. Palma no crea en profundidad: procede por acumulación, diseminando los ingredientes del humor y la picardía verbales sin alterar el fondo del relato.

Las *Tradiciones peruanas* brindan una extensa galería de caracteres e incidencias de comedia, de género chico, en los que el lector hallará casi siempre esparcimiento, pero casi nunca verdadera trascendencia, pues la visión de Palma es ajena a los niveles problemáticos de la realidad; como afirma Luis Loayza: «Las

Tradiciones no son una obra reaccionaria —lo reaccionario suele entrañar cierta rigidez, una resistencia malhumorada ante el cambio— pero sí una obra conformista»[7]. En el fondo, quizá, Palma era fiel a la naturaleza misma de su tarea literaria: escribir tradiciones era una forma de *conservar*, literalmente, el pasado, de hacerlo resistente a los embates de la historia inmediata y a las corrientes de la actualidad; de darle un aire de cosa valiosa acuñada por el tiempo sin tiempo de la memoria humana. Que su obra sea la más notable de su género en la época, abre también una crucial interrogante sobre toda la literatura historicista de América hispana durante el siglo XIX.

---

[7] «Palma y el pasado» en, Luis Loayza, *El sol de Lima,* Lima, Mosca Azul, 1975, 115.

BIBLIOGRAFÍA

OBRAS

Las tradiciones peruanas, Lima, Imp. del Estado, 1872 (primera serie).
— Lima, Imp. Liberal de «El Correo del Perú», 1874 (segunda serie).
— Lima, Benito Gil, 1875 (tercera serie).
— Lima, Benito Gil, 1877 (cuarta serie).
— Lima, Imp. del Universo de Carlos Prince, 1883 (sexta serie).
— Lima, Imp. del Universo de Carlos Prince, 1889 (séptima serie, bajo el título *Ropa vieja*).
— Lima, Librería e Imp. del Universo, 1891 (octava serie, bajo el título *Ropa apolillada*).
Poesías, Lima, Imp. Torres Aguirre, 1887.
Poesías completas, Barcelona, Maucci, 1911.
Epistolario, Lima, Edit. Cultura Antártica, 1949, 2 volúmenes.
Cartas inéditas, Lima, C. Milla Batres, 1964.

CRÍTICA

ADAN, Martín, «Ricardo Palma», *Mercurio Peruano,* XXV, núm. 191, feb. 1943, págs. 39-49.
ARORA, Shirley L., *Proverbial comparisons in Ricardo Palma's «Tradiciones peruanas»,* Berkeley and Los Angeles, University of California Press, 1966.
AVILÉS, Luis, «Al margen de las *Tradiciones* de Palma», *Hispania,* XX, feb. 1937, págs. 61-69.
BAKULA PATIÑO, Juan Miguel, *Don Ricardo Palma en Colombia. Tres de sus primeros impresos,* Lima, Tall. Graf. Villanueva, 1958.
BAZÁN, Dora, «El personaje femenino en las *Tradiciones peruanas*», *Sphinx,* Lima, segunda época, núm. 14, 1961, págs. 156-177.
BAZÍN, Robert, «Les trois crises de la vie de Ricardo Palma», *Bulletin Hispanique,* LVI, núms. 1-2, 1954, págs. 49-82.

BONNEVILLE, Henry, «Ricardo Palma au present», *Cahiers du Monde Hispanique et Luso-Bresilien,* 1982, núm. 39, págs. 27-47.
BUENO, Salvador, «Ricardo Palma siglo y medio después», *Casa de las Américas,* sept.-oct. 1983, núm. 140, págs. 120-126.
CARILLA, Emilio, «Ricardo Palma y Casanova», *Cahiers du Monde Hispanique et Luso-Bresilien,* núm. 8, 1967, págs. 31-54.
CISNEROS, Luis Fernán, «Ricardo Palma, viejecito zumbón», *Cursos y conferencias,* Buenos Aires, XXVI, 1944, págs. 1-20.
COMPTON, Merlin D., «Palma's Lima: A Record of Dark Delights», *Américas,* nov.-dic. 1982, XXXIV, núm. 6, págs. 27-31.
— *Spanish Honor in Ricardo Palma's «Tradiciones peruanas»,* Ph. D. Dissertation, University of California (Los Angeles), 1959.
DÍAZ-FALCONI, Julio, «Ricardo Palma, personaje de sí mismo», *Sphinx,* Lima, III, núm. 16, 1967, págs. 1-42.
ESCOBAR, Alberto, «Ricardo Palma», en Hernán Alva Orlandini (ed.), *Biblioteca Hombres del Perú,* Lima, Universitaria, 1964, primera serie, vol. X, págs. 5-55.
— «Tensión, lenguaje y estructura: las *Tradiciones peruanas*», en su *Patio de letras,* Lima, Caballo de Troya, 1965, págs. 68-140.
FELIÚ CRUZ, Guillermo, *El torno de Ricardo Palma,* Santiago de Chile, Prensas de la Universidad de Chile, 1933, 2 volúmenes.
FLORES, Angel (coord.), *Orígenes del cuento hispanoamericano. Ricardo Palma y sus tradiciones. Estudios, textos y análisis,* México, Premisa, 1979, 147 págs.
FLORES, Angel (ed.), *Aproximaciones a Ricardo Palma,* Lima, Campodónico, 1973.
GARCÍA CALDERÓN, Ventura, *Ricardo Palma,* París, Desclee de Brouwer et Cie., 1938.
GARCÍA-PRADA, Carlos, «Ricardo Palma y sus

Tradiciones», en *Estudios hispanoamericanos,* México, El Colegio de México, 1945, páginas 179-203.

GEORGESCU, Paul Alexandru, «Lectura moderna de Ricardo Palma», *Studi di Letteratura Ispano-Americana,* 1982, núm. 12, págs. 5-21.

HALL, Nancy A., «Ricardo Palma's "El peje chico"», *Romance Notes,* fall 1981, XXII, núm. 1, páginas 32-36.

LAMORE, Jean, «Sur quelques procedes de l'ironie et de l'humor dans les *Tradiciones peruanas*», *Bulletin Hispanique,* número 70, 1968, páginas 106-115.

LEGUÍA, Jorge Guillermo, *Don Ricardo Palma,* Lima, Compañía de Impresiones y Publicidad, 1934.

MARTINENGO, Alessandro, *Lo stile di Ricardo Palma,* Padua, Liviana, 1962.

MIRÓ, César, *Don Ricardo Palma, el patriarca de las tradiciones,* Buenos Aires, Losada, 1953.

MONGUI Luis, «Polémica Palma-Perillán Buxo, Lima, 1878», *Kentuchy Romance Quarterly,* 1976, núm. 23, págs. 377-389.

MONTELLO, Josue, *Ricardo Palma, classico da America,* Rio do Janeiro, Graf. Olímpica, 1954.

NÚÑEZ, Estuardo, «A los veinticinco años de la desaparición de dos grandes escritores peruanos: Ricardo Palma (1833-1919) y Abraham Valdelomar (1888-1919)», *Revista Iberoamericana,* IX, 1945, págs. 287-296.

— «Ricardo Palma: el fundador de un género literario hispanoamericano, la "tradición"», en Robert G. Mead J. (introduc.) y Víctor M. Berger (bibliografía), *Homenaje a Luis Alberto Sánchez,* Madrid, Insula, 1983, páginas 401-405.

OVIEDO, José Miguel, *Genio y figura de Ricardo Palma,* Buenos Aires, Eudeba, 1965.

— *Ricardo Palma,* Buenos Aires, Centro Editor de América Latina, 1968.

PALMA, Angélica, *Ricardo Palma,* Buenos Aires, Tor, 1933.

— *Ricardo Palma, el tradicionista,* Lima, Castrillón Silva, s. d.

PORRAS BARRENECHEA, Raúl, *Bibliografía de don Ricardo Palma,* Lima, Torres Aguirre, 1952.

— *Tres ensayos sobre Ricardo Palma,* Lima, Juan Mejía Baca, 1954.

RAMÍREZ, Luis Hernán, *Indices nominales y verbales en la primera serie de las «Tradiciones perua-*

nas» (tesis), Lima, Universidad San Marcos, 1960.

RODRÍGUEZ-PERALTA, Phyllis, «Liberal Undercorrents in Palma's *Tradiciones peruanas*», *Revista de Estudios Hispánicos,* University of Alabama, mayo 1981, XV, núm. 2, págs. 283-297.

ROMERO, Marie A., «Visión de lo femenino y de la mujer en Ricardo Palma», *Ottawa Hispanica,* 1983, núm. 5, págs. 1-16.

SÁNCHEZ, Luis Alberto, *Don Ricardo Palma y Lima,* Lima, Torres Aguirre, 1927.

TANNER, Roy L., «Literary Portraiture in R. Palma's *Tradiciones peruanas*», *The American Hispanist,* 1978, 3, XXIV, págs. 8-15.

— «Ricardo Palma and Francisco de Quevedo: A Case of Thetorical Affinnity and Debt», *Kentuchy Romance Quarterly,* 1984, XXXI, núm. 4, págs. 425-435.

— «Ricardo Palma's Rhetorical Debit to Miguel de Cervantes», *Revista de estudios hispánicos,* University of Alabama, oct. 1983, XVII, núm. 3, págs. 345-361.

— «The Art of Characterization in Representative Selection of Ricardo Palma's *Tradiciones peruanas*», *Dissertation Abstracts International,* 1976, núm. 37, pág. 2914 A.

THOMAS, Ruth S., «Las fuentes de las *Tradiciones peruanas* de Ricardo Palma», *Revista Iberoamericana,* II, núm. 4, nov. 1940, págs. 461-469.

— *Sources of the «Tradiciones peruanas» of Ricardo Palma,* Ph. D. Dissertation, University of Washington, 1938.

WEBB, K. W., *Ricardo Palma's Technique in Recreating Colonial Lima,* Ph. D. Dissertation, University of Pittsburgh, 1951.

WILDER, William R., *The Romantic Elements in the First Edition of the First Series of the «Tradiciones peruanas»,* Ph. D. Dissertation, St. Louis University, 1966.

XAMMAR, Luis F., «Elementos románticos y anti-románticos de Ricardo Palma», *Revista Iberoamericana,* IV, núm. 7, nov. 1941, págs. 95-106.

YURKUNSKI, James M., *Diez «Tradiciones peruanas» de Ricardo Palma basadas en los «Comentarios reales» del inca Garcilaso de la Vega,* Ph. D. Dissertation, México City College, 1952.

ZEBALLOS, Noé, «Palma y su generación», *Mercurio peruano,* Lima, XXXVIII, oct.-nov. 1957, páginas 520-532.

Fray Mocho (1858 1903)

Enriqueta Morillas Ventura

Nacida de una intensa práctica periodística, la literatura de José S. Álvarez (Fray Mocho) se nos presenta como un documento particularmente interesante del período denominado «el 80» en la historia de las letras argentinas.

Entrerriano, Álvarez se convierte en uno de los emigrados cuya actividad llega a ser protagónica en la ciudad de Buenos Aires, cuyo crecimiento desmesurado deja atrás en aquellos años la gran aldea decimonónica para transformarse en urbe cosmopolita. En su ámbito se desarrolla intensamente la actividad económica y política del país. Su clase dirigente, la alta burguesía liberal porteña, irradia a las provincias, derrotadas en Pavón, su carga «civilizadora». De manera singular, esta ciudad, capital de la República y centro de la vida política, intelectual, social, económica, alberga la gestación de un nuevo mestizaje, que hace su aparición en las postrimerías del siglo XIX y reúne provincianos y, porteños, nativos y extranjeros, de cuya pluralidad dan cuenta los signos exteriores del paisaje urbano.

Destaca su habla salpicada de italianismos, anglicismos, galicismos, junto a los modismos criollos, nota pintoresca observable en un marco contrastivo de opulencia y de miseria. Comparten el espacio urbano las habitaciones palaciegas y las misérrimas —los «conventillos»—, los paseos ceremoniales como los jardines de Palermo, la sofisticada calle Florida, los espectáculos teatrales. En estos años se conforma el suburbio, con su carga de marginalidad y su peculiar idiosincracia. La animada muchedumbre de los oficiantes del pequeño comercio, de los vendedores callejeros, de los practicantes de las diversas ocupaciones que harán surgir la incipiente industria, como también la pléyade de pícaros cuyas actividades crecen paralelamente a la diversificación social y productiva.

Todo ello resulta, sin duda, estimulante para quien quiera retratarlo, y ésa será la tarea literaria de José Sixto Álvarez, el director del semanario más importante para la difusión de la literatura de costumbres que ilustra la época. Al frente de *Caras y Caretas*, desde su fundación hasta la fecha de su muerte, su página puntual será festiva, literaria, artística, de actualidades, o todo ello a un tiempo, ya que esas condiciones son las que procura satisfacer esta

Calle Bartolomé Mitre, Buenos Aires, 1880 (fotografía de Alejandro S. Witcomb).

singular publicación, creación del burgalés Eustaquio Pellicer y el andaluz Manuel Mayol. Ambos —periodista el primero, y dibujante el otro— encontraron en Álvarez al hombre capaz de pulsar la actualidad literariamente en sus facetas diversas, consagrando su figura con el popular seudónimo de Fray Mocho, que lo distingue en las letras nacionales y las trasciende, para alcanzar representatividad en el ámbito hispanoamericano.

Nació José Ceferino Álvarez nombre que más tarde cambió, por razones de eufonía, por el de José Sixto, en Gualeguaychú (Entre Ríos) el 26 de agosto de 1858. De su infancia en el campo, en la estancia Campos Floridos, extraerá para su literatura diversas siluetas características, el habla de los paisanos y el tono socarrón que prevalece en su sátira —generalmente atenuada— de los usos y costumbres lugareños. Unas primeras páginas producidas para *El Diablo* y *La Aurora*, periódicos escolares, lo inician en el oficio que desarrollará más tarde, cuando se traslade a la capital, a la edad de veintiún años. Reportero para *El Na-*

Cantina argentina, hacia 1900 (fotografía de Fernando Paillet).

cional, de Sarmiento, cronista policial de *La Pampa*, de Ezequiel Paz, inventor de falsas noticias para *La patria argentina*, de los hermanos Gutiérrez —entre los que se cuenta Eduardo, el novelista y Ricardo, el poeta—, ingresa con posterioridad en *La Nación*, de Bartolomé Mitre. Colabora en *La Razón*, de Onésimo Leguizamón, y es probable que por estos años —en torno a 1882— dirija junto a Ramón Romero, una publicación humorística, *Fray Gerundio*. Frecuenta a escritores y pintores que se dan cita en salas como «El Ateneo» y «La colmena artística», y lo que denomina «el Buenos Aires alegre» de los sitios pintorescos, como la «Cantina dil 20 Settembro».

> ...cuya única y especial particularidad es que a las doce del día o a las siete de la noche se reúnen en ella la flor y nata de nuestros vagos más conocidos, vale decir, nuestros poetas de más talento, de nuestros pintores más en auge, de nuestros músicos más afamados, y de las coristas de todas las artes, esos entes raros y originales que forman la corte de admiradores de cualquiera que se distingue en la majada humana, ya sea por una habilidad, por una singularidad de carácter que divierte o por alguna dote excepcional de la naturaleza, tan caprichosa.

Con posterioridad, Álvarez ingresa al cuerpo de la policía y se convierte en funcionario,

lo cual interesa especialmente porque allí inicia la «galería de ladrones» con su álbum *Vida de los ladrones célebres de Buenos Aires y sus maneras de robar* (1887), base para la elaboración de sus *Memorias de un vigilante* y *Mundo lunfardo*.

Álvarez utilizó diversos seudónimos Stich, Benigno Pinchuleta, Nemesio Machuca, Fabio Carrizo, Chirimoya, Figarillo, Vizcacha y Fray Mocho. Éste, el que ha trascendido, seguramente debió originarse en su forma de caminar, un tanto inclinada[1]. Paralelamente a su tarea periodística compone páginas tempranas, los «cuentos mundanos» de *Esmeraldas*, episodios subidos de tono, de poco valor literario, que se dan a conocer al público en 1885. Los textos recogidos en *Salero criollo* pertenecen también a los comienzos del escritor, aún cuando fueron editados póstumamente, en 1910. De ambos conjuntos se desprende su propensión cómica, inclinándose hacia el relato licencioso, mundano, a la manera de la literatura picaresca francesa del siglo XVIII, en *Esmeraldas*. En cambio, en los textos de *Salero criollo* hay variedad de asuntos y géneros,

---

[1] V. Ernesto Morales, *Fray Mocho*, pág. 35: «En realidad, el origen del cariñoso apodo que le dieron sus amigos y él convirtió en bandera literaria vendría de su forma de caminar, ladeado, o como se dice en términos gauchescos para los animales, era "lunanco" o "mocho".»

y ya en ellos emergen las principales direcciones de su escritura posterior.

En estas páginas puede apreciarse el gusto de su autor por el retrato callejero, por la anécdota rural o urbana ilustrativa de sucesos del momento. Junto a los recortes impresionistas de escenas captadas en el ambiente ciudadano, se sitúan los recuerdos relativos a personajes históricos y anónimos, los referidos a hechos públicos junto a otros más íntimos, en los que la infancia aparece como un tiempo perdido y el pueblo natal entrevisto entre las ruinas o la disolución. Hay entre ellos diferencias de tono significativas, un registro coloquial rico y variado, atento a los modismos rurales y urbanos, que tan pronto adquiere el sesgo humorístico adecuado para narrar hechos pintorescos, como el más grave y denso para el rescate de experiencias personales. No hay verdaderos cuentos en *Salero criollo*, al menos no en el sentido con el que contemplamos al género que adquirirá importancia capital en el presente siglo. Son páginas periodísticas de índole literaria, en las cuales puede advertirse su inclinación a destacar la anécdota cotidiana, la referencia a hechos curiosos y a veces entrañables, que inciden la mayor parte de las veces en personajes menores del contexto social.

Fray Mocho ha sido considerado autor criollista por su pintura del terruño y sus tipos, la relación de tradiciones, la recreación de personajes históricos. Su visión de lo criollo aparece a propósito de *Calandria*, de Martiniano Leguizamón:

> Leguizamón pinta sus gauchos de cuerpo entero y los hace mover en su medio propio para que revelen sus usos y costumbres, sus ideas y sus sentimientos»— nos dice en *Salero criollo*, oponiendo este tipo de representación a la de *Martín Fierro* y *Juan Moreira,*»... derrotados de la civilización, que sollozan injusticia y presentan una sola faz de ese carácter complejo del hombre de nuestros campos que tiene tantas facetas como el de cualquiera de nuestras ciudades.

Los mismos asertos aparecen formulados a propósito de las creaciones del pintor criollista Della Valle, en cuyas telas son atendidos los matices y peculiaridades de la campaña y sus pobladores. Estas consideraciones permiten cierta continuidad en el tratamiento de la ciudad y el campo en la obra de Fray Mocho, quien no las percibe como realidades antitéticas. Lo mismo sucede en su consideración de los personajes que pueblan tales lugares, como se aprecia en sus comentarios sobre el pintor Bucceri, quien puede darse a la plasmación de las imágenes complejas que el ojo atento capta en la ciudad: «...un tipo de esos medio italianos y medio criollos que vagan en los malecones del puerto Maderos con las manos en el bolsillo y la pipa en la boca.»

La transformación visual del perfil de la ciudad adquiere, sin duda, menor importancia que la sonora en las páginas de Fray Mocho. Pero junto a las voces que entremezclan diferentes modalidades dialectales del español y el italiano de los emigrados, los galicismos y anglicismos que intercalan en la conversación las clases altas, el habla de los habitantes del campo, también atiende al color y al movimiento: Así, en «Siluetas callejeras», la del basurero destaca por su opacidad, su indumentaria descolorida, los caballos cubiertos de lodo y restos de basura arrastrados por el carro chillón «...donde se confunden y se dan un beso una cola de pejerrey y un ramo de violetas secas.»

El movimiento ciudadano, por su agilidad, entraña para el ojo sensible la necesidad de fijar el instante, que se le aparece súbitamente revelador:

> Ahora ya no soy aquel trabajador de antes, que usted conoció echando el alma sobre las mesas de redacción, sino uno de tantos vagos que caminan por las calles de esta ciudad —tan llenas de cosas curiosas— a caza de algo que hacer. Mi correspondencia, pues, no será científica ni literaria, sino sencillamente informativa; me dejaré de libros, de escabrosidades políticas, de investigaciones prolijas y minuciosas respecto a cómo se pasan las cosas en la realidad de la vida y me limitaré, pura y exclusivamente, a pintárselas como yo las veo, a transmitirle los comentarios que oigo por ahí, a ser, resumiendo, un fotógrafo que saca vistas instantáneas para *La Mañana* (SC, pág. 27, «Instantáneas metropolitanas»).

Entre las «cosas curiosas» están los carruajes, los tranvías, el kinetoscopio y su fascinante capacidad de producir fotografía en movimiento. Los comentarios del autor pueden sintetizarse en la siguiente frase de «Siluetas metropolitanas» «Ya mañana las cosas cambiarán. ¿Qué cosa hay que no cambie aquí, en Buenos Aires?»

Junto a las páginas en que la observación directa quiere destacar lo llamativo del nuevo ambiente urbano, aparecen relatos de las costumbres y creencias rurales, como ocurre en «Cuentos gauchos» y «Lo siguen los cimarrones». En diferentes ocasiones, son los recuerdos del autor los que proporcionan la base narrativa de composiciones que giran en torno a figuras y hechos relevantes del pasado. Escribe así sus «Tradiciones argentinas», donde relata en términos novelescos la fundación de

Gualeguaychú, su pueblo natal. También participan de este carácter «¡Se me augan los pieses!», «Anecdótico», «Humo de cigarro», «Tres anécdotas». A veces la historia evocadora de experiencias vividas se teje en torno a figuras de relieve: «El clac de Sarmiento», «El doctor Onésimo Leguizamón», «El coronel Aureliano Cuenca». De la serie «Recuerdo de Entre Ríos», la que titula «La Tapera» es la que posee mayor riqueza imaginística. Realza la presencia de la vegetación que crece sobre las ruinas de la vieja casa y adquiere capacidad protagónica. Este relato bien puede ser considerado un cuento, ya que en él se establece un contrapunto entre la realidad evocada y la que ahora observa el narrador, quien sintetiza en su visión personalizada la antigua de la casa de campo en plena actividad, y la actual de la tapera silenciosa que apenas retiene los signos de otrora.

Memorias de un vigilante (1897), firmado con el seudónimo de Fabio Carrizo (aunque la edición de 1920 llevará el nombre de su autor y entre paréntesis el de Fray Mocho), es una narración en primera persona, que da cuenta de las andanzas del protagonista desde que, debido a las acuciantes necesidades económicas que llevan a su padre a entregar al muchacho al dueño de una tropa de carretas que acierta a pasar por el lugar, abandona su hogar, un humilde rancho campestre, iniciando el doble peregrinaje hacia el mundo y hacia la edad adulta. Recibe su segunda educación, que comienza en los caminos: durante la celebración de una fiesta es apresado como infractor a las reglas que regulan la prestación del servicio militar. Permanece diez años en un regimiento —el 6º de línea—, nuevo hogar, iniciación y guía para el que así deja su condición de paria y se convierte en ciudadano. El sargento Fabio Carrizo se integra entonces a la vida urbana:

> ...y ansiando mezclarme al mundo de Buenos Aires, que hervía a mi alrededor y me atraía como siempre atrae lo desconocido, pedí mi baja y me separé del 6º; como quien dice dejé mi casa, y en ella todos los halagos de mi juventud, todas mis afecciones en la vida.[2]

Como es evidente, esta versión de la leva es exactamente la inversa de la consagrada por José Hernández en el *Martín Fierro*. Y puede ser leída como una contestación a la primera parte del célebre poema, siendo representativa del ideario que se afianza hacia 1880, con la organización institucional de la nación.

[2] Fray Mocho, *Memorias de un vigilante*. Citamos por la edición de Sur, *Cuentos con policías*, pág. 52, 1962.

Uno de los testimonios más acabados del perfil de Buenos Aires en la década del 80 lo encontramos en estas páginas de Fray Mocho:

> Las calles, los tranways, los teatros, las tiendas y almacenes lujosos, las jugueterías, las joyerías, las iglesias, no era extraño que me arrastraran hacia ellas con fuerza invencible (...) No hablo, por cierto, de las maravillas de la electricidad, de la fotografía, de la imprenta o de la medicina, que eran cosas abstractas para mí en ese tiempo: hablo de los carros, de los carruajes, de los vendedores ambulantes, del adoquinado, del agua corriente, que no podía comprender cómo manaba de la pared con sólo dar vuelta a una llave, del gas, que me producía verdadero delirio cada vez que pensaba en él, de las casas de vistas, de las vidrieras lujosas, del sombrero, de la ropa y hasta del modo de reír y conversar de las gentes. (MV, pág. 54-55, «Mosaico criollo»)
> Pero lo que más me desvelaba eran las ilusiones del oído, aquellas voces pronunciadas en todos los idiomas del mundo y en todos los tonos y formas imaginables. (Id., pág. 56)

Mundo lunfardo (1897) amplía el arco lingüístico con el registro del habla del submundo de la delincuencia, la jerga de ocultación de los ladrones, el lunfardo, siendo Fray Mocho uno de los primeros en tomarla en cuenta e introducirla en la literatura. Aparece allí el mundo de la picaresca porteña, que se suma al rural y al urbano callejero. «Penetrar en la vida de un pícaro, aquí, en Buenos Aires, o, mejor dicho, en lo que en lenguaje de ladrones y maleantes se llama *mundo lunfardo* es tan difícil como vivir en el aire.»[3]

El agente Fabio Carrizo hace su aprendizaje de «...este Buenos Aires bello y monstruoso, esta reunión informe de vicios y virtudes, de grandezas y de miserias».[4]

Viaje al país de los matreros (cinematógrafo criollo) es publicado en 1897 (en 1919 es reeditado con el título de *Tierra de matreros*). Ambientado en su tierra natal, exalta el pai-

[3] Tienen particular importancia lingüística sus descripciones de las cinco grandes «familias» de «lunfas»: «...los *punguistas*, o limpiabolsillos; los *escruchantes*, o abridores de puertas; los que dan *la caramayolí*, o *la biaba*, o sea los asaltantes; los que *cuentan el cuento*, la mecha el *scruscho*, vulgarmente llamados estafadores, y, finalmente, los que reúnen en su honorable persona las habilidades de cada especie: estos estuches son conocidos por de *las cuatro armas*». Con la metodología de un naturalista, Fray Mocho clasifica las «especies»: el *campana*, el *escruchante*, los *batidores* que los delatan. De los medios empleados para robar: el *balurdo* o *toco mischo* (papeles inservibles que simulan dinero), el *cambiazo* (engaño), de los *otarios* a los que se cuenta el cuento, del *changador de otarios* cuyo *trabajo* consiste en estudiar al individuo al que se va a estafar, etc., cfr. V. *Mundo lunfardo*, en *op. cit.*

[4] MV, pág. 118, *op. cit.* Obsérvese esta expresión, típicamente naturalista.

saje, su belleza y la singularidad de sus habitantes. Los matreros, desheredados que se rigen por la ley del cuchillo, el valor, la osadía temeraria, aparecen aquí conformando un mundo y son sus historias, relatadas junto al fogón, al igual que las leyendas y fabulaciones de la gente del lugar, las que lo nutren. Juan Yacaré, Aguará, Ño Ciriaco, la Chancha Mora, los Contreras, Zapata, protagonizan diversos episodios: un idilio rústico, una doma, una peludeada, una carneada. Hay en él gran información relativa a la fauna regional dispuesta en extensas descripciones.

En el mar austral (1898), es el relato de las aventuras de un joven de Buenos Aires, estudiante de Derecho, localizado en la Patagonia y en la región fueguina. Tierra desconocida, el remoto sur se ofrece a los viajeros a los que atrae, estimulando su codicia y su espíritu de aventuras. Son los contrabandistas, los mineros, que van a la caza de lobos marinos o ballenas, o del botín de los naufragios que ellos mismos provocan. Los lobos, toninas, delfines, albatros, alciones, pingüinos, avutardas, etc., son las especies de la rica fauna patagónica que la imaginación de Fray Mocho va a recrear para el lector. La imaginación y no la observación, puesto que Álvarez nunca estuvo en el sur: el libro fue compuesto a partir de los testimonios obtenidos a través de lecturas y conversaciones —es importante el testimonio de Pedro T. Godoy, entonces gobernador de Tierra del Fuego, quien aparece como uno de los

José Sixto Alvarez, Fray Mocho; retrato y firma.

personajes del relato. La descripción se detiene en la geografía de la región y de sus primitivos habitantes —onas, yaganes, alacalufes—, junto a la de los aventureros que se desplazan a estas regiones remotas, sus padecimientos, sus logros, sus prácticas despiadadas, sus destrezas.

José S. Álvarez fue el director de *Caras y Caretas* hasta la fecha de su muerte, el 23 de agosto de 1903. En 1906, reunidas por sus compañeros las páginas que entregaba semanalmente, fueron publicadas como *Cuentos de Fray Mocho*. En realidad, estas composiciones tienen, en su mayoría carácter dramático. Junto a unos cuantos relatos, son los monólogos y sobre todo los diálogos de personajes extraídos del ámbito urbano y del rural, los que predominan. Dos rasgos merecen ser destacados: su brevedad, impuesta por exigencias periodísticas, y la atención preferente hacia las diferentes hablas de una variada gama de caracteres. Las páginas cuya índole narrativa se acerca al género que llamamos cuento, son composiciones que se remontan a un tiempo pasado y se localizan fuera del espacio urbano. Leyendas, recuerdos de viaje, tradiciones, fábulas, se interpenetran conformando un tejido narrativo laxo, sin mayores tensiones, lejos aún del rigor formal y el ajuste argumental y lingüístico que caracterizan al cuento literario. Algunas de estas narraciones parecen provenir de la tradición oral: así lo declara el narrador, quien aparece casi siempre haciendo uso de la primera persona. Oídas junto a los fogones, relatadas por viejos paisanos encargados de transmitirlas a las generaciones venideras, adquieren un hálito legendario. Las referencias temporales suelen indicarlo así:

> Cuando el hombre no reinaba todavía sobre todos los animales que pueblan la tierra...
> («Más vale maña que fuerza»).
> La lechuza, agorera de la muerte para nosotros los de la edad presente, era para los de la edad remota, —que zurcieron el poema en que a los animales se atribuyen las prerrogativas de los hombres—, mensajera de amores y enredos...
> («Cada cual se agarra con las uñas que tiene»).

Así en «Como víbora que ha perdido la ponzoña», el narrador recoge el relato de una anciana india, quien evoca el tiempo remoto en el que los animales poseían lenguaje y se comunicaban entre sí. Asimismo, en «Donde las dan las toman», el narrador refiere la fábula contada por don Mauricio junto al fogón, fábula que el viejo, a su vez, había oído cuando joven; y en «Cuentos de caza», evoca los cuadros de la vida salvaje compuestos por el tío

Martín junto al fuego, y su enorme capacidad de sugestión.

En «Reminiscencia», el narrador, en tercera persona, se aproxima a la visión de su personaje con un procedimiento que podemos considerar estilo indirecto libre. Reproduce así las imágenes que pueblan la memoria del pastor de ovejas, el viejo don Pantaleón, quien rememora los tiempos en los que formó filas en la guerra contra el indio. El recuento enlaza diversas imágenes: el campamento, las lanzas clavadas en el suelo, caballos que tropiezan con los cuerpos de los jinetes muertos, los ayes y alaridos de los combatientes. Esta fuerte presencia del recuerdo se superpone a las vivencias actuales; el texto consagra un alegato implícito a favor de los protagonistas anónimos que forjaron con sus luchas la nación próspera del presente. En «Paisajes» un narrador personalizado recrea un tiempo ideal, en el que los naranjos oscuros, abejas zumbadoras, tornasolados picaflores, constituyen el marco idílico de un cuadro en el que una bella joven departe con «un tipito insignificante y pretencioso», una «nota discordante entre el concierto de la luz y de las flores» (pág. 56).

En «Notas de viaje» se entrecruzan también dos tiempos: el de un viaje por el Alto Uruguay donde, al llegar a las barrancas de Fray Ventos, el autor hace el elogio de Gualeguaychú, y el tiempo antiguo, en un tránsito imaginario donde aparece la histórica figura de Urquiza y otros hechos curiosos y entrañables, el humor al que se entregan los lugareños, colocando carteles de esta guisa frente a sus tiendas: «Se venden clavos, tachuelas y otros «comestibles» (pág. 76). Este es el Fray Mocho regocijado, amante de la vida y los seres a cuyo retrato se consagra. Hay, también en *Cuentos de Fray Mocho*, otros relatos de viaje: «De raza», «En el bañado», «La yunta de la cuchilla». Asimismo, son narraciones «Siempre amigo», elogio de la amistad entre el hombre y el perro; «La caza del cóndor», en el que la primera persona alterna con el modo impersonal en la narración, y cuyo tema es la lucha secular entre la astucia y la fuerza. «Entre yo y mi perro», «De vuelta del Paraguay», «Ojo por ojo...», «El cazador de tigres», «El hijo de doñ'Amalia», «Mi primo Sebastián», completan la lista.

Hay otras composiciones que se diferencian de las anteriores por su carácter marcadamente dramático. En ellas desaparece el narrador y son los personajes los que directamente hacen uso de la palabra, cambiando puntos de vista, departiendo amigablemente o bien contrastando posiciones enfrentadas. Son escenas dramáticas cuya peculiaridad sobresaliente

está en el habla particular, que el autor transcribe, fiel al postulado de que es precisamente en la singularidad lingüística donde reside el carácter, donde se revela la idiosincracia. Los monólogos y diálogos de Fray Mocho dan entrada a la ficción a personajes provenientes de diferentes clases y estratos sociales que utilizan diversas modalidades coloquiales urbanas y rurales: la orillera y la ítalo-criolla (cocoliche) son las más notorias. La orillera recoge el habla de los provincianos afincados en el suburbio porteño. La ítalo-criolla, a veces se inclina a la transcripción dialectal, y otras mezcla decididamente, como ocurría con los emigrados, el español y el italiano. Los gestos y actitudes de los hablantes reproducen sus condicionamientos: las clases bajas, los sectores medios, las capas altas de la sociedad, están representados en los monólogos y diálogos.

Así, «Monologando», «Me mudo al Norte», «Filosofando», «¿A mí?... ¡con la piolita!», «De Baquet'a sacatrapo», ofrecen las reflexiones de diferentes desplazados por la constante movilidad social, rezagados por el progreso, testigos de los cambios que afectan la ciudad.

Los diálogos de los diversos interlocutores (propietarios y rentistas, damas de estratos medios y altos, peones rurales, agentes de policía, miembros del ejército, estancieros, integrantes del cuerpo de bomberos, empleados del servicio doméstico, de la administración, criollos, «gringos», advenedizos, postergados, pícaros) que hablan en la calle, en las tertulias de café, en las antesalas de los edificios públicos, en las salas de las casas de familia destinadas al recibo, conforman, a través de sus opiniones, críticas, reconvenciones, observaciones maliciosas, quejas, un mosaico de voces y actitudes. El ansia de figuración, la de obtener el ascenso social a toda costa, la seducción llevada a cabo con malas artes, la incomodidad del criollo frente a la avalancha extranjera y el consiguiente cambio en las costumbres, son algunas de las constantes que se dejan oír. El fraude, la corrupción, la sensualidad que conlleva el ejercicio del poder, la ambiciosa escalada de algunos, son criticadas y puestas de manifiesto continuamente. El funcionamiento de las instituciones sociales merece una muy especial atención por parte de los dialogantes. La crítica de costumbres no llega, empero, a cuestionar los fundamentos del sistema. Los tiempos han cambiado y alguna nostalgia puede haber por lo que ya no está. Pero, en todos los casos, el orden jurídico y político permanence intocado. Roca y sus ministros «paniaguados» reciben duros ataques, pero no las instituciones que ellos encarnan. Los diálogos de Fray Mocho ilustran la mentalidad, el comportamiento, los gestos, los modos relacionales de las gentes de la sociedad de su época.

El haberlas retratado a partir del registro de las inflexiones tonales de su habla diversa constituye, a no dudarlo, su mayor éxito.

BIBLIOGRAFÍA

OBRAS

Esmeraldas, Cuentos mundanos, Buenos Aires, Emilio de Mársico, ed., 1885.
Memorias de un vigilante, Buenos Aires, 1897.
Un viaje al país de los matreros, Cinematógrafo criollo, Buenos Aires, 1897.
En el mar austral, Croquis fueguinas, Buenos Aires, 1898.
Cuentos de Fray Mocho, Buenos Aires, Biblioteca de Caras y Caretas, 1906.
Salero criollo, Buenos Aires, «La cultura argentina», 1920.

CRÍTICA

ARA, Guillermo, *Fray Mocho,* Estudio y antología, Buenos Aires, Ediciones Culturales Argentinas, 1963.

BARCIA, Pedro Luis, *Fray Mocho desconocido,* Compilación y estudio, Buenos Aires, Ed. del Mar de Solís, 1979.
BORELLO, Rodolfo, A., *Habla y Literatura en la Argentina (Sarmiento, Hernández, Mansilla, Cambaceres, Fray Mocho, Borges, Marechal, Cortázar),* Cuadernos de Humanitas núm. 44, Universidad Nacional de Tucumán, 1974.
MARÍN, Marta, *Fray Mocho,* en *Enciclopedia de la literatura argentina* Buenos Aires, Centro Editor de América Latina, 1967.
MORALES, Ernesto, *Fray Mocho,* Buenos Aires, Emecé, 1948.
ROMANO, Eduardo, «Fray Mocho. El costumbrismo hacia 1900», en *Capítulo, La historia de la literatura argentina* núm. 34, T.I. Centro Editor de América Latina, 1980.
SOTO, Luis Emilio, «El cuento», en *Historia de la literatura argentina,* dirigida por Rafael Alberto Arrieta, T. IV, Buenos Aires, Peuser, 1959.

3. Poesía

La poesía decimonónica

ALFREDO A. ROGGIANO

La poesía decimonónica en la América de habla española comprende las siguientes etapas: 1) De 1800 a 1830, es la de los poetas que alentaron y celebraron las gestas de la Emancipación. En su mayoría adoptaron el liberalismo laico procedente de la Ilustración, fueron republicanos en política y partidarios de la igualdad social, pero en la expresión literaria no superaron el neoclasicismo franco-español, salvo algunos tímidos anuncios de no deliberado romanticismo; 2) 1830-1860, comprende a poetas de la ya declarada independencia política y del proceso de búsquedas de una organización jurídica y estatutaria que estableciera a los pueblos emancipados como repúblicas y naciones en procura de su propia identidad nacional y americana. El romanticismo predominó en el pensamiento y las letras como programa básico, ideológico y estético; 3) 1860-1890, establecimiento definitivo de las repúblicas hispanoamericanas sobre la base de un sistema constitucional, liberal y positivo, que combinó propuestas de ideólogos franceses con el liberalismo económico inglés y la praxis derivada de la independencia de los Estados Unidos de Norteamérica. Período muy complejo y variado, que en literatura se expresó según las corrientes literarias que se desarrollaban en Europa, las cuales se adaptaban, modificaban e integraban al entrar en contacto con actitudes y modalidades nativas. Así se privilegió una literatura cultista, cosmopolita (continuación del romanticismo que alternó con contenidos y formas realistas, naturalistas y parnasianas), frente a la cual, o paralelamente a ella, se cultivó, con marcada preferencia, una poesía de ascendencia popular, regionalista, gauchesca; 4) 1890-1920, consolidación de una estabilidad económico-política y social dependentista y búsqueda de una salida mediante una toma de conciencia crítica de la modernidad, que se concretó, en prosa y en verso, en las poéticas del modernismo. En términos estrictamente literarios tendríamos: Neoclasicismo y pre-romanticismo, romanticismo, post-romanticismo y modernismo como corrientes fundamentales de la poesía decimonónica en la América de habla española[1]. Veamos ahora cada etapa en sus contextos histórico-culturales y en los temas y formas de expresión, con exclusión de los autores que se destacan con estudios individualizados.

POESÍA DE LA EMANCIPACIÓN (1800-1830)

Política, económica y estéticamente es éste un período de transición, y, como tal, de imprecisa fijación cronológica. La independencia política de las colonias de España en América es el resultado de un proceso muy complejo que tuvo sus orígenes en la Europa del si-

---

[1] En lo específicamente poético, ésta es la nomenclatura que consideramos como la más acertada. Se han propuesto, claro, otras denominaciones, las que, por lo general,

combinan el marco histórico con la expresión ideológica y literaria. Por ejemplo, Pedro Henríquez Ureña, en Las corrientes literarias en la América hispánica (1945), nos dio una división en tres etapas desde 1800 a 1890 a saber: a) Declaración de la independencia intelectual (1800-1830); b) Romanticismo y anarquía (1830-1860); c) El período de organización. No habla de modernismo, sino de una cuarta etapa de «Literatura pura», que sitúa cronológicamente entre 1890 y 1910. En Historia de la cultura en la América hispánica (1947), mantiene las cuatro etapas de Las corrientes..., pero cambia sus denominaciones así: a) La independencia (1800-1825, y no 1830); b) Después de la Independencia (1825-1860); c) Organización y estabilidad (1860-1890); d) Prosperidad y renovación (1890-1920). Enrique Anderson Imbert, en su muy difundida Historia de la literatura hispanoamericana (1954, 2.ª ed., 1970), divide lo que comprende los «Cien años de república», en cuatro etapas: a) 1808-1824: Neoclasicismo y primeras noticias del romanticismo; b) 1825-1860: Romanticismo, en dos promociones, más el paso del costumbrismo al realismo; c) 1860-1880: Segunda generación romántica más primicias parnasianas y naturalistas; d) 1880-1895: Naturalismo y primera generación modernista. La «plenitud del modernismo» se inicia con otra etapa, de 1895 a 1910. José Juan Arron, en su Esquema generacional de las letras hispanoamericanas (2.º ed., 1977) adopta el sistema de las generaciones, y da cuatro para el siglo XIX: las de 1804, 1834, 1864, y 1894, que cubren todas las manifestaciones literarias y de pensamiento. Y ya en libros dedicados exclusivamente a la poesía, veamos, a título de información y cotejo, dos ejemplos: el de Julio Caillet-Bois, en su Antología de la poesía hispanoamericana (Madrid, Aguilar, 1965) y Merlin H. Forster, en su reciente Historia de la poesía hispanoamericana (Clear Creek, Indina: The American Hispanist, Inc., 1981). Caillet-Bois abarca un lapso comprendido entre 1810 y 1910, que ordena en cuatro etapas: a) Poetas de la independencia (1810-1830); b) Romanticismo (1830-1850); c) Culminación del romanticismo (1850-1882); d) Modernismo (1882-1896 y 1896-1910). Forster reduce más de un siglo de la poesía hispanoamericana a tres ciclos: Ilustración y neoclasicismo (1750-1835), Romanticismo (1835-1880) y Modernismo (1880-1910). En un período histórico de cambios, búsquedas y tentativas de establecer una conciencia estética propia, sin desdeñar las múltiples e insoslayables influencias de toda índole no es posible ni recomendable establecer cronologías y denominaciones definitivas. Las que adoptamos ahora sólo sirven como guía convencional y con fines «ad-hoc».

glo XVIII como parte de la lucha ideológica de potencias emergentes con el empirismo científico, el racionalismo filosófico, el protestantismo y el liberalismo político, económico y social. Así, las concepciones del mundo y del hombre, las ideas y praxis propias de los siglos XVII y XVIII, que consolidaron la época moderna, se adelantan y penetran en el siglo XIX para auspiciar y sostener los movimientos de liberación nacional[2]. En el orden estético, literario y poético, esa liberación llega a España y América con bastante retraso, o en forma esporádica, como penetración aislada de anunciaciones pre-románticas; lo cual explica que los llamados «poetas de la revolución»[3], la «poesía de la Independencia»[4], se hayan demorado en los módulos expresivos del neoclasicismo. Independientes en política, colonos en literatura, protestó Juan Bautista Alberdi al leer el contenido de una de las antologías más representativas de poetas que cantaron las gestas de la emancipación en el Río de la Plata. Neoclásicos fueron los más universalmente reconocidos poetas de este período: Olmedo, Bello, Heredia, y los que figuran en las recopilaciones de *La Lira argentina* (1824), la *Colección de poesías patrióticas* (1826), y *El Parnaso oriental o Guirnalda poética de la República Uruguaya (1835-1837)*, además de la selección que precedió a estos florilegios, publicada en 1810 con el título de *Composiciones poéticas de la epopeya argentina* y atribuida, con certeza, a Angel Justiniano Carranza[5].

Algunos críticos han querido ver elementos pre-románticos en poetas que publicaron a partir de 1806, como el mexicano Manuel Martínez de Navarrete o en Florencio Balcárce o en Heredia y en Mariano Melgar, en una secuencia que parecería asegurar una relación más bien de continuidad que de ruptura entre el neoclasicismo y el romanticismo. Veamos esto.

En el capítulo VII de su *Historia...*, dedicado a la producción literaria de 1808 a 1824, dice Anderson Imbert:

> Como la historia es puro cambio, cada uno de sus períodos es una transición. En éste de 1808 a 1824 continúa todavía la transición a que se refirieron los capítulos anteriores: dentro de la Ilustración las ideas se hacen más liberales, las formas literarias más variadas y los estilos individuales más sentimentales, pero la Ilustración misma está transitando por nuevos caminos y, cuando menos lo esperemos, la veremos dialogando con voces que son ya románticas.

O sea que de la Ilustración salen las ideas que, en el plano de la acción, fueron perfilando una visión romántica que dio nuevo sesgo a la España de los Borbones y a sus colonias ya liberadas, aunque el romanticismo como doctrina y programa no se impusiera hasta después de 1830. En la mayoría de los poetas hispanoamericanos de esta etapa se hace palmaria una oposición al dogmatismo escolástico del catolicismo español; se prefiere un humanitarismo social con los ojos puestos en lo inmediato, la naturaleza, los trabajos del hombre, los beneficios del progreso y todo lo que pueda garantizar el destino personal y el cumplimiento libre de la condición humana. El hombre de letras, el poeta, siente que es parte activa del proceso total de la sociedad y se dispone a cumplir su misión, se hace uno con la historia, será el poeta civil, el cantor-prócer. Esta participación directa, que en el orden de la escritura instaura el historicismo autobiográfico y la «poesía de los hechos», es, sin duda, la prueba más evidente de que se está pasando de un siglo a otro. Desde la última década del siglo XVIII y durante todo el siglo XIX el poeta hispanoamericano será protagonista, testigo y cantor de la historia presente y local, a la que queda irremisiblemente unido. De ahí que sean poetas del referente más que del acto poético como persecución y logro artístico. El poeta desprestigiado por el racionalismo, sometido a reglas, normas, cánones de toda índole, siente ahora que es un hombre útil y que

[2] Para el contexto político y cultural de esta época, véase: Charles C. Griffin, *El período nacional en la historia del nuevo mundo*. Traducción de Emilia Romero de Valle. México, Instituto Panamericano de Geografía e Historia, 1962; José Luis Romero, *Pensamiento político de la Emancipación (1790-1825)*. Prólogo de José Luis Romero. Selección Notas y Cronología de José Luis Romero y Luis Alberto Romero, Caracas, Biblioteca Ayacucho, vols. 23 y 24, 1977; Arthur P. Whitaker (ed.), *Latin American and the Enlightment*. Ithaca, New York, 1961; A. Owen Aldrich (ed.), *The Ibero-American Enlightement*, Urbana: University of Illinois Press, 1971; John Lynch, *The Spanish American Revolution*, 1808-1826, Londres, Weidenfeld and Nicholson, 1973.

[3] Véase Juan María Gutiérrez, *Los poetas de la Revolución*, Buenos Aires, Academia Argentina de Letras, 1941; Roberto F. Giusti, «Las letras durante la Revolución y el período de la Independencia», en Rafael Alberto Arrieta, *Historia de la literatura argentina*, Buenos Aires, Peuser, 1958, t. I, págs. 263-404.

[4] Emilio Carilla, Poesía de la Independencia, Compilación, Prólogo, Notas y Cronologia de Emilio Carilla, Caracas, Biblioteca Ayacucho, vol. 59, 1959.

[5] Ver Rafael Alberto Arrieta, «Cancioneros patrióticos y antologías», en R. A. Arrieta, *Historia... passim*, t. VI, págs. 202 y ss; *La Lira Argentina o Colección de las piezas poéticas dadas a luz en Buenos Aires durante la guerra de su independencia*, Edición crítica, Estudio y Notas por Pedro Luis Barcia, Buenos Aires, Academia Argentina de Letras, 1982; *El Parnaso Oriental o Guirnalda poética de la República Uruguaya*, Reimpresión facsímil por Luciana Lira. Prólogo de Juan E. Pivel Devoto, Montevideo, Biblioteca Artigas, Colección de Clásicos Uruguayos, 1981, vols. 159, 160 y 161.

podrá servir a la Patria. Poesía patriótica, revolucionaria, libertaria, civil, histórica. ¿No es esto lo que luego preconizó el romanticismo, amén de otras cosas?

Sin duda el paso del «siglo ilustrado» al «siglo de la liberación» fue menos claro y preciso en Iberoamérica que en Europa, donde se dan las fechas de 1750 y 1848 como límites poco menos que exactos del romanticismo[6]; pero aún así, ya desde 1789, por ejemplo, una investigación cuidadosa puede hallar anticipos indicadores de que el «racionalismo se colorea de sentimientos» (Anderson Imbert) y que en 1801 el mexicano Mariano Acosta Enríquez puede hablar del «fin del siglo que acabó llamado el de las luces» (en su obra *Sueño de sueños).* El hombre histórico, más concreto y sensible que el racionalista del siglo XVIII funda ahora su palabra en los signos de la conducta individual y colectiva y desea que su personalidad *sea* en y con su mundo, por el mundo que él ayuda a forjar. Desde Antonio Nariño a Mariano Moreno, Monteagudo, Bolívar, Miralla, Miranda o Fray Servando Teresa de Mier, hasta la llegada de Echeverría con su nuevo bagaje de ideas traídas de París, se difunden traducciones de Young, Rousseau, Chateaubriand, Ossian, etc., cuyas obras ayudan al descubrimiento y puesta en escena del «hombre sensible». La poesía será un *acto vital,* no meramente literario, aunque se mantenga la «fermosa cobertura» prestigiada en poéticas dedicadas a mantener el orden, la armonía, el buen gusto y el «amor a la razón» del *Arte Poética* de Boileau y su descendencia (o ascendencia). La poesía del momento crucial de la Emancipación debe ser juzgada por ese nuevo descubrimiento del hombre-poeta en su función histórica, que es romántica por ser revolucionaria y liberadora («le romantisme c'est le liberalisme en littérature», dijo Víctor Hugo) aunque sea neoclásica por su forma, ya que ésta fue medio y no fin de los poetas de la independencia.

¿Quiénes son dichos poetas? Son los incluidos en las cuatro colecciones ya mencionadas, pero especialmente los de *La lira argentina,* que adquiere en cierto modo carácter de antología oficial de los poetas de Mayo, ya que su origen está signado por un decreto del Gobierno de Buenos Aires por el cual se «dispone que se forme una colección, impresa con esmero, de todas las producciones poéticas dignas de

Mariano Moreno.

la luz pública compuestas en Buenos Aires desde el año 1810» (Libro Segundo del *Registro Oficial).* Fin similar tuvieron la *Colección de Poesías Patrióticas,* el *Parnaso Oriental* y otras compilaciones de canciones populares, con o sin música, de otras partes de la América que se iban emancipando.

Los poetas de la *Lira...* son Vicente López y Planes (autor del Himno Nacional argentino), Esteban de Luca, Juan Ramón Rojas (in-

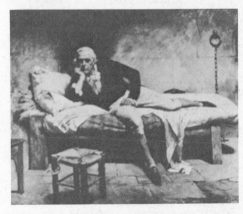

Francisco de Miranda.

---

[6] Véase Arthur Levejoy, *The Great chain of Being,* 1836; 3.ª ed.: Harvard University Press, 1966; Frank Lawrence Lucas, *The Delcine and Fall of The Romantic ideal,* New York, Macmillan, 1937; H. G. Schenk, *The Mind of the European romantic,* New York, Doubleday and Co., 1969 y Harold Bloom, *Romanticism and Consciousness, Essays in Criticism,* New York, Norton, 1970.

dicado como autor de la compilación), Cayetano Rodríguez, Juan Francisco Martínez, Domingo de Azcuénaga (más conocido como fabulista), Bartolomé Hidalgo (iniciador de la poesía popular-gauchesca), Francisco Araucho, Antonio José Valdés, Juan Cruz Varela, Miguel de Belgrano, José Agustín Molina, Francisco de Paula Castañeda, Juan Crisóstomo Lafinur, José Miguel de Zegada, Manuel de Lavardén, Francisco Pico y autores anónimos.

El vehículo poético, las especies cultivadas son: el himno, la oda, el soneto, la canción, la octava, el canto, la letrilla, la alocución, la silva, formas por las que se expresaron los liberales neoclásicos de tradición europea cultista; una cantidad menor de poetas adoptó formas no incluidas en la retórica neoclásica, como el «triunfo argentino» y el *cielito* o simplemente *cielo,* composición acaso desprendida de la copla o el cantar, en cuartetas octosilábicas y en dialecto rural, origen de la futura poesía gauchesca, en realista y vigorosa vena popular, como es el caso de Bartolomé Hidalgo. De esta especie poética, ligada a la música y al sentimiento popular colectivo, tan propia del área rioplatense y pampeana que se le suele identificar con el decir unipersonal de los payadores[7], dice Juan María Gutiérrez:

> Nuestro *cielo* no huele a tomillo ni a cantueso como las canciones pastoriles de los españoles europeos, sino a *campo,* y aspira a sacudir el yugo de las delicadezas cortesanas, aunque nazca frecuentemente en el corazón de las ciudades y proceda de padres instruidos y cultos. Las más veces es una misma la mano argentina que escribe la oda o compone el *cielito;* pero al dejar el vate la lira por la vihuela, acomoda y apropia la entonación, las ideas, el lenguaje mismo, al corto alcance de este humilde instrumento. Por este proceder que tiene su excepción en los *Payadores* y en algunos bardos del desierto, cuyos nombres no son desconocidos del todo, se dio a la poesía del género que examinamos una aplicación y un destino saludables, en cuanto contribuía a convertir los espíritus de la gran mayoría del país a los dogmas de la revolución, inculcando en el pueblo aquellas generosas pasiones sin las cuales no hay independencia ni patria[8].

Juan María Gutiérrez, en *Los poetas de la Revolución,* selecciona para su estudio a Esteban de Luca, Juan Ramón Rojas y Juan Cruz Varela; Fernando Rosenberg, en edición abreviada de *La Lira argentina*[9], es más generoso: selecciona a Vicente López y Planes, Cayetano Rodríguez, Francisco de Paula Castañeda, Esteban de Luca, Bartolomé Hidalgo, Juan Cruz Varela, Juan Crisóstomo Lafinur y varias composiciones de autores no identificados. Emilio Carrilla es más selectivo inclusive que Juan María Gutiérrez y sólo incluye en su *Poesía de la Independencia* a Bartolomé Hidalgo y a Juan Cruz Varela, tal vez como los poetas representativos de las dos líneas poéticas de *La Lira:* la *culta,* con Juan Cruz Varela; la *popular,* con Bartolomé Hidalgo.

Esta discrepancia en la selección podría, acaso, poner en duda el valor y verdadero significado de *La lira argentina,* antología que consideramos como paradigma del tipo de poesía que se escribió en las nacientes repúblicas emancipadas durante la etapa de 1810 a 1830. Pero en su valoración creemos que importan menos las individualidades poéticas, si las hay, que su consideración de conjunto, de producción colectiva, de una época que alienta los mismos ideales, principales, medios y fines. En este sentido habría que reconocer que la poesía celebrativa y crítica que se recoge en *La Lira* puso en términos de paridad al poeta y al historiador, al cantor y al periodista, no sólo como «una forma de periodismo», como dijo Giusti, sino como una visión más moderna del acto poético que iguala en su consideración la vida y el arte, en lo que el pre-romanticismo consideraba ya como «poética de la motivación»[10] y el socialismo revolucionario que sucedió a la revolución de 1848 proponía como función y misión del artista, llamado entonces de *vanguardia*[11]. Esta noción vino a ser la más apropiada para sostener y practicar una poesía que fuera cívica, comprometida, militante, responsable: poesía para «ganar la Patria», para lo cual, además de documental y celebrativa, debía ser soporte de un destino educador. La belleza, el arte, ya no se identifica con lo bueno y verdadero, en forma abstracta, como quería la poética de Boileau, ni había que someterla a la razón; era un acto de vida, y por tanto, un hecho necesario, de bien individual público y de utilidad colectiva.

Esta poesía no es meramente crónica de una época, y no sólo habría que recordarla, como

[7] Ver los términos *Cielito* y *Payador* en Pedro Orgambida y Roberto Yahni, *Enciclopedia de la literatura argentina,* Buenos Aires, Sudamericana, 1970 y Luis Alberto Ruiz, *Diccionario de la literatura universal,* Buenos Aires, Raigal, 1956, t. II, respectivamente.

[8] Juan María Gutiérrez, *Los poetas de la Revolución,* cit. nota 3 pág. 11.

[9] *La lira argentina,* Selección, presentación y notas por Fernando Rosemberg, Universitaria de Buenos Aires, 1966.

[10] Ver Jean-Marie Schaeffer, «Romantisme et langage poétique», en *Poétique,* núm. 42, Avril, 1980, págs. 177-194.

[11] Así calificados por el partidario de Fourier Gabriel-Désire Laverdant, en *De la missión de l'art et du role des artistes* (París, 1845).

sostiene Carilla, como «deuda de gratitud» por ser «tributos literarios que nos dejaron los hombres que combatieron por nuestra independencia política». Sin duda éste es un mérito *sine que non*: el de fijar y hacer perdurar la gesta emancipadora, con sus héroes, sus visicitudes, sus triunfos y glorias, y el gesto primordial de su aplicable anti-españolismo. Pero por eso mismo se impone una entrañable instancia de regeneración, génesis, recuperación incluso, en un inmanente y germinador sentido programático del presente hacia el futuro, frente a un pasado que desecha. Y lo que desecha es, ante todo, la condición y situación de dependencia que se está en vías de superar.

Es poesía de glorificación y de prez; de ahí su apoyo en la elocuencia y sus inevitables énfasis retóricos. Demorada en el elogio patriótico y en la condena al intruso que se expulsa, sometida al sentir histórico más urgente, parece imposible justificar que sea también práctica tardía, paralizante, de un estilo convencional y de imitación variada, diluida en una formal y distante mitología, que no permite la consolidación de personalidades poéticas distintivas. Por su visión del mundo, ideas, temática, formas, es ésta una etapa de poesía homogénea, uniforme, repetitiva, indistinta. Los poetas, siendo activos participantes del acontecer revolucionario, asumen y privilegian el suceder factual que registre hechos históricos y comportamientos individuales o colectivos obviamente decisivos del momento que atestiguan; y eso parece ser lo fundamental, porque como acto poético en función artística nada parece responder al llamado revolucionario y a la misión emancipadora. A esto se refiere Arrom cuando sostiene que «esta generación dista de haber llevado a cabo una neta ruptura con el pasado» *(op. cit.,* pág. 126). Pedro Henríquez Ureña la justifica, ¿la potencia? al decir que «fue en su mayor parte, literatura de intención política» *(Historia,* pág. 72), que «la poesía se pone al servicio de la libertad» *(idem,* pág. 73).

Que esta poesía se manifieste en un plano de contradicción básica, es fácilmente perceptible; no así su justificación, que hay que comprenderla en el cuadro total de más de un siglo de resistencia al cambio, con el consabido método de preservar una tradición que se prestigia como paradigma de respeto. La mayoría de los poetas de Mayo sigue la línea cultista europea como si quisiera justificarse dentro de los valores de una tradición, paradójicamente la consagrada por el absolutismo cultural y político contra el cual se ha venido luchando. Y esto lo hacen ante todo los poetas-próceres,

dentro y fuera de *La lira,* incluyendo a Olmedo, el cantor de Bolívar y a Bello, quien aconsejaba dejar «la culta Europa», para fundar un americanismo literario. Curiosamente, los poetas-próceres, que actuaron y cantaron desde las posiciones de *arriba,* fueron los más distraídos en la práctica de una cultura de liberación. Esta tarea fue realizada por los poetas populares, como Hidalgo, o los que buscaron fundamentos de poesía y cultura en la tradición pre-hispánica, como Mariano Melgar. El primero es una especie de «tribuno de la plebe», como en la Revolución francesa, que fustiga acerbamente al opresor; el segundo es el tipo del «desposeído» romántico que busca afirmar su futuridad en la recuperación de un pasado que no se ha perdido del todo.

Neo-clasicismo y pre-romanticismo indican que es una época de transición entre la colonia y la independencia, tránsito de luchas por una estabilidad propia donde se pueda hallar una identidad republicana, base de una afirmación vital, cultural y estética. Y si el neoclasicismo fue seria interferencia en la transición, por mantener a los patriotas en una temática formal, y anti-histórica, o sea, en los recursos de una poética consagrada por el racionalismo y la Ilustración, una nueva concepción del mundo y de la vida se engendró en su entraña abierta hacia el futuro, al pasar de Europa al mundo hispánico, para promover y prohijar un prerromanticismo actuante, dinámico y transformador. La oda es reemplazada por la elegía o el madrigal, pero sobre todo por el poema descriptivo y programático en busca del ser y la realidad de América. Esto es lo que se intentará en la etapa siguiente con el romanticismo. Los poetas de la Independencia anticiparon la visión del mundo en temas y actitudes que serán propias del romanticismo, y en algunos casos, como en Heredia, Hidalgo, Melgar, De Luca y otros, además de temas (populismo, indianismo, americanismo, afirmación del hombre en la condición humana libre y sensible), algunas formas de la expresión poética, como el *cielito,* el *yaraví,* o bien, tonos de melancolía, soledad, desolación, ausencia amorosa y hasta la naturaleza como estado de alma y apoyo de lo humano. Comprueban estos anuncios textos de José Antonio Miralla, Florencio Balcarce, José Fernández Madrid y José María Gruesso, entre otros [12].

_____

[12] Para un registro detallado y preciso de los escritores de esta época, véase Carilla (además del volumen citado en nota 4), *La literatura de la independencia americana.* Editorial Universitaria de Buenos Aires, 1964. Documentado estudio de autores, influencias, temas, géneros, formas y bien seleccionada bibliografía. Véase también Arrieta, *Historia, op. cit.,* tomos II y III.

LA POESÍA ROMÁNTICA (1830-1880, 1882-1888?)

Si con la etapa de la Emancipación tuvimos dificultades para establecer una fecha que fijara el origen estético de la producción poética y hemos optado por seguir los pasos de una transición, con el romanticismo el problema cronológico no consiste en cuándo comienza, sino en cuándo termina[13]. Salvo los anticipos señalados en la etapa de 1800 a 1830, dispersos por toda Hispanoamérica, el año de 1830 debe darse como el de la introducción oficial al Río de la Plata del romanticismo europeo. Ese año el argentino Esteban Echeverría regresa a Buenos Aires después de haber estudiado en París a ideólogos de la sociología, la economía y la política, a pensadores y poetas que dieron las bases del romanticismo, con segura conciencia de lo que significaba la doctrina romántica y con el firme propósito de adoptarla, adaptarla e implantarla como programa de acción para iniciar una nueva época en las repúblicas liberadas. Esto está claro en fechas, autores, obras publicadas, temas, formas de expresión, por lo menos durante los primeros quince o veinte años del proceso de introducción e instalación de un programa romántico destinado a formar una conciencia propia, libre, independiente que pudiese ser reconocido como el comienzo de un americanismo literario. Porque de eso se trataba: ser independientes en política, y americanos en lo que fuera posible, pero, ante todo, en pensamiento y literatura. Si Echeverría y otros románticos hispanoamericanos lograron llevar a cabo o no sus propósitos, es lo que constituye el debate más obvio de esta época. Poseída de luchas políticas, de anarquía, de caudillismo interno por mantener, en gran parte, el *status* establecido durante el dominio español, y bajo presiones de potencias que ya dominaban el mundo, política, económica y culturalmente, se entabló una lucha entre lo de adentro y lo de afuera, lo propio y lo ajeno, entre lo histórico y lo visionario, el poder absoluto y los derechos del pueblo, la libertad y la dependencia. Período complejo que osciló entre la civilación y la barbarie, como dijo Sarmiento, y en el que se jugó el destino nacional, institucional de las repúblicas en formación, y el destino personal de los países nacientes como pueblos con identidad propia[14].

La independencia se completó, en el orden político (o, por lo menos, militar) hacia 1825, con la excepción de Cuba y Puerto Rico, pero, como nota E. Carilla, «los problemas políticos, sociales, religiosos, culturales, ya visibles en el momento inaugural (como eran, en parte, derivación y herencia coloniales), pero pospuestos por la urgencia de la lucha libertadora», pasan a primer plano y quedan registrados en todo lo que se escribe[15]. El romanticismo lo abarcó todo y es realmente el siglo XIX de Iberoamérica, siglo de su libertad, de su formación y crecimiento y siglo también de una nueva dependencia, que acaso fuera necesaria para su entrada en la modernidad, para que los hispanoamericanos, de algún modo, se sintieran contemporáneos de la historia. Y si el romanticismo, los liberales románticos constructores de la nacionalidad americana, no lograron como deseaban sus objetivos, se debe a que su doctrina y su programa fueron interferidos e interrumpidos por otras ideas y prácticas, en primer término las del positivismo que fue su sustituto.

La evolución histórica y cultural de la América hispánica durante el siglo XIX se da por etapas que van anunciando, estableciendo, alterando y negando la presencia romántica, cuya perduración penetra al positivismo, de sello propio al realismo y a otros ismos llegados de Europa, hasta la síntesis americano-cosmopolita del modernismo. Hacia 1850, o acaso hacia 1860, según Pedro Henríquez Ureña, se puede marcar una línea divisoria que indicaría la cumbre del proceso romántico y el comienzo de la construcción positivista, cuando «las instituciones son estables desde entonces, con poca variación. Las discordias civiles, si no desaparecen, disminuyen; hay todavía gobiernos demasiado autoritarios, pero hay respeto por las formas legales, y donde no lo hay, se finge». La penetración extranjera empieza a dar base económica, política y cultural a las oligarquías nativas y la «organización nacional» sigue su curso como un hecho normal. Y es entonces cuando otras formas de vida y cultura penetran las románticas. De acuerdo con esto, es lícito establecer una división en la produc-

---

[13] Véase John J. Johnson, *La transformación política de América latina,* Buenos Aires, Hachette, 1961; Tulio Halperin Donghi, *Historia contemporánea de América Latina,* Madrid, Alianza, 1969; George Pendle, *A history of Latin America,* Londres, Pelican Books, 1963; Guillermo Morón, *Historia contemporánea de América Latina,* Caracas, Universidad Simón Bolívar, 1975.

[14] Ver Alfredo A. Roggiano, «Destino personal y destino nacional en el *Martín Fierro»,* en *Revista Iberoamericana,* núms. 87-88, abril-septiembre de 1974, págs. 219-230.

[15] El panorama de conjunto más completo sobre el romanticismo hispanoamericano es el de Emilio Carilla, *El romanticismo en la América hispánica,* Madrid, Gredos, 1975. 3.ª ed., revisada y ampliada, 2 tomos. Para los textos, Calixto Oyuela, *Antología poética hispanoamericana,* Buenos Aires, Estrada, 1919-1920, 5 vols., además de la ya citada de Julio Caillet-Bois y M. Menéndez y Pelayo, *Antología de poetas hispanoamericanos publicada por la Real Academia Española,* Madrid, sucesores de Rivadeneira, 1893-1895. Para cada país, véase la Bibliografía de Julio Caillet-Bois.

Dibujo de Alejandro Coll para *Tabaré*.

ción romántica: una primera época o generación de 1830 a 1860, aproximadamente, y otra de 1860 a 1880, 1882 (año del *Ismaelillo*) o 1888 (año de *Azul*)[16]. Pero ya desde 1845, con el *Facundo* de Sarmiento, el romanticismo empieza a ser minado por un historicismo positivista, si bien la *Amalia* de Mármol (1851-1855) es totalmente romántica, como la *María* (1867) de Isaacs o las *Poesías...* (1863) de Clemente Althaus. El año de 1888 puede ser una fecha divisoria, que algunos críticos consideran como el comienzo de la transición romántica al modernismo. No sólo es el año de *Azul* de Darío, sino del *Tabaré* de Zorrilla de San Martín, obra tan próxima al romanticismo indianista como al modernismo de predilección becqueriana.

De 1870 a 1880 se publica el *Martín Fierro*, el poema más importante escrito en la América hispánica antes de *Tabaré, Ismaelillo* y *Azul*. En dicho poema, José Hernández, dentro de la línea ideológica de Echeverría y Andrade, y de la poética de mexicanos como Prieto o Altamirano, rechaza aspectos fundamentales de la «civilización» propuesta por Sarmiento. O sea, que el romanticismo da la es-

palda al cosmopolitismo cultural en su vertiginosa destrucción de lo propio, nacional, americano; y si algunos poetas cantan los logros del progreso (Olegario Víctor Andrade, por ejemplo), los más quieren una afirmación de los signos y símbolos de la americanidad, en lo culto (Obligado), tanto como en la recuperación del pasado indígena (Manuel de Jesús Galván) o la afirmación en el pueblo mantenedor de una tradición hispánica americanizada (los gauchescos) tomando como base proposiciones que hemos hecho para una revaloración del romanticismo en las zonas de la América hispánica donde más se hizo sentir la presencia de las ideas románticas llegadas de Europa[17].

Partiremos del hecho de que Hispanoamérica no es una entidad cultural uniforme, como no lo es en lo geográfico ni en lo antropológico. De ahí su crecimiento dispar, su formación diferenciada. Vigorosas culturas indígenas, abundantes importaciones africanas e inmigración masiva o incontrolables invasiones colonizadoras, han dado al continente americano un sello peculiar de mestizaje, indeterminación y carencia de una identidad definidora y definitiva. La colonización española trató de lograr una unidad por medio de la lengua, la religión y las instituciones de gobierno y educa-

---

[16] Para un estudio detallado de las «generaciones románticas» y los escritores que pertenecen a cada generación, véase E. Carilla *(op. cit.,)* págs. 136 y ss: todo el capítulo XIV del tomo II. Consúltese también, además de las antologías citadas en la nota 15, la *Lira romántica suramericana*, Buenos Aires (Emecé, Colección Buen Aire, 1942) de Romualdo Ardizone.

[17] Alfredo A. Roggiano, «Proposiciones para una revisión del romanticismo argentino» en *Revista Iberoamericana*, núm. 90, enero-marzo de 1975, págs. 69-77.

ción. Pero lo indígena no desapareció del todo, y desde la Independencia, y más con el romanticismo, se produjo un afloramiento que, si bien no resistió la sistematización institucionalizada en lo político, económico y educativo, la mezcla con núcleos nativos diferentes dio como resultado formas variadas de cultura.

La época romántica, la más formadora de un mundo nuevo, marca el comienzo de las nacionalidades hispanoamericanas procurando repúblicas, naciones y culturas con identidad propia. Hasta qué punto esta identidad diferenciada se ha logrado depende del grado en que ha influido la supervivencia indígena durante la intervención transformadora de lo foráneo. Faltan estudios de fondo que iluminen este problema, que ha sido estudiado más en sus efectos formales que en sus razones genéticas, desde el punto de partida que Alfonso Reyes llamaba el de la *inteligencia americana*. Nuestra literatura romántica es apropiado comienzo para estudios con este enfoque, y algo ya se ha comenzado a hacer, por ejemplo, en México (por José Luis Martínez), en Perú (por José Miguel Oviedo), en Colombia (por Eduardo Ospina), en Argentina (por Guillermo Ara, Antonio Pagés Larraya, Noé Jitrik y quien esto escribe, entre otros)[18]. La crítica, con enfoques diferentes, ha dado interpretaciones diversas a nuestro romanticismo.

Para J. L. Martínez[19], lo mismo que para Oviedo y otros críticos hispánicos empezando por Menéndez y Pelayo, el romanticismo mexicano y el peruano (lo mismo que cualquier otro) *tiene un vicio de origen;* es extraño a la

tradición y naturaleza de nuestras culturas. Sobre esta base, dichos críticos fundamentan el fracaso del romanticismo en México, Perú, etc. La tesis de Oviedo[20] es la más categórica, y es, además, la que descarga toda la responsabilidad de su fracaso al hecho de que el romanticismo peruano se limitó a las influencias españolas. Y si algo se salva de un Salaverry, Arona o Márquez es lo que puede elaborarse fuera de la imitación y dentro de una tradición distintiva que se ha venido perfilando desde la colonia: tal sería, por ejemplo, la vena satírico-crítica, y la festiva, que implica una serie de elementos realistas por los cuales el escritor se ciñe a la visión de su ámbito socio-cultural. J. L. Martínez también acepta la inferioridad estética de los poetas románticos de su país: el siglo XIX —empieza por reconocer— no dio un Ruíz de Alarcón o una Sor Juana. Pero la interpretación de esa inferioridad lo conduce a una dialéctica conflictiva. Por un lado, el apartamiento de lo hispánico es la causa fundamental, pero, por otro, si en un principio el romanticismo mexicano recibió influencias de Lamartine, Hugo, Young, Byron, etc., las españolas acaban por ser las privativas. J. L. Martínez estudia las características del romanticismo español, tal como las ofrece Díaz Plaja[21], las confronta con las mexicanas y concluye aceptando la tesis de Pedro Henríquez de Ureña sobre Alarcón. He aquí las conclusiones textualmente:

> En suma, podemos concluir que el romanticismo mexicano manifiesta, frente al romanticismo español, una restricción y una selección de sus temas característicos en vista de su propia idiosincrasia. Es un romanticismo frenado; nunca extrema las notas ya esenciales a la sensibilidad que convenían al momento. Su falta de determinantes históricos (no circunstanciales) hacen imposible la existencia de luchas contra un neoclasicismo que nunca existió, y por ello el romanticismo es en México una escuela literaria sin violencias y sin una quiebra radical frente al pasado[22].

Por lo que toca a su carácter importado de España, J. L. Martínez admite que pasó sin estrépito ni expectación porque el romanticismo español careció de la fuerza necesaria para imponer su dominio en el campo transplantado y más bien se sometió plácidamente al uso de una benevolente hospitalidad. Y en cuanto al elemento venido de Francia, la tesis de J. L. Martínez es la siguiente: alejados de Es-

[18] Me refiero a los estudios de José Luis Martínez, *Poesía romántica*. Prólogo de *J. L. M. México*, UNAM, 1941; José Miguel Oviedo, «Los románticos peruanos y el lenguaje generacional», en *Sphinx*, Lima, 2.ª época, núm. 13, 1960, págs. 200-206; Eduardo Ospina, *El romanticismo, Estudio de sus caracteres esenciales en la poesía europa y colombiana*, Madrid, Voluntad, S. A., 1927; Enrique Anderson Imbert, «El romanticismo en América», en *La nación*, Buenos Aires, 8 de junio de 1947; Guillermo Ara, *Los argentinos y la literatura nacional*, Buenos Aires, Huemul, 1966; Antonio Pagés Larraya, *Perduración romántica en las letras argentinas*, México, UNAM, 1963; Noé Jitrik, «Soledad y urbanidad. Ensayo sobre la adaptación del romanticismo en la Argentina», en *Estudios y ensayos de literatura argentina*, Buenos Aires, Galerna, 1970; Saúl Sosnowski, «Esteban Echeverría», el intelectual ante la formación del Estado», en *Revista Iberoamericana*, núm. 114-115, enero-junio de 1981, págs. 293-300; José Luis Martín, «el momento romántico en Hispanoamérica», en *La Torre*, P. Rico, Año V, núm. 18 abril-junio, de 1957, págs. 171-183; Domingo Miliani, «El socialismo utópico, Hilo transacional del liberalismo al positivismo en Hispanoamérica», en *Revista de la Universidad de México*, 24, 1963, páginas 528-538; J. L. López Soria «Las formas del anticapitalismo romántico», en *En ancas*, Venezuela, núm. 4, 1977, páginas 14-19 y Raimundo Lazo, *El romanticismo. Lo romántico en la lírica hispano-americana. Del siglo XVI a 1970*. México, Porrúa, S. A., 1971.

[19] José Luis Martínez, *op. cit.,* Prólogo.

[20] José Miguel Oviedo, *art. cit.,* en nota 18, págs. 200-206.

[21] En *Introducción al romanticismo español* (Madrid, 1936).

[22] José Luis Martínez, *op. cit.,* págs. XXIV-XXV.

paña por ruptura política y decisión popular común al destino de América, los mexicanos se vieron obligados a buscar otra tradición: Francia fue una especie de tabla de salvación, en un momento de incertidumbre del alma y destinos nacionales.

> España era nuestra (se lamenta el crítico) y por razones políticas la habíamos abandonado apoyándonos en los grandes creadores de la Revolución en Francia; así cuando menos lo pensábamos, vivíamos ya sobre las aguas del pensamiento galo, ni seguros ni saturados de sus esencias, como cogidos a una tabla de salvación que habría de ayudarnos a confrontar nuestro inmediato mundo nacional.

Pero...

> todo cambio entraña un peligro en cuanto que la novedad no supere sus límites y sólo quede flotando sobre el ambiente sin introducirse dentro del alma del hombre (página XI),

son las conclusiones de J. L. Martínez. Con lo cual cierra lapidariamente su valoración del romanticismo mexicano, como un doble fracaso: no supo incorporar lo que de modernidad traía el romanticismo europeo para la renovación del mundo hispánico; no pudo revitalizar la tradición hispano-mexicano-indígena (a pesar de que el mejor escritor mexicano del romanticismo fue un indio puro) para una superación del momento histórico que interfería la evolución del país.

Como hemos visto, en las dos literaturas donde la cultura española dio sus mejores productos coloniales y donde todo lo indígena se incorporó al acervo nacional, el romanticismo, que libró sus grandes batallas de libertad y afianzamiento en París y se difundió a través de Francia, no produjo ningún cambio sensible de rumbos renovadores o efectos fecundantes. Más bien vino a ser una interferencia que fue necesario eliminar para proseguir la evolución histórica de dichas literaturas. Las direcciones que siguieron y los resultados obtenidos fueron diversos, pero no son ahora temas de nuestra exposición.

Y pasamos a Colombia, país que hemos elegido no sólo porque el romanticismo tuvo allí a varios representantes de la mejor poesía de su tiempo en Hispanoamérica (José Eusebio Caro, Julio Arboleda, José Joaquín Ortiz), sino porque es donde con más deliberado criterio comparativo ese romanticismo ha sido estudiado. Por supuesto Menéndez y Pelayo atribuye la calidad de estos poetas al hecho de haberse mantenido fieles a la lengua y cultura

de España. Pero hoy sabemos que esa lengua y esa cultura fueron convenientemente revitalizadas con influencias inglesas, francesas, italianas y aun alemanas. Eduardo Ospina[23], en su tesis doctoral de Munich, bajo la dirección de Karl Vossler, hace muy bien en estudiar primero el romanticismo inglés, francés, alemán y español, como introducción al romanticismo colombiano. Ospina investiga los distintos aspectos y temas del romanticismo europeo, para hallar ciertos *caracteres* (o constantes) propios del romanticismo como escuela estética y movimiento cultural: el yo, el amor, la naturaleza, lo infinito, la tristeza, la patria, etc. Hecho esto, emprende su tarea de estudiar «una *aplicación* (es su palabra) de esos *caracteres* a la lírica colombiana, para ver si los de ésa se identifican con aquellos» (pág. 162). El estudio de Ospina además de ser parcial, porque no incluye la prosa, tiene como objetivo el de *probar* que la poesía colombiana es romántica, sin atender mayormente a si los caracteres románticos de esa poesía significan una aportación diferenciadora, y por tanto original. Pero del abundante material comparado se deduce que en la lírica colombiana lo hispánico se universaliza mediante una integración con las aportaciones de otras literaturas. Es decir, que el nivel logrado por la lírica colombiana no sólo se debe a que ha mantenido en forma continuada la tradición de la lengua y cultura de España, como quiere Menéndez y Pelayo, sino porque ha sabido integrar esa herencia con los productos de otras tradiciones, de acuerdo con los cambios que la cultura exige en diversos tiempos y lugares. El mismo Menéndez y Pelayo, al poner en primer plano la poesía de José Eusebio Caro, se olvida de su españolismo, y reconoce honradamente: «Las fuentes de su poesía [la de Caro] son ciertamente las de la poesía universal y eterna...»[24].

La transformación más profunda y realmente re-creadora del romanticismo tuvo lugar en la Argentina. Para sustentar esta tesis, hagamos dos consideraciones previas. 1) La situación literaria y cultural argentina a comienzos del siglo XIX fue muy distinta de las de México y Perú y también —aunque no tanto— de la de Colombia. La Argentina no tuvo una literatura colonial importante (un soneto de Tejeda no hace una literatura). Hasta la creación del Virreinato del Río de la Plata (fines del siglo XVIII), con un virrey mexicano que seguía normas francesas, nada (o casi nada, salvo la labor de los jesuitas) había para considerar

---

[23] Ospina, *El romanticismo. Estudio de sus caracteres en la poesía europea y colombiana.* Madrid. Voluntad, 1927.
[24] En *Historia de la literatura hispanoamericana*, t. I, pág. 447.

como fondo literario-cultural de esa parte de los dominios de España. Casi se podría decir que lo que hoy es Argentina no fue prácticamente una colonia de España. De ahí su programa de independización, que precede a otros países del dominio hispánico, y que se produjo casi como un hecho natural, sin luchas prolongadas y sin derramamientos de sangre. No creo exagerar si digo que la parte del Río de la Plata era ya extranjera de España cuando en 1806 llegaron los ingleses a decirles que se declararan independientes del rey de España. No hubo mezclas (o hubo poquísimas) de español e indio, y el gaucho fue simplemente un español vasallo, liberado de su señor antes de que éste se dignara proponerle igualdad o libertad. Sin ese *background* hispano-indio de casi todo el resto de Hispanoamérica, las ideas de la Europa moderna, la de los países más innovadores que España, como Inglaterra, Francia, Alemania e Italia, penetraron en Argentina muy fácilmente, arraigaron de inmediato y se transformaron sin resistencias, según las necesidades que tiempo y lugar recomendaban o exigían. 2) De este hecho y razones se deriva la segunda consideración, de carácter más específicamente aplicable a los préstamos culturales. Y es la siguiente: El romanticismo no se puede estudiar en Hispanoamérica como un simple movimiento literario, como un préstamo más de la generosa Europa a la indigente América, sino más bien como un vasto plan de la Europa moderna para expandir ideas de revolución y conquista, no tanto en un plano de sumisión a un credo o sistema único, como había ocurrido en la época de Carlos V y Felipe II, sino acorde con la diversificación propuesta por el liberalismo individualista iniciado con el Renacimiento y la Reforma. El romanticismo fue la culminación de esa fragmentación de lo uno y absoluto en lo múltiple e individualizante. Y en este sentido, el romanticismo fue, sin duda, una respuesta, en todos los niveles, a la necesidad de independizarnos de España, con los cometidos expresos y la responsabilidad de buscar un camino propio y definir el carácter distintivo de Hispanoamérica como tal y de cada una de las individualidades (países, naciones) surgidas de la división política. Está claro que esto significaba la entrada de Europa en América, pero también una entrada de América en Europa. Significaba, ante todo, una salida de América de su pasado, paralizado en un tiempo obsoleto y en un espacio de límites invariables, y gracias a un viaje de reconocimiento del mundo, una vuelta, renovada y consciente, hacia *su* propia, verdadera América.

La Ilustración inició este despertar de América de su letargo. El romanticismo le hizo abrir los ojos a sus sueños de futuro. No vamos ahora a discutir si ese sueño fue una pesadilla o no. Lo que importa es reconocer que ese sueño romántico fue un despertar a la realidad histórica de América, un principio de su toma de conciencia como ser en el mundo: la conquista de un *tiempo* para la historia y el establecimiento de un *espacio* para la existencia propia.

Precisamente estas dos categorías aristotélico-kantianas son las dos columnas vertebrales de la realización *in situ* del romanticismo argentino. Y por ahí debemos empezar una comprensión que consideramos re-creadora. En Europa, el romántico empieza por rebelarse contra el *tiempo* y el *lugar* en el que le toca vivir, como una condena. El choque del yo romántico con ese tiempo y lugar crea una nueva categoría hasta entonces desconocida para el europeo, tan dado a lo suyo y tan aferrado a su tiempo y lugar. Esa nueva categoría fue la evasión romántica. Evasión en el *tiempo:* busca de un pasado mejor, de ideales supremos como los del caballero o el santo de la Edad Media, o bien la proposición de sueños irrealizables de utopías futuras: pura ilusión, arrebatos de fe o imposibles esperanzas. Evasión en el *espacio:* búsqueda de lugares remotos, desconocidos, insulares, países exóticos, desiertos insondables, lakismo lírico-poético, primitivismo salvador.

En el romanticismo argentino el *tiempo* y el *espacio* constituyen la circunstancia histórica con la cual debe enfrentarse el hombre como principio fundamental de su existencia. El yo y la circunstancia están en pugna, como en Europa, pero en Argentina el enfrentamiento será una forma de redimir el mal o sucumbir. La evasión no dará esa categoría ideal del peregrino sin rumbo y sin patria cuya solución está en el abandono de un presente irremediable. La circunstancia —es verdad— produce desterrados, que son políticos que combaten una dictadura y deben huir para salvar sus vidas. Pero el presente no es inalienable, sino un error histórico, un mal que se reconoce como temporario y que hay que corregir. No lo evaden, sino que lo asumen como necesidad vital, y existencial si se quiere. De ahí que los románticos argentinos no lo abandonen, ni se abandonen, tampoco, a una cómoda lejanía, distancia o ausencia de pura validez estética. Estos románticos son, ante todo, agentes de una necesidad constructiva, y por eso se entregan a un presente de lucha y corrección organizadora. Y aquí viene otro contraste muy notorio entre el romanticismo europeo y el argentino. En Europa el romanticismo fue una reacción contra el racionalismo, contra el orden establecido por la razón, las instituciones y la leyes, consideradas como opresoras de la libertad individual: el yo individual se levanta contra ese orden y esas instituciones sociales, políticas, religiosas, etc.

En Argentina no había tal orden institucional ni leyes legítimas que sostuvieran dicho orden. El individualismo se había institucionalizado como régimen del poder y ejecutoria del caos. Si al romántico europeo se le podía acusar de proponer el caos para sustituir el orden, en Argentina lo que se necesitaba era un modo de corregir el caos, leyes e instituciones para asegurar el orden y salvar la libertad legítima del individuo en lo social. El individualismo absoluto sólo se manifestó como acción del caudillismo anárquico y opresor o, en pocos casos, como íntima confidencia autobiográfica y melancolía poética, como por ejemplo en *Los consuelos,* de Echeverría o en fragmentos de *El peregrino* de Mármol, obras que no considero fundamentales de nuestro romanticismo por el excesivo lastre imitativo que las informa.

De ahí otro contraste —acaso el más obvio— de dicho romanticismo con el europeo, el francés, sobre todo. Para Rousseau el hombre natural es bueno y puro y la cultura lo corrompe. El primitivismo, la naturaleza, se oponen a la civilización y la cultura. En las obras de Echeverría, Alberdi, Sarmiento, la naturaleza primitiva es barbarie, la pampa es la negación de la cultura. La civilización se opone a la barbarie. Por eso, la soledad es lo opuesto a la socialización. La soledad estaba allí como parte negativa o acción de la barbarie y el desierto, y la tarea urgente de nuestros románticos fue la de poblar y educar. Por lo demás, la soledad en el romanticismo europeo no fue creadora, sino desoladora: compendio de angustia y fatalismo que conducía al suicidio, al fracaso, la *Zehnsucht,* la *Weltschmerz,* el mal del siglo. Por el contrario, los románticos argentinos se organizaban en sociedades que los fortificaban para la accion: la de destruir el mal de la barbarie y reemplazarlo con el bien de la civilización. Curioso destino de un comienzo americano justo en un momento en que se proclama una especie de fin de lo europeo.

En este plan constructivo, de labor de grupos organizados para desarrollar un plan sistemático de *hacer* la nacionalidad, la patria argentina, todo lo que viene se comprende con la claridad propia de lo que es resultado de causas produciendo lógicos efectos.

Empecemos por lo más visible y externo: la geografía, el paisaje, el tipo humano, los productos de la tierra, las costumbres, etc. Para

el romanticismo literario europeo, a pesar de la doctrina de Herder, la geografía, el tipo humano etc., fueron antes de extrañamiento literario. El mismo cuadro costumbrista, el color local y lo característico, se fueron a buscar fuera de lo inmediato, como formas del exotismo literario. A lo sumo el paisaje se dio como *estado de alma* con lo cual desaparecía como parte de la naturaleza, absorbido por el subjetivismo, sea creador o no. En Argentina, si bien Chateaubriand influyó en el aspecto teórico o técnico del *approach* estético del paisaje, lo importante es que el paisaje está como naturaleza viva, inmediata, presente, y es nuestro más *pingüe negocio,* como dijera Echeverría. Es el principio de nuestro reconocimiento como americanos, y, sobre todo, es espacio disponible para lo que debemos hacer, producir, crear. El paisaje, la naturaleza, el tipo, las costumbres no son meros elementos de literatura, sino materia imprescindible para nuestra razón de ser. El indio no será el *bon sauvage* de los exotistas franceses, sino, por el contrario, el gran peligro, el enemigo que hay que vencer. En Europa el medio es un elemento pasivo por el cual el hombre se realiza en una voluntad de selección artística. En Argentina (y en toda América) hay una verdadera identifi-

«Indios de Patagones», Argentina (1870).

cación del escritor con el ambiente en que vive y que gravita sobre él como una realidad de aniquilamiento, si el hombre no lo domina y transforma. Nada de pictorismo recreativo o de costumbrismo evocador: la naturaleza determina las características y posibilidades del hombre americano. Por eso en nuestro romanticismo no hay *infinito metafísico,* sino una verdadera, necesaria ontología de lo concreto e histórico.

Por último, el tema de la muerte. El romanticismo europeo se recreó en este tema y sus derivados: las ruina, las tumbas, las cosas viejas, etc. En Europa la muerte fue usada, en general, como medio de liberación de la vida: la verdadera liberación comenzaba con la muerte. En el romanticismo argentino, desde *La cautiva* de Echeverría, la muerte exalta un aspecto positivo del romanticismo: el heroísmo de la lucha por la salvación de la vida, triunfe o no contra la adversidad, pero siempre con voluntad heroica para cumplir un destino. Y acaso también voluntad de gloria, de triunfo y poder, una especie de axioma para cumplir el *self-made-man* de la república naciente. En las culturas indígenas el tema de la muerte existe, porque la muerte es parte de la vida. En Argentina, donde el indio no se incorporó al cauce inmigratorio, el tema de la muerte, sólo existe como afirmación de la vida, ejemplaridad de principios a cumplir, modelo de lo que ha de realizarse como constante superación y entrega creadora.

Analicemos algunas obras, las más representativas del romanticismo argentino *(El matadero, La cautiva, Amalia, Facundo,* y aún el *Martín Fierro)* y tratemos de explicarnos a qué deben su perduración y valores de permanencia. No, ciertamente, a sus fines estrictamente literarios o poéticos, sino a un conjunto de razones que les dan su existencia histórica más valedera: ser las voces, los signos de una cultura (y con ella un pueblo) que empieza a existir. De ahí que en ellas se puedan ver claramente algunos postulados del credo estético del romanticismo argentino a saber:

a) El arte, la literatura, no es un *desahogo del sentir individual* sino que tiene un interés y una visión más general y humana: la consecución de una realidad especial de vida y cultura.

b) El arte (la poesía) no miente ni exagera, sino que refleja o levanta orgánicamente la realidad (tal o cual realidad en la que se afirma) en lo que es posible.

c) El arte, la literatura consiste principalmente en ideas, y el poeta, cuando lo es de verdad, idealiza, para transformar y sustituir la tosca realidad de la naturaleza por la del espíritu (que es la cultura).

d) La forma está asida al pensamiento, nace con él y le da expresión y permanencia.

e) La literatura debe reflejar la naturaleza física y moral de los pueblos.

f) La novedad está en lo nuevo de la materia que levanta y cómo el poeta la canta. No confundamos los términos: no hay forma sin materia, pero ésta debe ser ejecutada, en el doble sentido de asesinada, y re-construida, por la forma.

g) Arte y vida son inseparables en la acción y la contemplación, las vicisitudes y el goce. Actuar es vivir y vivir es hacer, organizar, crear[25]. El romanticismo argentino se propuso llevar a cabo, especialmente en la primera etapa —la llamada «Generación de 1837» y de la *nueva Argentina*— con más conciencia y eficacia que en otras partes de la América hispánica, el postulado esencial de fundación del ser en el mundo por medio de la acción y la palabra escrita. Y su praxis más deliberada fue la de hacer una crítica severa al régimen que veían como prolongación de la colonia, convertida en tiranía sistematizada por Rosas, como se ve claro en *El matadero* y en el *Facundo* o *Amalia.* Y sus mejores productos se dieron en la prosa, no en la poesía. La misión de estos románticos, más prácticos que soñadores o líricos, fue interferida por ideas y praxis que produjeron un desvío de la Europa absolutista y una transformación liberal y democrática en gran parte del mundo y, especialmente, en América. De Echeverría a Andrade hay una evolución que va de un programa propuesto para una realización americanista a la celebración de una patria establecida, cuyo modelo se da en inglés en el título del poema «At home», del último poeta-prócer, el venerado Carlos Guido y Spano. El romanticismo argentino, y en parte el hispanoamericano, se plegó a una época de cambios, fue cediendo al avance del individualismo liberal burgués. Si en la primera etapa (1830-1860) aspiraba a ser original y admonitor, por vía integradora y de re-creación, en la segunda (1860-1885, más o menos), pasó a ser parte del proceso general de absorción y dependencia, con la consecuente protesta contra la enajenación del patrimonio propio, como se reclama en el *Martín Fierro* y en los poetas populares, regionalistas y del mestizaje. De ahí que la transición al modernismo —a otras búsquedas, otros rumbos, otros lenguajes— fuera un hecho necesario, lógico y vital.

---

[25] Ver Alfredo A. Roggiano, «Esteban Echeverría y el romanticismo europeo», en *Actas del Sexto Congreso de la Sociedad Internacional de Hispanistas.* Universidad de Toronto, 1980.

José Joaquín Olmedo

Antonio Lorente

Nace en Guayaquil el 19 de marzo de 1780 en el seno de una familia patricia limeña[1] hondamente cohesionada, como parecen reflejar las cartas familiares del propio poeta. Los catorce primeros años de su vida transcurren entre su Guayaquil natal y la ciudad de Quito, donde se inicia en la Gramática Castellana y los principios de latinidad en el colegio de San Fernando, regentado por los dominicos.

Con el apoyo y la tutela de su pariente, don José Silva y Olave, (futuro obispo de Huamanga) ingresa en el colegio de San Carlos de Lima, en mayo de 1794. Desde ese momento y hasta el 30 de agosto de 1808, en que pide licencia para marchar a su ciudad natal y solicita un sustituto para su Cátedra de Digesto Viejo en la Universidad de San Marcos, vive en Lima dedicado al estudio de Artes, Leyes y Matemáticas, y a la consecución de diversos títulos académicos[2] —bachiller en Artes y Leyes, doctor en Leyes, regente de cátedras, catedrático de Digesto Viejo y abogado—, que simultanea con su vocación literaria y con la lectura de los autores que consolidarán sus líneas poéticas: los clásicos Horacio, Virgilio, Ovidio, Píndaro, Plutarco; los ingleses Richardson y Pope; y sobre todo el español Meléndez Valdés.

> Junto a mí, pocos libros,
> muy pocos, pero buenos:
> Virgilio, Horacio, Ovidio;
> a Plutarco, al de Teyo,
> a Richardson, a Pope,
> y a ti ¡Oh Valdés! ¡Oh tierno
> amigo de las Musas,
> mi amor y mi embeleso!
>
> («Mi retrato», 1803)

Los acontecimientos históricos de 1807 y 1808 le inspirarán dos de sus mejores composiciones de esta época, «En la muerte de Doña María Antonia de Borbón, Princesa de Asturias» y «El Árbol». No obstante, y a pesar de las intensas relaciones sociales que sugieren gran parte de sus composiciones poéticas

(«Epitalamio», «Loas» al virrey Abascal, etc), decide volver a Guayaquil para saborear «una vida más quieta». Debido posiblemente a influencias familares[3], viaja a Quito para que se le reconozcan los títulos obtenidos en la Ciudad de los Reyes y se incorpora a la universidad de Santo Tomás de Aquino y al Colegio de Abogados de Quito; pero unos meses después (1810) lo volvemos a ver en Guayaquil, y, al parecer, con la pretensión de «entregarse a un estudio más profundo de la literatura»[4].

No sabemos con exactitud por qué «se vio arrastrado hacia la vida pública». Lo que sí es cierto es que el 6 de julio de 1810 se embarca rumbo a España como secretario de su protector, el obispo de Huamanga, que había sido nombrado miembro de la Junta Central, y que desde entonces ya no abandonará jamás, su actividad pública si exceptuamos las intermitencias del decenio 1835-1845. En México se entera de la disolución de la Junta, hostigada por las fuerzas napoleónicas, y de la convocatoria a Cortes que la misma había efectuado antes de su disolución, en la que se invitaba por primera vez a las municipalidades americanas. Regresa a Guayaquil y poco después es elegido representante de esta ciudad para las Cortes de Cádiz; embarca en enero de 1811 arribando a Cádiz en septiembre de este mismo año.

Ya es un lugar común su apasionado discurso sobre la abolición de las *mitas* en las Cortes de Cádiz («Discurso sobre las mitas de América», 12 de agosto de 1812). Pero la vuelta de Fernando VII y la reacción absolutista que de ello se siguió, dieron al traste con las esperanzas de los liberales españoles y americanos. El 4 de mayo de 1814 el rey emitía un *Artículo de Oficio* en Valencia derogando la Constitución de 1812 y castigando con pena de muerte a quienes de alguna forma la quisieran mantener[5]; y aunque no parece que Ol-

---

[1] Su padre, capitán de milicias, era malagueño, pero corresponde al prototipo de español acriollado.

[2] Véase al respecto el t. XIX de la «Colección Documental de la Independencia del Perú», titulado *La Universidad. Libros de Posesiones de Cátedras y Actos Académicos. 1789-1824,* Lima, Talleres Gráf. Universo. Fundamentalmente vol. I; vol. III, págs. 92-96.

[3] Por carta a sus padres (13-VII-1807) sabemos que no le gustaba la carrera de abogado. Para diversos aspectos biográficos, véase su *Epistolario,* Puebla-México, J. M. Cajica, J. R., S. A., 1960.

[4] «Prólogo» de Aurelio Espinosa Polit a *Obras completas. Poesías,* Quito, Casa Cultura Ecuatoriana, 1945. Recoge la bibliografía más importante sobre Olmedo. Repetido en *Poesías completas,* México, FCE, 1947.

[5] *Gaceta Extraordinaria de Madrid,* jueves 12-V-1814: «... Y como el que quisiese sostenerlos, y contradixere esta mi real declaración, tomada con dicho acuerdo y voluntad,

medo sufriera ningún tipo de represalias, como se desprende de la carta a su hermana y su cuñado del 27 de mayo de 1814, y de su *Oficio al Secretario de Estado y del Despacho Universal de Indias* (10-IX-1814), no cabe duda de que la experiencia constitucional fallida debió de influir en su ánimo.

A su regreso a Guayaquil, a finales de 1816, le aguarda la dolorosa noticia de la muerte de su madre. Este hecho le sitúa en un estado de abatimiento general, del que sale en parte unos meses después por su matrimonio con María Rosa de Ycaza y Silva. Poco sabemos de los casi cuatro años siguientes de su vida. Al parecer, debieron ser años de paz familiar y sosiego fecundo para el poeta, en los que Olmedo se dedicó de lleno a sus aficiones literarias, como afirma él mismo en el prólogo a la *Epístola Primera* del *Ensayo sobre el hombre,* de Alejandro Pope. Con todo, el espectáculo sangrante de su patria y el latente estado de guerra civil tuvieron que influir necesariamente en su sensibilidad de poeta y patriota[6]. Eso es, al menos, lo que se desprende de los dolorosos versos de su silva «A un amigo. En el nacimiento de su primogénito»:

> ...A más serenos días retardara,
> oh niño, tu nacer! que ahora sólo
> el indigno espectáculo te espera
> de una patria en mil partes lacerada,
> sangre filial brotando por doquiera,
> y, crinada de sierpes silbadoras,
> la discordia indignada
> sacudiendo, cual furia horrible y fea,
> su pestilente y ominosa tes.

En octubre de 1820 estalla la revolución de la que surge Guayaquil independiente y Olmedo abraza decididamente la causa independentista. Nombrado Jefe Político, multiplica sus acciones para aprovisionar las tropas necesarias, para redactar la primera Constitución (*Reglamento Provisorio del Gobierno*), para crear la Junta Triunvira y para resistirse tan inútil como denodadamente a la anexión de Guayaquil por la Gran Colombia. Decidida la ane-

---

(...) declaro reo de Lesa Majestad a quien tal osare o intentare, y que como a tal se le imponga la pena de la vida, ora lo execute de hecho, ora por escrito o de palabra moviendo o incitando, o de qualquier modo exhortando y persuadiendo a que se guarden y observen dicha *constitución* y *decretos.*»

[6] Sobre la datación y transformación de este poema, véase Luis Monguió, «Sobre «A un amigo en el nacimiento de su primogénito», de Olmedo», en *KRO,* t. XX, 1, 1973, páginas 19-30. No está claro que Olmedo hubiera tomado ya partido, como se desprende de las composiciones «Inscripción en el túmulo de la reina Isabel de Borbón» (1818) e «Inscripción en el túmulo de los reyes Carlos IV y María Luisa de Borbón» (1819), inéditas ambas hasta casi nuestros días.

José Joaquín Olmedo, de una pintura de la época.

xión de Perú a la Gran Colombia en la entrevista que sostuvieron en Guayaquil Bolívar y San Martín (julio de 1822), participa activamente en el Congreso de Lima (22 de septiembre de 1822) para elaborar la futura Constitución Peruana; unos meses después preside la Comisión que se entrevista con Bolívar en Quito para solicitarle su ayuda contra el bastión realista, y se reconcilia definitivamente con el Libertador.

1825 será un año de gran trascendencia en la vida literaria de Olmedo. Los triunfos consecutivos de *Junín* y *Ayacucho* (1824) despejan la incógnita de la independencia definitiva del Perú y tienen la virtud de despertar la musa del guayaquileño, adormecida por los continuos trajines de sus ocupaciones políticas. Olmedo, arrebatado por la trascendencia histórica de estas batallas, compone en los primeros meses de 1825 su memorable *Canto de Junín.* No se ha repuesto aún de su «euforia pindárica» cuando recibe del propio Bolívar la orden de vajar a Londres como Ministro Plenipotenciario del Perú. La composición «A su esposa» recoge el estado de ánimo y el dolor que supuso para Olmedo la separación de su familia.

En los tres años que dura su estancia diplomática en Londres y París Olmedo desarrolla con pulcritud las misiones dioplomáticas que se le encomiendan, a pesar de sus problemas afectivos y sus estrecheces económicas. Así hace efectivo el empréstito Robertson para el pago de las deudas de la independencia; enajena los bienes del Perú (fundamentalmente las minas) en favor de las compañías europeas, según los designios de Bolívar, quien no veía en ello más que ventajas futuras par su gobierno[7]; y se encarga de buscar en Gran Bretaña los colegios adecuados a «jóvenes becarios peruanos» para que se eduquen según las pautas europeas. Medidas éstas similares a las que había tomado Rivadavia en Argentina, que maniatarían para el futuro el desarrollo de los pueblos latinoamericanos, pero que eran el sentir general de los criollos ilustrados de entonces. Su estancia europea, no exenta de sinsabores, le reporta dos grandes compensaciones personales, su amistad con don Andrés Bello, que le insta para que colabore en el *Repertorio Americano* y la cuidada impresión de su *Canto de Junín* (París y Londres, 1926.)

Vuelve a Guayaquil, tras una larga y azarosa travesía, en un momento en que las disensiones entre la Gran Colombia y Perú van en aumento, y se retira de la actividad política. ¿Rechazó por causa de las disensiones el Ministerio de Relaciones Exteriores de la Gran Colombia, que Bolívar la había ofrecido por carta? Es posible. La realidad es que Olmedo se retira a su vida privada, expectante del proceso de transformación política que se está operando en el imperio de Bolívar. Por ello no es de extrañar que el 13 de mayo de 1830, fecha en que Ecuador se desliga pacíficamente de la Gran Colombia, Olmedo, a la sazón Prefecto del Guayas, estampa su nombre en las Actas del Congreso Constituyente de la joven república y participa activamente en el Proyecto de Constitución. Tras su renuncia a la vicepresidencia de la nación vive relativamente alejado de la vida pública por espacio de quince años, salvo actuaciones esporádicas: gobernador del Guayas y mediador en el conflicto de límites con Colombia por la región del Cauca, mediador en Babahoyo para evitar la inminente guerra civil (1834) que concluiría con la batalla de Miñarica (1835), y encargado del discurso inaugural de la Convención de Ambato (1835), en el que expone sus ideas acerca de la Presidencia de la República. En general, son estos —repito— años de retiro a la plácida vida familiar y de estudio en su quinta de la Virginia, en los que intenta retomar su dormida musa, con catorce composiciones, entre las que destaca por su valor estético la oda «Al general Flores, vencedor de Miñarica» (1835)

y concluye las traducciones de las *Epístolas* de Pope.

Pero los acontecimientos políticos, una vez más, llevan a Olmedo al primer plano de la escena política. La oposición contra el general Flores, que había ido generalizándose entre la obligarquía criolla a lo largo de los años, estalló en marzo de 1845, ante el «amago de perpetuación presidencial» y el «predominio de los extranjeros en los mejores puestos de la administración». Olmedo, designado nuevamente triunviro por la «asamblea de notables», colabora vivamente en la caída de Flores. En octubre de 1845 (Convención de Cuenca) delega de su cargo para presentarse como candidato a la presidencia, siendo derrotado por otro de los triunviros, Vicente Rocafuerte, por un voto de diferencia.

El último periodo de su vida lo pasa aquejado de una grave enfermedad (estituez, según el propio Olmedo; cáncer intestinal, según Ballén). No obstante lo cual marcha a Lima con la misión diplomática de conseguir para su patria los restos de su amigo La Mar. De entonces (1846-1847) datan algunas composiciones suyas en álbumes de señoritas limeñas y su sentido soneto «Al general La Mar», a manera de desagravio póstumo:

> ...Gloria fue tuya el levantar la frente
> en el solio sin crimen, las peruana
> leyes santificar, y en las lejanas
> playas morir proscrito e inocente.

El 31 de enero de 1847, de vuelta en Guayaquil, escribe a su viejo amigo Andrés Bello la cruel dolencia que lo consume; veinte días después muere. Su muerte fue considerada un «duelo para la patria», y en la prensa se le rindieron los máximos honores que se habían rendido nunca a un ecuatoriano.

Su obra poética

En cuanto que se analiza la obra poética de Olmedo dos poemas se imponen con rotundidad, por su valor estético, sobre el resto de sus composiciones: el *Canto de Junín* o «Canto a Bolívar», y la oda «al general Flores, vencedor de Miñarica» u «Oda a Miñarica». En ambas percibimos el mismo arranque pindárico, el mismo tono grandilocuente sostenido, idéntica adjetivación plástica, o similares hipérboles épicas. Y no es que en estas dos odas Olmedo abandone su línea poética neoclásica (Olmedo es el más clásico de los grandes poetas de la Independencia) no, es que en ellas desarrolla en plenitud lo mejor de su estro poé-

---

[7] *Obras gubernativa y Epistolario de Bolívar,* (vol. I, Legislación 1823-1825), Lima, Artes Gráficas, Jurídica, 1975. Fundamentalmente págs. 666, 757-758 y 788. En cuanto a la actuación de Olmedo, véase su *Epistolario,* citado en nota 3.

tico, hasta entonces diluido en una poesía de circunstancias, ligera, graciosa, rococó, cuando no irregular en sus cantos patrióticos. Desde sus comienzos Olmedo se había destacado como un versificador notable, preocupado fundamentalmente por la musicalidad del verso, amén de buen conocedor de la literatura clásica. Sus primeros poemas reflejan completamente las directrices de la poesía española de las últimas décadas del siglo XVIII; son imitaciones de la poesía de Meléndez Valdés, su maestro declarado, en su vertiente anacreóntica y sensual. Por las composiciones «A una amiga», «Oda contra el vino», «Filis a Damón», «A Nise dándose la vuelta», «Al retrato de un Cupido dado por Nise» o «La palomita» circulan los «arroyos cristalinos», «los traviesos cefirillos», «las perleras avecillas» y las «tímidas doncellas» como testigos mudos de su amor no correspondido, o como fórmulas estereotipadas de su sensualidad. Los poemas «A mi Magdalenita» o «Mi retrato» imitan la faceta sentimental del extremeño, en las que el amor fraternal de Olmedo se derrama con frases dulzarronas, de formas blandas y abusivamente sensibles, y con versos desvaídos, sin gracia poética, como el mismo Olmedo reconoce:

> Mi retrato y mis modales
> van a par con mi genio:
> blandos, dulces, sin arte
> lo mismo que mis versos.

Y otro tanto ocurre con sus poemas de ocasión, como las «Loas» al virrey Abascal (1806), en las que los tópicos de la época «al beneficio del comercio», «al progreso de las ciencias», cargados de contenido filosófico y social, responden a imitaciones de la poesía de su maestro. Incluso su afición por Alexander Pope cabría interpretarse como un mero reflejo del pensamiento de Meléndez Valdés, en quien la «gran cadena del ser», que vemos ya aparecer en Young, Pope y Thomson, encuentra su máxima expresión hispánica, en la dirección de un cosmos ordenado con implicaciones de tipo social y científicas a la vez.

La poesía patriótica de esta época, lo que podríamos denominar su poesía de mayor aliento, presenta enormes altibajos («El Árbol»), cuando no adolece de la fácil musicalidad que hizo mella en la poesía española de la segunda mitad del siglo XVIII:

> Por la patria, Fernando y las leyes,
> a las armas valientes volad;
> ya vencidos o ya vencedores
> os espera una gloria inmortal.
>
> «Marcha.»

Sólo la «Parodia épica» permite vislumbrar el estilo majestuoso de sus dos grandes odas y nos muestra los deliberados ensayos de Olmedo por conseguir el «arranque pindárico», aunque la fuerte adjetivación, la acumulación de imprecaciones y de preguntas retóricas y el gusto contenido por la hipérbole ya hubiera hecho su aparición en un poema tan temprano como la «Oda en la muerte del hermano del marqués de Ceballos», hacia 1803:

> ¿Ves cuál se precipita en ígneo sulco
> de la ominosa nube desprendido,
> el rayo asolador, de ronco trueno
> y luz deslumbradora precedido;...
>
> «Parodia épica.»

Y si éste es el tono dominante en sus composiciones anteriores a 1820, tampoco resulta más elevado en las restantes —si exceptuamos el «Canto a Bolívar» o la «oda a Miñarica», como ya hemos anticipado—, aunque aumenten las composiciones patrióticas como la «Canción al nueve de octubre», el «Himno al nueve de octubre» o el «Brindis a San Martín». La «Introducción a la función de teatro. La Libertad» (1825), por citar otro ejemplo, guarda estrecha relación con el «Prólogo a la tragedia El duque de Viseo»[8], de 1806, con la única novedad de encauzar el progreso del Perú bajo un prisma de nacionalismo americanista, próximo a la *Alocución a la poesía* de Bello:

> ...Leyes patrias, benéficas y sabias,
> sólo miro reinar; leyes que alientan
> el comercio útil y las artes bellas,
> y la santa igualdad en medio de ellas.
> Ya una faz nueva en nuevo mundo toma
> ya las costumbres góticas desprecia;
> ya América me agrada
> más que otro tiempo me agradaba Roma,
> más que otro tiempo me agradaba Grecia.

Tras de estos versos se contempla al Olmedo neoclásico, lector voraz de cuantos libros caen a su alcance, a pesar del fragor de la guerra. Así podemos comprender su composición idílico-amatoria titulada «Canción indiana» (1822)[9], cuyos personajes, sacados del india-

---

[8] Aunque sea de pasada, es obligado destacar la vinculación de Olmedo con el teatro de la Independencia peruana, y sus «Inscripciones» a los teatros de Lima (¿1808?) y Guayaquil (1840), al margen de otras composiciones en las que intervino directamente. Ya lo reseñaron varios críticos, Carilla entre ellos («Revisión de Olmedo», en *Thesaurus,* 1964, t. XIX, págs. 129-146; repetido en *La literatura de la independencia hispanoamericana,* Buenos Aires, Eudeba, 1968, 2.ª ed., págs. 88-103).

[9] Sobre la fechación, influjos y tono del poema, véase, Luis Monguió, «Sobre la Canción Indiana», de Olmedo, en *Estudios de literatura hispanoamericana en honor a José Juan Arrom,* Chapel Hill, North Carolina Studies in the Romance Languages and Literature, 1974, págs. 71-84.

nismo iluminista europeo y más exactamente de la canción de Mila, de *Atala,* habitan en «tiempos sin lujo y sin artes», pero con «inocencia y virtudes»; son «amables hijos de la naturaleza», de «valor marcial» y denodado «amor a la patria». De igual modo debemos entender sus traducciones de la «Oda XIV del libro de Horacio» (1823), del «Fragmento del anti-Lucrecio» (1824) y las demoradas tres «Epístolas» del *Ensayo sobre el hombre,* de Alexander Pope, que sin duda debieron de prepararlo para la realización de sus dos poemas cumbres.

Unos poemas didáctico-moralizantes («Alfabeto para un niño», «Consejos para la juventud», etc.), junto a otros ocasionales o intimistas («A su esposa», 1825; «En la muerte de mi hermana», 1842), o devotos («Décima»), completan la exigua producción poética de Olmedo, cuya única nota disonante, quizá [10], la constituya el romance satírico-burlesco titulado «Sátira contra Irisarri,» por lo que comporta de excepcional registro irónico:

> No se ha visto todavía
> maldiciente descarado
> que no sea favorito
> comensal, mercurio alado,
> sacerdote y monaguillo
> de ricos y potentados.

Y a esto quedaría reducido Olmedo, si no fuera por sus dos grandes cantos: a uno más de los poetas neoclásicos de los que tan abundante como poco aprovechable caudal nos ofrece el Parnaso Americano. Sus dos grandes odas, por el contrario, lo sitúan de lleno en el triunviro de los grandes poetas de la Independencia y por su *Canto de Junín,* en el único que ha sabido fijar las guerras emancipadoras con valores poéticos y no meramente sentimentales o patrióticos.

El *Canto de Junín* surgió en medio de un ambiente de fervor patriótico, que estalló en el Perú [11] como consecuencia de las victorias de Junín y Ayacucho, del que Olmedo se empapó literalmente, participando activamente con diversas composiciones ocasionales. Por la correspondencia epistolar que sostuvo con Bolívar [12] sabemos de su ardua y laboriosa composición, del detallado plan del canto, de las objeciones del *Libertador* y de la defensa apasionada del poeta, así como del arranque lírico del poema:

> ...Todos los capítulos de las cartas de usted merecerían una seria contestación; pero no puede ser ahora. Sin embargo, ya que usted me da tanto con Horacio y con su Boileau, que quieren y mandan que los principios de los poemas sean modestos, le responderé que eso de reglas y de pautas es para los que escriben didácticamente, o para la exposición del argumento de un poema épico. ¿Pero quién es el osado que pretenda encadenar el genio y dirigir los raptos de un poeta lírico? Toda la naturaleza es suya; ¿qué hablo de naturaleza? Toda la esfera del bello ideal es suya. El bello desorden es el alma de la oda como dice su mismo Boileau de usted. Si el poeta se remonta, dejarlo; no se exige de él sino que no caiga. Si se sostiene, llenó su papel, y los críticos más severos se quedan atónitos con tanta boca abierta, y se les cae la pluma de la mano. Por otra parte, confieso que si cae de su altura, es más ignominiosa la caída, así como es vergonzosísima la derrota de un baladrón. El exabrupto de las odas de Píndaro, al empezar, es lo más admirable de su canto. La imitación de estos exabruptos es lo que muchas veces pindarizaba a Horacio.
>
> (Londres, 19 de abril de 1826.)

Como ya señalara Menéndez Pelayo [13], el canto es un híbrido épico-lírico, en el que predomina la «efervescencia del rapto pindárico»; pero alternando con él, encontramos extraordinarias narraciones de los sangrientos combates que se dieron en Junín y Ayacucho, en los que se describe el esfuerzo individual de los jefes y oficiales más destacados. Por eso la vieja polémica, iniciada ya por Bolívar y Olmedo, acerca de la unidad del poema presenta algo de verdad a los dos bandos de la contienda. Y si bien es cierto que desde el comienzo resultó chocante la aparición del Inca Huaina-Cápac en el campo de combate, la hemos de entender como uno de los símbolos neoclásicos gustados por la época, a la vez que como un primer afán de independencia cultural respecto de España; símbolo que Olmedo podía ver en cualquier lugar de su patria (como ocurrió con el nuevo telón de la boca del teatro de Lima), y que él mismo había introducido ya en su «Brindis a San Martín» (¿1822?) [14].

---

[10] Esta vena festiva puede entreverse en «Mi retrato», «Décimas para su hija» y sobre todo en el poema jocoso «Enviando un regalo».

[11] Aconsejo el t. XXIV de la «Colección Documental de la Independencia del Perú», titulado *La poesía de la emancipación,* Lima, Artes Gráficas Jurídica, 1971, págs. 419-441 y 475-512.

[12] *Epistolario,* cit., cartas del 31-I-1825; 15-IV-1825; 19-IV-1826; y el artículo de Alberto Andino, «Bolívar, Olmedo y El Canto de Junín» en *Cha,* Madrid, 1973, número 279, págs. 611-620.

[13] *Historia de la poesía Hispano-Americana,* Santander, Aldus, S. A., de Artes Gráficas, 1948 (t. II, págs. 28-55).

[14] «... Y aún por la tierra es fama
que de los Incas las cenizas frías
se animan en sus tumbas y se inflaman
y a San Martín por vengador aclaman.»

Así pues, considero que el poema tiene una cuidada y «defendible estructura» y un desarrollo «armónico y justificable en su conjunto». Es cierto que está lleno de reminiscencias clásicas (Bolívar, Caro y sobre todo Menéndez Pelayo lo mostraron con claridad), pero éstas están engastadas sabiamente en el plan general de la obra de forma que no empecen la labor del conjunto. Desde el comienzo del canto destacan el «ímpetu y el sostenido vigor», que se mantienen a lo largo del poema, casi sin altibajos, lo que unido a la fuerza de muchos de sus versos ofrecen al lector un efecto majestuoso:

> El trueno horrendo que en fragor revienta
> y sordo retumbando se dilata
> por la inflamada esfera,
> al Dios anuncia que en el cielo impera.
>
> Y el rayo que en Junín rompe y ahuyenta
> la hispana muchedumbre
> que, más feroz que nunca, amenazaba,
> a sangre y fuego, eterna servidumbre,
> y el canto de victoria
> que en ecos mil discurre, ensordeciendo
> el hondo valle y enriscada cumbre,
> proclaman a Bolívar en la tierra
> árbitro de la paz y de la guerra.

También es verdad que —como afirma Menéndez Pelayo— Olmedo no rehuye los epítetos gastados y que hay mucho de «*lira sonorosa, hondo valle, negro averno, inflamada esfera, trueno horrendo, águila caudal, corcel impetuoso,...*»; pero el tono general del poema, su ritmo, su métrica y su vocabulario presentan en cambio frecuentes aciertos expresivos (como reconoce el propio M. Pelayo). Al respecto conviene reseñar la continua exhibición de variados recursos literarios de que hizo gala Olmedo. Aliteraciones, hipérboles, hipérbatos, anáforas, alternancia de frases asindéticas y polisindéticas, etc., se suceden en un ritmo incesante.

No es supérfluo repetir el valor esencialmente épico-lírico del poema. Tampoco faltan en él descripciones acertadas, como hemos podido ver en alguno de los textos que nos anteceden. Todo ello de consuno hacen que el *Canto de Junín* sea, por estilo y por temática, la obra más perdurable de Olmedo, su obra perdurable.

Su otra gran creación poética, la oda «Al general Flores. Vencedor en Miñarica,» es hermana de la anterior en el «arranque pindárico»[15]. Si en aquélla el «trueno» y el «rayo» proclamaban a Bolívar en la tierra «árbitro de la paz y de la guerra», en una hipérbole desmesurada que identificaba al héroe con Júpiter, en ésta Flores es el propio «Rayo» de la patria que fulmina a los «espesos escuadrones» enemigos. En ambas odas el cantor exhorta con todas sus fuerzas a las musas para conseguir el «estro santo»; en ambas percibimos las descripciones plásticas de los combates, los continuos apóstrofes y la exaltación final del héroe:

> Rey de los Andes, la ardua frente inclina,
> que pasa el Vencedor;...

Un rasgo sobresale en la «Oda a Miñarica» con respecto al *Canto de Junín*: la contención que observamos en el poeta, que permite que la oda discurra rápidamente hacia su fin, sin ciertas digresiones del *Canto a Bolívar*. ¿Es que las críticas del *Libertador* habían surtido efecto en el ánimo de Olmedo? ¿Es que la «Musa de Junín» estaba ya exhausta? ¿O es que el furor bélico que la volvió a despertar estuvo matizado por el dolor que para Olmedo supuso la guerra civil?:

> Ni tregua, ni piedad... ¿Quién me retira
> de esta escena de horror? ¡Rompe tu lira,
> doliente Musa mía, y antes deja
> por siempre sepultada en noche obscura
> tanta guerra civil! ¡Oh!, tú no seas
> quien a la edad futura
> quiera en durable verso revelarla:
> que si mengua o escándalo resulta,
> honra más la verdad quien más la oculta...

Nunca lo sabremos con certeza; pero la «Oda de Miñarica» estará siempre junto al *Canto a Bolívar*, mal que le pesara después a Olmedo, y ambas lo colocaron en el sitial que le corresponde en la literatura y en la historia americanas.

[15] El propio Olmedo lo afirma en sus cartas al general Flores del 1-IV-1835, y del 8-IV-1835. Sobre su oponión posterior, recordemos la carta al Dr. José Fernández Salvador (18-XI-1840). *Epistolario,* cit., págs. 281-285 y 293-294.

ANDINO, Alberto, «Bolívar, Olmedo y El Canto de Junín», en *Cha,* Madrid, 1973, núm. 279, páginas 611-620. Cfr. nota bibliográfica núm. 12.

BARRERA, Isaac J., *Historia de la literatura ecuatoriana,* Quito, Casa de la Cultura Ecuatoriana, 1954, vol. III, págs. 33-73.

CAMPOS, Jorge, «Normatismo clasicista y aliento, romántico en José Joaquín Olmedo», en *Revista de Indias,* Madrid, 1954, págs. 341-357.

CARILLA, Emilio, *La literatura de la Independencia Hispanoamericana,* 2.ª ed., Buenos Aires, EUDEBA, 1968, págs. 88-103.

ESPINOSA POLIT, Aurelio, «Prólogo» a *Obras completas.* Cfr. nota bibliográfica núm. 4.

MENÉNDEZ PELAYO, Marcelino, *Historia de la poesía Hispano-Americana.* Cfr. nota bibliográfica núm. 13.

MONGUIÓ, Luis, «Las tres reseñas londinenses de 1826 de 'La victoria de Junín'», *Rev. Ib.,* XXX, núm. 58 (1964), págs. 225-237. Véanse, además, los dos artículos reseñados en las notas bibliográficas núm. 6 y 9.

PIÑEYRO, Enrique, *Biografías americanas,* París, Garnier, 1906, págs. 197-247.

SMITH, Carolyn F., «The Sacred-Historical Role of the Inca of Olmedo's *Canto a Bolívar*», en *Hispania,* 56, págs. 212-216.

VAZ ARAUJO, Lino, «Clasicismo y americanismo en el *Canto a Bolívar*», en *A. F.,* 8-9, Maracaibo, 1969-1970, págs. 165-197.

Andrés Bello

José Carlos González Boixo

La figura de Andrés Bello siempre estará asociada a la del «maestro» que, en aquellos tiempos cruciales de la historia hispanoamericana, centró su gran capacidad intelectual en conseguir crear las bases que permitiesen una independencia cultural a las nuevas naciones americanas. Andrés Bello, hombre conservador, religioso y devoto del concepto de familia, eludió polémicas estériles que trataban de presentarlo como reaccionario —algo totalmente falso—, para dedicarse a una continuada labor educadora: varias generaciones serían sus discípulos directos, pero sus enseñanzas fueron los pilares culturales de otros muchos. Autor de importantes obras jurídicas, filológicas y filosóficas, fue desgranando su sabiduría a través de multitud de trabajos que tocaron temas tan diversos como la historia, la ciencia o la literatura, demostrando claramente su concepción humanista de la cultura. En este conjunto de escritos, la poesía es sólo un pequeño núcleo —aunque no sea desdeñable su cantidad en términos absolutos— y es evidente que para Bello fue una actividad secundaria. En más de una ocasión el propio Andrés Bello señaló que las musas requieren una dedicación exclusiva y él no podía prescindir de su dilatado proyecto educador. La poesía de Bello se encuadra en la línea neoclásica, de la que con clarividencia criticó sus defectos, lo mismo que supo apreciar los aciertos del romanticismo, aunque nunca se sumó a esta corriente más allá de algunas ligeras pinceladas en unos pocos poemas. Para analizar la trayectoria literaria de Andrés Bello seguiremos la clásica —y prácticamente necesaria— división de su actividad en tres etapas: venezolana, londinense y chilena.

La etapa venezolana: 1781-1810

Andrés Bello nace en Caracas el 29 de noviembre de 1781. Son prácticamente 30 años los que cubre este período, años de formación que, como ha puesto de relieve la crítica (cfr. Rodríguez Monegal, Grases, 1946)*, son lo suficientemente sólidos como para poder afirmar que cuando Bello va a Londres ya se ha marcado unas directrices culturales que no abandonará, por más que posteriores estudios acrecentarán sus conocimientos y le permitirán elaborar sus grandes obras de madurez.

Desde un punto de vista biográfico, marginal respecto a la literatura pero interesante para apreciar la personalidad del escritor, es en esta primera etapa cuando comienza a desempeñar su trabajo como funcionario en la todavía Capitanía General de Venezuela, iniciando una carrera administrativa que durará toda su vida, al servicio de varios países hispanoamericanos. Fallecido su padre en 1800, se ve en la necesidad de encontrar un grabajo, y en 1802 consigue ser nombrado segundo secretario de la Gobernación. A lo largo de estos años desempeñaría los puestos de Oficial Primero, Secretario político de la Junta Central de Vacuna y en 1810, una vez creada la Junta Conservadora de Venezuela, oficial de la Secretaría de Estado. El hecho de que Bello fuese elegido, junto con Simón Bolívar y Luis López Méndez, como comisionado de la Junta en la misión que le llevará a Londres en 1810 desvanece las acusaciones que se le hicieron de haber revelado al gobernador Emparán cierta conspiración insurgente de abril de 1810, algo que, sin embargo, tendría que desmentir a lo largo de su vida.

En cuanto a su formación cultural, el espíritu clasicista de Andrés Bello se irá formando desde temprana edad a través del conocimiento de los clásicos latinos y también de los españoles del Siglo de Oro, a los que pudo leer en la biblioteca del Convento de las Mercedes, iniciándose en los estudios latinistas por medio de fray Cristóbal de Quesada, en los años 1788-1796, perfeccionados luego a través de su segundo maestro, el doctor Montenegro, a cuyas clases asiste en 1797 en el Seminario de Santa Rosa. Ese mismo año ingresará en la Real y Pontificia Universidad de Caracas, obteniendo el grado de Bachiller en Artes al año siguiente. Allí encontraría un tercer maestro, Rafael Escalona, profesor de filosofía que orientaba sus enseñanzas, novedosamente, hacia los estudios científicos (física, álgebra, geometría y aritmética), temas por los que Bello mostraría su interés sobre todo en su etapa

---

* Las referencias completas se encuentran en la «Bibliografía» final. En el caso de que un autor tenga varias obras, se indica el año para su indentificación.

londinense. Posteriormente iniciaría estudios de Derecho y asistiría a clases de Medicina[1].

Hay otros dos hechos que completan la educación de Andrés Bello: su amistad con los Ustáriz y la llegada de Humboldt a Venezuela. Los Ustáriz, como otras familias mantuanas, celebraban tertulias literarias en su casa. A ellas asistió Bello, en un ambiente poético de tendencia neoclásica y probablemente allí compondría Bello sus primeros versos. Además, Luis Ustáriz inicia a Bello en el conocimiento del francés, lo que le irá permitiendo el acercamiento directo a las últimas tendencias literarias, de las que más adelante (sobre todo a través del inglés) será difusor constante. Por otro lado, la llegada de Humboldt a Venezuela a fines de 1799 fue ocasión para que Bello, acompañante del científico en varias excursiones, apreciase la conveniencia del estudio científico (orientación que ya le había proporcionado Rafael Escalona), y encontrase en el mundo de la naturaleza una fuente de inspiración para su poesía posterior[2]. Más adelante, Bello traduciría y comentaría partes de la obra científica de Humboldt, mostrando cómo le interesaba la difusión de todo lo que suponía un avance en los conocimientos del hombre[3]. En cuanto a la actividad de Andrés Bello como escritor en este período, aparte de la poesía, hay que destacar tres participaciones periodísticas, que anticipan su brillante posición posterior como creador de revistas y articulista constante en un quehacer íntimamente ligado a la literatura en muchas ocasiones. El primer acercamiento de Bello al periodismo fue a través de la *Gazeta de Caracas,* primer periódico venezolano, aparecido el 24 de octubre de 1808 y del que probablemente Bello llegó a ser su único redactor[4]. La segunda participación de Bello en el periodismo sólo quedó en proyecto. En compañía de Francisco Isnardi se planteó hacia 1809 la publicación de una revista que se llamaría *El Lucero.* Lo único que de ella apareció fue un prospecto, en que se explicaba su contenido, bastante similar al de las dos empresas periodísticas que dirigiría en

Londres[5]. Participó Bello también en un proyecto de gran magnitud, que murió apenas nacido, dadas las circunstancias políticas del momento. Se trató del *Calendario Manual y Guía universal de Forasteros en Venezuela para el año 1810,* en el que Bello contribuyó con un *Resumen de la Historia de Venezuela,* que abarca desde el descubrimiento hasta el año 1808. Como ha señalado Rodríguez Monegal (págs. 31-34) ya se encuentran en sus descripciones las alabanzas a las labores campesinas que después formarán parte de su mejor poesía[6].

Andrés Bello no publicó ningún poema en esta etapa de su vida. Ni siquiera sabemos cuántos llegó a componer. Sí tenemos testimonios, en cambio, de que algunos de sus poemas leídos en las tertulias literarias caraqueñas gozaron del aplauso de aquella sociedad mantuana. Los pocos poemas conservados muestran a un poeta fiel en todos sus términos al neoclasicismo. «El Anauco» (1800) es uno de los poemas más recordados de esta etapa. En él, el poeta presenta un idílico lugar, «verde y apacible / ribera del Anauco» (vv. 13-14) donde espera permanecer después de muerto, imagen que se contrapone a ese «Pero, tú, desdichado» (v. 43), condenado a morir en el destierro. El patetismo de los últimos 13 versos fue calificado por Paz Castillo[7] como actitud prerromántica, algo que Rodríguez Monegal (págs. 35-37), siempre propenso a admitir el acercamiento de Bello al romanticismo, ha desechado. Tampoco parece oportuno acentuar un americanismo en el poema, casi exclusivamente basado en su título. El poema, en resumen, tanto por la versificación como por las alusiones mitológicas, la adjetivación y la terminología, responde plenamente a los modelos neoclásicos, algo que puede extenderse por igual al resto de los poemas de Bello en esta etapa.

Tampoco en el soneto «Mis deseos» (1800?) la descripción de las orillas del Aragua nos debe hacer pensar que nos encontramos con el paisaje americano, todo queda en un trasunto de las idílicas representaciones clásicas. «A la vacuna» (1804), oda de resonancias quintanescas, refleja la visión optimista de la época en el progreso científico, concretizada en los avances de la medicina. El mismo tema se desarrolla en la composición más larga de las conservadas en

[1] Amunátegui, pág. 19 y ss. También sobre esta etapa de iniciación cultural de Bello, vid. Grases, 1950, páginas 13-28.

[2] Rodríguez Monegal, págs. 25-26, acentúa la influencia de Humboldt en el tipo de poesía científica de Andrés Bello, pero también hay que tener en cuenta que este tipo de poesía ya formaba parte de la tradición neoclásica.

[3] Traducciones y comentarios aparecieron en *El repertorio americano* y en el *Censor americano,* publicaciones de su etapa londinense. Reproducidas en *O. C.,* XX, 1957, págs. 271-379, con el título de «Cosmografía y otros escritos de divulgación científica.»

[4] Vid. Grases, 1946, págs. 114-115.

[5] Vid. Grases, 1950, págs. 31-34 y Alvarez, págs. 47-52.

[6] La edición del *Calendario Manual* se encuentra en la obra de Pedro Grases, *El primer libro impreso en Venezuela,* Caracas, 1952. Vid. también Grases, el 1950, págs. 61-73.

[7] Fernando Paz Castillo, «Introducción a la poesía de Bello» en *O. C.* I, Caracas, 1952, págs. XLVI-L.

esta etapa (342 vv.), el drama en tres escenas titulado *Venezuela consolada* (1805), donde alegóricamente conversan Venezuela, el Tiempo y Neptuno sobre la vacuna de la viruela, convirtiéndose el poema en un canto de alabanza a Carlos IV, monarca de turno. El prohispanismo del poema se puede apreciar igualmente en «A la victoria de Bailén» (1808), soneto lleno de resonancias épicas y que, como el anterior, se integra en la retórica neoclásica de los poemas circunstanciales, poemas de proyección social, cargados de adulación hacia el poder. La actitud de Bello, en este sentido, no difiere de la de otros poetas como Olmedo o Fernández Madrid, que luego de haber escrito este tipo de poemas, bruscamente, con la llegada de las guerras independentistas, se convierten en defensores de los nuevos ideales. Esa proyección social del poeta neoclásico explica igualmente tan acentuados cambios [8].

En la oda «A un samán» (1808?) Bello se desprende de las alusiones mitológicas y parece acercarse a una naturaleza americana contemplada directamente. Estas características relacionan el poema con posturas críticas que Bello mantendrá más adelante, sobre el excesivo uso de la mitología en la poesía neoclásica [9], aunque lo excepcional del caso no permite hacer demasiadas conjeturas. Lo cierto es que el poema se mantiene en términos estrictamente neoclásicos, similares a sus dos imitaciones de clásicos latinos: en su «Égloga» (1806-1808), poema en quince octavas, subtitulado «Oda imitada de la de Horacio o Navis, Referent». La libertad con que Bello trata los modelos hace que estos poemas resulten tan originales como los suyos propios, respondiendo al criterio de «imitación», tan querido por los autores neoclásicos, y del que Bello dejó otros ejemplos en su poesía posterior. La actividad de Bello en este período se completa con el poema «A una artista» (1806-1808) y una octava, «A la muerte de I. S. O. Francisco Ibarra, Arzobispo de Caracas» (1806), poemas ambos de ocasión.

La poesía de Bello en su etapa venezolana no presenta poemas memorables, refleja más bien una etapa de formación en la estética neoclásica, dentro de la cual el autor se mueve con

facilidad, incluso con perfección pero sin una aportación manifiestamente personal. Lo más destacable es el acercamiento a una temática americana a través de los moldes clásicos y universales que ofrecía la poesía neoclásica. Lo que ahora era un atisbo, años más tarde, se convertiría en definitivo en sus dos grandes poemas americanistas.

Andrés Bello.

LA ETAPA LONDINENSE: 1810-1829

El 10 de julio de 1810 llega Andrés Bello a Londres en compañía de Bolívar y López Méndez. Lo que parecía iba a ser una estancia corta se convertiría para Bello en un largo período de diecinueve años que sobrellevó con dificultad, debido al carácter de exilio que para él representó —siempre esperando la oportunidad de regresar a América—, y por los problemas económicos, constantes a lo largo de aquellos años. Bolívar volverá a América ese mismo año de 1810 y Bello permanecerá como miembro de la Legación venezolana hasta el año 1812. Ese año, el restablecimiento del régimen español en Venezuela dejará a Bello desprovisto de su representatividad oficial, sin medios económicos e imposibilitado por el momento de volver a su patria. Comienza entonces una etapa difícil en la vida de Bello que superó gracias a las clases particulares que imparte y como preceptor de los hijos de un noble inglés, Mr. Hamilton. Por fin, en 1822 consigue trabajo en la Legación de Chile y luego en la de Colombia, con lo que su situación mejora, aunque no demasiado. Su deseo de volver a América se cumple en 1828 cuando con-

---

[8] El mismo aliento transita, en cuanto a alabanzas, los versos de *Venezuela consolada*, «Sí, yo te ofrezco, yo te juro, Carlos, que guardarán los pueblos tu memoria, mientras peces abrigue el mar salado» (vv. 320-321), que los dedicados a las luchas de independencia en *Alocución a la Poesía*.

[9] Así opina Rodríguez Monegal, pág. 38.

[10] Pedro Grases estudia los modelos que toma Bello: La Egloga II de Virgilio, algunos pasajes de la VIII y la X, la Egloga I de Garcilaso de la Vega y la égloga «Tirsi», de Francisco de Figueroa. Vid. Grases, 1950, págs. 37-57 y en «Prólogo» a la *Obra Literaria* de A. Bello, 1979, págs. XIII-XXIII.

sigue un puesto en la administración chilena[11]. En este contexto de penuria puede sorprender que Bolívar no ayudase a Bello. El hecho de que Bolívar asistiese a las clases particulares que Bello dio en Venezuela y que ambos formasen parte de la legación enviada a Londres, ha hecho pensar en una amistad que tal vez no fue tan firme como se supone. Hacia el año 1826 una serie de cartas entre Bello y Bolívar, muestran cómo aquél se encuentra dolido por no alcanzar un mejor puesto en la legación colombiana. Bolívar tal vez no pudo solucionar el problema de Bello y cuando trata en 1828 de que Bello siga prestando sus servicios a Colombia ya era demasiado tarde[12].

Frente a estas adversidades, la actividad intelectual de Bello en su etapa londinense fue fructífera. Ya a su llegada a Londres tiene oportunidad de consultar la gran biblioteca privada de Francisco Miranda, quien ofreció su casa a los tres componentes de la Legación venezolana. Allí residirá Bello hasta finales de 1812, teniendo ocasión de aprender griego de forma autodidacta, tal como ya lo había hecho con el francés y el inglés. Pero, sin duda, el centro intelectual de Bello va a ser la biblioteca del British Museum, lugar al que acude con regularidad a partir de 1816. Allí tendrá ocasión de estudiar manuscritos y ediciones de clásicos españoles del Siglo de Oro, temas relacionados con la época europea y, sobre todo, pudo elaborar su edición y estudio sobre el *Poema del Cid*, que en opinión de Fernando A. Lázaro Mora, «constituye todavía hoy, pese a las dificultades encontradas y la escasez de medios con que contó, un modelo de ejecución

entre los muchos que se han llevado a cabo»[13]. No sólo las cuestiones literarias le atraen: sus estudios sobre las ciencias naturales, filosofía, derecho o historia son la base para posteriores trabajos en Chile. Sus relaciones con intelectuales ingleses y con españoles e hispanoamericanos (Blanco White, Bartolomé Gallardo, Olmedo, Fernández Madrid) dan la justa medida de su actividad intelectual.

Bello alcanza en este período londinense su cima como poeta y periodista. En esta última faceta, esbozada ya en su etapa venezolana, su nombre está asociado a la creación de las dos grandes revistas americanistas de la época: la *Biblioteca Americana* (1823) y el *Repertorio Americano* (1826-1827). Es probable que Bello colaborase anteriormente en *El Español*, periódico mensual iniciado por Blanco White en 1810 (Rodríguez Monegal, pág. 46) y en *El Censor Americano*, publicación iniciada por Irisarri (Rodríguez Monegal, pág. 60), pero su aportación decisiva estuvo vinculada a las dos revistas citadas anteriormente que dirigió conjuntamente con García del Río[14]. Más de la mitad de los artículos aparecidos se debieron a la pluma de Bello, que dio una orientación americanista a unas revistas destinadas a elevar el nivel cultural de los países americanos. El tratamiento de las más variadas cuestiones, tanto del ámbito de las humanidades como del de las ciencias, muestran claramente la intención didáctica siempre presente en las obras de Bello. En lo que respecta a la posición literaria de Bello destacan dos artículos: «Juicio sobre las obras poéticas de don Nicasio Álvarez de Cienfuegos» y «Juicio sobre las *Poesías* de J. M. Heredia»[15]. En ambos se mantiene Bello en la línea más ortodoxa del neoclasicismo, y aludiendo principalmente a cuestiones de forma —uso adecuado del idioma basado en locuciones naturales, censuras a determinadas palabras— y de fondo se felicita de la moralidad de la poesía de Cienfuegos y critica la poesía erótica de Heredia. Tanto la «moralidad»

[11] Minuciosos aspectos biograficos de esta etapa pueden verse en Amunátegui, págs. 130-308 y Rodríguez Monegal, págs. 41-138. Las dificultades económicas de Bello aumentaron a causa de sus dos matrimonios. El primero en 1814 (su esposa fallece en 1821) y el segundo en 1824: los dos hijos del primero más los cuatro del segundo en su etapa londinense fueron motivo de preocupación por su escasa economía. Bello buscó siempre trabajar para la Administración de los países americanos. Lo intentó ya en 1815 solicitándolo a los Gobiernos de Nueva Granada (Colombia) y de las Provincias del Río de la Plata; en 1820 a través de su amistad con Antonio José de Irisarri, ministro entonces de Chile en Inglaterra, solicita el puesto que por fin consigue en 1822. Depuesto Irisarri, su sucesor, Mariano Egaña, mantiene una actitud hostil a Bello que luego se transformaría en mutua y perdurable amistad. Vid. al respecto, Guillermo Feliú Cruz, «Bello, Irisarri y Egaña en Londres», en su *Andrés Bello y la redacción de los documentos oficiales administrativos, internacionales y legislativos de Chile*, Caracas, 1957.

[12] Las relaciones entre Bello y Bolívar son bastantes desconocidas. Su distanciamiento pudo deberse al monarquismo de Bello (Vid. Caldera, págs. 38-45), a su propio carácter retraído, a la necesidad de adulación de Bolívar o a otras causas (Vid. Rodríguez Monegal, págs. 125-136, donde se reproducen numerosos fragmentos de cartas relativas a este tema.)

[13] Lázaro Mora, pág. 18. Hacia 1834 ya debía tener casi terminado el trabajo. Intentó su publicación en aquel momento y, luego, en 1863 lo ofreció a la Real Academia Española, sin conseguirlo tampoco (ibid. pág. 19). Vid. Pedro Grases, *Don Andrés Bello y el Poema del Cid*, México, 1945.

[14] De la *Biblioteca Americana* se publicaron dos volúmenes (472 págs. y 60 págs., respectivamente). Hay edición facsímil, con índices de Pedro Grases, Caracas, 1972. El *Repertorio Americano* tuvo cuatro volúmenes publicados entre octubre de 1826 y agosto de 1827 (algo más de 1.200 págs. en total). Edición facsímil con dos volúmenes, con índice de Pedro Grases, Caracas, 1973. Dificultades, económicas impidieron su continuidad. Vid. Grases, 1955.

[15] El primero apareció en la *Biblioteca Americana*, I, págs. 35-50. El segundo en el *Repertorio Americano*, II, págs. 34-45. Ambos recogido en *O. C.*, Caracas, tomo IX.

como la «naturalidad» son dos conceptos básicos del sistema neoclásico, repetidamente expuestos por Bello en posteriores artículos, confirmando de esta manera una estética que reflejaba una forma de concebir la vida[16].

La poesía de Bello en esta etapa comprende sus dos poemas más célebres: *Alocución a la poesía* y «Silva a la agricultura en la zona tórrida». Al margen de ambos, apenas si publicó algún otro en Londres, aunque sí escribió otros sin intención de que fueran impresos algún día. Entre estos últimos, hay dos poemas que conectan más con nuestra sensibilidad actual, por cuanto su intimismo —probablemente originado por el hecho de no estar destinados a su publicación— rompe con la frecuente frialdad de la poesía neoclásica. Uno de ellos fue encontrado entre sus borradores, apenas ocho versos de un poema inconcluso fechado hacia 1820. Sin embargo, esos versos iniciales, «No para mí, del arrugado invierno / rompiendo el duro centro, vuelve mayo / la luz el cielo, a su verdor la tierra», nos muestran, sin abandonar la retórica neoclásica, a un Bello deprimido y melancólico a causa de «su destierro londinense». El otro poema lo dedica Bello a Olmedo y se lo envía en una carta fechada el 3 de mayo de 1827. El poema, como tantos otros de Bello también inconcluso, lleva el título de *Epístola escrita de Londres a París por un americano a otro:* las alusiones autobiográficas, la presencia de América como un deseo por el momento inalcanzable, el carácter amistoso y familiar del mismo, crean un ambiente intimista poco frecuente[17].

En un plano opuesto a ese intimismo aparece el poeta que asume un papel social, reflejando acontecimientos triviales en poemas de ocasión, derivando hacia una sátira benévola (por ejemplo, el soneto de 1819, «Dios me tenga en gloria»), o contribuyendo a una poesía patriótica, moda impuesta por las guerras independentistas americanas. Sobre este tema escribe Bello en 1925 «El himno de Colombia», poema lleno de tópicos que busca un tono he-roico y sigue a Quintana como modelo. Su antiespañolismo queda paliado en un poema posterior, «Canción a la disolución de Colombia», ante la desunión que amenaza a los propios americanos. Ambos poemas reflejan la incapacidad de Bello para los temas épicos, pues aunque formalmente no se podría hablar de incorrección, falla el sentido poético.

También cultiva Bello el arte de la traducción de poemas que había iniciado en su época anterior y que en su etapa chilena daría los mejores resultados. Hacia 1821 comienza la traducción del *Orlando innamorato* de Boiardo (siglo XV) que había sido refundido por Francesco Berni (siglo XVI). A esta labor dedicaría momentos de ocio durante gran parte de su vida, apareciendo publicada en el año 1862. De los 69 cantos del original, Bello tradujo los 15 primeros (9.256 vv.), haciéndolo con gran libertad e introduciendo octavas originales al comienzo de los cantos I, II, IX, XII y XIV[18]. Muy distintas a esta traducción son las que Bello publica en 1827, en el *Repertorio Americano,* del abate Jacques Delille. Se trata de la traducción fragmentaria de dos poemas del poeta francés, que Bello titularía *La luz* y *Los jardines*[19]. Al contrario de lo usual en Bello, la traducción es casi literal y aunque no puede sorprender que escogiese a un poeta neoclásico por excelencia, sí resulta extraño que lo haga ahora, cuando ya había criticado en el artículo sobre Cienfuegos el uso abusivo de la mitología y de la alegoría, notas predominantes en Delille, y que se limite a transcribir la naturaleza artificial de los jardines europeos cuando ya había dado un paso definitivo en sus dos poemas americanistas.

El primero de estos poemas se conoce por el título de *Alocución a la poesía,* aunque tal como apareció en 1823 en la *Biblioteca Americana* se añadía «en que se introducen las alabanzas de los pueblos e individuos americanos, que más se han distinguido en la guerra de la independencia. (Fragmentos de un poema inédito, titulado «América»)». El segundo poema lo publicó Bello en el *Repertorio Americano* en el año 1826. Su título, *La agricultura de la zona tórrida,* iba precedido de los epígrafes *Silvas Americanas* y *Silva I,* por este orden. En nota a pie de página se decía: «A estas silvas

---

[16] Utiliza Rodríguez Monegal los dos artículos de Bello para mostrar su progresivo acercamiento a las ideas románticas. Aunque en algunos de sus poemas pueden apreciarse algunos toques románticos, el examen de su obra poética y crítica no ofrece demasiadas variaciones respecto a la concepción estética expresada en estos artículos. Las alusiones a Lord Byron o a Walter Scott responden a su admiración por estos escritores, sin que ello signifique su aceptación del romanticismo. Vid. También, Arturo Uslar-Pietri, «Bello y los temas de su tiempo» en *Nuestra América,* págs. 11-31, donde se acentúa la vinculación de Bello con el romanticismo (sin negar por ello su neoclasicismo).

[17] Guillermo Araya ha estudiado este poema en «Destierro y poesía, Bello y Neruda», en *Hommage des Hispanistes Français a Noël Salomon,* Barcelona, Laia, 1979, páginas 73-90.

[18] La crítica ha sido muy favorable a la versión de Bello, destacando particularmente la opinión de M. Menéndez Pelayo que señaló: «Para mí la obra maestra de Bello, como hablista y como versificador es su traducción de *Orlando enamorado,* que incompleto y todo como está es la mejor traducción de poema largo italiano que tenemos en nuestra literatura», en su *Historia de la poesía hispano-americana,* Santander, CSIC, 1948, pág. 385.

[19] Traducción respectivamente de *Les trois regnes de la Nature* y de *Les jardins.*

pertenecen los fragmentos impresos en la Biblioteca Americana bajo el título "América". El autor pensó fundirlas todas en un solo poema: convencido de la imposibilidad, las publicará bajo su forma primitiva, con algunas correcciones y adiciones. En esta primera apenas se hallarán dos o tres versos de aquellos fragmentos.» El proyecto del poema «América» queda expuesto y abandonado en estas dos citas, y ni siquiera prosperará el proyecto menor de las «silvas»[20]. El desarrollo de ese poema «América» lo expone Guillermo Araya a través de dos hipótesis, la que llama «maximalista», consistente en que Bello comenzaría a escribir partiendo de la idea mayor del poema «América» y la «moderada» según la cual el proyecto de un gran poema sería posterior a poemas reducidos de tema americano, motivados, principalmente, por el sentimiento de exilio en que se encontraba Bello en Londres[21].

La *Alocución a la Poesía* es un poema, de 834 versos, de desigual estructura. Este ha sido el principal defecto encontrado por la crítica por cuanto se pasa abruptamente del tema expuesto en la primera parte del poema al de la segunda parte. Hasta el verso 207 es una invitación a la musa Poesía para que cante la naturaleza y pueblos americanos. Aunque los lugares citados no son muchos, Buenos Aires, Chile, Quito, México, Bogotá..., la visión de Bello es continental, lo mismo que lo era su visión cultural y política de América (por lo menos en esta etapa londinense). Es esta primera parte del poema la más celebrada, particularmente sus primeros versos en los que la crítica posterior ha visto una especie de bandera de la independencia literaria o cultural americana:

> Divina Poesía
> tú de la soledad habitadora,
> a consultar tus cantos enseñada
> con el silencio de la selva umbría,
> tu a quien la verde gruta fue morada,
> y el eco de los montes compañía;
> tiempo es que dejes ya la culta Europa,
> que tu nativa rustiquez desama,
> y dirijas el vuelo adonde te abre
> el mundo de Colón su grande escena.
>
> (vv. 1-10).

En estos versos Bello hace una invitación a realizar una poesía basada en la «naturalidad», concepto primordial del neoclasicismo, y la Naturaleza, como imagen de lo perfecto, ofrecía la posibilidad de realizar una poesía descriptiva que a través de la «imitación» se acercaba a su perfección. El antiguo tema del menosprecio de corte y alabanza de aldea se presenta aquí a través de las variantes Europa-América. Bello se anticipa a las polémicas románticas, que desde un punto de vista nacionalista tratan de encontrar la fórmula para realizar una «literatura nacional», proporcionando como tema literario «lo americano». Así, en este poema aludirá a otros posibles temas de sabor americano: los temas indígenas, los trabajos campestres, al canto épico de las guerras de la Independencia (en la segunda parte del poema). Sin embargo, tal como expone Teodosio Fernández:

> Parece exagerado hallar en esto una manifestación de independencia literaria, cuando se trata más bien de una reivindicación de los temas americanos como poetizables, apoyándose para ello en la tradición bucólica y didascálida, en el prestigio indiscutido de Virgilio, de Horacio, incluso de los poetas peninsulares del primer Siglo de Oro. Si se habla de que la Poesía ha de abandonar la culta Europa, no es para crear en América una expresión distinta y original, sino porque Europa ya no reúne las características que permitían en el segundo pasado esa *imitación poética prestigiada por la tradición*[22].

Ciertamente los versos iniciales del poema son muy sugerentes y la crítica ha aplicado retrospectivamente criterios que no se corresponden con el espíritu del poema. Lo importante es la decidida orientación de Bello hacia el americanismo como tema literario, sin olvidar la visión de América como lugar de libertad frente a una Europa acosada por la restauración absolutista, tal como reflejan los versos 39-41, «donde la coronada hidra amenaza / traer de nuevo al pensamiento esclavo / la antigua noche de barbarie y crimen;», aludiendo a la Santa Alianza (vid. Rodríguez Monegal, pág. 70).

---

[20] Conviene señalar, aunque sea una cuestión que no sobrepasa el interés terminológico, que Bello sólo escribió una «silva americana», como se puede deducir de la nota a *La agricultura de la zona tórrida*. «Silva» puede indicar una clase de estrofa o una composición poética unitaria (es decir, «silvas americanas»). En este último sentido Bello sólo se refirió al poema publicado en 1826. Véase Guillermo Araya, «América en la poesía de Andrés Bello,» en *Diálogos Hispánicos de Amsterdam*, pág. 58.
[21] Guillermo Araya, artículo citado en la nota anterior, págs. 62-63.

[22] Teodosio Fernández, «Andrés Bello: teoría y práctica de la expresión literaria americana», *Letras de Deusto,* volumen 12, núm. 23, enero-junio 1982, págs. 39-57 (I) y vols. 13, núm. 25, enero-abril 1983, págs. 51-68 (II). La cita se corresponde con la pág. 50 (I). El tema de la «independencia literaria» en Hispanoamérica es difícil de definir por su propia naturaleza. Los románticos creyeron conseguirla a través de la temática americanista, aunque es probable que fuesen los modernistas, curiosamente con una temática no esencialmente americana, quienes la lograsen. Véase para este tema el libro de José Luis Martínez, *Unidad y diversidad de la literatura latinoamericana,* México, Joaquín Mortiz, 1972.

El poema había sido publicado por Bello como un fragmento de otro mayor y este aspecto se nota en su propia estructura. Amunátegui, refiriéndose al proyectado poema «América» señalaba: «Para evitar la monotonía a un poema demasiado descriptivo, por espléndido que sea, Bello se lisonjeaba de dar variedad al suyo, intercalando, tanto episodios hitóricos de la revolución, y a veces también de las épocas anteriores, como reflexiones políticas y morales adecuadas a la situación de las nuevas repúblicas» (pág. 170). Son aspectos que, en menor escala, pueden verse en la *Alocución,* aunque con muy desigual presencia. La parte descriptiva del poema sólo ocupa un tercio del total, siendo sin embargo la que por su generalidad debería haber tenido mayor extensión. Guillermo Araya al analizar los borradores del poema ha podido comprobar cómo en estos hay un gran desarrollo de todo lo relativo a la vida campestre, en la línea de las *Geórgicas* de Virgilio, temas sucíntamente expuestos en la publicación de la *Alocución* [23]. Lo cierto es que el poema se decanta hacia el tema épico de las luchas independentistas, después de unos versos en que aflora el sentimiento del propio Bello como exiliado (vv. 169-188) y que recuerdan a su poema «El Anauco», y de otros versos en que renuncia a ser el cantor de la naturaleza americana («Tiempo vendrá cuando de ti inspirado algún Marón americano, ¡oh diosa!/ también las mieses, los rebaños cante», versos 189-191) [24]. Desde el v. 207 hasta el final (v. 834), Bello hace un recuento de hechos y personas que tienen que ver con las guerras de la Independencia Americana, algo que a pesar de los momentos brillantes fue calificado por Menéndez Pelayo de «padrón de vecindad» [25], opinión que con palabras más benignas es generalmente compartida por la crítica. El equilibrio del poema se pierde ante la longitud de esta segunda parte cuyas características épicas habría que relacionar con otros poemas menores de Bello como poeta cívico, actividad a la que Olmedo y otros poetas menores no habían podido sustraerse, y cuyo contexto seguía siendo el de un pensamiento ilustrado que confiaba en el progreso y emancipación del hombre [26]. Sin embargo, las propias ideas neoclásicas de Bello en cuanto a la conveniencia de separar la historia de la epopeya pueden ser el motivo de que abandonase el proyecto «América» y ofreciese sólo estos versos fragmentarios que aunque abundantes eran simplemente una mínima muestra de las posibilidades del tema [27].

La Agricultura de la zona tórrida, con sus 373 versos, es el poema más célebre de Bello. Un descendiente suyo, Joaquín Edwards Bello, relata una anécdota contada por el propio Andrés Bello, a propósito del origen del poema:

> Contaba don Andrés que cierta tarde de invierno, en 1824, paseaba en Londres, cerca de uno de los muelles, o *docks*, en el interminable y oscuro puerto, cuando vio un barco del que sacaban cajas y sacos repletos de frutos brillantes, cuyo aspecto y perfume hicieron temblar su corazón. Eran frutos y productos elaborados con fibras o cañas de las islas tropicales, fronteras de Venezuela. El contraste de la city de carbón y hierro con los frutos de su América virginal le inspiró [28].

La sensualidad que refleja esta cita fue transferida por Bello al poema, siendo ésta una de sus características más notorias. El poema puede dividirse temáticamente en seis partes, tal como hace G. Araya:

> La *Agricultura* obedece a un plan claro, equilibrado y plenamente satisfactorio para los cánones estéticos neoclásicos. En su composición se pueden distinguir seis partes nítidamente diferenciadas e interdependientes al mismo tiempo. Comienza con (1) introito en el que se exalta la situación geográfica paradisíaca de la zona tórrida; sigue (2) la enumeración de los frutos y productos tropicales (cornucopia americana); (3) la alabanza del campo y el menosprecio de la ciudad viene a continuación como el desarrollo natural de la enumeración anterior; se pasa a una decantada (4) descripción de los trabajos agrícolas; se alaba (5) la paz que ha sucedido a las guerras de independencia y, como conclusión, (6) se exhorta a las jóvenes na-

---

[23] Vid. G. Araya, *op. cit.,* págs. 70-77.

[24] La proposición de Bello ya tenía un antecedente en el poema latino *Rusticatio Mexicana* (1781-82) de Rafael de Landivar. El propio Bello desarrollaría este tema en su *Agricultura...* y, posteriormente, Leopoldo Lugones en sus *Odas seculares* y Pablo Neruda, que con su *Canto General* vendría a realizar el frustrado poema «América» de Bello.

[25] «Indudablemente no era tarea digna de Bello la de versificar este padrón de vecindad, por mucho que naturalmente halague la vanidad de los Aquiles y los Diomedes de la epopeya americana», *op. cit.,* pág. 383.

[26] Señala Teodosio Fernández, «Bello continúa su trayectoria de poeta cívico, al que las doctrinas de un enciclopedismo cosmopolita han llevado a creer en la capacidad de progreso indefinido de la ciencia y en una utópica emancipación final de la humanidad,» *op. cit.,* pág. 47 (I).

[27] Guillermo Araya, *op. cit.,* págs. 72-77, explica cómo Bello, siguiendo las ideas neoclásicas sobre la conveniencia de que la épica narre hechos fabulosos y legendarios, pudo abandonar el proyecto de cantar sucesos contemporáneos.

[28] J. Edwards Bello, *El bisabuelo de piedra,* Santiago, Nascimiento, 1978, pág. 69.

ciones americanas libres para que dediquen sus energías a la agricultura[29].

Hay, como puede apreciarse, un tema básico que recorre el poema: el ya clásico «menosprecio de corte y alabanza de aldea», en torno al cual Bello realiza un poema descriptivo, tal como puede apreciarse en mayor medida en los «borradores» del mismo. El aparato mitológico de la *Alocución* ha desaparecido pero permanece el mismo clasicismo de raíz horaciana y virgiliana. Bello realiza una descripción de la naturaleza americana pero muy alejada del costumbrismo romántico o de un incipiente realismo: el objeto se aleja de la realidad a través de una capa de léxico cultista e, incluso, cuando Bello introduce términos americanos que identifican determinadas plantas americanas, el contexto culto que los envuelve los aleja de todo realismo. Véase si no los siguientes versos:

Para tus hijos la procera palma
su vario feudo cría,
y el ananás sazona su ambrosía;
su blanco pan la yuca;
sus rubias pomas la patata educa;
y el algodón despliega al aura leve
las rosas de oro y el vellón de nieve

(vv. 37-43).

No se propuso Bello reflejar la vida o la naturaleza americanas (compruébense por ejemplo la horaciana versión que de los males de la ciudad expone en los versos 64-132, que tan poco tienen que ver con ningún ámbito urbano hispanoamericano), sino que la temática americana pudiese ser vertida a unos moldes que él consideraba los más perfectos en poesía: los del neoclasicismo. Con Bello el paisaje americano se torna clásico, modélico, inalcanzable en su propia perfección. Más allá de las polémicas en que se vio mezclado en su etapa chilena, el acierto de Bello fue proponer como tema literario a «América», abriendo así toda una producción literaria de este signo, que románticos y realistas recrearían hasta la saciedad.

LA ETAPA CHILENA: 1829-1865

Cuando Andrés Bello llega a Chile tiene cuarenta y ocho años, se siente viejo y debió pen-sar que el nuevo país le ofrecería una tranquilidad económica, que no había disfrutado, para los años que aún le quedasen de vida. No sólo conseguiría alejar de sí las dificultades económicas de su etapa londinense, sino que su longevidad le convertiría en la figura central de la cultura chilena y americana de su tiempo y le permitiría llevar a cabo una actividad publicista de grandes proporciones.

A su llegada a Chile, pronto podría olvidar sus tiempos londinenses que le habían llevado a escribir cartas a Bolívar, llenas de amargura. En una de 1826, le había dicho: «Soy el decano de todos los secretarios de legación de Londres, y aunque no el más inútil, el que de todos ellos es tratado con menos consideración por su propio jefe», y en otra, de 1827: «Estoy ya a las puertas de la vejez, y no veo otra perspectiva que la de legar a mis hijos por herencia la mendicidad»[30]. En Chile, en cambio, su suerte cambia. Desde su llegada desempeñará cargos relacionados con el Ministerio de Asuntos Exteriores, hasta 1852 en que se jubila; será senador desde 1837 hasta su muerte, a través de distintas reelecciones; rector de la Universidad desde su creación, a la que tanto contribuyó en 1845, hasta que le fue aceptada su renuncia, pocos años antes de su muerte; persona imprescindible en diversas comisiones educativas y jurídicas durante toda su vida; «maestro» de varias generaciones a través de toda esta actividad e, incluso, directamente por medio de sus clases particulares que en la década de los años 30 cubrieron el vacío que existía[31].

La actividad intelectual de Bello fue muy intensa en estos años, hasta el punto que pudo orientarse hacia los más diversos campos. Cuestiones historiográficas fueron tratadas en trabajos dispersos[32], los temas filosóficos en su libro *Filosofía del entendimiento,* aparecido póstumamente en 1881[33], pero sobre todo destaca como filólogo y autor de obras relacionadas con el Derecho. Sus *Principios de Ortolojía i Métrica de la Lengua Castellana* (1835), el *Análisis ideológico de los tiempos de la conjugación castellana* (1841, primera redacción hacia 1810) y, particularmente, su *Gramática de la lengua castellana destinada al uso de los americanos* (1847) son una muestra del impor-

---

[29] *Op. cit.,* pág. 59. Véase también en el mismo artículo un análisis detenido de la 2.ª parte del poema, estudiada en relación con los «borradores», págs. 77-95. También es interesante el artículo de Eduardo Crema, «Conflictos y valores estéticos en la *Silva a la Agricultura»,* en *Primer Libro,* págs. 113 y ss.

[30] Citadas por Rodríguez Monegal, págs. 127 y 128, respectivamente.

[31] Los datos biográficos pueden consultarse en el imprescindible trabajo de Amunátegui. Véase también el documentado libro de Rodríguez Monegal.

[32] Diversos artículos sobre el tema pueden verse en *Nuestra América.*

[33] Rafael Gutiérrez Girardot en «Andrés Bello y la filosofía», *Diálogos de Amsterdam,* págs. 5-14, destaca esta obra como una de las principales de Bello y estudia los motivos de su escasa repercusión.

tante papel desempeñado en el campo de la filología[34]. En el campo del Derecho destacan sus *Principios del Derecho de Gentes* (1832) sobre temas de derecho internacional, y la promulgación del *Código civil de la República de Chile* (1855), obra en la que trabajó durante más de veinticinco años y que dotó a Chile del primer código civil en el ámbito hispanoamericano[35]. Sin embargo, para tener una idea cabal de los estudios realizados por Andrés Bello, deben consultarse sus *O. C.*, donde se encuentran sus trabajos sobre temas científicos y docentes, y su actividad como latinista, historiador de la literatura o crítico literario.

Por su relación con su creación poética nos interesa ese último aspecto, el de crítico literario, que ejerció en diversas revistas, particularmente a través de *El Araucano* (desde 1830 hasta 1853 fue director de las secciones de noticias extranjeras y de letras y ciencias), y por su participación en las polémicas literarias de la época.

En el año 1842 tiene lugar en Chile la famosa polémica que enfrentó a Sarmiento y Bello. En realidad Bello apenas participó directamente en una discusión que comenzó por cuestiones de tipo filológico, pero que muy pronto se orientó hacia un enfrentamiento de las ideas románticas y neoclásicas en literatura, que se quiso hacer equivalentes, en un plano político, al liberalismo frente al conservadurismo. Por parte de Sarmiento y de Lastarria, que había sido discípulo de Bello, se trataba de que Bello perdiese el papel hegemónico que había tenido como orientador de la juventud chilena, ofreciendo frente a sus ideas conservadoras otras de índole liberal, que en el plano literario darían origen a lo que se denominó «nacionalismo literario». Bello fue consierado por Sarmiento y sus seguidores como «ultraconservador» e, incluso, Sarmiento llegó a pedir su ostracismo, en una especie de broma poco delicada. Lo cierto es que la posición de Bello, aún siendo conservadora, distaba mucho de cualquier extremismo. Para comprobarlo están sus escritos de aquellos años intencionadamente olvidados por Sarmiento y los demás oponentes, que demuestran la posición moderada de Bello. Para desmentir a los que prentendieron hacerle pasar como representante

Portada de la edición de 1853 de *Gramática de la Lengua Castellana.*

del «hermosillismo» en Chile, sólo habría que aludir a los cuatro artículos que publicó en *el Araucano* en 1841 y 1842 sobre el «Juicio crítico de los principales poetas españoles de la última era», obra de José Gómez Hermosilla, donde critica tanto los excesos románticos como los neoclásicos, pero sobre todo estos últimos. La posición de Bello sobre la literatura refleja una trayectoria lineal desde los artículos de su época londinense (los dedicados a Cienfuegos y Heredia) hasta los que escribió en edad avanzada en Chile. Fiel a los principios neoclásicos, criticó sus excesos en todo aquello que fuera contrario al criterio de «naturalidad» (mitología, cuestiones léxicas, etc...) y ya antes de la polémica de 1842 había vuelto a recalcar en Chile estas ideas, como puede comprobarse en el artículo sobre «Poesías de D. J. Fernández Madrid» de 1829, y en la participación que tuvo a nivel filológico en las críticas de sus discípulos a la «Oración inaugural» pronunciada por José Joaquín de Mora en 1830[36].

[34] Véase al respecto en la Bibliografía: Trujillo, Rosenblat, Isaza Calderón, Lázaro Mora y Alonso. También los artículos de Henk Haverkate, Ivonne Bordelois y Antonio Quilis en *Diálogos Hispánicos de Amsterdam,* págs. 97-152; y de Francisco Abad, «Bello, Salvá y la Academia. Concepciones gramaticales en el siglo XIX, *Revista Española de Lingüística,* 11, 2, julio-diciembre 1981, págs. 447-455.

[35] Vid. Pedro Lira Urquieta, «Bello y el Código Civil», en *Estudios sobre la vida y obra de Andrés Bello,* páginas 99-118.

[36] El artículo de 1829 apareció en *El Mercurio Chileno.* Estudiado por Grases, 1950, págs. 93-111. Rodríguez Monegal duda de que Bello sea su autor (págs. 149-159). Sobre

En la polémica promovida por Sarmiento, Bello sólo participó directamente con un artículo publicado en *El Mercurio* y firmado por «Un Quidam,» cuando todavía el tema a debate era de carácter filológico (frente a la libertad absoluta que Sarmiento propugnaba en materia de lenguaje, Bello mantenía una moderada posición purista). Luego, indirectamente, se refiere a ella en su discurso inaugural de la Universidad de Chile que pronunció el 17 de septiembre de 1843. Allí dejó clara su posición neoclásica, lo que no le impidió aceptar e, incluso practicar, un moderado romanticismo:

> ¡El arte!. Al oír esta palabra, aunque tomada de los labios mismos de Goethe, habrá algunos que me coloquen entre los partidarios de las reglas convencionales, que usurparon mucho tiempo ese nombre. Protesto solemnemente contra semejante aserción; y no creo que mis antecedentes la justifiquen. Yo no encuentro el arte en los preceptos estériles de la escuela, en las inexorables unidades, en la muralla de bronce entre los diferentes estilos y géneros, en las cadenas con que se ha querido aprisionar al poeta a nombre de Aristóteles y Horacio y atribuyéndoles a veces lo que jamás pensaron. Pero creo que hay un arte fundado en las relaciones impalpables, etéreas, de la belleza ideal (...) creo que sin ese arte la fantasía, en vez de encarnar en sus obras el tipo de lo bello, aborta esfinges, creaciones enigmáticas y monstruosas. Esta es mi fe literaria. Libertad en todo; pero yo no veo libertad, sino embriaguez licenciosa, en las orgías de la imaginación[37].

La nueva sensibilidad romántica creó una hostilidad hacia el neoclasicismo que aún persiste. Por eso mismo, no se trata de «perdonar» que Bello fuese poeta neoclásico, no debe pensarse que si se hubiera acercado más al romanticismo habría sido mejor poeta.

La producción poética de Bello en su período chileno se abre con una etapa de algo más de diez años de escaso interés. Se trata de unos doce poemas que se inician con *Al 18 de septiembre* (1830) y finalizan con otro sobre el mismo tema del año 1841. En ambos se canta el día de la independencia de Chile y nos muestran de nuevo al poeta cívico de épocas anteriores, aspecto que se repite en gran parte de los poemas de estos años[38]. En 1841 publica un canto elegíaco en quintillas, *El incendio de la Compañía*. En sus 285 versos podemos apreciar cómo Bello se acerca a los tópicos románticos, probablemente inspirados por el propio tema: el incendio de la iglesia por la noche, sin que los elementos neoclásicos desaparezcan. En los años siguientes los poemas de Bello fueron apareciendo con mayor regularidad. Destaca el período 1842-1844 en que Bello publicó sus adaptaciones-traducciones de cinco poemas de Víctor Hugo: *Las fantasmas, A Olimpo, Los duendes, La Oración por todos* y *Moisés salvado de las aguas*. Podría sorprender, si no conociésemos la trayectoria de Bello como difusor de las nuevas frecuencias literarias —esto es, del romanticismo—, su afición al gran romántico francés. Cabría pensar, también, que Bello quiere situarse en el bando romántico en un momento en que la polémica sobre el tema está en pleno auge. Esto último parece desmentirse si tenemos en cuenta que las imitaciones de Bello se inscriben en una línea más bien neoclásica, si exceptuamos algunos atisbos románticos en *Las fantasmas*. Por otro lado, en composiciones posteriores Bello seguirá siendo predominantemente un poeta neoclásico. La motivación de Bello para la adaptación de los poemas de Víctor Hugo pudo responder a dos causas: en primer lugar, no debe olvidarse la faceta educadora, siempre presente, en Bello; al ofrecer a Víctor Hugo como modelo a imitar estaba proponiendo a la juventud chilena que en los autores románticos, en esa novedad literaria, se encontraba una forma de superar el artificio y anquilosamiento que él había criticado ya en el neoclasicismo. Al mismo tiempo, era una muestra práctica del eclecticismo que practicó durante toda su vida, indicando la inconveniencia de aferrarse a una sola tendencia creyendo estar en posesión de la verdad, hecho que ha señalado Rodríguez Monegal al referirse a la imitación de Bello, en la parte final de *A Olimpo* de la «Oda XVI» de Horacio: hay allí una irónica lección: que la poesía, la verdadera, la única, está por encima de los credos poéticos y las manifestaciones de capilla (pág. 333). En segundo lugar Bello adapta aquellos poemas de Víctor Hugo que se corresponden con su propia sensibilidad; los sentimientos familiares, la moralidad, aspectos casualmente no caracterizadores del romanticismo.

De los cinco poemas, dos no ofrecen dema-

Bello como autor de crítica literaria véase el artículo de L. Iñigo-Madrigal, «Andrés Bello: crítico literario», en *Diálogos Hispánicos de Amsterdam*, págs. 33-48. En cuanto a la que se podría denominar «polémica entre Bello y Mora», véase Rodríguez Monegal, págs. 159-174.

[37] Citado en Andrés Bello, *Antología*, ed. de Pedro Grases, Barcelona, Seix Barral, 1978, pág. 109. Sobre la polémica de 1842, en relación a Bello, véase el extenso estudio de Rodríguez Monegal, págs. 239-319.

[38] Entre los dos poemas señalados, Rodríguez Monegal aprecia un cambio en el último hacia una dicción romántica. Señala también el poema *Adiós Campiña hermosa*, como prueba de ese cambio debido a su intimismo (páginas 226-228).

siado interés. El *Moisés...* es inferior al original y en el caso de *Los duendes* se trata de un ejercicio de versificación (el poema adquiere una forma de rombo) que recuerda tanto algunos ejercicios cortesanos del XVII como experimentos vanguardistas del XX. En cambio, los tres poemas restantes pueden situarse entre los mejores de Bello, si tenemos en cuenta que Bello hace una labor total de recreación del poema original. En los tres poemas, Bello ha transmitido experiencias personales que proporcionan una intensidad no frecuente en su poesía: en *A Olimpo,* la referencia a la calumnia que le hacía delator de una conspiración insurgente en 1810, tal como se refleja en una nota que pone a pie de página: «Olimpo es un patriota eminente, denigrado por la calumnia (...) En las revoluciones americanas no han faltado Olimpos [39].» En *Las fantasmas,* el tema romántico de las jóvenes muertas en su juventud adquiere toda su virtualidad por las referencias a la muerte de su hija Dolores. En *La oración por todos* se advierte un tono emocional, mayor que en ningún otro poema suyo, que recorre esa plegaria por la humanidad.

El resto de la producción poética de Bello, después de publicadas sus adaptaciones de los poemas de Víctor Hugo, podría agruparse en tres apartados: su poema *El proscrito,* poemas satíricos sobre el romanticismo y poemas claramente neoclásicos.

El proscrito es un poema inconcluso que empezó a componer en 1844 ó 1845. No fue publicado en vida de Bello y los cinco cantos reconstruidos a partir de sus «Borradores» narran una historia a la manera de las *Leyendas españolas* de José Joaquín de Mora —libro elogiado por Bello en 1840—, con tonos sentimentales e irónicos posiblemente precedentes del *Don Juan* de Byron, como ha señalado Rodríguez Monegal (págs. 368-375). A pesar de sus más de 2.000 versos la trama argumental queda cortada en los inicios de la aventura. Los elementos de la misma parecen indicar una obra característicamente romántica —la entrada del fugitivo en la habitación de Isabel, el amor que surge— pero el tratamiento jocoso del tema produce un inmediato distanciamiento de la estética romántica. La dicción, además, es neoclásica.

Entre los poemas que escribió para satirizar los excesos románticos se encuentran *La moda* (1846), *Diálogo entre la amable Isidora y un poeta del siglo pasado* (1846) y *El cóndor y el poeta,* referencia este último al poema «Al cóndor de Chile» (1849) de Mitre, y en el que,

como en los anteriores, Bello se burla, sin acidez, del estilo romántico.

El resto de los poemas tiene motivaciones diferentes, la búsqueda de serenidad personal en *A Peñalolén* (1848), diversas fábulas que escribió en los últimos años de su vida, como *Las ovejas* (1861), poemas de circunstancias, a veces juegos como el epigrama *El tabaco* (1849); todos, sin embargo, se engloban en la estética neoclásica.

Bello no intentó nunca publicar un libro de poemas. Sus poemas fueron apareciendo en revistas, generalmente, a petición de discípulos y amigos. Una parte importante de su poesía la conocemos a través de originales que probablemente no habrían sido publicados del mismo modo por él mismo. Los poemas de alguna extensión quedaron sin terminar. Todo esto plantea una situación muy compleja a la hora de analizar la poesía de Bello, puesto que resulta indudable que su autor no consideró importante esta parte mínima dentro de su enorme bibliografía. Y sin embargo, ahí están, casi siempre dispersos —en la *Alocución...*, en *La agricultura...,* en las adaptaciones de Víctor Hugo, etc...—, algunos de los mejores versos neoclásicos escritos en Hispanoamérica. ¿Cómo enjuiciar globalmente la poesía de Bello? Es difícil, pues lo que domina es el fragmentarismo. Bello dedicó su actividad a otros temas de los que moralmente no podía sosla-

FRAGMENTO
DE UN POEMA INÉDITO,
TITULADO "AMÉRICA." [*]

¡Colombia! ¡qué montaña, qué ribera,
Qué playa inospital, donde ántes solo
Por el furor se vió de la pantera
O del caiman el suelo en sangre tinto:
Cuál selva tan oscura, en tu recinto,
Cuál queda ya tan solitaria cima,

[17]   Guido, Conde de Montfort quien en Viterbo a la elevacion de la hostia, mató al Duque sobrino de Henrique III, rei de Inglaterra. El corazon del muerto fué llevado en una caja de oro á Lóndres i se colocó a la entrada del puente del Támesis, donde se honraba todavía con imágenes en tiempo de Dante.
[18]   Del lado en que es mas profundo el lago.
[19]   Ladron famoso que infestaba las costas de Roma.
[20]   Florentino de la noble casa de los Pazzi, asesino célebre.
[21]   Bandido del tiempo de Dante.

[*]   Sucesivamente irán viendo la luz pública las mejores composiciones poéticas del ilustre caraqueño Andres Bello, gloria de la América del Sur, a fin de que sirvan de antecedente a su biografía. Habíamos pensado publicar primero la del Doctor Várgas, modelo de aplicacion en sus primeros años, patriota ardiente en la cuna de la revolucion, que miéntras se desgarra la patria, va en busca de luces para ilustrarla, que planta la ciencia en Venezuela, que preside una época sin igual en nuestros fastos, i que al frente del Gobierno, en la direccion de estudios, como ciudadano, como médico, como hombre, será honor eterno de sus compatriotas i de la humanidad. Pero ¡a quién puede interesar ya su nombre i su memoria!.........*Et patria cecidit.*

Comienzo de *Fragmento de un poema inédito, titulado «América»* de Andrés Bello, publicado en la *Revista Literaria* de Juan Vicente González, Caracas, 1865.

[39]   La comparación del poema original y el de Bello puede verse en Grases, 1953, págs. 103-110.

yarse y la poesía quedó para los pocos momentos de ocio que tenía. Sin embargo, la alta estimación que tenía de la poesía se comprueba no sólo por las veces en que se refirió a este tema, sino porque, curiosamente, cultivó la poesía a lo largo de toda su vida. El momento crucial fue el proyecto «América»: Bello se sintió sin fuerzas para realizarlo. Si lo hubiese intentado habría sido, sin duda, el gran poeta neoclásico que Hispanoamérica no tuvo. La perfección de muchos de sus versos así lo atestiguan.

BIBLIOGRAFÍA

OBRAS

BELLO, Andrés, *Obras Completas,* Santiago, Chile, 1881-1892. 15 volúmenes.
— *Obras completas,* Caracas, 1951-1969, publicados 19 volúmenes. Tres más en prensa y dos en preparación.
— *Obra Literaria,* ed. de Pedro Grases, Caracas, Biblioteca Ayacucho, 1979.
— *Gramática de la Lengua castellana, destinada al uso de los americanos,* ed., crítica de Ramón Trujillo, Santa Cruz de Tenerife, 1981.

CRÍTICA

ALONSO, A., «Introducción a los estudios gramaticales de Andfés Bello», prólogo a *Obras Completas de Andrés Bello,* IV, Caracas, 1951, páginas IX-LXXXVI.

ÁLVAREZ, Federico, *Labor periodística de Andrés Bello,* Caracas, Universidad de Venezuela, 1962.
AMUNÁTEGUI, Miguel Luis, *Vida de don Andrés Bello,* Santiago, Chile, 1882 (2.ª ed. Santiago, 1962).
Bello y Caracas, Primer Congreso del Bicentenario, Caracas, La Casa de Bello, 1979.
Bello y Londres. Segundo Congreso del Bicentenario, 2 vols., Caracas, La Casa de Bello, 1980.
Bello y Chile. Tercer Congreso del Bicentenario, 2 vols., Caracas, La Casa de Bello, 1981.
CALDERA, Rafael, *Andrés Bello,* 3.ª ed., Caracas, Ediciones del Ministerio de Educación Nacional, 1950.
Diálogos Hispánicos de Amsterdam, núm. 3, 1982, *Homenaje a Andrés Bello.*
DURAUD, René L. F., *La poésie d'Andrés Bello,* Dakar, Université de Dakar, 1960.

José María Heredia (1803-1839)

ANGEL AUGIER

La gruesa ola emigratoria que provocó a principios de 1801 la invasión de la parte española de Santo Domingo por tropas de Toussaint L'Ouverture, condujo a Santiago de Cuba a un joven matrimonio dominicano, los primos hermanos José Francisco Heredia y Mieses y María de la Merced Heredia y Campuzano. A esa fortuita circunstancia débese que su primogénito, José María, naciera en esa ciudad el último día del año 1803.

Lo aleatorio y lo itinerante iba a pesar desde entonces en el decursar de su existencia, al ritmo de los sucesivos desplazamientos de la familia y de los azares reservados por las tempestades de la naturaleza y de la historia. El padre, incorporado a la judicatura española, tuvo que arrastrar las vicisitudes de tales funciones en distintos lugares donde ya estaba en crisis el dominio secular de la Corona hispana. El niño José María creció en la tormentosa atmósfera que su progenitor desafiara.

Desde mediados de 1806 hasta fines de 1809, los Heredia residieron en Pensacola, Florida, sin que hubieran escaseado dificultades para arribar a su destino desde La Habana, a causa del bloqueo de la marina británica a las costas de los recientes Estados Unidos. El asesor abogado dominicano, en funciones de asesor de la Intendencia de la Florida occidental, cesó en sus funciones a principios de 1810 y regresó a la capital cubana, como punto de partida hacia Venezuela, para tomar posesión del nuevo cargo que se le asignara, de Oidor de la audiencia de Caracas, y además para emprender en Venezuela gestiones pacificadoras ante la Junta Patriótica que iniciaba las luchas por la independencia, misión que le confiara al Capitán General de la Isla de Cuba. En junio de 1811, los Heredia embarcaron en la goleta «La Veloz», que no hizo honor a su nombre, porque el mal tiempo la llevó de arribada forzosa a costas dominicanas. El magistrado optó por dejar en Santo Domingo, al abrigo de parientes, a la esposa encinta y a los dos vástagos que ya formaban la familia, enriquecida luego por el tercero en la isla natal de los padres. Volvería por ellos un año después. En agosto de 1812, la familia desembarcó en Puerto Cabello, de donde seguiría a Caracas. Pero las alternativas de la guerra les impuso frecuentes cambios de domicilio en distintas poblaciones venezolanas: Maiquetía, Valencia, otra vez Puerto Cabello, Coro... José Francisco Heredia dejaría valioso testimonio de su dramática experiencia en sus importantes *Memorias*. De la angustiosa situación, que quebrantara su salud, habría de rescatarlo el traslado a la Audiencia de México, como Alcalde del Crimen (juez de instrucción).

A fines de 1817 viajó la familia Heredia de Caracas a La Habana; no continuaría a México hasta quince meses después, por la enfermedad del magistrado. En julio de 1819 tomó éste posesion de su cargo, pero las tensiones públicas en México no eran menores que las de Venezuela, y en octubre de 1820, cuando ya estaba decidido a favor de la independencia, la prolongada lucha contra España, falleció el padre, de quien ya era conocido como el joven poeta Heredia. En febrero de 1821, nuevo regreso de la familia a Cuba, donde la viuda se pondría al amparo de su hermano Ignacio, avecindado en Matanzas.

Desde temprano, fue atendida personalmente por su padre la educación de José María. Según el poeta, a los seis años ya tenía instrucción suficiente para comenzar estudios mayores; a los ocho, conocía francés y bastante latín para atreverse a traducir a Horacio. En la Universidad Santa Rosa de Lima, de Caracas, aprobó algunas asignaturas humanísticas, y fue también en Venezuela, donde escribió sus primeros poemas, afición que continuó en La Habana y Matanzas durante los meses que precedieron el viaje a México; en esa ocasión, además de escribir su primera obra dramática, *Eduardo IV o el usurpador clemente,* y el sainete *El campesino espantado,* Heredia inició la carrera de leyes en la Universidad habanera.

Pero fue en México, a los dieciocho años, donde el poeta reveló su genio incipiente: colaboró en publicaciones periódicas de la capital mexicana, en opúsculos hizo imprimir por primera vez poemas suyos (la oda «España libre» y el «Himno patriótico al restablecimiento de la Constitución», ambos en 1820); reunió sus primeras composiciones en tres cuadernos manuscritos, y escribió la que es considerada una de sus mejores composiciones: «En el teocalli de Cholula».

A modo de resumen de esta primera etapa de la obra poética de Heredia —que abarca un periodo de ocho años, los de su transición de la infancia a la adolescencia y que traza un triángulo geográfico-histórico con sus experiencias de Venezuela, Cuba y México, hasta 1820— puede ofrecerse este esquema:

1. Poesía civil

Es natural que se reflejaran en esas primicias algunas incidencias de las luchas por la independencia de los países colombinos de las que había sido testigo, y que su concepción de ellas fuera la misma que la de su padre, «español liberal de América», quien propugnaba, desde su posición jurídica, la avenencia de los patriotas a un régimen de garantías constitucionales que en la misma España era fugaz o ilusoria. Desde ese ingenuo punto de vista, los combatientes por la libertad estaban fuera de la ley, pero también lo estaban los caudillos militares españoles como Monteverde, Morillo y Boves en Venezuela, cuyos procedimientos brutales execra el poeta en su verso, al igual que el magistrado lo hizo en sus *Memorias*. A esta línea obedecen otras composiciones de esta etapa, como las dedicadas a los militares colonialistas Barradas y Apodaca en México por su política persuasiva frente a los patriotas; a Fernando VII por el restablecimiento de la Constitución de 1812 (en falaz maniobra), y otras de la misma época, entre las que se incluye «En la abolición del comercio de negros», por cuanto expresa del sentido de justicia del joven Heredia.

2. Poesía amorosa

Durante la breve permanencia en Cuba con su familia, de paso hacia México (1818-1819) el poeta adolescente experimentó sus primeros sentimientos amorosos, que transmitió a un verso donde el molde y los giros neoclásicos aún servían de contención a la naciente pasión romántica. El bardo, un bucólico Fileno, apelaba a transparente anagrama para convertir a su musa Cubana (Isabel Rueda) en Lesbia o Belisa indistintamente. La arrebatada efusión, con sus altibajos de dicha y desconfianza, de nostalgias y celos, le siguió a México y persistió hasta su vuelta a Cuba en 1821. Su Belisa entonces ha yabía desposado con otro joven. Pero del amor frustrado brotó espléndida cosecha lírica. Algunos de los poemas quedaron confinados entre las «poesías amatorias» del cuaderno «Obras poéticas», de donde muy escasas composiciones merecieron la selección del poeta para su primer libro, que habría de editar en Nueva York en 1825.

3. Poesía de intención filosófica y moralizante

Las primeras composiciones correspondientes a esta clasificación, también quedaron confinadas al cuaderno manuscrito «Ensayos poéticos» —los sonetos «La envidia», «La Avaricia», y «Soneto»— en «Obras Poéticas», el otro manuscrito de su primera estancia mexicana, Heredia amplió esta nota con las composiciones «El amor» (también soneto), «A la muerte», «Abuso de la navegación», «A don Blas Osés», y otras que incluyó luego en la citada primera edición de 1825.

Estas tres vertientes principales de la primera etapa de la poesía herediana, se enriquecerían progresivamente en etapas sucesivas, aunque con sustanciales transformaciones, en la medida en que evolucionaron las orientaciones ideológicas y estéticas del poeta. La nueva etapa iniciada con su regreso a Cuba, en 1821, sería decisiva para su vida y su obra.

José María Heredia.

Hasta entonces el concepto de «patria» para Heredia era el mismo que había sido el de su padre: atribuido a España en sentido maternal emanado del derecho histórico. Pero la circunstancia de que fuera en Cuba, en la tierra de su accidental nacimiento, donde despertó al sentimiento del amor —después de una niñez errante poblada de paisajes distintos y de disímiles impresiones— operó como estímulo para moldear su emoción patriótica: el impulso afectivo lo asoció a los factores físicos del país, y éstos a su vez lo acercaron a los factores espirituales («... como palpitante saludara / las dulces costas de la patría mía, / ... Hermoso cielo de mi hermosa patria...», exclama en las silvas «A Elpino», 1819, y en otros escritos en México, donde une el recuerdo de la amada a la nostalgia de su suelo natal).

La muerte de su padre y el regreso a Cuba apresuraron el proceso de asunción patriótica en Heredia y propiciaron la de su identidad americana. Había cesado la virtual sujección que aquél ejercía sobre su conciencia e insensiblemente él rescataba su propia personalidad. Libre de la tutela paterna y en la patria que ya había escogido su corazón, es natural que se vinculara a la generación cubana que alentara anhelos de independencia de la naciente nacionalidad. Ya en 1820 había confesado a su progenitor que le arrebata «el solo nombre de Libertad» y esperaba poder consagrarse algún día a «los honrosos y sagrados servicios de ciudadano».

El joven Heredia vivió a plena intensidad aquellos sus años cubanos. Obtuvo el grado de Bachiller en Leyes en la Universidad de La Habana (1821) y se recibió de abogado en la Audiencia de Puerto Príncipe; editó y dirigió su primer periódico literario en La Habana: *Biblioteca de Damas;* colaboró en periódicos de La Habana y Matanzas e hizo representar en esta última ciudad —donde residia su tío Ignacio de Heredia, en cuyo bufete trabajó—, su tragedia *Artreo*, versión del francés de Jolyot de Crebillon; cantó la lucha de los griegos contra el imperio otomano («A la insurrección de la Grecia en 1820») y escribió su primer poema a la independencia y libertad de América («Oda a los habitantes de Anahuac»). También le cantó a nuevos amores.

Al mismo tiempo conspiraba como miembro de la sociedad secreta revolucionaria «Caballeros racionales», rama de la conspiración denominada «Soles y Rayos de Bolívar», y conforme a la consigna de infiltración en cuerpos armados coloniales, se inscribió en las Milicias Nacionales de Matanzas, para secundar un posible movimiento independentista. No se conformaba Heredia con ser solamente el poeta que en verso exaltado animara las huestes libertadoras: quería ser también un combatiente de la patria esclava.

Las autoridades españolas descubrieron la conspiración y Heredia fue delatado como uno de los militares activos de la conjura. Después de permanecer oculto en casa amiga de Matanzas, en noviembre de 1823 pudo embarcar subrepticiamente en un bergantín norteamericano que se dirigía a Boston. En Nueva York —donde residió hasta su salida hacia México en agosto de 1825—, sufrió las penas del exilio, escribió su famosa oda «Niágara», trabajó como profesor de español y cuidó la primera edición de sus poesías (en ese último año de su estancia en la gran ciudad) que provocaron elogios de Andrés Bello y de Alberto Lista.

La llegada de Heredia a México cierra la segunda etapa de su vida y de su obra. En ese breve lapso de casi cinco años escribió las composiciones que lo definen como el primer poeta que expresó las ansias de libertad e independencia de la conciencia nacional cubana y la decisión de lucha por conquistarlas. A la poesía civil de su etapa inicial, de servidumbre a la España liberal en lo ideológico y a la escuela salmantina en lo estético, pasa a una poesía francamente revolucionaria de inconfundible acento romántico, el más adecuado a su temperamento ardiente e imaginativo y al espíritu de una nueva nación de la que se sentía hijo y que pugnaba por plasmarse y realizar un superior destino histórico.

Fueron escasas las composiciones distintivas de su encendido patriotismo: «La estrella de Cuba» (1823), «A Emilia», y «Proyecto» (1824); «Oda», «Himno del desterrado», y «Vuelta al sur» (1825), pero bastaron, junto con las demás en que se vincula a su tierra por la exaltación de su pródiga naturaleza, para que José Martí afirmara —cuando preparaba la guerra de independencia de 1895— que Heredia había «despertado en mi alma, como en la de los cubanos todos, la pasión inextinguible por la libertad».

A la capital mexicana llegó Heredia en octubre de 1825, bajo la protección del primer presidente de la república, Guadalupe Victoria, admirador de los separatistas cubanos. A México, en una de las etapas más importantes de su historia, iba a quedar atada desde entonces la vida y la obra del poeta. Sin abandonar el recuerdo y la evocación constantes de su tierra natal —cuyo acceso le impedían una pena de destierro, primero, y la condena a muerte después— Heredia dió a su patria de adopción lo mejor de su espíritu y de su talento, en los campos de la política, de la literatura, del periodismo, de la oratoria, de la dramaturgia, y como legislador y magistrado. En México casó con mexicana y tuvo prole mexicana.

La poesía de Heredia, en esa tercera y última fase de su obra, si ganó en madurez y virtuosismo formal perdió en ímpetu y frescura, debatiéndose entre los regazos de la escuela salmantina (tan persistente en su verso), y los impulsos arrebatados del romanticismo, cada vez menos propicios a quien en plena juventud ya experimentaba los achaques de la vejez. En Toluca, donde era Ministro de la Audiencia de México desde 1831, atendió personalmente en 1832 la segunda edición de sus *Poesías,* en dos tomos. En el tomo I, incluyó los poemas de amor y las imitaciones; en el II, los poemas filosóficos y descriptivos, sus versiones del falso Ossián y las que denominó «poesías patrióticas», que comprendían las relativas a Cuba y a temas relacionados con la libertad de otros países americanos (A los ejemplares que envió a La Habana entonces, suprimió el pliego de esta última parte y envió otro en sustitución con su poema «La inmortalidad»).

Junto a muchas satisfacciones y honores —algunos conquistados con sus obras dramáticas— experimentó Heredia en México también angustias, penas y decepciones, en las frecuentes alternativas de tiranía y libertad que caracterizaron el proceso político mexicano de la época. Tales circunstancis adversas quebrantáronle, al par que la salud física, la fe en los ideales que había alentado. Agudizaba su depresión la incurable nostalgia, tanto de la patria como de su madre y otros seres queridos a quienes ansiaba abrazar en Cuba. Pudo lograrlo a fines de 1836, al precio de una lamentable carta dirigida al Capitán General, Miguel Tacón, donde abjuraba de sus ideas de independencia, al solicitar la autorización para visitar a su madre, acogiéndose a una amnistía general decretada por la Corona.

El regreso a México (después de los tres meses concedidos por el autócrata colonial de Cuba), fue para enfrentar nuevas dificultades y más sinsabores. Pobre, enfermo, con más años aparentemente que los 35 que había cumplido apenas cuatro meses antes, falleció el 7 de mayo de 1839. Sin embargo, la debilidad ideológica y la actitud reprochable de Heredia —hábilmente aprovechadas por el gobierno colonial— no lograron eclipsar la fuerza patriótica de su poesía revolucionaria. Coincidiendo con José Martí en este punto, afirmaba Enrique José Varona que «todos los cubanos de mi generación aprendimos a sentir a Cuba, a ver sus notas peculiares, típicas, en las obra de Heredia». Y Manuel Sanguily, otro de los relevantes críticos cubanos, consideraba a Heredia «poeta del americanismo», es decir, «de ese sistema de ideas cuyo término es la federación, cuya base es la autonomía, cuya forma es la república y cuya esencia es la democracia».

Marcelino Menéndez y Pelayo, no obstante su hostilidad hacia la poesía patriótica de Heredia, lo calificaba como «el primer lírico del Parnaso cubano», y el poeta americano más conocido en Europa «el que de la crítica europea de su tiempo ha obtenido más unánimes y calurosos elogios, desde Lista hasta Villemain y Ampére. Son patentes y notorias sus incorrecciones y desigualdades, pero nadie le ha negado su genio». Y otro notable crítico cubano que estudió y profundizó en la vida y la obra del poeta de «Niágara», reconocía que había en él, a pesar de las limitaciones propias de su tiempo y sus tendencias, «un ímpetu lírico, un ardimiento pasional, una visión tan penetrante de las realidades físicas, que el arte de Heredia», en aspectos muy fundamentales, resiste las mudanzas del gusto, traspasa los límites de una época y de un dogma literario y a los ojos del lector moderno es arte joven y nuevo, con valor clásico y actual, pródigo en emociones profundas.

BIBLIOGRAFÍA

OBRAS

Poesía lírica, pról. Elías Zerol, París, Garnier, 1893.
Poesías del ciudadano, México, Tip. de Rafael y Vilá, 1872.
Obras poéticas, ed. Antonio Bachiller y Morales, Nueva York, Imp. y Libr. de Néstor Ponce de León, 1875.
Poesías, discursos y cartas, ed. María Lacoste de Arufe, La Habana, Cultural, 1939 (Col. de Libros Cubanos), 2 vols.
Poesías completas, ed. E. Roig de Leuchsenring, La Habana, Municipio de La Habana, 1940-1941, 2 vols.
Poesías, La habana, Consejo Nacional de Cultura, 1965.

CRÍTICA

ALONSO, Amado, y CAILLET-BOIS, Julio, «Heredia como crítico literario», *Revista Cubana,* La Habana, XV, enero-junio 1941, págs. 54-62.

BALAGUER, Joaquín, *Heredia,* Santiago, República Dominicana, El Diario, 1939.
BOXHORN, E., «El gran poeta José maría Heredia», *Cuba contemporánea,* La Habana, XLI, 1926, págs. 113-133.
CARILLA, Emilio, «La prosa de José María Heredia», *Boletín de la Academia Argentina de Letras,* XIV, 1945, págs. 667-684.
CHACÓN Y CALVO, José María, «Las constantes de la vida de Heredia», *Revista Iberoamericana,* II, núm. 3, abril 1940, págs. 87-98.
— *Estudios heredianos,* La Habana, Trópico, 1939.
ESTENGER, Rafael, *Heredia: la incomprensión de sí mismo,* La Habana, Trópico, 1938.
FONTANELLA, Lee, «José María Heredia: A Case for Critical Inclusivism», *Revista Hispánica Moderna,* 1972-1973, núm. 37, págs. 162-179.
GARCERÁN DE VALL, Julio A., «Síntesis de la dicotomía libertad-independencia en la poesía de Heredia», *Dissertation Abstracts International,* 1977, núm. 37, págs. 6527 A-6528 A.
GARCÍA GARÓFALO Y MESA, Manuel, *Vida de José María Heredia en México,* México, Botas, 1945.

GICOVATE, Bernardo, «José María Heredia», *Anuario de Letras,* México, III, 1963, págs. 300-308.

GONZÁLEZ, Manuel Pedro, *José María Heredia, primogénito del romanticismo hispano,* México, El Colegio de México, 1955.

GONZÁLEZ DEL VALLE Y RAMÍREZ, Francisco, *Documentos para la vida de Heredia,* La Habana, Secretaría de Educación, Dirección de Cultura, 1938.

— *Cronología herediana (1803-1839),* La Habana, Secretaría de Educación, Dirección de Cultura, 1938.

— *Heredia en La Habana,* La Habana, Cuadernos de Historia Habanera, 16, 1939.

HENRÍQUEZ UREÑA, Pedro, «Heredia», *Cuba contemporánea,* La habana, XXXIV, 1924, páginas 23-27.

— «La versificación de Heredia», *Revista de Filología Hispánica,* IV, abril-junio 1942, páginas 171-172.

IBROVATS, Miodrag, *José María Heredia. Sa vie, son oeuvre,* París, Les Press Français, 1923.

LENS Y DE VERA, Eduardo Félix, *Heredia y Martí: dos grandes figuras de la lírica cubana,* La Habana, Selecta, 1954.

LOZADA, Alfredo, «El catastrofismo y el tiempo indefinido: ecos del debate geológico en la poesía de Heredia», en Gilbert Paolini (ed.), *Chispa 83: Selected Proceedings,* Nueva Orleáns, Tulane University, 1983, págs. 159-169.

MANACH, Jorge, «Heredia y el romanticismo», *Cuadernos Hispanoamericanos,* núm. 86, 1957, páginas 195-220.

MEJÍA RICARTE, Gustavo Adolfo, *José María Heredia y sus obras,* La Habana, Molina y Cía., 1941.

MONTERDE, Francisco, «Heredia y el enigma de *Los últimos romanos*», *Revista Iberoamericana,* I, número 2, noviembre 1939, págs. 353-359.

PÁEZ, Alfonso E., *Recordando a Heredia,* La Habana, Cultural, 1939.

RANGEL, Nicolás, «Nuevos datos para la biografía de Heredia», *Revista Bimestre Cubana,* XXV, mayo-junio 1930, págs. 355-379.

RIVERO GONZÁLEZ, Juana Luisa, *El sentimiento patriótico-revolucionario en la lírica cubana desde Heredia hasta Martí,* Pinar del Río, Pinareno, 1947.

RODRÍGUEZ DEMORIZI, Emilio, *El cantor del Niágara en Santo Domingo,* Ciudad Trujillo, República Dominicana, Montalvo, 1939.

SANTI, Enrico Mario, «Más notas sobre un poema olvidado de Heredia», *Dieciocho,* 1981, núm. 2, págs. 43-54.

SILVESTRI, Laura, «José María Heredia: L'esotismo come presa di coscienza», *Letterature d'America,* invierno 1983, págs. 5-32.

SLINGERLAND, Howard, «José María Heredia y José de Espronceda: una comedia directa», *Nueva Revista de Filología Hispánica,* XVIII, núms. 3-4, 1965-1966, págs. 461-464.

SOUZA, Raymond D., «José María Heredia. The Poet and the Ideal of Liberty», *Revista de Estudios Hispánicos,* University of Alabama, V, núm. 1, enero 1971, págs. 31-38.

TOUSSAINT, Manuel, *Bibliografía mexicana de Heredia,* México, Secretaría de Relaciones Exteriores, 1953.

UTRERA, Cipriano de, *Heredia,* Ciudad Trujillo, República Dominicana, Franciscana, 1939.

Esteban Echeverría

SAÚL SOSNOWSKI

CONTEXTO

En un cuarto de siglo de vida definida como políticamente independiente, las Provincias Unidas del Río de la Plata ensayaron juntas de gobierno, triunviratos, directorios... Estos ensayos no produjeron un modelo perfectible; potenciaron, al contrario, la exacerbación de intereses locales, la manifestación de la ingerencia mercantil inglesa en el orden económico y, en última instancia, las divisiones irreductibles que condujeron a la guerra civil. Los bandos y las proclamas oficiales, al igual que las muestras de los cancioneros populares de la época, señalan claramente que tras la retórica del control del poder subyace la presencia del control efectivo de la economía provincial —los intereses locales dificultan en gran medida la proyección de un control nacional. La navegación de los ríos, la exportación de cueros, la posesión de los saladeros y los intereses de la burguesía citadina, se disputaban el Puerto. En términos literales, se trataba del control de la boca alimenticia que canalizaría todas las funciones de un cuerpo aún deforme pero ya sometido a las presiones de la integración de América Latina al mercado capitalista internacional.

Desde la perspectiva nacional inmediata parecía dirimirse un conflicto entre dos posiciones políticas que abogaban por sistemas gubernamentales diferentes. El conflicto que caracterizó a muchos países del continente al batirse (con diversas nomenclaturas) unitarios y federales, no logra dar cuenta del curso global que se planteaba al examinar los papeles que les eran asignados —y no elegidos directamente por un consenso de voluntades propias o nacionales— por intereses europeos. Esto no significa que existiera una clara y tajante dicotomía entre fuerzas que abogaban por la independencia nacional y aquéllas que sostenían que sólo en una relación dependiente la nación desarrollaría su verdadera misión entre los pueblos civilizados. La complejidad de las facciones y el circuito variado seguido por todos los bandos proponen una serie de cambios —no todos ellos de matices sutiles— que obedecen a la marcha de otras campañas que no excluyen los enfrentamientos armados.

DATOS BIOGRÁFICOS

Dentro de este marco general transcurrió la vida adulta de Esteban Echeverría. Echeverría nació en 1805 en una Buenos Aires virreinal que al poco tiempo se enfrentaría con las invasiones inglesas y con una toma de conciencia de su «peculiaridad». Su madre fue porteña; su padre, un comerciante vasco que murió en 1816. Echeverría asistió a una escuela de su barrio donde junto con las disciplinas acostumbradas absorbió el ideario de la Revolución de Mayo. Su temprana juventud se desplazo por lo que podría definirse como una vida licenciosa que transcurrió en algunos sectores marginados de la sociedad. Fue la etapa que el propio Echeverría vería como negativa y culpable de los sufrimientos de su madre. Al margen de la evaluación ética, estos contactos iniciales con los sectores populares se manifestarían posteriormente en algunos de sus escritos y actitudes. Los estudios universitarios, que inició en 1822, fueron complementados por su aprendizaje en el comercio. Las transacciones comerciales se matizaron con lecturas francesas; los gustos y los medios de supervivencia se ajustaron a la moda y al influyo que sería subrayado durante su estancia en Francia.

Cuando en 1825 Echeverría parte hacia Europa, la aduana lo identifica como «comerciante»; al regresar en 1830, él se define como «literato», ambas precisiones se aúnan en los intereses que proclamará en documentos posteriores en los que se mantienen ambivalencias y ambigüedades propias del pensamiento que ordenará la república liberal. Durante su residencia en París vive una época de transformaciones sociales que se evidencian en los cambios artísticos. Se imbuye en las lecturas de la época y se adentra en las obras de Shakespeare; es afectado por Byron, por el ímpetu del romanticismo alemán que penetra el mundo francés; por las obras de Goethe y de Schiller. Se compenetra de una corriente que canalizará el pensamiento de los miembros de su generación: el socialismo utópico de Saint-Simon (la propia experiencia de Echeverría con la «unión del trabajo manual» y el intelectual acogía con un alto signo de comprensión esta apertura al futuro). Se suman lecturas de Lerminier, Leroux, Lamennais y las discutidas ideas de Fourier.

Este período formativo en la vida intelectual de Echeverría se proyectaría a los integrantes de la Generación de 1837. Cabe señalar que él introdujo algunas de estas lecturas en Río de la Plata. La influencia de la *Revue Encyclopédique* y la *Revue de Paris* serían notadas en textos publicados en *La moda, El iniciador,* y *El Nacional.*

Esteban Echeverría, dibujo a lápiz de E. Pellegrini (1831).

La experiencia parisina de Echeverría aunó las influencias del socialismo con el fuerte desarrollo del romanticismo. Ambas lecturas de una realidad en vías de transformación serían utilizadas por él y por sus colegas como medios para organizar un ambiente nacional que percibían caótico y opuesto a los ideales de Mayo. Sin embargo, antes de obtener el reconocimiento de la intelectualidad porteña, Echeverría padeció un período de desconocimiento y retiro. Cuando en 1832 se publica *Elvira o la novia del Plata* —fuertemente influido por modelos románticos europeos— Buenos Aires no registra el aporte de esta obra a su medio. Dos años más tarde, Echeverría publica *Los consuelos,* obra que sí despierta el interés de los círculos literarios y que le vale el comentario positivo de los críticos de la época. Entre estos figura Juan María Gutiérrez

con una importante lectura y una atención que se esmeraría en la recopilación de las *Obras Completas* de Echeverría.

1837 fue un año crucial para los círculos intelectuales de Buenos Aires. Entonces se inauguró el Salón Literario de Marcos Sastre en el que participaron activamente Juan Bautista Alberdi, Gutiérrez y el propio Echeverría. La nómina de los asistentes recoge a casi toda la intelectualidad del momento. El poder de Juan Manuel de Rosas se haría sentir al poco tiempo en la censura de algunos de sus participantes, hecho que ya subrayaba el rumbo que seguirían los intereses literarios allí planteados. La presencia marginal de Echeverría en los primeros encuentros cede paso a la distinción con su lectura pública de pasajes de *La cautiva,* poema que incluye en el volumen *Rimas* (1837). Fragmentos de su poesía eran difundidos como canciones —dato congruente, si se quiere, con el pasado «guitarrero» del propio autor. En esos días, Sastre, quien ya había tomado nota de los valores de Echeverría, le pidió que encabezara el Salón. Echeverría no logra hacerlo, pero sí pronuncia dos lecturas en las que analiza la situación intelectual y económica y en las que anuncia el asomo de una posición que se distancia de las plataformas federal y unitaria que desarrollaría a fondo poco tiempo después.

Las ideas de Echeverría subrayaron la necesidad de aunar todos los esfuerzos hacia una renovación de los ideales de libertad y los principios de Mayo anclados en el conocimiento de lo propio, lo nacional. Bajo la influencia de Mazzini, la Joven Italia y la Joven Europa, se funda en Buenos Aires la «Asociación de la Joven Generación Argentina», que luego pasó a ser la «Asociación de Mayo». Echeverría estuvo a cargo del «Código o declaración de los principios que constituyen la creencia social de la República Argentina», publicado luego bajo el rótulo de *Dogma socialista.*

El abandono de una concentración artística y literaria para pasar a la militancia política, atrajo como resultado la intervención del gobierno de Rosas. La Asociación se dispersó al exilio. Echeverría permaneció desde 1838 hasta 1840 en la estancia de los Talas confiando, al igual que los unitarios, en que la intervención francesa pondría fin al régimen federal. Su percepción del gobierno de Rosas se define en el cuento *El matadero,* que data de esa época. Cuando la expedición del general Juan Lavalle fracasa, Echeverría emigra hacia la Banda Oriental. Luego de una estadía inicial en Colonia, pasa a Montevideo, centro de la agitación anti-rosista, donde se consolida la «Asociación de Mayo.»

En 1842 escribió el extenso poema «La guitarra» (regido por un epígrafe de *The Tempest*, de Shakespeare). En 1845 escribió «Ojeada retrospectiva sobre el movimiento intelectual en el Plata desde el año 37», que se publica al año siguiente. En ese período también redacta «Peregrinaje de Gualpo», «Mefistófeles», «Apología del matambre» y artículos varios sobre problemas literarios y estéticos. En 1846 también termina «El ángel caído», en el que continúa el proyecto iniciado en «La guitarra». Al año siguiente se publican sus dos cartas polémicas al publicista italiano, partidario de Rosas, Pedro de Argelia, editor del *Archivo Americano*. En 1849 escribe el poema «Avellaneda», basado en las peripecias y ejecución de Marco Avellaneda.

Durante todos estos años, su salud sufre una serie de altibajos que han sido documentados en cartas a colegas y amigos. Este estado de salud se vio reflejado en una actitud cada vez más crítica de los logros de esos años de exilio y de las actitudes políticas emprendidas contra Rosas. A comienzos de enero de 1851, Echeverría muere en Motevideo. Un año más tarde caería el régimen de Rosas.

La obra

Toda historia de la literatura hispanoamericana, toda consideración del desarrollo de las ideas en Hispanoamérica, incluye el nombre de Echeverría. *La cautiva* en poesía; *El matadero* en cuento; El *Dogma socialista* en ensayo: todos estos textos constituyen índices de una etapa clave en las manifestaciones del romanticismo literario y político de América. Todos ellos atestiguan la presencia de un autor singular que a través de la especificidad literaria y a través de las mediatizaciones de todo ejercicio lingüístico logró enmarcar los conflictos de su época y la toma de conciencia de un período de transformaciones profundas en la realidad nacional.

La cautiva

Este extenso poema fue publicado en 1837 en el volumen de *Rimas*. Está dividido en nueve partes y un epílogo. El epígrafe de Byron centra la preocupación del hablante en la imagen de María, personaje que descuella en todo momento sobre la presencia de Brian. A través de todo el poema se explicita la clara intención de resaltar el color local, la base original, el escenario del desierto que recorta a los personajes y que los supedita a su propia violencia. Cada una de las partes del poema apunta a lo descriptivo, al empequeñecimiento humano ante la magnitud de la soledad del desierto; la reducción de toda manifestación civilizada frente a la barbarie encarnada en la presencia del indio. Los títulos mismos de varias partes del poema (las partes se titulan: «El desierto», «El festín», «El puñal», «La alborada», «El pajonal», «La espera», «La quemazón», «Brian», «María») señalan la adopción del paisaje pampeano como eje organizador del texto. Frente a ello, el drama de Brian, soldado herido por los indios, y María, su mujer, cautiva de los indios, las visicitudes de su huída por el desierto y ulterior muerte a pesar de los múltiples y valientes esfuerzos de la mujer, se reducen a pálido pretexto que cede ante el imperio del paisaje. Cabe subrayar la incorporación del indio, especialmente en «El festín», como el enemigo feroz que luego sería elaborado desde otros ángulos en la poesía gauchesca.

Además de centrarse en las peculiaridades del terreno americano, y de haber elegido un escenario inmediato en torno a personajes que a pesar de ciertos momentos no alcanzan altura épica alguna, este poema llamó la atención por la libertad expresada en la versificación y en la métrica; por la yuxtaposición de estilos; por la incorporación de vocablos americanos sin hacer hincapié en su particularidad lingüística. Todo esto parecería apuntar a una conciencia en la capacidad de afianzamiento en una realidad propia que ya puede derivar su sentido y autoridad en un mundo anclado en ese mismo territorio que se incorpora paulatinamente a la nación. La libertad señalada en la apelación a la métrica y a la versificación también se registra en la selección de los epígrafes que rigen las partes del poema: además del epígrafe inicial de Byron, se cita a Hugo, Dante, Calderón, Manzoni, Moreto, Lamartine, Antar y Petrarca. España, tan combatida en sus ensayos, solo es reconocida por uno de los máximos exponentes de su literatura (Larra fue el único contemporáneo aceptado por su generación); América ya señala que su tradición está abierta a otras latitudes. También registra, claro está, las predilecciones inmediatas de un romanticismo recién importado.

El matadero

La atención de Echeverría a la realidad inmediata adquiere un matiz claramente político en este cuento antológico. A través de numerosas declaraciones, este autor hizo notar

Matadero de Buenos Aires en 1818, según acuarela de Emeric Essex Vidal.

que la literatura debía revestir una finalidad social. La intención política claramente didáctica de algunas de sus intervenciones polémicas, ensayos y cartas públicas, se enuncia desde las primeras líneas de este cuento. La referencia irónica a los epígonos españoles a quienes no imitará, debe ser vista dentro de la perspectiva independentista que declaraba que hasta que no se lograra destruir el legado español en sus tradiciones y en la legislación, todo enunciado sobre la independencia estaría teñido por logros imposibles. El propósito político del texto se hace evidente desde el deslinde inmediato que establece entre «historia» —como— «realidad» y «ficción». De este modo, el narrador apunta que lo narrado debe ser visto con la autoridad de una exposición histórica, como una denuncia de males verificables por testigos presenciales, como un llamado de acción para eliminar esos males y poner fin al gobierno de Rosas. Lo expuesto en este cuento de 1838 coincide con las declaraciones de la Joven Generación Argentina. En términos que se harían claramente dirimibles en *Facundo, Civilización o barbarie* (1845), de Domingo Faustino Sarmiento, Echeverría también opone los términos de esa ecuación.

La elección de los días de cuaresma le permite apelar a los hábitos de la población e iro-

nizar sobre el papel que la iglesia partidaria de Rosas cumplía más allá de su dedicación al espíritu. El diluvio que desciende sobre la ciudad y que refleja la decadencia moral que podría llevar a la destrucción de ese mundo, es utilizado para azuzar a la plebe en contra de los unitarios, únicos culpables de cuanto mal se desplaza sobre los estómagos hambrientos. El esquema simbólico es directo. Sin apelar a sutileza alguna se encaran los paralelos entre la Argentina de Rosas y el matadero; entre los carniceros y los que imponían el orden del «Restaurador de las leyes»; entre una reducción instintiva del ser humano y la exaltación de un sentido del honor encarnado en el caballero unitario.

El matadero despliega motivos que se inscriben en un cuadro de costumbres que favorece el ya notado reduccionismo de los partidos. Las divisiones son tajantes : del lado de Rosas están las fuerzas de los instintos bajos, el cristianismo rebajado en costumbres plebeyas, el favor de las masas incultas, la supervivencia de lo animal con sus correspondientes traducciones a un lenguaje que respondería a los esquemas mentales y civiles del enemigo. Un animal que huye da lugar a disquisiciones sobre «toro o novillo». De la huida queda como saldo un niño degollado accidentalmente y un gringo embarrado. La reducción de lo macho a lo físico adquiere otra dimensión en el enfrentamiento con el unitario. Su indumentaria, su montura, la falta de la insignia punzó y del luto, claramente lo identifican como enemigo de ese mundo. La ideología se refleja en ese sector a través de los atuendos y del desplazamiento del cuerpo. Es la mera presencia del joven (¿novillo o toro? será el juego) lo que incita a la violencia y al desafío. Degollar al toro debe ser tan fácil como degollar a un unitario (la ecuación se invierte fácilmente). El discurso del unitario frente a los torturadores resalta las divisiones entre lenguajes ajenos a toda posible conciliación. El juego del torturador, el sentido deportivo del matarife, chocan con el sentido del honor del joven que les escamotea la diversión muriéndose «de rabia» ante la infamia. La chusma se escurre rápidamente del lugar dejando como testimonio otra mancha de sangre inocente, análoga a la del niño muerto por la fuerza bruta y equívoca del toro condenado a muerte.

La intención del cuento ya registrada en los paralelos, se explicita aún más en el párrafo final. El narrador establece los paralelos y subraya la distancia que media entre los «apóstoles» de Rosas y el patriotismo, la decencia y todo indicio de civilización que signa a sus opositores. La oposición política también sugiere otra oposición (elaborada plenamente en *Facundo*): la ciudad civilizada, que aquí se manifiesta a través de la mera presencia del unitario, y la barbarie del campo con la penetración en el ámbito urbano a través del régimen del matadero. La oposición apunta, además, a las diferencias entre sistemas económicos referidos a bases diferentes.

Las divisiones sugeridas y sustentadas por el texto serían elaboradas a través de todo el pensamiento liberal argentino. La presencia de Rosas aceleró la necesidad de formular una plataforma concreta que sirviera de sustento en la formación de ese pensamiento. Echeverría contribuyó a ese proceso con el *Dogma socialista;* Sarmiento lo haría con *Facundo;* Juan Bautista Alberdi con *Bases;* la reorganización nacional con la Constitución de 1853 forjada sobre la derrota de Rosas.

Dogma socialista

Las reuniones del Salón Literario proyectaron las preocupaciones literarias hacia áreas de índole explícitamente social y política que alteraron radicalmente las actividades de varios de sus integrantes. Como ya se ha indicado, son algunos de esos mismos intelectuales los que formarían la «Asociación de la Joven Generación Argentina» cuya *Creencia* o *Credo* fue redactado por Echeverría e incorporado en 1846 como *Dogma socialista*. La historia de este período fue organizada por el propio Echeverría en su *Ojeada retrospectiva* en la que recupera las circunstancias de la primera lectura de las «Palabras simbólicas» el 23 de junio de 1837 y plantea la perspectiva desde la que hubiera percibido el desarrollo de la década siguiente. Reconoce como fundamental el aporte de la comisión integrada por él, Alberdi y Gutiérrez para explicar las «Palabras simbólicas». En su mayoría, éstas describían la plataforma desde la cual la Joven Generación enunciaba su posición política y formulaba un proyecto nacional regido por la democracia y un alto sentido de la conducción hacia el progreso. Las quince palabras son:

«1. Asociación. 2. Progreso. 3. Fraternidad. 4. Igualdad. 5. Libertad. 6. Dios, centro y periferia de nuestra creencia religiosa: el cristianismo su ley. 7. El honor y el sacrificio, móvil y norma de nuestra conducta social. 8. Adopción de todas las glorias legítimas, tanto individuales como colectivas de la revolución; menosprecio de toda reputación usurpada e ilegítima. 9. Continuación de las tradiciones progresivas de la Revolución de Mayo. 10. Independencia de las tradiciones retrógradas que nos subordinan al antiguo régimen. 11. Emancipación del espíritu americano. 12. Organización de la patria sobre la base democrática. 13. Confraternidad de principios. 14. Fusión de todas las doctrinas progresivas en un centro unitario. 15. Abnegación de las simpatías que puedan ligarnos a las dos grandes facciones que se han disputado el poderío durante la revolución. »

Muchos estudiosos se han ocupado, con variados matices y alcances de las fuentes de estas palabras y de su elaboración más detallada. Ya una primera lectura permite notar la evidente transcripción de los ideales de la Revolución Francesa y la incorporación de ideas que permitían la presencia de elementos religiosos a los que se les asignaba una función social moral en un documento que revestía una aparente raigambre más estrictamente «racional(ista)». El proyecto de la Asociación era conducir al Progreso, es decir, a vivir de acuerdo a la «ley del ser». Para ello contribuirían la «ley ideal» (el cristianismo) y la «ley positiva» (la operación de la «ley ideal») y la existencia de un gobierno democrático ilustrado basado en los ideales de Libertad, Igualdad y Fraternidad. La juventud argentina aportaría la educación, la abolición de las leyes y tradiciones heredadas de la colonia que ejercían presiones contrarias a los ideales de Mayo. Solo mediante el descubrimiento y afianzamiento de la peculiaridad nacional se podría avanzar hacia el Progreso y hacia la integración al concierto de las naciones civilizadas. Resultaba obvio, dentro de este planteamiento, que el régimen de Rosas era un obstáculo y una demostración de aquellas vallas que debían ser superadas y que motivaron la alianza táctica de los jóvenes con los unitarios a pesar de serias discrepancias con su ideario (*v.g.,* el sufragio universal que consideraban, siquiera en parte, como responsable del acceso de Rosas al poder).

América, se alegaba, debía responder a su propia naturaleza pero sin por ello rehuir las lecciones de Europa, centro del progreso y de la civilización. Se planteaba de este modo un ansiado equilibrio entre un asentamiento en lo propio y una admiración por aquello que se deseaba integrar como modelo. La emancipación del espíritu americano era asequible para ellos a través de la emulación de lo europeo y su adecuación a la naturaleza americana. La renovación de lo propio se yuxtaponía con un ataque frontal a la mediocridad en todo ámbito de quehacer cotidiano. Se confiaba que la educación lograría aplacar los instintos de las masas y que la religión impondría las buenas costumbres. De este modo el pueblo avanza-

ría de común acuerdo hacia el concepto de igualdad de clases y democracia sustentado por este núcleo intelectual. La industrialización del país contribuiría como base fundamental para el proyecto total.

En los momentos en que se redactaban estas palabras y se discutían sus ramificaciones, la tarea inmediata estaba cifrada en la derrota de Rosas que potenciaría el regreso a la tradición sustentada por Mayo. Si bien se insistía reiteradamente en lo «nuestro» como medida de lo propio y lo adecuado a las necesidades del país, no cupo en ese análisis la posibilidad de que aquello que se combatía fuera siquiera una manifestación de «lo nuestro». Se trata, huelga decirlo, de expresiones políticas partidarias, reconocidas como tales, que enunciaron la posición que renegaba de unitarios y de federales y que se asignaba la función de legitimar las bases de Mayo como única vía hacia el futuro.

A casi diez años de la lectura de las «Palabras simbólicas», se suma la *Ojeada retrospectiva* al *Dogma socialista* como documento que organiza la comprensión de las bases de la tradición liberal argentina y su inscripción dentro de la historia del socialismo argentino y americano.

BIBLIOGRAFÍA

OBRAS

Obras completas, Buenos Aires, C. Casaralle, Imprenta y Librería de Mayo, 1870-1974, 5 tomos. Texto de Juan María Gutiérrez en el tomo V.
Obras completas, compilación y biografía de Juan María Gutiérrez. Precedidas por estudios sobre «La visión política e histórica de Echeverría» por José P. Barreiro: «La vocación poética» por Eduardo Joubin Colmbres, Buenos Aires, A. Zamora, 1951.
Dogma socialista, edición crítica y documentada, prólogo de Alberto Palcos, la Plata, Universidad Nacional de la Plata, 1940 (sigue la 2a. ed. tirada por el autor en Montevideo, 1846 con las variantes respecto a la ed., 1839).
La cautiva, El matadero, fijación de los textos, prólogo, notas y apéndice documental e iconográfica de Angel J. Battistessa; ilustraciones de Eleodoro E. Marenco, Buenos Aires, Peuser, 1958.

CRÍTICA

AGOSTI, Héctor Pablo, *Echeverría,* Buenos Aires, Futuro, 1951.
BARREIRO, José P., *El espíritu de Mayo y el revisionismo histórico. La visión política y social de Echeverría. La interpretación histórica de Ingenieros,* Buenos Aires, A. Zamora, 1951.

BERENGUER CARISOMO, Arturo, *Las corrientes estéticas en la literatura argentina,* Buenos Aires, Huemul, 1971. Sobre la obra de Echeverría, tomo II, págs. 71-240.
BOGLIOLO, Rómulo, *Las ideas democráticas y socialistas de Esteban Echeverría,* Buenos Aires, La Vanguardia, 1937.
BORELLO, Rodolfo A., *Notas a «La cautiva»,* (separata de) *Logos,* núm. 13-14 (1977-78), págs. 70-84.
BUCICH, Juan Antonio, *Esteban Echeverría y su tiempo,* Buenos Aires, Talleres Gráficos «Virtus», 1938.
CHANETON Abel, *Retorno de Echeverría,* Buenos Aires, Ayacucho, 1944.
CORTÁZAR, Augusto Raúl, *Echeverría, iniciador de un rumbo hacia lo nuestro,* Buenos Aires, Peuser, 1946.
GARCÍA MÉROU, Martín, *Ensayo sobre Echeverría,* Buenos Aires, Peuser, 1894.
GHIANO, Juan Carlos, *«El matadero» de Echeverría y el costumbrismo,* Buenos Aires, Centro Editor de América Latina, 1968.
HALPERÍN DONGHI, Tulio, *El pensamiento de Echeverría,* Buenos Aires, Sudamericana, 1951.
HORAS, Plácido Alberto, *Esteban Echeverría y la filosofía política de la Generación de 1837,* San Luis, Universidad Nacional de Cuyo, 1950.

JITRIK, Noé, *Esteban Echeverría,* Buenos Aires, Centro Editor de América Latina, 1967.

LABROUSSE, Roger, *Echeverría y la filosofía política de la Ilustración,* Sur, núms. 219-220 (1953) págs. 79-92.

LAMARQUE, Nydia, *Echeverría el poeta,* Buenos Aires, 1951.

LANUZA, José Luis, *Esteban Echeverría y sus amigos.* Buenos Aires, Raigal, 1951.

MANTOVANI, Juan, *Echeverría y la doctrina de la educación popular,* Buenos Aires, Perrot, 1957.

MARIANETTI, Benito, *Esteban Echeverría, glosas a un ideario progresista,* Mendoza, 1951.

MARTÍNEZ, Joaquín G., *Esteban Echeverría en la vida argentina,* Buenos Aires, Ateneo Liberal Argentino, 1953.

MORALES, Ernesto, *Esteban Echeverría: su obra póstuma,* Buenos Aires, Claridad, 1950.

ORGAZ, Raúl A., *Echeverría y el saint-simonismo,* Córdoba, Imprenta Argentina, Rossi, 1934.

ORTIZ, Ricardo M., *El pensamiento económico de Echeverría; trayectoria y actualidad,* Buenos Aires, Raigal, 1953.

PALACIOS, Alfredo L., *Esteban Echeverría, Albacea del pensamiento de Mayo,* Buenos Aires, Claridad, 1951.

PALCOS, Alberto, *Historia de Echeverría,* Buenos Aires, Emecé, 1960.

PAZ, Hipólito Jesús,*La organización del estado argentino en el «Dogma socialista» de la Asociación de Mayo,* prólogo del dr. Carlos Ibarguren, Buenos Aires, El Ateneo, 1938.

POPESCU, Oreste, *El pensamiento social y económico de Esteban Echeverría,* Buenos Aires, Americana, 1954.

ROJAS PAZ, Pablo, *Echeverría, el pastor de soledades,* Buenos Aires, Losada, 1951.

SOLARI, Juan Antonio, *Esteban Echeverría; «Asociación de Mayo», su ideario,* Mar del Plata, 1949.

WEINBERG, Félix, comp., Marcos SASTRE, Juan BAUTISTA ALBERDI, Juan María GUTIÉRREZ, *Esteban Echeverría,* El salón literario, estudio preliminar de F. W., Buenos Aires, Hachette, 1958.

REPERTORIOS BIBLIOGRÁFICOS

KINERMAN, Natalio, *Contribución a la bibliografía sobre Esteban Echeverría,* Buenos Aires, Universidad de Buenos Aires, Instituto de Literatura Argentina Ricardo Rojas, 1971.

WEINBERG, Félix, «Contribución a la bibliografía de Esteban Echeverría», *Universidad* (Univ. Nacional del Litoral) núm. 45 (1960), págs. 159-226.

José Eusebio Caro y su obra

JOSÉ LUIS MARTÍN

NOTA BIOGRÁFICA

José Eusebio Caro nació en la ciudad de Ocaña (en la antigua Nueva Granada, hoy Colombia) el 5 de marzo de 1817[1]. Aprendió las primeras letras de su tía paterna María, a quien llamaba cariñosamente Mariquita. Más tarde, su maestro y mentor fue su abuelo paterno, don Francisco Javier. Éste le enseñó algunos secretos técnicos de la lengua materna, e igualmente le inició en el conocimiento de la literatura española de la Edad Media y el Siglo de Oro. Conoció el francés, el inglés y el latín con su propio padre. Fue entonces cuando José Eusebio descubrió la poesía de Byron[2].

En 1830 murió su padre, don Antonio José, cuando sólo tenía José Eusebio trece años, y esto influyó dolorosamente en el ánimo del joven poeta. La madre de José Eusebio había quedado con escasos recursos de fortuna a la muerte de su esposo, y sin embargo luchó con fe y denuedo para sostener a sus tres hijos. José Eusebio obtuvo diploma de primeros estudios en el colegio de don José María Triana, donde perfeccionó su francés. Su aplicación y su prodigiosa memoria le valieron ingresar en el Colegio de San Bartolomé, en Bogotá, considerado entonces de nivel universitario. Se graduó en 1837, con el grado de Bachiller en Derecho y con una sólida preparación humanística.

La vida pública de José Eusebio Caro se inició en 1836 con la fundación de *La Estrella Nacional*. Fue periodista. Fue soldado, siempre de parte del gobierno, aunque satirizando muchas de las actuaciones negativas de los políticos de turno. Hombre de convicciones firmes y de carácter íntegro, tuvo varios encontronazos con malintencionados hombres públicos, incluyendo un duelo del que salió ileso.

Bajo la administración del General Mosquera, Caro redactó el *Reglamento* para la Cámara de Representantes, contribuyó a la libertad del cultivo del tabaco y opinó a favor de la separación de la Iglesia y el Estado. A pesar de ello, no obtuvo las simpatías del General. Al subir al poder José Hilario López en 1849, José Eusebio le combatió agresivamente desde prensa y en la tribuna pública por juzgarle un gobernante despótico y antiliberal. Caro atacó con vigor toda ilegalidad, persecución, tiranía y camarilla. Caro se convirtió en el corifeo de la oposición contra la dictadura de José Hilario López, quien eliminó de Colombia la libertad de prensa, de palabra, de asociación, de elecciones.

Esto le trajo a Caro muchos enemigos. En 1850 se tramó una conjura para perderle, y se le condenó a que escogiera entre la prisión o el destierro. Caro escogió el destierro hacia los Estados Unidos.

Había conocido José Eusebio a Blasina Tobar en 1837, y a pesar de muchos contratiempos, se comprometieron y se casaron en 1843. En sus versos y prosas líricas la llamaba con el nombre poético de Delina[3]. Como hemos visto, a los siete años de casado, se separó de su esposa para ir al destierro. Dejó también con su esposa a los tres hijos nacidos de este matrimonio: Miguel Antonio (quien llegó a ser presidente de Colombia y afamado humanista), Eusebio y Margarita.

El 8 de agosto de 1850 llegó a Baltimore, después a Filadelfia y finalmente a Nueva York, donde permaneció dos meses. Aquí enseñaba español a adultos para ganar un sustento y enviar algo a su esposa e hijos. Su epistolario de entonces revela las amarguras íntimas que sufrió en esos días. Sin embargo, en algunas horas de ocio y paz, leyó, meditó, compuso nuevos poemas, refundió otros, e inició los preparativos para una publicación de sus poesías, sueño que nunca vio realizado.

A los dos meses de vivir en Nueva York, recibió la noticia de que un cuñado suyo había fallecido en la ciudad de Santa Marta. Impulsado por un amor fraternal, creyó su deber venir a Bogotá, arrostrándolo todo, a consolar y ayudar a su hermana viuda, Manuelita. Llegó hasta Cartagena, donde se vio obligado a permanecer algún tiempo en espera del vapor *Calamar*, en el que subiría el río Magdalena. En

---

[1] Cfr.: José Luis Martín, *La poesía de José Eusebio Caro: Contribución estilística al estudio del Romanticismo hispanoamericano*, Bogotá, Instituto Caro y Cuervo, 1966, pág. 39.
[2] Miguel Antonio Caro, «Introducción» a la edición de 1873 de las *Obras escogidas de José Eusebio Caro*, Bogotá, Impr. y Libr. de «El Tradicionista», pág. III.

[3] Cfr.: Margarita Holguín y Caro, *Los Caros en Colombia*, Bogotá, Instituto Caro y Cuervo, 1953, para la reproducción de varias cartas amorosas muy importantes de J. E. Caro.

esta demora lo alcanzó allí el Sr. Torres Caicedo, quien iba hacia Europa, después de haber sido herido en un duelo de honor en Bogotá. Torres Caicedo le hizo entrega de varias cartas de su esposa, de sus familiares y amigos, y le convenció, además, del peligro de su regreso a la capital colombiana. También le insinuó que su presencia en la familia no era tan urgente por el momento, ya que Manuelita estaba protegida por otros familiares. Caro regresó una vez más a Nueva York en 1850, vía la isla de San Tomás, desde donde pasó a Brooklyn. Un año más estuvo en la ciudad de los rascacielos sufriendo mil contratiempos, y añorando a su familia, pero siempre leyendo y escribiendo. Sus cartas de esos días a su esposa revelan su entrañable amor de padre y esposo y su desconsolada nostalgia. No resistiendo tamaña soledad, se embarca el 7 de diciembre de 1852 rumbo a Colombia. Al llegar a las playas de Santa Marta se debilita y enferma. La última carta que se registra de José Eusebio Caro fue la que le escribió a Blasina fechada en Santa Marta el 22 de enero de 1853. Una violenta fiebre amarilla se apoderó de su cuerpo, y el 28 de enero de 1853 murió José Eusebio Caro en Santa Marta, sin haber logrado ver de nuevo a su esposa e hijos [4].

José Eusebio Caro.

[4] *Op. cit.*, pág. 144.

Murió Caro el mismo día, mes y año —28 de enero de 1853— en que nacía José Martí en La Habana. Murió Caro en Santa Marta, ciudad donde había enceguecido su señor padre, donde había muerto su cuñado Clímaco Ordóñez, donde también había fallecido el libertador Simón Bolívar. Vida breve la de José Eusebio Caro —treinta y seis años— pero rica en experiencias. Su herencia literaria al mundo —verso y prosa románticas, precursoras del Modernismo— dejó huellas perdurables en las letras hispanoamericanas, sobre todo en la poesía de Rubén Darío. Examinemos brevemente su obra literaria.

PROSA Y VERSO DE JOSÉ EUSEBIO CARO

En 1825, a la edad de ocho años, José Eusebio escribió sus primeros versos, entre ellos una décima. Cultivó el soneto desde niño también, pues se sabe que en 1928 —once años de edad— compuso el soneto *Higinio,* y dos años después, a los trece, escribió el soneto *Al general Sucre,* redactó el plan de su poema *Lara* y esbozó en verso el Canto I del mismo.

Aunque había colaborado en el periódico *El Aguila de Júpiter* desde 1835, fue en 1836 que fundó el periódico *La Estrella Nacional,* en compañía de José Joaquín Ortiz. En 1837 colaboró en *El Amigo del Pueblo.* Desde 1840 hasta 1842 fue redactor de *El Granadino.* Durante varios años —de 1845 a 1848— colaboró en periódicos como *El Conservador* y *El Progreso, La República* y *El Nacional.* Fundó *La Civilización,* en unión del Dr. Mariano Ospina Rodríguez, en 1849. Este periódico duró hasta 1851.

Su producción prosística incluye innumerables artículos sobre política —sobre todo sus furibundas sátiras a José Hilario López—, el tema de la separación de la Iglesia y el Estado, y su público combate a las teorías socioeconómicas de Locke, Tracy y Bentham. Además de redactar el *Reglamento* para la Cámara de Representantes en 1845, dejó dos interesantes tratados: uno, titulado *Filosofía del Cristianismo,* y el otro: *Tratado sobre Métrica y Versificación.* Con esta última obra, José Eusebio Caro mostró teórica y técnicamente que conocía a la perfección todos los secretos de la métrica española, lo cual demostró con suma evidencia en su poesía, tal como veremos luego.

Inició la redacción de un *Diario* en 1842. Esta moda de escribir diarios era muy típica del siglo XIX, y José Eusebio no la desechó. En ese *Diario,* conservado por su nieta doña Margarita Holguín y Caro, José Eusebio dejó, en forma disimulada, la revelación de su secreto idilio con su prima Guadalupe Trigos. También aparece esto en su *Epistolario,* publicado en 1853.

En 1857, cuatro años después de su muerte, se publicó en Bogotá el tomo único de las *Poesías* de José Eusebio Caro, en unión con las de Vargas Tejada y Juan Francisco Ortiz. Aunque la obra iba a contener tres volúmenes, el primero se dedicó a José Eusebio. En 1873 se publicó una segunda edición de sus poemas, con el añadido de una selección de su prosa. Fue en 1885 cuando se hizo la edición crítica definitiva de las *Poesías de José Eusebio Caro.* Las dos primeras ediciones se hicieron en Bogotá y la tercera en Madrid[5]. En 1951 el Ministerio de Educación Nacional de Bogotá publicó una *Antología* de José Eusebio Caro, incluyendo verso y prosa.

Examinemos ahora sucintamente la temática fundamental de la obra poética de José Eusebio, para después determinar los valores métricos y otros aspectos de su poesía. Al analizar los temas mayores y menores de la poética de Caro, encontramos cuatro temas principales, a saber: la patria, el amor, la religión y la soledad[6]. Al comparar sus poemas con sus artículos se puede trazar una trayectoria general de su ideología política, en donde se ve su efusión juvenil y su reformismo de madurez, para terminar luego en una rápida exaltación furibunda contra el tirano mayor y caer por fin en la desilusión y el desengaño.

La sátira político-social es fuerte en sus poemas, con tono bilioso y enfoque directo, pero valiente y constructiva siempre. Satirizó a su generación entreguista, a los tiranos y déspotas, a los líderes del gobierno vendidos al dictador. Pero perdonó de corazón a su patria y en varias ocasiones así lo expresó en sus versos. Durante su exilio expresó también una profunda nostalgia por su país, y los versos que así lo revelan demuestran que era una añoranza y nostalgia de tonos más complejos y hondos que la simple emoción sentimentalista de Heredia, por ejemplo. Y era más honda y compleja esa nostalgia porque se enraizaba en la soledad metafísica de su propio ser, que trascendía lo fenoménico.

En el poema *Al Chimborazo,* Caro se nos presenta como profeta y augur de futuras tiranías y lanza un grito de protesta contra gobiernos despóticos. Al dirigirse al gran Chimborazo, lo personifica y lo transforma en el futuro pueblo rebelde, libertador y castigador de tiranos, y todo el poema está escrito en corte clásico, con un tono grandilocuente y majestuoso:

> ¡Oh monte rey, que la divina frente
> ciñes con yelmo de lumbrosa plata,
> y en cuya mano al viento se dilata
> de las tormentas el pendón potente!
> ¡Gran Chimborazo! tu mirada ardiente
> sobre nosotros hoy revuelve grata,
> hoy que del alma libertad acata
> el sacro altar la americana gente[7].

Los elogios más sentidos del poeta son para la libertad:

> ¡Oh Libertad, tres veces santo nombre,
> del alma la más bella aspiración!
> Tiempo vendrá que al porvenir asombre
> te haya insultado alguna vez el hombre
> con tal profanación!
> ¡Oh Libertad! yo puedo alzar la frente
> y bendecirte al son de mi laúd[8].

De los muchos versos que escribió contra José Hilario López, destacamos éstos, que son satírico-descriptivos:

> Tienes las prendas todas de un tirano:
> venganza, envidia, vanidad, doblez;
> eres falso y cruel, porque eres vano.
> Aun del orgullo, en su ilusión ufano,
> te falta la altivez[9].

En relación con el tema del amor, hemos encontrado que más de la mitad de su producción poética está dedicada a este tema, que produce una serie de emociones diversas. Hay emociones filiales, paternales, de amigo, y finalmente la avalancha de poemas como amante y como esposo, dedicados a Delina. Sus versos de amor forman un verdadero mundo de por sí, sólo comparable, por su unidad, al de Bécquer, Garcilaso, Petrarca. En estos poemas el lirismo es controlado, su desvío del enfoque romántico convencional es muy notorio, y expresa además un paradójico confesionismo sin confesiones. En el tema del amor, después de la prioridad que tienen los poemas dedicados a su Delina, le siguen en importancia los poemas dedicados a su padre fallecido. Son poemas que expresan el amor del hijo huérfano por el padre desaparecido, y ello forma una de las constantes de la obra del poeta. También tiene poemas dedicados a sus hijos, sobre todo a un hijo por nacer, a quien le habla filosóficamente así:

---

[5] Esta última edición fue la que utilizamos para examinar su obra poética, cuando redactábamos nuestro libro *La poesía de José Eusebio Caro: Contribución estilística al estudio del Romanticismo hispanoamericano.*

[6] J. L. Martín, *op. cit.,* págs. 121-254.

[7] Edición de 1885, pág. 55.

[8] Poema *La libertad y el socialismo, op. cit.,* pág. 64.

[9] Poema *A un tirano, op. cit.,* pág. 73.

¿De dónde vienes? ¿Sales de la nada?...
¿Hay *nada*, pues? ¿Hay *cosa* así llamada?
La Nada es el no-ser; ¿puede existir?
¿Puede ser fecunda? ¿y un vacío
inerte, mudo, tenebroso, frío,
luz, mente, vida puede producir? [10]

Esta técnica de preguntas retóricas nos recuerda el poema *Aldebarán,* de Unamuno. Y en efecto, este poema tiene muchas coincidencias con el de Caro: el tema central sobre el misterio del alma humana, el uso del apóstrofe y las preguntas retóricas encadenadas, el corte de algunos versos. Este aire de duda unamuniana es producto de las hondas preocupaciones filosóficas de Caro y que, de haber sido su vida tranquila y equilibrada, le hubieran hecho producir libros de indagaciones metafísicas.

Los poemas de amor de José Eusebio Caro, aquellos dedicados a una mujer, forman una verdadera unidad cronológica en la evolución de ese sentimiento. Están primero los poemas iniciales, de la adolescencia, que presentan el requiebro amoroso, la búsqueda del amor y después la primera ilusión, que para él fue un desengaño. Luego vienen los poemas del presentimiento del verdadero amor, ya al iniciar la edad adulta. En tercer y último lugar, aparecen los poemas de su acelerada «joven madurez».

Los poemas que dedicó secretamente a su prima Guadalupe —antes de conocer a Delina—, iban dirigidos al nombre poético y disfrazado de María [11]. Para José Eusebio era nombre sonoro y con aureola religiosa. En estos poemas el bardo hace referencia a los negros ojos serenos de «María» (Guadalupe) y a la dulzura de su exquisita voz. Indica que el amor de ella fue consuelo en su soledad, y alude, además, a su propio desengaño al ver perdido el objeto amoroso, ya que ella estaba comprometida y la frustración minaba la vida del poeta. Selecciones de algunos versos de diferentes poemas dedicados a Guadalupe dan fe de esas emociones:

¡María, oh María!
....
Tú fuiste a mi alma
cual fresco raudal.
(Tus ojos y tu amor)

Cual muelle son de música lejana
es el son de tu voz, dulce María;
y tu mirar, como el del sol que muere,
mi enamorado corazón alivia.
(Todo mi corazón)

Y un verso que le arrancó posiblemente jirones del alma aparece en su poema *El mayor pesar:*

¡Ay, adiós para entonces; adiós para siempre, María!

En cambio, cuando le escribió versos a Delina —novia primero y esposa después—, su numen llega al éxtasis y al más profundo idealismo amoroso:

No hay ya ilusión; el ángel ha volado,
y en su lugar ha vuelto la mujer:
hermosa, seductora, irresistible,
que me tiene en cadenas a sus pies.
(El serafín y la mujer)

¡Te amo, Delina, cual jamás te amé:
te amo, te adoro, todo yo soy tuyo!
(El serafín y la mujer)

Los poemas religiosos de Caro revelan un hombre místico, más que sectario, una mente religiosa en un sentido trascendentalista y universal, más que exclusivamentte ortodoxo. Poemas como *El bautismo, La bendición nupcial, Dolor y virtud, A mi primogénito,* así lo confirman.

Caro creía y dudaba: he ahí su tragedia íntima y la raíz de su soledad verdadera. Creía y dudaba a su manera, como hombre independiente y amante de la libertad de pensamiento. Creía en Dios y dudaba de poder conocerlo del todo. Pero este enigma de su alma le llevó a abismarse en una misteriosa cuanto extraña soledad interior que dejó las más profundas huellas en su poesía. La cadena de subtemas que forman los eslabones del gran tema de la soledad en la poesía de José Eusebio son: la fugacidad de la vida y del tiempo, el escepticismo, el fatalismo, la desesperación interior, la muerte, la soledad metafísica. Parten todos los sentimientos de la orfandad y desolación que sintió desde niño, y culmina con la profecía de su propia muerte. En el poema *La gloria y la poesía* sintetiza ese sentimiento en un verso lleno de autointrospección:

¡Oh misterio del hombre! ¡Oh gran soledad de la vida!

Temas menores en la obra poética de Caro son: la naturaleza y el paisaje, lo mitológico y bíblico, el indio y el criollo, y el tema de América. El ciprés, su árbol preferido por ser símbolo de misticismo y meditación, aparece en gran número en sus poemas [12].

La ideología y la temática de Caro, al reflejarse en su poesía, se proyectan palpitantes de

---

[10] Poema *A mi primogénito, op. cit.,* pág. 197.
[11] Cfr.: Lucio Pabón Núñez, «Caro, la guerra y el amor», prólogo al *Epistolario de José Eusebio Caro*, Bogotá, Ministerio de Educación Nacional, 1953, págs. 13-40.

[12] J. L. Martín, *op. cit.,* págs. 257-286.

vida emotiva y psíquica, y nunca brotan frías, escuetas, teóricas, o secamente intelectualizadas. Sus versos son espontáneos y nacen sin esfuerzo de la voluntad, porque Caro sabía cómo transmutar su sentir y su vivir en arte. Su poesía está conscientemente trabajada, a pesar de esa espontaneidad, en la redoma alquímica de una estética original. Por ello —como hemos destacado en nuestro libro sobre Caro ya mencionado—, fue este poeta colombiano un precursor del Modernismo hispanoamericano, bastante imitado por poetas como Darío, Silva y otros.

Dominan en la estética poética de Caro los símbolos sobre la muerte, la metáfora viril, la personificación musculosa, la sinestesia, la paradoja, el oxímoron. Así, descubrimos al artífice y al artista que había en José Eusebio Caro. En los recursos estilísticos del léxico, Caro concentra en las antítesis, los paralelismos, las anáforas, las aliteraciones y en el uso sin tacha de la concentración afectiva para lograr *momentum* y enfoque.

Desde el punto de vista de la métrica, Caro tiene preferencia por las octavas, los cuartetos y los romances, aunque también escribió silvas, estrofas sáficas, sonetos, odas. Muchas de las llamadas «innovaciones métricas» del Modernismo ya estaban perfiladas en la poesía de Caro. Así, por ejemplo, el uso del eneasílabo, del endecasílabo dactílico, la cláusula trisilábica de acento anfibráquico, el pareado encade-

nado, el alejandrino, el hexámetro, etc. José Eusebio Caro fue un gran virtuoso en técnicas poéticas como las siguientes: policromía en la rima interna, uso de estribillos correlativos, de ritmos enunciativos y de licencias heteromórficas, en la contrabalanza eufónica de asonancia-consonancia, en la proyección de la línea melódica para lograr efectos del contraste dramático tensión-distensión, y en los enlaces temático-métricos. Caro es ejemplo vivo de un romántico que, sin rechazar sus influencias neoclásicas, se adelanta al movimiento modernista, principalmente por sus recursos métricos [13].

Concluiremos afirmando que José Eusebio Caro integró elementos poéticos neoclásicos, románticos, postrománticos y modernistas, a la vez que desarrolló un arte consciente de individualizada personalidad. Inició el Romanticismo en Colombia y ayudó a iniciarlo en Hispanoamérica. Por su profunda preocupación del ser y su soledad íntima, por su perpetua inconformidad con los cánones establecidos por las limitaciones humanas, y por su angustia metafísica, Caro tiene hoy una vigencia permanente. Su obra poética se eleva en la literatura de Hispanoamérica como uno de sus soportes fundamentales. Sin duda se hablará en el futuro de «antes y después de Caro» en materia de poética hispanoamericana.

---

[13] *Ibid.,* págs. 289-407.

BIBLIOGRAFÍA

AGUILERA, Miguel, *Biografía de José Eusebio Caro,* Bogotá, Directorio Nacional Conservador, 1949.
— «José Eusebio Caro, el poeta de la patria», *América española,* Cartagena, 1936, IV, páginas 135-142.
ÁNGEL MAYA, Carlos Augusto, «José Eusebio Caro: Un revolucionario contra la revolución», *Revista de la Universidad Nacional de Colombia,* Bogotá, abril-mayo-junio de 1954, núms. 18-19, págs. 177-184.
CARO, Eduardo, «Don José Eusebio Caro (1817-1853)», en *Estudios colombianos,* volumen mimeografiado de monografías de tema libre, y de varios autores, bajo la dirección del Prof. Carlos García Prada, en el Gimnasio Moderno, Bogotá, 1929.
CARO, Miguel Antonio, «Introducción», *Obras escogidas en prosa y verso publicadas e inéditas de José Eusebio Caro, ordenadas por los redactores de «El Tradicionista»,* Bogotá, Imp. de *El Tradicionista,* 1873, págs. III-XLIV.

HERNÁNDEZ DE MENDOZA, Cecilia, «José Eusebio Caro», *Revista de las Indias,* Bogotá, 1950, XXXVII, núm. 115, págs. 37-52.
HOLGUÍN Y CARO, Margarita, *Los Caros en Colombia,* Bogotá, Instituto Caro y Cuervo, 1953.
MARTÍN, José Luis, *La poesía de José Eusebio Caro: Contribución estilística al estudio del Romanticismo hispanoamericano,* Bogotá, Instituto Caro y Cuervo, 1966.
MAYA, Rafael, *Estampas de ayer y retratos de hoy,* Bogotá, Biblioteca de Autores Colombianos, 1954.
— «José Eusebio Caro», Revista *Bolívar,* Bogotá, 1953, núm. 17, págs. 257-270.
MENÉNDEZ PELAYO, Marcelino, «José Eusebio Caro», *Historia de la poesía hispanoamericana,* Madrid, Consejo Superior de Investigaciones Científicas, 1948, vol. XXVII, tomo I, páginas 447-455.
OTERO MUÑOZ, Gustavo, «Ocaña», *Hombres y ciudades, Antología del paisaje, de las letras y de*

los hombres de Colombia, Bogotá, Ministerio de Educación, 1948, págs. 631-647.

PABÓN NÚÑEZ, Lucio, «Caro, la guerra y el amor», Prólogo al *Epistolario de José Eusebio Caro,* Bogotá, Ministerio de Educación Nacional, 1953, págs. 13-40.

ROUX, Adolfo de, «La obra poética de José Eusebio Caro (1853-1893)», *Revista Javeriana,* Bogotá, 1953, XXXIX, págs. 34-41.

SÁNCHEZ, Ramón Francisco, «El pensamiento político de José Eusebio Caro», Revista *Bolívar,* Bogotá, 1953, núm. 16, págs. 5-24.

Rafael Pombo

Carmen de Mora

Pocos autores memorables hay en la poesía hispanoamericana del siglo XIX, pero tal vez ninguno haya sido tan injustamente olvidado como Rafael Pombo. Las historias de la literatura suelen excluirlo; si acaso, su nombre figura en una nómina desvaída de poetas secundarios que no suelen recordarse después.

Es difícil encontrar en la literatura de la época un conjunto de poetas tan relacionados entre sí por la temática y el estilo como ocurre en Colombia: José Eusebio Caro, Julio Arboleda, Gregorio Gutiérrez González, Rafael Pombo, Diego Fallon. Dentro de este grupo Pombo es uno de los escritores más originales y completos, «su lira —dictaminó Valera— posee todas las cuerdas y todos los tonos: es mística, erótica, elegíaca, jocosa, satírica y descriptiva»[1], y le atribuía originalidad, naturalidad y gracia. Sus poemas constituyen una de las mejores páginas del romanticismo hispanoamericano.

DATOS BIOGRÁFICOS

José Rafael de Pombo nació en Bogotá el siete de noviembre de 1833 dentro de una familia acomodada residente en Popayán. Fue hijo de Lino de Pombo, ingeniero que prestó diversos servicios a la Patria, profesor y publicista destacado, y de Ana María Rebolledo, emparentada con la nobleza. En Rafael Pombo confluían sangre gallega, vasca, andaluza y sajona, circunstancia muy parecida a la de su compatriota Jorge Isaacs.

Por consejo paterno realizó, sin vocación, estudios de ingeniería, pero terminó por imponer su criterio y consagrarse a lo único que le apasionaba, la literatura. Sus primeros tanteos fueron artículos periodísticos que aparecieron en El Filotémico y El Día bajo el seudónimo de Faraelio, y aún llegó a fundar un periódico semanal en Bogotá junto con su amigo José María Vergara y Vergara titulado La Siesta. En ésta y en otras muchas facetas se percibe en el escritor colombiano los rasgos característicos de una época difícil y confusa cuyo telón de fondo fueron las guerras de Independencia y posteriormente la organización de los nuevos países mermados por las luchas civiles. Era habitual que el intelectual fuera hombre de armas y letras y alternara la vida política con la actividad literaria. Pombo participó activamente en la política de su país. Con motivo de la sublevación del general Melo contra el gobierno liberal de José María Obando el 17 de abril de 1854, se incorporó al ejército legitimista, defendió con las armas el gobierno constitucional y entró triunfante en la capital con las tropas vencedoras. Recibió el nombramiento de Secretario de la Legación de Colombia en los Estados Unidos con el embajador Pedro Alcántara Herrán; con ello inició una brillante carrera diplomática hasta que en 1862 fue destituido, junto con Herrán, por el general Mosquera. En Costa Rica, en 1856, llevó a cabo junto a Herrán una de las misiones más importantes de su carrera diplomática, con motivo del litigio de fronteras de los países centroamericanos; en aquella ocasión destacó como poeta defensor de la libertad de Centro América amenazada por invasores extranjeros. Otro momento decisivo tuvo lugar en ese mismo año, cuando ayudó a Herrán a organizar conferencias de acercamiento entre algunos países con representación diplomática en los Estados Unidos. Entre los años 1865 y 1866 colabora con Luis F. Mantilla en la selección de textos en verso y en prosa de autores colombianos para los Libros de Lectura de aquél. Más adelante adapta fábulas y cuentos populares para la casa Appleton de Nueva York; a ellos deberá no poca de su fama. De los años neoyorkinos queda el contacto con dos de los escritores estadounidenses más famosos de su tiempo: R. W. Emerson y H. W. Longfellow.

Con el nombramiento de Santiago Pérez como ministro en Norteamérica, Pombo recuperó de nuevo la Secretaría de la Legación colombiana, pero cansado ya de tan larga ausencia, decide regresar definitivamente a Colombia en 1872. La actividad política del poeta se atempera en estos años, apenas interrumpida por algún conato, como la participación contra la revolución de 1876; en cambio lleva a cabo una labor meritoria como propulsor de las artes y las letras y como mecenas de jóvenes artistas, sobre todo en lo que concierne a la música.

---

[1] Juan Valera, «El Parnaso colombiano», en Cartas americanas, 1888, incluidas en La Literatura colombiana, Ministerio de Educación Nacional, Bogotá, 1952, pág. 231. Figuran también en este volumen Gómez Restrepo, Marcelino Menéndez Pelayo y Antonio Rubió y Lluch.

Tras un período de olvido y silencio, justificado en parte por la caótica situación que atravesaba Colombia en aquellos años de guerra civil, Pombo fue reconocido y recibió honores hasta el día de su muerte. En 1902 fue nombrado Miembro Honorario de la Academia de Historia y en 1905, en una ceremonia digna de aquellos agasajos con que la sociedad colonial adulaba a sus gobernantes, fue coronado como el mejor poeta de Colombia. En los últimos años, los estragos de una penosa enfermedad fueron minando sus facultades intelectuales, dejó de escribir versos y tuvo que abandonar el cargo de Secretario Perpetuo de la Academia Colombiana. Murió el 5 de mayo de 1912.

EL ROMANTICISMO EN COLOMBIA

A semejanza de otros países hispanoamericanos, existen tres etapas en el desarrollo del romanticismo poético colombiano. Siguiendo

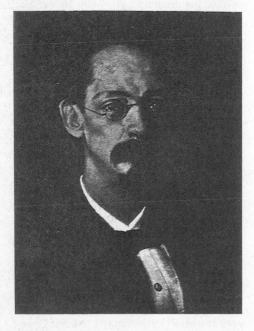

Retrato y firma de Rafael Pombo.

la división cronológica de Pedro Henríquez Ureña, la primera corresponde al período clásico-romántico y se extiende hasta 1830. El segundo período corresponde a la primera generación romántica (1830-1860). En ella destacan José Eusebio Caro, Julio Arboleda y Gregorio Gutiérrez González. Los temas poéticos por excelencia para estos escritores son la patria, el amor y la religión, si bien Gutiérrez González con su citadísima *Memoria sobre el cultivo del maíz en Antioquia* se anticipa al culto por la naturaleza de orientación costumbrista de tanta vigencia en los años sesenta.

El tercer período comprende la segunda generación romántica y alcanza la década de los 80. Son años de vida política agitada. El gobierno federal sufrió los avatares de las guerras civiles y la rivalidad entre las diferentes provincias hasta que fue sustituido por un gobierno unitario a partir de la reforma constitucional de 1886. Jorge Isaacs, Pombo y Fallon figuran entre los escritores más señalados. Ellos participan de la nueva orientación que infundió al romanticismo colombiano el grupo de contertulios reunidos en torno al *Mosaico* y la revista del mismo nombre. Por su parte, Antonio Gómez Restrepo reconoce dentro de esta generación el prestigio de Rafael Núñez, Pombo e Isaacs, unidos por la influencia de la literatura inglesa.

LA OBRA

Pombo no se preocupó de publicar una edición cuidada de sus poesías, de ahí que las mejores sean todas ellas póstumas. A partir de 1867 empezaron a circular en Estados Unidos sus colecciones de cuadernillos, *Cuentos pintados para niños* y *Cuentos morales para niños formales,* y más tarde, ya en Colombia, publicó un folleto que, según el propio escritor, es lo único que imprimió en vida por voluntad propia: *El ocho de diciembre, tributo católico a María,* opúsculo que él llamaba burlonamente «Revolver místico.» En 1884 la Imprenta de la Reforma sacó a la luz un folleto que constituye hoy una rareza bibliográfica: *Las tres cataratas,* «silva humorística americana». Sin duda, ninguna publicación en vida del poeta alcanzó el éxito de *Fábulas y cuentos* de la colección Biblioteca Popular dirigida por Jorge Roa.

Probablemente el excesivo celo literario y la autocrítica obstaculizaron la libre circulación de su versos que sólo se publicaron en revistas y antologías. En 1916-1917 apareció la edición oficial, póstuma, encargada por el Congreso a Antonio Gómez Restrepo. Esta edición, fundamental para el estudio de Pombo, consta de cuatro volúmenes: dos de poesías originales, uno de fábulas, verdades y cuentos, y el último de traducciones (aproximadamente unas doscientas) junto con dos libretos de ópera: *Ester* y *Florinda*. Posteriormente, en 1957, en la editorial Aguilar, aparece el tomo de las *Poesías Completas* de Pombo con estudio preliminar de Antonio Gómez Restrepo, el mismo que acompañaba al volumen de poesías en la edición de 1917, con prólogo, ordenación y notas de Eduardo Carranza. Éste se basa en la edición de Gómez Restrepo, pero altera la ordenación de los poemas.

Completa estas ediciones la que publicó en 1970 el Instituto Caro y Cuervo, en dos volúmenes, a cargo de Héctor H. Orjuela, con el título de *Rafael Pombo: Poesía inédita y olvidada*. Reúne casi toda la obra inédita y composiciones dispersas en numerosas publicaciones. Esta edición añade a la obra existente 700 poemas, 31 traducciones, algunas polémicas rimadas, otros libretos de ópera, etc., sin agotar toda la producción inédita del escritor. Estos datos nos dan una idea del abandono en que la crítica literaria ha tenido durante muchos años al siglo XIX.

Una valoración de las obras completas de Pombo revela la triple vertiente creadora: el traductor, el fabulista y el poeta. Como traductor está considerado entre los mejores y algunos críticos anteponen en mérito sus traducciones a sus poesías; es el caso de Menéndez Pelayo, quien se ocupó menos de sus poesías, en cambio, sentenció de sus traducciones de Horacio: «No las hay más valientes ni atrevidas en nuestra lengua.» Tradujo también a Virgilio, Shakespeare, Goethe, Schiller, Byron, Lamartine, Hugo, Longfellow, Heredia, etc. Como fabulista realizó unas adaptaciones impecables y originalísimas de cuentos y fábulas tradicionales que quedaron fijadas para siempre en la imaginación infantil. En este sentido, se anticipa a la preocupación de los modernistas por el mundo de la infancia, especialmente Martí y Silva.

Los años transcurridos en Estados Unidos permiten establecer una línea divisoria en la obra de Pombo. La primera época comprende los años de iniciación y aprendizaje desde la adolescencia hasta 1855, fecha del viaje a Estados Unidos. La segunda se prolonga hasta 1872 y la tercera desde su regreso a Colombia en 1873 hasta su muerte.

Pombo inicia su aprendizaje poético, como la mayoría de sus coetáneos en los maestros de los Siglos de Oro y la literatura española posterior. A través de las colaboraciones en el periódico *El Día* dejó testimonio de su admiración por Garcilaso, Fray Luis de León, Herrera, Rioja, Mira de Amescua, Quevedo, Moratín, Jovellanos, el Duque de Rivas, etc. En la literatura hispanoamericana se inclina por los escritores colombianos de la generación anterior. De los extranjeros sintió la fascinación de Byron.

Es verdad que escribió poesía civil, política y patriótica, pero lo mejor de esta época está en *Edda*, poema de amor en varios fragmentos, a modo de confesión autobiográfica que alcanzó una difusión desmesurada en toda América, si bien se pensó era obra de una poetisa desconocida a quien se llamó «Safo cristiana». El autor advertía en el prólogo que *Edda* no tiene analogía ni relación ninguna «con los libros de Islandia de este nombre». Si ponderamos el carácter tradicional de la sociedad colombiana por aquellos años se explica la perplejidad que debió producir la desnudez sin pudor de un alma femenina. No menos inquietud sentiría al saber que la desengañada dama era un poeta. La inspiración del autor, familiarizado con el infortunio amoroso[2], toma impulso desde la primera estrofa:

> Era mi vida el lóbrego vacío;
> era mi corazón la estéril nada;
> pero me viste tú, dulce amor mío[3],
> y creóme un universo tu mirada. (*PC*, 83).

Edda le ha valido a Pombo el calificativo de «poeta del amor»[4], paradójica reacción de quien sólo bebió sus gotas más amargas. A despecho de los desdenes que le mereció su fealdad física, el colombiano adoptó una actitud irónica y humorística consigo mismo que le llevó a escribir versos como estos:

> ¡Escándalo! ¡Estoy rapado!
> y me miro y no me creo
> ¡yo que tapado soy feo
> que tal seré destapado[5]!

---

[2] Al parecer escribió el poema en 1854, en Popayán, atormentado por los desdenes de Guilma, uno de sus primeros amores. El personaje de *Edda* está inspirado en dos damas payanesas: Manuelita Arroyo, prima suya casada con su tío Cenón, y Manuelita Lindo, una joven víctima de la maledicencia, por las que sintió un amor platónico. (Cfr. Héctor H. Orjuela, *La obra poética de Rafael Pombo*, Bogotá, Publicaciones del Instituto Caro y Cuervo, 1975, páginas 92-93.)

[3] Citamos por la edición de *Poesías Completas* de Rafael Pombo, a cargo de Eduardo Carranza, en Madrid, Aguilar, 1957. Para ello hemos utilizado la abreviatura *PC*.

[4] Así se llama Antonio Gómez Restrepo en su *Historia de la literatura colombiana*, vol. IV, Bogotá, Imprenta Nacional, 1946, pág. 124.

[5] Esta composición está recogida en Rafael Pombo, *Poesía inédita y olvidada* I, Edición introducción y notas por Héctor H. Orjuela, Bogotá, Instituto Caro y Cuervo, 1970, pág. 279.

Edda ha inmortalizado una heroína romántica emparentada con la *María* de Isaacs. Ambas son colombianas y un mismo ideal de pureza y virtud las engendró. Las separa el pudor. Edda es una mujer libre que no oculta sus sentimientos, María los disimula tras el rubor y la compostura del gesto.

José Martí descubrió en Norteamérica la poesía moderna; Pombo encontró allí su madurez. Testimonio de la importancia del viaje es el Diario que empezó a escribir al poco tiempo de llegar a Nueva York; en él da cuenta de sus lecturas poéticas por entonces: Espronceda, Byron, Lamartine, Caro y Arboleda. La experiencia creadora se dilata en estos años presidida por la sombra de «Hora de tinieblas», canto desesperado contra la existencia y explosión de rebeldía ante, como diría Borges, «la imposibilidad de penetrar el esquema divino del universo». Algunos versos presagian al Darío de «Lo fatal»:

> ¿Por qué estoy en donde estoy
> con esta vida que tengo
> sin saber de donde vengo
> sin saber a donde voy; (*PC*, 263)

Si nos atenemos al testimonio de Pombo, *La Hora de tinieblas* fue el resultado de una crisis causada por una larga enfermedad; es preciso añadir la influencia de algunas lecturas románticas, sobre todo *Le desespoir* de Lamartine. Es notable el tono angustiado, la autenticidad de la emoción y el escepticismo, elementos de modernidad que contradice la forma tradicional, doblegada a las imposiciones de la rima:

> Hoja arrancada al azar
> de un libro desconocido,
> ni fin ni empiezo he traído
> ni yo lo sé adivinar;
> hoy tal vez me oyen quejar
> remolineando al imperio
> del viento; en un cementerio
> mañana a podrirme iré
> y entonces me llamaré
> lo mismo que hoy: ¡un misterio! (*PC*, 264.)

Se trata de una poesía dramática que recuerda algún monólogo del teatro clásico español, no en balde *La vida es sueño* sirve aquí de *leitmotiv* y algún verso hace referencia a dicha obra.

Pombo no niega la existencia de Dios, se limita a reprocharle la imperfección de su obra; por eso, cuando en el decurso de los años su vida se atempera encuentra la respuesta en la aceptación:

> Dios lo hizo así. Las quejas, el reproche
> son ceguedad. Feliz el que consulta oráculos
> más altos que su duelo
>
> («De noche», *PC*, 249).

y en la esperanza:

> Que al derramarse su onda en el abismo
> quien te aguarda no es él, sino Dios mismo
> («Al remo.»)

Héctor H. Orjuela reconoce la singularidad de esta faceta en Pombo:

> El sentimiento de la angustia en su obra le
> eleva y le da un toque unamunesco extraño
> en la poesía hisponoamericana de la época.
> En su escepticismo religioso es nuestro pri
> mer poeta de la duda y el claro antecesor de
> Rafael Núñez, el escéptico por excelencia en
> las letras colombianas de la pasada centuria[6].

En otra composición de este período, «El Niágara», Pombo descubrió la naturaleza americana y cantó donde otros habían cantado, con una salvedad: donde Heredia vio temor, él halló un refugio de libertad. En un juego de antítesis contrapone la bondad de la Naturaleza a la maldad del individuo. La catarata inconmensurable libera su espíritu e inversamente es un espejo de la impotencia, el cansancio y la incapacidad de entusiasmo que acusaba por aquellos años.

Escribe también hermosas elegías sobre vírgenes que mueren a los 15 años, como la dulce *Elvira Tracy* o la linda *Angelina*, bellezas colombianas tan distintas a las seductoras neoyorquinas de «Las norteamericanas en Broodway»:

> ¡Ay del que mira el fascinante ejército
> que ante sus ojos desfilando va!
> ¡Ay del que adormecido en lago plácido
> del Niágara al rugir despertará!
>
> Lindas como esos iris, risa falaz del Niágara;
> vagas como ellos y caprichosas;
> efímeras como ellos,
> crueles como ese abismo de aguas y de cadá
> veres
> que eriza los cabellos...
> y así atrayentes, vertiginosas.
>
> (*PC*, 113.)

Una de las aspiraciones de Pombo es la mujer, otra no menos inquietante la naturaleza. «Sintió la naturaleza —afirma Gómez Restrepo— como la han sentido los poetas del Norte, y la pasión amorosa con el calor y la exuberancia de los trópicos[7]». El maridaje naturaleza/mujer, tópico en el que sucumbieron

---

[6] Héctor H. Orjuela, ob. cit., pág. 184.
[7] Antonio Gómez Restrepo, ob. cit., pág. 78.

inevitablemente los románticos hispanoamericanos, fue ejecutado por Pombo con delicada armonía en «Preludio de primavera» y «Decíamos ayer», particularmente este último, inspirado en una poesía de Ella Wheeler.

La mirada del poeta tiende a elevarse hasta alcanzar una dimensión panorámica y su inspiración adopta ese «carácter cósmico» de que habla Gómez Restrepo:

> Cuanto es ya el suelo en fuego y tintes falto,
> es de ardiente el espíritu y profundo;
> y abiertas las esclusas de lo alto
> flotamos como en brisas de otro mundo.
>
> (*PC*, 148.)

Tampoco quiso resistir la tentación costumbrista y entonces nos dejó composiciones como «El bambuco», baile nacional de Colombia que Valera comparaba con nuestros fandangos, boleros, jotas y seguidillas.

La etapa que corre desde el regreso a Bogotá hasta la muerte del poeta es la más extensa cronológicamente hablando y no menos intensa que las anteriores; en ella pone en práctica el designio moral que venía manifestándose en sus anteriores producciones, me refiero a la poesía didáctica en forma de fábulas y verdades. Héctor H. Orjuela atribuye a su postura ideológica.

> Un claro compromiso muy del siglo XIX que descubre la raíz positivista de su pensamiento y el ámbito moral en que colocaba el papel del ciudadano y del escritor [8].

Su éxito como fabulista opacó transitoriamente el resto de su producción poética.

No era ajena al escritor colombiano una preocupación formal que propendía a la concisión y la síntesis con el sentido clásico de la sencillez expresiva. Rafael Maya habla de la influencia parnasiana en la poesía de Pombo, fruto de las traducciones que hizo de Heredia con incidencia en la forma, no en los temas [9]. Orjuela sugiere que la proclividad pombiana por las formas breves, con denso contenido ideológico, pudo deberse «al ejemplo de escritores como Poe cuya *Philosophy of composition* posiblemente conoció Faraelio» [10] En cualquier caso, adoptó el soneto como estrofa favorita y molde habitual de la poesía religiosa que escribió en aquellos años, como *El ocho de diciembre, tributo católico a María* (1877),

compilación de poemas propios y ajenos en defensa de la Inmaculada Concepción.

Mayor interés merece la poesía política y patriótica en sincronía con los acontecimientos de interés histórico y nacional. Gran parte de estas composiciones estaba destinada a enjuiciar o arremeter de forma satírica contra destacadas figuras de la vida pública colombiana. Uno de los más combatidos por sus ideas políticas fue Miguel Antonio Caro. Completan este panorama las poesías de circunstancias y la sección en defensa de la homeopatía, ciencia que milagrosamente le había salvado de una grave enfermedad. Ambas modalidades pueden inscribirse en una misma línea poética. Más que nunca Pombo pone a prueba su extraordinaria facilidad versificadora.

Dentro de esta etapa, el soneto «De noche» (1890) es una doble despedida: del mundo y de la poesía; la vejez, esa «viajera nocturna» a la que alude el verso de Chateaubriand que le sirve de epígrafe, lo aleja más y más de la vida, apenas ya un vago rumor, y el poeta emprende la ascensión en una especie de viaje sideral:

> No ya mi corazón desasosiegan
> las mágicas visiones de otros días.
> ¡Oh Patria! ¡Oh casa! ¡Oh sacras musas mías!..
> ...¡Silencio! Unas no son, otras me niegan.
>
> Los gajos del pomar ya no doblegan
> para mi sus purpúreas ambrosías;
> y del rumor de ajenas alegrías
> sólo ecos melancólicos me llegan.
>
> Dios lo hizo así. Las quejas, el reproche
> son ceguedad. ¡Feliz el que consulta
> oráculos más altos que su dueño!
>
> Es la Vejez viajera de la noche;
> y al paso que la tierra se le oculta,
> ábrese amigo a su mirada al cielo.
>
> (*PC*, 249.)

OBSERVACIONES FINALES

El fundamento vital de la poética pombiana se alza sobre tres pilares: religión, amor y poesía. Para Pombo la religión y la poesía eran dos verdades afines:

> La religión y la verdadera poesía son gemelas, y tan parecidas una a otra que tal vez son una misma cosa, dos faces de un mismo astro, dos revelaciones de una misma verdad: innatas ambas en el corazón del hombre, juntas aparecieron sobre las colinas del salvaje, juntas nos dignifican con aspiraciones infinitas, consolaciones excelsas i promesas inmortales i juntas van a satisfacerse con su plenitud en el seno de Dios, en la parte sublime de nuestro ser.

---

8 Héctor H. Orjuela, ob. cit., pág. 121.
9 Rafael Maya, *Consideraciones críticas sobre la literatura colombiana*, Bogotá, Librería Voluntad, 1944, pág. 31.
10 Héctor H. Orjuela, ob. cit., pág. 133.

Un siglo más tarde, escribirá Octavio Paz en *El Arco y la lira:*

La experiencia poética, como la religiosa, es un salto mortal: un cambiar de naturaleza que es también un regresar a nuestra naturaleza original... Poesía y religión son revelación[11].

Pombo llama a la poesía «vicio divino». En su obra despunta el drama del poeta moderno: la aspiración de absoluto y la impotencia de las palabras para expresar lo inefable. En «El Valle» defiende que ninguna obra humana puede imitar la creación divina por excelencia, la Naturaleza:

Deja tu lira, poeta;
deja, pintor, tu paleta,
y tu cincel, escultor;
Naturaleza es mejor
que el signo que la interpreta.
...
Y ella nos da corazón,
su obra más perfecta y bella,
por cuya fiel mediación
misteriosa comunión
alimentamos con ella

(*PC,* 778-779.)

Al asociar los términos belleza-bondad, estética-ética, Pombo acata los principios que rigieron el ideal estético del romanticismo europeo expresados por Keats en su «Oda a una urna griega»; por otra parte, tal vez al atribuir a la naturaleza cualidades morales que puedan servir de modelo al hombre le provenga del contacto con Emerson, autor que influyó de modo significativo en la simbología martiana.

El otro fundamento de su estética —el amor— también está asociado a la religión. Una concepción religiosa de raíz cristiana subyace en el ideal amoroso de Pombo: la búsqueda del paraíso perdido ligada al sentimiento de la caída y del pecado. El idealismo romántico de Pombo le hace ver en Dios la única posibilidad de amor absoluto y eterno, aunque a veces le asalte la duda y caiga en el escepticismo más extremo.

En relación con el lenguaje, gustaba Pombo de mezclar los estilos y utilizar el lenguaje común; en una carta a Menéndez Pelayo confiesa su afición a usar «voces o modos vulgares» por ajustarse con más exactitud a la fuerza de la intuición, pues el lenguaje común seleccionado debidamente enriquecía de modo insospechado las posibilidades del idioma. En los últimos años la poesía del escritor colombiano presentaba elementos de renovación difíciles

de atribuir a la estética romántica; más bien, el contacto con los escritores modernistas, cuyas publicaciones conoció a través de revistas o en las tertulias de *La Gruta Simbólica* dejó filtrar algunas influencias, si bien insuficientes para cambiar el estilo peculiar del poeta.

Pombo era muy celoso en los aspectos formales de sus versos. Los metros fueron tan variados como los temas poéticos que manejó, pero manifestó especial predilección por el endecasílabo y el octosílabo, a veces en combinación con otros metros. A semejanza de tantos románticos, prodigó el esdrújulo, que no su abuso; contra dicho vicio escribió una composición satírica titulada «Doña Pánfila o el sanalotodo». Contribuyó a la expansión de la octava aguda en América con «Angelina,» y las décimas de «La hora de tinieblas» figuran entre las mejores de Hisponoamérica. Por último, el empleo frecuente del soneto en los últimos años presupone una actitud renovadora al anticiparse al desarrollo que posteriormente adquirirá en el modernismo.[12]

No es posible desvincular las ideas estéticas de Pombo de su visión del mundo. La postura ideológica del autor corresponde a un hombre de la segunda mitad del siglo XIX influido por las ideas positivas, con el firme propósito de educar al individuo y a la sociedad más allá de aspiraciones meramente nacionalistas. Su afán de universalidad, la defensa del panamericanismo, según la idea bolivariana, y el antiimperialismo lo aproximan a los modernistas, de la misma manera que su falta de antihispanismo lo alejaba de los románticos. No obstante esta actitud no contradice la exaltación poética de la tierra colombiana, lo genuinamente americano y la evocación de las gestas y héroes del pasado: Bolívar, Sucre, Caldas, Nariño y otros.

Por último, una singularidad del talante ideológico del colombiano es un eclecticismo que le induce a conciliar, por encima de actitudes partidistas, su ideología tradicional con la del partido liberal; en lo estético, este afán se traduce en la conciliación de lo antiguo con lo moderno, lo clásico con lo romántico.

Es verdad que la obra de Pombo peca de irregularidad, cierto que junto a hallazgos ex-

---

[11] Octavio Paz, *El Arco y la lira,* México, FCE, 1973 (4.ª reimp.), pág. 137.

[12] Menéndez Pelayo valoró así la poesía de Pombo: «Sus versos no exentos de dureza a veces, pero henchidos siempre de altos pensamientos y de un modo de sentir la vida y la naturaleza hondo y viril y nuevo en nuestra literatura, ora recuerdan a Byron, ora a Leopardi, ora a Longfellow, ora a Cullen Bryant sin que la semejanza sea nunca imitación, ni deje de sobreponerse a todo la vigorosa y saludable naturaleza del poeta.» (*Bibliografía hispanolatina clásica: Horacio VI* (*Obras completas,* XLIX,) Madrid, CSIC, 1951, pág. 181.

cepcionales hilvana versos deplorables, pero pocos poetas tuvieron su versatilidad y constancia creadora. Como dijo Gómez Restrepo, «buscó la grandeza del conjunto más que la perfección en los pormenores», y en su búsqueda nos legó uno de los trabajos más completos de la poesía romántica hisponoamericana.

BIBLIOGRAFÍA

OBRAS

POMBO, Rafael, *Poesías,* 2 vols. Edición oficial hecha bajo la dirección de Antonio Gómez Restrepo, Bogotá, Imprenta Nacional, 1916-17.
— *Poesías completas,* Estudio preliminar de Antonio Gómez Restrepo. Prólogo, ordenación y notas de Eduardo Carranza, Madrid, Aguilar, 1957.
— *Poesía inédita y olvidada.* 2 vols. Edición, introducción y notas por Héctor H. Orjuela, Bogotá, Instituto Caro y Cuervo, 1970.

CRÍTICA

CAPARROSO, Carlos Arturo, «Rafael Pombo», en *Dos ciclos de lirismo colombiano,* Bogotá, Instituto Caro y Cuervo, 1961, págs. 45-77.
GÓMEZ RESTREPO, Antonio, «Rafael Pombo», en *Historia de la literatura colombiana,* IV, Bogotá, 1946, págs. 117-163.
MANJARES POLO, Himera, *Rafael Pombo y su obra literaria en Colombia,* Madrid, Facultad de Filosofía y Letras, 1960.
MAYA, Rafael, «Rafael Pombo», en *Consideraciones críticas sobre la literatura colombiana,* Bogotá, Librería Voluntad, 1944.
MENÉNDEZ PELAYO, Marcelino, *Bibliografía hispano-latina clásica: Horario, IV, V, VI (Obras Completas, XLVII, XLVIII, XLIX,)* Madrid, Consejo Superior de Investigaciones Científicas, 1951.
ORJUELA, Héctor H., *Biografía y Bibliografía de Rafael Pombo.* Bogotá, Instituto Caro y Cuervo, 1965.
— *La obra poética de Rafael Pombo,* Bogotá, Publicaciones del Instituto Caro y Cuervo, 1975.
PACHÓN GÓMEZ, Lilia, *La poesía de Rafael Pombo,* Bogotá, Pax, 1950.
REID, John T., «Una curiosidad metrica en la literatura colombiana», en revista *Universidad de Antioquia* (Medellín, VIII, núm. 29, 1938, páginas 5-16.)
RODRÍGUEZ GUERRERO, Ignacio, «Ensayo sobre don Rafael Pombo», en *Anales de la Universidad de Nariño,* Pasto, I, núm. 3, diciembre 14 de 1933.
Vv. AA. (A. Gómez Restrepo, Juan Valera, Marcelino Menéndez Pelayo, Antonio Rubio y Lluch), *La Literatura Colombiana,* Bogotá, Biblioteca de Autores colombianos, 1952.

José Zorrilla de San Martín

RÓMULO COSSE

EL AUTOR Y LA ÉPOCA

Como es sabido Zorrilla se inscribe, en términos generales, en la línea dominantemente romántica de la literatura latinoamericana, que se consolida en la segunda mitad del siglo XIX. Esta afirmación aparentemente elemental y obvia (y en cierto sentido lo es) impone dos distinciones. Por un lado se dice «en términos generales», con lo cual estamos relativizando su alcance, en virtud de que tal caracterización es aplicable a textos como *La Leyenda Patria* (1879) y *Tabaré* (1888), pero no a *La Epopeya de Artigas* (1910), que constituye sin embargo una producción fundamental, de un realismo «esencial y sintético» a un tiempo[1]. En segundo término, no hablamos de *período romántico* sino de *línea,* con el propósito de anticipar el hecho de que en la misma etapa del desarrollo social de los pueblos latinoamericanos —que rápidamente podría caracterizarse en este caso como la del establecimiento del «estado oligárquico»[2]—, distintas tendencias coexisten en el tiempo y pueden llegar a hacerlo inclusive en el interior de una misma obra. Sobre el primer problema —caracterización global de la obra de Zorrilla— regresaremos luego, y sobre el segundo —el romanticismo latinoamericano—, debido a la índole de este trabajo sólo propondremos algunas escuetas observaciones.

Como ya ha señalado Jean Franco, el romanticismo latinoamericano fue básicamente conservador, católico e imitativo. Lo cual puede entenderse, en oposición con el europeo, por la ausencia de un fuerte proceso de industrialización y la presencia en cambio, del mundo del estanciero, del cafetalero, etc., o sea de la estructura latifundiaria del capitalismo durante buena parte del siglo XIX (piénsese en *Cumandá* y *María)*[3]. De manera que si en Europa es posible hablar de tendencias románticas contradictorias (unas conservadoras y otras adyuvantes de las luchas antifeudales y de liberación nacional —como en Italia, Polonia y Hungría—), en América Latina el movimiento parece dominado hegemónicamente por la dirección conservadora[4]. Y es en este marco donde encuentra su sitio buena parte de la obra de Zorrilla, como ya lo apunta Federico Alvarez:

> Defiendo la idea de que la incipiente burguesía hispanoamericana se expresa literariamente, a raíz de la independencia, en el marco de un extenso eclecticismo, del que muy pronto se va desgajando el realismo cimero, progresista, social, de nuestras más altas figuras decimonónicas. Junto a él se desarrolla también un extenso y caótico movimiento de imitación servil a los modelos románticos europeos, cúmulo de *pastiches* (...) y por último un romanticismo cabal, forzosamente tardío y mitigado (del que es ejemplo, para este autor, *Tabaré)*[5]

Introducimos ligeras puntualizaciones a estos conceptos. Una, que el modificador *mitigado* parece responder todavía a una pauta europea, puesto que se mitiga al parecer respecto al modelo canónico. Sería más justo hablar de especificidad, en cuanto a su peculiar combinatoria con elementos realistas. Dos, al ejemplo de *Tabaré* hay que sumar *La Epopeya,* cuando menos en ocasión de mencionar la citada imbricación romántico-realista, que modularmente los encuadra.

EL AUTOR Y LA OBRA

Perteneció Zorrilla a una vieja familia patricia en cuya intimidad, rodeado de tías y abuela —su madre había muerto cuando él tenía sólo un año y medio y el padre entre aus-

---

[1] Ver al respecto, *Vida de Juan Zorrilla de San Martín,* de Domingo Luis Bordoli, Rex, Montevideo, 1961. Este libro, como tantas obras capitales, significa mucho más de lo que su título —circunstancial— parece indicar. Acerca del realismo y del romanticismo en *Tabaré* y en *La Epopeya,* son particularmente reveladoras las págs. 53 (donde entre otras cosas se recoge un certero análisis formulado por Gabriela Mistral); 86-87 y 101.

[2] Para un acercamiento sociológico a este concepto, ver de Agustín Cueva, *El desarrollo del capitalismo en América Latina,* Siglo Veintiuno, México, 1977; en tanto que para considerar sus relaciones con las tendencias literarias del siglo XIX, Rómulo Cosse, *Crítica latinoamericana,* Universidad Veracruzana, México, 1982, págs. 37 y ss. (sobre periodización).

[3] Jean Franco, *Historia de la literatura hispanoamericana,* Ariel, Barcelona, 1975, págs. 97, 115-116.

[4] Roberto Fernández Retamar, *Para una teoría de la literatura hispanoamericana.* Nuestro Tiempo, México, páginas 105-106.

[5] Federico Alvarez, «¿Romanticismo en Hispanoamérica?», en *Actas del Tercer Congreso Internacional de Hispanistas,* México, 1970, págs. 75-76.

Zorrilla de San Martín recitando en público.

tero y distante venía a verlo una vez cada día—, creció hasta los nueve, edad a la que fue enviado al Colegio Jesuita de Santa Fe, Argentina[6]. Una vez terminada la enseñanza media se traslada a Chile para cumplir la etapa universitaria, de donde regresará a los veintitrés años, en 1878, con el título de abogado. Fue durante todos estos años, constante visitador de ambientes conventuales, de forma que patios, claustros, soles y silencios, alternados con exitosas lecturas públicas darán la tónica de su vida juvenil. Y al respecto vale decir, sin pretensiones de extrapolaciones fáciles y mecánicas del tipo vida-obra, que es posible establecer algunas relaciones entre ambas esferas, no para explicar el sistema poético en sí, sino el acto de su producción. En tal sentido, no son intrascendentes para esclarecer el origen de la faceta más conservadora de su escritura su extracción social —hijo de un poderoso terrateniente, español, conservador y católico— y la formación obtenida en colegios e instituciones privadas, lejos del liberal y polémico clima universitario montevideano. Por ahora subrayamos tales hechos y proponemos la hipótesis de trabajo, de que éstos actuarán como poderosos determinantes de la producción en su línea conservadora. Pero, y para no olvidar la dialéctica de lo real, simultáneamente consignamos como los factores de inciden-

cia opuesta, o sea favorables a las transformaciones sociales progresistas, el conocimiento y la investigación histórica sobre las luchas independentistas y en especial artiguistas. (Cabe consignar aquí, que con miras a la escritura de *La Epopeya de Artigas,* Zorrilla intensificó sus lecturas históricas y puede decirse, estuvo al más alto nivel de su tiempo.)[7]

Ya en Montevideo, apenas un año después de su regreso de Chile, en mayo de 1879, realiza la célebre lectura de *La Leyenda Patria,* clamorosamente recibida y que en cierto modo lo instituyó poeta nacional[8]. Un año antes se había casado con Elvira Blanco.

En 1878 fundó el periódico católico *El Bien Público,* desde el cual participará durante los 80, muy activamente, en polémicas ideológicas, tanto en el terreno más abstracto como en el de la realidad política concreta e inmediata. Hay que recordar que por entonces se encontraba en Uruguay la sangrienta dictadura de Máximo Santos (que abarcó el período 1882-86), representante de los sectores más definidamente oligárquicos y reaccionarios del país. Zorrilla, desde posiciones cristianas, criticó violentamente el régimen y tuvo finalmente que asilarse en Argentina. Será entonces en Buenos Aires, donde se verificarán dos instancias decisivas de su historia personal. Una, la muerte de su esposa:

Llegaron los demás; un nudo estrecho
De aquellas ropas se formó.
Yo estrujaba la noche sobre el pecho.
La noche eran mis hijos, y era yo.

(Despoblación)

La otra, la conclusión de *Tabaré,* cuya dedicatoria estaba consagrada a aquella que luego se habrá de coronar con esta inscripción desgarrada:

Después de escrita esta página, que respeto hasta en sus incorrecciones, y antes de darla a la prensa, mi esposa ha muerto... He bendecido la voluntad de Dios que me la dio y me la quitó: he ofrecido a Dios, como holocausto propiciatorio, los pedazos de mi corazón que Él destrozó. Con la absoluta evidencia que da la fe, sólo veo en el dolor el nuncio de las divinas misericordias. Sea[9].

[6] El término «patricio» alude a las viejas y aristocráticas familias, descendientes de los colonizadores, a veces —como en el caso de Zorrilla— decorado su pórtico con algún despintado blasón y al presente dueños en su mayoría de considerables extensiones de campo. Ver al respecto, de C. Real de Azúa, *El patriciado uruguayo,* Asir, Montevideo, 1963.

[7] D. L. Bordoli, ob. cit., págs. 85-88.

[8] Todo el episodio del concurso para celebrar, conjuntamente con la inauguración de un monumento conmemorativo, la independencia, su descalificación del mismo por no ajustarse el texto a las bases, la lectura en el acto y la reacción del público han sido contadas detalladamente por Lauxar. Ver Lauxar, *Motivos de crítica,* Barreiro, Montevideo, 1965, págs. 79-80.

[9] J. Zorrilla de San Martín, *Tabaré,* Porrúa, México, 1976, pág. 40. (En adelante se identificarán solamente los números de la paginación.)

Ya caído Santos retorna a Montevideo y al periodismo, que interrumpirá cuando pase a desempeñar tareas diplomáticas en Madrid y París; terminadas las cuales cumple funciones docentes, una vez más en Montevideo, enseñando Derecho Internacional Público y Teoría del Arte en la Universidad de la República, en tanto que estudia Historia y se prepara para producir *La Epopeya.* Arribados ya a la década inicial del siglo XX, como se sabe el momento de mayor expansión del modernismo, Zorrilla levanta por fin, en 1910, aquel texto según otros objetivos estéticos e históricos y en consecuencia en virtud de otros procedimientos. Aquí se plasmará en efecto, el paradigma adelantado a propósito de *Tabaré:* el arte es «la alta verdad inoculada en la ficción», o como señalaba Goethe, «afán de verdad y placer en la ilusión»[10].

Morirá el escritor en Montevideo, en su casa de Punta Carretas, a comienzos del verano de 1931.

LA EPOPEYA DE ARTIGAS[11]

Una primera cuestión: como casi todos sus escritos, también este inusual friso histórico-epopéyico, se instaura a partir de una ruptura tan clara con las formas narrativas institucionalizadas, que puede sostenerse que el mismo constituye una nueva e inédita variante genérica. Así y descartada obviamente la posibilidad de que se trate de una novela histórica, veamos rápidamente algunas de sus complejidades compositivas, tomando como criterio diferencial las funciones del lenguaje según Jakobson, lo cual al mismo tiempo involucra la consideración implícita de los géneros (la épica «centrada en la tercera persona implica con mucha fuerza la función referencial; la lírica orientada a la primera persona, está íntimamente vinculada con la función emotiva; la poesía de segunda persona está embebida de función conativa (...)»[12]. Con esta base pueden detectarse algunos pasajes dominados por la función conativa, materializada en las invocaciones del narrador al lector o a los sujetos del propio discurso (que se desdobla por tanto

Fotografía con dedicatoria autógrafa y firma del autor (1905).

en un metalenguaje)[13]; otros por la referencial (como cuando se acerca al estilo del historiador que sistematiza hechos y transcribe documentos o al del poeta épico que despliega el relato de la hazaña)[14]; pero los hay todavía donde se privilegia la función poética por la acentuación de la metáfora[15]. Tan compleja y pendular estructura en una obra extensa, constituye una seria dificultad para el análisis; pero ello no es todo, puesto que en la misma se encuentran presentes y actuantes como diseñadores de su lenguaje y de su organicidad, elementos ideológicamente conservadores y otros democráticos y progresistas. La primera de estas tendencias se puede apreciar por ejemplo, cuando acepta la colonización como una especie de don superior; en tanto que la segunda, al hacer luego y contradictoriamente el análi-

[10] *Tabaré* (38); *Fausto* (Trad. Roviralta), Porrúa, México, 1974, pág. 5.

[11] En 1907 el autor fue encargado de redactar una Memoria del proceso artiguista que sirviese de documentada información a los escultores concursantes para un bronce en homenaje a Artigas, que se emplazaría en la Plaza Independencia. Esa Memoria fue *La Epopeya* (5 Ts.).

[12] R. Jakobson, *Ensayos de lingüística general,* Seix Barral, Barcelona, 1975, págs. 352-360.

[13] «Quisiera que os asomárais un momento»; y «Sangre fría de la raza muerta! (...) indio sin patria y sin sepulcro: Andrés Artigas, simbólico Andresito!». *La Epopeya de Artigas,* Barreiro, Montevideo, 1963, T. 3, pág. 93 y T. 4, página 241 (En adelante daremos el Tomo y la página).

[14] «La invasión portuguesa hace irrupción por tres puntos del Norte (...)» (T. 4, pág. 21).

[15] «(Artigas) infunde alientos en sus huestes fieramente agonizantes, que, con sólo mirarlo se consideran inmortales. (...) en esas ásperas serranías todo sangraba, todo se inmolaba» (T. 4, pág. 171).

sis objetivo, da la real sustentación del fenómeno colonial: esclavitud y monopolio[16]. Frente a estos problemas, optamos en consideración al breve espacio disponible, por tomar el orden de componentes, la metáfora, que adquiere el carácter de dominante para trabajar otros con mayor brevedad aún y en su condición de variable o dependiente[17]. Por lo tanto, proponemos la metáfora como el rasgo específicamente poético del texto, como su constante estructuradora más fuerte y subordinante.

A su vez y en cuanto a los pocos ejemplos factibles de examen, hemos elegido pasajes que ilustran la figura de Artigas, sin duda el eje — en lo que atañe a los sujetos de la acción— del libro. Así, al narrar el llamado *Éxodo del pueblo oriental,* que en 1811 dejó semidespoblado el territorio de la antigua Banda Oriental, se lee:

> Y Artigas tomó entonces a su pueblo, a todo su pueblo, y lo cargó en sus hombros de gigante. Y dijo: ¡Vamos! (T. 3, pág. 263)[18].

Como pocas, esta metáfora se satura de una rica implicación ideológica; «lo cargó en sus hombros», ahí está plenamente encarnado el concepto de dirigente —en el fondo tan opuesto al de líder—, como el de un representante y responsable a un tiempo de las determinaciones populares.

Entre tantos otros pasajes, podemos apelar a uno donde las funciones del lenguaje que arriba se reseñaron entran en espléndida combinación. Se trata de una de las últimas batallas exitosas de Artigas, acosado por la alianza de la oligarquía porteña y el imperio portugués, en 1919, es la victoria de Santa María, sobre el brigadier Abreu:

> Es un relámpago agonizante, a cuya luz se ve a Artigas, franjeado de fuegos de fragua cósmica, altivo, firme en su fe y su propósito, sereno como un mito, escribir sobre el arzón de su caballo sudoroso, su postrera imprecación:
> (al Congreso de Buenos Aires)
> Merezca o no Vuestra Soberanía la confianza de los pueblos que representa, es al menos indudable que debe celar por los intereses de la Nación. Ésta protestó contra la pérfida coalición de la administración directorial con la corte de Brasil; los pueblos, revestidos de dignidad, están alarmados, justamente, por la seguridad de sus intereses y los de América (T. 5, pág. 36).

Es un fragmento que constituye una audaz solución, ya que al párrafo inicial dominado —en razón de la preeminencia estilística metafórica— por la función poética sigue un segundo que en términos aristotélicos instituye la mímesis absoluta, esto es, la cita[19]. O sea que Zorrilla logra la intersección operativa de dos conceptos de productividad textual: el primero según la combinatoria —la metáfora—; el segundo, según la incorporación o inserción —la interpolación. Veamos la situación más de cerca. El párrafo inicial aprehende lo particular anecdótico —la batalla, el heroísmo de unos hombres concretos en un minuto concreto de su existencia—, del que retiene y expresa lo fundamental y deja de lado lo accesorio. Porque el lector ya sabe de la redistribución de las tierras fértiles, de las bibliotecas fundadas, del «sean los más infelices los más privilegiados», del efectivo funcionamiento de la representatividad política. Por eso sabe asimismo lo sustancial de ese «relámpago» que agoniza y no se interesará por detalles superfluos del combate. De manera que ese particular se carga inmediatamente —en el proceso de la lectura— de un alcance general y la derrota —«ese relámpago agonizante»— de un hombre y su ejército es entonces la derrota de las posiciones más avanzadas del proceso independentista. Más aún, la inmediata interpolación del texto de la carta de Artigas —con lo cual la estructuración del libro no se basa en nuevas combinatorias del lenguaje sino en la combinatoria *intertextual,* o sea en la recuperación e integración de otros textos— eleva el sentido a un mayor grado todavía de genera-

---

[16] Una concreción de la inclinación neocolonizada: «No seremos nosotros, los americanos, los que le reprochemos (a España) *la genial locura* que nos engendró (...)» (T. 1, pág. 93. Subrayado nuestro); en cambio la tendencia liberal y crítica se objetiva en estos términos: aquella *servidumbre* del pueblo, y sobre todo del indio; (...) aquel orgullo, sobre todo, aquel desdén del español (...); aquel *monopolio comercial de la metrópoli;* aquella prohibición, en América, de toda industria o cultivo que pudieran hacer competencia a los de la península (...) (T. 1, pág. 93. Subrayado nuestro).

[17] Para el concepto de dominante ver: J. Tinianov, «La noción de construcción» y «La evolución literaria», en *Teoría de la literatura de los formalistas rusos,* Brik y al., Siglo XXI, México, págs. 87, 97-98; R. Jakobson, «La dominante», en *Questions de poétique,* Seuil, París, 1973, páginas 145 y ss. Para el de variable, J. Labastida, «Marx: ciencia y economía política», *Plural,* Segunda época, Vol. VI, número 74, nov. 1977, pág. 52.

[18] En 1811, los orientales estaban acosados desde el norte por la invasión portuguesa, y tenían en el sur al Virrey Elío en Montevideo, y más allá en Buenos Aires una Junta capaz de cualquier alianza —con un representante en Río— para aislar al mayor dirigente revolucionario del Plata (muerto el argentino Mariano Moreno, con quien compartía esa vanguardia). Pero aún por encima de todas esas fuerzas, Inglaterra. Artigas entonces levanta el sitio de Montevideo, para cruzar el río Uruguay al norte y acampar con su pueblo en Entre Ríos, Argentina.

[19] Aristóteles, *El arte poética,* Espasa-Calpe, Madrid, 1976, pág. 76; G. Genette, «Fronteras del relato», en *Análisis estructural del relato,* Barthes y al., Tiempo Contemporáneo, Buenos Aires, 1970, págs. 193-194.

lidad, por cuanto abarca la situación política de gran parte de la costa atlántica del continente[20]. Magnífico ejemplo de un particular que expresa la totalidad. Es la misma técnica constructiva que cuando relata más adelante sus últimos momentos:

> [Artigas] camina sobre los aires negros; (...) es serenidad flotante entre las ráfagas.

El coronel Cáceres, que, de antiguo soldado de Artigas se ha convertido en brazo de Ramírez, escribe en sus Memorias: «Era tal el prestigio de este hombre que, a pesar de sus continuas derrotas, en su tránsito por Corrientes y Misiones salían los indios a pedirle la bendición y seguían con sus familias e hijos en procesión detrás de él, abandonando sus hogares» (T. 5, pág. 75).

Y si en cierto sentido, como apunta Zorrilla una página más adelante, «los verdaderos poetas no inventan nada *propiamente; no condu*cen a sus héroes (históricos) sino que son conducidos por ellos» (T. 5, pág. 76) *sí inventan la dicción de la historia.* Inventan *La Epopeya,* el canto que expresa en la metáfora y en la interpolación la más alta tipicidad social[21].

TABARÉ

Acerca de *Tabaré* (1888) hay que reasumir, pero en distintos términos, la cuestión del género como estructura, ya que tampoco aquí es posible sin violencias, una inclusión en los modelos canónicos. Por ello es ocioso plantearse como Valera, el problema, retórico en verdad, de si el texto es épico o lírico, a partir de paradigmas europeos[22]. En *Tabaré* la cuestión es otra, para cuya distinción retomaremos la categoría de dominante, pero dándole en este caso una acentuación particularmente dialéctica, tal como se la concede Lotman. En efecto, cuando éste analiza la estructura del significado recuerda que no se puede descubrir la función de sus elementos si no se establece *la relación* entre los diversos órdenes de los mismos (por ejemplo, entre los sintácticos y semánticos, entre los espaciales y los temporales, etc.)[23]. Más aún, en muchas obras se pre-

sentan diferentes «estratos», pero ninguno de ellos contiene por sí solo el significado de la totalidad, el que surge como «resultado de su proyección mutua»[24]. Así ocurre exactamente en *Tabaré* con la descripción espacial y la historia; la obra existe, se levanta y adquiere una significación a partir y con fundamento en esa dualidad, en esa diferencia, que es también una conjunción.

Según todo esto distinguimos dos series de componentes: tramos descriptivos y tramos narrativos, cuya relación dialéctica constituye el fundamento organizativo del poema. Pero veamos esto mejor. Los tramos descriptivos pueden ser relativamente extensos (como en el Libro I, Canto I, series 1, 2 y 3; L. II, C. V, serie 1 y C. II, serie 1) o tan breves como dos versos (L. III, C. I, serie 6, estrofa 5.ª ver. 3.º y 4.º —que constituyen una inolvidable captación de los silencios submarinos—)[25]. Los tramos narrativos (L. I, C. I, serie 7; L. II, C. I, serie 5; L. III, C. II, serie 4 y ss.) refieren una historia que puede retenerse por lo menos en lo sustancial, en esta reseña: el cacique Caracé, después de un ataque al invasor español, conserva una cautiva —Magdalena— con quien tendrá un hijo: Tabaré. Años más tarde y al avanzar las guerras de la conquista otro jefe español hace prisionero a un indio de ojos claros y aire extraño: Tabaré. No obstante, Gonzalo, el español, resuelve dejarlo en libertad, en parte conmovido por la profunda tristeza que refleja continuamente su rostro. Pero es entonces cuando las tribus también charrúas acaudilladas por Yamandú atacan el fortín y el propio Yamandú rapta a Blanca, hermana de Gonzalo. Tabaré, que amaba de manera distante y silenciosa a la joven, da muerte a Yamandú y cuando regresa al campamento con Blanca en sus brazos para restituirla a los suyos, es a su vez y por error muerto por el jefe español. La obra se cierra con el llanto de Blanca ante el cadáver del charrúa. Esta historia, así tomada, con abstracción de los restantes elementos que componen su totalidad, no es sino una trama convencional; pero es justamente a partir de aquí cuando los conceptos de Lotman cobran vigencia: el sentido verdadero de la obra es el producto de la interacción entre el orden narrativo y el descriptivo. De manera que comenzaremos por analizar algunos factores del campo narrativo para luego ver cómo se vincula con la descripción y se

[20] Acerca del concepto de *intertextualidad,* ver: J. Kristeva, *Semiótica* (2), Fundamentos, Madrid, 1978, páginas 66-69; *Theorie d'ensemble,* Du Seuil, París, 1968, páginas 298-299, 311-312; A. Greimas, *Sémiotique,* Hachette, París, 1979, págs. 310-311; 194.

[21] Esto implica el carácter instrumental de la literatura, que, entre otros, destacó ya Portuondo. Ver, J. A. Portuondo, «Literatura y sociedad», en *América Latina en su literatura,* Siglo XXI/Unesco, México, 1978, pág. 391.

[22] J. Valera, «Carta a don Luis Alfonso», en *Tabaré,* Estrada, Buenos Aires, 1950.

[23] I. Lotman, *Estructura del texto artístico,* Istmo, Madrid, 1978, pág. 56.

[24] *Ibid.,* págs. 58-59 (ver también 240-241).

[25] El poeta ha fijado el puro movimiento de los espacios acuáticos: «Esos remolinos que las barcas / hacen surgir del fondo de las linfas» (pág. 144), estos espirales silenciosos e interiores están puestos para sugerir el ensimismamiento doliente de Tabaré.

produce la interpenetración entre ambos ordenamientos.

LOS SUJETOS DE LA ACCIÓN

En este plano, Tabaré aparece como el personaje protagónico (en el sentido de sujeto del quehacer transformador y dinámico del relato)[26]. En efecto, éste asume el carácter de impulsor de la acción durante considerables segmentos narrativos (escenas del fuerte en el L. II, C. II y ss. y del rescate de Blanca, que obviamente incluyen la secuencia de su combate con Yamandú, en L. III, C. IV), al mismo tiempo que con su historia se abre el poema, así como con su muerte se clausura. Esto lo coloca claramente en un sitio privilegiado en cuanto a cohesión y solidaridad compositiva se refiere. Pero hay que apuntar asimismo que comparte dicha función con el resto de los personajes: con Caracé, que la ejerce en el asalto inicial de los charrúas a los conquistadores —L. I, C. II—; con Abayubá, en una secuencia de batalla —L. II, C. I—; con Yamandú, que lleva adelante el ataque al fortín y rapta a Blanca —L. III. Este equilibrio inestable respecto del ejercicio de la función protagónica constituye un gran acierto, puesto que se trata de cantar no al héroe individual sino la elegía por el trágico fin de una colectividad a la par que señalar el hecho histórico de la conquista como aniquilador y fundador a un tiempo.

Se pueden considerar ahora algunas de estas figuras con cierto detenimiento, por ejemplo, Gonzalo de Orgaz, de quien se dice:

Olvidó muchas veces en la lucha
el toque a retirada;
era noble y valiente, noble y bueno,
bueno y celoso de su estirpe hidalga (página 84)

notoriamente idealizado —parece un Cid en América— al margen de la realidad de la conquista, cuestión que el propio autor corregirá en gran parte en *La Epopeya* (ver aquí n. 16). En cambio da al texto, trágica y bellamente algunos momentos de la resistencia charrúa, como al referir la muerte de Abayubá:

¡Cómo cayó! Al sentirse
pasado por el hierro de una lanza,

trepó por ésta, hasta morir, cortando
con el diente afilado por la rabia,
la rienda del caballo, en cuya grupa
el español acaba
con el puñal, la destructora brega
que la ocupada lanza comenzara. (pág. 77)

Dos cosas hay cuando menos para indicar sobre el pasaje. Primero, la fuerza y crueldad del realismo profundo (que nunca hay que confundir con «verosimilitud», porque nada hay tan inverosímil —increíble— como esta escena) condensado en ese verbo, «trepó», que materializa el esfuerzo empeñado en una batalla perdida, en un ir a la muerte. Y luego, que el procedimiento narrativo privilegia semánticamente al héroe charrúa, puesto que al consignar una acción en pasiva («pasado por el hierro») se minimiza la importancia del español, y al narrar la otra metafóricamente («trepó»), se instituye al cacique como coprotagonista de su propia catástrofe. Sin duda es Abayubá el modelo heroico propuesto. Y son versos como los citados los que expresan la aprehensión poética de «la tribu errante del Uruguay» (pág. 83) en el instante histórico de su desaparición como colectividad independiente.

LA FUNCIONALIDAD, RESPECTO DEL RELATO, DE LOS ELEMENTOS ESPACIALES

Con esta designación queremos destacar el carácter relacional de la descripción y por lo tanto su justificación en la obra. (Recordemos que el sentido de ésta es, justamente, tal relación.) Ahora bien, si partimos de que en todo relato es posible inscribir descripciones funcionales —aquellas que están al servicio del desarrollo de la acción o de la caracterización de sus protagonistas— o decorativas —desde luego, las que no cumplen dichos objetivos, como el célebre pasaje dedicado al escudo de Aquiles en la *Ilíada*—, podemos advertir que en *Tabaré* la espacialidad satisface un profundo papel constructivo, aunque a primera vista en muchos casos parezca desvincularse de la acción[27]. Según esto, se impone distinguir en el poema dos órdenes de segmentos especiales, pero ambos con la calidad de variantes de la *descripción funcional*. Veamos uno. A veces la unidad espacial es introducida en virtud de una articulación sintáctica, como ocurre cuando configura una oración subordinada adverbial destinada a plasmar una de las célebres fórmu-

---

[26] Sobre personajes y función protagónica ver: A. Greimas, *Semántica estructural,* Gredos, Madrid, 1971, páginas 263-284; *Sémiotique,* ob. cit. (donde el concepto de actante reemplaza al personaje), págs. 3-4 y 150-153; Ph. Hamon, «Pour un statut sémiologique du personnage», en *Poétique du récit,* Du Seuil, París, 1977, págs. 136-139; J. Courtés, *Introduction à la Sémiotique narrative et discursive,* Hachette, París, 1976, págs. 60 y ss.

[27] Los criterios manejados aquí son debidos al estudio de G. Genette, «Fronteras del relato», en *Análisis estructural del relato,* ob. cit., págs. 198-201.

las comparativas de tan ilustre línea epopéyica. Así pasa con las manos de Abayubá:

> (...) sus manos, que, hiriendo con la maza,
> eran rudas y fuertes, *como el viento*
> *que sopla al Uruguay desde las pampas.*
>
> (77. Subrayado nuestro)[28]

Como se ve, la esfera descriptiva está directamente —para ser más específicos, sintácticamente— ligada a la narración por el relativo «como». De tal modo que lo descriptivo-geográfico, se incorpora inmediatamente al relato por la vía del eslabón sintáctico que otorga una modalidad atributiva al sujeto. Bien, pero ahora cabe la pregunta: ¿es importante la comparación o no? Cuestión que permite observar un segundo plano del texto. Tal vez la referencia modal al viento no aporte una especificación importante sobre cómo eran las manos del cacique, pero no obstante ello instauran un elemento globalmente operativo: el famoso viento «pampero», nota sustancial del conocimiento empírico del campo rioplatense. Esta referencia fija y localiza fuertemente la acción en un contexto cultural. Así, más allá de desempeñar el papel de apoyo inmediato y directo al relato, crea y constituye una especie de sustrato sugeridor de significados de la clase fundamental que Gramsci llamó «humus cultural»[29].

De manera que estas comparaciones, por su identidad en este aspecto con las del segundo orden que veremos enseguida, actúan como poderoso homogeneizador de la totalidad.

El segundo tipo de segmentos espaciales puede representarse con los versos siguientes:

> El Uruguay y el Plata
> vivían su salvaje primavera;
> (...) Aún viste el espinillo
> su amarillo tipoy; aún en la yerba
> engendra sus vapores temblorosos,
> y a la calandria en el ombú despierta.

En cuanto al movimiento de los protagonistas, nada aporta fragmentos como el copiado. Es cierto. Empero, y recuperando la categoría gramsciana de «humus cultural», encontramos que estas circularidades, estas lagunas descriptivas puestas en medio del drama constituyen *también* la expresión de un tiempo histórico remoto y primigenio[30]. Esos espacios acuáticos, esos verdores, que por un momento ocupan el sitio relevante de sujeto del enunciado, colaboran, pues, a levantar la obra como unidad; y digámoslo por fin, *la dialéctica espacio-temporalidad organiza la plasmación elegíaca de la muerte de la cultura indígena, en las serranías orientales del río Uruguay.*

---

[28] Otros ejemplos semejantes: «sobre sus rostros penden los cabellos (de las indias viejas) / que el tiempo no blanquea / como retoños lacios y marchitos, / que aún de sus troncos vacilantes cuelgan. //» (153); «Y, en sus ojos, (de Yamandú) pequeños y escondidos, / las miradas chispean, / como las aguas negras y profundas, / tocadas por el rayo de una estrella. //» (159).

[29] A. Gramsci, *Cultura y literatura,* Península, Barcelona, 1968, págs. 268-270. Ver también G. Della Volpe, *Crítica del gusto,* Seix Barral, Barcelona, 1966, págs. 26 y 49-51.

[30] Al respecto ha escrito Bordoli: «Es difícil dar con un detalle más tierno, donde la mezcla de lo mental y lo sensual dando una idea de comienzo y una imagen de bruma, mantiene su carácter indeciso al mismo tiempo que hace entrever una pulsación exhuberante, y como apenas detenida. Ver: D. L. Bordoli, ob. cit., pág. 199. Queremos hacer aquí un modesto y silencioso homenaje (el único que le habría sido tolerable) al viejo y querido maestro.

BIBLIOGRAFÍA

Obras

Notas de un himno, Santiago, 1877.
La leyenda patria, Florida, Uruguay, 1879. (Se trata de una lectura pública.)
Tabaré, Montevideo, 1888.
Descubrimiento y conquista del Río de la Plata, Madrid, 1892.
Resonancias del camino, París, 1896.
Huerto cerrado, Montevideo, 1900.
Conferencias y discursos, Montevideo, 1906.
La epopeya de Artigas, Montevideo, 1910.
El libro de Ruth, Montevideo, 1928.
Obras completas, Montevideo, 1930.

Crítica

Histórica

a) *Sobre el tiempo de la historia,* es decir, el tiempo del universo evocado —en *Tabaré,* la conquista y en *La Epopeya,* el ciclo artiguista, fundamentalmente—.
De la Torre, N., y al., *Estructura económico-social de la Colonia,* Montevideo, 1968.
— *Artigas: tierra y revolución,* Montevideo, 1967.
b) *Sobre el tiempo del escritor,* instauración del estado oligárquico y fase propiamente burguesa.
Cueva, A., *El desarrollo del capitalismo en América Latina,* México, 1977.

ODONNE, J. A., *La formación del Uruguay moderno,* Buenos Aires, 1966.

REAL DE AZÚA, C., *El patriciado uruguayo,* Montevideo, 1963.

Literaria

ANDERSON IMBERT, E., «La originalidad de *Tabaré*», en *La cultura y la literatura Iberoamericana,* Memoria del Séptimo Congreso del Instituto Internacional de Literatura Iberoamericana, Berkeley, 1957.

BORDOLI, D. L., *Vida de Juan Zorrilla de San Martín,* Montevideo, 1961.

CARILLA, E., *El romanticismo en Hispanoamérica,* Madrid, 1958.

LAUXAR-O., ACOSTA, C., *Motivos de crítica,* tomo III, Montevideo, 1965.

PÉREZ PETIT, V., «Juan Zorrilla de San Martín», en *Nosotros,* núms. 124, 125 y 126, año XIII, vol. XXXIII, Buenos Aires, 1919.

ZUM FELDE, A., *Proceso intelectual del Uruguay,* Montevideo, 1941; «Prólogo» a *Tabaré,* Buenos Aires, 1950.

La poesía gauchesca

RODOLFO A. BORELLO

INTRODUCCIÓN

Un brevísimo panorama de la poesía gauchesca como éste, obliga a algunas observaciones previas tanto de tipo crítico como terminológico. Para nosotros la poesía gauchesca es un género poético, por tanto la estudiaremos como una manifestación literaria. Pero señalaremos —en cada caso— las muy especiales características que rodearon su nacimiento, su desarrollo y, en especial, la «situación» peculiar en que vivió durante gran parte del siglo XIX. Y destacaremos los aspectos en que su existencia se desarrolló de un modo distinto al de todas las manifestaciones literarias del resto de Hispanoamérica.

En cuanto a su origen y a sus notas específicas, es importante señalar ya en el comienzo, cuáles son las características que distinguen a la *poesía gauchesca* de los otros dos géneros con los que frecuentemente se la ha confundido: *la poesía tradicional* y la *poesía de los gauchos*. La poesía tradicional fue la traída por los colonizadores españoles durante los siglos XVI y XVII; se la ha encontrado hasta nuestros días en las zonas del centro, norte y noroeste de la actual Argentina (desde la provincia de Buenos Aires hasta Bolivia por el norte y hasta Chile por el oeste). Ha seguido existiendo en numerosas variantes de canciones líricas y romances hispánicos, ya fragmentados, ya contaminados. Su tema dominante no era rural ni campesino, sino que trata de amores, de asuntos líricos, y sus personajes y lengua son cultos. Su métrica es siempre el octosílabo o metros menores; rima consonante; transmisión oral[1].

La *poesía gauchesca* aparece en la segunda mitad del siglo XVIII y sus autores y testimonios provienen casi siempre de la zona litoral de la Argentina y de las llanuras del Uruguay. Aunque algunos de sus textos son anónimos (no conocemos los autores), sus poemas más representativos han sido obra de hombres de cultura urbana. Sus personajes son casi siempre gauchos y sus textos están lastrados de los arcaísmos y la fonética peculiar empleada por esa clase social. Su tema era rural y describía las costumbres, aventuras, sufrimientos y reclamos de la vida de ese grupo. La métrica es el octosílabo, pero ni las estrofas, ni la disposición de las rimas son idénticas a las empleadas por la poesía tradicional. La poesía gauchesca usó octavillas, romances asonantados monorrimos, redondillas y la denominada sextina hernandiana (abbccb), que carece de antecedentes directos en la tradición estrófica hispánica[2]. Poesía eminentemente narrativa y dialogada, con preeminencia de textos autobiográficos. Aunque algunos de sus textos se folklorizan (pasaron a ser repetidos y depurados por la transmisión oral, como ocurrió con algunos de Hidalgo y con *Martín Fierro)*, la transmisión y difusión de los poemas gauchescos se hizo siempre en hojas sueltas o en folletos impresos[3].

Poesía de los gauchos fue esa primitiva poesía que ya debió existir a mediados del siglo XVIII, en la que los payadores («improvisadores») gauchos repetían, deturpados o no, poemas tradicionales y comenzaban a componer otros nuevos, en los que trataban sobre cosas de su mundo rural. Un testimonio del español Alonso Carrió de la Vandera, el que se ocultó bajo el nombre de Concolorcorvo, escrito en 1773, permite estas deducciones:

> Se hacen de una guitarrita, que aprenden a tocar muy mal y a cantar desentonadamente varias coplas, que estropean y muchas que sacan de su cabeza, que regularmente ruedan sobre amores[4].

Este texto prueba que: a) todavía estaban muy vivos los poemas tradicionales; b) el mismo cantor que estropeaba coplas hispánicas, componía otros poemas de su propia imaginación, algunos sobre amores y otros que debemos suponer eran narrativos (noticieros, matonescos, etc.) y que debían hablar de la vida rural de sus autores.

Un sainete de 1787, *El amor de la Estanciera,* muestra que el pertenecer a ese mundo rural, era visto como un modo de vida acepta-

---

[1] Juan A. Carrizo, «Nuestra poesía popular», *Humanidades,* La Plata, 15 (1927), págs. 241-342 y Eleuterio Tiscornia «Orígenes de la poesía gauchesca», *Boletín de la Academia Argentina de letras,* 45 (1943), págs. 347-373.

[2] Ver E. Tiscorinia, *La lengua de «Martín Fierro»,* Buenos Aires, Universidad de Buenos Aires, 1930. Becco, *Antología de la poesía gauchesca,* págs. 43-49.

[3] Bruno C. Jacovella, «Las especies literarias en verso», en J. Imbelloni et al, *Floklore Argentino,* Buenos Aires, Nova, 1959.

[4] *El Lazarillo de ciegos caminantes,* Buenos Aires, Espasa Calpe, 1946, pág. 37.

ble, y que ser hombre de campo poseía cierto prestigio social. En la obrita, un estanciero joven pretende la mano de una criolla (a la que también aspira un comerciante portugués), y termina logrando el consentimiento de la doncella y de su padre... Lo que hace valioso el antecedente es que en el texto ya aparece una descripción positiva de variados aspectos de la vida rural; los mismos que la poesía gauchesca posterior utilizará con fines políticos, sociales y estéticos. No conocemos casi textos de esta poesía de los gauchos, pero debemos a Sarmiento, en *Facundo*, una descripción aproximada de sus temas y autores hacia 1840:

> El cantor anda de pago en pago, «de tapera en galpón», cantando sus héroes de la Pampa, perseguidos por la justicia, los llantos de la viuda a quien los indios robaron sus hijos en un malón reciente, la derrota y muerte del valiente Rauch, la catástrofe de Facundo Quiroga, y la suerte que cupo a Santos Pérez...

> El cantor mescla entre sus cantos heróicos la relación de sus propias hazañas. Desgraciadamente el cantor, con ser el bardo argentino, no está libre de tener que habérselas con la justicia. También tiene que dar cuenta de sendas puñaladas que ha distribuído, una o dos *desgraciadas* (¿muertes!) que tuvo, i algún caballero o muchacha que robó. El año 1840, entre un grupo de gauchos i a orillas del majestuoso Paraná, estaba sentado en el suelo i con las piernas cruzadas un cantor que tenía azorado y divertido a su auditorio con la larga i animada historia de sus trabajos y aventuras. Había ya contado lo del rapto de la querida, con los trabajos que sufrió; lo de la desgracia, y la disputa que la motivó; estaba refiriendo su encuentro con la partida i las puñaladas que en su defensa dio; cuando el tropel i los gritos de los soldados le avisaron que esta vez estaba cercado...

> Por lo demás la poesía originaria del cantor es pesada, monótona, irregular, cuando se abandona a la inspiración del momento. Más narrativa que sentimental, llena de imájenes tomadas de la vida campestre, del caballo i de las escenas del desierto, que la hacen metafórica y pomposa. Cuando refiere sus proezas o las de algún afamado malévolo, parécese al improvisador napolitano desarreglado, prosáico de ordinario, elevándose a la altura poética por momentos, para caer de nuevo al recitado insípido i casi sin versificación. Fuera de esto, el cantor posee su repertorio de poesías populares, quintillas, décimas y octavas, diversos jéneros de versos octosílabos. Entre esta hai muchas composiciones de mérito, i que descubren inspiración y sentimiento. (ed. Palcos, Bs. As. ECA, 1961, págs. 53-55).

Este texto permite deducir un hecho fundamental: hacia mediados del siglo XIX existían cantores nómadas de tipo gauchesco que manejaban una poesía de varios tipos: a) la tradicional de fondo hispánico («poesías populares, quintillas... etc»). b) la de tipo noticiero-hispánico («la muerte del valiente Rauch, la catástrofe de Facundo Quiroga»); c) la de los gauchos, de marco autobiográfico («la poesía original del cantor es pesada... Más narrativa que sentimental, llena de imágenes tomadas de la vida campestre...») que contaba la vida dura y peligrosa de hombres fuera de la ley («rapto de la querida... desgracia-muerte ...encuentro con la partida... puñaladas...»). Esa poesía de los gauchos, empleaba, evidentemente, un corpus de temas convertidos en tópicos, que serán los mismos que los autores de poemas gauchescos y en especial Hernández, utilizarán en sus obras. Por tanto existió una tradición popular extendida y difundida en esos campos, de poesía de los gauchos, coetánea y probablemente anterior a Hidalgo, que servirá de patrón inspirador a los autores de poesía gauchesca. Esa poesía fue la obra de un grupo de improvisadores («payadores») errantes que la cantaban y recitaban yendo de pulpería en pulpería, en las que empleaban su habla rural y arcaica y que estaba dirigida a un público analfabeto que en ella se veía reflejado y encontraba en sus versos satisfacción a sus limitados horizontes estéticos.

Estos textos —de los que no nos resta ningún testimonio preciso— fueron el punto de partida para toda una tradición literaria, con sus convenciones temáticas, lingüísticas y formales [5].

El montevideano Bartolomé Hidalgo (1788-1822) es considerado, sin disputa, como el verdadero iniciador y fundador de la poesía gauchesca. Formado en los moldes poéticos neoclásicos, sus primeros textos gauchescos son de 1813; el último de 1821. Se trataba de *cielitos* que, inspirados en la danza y música tradicionales de ese nombre, recibieron bajo su pluma contenidos revolucionarios y patrióticos [6]. Las antiguas letras de tipo amoroso se cambian ahora en invocaciones a la lucha contra España. Escribió, además, dos *Diálogos patrióticos* y una *Relación de las fiestas mayas de 1822*.

Hidalgo, con esos contados poemas, ha logrado ocupar un puesto fundamental en el de-

---

[5] B. C. Jacovella, *Juan Alfonso Carrizo*, Buenos Aires, Ediciones Culturales Argentinas, 1963, pág. 96, niega la existencia de esta poesía.

[6] Para la Historia y características del *cielito* véase el prólogo de H. J. Becco a su edición de Hidalgo, citado en la bibliografía final.

Peón arrojando el «lazo», grabado de William Holland (1808)

sarrollo del género: es el precursor y el primero en explorar la mayoría de sus posibilidades artísticas. Varias de las características temáticas, lingüísticas y estilísticas de esa poesía ya están apuntadas en su breve obra. Es el primero que conscientemente elige un tipo social como protagonista *diferenciado* frente a lo hispánico peninsular: el gaucho. Es quien muestra sus posibilidades políticas (que desarrollarán Ascasubi y otros) y sus intenciones sociales (ampliadas hasta un punto inaudito en Hernández). Hidalgo además estrena en la poesía gauchesca el tema costumbrista del asombro campesino ante el espectáculo fascinante de lo urbano (asunto central del *Fausto)* y adopta la forma dialogada como una constante reiterada de la gauchesca. La violencia verbal, el habla campesina y su temática rural (el caballo, el mate, los trabajos de la estancia, la injusticia, la pobreza, el desprecio por la muerte, la valoración de la amistad por encima del amor, la ausencia de lo femenino) son algunas constantes temáticas que reaparecen en los más importantes poemas gauchescos. Hidalgo, además, usó por primera vez los nombres de Chano y Contreras como interlocutores de sus *Diálogos.* Esos nombres se convertirán en tradicionales y reaparecerán en dos composiciones anónimas posteriores: una costumbrista de 1823, descubierta por O. Fernández Latour de

Botas, y otra patriótica de 1825, editada por Félix Weimberg.

Durante este período hubo en el Uruguay una serie ininterrumpida de cielitos y poemas gauchescos anónimos que trataban problemas políticos y sociales. Manuel de Araucho (1803-1842) publicó en 1835 el primer libro de versos de la Banda Oriental: *Un paso en el Pindo.* Además de varios poemas neoclásicos aparecieron allí dos composiciones gauchescas de temática semejante. El período más activo de esta poesía política es el de 1838-1852, el de la llamada Guerra Grande. Numerosos textos anónimos que enfrentaron a Blancos (partidarios de Oribe) y a Colorados (los que apoyaron el gobierno de Montevideo), en una sangrienta guerra civil en la que intervinieron Rosas, los exiliados argentinos, Inglaterra y Francia.

Entre 1830 y 1834 aparecieron diversos periódicos políticos: *El Gaucho,* 1830-31; *El Torito de los Muchachos,* 1830; *El Toro del Once, La Gaucha,* etc., que editó en Buenos Aires un coplero polémico partidario de Juan Manuel de Rosas: Luis Pérez. Parece ser el primero de los poetas gauchescos que emplea esta poesía en las luchas civiles argentinas. En 1830 publicó una extensa biografía en verso de Rosas, que ocupó varios números de *El Gaucho.* Es una poesía chabacana y plebeya, populachera, en la que la intención agresiva y la sátira política alcanzan su más alta tensión[7]. Pérez adelantó lo que a partir de 1840 hará un enemigo de Rosas durante casi dos décadas: Hilario Ascasubi (1807-1875).

Ascasubi, Del Campo, Lussich

Ascasubi debe ser el autor que obra más voluminosa ha dejado dentro del género: unos 30.000 versos. Más de la mitad son textos dirigidos a atacar ya a Rosas, ya a Urquiza. En 1872 los editó en París, agrupándolos de acuerdo al nombre del periódico en que aparecieron.

Ascasubi comenzó imitando a Hidalgo; su composición más antigua reitera algunas ideas de su predecesor: la injusticia social, la económica, la afirmación patriótica. Todas las posteriores forman parte de ese periodismo en verso —agresivo y a veces chocarrero— en que lo cómico asume el rostro del sarcasmo, la ironía, la sátira o la denuncia, con el que se atacaron y lucharon entre sí los federales ((partidarios de Rosas) y los unitarios argentinos exilados en Montevideo entre 1830 y 1852.

Dos deben ser aquí recordadas: «La Refalosa» es, probablemente la más terrible de todas, una página casi única entre las que restan de ese período de guerras civiles. Para expresar el odio y el desprecio que Ascasubi, como unitario, sentía por los rosistas, «La Refalosa» describe morosamente, por boca de un rosista, el método de degüello con que «trataban» a los unitarios que caían en sus manos... La sevicia, la ferocidad, el odio expresado irónicamente estallan en esos versos inmisericordes y amargos.

La otra, «Isidora, la gaucha arroyera, federala y mazorquera», expresa, también por boca de la protagonista, la inculta ferocidad y el resentimiento social que movía a los partidarios del tirano. Pero —a la vez— documenta el desprecio aristocratizante que los enemigos de Rosas esgrimieron contra los sectores populares que apoyaron al dictador...

El *Santos Vega* (1850 y 1872) es una verdadera novela de aventuras en verso. Junto a los sucesos situados anacrónicamente entre finales del siglo XVIII y comienzos del XIX (en verdad su retrato corresponde al período 1840-1860), Ascasubi intentó una imagen nostálgica y totalitaria de la estancia pampeana. El vasto poema de Ascasubi trae junto a las múltiples aventuras algunos temas nuevos y valoraciones diferentes. En primer lugar una visión burguesa de la vida campesina y una valoración siempre positiva de la mujer, la vida hogareña, la familia. Frente a la pobreza casi infernal del mundo de Hernández, Ascasubi afirma posibilidades concretas de una existencia calma y lucrativa para los gauchos habitantes de esas enormes y ricas planicies[8]. Ascasubi adelanta lo que pocos años más tarde intentará Eduardo Gutiérrez: la narrativa gauchesca de tipo folletinesco.

Discípulo declarado de Ascasubi, Estanislao del Campo (1834-1880) comenzó imitando a su maestro. Su obra más conocida fue *Fausto* (1866), relato en verso gauchesco que un ingenuo campesino hace a otro de su asistencia a una representación de la ópera homónima de Gounod. Como demostró Berenguer Carisomo, del Campo se inspiró directamente en el argumento operístico (representado numerosas veces en Buenos Aires durante esos años) y dividió su poema dialogado siguiendo este esquema. Los entreactos y pasajes sinfónicos los cubrió del Campo con tiradas descriptivas. La distribución argumental y métrica fue la siguiente:

Canto I (décimas): Encuentro de Anastasio y Laguna.
Canto II (redondillas): acto I de la ópera.
Canto III Entreacto: descripción del mar, acto II de la ópera.
Canto IV Entreacto: reflexiones sobre el amor. Acto III de la ópera.
Interludio. Descripción del amanecer. Final.
Canto V Entreacto: reflexiones sobre la mujer engañada. Acto IV de la ópera. Interludio. El anochecer. Escenas finales.
Canto VI Entreacto: comparación entre Margarita y la flor. Acto V de la ópera. Décima final.

El poema tiene 20 décimas al comienzo y una al final; las restantes estrofas son redondillas y unas contadas cuartetas.

La dificultad máxima de la obra estribaba en la inserción de un tema culto, urbano, en una obra «dicha» en el habla de un gaucho que describe, desde su visión del mundo, la magia compleja del teatro. Dos peligros extremos bordeaba el autor: o hacer una *macchietta* del gaucho, explotando su ignorancia; o mostrar un campesino poseedor de conocimientos que falsearían su autenticidad. Esta diferencia básica entre asunto y habla fue resuelta con

[7] Ver Ricardo Molas, *Luis Pérez y la biografía de Rosas escrita en verso en 1830,* Buenos Aires, Clio, 1957 y Luis Soler Cañás, *Negros, gauchos y compadres en el cancionero de la Federación (1830-1848),* Buenos Aires, Theoria, 1958.

[8] En nuestro estudio sobre *Santos Vega,* citado en la bibliografía, analizamos todos estos aspectos de manera más amplia y detallada.

asombrosa soltura por Del Campo. Es esta delicada y fluctuante realidad dicotómica, la que explica también los momentos en que Del Campo apeló a las fórmulas de la poesía romántica culta (cosa que ocurre casi siempre en los pasajes descriptivos, sobre todo en el del amanecer del Canto V). Por medio del estilo el autor va reduciendo el argumento y el mundo culto de la leyenda faústica (ya minimizada en la ópera) a la concreta realidad de un campesino. La obra avanza sobre el diálogo de los dos amigos y, a pesar de su aparente sencillez, se mueve en un complejo mundo de referencias y realidades. Hay tres planos en ella: a) en el inmediato, la presencia de los dos amigos que conversan bordeando siempre el absurdo y lo cómico; b) en el mediato, la evocada realidad del teatro, que uno de los paisanos narra al otro, mechada siempre por los comentarios ingénuos o anacrónicos del que escucha y c) la presencia indispensable de un espectador culto *(el lector),* que es el destinatario último de las trabucaciones y errores de los que hablan (uno cree verdadero todo lo que ha visto en escena, el otro desconfía de lo que el relator le dice), y que será quien realmente sonreirá con el humorismo que exhala el texto.

Varios aspectos han hecho al poema una obra memorable: la evocación tierna de la amistad, la constante manifestación de un juego humorístico sutilmente llevado y algunas logradas descripciones, sin paralelo en el género.

En junio de 1872 el uruguayo Antonio Lussich dio a conocer *Los tres gauchos orientales,* poema de 2376 octasílabos que fue leído antes de su impresión por José Hernández. La obra es un alegato político en favor de la revolución que el caudillo Timoteo Aparicio promovió por esos años en el Uruguay. Al final del poema aparece un gaucho llamado Luciano Montes que adopta circunstancialmente la fórmula del monólogo (la misma que elevará a módulo casi exclusivo el poema de Hernández), y se define a sí mismo con una entidad peculiar que será ampliada hasta el nivel del héroe por Fierro. Dice Montes:

> Pero me llaman matrero
> pues le juy a la catana,
> porque ese toque de diana
> en mi oreja suena fiero;
> libre soy como el pampero,
> y siempre libre viví,
> libre fui cuando salí
> dende el vientre de mi madre,
> si más perro que me ladre
> que el destino que corrí

Esta verdadera innovación que Hernández convertirá en creación inalcanzada por todos los otros poetas gauchescos, no fue advertida por Lussich. La obra, así como su desfalleciente continuación, *El matrero Luciano Santos* (1873), muestra además algo desconocido por el argentino: un marcado erotismo que se convierte en picardía burda y elemental en *Cantalicio Quirós y Miterio Castro*[9].

HHERNÁNDEZ: «MARTÍN FIERRO»

Todo este largo itinerario (que no es completo) parece sólo un antecedente de la obra que convirtió en importantes a sus predecesores, y que un consenso general considera como la cumbre de la poesía gauchesca: *Martín Fierro.* Su autor, José Rafael Hernández (1834-1886), pasó gran parte de su niñez y juventud en los campos del sur de la provincia de Buenos Aires donde vivió junto a los gauchos y se familiarizó con las costumbres, las labores, el escenario vital y los problemas que los quejaban. A este íntimo conocimiento de la realidad rural de esa zona de su país, sumó después Hernández la experiencia de una agitada vida pública típica del siglo XIX hispanoamericano. Periodista, militar y político, Hernández intervino durante años en las controversias civiles de su patria (1853-1886), colaboró y fundó diarios y partidos políticos, participó en sangrientas batallas y fue diputado y senador (murió ocupando este último puesto). Fue partidario de la llamada Confederación Argentina, grupo político que enfrentó a la oligarquía ganadera de Buenos Aires y defendió el derecho de las restantes provincias a compartir el poder con la orgullosa ciudad junto al río de la Plata. Durante muchos años Hernández sostuvo una serie de postulaciones concretas en defensa de los derechos de los hombres de campo, sujetos a una injusta y feroz represión legal que los convirtió en verdaderos parias sin derecho a la propiedad de la tierra, sin libertad efectiva y sin posibilidades concretas de progreso[10]. Sus artículos en *El Río de la Plata* (Bs. As., 1869-1870) adelantan algunas de las postulaciones políticas que reaparecerán en boca de Fierro, el protagonista de su poema.

Numerosos críticos afirmaron románticamente que Hernández compuso su extenso poema de modo improvisado, que no fue un

---

[9] Para Lussich consúltense las ediciones con estudios de Eneida Sansone y Angel Rama, A. Prieto, en *Trayectoria de la poesía gauchesca.*

[10] Sobre esta realidad social, ver la historia del gaucho de Rodríguez Molas y el libro de Assunçao citados en la bibliografía.

hombre culto y que todo lo que sabía lo aprendió en el campo, de boca del pueblo o lo extrajo de su inspiración creadora. Hasta llegó a decirse que la ejecución de la primera parte de la obra fue realizada en brevísimo tiempo. Hoy sabemos que Hernández leyó cuidadosamente a todos sus predecesores en el género, que conocía la poesía romántica hispánica del siglo XIX (desde Echeverría a Espronceda, pasando por Hidalgo, R. Gutiérrez y el uruguayo Magariños Cervantes) y que además frecuentó los textos en los que se describían las costumbres de los indios pampas (Mansilla, Barros, N. Oroño, etc.), que ocupan importante lugar en el poema. Como escribió Azeves, la obra de Hernández es el producto de una «confluencia de corrientes literarias» sabiamente amalgamadas por un poeta de talento[11]. Pero lo más singular es que nuestro autor tuvo perfecta conciencia de qué quería hacer. Esto lo indicó él mismo en los tres Prólogos que escribió para su obra. Hernández quiso narrar la existencia y avatares de un grupo social, por boca de uno de sus integrantes, imitando su habla y su visión del mundo:

> Me he esforzado, sin presumir de haberlo conseguido, en presentar un tipo que personificará el carácter de nuestros gauchos, concentrando el modo de ser, de sentir, de pensar y expresarse, que les es peculiar...

Y en otra parte acota que ha intentado recrear su:

> estilo abundante en metáfora, que el gaucho usa sin conocer ni valorar, y su empleo constante de comparaciones tan extrañas como frecuentes, en copiar sus reflexiones con el sello de originalidad que las distingue.

A la vez quiso defender a esa clase social y denunciar las injusticias a que estaba sometida; así escribía a su amigo Zoilo Miguens:

> Al fin me he decidido a que mi pobre Martín Fierro... salga a conocer el mundo... No le niegue su protección, Ud. que conoce bien todos los abusos y todas las desgracias de que es víctima esa clase desheredada de nuestro país.

Pero hubo además un tercer fin: ganar para la literatura argentina a todo el público olvidado por el escritores de su tiempo. Como ha escrito A. Prieto: «*Martín Fierro* significa en nuestra historia literaria el más valioso experimento de literatura popular y descubre, con

JOSÉ HERNANDEZ.

Retrato de la época, de José Hernández.

su éxito sin precedentes, las posibilidades de un público menospreciado hasta entonces por el escritor culto.» *(Sociología del público argentino,* pág. 65.) Tres fueron entonces los fines de la obra: a) hacer un retrato lo más exacto posible de un grupo social recreando su habla, sus imágenes y su visión del mundo; b) denunciar las injusticias a que estaba sometido (o sea, creación y mensaje, lo que expresa en su poema: «yo canto opinando / que es mi modo de cantar» (II, 65-66); c) ganarlo para la literatura poniéndole delante su propia situación y apelando a los temas y modos poéticos que le interesaban y que eran los únicos que conocía.

Martín Fierro se publicó en dos partes; la primera conocida como la *Ida,* apareció en 1872. La segunda, la *Vuelta,* en 1879. Este fue su desarrollo argumental:

Desarrollo argumental

La *Ida* se compone de XIII cantos que totalizan 2.326 versos. Los nueve primeros cantos son el relato autobiográfico de Fierro (versos 1-1686):

[11] Angel H. Azeves, *Con el Martín Fierro,* Buenos Aires, Remitido, 1968 y nuestro libro, *Hernández: poesía y política,* págs. 146-151.

I. Virtudes del canto y presentación del protagonista.

II. Evocación de la vida feliz de los gauchos.

III-V. Leva y sufrimientos en el fortín.

VI. Deserción, regreso al pago, transformación en gaucho matrero.

VII. Asesinato de Moreno.

VIII. Muerte del bravucón («terno»).

IX. Vida de matrero, encuentro con la partida, aparición de Cruz.

X-XII. Cruz cuenta su vida.

XIII. Martín Fierro retoma su relato (versos 2143-2286). El Poema concluye con las palabras de un narrador innominado (posiblemente Hernández mismo) que narra cómo *Cruz y Fierro, de una estancia/ una tropilla se arriaron,* y ambos dejan las últimas poblaciones (2287-2304). Remata Fierro: *que he relatao a mi modo/ males que conocen todos/ pero que naides contó* (2314-2316).

La vuelta de Martín Fierro constituyó una verdadera continuación del Poema anterior. Está formado por XXXIII cantos, con 4.894 versos:

I-VI. Sufrimientos de Fierro y Cruz entre los indios.

VII. Muerte de Cruz y encuentro con la cautiva.

VIII. La Cautiva cuenta su historia.

IX-X. Lucha con el indio y regreso al mundo civilizado.

XI-XII. Encuentro con los hijos (versos 1557-1706). Relación del Hijo Mayor (1707-2084).

XIII-XIX. Historia del Hijo Segundo y relato sobre Vizcacha.

XX-XXVIII. Relato de Picardía, el hijo de Cruz.

XXIX. Presentación del Moreno payador.

XXX. Payada entre Fierro y el Moreno.

XXXI. Fierro y sus Hijos se tiran a descansar (transición).

XXXII. Consejos de Fierro a sus Hijos y a Picardía.

XXXIII. Separación de los personajes, cambio de nombre; reflexiones, finales de Fierro.

Se ha señalado insistentemente que existe una visible diferencia entre las partes de la obra. La Ida es un típico, poema de «protesta social» (Bianchi), en el cual se denuncia una sociedad cruel, en la que la autoridad se ejerce sin control jurídico alguno. Fierro, un hombre bueno cuya vida es destruída (y que encarna a toda una clase) se ve empujado al odio, al asesinato y a la soledad. La obra termina cuando el protagonista, para huir de un orbe social monstruoso, se exilia yéndose a vivir con los «salvajes» (los indios). Es un poema negativo, que incita a la rebelión y no propone soluciones. El irse a vivir junto a los enemigos del hombre blanco es una forma de absoluto rechazo de esa sociedad. No se olvide que la Argentina es la única zona de Hispanoamérica donde como una constante se da la guerra a muerte contra el indio (y muchos, por motivos económicos, fueron exterminados hasta comienzos del siglo actual).

Al ponerse a escribir la Vuelta (que reclamaban sus miles de lectores) Hernández se dio cuenta de que su personaje debía cambiar su actitud ante la sociedad en la que le tocaba vivir. O se adapta a la nueva situación social y económica, o sucumbía como grupo social. Por eso debía introducirlo en la sociedad que había abandonado. Claro que la situación del autor era muy distinta a la de los duros años de 1870 y su visión personal del problema había cambiado. En la Vuelta, según J. A. Pérez Amuchástegui, el autor se dio cuenta de que el paisano necesitaba algo más que esta rebelión sin futuro. Por eso:

> ...en el primer canto de la Vuelta... comienza Hernández señalando que el gaucho, malgrado sus detractores, está en óptimas condiciones para contribuir con su trabajo al desenvolvimiento del país... Este Fierro que vuelve en 1879 es un gaucho que ha vivido, sufrido y reflexionado sobre sus posibilidades de vida en el nuevo escenario de su vieja pampa, y ahora... retorna con el propósito de ayudar a sus hermanos...[12]

Para este historiador la Ida estaba dirigida al gobierno, era un reclamo político, una antítesis de Facundo. La Vuelta, didáctica y positiva, era para los gauchos. Allí se intentaba demostrar que «Al gaucho no hay que eliminarlo: hay que educarlo» (*ibídem*, pág. 286).

Es visible también en la segunda parte una labor de composición más lenta y cuidada, una preeminencia de los parajes costumbristas y pintorescos, mas riqueza en personajes y acciones dramáticas y hasta la inserción de un género tradicional (la *Payada* final entre el Moreno y Fierro), que unifica la obra ya desde el punto de vista argumental, ya desde el punto de vista estilístico.

Por distintas referencias (en general muy vagas y alusivas) la época que corresponde a la primera parte es la de los años 1820-1850. Las levas violentas y la desgracia del protagonista

[12] Antonio J. Pérez Amuchástegui, «Mentalidad del gaucho», en *Mentalidades Argentinas (1830-1930),* Buenos Aires, Eudeba, 1965, págs. 215-379.

se refieren a la década de 1860. La Vuelta remite a los años 1874-1879. La única referencia concreta a un lugar es la de Ayacucho (I, 363), pero la geografía describe —casi siempre— la zona sur de la provincia de Buenos Aires y lo que vagamente se llamaba «Tierra Adentro», ese enorme espacio ocupado por los indios del sur de la Argentina [13]. Esta falta de precisiones es voluntaria, porque lo que interesaba a Hernández era la descripción de una situación social. Y es aquí donde su pluma alcanza admirable exactitud de grabado: es el contraste marcado entre la felicidad de otrora (la Edad de Oro: I, 133-252) y todo el resto del poema. Los cuadros de costumbres son exactos y cuidados: vida del gaucho, peleas, sufrimientos en la leva y el fortín, en la cárcel, vida entre los indios y sus costumbres, penosos años de los Hijos; son verdaderos documentos sociales, testimonios concretos y acusadores.

Personajes

El protagonista pone ante el lector una misma personalidad desdoblada en dos áreas: la de su interioridad y la del que realiza una serie de actos condenables (asesinato del negro —la más injusta—, pelea con el Compadre, con la partida, etc.) Pero lo que nos queda en el recuerdo al fin del poema, es la imagen del hombre bueno llevado al crimen por un destino cruel y un mundo sin piedad ni justicia. Más que un personaje, Fierro encarna un tipo social, por eso no se le describe y carece de rostro o figura física. Su vida es lo que las circunstancias deciden por encima de su voluntad: un destino, un fatum. Lo más alto de su ser es su habilidad como cantor, un don insuperable de lo que pone por encima de los demás hombres porque es prueba de coraje, de altivez y de capacidad creadora. Otros aspectos positivos: el cariño a su mujer e hijos, el melancólico recordar de su tierra y bienes perdidos, el valor (al luchar por la cautiva) y el desprecio por toda forma de asociación, el odio al trabajo sedentario.

Lo negativo de Fierro nace del destino: la provocación gratuita, la pelea altanera y el desprecio de la ley. En la Vuelta reaparecen aspectos de su personalidad que estaban oscurecidos por la reacción incontrolada ante la injusticia. Cuando Fierro vuelve, después del período entre los indios, el personaje ha sufrido

una especie de ascesis interior: los aspectos valiosos de su personalidad se ponen al descubierto.

Cruz (obsérvese el sentido claro que poseen los nombres en el Poema) es un doble de Fierro, pero carece de su pudor (confiesa el engaño a su mujer sin traumas) y de su sentido ético. Es un hombre valiente pero amoral, incapaz de distinguir entre el bien y el mal, pero capaz de la amistad y de actos de arrojo que pueden salvar sus pecados anteriores.

Vizcacha es el único personaje que conocemos externa e internamente. Como el animal que le da nombre, todo en él es oscuro: malvado, rapaz, astuto, inescrupuloso, conformista. Huye de los otros hombres (de la amistad, el amor, la ternura, la piedad y la pasión) y sólo conoce lo fisiológico.

El Moreno es digno y honesto. Cortés y mesurado, carece de vanidad. Es el único cantor que Fierro encuentra en su camino y el único de todos los personajes del Poema criado en un hogar junto a sus padres y hermanos, a los que recuerda con cariño.

El Hijo Mayor: una vida sin actos, un largo canto doloroso que narra los años detenidos y terribles de la cárcel. El Hijo Menor y Picardía son más tipos que personas auténticas. Se dejan llevar por el destino que juega con ellos en toda ocasión. Picardía se mueve sin problemas en ese mundo bajo; el Hijo Menor cae en la villanía empujado por los demás, pero posee conciencia moral.

Hay también otros personajes menores, apenas aludidos en ciertos momentos de la obra: la Cautiva, el indio de la pelea, el gringo de la mona, etc., y toda la existencia trágica de uno de ellos ha quedado magistralmente esculpida en seis versos:

> Había un gringuito cautivo
> que siempre hablaba del barco
> y lo augaron en un charco
> por causante de la peste;
> tenía los ojos celestes
> como potrillito zarco.

(II,853-858)

Lo lírico y lo narrativo

El canto primero de la Ida está cargado de lirismo; el segundo muestra el paso de lo cantado frente al público, a lo narrativo. El tercero es el del triunfo de lo narrativo (I, 289-290). Lo biográfico ya aparece en el verso 289. Desde allí lo biográfico se sobrepone a lo subjetivo. Pero lo que restará en el lector será el recuerdo y el «tono» de una voz tristísima que

[13] A. H. Azeves, «Delimitación del quinquenio comprendido en El Gaucho Martín Fierro», *Palabra Hernandista*, Buenos Aires, 33 (1973), 33-59. Darío Capdevila, *El nombre, el pago y la frontera de Martín Fierro*, Tapalqué, Patria, 1967.

denuncia tremendas injusticias. Como escribió Borges: «Las visicitudes de Fierro nos importan menos que la persona que las vivió.»

En la Ida encontramos estos dos planos que no son contradictorios: el lírico para expresar el dolor del que canta y elegíacamente, recuerda; el dramático-narrativo para contar —trayendo a la actualidad— los hechos de un pasado todavía viviente, aquel que explicará este estado de ánimo.

En la Vuelta el relato de los distintos personajes introduce ya los elementos típicamente teatrales, que son rematados con la gran Payada final, que vuelve al puro canto lírico del comienzo. Esto lo sintió muy bien Unamuno: «En *Martín Fierro* se compenetran y como que se funden íntimamente el elemento épico y el lírico.»

Planos de la acción y tiempos del relato.

Todo el poema está contado como el recuerdo de hechos pasados. Por eso impera en muchas partes el «imperfecto melancólico», como lo llamó Battistessa, que a la rememoración suma una constante nostalgia. Este es el clima general del poema, y es el que queda en el ánimo del lector. Pero no ocurre esto en todas partes: el final de la Ida y el encuentro con los hijos de la Vuelta, son instantes en los que se pasa de lo recordado a la acción que ocurre delante de nosotros. En el plano elegíaco (el pasado), está la felicidad perdida, el amor, el hogar. En el de lo inmediato (el presente), las escenas de acción: pelea con la partida, vida en el fortín y con los salvajes, pelea con el indio. Una sabia alternancia de tiempos verbales permite este fino dibujo estilístico.

Oralidad y lirismo

Externamente, el poema puede describirse como una serie de autobiografías que van diciendo los personajes. Todas enhebradas en la voz central de Fierro, que las enmarca. Todas biografías de tipo ejemplar, vidas típicas que retratan existencias socialmente delimitadas y peculiares. Esas vidas nos son conocidas a través de sus voces, y es la voz del protagonista y las voces de los personajes lo que carga todo el texto de un lirismo peculiar. Este nivel constante de comunicación con el lector, es el que da ese tono íntimo y coloquial a toda la obra; aun los relatos de sucesos no conocidos (o no presentados ante el oyente), como la vida y su-

LA VUELTA
DE
MARTIN FIERRO

POR

JOSÉ HERNANDEZ

PRIMERA EDICION, ADORNADA CON DIEZ LAMINAS

SE VENDE EN TODAS LAS LIBRERIAS DE BUENOS AIRES

Depósito central: **LIBRERIA DEL PLATA**, Calle Tacuarí, 47

1879

Portada de la primera edición de *La Vuelta de Martín Fierro* (1879).

frimientos de la Cautiva, se dan a conocer de esa forma. Y esto es lo que explica la supremacía de lo fónico y lo oral en el poema. La obra fue pensada así por su autor. Sus versos están compuestos para ser dichos y para ser escuchados, no para la lectura. Su público (aquel para el que fue escrita la obra) eran miles de analfabetos que no conocían otra forma de literatura. Ellos conocieron el poema a través de numerosos «lectores» o «recitadores» que leían o repetían pasajes de la obra junto a los fogones, mientras eran atentamente escuchados por los peones y hombres de campo al caer la noche, después de las tareas cotidianas. Esta situación oral del texto, explica la folklorización posterior que sufrieron diversos pasajes de la obra en muy lejanas zonas rurales. Y esta oralidad es la única forma de comprender sus alusiones, sus sentidos, sus intenciones significativas y la única manera de resolver los numerosos problemas de mesura silábica (a primera vista imperfecta) que plantean muchos de sus versos. Fue una poesía pensada en la recitación y la audición, algo absolutamente distinto de lo que era entonces la literatura.

Técnica poética

La obra posee una asombrosa identidad estilística sostenida en todas sus partes. Cada verso, cada estrofa, cada pasaje, ha sido construído con una ajustada conciencia artística que no desfallece en ningún momento. Su lenguaje y su estilo son de admirable sencillez. Hernández supo apartarse tanto de lo rebuscadamente campesino (como ocurre en Ascasubi o del Campo), como de las caídas en la poesía romántica de su época que tanto afectan al *Fausto*. Pero a la vez, supo expresar la desnuda sencillez que caracteriza a la auténtica poesía popular.

Los dos extremos en que se sitúa su obra: el lirismo subjetivo y la narración de hechos dramáticos a través de episodios de gran acción, son alcanzados con extraña y sostenida eficacia. La ira, la tristeza elegíaca, la confesión íntima, conviven con la descripción detallada de acciones y situaciones que se narran con una economía constante y poderosa. Hernández compuso separadamente ciertos episodios de gran intensidad y después, con una habilidad peculiar, los insertó en los pasajes que creyó conveniente. Esas piezas admirables (peleas con la partida y con el indio, payada final, historia de Vizcacha, etc.), encajan, despues, sin desniveles visibles, en el todo del libro.

El gran instrumento de esta difícil tarea fue la estructura de las estrofas. Casi todas están construídas en tres partes. Los dos primeros versos adelantan el tema; los del medio lo comentan o extienden; los dos últimos rematan la estrofa con un dicho, apotegma o refrán. Cada sextina es un poema, con un tema concreto y ha sido construída con asombrosa perfección. Centenares de ellas están rematadas con un proverbio. Como ha escrito Martínez Estrada, que comprendió mejor que nadie este aspecto:

> Hernández trabaja separadamente cada estrofa, en cada estrofa cada verso... Como la película está hecha de fotogramas independientes, que la visión funde en un todo orgánico y ondulante, melódico y plástico, así el Poema en otros órganos no menos finos que el ojo. Pero cada estrofa es un fotograma. Se le puede fijar y observar: está completo (I, pág. 160, 2a ed) [14].

La unidad sintáctica y de contenido es casi siempre el par de octosílabos, la medida de 16 sílabas característica de los romances y de la tradición popular de dichos y refranes. En las dos partes predominan las sextinas, seis versos octosílabos que riman: a,bb,cc,b, con algunas variaciones. Aunque la mayoría son octosílabos, debemos exceptuar dos seguidillas de seis versos cada una (I, 1957-1968), que combinan siete y cinco sílabas (ababcb). Además de las 1063 sextinas, hay 74 redondillas, 48 cuartetas, una décima y cuatro romances.

Lo que hace originalísimo y excéntrico a Hernández en la historia de las literaturas hispanoamericanas, es que su obra estuvo condicionada por el público al que iba dirigida en lugar de partir del acatamiento de las «bellas letras» de su tiempo. Situó su texto en el nivel oral, y acogió los temas y la concepción del mundo de su público analfabeto. Un siglo antes de José María Arguedas, Hernández tuvo el increíble valor (y la suficiente audacia) de rechazar conscientemente todos los caminos literarios de su época, ajustándose a los limitados márgenes de su público. Su éxito, que no ha sido superado como ensayo de literatura popular por ningún otro escritor del continente, prueba que su intento iba en la buena dirección. Supo hablar como su héroe y en esa voz se expresaba un destino personal y, a la vez, la tragedia de toda una clase social con sus valores, sus deseos de justicia, su visión del mundo. Dentro de estos estrechos límites supo —a la vez— crear una obra de perdurables valores literarios. Como alguna vez escribiera Luis Alberto Sánchez, fue «un escritor nacido para la literatura, desnudo de literatura». Esto es, tuvo la suficiente audacia como para rechazar la imitación de modelos extraños a su país y a su tiempo, y el talento necesario para erigir, con los contados materiales de que disponía (un habla, una visión del mundo de iletrados, una pobrísima realidad cultural) una obra original y eficaz desde el punto de vista estético y político. ¿Quién, en nuestros días, podrá igualar su empresa asombrosa?

[14] El mejor estudio de los personajes y la técnica poética de la obra sigue siendo el de Martínez Estrada, quien dio pasos sustanciales en la comprensión de los aspectos estrictamente literarios (y también históricos) del poema.

La enorme bibliografía sobre la gauchesca y sus problemas conexos, hace imposible dar aquí una guía completa en torno a este vasto y complejo asunto. Citaremos, en consecuencia, las ediciones básicas, los estudios críticos, históricos y lingüísticos imprescindibles y daremos, al final, una lista de bibliografías que permitirán ampliar estas referencias. Hemos dividido nuestra nómina en: a) El gaucho y su mundo; b) la palabra *gaucho;* c) la poesía gauchesca (ediciones y estudios críticos); d) *Martín Fierro* (ediciones y estudios críticos); f) Vocabularios; g) Bibliografías.

a) El gaucho y su mundo

ASSUNÇAO, Fernando O., *Génesis del tipo gaucho en el Río de la Plata,* Montevideo, Mosca Hnos., 1957.
— *El Gaucho,* Montevideo, Impr. Nacional, 1963 (Bibliografía).
BOSCO, Jorge Eduardo, *El gaucho argentino a través de los testimonios extranjeros (1773-1870),* Buenos Aires, Emecé, 1947.
BOUTON, Roberto J., *La vida en el Uruguay,* Montevideo, A. Monteverde y Cía., 1961.
CONI, Emilio A., *El gaucho. Argentina-Brasil-Uruguay,* Buenos Aires, Sudamericana, 1945.
— *Historias las vaquerías del Río de la Plata (1555-1750),* Buenos Aires, Devenir, 1956.
EBELOT, Alfredo, *La pampa. Costumbres argentinas,* Buenos Aires, Ciordia y Rodríguez, 1943.
INCHAUSPE, Pedro, *La tradición y el gaucho,* Buenos Aires, Kraft, 1956.
MARTÍNEZ ESTRADA, Ezequiel, *Radiografía de la pampa,* Buenos Aires, Losada, 1953, 1.ª ed. 1933.
— «Lo gauchesco», *Realidad,* 1 (Buenos Aires, 1947), págs. 28-48.
NICHOLS, Madaline W., *El gaucho,* Buenos Aires, Peuser, 1953 (Bibliografía).
PÉREZ AMUCHÁSTEGUI, «Mentalidad del gaucho», en *Mentalidades argentinas (1860-1930),* Buenos Aires, Eudeba, 1965.
RODRÍGUEZ MOLAS, Ricardo, *Historia social del gaucho,* Buenos Aires, Maru, 1968.

b) La palabra «gaucho»:

ALBUQUERQUE, Acir T., «Gaúcho. O discutídissimo etimo do vocábulo», *Revista Brasileira,* IX, 21-22 (Río de Janeiro, 1958), 214-243.
ARAUJO, Orestes, *Diccionario popular de historia de la República Oriental del Uruguay,* 3 vols., Montevideo. 1901-1903.
ASSUNÇAO, F. O., *El gaucho,* citado.
BECCO, Horacio J., *Antología de la poesía gauchesca,* págs. 12-23.
BUSANICHE, José Luis, «Notas para la historia de la palabra gaucho», *Boletín de la Comisión Nacional de Museos y Monumentos Históricos,* X, 10 (Buenos Aires, 1948), 59-65.

COSTA ALVAREZ, Arturo, *El castellano en la Argentina,* La Plata, Baiocco, 1928.
FRIERIO, Eduardo, «Gaúcho, gaucho, gaudérico», *Kriterion,* 14 (Sao Paulo, 1961), 402-419.
LAGUARDA TRIAS, Rolando A., «El problema etimológico de gaucho», *Revista Nacional,* 202 (Montevideo, oct.-dic., 1959), 561-583.
LAYTANO, Dante de, «Pequeño esboço de um estudo do linguajar do gaúcho brasileiro», *Verbum,* Universidad Católica de Río, VI, 3 (Río de Janeiro, septiembre, 1961), 263-365.
LENZ, Rodolfo, *Diccionario etimológico de las voces chilenas derivadas de lenguas indígenas americanas,* Santiago de Chile, 1905-1910 (s. v.).
MEYER, Augusto, *Gaúcho: historia de uma palabra,* Porto Alegre, 1957.
MORÍNIGO, Marcos A., «La etimología de gaucho», *Boletín de la Academia Argentina de Letras,* 28 (1963), 343-250.
RODRÍGUEZ MOLAS, R., «Antigüedad y significado histórico de la palabra gaucho (1774-1805)» *Boletín del Instituto de Historia Argentina,* 2.ª serie, 1 (Buenos Aires, 1956), 144-165.
RONA, José P., «La reproducción del lenguaje hablado en la literatura gauchesca», *Revista Iberoamericana de Literatura,* 4 (Montevideo, 1962), 107-122.
VIGNATI, Milciades A., «El vocabulario rioplatense de Francisco Javier Muñiz», *Boletín de la Academia Argentina de Letras,* 5 (1937), 193-453.

c) La poesía gauchesca

I) *Antologías y colecciones de textos.*

AYESTARAN, Lauro, *La primitiva poesía gauchesca en el Uruguay (1812-1838),* Montevideo, El siglo Ilustrado, 1950.
BECCO, Horacio Jorge, *Antología de la poesía gauchesca,* Madrid, Aguilar, 1972.
BORGES, Jorge Luis y BIOY CASARES, Adolfo, *Poesía gauchesca,* México, Fondo de Cultura Económica, 1955, 2 vols.
GARGANIGO, John E. y RELA, Walter, *Antología de la literatura gauchesca y criollista,* Montevideo, Delta, 1967.
TISCORNIA, Eleuterio F., *Poetas gauchescos,* Buenos Aires, Losada, 1974.

II) *Ediciones individuales por autores.*

ASCASUBI, Hilario, *Santos-Vega o los Mellizos de la Flor. Rasgos dramáticos de la vida del gaucho en las campañas y praderas de la República Argentina (1228-1808),* París, Imprenta P. Dupont, 1872 (Obras completas, I).
— *Aniceto el Gallo, gacetero gauchipoeta argentino. Extracto del periódico de este título publicado en Buenos Aires el año 1854 y otras poesías inéditas,* París, Impr. P. Dupont, 1872 (Obras completas, 2).

— *Paulino Lucero o Los gauchos del Río de la Plata cantando y combatiendo contra los tiranos de las Repúblicas Argentina y Oriental del Uruguay (1839 a 1851)*, París, Impr. P. Dupont, 1872 (Obras completas, 3).

— *Santos Vega o Los mellizos de la Flor*, Pról. de Julio Ciallet-Bois, Buenos Aires, Peuser, 1952.

— *Poesías para el pronunciamiento de Urquiza*, Compilación y prólogo de Manuel E. Macchi, Santa Fe, Castellví, 1956.

CAMPO, Estanislao del, *Poesías*, Pról. de José Mármol, 3.ª ed., aumentada con poesías inéditas, Buenos Aires, Libr. de Mayo, 1875.

— *Fausto. Impresiones del gaucho Anastasio el Pollo en la representación de esta obra. Publicación hecha en favor de los hospitales militares*, Buenos Aires, Impr. Buenos Aires, 1866.

— *Fausto. Impresiones del gaucho Anastasio el Pollo en la representación de esta ópera*, Presentación de E. Ravignani, Ensayo de Amado Alonso, Buenos Aires, Peuser, 1943.

LUSSICH, Antonio D., *Los tres gauchos orientales. Coloquio entre los paisanos Julián Giménez, Mauricio Baliente y José Centurión sobre la Revolución Oriental en circunstancias del desarme y pago del ejército*, Buenos Aires, Impr. de la Tribuna, 1872.

— *El matrero Luciano Santos*, Buenos Aires, Impr. del Comercio, 1873.

— *Los tres gauchos orientales y El Matrero Luciano Santos. Cantalicio Quirós y Miterio Castro en un baile del Club Uruguay. Otras poesías sueltas*, Montevideo, A. Barreiro y Ramos, 1883 (4.ª ed.).

— *Los tres gauchos orientales*, Prólogo de Eneida Sansone, Montevideo, Biblioteca Artigas, 1964.

— *Los tres gauchos orientales*, Estudios preliminares de Angel Rama y Juan C. Guarnieri, Montevideo, Vaconmigo. Biblioteca de Marcha, 1972.

III) *Estudios críticos*

ANDERSON IMBERT, Enrique, *Análisis del Fausto*, Buenos Aires, Centro Editor de América Latina, 1969.

ARRIETA, Rafael A., «Estanislao del Campo», *Historia de la literatura argentina*, t. 3, Buenos Aires, Peuser, 1959, págs. 91-118.

BARBAGELATA, Hugo D., *Una centuria literaria (Poetas y prosistas uruguayos) (1800-1900)*, París, Biblioteca Latinoamericana, 1924.

BERENGUER CARISSOMO, Arturo, «Notas estilísticas al *Fausto* criollo», *Boletín de la Biblioteca Menéndez Pelayo*, 25 (Santander, 1949), páginas 144-187.

— «La poesía en lengua gaucha», en *Las corrientes estéticas en la literatura argentina*, Buenos Aires, Huemul, t. III, 2.ª parte, págs. 127-180.

BORELLO, R., BECCO, H. J., WEINBERG, F. y PRIETO, A., *Trayectoria de la poesía gauchesca*, Buenos Aires, Plus Ultra, 1977.

BORELLO, R., «Hidalgo, iniciador de la poesía gauchesca», *Cuadernos Hispanoamericanos*, 204 (Madrid, dic., 1966), págs. 619-649.

— *Santos Vega*, *Revista de Literaturas Modernas*, 10 (Mendoza, 1971), págs. 77-111.

— *Fausto*, *Revista de Literatura Modernas*, 11 (Mendoza, 1972), págs. 31-61.

BORGES, Jorge Luis, *Aspectos de la literatura gauchesca*, Montevideo, Numero, 1950.

— «La poesía gauchesca», en *Discusión*, Buenos Aires, Emecé, 1957, págs. 11-38.

BOSCO, Eduardo Jorge, «Vida de Ascasubi», en *Obras*, t. 2, Buenos Aires, ed. Angel Gulab, 1952, págs. 13-134.

CAILLAVA, Domingo A., *Historia de la literatura gauchesca en el Uruguay. Resumen histórico (1810-1940)*, Montevideo, Claudio García, 1945.

CAILLET-BOIS, Julio, «Introducción a la poesía gauchesca», en *Historia de la literatura argentina*, t. III, Buenos Aires, Peuser, 1959, págs. 51-64.

CÁRPENA, Elías, *Defensa de Estanislao del Campo y del caballo overo rosado*, Buenos Aires, Coni, 1961.

CARRIZO, Juan Alfonso, «El matonismo en algunos poetas del Río de la Plata», *Revista de Educación*, 3 (La Plata, 1958), págs. 521-526.

CORTÁZAR, Augusto Raúl, «Poesía gauchesca argentina», en *Historia General de las Literaturas Hispánicas*, t. 4, Barcelona, Barna, 1956, páginas 391-442.

— *Poesía gauchesca argentina. Interpretada con el aporte de la teoría folklórica*, Buenos Aires, Guadalupe, 1969.

FALCAO ESPALTER, Mario, *El poeta uruguayo Bartolomé Hidalgo: su vida y sus obras*, Madrid, 1929.

FURT, Jorge M., *La gauchesca en la Literatura Argentina de Ricardo Rojas*, Buenos Aires, Coni, 1929.

FUSCO SANSONE, Nicolás, *Vida y obra de Bartolomé Hidalgo, primer poeta uruguayo*, Buenos Aires, Pellegrini, 1952.

GARCÍA, Serafín, *Panorama de la poesía gauchesca y nativista del Uruguay*, Montevideo, Claridad, 1941.

GHIANO, Juan C., «Bartolomé Hidalgo entre los poetas de Mayo», en *Algunos Aspectos de la Cultura Literaria de Mayo*, La Plata, Universidad de la Plata, 1960, págs. 79-97.

GIMÉNEZ PASTOR, Arturo, *Los poetas de la Revolución*, Buenos Aires, A. García Santos, 1917.

GIUSTI, Roberto F., «Reflexiones a propósito del *Fausto* de Del Campo», en *Boletín de la Academia Argentina de Letras*, 23 (oct.-dic., 1959), 555-569.

HERNÁNDEZ, Rafael José, «Estanislao del Campo», en *Pehuajó*, Buenos Aires, 1869, págs. 70-78.

LEGUIZAMÓN, Martiniano, *El primer poeta criollo del Río de la Plata*, Buenos Aires, tall. del Ministerio de Agricultura, 1917, 2.ª ed., Paraná, Instituto M. Leguizamón, 1944.

LEHMANN-NITSCHE, Roberto, *Santos Vega*, Buenos Aires, Coni, 1917.

LEUMAN, Carlos A., *La literatura gauchesca y la poesía gaucha*, Buenos Aires, Raigal, 1953.

LUCERO, Justa, *El tema de Fausto en 1866*, Buenos Aires, Universidad de B. A., 1963.

LUISETTO, Raúl A., «Notas sobre la composición de Fausto de E. del Campo», en *Estudios literarios interdisciplinarios,* La Plata, Universidad de La Plata, 1968, págs. 163-192.

MENÉNDEZ PELAYO, Marcelino, *Historia de la poesía hispanoamericana,* t. II, Santander, Consejo Superior de Investigaciones Científicas, 1949.

MÚJICA LAÍNEZ, Manuel, *Vida de Aniceto el Gallo (Hilario Ascasubi),* Buenos Aires, Emecé, 1943.

— *Vida de Anastasio el Pollo (Estanislao del Campo),* Buenos Aires, Emecé, 1948.

OYUELA, Calixto, *Poetas Hispanoamericanos,* Buenos Aires, Academia Argentina de Letras, t. I, 1949.

PAGE, F. M., «Fausto: a gaucho poem», *Modern Language Association of America,* 2 (Baltimore, 1896), págs. 1-62.

RIVERA, Jorge B., *La primitiva poesía gauchesca,* Buenos Aires, Jorge Alvarez, 1968.

RODRÍGUEZ MOLAS, Ricardo, «La primitiva poesía gauchesca anterior a Bartolomé Hidalgo», *Historia,* 9 (Buenos Aires, jul.-sept., 1957), páginas 139-163.

ROJAS, Ricardo, *Historia de la literatura argentina,* vols. 1 y 2, Buenos Aires, Losada, 1948.

ROMÁN, Marcelino, *Itinerario del payador,* Buenos Aires, Lautaro, 1957.

ROXLO, Carlos, *Historia crítica de la literatura uruguaya,* Montevideo, Barreiro y Ramos, 1912.

SÁNCHEZ REULET, Aníbal, «La poesía gauchesca como fenómeno literario», *Revista Iberoamericana,* 52 (México, 1961), págs. 281-299.

SANSONE DE MARTÍNEZ, Eneida, *La imagen en la poesía gauchesca,* Montevideo, Universidad de la República, 1962 (Bibliografía).

— «La poesía gauchesca, de Hidalgo al Viejo Pancho», en *Capítulo Oriental, la historia de la literatura uruguaya,* 10, Montevideo, 1968.

QUESADA, Ernesto, *El criollismo en la literatura argentina,* Buenos Aires, Coni, 1902.

ZUM FELDE, Alberto, *Proceso intelectual del Uruguay y crítica de su literatura,* t. I, Montevideo, 1930.

d) *«Martín Fierro»*

I) *Ediciones*

El gaucho Martín Fierro, por José Hernández. Contiene al final una interesante memoria sobre el camino trasandino, Buenos Aires, Imprenta de la Pampa, 1872, 78 págs. Contiene el texto del poema a una columna. Primera edición.

El gaucho Martín Fierro. Décima edición. Precedida de varios juicios críticos emitidos a propósito de la primera y adornada con tres láminas y el retrato del autor, Buenos Aires, Ángel da Ponte, Librería Martín Fierro, 1876, XXX, 27 págs.

La vuelta de Martín Fierro. Primera edición adornada con diez láminas, Buenos Aires, Librería del Plata, 1879, 59 págs.

Martín Fierro, Ed. corregida y anotada por Santiago M. Lugones, Buenos Aires, A. García Santos, 1926.

Martín Fierro, Edición crítica de Carlos Alberto Leumann. Texto genuino hecho sobre los manuscritos de la Vuelta, confrontación de estos con primeras ediciones, examen de otros docu-

mentos y habla y testimonios de viejos paisanos, Buenos Aires, Estrada, 1945.

El gaucho Martín Fierro y la vuelta de Martín Fierro. Edición completa, revisada, totalmente anotada al pie de página y con estudio preliminar por Santiago M. Lugones, Buenos Aires, Centurión, 1948.

Martín Fierro. Comentado y anotado por Eleuterio F. Tiscornia, Buenos Aires, Coni, 1951. Reeditado en Madrid, Aguilar, 1971.

Martín Fierro. El gaucho Martín Fierro. La vuelta de Martín Fierro, Edición crítica de Angel J. Battistessa, Buenos Aires, Peuser, 1958.

Martín Fierro, Buenos Aires, Cultural Argentina, 1961. Estudio preliminar, biografía y bibliografía, A. R. Cortázar, Notas y Vocabulario, D. A. Santillán.

Martín Fierro, Edición, prólogo y notas de Emilio Carilla, Barcelona, Labor, 1972.

II) *Estudios críticos*

AZEVES, Angel H., *La elaboración literaria del Martín Fierro,* La Plata, Universidad de la Plata, 1960.

BATTISTESSA, Angel J., «José Hernández», en *Historia de la literatura argentina,* t. 3, Buenos Aires, Peuser, 1959, págs. 119-259.

BERENGUER CARISOMO, Arturo, *La estilística de la soledad en el Martín Fierro,* Buenos Aires, Tecnograf, 1951.

BORELLO, Rodolfo A., *Hernández: poesía y política,* Buenos Aires, Plus Ultra, 1973.

— «La simultaneidad de lo biográfico y lo social en la voz de Martín Fierro», en *Martín Fierro, un siglo,* citado, págs. 110-122.

— «Lectura de *Martín Fierro* (Vuelta, cantos VI-IX)», *Revista de Literatura Argentina e Iberoamericana,* 2 (Mendoza, 1960), págs. 31-48.

BORGES, Jorge Luis, *El Martín Fierro,* Buenos Aires, Columba, 1953.

CANAL-FEIJOÓ, Bernardo, *De las «aguas profundas» en el Martín Fierro,* Buenos Aires, Fondo Nacional de las Artes, 1973.

CARILLA, Emilio, *La creación del Martín Fierro,* Madrid, Gredos, 1973.

CORTÁZAR, Augusto Raúl, «Martín Fierro a la luz de la ciencia folklórica», *Logos* 12 (Buenos Aires, 1972), págs. 63-78.

FERNÁNDEZ LATOUR DE BOTAS, Olga, «El *Martín Fierro* y el folklore poético», *Cuadernos del Instituto Nacional de Investigaciones Folklóricas,* 3 (Buenos Aires, 1962), págs. 287-308.

— *Prehistoria de Martín Fierro,* Buenos Aires, Platero, 1977.

— *José Hernández (Estudios reunidos en conmemoración del Centenario de El gaucho Martín Fierro), 1872-1972,* La Plata, Univ. de la Plata, 1973.

HOLMES, Henry, *Martín Fierro. An Epic of the Argentine,* Nueva York, Instituto de las Españas en los Estados Unidos, 1923.

ISAACSON, José, *Martín Fierro. Centenario. Testimonio,* Buenos Aires, Ministerio de Cultura y Educación, 1972.

LEUMANN, Carlos A., *El poeta creador; cómo hizo Hernández «La vuelta de Martín Fierro»,* Buenos Aires, Sudamericana, 1945.

Logos, Revista de la Facultad de Filosofía y Letras, Univ. de Buenos Aires, 12 (1972). Número dedicado al Centenario.

LUGONES, Leopoldo, *El payador,* Buenos Aires, Otero y Cía, 1916.

LYON, Ted, «Martín Fierro: la fluctuación narrativa como clave para la interpretación», *Palabra Hernandista,* 3 (Buenos Aires, julio, 1972), páginas 23-29.

— *Martín Fierro, un siglo,* Buenos Aires, Xerox Argentina, 1972.

MARTÍNEZ ESTRADA, Ezequiel, *Muerte y transfiguración de Martín Fierro,* citado.

ONÍS, Federico de, «El *Martín Fierro* y la poesía tradicional», en *Homenaje a Menéndez Pidal,* tomo II, Madrid, 1924, págs. 403-416.

PAGÉS LARRAYA, A., *Prosas del Martín Fierro,* Buenos Aires, Raigal, 1952.

UNAMUNO, Miguel de, *El gaucho Martín Fierro,* Estudio preliminar de Dardo Cúneo, Buenos Aires, Americalee, 1967.

VILLANUEVA, Amaro, *Crítica y pico. Plano de Hernández,* Santa Fe, Comelgna, 1945.

ZORRAQUÍN BECÚ, Horacio, *Tiempo y vida de José Hernández (1834-1886),* Buenos Aires, Emecé, 1972.

f) Vocabularios:

ALONSO, Amado, «Preferencias mentales en el habla del gaucho» en *El problema de la lengua en América,* Madrid, Espasa, 1935.

CASTRO, Francisco I, *Vocabulario y frases del Martín Fierro,* Buenos Aires, Kraft, 1957. 2.ª ed. aumentada.

SAUBIDET, Tito, *Vocabulario y refranero criollo,* Buenos Aires, B.A.A.L., 1958.

TISCORNIA, Eleuterio F., *La lengua de Martín Fierro,* Buenos Aires, Universidad de B. A., Facultad de Filosofía y Letras, 1930.

g) Bibliografías:

BECCO, Horacio J., «La literatura gauchesca. Aportes para una bibliografía I», *Cuadernos del Instituto Nacional de Investigaciones Folklóricas,* 2 (Buenos Aires, 1961), págs. 235-245.

— «La literatura gauchesca. Aportes para una bibliografía II», *Ibídem,* 3 (Buenos Aires, 1962), págs. 109-137.

— «Bibliografías», en *Antología de la poesía gauchesca,* citado y en Tiscornia, E., *Poetas gauchescos.*

CORTÁZAR, Augusto Raúl, *Bibliografía del folklore argentino,* Buenos Aires, Fondo Nacional de las Artes, 1965-1966, 2 vols.

4. Teatro

Teatro del XIX

Orlando Rodríguez

En los primeros años del siglo XIX continúa la permanencia en Hispanoamérica de manifestaciones teatrales de indudable raigambre española. Con la consolidación de la independencia en la mayor parte de los países del continente, otras influencias europeas irrumpirán en la escena, permaneciendo únicamente y hasta fines de la centuria, el predominio hispano en los teatros de Cuba y Puerto Rico, aún cuando en ambos lugares, otras expresiones buscaron el compromiso directo o indirecto con sus propias acciones independentistas o trataron de reflejar sus realidades locales.

Por ello, puede considerarse que el teatro hispanoamericano colonial finaliza en la segunda década del nuevo siglo, para dar paso a un proceso de variados intentos, entremezclándose traducciones de autores ingleses, franceses e italianos junto a titubeantes ensayos dramáticos de autores jóvenes, que, sin reconocer fronteras o nacionalismos, simplemente sintiéndose americanos, escribieron o estrenaron obras en diferentes latitudes del continente, lejos a veces, del terruño natal.

En la primera mitad del siglo, dos corrientes se hacen presentes en la dramaturgia que, apasionadamente, intenta recrear el mundo convulso y cambiante que se vive en esos años. El neoclasicismo, en un primer momento, para luego desembocar en un romanticismo que, como un camino exacto, vino a servir de intérprete a las nuevas generaciones, empeñadas en la construcción de las naciones que habían emergido de la, también nueva, realidad política.

El tratamiento primero de temas foráneos y exóticos, con incursiones en argumentos y personajes bíblicos, o de historias orientales, dejó paso posteriormente a miradas retrospectivas sobre el propio pasado: el mundo indígena, donde lo legendario y mítico se combinaron con lo histórico, visto por supuesto, con ojos románticos. La reciente lucha por la independencia fue acercando a los dramaturgos a una realidad cada vez más inmediata. La temática se multiplicó, pero, a la vez, inició la confrontación del creador con su medio y época.

Por otra parte, la llegada de la ópera italiana en el primer tercio del siglo y de la zarzuela española a mediados de él y en general, el regreso de la influencia española superados ya en parte resentimientos y distancias, contribu-

yeron al desarrollo de un teatro nacional y regional con acento en la visión de costumbres, tradiciones, comportamientos, que han de caracterizar el teatro realista, con pinceladas críticas sobre hechos y situaciones que le eran contemporáneas.

El siglo XIX muestra, a lo largo de su desarrollo, una intensificación del quehacer teatral, que abarca la aparición de una apreciable cantidad de autores, la construcción de salas teatrales en la mayor parte de ciudades y pueblos, la visita continua de importantes figuras de la ópera, la zarzuela, el teatro y la danza, constituyéndose el continente en una plaza importante para la difusión artística de la creación europea. En el siglo además, se produjo la fundación de las primeras escuelas de teatro, la realización de los primeros concursos de dramaturgia, el surgimiento de las primeras manifestaciones de teatro infantil y la aplicación incipiente de los derechos autorales. En el campo de la representación, las experiencias escénicas bajo las carpas circenses, abrieron un camino de insospechadas posibilidades para alcanzar expresiones netamente populares.

Las transformaciones sociales de estas naciones jóvenes fueron encontrando su réplica en el teatro. Las luchas políticas, la aparición del caudillaje, el enfrentamiento entre las realidades rurales y urbanas y las enormes corrientes inmigratorias que se vuelcan sobre América desde mediados del siglo, dejan su huella indeleble en la expresión dramática, que va recogiendo ese transitar en textos que hoy podrían calificarse de testimoniales.

Fijadas las fronteras por una balkanización impulsada por intereses ajenos al continente, cada uno de los países, a pesar de la lengua y orígenes comunes, tuvo un diferente desenvolvimiento en su trayectoria escénica. Los que habían constituido cabeza del virreinato, lograron un más intenso y fecundo desarrollo. Otros, comenzaron a manifestarse con características propias o intentando reflejar su realidad, y unos terceros, tuvieron esporádicas expresiones. Cuba y Puerto Rico, entremezclaron su lucha independentista con los intentos de manifestarse en el ámbito escénico.

Al finalizar el XIX, el teatro presenta un panorama heterogéneo . América no es una imagen compacta sino un grupo múltiple de países con diferentes niveles, donde el teatro se

El Teatro Nacional, ilustración de la *Revista Científica y Literaria de Méjico,* 1845.

halla en la misma situación desequilibrada que presentan la economía y la política.

PRIMEROS AÑOS

En 1804, la llegada de la vacuna contra la viruela, mal que azotaba con intermitencia los poblados americanos, motivó el regocijo esperanzado en los pueblos diezmados. En la Caracas de ese año, irrumpe un joven escritor, Andrés Bello, pilar intelectual en el desarrollo del pensamiento, la educación y la literatura del continente. Saluda la llegada de la medicina con su *Venezuela consolada,* texto que inicia la producción dramática del siglo en lo que era aún la Capitanía General de Venezuela. Escrita en estilo neoclásico, la obra es representativa de las últimas manfiestaciones del teatro colonial.

VENEZUELA:
Sí, yo te ofrezco, yo te juro, Carlos,
que guardarán los pueblos tu memoria,
mientras peces abriguen el mar salado,
cuadrúpedos la tierra, aves el aire
y el firmamento luminosos astros.
Yo te ofrezco cubrir estos dominios
de celosos y dóciles vasallos,

que funden su ventura y su alegría
en prestar obediencia a tus mandatos.
Te ofrezco derramar sobre estos pueblos,
que tus leyes respeten posternados,
fecundidad, riqueza y lozanía,
dorados frutos, nutritivos granos.
Yo te juro también que con perenne
aclamación repetirán sus labios:
«Viva el digno monarca que nos libra
de las viruelas ¡Viva el cuarto Carlos!»[1].

Ese mismo año, en el otro extremo del continente, se inauguraba el Coliseo Provisional de Buenos Aires, teatro que reemplazaba al dieciochesco de La Ranchería, desaparecido por incendio en 1792. En el nuevo local, elencos profesionales de ambos lados del Río de la Plata harían temporadas importantes en los años iniciales del XIX. Allí crecerá y madurará una figura extraordinaria y poco estudiada del teatro del continente: Luis Ambrosio Morante, argentino de nacimiento, con trayectoria y temporadas en numerosos países del sur. Director, actor, dramaturgo y motor del teatro, su acción no reconoció fronteras. Nacido en Buenos Aires en 1780, inició su actividad es-

---

[1] Andrés Bello, «Venezuela consolada», en *Obras completas,* tomo I, págs. 16-26.

cénica en 1793 en el naciente Coliseo de Montevideo, ciudad en que vivía su familia por aquellos años. Las dos ciudades lo tuvieron como intérprete señero, visitando posteriormente otras ciudades y países vecinos, en uno de los cuales, Chile, falleció en la cuarta década. Debe señalarse que, en su fecunda creación dramática, dejo el primer texto teatral sobre Tupac Amaru, el héroe indígena pre independentista de los años 80 del siglo anterior.

De manera paralela, en el país más austral, Chile, Juan Egaña, dramaturgo, siguiendo los cánones neoclasicistas, daba a conocer traducciones y obras propias. De nacionalidad peruana, como tantos otros creadores e intérpretes, desarrolló su obra fuera de su patria, pero sintiéndose absolutamente integrado en ella.

Al norte, en México, y no sólo en la ciudad del mismo nombre, sino en numerosas ciudades y poblaciones del interior, el teatro se hacía presente tanto en obras de autores nacidos en su territorio, como en la construcción de varias salas que satisfacían las apetencias de un público cada vez más numeroso. Jalapa, Guadalajara, Durango, realizaban espectáculos teatrales, además de la capital virreinal. Diferentes autores neoclasicistas, como José Protasio Beltrán y su *Coloquio de las apariciones de Nuestra Señora de Guadalupe,* o José Agustín de Castro y sus obras humorísticas, *El Charro* y *Los Remendones,* en que recogiendo los lineamientos del sainete, recreó aspectos de la vida cotidiana mexicana, son representativos del período.

La primera década del XIX registra autores en distintos lugares del continente y de las regiones insulares. La cultura española y el seguimiento de la autoridad monárquica, manifestada en loas u otro tipo de obras en honor de Carlos IV, se reitera a lo largo y ancho del territorio americano.

Hacia 1808, y con ocasión de celebrar el rechazo de la invasión inglesa al Río de la Plata, un novel autor uruguayo, Juan Francisco Martínez, sacerdote, exaltó el hecho en forma alegórica, en una obra en dos actos y en verso, su único texto teatral.

Los primeros diez años del XIX son escasos en actividad escénica. La invasión napoleónica de la península y los inicios de la lucha independentista, relegaron a un segundo plano las manifestaciones artísticas. Por ello, salvo la representación de repertorios españoles con presencia de textos de dramaturgos del Siglo de Oro, pocas plumas americanas aparecen en la esporádica o discontinua representación histriónica. En la segunda década, otros hechos intervienen para cambiar ligeramente ese débil panorama del principio. La afirmación de in-

Dr. Juan Egaña (grabado de Desmadryl, 1854).

dependencia en algunos lugares facilita la acción teatral. Más aún, líderes del movimiento independiente comprenden las posibilidades didácticas y formadoras de este arte, apoyando la construcción de salas, facilitando la publicidad a través de las llamadas Gacetas o en el naciente periodismo, que acogía la nota teatral como el aviso, ayudando a impulsar un nuevo proceso, que intentaba desprenderse de la antigua y prolongada intuición hispánica.

En la naciente República Argentina, surgió en 1817, el primer organismo de respaldo al quehacer teatral, la Sociedad del Buen Gusto del Teatro, amparada por el gobierno, que cobijó en sus filas a intelectuales, poetas, escritores, dramaturgos y figuras de diferentes áreas artísticas y políticas. En su efímera pero fructífera trayectoria, la Sociedad se esforzó por orientar repertorios, contribuir a la aparición de una dramaturgia nacional y proteger el trabajo de los actores. En su seno, el periodista, sacerdote, crítico teatral y escritor, Camilo Henríquez (1769-1825), exiliado en Buenos Aires, escribió dos obras, vehículo ideológico de su posición emancipadora: *Camila o la patriota de Sudamérica* y *Y la inocencia en el asilo de las virtudes,* textos en prosa, que nunca se estrenaron, pero que se convirtieron en documento vivo de un momento histórico crítico. Henríquez, como primer director de *La Aurora de Chile*, publicación que inició el periodismo en su país (1812), utilizó esas páginas como verdaderos discursos encendidos de ardor patriótico, donde la manifestación literaria o las proposiciones estéticas quedaban en segundo plano, para plantear los idearios independentistas y su expresión en el teatro. Sus obras pretendían contribuir a la formación política y a la toma de conciencia de grandes sectores desconcertados e indefinidos durante los años de los enfrentamientos armados con las tropas monárquicas.

Mientras Henríquez escribía estos textos, el Director Supremo del gobierno de Chile, Bernardo O'Higgins, decretaba la construcción de una amplia sala teatral, para satisfacer las necesidades de la pequeña ciudad de Santiago, capital de la nueva nación. Su decreto de 1818, encontrará su realización en 1820, cuando se inauguró un teatro para mil quinientos espectadores en una ciudad que no alcanzaba los veinte mil habitantes. Mientras era construido, se habilitaron en 1818 y 1819, salas provisorias. Por otra parte, el balbuceante periodismo de esos años acusaba la existencia del teatro y trataba de orientarlo hacia la búsqueda de raíces locales o regionales. El alto nivel de analfabetismo de la época, permitía que el teatro sustituyera, de alguna forma, al silabario y al maestro.

> La instrucción se comunica de muchos modos: los discursos políticos, la lectura de los papeles públicos y la representación de dramas políticos y filosóficos, deben ocupar el primer lugar. Yo considero el teatro únicamente como una escuela pública y bajo este respecto es innegable que la musa dramática es un grande instrumento en las manos de la política.[2]

Entre los autores que irrumpen en esos años y cuya obra trasciende, debe señalarse al mexicano José Joaquín Fernández de Lizardi (1776-1828), narrador, ensayista, impulsor del periodismo y dramaturgo. Fuertemente comprometido con las luchas de liberación, estuvo en la cárcel. Dejó varias obras de teatro, siete de las cuales han llegado hasta nuestros días. Su temática abarca asuntos religiosos, históricos, contingentes o de crítica social. Autor de gran imaginación, la observación de la realidad le llevó a utilizar el hecho inmediato dramático como material de su creación. Entre las obras de tema religioso están: *Auto Mariano*

² *La Aurora de Chile,* Santiago, 12 de septiembre de 1812.

para recordar la milagrosa aparición de Nuestra Madre y Señora de Guadalupe y Pastorela en dos actos*. Histórico: *Unipersonal del arcabuceado de hoy 26 de octubre de 1822, La tragedia del padre Arenas*. De crítica social: *El negro sensible* y *Todos contra el payo y el payo contra todos o la visita del payo al hospital de los locos*.

También debe nombrarse al uruguayo Bartolomé Hidalgo (1788-1922), que estrenó en enero de 1816 en la Casa de Comedia, el unipersonal *Sentimientos de un patriota,* única obra aceptada como original, ya que se le han atribuido otras que aparecieron como pertenecientes a autor anónimo.

El teatro de la segunda década del siglo y de parte de la tercera, se fue politizando cada vez más, dadas las circunstancias. La lucha independentista llegaba a su fin y salvo las regiones insulares, la consolidación de la emancipación americana se cumplió en esa tercera década. Los resentimientos y odios de la lucha fratricida se manifestaron en el teatro de variadas formas. En textos testimoniales de sucesos bélicos, *El detalle de la acción de maipú* (1818) o en la presencia en repertorios de las salas de obras anticlericales, como expresión de rechazo al sector religioso que estuvo junto a la corona española en la confrontación. También, a través de textos satíricos como la comedia *El hipócrita político* (1819), de la cual se conservan las iniciales del autor, que no han sido desentrañadas; los autores enfrentaban el pasado colonial con las nuevas posiciones revolucionarias, mediante una trama sentimental, heredera de cierto costumbrismo de origen hispánico. La obra fue otro aporte de Argentina al de iniciación de un teatro independiente.

En 1821, fecha de la primera liberación del Perú —años más tarde y definitivamente la consolidó Bolívar— el general José de San Martín, jefe del ejército libertador, como lo habían hecho antes otras figuras de la emancipación, respaldó el quehacer teatral con su famoso decreto sobre esta tarea:

> Ministerio de Gobierno. El Protector del Perú.
> Las preocupaciones deben ceder a la justicia y a las luces del siglo. Todo individuo que se proporciona su subsistencia en cualquier arte que contribuya a la prosperidad y lustre del país en que se halla, es digno de la consideración pública. Un teatro fijo como el de esta capital, sistemado a las reglas de una sana política, y en el que las piezas que se recitan y cantan bajo la dirección de la autoridad pública no exceden los límites de la

honestidad y del decoro, es un establecimiento moral y político de la mayor utilidad.

Por tanto, he acordado y declaro:

1. El arte escénico no irroga infamia al que lo profesa.
2. Los que ejerzan este arte en el Perú podrán optar a los empleos públicos, y serán considerados en la sociedad según la regularidad de sus costumbres, y a proporción de los talentos que posean.
3. Los cómicos que por sus vicios degraden su profesión serán separados de ella.

Insértese en la Gaceta Oficial

Dado en el palacio protectoral de Lima, a 31 de diciembre de 1821.

Firmado: San Martín[3].

En el primer cuarto de siglo del XIX se acrecienta la producción dramática de alcance político e incorpora el rescate del pasado indígena en una visión idealista, abriendo un nuevo cauce temático en el joven teatro. Dos autores contemporáneos, pero de diferente procedencia destacan en este enfoque novedoso: José Fernández Madrid, colombiano (1789-1830) autor de dos tragedias: *Atala* (1822) y *Guatimoc* (1825); médico, político y escritor, Fernández Madrid centró su creación en una nueva visión de la conquista reivindicando al hombre americano; escritas en verso y en estilo neoclásico, sus obras iniciaron el teatro colombiano independiente. Por su parte el cubano José María Heredia (1803-1839), además de realizar varias traducciones y escribir algún sainete, dejó inconclusas dos obras *Moctezuma o los mexicanos* (1819) y *Xicontencatl o los Tlasclatecas* (1823); de la primera se conservan partes de los tres actos y de la segunda solo el esquema.

El teatro en los años 20 se muestra como una tribuna política, destinada a la consolidación de las nuevas repúblicas.

EL TEATRO HISPANOAMERICANO Y EL ROMANTICISMO

El teatro hispanoamericano, en la década del veinte y primera mitad del treinta, camina paralelamente en las nuevas naciones con los esfuerzos de dotar a éstas de fisonomía propia. La ópera había desembarcado en las costas americanas y la novedad en la combinación de música y diálogo, de canto, danza y acción dramática, deslumbraba a un público escaso en cantidad y en formación cultural. Los textos de hondo contenido político y de afir-

LIMA LIBRE.

DRAMA ALEGORICO EN UN ACTO

QUE EN CELEBRIDAD DE HABERSE RENDIDO LA PLAZA DEL CALLAO, SE REPRESENTÓ EN EL TEATRO DE ESTA CAPITAL LAS NOCHES DEL 29 y 30 DE SETIEMBRE.

YNTERLOCUTORES.

LIMA: LA LIBERTAD: UN TIRANO: PUEBLO Y PATRIOTAS.

❋――――❋

ESCENA PRIMERA.

El Teatro figuraba un campo á las inmediaciones de la plaza del Callao. Lima, lamentaba allí su situacion.

Lima.

O amargo llanto, que trescientos años,
Han vertido mis ojos, sin cousuelo!
Ah cruel Conquistador! cuantos tiranos,
Tras tì volaron, para hollar mi cueHo!
Huye sombra feróz, que, siempre horrible,
Me has cubierto de luto sempiterno.
Naturaleza en vano me prodiga,
Yndulgente, sus dones; si en desiertos,
La mano avara convertidos tiene

Primera página de la obra *Lima Libre*, de 1821.

mación libertaria, correspondían a los años de lucha, pero, en un proceso de construcción y asentamiento, la temática se iba transformando en expresión del pasado. La ópera, trajo también contenidos de hondo sentimentalismo, donde las pasiones eran encarnadas en protagonistas de fuerte personalidad, capaces de alcanzar grandes metas o sacrificarse por lo que amaban. Traía implícito un agudo planteamiento romántico. Por su parte, los espectadores de entonces, en la pugna por afirmar una orientación liberal contra el conservantismo de alguna manera ligado al viejo dominio colonial, sentían que los espectáculos —tragedias neoclásicas, alegorías, unipersonales o sainetes— no satisfacían las nuevas inquietudes y apetencias. La juventud intelectual luchaba por expresarse con nuevos contenidos y formas, que reflejaran la época también nueva que se vivía.

Europa empezaba a vivir nuevas realidades. La sociedad emergente después de la Revolución Francesa, buscaba en la exaltación de las individualidades, en la exacerbación de las pasiones y en el asomarse a pasados históricos, legendarios y bíblicos, nuevos motivos para expresar los distintos tiempos que se enfrentaban. El camino abierto por Schiller, Goethe y los poetas del XVIII alemán, había plasmado en el surgimiento de una dramaturgia novedosa y audaz, en ruptura con cánones rígidos y que otorgaba a la obra artística toda la libertad necesaria para que su autor diera rienda a su imaginación y sentimientos. Esa libertad y esa pasión, constituían la respuesta precisa para los creadores hispanoamericanos. Era la veta que había que desarrollar e intensificar.

El romanticismo llegó con lenguaje y temática francesa, pero, luego de la consiguiente y lógica imitación, pausadamente fue acercándose a realidades lugareñas, primero mirando hacia el pasado de leyendas del mundo indígena y del ámbito colonial, para luego, ir aproximándose a los años de la lucha independentista o al presente inmediato. Ese periplo hizo posible el surgimiento de un teatro que al transformarse en realista —segunda mitad del siglo— fue conformando una expresión altamente representativa de la realidad y de cada uno de los países que integran Hispanoamérica.

En algunos lugares, el romanticismo impulsó movimientos como el de 1842 —Chile— que buscó un verdadero nacionalismo en la expresión narrativa, poética y escénica. En otros, produjo la radiografía de una sociedad nueva, pero aún llena de prejuicios y convencionalismo heredados: es el caso de México y Perú. También se utilizó de pretexto en los enfrentamientos sangrientos por la imposición de intereses en las estructuras organizativas del estado, como en el caso argentino. O afirmó las tendencias independentistas en lugares retrasados como Santo Domingo, Puerto Rico y Cuba. El romanticismo pudo expresarse de manera diferenciada en los países, pero sus rasgos comunes afloraron en todas las creaciones, que incluso, en varias de las naciones, persistieron hasta el término del XIX.

El romanticismo alcanzó una vasta producción, que fue acrecentada por el realismo y sentó las bases para el desarrollo definitivo de la escena en el nuevo continente. Si las primeras décadas del XIX dieron origen a algunas decenas de obras, desde la irrupción romántica hasta el fin del siglo el teatro se multiplicó con resultados hasta hoy ajenos a una investigación exhaustiva que permita una real valoración de tan rico proceso. Esta eclosión se manifiesta entre los años cuarenta y el novecientos, aún cuando las primeras manifestaciones románticas, ya como creaciones propias, ya como difusión de traducciones de autores europeos, datan de la década anterior.

Los focos de mayor intensidad teatral surgieron como prolongaciones de una fecunda creación colonial, en México y Perú; a ellos se suman Cuba, Chile y el Río de la Plata como lugares de mayor producción en cantidad y calidad, todos en la tendencia romántica, salvo Perú en que predomina la neoclásica.

Desde el auge del romanticismo, el espectáculo escénico se multiplicó, crecieron los espacios destinados al teatro y la ópera y este arte se convirtió en el medio de comunicación de mayor desarrollo.

CUBA

Un escritor dominicano, avecindado en Cuba es el primer autor romántico surgido en América. Francisco Javier Foxá (1816-1865), quien en 1836, escribió *Don Pedro de Castilla*. Si bien ambientó el drama en el siglo XIV, luego del estreno en 1838, la censura y las autoridades españolas prohibieron la obra, pretextando que era una ofensa a la monarquía y a España. Foxá, escribió además, *El templario*, drama en cuatro actos y en verso; *Ellos son*, comedia en un acto y en verso y *Enrique VIII*, también prohibida en 1839.

Al año siguiente de la prohibición de dicha obra, apareció el primer autor romántico cubano, Ramón de Palma (1812-1860), quien estrenó *La prueba o la vuelta del cruzado*, una de sus escasas piezas teatrales, dado que su mayor creación estuvo centrada en la narración y la poesía.

José Jacinto Milanés (1814-1863) es uno de los tres grandes románticos del teatro cubano. El año clave de 1838 estrenó *El Conde Alarcos*, ambientada en la época medieval, pero que, veladamente, cuestionaba los excesos del poder absoluto y las arbitrariedades de los gobernantes, que los espectadores interpretaron como alusiones indirectas sobre los poderes omnímodos de los capitanes generales que regían la isla. La relación entre la obra y la realidad, unida a la nueva tendencia estética, consagraron *El Conde Alarcos* de inmediato. Sin embargo, un año después, habiendo terminado su segundo drama, *Un poeta en la corte*, el joven autor provinciano debió esperar seis años para que la censura autorizara la puesta en escena. Posteriormente abandonó esta línea para componer obras cortas, escenas de la vida diaria, chispeantes y humorísticas, sin relación alguna con su trabajo precedente. Entre esas piezas están: *A buen hambre no hay pan duro*, obra en tres escenas en homenaje a Cervantes; *Por el puente o por el río*, inconclusa, en que trató de seguir la línea creadora de Lope de Vega; *El mirón cubano*, doce cuadros de costumbres y *Ojo a la finca,* juguete cómico en un acto. La conversión del escritor romántico a la recreación directa de la vida cotidiana marcó no solo la evolución de un autor, sino la búsqueda desesperada de realizar un teatro casi testimonial. La vertiente costumbrista de Milanés es el aspecto menos conocido del escritor.

Gertrudis Gómez de Avellaneda (1814-1873) constituye un ejemplo singular en el teatro hispanoamericano: es una de las pocas dramaturgas del XIX, y también, una escritora cuya vida parecía extraída de su propia creación. El caso de la Avellaneda fue similar al del mexicano Juan Ruiz de Alarcón. La mayor parte de su obra la realizó en España, donde transcurrió su juventud y madurez. Su extraordinaria fecundidad creadora quedó plasmada en varios tomos al publicarse la totalidad de su producción, repartida en narrativa, poesía, epistolario, devocionario y teatro, al cual pertenece una veintena de piezas, la mayor parte de ellas, de corte romántico. Su teatro, de afirmación española y cristiana en su planteamiento, incluye a la vez la defensa de la mujer con cierto tono reivindicativo. No tuvo límites en su temática. Historias bíblicas, episodios del pasado medieval y renacentista, de la conquista de América; situaciones presentes, formaron parte de su múltiple expresión. La mayoría de sus obras subieron a las carteleras madrileñas que se empeño en conquistar, con resultado desigual. Infructuosamente intentó formar parte del mundo cortesano que también le resultó esquivo. *Leoncia en Sevilla* (1840) la dio a conocer. Desde entonces hasta su regreso, después de treintaiséis años en la península, a la isla, donde presentó alguna que otra nueva pieza, desarrolló una intensa actividad teatral, agregando a sus títulos originales algunas versiones libres de dramaturgos consagrados. *Munio Alfonso* (1844) marcó un hito en su producción. La recreación libre del ámbito medieval —Toledo del siglo XIII— sirvió a la Avellaneda para confirmar su visión hispana de la realidad o del pasado, con los que se identificaba plenamente. *La hija de las flores o todos están locos* (1852), comedia en tres actos y en verso, dedicada a José Zorrilla, y siguiendo la línea de Lope de Vega, traducida al inglés, francés y portugués, ha sido considerada su creación máxima en el campo de la comedia, género que no constituyó su mayor preferencia. *Baltasar,* drama bíblico en verso, a su vez ha sido considerado como el de mayor profundidad, con atisbos de penetración en el mundo interior de los personajes. La descripción del protagonista es casi una página del teatro psicológico, que irrumpirá años después. Del resto de su producción, puede mencionarse a *Egilona, Recaredo, El príncipe de Viana, Hernán Cortés, Saúl, Errores del corazón, El donativo del diablo, Catilina, El millonario y la maleta,* este último, uno de sus textos teatrales en prosa.

La tercera figura descollante en el romanticismo cubano fue José Lorenzo Luaces, poeta y dramaturgo (1826-1867). Su corta vida limitó su creación, compuesta de una decena de obras, entre sainetes, comedias, dramas y una tragedia, la mayor parte de ellas conservadas en archivos y no estrenadas en su tiempo. Sin embargo, una revalorización ulterior le ha dado la relevancia correspondiente. Ingenioso y con dominio de la versificación, Luaces, que mayoritariamente estructuró su obra en cinco actos y en verso, dejó la siguiente producción: *Una hora de la vida de una calavera* (1853), sainete; *La escuela de los parientes* (1853), comedia; *Dos amigas* (1854), comedia en tres actos; *El becerro de oro* (1859), comedia; *El mendigo rojo* (1859), drama; *A tigre, zorra y bulldog* (1863), comedia; *Aristodemo* (1867), tragedia; *Arturo de Osberg* (1867), drama; *El fantasmón de Aravaca,* , comedia y *El conde y el capitán,* drama, éstas últimas sin fecha precisa. Comediógrafo por antonomasia, Luaces mostró una sociedad plena de contradicciones, enfocándola con sentido crítico y satirizándola. Su teatro recreó el mundo cotidiano de sectores sociales diversos, afincándose en su cotidianeidad, jugando con el lenguaje y con distintos tipos españoles provenientes de variadas regiones e incorporados en la isla, y con personajes y tipos cubanos surgidos de la fusión de varias etnias o representantes de alguna de ellas. Ridiculizó vicios y defectos, las pretensiones de arribismo social y los falsos comportamientos.

> SOFIA: Yo soy como sabe usté,
> de constitución exigua
> mis dolencias averigua
> todo el mundo que me ve.
> Mi cabeza paracléptica
> la tengo bien atrofiada
> que temo que al fin me invada
> una afección cataléptica.
> Siento un típico sofoco
> en el ínfero-homoplato
> y sólo el hidro-clorato
> me puede calmar un poco.
> Ese cúmulo espantable
> de enfermedades me yerma.
>
> («A TIGRE, ZORRA Y BULL-DOG». Acto II. Escena 2)[4].

---

[4] Citado por Rine Leal en *La Selva Oscura,* tomo I, pág. 438, Arte y Literatura, La Habana, 1875.

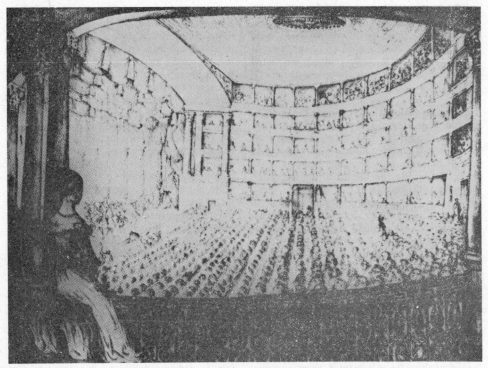

Interior del Teatro Nacional de México, 1845.

El romanticismo cubano, aún cuando su período de madurez se ubica entre los años cuarenta y los sesenta y cinco, aproximadamente, no terminó allí. Otros autores, de menor categoría lo siguieron cultivando, como sucedió en el continente, pero otras líneas y corrientes terminaron por reemplazarlo definitivamente.

MÉXICO

El romanticismo penetró en México hacia 1838. En ese año se registró la primera obra del movimiento que se había impuesto en Europa. Pero, dentro de la variedad que ofrecía la creación escénica, convivieron distintas corrientes durante años. Por ello, y cuando ya adviene esta nueva tendencia, aún subsisten formas neoclásicas, fenómeno también común en el cono sur de América.

Manuel Eduardo de Gorostiza fue el escritor que sirvió de nexo entre el neoclasicismo —fue su último cultor en México— y el romanticismo, que llega como una avalancha a las tierras del antiguo virreinato. Gorostiza (1789-1851), con labor en España y en su país natal, diplomático y escritor, dejó una obra

breve pero importante para Hispanoamérica. Su creación se ubicó entre 1818, *Indulgencia para todos* y 1833 *Contigo pan y cebolla,* considerada su obra de mayor calidad y trascendencia. Suyas son, *Las costumbres de antaño, Don Dieguito, Tal para cual o las mujeres y los hombres* (1820), *Una noche de alarma en Madrid, Virtud y patriotismo o el primero de enero de 1820* (1821). Se suman a ellas, *Don Bonifacio,* sin fecha precisa, algunas versiones de obras de varios autores europeos y otras tantas refundiciones. Comediógrafo de gran comicidad, caricaturizó caracteres y conductas, mostrando dominio en el manejo de la acción y construyendo con eficacia el entramado argumental, creando así obras de fácil recepción para todo espectador.

Fernando Calderón (1809-1845) con obras basadas en el tratamiento libre de la historia, tomó del medievo la motivación para su inicio en la dramaturgia romántica. En 1839 estrenó *El torneo* y cuatro años después reincidió con uno de sus textos más conocidos y representados, *Herman o la vuelta del cruzado.* Entre ambas estuvo *Ana Bolena,* visión muy particular sobre la época y el personaje del siglo XVI inglés. Calderón, en la mayoría de sus obras, caso común en la primera etapa del romanticismo americano, ubicó en un pasado muy lejano y exótico —primordialmente la edad media— los temas de su dramaturgia. Sin embargo y a pesar de que sus obras estuvieron presentes hasta entrado el siglo actual, no fue precisamente su creación romántica la que lo proyectó en el tiempo. *A ninguna de las tres,* texto perteneciente a la tendencia costumbrista, adelantándose al estilo que terminaría por imponerse en Hispanoamérica, se convirtió en un texto consagrado en el tiempo. A través de esta comedia, Calderón critica con agudeza y sin concesiones, la defectuosa educación de la mujer, que en ese periodo, primera mitad del XIX, no estaba preparada para enfrentar la vida de adulta. En la obra se burla del comportamiento europeizante de ciertos estratos acomodados de la sociedad mexicana, coincidiendo con planteamientos paralelos que aparecen en otras latitudes americanas.

Ignacio Rodríguez Galván (1816-1842), poeta y dramaturgo, se acercó tanto en la lírica como en el drama al pasado de su propio país. En su obra *Muñoz, visitador de México* (1838), que inició el romanticismo nacional en la escena mexicana, abordó un tema constante en la literatura y teatro de ese país: el intento de separación de España y la represión consiguiente, impulsada por Martín Cortés, hijo natural del conquistador. Los excesos del enviado de la corona para aplastar el intento separatista y el complot que se organiza contra el representante de la corte, hechos reales, sirven de base al interesante drama de Rodríguez Galván. Posteriormente y en torno a otros episodios ocurridos en la colonia, escribió en 1842, *El privado del virrey,* pieza también representativa del período romántico.

PERÚ

Mientras el romanticismo fue enseñoreándose en el continente y en las islas, en Perú persistieron las formas neoclásicas, a través de las cuales se manifestaron sus más importantes creadores, que en el campo de la dramaturgia manifestaron posiciones e ideas contrapuestas, a pesar de estar unidos en el estilo.

Conservador y de violenta oposición a cualquier cambio, como de rechazo a las posibilidades igualitarias de los sectores populares, Felipe Pardo y Aliaga (1806-1868) y Manuel Ascencio Segura (1805-1871), liberal, avanzado, empeñado en dejar el testimonio de su tiempo, de su tierra y sus habitantes, se enfrentaron con su producción dramática. Las obras de Pardo y Aliaga, cuyos méritos literarios son innegables, han perdido vigencia por efectos de su contenido. Tanto en *Frutos de la educación* (1829), como en *Una huérfana en chorrillo* (1833) y en *Don Leocadio* (1833), atacó las innovaciones sugeridas o promovidas por los sectores liberales; sólo aceptaba que la educación de la mujer debería tener como culminación el matrimonio; negaba la igualdad racial. Con dominio claro de la estructura dramática, definición de caracteres y agilidad en el diálogo, su visión retardataria de la sociedad y su posición europeizante, desconocedora de los valores nacionales, impidieron que su talento indiscutible se proyectara más allá de su polémico momento.

La contraparte de Pardo y Aliaga fue la obra de Segura. Su visión de la Lima y el Perú de entonces mostró causticidad al tratar los sectores medios. Burla punzante, pero también tono moralizador, presidieron sus comedias en verso. Con gran sentido autocrítico, decidió eliminar tres de sus obras, destruyendo los originales. Fue el caso de *Blasco Núñez de Vela, Amor y política,* y la comedia *Dos para una,* de la cual utilizó algunas escenas para otra obra escrita posteriormente, *El chaparral.* Su comienzo como comediógrafo data de 1834, con *La Pepa,* en tres actos y en verso. Como en otras obras, su evidente antimilitarismo impidió la representación de este texto inicial. Caso curioso, porque además de haber combatido en el ejército español y luego haberse incorporado al del Perú independiente, llegando a teniente coronel, en su obra teatral se manifestó una implacable crítica a los uniformes. Esta actitud la mantuvo en *El sargento Canuto,* comedia en un acto estrenada en 1839. Pero, el texto que es considerado su creación maestra fue *Ña Catita,* con una primera versión en tres actos (1845) y una definitiva en cuatro en 1856. Especie de celestina, arregla entuertos y beata, el personaje reflejó realidades y costumbres no solo limeñas, sino hispanoamericanas, heredadas de la influencia peninsular. Otras obras debidas a su pluma son *Nadie me la pega* (1845), *La moza mala* (1842); *La espía* (1854), *El resignado* (1855); *Un juguete* (1858); *El santo de Panchita* (1859, obra escrita en colaboración con el autor de *Tradiciones Peruanas* Ricardo Palma); *Percances de un remitido* (1861); *Lances de Amancaes* (1862); *El cacharpari* (1862) y *Las tres viudas* (1862). Versificación variada, utilización de dichos y refranes, pintura precisa de tipos populares, crítica mordaz e incisiva, fueron algunas de las características que definieron su valiosa obra, precursora del posterior realismo.

Mediante la traducción y representación de dramas y melodramas románticos franceses en salas de Santiago, el romanticismo comenzó a ser conocido también en Chile en la década de 1830. Papel determinante jugó allí, el humanista venezolano Andrés Bello (1781-1865), quien, a través de cuidadas versiones de obras europeas y artículos de prensa, contribuyó al conocimiento y difusión de la nueva escuela literaria. Su traducción —versión sería el calificativo apropiado— de *Teresa* de Alejandro Dumas (Padre) en 1837, estrenada años más tarde, impulsó el surgimiento de las primeras expresiones nacionales. Ello ocurrió a comienzos de la siguiente década, en 1842, cuando su propio hijo, Carlos Bello (1815-1854) estrenó el drama en dos actos y tres cuadros *Los amores del poeta,* ambientado en Francia, con personajes también del lugar, pero muy próxima en el tiempo. Algunos calificaron la pieza como «ópera sin música». La trama, de un sentimentalismo exacerbado, que tiene como centro de la acción el enfrentamiento de un poeta y un militar por la mano de una mujer, con el triunfo del vate, exaltó los ánimos y marcó el comienzo de un teatro distinto. La obra, estrenada y editada en varias oportunidades en el XIX, echó a andar el movimiento romántico que se prolongaría en su etapa más importante por veinte años. Carlos Bello, poeta y novelista, solo realizó otro intento dramático con un texto, perdido, *Inés de Mantua,* cuya acción está ubicada en el renacimiento italiano y tiene como personaje a Lucrecia Borgia.

Un mes y medio después del estreno de la obra de Bello, un segundo texto romántico subía a escena. Se trataba de *Ernesto,* creada por un profesor franco español avecindado en Chile, Rafael Minvielle (1800-1887). Antes, tanto en su estancia en Buenos Aires como en Chile, realizó numerosas traducciones de románticos franceses, que precedieron a los autores locales. *Ernesto,* afirmó la línea romántica en la joven dramaturgia chilena, pero, también, se convirtió en la primera obra de tesis en aquel teatro. La rebelión ante una causa injusta por parte de un militar, tema que ha sido tratado en diversos géneros literarios a través del tiempo, constituía el motivo central de la obra de Minvielle. Hay, claro está, una trama sentimental de por medio, como ingrediente necesario, pero que en el examen de la pieza, ocupa un lugar secundario. Hacia 1848, Minvielle estrenó su segunda obra, *Yo no voy a California,* pieza contingente en dos actos sobre el éxodo de la juventud hacia el país del norte, a la búsqueda de oro. La comedia no tuvo mayor importancia ni en contenido ni como expresión literaria.

Entre los numerosos autores que se expresaron en Chile en el teatro romántico, hay que mencionar a aquellos que tomaron del pasado la base de su creación: Salvador Sanfuentes (1817-1860) autor de *Caupolicán* y *Cora o la virgen del sol.* La temática indígena predominó en la visión de ese destacado poeta, mientras José Antonio Torres Arce (1824-1864) en *La independencia de Chile* o Guillermo Blest Gana (1829-1894) en *La conjuración de Almagro,* se asomaron a la lucha emancipadora y al primer conflicto y enfrentamiento entre los conquistadores del Perú, respectivamente. A los temas europeos, mayoritarios, sucedieron los de un retorno a la propia tierra o región, pero centrados en un pasado muy distante, acentuando aspectos históricos singulares o el exotismo de un mundo indígena idealizado. En este aspecto, el romanticismo del teatro chileno, se convirtió en un claro ejemplo de la evolución que permitió desembocar en el examen de la realidad inmediata y de los problemas o personajes y ambientes de su época.

RÍO DE LA PLATA. ARGENTINA Y URUGUAY

Argentina ofrece otra realidad particular en el concierto continental. Cuando el romanticismo está avasallando a la joven intelectualidad, los valores más relevantes del pensamiento y de la creación argentinas viven en el exilio. La confrontación entre federales y unitarios desembocó en la década del treinta en la toma del poder por un gobernante autoritario y sus opositores intelectuales debieron viajar al destierro. Algunos de ellos, contribuyeron a la difusión del romanticismo tanto en Chile, a través de polémicas periodísticas en Santiago y Valparaíso, como en Uruguay, donde incluso el primer manifiesto romántico es firmado por el escritor argentino Miguel Cané junto al nacional Andrés Lamas. A pesar de ello, los exiliados realizaron creaciones, que fueron publicadas posteriormente o fuera de sus fronteras o estrenadas al reintegrarse al suelo patrio. Entre ellos se cuentan:

Juan Bautista Alberdi (1810-1884), escritor y político, autor de *La Revolución de Mayo* (1839), pieza de exaltación patriótica, de fuerza sentimental que el autor imaginó para impactar a grandes masas de espectadores. Posteriormente, viviendo su exilio en Chile, publicó en Valparaíso, *El gigante amapolas,* obra de sátira violenta sobre el despotismo de Rosas y sobre la incapacidad mayoritaria para derrocarlo. Su obra en referencia, es considerada hoy como precursora de las corrientes que se impusieron en el Río de la Plata en la primera mitad del XX como el grotesco, por ejemplo.

José Mármol (1818-1871). Autor de una novela considerada maestra en su estilo, *Amalia,* incursionó en el teatro, también durante su exilio, creando dos textos: *El poeta* y *El cruzado,* ambos de 1842. En la primera el tema es de ricos y pobres enfrentados por casos sentimentales, y la segunda regresa a los argumentos medievales, tan queridos para los románticos.

Bartolomé Mitre (1821-1906), político, que luego fuera presidente de su país, escribió una obra romántica, *Cuatro épocas,* mientras Pedro Echagüe (1828-1889), crítico, historiador y cuentista, dejó dos obras teatrales de carácter romántico: *Amor y virtud* y *Rosas.*

El manifiesto romántico aparecido en Montevideo en 1838 abrió las puertas a una intensa creación en la poesía y el teatro, además de innumerables artículos periodísticos en los que se desarrolló una interesante polémica sobre la nueva corriente.

El primer autor que aparece es Francisco Xavier de Acha (1822-1897), dramaturgo que, indistintamente, utilizó las vertientes trágicas y cómicas para enfoques del pasado y del presente. *Una víctima de Rosas,* drama que trascendió por su vinculación a hechos muy próximos en el tiempo y la geografía, gozó de las preferencias de crítica y público y se ha considerado su obra de mayor elaboración. *La fusión,* también referida a hechos históricos cercanos uruguayos, correspondió también a su teatro trascendente. *Como empieza acaba,* comedia de crítica; *Bromas pesadas,* juguete cómico y *La cárcel y la penitenciaria,* completan la obra de este romántico.

Heraclio Fajardo (1833-1868), al igual que el anterior, utilizó el tema de Rosas, en su aspecto más repudiable para dramatizar un trágico episodio de su gobierno: *Camila O'Gorman.*

Destacado periodista y escritor, Eduardo Gordon (1836-1881) centró su creación en la comedia de costumbres. Sus obras, de transcurrir dinámico, diálogo pleno de gracia y sal, precisa definición de caracteres, y recreación ambiental que denota exacta observación del medio reflejado, hicieron de Gordon una de las plumas de mayor peso en el período que nos ocupa. Su primera obra fue un drama, *Desengaños de la vida,* estrenada en Buenos Aires en 1858; *La fe del alma* (1866) y *El lujo de la miseria* (1876), estrenadas en Montevideo conforman la expresión más representativa de su generación.

A las obras y autores citados, habría que agregar *El charrúa* (1858) en la que, Pedro Pablo Bermúdez, realizó una defensa apasionada del pueblo indígena y trató de ahondar en las raíces de la idiosincracia continental; igualmente a Alejandro Magariños Cervantes (1825-1893) que trató el tema histórico en su drama *Amor y patria,* estrenado en Buenos Aires en 1856; y finalmente a José Pedro Ramírez (1836-1913), que eligió un episodio real vivido en la capital y el país hacia la sexta década, la epidemia de fiebre amarilla que causó estragos, en un drama que intituló *Espinas de la orfandad.*

EL TEATRO HISPANOAMERICANO EN LA SEGUNDA MITAD DEL XIX

El desarrollo del teatro en Hispanoamérica en este período ofrece características múltiples; no existe una expresión homogénea, sino que cada nuevo país surgido del proceso independentista, tiene diferente evolución, de acuerdo a diversos factores: el ser heredero o no de una situación virreinal; el mayor o menor desarrollo de su economía y de su demografía; la recepción permanente o esporádica de compañías extranjeras de teatro, ópera y zarzuela; la condición o no de país independiente; el especial desarrollo del proceso independentista; la estabilidad política y la superación del caudillaje; la mayor o menor afluencia inmigratoria en las últimas décadas del siglo, etc.

Esos factores, a los que se sumaron condiciones específicas locales, determinaron la diversificación en el desarrollo teatral de los distintos países.

Tal diversidad, sin embargo, ofrece elementos comunes, que vemos repetirse a lo largo y ancho de la geografía americana. Proliferación de amplias salas teatrales, que cobijaron a un espectáculo tan complejo como la ópera, con sus coros, cuerpos de baile, orquesta y los actores cantantes. Con los moldes de la arquitectura italiana, América se pobló de teatros, pero, no únicamente en las capitales y grandes ciudades, sino en provincias y ciudades de menor crecimiento. Los puertos se convirtieron en centros importantes de representaciones teatrales y musicales. Buenos Aires, Montevideo, Valparaíso, La Guaira, Veracruz, por indicar algunos, compartieron con Santiago, Caracas o Ciudad de México, la intensa actividad teatral en ese medio siglo final, prolongándose su importancia hasta 1914.

En el plano de la dramaturgia, sainetes, melodramas, dramas, comedias y «apropósitos cómicos», fueron los géneros que se cultivaron.

El romanticismo, con desigual permanencia en los países americanos, sobrevivió hasta fines del XIX, aún cuando su mayor auge se registró desde fines de la década del 30 hasta 1860, aproximadamente. En lugares en que el teatro alcanzó niveles menores como en el caso de Centroamérica persistió de manera incontrarrestable hasta 1900. La persistencia del melodrama, tuvo caracteres similares. Ello no quiere decir que el melodrama desapareciera de los países donde el teatro avanzó con mayor rapidez, sino que su peso decayó después de la sexta década.

Un fenómeno nuevo fue la fuerte ingerencia política en el quehacer teatral. Países jóvenes, donde la tarea cultural e intelectual descansaba en una minoría culta muy reducida, los autores e intérpretes participaron directamente en la política contingente. El exilio se convirtió en una realidad común desde la primera mitad del XIX. Los hombres de teatro buscaron refugio en países vecinos o cercanos y se produjo, como en los inicios independientes, una comunicación e intercambio por encima de fronteras.

La mayoría de los escritores de la época fueron al tiempo políticos, ensayistas y hombres de acción, cubriendo las necesidades y urgencias de una realidad en que había que construir naciones nuevas, buscando encontrar dimensiones propias.

Los estudios actuales, sobre todo en los últimos treinta años, indican que la producción dramática del XIX alcanzó cifras elevadas, pero su difusión y conocimiento no pasaron en su mayoría del momento en que fueron publicadas en ediciones mínimas, o estrenadas. Poco a poco se ha ido produciendo una revalorización de una de las etapas más prolíferas en cantidad y calidad, en la dramaturgia americana, acorde con el menor o mayor desarrollo del trabajo escénico en los distintos países. Mientras en México, Cuba, Argentina, Chile, Uruguay, Perú, entre otros, se han rescatado títulos y obras en apreciable cantidad, expresión genuina de una búsqueda de su propia identidad, en gran parte de América ni siquiera se ha hecho un estudio somero que permita una visión global de lo ocurrido en el siglo pasado. En Venezuela se ha logrado sistematizar una bibliografía aproximada sobre la producción dramática del período, no hay un estudio sobre esa dramaturgia ni sobre su relación con la de los demás países. Por otra parte, el conocimiento existente se centra en obras y espectáculos producidos en la gran ciudad, en tanto que el desconocimiento sobre la tarea escénica realizada en el interior de los países es casi total.

El teatro hispanoamericano del XIX, que ha reconocido el peso de las influencias del teatro español y de otras expresiones europeas, comenzó a transitar caminos locales y regionales, en la segunda mitad del período que nos ocupa. La inexistencia de estudios exhaustivos impide el exacto enfoque de conjunto. Con todas las limitaciones expuestas, debería, para completarse este panorama, especificarse cuáles fueron las influencias que incidieron de forma determinante en la aparición y auge del costumbrismo, corriente ligada al realismo crítico que se manifestó en Europa en la dramaturgia de gran parte de sus países.

La novelística de Honorato de Balzac, particularmente *La comedia humana* (1850), fue uno de los textos que influyeron, primero en la narrativa y luego, en el teatro que se escribió desde ese año. La recreación de la realidad circundante, la denuncia de sus contradicciones y la descripción de personajes del medio francés de aquel entonces, abrió el camino de esta nueva interpretación en el campo artístico. Por otra parte, los autores hispanoamericanos del romanticismo, si bien en su etapa inicial recurrieron a temática y ambientación foránea, poco a poco volvieron sus ojos a su nación o a su región; primero, yendo hacia el lejano pasado de los años de la conquista y el enfrentamiento de peninsulares e indígenas. Poco a poco avanzaron en el tiempo hasta llegar a los años de lucha por la independencia. El integrar a su temática momentos, situaciones, y personajes de alguna manera ligados a su tierra, abrió las compuertas al nuevo camino realista. Podría añadirse, como suma a estas influencias, la llegada de la zarzuela —hacia mediados de siglo—, y especialmente, la denominda «Chica», que con sus cuadros regionales y la tipología popular española, de barrios y suburbios, unida a un lenguaje directo, música de fácil audición y melodía pegajosa, contribuyó a la aparición y desarrollo del costumbrismo. Más aún, sería menester agregar la permanencia del sainete, que desde el siglo XVIII, constituía una expresión preferida por los públicos americanos. Esto en cuanto a los factores propiamente artísticos y teatrales.

Los factores sociológicos, como el desigual desenvolvimiento de los habitantes del campo y la ciudad, aun cuando ambos pertenecieran a sectores acomodados de la sociedad; el choque de costumbres, comportamientos y lenguaje; los procesos políticos diferenciados en los diversos países; la menor o mayor madurez en su organización como naciones independientes y republicanas. Muchos son los elementos que pesaron en esa diferenciación, y todos ellos, no sólo se convirtieron en factores de influencia, sino que el teatro los registró en su más amplia dimensión.

El teatro de fines del siglo XIX se prolongó por más de una década en la nueva centuria en gran parte de las regiones americanas. Unicamente, en las zonas de mayor evolución —el Cono Sur es un ejemplo— el siglo XX apareció con ribetes diferenciados, aún cuando, en sus primeros años parezca continuarse el proceso iniciado en la década del 80.

Por la disparidad de los distintos procesos nacionales, es imprescindible detenerse en algunos países, cuya dramaturgia es particularmente representativa, trascendiendo su valor hasta nuestros días.

CHILE

Sin lugar a dudas, Chile es uno de los países que en la segunda mitad del XIX mayor producción dramática publica, estrena o deja como herencia. La nueva corriente costumbrista, con fuerte arraigo en la visión del medio ambiente, personajes de la ciudad o del campo y un enfoque crítico sobre esa realidad, convirtió a ese país en uno de los centros más fecundos de la dramaturgia del continente en la época.

Alberto Blest Gana (1830-1920), la figura más relevante de la novelística chilena de ese período, incursionó una sola vez en el teatro, abriendo la línea costumbrista en 1858 con *El jefe de la familia,* que debió esperar un siglo para ser estrenada en la capital chilena. A través de sus tres actos y con el pretexto argumental de una esposa dominante y un marido dominado, mostró comportamientos, características de la vida urbana y familiar de sectores medios, pero, además, dejó el primer testimonio en la dramaturgia, de los inicios del pensamiento social y de la primera organización que agrupó a los intelectuales y políticos de avanzada en una nueva visión crítica de la sociedad, amparada en la influencia del socialismo utópico y de la revolución de 1848: la Sociedad de la Igualdad fundada en Santiago en 1850.

Un autor nacido en provincias, Daniel Barros Grez (1833-1904), novelista, cuentista, fabulista, ingeniero, poeta, inventor, creador múltiple, incursionó en el teatro, dejando una veintena de obras, la mayor parte de ellas comedias. Sus obras, en parte, trascendieron el límite de su tiempo y hoy se mantienen en repertorio obligado de elencos nacionales chilenos, tanto profesionales como aficionados. *La beta,* publicada en una revista literaria en 1859, abre el camino de su creación; la pieza, en un acto, satiriza las conductas equívocas de dos vecinas, que en una vida aparentemente proclive al misticismo, descuidan sus obligaciones elementales dentro y fuera del hogar. La chispeante obra de Barros Grez logra gran causticidad a lo largo de su trayectoria, en obras tales como en *Como en Santiago* (1875), *El casi casamiento* o *Mientras más vieja más verde* (1881), *El ensayo de la comedia* (1886) y *El vividor* (1891). En *Como en Santiago,* la comedia se convierte en texto de afirmación de valores nacionales y continentales, frente a la penetración de modas, costumbres y actitudes europeizantes, francesas sobre todo, que empezaban a dominar en los medios de una burguesía que se desvinculaba de su realidad. Y *El ensayo de la comedia,* anticipándose a la proposición de Luigi Pirandello, desmonta el proceso creador de la escena, haciendo teatro dentro del teatro, en un juego donde las costumbres también juegan un papel determinante en la obra.

AMBROSIO:
Pero después de todo, ¿ensayamos o no?

RITA:
Comencemos; pero yo no respondo de mí, pues me has dado ese papel de ama de llaves, que me tiene toda nerviosa.

AMBROSIO:
¿Quieres hacer el papel de niña?

RITA:
¿Y por qué no? ¿Te parece a tí que estoy tan vieja para no poder desempeñar el rol de muchacha enamorada?

AMBROSIO:
¿Pero no dices que posees tanta flexibilidad?

RITA:
¿Y quién lo duda? Lo mismo era mi madre, pues, como tú sabes, soy hija de cómicos y he sido esposa de dos cómicos, y mi hija será cómica y mis nietos...

AMBROSIO:
Etcétera, etcétera...

RITA:
De manera que puede decirse que he nacido y crecido en el teatro y para el teatro... Soy toda una artista, por las cuatro esquinas... Amo mi arte, y estoy orgullosa de él... Pero querer que yo haga ese papel de ama de llaves...

AMBROSIO:
Te he dado ese papel, a pesar de ser tan ageno de tu temprana edad, porque, como eres tan flexible...

RITA:
¡Lo soy! No lo digas con esa sonrisita burlona... Tú me has visto hacer de Elvira en el «MACÍAS»... ¿Qué tal? Pues si me vieras hacer el «SARGENTO FEDERICO», dirías: «esta mujer no es la misma», (ARREBATA EL SOMBRERO DE LANA QUE LLEVA AMBROSIO; LO DOBLA DÁNDOLE UNA FORMA ESPECIAL, Y SE LO CALA, RECITANDO LOS SIGUIENTES VERSOS, DE UNA MANERA AFECTADA Y PRETENCIOSA) ¡Oye y verás!

¡No vayais al bosque, niñas!
¡Que hay un lobo muy feroz!
¡Que se come a las doncellas!
¡Las traga de dos en dos!!

TERESA:
(A ALVARO)
En verdad que parece·un sargentón.

RITA:
¡Dime ahora que no tengo flexibilidad!

AMBROSIO:
¡La tienes, Rita! Eres la mujer más flexible que conozco, pero cede, por San Roque, y conténtate con ese papel que te ha tocado.

AUTOR:
(DESDE UN PALCO EN QUE ESTARÁ COLOCADO CON OTROS DOS PERSONAJES MAS) Señor Director! Aquí estoy esperando que comience el ensayo. He venido con dos amigos inteligentes, para ver qué efecto produce la pieza.

AMBROSIO:
Vamos a comenzar, señor... Serafina, salga usted...

(Fragmento Escena IV - Primer Acto)[5]

Román Vial (1833-1896), tipógrafo del puerto de Valparaíso, integra el grupo generacional de autores costumbristas, no sólo en el campo del teatro, sino también en el de la narrativa, especialmente a través de artículos de costumbres. En 1869 se dio a conocer con un texto breve y satírico que intituló *Una votación popular,* donde fustigó las deficiencias y las trampas que solían hacerse en los procesos eleccionarios. Con un lenguaje directo y humorístico, a través de tipos simples, realizó un teatro de aguda crítica y testimonió diversos aspectos de los sectores populares y medios del país. Un año después, con *Choche y Bachicha,* reflejó en personajes y diálogos los primeros impactos de una inmigración masiva y su incidencia en la vida de la época. Recogió las deformaciones del lenguaje de italianos e ingleses que se avecindaban en las costas americanas y entraban a formar parte de una población portuaria, abigarrada y variada a la vez. Vial, además de las expresiones de humor y sátira, incursionó en una temática de mayor trascendencia y se convirtió en uno de los primeros autores americanos en abordar el tema de la condición desmedrada de la mujer en la sociedad: al escribir *La mujer-hombre* (1875), donde planteó con audacia la crítica al carácter verdaderamente injusto que significaba el contrato matrimonial para la mujer, además de otras consideraciones sobre las condiciones del sexo débil, se adelantó en cuatro años a los enunciados que sobre la situación femenina realizara el noruego Henrik Ibsen.

Mateo Martínez Quevedo (1848-1923), con su sainete *Don Lucas Gómez,* reflejó las diferentes realidades que se manifestaban en el desarrollo del campo y la ciudad, mostrando las reacciones que los integrantes de unos de esos ambientes experimentaban al encontrarse por vez primera en el otro. Así contrapuso el refinamiento ciudadano bajo la influencia de modas y costumbres francesas, a la simpliciadad y espontaneidad sin tapujos del hombre del campo. Y como en Vial, la aparición del extranjero, con su castellano de fonética y léxico pintoresco, constituyó otro de los ingredientes que hicieron de esta obra la de mayor popularidad desde su estreno en 1885 hasta el cierre de la centuria. Incluso, es obra recurrente en repertorios de nuestros días.

Juan Rafael Allende (1848-1909), periodista, poeta populista, creador de pluma y verso fácil, escribió una fecunda producción en verso, parte de la cual tuvo una relación contingente con el conflicto bélico que enfrentó a su país con Perú y Bolivia. Pero, además, se convirtió en un dramaturgo de aguda crítica social, denunciando los desaciertos políticos y las injusticias que vivían los sectores desposeídos. Su obra, de visión futurista, *La tierra de jauja,* empalma con la renovación dramatúrgica que caracterizará al siglo siguiente, mientras que *Un drama sin desenlace* (1892), es el testimonio directo sobre la crisis político-social que convulsionó el país en la década final del XIX. Diálogo y situaciones ágiles, predominio del octosílabo en la versificación, caracterizaron su teatro.

Antonio Espiñeira (1855-1907), como el anterior, realizó su obra dramática en verso, repartiéndola en sainetes y dramas. *Santiaguinos y Porteños* o *El amor y el interés,* obra cómica de enredos y equívocos, mostró las costumbres imperantes en los sectores medios de la sociedad de la capital, Santiago, o del principal puerto, Valparaíso. En *Chincol en sartén* (1876), Espiñeira recogió valores tradicionales

---

[5] Revista *Apuntes,* núm. 79, Universidad Católica de Chile, julio 1974.

campesinos como la «paya», contrapunto en verso improvisado y acompañado de música, muy popular en diversos países de América del Sur. El tema sentimental en su drama *Martirios de amor* o la interpretación libre de hechos del pasado, *Cervantes en Argel*, señalaron otra faceta del escritor.

Daniel Caldera (1851-1896) escribió la obra considerada como más relevante en la línea dramática realista del período: *El tribunal de honor* (1877), basada en un hecho real acaecido algunos años antes. La precisión en los caracteres, el equilibrado desarrollo de sus tres actos y la recreación de una época, convirtieron a la pieza en un clásico del teatro nacional.

EL RÍO DE LA PLATA. ARGENTINA Y URUGUAY..

Hasta 1884, fecha del estreno del mimodrama o pantomima *Juan Moreira,* basada en el folletín del mismo nombre del periodista Eduardo Gutiérrez, en una carpa de Buenos Aires, el teatro tiene un desarrollo diferenciado en ambos países. Pero, desde entonces, la calificación de teatro rioplatense resulta más exacta. Argentina y Uruguay tuvieron un lento desarrollo de la región, con influencia notoria sobre la dramaturgia que se escribía en la segunda mitad del siglo. El llamado teatro gauchesco domina varias décadas, para desembocar en el teatro orillero, marcando así el paso del predominio del tema rural al de la gran metrópoli, en que se convierte la capital argentina en los primeros años del nuevo siglo.

Entre 1850 y la aparición del *Moreira*, el teatro de Argentina y Uruguay está dominado aún, con leves excepciones, por la expresión romántica. Ello se veía respaldado por la visita continua de compañías de teatro, ópera y zarzuela, que constituían el centro del interés de un público con un alto porcentaje de europeos. Los autores nacionales tenían poca actividad y las limitaciones locales ofrecían escasas posibilidades de representación, lo que impedía su crecimiento y perfeccionamiento. La construcción de numerosas salas a las dos orillas del Plata dieron nuevas oportunidades, pero los escritores seguían apegados mayoritariamente a temáticas y formas alejadas de su propia realidad. *Juan Moreira,* sin proponérselo ni el autor del folletín, ni el coautor, el actor uruguayo José Podestá —del circo «Pepino 88»— retomó en parte el camino iniciado por Francisco Fernández (1841-1922), quien, luego de una fecunda obra poética, incursionó en el teatro en 1872, con *Solane,* tragedia de

José J. Podestá en el papel de Juan Moreira.

ambiente rural en cuatro actos. Con esta obra, realmente, se abrió el camino de la escena gauchesca, aún cuando doce años más tarde, *Moreira*, con su impacto, no solo impulsará esa línea, sino encabezará un fenómeno creador común a ambas naciones.

Resulta interesante comprobar que en el Cono Sur, la observación de la realidad, tomada tanto del documento periodístico, como de la crónica histórica, se convierte en base de argumentos e historias contadas dramáticamente en el teatro. Allí coinciden autores de Chile, Argentina y Uruguay. *Moreira*, formó parte de la crónica policial. Un delincuente rural, asolador de pequeños poblados repartidos en la extensa pampa argentina, con todo un historial de asaltos, crímenes y enfrentamientos con la policía, murió, luego de un combate con los uniformados. El joven periodismo argentino recogió sus andanzas, inventando otras nuevas. Si Gutiérrez, había idealizado su imagen en el folletín o novela por entregas, la versión pantomímica, en 1884 y la dialogada, 1886, reiteraron ese enfoque. Gaucho diestro en el caballo, utilizando el facón indistintamente en el corte del asado o en la defensa y la agresión, maestro en el versificar y en la guitarra, Moreira se convirtió en un héroe romántico, víctima de las circunstancias. Enfrentado al inmigrante que le ha negado el pago de una deuda, proscrito, generoso y justiciero, víctima finalmente de una traición y una emboscada, su historia, con ribetes melodramáticos, puesta en escena en un circo de tres pistas, con la realización en vivo de fiestas campesinas, apasionó a espectadores, la mayor parte, sin conocimiento del mundo rural, o con una visión de él en sus países de origen, desde los que habían emigrado a América, diversa de la que les ofrecía el escenario.

Cuando Podestá y su elenco cruzaron el Plata y mostraron la obra en Montevideo, el público sintió la obra como propia y, de inmediato, salió un texto similar de pluma uruguaya. *Juan Moreira* es una obra esquemática y de gran simplicidad. El sencillo argumento, el lenguaje campesino y el muestrario de costumbres, producen una recepción favorable y directa:

> PAISANO PRIMERO:
> Ya me dijo que soy zonzo;
> lo habrá dicho sin querer,
> por eso yo lo perdono,
> pero cuídese otra vez,
> no le vaya a suceder
> lo que le pasó a Mateo:
> que por querer dar consejo
> lo llaman el bicho feo.
>
> PAISANO SEGUNDO:
> Ya me dijo que soy feo,
> pero creo más feo es usted.
> Se parece a un atorrante
> recostao a la paré,
> y si quiere otro más feo,
> lo presento por primero:
> fíjense todos, paisanos,
> en la cara del pulpero.
>
> PAISANO PRIMERO:
> El pulpero anda muy triste
> pues le va la cosa mal;
> si lo agarra Juan Moreira
> la cola le va a pelar.
> Y perdone, ño Sardetti,
> por lo que he dicho recién;
> pues según tengo entendido
> usted no se portó bien.[6]

(Acto Primero. Escena II).

La representación de *Juan Moreira* abrió un campo nuevo al teatro del XIX. La utilización de una carpa de circo y la interpretación por actores provenientes del circo, otorgaron la posibilidad de iniciación de un teatro emi-

nentemente popular, experiencia que sería recogida en México y Chile a fines del siglo y comienzos del XX. La influencia de *Juan Moreira* se dejó sentir en Uruguay desde el comienzo de la última década. Elías Regules, poeta y destacada figura de la intelectualidad oriental (1860-1929), realizó una versión escénica del poema gauchesco *Martín Fierro*, de José Hernández, versión escrita en 1889, pero estrenada el 90. Ese mismo año, Abdón Aróztegui, daba a conocer *Julián Jiménez* creada bajo la fuerte impresión que le produjera el estreno en Montevideo de *Juan Moreira*, protagonizada por José Podestá. En su *Breve Historia del Teatro Uruguayo I*, Walter Rela reproduce fragmentos de un texto autobiográfico de Aróztegui (1853-1926), en que se lee:

> *Julián Jiménez* fue escrito al día siguiente de haber visto «JUAN MOREIRA representado por los Podestá-Scotti... Lo hallé tan verdadero; sentí tan bien la vida desgraciada de nuestros valientes paisanos, en la desgraciada vida de Moreira, y las arbitrariedades de nuestras despóticas autoridades de campaña que tuve que conmoverme, y me conmovió de lleno... Bajo esa impresión escribí *Julián Jiménez*, en dos o tres días, menos los primeros cuadros, que los escribí más tarde, en unas cuantas horas.

El entenao y *Las vivezas de Juancito* de Regules, y *Juan soldao* de Osmán Moratorio (1852-1898) son algunos de los textos de teatro gauchesco que siguieron la corriente señalada por la creación de Gutiérrez.

En Argentina, el teatro gauchesco compartió con el sainete criollo y la persistencia ya menor de textos melodramáticos románticos, el gusto del público que asistía a las carpas de circo como a los teatros a la italiana en los años finales del siglo. Se fue creando el estereotipo del gaucho valiente, agresivo, conquistador, versificador y cantor, audaz y arriesgado, como nueva versión del heroísmo popular, simbolizando los ideales esquemáticos de una masa campesina explotada por la oligarquía nacional y los inmigrantes enriquecidos, unidos en parte a ella. La mayoría inmigrante había quedado en la gran ciudad, pero los sectores que se avecindaron en la campaña sufrían los mismos rigores y dificultades que el criollo. Por ello, resultaba falsa la visión folletinesca, poética y dramatúrgica, de un enfrentamiento entre inmigrantes y criollos, pues ambos eran víctimas de la explotación económica.

El gaucho nómada, aventurero, proscrito, dio en la realidad paso al trabajador del campo, haciendo producir el agro, pero también, adquiriendo conciencia sobre sus derechos y

---

[6] En *Teatro Rioplatense*, Biblioteca Ayacucho, núm. 8, Caracas, 1877.

posibilidades de realización individual y colectiva. El teatro recogió el proceso. Martiniano Leguizamón (1858-1935) registra esta transformación en su obra *Calandria* (1896), estrenada también por los Podestá. Dividida en diez cuadros, el autor la define como «Comedia de costumbres campestres» y, junto con cerrar el ciclo de esa visión gauchesca iniciada por Gutiérrez, cerró también, la permanencia de la obra teatral realizada en el picadero. El autor puso por condición su estreno en una sala teatral, lo que ocurrió en el Teatro Victoria el año ya señalado. Aún cuando todavía algunas obras de tipo humorístico musical, siguiendo los alineamientos de la zarzuela chica española, se asomaron a la carpa, no tardó en desaparecer este centro popular de espectáculos. Los propios Podestá, hacia 1898, presentaron *Ensalada criolla,* de Enrique de Matta (1870-1927), obra del llamado «género chico», que antecede al desarrollo del sainete criollo. Aquí, como en otros casos de este tipo de obras, la influencia española, se hizo sentir de manera determinante. Autores y realizadores locales fueron influidos por las imágenes, tipos y música de obras hispanas como las zarzuelas, mostradas por elencos españoles que continuamente recalaban en el puerto y adaptaron esas obras haciendo traslación de tipos, creando músicas de fácil recepción y fijación, que en imitación primero, pero con valores propios después, desembocarían en las mayores expresiones saineteras que por más de veinte años se impusieron en el Río de la Plata.

En la segunda mitad del XIX, el teatro del Río de la Plata se convierte en el centro de la tarea escénica del continente. Autores, géneros, salas, intérpretes, marcan la pauta de una expresión que buscaba caminos propios en América, como reflejo de una realidad cambiante y dinámica. Igualmente, compañías de paso por la zona, incorporaban obras locales en su repertorio o contribuían a la tarea de autores noveles. Fue el caso de Enrique García Velso (1880-1938), que en 1898, ve estrenada una de sus primeras obras *Gabino el mayoral* por la compañía española de zarzuelas de Irene Alba. Un contemporáneo de García Velso, Nemesio Trejo (1862-1916), fecundo autor de obras con personajes de los sectores medios urbanos y uno de los primeros dramaturgos que incorpora a estos estratos en la temática, irrumpe en la década del 90 con *Los óleos del chico* y *Los políticos,* textos testimoniales de los procesos de transformación social y de las luchas políticas contingentes, donde el peculado, el cohecho y la agresión, conformaban la última herencia del caudillaje que el tiempo iba superando.

En Montevideo y otras ciudades uruguayas el año de 1894 es fecha fundamental para la evolución teatral. La compañía Podestá-Scotti, que se desplazaba entre Argentina y Uruguay, cruzando el Plata de manera permanente, estrena en ese año varios títulos de plumas uruguayas. En Paysandú, puerto del río Uruguay, centro de intenso actividad cultural, da a conocer *Los gauchitos* de Elías Regules. Luego, en el propio Montevideo, *Fausto Criollo* de Benjamín Fernández y Medina, con música de Antonio Podestá y bailes típicos. Integran también su repertorio *Abril y chiripá* y *La flor del pago* ambas del ya señalado Osmán Moratorio, completando el paso por la costa oriental, *Cobarde* y *Las tribulaciones de un criollo* de Víctor Pérez Petit (1871-1947). Todas estas obras intentan fijar características y comportamientos nacionales y regionales, oscilando entre el sainete, el drama y el melodrama, con la utilización de modismos, proverbios y dichos populares, entremezclados con vocablos resultantes de la fusión de la expresión criolla y el aporte de términos extranjeros, llegados con la inmigración y hechos suyos o asimilados por los pobladores rioplatenses. El nacimiento de nuevas expresiones musicales y bailables, el tango y la milonga por ejemplo, así como la utilización del lunfardo, van a reflejarse cada vez con mayor intensidad en los textos teatrales de Argentina y Uruguay.

COLOMBIA Y VENEZUELA

En Colombia, la investigación sobre el teatro ha sido lenta y tardía. De ahí que el interés surgido por conocer su pasado escénico, recién comience a cristalizar en informaciones y valoración de su proceso.

José María Samper (1828-1888), periodista, poeta, polemista, novelista, ensayista y dramaturgo, fue una de las plumas más brillantes de la Colombia independiente. Autor muy particular, porque su creación se manifestó indistintamente en el teatro romántico y en el costumbrista, la mayor parte de sus obras de la segunda tendencia, fueron escritas en la década del 50. *Un alcalde a la antigua y dos primos a la moderna*, estrenada en 1856, se convirtió en una de las más populares realizaciones del autor colombiano, y dentro de la precariedad de las temporadas, regresó una y otra vez a las carteleras; un compositor, también colombiano, José María Ponce de León, la transformó en zarzuela en esa misma década y, como tal, se representó en diversas temporadas hasta 1874. La obra, ambientada en los años 40 en un pueblo pequeño de Colombia, presenta el enfrentamiento entre valores del pasado e innovaciones del presente. La tradición conservadora, tan fuerte en el país, se mostraba renuente a aceptar los nuevos comportamientos y costumbres. El temor a las leyes laicas, anticlericales y liberales, se reflejó en este documento teatral de Samper. Dividida en dos actos, el texto, con un tema sentimental sencillo y con reminiscencias románticas, señaló al mismo tiempo una posición crítica frente a los desaciertos gubernamentales, actitudes corruptas, designaciones fraudulentas, actitudes reñidas con la ley y otras taras imperantes en la joven sociedad independiente. Samper hizo en ésta como en otras de sus obras, plenas de sátira, una verdadera vivisección de la realidad, para la cual sugería cambios y renovaciones.

> Don Pascasio:*(Al salir, echándose aire y desabotonándose la casaca)*
>
> ¡Oh, qué calor!
> Aflójame, Mariquita,
> esta casaca maldita
>
> *(Mariquita lo hace riéndose)*
>
> Que me sofoca... ¡Más! ¡Más!
> ¡Puff! ¡Qué enredos! ¿Habrá igual?
> Meterme en esta jarana,
> y de buena o mala gana
> ¡vestirme de general!
> ¡Qué absurdo! Más, no el primero
> seré, que lleve el vestido,
> sin haber jamás oído
> la descarga de un mortero.
> Si de cuenta de disfraz
> resulto así por encanto,
> muchos logran otro tanto
> con la lisonja falaz.
> Si aquí todo se improvisa,
> no es extraño que un alcalde,
> pase a general, de balde,
> para provocar la risa.

(Escena VI. Acto II)[7].

En *Percances de un empleo* (1857), Samper, a lo largo de los cuatro actos de la pieza, fustigó duramente los excesos cometidos por los burócratas. Funcionarios encargados de tareas cuya responsabilidad los supera, sin otra idoneidad para los cargos que desempeñan que las influencias o los parentescos que se los han procurado, amigos además de la vida fácil y disipada y que de improviso se ven obligados a asumir sus funciones con seriedad, son los personajes de esta obra, en la cual Samper recogió algunas concepciones que, provenientes de Europa, propugnaban el regreso a la vida del campo, lugar de la pureza, donde podía reivindicarse quien había sido corrompido por la ciudad.

Ese mismo año, 1857, Samper estrenó dos obras en un acto: *Los aguinaldos* y *Un día de pagos*. En la primera arremetió contra la frivolidad de la juventud acomodada de la gran ciudad, criticando la conducta superficial y la búsqueda de ganancias sin recurrir al trabajo ni al esfuerzo. En la segunda, reiteró su censura a los abusos del poder, la irresponsabilidad funcionaria y la incoherencia de la acción oficial. Pero, no es únicamente en el aspecto crítico donde este comediógrafo costumbrista destaca: cuando reproduce el lenguaje regional y campesino, sin perder imaginación y creatividad, el diálogo resulta chispeante. Autores contemporáneos a Samper fueron José María Vergara y Vergara (1831-1872), autor de *Olivos y aceitunos todos son unos* y *Las tres tazas,* costumbrista aferrado a valores del pasado, pero con calidad en la creación de tipos y situaciones, y Juan de Dios Restrepo («Emiro Kastos») (1827-1894) que en *Vanidad y desengaño* se mostró adverso a las influencias culturales francesas que irrumpieron en Colombia, como en toda América, a mediados del XIX.

En Venezuela, país también poco estudiado en lo referente al siglo pasado, la década del 50 y también la del 60 estuvieron dominadas por un romanticismo algo tardío en relación con otros países de América del Sur. Por ello, fue en la década que se inicia en 1870, cuando aparecen expresiones importantes de las nuevas corrientes dramáticas y además, innovaciones para un mayor desarrollo de la escena: los primeros intentos de una Escuela de Teatro, la aplicación del derecho de autor, creación de elencos infantiles, en fin, cambios importantes para el surgimiento de un teatro con raíces propias. En esta situación surge un autor relevante, que como muchos de sus contemporáneos en América, realizó múltiples actividades, junto con su creación escénica. Nicanor Bolet Peraza (1838-1906), periodista, político, narrador, ensayista y comediógrafo, dejó además, artículos de costumbres y entre ellos, referencias a la actividad del teatro. En 1873 estrenó *A falta de pan buenas son tortas,* obra en un acto, donde criticó con agudeza el intento de escalar posiciones y ganar el dinero fácilmente, a través de un alto cargo conseguido por influencias. Dialogando en una prosa de ritmo rápido, el texto destacó por la crítica incisiva, la recreación de la vida y los personajes de la Caracas de la época.

---

[7] En *Materiales para una Historia del Teatro en Colombia,* Bogotá, Instituto Colombiano de Cultura, 1978.

La condición portuaria de Guayaquil, convirtió a ese lugar en el centro teatral de Ecuador en la segunda mitad del XIX. Las compañías extranjeras actuaban allí, trasladándose con gran dificultad a Quito, por la distancia y la falta de caminos aptos para la comunicación entre ambas ciudades. Por diversas causas, la escena ecuatoriana tuvo un desarrollo tardío y por ello, la dramaturgia de cierta relevancia en el período fue escasa y no superó los límites nacionales. Salvo excepciones, el melodrama sentimental estuvo vigente hasta el término del siglo. Crítico, ensayista, narrador y dramaturgo, Juan Montalvo (1832-1889) dejó una importante producción dramática, con fuerte acento trágico, pero, que no supera la tónica dominante desde el advenimiento del romanticismo. En esa línea puede mencionarse, *La leprosa* (1872); *Jara* (1872); *Granja* (1873); *El descomulgado* (1873) y *El dictador* (1873).

El realismo en su forma costumbrista, sólo apareció casi al terminar el XIX. En 1892 se estrenó en Quito, *Receta para viajar,* comedia en cuatro actos en verso, de gran agilidad, donde la crítica a las costumbres de sectores acomodados y a los comportamientos falsos, se plasmaron en un texto considerado como iniciador de la comedia ecuatoriana. Su autor fue Francisco Aguirre Guarderas, quien además escribió otro texto, perdido, *Receta para heredar.*

En el Perú, luego de la brillante primera mitad del siglo, que tuvo su más alto exponente en la figura de Manuel Ascencio Segura, la segunda mitad, por razones de variada índole, no registró autores de categoría. Hubo, claro está, creadores que ocuparon el lugar dejado por Segura y por Pardo y Aliaga, pero sus obras no lograron la trascendencia de aquellos.

Entre los escritores aparecidos en el Perú, en las décadas finales, debe mencionarse a Ricardo Palma (1833-1919), continuador de la línea romántica en melodramas en verso; Manuel Corpancho (1830-1863), en línea similar, autor de *El barquero y el virrey* y *Templario.* Clorinda Matto de Turner, una de las pocas autoras aparecidas en el siglo en América, novelista de importancia que incursionó levemente en el teatro, tomando la temática de las luchas indígenas contra el dominio español en el siglo XVII, en su obra *Hima Sumac.*

En Bolivia, igual que en varios otros países, el romanticismo llega y se impone tardíamente. De ahí, que en esa nación del siglo XIX terminar con obras que correspondían a los primeros cincuenta años. Fue el caso de las de Ricardo Jaimes Freyre (1868-1933), extraordinario poeta, que en 1889 dio a conocer *La hija de Jefte,* obra basada en textos bíblicos. Un drama histórico, escrito en 1868, *Los mártires,* ha sido considerado como otra de las piezas de algún valor para esa época; su autor fue Hermógenes Jofré.

MÉXICO

La agitada historia de México en la segunda mitad del siglo repercute en su proceso teatral. La invasión francesa y la lucha contra el nuevo colonialismo, retrasaron el proceso artístico y si bien la actividad de las cuatro últimas décadas fue intensa, las obras no superaron la excelencia de la dramaturgia de los primeros decenios republicanos. Se agregó a ello, la irrupción de espectáculos frívolos traídos desde Francia y la carencia de respaldo a los autores nacionales, problema éste último subsanado en parte en 1875 por el Presidente de la República, Sebastián Lerdo de Tejada, quien decretó un apoyo económico a los dramaturgos nacionales. Se produjo entonces un auge transitorio, limitado por una paradójica censura estricta y, posteriormente, por los abusos del gobierno autoritario de Porfirio Díaz, con el cual se cerrará el siglo e iniciará el siguiente.

La situación influye en el surgimiento de espectáculos farsescos y de revista política, con gracejo popular y tipos extraídos del suburbio y de la picaresca, como expresión de crítica agudizada ante la dictadura de Díaz. Era una herencia indirecta del llamado género chico que llegó desde España en años precedentes.

Los repertorios mexicanos de la segunda mitad del XIX incluyen así vestigios del teatro romántico a través de dramas y melodramas de tema histórico y también sentimental, y comedias, zarzuelas y sainetes. También intentos de teatro de fuerte crítica como *Los martirios del pueblo* (1876) de Alberto Bianchi (1850-1904), quien sufrió persecución y cárcel por expresar en su obra una violenta opinión contra la incorporación forzada de los hombres del pueblo al ejército; la obra llevaba como dedicatoria: «A vosotros, que sois víctimas de los poderosos y que comenzáis a quitaros el yugo que os oprime.»[8]

José Rosas Moreno (1838-1883) extrajo del pasado mexicano y de grandes figuras de la creación literaria los temas para sus obras más

---

[8] Citado por Ignacio Cristóbal Merino L., en «La tradición fársica en México, carpa y revista política», en *La Cabra,* Revista de Teatro, III época, núm. 27, diciembre 1980.

importantes, todas en la corriente romántica: *Netzahualcoyotl, bardo de Acolhuacan,* referido al gran poeta y rey chichimeca del siglo XV, y *Sor Juana Inés de la Cruz,* ambos dramas.

José Peón y Contreras, político, médico y escritor, destacó por la intensidad conflictiva de sus dramas, intentando ahondar en el mundo interior de sus personajes, aún cuando el efectismo y la truculencia se enseñoreaban en el desarrollo de la obra, que alcanzaba una gran receptividad de público, a pesar de sus pobres logros estéticos. *La hija del rey* (1876), es considerada su drama de mayor madurez en una obra que comprende más de cuarenta títulos, entre los que hay que destacar: *Un amor de Hernán Cortés, Luchas de amor y de honras, El sacrificio de una vida, Impulsos del corazón, Antón de Alaminos* y *Esperanza.* El año de estreno de *La hija del rey,* es considerado el de mayor fecundidad para el teatro mexicano del XIX. Se estrenaron en él un total de cuarenta y tres obras, cifra que no volvió a repetirse sino entrado ya en su tercera década del siglo siguiente.

Otro autor, Manuel José Othon (1858-1906), se convirtió, junto con el anterior, en el dramaturgo de mayor impacto para los espectadores de la época; poeta y magistrado de un pueblo del interior, se incorporó al quehacer escénico con el drama *Después de la muerte.* En México, dos líneas dramáticas podían observarse en el repertorio de la última parte del XIX. La persistencia del romanticismo en los teatros afincados en los sectores más céntricos de la capital mexicana y manifestaciones de teatro liviano y musical con implicaciones políticas y críticas en las salas de los barrios más alejados.

GUATEMALA

Dentro del panorama centroamericano (la región hispanoamericana donde el teatro en el siglo XIX, acusó un menor desarrollo) Guatemala, tuvo una evolución importante, cercana a los países, que se constituyeron en los más avanzados del continente.

Entre los dramaturgos que realizaron una creación considerable está Vicenta Laparra de la Cerda (1834-1905), autora romántica de melodramas como *La hija maldita* y *El ángel caído* (1888). Periodista, su labor en la prensa y en la escena estuvo dirigida a la reivindicación femenina. Otra mujer, Pepita García Granados, estrenó *Boletín del cólera morbus,* pieza de hondo contenido crítico.

Hay que indicar como aporte del teatro gua-temalteco para la región, el desarrollo de un teatro escolar y para jóvenes, creado e impulsado por un pedagogo y dramaturgo, J. Julio Cordero, quien, además de escribir y representar con estudiantes normalistas numerosos textos didácticos, dio a conocer la obra costumbrista *Por murmurador y chismoso*, pieza crítica y humorística, estrenada primero en la capital hondureña y posteriormente en la propia Guatemala.

Juan Fermín de Aycinena (1838-1894), escribió un grupo de obras costumbristas en que realizó una verdadera vivisección del comportamiento de los sectores sociales medios, satirizando también la pedantería intelectual. *El mejor tesoro, Hombre de bien* y *Locura literaria,* fueron tres de sus piezas más representativas, en una obra que incluye también un texto de teatro infantil: *La semilla del bien.*

Etnógrafo y escritor, Felipe Silva Lear —se ignoran las fechas de nacimiento y muerte—, es considerado el dramaturgo de mayor categoría en la Guatemala de fines del XIX, llegando a calificársele como el padre del teatro nacional de ese país. Combinó en sus obras música, canto, danza, tomando viejas leyendas indígenas recreándolas y dándoles las características que tipificaban el baile-drama precolombino. Dejó tres obras: *La conquista de Utatlan,* en dos actos y en verso; *Tecum uman,* drama histórico en tres actos y en verso; *Hebel o la virgen de la isla,* drama de tema legendario que se ubica durante el reinado de Quicab en 1480. Esta obra fue escrita en 1888.

Manuel Valle (1861-1913), político y escritor, fue el autor costumbrista que recreó el ambiente y personajes contemporáneos con mayor propiedad; de su fecunda producción, donde se alternan, comedias, sainetes y zarzuelas junto con alguna pieza dramática, cabe destacar: *La flor del café,* que reproduce con mucha viveza escenas de la vida cotidiana en la región sur del país. *Los solterones*, zarzuela con música del maestro Lorenzo Morales (1880), que satiriza conductas y costumbres; *El traje blanco, Las dulzuras del hogar* y *El colegio a los quince años,* que le sirvieron para recrear el mundo juvenil, las aspiraciones y las travesuras de las nuevas generaciones; *De la noche a la mañana,* donde retrató tipos, ambientes, lenguajes típicos, mostrando una gran capacidad de observación sobre el mundo que le rodeaba. La obra quedó como un daguerrotipo testimonial. La popularidad de algunos textos de Valle, impulsaron a músicos contemporáneos a crear melodías y canciones relacionadas con sus temas y contenidos.

Algunos poetas, como Ismael Cerna y Máximo Soto Hall, realizaron algunas incursiones dramáticas, con piezas de tendencia romántica y temática histórica, como *La penitenciaria* del primero y *Madre* del segundo.

REPUBLICA DOMINICANA, PUERTO RICO Y CUBA

Estos tres países ofrecen otras tantas realidades. El primero afirma su independencia hacia 1844, y empieza desde esa fecha su evolución cultural y teatral, mientras los dos últimos se mantienen como colonia española hasta 1898 y sus respectivos teatros, con visiones diferentes, expresan en su dramaturgia la distinta situación política que enfrentan.

República Dominicana aparece en la dramaturgia del XIX con textos de raigambre histórica. Es un escritor dominicano, pero radicado en Cuba el que abre el campo del romanticismo en América: Francisco Javier Foxá.

En la segunda mitad del XIX, precisamente en 1855, Félix María del Monte (1819-1899), escribe *Antonio Duverge o las víctimas del 11 de abril,* drama histórico sobre un hecho trágico cercano acaecido en la isla quisqueya. Definida como tragedia en cinco actos y en verso, la obra contiene las características del melodrama romántico, que en el lugar ha de permanecer largo tiempo, para luego compartir la escena dominicana con los primeros intentos del teatro costumbrista.

Del Monte fue autor, también, de otros textos de la misma corriente: *Ozema o la joven indiana,* cuya historia se desarrolla en la época de la conquista y su protagonista es una Princesa de Haití; la obra, calificada como drama lírico en cinco actos y en verso, fue escrita en 1866. *El último abencerraje,* drama en cinco actos y en verso, ambientado en regiones españolas en las primeras décadas del XVI, luego de la expulsión de los árabes. Los tres ejemplos citados de Del Monte, señalan tres caminos que el teatro romántico en Hispanoamérica había ya recorrido para ese entonces; eran tres vertientes de la historia: la lejana, de raíz indígena o con vinculaciones al mundo nativo; la historia inmediata y la historia exótica, ambientada en otras latitudes y otras épocas.

Si el romanticismo persistió en la República Dominicana más allá de mediados del XIX, en el último tercio de ese siglo en la isla, afloró el costumbrismo, que con prosa dinámica, mostraba el ámbito familiar, criticando aspectos de la realidad económica y política, el retraso en el progreso de las ciudades y poblados, presentando, en fin, un cuadro satírico pero amable de la realidad provinciana imperante en el país.

En esa línea del costumbrismo, destaca Luis

Arturo Bermúdez, (?-1917), político, militar y escritor con profundo sentido nacionalista; escritor de comedias, la totalidad de su producción ofrece un mosaico de la realidad dominicana de los últimos veinte años del XIX. *Mellizos* —sin fecha—, *El carnaval* (1899) y *El licenciado Arias* (1900), todas en un acto, junto a *Guadalupe y Mateo, El sueño de Duarte* y *Simples y compuestos,* conforman el total de su dramaturgia.

La crítica de Bermúdez está hecha con cierto acento didáctico y moralizador, cualidad común a varios autores del continente.

POETA:
Dispondremos una serenata.
D. JACOBO:
¡Fuera he dicho! No estoy para música.
JACINTO:
¡Adiós, Comisario!
POETA:
¡Adiós, Centurión!
D. JACOBO: (SOLO)
Así es nuestro país: así está constituída nuestra enferma sociedad. En ella para reclamar cada uno su derecho necesita el apoyo de la batuta. Sea uno un ladrón o un borracho, pero procure un nombramiento aunque sea de Alcaide de la cárcel y tendrá crédito y seguro ascenso a lo más encumbrado: Por el contrario, sea usted honrado, cultive su talento y se hunde, porque lo matan a golpe de envidia. Por eso vemos a diario quienes son los llamados y cuales los elegidos. Nuestros Gobiernos casi siempre llevan las botas al revés...
El licenciado Arias (escena final)[9].

Puerto Rico es también un caso de romanticismo tardío, que coexiste en el período en referencia con manifestaciones costumbristas y críticas. Su condición de colonia española hasta 1898, que incluye una censura teatral a veces estricta, contribuye a una oscilación entre temas históricos de pasados ajenos a su realidad y pinceladas satíricas sobre costumbres y tipos, carentes de connotaciones políticas o de enfrentamiento a la autoridad colonial. En el primer campo se ubica Alejandro Tapia y Rivera (1826-1882), escritor romántico en verso, cuyas obras abordaron en un principio asuntos de la historia europea, pero cuya más famosa pieza trata de un tema nacional y todavía actual, por abordarlo, el dramaturgo no solo sufrió censura, sino que fue perseguido por las autoridades de entonces. Tapia y Rivera había tenido ya, desde su primera obra, *Roberto D'Evreux* (1843), problemas con la

---

9 En *Historia Crítica del Teatro Dominicano,* tomo II, 1844-1930, Universidad Autónoma de Santo Domingo, 1984.

censura: en el texto trataba de manera humanizada a los personajes monárquicos, lo que significó una tardanza de casi una década en la autorización de estreno. Desterrado en España y posteriormente, residente en Cuba, Tapia y Rivera, volvió una y otra vez a su patria para continuar una labor literaria que finalmente afincaría en su propio suelo. *Camoens, Bernardo de Palissy,* fueron títulos de su producción; pero en *La cuarterona* (considerada su obra máxima, no sólo por su hondo contenido nacional, su agudeza y su refinada crítica, sino también por el mayor dominio en el manejo del lenguaje, el diálogo y las situaciones), si bien persiste un tratamiento romántico y aún, como lo han anotado los críticos, algunas reminiscencias neoclásicas, por ejemplo, el respeto a las llamadas tres unidades, logró ir más allá de su época. La obra emparenta con el realismo y en ella pareciera sintetizarse el proceso de las distintas corrientes que fueron presentándose a lo largo del siglo.

Contemporáneo de Tapia fue Salvador Brau (1837-1912), cuya obra presenta una temática similar, abordando la historia y las anécdotas lejanas, como en *La vuelta al hogar,* de 1877.

El camino abierto por *La cuarterona,* en su intento de asomarse a una realidad circundante, es desarrollado por Ramón Méndez Quiñones (1847-1889), considerado como uno de los iniciadores del llamado «teatro jíbaro», término éste último que nombra al campesino puertorriqueño. La economía agraria de Puerto Rico está en el origen de la atención literaria y dramática prestada al campesino del país, que se manifiesta en una gran cantidad de obras. Entre sus autores ocupa un lugar relevante Ramón Méndez Quiñones (1867-1889). En 1878, al estrenar su juguete cómico *Un jíbaro como hay pocos,* seguido por *La jíbara,* inició el enfoque de la temática rural, realizando una exaltación del campesino, contrastándolo con la superficialidad de los hombres y mujeres de la ciudad. Con gran chispa y penetrante agudeza, en un lenguaje típicamente deformado, propio del hablar campesino de la región, en una versificación fácil, con modismos, proverbios, alusiones contingente y referencias actuales y pasadas, Méndez Quiñones, testimonió toda una época con singular gracia y pimienta. La obra de mayor fama de este autor *Los jíbaros progresistas* fue escrita en 1882 y continuada en *La vuelta a la feria,* hoy lamentablemente perdida. Como otros intelectuales, limitado por las circunstancias, buscó el exilio en la última etapa de su vida, falleciendo en Honduras.

El teatro de Cuba presenta una realidad singular en la segunda mitad del XIX; como en otros lugares, coexisten distintas corrientes, pero se originan también formas propias, que no tienen paralelo en los demás países americanos. El teatro Bufo y el teatro Mambí, fueron expresiones únicas de Cuba, aparecidas y desarrolladas en el enfrentamiento entre la isla y el poder colonial.

El llamado teatro Bufo se manifestó en textos esquemáticos, destinados a ser actuados, de manera que lo teatral reemplazaba las exigencias de la obra escrita. Era una reminiscencia de la Comedia del Arte del renacimiento italiano, jugando en las condiciones *sui generis* de la Cuba ochocentista. El teatro Mambí, o de resistencia al colonizador, se expresó utilizando las corrientes literarias imperantes, pero con un contenido anti-colonialista siempre presente sin precedentes ni paralelos en otros tiempos o lugares de América.

En el panorama del teatro cubano de la época en el campo de un teatro tradicional, continuador de la fructífera producción romántica de la primera mitad del siglo, debe mencionarse a José Martí (1853-1895), líder en la lucha independentista, ideólogo, político, poeta, periodista, que en su creación dramatúrgica, como en su labor de crítica teatral, sintetizó los caminos de influencia que el teatro europeo irradiaba la problemática sentimental y el análisis de comportamientos reflejos de una sociedad en conflicto, afloran en los textos martianos cuya producción dramática data de los años que van de 1869 a 1875: *Patria y libertad* encargada por el gobierno de Guatemala. *Abdala, Adúltera* (en sus dos versiones, la segunda incompleta) y *Amor con amor se paga,* forman el total de su dramaturgia. Salvo *Adúltera,* pieza en prosa, el resto de la obra fue escrita en cuidado verso.

Junto a Martí, debe mencionarse a Alfredo Torroella (1845-1879), autor que en su breve vida dejó una obra valiosa en prosa, *El mulato,* drama en tres actos sobre la esclavitud negra, en el cual el enfrentamiento entre la concepción abolicionista y la esclavista, mediante una historia donde se entremezclan elementos sociales y sentimentales, sirve de soporte a una pieza que marcó un hito, no sólo en el teatro cubano, sino en el de Hispanoamérica. La obra obtuvo una gran resonancia al ser estrenada en México hacia 1870.

José de Armas y Cárdenas (1866-1919), crítico y periodista, que usó el pseudónimo de Justo de Lara, estrenó en 1895 en La Habana, *Los triunfadores* drama en prosa en dos actos y un epílogo, donde se hacía una fuerte crítica a la corrupción de los sectores más altos de la sociedad madrileña, mostrando además una nobleza venida a menos y, proyectando así, indirectamente, en la capital española, algunas características del mundo colonial en crisis. Armas y Cárdenas acusó ya las influencias del naturalismo proveniente de Francia, con precisa descripción de caracteres y diálogo de gran teatralidad.

El teatro Bufo, cuya fuerza e influencia era notoria en la escena cubana antes de 1850, y que fue sometido a fuerte censura a lo largo de su trayectoria, alcanzó su mayor auge y madurez en los últimos cuarenta años del XIX. El verso inicial fue reemplazado por una prosa casi agresiva, pintoresca, entremezclándose personajes negros, guajiros o campesinos y tipos populares del medio urbano. La ridiculización de distintos aspectos de la realidad, y las alusiones políticas contingentes planteadas de manera indirecta para soslayar el control de la censura, caracterizaron esta expresión genuinamente cubana. Desde el título, frase ingeniosa, comenzaba el juego con el espectador, con el cual se establecía una complicidad humorística, que a veces integraba alusiones socio-políticas y servía de más eficaz comunicación entre autor, actor y público, esencialmente popular. *Un guateque en la taberna un martes de carnaval* (1858), pieza en un acto de Juan José Guerrero; *Los negros catedráticos,* al que su autor, Francisco Fernández Vilarós («Pancho») calificó de «Absurdo cómico en un acto de costumbres cubanas en prosa y verso» (1868); *Pedro huevero aunque le quemen el hocico,* de Juan Francisco Valerio, «cuadro de costumbres cubanas en un acto y en prosa» (1868); *Del parque a la luna,* zarzuela cómico-lírica sobre asuntos cubanos en un acto y en verso de Raimundo Cabrera con música de Manuel I. Mauri, escrita en 1885 o *En la cocina* de Ignacio Sarachaga, juguete cómico-bufo en un acto en prosa, estrenada en 1881, son algunos ejemplos de una forma teatral, con múltiples variantes y denominaciones, que reflejaron la última etapa del mundo colonial que periclitaba. Como muestra de esta modalidad, véase este pequeño fragmento-Escena IX del Primer Cuadro de la pieza *Del parque a la luna:*

EMPLEADO:
Yo soy feliz empleado
con un nombramiento real;
en Madrid andaba escaso:
aquí... no del todo mal.
En palacio tengo coche
y el gasto de material;
trabajo una media hora;

cobro la paga... tal cual.
Cuando a la corte me vuelva
tendré quinta en Escorial,
mientras sigo aquí engordando
aunque el clima es infernal.
(Ahuecando la voz)
Bendito por siempre sea
(vase sin entrar en el kiosko)
el Ministro de Ultra...mal.

CARLOS:
No necesita ir al cielo
este dichoso mortal.[10]

Paradójicamente el teatro Mambí que se identificó con las luchas por la independencia de Cuba, y fue escrito por autores cubanos, vio la luz en el exilio. Por otra parte, en la segunda mitad del XIX, se escribieron también una cantidad de obras, que afectas al régimen colonial, trataron de enfrentar la posición libertaria de autores e intérpretes isleños. Hubo un período en la historia cubana, a fines de la década del 60 en que el teatro fue lugar de enfrentamiento de independientistas y colonialistas. La masacre del teatro Villanueva en 1869, fue uno de los episodios en que la escena se transformó en verdadero campo de batalla. Producida la intervención norteamericana, el teatro Mambí asumió, ahora contra otro oponente, la defensa de los valores nacionales, prolongándose hasta la primera década del siglo XX.

Entre las obras y autores representativos hay que mencionar *El grito de yara,* drama en cuatro actos y en verso (1874), escrito en el exilio en Nueva York por Luis García Pérez (1832-1893); *Dos cuadros de la insurrección cubana* (1869), pieza en dos cuadros, escrita en Charleston, Estados Unidos por Francisco Víctor y Valdés, de quien se desconocen datos biográficos, la obra del exiliado en Colombia, Francisco Javier Balmaseda (1823-1907) que incluye un conjunto de comedias y la pieza política *Carlos Manuel de Céspedes,* drama histórico en un acto y en prosa; *Hatuey* (1891) de Francisco Sellén (1838-1907) profesor y periodista que fue deportado a España por su actividad revolucionaria, y escapó de allí a los Estados Unidos, escribiendo en Nueva York la obra mencionada, poema dramático en cinco actos, a través del cual exaltó la lucha por la libertad y la independencia. Todos los títulos mencionados, así como numerosas otras obras creadas en el período por autores obligados a vivir fuera de su país, acusaron fuerte influencia del romanticismo aún vigente.

---

[10] En *Teatro Bufo Siglo XIX,* tomo II, Arte y Literatura, La Habana, 1975.

ALGUNAS CONCLUSIONES

El siglo XIX significó el surgimiento de una nueva realidad teatral en el panorama mundial. Hasta el momento de su independencia, los países de Hispanoamérica, con todos los valores que fueron desarrollando, constituían la prolongación en ultramar de la cultura y formas escénicas españolas. Pero, aunque durante gran parte de la centuria, nuevas influencias europeas pesaron en las expresiones americanas, poco a poco, y con evolución de nivel desigual, fueron apareciendo expresiones que, sin desconocer las fuentes originales, acogían las características nacionales y regionales: personajes, ambientes, costumbres, aspiraciones, contradicciones, de las jóvenes repúblicas, iban manifestándose en sus creaciones escénicas.

La segunda mitad del XIX fue de afirmación nacional y regional. Incluso, países que se mantuvieron bajo el dominio colonial hasta casi terminar el siglo, como Puerto Rico y Cuba, encontraron manera de enfilar su expresión teatral hacia la recreación de su realidad, dejando un testimonio de su época, con valores literarios y escénicos que hoy convierten a esas obras en clásicos del teatro hispanoamericano.

El desarrollo, por cierto, no puede calificarse como uniforme. En la primera mitad del XIX, aquellos países que habían tenido una importancia relevante en el período colonial —México y Perú— prolongaron su condición de avanzada en el teatro, condición que disminuye en la segunda parte del siglo. Entre tanto, otros países, de escasa o menor evolución teatral en la colonia, adquieren un progresivo crecimiento —Argentina, Uruguay, Chile— convirtiéndose en nuevas realidades donde la escena adquiere definiciones de gran peso. La región de Centroamérica permanece con las mismas características de los siglos precedentes: movimientos teatrales de incipiente expresión.

El siglo abrió su transcurso teatral con la irrupción del neoclasicismo, que desde la cuarta década dio paso al romanticismo. Este permaneció casi todo el resto del siglo, aún cuando su momento estelar no rebasó los años sesenta. Cuando el realismo, en su forma costumbrista, se afincó en el continente y en las regiones insulares, se convirtió en el cauce de las más auténticas búsquedas de contenidos y formas representativas del llamado Nuevo Mundo. Lo obtenido entonces se proyectó al nuevo siglo, con los resultados que hoy definen el teatro hispanoamericano.

BIBLIOGRAFÍA

CASTAGNINO, Raúl H., *Crónicas del Pasado Teatral Argentino,* Siglo XIX, Huemul, S. A., Buenos Aires, 1977.
— *Revalorización del Género Chico Criollo,* Facultad de Filosofía y Letras de la Universidad de Buenos Aires, 1977.
CRUZ ROJAS UZCATEGUI, José de la, y CARDOZO, Lubio, *Bibliografía del Teatro Venezolano,* Universidad de los Andes, Consejo de Publicaciones, Mérida, Venezuela, 1980.
DAUSTER, Frank N., *Historia del Teatro Hispanoamericano,* Siglos XIX y XX, segunda edición muy ampliada, Ediciones de Andrea, México, 1973.
DESCALZI, Ricardo, *Historia Crítica del Teatro Ecuatoriano,* tomos I y II, Casa de la Cultura Ecuatoriana, Quito, 1968.
GARCÍA MEJÍA, René, *Raíces del Teatro Guatemalteco, Tercera Parte: Epoca Independiente,* Cuadernos de Investigación Teatral, núm. 18, Centro Latinoamericano de Creación e Investigación Teatral (CELCIT), Caracas, S. F.
GONZÁLEZ FREIRE, Natividad, *Teatro Cubano del Siglo XIX, Antología,* tomos I y II, Arte y Literatura, La Habana, 1975.
KLEIN, Teodoro, *El Actor en el Río de la Plata, De la Colonia a la Independencia nacional,* Asociación Argentina de Actores, Buenos Aires, 1984.
LAFFORGUE, Jorge y VIÑAS, David, *Teatro Rioplatense (1886-1930),* Biblioteca Ayacucho, núm. 8, Caracas, 1977.
LEAL, Rine, *Historia del Teatro Cubano desde sus orígenes hasta 1868,* tomo I, *La Selva Oscura,* Arte y Literatura, La Habana, 1975.
— *De los Bufos a la Neocolonia,* tomo II (Historia del Teatro Cubano de 1868 a 1902), Arte y Literatura, La Habana, 1982.
— *Teatro Bufo Siglo XIX, Antología,* tomos I y II, Arte y Literatura, La Habana, 1975.
— *Teatro Mambí,* Letras Cubanas, La Habana, 1978.
LUZURIAGA, Gerardo y REEVE, Richard, *Los Clásicos del Teatro Hispanoamericano,* Fondo de Cultura Económica, México, 1975.
MARTÍ, José, *Teatro,* Letras Cubanas, La Habana, 1981.
MOLINAZA, José, *Historia Crítica del Teatro Dominicano,* tomo I (1492-1844), tomo II (1884-1930), Universidad Autónoma de Santo Domingo, Santo Domingo, 1984.
MORFI, Angelina, *Temas del Teatro, del Caribe C. por A. Santo Domingo, R. D., 1969.*

ORDAZ, Luis, *El teatro Argentino,* tomos I, II y III, Centro Editor de América Latina, Buenos Aires, 1979.

PEREIRA SALAS, Eugenio, *Historia del Teatro en Chile, desde sus orígenes hasta la muerte de Juan Casacuaberta,1849,* Universidad de Chile, Santiago de Chile, 1974.

RELA, Walter, *Breve Historia del Teatro Uruguayo. I. De la Colonia al 900,* Universitaria de Buenos Aires (EUDEBA), Buenos Aires, 1966.

REYES DE LA MAZA, Luis, *Cien Años de Teatro en México, 1810-1910,* Sep-Setentas, México, 1972.

RIPOLL, Carlos y VALDESPINO, Andrés, *Teatro Hispanoamericano, Antología Crítica,* tomo II, Siglo XIX, Anaya Book Co., Inc. Nueva York, 1973.

RODRÍGUEZ B., Orlando, «Presencia de Andrés Bello en el Teatro Chileno», *Bello y Chile,* Tercer Congreso del Bicentenario, tomo II, Fundación La Casa de Bello, Caracas, 1981.

RODRÍGUEZ CASTELO, Hernán, *Teatro Ecuatoriano,* tomo I, Publicaciones Educativas «Ariel», Cromograf, Guayaquil-Quito, S. F.

SALAS, Carlos, *Historia del Teatro en Caracas,* Imprenta Municipal, Caracas, 1967.

SUÁREZ RADILLO, Carlos Miguel, *El Teatro Neoclásico y Costumbrista Hispanoamericano,* tomos I, II, III, IV, Cultura Hispánica, Instituto de Cooperación Iberoamericana, Madrid, 1984.

UGARTE CHAMORRO, Guillermo, *El Teatro en la Independencia* (Piezas Teatrales), volúmenes I y II, Comisión Nacional de Sesquicentenario de la Independencia del Perú.

VARIOS, *Panorama del Teatro Dominicano,* tomo I, Corripio, Santo Domingo, 1984.

WATSON ESPENER, Maida y REYES, Carlos José, *Materiales para una Historia del Teatro en Colombia,* Instituto Colombiano de Cultura, Impresa Ltda, Bogotá, 1978.

Florencio Sánchez

TRINIDAD BARRERA LÓPEZ

Si el proceso teatral hispanoamericano consigue canalizarse hasta alcanzar una madurez que lo encamine a la universalidad, en ese proceso es inevitable referirse a la labor de un uruguayo intemporal, Florencio Sánchez (1875-1910). Su figura es paradigma de las tablas en un sentido doble: en la evolución del teatro hispanoamericano del siglo XX y en el campo teatral rioplatense (Argentina y Uruguay), uno de los panoramas más lúcidos y valiosos de la escena teatral hispanoamericana del primer tercio de este siglo y específicamente en el período que vamos a tratar: la «década gloriosa» del costumbrismo (1900-1910).

CONTEXTO SOCIO-CULTURAL

Si bien las fechas de 1884-86 marcan un hito en el proceso dramático rioplatense[1], gracias a las representaciones circenses del popular *Juan Moreira,* sería injusto hacer tabla rasa de los años anteriores. En 1783 se crea el Teatro de la Ranchería, gracias al virrey Vértiz. Seis años más tarde se representaría allí el *Siripo* de Lavardén. Hacia mediados de este mismo siglo se advierte la presencia de algunas piezas que ejemplifican, de forma temprana, un costumbrismo ceñido especialmente a los hábitos y formas del habla campesina, aunque sean obras de autores urbanos (fenómeno no tan extraño si se piensa en la poesía gauchesca). En esta vía del realismo pintoresquista merece citarse *El amor de la estanciera,* atribuido por Ricardo Rojas a Juan Bautista Maziel, y cuya fecha de composición podría estar entre 1787 y 1792, obra de la que nos dice Guillermo Ara que «entraña solidaridad del sentir criollo frente a la soberbia y la fanfarronería del extranjero»[2], sentimiento que se nos antoja similar al que se advierte en los *Diálogos patrióticos* de Bartolomé Hidalgo. Dicha pieza es interesante además, porque, como sainete, muestra algunas características de este género chico que tan amplia repercusión tendría en los próximos siglos.

En 1792 se incendia la Ranchería y se vuelve a los primitivos corrales o tabladillos improvisados. En 1804 se inaugura el Coliseo Provisional de Comedias que conoció cierres y aperturas por motivos políticos. De todos modos, los años siguen pasando sin que se vea crecer un público interesado en mantener una vida teatral. Así resume Lafforgue el panorama: «nuestro teatro emite sus primeros balbuceos hacia el fin de la época colonial, y no constituyen más que sonidos de débil eco sus esfuerzos posteriores, hasta que comienza entre 1880 y 1910 a hablar con voz madura»[3]. El propio Florencio Sánchez no duda en reconocer que «de Labardén a nuestros días se habían producido cosas esporádicas de producción teatral, toda ella ingenua cuando no del todo inferior, servil en la forma y vacua en la esencia»[4].

De todos modos en la singladura de este teatro se puede apreciar una línea localista, de carácter militante, costumbrista o gauchesca que se remonta al siglo XVIII y que puede ser enlazada con ese acontecimiento teatral que fue el *Juan Moreira* de 1884 y toda una corriente que, conocida bajo el nombre de *drama rural o gauchesco,* cubrirá la escena rioplatense desde finales del siglo XIX hasta 1910 aproximadamente, precisamente el período en que se inserta Florencio Sánchez, uno de sus mejores cultivadores, cuyo «lugar debe situarse en la intersección de las coordenadas más significativas del arco dibujado por el teatro rioplatense que se va poniendo en la superficie hacia 1880 y languidece sobre 1930»[5].

Si en el desenvolvimiento teatral hispanoamericano del presente siglo se pueden señalar tres etapas, la época que tratamos y nuestro autor pertenecen a la primera: la generación realista, donde a algunos resabios románticos se mezclan el realismo social de la época, los visos naturalistas y el costumbrismo heredado que afectan por igual al sainete criollo y a las modalidades de dramas rurales o urbanos; buen ejemplo de ello es el mismo Sánchez en *Cédulas de San Juan, Barranca abajo* o *En fa-*

---

[1] Aunque Sánchez era uruguayo de nacimiento y nunca renegó de su origen, pasó buena parte de su vida en Argentina y allí estrenó lo mejor de su obra. Su figura pertenece, pues, a las dos literaturas, íntimamente unidas en gran número de manifestaciones literarias y especialmente en el teatro.

[2] Guillermo Ara, *Introducción a la literatura argentina,* Bs. As., Columba, 1966, pág. 61.

[3] «Introducción a Florencio Sánchez» en *Obras completas,* tomo I, Buenos Aires, Schapire, 1968, pág. 16.

[4] Florencio Sánchez, *Obras completas,* tomo I, *op. cit.,* pág. 169. Citaremos por esta edición.

[5] David Viñas, *Teatro riplatense (1886-1930),* Caracas, Ayacucho, 1977, pág. IX

milia. La densidad dramática de las obras del uruguayo, los ejemplos diversos que ofrece su nutrida producción, permiten colocarlo como el eje supremo del teatro en esta época pues, si por un lado, enlaza y supera al «gauchismo» de Moreira (D. Zoilo en *Barranca abajo),* por otro, abre el teatro a dramas universales, de tesis, que laten al mismo ritmo europeo (v. gr. *Nuestros hijos)* o modifica la finalidad del sainete criollo *(El desalojo,* por ejemplo).

Pero volvamos a una fecha, 1884, la del éxito del drama Gutiérrez-Podestá, gracias a la confluencia de cuatro elementos socio-estéticos: un público popular, que ya desde 1880 y gracias a la divulgación del *Martín Fierro,* se encontraba especialmente predispuesto a estos temas; unos intérpretes criollos: el grupo de actores, los Podestá, familia de saltimbanquis, que por su origen uruguayo, su raíz inmigratoria y su difusión rioplatense, reunían todos los elementos propicios para dar verosimilitud a la escena nacional; una estructura circense «que si, por un lado, catalizaba los componentes anteriores hacia la producción, por el otro, en la vertiente de la distribución, facilitaba su curso en virtud del nomadismo vinculado a sus giras»[6] y por último, unos autores nativos con unos textos de resonancias propias y una crítica estable. No hay que olvidar que, por aquellos años, la gran masa del público buscaba diversión en los espectáculos circenses (una minoría culta asistía al teatro para presenciar obras de procedencia española o europea). El señuelo para la presa fue sin duda la escenificación de este «bandido» gaucho. En 1884, en beneficio del circo Hermanos Carlo, se representa, con la intervención de José J. Podestá, payaso del Circo Humberto I, la pantomima *Juan Moreira,* adaptación de la novela folletín homónima de Eduardo Gutiérrez. El mimodrama como espectáculo circense era habitual en aquel entonces, pero mientras comúnmente era de origen italiano, ahora se trata de uno criollo. El éxito fue tal que, dos años después, se le añaden diálogos al mimo y el circo Podestá-Scotti repone el *Juan Moreira.* En 1889, el espectáculo logra un clamoroso éxito en Montevideo que se repite en un local menor de Buenos Aires, hasta llegar al centro de la ciudad en las temporadas de 1890 y 1891. En sólo siete años la primitiva pantomima dialogada llegó a ser el espectáculo más popular del teatro argentino. De este modo se va logrando esa gran masa de público, pero además se prepara el paso de la pista de circo al escenario.

El filón de este drama rural no iba a ser desaprovechado por autores alertas, argentinos y uruguayos, que fueron sacando de su pluma pálidas piezas imitativas. Pero habrá que esperar a *Calandria* (1896) de Martiniano Leguizamón para que aparezca el resorte que nos permite conectar dicha modalidad a las obras de Sánchez. Con Calandria asistimos a la reinserción del gaucho como peón trabajador; de las dos soluciones para el gaucho, si Moreira representa la del gaucho metrero, alzado y sanguinario, Calandria muestra la del gaucho «civilizado»: «Pero ha nasido, amigasos, el criollo trabajador» (pareciera que estemos ante las dos partes de la obra de Hernández). Reacción contra el culto del «matonismo», del rebelde que pobló los dramones en un proceso de idealización de sus elementos negativos, una vez desaparecido el gaucho real, que culmina en el Moreira de Gutiérrez. «A partir de *Calandria* —apunta Amelia Sánchez Garrido—, y hasta fines de siglo, el teatro criollo representado por los Podestá iba a fluctuar entre el drama a lo Moreira y la pieza en que se pretendía reflejar el ambiente rural más que el drama de cuchilleros»[7]. En 1901, al separarse los hermanos Podestá, se crean dos compañías de actores criollos, se crea así en la «década gloriosa», con el amanecer del siglo, donde a la corriente autóctona que hemos visto hay que sumar, dentro de un contexto general de Hispanoamérica, un auge del costumbrismo, que abarca las tres primeras décadas y donde se busca en el teatro, como en la novela, el descubrimiento del rasgo propio y regional. «Los escritores de toda América, no sólo la hispánica, se han percatado de que para expresarse necesitan reconocerse a sí mismos e identificarse, ante quienes leen sus obras, como algo que está cerca»[8]. Y aunque cuente con el defecto de una justificación excesiva de vicios o virtudes, a veces, por el camino de la intención cómica se llega a la preocupación dramática; precisamente será Florencio Sánchez, junto con Roberto J. Payró y Ernesto Herrera, quien dé, una vez más, el toque maestro a esa modalidad.

El tema central del teatro costumbrista será la definición empecinada y el análisis psicológico del protagonista de su historia: el criollo (mestizo lo llama Solórzano) enfrentado a unos problemas específicos que vienen determinados por el contexto social y político en el que se inserta. En la zona platense y en estos

---

[6] *Ibídem,* pág. XXIV.

[7] Amelia Sánchez Garrido, «Situación del teatro gauchesco en la historia del teatro argentino», *Revista de la Universidad* (La Plata), 15, set-dic, 1961, pág. 32.

[8] Carlos Solórzano, *Teatro hispanoamericano del siglo XX,* Bs. As., Nueva Visión, 1961, pág. 9.

momentos influye: *a*) la europeización de Buenos Aires a partir de 1880. El progreso material y el capitalismo extranjero provocan un crecimiento físico de la «Gran Aldea» que contribuye al florecer de una opulenta burguesía y *b*) el aumento de la inmigración europea, sobre todo italiana (en 1914, el veinticinco por ciento de la población de Buenos Aires era de origen italiano). Este segundo factor incide de forma decisiva en la configuración de la sociedad que empieza a cambiar necesariamente ante el empuje de dichas fuerzas.

Marcado por el impacto regionalista se desarrolla paralelamente el sainete criollo cuyas raíces añejas, ya vimos, pero ahora, debido a los acontecimientos políticos de 1890, adquiere por la vena satírico-política, un merecido auge que llega hasta 1915 con las figuras de Nemesio Trejo, Ezequiel Soria, Carlos Mauricio Pacheco y posteriormente Alberto Vacarezza. Del sainete al «grotesco criollo», cuatro decenios de éxito de público mantuvo la evolución de esta modalidad costumbrista, de las manos finales de Armando Discépolo y Francisco Defilippis Novoa.

Por último, se suele hablar de una tercera modalidad del teatro rioplatense, «teatro de aliento» (Castagnino) o «realista-naturalista». Del realismo en contacto con otros modelos de importación europea: Bracco, Hervieux, Berstein, Wilde, Benavente, Ibsen, etc..., representados además en Buenos Aires, florece en el Río de la Plata, todo un movimiento teatral inspirado, a más de sus raíces nacionales, en la escuela naturalista, el Teatro Libre de Antoine y el realismo italiano, y que tiene en Florencio Sánchez y Gregorio de Laferrere sus dos mejores mentores.

Contexto personal

La corta y trágica vida de Florencio Sánchez, muerto a los treinta y cinco años, es un puente tendido entre Uruguay y Argentina (Montevideo, Buenos Aires, La Plata o Rosario). Circunstancias fortuitas hicieron que fuera a terminar sus días a Italia, concretamente en Milán, en el hospital de la caridad «Fate bene fratelli». Este viaje, ordenado en 1909 por el presidente uruguayo Claudio Williman «para informar sobre la concurrencia de la Expresión Artística de Roma», no sólo vendría a culminar uno de sus más acariciados sueños sino que, como se sabe por su correspondencia, abría dimensiones insospechadas de internacionalización a su teatro. En carta a Pablo Minelli le dice a propósito de una lectura de *Los muertos:* «un éxito estruendoso, tan grande

Retrato de Florencio Sánchez.

de que esta mañana Grasso, acompañado del Dr. Mariani, ha estado en el manicomio a estudiar tipos alcoholizados... Marazzi, el empresario de Grasso..., se compromete, por contrato público, a hacerme traducir al italiano y dialectos, por literatos y autores dramáticos ya conocidos, como Bracco, Capuana, etc., aquellas de mis obras ya escritas que resulten adaptables a estos escenarios...»[9] Más adelante, en la misma carta, anuncia su deseo de probar fortuna en España y Francia. Sus ilusiones y esperanzas fueron cortadas de raíz por la tuberculosis. Corría el año 1910.

La agitación, los sobresaltos, los reveses económicos marcaron su vida. Personaje intuitivo y autodidacta, como gran parte de la generación uruguaya del 900, a la que pertenece; bohemio, asiduo contertulio de cafés donde asistían literatos y hombres de pensamiento avanzado: José Ingenieros, Roberto Payró, Alberto Ghiraldo, Joaquín de Vedia, Evaristo Carriego; calle Florida, el «Aue's Keller», el Café de los Inmortales, etc.; derrochador y juerguista, son curiosas las cartas que escribe desde Italia, motivadas casi siempre por la penuria económica. En suma, una vida tan intensamente vivida y sentida que, aunque materialmente fuese corta, quizá en su caso, fuese más completa que la de otros a su edad, ya que con quince años lo encontramos practicando el periodismo en *La voz del pueblo,* periódico de Minas (Uruguay) y subiendo a las

---

[9] Florencio Sánchez, *Obras completas, op. cit.,* página 155.

tablas para representar un papel en *Marcela o ¿cuál de los tres?* de Bretón de los Herreros. A los diecisiete intenta balbucear una pieza teatral «joco-serio-mímico-burlesca» que tituló *Los soplados*, de la que sólo vieron la luz unas cuantas escenas, publicadas en el periódico, en agosto de 1891. En esta primera y bisoña experiencia en un diario pequeño se advierte ya una facilidad en el manejo del lenguaje coloquial que, con posterioridad, definiría el teatro sanchezco. El periodismo se convierte desde ese momento en su «modus vivendi».

Cuando en 1892 se marcha a Buenos Aires, en La Plata encontrará un oscuro trabajo de oficinista del que saldrá, como en el caso anterior, no por su propia voluntad. El trabajo estable no parecía ser su estrella. En 1893 lo encontramos de nuevo en Montevideo, enfrascado en el periodismo: crónicas y reportajes para *El Siglo*, y poco más tarde, *La Razón* y *El Nacional* tras la revuelta de Aparicio Saravia en la que participó personalmente. Por aquellos años, tras abandonar el partido blanco —tradición familiar—, se afilia al Centro Internacional de Estudios Sociales, de Montevideo, de orientación anarquista, gana un concurso con *Ladrones* (esbozo de su posterior *Canillita*) y estrena el *scherzo* en un acto *Puertas adentro*. Corre el año 1897. Al año siguiente será Rosario y la secretaría de redacción de otro periódico *La República*, del que fortuitamente llegaría a ser director y finalmente expulsado por su orientación revolucionaria. Le seguirían *El País, El Sol, Caras y Caretas*, etc. Mientras tanto iban saliendo de su pluma piezas que no alcanzaban el éxito. Cuando lo expulsaron de *La República* marchó a Rosario, allí escribiría *La gente honesta* (versión primera de *Los curdas,* que compró José J. Podestá en 50 pesos, pero que no dio a conocer hasta seis años después, en el apogeo de la fama de Sánchez), «sainete de costumbres rosarinas» al que se prohibió su puesta en escena. No fue esa la suerte de *Canillita* que obtuvo el aplauso del público en su estreno rosarino (1902), y sin embargo Buenos Aires le dio la espalda, al no interesarse por ella ningún empresario. A pesar de todo, el éxito estaba próximo, en 1903 llegaría de la mano de *M'hijo el dotor*, estrenada en el Teatro de la Comedia, el 13 de agosto, por la compañía de Jerónimo Podestá. De estas primeras obras, anteriores a *M'hijo...*, comenta acertadamente Lafforgue que «ya están presentes algunos de los rasgos distintivos del teatro sanchezco; así puede apreciarse sus dotes para la pintura costumbrista, para plasmar un lenguaje colorido, directo y de gran fuerza expresiva, para superar el me-

lodrama en situaciones escénicas que lo bordan»[10].

A partir de su éxito teatral —lo que le permitió casarse con su amor de siempre, Catalina Raventós—, Sánchez escribe unas diecisiete obras y se estrena finalmente *Los curdas*. En total se conservan veinte piezas teatrales, aunque no todas merezcan el calificativo de excelentes[11], la cantidad se alía mal con la calidad si media entre ambas la escasez de tiempo y de dinero.

LA DRAMATURGIA DE SÁNCHEZ

Más que un pormenorizado recorrido por la biografía del escritor montevideano[12], nos interesa especialmente detenernos en dos colaboraciones periodísticas que arrojan bastante luz sobre su ideología y preocupación social, nos referimos a las *Cartas de un flojo*, leídas en Montevideo en 1901, y *El caudillaje criminal en Sudamérica,* así como sus conferencias sobre *El Teatro Nacional* donde resume sus ideas: «Que Florencio Sánchez, en fin, *no cree en la religión,* y la combate, nunca se ha desayunado con frailes crudos, ni almuerza arcángeles fritos; y si *ataca en sus obras los principios morales y sociales en vigencia, siguiendo los ideales y las tendencias del pensamiento contemporáneo,* no ataca personas ni corporaciones determinadas, ni exacerba el concepto, ni extrema el vocablo de *vaciar su pensamiento en los moldes del realismo, única forma a su juicio, de que el teatro lleve su alta misión educadora del sentimiento y la conciencia humana»[13]. Sánchez cree presuntuoso hablar de un teatro nacional «cuando aún estamos por definirnos étnica y socialmente» y prefiere la denominación de «teatro regional argentino», y si reconoce la importancia de Moreira como punto de arranque, ello no le impide abominar de esta apología del matón a cuchi-

[10] Jorge Lafforgue, «Introducción a Florencio Sánchez», *op. cit.,* pág. 30.
[11] La cronología de las obras de Sánchez, teniendo en cuenta su fecha de estreno y el núm. de Actos, es como sigue:
1897, *Puertas adentro,* 1; 1902, *La gente honesta,* 1; 1902, *Canillita,* 1; 1903, *M'hijo el dotor,* 3; 1904, *Cédulas de San Juan,* 1; 1904, *La pobre gente,* 2; 1904, *La gringa,* 4; 1905, *Barranca abajo,* 3; 1905, *Mano Santa,* 1; 1905, *En familia,* 3; 1905, *Los muertos,* 3; 1906, *El desalojo,* 1; 1906, *El pasado,* 3; 1907, *Los curdas,* 3; 1907, *La Tigra,* 1; 1907, *Moneda Falsa,* 1; 1907, *La de anoche,* 1; 1907, *Nuestros hijos,* 3; 1907, *Los derechos de la salud,* 3; 1908, *Marta Gruni,* 1 y 1909, *Un buen negocio,* 2.
[12] Datos que pueden ser ampliados en los libros de R. Giusti, F. García Esteban, J. Imbert, J. Cruz o R. Ibáñez. Ver bibliografía.
[13] Florencio Sánchez, *Obras completas, op. cit.,* páginas 167, 168 a 173 y 184.

llo, pues con él «quedaba erigido el teatro de la fechoría y el crimen, como idea, y el mal gusto, como forma», aunque a pesar de todo, de sus frutos posteriores, se obtuvo la «pintoresca *Calandria*... obra sana y honesta llevando un poco de verdad y de poesía al teatro gaucho». Ocurre que Sánchez, por experiencia propia, en la montonera de Aparicio Saravia, está en desacuerdo con esos «ídolos gauchos con redoma y santuario» que «salvo la guapeza hereditaria, no tienen más cualidad que la de saber jinetear potros, decir paradas, y usar corbatas de la bandera oriental, chambergo requintado y clavel blanco en la oreja» y precisamente en ese «ensayo de psicología» de João Francisco es donde descarga Sánchez todo su desprecio hacia el caudillaje criminal americano, al estilo del insuperable *Facundo*. Definitivamente, en la dicotomía civilización vs. barbarie, opta por la primera.

Frente a ese gaucho pendenciero, se inclinará por aquel otro que anunciara Leguizamón, el gaucho trabajador, insertado en la sociedad rural, que es lo mismo que criollo campesino. Estos serán los personajes emblemáticos de sus dramas rurales. El costumbrismo del campo rioplatense es marco inapreciable para los conflictos allí instalados, conflictos de su tiempo y lugar, con total independencia frente a los tópicos establecidos: ya sea la xenofobia contra el gringo o el estoicismo gaucho. Sus personajes tienen individualidad propia y vivos perfiles humanos, pero más que como personas nos interesan como símbolos —curiosamente apoyado en algunos nombres propios: Zoilo, Robustiana, Victoria, Próspero, etc— que le sirven a Sánchez para dar su «mensaje educador» y romántico: el triunfo de la civilización y del progreso frente al pasado. En estas piezas rurales dicha dualidad está corporizada en dos factores: ideas tradicionales ancestrales frente a ideas contemporáneas (Olegario/Julio, Cantalicio/Nicola) cuya solución feliz en *M'hijo el dotor* se convierte en desdichada en *Barranca abajo*, pues D. Zoilo no puede resistir su situación y se suicida. Así como el ombú es símbolo de la destrucción de lo viejo en *La gringa:* «Un árbol criollo que no sirve ni pa leña...» (esc. VII, acto III) con el casamiento de Victoria y Próspero, Sánchez está jugando de nuevo su opción por lo actual, el progreso, el moverse al ritmo de los tiempos, que pasa por aceptar una realidad incuestionable: la inmigración italiana, así como el crisol de razas. Su trilogía rural *(M'hijo...*, *La gringa, Barranca abajo)* es explícita al respecto: con una pintura excelente de cuadros rurales, se centra en tipos humanos locales y sus conflictos, como el generacional entre padres e hijos, ya sean Ju-

lio o Próspero. Dicho conflicto alberga, como en las cajas chinas, otra dicotomía más general: hombre tradicional / hombre nuevo (Olegario, Cantalicio, Zoilo / Julio, Próspero, Nicola, José Luis). Si en lo dos primeros casos, el acercamiento, la comprensión, el pacto (con su hijo Julio, con el gringo Nicola) salvan de momento la situación, aunque dramáticamente son soluciones precipitadas, en el caso de Zoilo, tal pacto no es posible, entre otras cosas porque su propia familia le ha dado la espalda, y el único ser que lo comprendía, su hija Robustiana, muere y ya no le queda «ni fortuna, ni hijos, ni honra, ni tranquilidad». De la comedia a la tragedia, las tesis de Sánchez, cimentadas en la fe en el progreso científico y la ética liberal, son explícitas: a las pautas tradicionales es posible y deseable suplantarlas, siempre que la medida a adoptar sea pausada y ambos flancos cedan un poco, es lo que hacen Julio y su padre al final de la obra u Olegario y Nicola, al aceptar el amor de sus respectivos hijos; sin embargo, en *Barranca Abajo,* el abandono, la fatalidad y la incomprensión instaladas desde el inicio de la pieza, dejan sin ninguna salida al viejo Zoilo. Con este final, el autor nos está avisando sobre un posible peligro en situaciones como éstas, aquejadas de una injusticia social evidente, con la que Sánchez estuvo siempre en desacuerdo. A pesar de su vinculación al liberalismo avanzado de entonces, con raíces anarquistas, como apunta Walter Rela, «nunca excluyó en las soluciones de su teatro, la visión humana que entendió como la única verdadera»[14]. Con estas tres obras, Sánchez supera la visión provinciana de lo gauchesco y expresa magníficamente el conflicto autoridad/libertad, como afirma Ara, bajo una óptica personal y sin prejuicios, aunque no exenta de contradicciones —frutos, según Viñas, de la fluctuación ideológica del mismo Sánchez.

La crisis del patriarcado rural es el eje que auna a estas tres obras, bajo diferentes matizaciones (ver cuadro página siguiente).

No vamos a repetir los elogios que la crítica ha arrojado sobre *Barranca abajo,* como la mejor obra de Sánchez y como una de las mejores del teatro hispanoamericano, sólo apuntar que, tras ella, resultaba difícil que superase la temática que venía tanteando en *M'hijo* y *La gringa.* Tras el suicidio, por alusión, de Zoilo —final tratado de improbable en un gaucho—, Sánchez había entonado el canto del cisne, cerrando con broche de oro el libro que en su día abriera Hernández: la sociedad ha

---

[14] Walter Rela, «La obra teatral de F. S.», *Comentario,* 54, 1967, pág. 44.

	Factores tradicionales	Factores nuevos
M'hijo.................................	campo (Olegario)	ciudad (Julio)
La gringa.............................	campo tradicional criollo (Cantalicio)	nuevas formas campesinas gringo (Nicola)
Barranca.............................	campo tradicional criollo (Zoilo)	organización económica distinta (D. Juan Luis)

Cubierta de la primera edición de *En familia*, de Florencio Sánchez.

cambiado, sigue cambiando y hay que adaptarse a los nuevos tiempos.

Barranca abajo fue su última pieza de ambiente rural, en adelante trasladará los conflictos humanos al ámbito de la ciudad, centrándose en la clase baja o medio-burguesa. En 1905, el mismo año de *Barranca abajo*, salen de su pluma tres piezas más: el sainete *Mano Santa* y dos de sus mejores obras de ambiente urbano: *En familia* y *Los muertos*. La hipocresía de esta clase social ya había sido tanteada en *Puertas adentro* y *La gente honesta*(1902), así como las recreaciones de ambientes, problemas y formas de vida de las clases bajas, con su hacinamiento y pobreza, habían aparecido en *Canillita* (1902) y *La pobre gente*(1904). Indudablemente, *En familia* y *Los muertos* dan el tono mayor de Sánchez en esta modalidad. Si en *M'i hijo el dotor* padre e hijo se muestran seguidores de principios morales distintos, fruto del distinto tipo de vida que han llevado, en las piezas urbanas entran en juego causas diferentes. La decadencia económica, el libertinaje, la ruina moral o la hipocresía social parecen instalarse cómodamente en el seno de esas familias que se mantienen unidas superficialmente y el mínimo resorte es suficiente para que se desaten todos los problemas que subyacen en el fondo. Con pretensiones científicas y moralizadoras, Sánchez se interna en la «pasiones» de la mano de un naturalismo que llega a la denuncia de los aspectos más sombríos de la sociedad del momento, como cuando Mercedes, de *En familia*, dice: «No hay recurso que se desprecie por indigno para asegurar el techo y el pan... ¿Qué digo? El techo que es indispensable para guardar las apariencias, y tú sabes bien que en semejante situación, los escrúpulos y la vergüenza son el primer lastre que se arroja» (acto I, esc. VIII). En casi todas estas piezas hay un personaje que lucha por la vida y por su felicidad frente a una familia hostil. Es lo que le ocurre a Damián de *En familia*, cuyos intentos de rescatar a su familia del «desbarranque» resultan infructuosos frente a la descomposición ética avanzada de todos y cada uno de sus miembros. Sólo frente a su familia, como Zoilo, no alcanza la grandeza trágica del criollo campesino. Y es precisamente la figura del padre de *En familia*, Jorge, la que nos conecta con el protagonista central de *Los muertos*, Lisandro, un hombre destruido por el vicio del alcoholismo. Obra con la que Sánchez ofrece un fiel tributo al naturalismo vigente. La degradación física y psíquica a que han llegado Jorge y Lisandro nos lleva a ver las infidelidades conyugales de *Puertas adentro* o esas juergas alegres de Ernesto y Adolfo en *La gente honesta* como «inocentes». Indudablemente en esa pintura constumbrista a que Sánchez nos tiene habituados existen matices. En *Los muertos* será la mujer de Lisandro la que reclame su derecho a ser feliz y a disponer de su vida a su antojo, sin conseguirlo. Las tesis de Sánchez se hacen, a partir de esta obra, más y más doctrinarias: «los que no saben vivir, los inadaptables, están muertos» (acto II, esc. III), los hombres «en cuanto tienen un vicio, están muertos» (acto II, esc. V), «Hombre sin carácter es un muerto que camina», (acto II, escena VI); en *El pasado* (1906) se reivindica el derecho a que el pasado de los padres no recaiga sobre los hijos y ataca los prejuicios sociales como en *Nuestros hijos* (1907) donde se defiende la maternidad en una mujer soltera, y en *Los derechos de la salud* (1907), los derechos de los seres sanos a elegir su vida independientemente de esas «ramas sin savia enredor del viejo tronco inconmovible».

En su línea anarquista, el uruguayo proclama a lo largo de sus últimas obras los derechos humanos frente a las leyes sociales o los convencionalismos, temas universales con los que su dramaturgia entronca con modalidades europeas de su época —Ibsen, Bracco, Suderman, etc. Estamos de acuerdo con Roberto Giusti, cuando dice «*El pasado* contiene en germen una idea que Sánchez había de llevar a la escena, resueltamente dramatizada, seis meses después, en *Nuestros hijos*... Al prejuicio que ata, *El pasado* opone la vida que liberta; a las tiránicas exigencias sociales, los invencibles derechos del corazón»[15]. Su última pieza, *Un buen negocio* (1909), nada aporta al conjunto, ya que es una de las más flojas.

Está claro que las cuestiones sociales fueron las principales preocupaciones del teatro sanchezco, ya fuesen dentro del plano de lo local (ambientes rurales o urbanos de los «conventillos») o de lo universal (las piezas que acabamos de ver). Analicemos, pues, el aporte de Sánchez en estas piezas menores, que podemos rotular sainetes, ubicadas en su mayoría en los ambientes urbanos de baja extracción social, a excepción de uno, quizá el más festivo si hacemos caso omiso de su final, nos referimos a *Cédulas de San Juan* (1904)[16]. Aunque participa de la estructura sainetesca, escapa al análisis que pretendemos *Mano Santa* (1905), de intención meramente satírica y final feliz como *La gente honesta*.

El sainete orillero o criollista ofrecía en aquella época un modelo prácticamente fijo. Contaba entre sus personajes «tipos» o estereotipos: el gallego, el gringo, el taita y la percanta (china) del arrabal. El choque pasional, solucionado con la puñalada maleva, y el dar con los huesos en la cárcel (la *cana* lunfarda) eran ingredientes típicos. Más que de conflicto dramático habría que hablar de choques de individuos de igual signo, se limitaban a una sola acción, lentamente preparada, que concluye y se resuelve con una gran rapidez. Pero es en el lenguaje, donde reside su principal carga, el lunfardo arrabalero, reforzador del realismo y técnica expresiva a la vez. Su finalidad era divertir; lo importante, el efecto logrado a través de chistes y retruécanos, el «cocoliche», o el «gallego» acriollado y lunfardista. A ello habría que sumar la música, el canto y posteriormente el baile.

Sánchez utilizará los principales elementos y «decorados» de ambiente, así como tipos y personajes con su habla peculiar, pero cambiará radicalmente la finalidad: a la diversión viene a sustituirla el análisis de las causas del dolor humano, a través de la conducta sufriente de sus protagonistas: Canillita, Zulma, Indalecia, la «Tigra», Moneda falsa o Marta Gruni. Lo cómico se hace trágico de su mano. A un ambiente de miseria, de conventillos, de bajos fondos, donde reina la podredumbre, la delincuencia, el alcoholismo, la holgazanería o la prostitución —motivos naturalistas que trazan el cuadro social— se superponen unos protagonistas llenos de candor, bondad, ingenuidad, que intentan luchar contra ese orden que se les impone, aunque no lo consigan: Indalecia: «Bueno... si... Hagan de mi lo que quieran» *(El desalojo);* Moneda Falsa: «Tenía usted razón. Esos diez fallutos todos eran míos» *(Moneda Falsa);* la aceptación final de la prostitución en Zulma o de su destino ya trazado en la «Tigra».

[15] Roberto Giusti, *Florencio Sáncehz, Su vida y su obra,* Bs. As., Agencia Sudamericana de Libros, 1920, página 106.

[16] Se excluye igualmente *La gente honesta,* sainete de costumbres de clase media, cuyo tema está relacionado con las obras urbanas que acabamos de ver.

Como en el caso de Zoilo, estos seres agónicos se encuentran radicalmente solos frente a su familia, aunque casi siempre cuenten con alguna persona que los comprenda, D. Braulio en *Canillita,* Cuaterno en *La pobre gente,* el canastero en *Marta Gruni,* Genaro en *El desalojo,* etc. Sánchez reserva los rasgos cómicos a los «tipos» saineteros que rodean a los personajes centrales: la vecina chismosa en *Canillita,* los clientes del café en *La Tigra,* el ingenuo del «toco mocho» en *Moneda Falsa,* etc. Como en los casos anteriores, también aquí Sánchez tiene una propuesta: justicia social para los pobres, pero no «falsos paños calientes», como los que se pretenden en *El desalojo,* idea que recoge el Sr. Díaz en *Nuestros hijos.*

Su ideario, avanzado, está ceñido especialmente a su amor a la vida y al prójimo y articulado de acuerdo con los cánones del anarquismo romántico. Como apunta Schaefer Gallo «si bien puede atisbarse adherencias primarias en su dramatismo, la concepción equilibra la trascendencia por el hondo sentido humanista del diálogo; por el colorido ambiental; por los resortes vernáculos con que articula a sus personajes; y, sobre todo, por el área social que abarcan los problemas que expone, analiza, discute y resuelve, o entrega para su enmienda»[17].

A todo este amplio contenido ideológico que hace atractiva y vigente, aún hoy, gran parte de su producción, habría que añadir el excelente manejo del *lenguaje* en todas y cada una de sus piezas, de acuerdo con la modalidad elegida, siendo las más significativas el habla campesina en las piezas rurales o el uso del cocoliche y el lunfardo en los sainetes. Maneja las situaciones coloquiales con destreza y libertad; imprecisiones léxicas, simplificaciones sintácticas, giros campesinos, elisiones o redundancias están en razón de la extracción social del personaje. Analfabetismo, dialectismo, jergas arrabaleras están condicionando a determinados personajes de su teatro, ya sean en los dramas rurales o en los sainetes de conventillos. En ambos medios la influencia lingüística italiana va a tener una importancia capital[18], fomentada en parte por el auge del costumbrismo en las primeras décadas de siglo.

En síntesis, debemos afirmar la relevancia del teatro sanchezco por su auténtica visión del acontecer humano, catalizada con los moldes dramáticos a su alcance, fruto de un compromiso personal con lo afectivo que transmite *mutatis mutandi* a esos seres de ficción, cuyas dimensiones y resonancias los han hecho tan perdurables como el autor de sus días. Sánchez fue más allá de lo que le exigía su tiempo, no se limitó a retratar una sociedad sino a transfigurarla, y aunque no llegue a alcanzar dichas cotas en toda su obras, con él, el teatro rioplatense inició su etapa adulta.

---

[17] «Homenaje a Florencio Sánchez», en *Revista de Estudios de Teatro,* III, 1960, pág. 18.

[18] Cfr. Giuseppe D'Angelo, «Algunos italianismos en el teatro de Florencio Sánchez», *Boletín del Instituto Caro y Cuervo,* XXIII, 1968, págs. 480 a 514.

BIBLIOGRAFÍA

OOBRAS

Teatro completo, Internación en el teatro de Florencio Sánchez por Dardo Cúneo, Buenos Aires, Claridad, 1941 (2.ª edic., 1952; 3.ª ed., 1964).
Teatro completo, prólogo de Vicente Martínez Cuitino, Buenos Aires, El Ateneo, 1951.
Teatro, prólogo de Walter Rela, Montevideo, Biblioteca Artigas, 1967.
Obras Completas, Buenos Aires, Schapire, 1968, 2 vols.

CRÍTICA

CORTI, Dora, *Florencio Sánchez,* Buenos Aires, Instituto de Literatura Argentina, 1937.
CRUZ, Jorge, *Genio y figura de Florencio Sánchez,* Buenos Aires, Eudeba, 1966.
CUEVAS, Fabiola Matilde, «Problemática en el drama de Florencio Sánchez», *Dissertation Abstract International,* 35, 1975, 6661A.
FREIRE, Tabaré J., *Florencio Sánchez artesano del sainete,* Porto Alegre, Cebela, 1966.
— *Florencio Sánchez, sainetero,* Montevideo, Universidad de la República, 1959.
— *Ubicación de Florencio Sánchez en la literatura dramática,* Montevideo, Comisión de Teatros Municipales, 1961.
GARCÍA ESTEBAN, Fernando, *Vida de Florencio Sánchez,* Santiago de Chile, Ercilla, 1939.
GIUSSI, Roberto, *Florencio Sánchez, su vida y su obra,* Buenos Aires, Justicia, 1920.
IMBERT, Julio, *Florencio Sánchez. Vida y creación,* Buenos Aires, Schapire, 1954.
JIMÉNEZ, Wilfredo, *Pasión de Florencio Sánchez,* Buenos Aires, Losange, 1955.
LAFFORGUE, Jorge, *Florencio Sánchez,* Buenos Aires, Centro Editor de América Latina, 1967.

PERERA SAN MARTÍN, Nicassio, «El cocoliche en el teatro de Florencio Sánchez: descripción, elementos de evaluación estilística», *Bulletin Hispanique,* 80, 1978, págs. 108-122.

— «Vers une révision critique du theatre de Florencio Sánchez», *Cahiers du Monde Hispanique et Luso-Breselien,* 24, 1975, págs. 47-61.

PRINCIVALLE, Carlos María, *Florencio Sánchez,* Montevideo, Comisión Nacional del Centenario, 1930.

RELA, Walter, *Florencio Sánchez, Guía Bibliográfica,* Montevideo, Delta, 1967.

RICHARDSON, Ruth, *Florencio Sánchez and the Argentine Theatre,* Nueva York, Instituto de las Españas en los Estados Unidos, 1933.

ROJAS, Ricardo, *El teatro de Florencio Sánchez,* Buenos Aires, Albasio y Cía, 1911.

ROSSI, Manuel, *Florencio Sánchez. Síntesis de su vida y obra,* Montevideo, 1954.

SHEDD, Karl E., «Thirty Years of Criticiam of the Works of Florencio Sánchez», *Kentucky Foreign Language Quartely,* III, núm. 1., enero-marzo de 1956, págs. 29-39.

SCRENSON, Thora, *Florencio Sánchez: eslabón entre el teatro del pasado y del presente,* México, 1948.

VÁSQUEZ CEY, Arturo, *Florencio Sánchez y el teatro argentino,* Buenos Aires, Juan Toia, 1929.

5. Ensayo y crónica

Pensamiento hispanoamericano del siglo XIX

JOSÉ LUIS GÓMEZ-MARTÍNEZ

> No hay, pues, una filosofía universal,
> porque no hay una solución univer-
> sal de las cuestiones que la constitu-
> yen en el fondo. Cada país, cada épo-
> ca, cada filósofo, ha tenido su filoso-
> fía peculiar, que ha cundido más o
> menos, que ha durado más o menos,
> porque cada país, cada época y cada
> escuela han dado soluciones distintas
> de los problemas del espíritu humano.
>
> JUAN BAUTISTA ALBERDI, 1842

EL PENSAMIENTO HISPANOAMERICANO

El estudio del pensamiento hispanoamericano ha estado hasta la fecha subordinado a categorías de valores creadas para otros pueblos,
a los cuales el hispanoamericano se parece muy
poco. El resultado de tales estudios ha sido, o
bien tratar de demostrar una adaptación original del pensamiento europeo a la circunstancia hispanoamericana: o bien negar rotundamente la existencia de un pensamiento autóctono y hablar solamente de una imitación
vaga, superficial de lo ya pensado en Europa:
«En la exposición de ideas ajenas, se irá perfilando nuestra manera de sentir y pensar»[1]. Nos
encontramos de este modo ante una situación
peculiar. Por una parte poseemos un gran número de pensadores que, conscientes de su función —como el Alberdi de la cita que encabeza este estudio—, dedicaron sus vidas a buscar soluciones a los problemas hispanoamericanos. Por otro lado, nos enfrentamos a la curiosa realidad de que no pocos de los historiadores de este pensamiento afirman, implícita
o explícitamente, con Manfredo Kempff, que
«el americano... hasta hoy no ha demostrado
ser poseedor de ninguna capacidad filosófica»[2].

Para comprender mejor el alcance de la posición que aquí, aunque de manera forzosamente esquemática, vamos a desarrollar hagamos de nuevo uso de la interpretación que da
Manfredo Kempff. Parte crítico del supuesto de que «nuestra historia de la filosofía
es la historia de la filosofía europea, llegada
unas veces más o menos a tiempo y otras con
gran retraso»[3]. Por ello, al historiar lo hispanoamericano, su propósito será únicamente
tratar de establecer la periodización europea
en el campo americano en una sucesión cronológica. Para justificar su posición supone
que la cultura hispanoamericana es la misma
cultura europea: «¿Cómo nosotros, inmersos
en las formas culturales de Occidente, íbamos
a ser creadores de una filosofía que no corres-
pondiera al espíritu de dicha cultura [euro-
pea]?»[4]. Basándose en tal principio recomen-

[1] Marcelo Pogolotti, «¿Es posible una filosofía americana?», *Conversaciones filosóficas interamericanas,* La Habana, Sociedad Cubana de Filosofía, 1955, pág. 133.

[2] Manfredo Kempff Mercado, *Historia de la filosofía en
Latinoamérica,* Santiago de Chile, Editora Zig-Zag, 1958,
págs. 34-35. En torno a este aspecto de la existencia de una
filosofía hispanoamericana destacan, entre otros, los siguientes estudios: Arturo Ardao, *Filosofía de lengua española,* Montevideo, Editorial Alfa, 1963; Elias Campos Ba-

rrantes, «Posibilidades y límites de una filosofía latinoamericana auténtica», *Revista de Filosofía de la Universidad de
Costa Rica* 16 (1978): 87-91; José Ferrater Mora, «El pro-
blema de la filosofía americana: un adjetivo ambiguo, «*Fi-
losofía y Letras* 19 (1950): 403-409; Francisco Larroyo, *La
filosofía americana. Su razón y su sinrazón de ser,* México,
UNAM, 1958; Ernesto Mayz Vallenilla, *El problema de
América,* Caracas, Universidad Central, 1959; Francisco
Miró Quesada, «Posibilidades y límites de una filosofía latinoamericana», *Revista de Filosofía de la Universidad de
Costa Rica,* 16 (1978): 78-82; Augusto Salazar Bondy,
¿Existe una filosofía de nuestra América?, México, Siglo
XXI, 1968; Wonfilio Trejo, «El problema de la filosofía
americana», *Armas y letras,* 7, núm. 4 (1964), 5-47; Alberto
Wagner de Reyna, «Presente y futuro de la filosofía en His-
panoamérica», *Bolívar,* 21 (1953), 15-24; Leopoldo Zea, *Entorno a una filosofía americana,* México, El Colegio de México, 1945.

[3] Kempff Mercado, pág. 31.

[4] *Ibíd.,* págs. 32-33.

dará al filósofo americano «hacer filosofía sin "tipos", *olvidándonos* de nuestra situación de americanos y peor aún de nuestra situación nacional. Filosofar *sub specie aeterni* —bajo la imagen de lo eterno—, pero en ningún caso *bajo la imagen de América»* [5]. El alcance de estas afirmaciones adquieren su dimensión más significativa cuando se tiene en cuenta que Kempff, como boliviano, pertenecía a un pueblo que, incluso en la década de los 50, contaba con una población en su mayoría indígena y que en gran parte ni siquiera hablaba español. Pretender que la cultura boliviana hasta mediados del siglo XX se encontraba «inmersa en las formas culturales de Occidente», era desconocer su propia realidad. Quizá ésta sea la causa por la que todavía no se ha hecho la historia del pensamiento hispanoamericano, aunque se hayan estudiado con bastante detalle, eso sí, sus relaciones con el europeo.

Sin poder entrar aquí en el análisis de qué es la filosofía, bástenos afirmar para los propósitos de este estudio, que parto de la convicción de que todo pensador responde a una circunstancia concreta; tanto si acepta los problemas que la circunstancia le presenta como si los ignora; tanto si se plantea la filosofía como teoría o si se la plantea como práctica. Los pueblos europeos —como hicieron antes los griegos y romanos— han desarrollado sistemas filosóficos totalizadores en un continuo y renovado intento de dar respuesta a los problemas que su sociedad les planteaba, o con el propósito de armonizar soluciones ya propuestas. En cada caso se admitía como supuesto incontrovertible que Europa era el centro de la civilización, y que su verdad poseía valor universal. El filósofo, por supuesto, trataba aquellos problemas que surgían de la circunstancia y de la época que representaba, pero al buscar soluciones también creía que éstas lo eran para toda la humanidad; por ello construía grandiosos sistemas y en su exposición, precisamente por su pretensión de universalidad, se elevaba por encima de los detalles que lo ataran a su circunstancia.

En Hispanoamérica la situación es radicalmente distinta. La minoría adecuada poseía en el momento de su independencia una cultura esencialmente europea. Pero de la Europa misma, y sobre todo a través del pensamiento de la Ilustración, aprendieron a valorar la libertad y a hacer de ésta el norte de sus aspiraciones. Se creyó llegar a ella por medio de la independencia política y después, cuando ésta se probó insuficiente, se trató de conseguir también la independencia cultural. En todo caso,

incluso en los primeros momentos de su independencia, cuando la influencia europea era más notoria, el hispanoamericano nunca pretendió que las soluciones a sus problemas pudieran serlo también los de otros pueblos; de ahí que durante el siglo XIX no creara sistemas totalizadores. Su pensamiento se limita a analizar la propia circunstancia, real o imaginaria, y a proponer las soluciones que sus ideales y formación le dictaban.

Incluso aceptando una fuerte influencia europea, el pensador hispanoamericano responde a circunstancias diferentes y las soluciones que propone se ajustan más a su realidad que a un deseo de conformar teorías europeas. Además, una de las consecuencias del pensamiento de la Ilustración fue el rechazo de la aceptación ciega de la «autoridad»: «Ni esclavo de Aristóteles, ni aliado de sus enemigos», como diría Feijoo. Sólo así se puede comprender el caso de José Barquijano y Carillo (1751-1817), cuyo pensamiento ilustrado es inseparable de la situación y realidad económica del Perú (de ahí su apoyo a la minería sobre la agricultura); o el de José de Cunha de Azeredo Countinho (1742-1818), que defiende la humanidad del indio brasileño al mismo tiempo que justifica la esclavitud del negro africano. Todo esto da lugar a una situación compleja que pide ser analizada desde dentro; pues sí, por un lado, una de las características de la América hispana durante el siglo XIX es su prolongado intento de formar pueblos semejantes a modelos extraños, al mismo tiempo se reclama independencia cultural y se rechaza el valor universal de las soluciones: «Es así como ha existido una filosofía oriental, una filosofía alemana, una filosofía inglesa, una filosofía francesa y como es necesario que exista una filosofía americana» [6].

En este estudio prestamos atención únicamente a aquellos pensadores que de algún modo se ocuparon de la circunstancia americana. Además, una de las características primordiales del pensamiento hispanoamericano es precisamente su condición de filosofía práctica; su preocupación por la realidad inmediata que obliga a sus pensadores a dar soluciones urgentes a problemas que su circunstancia les presenta. Rara vez se tiene tiempo para teorizar en el plano abstracto, por lo que no se crean grandes sistemas. Son por lo general hombres de acción (varios de sus pensadores más destacados fueron presidentes o políticos que decidieron los destinos de sus países). En

---

[5] *Ibíd.*, pág. 43. El subrayado es del mismo Kempff.

[6] Juan Bautista Alberdi, «Ideas para presidir a la confección del curso de filosofía contemporánea», leído en Montevideo en 1842, *Pensamiento positivista latinoamericano*, 2 vols., Caracas, Biblioteca Ayacucho, 1980, I, pág. 62.

este sentido se expresa ya Juan Bautista Alberdi, en 1842, al afirmar al comienzo de un curso sobre el pensamiento hispanoamericano: «La discusión de nuestros estudios será más que en el sentido de la filosofía especulativa... en el de la filosofía de aplicación de la filosofía positiva y real, de la filosofía aplicada a los intereses sociales, políticos, religiosos y morales de estos países... Vamos a estudiar..., en una palabra, la filosofía política, la filosofía de nuestra industria y riqueza, la filosofía de nuestra literatura, la filosofía de nuestra historia»[7]. He aquí la peculiaridad del pensamiento hispanoamericano. Por supuesto de este modo desaparecé también la posibilidad de crear sistemas filosóficos de pretensiones universales, pues ello se opondría a su propio punto de partida, que consiste en negar el valor universal de las soluciones filosóficas. Pero esta «filosofía aplicada» lleva consigo también un germen poderoso que es la toma de conciencia de la propia realidad y, a través de ella, de lo que supone estar sometido a la dependencia cultural de otro pueblo. Es precisamente en este sentido en el que el pensamiento hispanoamericano de las últimas décadas, a partir de 1960, ha comenzado a influir en otros pueblos. No lo hace por su contenido, pues éste sigue siendo el de aplicación a la realidad americana, pero sí en su actitud de independencia, en su significado de *filosofía de la liberación*.

En esta aproximación al estudio del pensamiento hispanoamericano hemos aceptado como uno de los postulados básicos para su comprensión, la afirmación de Alberdi: «Nuestra filosofía ha de salir de nuestras necesidades»[8].

De aquí también una de las peculiaridades más constantes del pensamiento hispanoamericano: la búsqueda de su propia identidad. Para conseguirlo, y así se resume su desarrollo durante el siglo XIX, se enfrentará a una serie de realidades que poco a poco se irán añadiendo a la complejidad de su pensamiento, y que permitirán pasar de las soluciones simplistas que se produjeron con la independencia política a la profundidad del pensamiento actual. Se pasa así de la realidad de ser colonia, a la necesidad de conseguir la independencia política, al deseo de crear sociedades democráticas, al fracaso de los intentos de formar sociedades «perfectas». El fracaso motiva, a su vez, la reflexión sobre sus causas y pone de relieve la necesidad de conocerse. De los ideales de transformación rápida se pasa ahora a un deseo de obtener progreso continuo, aunque len-

Daguerrotipo de Alberdi (1846).

to, mediante un forzado orden social. Para finales del siglo XIX, los pensadores hispanoamericanos se sienten fracasados, aunque este «creerse fracasados» será la base fecunda que dará origen a la riqueza del pensamiento hispanoamericano del siglo XIX.

LA HERENCIA DEL SIGLO XVIII: LA ILUSTRACIÓN EN HISPANOAMÉRICA

En términos esquemáticos, se podría resumir el espíritu de la Ilustración como una creencia optimista en el poder de la razón. Pero la razón entendida no como principio, sino como fuerza capaz de transforma lo real: la razón como medio de investigar y por lo tanto como posibilidad de reorganizar la sociedad a base de principios racionales. Se intentaba el conocimiento y el dominio de la Naturaleza y se colocaba la experiencia como base de la ciencia moderna, en un implícito empirismo que llevaba consigo un fuerte carácter utilitario. La reforma se intenta llevar a cabo mediante el despotismo ilustrado. Pero al mismo tiempo la Ilustración aportaba también una fuerte crítica del concepto de autoridad, que,

[7] *Ibíd.*, I, págs. 64-65.
[8] *Ibíd.*, I, pág. 65.

por otra parte, conducía a la secularización de la cultura, motivando una reacción contra el escolasticismo contrarreformista. Además se potenciaba el valor de la crítica como oposición a los valores de la tradición. La Ilustración llevaba consigo también una convicción profunda de la igualdad de todos los hombres y el deseo de sustituir la división en clases por una concepción igualitaria de la sociedad.

Los resultados de la Ilustración en Hispanoamérica no fueron tan violentos como en Francia ni causaron una división tan profunda entre su minoría culta como en España, pero no por ello fueron menos significativos. Representó un período de transición hacia un nuevo pensamiento. La Ilustración llegó a Hispanoamérica a través de los escritores españoles —Feijoo fue muy leído— y motivó una lenta toma de conciencia de su situación colonial, sobre todo en la dimensión económica. Las aspiraciones de reforma de los hispanoamericanos se hacen patentes en el entusiasmo con que critican la realidad colonial a la luz de las nuevas ideas económicas y sociales circulantes en Europa. Y, como señala acertadamente Chiaramonte «A este fenómeno contribuyó muy especialmente, en las colonias hispánicas, el auge de la literatura económica española, sobre todo a partir de la circulación del famoso informe de Campillo *(Nuevo sistema de gobierno económico para la América,* Madrid, 1789). Posteriormente, la obra de los ministros borbónicos, Aranda, Campomanes, Jovellanos, Floridablanca, se convirtió en autorizado estímulo a la literatura económica colonial»[9].

En sus comienzos, en los ambientes ilustrados de la Colonia, no existían focos de actitud anti-española, ni se impugnó el catolicismo, únicamente se experimentó una moderada reacción contra el escolasticismo. Lo cual no impedía, sin embargo, que se comenzaran a criticar los valores que había establecido la tradición española, valores que en definitiva eran los que apoyaban y mantenían el imperio. De este modo, la población criolla empezó a reclamar cierta autonomía en el gobierno de la Colonia, y creyó llegado el momento de conseguirla aprovechando la coyuntura de una España invadida por los franceses. Los ejemplos de la Revolución Francesa y de los Estados Unidos no habían madurado todavía en una conciencia independentista, que sólo formaba parte de los proyectos de una pequeña minoría. El pueblo no estaba preparado y se unió al movimiento independentista tarde y

llevado por la euforia de las circunstancias. Esta realidad es fundamental en nuestro intento de comprender lo que significó la independencia y el desarrollo del pensamiento hispanoamericano durante el siglo XIX.

Los hispanoamericanos se vieron además forzados a estudiar su propia circunstancia, en un intento de defensa contra ciertas teorías que, procedentes de Europa, ponían en duda su capacidad. Se partía del clima, la geografía y la fauna y de ello se infería la imposibilidad de formar instituciones libres en los climas cálidos, y la incapacidad del americano para integrarse en la marcha de los pueblos civilizados[10]. A estas teorías de Buffon y de Paux contestaron, entre otros muchos, Javier Clavijero (1731-1787), en su *Historia antigua de México;* Hipólito Unanúe (1755-1833) en *Observaciones sobre el clima de Lima;* José Cecilio Valle (1780-1834), en *Proceso de la historia de Guatemala;* Fray Servando Teresa de Mier (1763-1827), en *Historia de la revolución de Nueva España.* Pero lo más importante del desarrollo de esta polémica, en nuestro intento de establecer las coordenadas que posibilitarán luego la comprensión del pensamiento decimonónico, es la influencia que tuvo en los líderes de la Independencia. En efecto, muchos de ellos se habían formado en las ideas de la Ilustración, y estaban fuertemente influidos por documentos como el *Discurso preliminar dirigido a los americanos,* texto introductorio a la declaración de los *Derechos del hombre y el ciudadano,* traducido y publicado en Venezuela en 1797. Y lejos de ver en Hispanoamérica un pueblo decadente e incapaz, prefirieron ver un pueblo joven, vigoroso, pero oprimido por el yugo español y el régimen colonial. Así para contrarrestar las teorías que

---

[9] José Carlos Chiaramonte, «Prólogo», *Pensamiento de la Ilustración,* Caracas, Biblioteca Ayacucho, 1979, página XXIII.

[10] Sin pretender hacer aquí un desarrolo de las teorías que implícita o explícitamente negaban capacidad al pueblo americano, si conviene, para su mejor comprensión, destacar algunas de las ideas de los siguientes pensadores: Montesquieu (1689-1755) establece relaciones deterministas entre clima e instituciones, y señala la dificultad de establecer instituciones libres en climas cálidos. David Hume (1711-1776), sin darle valor determinista ni referirse directamente a América, había insinuado que «hay alguna razón para pensar que todas las naciones que viven más allá de los círculos polares o entre los trópicos son inferiores al resto de la especie». El Conde de Buffon (1707-1788) difundió, en su *Historia Natural* (1749), la teoría de la inferioridad de las especies animales, la impotencia del salvaje y la hostilidad de la naturaleza en América, y Corneille de Paux (1739-1799) llevó a un extremo las ideas de Buffon al trasladar las afirmaciones que aquél hiciera sobre los animales a los habitantes americanos. Así en 1768, en *Rechercheres philosophiques sur les américains,* lanza la tesis de que la totalidad de la especie humana está debilitada y denegada en el nuevo mundo. Para mayor información sobre el tema, consúltese la obra de Antonello Gerbi, *La disputa del nuevo mundo. Historia de una polémica* (México, FCE, 1960).

les negaban capacidad para gobernarse, se lanzaron, rebosantes de idealismo, a contruir gobiernos utópicos que fueron modelos de perfección. Como consecuencia, se considera la independencia como «revolución» y se la cree animada de los mismos ideales que motivaron la Revolución Francesa. Todavía en 1845 afirmará Sarmiento que «el carácter, objeto y fin de la revolución de la Independencia» fueron «en toda la América los mismos, nacidos del mismo origen, a saber: el movimiento de las ideas europeas»[11]. Con ello se negaba la realidad hispanoamericana que se nos trató de analizar, y los intelectuales se incapacitaban para la comprensión de las causas que motivaron el fracaso inicial: la lucha por la independencia no fue una revolución, ni estuvo animada por las mismas ideas que la Revolución Francesa. El pueblo no participó de estas ideas que ni conocía ni sentía.

DE LA AUTONOMÍA A LA INDEPENDENCIA: IDEALISMO UTÓPICO

Los deseos de autonomía que se venían abrigando en los últimos años de la Colonia encontraron en la situación de la monarquía española durante la primera década del siglo XIX un aliado inesperado. Al comenzar el 2 de mayo de 1808 la lucha del pueblo español contra la invasión napoleónica. Hispanoamérica se encontró de improviso ante una guerra en la que no podía participar y sin un gobierno central capaz de regir los pasos del Imperio. Al igual que en la Península, se formaron Juntas encargadas del gobierno provisional e incluso se enviaron delegados a las Cortes que se convocaron en Cádiz. En 1808 las Juntas en su mayor parte se reunían bajo el grito de «¡Viva Fernando VII!». Pero de la autonomía que al principio demandaban, se pasó a una marcada orientación independentista; y para 1810, la Colonia estaba ya claramente dividida en dos grupos; los realistas (conservadores) que se mantenían fieles a la Monarquía y los patriotas (liberales) que buscaban decididamente la independencia.

Nada más apropiado para comprender cómo se usaron las Juntas o Congresos que se formaron en 1808, y cómo germinó en ellos la semilla de la independencia, que la «Segunda máxima» que Fray Melchor de Talamantes (1765-1808) incluye en sus «Advertencias reservadas a los habitantes de la Nueva España», de 1808: «Aproximándose ya el tiempo de la independencia de este reino, debe procurarse que el congreso que se forme lleve en sí mismo, *sin que pueda percibirse de los inadvertidos,* las semillas de esa independencia sólida, durable y que pueda sostenerse sin dificultad y sin efusión de sangre»[12]. ¡Hasta tal punto fue en sus comienzos minoritario el deseo independentista! En este sentido debemos tener en cuenta que la población de la América hispana, que ascendía aproximadamente a principios del siglo XIX a poco más de quince millones, comprendía aproximadamente un cuarenta y seis por ciento de indígenas puros, ocho por ciento de negros, veintiséis por ciento de mestizos y únicamente un veinte por ciento de blancos, de los cuales menos de un cinco por ciento eran nacidos en España. De todos estos grupos, en realidad, sólo la minoría blanca participó con plena conciencia en las luchas independentistas, tanto como miembros de las fuerzas «realistas», como de las «patriotas». Este hecho fue comprendido por los líderes de la Independencia. Las derrotas iniciales y la larga marcha hasta conseguir la victoria final, les hizo patente no sólo la fuerza con que contaba la tradición colonial, sino también lo desproporcionado de la población marginada del desarrollo político-social e incluso económico de los nuevos pueblos que deseaban independizar. A consecuencia de ello surgen las primeras discrepancias en la evaluación de la realidad hispanoamericana y en las formas de gobierno a seguir para llegar a las democracias por las que se estaba luchando.

Los caudillos, que por haber dirigido la lucha armada conocían bien las bases que movieron a la independencia y las vicisitudes que ésta tuvo que sortear, propusieron gobiernos que se ajustaran a las circunstancias internas de cada país. Como después recordaría Simón Bolívar (1783-1830) en el discurso que pronunció en 1819 ante el Congreso de Angostura: «Tengamos presente que nuestro pueblo no es el europeo, ni el americano del norte, que más bien es un compuesto de África y de América, que una emanación de la Europa»[13]. Francisco Miranda (1750-1816), el primero de los caudillos en luchar abiertamente por la independencia, deseaba por una parte evitar el caos revolucionario por el que pasaba Francia, y al mismo tiempo, ajustar el gobierno a la circunstancia del nuevo país. Por ello en su «Bosque-

---

[11] Domingo Faustino Sarmiento, *Facundo. Civilización y barbarie,* Buenos Aires, Espasa Calpe Argentina, 1967, pág. 44.

[12] Fray Melchor de Talamantes, «Advertencias reservadas a los habitantes de la Nueva España», *Pensamiento político de la emancipación,* 2 vols., Caracas, Biblioteca Ayacucho, 1977, vol. I, págs. 100-101. El subrayado es mío.

[13] Simón Bolívar, «Discurso pronunciado ante el Congreso de Angostura», *Discursos, proclamas y epistolario político,* Madrid, Editora Nacional, 1981, pág. 226.

jo de gobierno provisorio», de 1801, propone una posición conservadora donde el clero y la oligarquía mantendrían su poder, además de ahora dirigir el país[14]. Años más tarde, en plena lucha por la independencia, dirá Simón Bolívar en la *Carta de Jamaica* (1815), que «las instituciones perfectamente representativas, no son adecuadas a nuestro carácter, costumbres y luces actuales»[15]. Concepto que explicará ampliamente en 1819:

> Cuanto más admiro la excelencia de la constitución federal de Venezuela, tanto más me persuado de la imposibilidad de su aplicación a nuestro Estado. Y según mi modo de ver es un prodigio que su modelo en el Norte de América subsista tan prósperamente... Pero sea lo que fuere, de este gobierno con respecto a la nación americana, debo decir, que ni remotamente ha entrado en mi idea asimilar la situación y naturaleza de los Estados tan distintos como el inglés americano y el americano español... ¿No dice el *Espíritu de las leyes* que éstas deben ser propias para el pueblo que las hace? ¿qué es una gran casualidad que las de una nación puedan convenir a otra? ¿que las leyes deben ser relativas a lo físico del país, al clima, a la calidad del terreno, a su situación, a su extensión, al género de vida de los pueblos? ¿[que deben] referirse al grado de libertad que la constitución puede sufrir, a la religión de los habitantes, a sus inclinaciones, a sus riquezas, a su número, a su comercio, a sus costumbres, a sus modales? ¡He aquí el código que debíamos consultar y no el de Washington![16].

Todas estas consideraciones le llevaron a Bolívar a proponer un gobierno representativo, pero en el cual «el senado en lugar de ser electivo fuese hereditario». De este modo cree que el gobierno además de poseer más estabilidad, representaría mejor «el alma» de la nueva república. Este mismo pensamiento, basado en el íntimo conocimiento de la realidad hispanoamericana, le hará a Bolívar rechazar propuestas idealistas como la de Juan Egaña (1768-1836) que propugnaba en 1813 la formación de una gran república hispanoamericana. Cree Egaña que «su justicia y necesidad son notorias, y así tiene esta empresa el voto y deseo de todos los pueblos americanos, y no debe contradecirse por los extranjeros. Estamos unidos por los vínculos de sangre, idioma, relaciones, leyes, costumbres y religión»[17]. A ello contestaría Bolívar en 1815: «Yo deseo más que otro alguno ver formar en América la más grande nación del mundo, menos por su extensión y riquezas, que por su libertad y gloria. Aunque aspiro a la perfección del gobierno de mi patria, no puede persuadirme que el Nuevo Mundo sea por el momento regido por una gran república; como es imposible, no me atrevo a desearlo»[18]. Bolívar cree que la realidad de América «comporta la creación de diez y siete naciones».

La situación no era diferente en Argentina a pesar de su temprana independencia y de la constitución tan diferente de su población. José de San Martín apoyaba y creía en una forma monárquica de gobierno. Pensaba que sólo mediante una monarquía liberal se podría mantener la paz, pues sólo ella estaría en consonancia con el pueblo y podría por ello gobernarlo. Incluso pensadores como Bernardo de Monteagudo (1787-1825), partidario de un gobierno plenamente democrático, llegaría a expresarse, ante la crisis de 1812, en los siguientes términos: «Se infiere por una consecuencia demostrada que para conducir un pueblo y organizar su constitución, las reglas deben acomodarse a las circunstancias y prescindir de las instituciones que forman la base elemental de un sistema consolidado», ya que, dirá después, «una cosa es publicar la soberanía de un pueblo y otra establecer el sistema de gobierno que convenga a sus circunstancias». Es por ello por lo que, ante la situación en que se encontraba Argentina a principios de 1812, llega a considerar la posibilidad de «nombrar un dictador que responda de nuestra libertad, obrando con la plenitud del poder que exijan las circunstancias»[19]. Así obraron O'Higgins en Chile y Bolívar en Venezuela, creando al modo del despotismo ilustrado del siglo XVIII, «dictaduras para la libertad».

---

[14] En 1806, con motivo de una expedición a Venezuela que pretendía conseguir su independencia, Miranda trató de levantar al pueblo, pero sus palabras no podían ser oídas por la pasividad de una raza secularmente oprimida: «Acordaos de que sois los descendientes de aquellos ilustres indios, que no queriendo sobrevivir a la esclavitud de su patria prefirieron una muerte gloriosa a una vida deshonrosa», de «Proclamación a los pueblos del continente colombiano: Alias Hispano-América», *Dario de Viajes y escritos políticos,* Madrid, Editora Nacional, 1977, pág. 360.
[15] Bolívar, *Discursos, proclamas y epistolario político,* pág. 162.
[16] *Ibíd.,* págs. 223-224.

[17] Juan Egaña, «Los derechos del pueblo», *Pensamiento político de la emancipación,* Vol. I, pág. 242.
[18] Bolívar, *Discursos, proclamas y epistolario político,* pág. 164. Con más precisión dice en otro lugar: «Es una idea grandiosa pretender formar de todo el Mundo Nuevo una sola nación con un solo vínculo que ligue sus partes entre sí y con el todo, ya que tiene un origen, una lengua, unas costumbres y una religión, debería, por consiguiente, tener un solo gobierno que confederase los diferentes estados que hayan de formarse; mas no es posible, porque climas remotos, situaciones diversas, intereses opuestos, caracteres semejantes, dividen a la América», pág. 169.
[19] Bernardo Monteagudo, «Observaciones didácticas», *Pensamiento político de la emancipación,* Vol. I, páginas 302-304.

Los éxitos que los caudillos de la Independencia consiguieron en el campo de las armas, no se repitieron en el momento de influir en las nuevas constituciones. San Martín fracasó en su intento de crear un gobierno monárquico en el Perú y después de su entrevista con Bolívar se retiró de la participación activa en los nuevos gobiernos que emergían de la lucha. Bolívar persistió en su intento, aunque sin mayor éxito, pues no consiguió que se aceptaran sus recomendaciones para la constitución venezolana. Y si bien los bolivianos sí que ratificaron varios de los puntos que Bolívar aportó a su constitución, éstos fueron prontamente modificados en gobiernos sucesivos.

Pasada la etapa de la lucha independentista llega a los países hispanoamericanos el momento de proporcionarse constituciones. En su redacción se prestará atención predilecta a dos aspectos; a) mantener la independencia recién conseguida, y b) proclamar los derechos del hombre. El primer aspecto parecía responder a la situación del momento. En la preparación del segundo, sin embargo, no se prestó atención a la realidad de los pueblos a los que se pretendía gobernar con tales constituciones. «En su redacción —nos dice Juan Bautista Alberdi en 1852— nuestras constituciones imitaban las constituciones de la República francesa y de la República de Norte-América»[20]. El resultado fue el establecerse desde sus comienzos una discrepancia entre la letra de las leyes y la realidad de la práctica a que éstas se sometían. Ya en 1837 denuncia el mexicano José María Luis Mora (1794-1850) dicho procedimiento al comentar las innovaciones que sobre el régimen colonial debería aportar el sistema representativo: «¿Se podrá asegurar que en nuestra República se han adoptado estos principios y garantizado su efectivo cumplimiento por leyes que estén en consonancia con ellos? ¿o serán acaso entre nosotros sólo nombres vanos destituidos de sentido con que se ha pretendido alucinar al público? En lo general no podemos dejar de reconocer que así ha sido»[21].

Los legisladores hispanoamericanos no se contentaron, como señala Alberdi, con copiar la constitución de Estados Unidos. Fueron más allá. Imbuidos en el idealismo de la Revolución francesa, desearon crear sociedades perfectas en las nuevas repúblicas. De nuevo se legislaba para América pensando en los defectos europeos que en el «nuevo mundo» se iban a corregir. Consideremos el decreto que publicó la Asamblea Constituyente de las Provincias Unidas del Río de la Plata el 12 de marzo de 1813:

> La Asamblea General sanciona el decreto expedido por la Junta Provincial Gubernativa de estas provincias en 1.º de Septiembre de 1811, relativo a la extinción del tributo, y además derogado la mita, las encomiendas, el yanaconazgo y el servicio personal de los indios bajo todos respecto y sin exceptuar aun el que prestan a las iglesias y sus párrocos o ministros, siendo la voluntad de esta soberana corporación el que del mismo modo se les haya y tenga a los mencionados indios de todas las Provincias Unidas por hombres perfectamente libres, y en igualdad de derechos a todos los demás ciudadanos que las pueblan, debiendo imprimirse y publicarse este soberano decreto en todos los pueblos de las mecionadas Provincias, traduciéndose al efecto fielmente en los idiomas guaraní, quechua y aymará, para la común inteligencia[22].

La realidad, sin embargo, fue muy diferente. Hubo de pasar casi un siglo antes que la novela indigenista resaltara de modo dramático el estado de postergación en que se mantenía el indio. Y no podía ser de otro modo; no se modificaba la estructura social y se pretendía que con una base y mentalidad feudal se diera libertad al indio; el gobierno no contaba con recursos y se pretendía eliminar el impuesto sobre los indios. Si tomamos Bolivia como ejemplo, observamos que ante el idealismo de la abolición del impuesto, estaba la realidad de su estructura social y de su gobierno en quiebra. Durante la década de 1830 se introdujo de nuevo el impuesto personal que se exigía de

[20] Juan Bautista Alberdi, *Bases y puntos de partida para la organización política de la república argentina,* Buenos Aires, Ediciones Estrada, 1943, pág. 12.

[21] José María Mora, *Obras sueltas,* México, Editorial Porrúa, 1963, pág. 624. Se podrían dar numerosos ejemplos que demuestran que la preocupación de Mora se basaba en una profunda realidad, pero bástenos dos decretos publicados ambos en 1810; uno de Hidalgo y otro de Morelos. En el mes de diciembre de 1810 hizo público Miguel Hidalgo un bando ordenando la devolución de las tierras a los pueblos indios: «... se entreguen a los referidos naturales las tierras para su cultivo, sin que para lo sucesivo puedan arrendarse, pues es mi voluntad que su goce sea únicamente de los naturales en sus respectivos pueblos, *Antología del pensamiento social y político de América Latina,*

Washington, D. C., Unión Panamericana, 1964, pág. 99. La cita de José María Morelos pertenece al «Bando de abolición de las castas y la esclavitud entre los mexicanos». Y en él, entre otras cosas, se afirma que «nadie pagará tributos, ni habrá esclavos en lo sucesivo, y todos los que los tengan, sus amos serán castigados. No hay cajas decomunidad, y los indios percibirán las rentas de sus tierras como suyas propias», *Antología del pensamiento social y político de América Latina,* pág. 108. La Revolución mexicana de 1910 vino a establecer la diferencia que existió durante un siglo entre la letra de las leyes y la realidad en que siguió viviendo el pueblo.

[22] *Pensamiento político de la emancipación,* vol. I, páginas 309-310.

los indios de dieciocho a cincuenta años y que en los comienzos de la República llegó a suponer un sesenta por ciento de los ingresos del gobierno. Por otra parte, habrá que esperar a un decreto publicado el 15 de mayo de 1945, para que se aboliera el pongueaje y el mitaje (servidumbre gratuita de indígenas a patrones), y que en la práctica sólo entró en efecto después de la Revolución de 1952.

La clave del problema se encontraba, como diría en 1836 Andrés Bello, en que «instituciones que en la teoría parecen dignas de la más alta admiración, por hallarse en conformidad con los principios establecidos por los más ilustres publicistas, encuentran, para su observancia obstáculos invencibles en la práctica; serán quizá las mejores que pueda dictar el estudio de la política en general, pero no... las mejores que se pueden dar a un pueblo determinado»[23]. Y con esto queda establecida la dicotomía entre el ideal que se persigue y la realidad del pueblo que se desea gobernar. Dicotomía que proporciona la base dialéctica que unifica el pensamiento hispanoamericano durante el siglo XIX. Estas posiciones quedan típicamente representadas en las siguientes citas de dos pensadores chilenos contemporáneos: José Victoriano Lastarria (1817-1888) y Francisco Bilbao (1823-1865). Lastarria analiza el Chile de la Colonia:

> Atendamos lo que fue nuestra sociedad para ver lo que debe ser y lo que será. ¿Estaba o no preparada para entrar a nueva vida y someterse a un sistema diametralmente opuesto al que la rigió tres siglos, y bajo el cual se desenvolvió su existencia? No por cierto: el colono había sido precisamente educado para vivir siempre ligado a la servidumbre... Las leyes y las costumbres conspiraban de consuno a ocultarle su importancia moral y a destruir su individualidad; el colono, en fin, no tenía conciencia de sí mismo y todo él, su vida y sus intereses estaban absorbidos en el poder real y teocrático, del cual dependía íntegramente. El sistema colonial se apoyaba, pues, en las costumbres y marchaba con ellas en íntima unidad y perfecta armonía[24].

Bilbao, dando una proyección radical de la independencia y creyendo en una ruptura con el pasado, señala:

José Victoriano Lastarria a los 60 años.

> El pensamiento de la revolución... contenía la indepencia del territorio, la soberanía del individuo, la soberanía del pueblo, la forma republicana del gobierno, el advenimiento de la democracia desde la aldea hasta las capitales, la separación de la Iglesia del Estado... abolición de régimen económico, financiero, administrativo y pedagógico de la conquista; la libertad de los cultos y la libertad de industria... la igualdad de las razas, reconociendo sus derechos a la tierra que poseen[25].

Una postura, la de Lastarria, mira a los países independientes y se da cuenta de que la «revolución no podía ser completamente regeneradora ni terminarse tampoco en la última batalla en que triunfaron los independientes, porque el pueblo sólo pretendía emanciparse de la esclavitud [política] sin renunciar a su espíritu social ni a sus costumbres»[26]. Bilbao, por el contrario, con fe en la letra de las constituciones, pero alejado de la realidad latente de los pueblos hispanoamericanos, anuncia que «hemos hecho desaparecer la esclavitud de to-

---

[23] Andrés Bello, «Las repúblicas hispanoamericanas», en *Conciencia intelectual de América,* edición de Carlos Ripoll, Nueva York, Eliseo Torres, 1974, pág. 41.

[24] José Victorino Lastarria, «Investigaciones sobre la influencia social de la conquista y del sistema colonial de los españoles en Chile», *Antología del pensamiento social y político de América Latina,* págs. 389-390.

[25] Francisco Bilbao, *El pensamiento vivo de Francisco Bilbao,* Santiago, Editorial Nascimento, 1940, pág. 114.

[26] Lastarria, pág. 396.

das las Repúblicas del Sur... hemos incorporado a las razas primitivas, formando en el Perú la casi totalidad de la nación, porque las creemos nuestra sangre y nuestra carne»[27].

Los ideales utópicos que se forjaron la minoría ilustrada y algunos de los caudillos de la independencia chocaron pronto con la realidad interna de los pueblos independizados. La Revolución era un concepto abstracto del que no participó el pueblo. Este ni sentía ni comprendía los conceptos europeos de libertad y de derechos humanos. Sus tradiciones y costumbres se oponían a ello y ahora, pasada la euforia de un primer momento, surge de nuevo el gobierno absoluto; esta vez no será la monarquía sino sus herederos: los terratenientes y la Iglesia. En aquellos lugares —México, Bolivia, Perú, Ecuador, Colombia, etc.—, donde predominaba la población indígena y mestiza, el blanco, los criollos, se apoderaron del gobierno, forzando a la masa indígena a una situación que en nada se diferenciaba de la mantenida durante la Colonia. Se pensó que el pueblo hispanoamericano adquiriría identidad propia con sólo lograr la independencia política. Se pretendió que con enunciar el deseo de una ruptura con el pasado ésta se obtendría como se había conseguido la separación política. Pero este rechazo del pasado en la dimensión tan superficial que suponía la vaga realidad de existir únicamente en los deseos utópicos de una minoría ilustrada, llevó al fracaso en el intento de conseguir una transformación pacífica en las estructuras sociales. Los hispanoamericanos se fueron dividiendo en dos grupos que se negaban mutuamente, cerrando toda posibilidad de diálogo. Así aparecen en Argentina los unitarios contra los federalistas; en Chile los pipiolos contra los pelucones; en México, Colombia y otros países los federales contra los centralistas. El resultado fue la creación de dictaduras para imponer una de las posiciones, y que se justificaba por la actitud paternal de que el pueblo era todavía niño y necesitaba de guía para gobernarse. De este modo surge Juan Manuel de Rosas en la Argentina; José Gaspar Rodríguez Francia en Paraguay; en Venezuela, José Antonio Páez; en México, Antonio López de Santa Anna; en Bolivia las dictaduras se suceden durante todo el siglo XIX; en Chile, en fin, se evita la lucha armada, pero sólo porque Diego Portales logra establecer una constitución que atribuía poderes absolutistas al presidente.

EL FRACASO INICIAL Y BÚSQUEDA DE SUS CAUSAS

Para mediados del siglo XIX parece como si todo hubiera fracasado. En efecto, una vez conseguida la independencia, se desencadena por todos los países hispanoamericanos, en forma más o menos violenta, una prolongada lucha civil. Era una lucha entre los partidarios de mantener el pasado y los que se llamaban progresistas y creían mirar hacia el futuro; conservadores contra liberales; federales contra unitarios. A los conservadores se les acusaba de pretender retroceder, mientras que los liberales rechazaban cualquier vestigio de la época colonial. En Argentina, Sarmiento lo presenta como la lucha entre la civilización y la barbarie. En Chile, Bilbao, lo ve en términos del liberalismo contra el catolicismo. En México, José María Luis Mora lo interpreta en términos de progreso contra retroceso. Es decir, o se aceptaba el pasado sin posibilidad de cambio o se rechazaba en su totalidad en nombre del progreso.

Al analizar la situación, los pensadores hispanoamericanos están de acuerdo en reconocer que el intento de crear repúblicas con gobiernos democráticos ha fracasado. Pero el fracaso mismo se interpreta de forma muy diferente. Andrés Bello cree que es necesario sacrificar la perfección ideal de una constitución, por una que responda a las circunstancias, deseos y realidad del pueblo a que se aplica. No pretende con ello, de ningún modo, negar la posibilidad de un gobierno verdaderamente representativo en Hispanoamérica, pero sostiene que sólo será posible mediante la lenta perfección de sus instituciones: «Entre tanto, nada más natural que sufrir las calamidades que afectan a los pueblos en los primeros ensayos de la carrera política»[28]. José María Luis Mora, por el contrario, mantiene su fe en la necesidad y posibilidad de conseguir un gobierno democrático que garantice los derechos del hombre. Y afirma que no puede hablarse de fracaso de algo que todavía no ha existido: «Tener el aparato y formas exteriores de un gobierno libre y constitucional sin la realidad de sus principios y garantías, es lo que nos ha perdido. Todavía no hemos hecho ensayo ninguno, ni de la federación, ni del sistema representativo, porque no hemos tenido lo uno ni lo otro; ¿cómo pues podremos asegurar que no nos conviene»[29].

De este modo se inicia un período de autoanálisis en busca de las causas del fracaso, y se

[27] Bilbao, pág. 155.

[28] Andrés Bello, «Las repúblicas hispano-americanas», pág. 42.
[29] José María Luis Mora, *Obras sueltas,* pág. 629.

cree encontrar su razón en la herencia española. Pero, si bien se está generalmente de acuerdo en acusar a España, los pensadores hispanoamericanos de nuevo discrepan en las soluciones que proponen. Mientras unos procuran el rechazo completo de lo español, otros creen que sólo reconociendo la existencia como fuerza actuante y partiendo de ella, se llegará a su mejoramiento.

Lastarria, que estudia la herencia de la Colonia, habla de «la ominosa influencia española» contra la que hay que luchar. Y aun cuando se propone que «estudiemos nuestros pueblos, conozcamos sus errores y sus preocupaciones», todo ello debe hacerse únicamente, según él, «para saber apreciar los obstáculos que se oponen al desarrollo de su perfección» [30]. Después, en lugar de construir con una base real de la herencia colonial, se pretende anularla en nombre de una posible América de distinta identidad. Lo que sucede es que el hispanoamericano que surge de la independencia y analiza el desarrollo de las nuevas repúblicas durante la primera mitad del siglo XIX, lo hace desde lo que él considera el centro de la civilización, Francia e Inglaterra. Ve allí el futuro, el modo de ser. Luego, al volver los ojos a América, a su realidad circundante, lo que ve lo desalienta y cree que el camino para conseguir ese futuro es deshacerse del pasado. Ahora incluso se acusa a España de la superficialidad de sus gobiernos constitucionales; pues, según Mora, «en las antiguas colonias de América, su revolución de independencia coincidió con el reinado de la Constitución en la metrópoli y como era consiguiente, imitaron los errores de sus padres por más que detestasen su dominio» [31]. Se crea así en Hispanoamérica una realidad doble: se rechaza un pasado que se considera retrógado a cambio de la ilusión de una realidad que no existe. «Buenos Aires —nos dice Sarmiento— se cree una continuación de la Europa [el concepto de Europa no incluye a España], y si no confiesa francamente que es francesa y norteamericana en su espíritu y tendencias, niega su origen español» [32]. Se rechaza todo: la herencia española y los indios. Sin percibirlo se pretendía dejar de ser hispanoamericano por un «querer ser centro-europeo». Pero aun cuando se soñaba con París, de hecho se seguía viviendo, en Buenos Aires como en los Andes, la tradición colonial. Tanto los intereses de la Colonia, como muchas de sus instituciones perduraban y de-

cidían, ahora como entonces, la realidad social de los nuevos países. Y lo mismo que en nombre de la libertad y de la soberanía de los individuos se creaban dictaduras, también bajo los deseos de constituciones modelos, perduró durante el siglo XIX la mentalidad feudal que caracterizó a la Colonia.

Junto al deseo de rechazo absoluto de la época colonial, y en general de todo aquello que recordara a España, surge en el siglo XIX otro grupo de pensadores que no sólo reconoce la necesidad de contar con el pasado, como algo operante en su realidad presente, sino que basan sus proyectos de progreso en la modificación de las estructuras de ese pasado. La herencia española sigue siendo considerada como negativa, pero ahora se la acepta como operante. En 1819 había señalado Simón Bolívar que «las reliquias de la dominación española permanecerán largo tiempo antes que lleguemos a anonadarlas» [33].

El reconocimiento de la existencia de un pasado peculiar al hombre hispanoamericano, fue también el primer paso de un proceso de interiorización que fue poco a poco concretizando el concepto abstracto de «hombre» en la realidad hispanoamericana. Con ello vino un darse cuenta de la peculiaridad propia. «No olvidemos —nos dice Andrés Bello— que el hombre chileno de la Independencia, el hombre que sirve de asunto a nuestra historia y nuestra filosofía peculiar, no es el hombre francés, ni al anglo-sajón, ni el normando, ni el godo, ni el árabe. Tiene su espíritu propio, sus facciones propias, sus instintos peculiares» [34]. Y es diferente por pertenecer a una circunstancia distinta que a su voz modela una realidad propia. Esta realidad puede ser modificada con mayor o menor rapidez, pero no puede ser ignorada. Eso es lo que había sucedido con las primeras leyes. Embriagados de un idealismo utópico, los legisladores habían ignorado el pasado. El fracaso que coronó estos promeros esfuerzos, motivó a pensadores como Juan Bautista Alberdi (1810-1884) a proponer el progreso no mediante la ruptura con el pasado, sino a través de su modificación: «Es preciso que el nuevo régimen contenga algo del antiguo; no se andan de un salto las edades extremas de un pueblo» [35].

En las primeras constituciones se confundió la universalidad de los principios con la concreción y circunstancialidad necesaria en las leyes. Así se desprende de las palabras de la co-

---

[30] José Victorino Lastarria, «Investigaciones sobre la influencia social de la conquista...», pág. 403.

[31] José María Luis Mora, *Obras sueltas*, pág. 623.

[32] Domingo Faustino Sarmiento, *Facundo. Civilización y barbarie*, pág. 89.

[33] Simón Bolívar, *Discursos, proclamas y epistolario político*, pág. 228.

[34] Andrés Bello, *Antología de discursos y escritos*, Madrid, Editora Nacional, 1976, pág. 199.

[35] Juan Bautista Alberdi, *Bases*, pág. 56.

misión redactora que la constitución argentina de 1826 al señalar que «no ha pretendido hacer una obra original. Ella habría sido extravagante desde que se hubiese alejado de lo que en esa materia está reconocido y admitido en las naciones más libres y más civilizadas. En materia de constituciones ya no pueden crearse.» Alberdi encontró en estas afirmaciones las causas profundas del fracaso subsiguiente: «La falta de originalidad en el proyecto (es decir, su falta de armonía con las necesidades del país) era confesada por los mismos legisladores... El congreso [argentino de 1826] hizo mal en no aspirar a la originalidad. La constitución que no es original es mala, porque debiendo ser la expresión de una combinación especial de hechos, de hombres y de cosas, debe ofrecer esencialmente la originalidad que afecte esa combinación en el país que ha de constituirse»[36].

Comienza ahora a surgir una situación conflictiva que ha perdurado hasta nuestros días. Por una parte se va adquiriendo conciencia de los elementos constitutivos, de las características de los pueblos de origen hispano. Pero al mismo tiempo se impone el fracaso inicial que sigue a la independencia, y la desproporción que exite entre el progreso que se observa en Europa y Estados Unidos y la marcha lenta —de retroceso en la opinión de algunos— que siguen los pueblos hispanoamericanos. De este modo, mientras Andrés Bello exhorta a la juventud para que aspire a una independencia de pensamiento: «Quisiéramos sobre todo precaverla de una servilidad excesiva a la ciencia de la civilizada Europa»[37], Europa, no obstante, sigue siendo el modelo y símbolo de civilización. Hasta tal punto es así, que Sarmiento (1811-1888), para exaltar a Buenos Aires, dice de la ciudad que «confesaba y creía todo lo que el mundo sabio de Europa creía y confesaba»[38]. Y es que, como dice Alberdi, «a fuerza de vivir por tantos años en el terreno de la copia y el plagio de las teoría constitucionales de la revolución francesa y de las constituciones de Norte-América, nos hemos familiarizado de tal modo con la utopía, que la hemos llegado a creer un hecho normal y práctico»[39].

[36] *Ibíd.*, pág. 21. José Martí se expresaría años más tarde en términos semejantes al indicar que «el gobierno ha de nacer del país. El espíritu del gobierno ha de ser el del país. La forma del gobierno ha de avenirse a la constitución propia del país. El gobierno no es más que el equilibrio de los elementos naturales del país», *Política de nuestra América*, México, Siglo XXI, 1982, pág. 39.
[37] Andrés Bello, *Antología de discursos y escritos*, página 200.
[38] Domingo Faustino Sarmiento, *Facundo*, pág. 90.
[39] Juan Bautista Alberdi, *Bases*, pág. 236.

TRIUNFO DE LOS LIBERALES

Las dictaduras conservadoras que fueron surgiendo ante el fracaso del idealismo liberal de las primeras décadas del gobierno independiente, dan paso, en la segunda mitad del siglo XIX, a una nueva fuerza liberal. Bajo el dominio conservador, los liberales habían logrado reagruparse y establecer un programa de acción, aunque de nuevo se prometía redimir a los pueblos hispanoamericanos a través de la acción del gobierno. Ahora, el deseo de libertad mediante gobiernos representativos tenía el respaldo, si bien todavía minoritario, de una creciente burguesía que se une en la lucha contra el personalismo semifeudal de un Rosas en Argentina o de un Santa Anna en México. La caída de ambos, Rosas en 1852 y Santa Anna en 1855, inicia un período de triunfo liberal. Se promulgan nuevas constituciones: Argentina en 1855, México en 1857, Perú en 1860, Venezuela en 1864, Paraguay en 1870. Pero de todas ella, incluso de la argentina, se podría afirmar lo que Leopoldo Zea señala de la mexicana: «La Constitución de 1857 era la expresión de [una] abstracción, una utopía ajena a hombres que no tenían clara conciencia de lo que significaba la libertad y la responsabilidad que la misma implicaba»[40].

La Iglesia sufre de nuevo los ataques de los liberales sobre todo en dos aspectos: en lo económico se acelera en unos lugares o se inicia en otros la expropiación de sus bienes. A veces, como en México, en un intento luego frustrado de reforma agraria. En el campo de la educación se pretende eliminar el monopolio de la Iglesia al crear la escuela laica, gratuita y obligatoria, pero que en ningún caso pasó más allá de ser un proceso experimental al que sólo una minoría tuvo acceso. Algo semejante sucede con posiciones extremas como la de Francisco Bilbao que en su estudio *La América en peligro,* de 1862, llega a afirmar «no puede ser el principio fundamental de la República»[41]. En el proceso legislativo, sin embargo, triunfa una posición más mesurada, donde o bien se reconoce el catolicismo como religión oficial (Artículo 2.º de la Constitución Argentina de 1853), o se le conceden prerrogativas extraordinarias. Ello se debía a que en la nueva coalición liberal dominaban los moderados, que representaban con más propiedad a la naciente clase media, y que abogaban por una reforma lenta que reflejara la máxi-

[40] Leopoldo Zea, *Dependencia y liberación en la cultura latinoamericana,* México, Cuadernos de Joaquín Mortin, 1974, pág. 113.
[41] Francisco Bilbao, *El pensamiento vivo de Francisco Bilbao,* pág. 113.

ma que diera a principios de la independencia Fray Servando Teresa de Mier (1763-1827): «No hagáis novedades en materias de religión, sino las absolutamente indispensables en las circunstancias»[42].

La novedad que aporta este segundo triunfo liberal se centra en el análisis que por primera vez se hizo de la realidad hispanoamericana. Cierto es que era un análisis desde fuera, que partía de Centro-Europa y de la América anglo-sajona, para proponerlas como modelos a seguir, y que veía deficiencias hasta en aquello que representaba únicamente las diferencias entre ambas culturas. Quizá por ello, mediante esta introspección que acertadamente descubrió la enorme distancia que existía entre las constituciones, y el pueblo a quien se pretendía gobernar con ellas, se creyó también que el fracaso de los gobiernos constitucionales que surgieron con la independencia se debió a la falta de preparación del pueblo, a la ignorancia en que le había mantenido el gobierno colonial. La solución, por lo tanto, era educar, «elevar» al pueblo al nivel de sus constituciones; de nuevo se ignoraba a los que proponían la necesidad de adaptar éstas a la realidad del pueblo.

Surgen, entonces, dos aproximaciones a la solución del problema educativo. Por una parte Sarmiento señala: «¿Qué le falta a la América del Sur, para ser asiento de naciones poderosas? Digámoslo sin reparo. Instrucción, educación difundida en la masa de los habitantes»[43]. Por otro lado, Alberdi parte en su análisis de que «la instrucción que se dio a nuestros pueblos jamás fue adecuada a sus necesidades. Copiada de la que recibían pueblos que no se hallan en nuestro caso, fue siempre estéril y sin resultado provechoso»[44]. Por ello, con una visión más pragmática, concluye, oponiéndose a Sarmiento, que «es un error infelicísimo el creer que la instrucción primaria o universitaria sean lo que pueda dar a nuestro pueblo la aptitud del progreso material y de las prácticas de libertad... No es el analfabeto, es el martillo, es la barreta, es el arado, lo que debe poseer el hombre del desierto, es decir el hombre del pueblo sud-americano»[45]. Pero in-

cluso Alberdi que pretendía en su propuesta arrancar de las necesidades del pueblo, modela su sistema según los aspectos de la América anglo-sajona que él consideraba positivos[46].

El análisis de lo hispanoamericano no sólo se hace ahora a través del modelo anglo-sajón, sino que cada pensador verá y encontrará también en él la pauta a seguir y las causas que motivaron el fracaso inicial. Francisco Bilbao, obsesionado en su anti-catolicismo, ve la América anglo-sajona como obra de protestantes: «Esos puritanos, o sus hijos, han presentado al mundo la más bella de las Constituciones, dirigiendo los destinos de los más grande, del más rico, del más sabio y del más libre de los pueblos». De ahí pasa a establecer que la diferencia en el desarrollo de ambos tiene sus raíces en que «el Norte era protestante y el Sur Católico»[47]. Y con ello puede concluir: «Nosotros que buscamos la unidad, incorporaremos en nuestra educación los elementos vitales que contiene la civilización del Norte»[48].

Aunque por razones diferentes los pensadores más destacados del momento, Sarmiento, Lastarria y Alberdi, entre otros, coinciden en ver en la América anglo-sajona un modelo del éxito que se desea imitar a toda costa. «La América del Sur —nos dice Sarmiento— se queda atrás y perderá su misión providencial de sucursal de la civilización moderna. No detengamos a los Estados Unidos en su marcha; es lo que en definitiva proponen algunos. Alcancemos a los Estados Unidos. Seamos la América, como el mar es el océano. Seamos Estados Unidos»[49]. Coinciden también en atribuir a la herencia española el origen de todos los males. Algunos, como Lastarria, los creen producto del régimen colonial que motivó que la «revolución de independencia» no fuera «un efecto de nuestra civilización y de nuestras costumbres, tal como puede considerarse la de Norte-América». Y, no siendo consecuencia

[42] Fray Servando Teresa de Mier, *Historia de la revolución de la Nueva España*, en *Pensamiento político de la emancipación*, vol. II, pág. 51. Mier proponía primero educación y luego reforma: educar a las masas para que se puedan liberar; ése fue precisamente el principio que guió a los gobiernos liberales que surgen en la segunda mitad del siglo XIX.

[43] Domingo Faustino Sarmiento, *Las escuelas, bases de la prosperidad y de la República en Estados Unidos*, en *Conciencia intelectual de América*, pág. 83.

[44] Juan Bautista Alberdi, *Bases*, pág. 59.

[45] *Ibíd.*, pág. 246. De ahí que Alberdi proponga el estudio del «idioma inglés, como idioma de la libertad, de la industria y del orden», *Ibid*, pág. 61.

[46] En realidad, la educación en Hispanoamérica, incluso en nuestros días, nunca ha estado basada en el estudio de lo americano. Las palabras que José Martí escribiera en 1891, todavía siguen teniendo valor de actualidad hoy día: «Conocer es resolver. Conocer el país, y gobernarlo conforme al conocimiento, es el único modo de librarlo de tiranías. La universidad europea ha de ceder a la universidad americana. La historia de América, de los incas acá, ha de enseñarse al dedillo, aunque no se enseñe la de los arcontes de Grecia». De «Nuestra América, Política de nuestra América (México, Siglo XXI, 1982), página 40. En Bolivia, por ejemplo, hasta la Guerra del Chaco (1932-1935), se comenzaba la historia del país con el siglo XIX y se ignoraba en los programas de estudio el desarrollo tanto histórico como literario de los otros pueblos hispanoamericanos. Otro tanto sucedía en los demás países.

[47] *El pensamiento vivo de Francisco Bilbao*, pág. 116.

[48] *Ibíd.*, pág. 152.

[49] Domingo faustino Sarmiento, *Conflicto y armonía de las razas en América* en *Conciencia intelectual de América*, págs. 103-104.

«ni estando apoyada en las costumbres, debió seguir el curso ordinario y fatal de la naturaleza de las cosas y no pudo menos ser disimulada en su origen y parcial en su objeto y en su desarrollo»[50]. Otros, como Alberdi y Sarmiento, creen que los males que afectan a la América hispana son semejantes a los que padece España y por lo tanto inherentes en el hombre hispánico. Así Sarmiento, bajo la tesis de que «la España se reproduce en América», afirmará que no hubo por parte de España intencionada opresión, pues, «las colonias españolas tienen eso de particular, que eran ni más ni menos en sus derechos, verdaderas provincias españolas, sobre las que pesaba en el nuevo continente como en la península el mismo despotismo y la misma arbitrariedad»[51].

Se negaba de ese modo capacidad al hispanoamericano, cuyas características y necesidades no se habían estudiado en relación a su propia circunstancia. Por ello no se dieron tampoco soluciones reales a sus problemas. Las propuestas que pensadores como Alberdi adelantaban ofrecían una solución sólo en la medida que se dejara de ser hispanoamericano: «Con tres millones de indígenas, cristianos y católicos, no realizaríais la República, ciertamente. No la realizaríais tampoco con cuatro millones de españoles peninsulares, porque el español puro es incapaz de realizarla, allá o acá.» Alberdi desea, pues, incrementar y renovar la población, y para ello acude a la inmigración, y para neutralizar la sangre española e indígena propone que «es necesario fomentar en nuestro suelo la población anglo-sajona»[52].

El modelo de los Estados Unidos de Norteamérica, que había servido de inspiración a los caudillos de la independencia, se convierte ahora en una obsesión, en la medida para juzgar todo lo hispanoamericano. Se desea imitar la Constitución y las costumbres; se cree ver las causas del fracaso tanto en la herencia española, como en las tradiciones católicas; se desdeña lo autóctono y, como en el Norte, se desprecia al indio y al negro. Se adultera la propia identidad en el reflejo de un mundo extraño y se cree encontrar la solución en términos de la dicotomía simplista de una lucha entre la civilización y la barbarie. Y para ello se considera, claro está, que «en América todo lo que no es europeo es bárbaro»[53]. Este negar

lo autóctono de la realidad hispanoamericana bajo el espejismo de lo europeo, daba lugar a suponer que «lo que llamamos América independiente no es más que la Europa establecida en América»[54]. Se imposibilitaba así la comprensión de Hispanoamérica y se condenaba a sus pueblos a un fracaso seguro. Simón Bolívar había ya dicho en los albores de la independencia, que debíamos tener presente que «nuestro pueblo no es el europeo, ni el americano del norte, que más bien es un compuesto de África y de América que una emanación de la Europa»[55]. Ahora se hacía más perceptible todavía el abismo que el idealismo ilustrado de la independencia había abierto entre la realidad de la circunstancia hispanoamericana y el modelo utópico que se pretendía conseguir. A finales del siglo XIX diría José Martí (1853-1895), al reflexionar sobre las causas del fracaso, que «no hay batalla entre la civilización y la barbarie, sino entre la falsa erudición y la naturaleza», y que, en definitiva, «el libro importado ha sido vencido en América por el hombre natural. Los hombres naturales han vencido a los letrados artificiales. El mestizo autóctono ha vencido al criollo exótico»[56].

EL PROGRESO MEDIANTE EL ORDEN

Las precauciones de Mora, Lastarria, Sarmiento y Alberdi sobre la necesidad de educar al pueblo en el trabajo y en el esfuerzo continuo, recibieron, en el último tercio del siglo XIX, el apoyo de la filosofía positivista. De nuevo, en lugar de buscar soluciones que arrancaran del cotejo meticuloso de la realidad peculiar de cada pueblo, se intentó resolver los problemas hispanoamericanos a través de una ideología nacida en Europa, que respondía a una circunstancia europea y que en cierto modo justificara su progreso (rápida industrialización y expansión colonialista en Asia y Africa). Se creyó ver en los tres estados de Comte —el teológico, el metafísico y el positivista— una explicación del desarrollo hispanoamericano. Se consideró a la colonia

---

[50] José Victorino Lastarria, «Investigaciones sobre la influencia social de la conquista y del sistema colonial de los españoles en Chile», págs. 309-391.

[51] Domingo Faustino Sarmiento, «El sistema colonial». *Conciencia intelectual de América*, pág. 78.

[52] Juan Bautista Alberdi, *Bases*, págs. 238 y 239. De ahí el lema de Alberdi: «Gobernar es poblar».

[53] *Ibíd.*, pág. 68. En otro lugar dirá: «Todo en la civiliza-

ción de nuestro suelo es europeo», pág. 65. Véase el capítulo sobre Sarmiento para un análisis más detallado de estos conceptos. En realidad Alberdi y Sarmiento coinciden en identificar la civilización con lo europeo. Discrepan, no obstante, en la evaluación del campo. Sarmiento lo considera símbolo de la barbarie mientras que Alberdi se expresa en los siguientes términos: «Lejos de ser las campañas argentinas las que representan la barbarie, son ellas... las que representan la civilización del país, expresada por la producción de su riqueza rural, en que la riqueza del país consiste». *La barbarie histórica de Sarmiento*, Buenos Aires, Ediciones Pampa y Cielo, 1964, pág. 26.

[54] Juan Bautista Alberdi, *Bases*, pág. 65.

[55] Simón Bolívar, *Discursos, proclamas y epistolario político*, pág. 226.

[56] José Martí, *Política de nuestra América*, pág. 39.

como el estado teológico; los ilustrados y liberales de la Independencia pertenecían al metafísico. Y ahora era el momento de comenzar la etapa decisiva, la positiva. La historia de Hispanoamérica se presentaba como «un conjunto compacto y homogéneo, como el desarrollo necesario y fatal de un programa latente»[57].

En la realidad, lo que sucedía es que de nuevo se repetía la situación que enfrentaron los caudillos de la independencia, ante el fracaso en la práctica de los gobiernos representativos. Ahora, como entonces, se creyó que la causa era la falta de preparación del pueblo. Medio siglo antes se intentaron dictaduras basadas en un despotismo ilustrado que enseñaría al pueblo a ser libre. Hoy no eran ya los principios de libertad que pregonaban los derechos humanos los que se deseaba que aprendiera, sino los deberes cívicos y la función que el trabajo desempeñaba en la sociedad anglo-sajona del norte. Si en 1813, Fray Servando Teresa de Mier aconsejaba que «por más abusos que haya dejado al tiempo y a las luces su reforma»[58], y en 1836 Andrés Bello señalaba que «nada mas natural que sufrir las calamidades que afectan a los pueblos en los primeros ensayos de la carrera política»[59], ahora, en 1866, Juan Montalvo (1832-1889) afirmará «que el acierto está en la moderación... *despacio se va lejos*»[60]. Y del mismo modo que Montalvo, incluso desde su posición liberal, se opone a las reformas que modifiquen radicalmente las bases de su sociedad («No quiero ley agraria, no porque ella por su naturaleza no sea justa, sino por las injusticias y males sin cuento que traería consigo, caso que fuera posible llevarla a cabo, lo cual es muy dudoso»[61], también los gobiernos, en nombre del orden que había de proporcionar progreso, justificarán dictaduras cada vez más intransigentes. Lo que antes se *imponía* en nombre de la libertad, en el último tercio del siglo XIX se *impone* bajo los principios de *orden* y *progreso* del lema positivista. «¡No se regenera un país, ni se cambian radicalmente sus instituciones y sus hábitos, en el corto espacio de dos lustros!»[62], nos dice el

mexicano Gabino Barreda (1818-1881), y afirma con fe en el progreso continuo de la sociedad que «hoy la paz y el orden, conservados por algún tiempo, harán por sí solos todo lo que resta»[63]. Ser liberal ahora significa desear el progreso por medio del orden. O, como diría Montalvo, «el liberalismo consiste en la ilustración, el progreso humano, y por aquí, en las virtudes... El ferrocarril, el telégrafo, la navegación por vapor son liberales»[64].

El positivismo, adoptado superficialmente en unos principios teóricos convenientes al orden establecido, prolongó en Hispanoamérica el sistema feudal de la Colonia hasta bien entrado el siglo XX. En este sentido debemos interpretar las palabras finales de la «Oración cívica», que pronunciará en 1867 Gabino Barreda: «Que el orden material, conservado a todo trance por los gobernantes, y respetado por los gobernados, sea el garante cierto y el modo seguro de caminar siempre por el sendero florido del progreso y de la civilización»[65].

EL FIN DE UN SIGLO: CONCLUSIONES

Independientemente de la perspectiva con que nos aproximemos a la evaluación global del siglo XIX hispanoamericano, debemos forzosamente concluir que en su realización práctica es la historia de un pensamiento que ha fracasado. Y fracasó, porque se pretendió ser una proyección europea en un principio y seguir los pasos del mundo anglo-sajón después. En ambos casos se imitaron formas extrañas, mientras se cerraban los ojos a la realidad hispanoamericana. Las reformas, los sistemas educativos y la misma participación en el proceso democrático que se deseaba conseguir iban dirigidos únicamente a una minoría de la población. La mayoría india y en cierta medida los mestizos, permanecían en sus derechos al margen del proceso social. En aquellos países —Uruguay, Argentina y hasta cierto punto Chile— donde la población indígena o no existía o vivía marginada de la vida económica y social de la nación, la imitación correspondía más a su realidad interna y produjo ciertos frutos, aunque adulterados, que en el derrumbe general de los demás países hispanos, sobresalían como focos estables de éxito,

[57] Gabino Barreda, *La educación positivista en México.* México, Editorial Porrúa, 1978, pág. 17. La cita proviene de la «Oración Cívica», pronunciadas en la ciudad de Guanajuato en 1867.
[58] Fray Servando Teresa de Mier. *Historia de la revolución de la Nueva España,* en *Pensamiento político de la emancipación,* Vol. II, pág. 51.
[59] Andrés Bello «Las repúblicas hispano-americanas», en *Conciencia intelectual de América,* pág. 42.
[60] Juan Montalvo, *Las Catilinarias. El Cosmopolita, El Regenerador,* Caracas, Biblioteca Ayacucho, 1977, pág. 7.
[61] *Ibíd.,* pág. 24.
[62] Gabino Barreda, *La educación positivista en México,* pág. 24.

[63] *Ibid.,* pág. 34. El modelo mejor conseguido mediante la aplicación de estos principios y su consiguiente fracaso fue precisamente el mexicano durante la dictadura de Porfirio Díaz (1876-1911).
[64] Juan Montalvo, pág. 124.
[65] Gabino Barreda, pág 34. Debemos notar aquí que, en 1880, por ejemplo, con excepción de Chile y la Argentina, todos los países hispanoamericanos parecen estar gobernados por dictaduras.

pero que no fueron nada más que espejismos que ocultaban su inevitable fracaso posterior. En los demás países —Bolivia, Colombia, Perú, México, Venezuela, por citar los más importantes— gran parte de la población, a veces la mayoría, que ni siquiera hablaba español, se encontraba en una situación que en poco se diferenciaba de la establecida durante la Colonia. Además, nuevas ideas racistas, difundidas ahora por las secuelas del positivismo, venían de nuevo a negar capacidad al indio o al mestizo y por extensión al hispanoamericano. De este modo, el mismo hispanoamericano, viéndose a través de perspectivas europeas que servían para justificar su expansión colonialista, llegó a creer en su propia inferioridad, y en que, en palabras de Sarmiento, los indios eran «nuestros enemigos de raza, de color, de tendencias, de civilización».

Se podría, con lo dicho, cerrar el capítulo del siglo XIX con la nota pesimista con que José Enrique Rodó (1871-1917) lo caracteriza en 1896: «El despertar del siglo fue en la historia de las ideas una aurora, y su ocaso en el tiempo es, también, un ocaso en la realidad»[66]. Pero ello sería en cierto modo falsear su trascendencia. Si era cierto que se había fracasado, también lo era que la toma de conciencia del fracaso mismo incitó a una búsqueda de la identidad hispanoamericana. Lo que antes había sido preocupación marginal de pocos, ahora se convierte en proyecto de los intelectuales, cuyo lema podría resumirse en las siguientes palabras de José Martí: «A lo que es, allí donde se gobierna, hay que atender para gobernar bien; y el buen gobernante en América no es el que sabe cómo se gobierna el alemán o el francés, sino el que sabe con qué elementos está hecho su país»[67]. Apenas comenzó el escrutinio, se descubrió la falsedad inherente en los gobiernos, que antes, por la ceguera de un idealismo abstracto, había quedado oculta. Así nos dice Justo Sierra (1848-1912) que «cuando la nación mexicana dejó de ser la Nueva España, no dejó de ser colonial... el gobierno dejó de sernos exterior, pero la organización fue la misma[68]. Y de modo más directo dirá Manuel González Prada (1848-1918): «Nuestra forma de gobierno se reduce a una gran mentira, porque no merece llamarse república democrática un estado en que dos o tres millones [más de un cincuenta por ciento] de individuos viven fuera de la ley [no protegidos por la ley]... en el interior se palpa la violación de todo derecho bajo un verdadero régimen feudal»[69].

La semilla estaba echada y el siglo XX comienza con un dinámico proceso de autoanálisis y con un deseo de independencia cultural. Rodó opone en *Ariel* (1900) una posible trayectoria hispanoamericana a la pauta de progreso material del mundo anglo-sajón. José Vasconcelos proclama el próximo triunfo de una raza hispanoamericana en *La raza cósmica* (1924). Y más importante todavía, se comienza el análisis sistemático de la propia realidad con obras como *Nuestra América* (1903), del argentino Carlos Octavio Bunge; o de *Pueblo enfermo* (1909), del boliviano Alcides Arguedas. En el campo del pensamiento, Hispanoamérica pasaba de una etapa de imitación, siglo XIX, a un período de búsqueda de la propia identidad y desarrollo creador, siglo XX.

Manuel González Prada.

[66] José Enrique Rodó, *Obras completas,* Madrid, Aguilar, 1967, pág. 150.
[67] José Martí, *Política de nuestra América,* pág. 38.
[68] Justo Sierra, *Juárez, su obra y su tiempo,* México, Editorial Porrúa, 1980, pág. 8.
[69] Manuel González Prada, *Pájinas libres. Horas de lucha,* Caracas, Biblioteca Ayacucho, 1976, pág. 339.

ALDRIDGE, A. OWEN, Editor, *The Ibero-American Enlightenment*. Urbana, University of Illinois Press, 1971.

AMURRIO GONZÁLEZ, Jesús Julián, *El positivismo en Guatemala*, Guatemala, Imprenta Universitaria, 1970.

Antología del pensamiento social y político de América Latina. Introducción de Leopoldo Zea, selección y notas de Abelardo Villegas, Washington, D. C., Unión Panamericana, 1964.

ARCINIEGAS, Germán, *El continente de siete colores, Historia de la cultura en América Latina*, Buenos Aires, Sudamericana, 1965.

ARDAO, Arturo, *Espiritualismo y positivismo en el Uruguay*, México, Fondo de Cultura Económica, 1950.

CARDOZO, Efrain, *Apuntes de historia cultural del Paraguay*, Asunción, Colegio de San José, 1963.

CARTULA BRÚ, Victoria, *¿Cuáles son los grandes temas de la filosofía latinoamericana?* México, Novaro-México, 1959.

CORDERO, Armando, *Panorama de la filosofía en Santo Domingo*, 2 vols. Santo Domingo, Imprenta Arte y Cine, 1962.

CRAWFORD, William Rex, *El pensamiento latinoamericano de un siglo*, México, Limusa-Wiley 1966.

CHIARAMONTE, José Carlos, Editor, *Pensamiento de la Ilustración. Economía y sociedad iberoamericanas en el siglo XVIII*, Caracas, Biblioteca Ayacucho, 1979.

DAVIS, Harold Eugene, *Latin American Thought. A Historical Introduction*, Nueva York, The Free Press, 1974.

DONOSO, Ricardo, *Las ideas políticas en Chile*, México, Fondo de Cultura Económica, 1946.

EARLE, Peter G. y MEAD, Robert G., *Historia del ensayo hispanoamericano*, México, Ediciones de Andrea, 1973.

Estudios de historia de la filosofía en México, México, UNAM, 1980.

FRANCOVICH, Guillermo, *La filosofía en Bolivia*, Buenos Aires, Losada, 1945.

GÓMEZ-MARTÍNEZ, José Luis, *Pensamiento hispanoamericano: una aproximación bibliográfica*, Separata de *Cuadernos Salmantinos de Filosofía* 8 (1981): 287-400. Incluye 1534 entradas. Las referentes a libros van acompañadas en su mayoría de una breve anotación de su contenido.

GÓMEZ ROBLEDO, Antonio, *Idea y experiencia de América*, México, Fondo de Cultura Económica, 1958.

HALE, Charles A., *El liberalismo mexicano en la época de Mora, 1821-1853*, México, Siglo Veintiuno, 1977.

HALPERIN DONGHI, Tulio, Editor, *Proyecto y construcción de una nación (Argentina 1846-1880)*, Caracas, Biblioteca Ayacucho, 1980.

HERNÁNDEZ SÁNCHEZ BARBA, Mario, *Dialéctica contemporánea de Hispanoamérica*, Madrid, Ediciones José Porrúa Turanzas, 1973.

JARAMILLO URIBE, Jaime, *El pensamiento colombiano en el siglo XIX*, Bogotá, Temis, 1964.

JORRÍN, Miguel y MARTZ, John D., *Latin-American Political Thought and Ideology*, Chapel Hill, The University of North Carolina Press, 1970.

LÁSCARIS, Constantino, *Desarrollo de las ideas filosóficas en Costa Rica*, San José, ECA, 1964.

—*Historia de las ideas en Centroamérica*, San José, EDUCA, 1970.

LUNA, José Ramón, *El positivismo en la historia del pensamiento venezolano*, Caracas, Arte, 1971.

MARICHAL, Juan, *Cuatro fases de la historia intelectual latinoamericana (1810-1970)*, Madrid, Fundación Juán March/Cátedra, 1978.

MEJÍA VALERA, Manuel, *Fuentes para la historia de la filosofía en el Perú*, Lima, Universidad Nacional Mayor de San Marcos, 1965.

RIPOLL, Carlos, *Conciencia intelectual de América. Antología del ensayo hispanoamericano*, New York, Eliseo Torres & Sons, 1974.

ROIG, Arturo Andrés, *El espiritualismo argentino entre 1850 y 1900*, Puebla, Editorial José M. Carija, 1972.

—*Esquemas para una historia de la filosofía ecuatoriana*, Quito, Pontificia Universidad Católica del Ecuador, 1977.

ROMERO José Luis, Editor, *Pensamiento conservador (1815-1898)*, Caracas, Biblioteca Ayacucho, 1978.

—Editor, *Pensamiento político de la emancipación (1790-1825)*, 2 vols, Caracas, Biblioteca Ayacucho, 1977.

SALAZAR BONDY, Augusto, *La filosofía en el Perú. Panorama histórico*, Washington D. C., Unión Panamericana, 1954.

SILVA HERZOG, Jesús, *El pensamiento económico, social y político de México*, México, Fondo de Cultura Económica, 1974.

SOLER RICAURTE, *El positivismo argentino. Pensamiento filosófico y sociológico*, Panamá, Imprenta Nacional, 1959.

—*Pensamiento panameño y concepción de la nacionalidad durante el siglo XIX*, Panamá, Imprenta Nacional, 1954.

STOETZER, Carlos, *Las raíces ecolásticas de la emancipación de la América española*, Madrid, Centro de Estudios Constitucionales, 1982.

SORCHIA ESTRADA, Juan Carlos, *La filosofía en la Argentina*, Washington, D. C., Unión Panamericana, 1961.

---

* En las citas que se incluyen en el texto hice uso, en lo posible, de las ediciones más asequibles en librerías y bibliotecas. La bibliografía selecta que ahora se anota incluye obras generales sobre Hispanoamérica y estudios dedicados al desarrollo del pensamiento en cada uno de los países hispanoamericanos. Para una aproximación bibliográfica más completa, véase mi estudio «Pensamiento hispanoamericano: una aproximación bibliográfica», *Cuadernos Salmantinos de Filosofía*, 8 (1981): 287-400. Contiene 1534 entradas, muchas de ellas con una breve anotación del contenido.

WILLER, Medardo, *Las ideas y la filosofía en Cuba,* La Habana, Ciencias Sociales, 1970.

WILLIAMS, Edward J., *Latín American Political Thought. A developmental perspective,* Tuscson, The University of Arizona Press, 1974.

ZEA, Leopoldo, *Dos etapas del pensamiento en Hispanoamérica. Del romanticismo al positivismo,* México, El Colegio de México, 1949.

—*El pensamiento latinoamericano,* Barcelona, Ariel, 1976.

—*El positivismo en México: nacimiento, apogeo y decadencia,* México, Fondo de Cultura Económica, 1968.

—*Esquema para una historia de las ideas en Iberoamérica,* México, Imprenta Universitaria, 1956.

—Editor, *Pensamiento positivista latinoamericano,* 2 vols. Caracas, Biblioteca Ayacucho, 1980.

Vicente Pérez Rosales

JAVIER PINEDO CASTRO

SU VIDA

Vicente Pérez Rosales nació en Santiago de Chile el 5 de abril de 1807[1], en el seno de una acomodada familia. Su padre, Joaquín, muere al poco tiempo y su madre, Mercedes Rosales Larraín, vuelve a casar con el rico comerciante Felipe Santiago del Solar. Sabemos que entre sus antepasados tiene a ilustres personajes: su abuelo paterno José Pérez García (nacido en Santander, España) quien editó, a fines del siglo XVIII una *Historia general, natural, militar y sagrada del Reino de Chile,* y por su madre desciende de una antigua familia colonial, en la que destaca su abuelo Juan Enrique Rosales que formó parte de la primera Junta Nacional de Gobierno en 1810; razón por la cual, con la reconquista de Chile por España, su familia debe huir a Mendoza, donde asiste —a los once años— al fusilamiento de los hermanos Carrera[2].

A su vuelta a Santiago, luego del triunfo patriota en Maipú (5 de abril de 1818), el joven Pérez Rosales recibe la educación que se daba a un «hijo de familia influyente», por medio de instituciones laicas o religiosas más la ayuda de profesores privados[3]. Pero su destino aventurero está marcado. Poco tiempo después (y antes de cumplir los catorce años) es entregado por su madre (por «incorregible») al capitán de un barco inglés, que tras mortificarle le abandona en Río de Janeiro, donde permanecerá dos años. Más tarde, a los dieciocho años (1825), es enviado a París para perfeccionar su educación.

De los cinco años de estadía en Francia, recordará aspectos que permiten conocer su vi-

sión de mundo. En primer lugar, el contacto con los «sabios españoles a quienes sus ideas liberales obligaron a buscar asilo del otro lado de los Pirineos». De estos «eminentes» maestros, que, como Gorbea, Vallejo, Silvela y otros regentaban los liceos donde estudió, apreciará especialmente a Leandro Fernández de Moratín, a quien describe como «el primer poeta dramático de la Escuela Clásica del siglo XIX», y con quien ensayó sus primeros trabajos literarios. Sin embargo, su admiración fue mas humana que literaria («Moratín murió en mis brazos») pues prácticamente no tomó partido en la disputa entre románticos y neoclásicos que se desarrollaba entonces, y sólo nos entrega algunas reflexiones al asistir al estreno de *Hernani*, «que, como un huracán, se llevó por delante cuantas reglas clásicas le salieron al encuentro» (pág. 118)[4].

Destacan igualmente, sus encuentros con el General San Martín, a quien admiraba tanto como a O'Higgins (ambos en el exilio), y al que culpaban de la muerte de los Carrera. El relato de Pérez Rosales se detiene en el dolor de aquellos que luego de haber dado «Patria y libertad» se veían abandonados por «la humana ingratitud». Y más que analizar circunstancias contingentes, lo que le impresiona es el fracaso de los hombres ante la historia: «Triste es sin duda, la suerte de grandes servidores de la humanidad» (pág. 127).

En París pudo asistir también a la revolución liberal de julio de 1830. En este conflicto Pérez Rosales rechazó la política de Carlos X, así como a su «impopular» ministro Polignac, por ser ambos representantes —dice— de los «añejos reales privilegios», que defendían con la «inconsciente fuerza de las bayonetas», apoyando en cambio a Luis Felipe y los constitucionalistas.

A fines de ese mismo año regresa a Chile. El país acaba de salir de la guerra civil entre conservadores y liberales, que terminó en la batalla de Lircay (17 de abril de 1830) con el triunfo de los primeros, iniciándose en torno a la figura del ministro Portales, el periodo de la República autoritaria. La actitud de Pérez Rosales al respecto, puede ser calificada de contradictoria. Al reflexionar sobre «las desas-

---

[1]. Para estas noticias nos basamos en su libro *Recuerdos del Pasado*, Buenos Aires-Santiago de Chile, Ed. Fco. de Aguirre; 1969; todas las citas corresponden a esta edición. Recomendamos el libro de Guillermo Feliú, *Vicente Pérez Rosales,* Santiago de Chile, Imp. Chile, 1946, a nuestro juicio, el mejor sobre este autor.

[2] Mientras tanto este abuelo es relegado por Osorio, a la isla Juan Fernández, De donde surgirá su oposición a la «crueldad española».

[3] He aquí un tema en litigio. ¿Cómo era el estado de la enseñanza en los últimos años coloniales? Según Pérez Rosales ésta era puramente especulativa y de baja calidad:... «donde predominaba (...) el Plata te dé Dios, hijo, que el saber poco te vale: en las aulas, el antiguo ergoteo». Sin embargo, poco antes de morir, reconoce haber recibido la mejor educación; que hablaba inglés y francés perfectamente y que conocía lo mismo que cualquier joven europeo de la época.

[4] Aunque se sienta más cerca de este movimiento: «Estaba ya escrito que el Romanticismo, con su licenciosa pero atractiva libertad debía triunfar en toda la línea» (pág. 120).

trosas guerras intestinas» que azotaron a América en sus primeros años de vida independiente, destaca lo que en Chile había traído como consecuencias —dice— un «patriotismo organizador más o menos exagerado» (pág. 189) y un vivir en «plena época del terror». Cita como ejemplo el destierro de su padrastro y el dolor que siente, al presenciar en Curicó el fusilamiento, por causas políticas, de conocidos vecinos («Más me hubiera valido pasar de largo; pues nunca me imaginé que a mi llegada a Chile, lo primero que había de llamar mi atención fuese ¡un patíbulo!») (pág. 192). Sin embargo su tristeza la manifiesta en términos universales («Así va el mundo»), y por otro lado, no duda en prodigar elogios a Portales, al que celebra su «genio organizador», definiéndolo como «padre de la moderna patria» (pág. 191).

Es en esta época y hasta 1848 (es decir su vida de adulto, entre los veintitrés y cuarentaiún años) cuando realizó los más diversos oficios, plasmando en la práctica, la teoría del liberalismo empresarial.

En el país, mientras tanto, varios hechos históricos y culturales se suceden: la Constitución de 1833 (de inspiración portaliana), la creación de periódicos y sociedades literarias, la guerra y triunfo sobre la Confederación Perúano-boliviana (1839), la fundación de la Universidad de Chile y otros sucesos que indicaban —aún

para muchos no partidarios del régimen— que la estabilidad y la solidez reinaban en el país.

Sin embargo, muy pocos de estos hechos retienen su mirada. Pérez Rosales (hombre de acción) trabaja entre tanto como agricultor, tendero, médico improvisado, destilador de licores, contrabandista de ganado («madrugué antes que el lucero; trabajé como trabajan los machos de carga; me llovi; me asoleé; dormí en el suelo»), y ocasionalmente como periodista, para «fustigar errores».[5]. Pero sobre todo recorre el país, coincidiendo con su propia definición del chileno: «esencialmente andariego; para él distancias no son distancias, siempre que al cabo de ellas llegue a divisar o mucho lucro, o mucho que admirar» (pág. 238).

De estas actividades, la de minero fue una de las más importantes o la que mejor coincidió con su pensamiento de cómo un chileno —de entonces— debía hacer fortuna («llegar a ser rico de repente»). En 1846 decide viajar a Copiapó.

Hay que tener en cuenta que para el poco más del millón de habitantes que tenía Chile, el descubrimiento del mineral de plata de Chañarcillo en 1832 vino a ser un verdadero golpe de suerte y pronto un gran número de chilenos y extranjeros se trasladaron, como él, al norte en busca de un éxito rápido: «Copiapó era un pueblo cosmopolita (...) a donde concurrían ingleses, franceses, chilenos, alemanes (...) Allí no se hablaba (...) de otra cosa que de minas» (pág. 288).

De este hecho surgirán grandes fortunas que como los Matta, Gallo, Cousiño, Edwards, Ossa y otros, ostentarán el lema de que, efectivamente, eran los particulares los llamados a desarrollar el país, dejando para el Estado el cuidado del orden público y la vigilancia de las fronteras o algunos niveles de salud y educación pública[6].

Este grupo social tendrá una tremenda importancia en la política y en la economía del país, así como en la creación de un cierto nivel de desarrollo industrial[7].

Vicente Pérez Rosales.

---

[5] Sobre sus primeros artículos y la fundación del periódico «El Mosaico» (1846), véase G. Feliú Cruz, *op. cit.,* capítulos III y IV.

[6] Recientemente ha vuelto a plantearse la polémica sobre la participación o no del Estado en la formación de la nación chilena, a propósito de la publicación del libro de Mario Góngora, *Ensayo histórico sobre la noción de Estado en Chile en los siglos XIX y XX,* Santiago de Chile, Ed. La Ciudad, 1981.

[7] Se destaca el norteamericano W. Wheelwright quien estableció en 1835, una línea de vapores entre Valparaíso y el Callao, convirtiendo el puerto chileno en uno de los principales del Pacífico. Más tarde, en 1851, asociado con los empresarios mineros construye un ferrocarril de 81 Kms. entre Copiapó y Caldera, uno de los primeros de Sudamérica, así como otras obras de magnitud.

Pérez Rosales, sin embargo, una vez más fracasa y motivado ahora por «la noticia (...) de los portentos de oro que se encontraban en California», se lanza (en 1848) junto a sus tres hermanastros y una gran cantidad de compatriotas, a una nueva aventura en los EE. UU. De este viaje de dos años surgirá su primer libro, *Diario de un viaje a California,* que constituye un valioso documento para conocer su pensamiento frente a un hecho tan importante como era la realización del proyecto liberal que se efectuaba en el país del norte. Desde el punto de vista económico, sin embargo, no logra el éxito, y debe regresar con un nuevo desengaño: «Fuimos por lana y volvimos, como tantos otros, esquilados; pero satisfechos porque no se abandonó brecha sino después de haber quemado el último cartucho» (página 462).

A su vuelta al país será investido con el cargo que le hará más conocido y recordado: Agente de la Colonización (octubre, 1850). El proyecto para poblar con alemanes las tierras del Sur no era nuevo. Al asumir Pérez Rosales su puesto, hacía cinco años ya que se había dictado la Ley de Fomento de la Inmigración, del ministro Montt, y a la que Pérez Rosales describe como un «elemento de vida y de progreso», mostrándose en todo momento partidario de ella («una apremiante necesidad»), pues si Chile tenía una naturaleza abundante en recursos, le faltaba la mano de obra humana que los transformará en biene útiles. Había, pues, que traer más y mejor gente[8].

Sus elogios al europeo, se manifiestan de modo similar a los de D. F. Sarmiento y J. B. Alberdi. La inmigración traería al país ventajas, prácticas y morales: industria, comercio y progreso material; junto a lo cual se mejoraría la educación y las costumbres. Es decir, llegaría la civilización a las lejanas tierras chilenas, poniéndolas al mismo nivel de las naciones europeas[9].

Lo interesante en Pérez Rosales es que para él la inmigración no fue sólo un proyecto teórico, sino una iniciativa que pudo fomentar, organizar y de la que vio sus resultados. Su gestión, en este plano fue muy eficaz, tanto en vencer los obstáculos[10] como en instalar colonias entre Valdivia y la bahía de Melipulli

(donde fundó en 1853, Puerto Montt), transformando —según recuerda— este lugar en una aldea con más comodidades que muchas ciudades del país. Premiado por el gobierno, fue enviado a Hamburgo como Agente de Colonización y Cónsul de Chile, en 1855[11].

Su labor en Alemania consistió en promover y organizar la llegada de nuevos colonos y de paso aprovechó para conocer su jurisdicción política y social (véase sus entusiastas descripciones del Kindergarten), así como para entrevistarse con Humboldt y otros naturalistas. En lo que más destacó, sin embargo, fue en dar a conocer Chile y en contrarrestar la imagen negativa que muchos europeos tenían del país:

> ...Estado semibárbaro de las regiones del Pacífico; la raza latina degradada y marchando hacia su extinción; su intolerancia religiosa, sus sangrientas y diarias revoluciones políticas; el clima mortífero (...); las invasiones de indios antropófagos; las sierpes y demás reptiles venenosos[12].

Acerca de lo cual compone su segunda obra más importante: *Ensayo sobre Chile*. Finalmente, después de permanecer en Europa cinco años (se entrevistó con Juan M. Rosas en Southampton), durante los cuales sólo le faltó para «el sol de la querida patria», ser dichoso, regresa.

De lo que hizo después, sabemos, por ejemplo, que 1859 fue Intendente de Concepción, donde casó con una viuda de fortuna (doña Antonia Urrutia) retirándose luego a la vida privada. Todavía, sin embargo, entre 1876 y 1881 fue Senador por Llanquihue y presidente-fundador de la Sociedad de Fomento Fabril, consiguiendo al fin una vejez estable y feliz, lo que le influirá para redactar su obra principal, *Recuerdos del Pasado*, que compuso por esos años. Colaboró aún como periodista, con algunos artículos en los que insiste en la colonización, instigando al gobierno de Domingo Santa María a traer vascos y suizos.

Al morir, el 6 de septiembre de 1886, diría pensando en sus amistades ausentes: «Me voy; la delantera no más les llevo; deseo que se les diga que allá los va a esperar su viejo amigo»[13].

Esta existencia paradojal y rica en experiencias dentro y fuera del país, constituye un mo-

---

[8] Le correspondió en Valdivia, el 17 de noviembre de 1850, recibir a los primeros 85 alemanes que llegaron en la barca Hermann.

[9] Véase, *Memoria sobre emigración, inmigración i colonización,* Santiago de Chile, Imp. de J. Belin, 1854. Ahí están sus planteamientos teóricos sobre el tema.

[10] Por un lado la boscosa naturaleza —que quemó para despejar las orillas del lago Llanquihue— por otro la oposición del país a la llegada de forasteros, temiendo la confusión de costumbres e ideas religiosas.

[11] Se calculan en más de tres mil los alemanes que llegaron entre 1851 y 1860. A pesar de todo se queja de que se hayan necesitado tantos años, dice, «para recolectar un número de inmigrantes inferior al que se recibe muchas veces en un solo día en los puertos norteamericanos» (pág. 558).

[12] *Ensayo sobre Chile,* Santiago de Chile, Imp. del Ferrocarril, 1859 pág. 602. En adelante citamos por *E. Ch.*

[13] Citado por José Santos González Vera «V. Pérez Rosales», en *Algunos,* Santiago, Ed. Nascimento, 1959.

tivo de admiración para sus compatriotas: un ejemplo del esforzado chileno que construyó la República. La viva encarnación del individualismo liberal que da su vida por la Patria, sin pedir nada al Estado. En fin, un resumen de la primera generación de la Independencia (que Pérez Rosales defendió «por la razón, por la justicia y por los más sanos principios de la ley natural»); la que se propuso, una vez plasmado el bautismo de la libertad política, confirmarlo por medio del conocimiento del país y de la creación de un «conjunto de principios democráticos» que lo diferenciarán del régimen colonial [14].

SU PENSAMIENTO

Como se ha visto, la ideología de Pérez Rosales posee rasgos muy cercanos al liberalismo republicano. Por ejemplo, oposición, al pasado colonial, especialmente en educación y comercio. En lo primero criticó una instrucción basada en el «ergoteo» y el latín, quejándose tanto por la falta de interés en la gramática castellana como por la carencia de «libros científicos, políticos o industriales», que fomentaran el espíritu empresarial y mercantil. En lo segundo, rechazó el «añejo sistema protector», el estanco y otras reminiscencias de la legislación colonial; celebrando, en cambio, la política de libre intercambio creada con la independencia: «abiertas de par en par sus puertas al comercio (...) nuestros puertos dejaron de ser el exclusivo asilo de las naves castellanas» (pág. 69) [15].

Del mismo modo, aplaude el individualismo como medio de lograr una situación económica. En la última página de sus memorias, preguntándose por la utilidad de éstas, sólo encuentra una, acreditar, dice,

...la bondad del precepto:¡NO DESMAYES!, porque la mala suerte no es eterna, y porque así como el hombre a impulsos de su adversa estrella puede descender de suma altura hasta la humilde condición de criado,

puede también con la ayuda de la constancia, de la honradez y del trabajo; elevarse después hasta ocupar en el festín de los reyes un codiciado asiento. (pág. 628).

Mensaje, que además de contener explícita la noción de progreso del liberalismo positivista, le hacía maldecir el estatismo de los malos agricultores, que en tiempos difíciles esperaban todo del Fisco; así como criticar algunas características de sus compatriotas, a quienes define como tímidos y poco audaces en los negocios. En este mismo marco, por encima del sistema monárquico, aplaude las virtudes de la República, pues en ella:

...las voces de amo y de siervo no tienen significado; donde la virtud y el trabajo son nobleza; donde no hay más contribuciones que pagar que aquellas que autoriza una ley en cuya confección entran los mismos que deben soportar sus afectos. (pág. 486).

Prefiere claramente el sistema democrático de algunos países de la «envidiada Europa» (Francia e Inglaterra); pero sobre todo, el modelo norteamericano, en el cual, además de las ventajas materiales europeas, no existía la «división de clases sociales», y donde menos se observaba la intervención del Estado en la marcha del país.

De todo lo mencionado, sin embargo, nos parece que sólo dos aspectos de su pensamiento coinciden con el modelo típicamente liberal, tanto como filosofía de vida como en cuanto a programa político. Estos son: su permanente admiración por las creaciones de la industria humana (ferrocarriles, fotografía, electricidad y otros inventos que señalan «el alcance del poder del hombre»), y su colaboración al proyecto civilizador a través de la inmigración. Es decir, contribuir por medio de capacitados europeos a mejorar al criollo; y formar así países cuyos habitantes fueran capaces de adaptarse con vitalidad al sistema mercantilista. Sobre todo en un país como Chile, que estando muy cerca de Europa en lo racial y cultural («verdadera fracción europea»), poseía una densidad de población muy por debajo de las posibilidades de su territorio.

Aparte de estos dos aspectos, el resto de su programa presenta matices que lo apartan del ideario liberalista. Tal vez, porque para él no importaron los modelos teóricos ni las disquisiciones del pensamiento puro, como la creación práctica de un país. En este sentido, debemos considerarlo más como un cronista de su época que como un profeta.

Revisemos los puntos anteriores. Los Estados Unidos, por ejemplo: es cierto que los elo-

[14] Los comentarios son unánimes, sólo C. Huneeus, en un interesante aunque poco desarrollado artículo nos entrega una versión diferente. No sería el romántico aventurero, sino un hombre que huye, buscando el amor negado de una madre; no el paladín de la honradez y del servicio público, sino un buscador de riquezas que no trepida en engañar al indígena; no el escritor total, pues conscientemente olvida, en sus memorias, aspectos comprometedores. Véase Cristián Huneeus, «Pérez Rosales: Palabra y aventura», en revista *Mensaje*, núm. 165, Santiago de Chile, dic. 1977.

[15] Para él, como para otros liberales, una de las muchas ventajas del comercio, es que constituye el fin del aislamiento geográfico de los pueblos y por tanto la llegada de la civilización.

gia, celebrando el auge del capitalismo norteamericano que se manifestaba en un continuo
movimiento económico y vital. («Las palabras
quietud y ocio carecían en San Francisco de
significado» pág. 362.) También es cierto que
asociaba este desarrollo a una cuestión racial:
la superioridad de la raza sajona «más empren-
dedora» que la hispana o latina. Conclusión a
la que se adhiere Pérez Rosales al comparar la
postración de California durante los trescientos años de dominio hispano-mexicano, con el
positivo cambio experimentado en los pocos
años de anexión a la Unión en 1850[16].

Sin embargo, a poco andar se decepciona e
ironiza sobre el modo de vida norteamricano
en una actitud que no creemos encontrar en
otros exponentes del pensamiento romántico-
liberal. Alega, por ejemplo, que no todo el éxito de los Estados Unidos se debe a los sajones: «Débese también —dice— al concurso individual de lo más audaz y emprendedor de
cuanto descuella en todas las demás razas humanas» (pág. 333). Es, en su opinión, el espíritu de empresa, «virtud que no tiene patria conocida», más que lo racial la causa de tal éxito. E incluso, con «orgullo patriótico», considera el aporte chileno al desarrollo de California[17].

Más adelante, comenta que la vida no era
tan segura y que el orden, en «aquella época
de desgobierno», se mantenía sólo por la fuerza «viajando entre hombres que no tenían, más
Dios que el oro, más derecho que el del más
fuerte, ni más corte de apelaciónes que el plomo de las armas» (pág. 413). Y al criticar la
prostitución, «el robo, el asesinato, el incendio» y otros vicios, Pérez Rosales intuyó que
el liberalismo, llevado a sus extremos como en

EE. UU., podía transformarse en un peligro
deshumanizante «el espíritu mercantil que es-
pecula hasta con la desmoralización». Del mismo modo, destacó aspectos que marcarán, en
el futuro, las relaciones entre el país del norte
y las repúblicas sudamericanas. Al considerar
la libertad de comercio, Pérez Rosales asegura
que los norteamericanos defienden este principio sólo cuando les conviene; o bien al establecer las diferentes concepciones del tiempo
histórico que separan a las dos Américas:
mientras que una vive en la «modorra», en la
otra *time is money*». Lo que más le duele, con
todo, es el desprecio que siente el norteamericano hacia los del Sur, por el solo hecho de
descender éstos de españoles: «Hacíanse un
agumento sencillo y concluyente: el chileno era
hijo de español, el español tenía sangre mora,
luego el chileno debía ser por lo menos hoten-
tote» (pág. 425).

Así, ante la disyuntiva racial, Pérez Rosales, cada vez más abiertamente va tomando la
defensa de sus consanguíneos, calificando ahora a los nortemaricanos como «bárbaros del
Norte» y anotando que la anexión de California podía ser sólo el primer paso de su penetración en Sudamérica. Sus razones son de
corte nacionalista, acercándose con ellas a ciertos rasgos del pensamiento conservador, el que
—como ha señalado L. Zea— se mostró en algunas ocasiones receloso de los continuos éxitos de los EE. UU.[18]. Por otro lado, este mismo nacionalismo le llevará a establecer una tácita solidaridad entre los miembros de origen
hispánico y con emoción nos habla del cariño
con que es acogido, en una familia mexicana,
por ser chileno, ya que éstos eran vistos como
los únicos que podían detener al sajón: «Un
chileno (...) era el símbolo de la seguridad individual, el espantajo de las tropelías del yan-
ki y el hermano a quien debíase siempre tender la mano» (pág. 451).

Por otro lado, si bien es cierto que prefirió
la inmigración de europeos nórdicos (por ser
las razones de sur «mimadas») y que consideró a España desde la perspectiva peyorativa de
su generación, haciendo suyo el pensamiento
de C. Henríquez, «si la América no olvida las
preocupaciones españolas y no adopta más liberales principios, jamás saldrá de la esfera de
una España ultramarina, miserable y oscura
como la España europea» (pág. 91), también
es cierto, sin embargo, que no hay una clara
intención de desespañolizar América ni encontramos en sus obras, en forma notoria, el con-

---

[16] «El año de 1848 la población de la Alta California sólo
alcanzaba a 20.000 almas (...) El censo oficial, hecho después de la definitiva anexión y publicado en 1852, computa
la población en 254.453.» Y más adelante: «En los primeros
veintiseis años corridos después de la anexión, ese portento
(...) ha vaciado, según censo oficial, en los canales del comercio del mundo, sin contar con el valor del oro, que ascendió a la enorme suma de 1.763 millones de pesos: 360
millones en cereales, 20 millones en vinos y licores, 76 en
maderas de construcción...» (pág. 329).

[17] «La fundación del pueblo de Maysville se debe a la iniciativa del chileno don José M. Ramírez y Rosales. El primer buque de gran calado que se atrevió a llegar sin guía,
al puerto de Sacramento y que ancló (...) celebrado por los
hurras de toda la población, fue la barca chilena Natalia.»
«El primer buque que (...) se construyó en muelle almacén,
varándose en una calle de San Francisco (...) fue también
chileno, y quien le varó don Wenceslao Urbistondo». «El
primer hospital de caridad (...) se debió a la generosidad
(...) de los señores don Manuel y don Leandro Luco, (chilenos)», etc. (pág. 334).

Bunster, por su lado, calcula en 20.000 el número de chilenos residentes a la fecha. Véase, E. Bunster, *Chilenos en
California,* Santiago de Chile, Ed. del Pacífico, 1970, página 100.

[18] D. Portales y L. Alamán son los dos conservadores
que más notoriamente desconfiaron por los avances esto-
dounidenses. Véase, L. Zea, *Filosofía de la historia americana,* México, F. C. E., 1978, págs. 233 y 324.

cepto de emancipación mental o el sentimiento de inferioridad que manifestaron algunos de los liberales [19].

Más aún, este mismo nacionalismo, durante su residencia en Europa, le llevará a convertirse en un baluarte de sus antepasados. Molesto por el desprecio de algunos alemanes hacia Chile, publica en un periódico de ese país un extenso artículo en el que con vigor propugna lo latino (aplaude a la raza romana, citando a Horacio, Cicerón, Dante y otros); lo español (que visualiza en la España del Imperio invencible, la de Cortés y los vencedores de Pavía); y lo chileno (la mezcla de lo anterior con la «generosa sangre» de los «libres araucanos») [20]. A lo que debemos agregar, el religioso éxtasis con que besó la espada de Isabel la Católica, «ser privilegiado a quien los americanos debemos nuestra existencia» (pág. 615) [21].

Y no creemos poder encontrar en otro pensador de la generación romántica-liberal un argumento como este: «Dos veces he estado en la península, y las dos me he ausentado de ella con verdadero sentimiento; lo que no me ha sucedido al separarme ni de la misma Francia, en cuyo idioma todavía pienso» (pág. 613) [22].

Sí, pero aunque pensó en francés, coincidiendo con el interés que por este país manifestaron la mayoría de los intelectuales de las nacientes repúblicas hispanoamericanas, Pérez Rosales ironiza al comentar que muchos padres de familia, «engañados», creyeron «que la instrucción, para ser buena, sólo podía adqui-

rirse en la culta Europa» y que «fuera de Francia o de Inglaterra no podía encontrarse ni la fuente del galano decir, ni el verdadero *comme il faut,* padre del encanto de los salones» (pág. 97), burlándose de las costumbres blandas y cómodas, pues su intención era no sólo conocer su patria y admirar Europa, sino adquirir su espíritu y entusiasmo. Poderla mirar frente a frente y aún reconocer sus defectos:

> Mal camino seguirán siempre los padres de familia que, sin dar primero a sus hijos la instrucción elemental, les separan de su lado y de su patria para que vayan a estudiar a Europa en perverso francés o mal inglés, aquello que pueden aprender en Chile en correcto castellano (pág. 98).

De este modo el manido esquema de civilización y barbarie, que tanto usaron algunos liberales, para interpretar la oposición entre América y Europa, no cala del todo en su pensamiento. Si comparamos la (exagerada) admiración con que Sarmiento y los demás se enfrentaron a lo europeo, llama la atención que Pérez Rosales, entre otros reproches nos cuente que abandonó el barco francés a causa del «adusto y casi brutal trato» que le había dado su capitán. Esta actitud nos parece novedosa pues implica una relativización del modelo que dividía la humanidad entre bárbaros y civilizados, según la mayor o menor distancia al modo de vida de los países desarrollados [23].

Y resulta también curiosa su simpatía por países periféricos como Rusia y Argelia. En relación a los árabes, allí donde Sarmiento ve el cañón francés como elemento civilizador, nuestro autor, en cambio, los estimula por luchar contra los «invasores de su patria». Pero no se opone al colonialismo (base del modelo civilizador) por estar contra este último, sino para sustentar el nacionalismo de países que, al imitar modelos en forma exagerada perdían las pautas tradicionales de vida. Como, por ejemplo, el afrancesamiento de los chilenos, que Pérez Rosales censuró permanentemente:

> Nosotros que nacemos ahora a la francesa; que paladeamos bombones franceses (...) y que apenas pinta sobre nuestros labios el bozo, cuando ya nos hemos echado al cuerpo, junto con la literatura francesa o su traducción afrancesada, la historia universal y

---

[19] Tampoco consideró la Independencia americana como inconclusa, por faltarle la revolución liberal posterior. Para nuestro autor, el pasado colonial quedó atrás y el país marcha hacia su consolidación como república independiente.

[20] Este juicio tiene matices: aunque no repudió al indígena como Sarmiento y Alberdi, no despreció el mestizaje (que considera fecundo) observa al araucano como «hordas diseminadas» que por la embriaguez han perdido sus fuerzas, así como el amor a la libertad y a la patria. A pesar de todo, dice, «No son en mucho, tan salvajes como se piensa» (página 324).

[21] Aquí resulta más notoria su ambigüedad de elección de un pensamiento liberal innovador y una posición conservadora tradicional. Al preguntarse, en triste tono, por la situación del mundo hispanoamericano: «¿Cuáles pueden ser las causas que han influido en la temprana decrepitud de aquellos pueblos que en otro merecieron el nombre de importantes?», encuentra la respuesta, justamente, en la forma de conquista de la misma España que aplaude, la que —a su juicio— fue tradicional y no moderna, pues primó un espíritu guerrero (feudal) y no comercial (capitalista): «los españoles guerreaban y fundaban ciudades al mismo tiempo»; con lo cual, dice, sólo atendían a la... importancia estratégica de la plaza, sin cuidarse de investigar si aquel lugar quedaba mercantilmente colocado» (págs. 528 y 542). Y hay que considerar, que juzga la conquista hispana, desde su condición de fundador de ciudades.

[22] Para L. Oyarzún, «Pérez Rosales fue quien inició de un modo franco el redescubrimiento chileno de la Madre Patria», véase, «Pérez Rosales y la primera generación chilena», en *Temas de la cultura chilena,* Santiago de Chile, Ed. Universitaria, 1967, pág. 96.

[23] Incluso invierte la relación campo-ciudad. Para Sarmiento, en América, el campo es sinónimo de barbarie y las ciudades pequeñas islas de civilización. Para Pérez Rosales, la capital es un lugar poblado de intrigas y fanáticos políticos y religiosos; en cambio la provincia es el lugar del esfuerzo y donde los hombres se prueban ante los obstáculos: «Un lugar no hecho para los tímidos corazones» (página 534).

muy especialmente la francesa escrita por franceses, ¿qué mucho es que se nos afrancese hasta la médula de los huesos? (pág. 618).

Esto le lleva, por lo menos a no renegar del idioma castellano, cuando no a una abierta defensa de él. Un solo ejemplo, elegido por lo idéntico de la situación: mientras Sarmiento se lamenta de la poca expresividad de su lengua natal, por no encontrar equivalente a la palabra «flâneurs»; Pérez Rosales, la traduce por «aplanadores de calle»[24]. Diciendo en otras oportunidades con entusiasmo: «Creo que el idioma de Cervantes es uno de los más ricos, nobles y sonoros de cuantos se hablan en el día»[25]. Aunque también destacó «los defectos de que adolece», así como «las mejoras que reclama».

A este propósito, es hora que veamos su actitud frente a los liberales argentinos, a quienes las luchas entre unitarios y federales y el dominio de Rosas, había lanzado a Chile. Su primera reacción es apoyarlos. Habla de la «multitud de calificados argentinos» y en el mismo tono, se refiere a Sarmiento, como «amable y distinguido amigo» del que celebra «la chispa y el ingenio». Pero junto a las alabanzas aparecen las objeciones. Estas apuntan a dos aspectos: la falta de cortesía hacia el país que los acogió[26] y el menosprecio que manifestaban —como hemos visto— hacia el castellano, junto a lo cual está el tema que tanto preocupó a los liberales: el de poseer una literatura propia, que en el caso de Chile, los argentinos negaban. Con indignación, Pérez Rosales, hombre más moderado, tal vez menos provinciano y con un nivel social que lo hacía menos inseguro de su identidad cultural, les responde:

Se le vio salir (a Sarmiento) en las columnas del Mercurio (...) con el audaz despropósito que era desatino estudiar la lengua castellana, porque el castellano era un idioma muerto para la civilización, y con otras herejías literarias de ese jaez, intercaladas con descomedidos insultos a nuestra pobre literatura patria. Tratónos de entendimientos bobos, nos dijo que mientras que las musas acariciaban festivas a los Varelas y Echeverrías en Buenos Aires, sólo se ocupaban de

roncar a pierna suela en Chile, y pareciéndole (...) poco, hasta de idiotas nos bautizó. (pág. 276)[27].

Agregando, que con ellos no podía nacer la literatura chilena, pues aportaban una semilla «cargada de atroces galicismos» con la que «inundaron nuestras modestas pero limpias letras» (pág. 278).

Lo anterior nos permite concluir que:

a) Estamos en presencia de un orgulloso nacionalista, para quien el país estuvo sobre las ideologías. Un hombre que —aunque no ocultó sus defectos— amó y defendió a Chile, siendo en muchos aspectos su único partido y programa el engrandecimiento de la República, tal como se concebía en el proyecto histórico liberal del siglo pasado:

...Proclamar a Chile como uno de los países donde el capitalista, el industrial i el hombre pobre, pero honrado y laborioso pueden sin grandes esfuerzos, encontrar la fortuna y la felicidad (E. Ch. pág. 288)[28].

b) Pero de un liberal que fue modificando su itinerario hasta defender y colaborar con gobiernos conservadores. Así, cuando se le ofrece escribir en un periódico liberal, apelando a su propia ideología:

...Usted es pipiolo (...) Usted, como nosotros ha sido engañado. El peluconismo y el estanco nos roen y ni esperanzas hay que, reformada la Constitución atentatoria del año de 1833, devuelva al país la que nunca debió quitar, la del año veintiocho (página 467)[29],

no debe sorprendernos su negativa o la ironía con que dibuja a sus antiguos camaradas, ni que declare —como excusa— su condición de «Adán político»: «Si hace un siglo a que no sé si son moros o son cristianos los hombres que gobiernan en el día, ni lo que hacen, ni lo

[24] D. F. Sarmiento, *Viajes por Europa, África i América (1845-1847)*, Stgo. Imp. Gutemberg, 1886, pág. 116, «el español no tiene una palabra para indicar (...) el flâneur de los franceses». Pérez Rosales dice: «...el bullicio, el movimiento, los flâneurs o aplanadores de calle» (pág. 104).

[25] *Diccionario de «El Entrometido»,* Stgo. 1946, pág. 284.

[26] «Los argentinos olvidaron que en la República de las letras no se admiten las petulancias (...) así es que en cuanto no más se les oyó decir (...) que la perfección del periodismo en Chile sólo a ellos era debida, la compasión que a muchos inspiraban, se tomó en desprecio» (pág. 274).

[27] La publicación de Sarmiento está en el *Mercurio* de Valparaíso, 15 de julio de 1841.

[28] Lamentando la extensión de la cita, la incluimos por lo esclarecedor de su pensamiento: «Lo repetimos, Chile es el único asilo de la paz, del órden i del progreso en la antigua América española; allí las garantías individuales son un hecho consumado; la agricultura no está agoviada como antes con el peso del diezmo; los mayorazgos han sido abolidos; la internación de máquinas e instrumentos que tienen por objeto el cultivo de la tierra, es libre (...) El amor al trabajo es estimulado por remuneraciones jenerosas (...) La industria estranjera es llamada, protejida i subvencionada (...) en fin, se encuentran proporcionalmente entre nosotros, en perfecto estado o en vía de realización tantas mejoras como pueden encontrarse en los estados más civilizados de la vieja Europa.» (*E. Ch.* pág. 502).

[29] «Pipiolo» en la época es sinónimo de liberal, por oposición a «pelucón» o conservador. Véase, R. Donoso, *Historia de las ideas políticas en Chile,* México F. C. E., 1946.

que han hecho, ni lo que han dejado de hacer» (pág. 467).

Lo que no le impide, en otras oportunidades, defender la Constitución del 33 por «querida i respetada del chileno», y aún hacerlo con conceptos liberales, pues en su opinión, ésta afirmaba la división de los poderes del Estado y se sustentaba en la democracia, «la nación es la única depositaria del poder soberano»; y sobre todo, porque creaba —dice— un «pacto social» entre gobernante y ciudadanos, pacto en el que se respetaban las garantías esenciales del individuo, en el que se contemplaba la inviolabilidad de domicilio, la libertad de prensa, la abolición de la esclavitud y de las clases privilegiadas y en el cual, concluye, «la tortura está prohibida» (*E. Ch.* pág. 288).

Todo es muy liberal y el concepto de pacto social está muy cerca del «Estado contractual» con que se ha definido al liberalismo[30]. También lo es el argumento con que defiende a M. Montt: «un hombre ilustrado y más liberal que los liberales que lo han atacado»[31].

Pero se aparta de las posturas liberales, acercándose al conservadurismo, en la defensa del «principio de autoridad» (pág. 267), muchas veces encarnado en una persona y que le parecía la base del funcionamiento político. No viendo que, aún cuando la constitución era democrática, la existencia real que se vivía en el país —en ocasiones— no lo fue del todo. O bien, si lo vio no quiso pronunciarse públicamente:

> No debe usar extrañeza verme pasar tan de corrido sobre los acontecimientos políticos que han ido ocurriendo a mi vista durante el curso de mi vida, por no ser historia política la que escribo (pág. 52).

O tal vez, creyó de buena fe encontrar entre los conservadores una posibilidad mayor de realizar sus proyectos. O fue por interés personal, que cansado de vagabundear, decidió acogerse a la sombra de un gobierno que —según propia confesión— le «daba de comer». También es posible, que redactando el texto en la paz de una vejez segura, primaría esta perspectiva sobre sus antiguos ideales. Como sea, Feliú Cruz lo ha justificado, porque «en el fondo de Pérez Rosales había (...) por tradición un pelucón indiferente» (pág. 35).

c) Por último, podemos concluir que Pérez Rosales no parece un hombre de ideas avanzadas, ubicándose en general en un término

medio, ecléctico y práctico, lo que le lleva —por ejemplo— a alabar a los españoles exiliados en París, pero de Fernando VII dirá que «no siempre fue tan malo»; y lo mismo sucede con Juan M. Rosas, pues aunque se refiere a él como «tirano» y a su caída del poder como «notable acontecimiento», agrega a continuación que era un «hombre extraordinario» y «excepcional» y al comentar sobre los horrores que se le atribuyen, opina que éstos «distan bastante de la verdad». Esta postura —como hemos visto— la identificaba con el «partido moderado, conocido en Chile bajo el nombre de partido conservador» y con la cual se oponía —dice— a los movimientos «militares» reaccionarios, como al «insensato socialismo».

Se convierte así en un observador ante las controversias: sean éstas las rivalidades entre románticos y clásicos; O'Higginistas y Carreristas; España y EE. UU.; Portales, Rosas, Fernando VII y los liberales; su nacionalismo y su americanismo bolivariano, etc.

En fin, un hombre que buscó la fortuna personal y la de sus conciudadanos. Crear un mundo en que todos pudieran vivir en abundancia y prosperidad: ésta fue, creemos, su ideología esencial; y cuando vio las limitaciones del sistema, no culpó sino a la mala fortuna:

> ¿Qué nos quedaba que ser? Comenzábamos, pues, ya a creer que nuestra esquiva suerte, si poníamos fábrica de sombreros, había de influir para que los hombres naciesen sin cabeza (pág. 444).

Lo que, como bien ha señalado Feliú Cruz, le volvió «bondadosamente escéptico, burlonamente amable, irónicamente confiado en el porvenir».

Su obra

Los libros publicados por Vicente Pérez Rosales son menos de una docena, pero en sentido amplio podemos hablar de uno sólo: *Recuerdos del Pasado* en el cual recoge las mejores páginas de los anteriores. Estos son: *Diario de un viaje a California* (1848-1849)[32]; *Memoria sobre la colonización de la provincia de Valdivia* (1852); *Memoria sobre emigración, inmigración y colonización* (1854); *Essai sur le*

---

[30] H. J. Laski, *el liberalismo europeo,* México, F. C. E., 1969, pág. 16.
[31] Carta a Luis Montt, en G. Feliú Cruz, *op. cit.,* pág. 35.

[32] En octubre de 1850 dio a conocer, en la *Revista de Santiago* algunas páginas del Diario, las que repite en la *Revista Chilena* en 1878. La edición definitiva, con prólogo de E. Pereira Salas, apareció solamente en 1951 (Stgo., Ed. Universitaria). El viaje viene incluido en *Recuerdos del Pasado,* entre los capítulos XIII al XVIII.

Chili (Hamburgo, 1857, traducción castellana en 1859); *Atlas geográfico antiguo y moderno. Arreglado para el uso de las Escuelas Primarias de Chile* (Hamburgo, s/f); *Manual del ganadero chileno* (Hamburgo, 1858); *Diccionario de «El Entrometido». Sueños que parecen verdades y verdades que parecen sueños*[33]; *La colonia de Llanquihue* (1870) y *Recuerdos del Pasado* que comenzó a publicar, de forma ininterrumpida en el diario *La Época* de Santiago entre el 21 de abril (año 1, núm. 152) hasta el 9 de julio (núm. 231) de 1882. Ese mismo año apareció, en forma de libro y con prólogo de Benjamín B. Vicuña Mackenna, la primera edición. Ambos textos los elaboró para la edición de 1886, considerada como la definitiva, ya que fue corregida por L. Montt (que escribe el prólogo) según las indicaciones de Pérez Rosales. Todas las ediciones posteriores provienen de ésta, incluyendo una oficial en la Biblioteca de Escritores de Chile en 1910[34]. Por ser esta su obra más importante, le dedicaremos dos palabras.

Recuerdos del Pasado nos entrega, en veinticinco capítulos, las memorias de una vida aventurera desde 1814 a 1860. La multiplicidad de hechos hace que sea una obra difícil de clasificar. Naturalmente estamos en presencia de una autobiografía: una serie de recuerdos salpicados de sucesos históricos, personajes célebres, descripciones de viajes, tipos humanos y costumbres. A lo que agrega reflexiones que —al modo de un ensayo— nos entregan la ideología del autor, confirmada con citas de libros, declaraciones judiciales o recortes de periódicos. Constituyendo todo, según González Vera «una pequeña Biblia» y su autor «un americano, un hombre total» (*op. cit.*, pág. 235.)

El texto ha sido celebrado, justamente, por contribuir al género memorias, que tanta difusión tuvo en el Chile del siglo pasado, llegando a convertirse en el predilecto de autores y lectores[35]. Género que buscaba recuperar el recuerdo colectivo, lo que para B. Vicuña Mackenna constituía su mayor mérito, por se Chi-

le un país de grandes silencios. También Feliú Cruz ha insistido en el carácter histórico:

> No es el mérito intrínsecamente literario del libro lo que vale (...) es su tono amable de reminiscencias de otro tiempo y que con tanta fuerza hablan al corazón del chileno[36].

Carretero chileno, litografía de 1866 sobre un dibujo de Claudio Gay.

Junto a lo anterior, está la gran cantidad de escenas y personajes populares (entre los que destaca la curiosa transcripción de un diálogo entre mineros de Copiapó, pág. 34), que convierten al texto en un cuadro de costumbres. Por esta razón H. Díaz Arrieta lo considera como «un libro sin composición ni propósito estético»[37] y su mayor cualidad es la «documental»[37], coincidiendo así con las propias declaraciones del autor, de que pretende «decir siempre la verdad», pues su obra «no es literatura sino vida».

[33] El manuscrito está perdido, la primera edición se debe a la recopilación de artículos en revistas y periódicos, realizada por G. Feliú Cruz, Santiago de Chile, 1946.

[34] Para un conocimiento detallado de las obras y ediciones, véase G. Feliú Cruz, «Vicente Pérez Rosales, escritor. Estudio bibliográfico sobre su labor literaria», en *Boletín de la Biblioteca Nacional*, año V, núm. 1, 2, 3, Santiago de Chile, año V, núms. 1, 2, 3, enero-marzo 1934.

[35] Entre los principales se cita a J. Zapiola, *Recuerdos de treinta años* (1872-1874); J. V. Lastarria, *Recuerdos literarios* (1878); R. Subercaseaux, *Recuerdos de cincuenta años* (1908); B. Vicuña Mackenna, *Crónicas del Centenario* (1910), etc., véase R. Silva Castro, *Panorama literario de Chile*, Santiago de Chile, Ed. Universitaria, 1961; el capítulo «La memoria personal.»

[36] La actitud de Pérez Rosales ante el pasado es doble: por una parte éste aparece como atrasado e ingenuo con respecto al «hoy en día»; por otra nos lo muestra como más viril y fraterno. Ambas perspectivas son características del hombre que recuerda desde una confortable posición y con la satisfacción de haber logrado sus objetivos; pero con la nostalgia de la juventud perdida. A lo anterior hay que agregar un aspecto, a nuestro juicio importante: su declaración de que el libro no pensaba publicarlo en vida y que al hacerlo «la tijera que suprime ha tenido más parte que la pluma que relata» (pág. 628), sacándole páginas de «todavía inoportuna publicación» (pág. 123). En todo caso, es manifiesta su intención de rescatar lo valioso y permanente del Chile del ayer para ser conservado por las generaciones futuras.

[37] Alone, «El libro más chileno» en Rev. *Saber vivir*, núm. 37, Buenos Aires, agosto-septiembre, 1943.

Carlos Droguett, en cambio, lo ha definido por vía negativa, declarando que no es «ni novela, ni historia, ni tratado de costumbres», y desde una posición más poética agrega:

> No es un libro, es un sistema cordial de montañas, llenas de fuego y de minerales y de pasiones, es un río portentoso, una corriente subterránea que recorre (...) junto al caudal del llanto, junto al caudal de la risa, junto a la palabra ensueño y la palabra acción, el cuerpo palpitante de este enfermo y frágil pueblo, esta línea de luz que es Chile en la ubérrima geografía de la América española[38].

Las clasificaciones podrían multiplicarse fácilmente. Pero si no ha podido ser definido, ha sido en cambio abiertamente celebrado, pues al decir de Droguett es «el más fiel retrato del rostro de Chile». De igual modo que Alone, que recogiendo la opinión de Unamuno, lo define como «el libro más chileno» ya que en él encontramos los gérmenes de personajes (mineros, huasos, bandoleros, etc.) que más tarde ampliará el criollismo.

Lo que más se ha aplaudido a Pérez Rosales, sin embargo, es su gracia para captar y describir los rasgos físicos y sicológicos del chileno. Su preocupación por conocer el alma nacional, expresada en sus defectos y virtudes[39], el paisaje que habita y el lenguaje que habla[40].

Por último ha sido celebrado, por críticos nacionales y extranjeros, por su estilo ameno, su uso del lenguaje vivo y expresivo en el que importa más la comunicación con el lector que la preocupación estética, así como el tono humorístico, burlón y picaresco que lo lleva, muchas veces, a reírse de sí mismo «la vida insulsa de un simple majadero»[41], propio de un hombre que escribió más por instinto que por oficio.

En palabras de González Vera:

> Se empareja lo novelesco con lo verdadero; la estadística con el humor; la pintura de seres humanos con la exaltación de la naturaleza. Pueden repasarlo las personas de oficios más dispares. Ha sido y es el más valioso instrumento para reconstruir la vida inicial de la República (...) De sus páginas brota un poderoso aliento positivo (pág. 237).

---

[38] C. Droguett, «Pérez Rosales, el proveedor», en Rev. *Mensaje,* núm. 205, Santiago de Chile, dic. 1971.

[39] Lamentamos no poder extendernos más en este interesante punto, pues contiene magníficos retratos que nos llevaría muy lejos comentar.

[40] Parte de la obra recoge y explica chilenismos y americanismos como: lacho guapetón, baqueano, cachada, pichanga, chañadura, jurero, etc. Entre éstos, se destacan las expresiones «poruñero» y «cangallero» que prefiguran, de modo muy similar, el concepto «chingar» analizado por O. Paz y C. Fuentes, y que motivaron a Pérez Rosales a escribir un libro que nunca publicó y actualmente perdido: «El Perfecto Cangallero, o sea el arte de cangallar sin ser cangalleado» (pág. 310).

[41] Es muy conocido su autorretrato: «De genio franco, resuelto, gran amigo de la vagancia y de las cosas ignotas y aventuras misteriosas.»

BIBLIOGRAFÍA

HUNEEUS GANA, Jorge, *Cuadro histórico de la reproducción intelectual de Chile.* Stgo., Biblioteca de escritores de Chile, Imp. Barcelona, 1910.

PÉREZ YÁÑEZ, Ramón, *Forjadores de Chile.* Santiago de Chile, Zig-Zag, 1944.

PINILLA, Norberto, *La generación chilena de 1842,* Santiago de Chile, Ed. M. Barros B., 1943.

RODRÍGUEZ MENDOZA, Emilio, *Vicente Pérez Rosales,* Santiago, Ed. Ercilla, 1934.

URIBE ECHEVARRÍA, Juan, *Contribución al estudio de la literatura de costumbres en Chile,* en Pedro Ruiz Aldea, *Tipos y costumbres de Chile,* Santiago, Ed. Zig-Zag, 1947.

VEGA, Jorge, *Hombres de Chile,* Santiago de Chile, La Nación, 1941.

VILLALOBOS, SERGIO, *Historia de Chile,* T. III. Santiago de Chile, Ed. Universataria, 1974.

Domingo Faustino Sarmiento

ROBERTO HOZVEN

LAS DOS LECTURAS

Según Ezequiel Martínez Estrada, dos son las posturas que el lector puede adoptar en su lectura de la obra de Domingo Faustino Sarmiento: buscar *hechos* para abordarlos en su valor documental, literario o doctrinario; o, considerar esos hechos como otros tantos *indicios* configuradores de un nivel de significación suplementario, al que sólo se accede mediante la reconstrucción del sistema dentro del cual esos indicios figuran como términos componentes[1]. Esta dicotomía sintetiza de modo

expedito los dos grandes parámetros por los que ha discurrido la reflexión crítica en su estudio de la obra sarmientina: primero, por la vía del establecimiento de los hechos, tenemos los estudios descriptivos acerca de la naturaleza, grado de participación y efectividad con que las diversas «circunstancias» literarias sustentan, determinan y facultan la comprensión del o los sentidos de la obra sarmientina, a saber: en lo biográfico, educativo, estilístico, genérico, histórico, ideológico, psicológico, retórico o sociológico[2]. La segunda corriente crítica substituye las preocupaciones causales que orientan a la primera (búsqueda de fuentes avaladas por las circunstancias) por un interés cada vez más centrado en el análisis de la obra misma considerada como una instancia generadora de sus propios modelos. Las interacciones de la obra de Sarmiento consigo mismo o con el conjunto heterogéneo de los hechos sociales no serán discernidas, ahora, de modo directo, término a término[3], sino de nivel a ni-

---

[1] Véase *Meditaciones sarmientinas* (Santiago, Universitaria, 1968), págs. 42, 47, 67, 73; donde especifica las dos posturas de lectura y enfatiza la necesidad de articular el sistema que pueda dar cuenta del «otro orden de conocimientos» que «el saber de los libros de Sarmiento contiene y transmite». Postura tempranamente semiótica (en cuanto describe la significación del texto como efecto de sus funciones sígnicas y no ya de hechos positivos prexistentes al texto) que había adoptado antes en su *Sarmiento* (Buenos Aires, Argos, 1946); cuando leyó la obra sarmientina en «la realidad de sus formas superpuestas» mediante el auxilio de procedimientos homológicos y de recursos tales como «montajes», «artefactos ortopédicos», «lectura plaimsesto» y otros (cfr. págs. 71, 123-125, 140-142). La lectura de Sarmiento que engendrará, un año más tarde, ese monumento de «sociología profunda» sobre la cultura hispanoamericana que son *Los invariantes históricos en el «Facundo»* (Buenos Aires, Casa Pardo, 1974; publicación póstuma), aplicando a su texto la fórmula con que él se refiere al *Facundo*. Entendamos: al desplazar la postura de su lectura, desde la consideración de los hechos positivos a la de los indicios suplementarios con valor sistemático, E. Martínez Estrada enfrenta la obra sarmientina como un sistema de signos susceptible de proporcionar, hoy en día, una interpretación todavía vigente sobre nuestra cultura hispanoamericana. Lo que ocurre es que Martínez Estrada operó una mutación conceptual en su manera de leer la historia literaria hispanoamericana. Para él, Sarmiento no es ya una ontología histórica, una realidad concreta autosuficiente, sino que es un signo de la historia que lo «teje» y se «entreteje» alrededor de él y su obra. Ya no es Sarmiento el núcleo y centro de la historia, el que la hace comparecer a través de los atributos de su genio; por el contrario, es la historia quien emplaza a Sarmiento, y su obra, como otro de sus protagonistas. El efecto de esta mutación en la postura de la lectura —sustitución de la historia centrada en el autor por la del autor como otro signo trascendido por la historia— es que el análisis se situará, en adelante, en el nivel de las funciones histórico-literarias; lo que significa que si esas funciones eventualmente trascienden hasta hoy en día, el análisis efectuado sobre la obra de Sarmiento también puede ser sintomático de rasgos histórico-literarios de nuestra más inmediata contemporaneidad. Es lo que Martínez Estrada describe, en su análisis del *Facundo*, bajo el nombre de «invariantes históricas» de nuestra cultura hispanoamericana, a saber: producción cultural (la literaria entre otras) desde el exilio, disciplinación de los ánimos por el miedo, doble estatuto de nuestro lenguaje literario y político, etc.

[2] Y la lista no se cierra. El símbolo de esta aproximación se encuentra en los volúmenes de aniversario dedicados al prócer por las instituciones académicas: *Sarmiento: educador, sociólogo, escritor, político*, reza el título de la edición publicada por la Universidad Nacional de Buenos Aires (Buenos Aires, Universidad de Buenos Aires, 1963). La misma intención totalizadora se advierte en los *Homenajes* que la Universidad Nacional de La Plata le dedica en *Humanidades*, tt. 26 (1938) y 37 (1961). El mayor y meritorio esfuerzo individual realizado en este sentido es el de Paul Verdeboye, cuyo *Sarmiento. Educateur et publiciste* (París, Centre de recherches de l'Institut d'Etudes Hispaniques, 1964), modelo de erudición y análisis ejemplar de fuentes y circunstancias literias, ilustra también ejemplarmente el mayor problema que encuentra la crítica positivista: el de la elaboración de una síntesis reciente que releve el sistema mental que supone toda pedagogía, allende el caudal de observaciones incidentales y de preciosos datos históricos. Además, a pesar de su universalidad declarada, son evidentes las elecciones que hace esta crítica tanto con respecto a las obras (su dedicación casi exclusiva al *Facundo*) como a los temas de su estudio (mayoritariamente biográficos, genéricos e históricos).

[3] Por ejemplo: cuando se infiere el repudio de Sarmiento por una forma de administración política (el caudillismo) a partir de su «horror» frente a la contingencia individual «caudillo», cfr. P. Verdeboye, *op.cit.*, pág. 415. Para Verdeboye, como para todo el relato histórico, por lo demás, «le 'réel concret' devient la justification suffisante du dire». Lo que significa que entre praxis individual y prácticas institucionales no existiría la mediación del intelecto, del esquema conceptual que integra y explica el acontecimiento individual dentro de la necesidad infra y/o superestructural. Lo que ocurre es que «Sémiotiquement, le 'détail concret' est constitué par la collusion *directe* d'un référent et d'un signifiant; le signifié est expulsé du signe, et avec lui, la possibilité de développer une *forme du signifié*,

427

vel por medio de los sistemas de relaciones latentes inferidos de cada uno de esos niveles: sea de la obra a la obra o de ésta a lo biográfico, a lo educativo, etc. En adelante, el parámetro de la investigación serán los modelos relacionales, obtenidos a partir de la obra misma, que revelen organizaciones invariantes[4] allende las diferencias o semejanzas puntuales entre los términos y niveles que los constituyen[5].

D. F. SARMIENTO.

Domingo Faustino Sarmiento en un grabado del siglo XIX.

---

cést-à-dire, en fait, la structure... elle-même» cf. Roland Barthes, «L'effet du réel», *Communications*, 11, 1968, página 87. Por el contrario, es precisamente esta «forma del significado» la que toma en consideración Adolfo Prieto en su *La literatura autobiográfica argentina* (Rosario, Fac. de Filosofía y Letras, 1963, págs. 68-69), para explicar «El desprecio, el violento odio que Sarmiento sentía y expresaba por las capas populares de la sociedad argentina de su tiempo». Según Prieto, «el odio de Sarmiento hacia la chusma vil podría interpretarse como una proyección de su inconsciente temor a ser confundido con ello»; temor proveniente de sus experiencias infantiles en el seno «de un hogar todavía prestigiado de recursos nobiliarios» pero «humildísimo, al borde de la indigencia». El temor sarmientino («como acontece hoy en las zonas de fricción de cualquier sociedad clasista») fue el de descender socialmente, el de «confundirse con las anónimas familias del pueblo». Descenso social que no sólo mata socialmente sino que, además, mata humillando. Para Prieto, entonces, el «horror» de Sarmiento frente a un individuo, al caudillo (representativo de la chusma), viene a ser homólogo al temor ideológico de un grupo socio-económico frente a un amenazante cambio de estatus. Esta es la «forma del significado» que explica al detalle, y no al revés.

[4] Entiendo *invariante* como «la suma de transformaciones de un mismo tipo». Lo que significa que las relaciones entre los niveles pueden ser de identidad, pero *también* de contradicción o, igualmente, pueden asumir la forma de relaciones dialécticas. Para más detalle, sobre la operatividad de esta noción en la formalización de redes sincrónicas, de reglas de generación textual sincrónico-diacrónicas o de márgenes diferenciadores de estabilidad y evolución textuales, cfr. V.V. Ivanov y V.M. Toporov, «The Invariant and Transformations in Folklore Texts», *Dispositio* 3 (I), 1976, págs. 263-270.

[5] Es la lectura ejemplar realizada por Noé Jitrik en su *Muerte y resurrección de «Facundo»* (Buenos Aires, Centro Editor de América Latina, 1968) y en su prólogo al mismo («El *Facundo*: la gran riqueza de la pobreza» en, Domingo F. Sarmiento, *Facundo*, Caracas, Biblioteca Ayacucho, 1977, págs. IX-LII). Aunque sea de modo somero, resulta imperativo acotar el sentido de sus aportes principales:

a) especificación de la pluralidad de planos intencionales en que Sarmiento se mueve simultáneamente: estilístico, histórico, culturalista, determinista, costumbrista, político; lo que, además de producir «una imagen de entrecruzamiento y mezcla vertiginosos», le exige «transmitir nociones complejas para las cuales el lenguaje desnudo del dato o la interpretación no bastan» (*Muerte...*, *op.cit.*, pág. 12);

b) construcción diagramática del discurso sarmientino, su «evasión respecto de la linearidad» («Prólogo», *op.cit.*, pág. XXI); en cuanto invita al lector a advertir en las mismas palabras la comprensión de lo que le ocurre en el mundo que se le propone» (*Muerte...*, *op.cit.*, pág. 13 n. 9 citando a M. Blanchot, *La part du feu* [París: Gallimard, 1948], pág. 84). En términos jakobsonianos, se podría afirmar que Sarmiento remunera las insuficiencias del decir referencial poniendo en escena el substrato poético y la energía fática en que *consiste* su propio discurso;

c) identificación de un quiasmo significativo, de carácter polémico, inscrito en *un mismo lugar* de la frase sarmien-

---

EL DIÁLOGO

Desde la célebre invocación con que Sarmiento (en adelante DFS) abre su *Facundo*[6]

---

tina. Es el «pensamiento profundamente implicado que a veces corre por debajo y en un nivel diferente al formulado programáticamente» (*op.cit.*, pág. 13). Por ejemplo: si «el conflicto raigal del *Facundo* es la lucha entre Buenos Aires y el interior», ocurre que «Sarmiento toma íntimamente partido [por el interior] aunque políticamente rechace tal posibilidad» (*op.cit.*, pág. 21). Bi-isotopía polémica también advertida por Carlos Albarracín S. en *Recuerdos de Provincia*, «el tratamiento de la genealogía es bifacético: por una parte, probanza de nobleza; por la otra, enseñanza político-histórica y autopropaganda. Cada una de estas caras mira a un destino (o a un destinatario) distinto», cf. «Doble destino de *Recuerdos de Provincia*», *Humanidades* t. 37 (vol. 2), 1961, 28. Bi-isotopía descrita también por Allison W. Bunkley, *The life of Sarmiento* (New York: Greenwood Press, Publ., 1952), cap. 16, págs. 197-198, 204, y considerada como una caracaterística general de la escritura sarmientina. Bunkley establece la oposición entre «the intention» («to reform the world in which he lived so that it would fit a rational pattern») y «the intent» («those elements of life which broke the rational pattern... his Romantic emotionalism»);

d) intelección de las dicotomías sarmientinas (civilización/barbarie, Buenos Aires/interior, asociación/despotismo) dentro de un sistema literario mayor que es el que les confiere una significación mutante, variable, en función del mensaje intentado, del código en que se lo construye y del contexto en que se lo transmite. Los términos no significan por lo que son sino que por su posición dentro del sistema: «Facundo en Los Llanos es una cosa y otra muy diferente en Buenos Aires; son Los Llanos o Buenos Aires quienes imprimen rasgos diferenciales u opuestos» (*op.cit.*, pág. 20 n. 18). Facundo, tipo representativo del caudillo y habitante de la campaña, encarna la imagen de la barbarie en oposición al general Paz, militar europeo y citadino, imagen de

(1845) hasta la última biografía[7] que escribe, considerando las obras más importantes de su «dispersa confesión autobiográfica»[8], resalta de inmediato en su literatura[9] la presencia de un rasgo discursivo que se eleva a la categoría de un procedimiento constructivo recurrente:

---

la civilización. Pero, dentro de un código político, Facundo no se va a oponer a un Rivadavia, imagen superlativa de la civilización para Sarmiento, sino que va a devenir su doble cuando colabore con él en la imposición de la Constitución de 1826, indiscutible estatuto de progreso para Sarmiento. Política, y no ya militarmente, Facundo se aproxima a la civilización por contraposición a ese otro bárbaro en casi todos los niveles que es Rosas. «Casi» porque Rosas, dentro del paradigma urbano (Buenos Aires/interior), es «hijo de la culta Buenos Aires sin serlo él». Fórmula paradójica por la que Sarmiento divorcia genéticamente dos términos incongruentemente unidos: Buenos Aires, la ciudad europea, de Rosas, el estanciero. Aunque, y nueva paradoja, Rosas se le asocie también literariamente como autor del *Manual del estanciero (op. cit.,* pág. 45, nota 34). De este modo, «las antítesis básicas dan lugar a contraposiciones derivadas que acomplejan el cuadro de los contrastes y relativizan ciertos valores considerados inicialmente como modulares del sistema de Sarmiento» (*op.cit.,* pág. 19);

e) El mensaje sarmientino está acuñado sólo *en primera instancia* por la denotación, para comprenderlo —y no ya sólo leerlo— hay que descodificar el sistema suplementario, connotativo, superpuesto al denotativo y al que trata como un vehículo material, como un soporte expresivo para proponer un sistema de signficación segundo. Sobredeterminación del sentido que Jitrik también repara en el nivel lexical, por ejemplo: cuando Sarmiento desplaza «el valor que daba al correcto uso de los vocablos» (*op.cit.,* pág. 109, n. 68 citando la nota de González Arrili en D.F. Sarmiento. *Epistolario íntimo* [Buenos Aires, E. C. A., 1963] página 58).

Concluye Jitrik: «la estructura interior e íntima del libro va mucho más lejos que el esquema sumario» complicando dialécticamente el esquema inicial y «los andariveles ideológicos de los cuales se ayudó para partir» (*op.cit.,* página 15).

[6] «¡Sombra terrible de Facundo!» ¡voy a evocarte, para que sacudiendo el ensangrentado polvo que cubre tus cenizas, te levantes a explicarnos la vida secreta y las convulsiones internas que desgarran las entrañas de un noble pueblo! D.F. Sarmiento, *Facundo,* Prólogo y notas de Alberto Palcos. [Reimpresión corregida y aumentada de la 1.ª ed. 1938] (Buenos Aires Edic. Culturales Argentinas, 2.ª edic. 1962), pág. 9. El resto de la obra del autor, salvo indicación contraria, la citaré por la edición de sus obras completas: *Obras* de Domingo Faustino Sarmiento, 52 tomos más un Indice general de términos, cf. *Bibliografía.* Para la especificación de la cita, usaré dos guarismos: el primero indicará el tomo, el siguiente la página.

[7] La preferencia de DFS por el discurso biográfico está triplemente determinada: primero, por la identificación que establece entre el grande hombre y el proceso histórico, en cuanto al grande hombre es el hombre representativo, el *pueblo que se ha hecho hombre* (Víctor Cousin). El arquetipo que reproduce en su persona las fuerzas que han modelado los acontecimientos históricos: «La biografía de un hombre que ha desempeñado un gran papel en una época y país dados, es el resumen de la historia contemporánea, iluminada con los animados colores que reflejan las costumbres: hábitos nacionales, las ideas dominantes, las tendencias de la civilización y la dirección especial que el genio de los grandes hombres puede imprimir a la sociedad.» (*Obras* 1: 184). Señalemos lo esencial: a) creencia en la unidad de un determinismo histórico que modela los hombres representativos a semejanza de su medio social, del mismo modo que imprime al medio histórico, a través de ellos, un progresismo de carácter racionalista necesario. Ecos hegelianos en DFS que provendrían —según explica Raúl A. Orgaz— de su asimilación de las tesis de V. Cousin sobre la función social del hombre representativo, cf. su *Sarmiento*

y el naturalismo histórico (Córdoba: Impr. Argentina, 1940) páginas 46, 112-113; b) el grande hombre puede serlo para el bien como para el mal, de aquí que alterne las biografías de las vidas ejemplares (*Lincoln, San Martín, Vida de Dominguito* o la suya propia en *Recuerdos de Provincia*) con la de los réprobos (*Facundo, Aldao, El Chacho*); c) el hombre representativo tiene dos caras: una objetiva social, por la que condensa el carácter nacional de su medio; otra subjetiva, individual, por la que introduce una variación dentro del tipo biológico que representa.

Segundo, su elección del discurso biográfico es consecuente con el carácter pragmático que asigna a la literatura («civilizar al mundo», *Obras* 4: 41) y que se traduce en «su pasión por la praxis... el amor a la acción y el afán de adoctrinar», Raúl A. Orgaz (*op.cit.,* págs. 56-57). Identifiquemos algunas de las praxis realizadas por el uso del discurso biográfico: a) *enjuiciar:* «Es la tela más adecuada para estampar las buenas ideas, ejerce el que le escribe una especie de judicatura, castigando el vicio triunfante, alentando la virtud obscurecida.» (*Obras* 3: 3). Lo mismo en el proceso inquisitorial (sic) que le levanta a España (*Obras* 5: 148); b) *enseñar,* a través del rol históricamente representativo desempeñado por los héroes del bien o del mal, e.d. la biografía «alienta» o «castiga»; c) *catartizar,* ya que —según Juan C. Ghiano— «de esta manera manifestaba [DFS] la forma de neurosis propia de los expatriados», cf. «La forma autobiográfica en *Recuerdos de Provincia*», *Humanidades* 37 (vol. 3), 1961, 23. En efecto, recordemos que sus principales biografías fueron escritas en el exilio chileno: *Mi defensa, Facundo, Viajes, Recuerdos de Provincia;* d) *restituir* el entorno pragmático de la comunicación. Entorno tan caro a DFS y por el que procura transmitir a su lector no tanto sus ideas como el calor o vehemencia de sus convicciones. A través de esta función transparece el «caráccater corporal de su palabra» (E. Martínez Estrada, *Sarmiento,* págs. 182-183), tan «celosa de la realidad somática» del interlocutor (A. Prieto, *op.cit.,* pág. 42), y que le confiere a su prosa ese carácter enfático «heredero de una tradición secular de elocuencia sagrada, que no renunciaba «a hablar a los hombres desde lo alto del púlpito, con la gravedad que ello impone» escribe Tulio Halperín Donghi, «Sarmiento» en D.F. Sarmiento, *Campaña en el Ejército grande aliado de Sud-américa,* Edición, prólogo y notas de T.H.D. México/Buenos Aires, F.C.E., Biblioteca americana, 1958, XXXVIII-SXXXIX; e) *interpelar,* praxis oratoria por la que DFS ejercita «su tono reconociblemente coercitivo, aunque también seductor» (N. Jitrik, *Muerte...,* página 11), destinado a convencer no tanto a su lector como a su auditorio, ya que «Sentimos que el verdadero lector de Sarmiento en el país entero, y a veces sus ideas son tan complejas y dan lugar a tan múltiples reflexiones que más que meditadas pareciera que debieran ser vertidas en una asamblea» (E. Martínez E. *Sarmiento, op.cit.,* pág. 180).

Tercero, por las razones antes expuestas, concluyamos —con N. Jitrik— afirmando que la biografía «paisaje para observar y doctrina para aplicar» cumple con esa «Finalidad moral que da, otra vez, idea de servicio de la literatura pero no en el sentido filosófico sino político, *porque de lo que se trata es de construir una sociedad*: moral es política para Sarmiento, y *literatura, un instrumento que encuentra en la biografía su máxima posibilidad*», cfr. «Prólogo», en *op. cit.,* págs. XXX, XXXIII. [El subrayado es mío].

[8] Según la expresión de Ricardo Rojas. *El profeta de la pampa. Vida de Sarmiento* (Buenos Aires, Losada, 1945, pág. 1).

[9] Digo *literatura* (y no historia, ensayo psico-social o periodismo, aunque los incluya) para referir a todos aquellos textos donde el sentido que se nos imponga sea el connotativo, el suplementario (cf. *supra:* conclusión n. 5), el que condense «la mayor cantidad posible de valores en la expresión», N. Jitrik, *Muerte..., op.cit.,* pág. 12.

el uso del diálogo[10]. Examinemos su funcionalidad textual[11] dentro de las obras citadas, privilegiando el análisis de las menos estudiadas[12].

En *Mi defensa*[13], autobiografía[14] redactada en Chile a los dos años de su exilio, DFS inicia la primera etapa de lo que será su larga polémica contra el personaje de la maledicencia. En esta primera obra, DFS reivindica su nombre y alega su causa y actividades socio-políticas pasadas frente a un público que, mayoritariamente, no lo conoce, con ocasión de una encendida polémica con Domingo Godoy («un Rosas en la chismografía y en el arte prolijo de dañar», *op. cit.*, pág. 37), a quien ulteriormente hace procesar por los tribunales. El interés de este texto previo al *Facundo* es vario: primero, Sarmiento asume la primera persona, proféticamente, escudado en el imperativo categórico de que un proscrito, en tierra extraña, sólo cuenta con su persona para asumir su defensa[15]. Segundo, comienza su alegato identificándose con la perspectiva del público para quien escribe[16], desde la cual reivindica su nombre de la difamación de que es objeto

[10] Es decir «l'accentuation de la relation discoursive au partenaire, que celui-ci soit réel ou imagine, individuel ou collectif» Emil Benveniste, *Problèmes de linguistique générale* II (París: Gallimard, 1974), pág. 85. El mismo autor, en un texto anterior, escribe: «Por el mero hecho de alocución, el que habla de sí mismo [o a otro] instala al otro en sí [y recíprocamente es, a su vez, instalado por el otro] y de esta suerte se capta a sí mismo, se confronta, se instaura tal como aspira a ser, y finalmente se historiza...», cf. *Problemas de lingüística general* I. Trad. de Juan Almela, (México/Madrid/Córdoba, Siglo XXI, 1973, pág. 77). Carácter dialógico de la escritura sarmientina ya advertida por E. Martínez E.: «toda la obra de Sarmiento cobra aspecto de polémica, de juicio oral, de incriminación, de diálogo con algún interlocutor ausente —que el lector siente que lo incita a replicar», *Sarmiento, op.cit.*, pág. 134. De lo que infiere que «Sarmiento sin Facundo, sin Rosas, sin Bello, sin Alberdi —los blancos de su odio y de su polémica— hubiera sido un Sarmiento de parciales conmociones» (*ibid.*, página 176). Motivo por el que concluye: «desde que pierde de vista a las personas vivientes [e.d. Rosas, Alsina, Lastarria, etc.] que actúan en calidad de 'dramatis personae' de la tragedia nacional [*Argirópolis, Educación popular*, etc.]... su obra ya no está a la altura de las anteriores [e.d. del *Facundo*, de los *Viajes*, de *Recuerdos de provincia*]» (*loc. cit.*).

[11] Por la noción de *texto* y sus derivados (textual, intertextual), suscribo algunos de los aportes semióticos y epistemológicos introducidos en la investigación literaria contemporánea, por la mutación teórica realizada por R. Barthes, J. Derrida y especialmente Julia Kristeva. En lo general, se trata de la consideración del texto literario como un artefacto que menos reproduce los sentidos previos de una cultura porque, más bien, los transforma y los reprocesa dentro de su propio circuito de intercambio (destinador-destinatario). Luego, la noción de texto, aplicada al análisis literario (y también al no literario), pone su énfasis práctico y teórico no en la reproducción de los sentidos culturales preexistentes a la obra, sino en el proceso por el cual la obra misma —considerada como una instancia productiva de sentidos— los transforma y procesa dialécticamente produciendo sentidos culturales que pueden convergir o divergir, corroborar o transgredir, la ideología reconocida socialmente.

En consecuencia, la noción de texto aborda a la literatura como una *praxis significante* específica, dentro de las otras prácticas institucionales, cuya descripción significa ensayar niveles de análisis que puedan dar cuenta del modo de producción específico de sus sentidos. Es lo que intentamos, ahora, por medio del nivel dialógico y, mas adelante, por medio de las *Imago mundi*.

Para el particular, puede consultarse: *Théorie d'ensemble* (Ed. por Tel Quel), (París: Ed. du Seuil, 1968). Especialmente los artículos de J-L. Baudry «Ecriture, fiction, idéologie», págs. 127-147; J-L. Houdebine «Première approche de la notion de texte», págs. 270-284; J. Kristeva «Problèmes de la structuration du texte», págs. 297-316. También son útiles el artículo de T. Todorov, «Texto» en su O. Ducrot y T. Todorov. *Diccionario enciclopédico de ciencias del lenguaje.* Trad. de E. Pezzoni. (Buenos Aires, Siglo XXI, 1974, págs. 397-402), y el libro de R. Hozven, *El estructuralismo literario francés* (Santiago, D.E.H., Universidad de Chile, 1979), págs. 33-54 y «Glosario»).

[12] A este respecto, consúltese la exhaustiva «Bibliographie: II. Etudes sur Sarmiento» de P. Verdeboye, *op.cit.*, págs. 545-608; también la más funcional de Ana M. Barrenechea y Beatriz R. Lavandera «Bibliografía», págs. 55-62 en su *Domingo Faustino Sarmiento* (Buenos Aires: Centro Editor de América Latina, 1967). Una simple hojeada constata lo evidente: la postergación crítica de que han sido objeto los *Viajes* y, en menor medida, *Recuerdos de provincia*. «Libros hermanos con el *Facundo*» —nos recuerda A. Palcos— y dictamina: «No se ha visto suficientemente que los *Viajes* están colocados a la misma línea y a la misma altura de aquellas celebradas y difundidas producciones. Son tres libros hermanos», cf. su «Prólogo» en D.F. Sarmiento. *Viajes en Europa, Africa y América* (Buenos Aires, Hachette, 1955, pág. 38).

[13] Citaré por la edición de Juan C. Ghiano, D.F. Sarmiento. *Recuerdos de Provincia,* Prededido de *Mi defensa.* Prólogo de J.C. Ghiano: (Buenos Aires: Sur, 1962, páginas 25-49). El tercer volumen de la edición de París, de 1909, no conservó este texto, al cual precedía *Recuerdos de Provincia, Obras* 3, en la edición original de 1885.

[14] A lo ya observado sobre la biografía (*supra:* n. 7), habría que agregar que las autobiografías *Mi defensa* y *Recuerdos...* cumplen, en lo esencial, tres funciones: primero, la de justificarlo ante la opinión pública, e.d. ante «la opinión política, la forma de opinión que nació violentamente con las luchas de la independencia», A. Prieto, *op.cit.*, página 16. Actitud reivindicativa que —según Prieto— «compromete a buena parte de la literatura argentina del s. XIX». Aunque, según C. Albarracín S., la difamación de D. Godoy y «las fórmulas de descortesía del protocolo rosista» no constituían «en ningún caso una *categoría* suscitadora de una apología», cf. *op.cit.*, pág. 27. El motivo más de fondo es el que denunció J.B. Alberdi; y esta es nuestra segunda función: la de llamar la atención sobre su autor con el objeto «muy usado y muy conocido en política de formar la candidatura de su nombre para ocupar una silla», J.C. Ghiano, *op. cit.*, pág. 26, n. 4, citando las *Cartas quillotanas* de Alberdi. La tercera función, en fin: la de asimilar el patetismo de un destino personal con la frustración de los destinos nacionales (*Mi defensa*), cf. Prieto, *op.cit.*, pág. 50; o la de asimilar la involución genealógico-social de un linaje con la del proceso socio-económico del país (en *Recuerdos...*). Sobre las modalidades que asume esta similación del individuo con la nación, cfr. también notas 7 y 80.

[15] «Estoy solo en medio de hostiles prevenciones; donde yo baje la voz, nadie se creerá obligado a alzarla por mí» o «Yo no conozco en los asuntos que son personales, otra persona que yo», DFS, *Mi defensa*, págs. 30, 46.

[16] «El público ha debido preguntarse mil veces, ¿quién es este hombre que así hace ocuparse de él a tantos,... ¿Qué fascinación, qué misterios y qué tramas ocultas lo han hecho aceptable a los que mandan?», *ibíd.*, págs. 27-28.

mediante la confrontación progresiva de la iniquidad de las acusaciones con la integridad de sus acciones concretas. Tercero, continúa su descargo emplazándose a sí mismo desde la perspectiva de su acusador[17] a quién, a su vez, hace asumir proyectivamente la primera persona[18]. Mecanismo transferencial de destino polémico, ya que al introyectar al adversario y su argumentación dentro de su propio discurso, por una parte, DFS digiere y evacúa —por decirlo así— el verismo de la acusación por medio de una reducción metalingüística que se revela como la más fuerte por ser la más comprehensiva categorialmente y, por otra parte, aisla, neutraliza y reduce el ataque a mezquinos móviles contingentes (envidia, celos literarios, cobardía moral) al tratar al difamador de un modo liberalmente ecuánime y olímpico[19]. Finalmente, concluye su alegato haciéndose el Bautista de sí mismo en los aspectos literario, docente, político e ideológico[20].

En el *Facundo*, al igual que en *Mi defensa*, el interlocutor *al que se habla* y contra quién se construye el texto (la política despotizadora de Juan Manuel de Rosas) no es el mismo que *aquel a quién se lo destina*[21] (la conciencia civilizada de América y, contingentemente, el público chileno a quién se instruye de la magnitud del régimen bárbaro de Rosas[22]). El apóstrofe inicial dirigido a Facundo Quiroga cumple dos funciones: primero, identificar el problema que se va a exponer y sobre el cual se invoca su auxilio (origen y modalidades del caudillismo); enseguida, anticipar, por contraste negativo[23], el exceso de barbarie en que lo sobrepujará el mismo Rosas[24]. Rosas es, pues, el interlocutor coartada, el *repoussoir*, contra quién DFS mide la magnitud y vigor de las fuerzas prometeicas que lo animan en la futura imposición de sus ideales iluministas y liberales[25].

Rosas.

---

[17] «Este hombre, este miserable, este hipócrita; soy yo!», *ibíd.*, pág. 29. E. Martínez E. afirma: «El espíritu crítico en Sarmiento está siempre en tensión cuando juzga de las cosas, de los hechos y de las personas... Particularmente en sus escritos periodísticos, jamás omite la imagen que el adversario se ha formado de él, la opinión pública, casi siempre desfavorable, sobre sus manías y defectos.», *Sarmiento*, pág. 182.

[18] «En un rincón de la sociedad se halla sin embargo un hombre que dice a todos los que se le acercan: 'Yo he conocido a este individuo en su propio país, es un miserable,... yo lo conozco como a mis manos, sé toda su historia», *ibíd.*, pág. 28.

[19] Sucesivamente: «don Domingo S. Godoy», «el tontarrón», «el señor copucha», «el zonzo chismoso», «el pobre don Domingo» y así, *passim*.

[20] «En una segunda publicación mostraré al libelista famoso, al escritor en Chile, al maestro de escuela, mis obras últimamente, mis principios políticos y sociales», *ibíd.*, página 49.

[21] Forma de diálogo indirecto descrita por Stephen A. Tyler. *The Said and the Unsaid* (London, Academic Press, Inc. Ltd., 1978, págs. 439-440). Constituye un caso de «dropping remarks» en el cual «The speaker (A) speaks to (B), a but intends a third party (C) as the addressee».

[22] Retengamos los cuatro propósitos que siguen de los seis que, según Palcos, habrían estado en la génesis de la redacción de *Facundo*: «1) Desprestigiar a Rosas y al caudillismo y, por ende al representante de aquél en Chile, motivo ocasional de la obra. 2) Jusitfcar la causa de los emigrados argentinos... «santificarla»... 3) Suministrar a los últimos una doctrina que les sirviese de interpretación... 6) Incorporar su nombre a la lista de las primeras figuras políticas argentinas en previsión del cambio fundamental a sobrevenir apenas desapareciese la tiranía». Cfr. «Prólogo» a su edición del *Facundo*, pág. X.

[23] «Demostrativa intención de los contrastes en su literatura» que provienen —según declara J.C. Ghiano— de la técnica del paralelismo aprendida por DFS en sus lecturas de Plutarco; así como la técnica del claroscuro, de inspiración romántica, provendría de A. Dumas, V. Hugo y Fenimore Cooper» Cfr. *op. cit.*, pág. 28. Sobre la influencia de Cooper, especialmente en la redacción del *Facundo*, consultar los comentarios de R.A. Orgaz, *op.cit.*, págs. 67-79, 85, 97

[24] «¡Cierto! Facundo no ha muerto; está vivo... en Rosas, su heredero, su complemento: su alma ha pasado a este otro molde más acabado, más perfecto; y lo que en él era sólo instinto, iniciación, tendencia, convirtióse en Rosas en sistema, efecto y fin» DFS, *Facundo*, pág. 9.

[25] La confrontación con Rosas es doble: a nivel personal, «Es la lucha de titanes a lo que parece» (*Obras* 6: 221); y a nivel programático «Rosas le envidia a su enemigo la mansa y quieta reputación que se ha hecho entre los argentinos de querer el bien de su país... Sarmiento le envidia el puesto admirable que ocupa, y *si pudiera suplantarlo, lo que se promete para dentro de diez años*, se forma mil castillos de todas las grandes cosas que realizaría con el concurso de sus compatriotas» *Ibíd.*, pag. 226. Artículo originalmente publicado en la *Crónica*, el 11 de noviembre de 1849. DFS ocupará la primera magistratura en 1868. Para las modalidades que asume su ideario liberal, cfr. *infra*: nn. 36, 39, 77, 81.

En los *Viajes por Europa, Africa y América*[26], DFS trató la historia y costumbres de las naciones del mismo modo como había tratado la de sus hombres representativos, e.d. como biografías personales de destinos colectivos. En efecto, si el grande hombre había sido abordado como la versión cuantitativamente reducida, aunque cualitativamente condensada, de un destino nacional; el proceso inverso también podía ser posible y verdadero, a saber: el de considerar a las naciones como la versión estadísticamente aumentada de un destino personal[27].

Es la tarea que emprende DFS mediante ese diálogo por escrito que es la carta y que dirige a once destinatarios distintos[28], relacionados cada uno con el país desde el cual les escribe, a medida que avanza en su itinerario. A su tío, el obispo de Cuyo, por ejemplo, escribe desde Roma; a José V. Lastarria, el acerbo impugnador de la conquista y del sistema colonial españoles en Chile[29], escribe desde Madrid, manifestando idéntica actitud y propósito evaluadores[30]. Lo que sucede es que cada uno de los destinatarios («los amigos en cuya presencia escribo», *ibíd.,* pág. 4) van a conformar otras tantas conciencias con las que DFS *viaja* («En este viaje que con Ud. mi buen amigo ando haciendo», escribe a V. Alsina, *ibid.*: pág. 364), *siente* («y sentirá Ud lo que he sentido yo, al ver esta sociedad», al mismo, *ibíd.*: pág. 399), *polemiza* («Se toma Ud extrañas libertades...

al decirme que mi carta no vale gran cosa», a A. Aberastain, *ibíd.*: págs. 114-115) o *enjuicia en común* («Poned, pues, entera fe en la severidad e imparcialidad de mis juicios [sobre España]», escribe irónicamente a Lastarria, *ibíd.*: pág. 148). El viaje ritual a Europa[31] es también el del diálogo introyectado con sus destinatarios, el cual lo ayuda a hacer comprensible el panorama que va recorriendo físicamente. La carta[32], diálogo ambulante, traza un itinerario intersubjetivo por el que se vuelve a recorrer, esta vez comprensivamente, los espacios objetivos que habían dejado «miope el ojo» o «incapacitado el espíritu» (*ibid.*: pág. 2).

La carta a A. Aberastain testimonia una dualidad: por una parte, el entusiasmo topográfico, científico y artístico de esos provincianos que —¡al fin!— recorren el París soñado en las veladas literarias de San Juan[33]; por la otra, el desencanto que le produjo el contraste entre la sublimidad de sus realizaciones artísticas y científicas y la corrupción de su práctica política contingente: también Europa necesita ser civilizada[34]. Como Colón, una vez más, es la sorpresa que va del conocimiento «sabido» al «visto»[35]; con la diferencia de que el escotoma, en esta ocasión, no estaba en América sino que en Europa.

La carta a J.V. Lastarria, en cambio, con-

[26] Editado en Santiago, en 1849, a su regreso de la misión que le encargara el gobierno chileno para estudiar el estado de la educación primaria en las naciones adelantadas, más problemas de orden inmigratorio y colonizador.

[27] «En el camino de la civilización —nos dice Sarmiento— las naciones corren, se cansan, se sientan a la sombra a dormitar o se lanzan con ganas de llegar antes que otras. Son como personas», escribe Enrique Anderson Imbert, «El historicismo de Sarmiento» en sus *Estudios sobre escritores de América* (Buenos Aires, Raigal, 1954, pág. 79).

[28] Predominan los nombres de los ideólogos e historiadores liberales argentinos: Vicente F. López, a quién escribe desde Montevideo; Juan M. Gutiérrez, desde Florencia; Antonio Aberastain, desde París; Valentín Alsina, desde EE.UU., y el del chileno José V. Lastarria, desde Madrid. Revisaremos sólo las más importantes, e.d. las que escribe desde París, Madrid y EE.UU.

[29] José Victorino Lastarria es autor de las intransigentes *Investigaciones sobre la influencia social de la conquista y del sistema colonial de los españoles en Chile* (Santiago: Siglo, 1844), memoria histórica que «confirma en todos sus aspectos la leyenda negra de España». Los vicios criollos (codicia, pereza, utilización despótica de la religión, formulación de leyes para mejor transgredirlas en la práctica, etc.) provienen todos del legado español. Cf. Bernardo Subercaseaux S., *Cultura y sociedad liberal en el s. XIX: Lastarria ideología y literatura* (Santiago, Aconcagua, col. Bello, 1981, cap. IV, págs. 73-105). V. en este mismo volumen el estudio sobre el autor del propio Subercaseaux.

[30] «He venido a España con el santo propósito de levantarla el proceso verbal, para fundar una acusación, que, como fiscal reconocido ya, tengo de hacerla ante el tribunal de la opinión en América;» escribe a Lastarria, *Obras* 5: 148.

[31] Es el «viajecito a la fuente de toda luz y de toda verdad en este siglo» escribe Juan M. Gutiérrez, recién llegado de Europa, a DFS instándolo a que se haga a la vela. Al pie de la misma carta, Miguel Piñero profesa: «[en Europa] Ud. va a gozar de la presencia de Dios», carta inédita citada por A. Palcos en su «Prólogo» a los *Viajes, op.cit.,* página 37. Aunque realizado bajo estos auspicios —o quizá por lo mismo—, el viaje a «las raíces de la cultura» va a revestir para DFS, paradójicamente, la experiencia de una decepción gradual y progresiva. Otro Colón al revés, haciéndose a la vela para la ansiada Europa, DFS descubrirá que la realización político-ideológica del ideario democrático y liberal, tan apasionadamente discutido en la Sociedad literaria de San Juan (filial de la Asociación de Mayo), no se había concretado en Europa sino en los EE.UU., Las formas concretas de esta sorpresa las veremos aparecer en su carta a V. Alsina.

[32] «género literario tan dúctil y elástico, que se presta a todas las formas y admite todos los asuntos», *ibid.*, pág. 3.

[33] DFS evoca sus miembros en *Mi defensa*: «El año 1839 formamos en mi país [en San Juan, provincia de San Juan] una sociedad para entregarnos a los estudios literarios. Los Drs. Aberastain, Quiroga, Cortínez, otro joven y yo... Entonces he conocido a Hugo, Dumas, Lamartine, Chateaubriand, Tocqueville...», pág. 35.

[34] «¡Eh! ¡la Europa! triste mezcla de grandeza y de abyección, de saber y de embrutecimiento a la vez, sublime y sucio receptáculo de todo lo que el hombre eleva o de tiene degradado, reyes y lacayos, monumentos y lazaretos, opulencia y vida salvaje!», *ibíd.*, pág. 69.

[35] «El descubrimiento es, para Colón, descubrimiento de lo *no visto pero sabido* y de ninguna manera descubrimiento de *lo no conocido*,» escribe sagazmente Walter Mignolo, «Cartas, crónicas y relaciones del descubrimiento y la conquista» en *Historia de la literatura hispanoamericana*. t. I: *Epoca Colonial* (Edic. de Luis Iñigo Madrigal), Madrid, Cátedra, 1982, pág. 63.

firma el repudio histórico global de la herencia cultural española, el que ambos autores compartían, por lo demás, en general, con toda la generación liberal hispanoamericana[36]: «la España de hoy es la misma que la de la Inquisición y Felipe II» (ibíd.: pág. 149). A España DFS no va a admirar sino que a comprender «la capa geológica anterior» (*Obras* 27:15) de Hispanoamérica, es decir, a enjuiciar inquisitorialmente. Nada se salva de su proceso, o casi nada; pero, en medio de la desaprobación, de la servidumbre económica y jurídica, el retorno de lo reprimido: «He visto los toros, y sentido todo su sublime atractivo. Espectáculo bárbaro, terrible, sanguinario, y sin embargo, lleno de seducción y estímulo» (ibíd.: página 171). El «gaucho intelectual»[37] ha sido conquistado por el pueblo soberano: «sobre la plaza de toros el pueblo español es grande y sublime; es pueblo soberano, pueblo rey también» (ibíd.: pág. 163; «también», porque el pueblo soberano por excelencia lo será el norteamericano). La seducción no opera en el nivel del ideario consciente profesado por DFS, sino en el de sus elecciones inconscientes, aquéllas que se realizan «por debajo del cómodo y deslumbrante esquema de los signos externos de la civilización»[38].

La carta a V. Alsina desde los EE.UU. testimonia un esfuerzo dramático de DFS: el de tornar comprensible una realidad histórico-social *inconcebible* desde los parámetros ideológico-políticos conocidos por él, hasta ese momento, en la práctica institucional europea (la aristocracia civil) o hispanoamericana (la colonia republicana)[39]. El proceso de acumulación capitalista, pre-imperialista, *real y efectivo*, en que se encontraban empeñados los EE.UU. de un modo armónico, en la totalidad de su infra —y super— estructura (sin las fisuras y contradicciones de clase con que se manifestaba en Europa), produce en DFS «el estado de excitación que causa el espectáculo de un drama nuevo, lleno de peripecias, sin plan, sin unidad» (ibíd., pág. 344). En realidad, no es el drama el que carece de unidad o plan, sino la insuficiencia doctrinaria de DFS, para dar cuenta de un proceso de capitalización acelerado para el que carecía de la adecuada formación económico-política que permitiera explicarlo[40]. Carente de un metalenguaje económico, DFS poetiza, de ahí la sucesión de antítesis y paradojas por las que procura representar para Alsina y para sí mismo, por una parte, el dinamismo productivo de todo un país, y, por otra, el eco de ese dinamismo en su propia intimidad: «Quiero decirle que salgo triste, pensativo, complacido y abismado; la

---

[36] Su actitud ideológica hacia España suscribió las formas del maniqueísmo: España se asociaba con la colonia, representaba las fuerzas del retroceso histórico, la perpetuación de los hábitos impuestos por el clero y la milicia; mientras que el ideario liberal, asociado con la vida moderna, representaba las fuerzas del progreso tendientes a la abolición de los privilegios civiles, la difusión de la educación pública y popular, la libertad de opinión, igualdad de derechos civiles, etc. Para efectuar la «emancipación mental» de Hispanoamérica había que *desespañolizarla*, ya que «la razón que ha impedido al hispanoamericano ser un hombre plenamente moderno está en la herencia española» (José M. Luis Mora). Como expone Leopoldo Zea. *El pensamiento latinoamericano*, Barcelona, Ariel, Demos, 3.ª ed. 1976, págs. 100-117.

[37] «Facundo, el caudillo; Sarmiento, el gran hombre. Pero uno y otro eran afines, y el gaucho intelectual que fue Sarmiento —«soy Doctor Montonero» dijo una vez— *compadecía* desde la entraña al otro gaucho... a Facundo, el hermano Caín», cfr. E. Anderson Imber, *op.cit.*, pág. 69.

[38] Desdoblamiento expresivo que N. Jitrik analiza en el *Facundo* a través de la contraposición entre la imagen explícitamente declarada por el texto (su elección ideológica por Buenos Aires, el símbolo europeo del progreso) y «la imagen interior, tal como viene configurada en el texto». Configurada por «el caldero inconsciente, por aquello que se afirma a pesar de uno mismo y va guiando una relación que no aparece en lo que se cuenta». Cfr. *Muerte...*, páginas 21, 108-109 y «Prólogo», *op.cit.*, págs. XVII-XVIII, XXIII, XXVII. También *supra*: n. 5c.

[39] «Los EE.UU., son una cosa sin modelo anterior, una especie de disparate que choca a la primera vista, y frustra la expectación pugnando contra las ideas recibidas» (escribe a Alsina, *Obras* 5: 345). La «expectación» que los EE.UU., «frustran», al pugnar «contra las ideas recibidas», son las ideas bajo las cuales DFS y V. Alsina crecieron en Hispanoamérica: caudillismo, populismo, regímenes dictatoriales, tendencia regresiva de las instituciones republicanas, liberalismo en el vocabulario irracionalmente coludido con un código clandestino de negociar y pecular. Estas «ideas» hechas praxis DFS las volvió a encontrar en el escenario político europeo bajo el modo atenuado de una aristocracia civil, y no ya «bajo la vara de hierro del más sublime de los tiranos» (*loc. cit.*).

Ahora bien, en los EE.UU., estas «ideas» han sido sustituidas por una sociedad igualitaria (porque todos participan en la vida nacional), apoyada en una enérgica cultura político-moral, que *vive* los principios liberales y democráticos como una práctica social generalizada en todos sus estamentos sociales, y *no* en la ficción del vocabulario o de los decretos oficiales (*ibíd.*, págs. 353, 383, 395-397). En EE.UU. —continúa DFS— encontró un pueblo civil con ideas comunes acerca de la autoridad, de la comunidad, del porvenir individual (indisolublemente ligado al nacional) y cuya democracia consiste en la libre capacidad de asociación privada y de participación en un proyecto común (*ibíd.*, pág. 374). En este sentido, y por este motivo, es que «los EE.UU., son la *resultante* de la historia política *humana* y donde se elabora por las instituciones, las cifras y el trabajo industrial el mundo venidero» (como escribe en 1886 a Luis Montt, *Obras* 29: 6).

[40] «Falta por completo en su obra y en su sentido de las cosas, la visión económica... el invariante económico, que falta en el *Facundo*, es de suma importancia en cualquier aspecto que se lo considere, inclusive en el moral. Podríamos llamarle el invariante Alberdi de nuestra historia, porque el fue quien lo puso de relieve.» E. Martínez E., *Los invariantes...*, págs. 70-71. Insuficiencia económica que, correlativa a su carencia de plan político, es el que explica que, habiendo pensado en todos los adelantos (instrucción primaria, inmigración, redistribución del agro, caminos, ferrocarril, etc.), no haya pensado «en los mecanismos políticos ni en las fuerzas sociales que hacen que esos adelantos funcionen para el progreso y no para la barbarie sofisticada». *Id.*, *Sarmiento*, pág. 163.

mitad de mis ilusiones rotas o ajadas, mientras que otras luchan con el raciocinio para decorar de nuevo aquel panorama imaginario», *loc.cit.*

La descripción de esta escisión psíquica, desde su nivel más obvio al más abstruso, corresponde a la de un conflicto; y DFS emprende su terapia trasferencial con V. Alsina (¿por qué Alsina?) a lo largo de 170 páginas aproximadamente las que el mismo Alsina dedicara a su crítica anotada al *Facundo*[41]. El Dr. Alsina, a quién DFS ahora educa educándose[42], fue, junto con los Drs. A. Bello, A. Aberastain, J.B. Alberdi, J.M. Gutiérrez y V.F. López, una de las conciencias doctoradas («presunciones tituladas» escribe en otra parte) con las que DFS mantuvo durante toda su vida esa curiosa relación de rivalidad y admiración (llegando al aborrecimiento con Alberdi) que define las relaciones entre la conciencia y su ideal del yo[43]. Recordemos que fue a instancias de Alsina que DFS mutiló el prólogo y los dos capítulos finales en la segunda (1851) y tercera (1868) edición del *Facundo;* edición de 1851 que, además, le dedicó. Aún reconociendo que se trata de una concesión táctica

---

[41] «Notas de Valentín Alsina al libro 'civilización y barbarie'», en la edición del *Facundo* de A. Palcos, *op.cit.*, págs. 349-419.

[42] «De manera que para aprender a contemplarlo [a los EE.UU.], es preciso antes educar el juicio propio... y proclamar un nuevo criterio de las cosas humanas», escribe a Alsina, *ibíd.*, pág. 345.

[43] Es decir, las relaciones del sujeto con los ideales colectivos socialmente valorados aunque individualmente asumidos. Sabemos el rol decisivo que desempeñó en este aspecto la autobiografía de Franklin; pero, en su relación con los doctores de la ley, DFS busca la identificación con otro modelo: el del saber sistemático, áulico, que nunca pudo adquirir y que siempre resintió como una carencia. Dentro de este paradigma —creo— pueden descodificarse episodios tales como su búsqueda del doctorado Honoris Causa (recibido finalmente de la Universidad de Michigan, Ann Arbor), su reiterada referencia a los elogios de que era objeto por parte de otras grandes personalidades («y que presentaba como tarjeta de recomendación a los argentinos», anota J.C. Ghiano, *op.cit.*, pág. 38) y también, en parte, su fallida obra de senectud: *Conflicto y armonía de las razas en América*, «esbozo inorgánico de una obra profunda y sintética» como la comenta José Ingenieros («Las ideas sociológicas de Sarmiento» en D.F. Sarmiento. *Conflicto y armonía*... Prólogo de J. Ingenieros [Buenos Aires, Edic. La cultura argentina, 1915], pág. 8). Pero, sin pretender hacer un análisis de la psique sarmientina, existe en su obra un procedimiento textual donde aparece nítidamente su inhibida relación cultural al saber sistemático, institucionalizado, universitario; me refiero a su uso de citas y de epígrafes. En este mismo texto, en su introducción, DFS escribe ingenuamente a Mrs. Mann: «Cuando emito pues un pensamiento sobre apreciaciones abstractas, me pongo detrás de algún nombre de autor acatado que da autoridad a la idea... y si de hechos se trata, copio la narración original que le da el carácter de verdad» (*Obras* 37: 23). El gaucho intelectual ha sido domesticado por el saber *autorizado*, en este contexto (para otros contextos, cf. núm. 58).

con vistas a una estrategia política ulterior[44], no por eso la supresión deja de testimoniar lo evidente: el indiscutido rol de *censor oficializado* que DFS le reconoce a V. Alsina. Por este motivo, resulta difícil sustraerse a la relación triangular que vincularía, primero: a Alsina el censor del *Facundo* (en cuanto lo leyó «exclusivamente [como] una obra histórica», A. Palcos, «Prólogo», pág. XIV) con, segundo: el Facundo (libro que reveló «a la Europa y a la Francia... un nuevo modo de ser que no tiene antecedentes bien marcados y conocidos». DFS, *Facundo*, pág. 9) con, tercero: la biografía de los EE.UU. (país presentado como «una cosa sin modelo anterior, especie de disparate que frustra la expectación». *Obras* 5: 345). Quiero decir que, a la luz de la experiencia de los EE.UU. —país sin modelo anterior—, DFS evalúa retroactivamente su *Facundo* —«libro sin antecednetes marcados y conocidos» —haciéndole ver a Alsina— lector del sentido unidimensional: el histórico —que las deformidades anotadas por él (Alsina) en la construcción del libro... *corresponden* a las deformidades observadas por DFS en la construcción de un país, a condición de «educar el juicio propio» y dialectizar materialistamente la noción de República[45]. La percepción de la praxis socio-política de un país, «sin modelo anterior», rescata a un libro, «sin antecedentes conocidos», de su complejo vergonzante del hijo bastardo, sin padres reconocidos, frente a la impugnación de la cultura oficial, representada por la evaluación de Alsina.

Si la génesis del conflicto de DFS frente a Alsina, cuando lo introduce a EE.UU., pasa por la lectura unidimensional que éste había hecho del *Facundo*; ¿por dónde pasa el conflicto cuando DFS presenta los EE.UU. *a sí mismo*? Más adelante, DFS escribe:

> Traíame arrobado de dos días atrás la contemplación de la naturaleza, y a veces sorprendía en el fondo de mi corazón un sentimiento extraño, que no había experimentado ni en París. Era el secreto deseo de quedarme por ahí a vivir para siempre, hacerme yankee, *ibíd.*: pág. 455.

---

[44] Por una parte, la de preparar su futura intervención política, de reconciliación nacional, dentro del agitado escenario argentino (A. Palcos, «Prólogo», *op.cit.*, XIV-XV); por la otra, el oportunismo del proceder se justifica en función de la finalidad superior que debe servir la literatura: «la finalidad era,... repito, constituir una clase y un país simultáneamente.» (N. Jitrik, «Prólogo», *op.cit.*, pág. XXVII n. 21).

[45] «¡Y cierto, la república es! Sólo que al contemplarla de cerca se halla que bajo muchos aspectos no corresponde a la idea abstracta que de ella teníamos.» Escribe a Alsina, *op.cit.*, págs. 345-346. A continuación, DFS opone «la república de los sueños» que él y Alsina imaginaban en Argentina con la «democracia» militante, concreta, que los americanos construyen dialécticamente en Norteamérica.

El arrobamiento de DFS no es sólo una variante del *Beatus ille*, puesto que la admiración del paisaje vecino al Niágara —donde le sobreviene esta fantasía yankee— es también admirado en función de las ventajas económico-sociales que las aguas de la catarata podrían reportarle: «y ver si podría arrimar a la cascada alguna pobre fábrica para vivir.», *loc.cit.* La fantasía, entonces, estructura el paisaje como una moneda de dos caras: estética por un lado, productiva por el otro. Pero, hay más, la fantasía también inscribe al fantaseador dentro de su escenario imaginario conforme a la imagen de sí mismo con que el sujeto se haya proyectado y aprehendido desde su pasado. Me refiero al encuentro con Franklin en la lejana infancia de San Juan:

> El segundo libro fue la vida de Franklin [el primero fue la *Vida de Cicerón*, por Middleton] y libro alguno me ha hecho más bien que éste... Yo me sentía Franklin; ¿y por qué no? Era yo pobrísimo como él, estudioso como él, y dándome maña y siguiendo sus huellas, podía un día llegar a formarme como él, ser doctor *ad honorem* como él, y hacerme un lugar en las letras y en la política americanas. *Obras* 3: págs. 145-146.

Ahora comprendemos la fase subjetiva del conflicto sarmientino: el encuentro con EE.UU. fue el descubrimiento de sí mismo en la fisonomía de un país[46].

En *Recuerdos de Provincia*, DFS retoma la autobiografía de intención apologética ensayada en *Mi defensa*. Temáticamente, se trata de una ampliación de los puntos principales alegados en ese folleto: antecedentes familiares, formación autodidacta, admiración por los principios constitucionales americanos, lucha contra el caudillismo y reseña de sus actividades literarias, docentes y gubernamentales realizadas durante su exilio chileno. Desde la perspectiva del diálogo, cambian los actores pero se conserva la estructura: el interlocutor a quién se habla ya no es Godoy sino Rosas, la sociedad a quién se enseña ya no es la chilena sino la argentina[47]; el proceso que se substancia ya no es el de una difamación personal

cuyas consecuencias afectan el honor de un ciudadano, sino el de una difamación política, de carácter continental, cuyas consecuencias afectarían la representatividad pública de un prohombre histórico. Al igual que en *Mi defensa*, DFS revierte la virulencia de los vituperios en motivo de honra, haciendo del acusado un acusador y del impugnador un protagonista de la incultura, de la barbarie y de la inhumanidad. Los procedimientos dialógicos en acción siguen siendo casi los mismos: asunción de una primera persona profética[48], autoreconocimiento interpretativo desde la perspectiva del público[49], técnica contra-argumentativa[50], emplazamiento de sí mismo desde su acusador, introyección reductora del adversario[51] y, hacia el fin del texto, una variante: el Bautista de sí mismo (*Mi defensa*: pág. 49) se ha transformado en Marco Polo, el viajero cultural[52]: «recorriendo ciudades, hablando con hombres profesionales, reuniendo datos... y en despecho de la indiferencia general he traído a la América del Sur el programa completo de la educación popular» (*Obras* 3:199).

Hacia el fin de su vida, DFS escribe su última biografía ejemplar: *Vida de Dominguito*, 1886[53]. La dedica a la memoria de su hijo

---

[46] «El viaje que Sarmiento emprende en 1846 por Europa, culmina con su providencial visita a los EE.UU., en 1847. ...Descubre el mundo de la civilización, y se descubre a sí mismo». E. Martínez E. *Meditaciones..., op.cit.*, página 122.

[47] «La intención de *Recuerdos*... corre en dos direcciones distintas y complementarias: atacar al régimen caudillista y lanzar la candidatura del autor» C. Albarracín S., *op.cit.*, págs. 26-27. Lo mismo corrobora Marcel Bataillon: «l'autobiographie de Sarmiento... c'était comme une déclaration de candidature», «Introduction» en D.F. Sarmiento. *Souvenirs de Province*. Trad. al francés de G. Cabrini, París, Les Edit. Nagel, 1955, pág. 16.

[48] «A la historia de la familia se sucede, como teatro de acción y atmósfera, la historia de la patria. A mi progenie me sucedo yo», *Obras* 3: 128.

[49] «Yo era escritor por aclamación de Bello, Egaña, Olañeta, Orjera, Minvielle, jueces considerados competentes. ¡Cuántas vocaciones erradas había ensayado antes de encontrar aquella que tenía afinidad química, diré así, con mi persona!» *Ibíd.*, pág. 172.

[50] Perceptible, por ejemplo, en su polémica periodística contra el «exclusivismo nacionalista» encabezado por José J. Vallejo y otros, frente a cuyo «patriotismo exclusivo» DFS retrocó un «americanismo liberal» que lo lleva, finalmente, a argumentar: «Ellos dirán hoy si *todos* ellos han hecho en la prensa más por la prosperidad de esta patria, que el solo extranjero a quien se imaginaban excluir del derecho de emitir sus ideas.» *Ibíd.*, pág. 174.

[51] Visible en su acción periodística contra el gobernador Benvides, de San Juan, frente al cual DFS se siente como «la conciencia humanitaria» del caudillo deshumanizado, por lo que se ve —de vuelta— como «conciencia mártir»: «era [yo] el representante de los derechos de todos, próximos a ser pisoteados. Vi en el semblante de Benavides señales de aprecio, de compasión, de respeto... Señor, le dije, no se manche. Cuando no pueda tolerarme más, destiérreme a Chile; mientras tanto, cuente su Excelencia que he de trabajar por contenerlo, si puedo, en el extravío adonde se lo lleva la ambición.» *Ibíd.*, pág. 163.

[52] La autonominación se encuentra en la carta a L. Montt de octubre de 1866, en la que se enorgullece del trasplante y divulgación en Argentina del sistema de Instrucción primaria tomada del método de Horace Mann *(Obras,* 29: 6-7).

[53] Fecha de redacción del texto definitivo publicado en Buenos Aires; porque la primera versión, en nueve capítulos inéditos, había sido escrita en Washington, en 1866, bajo el efecto inmediato de la noticia. Apuntes posteriores extraviados por DFS y reencontrados sólo post-mortem por su albacea Augusto Belín S. Ambas versiones, el texto definitivo y los apuntes inéditos, están incluidos en el tomo 45 de sus *Obras*, respectivamente págs. 177-273 y 274-316. Par-

«Dominguito» Sarmiento.

muerto en combate, en 1866, a los 21 años de edad. Libro de padre y maestro, su protagonista verdadero es el diálogo ejemplar por el que se forma un ciudadano modelo: conciencia cívica precoz (¡intenta sufragar a los cinco años!), estudios sobresalientes, dotes de escritor y de orador, muerte heroica[54]. Desde la perspectiva del rol educativo asignado por DFS al lenguaje, las partes más importantes del libro son el primer capítulo de 1886 («Infancia») y el primer y quinto del borrador de 1866 («El pavor» e «Instrucción»). En «Infancia», DFS nos introduce a una lección de lectura y de escritura donde se transparenta su cratilismo lingüístico. La palabra, para él, es simultáneamente signo, símbolo y praxis corporal. Oigámoslo:

La acción, la mímica, el gesto entran por mucho para mantener la atención del niño. Se enseña a juntar las letras razonando un so-

nido, apegando los labios, y diciendo abra la boca con a; al fin entiende y día más ya sabe leer [Para definir las letras]
x. con los dedos cruzados. u. con dos dedos parados y abiertos. a. con una panza abajo, señalándosela. (*Ibíd.*: pág. 188). [Ahora el símbolo encarnado en praxis corporal] El alfabeto se fue animando poco a poco y el niño acabó por ser el mismo, letra. La a, decía, tiene una panza así, y se señalaba la barriga (*Ibíd.*: pág. 297).

Entendemos, DFS evoca al hijo querido siguiendo su huella por el cuerpo radiante de la palabra. ¿Qué otra cosa es esa página en facsímil donde se nos reproduce la rúbrica temblorosa de un niño de tres años, el testimonio corporal de su pasaje por la escritura? Esta recuperación de un alma[55], a través de su encarnadura en el alfabeto[56], corresponde al lugar desde donde el educador debe enseñar, adoctrinar y formar integralmente el espíritu y moral infantiles[57]. En ninguna otra parte de su obra, encontraremos un testimonio tan deslumbrante y diagramático (en el sentido de R. Jakobson) de su profunda convicción en el poder transformador de la letra, de la palabra; la cual no sólo transmite un mensaje o se revela como un instrumento de acción, de praxis (civilizadora, política, moral) sino que además, ahora, tiene la facultad de retrotraer simbólicamente el perfil corporal del sujeto de su afecto.

Recapitulación teórica. Si tuviéramos que precisar, sintéticamente, los rasgos invariantes del proceso dialógico descrito en los textos anteriores, diríamos que en todos ellos el diálo-

---

ticularmente conmovedores son los apuntes inéditos, donde DFS inicia su evocación del hijo perdido dialogando con el «pavor» (sic) y suscribiendo la hipótesis de Max Mueller de que la única manera de exorcisarlo es simbolizándolo por los étimos de las palabras. Después sigue la alfabetización de su hijo.

[54] «De una arcilla generosa yo había moldeado una estatua, según bello ideal que había formado» DFS citado por Nora Dottori y Silvia Zanetti, «Notas y cronología» en D.F. Sarmiento. *Facundo*. Prólogo de N. Jitrik, *op.cit.*, pág. 352.

[55] «biografía de un alma», escribe reiteradamente DFS, *passim*.
[56] Aprehensión del cuerpo como letra que sus contemporáneos, menos habituados que nosotros a la concepción del inconsciente como un lenguaje somático, debieron haber interpretado como desvaríos seniles. Acerca del discurso inconsciente de la letra en sus relaciones con el cuerpo, concebido como un campo dinámico de fuerzas, dentro del proceso del aprendizaje; pueden consultarse Françoise Dolto. *Séminaire de psychanalyse d'enfants*. Edition réalisée avec la collaboration de Louis Caldaguès. (París, Seuil, 1982). También otras obras de la misma autora, especialmente *Psychanalyse et pédiatrie* y *L'éveil de l'esprit de l'enfant* en la misma editorial.
[57] Pero el lugar del aprendizaje también es material, materialísimo, para DFS; de ahí su preocupación obsesiva por prever todos los elementos factuales que intervienen en el proceso del aprendizaje: ubicación de la escuela (alejada de las ciudades, por ejemplo, «para preservar incontaminada la humildad aldeana de los futuros maestros»), construcción de las salas de clases (iluminación, aireación, dimensión de los muebles, estética de los manuales escolares, etc.), entorno social y familiar recomendables para el futuro educando (combatir el alcoholismo de los padres, fomentar el ahorro en el grupo familiar, etc.), etc. Cfr. su *Educación Popular* (*Obras* 11: 176-272) y *Educación común* (*Obras* 12: 2672).

go no sólo *describe* sino que también *ejecuta* lo descrito al mismo tiempo que lo *nombra*. Así, en el *Facundo*, DFS describe la política despótica del caudillismo al mismo tiempo que realiza su proceso frente al tribunal de la humanidad, con lo que proporciona a sus víctimas «una doctrina que les sirviese de interpretación e incentivo en la lucha» (A. Palcos, «Prólogo», pág. X). Cuando DFS, escribe que reflexiona o enjuicia, *efectivamente* está reflexionando o enjuiciando con su interlocutor al correr de la pluma[58]. A causa de este fenómeno, próximo de los enunciados performativos[59], su discurso remite a una realidad que él mismo contribuye a construir y, en cuyo proceso de constitución, se entrecruzan la mención de los hechos, su crítica en acto y la interpretación concomitante que las inteligibiliza a ambas. Los efectos discursivos de este proceso dialógico, en lo fundamental, son de dos tipos: primero, el acto de escribir se identifica con lo que se enuncia, lo que confiere a sus escritos ese carácter coactivo que hace de su palabra escrita una verdadera praxis social con poder resolutivo[60]. Segundo, esta performan-

ce de escritura, junto con fundar al objeto en su realidad literaria, práctica y crítica, establece al mismo tiempo la realidad única, irrepetible y singular del que escribe en toda su historicidad concreta. DFS es DFS, para la posteridad, sólo porque ha escrito; todo su espesor existencial y trascendencia histórica provienen mucho más de su ser de papel que del rol político contingente que haya desempeñado o no durante su vida[61]. Cuando DFS procesa a España en su carta a Lastarria, entre otras partes de su obra, esa condena hará de él uno de los protagonistas, y responsables ideológicos, de esa actitud de *desespañolización mental* «que hizo que los iberoamericanos renunciaran a la dialéctica con el pasado por la que estaban atravesando, con lo que cerraron, al menos por todo el siglo XIX, la posibilidad de superar ese pasado y convertir el futuro en un presente»[62]. De este modo, el discurso performativo sarmientino, junto con establecer práctica y críticamente lo que nombra, funda también la trascendencia histórica del que escribe y de aquéllos a quienes éste haga enunciarse en su escritura.

IMAGO MUNDI

«Acaso no acierto a darle a Ud. una idea de París tal que pueda presentárselo al espíritu, tocarlo, sentirlo bullir, hormiguear», escribe DFS a A. Aberastain en 1846 (*Obras* 5: 118). Se trata de un desafío expresivo: ¿cómo restituir la estructura, el sistema de relaciones latentes intuido tras la fugacidad del acontecimiento vivido? ¿Cómo restituir el «espíritu que agita a las naciones» junto con el calor de las variables concretas que incidieron en la percepción individual y de las «que el viajero es forzosamente el protagonista»[63] (*Ibíd.*: 5). Pero,

---

[58] «Ensayo y revelación para sí mismo de mis ideas, [fue] el *Facundo*» Escribe DFS en «Dedicatoria a Alsina», *Facundo*, pág. 21. Es la realidad del diálogo, en el proceso de producción del conocimiento, la que descubre DFS, e.d. no hay sujeto, ni menos ideas, antes de hablar o escribir. Esta noción de escritura como *efecto causal* de su propio proceso de producción también la *sintomatiza* DFS (puesto que no puede «explicarla» teóricamente) en su «Prólogo» a los *Viajes*: «He escrito, pues, *lo que he escrito*, porque no sabría como clasificarlo de otro modo.», cf. *Obras* 5: 3. *Práctica textual* de la escritura que se encuentra en las antípodas de su *concepción reprimida* del saber, aquella que se manifestaba en su uso de citas y deepígrafes. Cfr. *supra*: n 43. Lo que sucedía es que DFS no disponía, en su época, de una teoría que pudiese inteligibilizar el sentido de su praxis escritural.

[59] Enunciados *sui-referenciales* que nombran el objeto descrito, el acto de locución que lo describe y al sujeto que lo enuncia realizándolo: «bautizo este barco 'Libertad', «declaro la guerra», etc. Para una compenetración con el tema, cf. E. Benveniste, «La subjetividad en el lenguaje» y «La filosofía analítica y el lenguaje» en *Problemainas ..., op. cit.*, págs. 258-276.

[60] «Por lo demás nunca he escrito sino en solicitud de un resultado práctico; en política, para limpiar el suelo de tiranos... fundar la República sobre bases racionales, en educación para generalizar mejores nociones que las heredadas y educar al pueblo» DFS citado por E. Martínez E. en *Sarmiento*, pág. 17. En términos de Leopoldo Lugones, se trata de la subordinación de «las dotes del escritor a los rasgos del periodista» urgido, como lo estaba, por el imperativo moral de construir un país libre de males y desórdenes. Esto explica que, desde su retorno del exilio chileno en 1854 hasta 1883, no haya escrito ningún libro. En ese intertanto de casi treinta años, DFS interviene en el escenario político argentino militando periodísticamente por la realización de su ideario liberal: política inmigratoria, colonización de la pampa, campañas de alfabetización, educación cívica del inmigrante, etc. Cfr. Leopoldo Lugones. *Historia de Sarmiento*. Estudio encargado por el Presidente del Consejo Nacional de Educación. (Buenos Aires: Otero C..., Impresores, 1911, págs. 132 y ss.

[61] «Ser de papel» en el sentido de que «su más eficaz aporte a la organización de una poderosa y culta nación consistió en sus obras de crítica y de orientación» más que «en la oportunidad de poner en práctica sus proyectos» (cfr. E. Martínez E. *Sarmiento*, págs. 173. 177); en cuanto estos mismos fueron infiltrados por los males del sistema que pretendió combatir. Inoperatividad de su acción política y educativa contingentes que, posteriormente, DFS reconoce patéticamente en su carta palinodia a Rojas Paul (*Obras* 47: 9 y ss.) y también en otra a Mrs Mann (*Obras* 37: «Prólogo»). Lo que ocurre es que la efectividad de su acción educativa y política no se situó en el nivel inmediatamente político, sino que en el verbal, en el ideológico, en el crítico, en la acepción que le confiere a esta praxis Octavio Paz: «ejercicio de la crítica como exploración del lenguaje y ejercicio del lenguaje como exploración de la realidad.» Id., *Posdata*, México, Siglo XXI, 3.ª ed. 1970, pág. 77.

[62] Como afirma Richard Morse, «La cultura política iberoamericana. De Sarmiento a Mariátegui.» Trad. de Jorge Hernández C. *Vuelta* 58, 1981, 4.

[63] Problema descriptivo que trasciende los límites del género epistolar, también se encontraba implícito en la bio-

continúa DFS «mayor se hace todavía la dificultad de escribir viajes, si el viajero sale de las sociedades menos adelantadas, para darse cuenta de otras que lo son más» (*ibíd*.: 2). La dificultad de la transposición cultural, «ir desde sociedades menos adelantadas a otras que lo son más», es doble: Por una parte, insuficiencia en el orden de la interpretancia semiótica[64]; por otra, la falta de modelos literarios pertinentes que representen y expresen la singularidad del viaje vivido por el hispanoamericano, e.d. el pasaje de una sociedad «menos» a una «más» adelantada, puesto «que el libro lo hacen para nosotros los europeos» (*ibíd*.: 3). DFS insiste sobre esta soledad expresiva del escritor americano, cuando rechaza los dos modelos de viaje entonces vigentes: el del *viaje escrito* y el de las *impresiones de viaje*. Desestima al primero porque engendra «duplicados de lo ya visto y descrito que carecen de novedad porque la vida civilizada reproduce en todas partes los mismos medios de existencia» (*ibíd*.: 2). Desestima al segundo porque «la facundia del espíritu» de sus autores (Dumas, por ejemplo) lleva la descripción «al punto de no saberse si lo que se lee es una novela caprichosa o un viaje real sobre un punto edénico del planeta» (*loc.cit*.). Frente al celo mimético del uno y la invención edénica del otro, el escritor americano (consumidor de modelos él mismo privado de modelos) queda supeditado al vigor autonímico con que se atreva a fundar la validez de su propio discurso: «He escrito, pues, *lo que he escrito*, porque no sabría como clasificarlo de otro modo.» (*ibíd*.: 3). Viajero protagónico de su propio desamparo interpretativo, DFS hace del acto de escribir el efecto de su propia causa, no hay otro modelo que funda su discurso que el que le proporciona su propio acto de interlocución, de escritura. Una vez más serán las condiciones formales del diálogo, como él lo practica (descripción pero también realización de lo descrito mencionándolo), las que funden la realidad del sujeto correlativamente a la historicidad de los juicios que emita.

Luego, reformulando la pregunta inicial allende el marco dialógico del texto: ¿cómo transponer la estructura de una sociedad «más

adelantada», intuida en el orden de sus contingencias vividas, a través del «ojo miope» de un representante de las sociedades «menos adelantadas»? Dado el «invariante Alberdi», el que corrobora hoy en día R. Morse[65], DFS realiza esta transposición mediante la creación de *imágenes significantes con valor sistemático*[66]. Digo imágenes y no signos, por cuanto el paradigma de sus significados no está cerrado, como ocurre con el signo, sino que virtualmente abierto a la recepción de nuevos significados provenientes del intertexto. «Significantes con valor sistemático» —agregaba— porque estas imágenes serán permutables por otras equivalentes así como la modificación de una de ellas implicará igualmente a todas las demás. Por razones de espacio, limitaré el análisis de estas imágenes de mundo —imago mundi— a los *Viajes* y, dentro de ellos, a tres; aunque el mismo procedimiento transpositivo pueda restituirse en otros de sus textos, «El Jardín botánico».

Escribe DFS desde Río de Janeiro: «Después de veinte días de residencia en esta ciudad, permanezco inmóvil, los brazos tendidos, las fibras sin elasticidad, agobiado bajo la influencia letárgica» (*ibíd*.: 64). En medio de la orgía permanente del trópico que apoca y anonada, DFS se asombra fenomenológicamente de la enervación de su espíritu en la languidez de su cuerpo; la que contrasta con la pulula-

---

[65] Cfr. *supra*: n. 40. Hoy en día escribe R. Morse: «La honda inmersión del ego de Sarmiento en su propio mundo, el ojo que tenía para captar los pormenores sociales, su espontáneo andar ideológicamente a tientas y su compleja respuesta a las ambigüedades políticas, forman uno de esos crisoles de sensibilidad privada a los que uno recurre cuando la malla de las instituciones se exhibe falta de coherencia y cuando el centro vital de la ideología pública se muestra deleznable» *op.cit*., pág. 6.

[66] En palabras de DFS: «el panorama imaginario en que encarnamos las ideas cuando se refieren a objetos que no hemos visto.» *Obras* 5: 344-345. Comenta Pedro Henríquez Ureña: «su pensamiento mismo se encarnaba en imágenes», «Perfil de Sarmiento» en *Plenitud de América*. Selección y nota preliminar de Javier Fernández, Buenos Aires, Peña del Giudice, 1952, pág. 133. aunque la inversión de la fórmula sería, quizá, más adecuada; en cuanto el pensamiento de DFS discurre menos de modo abstracto que bajo forma sensible. Nos se trata de que DFS disponga, primero, del pensamiento, de las ideas, y luego busque las imágenes que lo concreten; sino que las imágenes mismas, «vehículo de una energía que se desenvuelve» (N. Jitrik), encuentran *a posteriori* el pensamiento que mejor se les pueda adecuar. Es decir, la imagen también es proceso de conocimiento, intelección, tanto como el pensamiento, con la diferencia de que la primera reflexiona en forma sensible, mientras que el segundo lo hace de modo abstracto. Subordinar la primera al segundo no es más que un gesto ideológico, arbitrario, que, por lo demás, la ciencia contemporánea ha cuestionado. Para la discusión epistemológica de esta *diferencia* entre ambos modos de conocimiento, cfr. Claude Lévi-Strauss, «Historia y dialéctica» en *El pensamiento salvaje*. Trad. de Francisco González A., México, F. C.E., 1964, págs. 355-393.

---

grafía histórica adoptada por DFS desde *Mi defensa* adelante. En ambas situaciones el problema es el mismo: ¿cómo reducir cuantitativamente un panorama histórico a dimensiones humanas, conservando sus propiedades cualitativas?

[64] Noción que nos permite distinguir entre sistemas que se organizan e inteligibilizan a partir de su propia codificación (cultura europea) y sistemas que son organizados e inteligibilizados por códigos provenientes de otros sistemas (cultura hispanoamericana). Para la especificidad de esta noción en semiótica, cfr. Emil Benveniste, «Sémiologie de la langue», *Problèmes...*, *op.cit*., pág. 61.

ción magnética, intensa y turgente de la naturaleza, como si la energía vital hubiese abandonado al hombre para encarnarse en la flora y fauna tropicales: «verde esmeralda la vegetación, embalsamadas y purpúreas flores...» (*ibíd.*: 68-69). Desde el seno de la antítesis, DFS continúa: «Paséome atónito por los alrededores de Río de Janeiro, y a cada detalle del espectáculo, siento que mis facultades de sentir no alcanzan a abarcar tantas maravillas» (*loc.cit.*). Pero, la maravilla será abarcada, representada y transpuesta a una escala menor por el Jardín botánico del emperador «donde aclimatan las plantas útiles de todos los climas». El Jardín cumple varias funciones significantes: de ornato social (al proporcionar los árboles que embellecen las calles de la ciudad), moral (creando hábito de jardinería doméstica en los niveles populares), económica (aclimatando y explotando industrialmente el café, el té, la canela, etc.), taxonómica (clasificando plantas nativas y foráneas), turística, pedagógica (combatiendo la incuria y pereza populares del vivir «como se quiera» o «con cualquier cosa») e imprimiendo, finalmente, un dinamismo progresista en todos los niveles de la sociedad: «la capital se ha llenado de riquezas, de edificios y de población, la bahía está siempre en movimiento proveyendo café... a centenares de buques» (*ibíd.*: 73). En suma, el Jardín botánico domestica las fuerzas tiránicas de la naturaleza tropical poniéndolas al servicio de la comunidad; acción reguladora por la que restablece el equilibrio entre las energías humanas, hasta ese momento avasalladas, aletargadas, y las naturales desenfrenadas. La naturaleza desencadenada, perteneciente al orden de lo indiferenciado sensible, ha sido pensada, reflexionada y transpuesta al orden de una estructura social mediante una imagen que conserva, bajo forma sensible, urbana y dialectizada, los atributos que hacían repudiable su referente bajo forma silvestre. El Jardín deviene así un operador cultural de progreso, ya que transforma acontecimientos continuos, del orden de la contingencia, en sucesos discontinuos que suscriben el orden de una finalidad necesaria. Reconocemos en este proceso cultural «el intelectualismo, la confianza en la fuerza transformadora de las ideas» atribuida por DFS al demiurgo Razón[67]; la oposición Jardín / naturaleza tropical deviene correlativa con las oposiciones Buenos Aires/interior o ciudad/desierto.

En lo que respecta al viajero, el recorrido por el Jardín es correlativo a la transformación de su aletargamiento vital en un dinamismo homólogo al de la florescencia tropical. Recorriendo el Jardín, DFS deviene otra vez sujeto, ese Anacarsis que piensa, siente y comprende allende el sopor vegetativo en que lo asumió, en un primer momento, la naturaleza en estado salvaje.

Pasemos a Europa. La descripción del espectáculo de la corrida presupone, al menos, dos niveles interrelacionados: la prosecución de la causa a España y el esfuerzo por comprenderla genéticamente tanto en relación a sí misma como al resto de América. Sobre el ruedo tiene lugar un espectáculo en el que se superponen acontecimientos de orden histórico, político, cultural y emocionales. Acontecimientos que DFS describe y objetiva, en lo esencial, con la ayuda de dos oposiciones correlativas que se traslapan entre sí: pasado/presente y barbarie/civilización.

Comenzando con la primera, la corrida sintomatiza ese «destino extraño» de España que consiste en su consubstancial «destiempo» histórico con respecto al resto de Europa (*ibíd.*: 153): «Por todas partes se encuentran en Europa ruinas imponentes de los circos romanos. En España sólo se ha conservado el espectáculo mismo del circo» (*ibíd.*: 162). Desfase temporal que, además, se complica con una sobredeterminación histórica, puesto que los «autos de fe... eran las corridas de toros que a su modo daba la inquisición»[68] al mismo tiempo que en el presente «simbolizan el valor y abnegación del guerrero y del vasallo [frente a un] rey rodeado de su pueblo abandonado al delirio, y tomando parte en sus emociones» (*ibíd.*: 163, 167). La corrida, acontecimiento sincrónico, se revela como un hecho significante que actualiza valores hispánicos permanentes, tanto del pasado (espectáculo romano a la vez que inquisitorial), del presente (símbolo monárquico) como del futuro (la incapacidad político-industrial de este pueblo enfebrecido[69]). De este modo, en ese atardecer de 1846 en la Plaza Mayor de Madrid, DFS contempla el espectáculo de una estructura intemporal que le explica, por una parte, «la tradición del envejecido mal de América» (*ibíd.*: 187) y, por la otra, la existencia de «un pueblo que se quedó antiguo» y que simboliza irónicamente en la imagen de esa venta «que existe, inma-

---

[67] Actitud culturalista muchas veces insuficiente para explicar los sucesos de la infra-estructura, como lo demuestra N. Jitrik en su análisis del *Facundo*. Cfr. *Muerte...*, páginas 39, 46, 65-68. Sobre el rol superlativo, en general, que desempeña el intelectualismo en la obra de DFS, cfr. Raúl A. Orgaz, *op.cit.*, pág. 111.

[68] «Porque en España los *autos de fe* y los toros anduvieron siempre juntos; y el pueblo pasaba de la plaza Mayor de ver quemar vivo a un hereje, a la plaza de Toros, a ver destripar caballos», *ibíd.*, pág. 173.

[69] «¡Id, pues, a hablar a estos hombres de caminos de hierro, de industria o de debates constitucionales!» *Ibíd.*, página 164.

culada de toda mejora, tal como la describe Don Quijote» (*ibíd*.: 195). En concecuencia, la oposición de partida (pasado/presente) se neutraliza en curso de ruta, primero: por la extensión de la marca significante a ambos términos (e.d. el pasado de España es su presente) y, enseguida, por el engendramiento de un tercer término, igualmente marcado, de carácter finalista negativo (cristalización del futuro a imagen del pasado y del presente).

La segunda correlación usada por DFS para pensar la corrida (barbarie/civilización), al igual que la anterior, se neutralizará en curso de ruta engendrando un tercer término que asumirá, ahora, un carácter mediador regresivo y no ya finalista. Escribe DFS: «y si esta diversión puede ser acusada de barbarie y de crueldad, es preciso convenir, sin embargo, que no envilece... como la borrachera, que es innoble placer de todos los pueblos del norte» (*ibíd*.: 163). La corrida, espectáculo bárbaro (paradigma de sangre, circo romano, inquisición, naumaquia[70]), se aproxima, sin embargo, a la civilización cuando gratifica —DFS escribe «resarce»— sin envilecer y cuando interpreta popularmente «bellezas que se escapan a los ojos de los clásicos» (*ibíd*.: 164). Dos motivos, entonces, para desplazar la corrida de una forma de barbarie exclusiva hacia el polo de la civilización: uno didáctico-moral, puesto que substrae de vicios peores y otro populista, de tono bastardamente democrático e igualitario («ese rey rodeado de su pueblo»). Luego, la corrida actualiza formas atenuadas de la civilización a través de los mismos rasgos por los que diverge de la barbarie; esto en dos oportunidades: cuando se homologa la función artística del toreador Montes en la arena con la de Dumas en sus novelas o la de Lemaître en el teatro y cuando se valoriza la corrida desde el indicio de su popularidad, como intérprete de emociones colectivas, en desmedro del academicismo anquilosado del otrora popular teatro español[71]. La corrida, como espectáculo nacional, es el heredero de las dos mil comedias de Lope y de los ochocientos autos de

Calderón; por lo mismo, implica un saber y un reconocimiento compartidos que el pueblo español ejerce en la arena «con más certidumbre que no lo harían las ciencias de Lavater y Gall para los hombres» (*ibid*.: 164). Es decir, el articular «las emociones del corazón» con una praxis intelectual (por primitiva que ésta sea), la corrida cumple efectivamente un rol cultural homólogo al de las formas de conciencia mediacional que definen al arte, formas de conciencia por las cuales todo un pueblo se reconoce e interpreta, simultáneamente, en su devenir histórico y antropológico totalizado[72]. A este encuentro integral de un ser con un devenir colectivo en el acto de asimilar un espectáculo que lo interpreta ontológicamente, DFS lo llama «sublime» y lo sindica como consubstancial del «deleite que causa el espectáculo de los grandes conflictos»[73] (*ibíd*.: 450-451).

La palabra «sublime» adquiere una significación condensada: por una parte *desborda* los dos términos de la oposición civilización/barbarie, por otra, los *intercomunica* haciéndolos reventar (supra: n. 5e). Los desborda porque sublime bascula «más acá» de la civilización por su carácter emocional[74] y no utilitario, pero también bascula «más allá» de la barbarie por su carácter catártico de emociones que, de otro modo, devendrían destructivas para la economía de la sociedad. Además sublime intercomunica a ambos términos, haciéndolos reventar, cuando los hace coexistir en la recepción de cada espectador como el goce estético de un espectáculo fundamentalmente no ético (sanguinario, cruel, bárbaro); en suma, la corrida recrea sincrónicamente, en el seno de la civilización, el conflicto de gozar estéticamen-

---

[70] Y por este término se conecta la corrida con «la gloriosa y aunque estéril y sangrienta historia del río de la Plata»: «Naumaquia permanente que a una u otra ribera tiene, cual anfiteatros, dos ciudades espectadoras, que han tenido desde mucho tiempo la costumbre de lanzar de sus puertos naves cargadas de gladiadores para teñir sus aguas de inútiles combates. Montevideo y Buenos Aires...» Cfr. *Ibíd*., pág. 24.

[71] Sobrevaloración de lo popular en desmedro de lo culto correlativa a esas otras evaluaciones dicotómicas que DFS realiza en la educación (instrucción primaria, secular y democrática/ educación universitaria, clasista y aristocrática) y también en la economía política (EE.UU., igual a bienestar distribuido en las masas/ Europa e Hispanoamérica igual a abienestar selectivo).

[72] Rol ideológico del arte dentro del edificio social que, en términos de E. Martínez E., cumple el rol de «un status de cultura» y que opera entre obra y realidad produciendo, generando «una conciencia del vivir social, del hacer, del pensar, del sentir, del creer, del dudar, que es lo que da unidad y sentido humano a un pueblo y a una realidad.» Cfr. *Sarmiento*, pág. 74.

[73] *Sublime*, término de referente habitual en Europa, se hace escaso en EE.UU. (sólo para las cataratas del Niágara) donde sus substitutos lexicales más adecuados para denotar a los acontecimientos y sus hombres serán «colosal», «gigantesco» y «monumental». En su relación al usuario, sublime es el síntoma de una experiencia emotiva límite: sea artística, bélica o inclusive religiosa. Frecuentes en Europa o en Hispanoamérica, desde que se entra a los EE.UU., y se asumen sus valores, las experiencias equivalentes ya no serán más «sublimes» sino «usefulness». Por ejemplo, recuerda DFS, si para él el Niágara era «sublime», para un americano la misma cascada «valía millones». Cfr. *Obras* 5: 454. Pero DFS aprenderá rápido, el término y la actitud serán frecuentes desde su correspondencia desde Washington a Argentina; incluso la recomendará como una percepción conveniente de la realidad. Cfr. *Obras* 9: 156 y ss.

[74] «¡Oh! las emociones del corazón! la necesidad de emociones que el hombre siente, y que satisfacen los toros, como no satisface el teatro, ni espectáculo alguno civilizado!» *Ibíd*., pág. 172.

440

Torero a caballo, México, siglo XIX (grabado de Manuel Manilla).

te con acontecimientos provenientes, diacrónicamente, de una estructura bárbara. Se trata de un goce estético por el que retorna lo reprimido sarmientino:

> y después de haber visto los toros en España, he lamentado que hayan pasado para nosotros los tiempos en que se quemaban hombres vivos, para ir al cabo del mundo a presenciar sus tormentos, a verlos torcerse, gemir, maldecir... (*ibíd.*: 172).

Al desembarcar en Nueva York o en El Havre DFS descubre «los pueblos activos» en relación a «los estacionarios» dejados en Hispanoamérica, y que volverá a reencontrar al sur del Ebro. Decir Europa o EE.UU es tratar de expresar «el movimiento de los caminos que unen a las ciudades entre sí, ya sean carriles, macadamizados, ferrocarriles o ríos navegables» (*ibíd.*: 358). El ritmo enfebrecido del Progreso, con su dinámica producción y circulación de mercancías, invade el escenario sarmientino; aunque no bajo la forma del metalenguaje económico —recordemos el síntoma Alberdi— sino del de imágenes cinéticas, verdaderas parábolas pedagógicas, por las que DFS aprehende el «mundo adelantado» y lo transpone, en retorno, para sus lectores americanos[75]. ¿Cuáles son estas imágenes, sus te-

mas, las diferencias y semejanzas por las que DFS expresa su asombro creciente? Estructuralista antes de la letra, DFS organiza su itinerario mediante dos correlaciones mayores: América/Europa, primero, y Europa/EE.UU, enseguida.

Entre América y Europa, en ese período que va desde su desembarco en El Havre hasta su reembarco para los EE.UU., DFS percibe mayoritariamente diferencias: valorizadas con respecto a Europa, desvalorizadas con respecto a América. El parámetro evaluador es siempre el dinamismo, el que cristaliza a través de imágenes orquestadas en varios niveles: carretero, ferroviario, fluvial, gastronómico, conyugal y lexical. Enumero en notas las cinco primeras[76]; veamos la última. Conforme a su praxis de la letra y a su cratilismo lingüístico, para DFS las palabras también son representativas de los destinos nacionales, de aquí la observación siguiente:

> El español no tiene una palabra para indicar aquel *farniente* de los italianos, el *flâner* de los franceses, porque son uno y otro su estado normal. En París esta beatitud del alma se llama *flâner*... El flâner persigue una cosa, que él mismo no sabe lo que es; busca, mira, examina, pasa adelante... Je flâne, yo ando, como un cuerpo sin alma en esta soledad de París. (*Ibíd.*: 115-116).

Movilidad espiritual del étimo que contrasta sintomáticamente con esas otras represiones lexicales, políticas e ideológicas que evidencian el portugués de Brasil («Hay una ley que prohibe el uso de este epíteto [mulato], medida segura para pesar la gravedad del mal», *ibídem*: 67) o el español peninsular cuando corrompe las palabras haciéndolas significar lo contrario de lo que significan: «Apellídanla [al *habeas corpus*] *voto de confianza*, por la conciencia que el gobierno tiene de la desconfianza que inspira» (*ibíd.*: 47). Las palabras como los hombres representativos, para DFS, contienen microcósmicamente el proceso histórico y social que, a su vez, las contiene. En este sentido, corroboran que su praxis de la letra es homóloga a la crítica ejercida por el intelectual, tal como lo entiende O. Paz: «ejercicio de la crítica como exploración del lenguaje y ejercicio del lenguaje como exploración de la realidad». (Cfr. nn. 61, 58, 66.)

La segunda oposición, Europa/EE.UU., introducirá dos cambios mayores con respecto a

---

[75] Una precisión terminológica. Cuando DFS escribe «americano» entiende «hispanoamericano» o «latinoamericano»; para aludir al norteamericano, las más de las veces, escribe «yankee», «pioneer» o «squatter» para enfatizar así el espíritu de empresa y de progreso que anima a Norteamérica contrapuesto al espíritu de inercia y abulia que caracteriza a las «naciones retardadas» de Sudamérica.

[76] Para la dinámica carretera, cfr. *Ibíd*, pág. 116; para la ferroviaria, pág. 112; para la fluvial, pág. 447; para la gastronómica, pág. 121; para la conyugal, pág. 145. Las imágenes para ilustrar las dos últimas son notables; DFS realiza un verdadero itinerario reducido a través de toda la escala social por sus comidas y sus mujeres.

la anterior, primero: una reversión de la valoración, ocupando esta vez Europa el polo des-
valorizado y EE.UU., el sobrevalorado; enseguida, un desplazamiento regresivo de la des-
valorizada Europa hacia el término América,
con el cual concluirá asimilándose. A la luz re-
troactiva de los EE.UU., DFS descubrirá, por
una parte, su discontinuidad radical con respecto a Europa y América y, por otra, una semejanza de continuidad entre las dos últimas.
Luego, el parámetro subyacente a las imágenes de esta segunda oposición no será sólo el
del dinamismo, válido para percibir diferencias
de grado, sino uno que dé cuenta de la transformación, del salto cualitativo que opondrá,
ahora, los EE.UU., a Europa y, a través de
ella, a América.

Sigamos a DFS en la descripción de una
aldea:

> La aldea francesa o chilena es la negación de
> la Francia o de Chile, y nadie quisiera acep-
> tar ni sus costumbres, ni sus vestidos, ni sus
> ideas, como manifestación de la civilización
> nacional. La aldea norteamericana es ya todo
> el estado, en su gobierno civil, su prensa, sus
> escuelas, sus bancos, su municipalidad, su
> censo, su espíritu y su apariencia. (*ibíd.*: 353).

El párrafo ilustra la continuidad de una semejanza pero también la discontinuidad de un
salto cualitativo: Europa y Sudamérica se oponen a EE.UU., del mismo modo que una sociedad estratificada aristocrática o despótica-
mente se opone a una sociedad igualitaria basada en el contrato y en el principio de asociación.

> De aquí nace que dondequiera que se reúnan
> diez yankees, pobres, andrajosos, estúpidos,
> antes de poner el hacha al pie de los árboles
> para construirse una morada, se reúnen para
> arreglar las bases de la asociación (*ibídem*:
> 397-398).

La *asociación*, he aquí el principio político-
moral axial que guía a DFS para identificar la
discontinuidad radical entre los EE.UU.,
(igualitario) y la Europa (monárquica, aristocrática o teocrática) o la América despotiza-
da. El otro principio será la *conciencia moral*,
e.d. el sentimiento vivido, interiorizado como
práctica social —insiste DFS— que tiene el
pueblo yankee de su libertad individual, la cual
garantiza y avala la conservación de la democracia de su república[77]. Estas convicciones

subyacen a las imágenes totalizadoras por las
que DFS restituye los varios niveles de su percepción de viajero. Por ejemplo, cuando describe la esfera de acción de la mujer americana soltera: «hombre de sexo femenino... libre
como las mariposas hasta el momento de encerrarse en el capullo doméstico... su peniten-
ciaría perpetua» (*ibíd.*: 360, 362). Entre la mariposa y el capullo, en ese proceso reverso,
DFS reseña dinámicamente sus «amores am-
bulantes» sobre vapores, selvas, cascadas y caminos hasta su culminación en «el roasbeef, el
hormiguero de chiquillos rubios y retozones y
el marido sudón de día y roncador de noche»
(*loc.cit.*). A continuación las estadísticas demográficas: de 4.000.000 en 1790, la población
crece a 17.000.000 en 1840. La dinámica libertad de la mariposa se ha transmutado en multiplicación de las larvas. ¡Qué lejana se halla
esta imagen matricial de la americana con respecto a esa otra, de salón, que proyectaban
Mme. Roland o George Sand!

Resurge, pues, en los *Viajes*, el pluralismo
expresivo de las imágenes sarmientinas correlativas a la diversidad de planos, simultáneamente presentes, en que se mueve su discurso
y en las que N. Jitrik veía el núcleo literario
del *Facundo* (*Muerte...*, *op.cit.*: pág. 12 y «Prólogo», *op.cit.*: XVI); pero que, en realidad, la
prolongación de su lectura ejemplar revelaría
en la mayor parte de la obra sarmientina. Si
no, corróborese la función dentro de la que se
articularían imágenes tales como la «piedra
tombal» de Servio Tulio en la *Biografía de Lincoln* (*Obras* 27:13); la Caja de Ahorros, «ter-
mómetro moral de las clases trabajadoras» en
la *Educación Común* (*Obras*: 12: 26); los re-
miendos en el vestido del andrajoso chileno
(*ibíd.*: pág. 34) o español (*Obras* 5: 158); el «libro pan» en *Educar al soberano* (*Obras* 47: 31);
la palabra libertad, «sainete ridículo» en *Instituciones sudamericanas* (*Obras* 9: 43) y, termi-
nando arbitrariamente porque la lista queda
abierta, la de «usefulness» aplicada al río Hud-
son en *Ambas Américas* (*Obras* 29: 156).

Recapitulación teórica. A manera de conclusión de las *Imago mundi*, sinteticemos la articulación teórica[78] del proceso transpositivo

---

[77] Como ya lo explicáramos en nn. 36 y 39, los EE.UU.,
representan la América del progreso opuesta a la Hispanoamérica del retardo y del retroceso. Dicotomía correlativa a principios democráticos/ principios monárquicos, raza
sajona/ raza hispana, libertad *ingénita*/ libertad *limitada*.
Formaciones mentales distintas porque «La religión del *libre examen* [norteamericana, protestante] podía ser la base

dogmática de la libertad política. El que es libre en la aceptación del dogma, tiene que ser libre en la formación de la
ley. El despotismo es imposible.» Reflexiona ese contemporáneo ideológico de DFS que fue F. Bilbao en *El evangelio
americano*, 1864. Cfr. Leopoldo Zea. *El pensamiento...*,
op.cit., pág. 140.

[78] La armadura teórica del proceso transpositivo sarmiento evoca las virtudes del modelo reducido, tal cual
fuera puesto en evidencia por Claude Lévi-Strauss en su
análisis de la gorguera del cuadro de F. Clouet (*Retrato de
Isabel de Austria*). Cfr. *Id.*, «La ciencia de lo concreto»,
op.cit., págs. 11-59.

efectuado por estas imágenes sarmientinas de intención totalizadora y permutable. Las transposiciones efectuadas implican siempre un proceso de *reducción*, de *conversión* y de *reconstrucción* del objeto otro, el cual es aprehendido y recodificado siempre en función del receptor hispanoamericano para (y desde) el cual DFS escribe como uno de sus hombres representativos. En las imágenes analizadas, observamos tres tipos de reducciones: *espacial*, cuando se reducía un país a las dimensiones de un invernadero o de una aldea; *temporal*, cuando se contemplaba el pasado, el presente y el futuro de un pueblo en una corrida de toros y del orden de las *relaciones*: regresiva o finalista, de desbordamiento o de coexistencia en el ruedo: dinámica o dialéctica en la imagen de la mujer y sus desdoblamientos sucesivos. La conversión opera siempre: a) transmutando las dimensiones cuantitativas del objeto por la de sus propiedades cualitativas, b) invirtiendo el orden del conocimiento: del todo a las partes y no al revés, ya que el Jardín, el toreo, la mujer americana o francesa y la aldea permiten aprehender cualitativamente, bajo una sola mirada, dimensiones cuantitativas imposibles de ser aprehendidas como tales bajo su forma contingente y c) haciendo del espectador de un acontecimiento el protagonista de una estructura, en cuanto es reconstruyendo la imagen como DFS, junto con su lector, recorre figuradamente las posibilidades virtuales del objeto. Por ejemplo: construyendo la imagen del Jardín en Río, DFS trocaba al sujeto tiranizado por el trópico en el Anacarsis consciente de su itinerario. Desembocamos, así, en el tercer proceso implicado por la transposición sarmientina: sus imágenes son el resultado de un trabajo de desarticulación del objeto foráneo concomitante a su inmediata reorganización, recategorización, bajo forma de imágenes sensibles que se le parecen. Entre el recorte y el ensamblaje, DFS reconstruye un simulacro autóctono —hispanoamericano— del objeto foráneo, por medio del cual tanto experimenta sus modalidades inhibidas[79] como, su misma experimentación revertida, le descubre perspectivas suplementarias sobre su propia cultura, por ejemplo: el río de la Plata visto como el anfiteatro romano, la naumaquia de Buenos Aires y Montevideo.

COLOFÓN BIOGRÁFICO

Vida. Alumbrado a los nueve meses de la Revolución de Mayo, Domingo Faustino Sar-

---

[79] Por ejemplo: el descubrimiento de su propia barbarie al describir la corrida, o, la masculinidad de la americana como consubstancia al ejercicio de su libertad.

miento —Valentín por bautismo aunque Domingo por devoción al santo familiar— confunde su proyecto existencial con el de la construcción de su país[80] a la luz del ideario civilizador de la Ilustración, del liberalismo y del positivismo que su misma obra procesa y trasciende[81]. Escritor pragmático, acuciado por el imperativo de llevar adelante la emancipación mental —y no ya política— de la herencia cultural española (sinónima para él de instituciones feudales, de despotismo político y de ideología inquisitorial), DFS, héroe de la voluntad (Groussac), hace de la literatura un arma política, de ésta un instrumento de poder y del poder un medio para imponer su proyecto civilizador en dos niveles: creación de la instrucción primaria (secular y democrática) y activación de una política inmigratoria y colonizadora del desierto. Se trata de fundar lo que

---

[80] Dos asimilaciones implícitas se operan en esta conversión de su persona por la de un representante legal y literal de Argentina: primero, asimilación de una biografía personal con una nacional consecuente con la función que DFS atribuye a los hombres representativos (*supra*: n. 7). En la concepción de L. Lugones, sería la reducción antropomórfica de la historia argentina; que es la misma por la que sus prohombres asumen el destino del país (R.A. Orgaz, *op.cit.*, págs. 30-33); segundo: asimilación del revelamiento de un enigma nacional de la evolución de un proceso cognitivo individual. «Como lo advirtió [DFS] al írsele revelando al mismo tiempo el enigma de la vida de su patria y el de sus propias facultades intelectuales. Al descubrir que era un ente y hasta una entelequia de su tierra.» (Cfr. E. Martínez E. *Invariantes...*, pág. 8). Lo que también corrobora E. Anderson Imbert: «Leer a Sarmiento es comprender el país; estudiar el país es encontrarse en todos los caminos la figura de Sarmiento.», cfr. *op.cit.*, pág. 72.

[81] Escribo «procesa y trasciende» por tres motivos: primero, porque DFS no es un autor que encarne y ejemplifique una ideología *a priori*, más bien «se evade sin remedio de las rígidas formas de toda escuela filosófica. No es posible adscribirlo a ninguna dirección» Cfr. J. Mantovani, «La tarea de Sarmiento y su generación», *Sarmiento: educador, sociólogo, escritor, político* (edic. de la Universidad Nacional de Buenos Aires), *op.cit.*, pág. 14. Segundo, porque DFS, al igual que José Martí, practica una *recepción original* de los modelos mentales europeos; como él mismo lo recomienda explícitamente en la «Introducción» a su *Facundo* cuando critica las biografías realizadas sobre Bolívar, en las que se ve «un Napoleón menos colosal» pero no «al caudillo americano, al jefe de un levantamiento de las masas» (*Ibíd.*, págs. 18-19). Tercero, porque DFS procesa las ideologías reconocidas (iluminismo, liberalismo. positivismo) produciendo *distorsiones* en su aplicación. Por ejemplo, cuando en la organización del *Facundo* modifica el orden iluminista (hombre, medio, nación en medio, hombre, nación), con lo que DFS va a anticipar las más notorias tesis positivistas del determinismo geográfico. O, cuando la perduración por su interés romántico por el «hombre» lo lleva a crear las «biografías históricas», sociales, pero, nueva complicación, biografías de réprobos y no de virtuosos, ya que quién había era Rosas y no Napoleón. O bien, la substitución del idealizado «buen salvaje» de Rousseau (que volverá a resucitar después en la novela indianista) por el «bárbaro» desprovisto de toda connotación romántica positiva. Distorsión en la aplicación de los modelos mentales europeos que impide su uso irrestricto, no mediado, en la literatura sarmientina. Cfr. N. Jitrik, «Prólogo», *op.cit.*, XVIII, XX. XXXIX, XLIII.

no hay (los principios morales de asociación que rigen las democracias igualitarias), regenerando lo que hay (barbaries indígenas, mestizaje criollo y caudillismo), mediante la creación de escuelas (normales, primarias, de artes y oficios, nocturnas) y de una nueva raza que substituya los vicios civiles de las costumbres hispano-árabe-indígenas del criollo por las virtudes cívicas admiradas en los pueblos adelantados. Adalid de un liberalismo racionalista y de un positivismo práctico (y no espiritual, como el de José Martí, por ejemplo), DFS se sirve de su escritura como una plataforma política que le permita cumplir fines docentes y concretos. Con esta finalidad milita dentro del aparato de Estado (sucesivamente cronista militar, senador, ministro, gobernador, embajador en EE.UU., presidente de la república, senador de nuevo y, finalmente, director general de escuelas) haciendo de la escuela un anexo del país y del país un inmenso laboratorio de progreso[82]. Pero, dado su andar teóricamente a tientas, los adelantos proyectados no funcionaron en pro del progreso sino que en los de una barbarie sofisticada; la que DFS constatará, en pleno ejercicio presidencial, en una

carta palinódica a un ministro venezolano que le solicitaba su asesoría pedagógica, le responde DFS: «Progreso que trajo regresión, al crecimiento de la industria una población crece sin que el Estado se consolide... Babel lingüística [se refiere a Buenos Aires], desinterés civil» (carta a Rojas Paul del 2 de abril de 1870, *Obras*: 47: 9).

La sociedad argentina ha progresado materialmente pero por dentro se ha desmoronado el ciudadano, y con él las virtudes cívicas predicadas enfáticamente por DFS: consecución del bien común, honestidad civil, espíritu de ahorro familiar, ideal del *homo faber*. Hacia el final de su carrera político-pedagógica se reabre para DFS, en el suelo patrio, el ciclo del exilio civil iniciado en Chile cuarenta años antes. Sus últimos años DFS «levanta contra sí mismo un movimiento de oposición repudio, de conjuración tácita, de detracción y de olvido» (E. Martínez Estrada. *Sarmiento*, página 145). Concluyamos recordando la afirmación de M. Bataillon: «prophète qui ne fut nulle part mieux écouté que loin de son pays; un homme qui a commencé sa carrière politique par l'exil et qui est resté l'exilé par excellence» («Introduction», *op.cit.* pág. 15).

Para una *Cronología* exhaustiva de DFS y su época, recomendamos consultar la preparada por Nora Dottori y Silvia Zanetti en la edición del *Facundo* prologada por N. Jitrik y publicada por Biblioteca Ayacucho, *op.cit.*, 305-371.

---

[82] Escribe DFS: «Necesitamos hacer de toda la República una escuela. ¡Sí! una escuela donde todos aprendan, donde todos se ilustren.» Comenta Ricardo Levene: «Era la imagen agrandada de una República escolar, la Nación como una familia o vista en el taller del trabajo y con la disciplina del aula.» Cfr. «Sarmiento, sociólogo de la realidad americana y argentina», *Humanidades* 37, 1938, 96.

BIBLIOGRAFÍA

OBRAS

Obras de Domingo Sarmiento, 52 más un Indice general de términos, Tomos 1 a 6: edición de Luis Montt, Reimpresión [1.ª ed., 1885], París, Belin Hnos. Editores, 1909.
Tomo 7: edición de Luis Montt, Auspicio del gobierno argentino, Santiago, Imprenta Gutenberg, 1889.
Tomos 8 a 49: edición de Augusto Belin S. Auspicio del gobierno argentino, Buenos Aires, Imprenta «Mariano Moreno», 1895-1900.
Tomos 50 a 52 más Indice, edición de Augusto Belin, Auspicio del gobierno argentino, Buenos Aires, Imprenta Borzone, 1903.
Domingo F. Sarmiento, *Facundo*. Prólogo y notas de Alberto Palcos, Reimpresión corregida y aumentada [1.ª ed., 1938], Buenos Aires, Ediciones Culturales Argentinas, 2.ª ed., 1962.
Domingo F. Sarmiento, *Recuerdos de Provincia, Precedido de Mi defensa*, Prólogo de Juan Carlos Ghiano, Buenos Aires, Sur, 1962.

BIOGRAFÍAS

BUNKLEY, Allison W., *The life of Sarmiento*, Nueva York, Greenwood Press, Publ., 1952.
ROJAS, Ricardo, *El profeta de la pampa, Vida de Sarmiento*, Buenos Aires, Losada, 1945.

CRÍTICA

GUERRERO, Luis Juan, *Tres temas de filosofía argentina en las entrañas del Facundo*, Buenos Aires, 1945.
JITRICK, Noé, *Muerte y resurrección de Facundo*, Buenos Aires, Centro Editor de América Latina, 1968.
MARTÍNEZ ESTRADA, Ezequiel, *Sarmiento*, Buenos Aires, Argos, 1946.
— *Los invariantes históricos en el «Facundo»*, Buenos Aires, Casa Pardo, 1974.
ORGAZ, Raúl A, *Sarmiento y el naturalismo histórico*, Córdoba, Impr. Argentina, 1940.
PRIETO, Adolfo, *La literatura autobiográfica argentina*, Rosario, Fac. de Filosofía y Letras, 1963.

b) Artículos

ALBARRACÍN, S., Carlos, «Doble destino de *Recuerdos de Provincia*», *Humanidades,* 37 (vol. 2), 1961, 25-56.

BATAILLON, Marcel, «Introduction», en Domingo F. Sarmiento, *Souvenirs de Province,* Trad. de G. Gabrini. París, Nagel, Coll. Unesco d'oeuvres représentatives, Série Ibero-Américaine, 1955, 7-21.

GHIANO, Juan Carlos, «La forma autobiográfica en *Recuerdos de Provincia*», *Humanidades,* 37 (vol. 3), 1961, 23-41.

HALPERIN DONGHI, Tulio, «Prólogo: Sarmiento y La Campaña en el Ejército Grande», en Domingo F. Sarmiento, *Campaña en el Ejército Grande Aliado de Sud-América,* Edición, prólogo y notas de *Id.* México, F.C.E., Biblioteca Americana, 1958, VII-LVI.

JITRIK, Noé, «El *Facundo:* la gran riqueza de la pobreza», en Domingo F. Sarmiento. *Facundo.* Prólogo de *Id.* Notas y Cronología de Nora Dottori y Silvia Zanetti. Caracas: Biblioteca Ayacucho, 1977, IX-LII.

MORSE, Richard M., «La cultura política Iberoamericana: de Sarmiento a Mariátegui». Trad. de Jorge Hernádez, C., *Vuelta* 58, septiembre 1981, 4-16.

PALCOS, Alberto, «Prólogo», en Domingo F. Sarmiento. *Viajes 1: de Valparaíso a París.* Buenos Aires: Librería Hachette, S. A., 1955, 7-40.

«Prólogo», en Domingo F. Sarmiento, *Facundo, op. cit.,* IX-XXII.

José Victorino Lastarria: publicista y literato liberal (1817-1888)

Bernardo Subercaseaux

En 1888, Enrique Nercasseaux, a pocos meses de morir Lastarria, decía que él había sido durante toda su vida «un liberal por convicción y también por temperamento». Al decir «convicción» apuntaba sin duda a las ideas, a los principios, a la doctrina política. Y en efecto desde que en 1836 Lastarria se inicia como profesor (a los diecinuéve años) hasta 1888 en que muere, su actividad literaria, pedagógica, parlamentaria y diplomática estará orientada por la causa liberal. Tal vez el rasgo distintivo en su caso haya sido la vehemencia con que durante toda su vida difundió esos principios. «Si hubiera de elegirse —escribía un cronista en 1917— una persona que representase al liberalismo del siglo XIX en Chile, no podría ser sino Lastarria.»

¿Pero qué quería decir Nercasseaux cuando agregaba que Lastarria era también liberal por «temperamento»? Pensaba sin duda en su idiosincrasia, en algunos rasgos de personalidad que lo mostraban como liberal aun en actividades que no eran propiamente políticas. En el aula, en el foro, en la tribuna, o en sus cuentos y novelas puede percibirse una índole enseñadora, un estilo conscientemente predicador, que busca persuadir con la palabra y que recurre a la elocuencia, al tono declamatorio y a la exuberancia verbal, una naturaleza íntima que podría calificarse de docente.

«Me di siempre por liberal —decía Lastarria al autodefinirse— pero nunca por pipiolo o por representante de partido alguno»[1]. Como instigadora de su acción, su convicción liberal carecía para él de parámetros externos; era más bien una causa individual recelosa del proselitismo, una causa moldeada en su propia conciencia, una causa absoluta e ideal. La cara externa de esta concepción casi religiosa del liberalismo fue en lo político la intransigencia, la idea de que los principios liberales eran absolutos y cualquiera que fuese la circunstancia no podían transarse. Los credos —pensaba— había que mantenerlos —pensaba— incontaminados. En 1880, casi al fin de sus días, fustigaba todavía las concesiones doctrinarias, la

política que él llamaba «de la madre rusa», de esa madre que sorprendida en las estepas por una manada de lobos fue arrojando a sus pequeños,uno tras otro, tratando inútilmente de saciar a los lobos, hasta que cayó ella misma devorada:

> Esa es la política de los sacrificios inútiles... No, no debemos abandonar nunca la lógica y la integridad de las doctrinas. Las reformas a medias, incompletas, truncas comprometen y desprestigian más de lo que sirven...[2]

La clave de este estilo intelectual intransigente parece estar en algunos aspectos sico-sociales de su biografía. El padre de José Victorino, después de retirarse del ejército se estableció en Rancagua, donde un incendio consumió su negocio y sus ahorros. Cuando Lastarria llega a Santiago es un estudiante pobre, cuya familia carece de recursos y no figura entre el vecindario «decente» de la época. En una sociedad jerarquizada, en la que las familias de la aristocracia terrateniente acumulaban poder e influencias, ello representaba una considerable desventaja. El memorialista José Zapiola recuerda que en Santiago algunas escuelas estaban divididas en dos secciones, no por el grado de rendimiento ni por la clase de estudios, sino por la categoría social a la que pertenecía el niño. «Los más distinguidos —dice— ocupaban los dos lados del salón más próximos al maestro, que tenía su asiento en la testera». A un muchacho de provincia que llegaba a un mundo estamentado y que carecía de respaldo social, sólo le quedaba, para afirmar su individualidad, un camino: el estudio. Del joven rancaguino podría decirse lo que en *Martín Rivas* se dice del protagonista: «Después del día siguiente [a su llegada de provincia] principió Martín sus tareas con el empeño del joven que vive convencido de que el estudio es la única base de un porvenir feliz, cuando la suerte le ha negado la riqueza». Así parece haberlo hecho Lastarria, que fue, recordemos, por sus dotes intelectuales el alumno

---

[1] Lastarria, «Nota de uno de los Diputados de Rancagua al gobernador de aquel departamento», *Revista de Santiago*, T. III, Santiago, 1849, pág. 61.

[2] Citado por Augusto Orrego Luco, «Don Victorino Lastarria, impresiones y recuerdos», *Revista Chilena,* año 1, T. I, Santiago, 1917, página 12.

de mayor renombre de José Joaquín de Mora en el Liceo de Chile y, más tarde, de Andrés Bello, en el Instituto Nacional y en sus lecciones particulares.

Hay que señalar que la educación tenía entonces un marcado carácter público: en los periódicos se publicaba cada trimestre un informe sobre el estado y el progreso de los alumnos, se anunciaban el inicio y el término de las actividades, se publicaban los resultados completos de los exámenes, señalando no sólo a los alumnos más destacados sino también a los mediocres y a los malos. Considerando, pues, la situación de Lastarria y el carácter de la sociedad, sobresalir intelectualmente e identificarse con la formación liberal que recibe de Mora (y en parte también de Bello), representaba para él una necesidad vital, una posibilidad de afirmarse y de trascender su origen.

Un documento de 1839, escrito a los 21 años (y que permaneció inédito hasta 1938)[3] constituye un claro indicio de lo que decimos. Lastarria consigna allí los datos de su formación desde el momento en que ingresa en el Liceo de Chile. Da detalles de los cursos que siguió, del día exacto que rindió tal o cual examen y que entró o salió de tal o cual establecimiento. Incluye también los datos de su graduación forense en 1836 y su nombramiento como profesor de Legislación Universal en 1837 y de Derecho de Gentes y Geografía en 1838. Resulta curioso que recuerde con tanta exactitud la fecha de exámenes rendidos hace una década. Resulta también curioso el propósito del escrito. Parece ser un recuento íntimo en que revisa lo logrado en veintiún años, un documento de reafirmación vital: ¡esto es lo que he llegado a ser y lo que soy! Un documento significativo por la precisión con que rememora sus estudios, y también porque excluye casi todo lo que no esté directa o indirectamente vinculado a su formación liberal.

De estos «papeles inéditos» es también reveladora la lista que compila en noviembre de 1838 «de los libros que poseo». En derecho incluye a Vinio, Campomanes, Filiangieri (*Ciencia de la legislación*); Constant (*Comentarios a Filiangieri);* Bentham (*Tratado de legislación);* Montesquieu (*Espíritu de las leyes)*; Rousseau (*Contrato Social*); Pradt (*Concordato de América)*; Destutt de Tracy (*Comentarios sobre las leyes);* y también a Lamennais (*Palabras de un creyente*). En literatura tiene poesía y sólo algunas *Novelas ejemplares* de Cervantes y *El Talismán* e *Ivanhoe* de Walter Scott. En total 263 volúmenes, 118 de derecho

y 145 de literatura, historia y geografía. El inventario resulta elocuente por los títulos y por el modo en que está concebido: frente a cada obra Lastarria coloca su precio exacto. Al indicar con tanta precisión su valor está también valorizándose a sí mismo. Esos libros están integrados a su ser, son extensiones de su cuerpo, que le ayudan a confrontar un medio social poco ventajoso.

Ni en *Recuerdos literarios* (1878) ni en ningún otro escrito se refirió Lastarria a sus padres, a su pasado provinciano o a la ciudad de Rancagua, donde transcurrió parte de su infancia. De su familia el único personaje que rescata es a su abuelo, Miguel de Lastarria[4]. Un abuelo ilustrado, partidario de reformas liberales en las cortes españolas, defensor en Lima de los derechos de los mulatos y perseguido por la Inquisición por sus ideas antiescolásticas. La vida de Lastarria parece, pues, empezar con su existencia ideológica. Su nacimiento ocurre cuando toma contacto con las ideas liberales, y su padre real cede el paso a la paternidad ideológica de su abuelo. Esta identificación absoluta con los principios indica que Lastarria encuentra en ellos un refugio y una afirmación como individuo. El epíteto de *self made man,* que le diera Eugenio María de Hostos, sólo se entiende —considerando que Lastarria jamás tuvo fortuna personal— en el contexto de esta tenacidad por llevar adelante las ideas liberales, y junto a ellas, a su propia persona. De allí entonces ese liberalismo a ultranza, que angostaba la realidad al campo de las ideas y que aparece acompañado casi siempre por una actitud intransigente y altanera.

Este proceso de reafirmación individual (que se proyecta en sus discursos y ensayos) va dejando a través de los años una estela de mofas y burlas y otra de resentimientos e intransigencias. Era «hombre de pasiones vivas... tan vivas que nunca las ha podido refrenar» decía un comentarista en 1864. En *Recuerdos literarios,* Lastarria evoca a la juventud de fines de la década del treinta como «una... juventud selecta...y elegante, que figuraba con brillo en la sociedad... dando el tono en los estrados, y mirando por encima del hombro a los pocos *jóvenes educados... que se daban por liberales».* En 1849, momento de acalorada pugna política, *El corsario,* diario de los conservadores, llama a Lastarria «Huacho, roto, pícaro» y lamenta que se le hubiera dado educación. Y en 1850, otro periódico, lo pinta en versos satíricos como un pobretón «mal nacido, que... por

[3] Papeles inéditos de don J.V. Lastarria, *Revista Chilena de Historia y Geografía,* año VII, T, XXI, 25, Santiago, 1917, págs. 467-481.

[4] J. V. Lastarria, «Noticias biográficas de don Miguel de Lastarria», en Benjamín Vicuña Mackenna, *Historia de Santiago,* Valparaíso, 1869.

ser algo se desvive», como un predicador de «libertades» y como un «chuchi fastidioso». Lastarria, por su parte, en carta a un amigo íntimo, confiesa que «No es patriotismo, ni ambición, ni vanidad» lo que lo mueve, «es solo
odio», dice[5].

Se trata, entonces, de un fenómeno de afirmación individual, pero incrustado en un proceso más amplio de afirmación social. En este
sentido Lastarria representa —como lo deja
entrever en 1844— los intereses de los todavía
incipientes sectores medios[6]. Varias veces manifiesta su rencor frente a la oligarquía y también frente a los sectores de clase media que
buscan identificarse con ella, a quienes —según afirma— lapidó para siempre con un neologismo de su invención: «síuticos».

Ya maduro, el mismo Lastarria advierte que
su susceptibilidad vidriosa tenía razones bio-
gráfico-sociales:

> Tuve que luchar —dice— con el ridículo y la
> difamación, y fui desde el principio burlón
> para evitar el ridículo violento para suprimir
> la difamación. De aquí la susceptibilidad, el
> excesivo amor propio, el mal genio que me
> atribuyen y que en general no han sido en
> mi naturales, sino obra del cálculo y preme-
> ditación... En la prensa, en los debates par-
> lamentarios, he tenido que ser soberbio, con-
> tra lo que me parecía que indicaba desprecio
> o ridículo, altanero contra el poder que pre-
> tendía avasallarme, dogmático y perentorio
> contra todo error, implacable contra los es-
> peculadores y traficantes de la moral y de la
> política[7].

A la luz de la idiosincrasia liberal de Lastarria debe entenderse, pues, su estrategia selectiva, lo que a lo largo de su vida elige y lo que
desecha, lo que recuerda y aquello que prefiere, en cambio, olvidar. Su soberbia doctrinaria está vinculada a una marginalidad social
que tiene como correlato un tema recurrente
en su obra ficticia: el del proscrito. Proscritos
son los protagonistas de su intento de novela
histórica «El mendigo» (1843), de su alegato
social «El manuscrito del diablo» (1849), de su
primera novela extensa *Don Guillermo* (1860)
y de su ensayo de novela naturalista *Diario de
una loca* (1875). En todas estas obras los protagonistas son personajes marginados o perse-
guidos por un mundo en que privan los valores anti-liberales.

José Victorino Lastarria a los veinticinco años.

La intransigencia liberal de Lastarria lo pre-
dispone, por otra parte, a un liberalismo que
hace hincapié en el desarrollo del individuo y
en el carácter absoluto de la libertad, más bien
que en el aspecto económico o en la democratización efectiva de la sociedad. Luis Oyarzún
ha reparado en las poquísimas páginas que en
sus obras, tan abarcadoras, dedica Lastarria al
tema de la economía. Al ubicar el gobierno de
Portales en las antípodas del liberalismo, el publicista asume una perspectiva que lo lleva a
combatir apasionadamente la política de aquellos que concentran sus esfuerzos en el fomento de los intereses materiales, en desmedro de
la libertad y de los fines espirituales de la vida.
Además de incidir en su desinterés por la economía, esta perspectiva lo inclina a concebir
en su obra ensayística la reforma ideológica (la
transformación de la conciencia) como previa
a la reforma económica e incluso política.

Hacia 1838, un año después de la muerte de
Portales, Lastarria —como señalábamos—
hace un recuento de su patrimonio ideológico,
signo de que considera ya cumplida su etapa
de formación. Ese año sus convicciones lo llevan a concebir un plan que habrá de orientar-

[5] Citado por Alejandro Fuenzalida Grandón, *Lastarria
y su tiempo*, t. II, Santiago, 1911, pág. 364.

[6] J. V. Lastarria, *Investigaciones sobre la influencia social de la conquista y del sistema colonial de los Españoles
en Chile*, Santiago, 1844, págs. 94 y 98.

[7] Citado por Armando Donoso, *Recuerdos de 50 años*,
Santiago, 1947, pág. 48.

lo durante toda su vida y que puede, sin vacilación, adjetivarse de liberal e ilustrado. El plan consiste, según sus propias palabras, en «combatir los elementos viejos de nuestra civilización del siglo XVI para abrir campo a los de la regeneración social y política», lo que debe «conducirnos al gran fin» de la *emancipación* del espíritu, y con ella la posesión completa de la libertad, es decir del derecho»[8].

En 1868, Lastarria, dando una visión retrospectiva de la producción de sus últimos 30 años, hace referencias explícitas al plan de 1838. Consistió, decía, en:

> atacar el pasado y preparar la *regeneración* en las ideas, en el sentimiento y en las costumbres... era un plan de guerra contra el poderoso espíritu que el sistema colonial inspiró a nuestra sociedad... Pretendíamos reaccionar contra todo nuestro pasado social y político y fundar en nuevos intereses y en nuevas ideas nuestra futura civilización.

Por las dimensiones de la tarea propuesta, el plan es indicio de que Lastarria se identifica con ese tipo de escritor creado por el siglo XIX que se ve a sí mismo como conciencia intelectual del país. Los conceptos de «regeneración» y «emancipación» en que se centra el plan, connotan la idea de volver a instalarse en el carril de lo que se era y de liberarse de la sujeción en que se estaba. En su carácter bipolar la idea de regeneración es el eco de una concepción frecuente en los filósofos alemanes del período romántico (Lessing, Herder), concepción según la cual el destino de la humanidad es congruente con el esquema bíblico de la pérdida del paraíso y de su posterior recuperación. Se trata de una regresión pero también de un progreso, de una idea que está entonces teñida de utopismo. Recreada abundantemente por la poesía romántica europea, esta concepción pierde el carácter mítico-espiritual (las circunstancias históricas y el esquema liberal deslavan el neo-platonismo de la fuente europea) y se restringe a la idea de que «regenerarse» equivale a «desespañolizarse» y a recuperar la naturaleza humana trastornada por la conquista. Especialmente en sus primeros ensayos históricos la historia es para Lastarria un fenómeno dual. Concibe, por una parte, la evolución histórica como naturaleza, como desarrollo regulado por una racionalidad inmanente, separada del hombre. «La ley del progreso —explica en sus *Investigaciones* de 1844— es ley de la naturaleza» desde esta perspectiva la colonización española fue una empresa contra natura y la Independencia, el momento en que la naturaleza ultrajada empieza a recobrar su dignidad envilecida. Pero el desarrollo natural de la sociedad, que debía culminar en la democracia republicana, no basta, la historia tiene también otra dimensión, se necesita —dice Lastarria— el apoyo de la ilustración, del espíritu, para que así la tarea de la «regeneración», en que está todo aún por hacer, pueda llevarse a cabo.

El plan de 1838 busca, pues, reformar la conciencia y reeducar el espíritu como punto de partida para reformar las instituciones en un sentido liberal. Es un plan no de revolución (nada se dice de la tenencia de la tierra) sino de evolución (de la conciencia), y que requiere, por ende, de todos los medios posibles:

> Había tenido —explicaba Lastarria en el prólogo a su *Miscelánea histórica* de 1868— que hacerme historiador... de dos civilizaciones, una que caduca y otra que se levanta, porque se necesitaba mostrar la deformidad, la incongruencia... de la primera en nuestra época... Había tenido que hacerme literato para auxiliarme en este propósito con todas las formas del arte... Había tenido, en fin, que hacerme publicista para trazar la nueva senda, para enseñar y hacer triunfar los principios democráticos... Obras políticas y literarias, grandes y pequeñas, francas o disfrazadas, insolentes o humildes, didácticas o de fruslerías, todo era bueno siendo oportuno y consagrado el gran propósito.

Según Lastarria aun después de la Independencia la influencia negativa de la Colonia seguía operando en las costumbres e instituciones de la sociedad chilena, por ello el plan se propone reformar las conciencias para transformar la realidad. Desde esta perspectiva lo sustantivo para Lastarria es la emancipación de la conciencia, y lo adjetivo, la literatura, la historia, la prensa, el derecho etc. Se trata también sin embargo, de actividades interdependientes, puesto que según la ley de unidad del progreso social —en la que Lastarria cree con fervor— es imposible que no se opere un progreso o retraso en la «emancipación» sin que este cambio trascienda en un progreso o retraso análogo en las diversas actividades, y viceversa.

No es un plan directamente literario, aunque incluye sí una concepción utilitaria de la literatura. Para Lastarria la literatura no es sólo la expresión imaginaria, sino toda la expresión escrita, toda actividad intelectual que tenga un fin edificante, que difunda el ideario liberal y que tienda a transformar los residuos de la mentalidad de la Colonia en una nueva conciencia nacional. En 1868 el publicista se

---

[8] J. V. Lastarria, «Prólogo», *Miscelánea histórica y literaria*, Valparaíso, 1868, T. I, p.v. Subrayado es nuestro.

concibe a sí mismo como un soldado que ha tenido que batallar solo para llevar adelante las aspiraciones planteadas en 1838, un soldado, dice que

> hacía su tarea en la cátedra, en la prensa, en los puestos públicos, persiguiendo en todas estas esferas su propósito... valiéndose de todas las formas del arte, desde el drama y la novela, hasta el ligero artículo de costumbres; desde el estudio filosófico de las grandes cuestiones y de los grandes sucesos, hasta la ardiente polémica de su partido, desde el discurso severo y elevado...hasta la charla jovial y pasajera.

A esta batalla hay que vincular también su vehemencia por promover instituciones literarias, como la Sociedad de 1842, o el Círculo de Amigos de las Letras de 1859 y de 1869, o la Academia de Bellas Letras de 1873.

El plan es un medio para transformar la sociedad desde una perspectiva que Lastarria considera justa (y que responde objetivamente a la necesidad de superar elementos precapitalistas) y a la vez un mecanismo para lograr el reconocimiento que persigue. Se trata de un proyecto ilustrado en la medida que es racionalista, que tiene un fin didáctico y que presupone el poder de las ideas y la tendencia natural del hombre a la perfectibilidad; y de un programa liberal, porque la emancipación de las conciencias es para Lastarria un primer paso, al que debe seguir la modernización —en un sentido liberal— de las instituciones políticas, jurídicas, religiosas y educacionales.

Teniendo en cuenta lo que el propio Lastarria señala sobre su plan, podría concebirse su obra (relatos, cuadros de costumbres, novelas, memorias literarias, ensayos históricos, textos de jurisprudencia, folletos políticos, discursos parlamentarios etc.) como un conglomerado de cañerías por las cuales —desde el depósito de su conciencia e intransigencia liberal— fluiría un mismo líquido. Esta visión implicaría, empero, suponer que el liberalismo de Lastarria fue una ideología monolítica, siempre igual a sí misma y aislada del desarrollo histórico de Chile. Lo cierto, en cambio, es que experimentó una evolución, y que por lo tanto los rasgos generales a que nos hemos referido, aunque afloran una y otra vez, fueron también a menudo matizados por circunstancias sociales y políticas diversas o por la influencia de nuevas corrientes de pensamiento.

Pueden distinguirse, en este sentido, por lo menos cuatro etapas en su itinerario de publicista liberal: la primera incluiría el «Discurso» a la Sociedad Literaria, de 1842, las *Investigaciones sobre la influencia social de la conquis-*

ta..., de 1844, y «El manuscrito del diablo» de 1849, fecha esta última que marca el momento más avanzado en su pensamiento político, un momento en que Lastarria a diferencia de otros liberales se manifiesta partidario de unir fuerzas con la Sociedad de la Igualdad y con un programa que podría calificarse de democrático burgués. Luego de un corto destierro, producto del fracaso del movimiento de 1849, se produce una involución en su pensamiento, un intento por desligarse de un pasado jacobino y por enmarcarse en un liberalismo idealista y antipopular que sigue de cerca a Benjamín Constant. Este período, que se prolonga hasta mediados de la década de los 60, incluye, entre otras obras, su cuento alegórico «Diario de una vinchuca» (1858), su novela alegórica *Don Guillermo* (1860) y el ensayo *Libro de oro de las escuelas* (1862). En esta etapa escribe también varios manuales y tratados de jurisprudencia. El tercer momento, a partir de 1868, se caracteriza por un liberalismo positivista, en que Lastarria mezcla la tesis de Comte con sus propias ideas, combinando contenidos idealistas y cientificistas, y vistiendo con ropaje positivista a una concepción metafísica de la libertad. De este período destacan sus *Lecciones de política positiva* (1874) y sus novelas

Lastarria a los cuarenta y tres años.

cortas *Diario de una loca* (1875) y *Mercedes* (1875).

La última etapa abarcaría desde 1876 hasta su muerte en 1888. Constituye más bien un momento de desilusión liberal, no de las ideas sino de la práctica política liberal, de los gobiernos liberales y del partido liberal. Pero sobre todo se trata de una etapa en que Lastarria siente que no ha logrado el reconocimiento por el que venía batallando desde 1838, una etapa en que el resentimiento y el tono quejumbroso se convierten en tópicos obsesivos. Por otra parte, al sentirse proscrito, el publicista, a modo de respuesta, incrementa su vanidad y redobla el afán porque se reconozca su rol como precursor del desarrollo político y literario del país. La obra más importante de esta etapa es sin duda *Recuerdos literarios* (1878), libro que intenta historiar el desarrollo intelectual y liberal de Chile y que está escrito desde la óptica de quién busca poner de relieve el papel que le cupo en ese desarrollo. Mezcla de memoria histórica, de ensayo a lo Montaigne y de alegato legal, es una de sus obras más importantes por los datos que aporta para la historia de las ideas y de la literatura chilena. Libro en que convergen la organización cronológica y la ambición de documentar lo que se dice, con un tono de reflexión moral y con un autor que hace las veces de acusado, de principal testigo y de abogado defensor. Además de *Recuerdos* habría que mencionar en este período final su novela pre-modernista *Salvad las pariencias,* publicada en 1884 con el seudónimo de «Oriental».

La crítica ha destacado a Lastarria como impulsor del romanticismo (Alegría, 1947), como inaugurador del género cuento en Chile (Silva Castro, 1948, Castillo, 1959), como paradigma de una generación (Goic, 1967, Promis, 1977) o como el primer novelista moderno del país (Goic, 1967); no son, sin embargo, éstas las características que hacen de él un autor básico en la literatura chilena del siglo XIX,

más bien, como hemos señalado en otra oportunidad[9], constituyen afirmaciones discutibles y hasta difíciles de aceptar.

Que sea un autor básico no quiere decir que la suya sea una obra intrínsecamente fundamental. Sus creaciones, si se las considera desde el punto de vista de su composición, son en algunos casos insuficientes («El mendigo», «El manuscrito del diablo», *Don Guillermo)* y sus ideas literarias reinterpretaciones —a veces no bien asimiladas— de ideas y doctrinas europeas (como por ejemplo su Discurso en el Círculo de amigos de las Letras, en 1869); a pesar de ello sus obras e ideas desempeñan un importante papel histórico y estético en la literatura chilena. Cuando afirmamos·que es un autor básico decimos entonces que es un autor más importante para la historia literaria que para la literatura, para el sistema literario en su conjunto y para su estudio en términos de proceso, que para el husmeo filológico-estético de una obra determinada.

Su obra ficticia, a pesar de todas sus debilidades, es una desconstrucción permanente del orden católico-conservador-feudal legado por la Colonia. Su empeño constante por vincular la creación literaria a la experiencia social, trae consigo a la postre, más que un cambio de la realidad, un conocimiento dialéctico de las normas y obstáculos de la creación literaria. La carga ideológica y la índole docente de sus escritos, aunque limitantes en el plano estético, constribuyen a fomentar el espacio histórico-cultural en que se gestan obras como *Martín Rivas.* Lastarria es en definitiva un autor fundamental porque tanto a través de sus ideas como de sus obras abre y promueve un espacio para la cultura chilena liberal del siglo XIX.

[9] Bernardo Subercaseaux, «J. V. Lastarria: intento de fundación de una literatura nacional», *Cuadernos Americanos,* 1, México, 1979, págs. 175-186. «Nacionalismo literario, realismo y novela en Chile». *Revista de Crítica literaria latinoamericana,* 9, Lima, 1979, págs. 21-32.

BIBLIOGRAFÍA

ALEGRÍA, Fernando, «Orígenes del romanticismo en Chile», *Cuadernos Americanos,* 5, México, 1947, págs. 173-193.
—«Lastarria: el precursor», *Atenea,* 139, Concepción, 160, págs. 48-55.
Correspondencia entre Sarmiento y Lastarria, 1844-1888, Anotada por M. Luisa del Pino de Carbone, Buenos Aires, 1954.

FALETTO, Enzo y KIRKWOOD, Julieta, *Sociedad burguesa y liberalismo romántico en el siglo XIX,* Flacso (mimeografiado), Santiago, 1974.
FUENZALIDA GRANDÓN, A., *Lastarria y su tiempo,* 2 tomos, Santiago, 1911.
GOIC, Cedomil, «Lastarria y la democracia en Chile», *Atenea* 359, Concepción, págs. 226-249.

LASTARRIA, J. V., *Obras completas de Don J. V. Lastarria,* 14 tomos, Santiago, 1906-1934.

—*Diario político, 1849-1852* (No incluido en *Obras Completas),* Santiago, 1896.

IÑIGO-MADRIGAL, Luis, «Lastarria y *Don Guillermo»,* prólogo a *Don Guillermo* de J. V. L., Santiago, Nascimento, 1972, págs. 7-24.

OYARZÚN, Luis, «Lastarria y los comienzos del pensamiento filosófico en Chile durante el siglo XIX», *Revista de Filosofía,* Santiago, 1949, págs. 27-56. *El pensamiento de Lastarria,* Santiago, 1953.

PROMIS, José, «Las ideologías generacionales de la literatura chilena a través de documentos literarios», en *Testimonios y documentos de la literatura chilena,* Santiago, 1977, págs. 5-68.

RODRÍGUEZ BRAVO, Joaquín, *Don José Victorino Lastarria,* Santiago, 1892.

SACKS, Norman P., «J. V. Lastarria: un intelectual comprometido en América Latina», *Revista Chilena de Historia y Geografía,* 140, Santiago, 1972, págs. 152-193.

WOOL, Allen, «The Philosophy of History in Nineteenth Century Chile: the Lastarria Bello Controversy», *History and Theory,* 13, Connecticut, 1974, págs. 273-290.

«Positivism and history in Nineteenth Century Chile: J.V. Lastarria and V. Letelier», *Journal of History of Ideas,* XXXVII, Filadelfia, 1976, páginas 493-506.

ZAÑARTU, Sady, *Lastarria, el hombre solo,* Santiago, 1938.

Juan Montalvo (1832-1889)

RENÁN FLORES JARAMILLO

Resultaría difícil explicar el Ecuador del siglo XIX sin exponer, al propio tiempo, las vidas de Gabriel García Moreno y de Juan Montalvo, los arduos antagonistas de un tiempo en que se plasmaba el perfil de la Nación americana.

Y es que García Moreno y Montalvo, a pesar de rechazarse, se complementan y complementan al país. El primero es el político por antonomasia, producto de un instante de la humanidad en el que «las luces» imprimen carácter y talante; el segundo, el intelectual que, por oficio, por ejercicio de la inteligencia, ahonda la concepción sobre la vida y la conducta humana, convirtiéndose en filósofo. Entre ambos, cuyas normas fueron igualmente severas —de donde se derivaron unas auténticas «vidas paralelas» vaciadas en las matrices de la honradez y la sobriedad—, oponiéndose mutuamente, fueron pergeñando no sólo el Ecuador del siglo pasado, sino en buena medida, el del presente.

Para comprender a estos dos grandes hombres se hace necesario trazar un somero esbozo de la época en la cual vivieron y de la que resultaron protagonistas decisivos, actores tan importantes que llegaron a transformar el escenario socio-humano ecuatoriano.

El Ecuador en el que Juan Montalvo va a escribir sus terribles *Catilinarias,* no terminaba de moldearse, dividido en bandos opuestos y acosado por enemigos exteriores. Enfrentado política y humanamente, en las dos decisivas regiones de la Costa y de la Sierra, afrontaba la lucha por el mantenimiento de sus límites. Es, efectivamente, a consecuencia de la guerra con el Perú, como García Moreno forjará su permanencia en el Poder. Este hombre duro, frío, que ha recibido en Francia parte de esa educación suya tan admirada por sus contemporáneos y que Montalvo creía «pedantesca, superficial y falsa», está decidido a construir el país.

Un cúmulo de intereses de toda índole mantienen la división del Ecuador y hasta aparecen brotes de separatismo que tratan de desvincular a la Sierra de la Costa. El puerto de Guayaquil es, por entonces, uno de los objetivos de la política que los Estados Unidos desarrollan sobre el Pacífico. Las diferencias económicas y culturales entre las dos regiones son marcadamente diferentes y, en fin, las ambiciones de los grupos políticos predominan de tal modo (consecuencia directa del fracaso de la Gran Colombia, deshecha en 1830) que puede decirse esto: el país no existe verdaderamente. A la necesidad de realizarlo se consagra García Moreno, cuyo programa alentador del progreso en todos los órdenes, se cimenta sobre el trazado del ferrocarril de Quito a Guayaquil, con el cual, imagina, acabará la fragmentación y se estimulará la unidad nacional. Para imponerlo, recurre a la dictadura. Estima que sus compatriotas «carecen de madurez para disfrutar de un bien tan preciado como lo es el de la libertad».

Es entonces cuando Juan Montalvo se convierte en el inspirador de la oposición, transformándose no sólo en uno de los grandes hombres del Ecuador sino, por añadidura, de toda América.

Nacido en Ambato, pueblo serrano cercano a Quito, el 13 de abril de 1832 (aunque hay quien sitúa la fecha un año después), hijo de Marcos Montalvo y Josefa Fiallos, Juan Montalvo estudió en el Convictorio de San Fernando y en el Seminario de San Luis de Quito, entre 1846 y 1851. Ingresó luego en la Universidad de la capital ecuatoriana, donde permanece poco tiempo. En 1856 se inicia su carrera diplomática, como agregado en la representación de su país en Roma, viajando por Italia, Suiza y Francia. En este último país, y como Secretario de la Legación de Ecuador en París se establece en 1858.

Flaco, más que delgado, nervudo, con un rostro «picado» por la viruela (enfermedad padecida a los cuatro años de edad), de frente angulosa y despejada, Juan Montalvo se convierte en una figura notable de la bohemia parisina, conviviendo con artistas, políticos y escritores, entre los que se cuentan figuras tan famosas como la de Lamartine, al que invitaría a trasladarse al Ecuador. Pero Montalvo volvería solo a su patria.

A su llegada ya ostenta el poder García Moreno, a quien el escritor pronto se enfrentará. En carta famosa del 16 de septiembre de 1860, escribe Montalvo al dictador:

> Algunos años vividos lejos de mi patria, en el ejercicio de conocer y aborrecer a los déspotas de Europa, hanme enseñado al mismo tiempo a conocer y a despreciar a los tiranuelos de la América Española. Si alguna vez

me resigno a tomar parte en nuestras pobres cosas, usted y cualquier otro cuya conducta fuera hostil a las libertades y derechos de los pueblos, tendrán en mí un enemigo, y no vulgar.

Pasados algunos años, en 1866, Montalvo cumple su promesa. Se decide a tomar parte en las cosas de su país y, en enero de ese año, lanza el primer número de *El Cosmopolita,* revista enteramente escrita por él, en la que critica acerbadamente al gobierno y a la Iglesia que permite sus dislates. En los artículos de esa revista se adelantan ya las formidables dotes de crítico y de estilista de Montalvo. Tanto como para que el dictador decida desterrar a tan incómodo enemigo a Ipiales, pueblo fronterizo con Colombia. A pesar del destierro, Montalvo mantiene una extraordinaria actividad intelectual. En los diez años que corren a partir de la aparición de *El Cosmopolita,* escribe dos de sus obras fundamentales: los *Capítulos que se le olvidaron a Cervantes* y los *Siete tratados,* pero ambos sólo verían la luz bastante tiempo después.

Tras la muerte de García Moreno, asesinado en 1875, Montalvo no descansa en su tarea en defensa de la libertad. Contra el nuevo gobierno tiránico de Ignacio Veintimilla va a dirigir ahora sus esfuerzos periodísticos, primeramente a través de la revista *El Regenerador,*

Juan Montalvo (óleo de César Villacrés).

y más tarde por medio de las conocidas *Catilinarias,* que merecieron la admiración temprana de Unamuno. En 1880 Montalvo viaja a Panamá y, al año siguiente, nuevamente a Francia. Allí moriría, el 17 de enero de 1889.

La obra de quien, sin duda alguna, es el escritor de mayor relieve del Ecuador, se caracteriza no sólo por su faz polémica, de continuada exaltación de la libertad y de la dignidad del ser humano. Al mismo tiempo —ya que todo convive en su alma—, Montalvo se convierte en el mejor estilista del idioma español de su época. De esta condición estará orgulloso durante toda su vida y esto lo prueba sobradamente en el citado *Capítulos que se le olvidaron a Cervantes,* ensayo genial que imita un libro verdaderamente inimitable. Este trabajo está cuajado de frases, giros, modismos y costumbrismos propios de los siglos XVI y XVII, lo cual prueba el inmenso amor que puso en él y la documentación que debió consultar antes de poder escribirlo. Algunos estudiosos de su obra han llegado a pensar que el espíritu del hidalgo de la Mancha se había metido tan dentro suyo que influyó, incluso, en sus últimos días, cuando había presentido el fin. Entonces llegó a vestir totalmente de negro y su rostro adquirió una mayor y estólida nobleza. Refiriéndose a este hecho, al modo de vestir, contestó a un curioso interlocutor: «Así ha de ser amigo mío; el paso a la eternidad es la cosa más seria de la vida».

Otro rango de su personalidad, revelador de cuanto creía en su lucha contra la tiranía, quedó grabado en la frase que le mereció la noticia de la caída de García Moreno: «Mi pluma lo mató». Escritor académico, penetrado de erudición clásica, utizada con finalidad puramente literaria, será la desesperación de Miguel de Unamuno, uno de sus más apasionados lectores. El vasco resumirá así su pensamiento sobre la obra del ecuatoriano:

> En Montalvo todo es maravillosamente intrincado, todo se vuelve un sutil vericueto. Pero hay una cosa muy clara que, a la postre, lo salva; su gran indignación ante la cruel opresión de que son víctimas sus compatriotas y un paralelo y exaltado sentimiento de libertad, tan preciso en la obra dejada a la posteridad».

El juicio de Unamuno es tan certero como lo permite deducir la opinión de Montalvo sobre Bolívar, extractada de su libro *De los Héroes:* «Llamábase Bolívar ese americano el cual, sabiendo el fin para lo que había nacido, sintió convertirse en vida inmensa y firme la desesperación que lo marcaba: dar libertad aun a quienes renegasen de ella». Sentimientos que reafirmará mucho más adelante (el 3 de enero de 1866, cuando García Moreno concluye su mandato constitucional): «Yo me diré feliz si mereciese / En premio a mi osadía, / Una mirada tierna de los libertos / Y el aprecio y amor de mi hermano, / Una sonrisa de la patria mía, / Y el odio y el furor de los malvados».

Hora sería ya de hablar de su casticismo y, en detalle, de su estilo. Bien es cierto que todo es hablar de ello, tratándose de Montalvo. Mas a punto vendría, sin embargo, si mostrásemos todo el primor en los *Siete Tratados* y otros ensayos en donde hizo mayor gala de riqueza sintáctica y lexicográfica. Digamos aquí, tan sólo con Gonzalo Zaldumbide,

> que su purismo no fue intransigente ni momificante; que nunca trabó su lengua el temor paralizante del galicismo; que su arcaísmo no es obra de taracea. Bien como, en épocas de vigor, el castellano asimiló tanto italianismo que siguió siendo luego una elegancia clásica, así, en manos de un escritor castizo cual Montalvo, toda libertad es legítima.

Heredados de Montalvo, —y de toda una generación de gramáticos y de puristas, sus contemporáneos y sucesores—, aún se mantienen, en el periodismo, en la conversación familiar, en el parlamento, giros y modismos de la más genuina proveniencia clásica. Por muchos años no se conoció en la república otra crítica que la gramatical. De una acerbidad cruel, como casi siempre, estrecha y obcecada, dejó sin embargo, implantado por largo tiempo un respeto saludable a la propiedad de las voces, sus correspondencias y más genialidades de la lengua. Han cesado aquellas doctas y feroces controversias gramaticales; han desaparecido los maestros; sobrenadan los vestigios de esa elegancia anticuada.

Gonzalo Zaldumbide, tan estudioso de Montalvo, sentencia:

> La lecura de Montalvo volverá a dar a los escritores esa elegante familiaridad de giros, torneos, construcciones, no ya incrustados a la fuerza ni sacados, como con pinzas, del diccionario, sino vivificados, como en el maestro, por el gusto más natural, por el amor, el placer más sonrientes. En Montal-

vo, el más contorneado fraseo, el idiotismo más privativo, el arcaismo más venerando, suena a hablado, a cosa viva, a expresión popular en su nobleza.

Los *Siete Tratados* fueron publicados por primera vez en Francia, pues vieron la luz el 2 de noviembre de 1883 en Besançon. Son una auténtica vitrina del estilo literario predominante en el XIX, tan rico en matices y hallazgos de toda naturaleza y, tal vez, con un solo defecto; el de divagar, si es que divagar, como dialogar en nuestros días, puede ser considerado negativo. Los *Siete Tratados* se ocupan, profundamente, de la hidalguía, el genio, la heroicidad y, por supuesto, de la belleza como suprema categoría de lo estético, cultural y espiritual. Este libro, profundamente analizado por Enrique Anderson Imbert, encontró tanto eco en su tiempo que muy pronto fue traducido al español (había sido escrito en francés), italiano y alemán. Y fue después de leerlo, cuando el uruguayo Rodó definió a Montalvo: «Si se intenta reducirlo a sustancia y orden dialéctico, el pensamiento central se manifiesta como un verdadero bosque de ideas».

Otras características tienen los *Capítulos que se le olvidaron a Cervantes,* publicados postumamente en Besançon, en 1895. Se trata, como el propio Montalvo, dice de un ensayo o estudio de lengua castellana. No es desde luego sistemática reconstrucción del habla de Cervantes, ni cuidadoso y sapiente empleo de sólo palabras y giros de la época. Es prosa de suyo cervantesca. La prosa de Montalvo reclamaba, para completar la ilusión de su edad de oro, un asunto contemporáneo, una materia condigna; de este modo aparece aquí como respirando aire propicio, en medio de objetos, ideas y sentimientos familiares a su alcurnia espiritual, en medio de hazañas, lides y preseas propicias al decoro de su rango.

La vida de este hombre singular fue tumultuosa. Era como uno de lo torrentes que se desploman desde lo alto del Cotopaxi o del Tungurahua a cuyo pie nació. Escritor prolífico, también fue extraordinario estilista. Nunca, sin embargo, sería un buen político. Se lo impediría su acendrada moral, en cuyo nombre no participó en maquinaciones.

BIBLIOGRAFÍA

OBRAS

El Cosmopolita, Quito, 1866-1869.
El Regenerador, Quito, 1876.
Desperezo del Regenerador, Quito, 1878.
Catilinarias, Panamá, 1880 y 1882.
Siete tratados, Besanzón, 1882, 2 vols.
Mercurial eclesiástica, París, 1884.
El espectador, París, 1886-1888, 3 vols.
Capítulos que se le olvidaron a Cervantes, Besanzón, 1895.
Geometría moral, pról. Juan Valera, Madrid, 1902.
Páginas desconocidas, int. Roberto Agramonte, La Habana, Cultural, 1936.

CRÍTICA

ABELLÁN, José Luis, «En torno a la figura, la obra y la significación intelectual de Juan Montalvo», *Cuadernos Hispanoamericanos,* 1977, números 320-321, págs. 249-277.
AGRAMONTE, Roberto, *El panorama cultural de Montalvo,* Ambato, Casa de Montalvo, 1935.
— *Juan Montalvo: figura y carácter,* La Habana, El Mundo, 1937.
ALVAREZ, R., y TORO, H., *Biografía y crítica de Montalvo,* Quito, Imp. de la Escuela Central Técnica, 1939.
ANDERSON IMBERT, Enrique, *El arte de la prosa en Juan Montalvo,* México, El Colegio de México, 1948.
ANDRADE, Roberto, *Estudios históricos: Montalvo y García Moreno,* Lima, F. Grau, 1890.
ARELLANO, Jorge Eduardo, «Montalvo en Nicaragua», *Revista de historia y crítica de la literatura centroamericana,* Costa Rica, 1974, I, número 1, págs. 6-14.
ARIAS, Augusto, «*El Cosmopolita* de Juan Montalvo», *Mundo Nuevo,* París, núm. 7, enero 1967, págs. 81-85.
— «El Quijote de Montalvo», *América,* Quito, septiembre-diciembre 1947, págs. 199-228.
ARQUIER, Louis, «Echos d'un voyage en France dans *El cosmopolita* de Juan Montalvo», *Annales de la Faculte des Lettres et Sciences Humaines de Dakar,* 1976, núm. 6, págs. 227-243.
BUENO, Salvador, «A propósito del sesquicentenario de Juan Montalvo», *Casa de las Américas,* 1982, núm. 135, págs. 140-146.
CARRERA ANDRADE, Jorge, «Juan Montalvo, defensor de los derechos humanos», *Cuadernos del Congreso para la libertad de la cultura,* París, núm. 17, marzo-abril 1956, págs. 76-80.
CARRIÓN, Benjamín, *El pensamiento vivo de Montalvo,* Buenos Aires, Losada, 1961.
CHECA DROUET, Benigno, *Vida de don Juan Montalvo,* Lima, Excelsior, 1933.
CÓRDOVA, Federico, *Juan Montalvo,* La Habana, Siglo XX, 1922.
DÁVILA TORRES, César, «Montalvo, clave psicológica», *Letras del Ecuador,* Quito, núm. 182, 1969, págs. 3-25.
FORTUNY, Pablo, *Juan María Montalvo, prosas, obras, sexo,* Buenos Aires, Theoria, 1967.

GONZÁLEZ, Manuel Pedro, «Caducidad y vigencia de Juan Montalvo», *Cuadernos Americanos,* VIII, núm. 45, mayo-junio 1949, págs. 263-276.
GONZÁLEZ, Eloy R., y ROBERTS, Jennifer T., «Montalvo's Recautation, Revisited», *Bulletin of Hispanics Studies,* 1978, núm. 55, págs. 203-210.
GUEVARA, Darío C., *Magisterio de dos colosos: Montalvo, Rodó,* Quito, Tall. Gráf. Minerva, 1963.
LLORET BASTIAS, Antonio, «Montalvo y una glosa a las *Catilinarias*», *Anales de la Universidad de Cuenca,* Cuenca, Ecuador, XVIII, 1962, páginas 125-155.
MATA, Gonzalo Humberto, *Sobre Montalvo o desmitificación de un mistificador,* Cuenca, Ecuador, Cenit, 1969.
— *Zaldumbide y Montalvo,* Cuenca, Ecuador, Cenit, 1966.
NARANJO, Plutarco, y ROLANDO, Carlos, *Juan Montalvo, estudio bibliográfico,* Quito, Casa de la Cultura Ecuatoriana, 1966, 2 vols.
NEMTZOV, Sarah: «La moral en la obra de Montalvo», *Revista Iberoamericana,* X, marzo, 1946, págs. 243-267.
REYES, Óscar Efrén, *Vida de Juan Montalvo,* Quito, Grupo América, 1935.
SACOTO, Antonio, «El pensamiento de Montalvo sobre el indio y el negro», *Cuadernos Americanos,* XXVII, núm. 158, mayo-junio, 1968.
— «García Moreno y la política en la obra de Montalvo», *Cuadernos Americanos,* XXVIII, número 164, mayo-junio 1969.
SÁNCHEZ, Luis Alberto, «Juan Montalvo», en su *Escritores representativos de América,* 1.ª serie, II, Madrid, Gredos, 1963, págs. 72-85.
SÁNCHEZ-JARAMILLO, Piedad, *La personalidad de Montalvo como maestro,* Quito, Casa de la Cultura Ecuatoriana, 1961.
SEVILLA, Carlos Bolívar, *Montalvo y su obra, ligeros comentarios,* Ambato, Ecuador, Imp. Colegio «Bolívar», s. d., 2 vols.
TÉLLEZ REYES, Julio, *Juan Montalvo,* La Paz, Imp. Artística, 1933.
URBANSKI, Edmundo S., «Ecuatorian Literary Wat over Juan Montalvo», *Hispania,* LII, núm. 1, 1969.
URIBE, Francisco, *La tierra de Juan Montalvo,* Ambato, Imp. del Colegio «Bolívar», 1926.
VARGAS, Nemesio, *Juicio crítico de las obras literarias de Juan Montalvo,* Lima, Imp. El Lucero, 1905.
VASCONEZ HURTADO, Gustavo, *Pluma de acero o la vida novelesca de Juan Montalvo,* México, Instituto Panamericano de Bibliografía y Documentación, 1944.
VERDUGO, Iber H., «Juan Montalvo, escritor americano», *Humanidades,* Córdoba, Argentina, núm. 7, 1964, págs. 86-126.
ZALDUMBIDE, Gonzalo, *Montalvo y Rodó,* Nueva York, Instituto de las Españas en Estados Unidos, 1938.
ZALDUMBIDE, Gonzalo: *Montalvo,* París, Garnier, s. d.

Eugenio María de Hostos

Luis O. Zayas Micheli

EL PEREGRINO

Eugenio María de Hostos es una de esas figuras históricas que vivieron a la altura de los tiempos. Vivir a la altura de los tiempos significa vivir con las ideas que estructuran la mente rectora del presente histórico. De suerte que el que vive a la altura de los tiempos no es tradicionalista. No se dirige por las nostalgias de lo pasado. Por otro lado, Hostos era un hombre de acción. No es el intelectual detrás del escritorio. Sus ideas y su pensamiento son producto de sus experiencias vitales. Más todavía: Hostos construye hacia el futuro. Es el creador del pensamiento de todo un continente. Enseñó a pensar al mundo hispanoamericano. Por ello la crítica se ha detenido primero que nada en su vida. Francisco Manrique Cabrera [1] habla de su «vivir peregrinante en confesión». Sus obras —sigue afirmando Manrique Cabrera— sólo son fragmentos de la obra magna que fue su vida:

> ...Diríase un poco que en este sentido las llamadas obras hostosianas vendrían a ser desprendimientos mínimos, fragmentarios y un tanto *naturales*, que nos pueden servir de acceso al hondo sentido de la verdadera obra que a nuestro juicio es aquella vida cumbre.

Antonio S. Pedreira [2], por su parte, afirma que «la vida privada, pura y diáfana» era en Hostos «una prolongación de la vida pública».

Eugenio María de Hostos nació en el Barrio Río Cañas de Mayagüez, al oeste de Puerto Rico el 11 de enero de 1839. Estudia las primeras letras en Puerto Rico y hacia 1852 lo tenemos en Bilbao estudiando el bachillerato. Por el 1857 lo tenemos en Madrid, estudiando Derecho en la Universidad Central. Aquí lo encontramos en las filas de las luchas republicanas. Defendía con ardor y valor —lo que llevó a Galdós, en su episodio *Prim*, a llamarlo «antillano de ideas radicales, talentudo y brioso— la autonomía de las Antillas como el primer paso hacia la federación antillana. Para Hostos la independencia autonómica, en vez

de una separación de España, significaba el descubrimiento de otros elementos de unidad que el colonialismo oculta. Así se lo hace saber a Salustiano de Olózaga en una carta que le envía el 29 de febrero de 1868:

> Si ud. como yo, desea la pronta independencia de Cuba y Puerto Rico; pero de tal modo, que independencia no sea rompimiento de relaciones, sino creación de las que no existen hoy; de las relaciones del afecto y del interés material, moral y etnológico [3].

En 1868 pasa a París con la esperanza de marchar a América, que el llama «mi teatro». Regresa de nuevo a Madrid en ese mismo año y reanuda la lucha autonomista con miras hacia la federación antillana. Nada consigue y decide retornar a la América, su teatro, para luchar «con las armas en la mano» [4] por la independencia antillana: Cuba y Puerto Rico. Esto sucede en 1869. Llega a Nueva York y se enfrenta a la idea de la Junta revolucionaria de Cuba que decide el anexionismo de la Isla a Estados Unidos: eso significa «ofrecerla en anexión y en odio a España» [5]. Hostos se opone y combate tenazmente la idea. Cuando el plan anexionista se debilita sale rumbo a Perú donde lo ubicamos en 1870, según dice en su *Diario*. Pedreira [6] apunta que fue en 1872 cuando arribó al Perú. Allí se dedica a conocer el país. Por tener contratiempos ideológicos, sale rumbo a Chile en 1871. Es este primer viaje a Chile de inalienable significación en la vida de Hostos. Adquiere prestigio como escritor. Le publican una segunda edición de *La peregrinación de Bayoán*. Además publica su ensayo crítico sobre *Hamlet*, que lo consagra como uno de los grandes críticos hispanoamericanos y uno de los mejores críticos del dramaturgo y poeta inglés. Salen a la luz pública también, en un volumen, sus conferencias en torno de *La enseñanza científica de la mujer*. De Chile pasa, en 1873, a la Argentina donde afirma en su *Diario*:

> me han saludado con las más lisonjeras demostraciones de respeto y se han puesto a

---

[1] Luis O. Zayas Micheli, *Francisco Manrique Cabrera y la Generación del Treinta*, tesis inédita, Universidad de Puerto Rico, Río Piedras.

[2] Antonio S. Pedreira, *Hostos: ciudadano de América*, San Juan de Puerto Rico, Instituto de Cultura Puertorriqueña, 1964, pág. 12

[3] Eugenio María de Hostos, *Obras Completas,* vol. IV, San Juan de Puerto Rico, Editorial Coquí, 1969, pág. 18.

[4] *Ibíd.,* vol. I, pág. 119.

[5] *Ibíd.,* vol. I, pág. 187.

[6] *Op. cit.,* pág. 62.

competir en obsequiosidades con los periódicos de Chile, cuyos adioses me han enternecido[7].

En la Universidad de Buenos Aires le ofrecen la cátedra de Filosofía, pero no acepta porque «todo me empuja a la acción». Le escribe al rector Vicente López y afirma:

> He venido a la América Latina con el fin de trabajar por una idea. Todo lo que de ella me separa, me separa del objeto de mi vida[8].

También lucha por unir, por medio de un ferrocarril, Chile con Argentina. Con el tiempo se hizo realidad su idea y el primer tren se llamó Eugenio María de Hostos. De Argentina sale hacia Brasil. Allí siente indiferencia y embarca para Nueva York. Intenta hacer un viaje a Cuba. El viejo velero en que intentó el viaje hizo agua y terminaron regresando al puerto de Rhode Island. Viaja a Venezuela donde se casa el 9 de julio de 1877. Desde 1879 hasta 1889 vive en Santo Domingo donde despliega toda una profunda labor de magisterio y de reformas educativas. En 1889, por razones políticas, sale de Santo Domingo y va a Chile, donde continúa su labor pedagógica hasta 1898, que decide regresar a Nueva York para seguir cooperando con el Partido Revolucionario Cubano. Allí lo sorprende la guerra Hispanoamericana con su secuela de la invasión norteamericana a Puerto Rico. En este momento dice Hostos:

> Puerto Rico será considerado como una presa de guerra. La independencia, a la cual he sacrificado cuanto es posible sacrificar, se va desvaneciendo como un celaje; mi dolor ha sido vivo[9].

Funda entonces la Liga de los Patriotas en la que, afirma, quiere

> Buscar el plebiscito para ser o no ser ciudadanos americanos, y para seguir siendo o dejar de ser ciudadanos de nuestra patria geográfica e histórica[10].

De acuerdo con su hijo Adolfo[11], el objetivo principal de la *Liga* era educar al pueblo con el propósito de prepararlo para ejercer una ciudadanía consciente. En compañía de Manuel Zeno Gandía y J. J. Henna va a entrevistarse con el presidente McKinley para expo-

ner el caso de Puerto Rico. En el Congreso norteamericano lo llamaron el *altivo hombre del Trópico*. Desilusionado al no conseguir nada en la nueva metrópoli colonizadora, ni mucho menos lograr hacer reaccionar al pueblo puertorriqueño, decide volver a Santo Domingo. Allí, en 1900, profetiza respecto a Puerto Rico y Estados Unidos:

> Hayamos entrado en ellos desde hace once meses y veinticuatro días, o estemos próximo a entrar en ellos, los cien años de 1900 a 2000 van a formar un grave siglo.
> En ellos la tierra va a penetrar en el último semiciclo de la próxima marea polar[12].

Murió en 1903.

Eugenio María de Hostos.

PENSAMIENTO HOSTOSIANO

Con la vida peregrinante, cuyos episodios más significativos hemos subrayado, se trazó el pensamiento político. Sólo resta delinear el resto de ideas que brotan como secuela de la actividad política.

1. *El sociólogo*

La sociología surge del «estudio mismo de la historia»[13]. Si la historia es el fundamento

---

[7] *Obras completas,* vol. II, pág. 66.
[8] *Ibíd.,* pág. 83 y pág. 85.
[9] *Ibíd.,* pág. 337.
[10] Adolfo de Hostos, *Tras las huellas de Hostos,* Puerto Rico, Editorial Universitaria, 1966, 38.
[11] *Loc. cit.*

[12] *Ibíd,* pág. 51
[13] Hostos, *Obras Completas,* vol. XVII

de la sociología, urge la constante rectificación de la narración histórica. Cada elemento, costumbres, creencias, mitologías, son parte de la realidad social aunque no sean eventos comprobables dentro del proceso histórico. Una influencia de los dioses, o de los santos, en la realización de un acontecimiento, como el descubrimiento de América, no se puede aceptar como empíricamente verdadero, pero sociológicamente lo es porque la sociedad tiene en su estructura dichas creencias. De manera que de la observación de la historia, en su constante fluir y rectificación, sale la sociología. Por lo tanto la acción política de Hostos es el manantial de las ideas sociológicas. La política, en sí misma, «no es más que arte sociológico»[14]. La Jurisprudencia corresponde también a la Sociología[15]. Para conseguir el Estado Internacional es necesario:

> echar por tierra las familias dinásticas, que entorpecen actualmente el desarrollo de la igualdad y la fraternidad de las naciones europeas[16].

Las oligarquías y las aristocracias generan discriminación social. Como son las que tienen el poder político y económico, consiguen convertir su cultura en nación creando los estancos culturales. Son sus héroes y sus mitos los que se quedan perpetuados en la conciencia colectiva. Los grupos menos privilegiados tienen que acogerse a los patrones oligárquicos y aristocráticos. En síntesis: *la mente rectora de Eugenio María de Hostos es el monismo social. La Sociología es la ciencia única. Todas las demás ciencias son partes del todo sociológico.*

2. El pedagogo

Hostos fue sobre todo maestro. Su vida peregrinante fue su método de enseñanza. La pedagogía también pertenece a la sociología. Por ello sus ideas pedagógicas son el producto de la observación directa de la realidad hispanoamericana. Su acción política fue una acción pedagógica. Hostos, como hombre de acción, dinámico y transformativo, se enfrentó a la pedagogía dogmática, tradicionalista y repetitiva de la época. Rechazó el método de memorar. Para él el dato no valía por sí mismo sino por su relación con los otros. Esto le lleva a preferir la reflexión crítica. Usar la memoria o educar por medio de datos es repetitivo. Deja las cosas como están. El educando repite lo que oye. No lo cuestiona. El método de datos memorados es producto de la tradición conservadora de las clases privilegiadas.

Fundó y dirigió institutos y escuelas. Su meta cardinal fue la educación de la mujer hispanoamericana. Para Hostos la educación de la mujer, el arrancarla de la visión idealizada a la que había estado sometida durante siglos como consecuencia de la visión miticorreligiosa, es una urgencia inaplazable. Ve en la mujer el futuro surgimiento de un nuevo orden social y la armonía de la sociedad al ponerla, en cuanto a la educación, a la par con el hombre. Se evita la discriminación:

> y no es extraordinario que cuando concebimos en la rehabilitación total de la mujer es la esperanza de un nuevo orden social, la esperanza de la armonía moral e intelectual, nos espantemos: entregar la dirección del porvenir a un ser a quien no hemos sabido todavía entregar la dirección de su propia vida, es un peligro pavoroso[17].

Estamos ante una profecía cumplida. La sociedad contemporánea, en particular la norteamericana y la de otros países desarrollados, se ha movido hacia el matriarcado.

3. El moralista

Al hombre de acción y de visión práctica de la vida no le va la metafísica. Para ésta hay que entrar en el mundo de la abstracción. Se necesita regodeo, soledad y reflexión continua. Hostos rechazaba todo esto. Ello le hace moderno, actual. Nuestro siglo se caracteriza por la sociedad en masa. Por lo tanto, se caracteriza por la interacción social. El individualismo ha ido cediendo al colectivismo. Ello hace que la acción cívica sustituya al intelectualismo. Era, pues, lógico que Hostos, en vez de una metafísica planteara una moral social. El propósito de ésta es

> aplicar al bien de las sociedades todas aquellas leyes naturales que han producido el orden moral[18].

De su moral social se destaca el anhelo de conseguir armonizar la ciencia con la religión de suerte que se cambien «las religiones de tradición por las religiones de razón». El catolicismo tiene «su edad de oro por delante» porque tiene que evolucionar hacia las posiciones reflexivas y abandonar el tradicionalismo. Quiere que la Iglesia imite al protestantismo

---

[14] *Ibíd,* pág. 207
[15] Hostos, *Obras Completas,* vol. XV, pág. 10
[16] *Ibíd.,* vol. XVII, pág. 171.

[17] *Obras Completas,* vol. XII, pág. 10
[18] *Obras Completas,* vol. XVI, pág. 114

en su dinamismo y progreso. Por ello admira a los pueblos protestantes. Ve el protestantismo inmanente al Nuevo Mundo, porque este representa el futuro dinámico y progresista del hemisferio occidental. Los pueblos deben saber distinguir, por su cuenta, lo espiritual de lo temporal. El catolicismo, por su dogmatismo, no acepta las disidencias. Exige la obediencia. Ello le hace dar digerida y masticada la religión al pueblo.

Del cosmopolitismo dice:

> Hay en el mundo una porción de desgraciados que, so color de que la patria de los hombres es el mundo, se desentienden de la patria, dicen que para ser ciudadanos del mundo. No es ése el cosmopolitismo que consideramos nosotros un deber. El que abjura de un deber no puede cumplir con otro deber más compulsivo [19].

Los asimilistas, los anexionistas, los que no sienten orgullo de la cultura patria no son personas fiables porque es imposible confiar en aquél que no se respeta a sí mismo. De este pensamiento hostosiano se colige la nueva perspectiva del nacionalismo. Los nacionalismos míticos y xenófobos han desaparecido, pero para fortalecer más profundamente la visión nacionalista. El pluriperspectivismo de nuestro tiempo lleva a considerar las culturas como distintas formas de ver el mundo. De suerte que no hay culturas buenas y malas. Todas son válidas porque son diferentes perspectivas de la realidad. Si queremos tener una visión completa y fiable de la realidad necesitamos las diversas perspectivas. Para Hostos el cosmopolita

> no es el hombre que falta al deber de realizar los fines que la patria le impone, sino el que, después de realizarlos o batallar por realizarlos, se reconoce hermano de los hombres, y se impone el deber que reconoce de extender los beneficios de su esfuerzo a cualesquiera hombres en cualesquiera espacio y tiempo [20].

El universalismo o cosmopolitismo comienza, para Hostos, por el nacionalismo. El auténtico universalista es aquél que es primero un buen nacionalista o patriota. Ser patriota es parte de la moral social del individuo. Es el cuarto de los deberes de la moral social. Lo considera deber primario.

En conclusión, la moral social hay que vivirla, sin apariencia ni aspavientos. Por ello afirma:

pues el mérito del bien está en ser hecho aunque no sea comprendido, ni estimado, ni agradecido, y vivamos la moral que es lo que hace falta [21].

La moral en Hostos abarca los tres espacios en que se mueve el hombre: la naturaleza, lo individual y lo social. Ve al hombre como un antropocosmos: la criatura humana a quien le es inherente la totalidad del cosmos. El hombre, en sí mismo, comprende lo geográfico, la fauna y la sociedad. A Hostos se le puede ubicar en la categoría de *santo laico*. Usamos *santo laico* desde dos perspectivas semánticas, aplicables ambas al pensador. Según Ferrater Mora [22], lo santo comprende, en una de sus definiciones, lo moralmente perfecto. Hostos vivió una vida moralmente perfecta. A su vez, santo laico es la persona que se identifica, se une y se preocupa por el prójimo. Se solidariza con los demás. Además, se lanza a la batalla por la redención social. Todo esto responde a una de las cardinales enseñanzas cristianas.

4. *El creador de literatura*

La literatura es el arte de crear mundos imaginarios o fantásticos por medio del lenguaje. Nada más lejos de la concepción de mundo de Hostos que el arte. El mismo está de acuerdo en que el arte no se presta para su mentalidad. Así lo afirma en el prólogo a la segunda edición de *La peregrinación de Bayoán* (1873). En esta novela pensó presentar la realidad social de las Antillas «con todas sus congojas, con todas sus angustias». Esto, para el punto de vista del arte, es patético. Hostos le aplica al arte su concepción moralista:

> El artista, séalo de la palabra o del sonido, séalo de la paleta o del buril, es como aquellos encantadores pedazos de tierra, paisajes semovientes, que la corriente del Paraná arranca de sus márgenes y conduce al Plata, de donde van a perderse en las ignoradas lejanías del Atlántico; van con musgo, hierbas, arbustos, árboles y flores, pájaros y sierpes, jaguares y lagartos, sombra y luz... [23]

Son dos corrientes las que arrastran al arte: la imaginación y la popularidad. La novela vicia la percepción de la realidad. La dramática es la más social de las artes porque sólo exige ojos

[19] *Ibíd*, pág. 190
[20] *Ibíd*, pág. 190

[21] *Ibíd*, págs. 94-95
[22] Ferrater Mora, *Diccionario de filosofía*, vol. II, Buenos Aires, Sudamericana, 1971.
[23] *Obras Completas, op. cit.*, pág. 256.

y nervios. No reclama al cerebro. Por ello el dramaturgo se preocupa tanto por crear efectos. A la poesía la ubica en las artes plásticas. Estas sólo van a la emoción y a la imaginación[24].

Hostos escribió literatura, pero con su función de moral social. *La peregrinación de Bayoán*, cuya primera edición es de 1863, se escribió para personificar su ideal de federación antillana: Bayoán, Guarionex y Marién representan a Puerto Rico, Santo Domingo y Cuba respectivamente. También escribió cuentos y comedias con propósitos pedagógicos. Son obras que podemos denominar de circunstancias ya que responden a situaciones o episodios históricos de su vida íntima: el cumpleaños de un hijo, de su esposa, el nacimiento de su hija.

5. *El crítico*

Para comprender la obra crítica de Hostos, dentro de un aquilatamiento de los alcances originarios del quehacer crítico, urge partir de los predios etimológicos. Crisis, en su sentido originario, es juicio. Es la decisión final de un proceso. La crisis resuelve una situación histórica. Dicha solución representa el ingreso en una nueva situación que a su vez tiene sus particulares dilemas. Por lo tanto: la crítica es lo contrario de estabilidad y permanencia. Crítica deriva de crisis. Por consecuencia: el crítico es una persona de un espíritu dinámico y progresista. Rechaza todo continuismo y todo tradicionalismo. Inherente al crítico es la actitud reflexiva y pensante. Pensar, en su sentido originario, es la confrontación de los objetos de la cultura, de lo que se observa. El hombre pensante entabla un diálogo, una situación dialéctica entre los elementos de la cultura, de la realidad histórica. Para el hombre pensante y reflexivo la tradición dogmática y la obediencia son obstáculos.

A la vida y a la obra de Eugenio María de Hostos les es inmanente la actitud crítica. Su vida peregrinante es en su esencia, una vida crítica, un vivir en crisis: salía de una situación histórica del continente hispanoamericano y entraba en otra. Su obra —que abarca veinte volúmenes en la edición que hiciera el Gobierno de Puerto Rico, en 1939, para conmemorar el primer centenario del nacimiento— es obra de crítica. La misma literatura que escribió tiene una misión crítica, en cuanto la crea en función de compromiso social. Sus grandes libros, que le dieron la fama y la gloria en España y en América —de los que mencionamos *Tratado de moral, Tratado de sociología, Lecciones de derecho constitucional, Diario, La educación científica de la mujer, Hamlet, La peregrinación de Bayoán*— son volúmenes que recogen la crisis que tuvo que crear en Hispanoamérica para tratar de conseguir arrancarla del catolicismo tradicional, del mito indígena, del colonialismo y de la discriminación oligárquica. Su sociología —la mente rectora que le estructuró su vida, de la que fue el padre en su teatro americano— es una crítica en él. La concibió como una ciencia total que comprendía a las demás. De manera que es una ciencia dialéctica.

En su teoría de la crítica afirma que el instrumento de la verdadera crítica es la razón. Se le aplica a todo aquello en que se ejercita el juicio subjetivo. Se mueve la crítica, según Hostos, en tres estratos de conocimiento: antropológico, cosmológico y sociológico. En lo cosmológico la crítica es matemática; en lo antropológico es ciencia natural y en lo sociológico es humanidades. La crítica es ciencia y es arte: es ciencia porque se ampara en la razón y en leyes infalibles; es arte porque confronta con sus leyes y sus juicios las obras intelectuales que acepta o rechaza. Los que se dedican a la crítica de las artes contribuyen de forma contundente a la moral porque demuestran que sólo es bello lo que es bueno. Debe descubrir en lo bello lo bueno, verdadero y útil. De suerte que Hostos le aplica al crítico la misma función que a la literatura: su compromiso social y moral. En la crítica literaria sostiene que la regla insoslayable es que la literatura está más comprometida con la sociedad que las demás artes:

> y lo que quiere la regla de crítica es que, al juzgar de un desarrollo o florecimiento literario, se tenga en cuenta el estado de la sociedad[25].

Con esta regla en función se pone sobre el friso la íntima relación que hay entre el desarrollo de la cultura y de la sociedad, y el desarrollo de la literatura.

Hostos hace crítica de música, de teatro, de pintura, de escultura, de novela, de lírica. Su estudio sobre *Hamlet* es su obra cumbre en el campo de la crítica. Los críticos lo han considerado el mejor estudio de *Hamlet* en lengua castellana. Sin embargo, no es crítica literaria. Es un estudio psicológico. Dice Hostos:

> Shakespeare no crea una acción para adaptarle personajes; crea hombres, seres huma-

---

[24] *Ibíd*, págs. 260-276.

[25] *Obras completas*, vol. XI, pág. 28.

nos, cuyo carácter determinado, positivo, consecuente, origina la acción.

En otras palabras: Para Hostos *Hamlet* no es un mundo imaginario, sino una realidad. Analiza cada uno de los personajes de la tragedia como si fueran hombres históricos. Hostos nunca tuvo mentalidad de artista, de creador de literatura. A ésta la rechazaba, precisamente porque no respondía a la moral social. No

es real. Por eso traduce a una realidad histórica el mundo imaginario de *Hamlet*.

El crítico auténtico convierte en realidad lo imaginario, pero parte de lo imaginario y lo reconoce como tal. Hostos, distinto a la crítica, ve lo imaginario como real. Por lo tanto no ve literatura. No hace crítica literaria. Hace crítica social o histórica. No hay diferencia entre la crítica política, pedagógica y social, y la literaria.

BIBLIOGRAFÍA

ALONSO, Luis Ricardo, «Hostos y Martí: novelistas», *Dissertation Abstracts International,* 1975, número 36, pág. 1546 A.

BALSEIRO, José A., «Crítica y estudio literario de Eugenio María de Hostos», *Revista Iberoamericana,* I, núm. 1, 1939, págs. 17-27.

BLANCO-FOMBONA, Rufino, *Hostos, dos juicios críticos,* Montevideo, C. García y Cía., 1945.

BORDA DE SAINZ, Jo Ann Marie, «Eugenio María de Hostos: His Philosophy», *Dissertation Abstracts International,* 1978, núm. 38, pág. 6152 A.

BOSH, Juan, *Hostos. El sembrador,* La Habana, Trópico, 1939.

— *Mujeres en la vida de Hostos,* San Juan, Puerto Rico, Universidad de Puerto Rico, 1938.

CARRERAS, Carlos N., *Hostos, apóstol de la libertad,* Madrid, Imprenta Juan Bravo, 1950.

CASO, Antonio, «La filosofía moral de Hostos», *Conferencias del Ateneo de la Juventud,* México, Lacaud, 1910, págs. 11-31.

CESTERO, Tulio M., *Eugenio María de Hostos, hombre representativo de América,* Buenos Aires, Talleres Gráficos Rodríguez Giles, 1940.

Comisión pro celebración del centenario del natalicio de Eugenio María de Hostos (Puerto Rico), *América y Hostos. Colección de ensayos acerca de Eugenio María de Hostos,* La Habana, Cultural, 1939.

DÍAZ LAPARRA, Marco, *Eugenio María de Hostos y Fray Matías de Córdova, dos panoramas biográficos,* Guatemala, Ministerio de Educación Pública, 1950.

ENJUTO Y FERRÁN, Federico, «Hostos en su visión del siglo XX», *Cuadernos Americanos,* IV, número 21, mayo-junio 1945, págs. 134-140.

FERRER CANALES, José, «Hostos humano», *Cuadernos Americanos,* V, núm. 27, mayo-junio 1946, págs. 169-179.

— «Una faceta de Hostos», en *Actas del XVII Congreso del Instituto Internacional de Literatura Iberoamericana: El Barroco en América,* Madrid, Instituto de Cooperación Iberoamericana-Universidad Complutense de Madrid, 1978, págs. 1459-1467.

GEIGEL-POLANCO, Vicente, «Hostos: realidad actuante en nuestro mundo moral», *Ateneo,* San Juan, Puerto Rico, III, núm. 1, 1931, págs. 3-21.

HENRÍQUEZ UREÑA, Camila, *Las ideas pedagógicas de Hostos,* Santo Domingo, República Dominicana, Talleres La Nación, 1932.

HERNÁNDEZ FRANCO, Tomás Rafael, *La influencia de Hostos en la cultura dominicana,* Ciudad Trujillo, República Dominicana del Caribe, 1956.

Hispanic Institute in the United States (Eugenio María de Hostos), *Vida y obra, bibliografía, antología,* Nueva York, 1940.

HOSTOS, Adolfo de, *Indice hemero-bibliográfico de Eugenio María de Hostos,* San Juan, Puerto Rico, Comisión pro-celebración del centenario del natalicio de Hostos, 1940.

— *Tras las huellas de Hostos,* San Juan, Puerto Rico, Universitaria, 1967.

HOSTOS, Eugenio Carlos de (ed.), *Eugenio María de Hostos, promoter of a Panamericanism,* Madrid, 1953.

— *Hostos, peregrino del ideal,* París, 1954.

MAGDALENO, Mauricio, *Hostos y Albizu Campos,* San Juan, Puerto Rico, Puerto Rico Libre, 1939.

MASSUH, Víctor, «Hostos y el positivismo», *Cuadernos Americanos,* IX, núm. 54, nov.-dic. 1950, págs.167-190.

MÉNDEZ SANTOS, Carlos, «Eugenio María de Hostos, sociólogo», *Horizontes,* Ponce, Puerto Rico, XII, núm. 22, 1968.

MORA, Gabriela, «El *Diario* de Hostos: labor de un intimista», *Bilingual Review-Revista bilingüe,* 1975, núm. 2, págs. 86-98.

MORA, Agustín, «Proyección americana de Hostos», *El libro y el pueblo,* México, VI, núm. 18, 1966.

MORALES, A. L., «Eugenio María de Hostos: apuntes sobre su obra literaria», *Asomante,* San Juan, Puerto Rico, II, núm. 2, 1946, págs. 66-92.

PADÍN, J., «Eugenio María de Hostos, revolucionario», *Revista Hispánica Moderna,* V, 1939, páginas 300-306.

PATEE, Richard, «El sentido americanista en Hostos», *Revista Hispánica Moderna,* V, 1939, páginas 306-309.

PEDREIRA, Antonio S., *Hostos, ciudadano de América,* Madrid, Espasa Calpe, 1932 (2.ª ed., San Juan, Puerto Rico, Instituto de Cultura Puertorriqueña, 1964).

RODRÍGUEZ DEMORIZI, Emilio, *Camino de Hostos,*

Ciudad Trujillo, República Dominicana, Montalvo, 1939.

— *Hostos en Santo Domingo,* Ciudad Trujillo, Imprenta J. R. Vda. Gacia, 2 vols.: I, 1939; II, 1943.

ROIG DE LEUCHSENRING, Emilio, *Hostos y Cuba,* La Habana, Molina y Cía., 1939.

ROMÉU Y FERNÁNDEZ, Raquel, *Eugenio María de Hostos, antillano y ensayista,* Madrid, Universidad Complutense, Facultad de Filosofía y Letras, 1959.

ROSEMBAUM, Sidonia C., «Eugenio María de Hostos: bibliografía», en *Revista Hispánica Moderna,* V, 1939, págs. 319-323.

TEJADA, Francisco E. de, *Las doctrinas políticas de Eugenio María de Hostos,* Madrid, Cultura Hispánica, 1949.

VERDUGO, Iber H., «Naturaleza y función de lo literario en Hostos», *Revista de Humanidades,* Córdoba, Argentina, III, núm. 3, abril 1961, págs. 113-120.

WALTZER, Hildreth Naomi, «The Inner Piligrinage of Eugenio María de Hostos As seen Through Bayoan», *Dissertation Abstracts International,* 1977, págs. 5866 A-5867 A.

Justo Sierra

SOLOMON LIPP

En Justo Sierra, destacado historiador y educador de México, se encuentran reflejadas las tendencias dominantes de la trayectoria intelectual del último cuarto del siglo XIX. Sierra no es sólo un reflejo del ambiente cultural de su país, sino también portavoz de las corrientes principales del mundo sociopolítico.

Nace en un momento trágico de la historia mexicana. Las tropas norteamericanas se encuentran en México después de la anexión de Texas. La península de Yucatán, lugar natal de Sierra, es el escenario de una feroz rebelión indígena. Tan graves son las circunstancias, que su padre, Sierra O'Reilly, viaja a Washington para pedir ayuda a los Estados Unidos —lo que demuestra cuán flojos están los vínculos entre Yucatán y el resto del país; asombroso también es este proyecto, dadas las circunstancias hostiles entre los dos países.

La adolescencia y la juventud de Sierra coinciden con la Guerra de La Reforma entre Liberales y Conservadores, la intervención francesa y el imperio de Maximiliano. El triunfo de Benito Juárez deja gravemente herida a la nación. La Iglesia es separada del Estado, los bienes eclesiásticos confiscados. El partido conservador, aunque derrotado, no se da por vencido.

Dos partidarios del liberalismo, Ignacio Ramírez, el «Voltaire de la literatura mexicana» e Ignacio Manuel Altamirano, novelista romántico, ejercen una influencia innegable sobre el joven Sierra. Ramírez es mucho más militante, Altamirano más conciliador. De éste aprende Sierra el valor de ser más tolerante y menos dogmático.

Sus primeros trabajos, publicados a partir de 1867, son mayormente literarios: poesía y narrativa *(Cuentos románticos, El ángel del porvenir,* novela inconclusa). Siguen sus actividades periodísticas en las que exalta el liberalismo frente al clericalismo.

El cuadro desolador que presenta México en este momento va a echar hondas raíces en la personalidad del joven y resultar, más tarde, en un sano patriotismo que caracteriza toda su labor en pro del bienestar del pueblo mexicano. El espíritu de la época se caracteriza por el énfasis en las ciencias y el evolucionismo, influido éste por las doctrinas de Comte y Spencer. La orientación positivista mira a la sociedad como si fuera un organismo que tiene que ser analizado científicamente. Considera la transformación normal de la sociedad como parte integral del movimiento evolucionista. El organicismo enseña que el orden social es un organismo tal como el orden natural. Los dos no progresan por saltos abruptos y revolucionarios, sino gradualmente, es decir, por evolución. Lo que es anormal, pues, es la revolución; la violencia es sintomática de la enfermedad del organismo.

Justo Sierra en 1910.

Como era de esperar, el conflictivo panorama mexicano repercutía en el mundo intelectual. Una de las repercusiones de la crisis fue la fundación, en 1878, de un periódico, *La Libertad,* por medio del cual Sierra y sus amigos se proponían terminar con el conflicto entre liberales y conservadores. En el primer número escribió Sierra: «... es preciso luchar en todas las esferas para que México progrese... venimos para denunciar como un crimen toda revuelta que se inicie mientras las vías legales estén abiertas...»[1].

En fin, la tesis organicista, propuesta por Spencer, fue acogida con entusiasmo por Sierra y los suyos; *La Libertad* adoptó una postura positivista. Sólo por medio de un fuerte orden era posible poner fin a la discordia nacional y fomentar el progreso de la patria. Utilizando también el pensamiento del positivismo comtiano, Sierra sostenía que el viejo partido liberal había destruido al partido de la reacción, pero la anarquía que resultó no podía ser controlada por los liberales. Era necesario establecer orden y disciplina, y confiar en el poder de la ciencia para solucionar cualquier problema, responsabilidad de los positivistas. Sierra, anteriormente liberal, se encontraba ahora atraído a esta filosofía, creyendo que la ciencia pondría fin a los cambios violentos. Por medio de la ciencia vendría la reforma de la sociedad, la renovación social y política. Esta tesis, expuesta en *La libertad,* fue la justificación intelectual a favor de la dictadura de Porfirio Díaz, la que combatía los disturbios internos en nombre de imponer el «orden» para preservar la paz y desarrollar «el progreso».

El grupo formado alrededor de Díaz, llamado los «científicos» se oponía al liberalismo. Según ellos, la libertad que habían pregonado los liberales era un ideal no realizable. México no estaba preparado todavía para esa libertad. En manos de los liberales la libertad no era más que caos y desorden. La libertad, afirmó Sierra, está limitada por el derecho de los demás. Por eso tiene preferencia el orden, cuya garantía es la responsabilidad del estado. «El pueblo mexicano», destacó Sierra, «no está capacitado para elegir a sus gobernantes»[2]. Por eso, los «científicos, los teóricos del porfirismo, sostenían que sólo los hombres de ciencia eran los más aptos, los mejor preparados para gobernar y asegurar el orden.

Sin embargo, Sierra mismo percibió el peligro de que la dictadura «científica» y «racional» se convirtiera en dictadura personal. Lo importante para él era la dictadura, no el dictador. Para Sierra y para los «científicos», el dictador Díaz era útil, pero no indispensable. El orden era primordial porque hacía posible el progreso, y por medio del progreso se podía llegar a la libertad.

Una vez establecido el orden y transcurridos algunos años, entra la nación en una nueva etapa; la burguesía mexicana, en vías de desarrollo, quiere enriquecerse. Pero para eso hace falta la libertad —más de la que existe— para acelerar el progreso económico. Es por eso que se cambia en este momento la naturaleza del positivismo mexicano: de Comte a Spencer. «El positivismo de Comte subordinaba los intereses del individuo a los de la sociedad»[3]. El orden era un fin en sí mismo. En cambio, el positivismo de Spencer acentuaba la libertad del individuo para enriquecerse. En este caso el orden fue un medio para avanzar sus intereses.

Para mantener su poder en el gobierno, los «científicos» se quedaron con Díaz y con el «orden». Se apartaron de los intereses de la mayor parte de la clase burguesa. La dictadura personal, tan temida por Justo Sierra, se había establecido y fortalecido. El problema consistía, ahora en el hecho de que Díaz no estaba contento de hacer el papel de un mero instrumento en manos de la burguesía. Había llegado el momento de oponerse al dictador y a la oligarquía «científica». La Revolución Mexicana estaba a punto de estallar.

Sierra nunca había sido un hombre de partido, con las limitaciones dogmáticas que caracterizan ese tipo de lealtad. Su espíritu abierto se negó a adoptar criterios absolutos; estaba dispuesto a cambiar y modificar. En su juventud, nos informa Antonio Caso, «fue jacobino recalcitrante y terrible». Era el momento heroico de la República[4]. Pero más tarde, como ya se ha indicado, se convirtió al Positivismo, aunque nunca se sintió cómodo con el despotismo de Díaz[5]. Lo que necesitaba México era la autoridad, no el autoritarismo. Desgraciadamente, la línea de demarcación entre estos dos conceptos siempre ha parecido tenue.

Siendo algo escéptico, Sierra se oponía al absolutismo científico, sobre todo cuando reaccionaba contra lo que había dicho Gabino Barreda, fundador de la enseñanza positivista en México, a saber, que las verdades de la cien-

[1] Justo Sierra, citado por Carlos J. Sierra, *Justo Sierra. Periodista,* México, Club de Periodistas, 1964, pág. 26.
[2] En Leopoldo Zea, *El positivismo en México: nacimiento, apogeo y decadencia,* México, Fondo de Cultura Económica, 1968, pág. 281.

[3] *Ibid,* pág. 403.
[4] En Antonio Caso, *México (Apuntamientos de Cultura Patria),* México, Imprenta Universitaria, 1943, pág. 82.
[5] Abelardo Villegas, *México en el horizonte liberal,* México, Universidad Nacional Autónoma de México, 1981, pág. 77.

cia abrazan todo el conocimiento, hasta las leyes que rigen los fenómenos sociales. «Dudemos», exclamaba Sierra, «la ciencia es verdadera si no la queremos divinizar; si la respetamos como cosa humana, cambiante, inestable, perfectible, pero no absoluta, no perfecta, no dogmática ni sagrada...»[6].

Más que nada, se destaca Sierra como historiador y educador. Su libro, *Juárez, su obra y su tiempo,* obra monumental, es una síntesis de la historia mexicana. Benito Juárez es la encarnación de la Reforma, y el partido liberal, según Sierra, es el único grupo que ha comprendido la necesidad de crear una conciencia nacional. Como historiador, Sierra ve las cosas así como son, «sin aumentarlas ni disminuirlas»[7], algo que no habían sabido hacer los historiadores mexicanos. «Ni su amor, ni su patriotismo puro eran capaces de deformarle la realidad, por amarga que ésta fuera a veces»[8]. Cuando juzga la obra del partido liberal, lo hace con una objetividad inequívoca, a pesar de haberse alejado de él. Por ejemplo, escribe en el Prefacio de *Juárez:*

> Los buenos, los prudentes, no eran los moderados... Eran los radicales, los jacobinos... los que hacían, bien o mal, tamaños milagros. Ellos vieron, lo mismo que todos los liberales, que la transformación económica social, era el remedio único... Y formularon su receta: supresión de las clases privilegiadas por la ley (clero y ejército)... educación del pueblo mexicano[9].

La *Evolución política del pueblo mexicano* abarca una interpretación de los sucesos históricos desde los remotos orígenes hasta la época contemporánea del autor, vísperas de la Revolución Mexicana. La obra es considerada hoy como obra capital en la historiografía mexicana. Como indica Alfonso Reyes: «No es una ciega apología; no disimula errores...»[10]. Sierra espera que los mexicanos acepten la responsabilidad de su papel histórico. Lo harán con más inteligencia y entendimiento si estudian la evolución del pueblo mexicano, apreciando los factores positivos y negativos, sin echarle la culpa por sus defectos a una víctima propiciatoria. Sólo de esta manera po-

Benito Juárez.

drá el mexicano, hijo de dos razas, superar el pasado y ponerse por encima de la dualidad de las etapas anteriores.

La historia para Sierra era una ciencia, no obstante su oposición a la deificación de ésta. Para estudiar la historia debidamente, era necesario adoptar el método que se utiliza en las ciencias, «el que consiste en inducir por la observación y la experiencia, de los hechos particulares los hechos generales que llamamos leyes...»[11]. Es posible que fuera atraído al positivismo precisamente porque éste le ofreció un método «científico». Nada más natural, pues, que Sierra interpretara la historia dentro del marco de las doctrinas positivistas, vigentes en su tiempo. Para Sierra, conforme con las ideas transformistas, la época porfiriana sirvió para terminar con la etapa caótica del liberalismo, y realizar el tránsito del período militar a la época industrial. Sin embargo, dentro del ambiente del positivismo, Sierra se vio obligado a alejarse de los «científicos» porfiristas porque percibió en estos un peligro para el progreso de la patria.

El amor a la patria sintetizó su obra de historiador y su labor pedagógica. El sistema educativo que fundó fue dictado por su patriotis-

---

[6] Citado por Caso, *op. cit.,* pág. 84.

[7] En Samuel Ramos, *El Perfil del Hombre y la Cultura en México,* México, Espasa-Calpe Mexicana, 5º Edición, 1972, pág. 142.

[8] *Ibid.,* pág. 143.

[9] Citado por Emilio Abreu Gómez, *Justo Sierra, Educación e Historia,* Washington, Unión Panamericana, 1949, pág. 74.

[10] Alfonso Reyes, «Prólogo» al libro de Justo Sierra, *Evolución Política del pueblo mexicano,* México, Fondo de Cultura Económica, 1940, pág. XVII.

[11] Agustín Yáñez, «Don Justo Sierra, su vida, sus ideas y su obra», en Justo Sierra, *Obras completas,* vol. I, *Poesías,* México, 1977, pág. 76.

mo. Por ejemplo, en un libro de texto, intitulado *Historia Patria,* preparado por Sierra para el tercer año de primaria, aparece la siguiente Dedicatoria:

> A mis hijos. El amor a la Patria comprende todos los amores humanos... Los pueblos más civilizados son aquellos en que hay más *escuelas* y más niños que en ellas se eduquen... en que hay más ferrocarriles y telégrafos que lleven personal y mercancías, los unos, y palabras los otros... Pero todo esto vale muy poco si en un pueblo no hay *libertad*... y si no hay justicia... [12].

Su referencia a los ferrocarriles revela, sin duda, el énfasis en el fomento económico de parte del régimen porfirista. También es posible que Sierra estuviera pensando en el poderoso vecino del norte cuando escribió:

> ...los ferrocarriles, las fábricas, los empréstitos... todo nos liga y nos subordina en gran parte al extranjero. Si... no buscamos el modo de conservarnos a través de *nosotros mismos*... la planta mexicana desaparecerá a la sombra de otras infinitamente más vigorosas [13].

En 1895 hace un viaje a los Estados Unidos para ver estas otras plantas «más vigorosas». A pesar de que admite no dominar el inglés, las impresiones que saca cuadran bien con los conceptos estereotipados que tienen muchos extranjeros. Escribe, por ejemplo:

> ... si yo pudiera personificar a este pueblo, lo pintaría en forma de atleta de púgil... Este es admirablemente desarrollado: cuello, brazos, piernas, torso y dorso... ¿Y el rostro? Armado de ojos duros y de mandíbulas de fierro por el apetito insaciado... Y las mujeres deseando ser hombres para luchar también por la vida, es decir, por el lujo... y corriendo al través del matrimonio y del divorcio... para conseguir una felicidad... sin alma... Adiós, pues, oh tierra de lo repentino, de lo colosal, de lo estupendo; naciste ayer y has crecido en una hora [14].

Al regresar a México, sigue trabajando sin descanso. Preparó decretos que iban a reformar todas las esferas educativas: desde la escuela primaria hasta la universidad. Quería hacer de la escuela primaria «un organismo destinado no a enseñar a leer, escribir y contar... sino a pensar, a sentir y a desarrollar en el niño al hombre [15]. Buscaba el mejoramiento de maestros; quería mejorar el sistema educativo para adultos. Fundó jardines de infantes y escuelas rurales. Hablaba en especial de la educación de la mujer. En una ocasión se dirigió a un grupo de alumnas, advirtiéndolas: «Y no os estorbaría lo que sabéis, lo que aprendéis. Acabará por morir esa impía preocupación de que las mujeres que saben resultan poco aptas para el hogar... Ya acabó el tiempo en que se os hacía aparecer como seres inferiores...» [16]. Mucho le molestaba la acusación de que la escuela laica, por la cual abogaba, es atea, irreligiosa e inmoral. «Para nosotros», escribe, «existe la moral universal e invariable» [17]. Lo que le repugnaba siempre era el fanatismo y la intolerancia.

Se reconoce a Sierra como fundador en 1910, de la Universidad Nacional de México. Las labores de la vieja universidad colonial habían sido interrumpidas durante la época de la Independencia. La vieja había sido un bastión de conservantismo. La nueva, propuesta por Sierra, sería un centro de estudios científicos. El discurso que pronunció en la inauguración de la Universidad es un resumen elocuente de su pensamiento e ilustra también el lirismo, tan característico de su prosa, «la transformación de su verso» [18]. En aquella ocasión exclama Sierra:

> No puede, pues, la Universidad que hoy nace tener nada en común con la otra... Los fundadores de la Universidad de antaño decían: «La verdad está definida, enseñádla»; nosotros decimos a los universitarios de hoy: «La verdad se va definiendo, buscadla» Aquéllos decían: «sois un grupo selecto encargado de imponer un ideal religioso y político resumido en estas palabras: Dios y el Rey». Nosotros decimos: «sois un grupo en perpetua selección dentro de la substancia popular y tenéis encomendada la realización de un ideal político y social que se resume así: democracia y libertad [19].

Lo interesante es que Sierra hable de la libertad mientras Porfirio Díaz está todavía en el poder. En su presencia repite Sierra que no hay educación que valga sin la libertad. Pero dentro de poco Díaz perderá su poder y tendrá que marcharse del país, mientras que Sierra va a quedarse. En 1912 Francisco Madero lo nombra Ministro Plenipotenciario de México en España. Desgraciadamente, el destino no le permitirá servir a su patria en su nuevo puesto. El 11 de septiembre de 1912, poco des-

---

[12] Justo Sierra, *Historia patria,* México, Secretaría de Educación Pública, 1922, págs. 7-8.

[13] Justo Sierra, «Obras completas», XIV, *Epistolario y papeles privados,* UNAM, 1977, pág. 356.

[14] Justo Sierra, *Obras completas,* VI, *Viajes: en Tierra Yankee en la Europa Latina,* UNAM, 1977, pág. 192.

[15] Justo Sierra, *Obras completas,* VIII, *La educación nacional,* UNAM, 1977, pág. 493.

[16] *Ibid.,* pág. 329.

[17] *Ibid.,* pág. 82.

[18] E. Abreu Gómez, *op. cit.,* pág. 21.

[19] Justo Sierra, *Obras completas,* V, *Discursos,* UNAM, 1977, pág. 456.

pués de su llegada a España, logra realizar una visita al Escorial. Regresa fatigado a Madrid. Parece que el viaje le hace sentir los síntomas de su enfermedad incurable. El decaimiento es rápido; el 13 de septiembre deja de existir.

Se le ha llamado «el primer humanista posterior a la Reforma»[20]. Cuentista, poeta, crítico literario, además de historiador y educador, trató de conciliar, en nombre de la paz y la concordia, las tendencias ideológicas, a veces antagónicas, que aparecieron en el escenario mexicano. Un problema, en especial, de dimensiones por lo visto insuperables, siempre le tenía preocupado: ¿Cómo conciliar los requi-

sitos de la democracia con la realidad de una dictadura? ¿Cómo educar para la libertad dentro de los confines del porfiriato? Cuestión insoluble. El mensaje que nos deja en el último párrafo de su *Evolución política* nos da la clave de su *idearium:* bien puede aplicarse al panorama contemporáneo:

> ... educar quiere decir fortificar: la libertad sólo ha sido... el patriotismo de los fuertes; los débiles jamás han sido libres. Toda la evolución social mexicana habrá sido abortiva y frustránea si no llega a ese fin total: la Libertad[21].

[20] Carlos J. Sierra, *op. cit.*, pág. 38.

[21] Justo Sierra, *Evolución del pueblo mexicano, op.cit.*, pág. 458.

BIBLIOGRAFÍA

Antología del Pensamiento social y político de América Latina. Introducción de Leopoldo Zea; selección y notas de Abelardo Villegas (ver especialmente el capítulo sobre Gabino Barreda). Washington, Unión Panamericana, 1964.

ABREU GÓMEZ, Ermilo, *Justo Sierra, Educación e Historia,* Washington, Unión Panamericana, 1949.

CASO, Antonio, «Justo Sierra, el amante, el escéptico, el historiador» (en Justo Sierra, *Prosas,* México, Biblioteca del estudiante universitario), 1939.

— *México (Apuntamientos de Cultura Patria). México, Imprenta Universitaria, 1943.*

FERRER, Gabriel, El maestro Justo Sierra, México, Secretaría de Educación Pública, 1944.

GÓMEZ ARIAS, Alejandro, *Justo Sierra,* México, UNAM, 1936.

MOORE, Ernest R., *«El maestro Justo Sierra»,* Hispanic Review, vol. 17, núm. 3, julio de 1949.

RAMOS, Samuel, *Perfil del hombre y la cultura en México,* México Espasa-Calpe Mexicana, 1972.

REYES, Alfonso, «Justo Sierra (biografía mexicana)», *Educación nacional,* México, D. F., año I, vol. II, núm. 9, octubre de 1944.

— «Prólogo» en Justo Sierra, *Evolución política del pueblo mexicano,* México, Fondo de Cultura Económica, 1940.

SIERRA, Carlos J., *Justo Sierra, periodista,* México, Club de Periodistas, 1964.

SIERRA, Justo, *Obras completas,* vols. I-XV. Homenaje dirigido por Agustín Yáñez, México, D. F., UNAM, 1948-49; también hay una segunda edición, 1977.

VILLEGAS, Abelardo, *México en el horizonte liberal,* México, UNAM, 1981.

YÁÑEZ, Agustín, «Don Justo Sierra, su vida, sus ideas y su obra» (en Justo Sierra, *Obras completas,* I, México, UNAM, 1977).

— «El ideario educativo de Justo Sierra», México, *Cuadernos americanos,* vol. 40, núm. 4, julio-agosto de 1948.

ZAVALA, Silvio, Tributo al historiador Justo Sierra. México, D. F., *Memorias de la Academia Mexicana de la Historia,* núm. 4, oct.-dic. de 1946.

ZEA, Leopoldo, *El positivismo en México,* México, Fondo de Cultura Económica, 1968.

ZERTUCHE, Francisco M., «Vida y obra de Justo Sierra», *Armas y Letras,* Monterrey, México, Año V, núm. 1, 31 de enero de 1948.

Manuel González Prada

EUGENIO CHANG-RODRÍGUEZ

EDUCACIÓN FORMAL

Manuel González Prada (1844-1918), uno de los grandes escritores peruanos, es más conocido fuera de su patria por su labor artística que por sus contribuciones sociopolíticas. En su país, algunos lo recuerdan como anticlerical; otros como anarquista. Muchos rememoran al hombre de vida ejemplar que nació en Lima el 6 de enero de 1844, tercer hijo de Francisco González de Prada y Josefa Álvarez de Ulloa y Rodríguez, ambos pertenecientes a familias aristocráticas. Poco después de su nacimiento se le bautizó en la capital peruana en presencia del Arzobispo de Lima[1]. Cuando tenía cinco años de edad recibió el sacramento de la confirmación; su padrino fue un general del ejército. El oficio de ambos sacramentos reunió a miembros de los tres poderes políticos más influyentes del país: el Ejército, la Iglesia y la Aristocracia.

A raíz del triunfo del general Ramón Castilla, caudillo de las incipientes fuerzas liberales, Francisco González de Prada, conservador por temperamento y convicción, se exilió en Chile y en Valparaíso matriculó a su hijo en el Colegio Inglés. En este centro de estudios, Manuel adquirió parte de su sólida educación primaria a la vez que aprendió el inglés y el alemán. A principios de 1857, la familia volvió a Lima en virtud de la amnistía extendida por el general Castilla a sus enemigos políticos, algunos de los cuales llamó a colaborar con él. Al restaurarse el gobierno municipal, don Francisco fue elegido alcalde de Lima (1857-58), y decano del Colegio de Abogados. Mientras el padre recuperaba su destacada posición, Manuel continuaba sus estudios en el Seminario de Santo Toribio. Allí conoció a Nicolás de Piérola, futuro presidente del país. A fines de 1869, agobiado por el ambiente religioso del seminario, Manuel se escapó de Santo Toribio y se matriculó en el Colegio de San Carlos. A este plantel liberal el alumno no asistía con regularidad: sólo estudiaba las materias escolares de su agrado pocos días antes de los exámenes. Pasaba la mayor parte del tiempo en diversas lecturas, especialmente versiones pe-

riodísticas de los discursos de los representantes liberales del Congreso, y escribiendo versos.

ROMANTICISMO Y RETIRO

A los dieciocho años Manuel ya tenía compuestos algunos centenares de versos románticos. El joven escritor guardaba el secreto de sus inclinaciones poéticas, cuyos frutos no publicaba. Aparentemente disfrutaba de la voluptuosidad de creerse «un gran poeta inédito» (González Prada 1945: 59). Cuando rompió el silencio y decidió publicar algunos de sus mejores poemas en el periódico *El Nacional,* no reveló su identidad, sino que usó seudónimos como Roque Roca y Genaro Latino.

Después le entusiasmó el teatro y compuso varias piezas para las tablas. A principios de 1865 ya tenía entre sus trabajos inéditos el drama romántico «Amor y pobreza». Mas el interés en este género tampoco fue duradero y se dedicó a traducir al castellano libros de Göethe, Schiller, Chamisso, Körner, Rücket y von Platen. Dos años más tarde completó la comedia *La tía y la sobrina,* cuya representación las autoridades limeñas aprobaron. Sin embargo, en vísperas de su estreno el autor cambió de parecer y decidió no llevarla a las tablas.

Cuando terminó los estudios en San Carlos, el joven Manuel se resignó a seguir abogacía. Su madre no le permitió viajar a Bélgica para proseguir la carrera de ingeniería que su padre había aprobado antes de morir en 1863. Manuel se matriculó en la Universidad de San Marcos, resignado a seguir los estudios de Derecho. Mas al contemplar su falta de vocación legal, en 1868 abandonó las aulas universitarias para dedicarse a escribir. Entonces colaboró con artículos de crítica literaria en *El Nacional* algunos de los cuales firmó con seudónimo. Poco a poco su ágil pluma y el tono radical de sus trabajos le conquistaron la admiración de muchos intelectuales jóvenes. El interés en el Perú marginado lo llevó a recorrer a caballo algunas provincias, y así tuvo la oportunidad de conocer al pueblo humilde, palpar sus privaciones, constatar sus múltiples necesidades y, sobre todo, la pésima condición de vida del indio.

Al retornar del recorrido por la sierra cen-

---

[1] Para una biografía más amplia, véanse Adriana de González Prada (1947) y Luis Alberto Sánchez (s.f.).

tral del país, resumió la tarea de componer sonetos, triolets, baladas y pantums, que fueron leídos con interés y aprecio. Uno de sus lectores, José Domingo Cortés, le pidió una selección de poemas y datos biográficos para la antología que preparaba en Chile. En este libro publicado en Valparaíso (1871), aparece lo poco que el joven remitió: el nombre de su ciudad natal y los poemas firmados escuetamente con Manuel G. Prada. Alrededor de 1871 decidió dedicarse a la agricultura en el fundo Tutumo, una de las propiedades de la familia situada al sur de Lima, en el valle de Mala, provincia de Cañete. Durante los ocho años que pasó allá, realizó experimentos para obtener almidón y otros derivados de la yuca, planta principal cultivada en la chacra (A. González Prada 1937: 116)

La vida rural le dejaba largas horas para leer a Víctor Hugo, Quevedo, Menard y Omar Khayam, los clásicos de la colección Rivadaneira (especialmene a Quevedo, Gracián, Hurtado de Mendoza) y revistas europeas. Pero don Manuel publicaba poco: una que otra colaboración en *El Correo del Perú,* y lo demás lo tiraba al canasto de papeles después de seleccionar para sus archivos baladas indígenas sobre temas nativos, como «Supay», «Huatanay», «Invención de la Quena», «La aparición del coraquenque», «Caridad de Velarde», «La llegada de Pizarro» y otras composiciones publicadas más tarde póstumamente por su hijo Alfredo y por Luis Alberto Sánchez.

Salvo un viaje que realizó a Valparaíso (1876) por razones familiares, Manuel González Prada no salía de Tutumo sino para ir a visitar a su madre en Lima. En una de estas visitas, el 6 de enero de 1877, conoció a Adriana de Verneuil, joven francesa de 14 años de edad, compañera de estudios de una de las parientas protegidas por la familia. Ese día, en el que cumplió ademas treinta y tres años de edad, comenzó su gran amor por Adriana, la animadora de su vida (A. de González Prada 1937: 55-57).

LA GUERRA DEL PACÍFICO (1879-83) Y EL SEGUNDO RETIRO

Cuando el 5 de abril de 1879 se enteró de la declaración de Guerra de Chile, Manuel González Prada retornó apresuradamente a Lima. Poco tiempo después se enroló en el Ejército, y al año siguiente ascendió a capitán de reserva y luego directamente a teniente coronel (González Prada 1945: 33). Como jefe de la guarnición de unos doscientos hombres de la Reserva, combatió en la defensa de Lima,

cerca de Chorrillos. Prada peleó con denuedo. Cumplido su deber, decidió encerrarse en casa mientras durase la ocupación chilena de la capital peruana. En su nuevo retiro se dedicó a escribir piezas teatrales, poemas y ensayos. Derivaba especial gusto de componer letrillas, romances, epigramas, rondeles, sonetos, triolets, y, sobre todo, baladas. En este aislamiento redactó también el prólogo a *Notas literarias: Hojas para el pueblo,* obra del abogado liberal Pablino Fuentes Castro. En ese prólogo atacó violentamente a las ciencias y letras minoritarias, pero elogió la difusión y vulgarización del espíritu humano[2]. Horas alegres le proporcionaban las frecuentes visitas de los amigos intelectuales, pero la mayor alegría suya en ese caprichoso aislamiento procedía de las visitas de Adriana, su futura esposa.

DE 1883 A 1890

Cuando en 1884 las tropas chilenas abandonaron la ocupación de Lima en virtud del Tratado de Ancón (1883), González Prada puso fin a su segundo y último retiro. Salía resuelto a predicar contra el desbarajuste moral responsable de la derrota y pronto fue rodeado de muchos jóvenes. El 28 de julio del mismo año su artículo «Grau», en marmórea prosa, fue incluido en el folleto dedicado «A los defensores de la Patria», en el que, entre otros, colaboraba Ricardo Palma. Tanto este trabajo como el editorial escrito para *El Comercio* con motivo de la muerte de Víctor Hugo, aumentaron su prestigio de libre pensador (L. A. Sánchez, s. f.: 95)

En 1885, a los cuarentaiún años de edad, se anunció su compromiso matrimonial con Adriana, pero las bodas se aplazaron debido a la oposición de la madre de Manuel[3]. Dos años más tarde, escasamente cuatro meses después de la muerte de doña Josefa, Manuel y Adriana al fin contrajeron matrimonio. No había retornado de su luna de miel, cuando González Prada fue elegido presidente del Círculo Literario, organismo al que pertenecían poetas liberales ansiosos de reformar el país. Al asumir el cargo, declaró: «Me veo, desde hoy, a la cabeza de una agrupación destinada a convertirse en el partido radical de nuestra literatura» (González Prada 1946:35). En el Círculo Literario y fuera de él, ganó más adeptos, especialmente después de la lectura de su discur-

---

[2] Cfr. A. de González Prada (1947: 120-22) y L. A. Sánchez (s. f.: 90).
[3] Fuera de la familia de don Manuel, no se conocía esta oposición de doña Josefa hasta la revelación de A. de González Prada (1947: 124-25 y 155-56).

so en el teatro Politeama por el ecuatoriano Miguel Urbina el día nacional de 1888[4]. Allí lanzó don Manuel la admonición «¡Los viejos a la tumba, los jóvenes a la obra!», frase feliz que resonó por toda Latinoamérica y enardeció a la juventud liberal. El gobierno prohibió la difusión del discurso, pero *La Luz Eléctrica* lo publicó en tres ediciones consecutivas. Después lo reimprimieron otros periódicos limeños como *El Porvenir* y *La Voce d'Italia.* El 30 de octubre del mismo año se leyó en el Teatro Olimpo un nuevo discurso furibundo de González Prada que desencadenó más aplausos de los amigos y más ataques de la prensa conservadora, como el escrito por Ricardo Palma.

Cuando los esposos González Prada-Verneuil perdieron a su hijita Cristina, poco antes de cumplir los cuatro meses de vida, víctima de una epidemia de sarampión, el inconsolable don Manuel le propuso a Adriana un pacto suicida (A. de González Prada 1947:150-51). No bien transcurrió un mes cuando una nueva desgracia tocó a don Manuel, su hermana mayor, Cristina, a quien tanto quería, murió como consecuencia de ayunos y absurdas penitencias. Don Manuel culpó al fanatismo y se reafirmó en su irreligiosidad. Para consolarse escribió artículos que aparecieron en *El Perú Ilustrado* y *El Radical,* y participó en el debate en oposición al contrato Grace que el general Andrés A. Cáceres, Presidente del Perú, trataba de imponer al país. Fueron meses muy prolíficos durante los cuales terminó «La Revolución Francesa», «Notas acerca del idioma», y «La Libertad de escribir». El gobierno trató de atraerlo a sus filas con tentadoras ofertas y promesas. Don Manuel las rechazó todas. A fines de 1889 escribió «Propaganda y ataque», ensayo cuyo título sirvió para nombrar uno de sus libros póstumos en el cual definió claramente los deberes del escritor peruano.

En febrero de 1890 los esposos González Prada perdieron a su segundo hijo varón a los diez días de haber nacido. Para desahogar el inmenso dolor, don Manuel escribió el artículo sobre «La muerte y la vida». Y como para reafirmar sus postulados religiosos, terminó «Vigil», una de las mejores evaluaciones de ese rebelde peruano. Estos y otros trabajos suyos leídos en privado así como los artículos y discursos aparecidos en la prensa peruana incrementaron su prestigio. Luis Alberto Sánchez

(s. f.:120) ha recapitulado así ese momento histórico:

> Don Manuel sentía la anónima, pero sincera caricia de la juventud, que sin disponer de diarios, prebendas ni fuezas organizadas, iba a él como a un guía. La sociedad de «Amantes de la Ciencia», igual que el «Círculo Literario», le proclamaba su Maestro. El «Centro Ilustrativo», la «Instrucción Popular», se reunían en torno de Prada. Desde las columnas de *La Integridad,* Elías Alzamora, pese a ser muy adicto a la Iglesia, publicaba sus vibrantes décimas «Al Perú» leídas en una velada de Chiclayo. Luis Ulloa invocaba a la «Unión Nacional de Artesanos» para que adoptase el diario radical. Gamarra dirigía intimaciones premiosas al «Círculo», para que actuase. En seguida, el propio Gamarra publicó el discurso del Olimpo, que había alcanzado rápida celebridad, hasta el punto de que escritores extranjeros solicitaban copias, y un literato argentino pidió que se lo leyera, en una sesión del «Círculo».

En 1891 el presidente Remigio Morales Bermúdez, le ofreció la dirección de un periódico y la senaduría por Lima, y, al año, una legación en Europa, todo esto a cambio de su apoyo intelectual. Don Manuel altivamente rechazó la ofensiva proposición.

Manuel González Prada.

475

Con el producto de una casa heredada, los esposos González Prada-Verneuil decidieron viajar a Europa a cumplir un viejo deseo y olvidar las pérdidas familiares sufridas. Porque se le consideraba jefe insustituible, la noticia del viaje no agradó a los discípulos. Don Manuel les recordó que las organizaciones basadas en principios no tienen caudillos ni miembros irremplazables. Ante su insistencia, aceptó fundar antes de emprender viaje el partido político proyectado con los cuadros del Círculo Literario. Quiso llamarlo «Partido Radical», pero accedió a darle el nombre de «Unión Nacional» y redactó su «Declaración de Principios» publicada el 16 de mayo de 1891. Un mes más tarde, acompañado de su esposa, partía para Europa.

Después de instalarse en París, don Manuel asistió al College de France a escuchar al célebre Renan, al egiptólogo Masperó, al sinólogo D'Herby de Saint Denis y al lingüista Barbier de Maynard. Al fin, el 16 de octubre de 1891 nació Alfredo, el hijo querido que alegraría su hogar por muchos años y se convertiría en el fiel editor de sus obras. Pasados los primeros meses de engreimiento del nuevo niño, Manuel reasumió la búsqueda cultural. Reanudó sus visitas al Théatre Français, al College de France, a la Sorbonne, a la Biblioteca Nacional, al Museo del Louvre y a la Ópera. Después de la muerte de Renan, fue a escuchar las lecciones de filosofía positivista de Louis Menard y se encariñó con el ideario anarquista sin abandonar su interés en el socialismo humanista. Se acercó a los parnasianos por su gusto en la prolijidad, en el primor del detalle, en la serenidad y el culto a la expresión directa con ritmo musical.

Mientras tanto, en el Perú las ideas de Prada se difundían por las diferentes provincias; en la capital, en cambio, algunos discípulos aceptaban puestos gubernamentales. En estas circunstancias los buenos amigos le rogaron al Maestro que recopilara en un libro sus discursos y escritos antes de retornar a Lima. Cumpliendo este consejo, a mediados de 1894, don Manuel publicó *Pájinas libres* donde introdujo una nueva ortografía. Abelardo Gamarra («El Tunante») lo distribuyó en el Perú. Por su parte, el clero lo condenó, y los conservadores laicos también atacaron violentamente el libro. En Arequipa quemaron la efigie del autor en plena plaza pública, y un sacerdote le respondió con unas *Páginas razonadas* «en nombre de Santo Tomás y Sancho Panza» (V. García Calderón 1913:178).

Los esposos González Prada, desconociendo el alboroto que causaban las *Pájinas libres,* viajaron a Bélgica a visitar museos y admirar los cuadros de la escuela flamenca, especialmente los de Van Dyck y Rembrandt. Mucho les agradó este viaje y proyectaron otros. Manuel quería visitar Holanda, Dinamarca y los demás países escandinavos, pero Adriana le convenció para ir al sur de Francia y luego a Madrid a pasar el invierno de 1896-97. Antes de este nuevo periplo, en el verano de 1896, recibieron la mala nueva de la muerte de su hermano Francisco González de Prada. Al llegar el otoño, la familia estaba en camino hacia Madrid, pero al enterarse de la epidemia de viruela desencadenada en esa ciudad, decidieron pasar el invierno en Barcelona. Llegaron a la ciudad condal en diciembre de 1896. En una de las visitas al correo a recoger la abundante correspondencia procedente de Lima, Manuel se encontró con el coronel José Madueño, ex jefe de un movimiento separatista en Iquitos, a la sazón en el destierro. Madueño le presentó al doctor Odón de Buen, ardiente republicano, catedrático de historia natural en la Universidad de Barcelona. Casi a fines de la primavera de 1897 los González Prada se trasladaron a Madrid. En la capital española visitaron a Fernando Lozano, suegro del profesor de Buen. Don Fernando, director propietario de un periódico, llevó a don Manuel a la Biblioteca Nacional, al Ateneo y a la Biblioteca de la Real Academia. Trabó amistad con Pi y Margall y con él asistió a una de las sesiones de la Real Academia. Fueron meses de íntima observación y estudio, de visitas a centros científicos, a lugares políticos y al Teatro Español, donde vio actuar a la célebre María Guerrero.

La Unión Nacional

Prada, su esposa y su hijo Alfredo iniciaron viaje marítimo al Perú el 26 de marzo de 1898. Llegaron al puerto del Callao el 2 de mayo siguiente, cuando se celebraba el fracaso de la reconquista española de 1866. Los amigos de la Unión Nacional les dieron la bienvenida. Le informaron acerca de lo sucedido en el país durante su larga ausencia y especialmente de lo ocurrido en su partido, debilitado con las claudicaciones de algunos de sus militares.

Integrado en el seno de la Unión Nacional, se dio cuenta cabal de las disensiones producidas en él. Como el Presidente José Balta buscaba la colaboración del Partido Liberal de Augusto Durand, lo cual encontraba resistencia entre los amigos de Prada, el Comité Directivo de la Unión Nacional pidió a su fundador una opinión escrita. Manuel se la dio con el título de «Los partidos y la Unión Nacional» el 2 de agosto de 1898. En ese trabajo, organizado como discurso, el autor critica acerbamente al gobierno con verdades escuetas y observaciones agudas. Ningún diario se atrevió a informar sobre lo ocurrido, y el gobierno tomó medidas para silenciar al peligroso opositor. Se intentó agredirle personalmente, pero la intervención oportuna de los estudiantes sanmarquinos impidió el ataque a mano armada. Entonces un diputado le desafió «a nombre de los obreros» por los conceptos vertidos en el discurso. Los amigos otra vez frustraron la burda treta. Desorientadas, las autoridades impidieron la lectura de su discurso «Librepensamiento en acción», cuya presentación se proyectaba para el Teatro Politeama el 28 de agosto de 1898, en el programa organizado por la Liga de Librepensadores del Perú. Muchos ciudadanos de Lima y de provincias protestaron por las arremetidas gubernamentales en contra de Prada.

Como *La Luz Eléctrica* había sido clausurada, González Prada y otros compañeros de la Unión Nacional lanzaron el periódico *Germinal* para defender al pueblo contra el clericalismo, el gamonalismo y las arbitrariedades gubernamentales. Aunque los artículos aparecían firmados con seudónimo, era fácil reconocer la prosa combativa del Maestro. Para clausurar *Germinal* el gobierno se valió de un juez venal. Más, el rebelde, no se desanimó y fundó otro periódico, *El Independiente,* en agosto de 1899. Concluido su mandato presidencial, Piérola dejó en el poder a Eduardo López de Romaña, coprovinciano suyo, también conservador extremadamente religioso. Se cree que éste se comprometió a devolverle el mando al terminar su período presidencial[5]. En la Unión Nacional muchos desertaron porque la mayoría se acercaba más y más al llamado Partido Liberal. Decepcionado, Prada dejó de asistir a las sesiones aunque estas siguieron celebrándose en su casa hasta 1900. Manuel se dedicó a escribir artículos anticlericales y antigubernamentales en *La Idea Libre* y otros periódicos progresistas. De esta agitada época de su vida se destaca el ensayo «Política y religión» en que se ocupa de las relaciones entre el catolicismo y la libertad de expresión. En 1901, después de seis meses de paciente labor en una maquinita de imprimir tarjetas, Adriana y Alfredo publicaron cien ejemplares del primer poemario de Prada, *Minúsculas*. Frente a la angustia de la realidad política querían consolarse con estos versos.

Nuevos nubarrones amenazaron el horizonte de Manuel. Abelardo Gamarra, uno de sus más apreciados discípulos, apoyado en gran parte por muchos de sus correligionarios, propuso, en 1902, la alianza de la Unión Nacional con el Partido Liberal de Durand. Prada asistió a la turbulenta sesión en la que por un voto se derrotó la proposición. Gamarra y los disidentes recurrieron a la vieja estratagema de reunirse en otro lugar para aprobar «por unanimidad» la componenda política. El 11 de abril de 1902, Manuel González Prada renunció al partido que había fundado, pero siguió la lucha contra el conservantismo en el periódico *La Idea Libre* de Glisserio Tassara. Sus excelentes artículos «Nuestros liberales» y «Nuestros magistrados» aparecieron en esta época. Como los intelectuales le descorazonaban, Manuel se aproximó a los obreros.

Como suele suceder en política, las promesas de hoy son desengaños del mañana. El Presidente López Romaña no apoyó el retorno de Piérola al poder; al contrario, ayudó al candidato del Partido Civil dirigido por connotados oligarcas y así Candamo asumió el mando presidencial en mayo de 1903. Al año, el primer magistrado civilista murió y le sucedió temporalmente don Serapio Calderón, hasta que llegó a la presidencia José Pardo y Barreda, hijo del fundador del aristocrático Partido Civil. En estas circunstancias la Unión Nacional y su aliado, el Partido Liberal, intentaron incluir en su plancha electoral a Augusto Durand como candidato a la presidencia, y a Manuel González Prada como candidato a la primera vice presidencia. Don Manuel rehusó ser candidato. De todas maneras, el juego político ya se había decidido, y claro, ganó el civilista José Pardo y Barreda.

Pasadas las justas electorales, don Manuel continuó colaborando con los obreros. El periódico ácrata *Los Parias*, muy popular entre los trabajadores, publicó muchos artículos suyos. En ellos censuró la organización sociopolítica del país y emprendió una fuerte campaña indigenista. En mayo de 1905 pronunció un discurso de fuerte tendencia socialista intitulado «El intelectual y el obrero». El 20 de septiembre de ese mismo año, él y Dora Meyer pronunciaron sendos discursos en la logia masónica Stelle d'Italia, el día de la conmemoración de la fecha magna italiana. Aconsejado por su esposa, Manuel reunió en 1908 varios ensayos y artículos suyos en un libro que publicó con el significativo título de *Horas de lucha*. La popularidad del fogoso creador se acrecentó en provincias; en la misma Lima muchos escritores y obreros acudieron a su casa y le ofrecieron veladas en su honor. En 1909

---

[5] Cfr. Manuel González Prada (1938: 243) y Adriana de González Prada (1947: 327)

Prada publicó *Presbiterianas*, poemario anticlerical que apareció anónimamente para no perjudicar al periódico *Los Parias* que lo imprimió. En 1911 vio la luz su tercer poemario, *Exóticas,* en cuyo prólogo ofrece una original teoría de versificación.

DIRECTOR DE LA BIBLIOTECA NACIONAL

Germán Leguía y Martínez, cofundador de la Unión Nacional y Ministro de Estado del Presidente Augusto B. Leguía, le pidió a Manuel que aceptara la dirección del Colegio Nacional de Guadalupe, pero el gran iconoclasta no accedió. Más tarde le ofreció la dirección de la Escuela de Artes y Oficios, y esta vez, al declinar la oferta, don Manuel prometió no rechazar en el futuro un cargo de su competencia. Cuando se produjo la vacante en la Biblioteca Nacional por renuncia de Ricardo Palma, Prada se vio obligado a aceptar la dirección de ese importante centro cultural en marzo de 1912. Palma y sus amigos criticaron a Manuel y algunos le llamaron «Catón de Alquiler». Prada les respondió con su *Nota informativa sobre la Biblioteca Nacional,* y se consoló con la visita de escritores jóvenes, como Pablo Abril de Vivero, Félix del Valle, y a veces, de José Carlos Mariátegui.

Cuando el coronel Oscar R. Benavides depuso al gobierno populista de Guillermo Billinghurst y el Congreso títere nombró al usurpador Presidente Provisional, Prada renunció a su cargo en protesta viril. El gobierno de facto no lo aceptó; al contrario, decretó su destitución. Manuel respondió con artículos fogosos en el periódico *La Lucha* cuyas ediciones eran incautadas por la policía. Acosado, Prada se consoló escribiendo *Bajo el oprobio,* libro antimilitarista que se publicó póstumamente. El orden constitucional se restableció el 15 de septiembre de 1915, cuando José Pardo y Barreda comenzó su segundo período presidencial. El primero de febrero del año siguiente Manuel era restituido a la dirección de la Biblioteca Nacional.

Como la guerra europea había suscitado gran interés intelectual, aparecieron revistas literarias como *Colónida.* La revaloración de ideas que acompaña a las épocas de crisis llevó a la muchachada intelectual a frecuentar más a menudo la casa del Maestro que con su pensamiento y vida ejemplares había señalado un limpio derrotero. Acudieron a escucharle jóvenes escritores como Mariátegui, Federico More, César Vallejo, Abraham Valdelomar, Alberto Guillén y Alberto Hidalgo. En abril de 1917, un joven provinciano que había tras-ladado su matrícula de la Universidad de la Libertad (Trujillo) a la de San Marcos, fue a saludarle a la Biblioteca Nacional[6]. Ese joven, más tarde continuador de su obra, fue Víctor Raúl Haya de la Torre. Así fue como entre 1917 y 1918 se vincularon los tres peruanos de mayor influencia intelectual en su patria.

En 1918, año de hondas preocupaciones, como se puede deducir por los escritos descubiertos por su esposa, Manuel como si presintiera la muerte, escribió composiciones acerca de las crueldades humanas en las cuales reprochaba a la vida y desafiaba la muerte. No se equivocó: el 22 de julio de ese año, poco después del mediodía, falleció legando así a sus discípulos la tarea de continuar su obra intelectual.

CONTRIBUCIONES A LA POESÍA INDIGENISTA

Desde su época de colegial en San Carlos, a Prada le deleitaba leer poetas alemanes; de ellos aprendió el arte de componer baladas. Durante su retiro en Tutumo (1871-1879), disfrutó al escribir muchas composiciones de este tipo, algunas de ellas son piezas valiosas del indigenismo poético. En el periódico literario *El Correo del Perú* publicó tres: «La cena de Atahualpa», «Las flechas del Inca» y «El mitayo» (L. Sánchez 1935: 13). La primera capta el sentir indígena ante la matanza de Cajamarca, y el palpitar del corazón incaico, impotente frente a las falsas promesas de Pizarro; la segunda imita las creaciones poéticas alegóricas tan frecuentes en la literatura alemana: el Inca aparece con tres flechas envenenadas, cada una de las cuales le pide al fuerte guerrero: a) que destroce las alas del cóndor volador, b) que desgarre el seno del tigre acechador, y c) que atraviese el pecho del conquistador (González Prada 1935:121-22); la última expresa la falta de misericordia y compasión por parte de los explotadores del indio (González Prada 1935: 133-34):

> —Hijo, parto: la mañana
> Reverbera en el volcán;
> Dame el báculo de chonta,
> Las sandalias de jaguar.

> —Padre, tienes las sandalias,
> Tienes el báculo ya;
> Mas, ¿por qué me ves y lloras?
> ¿A qué regiones te vas?

---

[6] En «Mis recuerdos de González Prada», Víctor Raúl Haya de la Torre (1977: 22-27) destaca las calurosas conversaciones sobre don Manuel que sostenían los artesanos trujillanos de esa época y se ocupa de las cuatro visitas que él le hizo al Maestro en la Biblioteca Nacional.

—La injusta ley de los Blancos
Me arrebata del hogar:
Voy al trabajo y al hambre,
Voy a la mina fatal.

—Tú que partes hoy en día,
Dime ¿Cuándo volverás?
—Cuando el tigre de los bosques
Beba en las aguas del mar.

—¿Cuándo el tigre de los bosques
En los mares beberá?
—Cuando del huevo de un cóndor
Nazca la sierpe mortal

—¡Cuándo del huevo del cóndor
Una sierpe nacerá?
—«Cuando el pecho de los Blancos
Se conmueva de piedad.

—¿Cuándo el pecho de los Blancos
Piadoso y tierno será?
—Hijo, el pecho de los Blancos
No se conmueve jamás.

En un número de *Los Parias,* correspondiente a julio de 1906, Prada publicó la balada intitulada «Canción de la india»; a su vez, dejó otras inéditas, algunas inconclusas, y con versos truncos y desaliñados que obviamente el autor no había corregido (L. A. Sánchez, 1935:13). En la «Canción de la india», una esposa lamenta que lleven a su compañero a morir en guerras fratricidas. En las baladas de Prada sobresale la evocación histórica y la protesta social. El autor supo captar el anhelo de la raza indígena sumida en la tragedia. Recordemos que el Maestro fue testigo presencial de los abusos cometidos contra los indígenas en las serranías del sur y del centro del país. En sus lecturas y en su vida, González Prada había aprendido a amar a los antiguos peruanos y a identificarse con su causa.

CONTRIBUCIONES A LA CRÍTICA SOCIOPOLÍTICA

La sociedad y la política peruanas fueron desafíos claves y constantes para González Prada. Como un censor romano, señaló las causas del desorden social y el *modus operandi* gubernamental. Su diagnosis y prognosis del *corpus* de sus investigaciones y observaciones constituye la materia prima de sus discursos y ensayos.

Su temática sigue la corriente general de la «literatura de ideas» de Hispanoamérica y se deriva de una preocupación fundamental: la identificación del ser peruano para buscar su identidad. La problemática nacional, versión parcial de la continental, es el *leitmotiv* de su arte y el elemento básico de su filosofía política. Así, él encausa la búsqueda de la esencia del ser peruano por el camino de la crítica sociopolítica expresada con una estética que difiere tanto de la que considera a la literatura esclava de la ideología, como de la que supedita las ideas a la belleza de la expresión. Los grandes temas suyos fueron: anticlericalismo, socio-política, indigenismo y anarquismo.

El anticlericalismo pradiano, como el de su compatriota Francisco de Paula González Vigil y del mexicano Benito Juárez, está vinculado al liberalismo decimonónico y tiene un fuerte sello positivista. En «Catolicismo y Conciencia»[7], por ejemplo, opina que las religiones siguen un ciclo vital muy lento: nacen, crecen y desaparecen, aunque perdure la idea matriz, idéntica en todas ellas. Pero, a pesar del cientificismo de sus argumentos, Prada es incapaz de explicar la supervivencia milenaria de las religiones más difundidas: budismo, cristianismo, mahometismo. Por considerar la ignorancia como una de las causas contribuyentes a la difusión del clericalismo, recomienda la expansión de la educación científica. En «Instrucción católica»[8] ofrece razones en favor de la enseñanza laica porque su rebeldía anticlerical se nutre de las ideas de Guyau, y de su maestro del College de France, Renan. En «Política y religión» (González Prada 1924: 339-52) aboga por la separación de la iglesia y el estado y defiende la libetad de cultos sustentando sus opiniones con ejemplos históricos y citas de autoridades. La mayor parte de su prosa anticlerical apareció anónimamente o con seudónimo en *Los Parias* y en otros periódicos fugaces. En ella esgrime parecida beligerancia a la del poemario *Presbiterianas* publicado anónimamente en 1909. Debe observarse, sin embargo, que la mayor parte de sus escritos clericales permaneció inédita hasta que su hijo Alfredo se animó a publicarla póstumamente. Desde joven, la cuestión religiosa le obsesionaba y con el correr de los años identificó al catolicismo con el clericalismo. Sin embargo, si se examinan sus ensayos, es más fácil identificar qué rechazaba que qué defendía. Indudablemente a él no le preocupaban las cuestiones de dogma porque puso su atención en la ética.

Si la contraposición entre su propio liberalismo y el fervor religioso de la familia crearon una atmósfera de tensión insoportable, ali-

[7] En una nota en la primera página de este ensayo editado póstumamente, su hijo Alfredo cree que el primer borrador lo redactó don Manuel antes de 1891 y lo enmendó después de 1896 (M. González Prada 1937: 42-60).

[8] En las dos primeras ediciones de *Pájinas Libres* (París 1894; Madrid, 1914) aparece como «Instrucción Laica». Posteriormente su autor lo titula tal como está en la edición definitiva (M. González Prada 1946: 107:36).

viada sólo con descargos anticlericales, el decadente ambiente social y político aguzó su sentido crítico y le impulsó a escribir ensayos de crítica sociopolítica. La rebeldía intelectual y la integridad moral, enfrentadas a la pasmosa realidad, le conviertieron en un crítico determinado a señalar los males del país y a acusar a los políticos venales, a los aristócratas decadentes y al pueblo conformista. Al constatar el desbarajuste nacional causado por gobernantes y gobernados, el ensayista enjuició los diversos elementos de la desintegrada sociedad. Para que regenerara el gobierno, era preciso que primero regenerara el pueblo. En la tribuna, en periódicos, folletos y libros, y en las conversaciones con los discípulos, Prada criticó a hombres e instituciones. Se ocupó del legislador nepotista, del magistrado venal, del militarista parásito, del periodista oportunista. Estaba convencido de que el atraso nacional lo causaba el materialismo canibalesco de nobles y plebeyos, y que la pequeñez espiritual a veces provenía de concederle supremacía al estómago:

> Al advenimiento de cada presidente, se realiza en el país una modificación general de actitudes: como cediendo a un resorte invisible, todos los peruanos caen de rodillas. Todos se prosternan, no porque surja un grande hombre, sino porque viene el nuevo ecónomo. Y el ecónomo goza de las preminencias de un autócrata. (González Prada 1933: 42-43)

Prada conoce bien los diferentes actos de la tragicomedia nacional sucedidos con uniforme precisión:

> ... a la revolución o al cuartelazo siguen las elecciones fraudulentas; a las elecciones fraudulentas, el gobierno malversador, rapaz y tiránico, para volver a la misma revolución o al mismo cuartelazo, a las mismas elecciones y al mismo gobierno. Nuestra vida nacional quedaría exactamente simbolizada por una correa sin fin dividida en tres pedazos; el rojo, el fraude y el derroche. (González Prada 1933: 72)

Los partidos políticos significaban poco: eran hordas ansiosas por conquistar el derecho a acampar en el Palacio de Gobierno (González Prada 1933:152), por eso las revoluciones no eran más que «domésticas arrebatiñas de estómagos burgueses» (González Prada 1941:99) Con todo, su crítica sociopolítica no destila odio sino el anhelo patriotra de reformar el país. Se equivocan quienes le acusan de ser el menos peruano de los escritores. Quien sopese demasiado las frases pesimistas del Maestro revela incomprensión. A él se le debe juzgar por la totalidad de su obra y no por fragmentos aislados. Prada creyó firmemente que el triunfo de la revolución mundial traería la libertad y la justicia a los hombres de todas razas y credos. Porque defiende el uso de la fuerza, aprueba el tiranicidio, como lo explica en un capítulo de *Bajo el oprobio* (1933:67). Por otra parte, se preocupó también de la paz universal y le horrorizaba el derramamiento de sangre. Si así pensaba, entonces ¿cómo justificaba el tiranicidio? La clave radicaba en que el asesinato del tirano impediría la revolución. Para él, guerrear para derrocar a un déspota es como prender fuego a un palacio para matar un ratón (González Prada 1941: 179-80). Además, el anarquismo justificaba ese mal para prevenir así otros peores.

Es importante recordar que Manuel también contribuyó al indigenismo con escritos en prosa. En su discurso en el Politeama (1888) observa, por ejemplo, que el Perú está integrado principalmente por millones de indios semicivilizados que en un cuarto de siglo recuperarían su dignidad de hombre si se los alfabetizara. En «Propaganda y ataque», ensayo sobre los deberes del escritor, advierte que el indio, verdadero substrato de la nación, sigue como en los tiempos de la Colonia, con el agravante de que ahora «vamos haciendo el milagro de matar en él lo que rara vez muere en el hombre: la esperanza» (González Prada 1946: 164)

Por la calidad y la franqueza persuasiva de su intensa campaña redentora, Prada inicia un nuevo indigenismo en el Perú. Por lo menos tres trabajos importantes se escribieron bajo su influencia. En 1885 Mercedes Cabello de Carbonera publicó el artículo «Una fiesta religiosa en un pueblo del Perú», en el que deplora la degradación del indio causada por el blanco. También en 1885 José T. Itolararres (José T. Torres Lara) dio a luz su novela *La trinidad del indio o costumbres del interior*, adelantándose al mexicano Gregorio López y Fuentes en el uso de personajes sin nombre propio («el cura», «el juez de paz», «el costeño»). En 1889, Clorinda Matto de Turner, su compañera del Círculo Literario, publicó en Buenos Aires la novela *Aves sin nido*, dedicada a Manuel. La crítica reconoce que en ella el indio comienza a ser un personaje de carne y hueso.

González Prada consideró la causa indígena como parte inseparable del problema nacional. En «La cuestión indígena» (1905), denuncia la alharaca hipócrita de periodistas y políticos que se declaran ardientes defensores de la raza oprimida: «los españoles usaban la

480

hipocresía de la religión, nosotros usamos la hipocresía de la libertad». Como la política engañosa es premeditada, a los hombres públicos les interesa prolongar la ignorancia y esclavitud del indio porque saben que «no duraría mucho la tragicomedia nacional si toda la masa bruta del país se convirtiera en una fuerza inteligente y libre» (González Prada 1941:118). En otro artículo con el mismo nombre publicado en *Los Parias* un año más tarde, denuncia a los encubridores y cómplices del Congreso, de los tribunales de justicia y del Palacio de Gobierno (González Prada 1941: 156). En *Bajo el oprobio* sostiene que en el Perú todos sufren el abuso de la fuerza bruta, padeciendo más el que posee menos; en suma, el indígena se encuentra crucificado entre el facineroso de casaca y el forajido de poncho[9]. Sin embargo, su mejor ensayo indigenista es indudablemente «Nuestros indios», trabajo inconcluso, añadido póstumamente a la segunda edición de *Horas de lucha* (1924: 311-38), donde explica claramente el problema. Afirma que en la República el indio padece más que durante el Virreinato. Por tanto, quien le acuse de refractario a la civilización en realidad está haciendo campaña política de desprestigio porque el antiguo peruano recibe lo que le dan: fanatismo y aguardiente. El ensayista expone, acusa y da algunas respuestas que aunque limitadas, muestran bien que la cuestión indígena más que pedagógica es económica y social. Desilusionado porque en realidad su prédica se perdía en el vacío a pesar de haber inspirado a algunos intelectuales, el Maestro señaló: o cambia la conciencia de los opresores o se los escarmienta por la fuerza. Y añade: al amerindio se le debe predicar orgullo y rebeldía a fin de que pueda redimirse «merced a su esfuerzo propio, no por la humanización de sus opresores» (González Prada 1924: 337-38). Ese fue el mensaje de González Prada en los años postreros de su vida, cuando su ideario se encaminaba hacia el anarquismo.

EL ANARQUISMO, LA ÚLTIMA ESTACIÓN FILOSÓFICA

En la última etapa de su vida, Manuel González Prada se convirtió en el más importante

[9] *Bajo el oprobio* fue originalmente escrito en 1915 durante el gobierno *de facto* del coronel Oscar R. Benavides impuesto por la misma oligarquía que apoyó al Comandante Luis M. Sánchez Cerro de 1930 a 1933. Durante los peores días de la tiranía, en 1933, Alfredo González Prada lanzó la primera edición en París, con prólogo suyo (M. González Prada 1933:3-6). Por coincidencia histórica, durante otro gobierno militar, Bruno Podestá añadió esa obra a una antología *Sobre el militarismo* publicada en 1978. (M. González Prada 1978: 43-112)

escritor anarquista de Hispanoamérica. No es él un teórico sino un divulgador del anarquismo, como lo concibieron Pierre Joseph Proudhon (1809-65), Miguel Bakunin (1814-76) y el príncipe Pedro Kropotkin (1842-1911). Prada no fue, ni mucho menos, el revolucionario con bomba en mano y puñal entre los dientes, arquetipo generalizado del anarquista. Prada, como Proudhon y Kropotkin, es esencialmente ácrata. Está contra la dominación más que contra el gobierno, al cual desea reducir a su mínima expresión en una sociedad igualitaria. Como Bakunin, Prada cree que el poder corrompe, por eso lucha por un cambio social total que conduzca a la sociedad del futuro basada en la asociación autónoma de hombres libres. Su política de «propaganda por medio de los hechos», del *Catecismo de la Revolución*, manual del terrorista que en 1869 publicó Sergie Nachaev con la ayuda de Bakunin. Su invitación a la violencia y al tiranicidio procede probablemente de ese catecismo. Su discrepancia con el marxismo se basa en el pensamiento de Bakunin. El llamado pradiano a la unión de los trabajadores manuales e intelectuales se asemeja a la alianza entre los intelectuales y trabajadores revolucionarios que recomendaba el anarquista ruso.

La mayor parte de los ensayos anarquistas de Prada se publicaron anónimamente o con seudónimo entre 1904 y 1909 en el periódico ácrata *Los Parias* de Lima. Casi todos ellos, acompañados de cinco ensayos escritos en los últimos años de su vida, más un ensayo de *Horas de lucha,* fueron reunidos en *Anarquía,* libro póstumo editado por su hijo Alfredo en 1936[10]. Todos son relativamente breves. Escritos con claridad y precisión, ellos ofrecen una interpretación propia del anarquismo en busca de la libertad ilimitada. Su autor cree que el mejor bienestar posible se deriva de la abolición del Estado y la propiedad individual y considera hermanos a todos los hombres, a quienes se les debe justicia, protección y defensa. La anarquía pradiana es una doctrina de amor, piedad, una exquisita sublimación de las ideas humanitarias: «La Anarquía es el punto luminoso y lejano hacia donde nos dirigimos por una intrincada serie de curvas descendentes y ascendentes» (González Prada 1940: 19). Para Prada, el deber anárquico estriba en facilitar la marcha del individuo hacia la completa emancipación: anarquía es revolución en el terreno de las ideas y en el campo de los hechos. El ideal es buscar la igualdad social, política y económica, y por eso hay que comba-

[10] Véanse las «Notas» de Alfredo González Prada en Manuel González Prada, *Anarquía (1940:170-71).*

481

tir todas las formas de autoridad. Aunque las revoluciones vienen de arriba y se operan desde abajo, la multitud simplifica la cuestión: no desata el nudo; lo corta de un sablazo. Por su propio camino histórico el anarquista peruano desemboca en la conclusión: «La propiedad es el asesinato» (González Prada 1940: 76) y justifica el uso de la fuerza con el siguiente argumento: «Toda iniquidad se funda en la fuerza, y todo derecho ha sido reivindicado por el palo, el hierro o el plomo» (González Prada 1940: 164). Para él, las inquietudes, privilegios y abusos se basan en la fuerza y por eso con ella misma se las debe destruir. Advierte que ni la caridad ni la filantropía reivindicarán al hombre; la salvación sólo puede llegar con la justicia encarnada en el brazo de las muchedumbres (González Prada 1940:168). El anarquismo, es, para él, la cumbre del pensamiento revolucionario.

EL ESTILO PRADIANO

Es difícil encasillar el estilo pradiano en una escuela específica. Por su eclecticismo literario y fuerte inclinación a la renovación expresiva, encaja más en el modernismo que en cualquier otro movimiento, aunque no cultive el exotismo ni el arte por el arte. Su fuerza radica en el armonioso equilibrio de atrevidas ideas con expresión sencilla y convincente, desprovista de atuendos lingüísticos innecesarios. Demasiado individualista para someterse completamente a una ideología política o a una sola escuela literaria, González Prada cultiva un eclecticismo romántico en el que la rebelión a las normas es el signo sobresaliente.

La pacientemente elaborada expresión pradiana exuda la agresividad del propagandista ideológico; se ajusta a la exposición y a la crítica; es siempre sencillo, claro y estimulante. En caricaturas políticas y ensayos satiriza acontecimientos y personajes con lenguaje simple y cortante. En escritos filosóficos, sociológicos, históricos y de crítica literaria su prosa es más sutantiva e ingeniosa, rica en figuras literarias que suavizan la mordacidad. Una poderosa voluntad de estilo así como firmes convicciones ideológicas le llevan a inventar, adaptar, transformar, adoptar y recrear un lenguaje literario que sirva de vehículo cómodo, veloz y eficiente a sus ideas. En este sentido, el lenguaje pradiano es una prolongación de su ideario y sentimientos. Su deseo de lograr un modo de expresión auténtico se manifiesta con igual afán en su poesía y en su prosa. Así como en *Exóticas,* y sobre todo en *Ortome-*

tría, formuló una teoría métrica y dio pautas para la correcta versificación, Prada también dejó en otras partes recomendaciones para conseguir una prosa original, vigorosa, propia, correcta, armoniosa, exacta y plástica[11]. Como cree con Lamartine que la misión del escritor es difundir la verdad a las muchedumbres, se declara a favor de la natural sencillez y la convincente claridad. Así exige lenguaje fácil y comprensible y un léxico que no envíe al lector a recurrir constantemente al diccionario. Sus observaciones sobre el arte de escribir se encuentran dispersas en muchos ensayos, pero «Propaganda y ataque» (1888) y «Notas acerca del idioma» (1889) destacan por sus acertadas recomendaciones.

El maestro admira la claridad expresiva francesa y elogia la prosa de Voltaire por ser «natural como un movimiento respiratorio, clara como un alcohol rectificado» (González Prada 1946: 259). Prefiere este estilo nítido pero a la vez reconoce sus limitaciones:

> I no creamos que la claridad estriba en decirlo todo i esplicarlo todo, cuando suele consistir en callar algo dejando que el público lea entre renglones. Nada tan fatigoso como los autores que esplican hasta las esplicaciones, como si el lector careciera de ojos i cerebro... el buen escritor no dice demasiado ni mui poco i eliminando lo accesorio i sobreentendido, concede a sus lectores el placer de colaborar con él en la tarea de darse a comprender. (González Prada 1946: 258.)

Efectivamente Prada aplica sus teorías, sabe qué quiere decir y escoge la mejor manera de decirlo, amalgamando «la inmaculada transparencia del lenguaje i la sustancia medular del pensamiento» (González Prada 1946: 259). Se preocupa tanto por la originalidad, utilidad y novedad de las ideas, como por el aspecto estético de su presentación. Como conoce el alemán, el inglés y varias lenguas romances, señala las limitaciones del castellano

> La frase pierde algo de su virilidad con la superabundancia de artículos, pronombres, preposiciones i conjunciones relativas. Con tanto *el* i *la, los* i *las, el* i *ella, quien* i *quienes, el cual* i *las cual,* las oraciones parecen redes con hitos tan enmarañados como frájiles. Nada relaja tanto el rigor como ese abu-

---

[11] La preocupación pradiana por versificar correcta y hermosamente con fórmulas precisas y técnica exacta se manifiesta mejor en las notas que añadió a *Minúsculas* en 1909 (2a ed.), en su artículo «Poesía» publicado en *La Nación* de Buenos Aires, tal vez en 1902 y reproducido en *Nuevas Páginas libres* (1937:63-77), en sus «notas» a *Exóticas* (1911) y sobre todo, en *Ortometría: apuntes para una rítmica* (1977).

so en el relativo *que* i en la preposición *de*. Los abominables pronombres *cuyo* i *cuya*, *cuyos* i *cuyas*, dan orijen a mil anfibolojías, andan casi siempre mal empleados... (González Prada 1946: 269)

En sus escritos, Manuel González Prada se esfuerza por encerrar el mayor número de ideas en el menor número de palabras: su expresión es a la vez sencilla y sustanciosa; las oraciones son breves y coherentes; los giros sintácticos animan y dan variedad al lenguaje. Logra la conclusión elocuente por medio del uso exacto de sustantivos y verbos y el distinto manejo de la adjetivación. El peruano aprovecha las extraordinarias posibilidades descriptivas y caracterizadoras de los adjetivos para ser mesurado pero también plástico y sugerente. Tiene él especial predilección por el uso de dos adjetivos para modificar un sustantivo: «oportunismo hipócrita y maleable» (González Prada 1924: 52), «librepensamiento fogoso y batallador» (González Prada 1924: 53). En los ensayos más extensos los sustantivos proceden de diversos niveles lingüísticos y la adjetivación es precisa e insustituible. Las oraciones, más cortas que las de sus contemporáneos, promedian veinte palabras; los párrafos suelen tener ocho oraciones. Las subdivisiones de los ensayos no llevan los acostumbrados subtítulos sino únicamente números romanos.

González Prada es experto en el manejo de la comparación, el símil y la metáfora. Su sistema comparativo y metafórico ilumina el discurrir de su lógica y estimula simpatía a la vez que exalta tanto el consciente como el subsconciente del lector. En todo momento es evidente la precisa idea del efecto que desea producir. Para dar énfasis, el escritor recurre a la hipérbole, la exclamación, la letra cursiva o subrayada y a la oración precedida por dos puntos. La frase suya más citada es representativa de este estilo sintético: «¡Los viejos a la tumba, los jóvenes a la obra!». En *Horas de lucha* se vale de la cursiva para resaltar diversos temas: «Subsiste la *cuestión social*»; «nosotros diríamos: *Seamos justos*»; «Caín significa *el primer propietario*» (González Prada, 1924: 72:75). Otras veces emplea cursiva en lugar de comillas: «¿Qué es un *economista científico?*» (González Prada 1941:164). En algunos párrafos su tendencia a exagerar una verdad para otorgarle así más fuerza le conduce más allá de la propaganda. Vale notar que este tipo de ataque puede resultar ofensivo a ciertos lectores. Las figuras de pensamiento utilizadas con mayor frecuencia por el Maestro son: hipérbole, antítesis, exclamación, interrogación y gra-

dación. En cambio, sus tropos favoritos son: metáfora, sinécdoque, ironía, metonimia y antonomasia. Generalmente sus ensayos breves tienen la siguiente estructura: uno o dos párrafos introductorios, varios apartados con el desarrollo de sus tesis y un párrafo de conclusión. Casi todos suelen terminar en una oración sentenciosa y punzante que sirve para rematar la idea central del apartado. Esos períodos finales, en forma de aforismos o apóstrofes, conllevan la intención de crear imágenes plásticas, cargadas de insinuación persuasiva:

... La lectura debe proporcionar el goce d'entender, no el suplicio de adivinar.
(González Prada 1946: 257)

... Con almas de esclavos o mandones, no se va sino a la esclavitud o a la tiranía.
....
... El proletario mismo, si logra monopolizar el triunfo y disponer de la fuerza, se convertiría en burgués, como el burgués... sueña en elevarse a noble. Subsistiría el mismo orden social con el mero cambio de personas: nuevos rebaño con nuevos pastores. (González Prada 1940: 22 y 19)

El escritor peruano evita la palabrería hueca, el símbolo oscuro, la ambigüedad y el disimulo. Su afán de renovación se reafirma en la claridad y vigor expresivos sintetizadores de su ideario radical que complace tanto a los intelectuales como al pueblo.

Prada, como Bello y Lastarria, busca una diversa y auténtica manera de expresión hispanoamericana: «Aquí, en América... necesitamos una lengua condensada, jugosa i alimenticia... fecunda... democrática», con nuestro sabor, olor y color (González Prada 1946: 272). En ejercicio de esa poderosa voluntad renovadora y americanista, Prada emplea neologismos, diminutivos, americanismos e indigenismos como «yanacona» y «jalado» [12]. Cuando la circunstancia así lo exige, utiliza peruanismos como «pigricia»,«chachaco», «civilista», «Demócrata» y «venticuatrino» [13]. A su vez, cuan-

[12] Usa «yanacona» en *Horas de lucha* (1924:37) y «jalado» en *El tonel de Diógenes* (1945:148).
[13] Todos estos ejemplos provienen de *Prosa Menuda* (1941): «pigricia» (persona, cosa o cantidad insignificante), pág. 33; «chachaco» (mote despectivo dado al policía, soldado y oficial), pág. 58; «civilista» (afiliado al Partido Civil fundado por don Manuel Pardo en 1872), pág. 89; «Demócrata» (miembro del Partido Demócrata fundando en 1884 por Nicolás de Piérola), pág. 89; «venticuatrino» (perdulario, holgazán), p. 209. Este último peruanismo es deletreado «venticuatrino» en A. Maralet, *Diccionario de americanismos*, 3a ed. (Buenos Aires, 1946) y en M. A. Morínigo, *Diccionario manual de americanismos* (Buenos Aires: Muchnik, 1966). No lo recoge en ninguna de sus formas Martha Hildebrandt, *Perunanismos* (Lima, Moncloa, 1969).

do el Maestro buscó una nueva manera de expresarse, leyó y citó a los escritores del Siglo de Oro. Por eso su mordacidad le debe mucho a Quevedo, aunque la secuencia lógica y la sencillez de las frases son principalmente suyas. Otra característica interesante del escritor peruano es su leísmo. Cultiva empecinadamente este uso americanista que en él conlleva un desafío a la Academia. Por eso insiste:

> El *Reglamento de Teatros*... parece redactado por doncellas... para juzgarle, véase una sola muestra...
> ... los gobernantes del Perú dejan escribir herejías con tal que les dejen cometer barbaridades. (González Prada 1946: 138 y 140)
> ... la multitud simplifica las cuestiones,... no desata el nudo; le corta de un sablazo (González Prada, 1940:71)
> ... a Tassara le hieren con garras y dientes... (González Prada 1945: 148)

GONZÁLEZ PRADA: AUTÓGRAFO DE UN TRIOLET INÉDITO

Fragmento de un triolet autógrafo del poeta.

Contribuciones

Manuel González Prada, como Víctor Hugo, creía que la poesía es como un sacerdocio en el culto de la expresión rítmica. Estaba tan convencido de ello que dedicó casi toda su vida a la ardua y noble tarea de forjar una métrica que enriqueciera la lírica castellana. Cuando al fin redacta su teoría, vuelca en ella su interés en los efectos melódicos y armoniosos en el verso a la vez que introduce nuevas formas poéticas, importándolas directamene del francés, del inglés, del italiano cuando su propia originalidad no le satisface. El orfebre limeño adoptó y adaptó rondeles, incluyendo el sencillo y delicado triolet, esto es, poema de variados metros de los cuales el primero se repite tres veces y el segundo dos:

> Para verme con los muertos,
> Yo no voy al camposanto.
> Busco plaza, no desiertos.
> Para verme con los muertos.
>
> ¡Corazones hay tan yertos!
> ¡Almas hay que hieden tanto!
> Para verme con los muertos,
> Ya no voy al camposanto.
> (González Prada 1928: 88)

González Prada también adoptó espenserinas, rispettos, balatas, estornelos, pantums, laudes, cuartetos persas y gacelas. De ella es sumamente rítmica su adaptación de la «balatta» italiana que tiene tres estrofas de endecasílabos que riman ABB/CDCD/DBB:

> De cuantos bienes atesora el mundo,
> El bien supremo, el de mayor grandeza,
> Emana de tus formas, oh Belleza.
>
> ¡Poder! ¿Qué vale dominar al hombre?
> ¡Oro! ¿No mancha el corazón y mano?
> ¡Gloria! ¿Sabemos si es vacío nombre?
> ¡Nobleza! ¿Torna en águila el gusano?
>
> Todo a mis ojos aparece en vano:
> Yo sólo admiro, oh gran Naturaleza,
> El ritmo de las formas —la Belleza.
> (González Prada 1928: 53)

Ortometría es la culminación de su larga preocupación por la poesía. Esta obra y las *Leyes de versificación castellana* (La Paz, 1919), del boliviano Ricardo Jaimes Freyre son dos de los mejores tratados innovadores sobre métrica escritos en Hispanoamérica[14].

En cuanto al ensayo, el Maestro peruano posee estilo propio conservando la temática de los grandes ensayistas hispanoamericanos. Prada intentaba ser a la vez ecuménico y local. Trata de interpretar al peruano como parte del esfuerzo general de identificación continental. Para poner orden al caos histórico, busca en el comportamiento de sus compatriotas la personalidad nacional. En su obra, lo universal y lo local se entrecruzan para darnos el fondo conceptual de su arte. El análisis pradiano de los acontecimientos en vez de esbozar una filosofía de la historia, tiende a vis-

---

[14] Cfr. Carlos García Prada, «Introducción» a *González Prada, Antología poética* (México: ediciones del Instituto Internacional de Literatura Iberoamericana, 1940), página XXXVIII y Mireya Jaimes-Freyre, *Modernismo y 98 a través de Ricardo Jaimes Freyre* (Madrid: Gredos, 1969), páginas 158-80.

lumbrar el futuro del hombre en un universo ácrata, pese a que esta literatura de ideas está dirigida a los americanos más que a los hombres de otros continentes. Como para el autor la educación es la terapéutica de los males seculares, muchas de sus recomendaciones descansan en su confianza en este menester. A la vez, cuando defiende la tesis de la independencia cultural de América, recomienda una expresión original. Su espíritu innovador no se riñe ni con el clasicismo ni con la erudición internacional. Eso sí, adapta las ideas clásicas y contemporáneas a la realidad americana. Del liberalismo positivista evoluciona al anarquismo. De la literatura objetiva y social, impregnada de cientificismo y regida por el ideario del progreso humano, llega a la literatura de propaganda y ataque en favor de la creación de una sociedad ácrata. Así, su idealismo democrático se viste de bakunismo, y su lenguaje sencillo y apasionado es casi siempre polémico y didáctico. Como Rodó, abandonó la nordomanía pero no cayó en la yanquifobia. Admira el libre examen, la educación, la laboriosidad, el pragmatismo y la técnica de los nórdicos, pero rechaza su imperialismo y su racismo. Empero, no fue político ni filósofo, pues no legó un programa sistematizado de acción ni formuló una doctrina que sirviera de guía al Perú a que aspiraba. Sí fue un gran escritor, hondamente preocupado por el destino de su país.

Es importante notar que en sus reflexiones, Prada sólo utiliza dos de los tres elementos hegelianos: la tesis y la antítesis. Don Manuel no llega a la síntesis; tal vez por eso no ofreció programa sistematizado alguno. A diferencia de la filosofía del yin y del yang, los opuestos pradianos no se complementan, no llegan a equilibrarse, no desembocan en la síntesis. Por medio de la sociología comtiana, González Prada busca el perfil del peruano y el rostro nacional. Su escepticismo y pesimismo contradictoriamente matizados de optimismo, lo llevan a la crítica minuciosa del Perú. Analiza conflictos diversos y muestra su rostro materialista. Prada se da cuenta que para poder ser cosmopolita auténtico tiene que ser antes nacionalista; sabe que la universalización sin conciencia de lo propio no es sino catolicismo hueco y estéril. Antes de ser cosmopolita es imprescindible ser peruano porque sólo tiene mérito el ciudadano del mundo que ha sido y es ciudadano de su país. En suma, Manuel González Prada destaca tanto por sus contribuciones poéticas como ensayísticas; indiscutiblemente, es el más innovador de los personajes peruanos de su época. Por eso tienen razón quienes lo han llamado Maestro, Precursor del Nuevo Perú, Heraldo de la Revolución.

BIBLIOGRAFÍA

Obras

Verso

1909 *Presbiterianas,* Lima, Imp. El Olimpo.
1911 *Exóticas,* Lima, Tip. El Lucero.
1928 *Minúsculas,* 2.ª ed. con notas del autor, Lima, Librería e Imp. «El Inca».
1933 *Trozos de vida,* París, Tip. de L. Bellenand et Fils.
1935 *Baladas peruanas,* Pról. de Luis Alberto Sánchez, Santiago de Chile, Ercilla.
1937 *Grafitos,* Advertencia del editor Alfredo González Prada, París, Tip. de L. Bellenand et Fils.
1938 *Libertarias,* Advertencia del editor Alfredo González Prada, París, Tip. de L. Bellenand et Fils.
1939 *Baladas,* Advertencia del editor Alfredo González Prada, París, Tip. de L. Bellenand et Fils.
1947 *Adoración,* Pról. y notas de Luis Alberto Sánchez, Lima, P.T.C.M.
1973 *Poemas desconocidos,* Lima.
1975 *Letrillas,* Introd. de Luis Alberto Sánchez, Lima, Milla Batres.

Prosa

1912 *Nota informativa acerca de la Biblioteca Nacional,* Lima, Imp. La acción Popular.
1917 *Memoria del Director de la Biblioteca Nacional,* Lima, La Opinión Nacional.
1924 *Horas de lucha,* 2.ª ed. Callao, Tip. «Luxe».
1933 *Bajo el oprobio,* Pról. de Alfredo González Prada, París, Tip. de L. Bellenand et Fils.
1937 *Nuevas páginas libres,* Advertencias del editor Alfredo González Prada, Santiago de Chile, Ercilla.
1938 *Figuras y figurones,* Palabras del editor Alfredo González Prada, Estudio crítico de Rufino Blanco Fombona, París, Tip. de L. Bellenand et Fils.
1939 *Propaganda y ataque,* Advertencia de Alfredo González Prada, Buenos Aires, Imán.
1940 *Anarquía,* 3.ª ed. Santiago de Chile, Ercilla.
1941 *Prosa menuda,* Advertencia de Alfredo González Prada, Buenos Aires, Imán.
1945 *El tonel de Diógenes, Seguido de Fragmentaria y Memoranda,* Inicial de Luis Alberto Sánchez, Recuerdos y notas de Alfredo González Prada, México, Fondo de Cultura Económica.

1946 *Pájinas libres,* Ed. definitiva conforme el nuevo texto del autor y notas de Luis-Alberto Sánchez, Lima, P.T.C.M.

1977 *Ortometría, apuntes para una rítmica,* Pról. de Luis Alberto Sánchez, Advertencia de Marlene Polo, Lima, Universidad Nacional Mayor de San Marcos.

1978 *Sobre el militarismo (antología), Bajo el oprobio,* Presentación y selección de Bruno Podestá, Lima, Horizonte.

CRÍTICA

ALEGRÍA, Ciro, «Aprismo and Literature» , *Books Abroad,* 12: 9-11, 1938.

BASSADRE, Jorge, «Ubicación sociológica de González Prada», en *Perú: problema y posibilidad,* 3.ª ed., Presentación de Jorge Puccinelli, Pról. a la 2.ª ed.

— «Algunas consideraciones cuarenta y siete años después», Lima, Banco Internacional de Perú, 1979, págs. 156-70.

BELAÚNDE, Víctor Andrés, «González Prada, escritor de combate», *Mercurio Peruano,* 1: 65-69, 1918.

BLANCO FOMBONA, Rufino, *Crítica de la obra de González Prada,* Apéndice de José Carlos Mariátegui, Lima, Fondo de Cultura Popular, 1966.

CALCAGNO, Miguel Angel, *El pensamiento de González Prada,* Montevideo, Universidad de la República, 1958.

CISNEROS, Luis Fernán, «Discursos en los funerales de González Prada», *Manuel González Prada por los más notables escritores del Perú,* Ed. Luis Velazco Aragón, Cuzco, Imp. Rozas, 1924, páginas 193-98.

HANG-RODRÍGUEZ, Eugenio, *La literatura política de González Prada, Mariátegui y Haya de la Torre,* México, de Andrea, 1957, págs. 49-160 y 351-75.

FERRER-CANALES, José, «González Prada y Darío», *Hispania,* XLI, 1958, 465-70.

GARCÍA SALVATTECCI, Hugo, *El pensamiento de González Prada,* Pról. de José Miguel Oviedo, Lima, Editorial Arica, s.f.

GARCÍA CALDERÓN, Ventura, «Un ensayista: Manuel González Prada», en *Del romanticismo al modernismo, prosistas y poetas peruanos,* París, Ollendorff, págs. 175-85.

GONZÁLEZ PRADA, Adriana de, *Mi Manuel,* Lima, Cultura Antártica, 1947.

GONZÁLEZ PRADA, Alfredo, *Redes para captar la nube,* «Apuntes para la vida de Alfredo» por Luis Alberto Sánchez, Lima, P.T.C.M., 1946.

GONZÁLEZ, F. B., *Páginas razonables en oposición a las «Pájinas libres»,* 2 folletos, Lima, Centro de Propaganda Católico, 1895.

GUERRA, Luis Felipe, *González Prada,* Lima, Universitaria, 1964.

HAYA DE LA TORRE, Víctor Raúl, «Mis recuerdos de González Prada», en *Obras completas,* Lima, Mejía Vaca, 1977, 1: 219-24.

HENESTROSA, Andrés, «Prólogo» a *González Prada,* México, Ediciones de la Secretaría de Educación Pública, 1943.

LAZO, Raimundo, *Vigil, Palma y González Prada,* La Habana, Publicaciones de la Universidad, 1943.

MARIÁTEGUI, José Carlos, «González Prada», en *Siete ensayos de interpretación de la realidad peruana,* Lima, Biblioteca Amauta, 1968, páginas 200-209.

MEAD, Roberto G., «González Prada: el pensador y el prosista», *Revista Hispánica Moderna,* XXI, 1955, 1: 7-24.

MEJÍA VALERA, Manuel, «El pensamiento filosófico de Manuel González Prada», *Cuadernos Americanos,* XII, 1953, 5: 122-35.

MELÉNDEZ, Concha, «La poética de González Prada», *Asomante,* IV, 1948, 4: 72-77.

NÚÑEZ ESTUARDO, «La poesía de Manuel González Prada», *Revista Iberoamericana,* V, 1947, 10: 295:99.

ONÍS, Federico de, et al., *González Prada, Vida y obra, Bibliografía, Antología,* Nueva York, Instituto de las Españas, 1938.

ORREGO, Antenor, «Prada, hito de juventud en el Perú», *Amauta,* III, 1928, 16: 1.

PODESTÁ, Bruno, *Pensamiento político de González Prada,* Lima, Instituto Nacional de Cultura, 1975.

RODRÍGUEZ-PERALTA, Phyllis, «González Prada's Social and Political Trought», *Revista Interamericana de Bibliografía,* 1980, 30: 148-56.

SALAZAR BONDY, Augusto, «El pensamiento de González Prada», en *Historia de las ideas en el Perú contemporáneo,* Lima, Francisco Moncloa Editores, 1965, 1: 20-37.

SÁNCHEZ, Luis Alberto, *Don Manuel,* Lima, Populibros, s.f.

— «Las ideas y la influencia de González Prada», *Revista Interamericana de Bibliografía,* XII, 1963, 2: 271-92.

— «Un incidente que definió el pensamiento peruano», *Cuadernos peruanos,* 1974, julio-agosto, 145-159.

— *Mito y realidad de González Prada,* Cronología de Marlene Polo, Lima, P. L. Villanueva, Editor, 1976.

— Ed. *Documentos inéditos sobre la familia González Prada,* Lima, Editorial Jurídica, 1977.

— *Manuel González Prada por los más notables escritores del Perú,* Lima, Imp. Rozas, 1924.

WALKER, Judith, «Evidence of González Prada's Influence on the Attitude toward Religion of Mariátegui and Haya de la Torre», *Religion in Latin America,* Lyle C. Brown and William F. Cooper, Waco, Markham Press Fund, Bayloir University Press, 1980, págs. 296-303.

Enrique José Varona: esquema de su vida y obra

SALVADOR BUENO

En Santa María del Puerto del Príncipe, que pronto recobraría su nombre indígena de Camagüey, nació Enrique José Varona el 13 de abril de 1849 en el seno de una familia de buenos recursos económicos, quebrantados después, lo que le obligó en la mocedad a dar clases particulares y dedicarse al periodismo como medio de subsistencia. Su múltiple capacidad le movió hacia ámbitos muy diversos del trabajo intelectual: hacia los estudios filológicos y gramaticales, la literatura comparada y la crítica, la filosofía, las cuestiones político-sociales y educacionales. En la ciudad interior y aislada que era Camagüey, con escasa actividad cultural, pero donde se formaron figuras como Gaspar Betancourt Cisneros (1803-1866) y Gertrudis Gómez de Avellaneda (1814-1873), Varona pudo forjarse una amplia cultura humanística, dominar varios idiomas clásicos y modernos y estar al tanto del movimiento de ideas de su tiempo. Preocupado siempre por los problemas de su país, participó activamente en la empresa destinada a liberar a Cuba del colonialismo español, y más tarde, fue vicepresidente de la república neocolonial (1913-1917). Retirado a partir de ese último año de la política activa, ya a edad avanzada, cuando llegan momentos tormentosos a causa de una sangrienta dictadura, asumió una digna actitud orientadora. Murió en la Habana el 19 de noviembre de 1933.

La primera etapa de su existencia transcurre en su ciudad natal hasta que concluye la primera guerra de independencia (1868-1878). Es un período de formación, de acarreo de materiales. Escribe estudios sobre «Provincialismos cubanos» (1875), sobre los «Nombres propios personales» (1878) y trabajos de literatura comparada como «El personaje bíblico Caín en las literaturas modernas» (1873), «La Escuela de los Maridos» de Molière y «El Marido hace mujer» de D. Antonio de Mendoza (1874) y los «Menechmos de Plauto y sus imitaciones modernas» (1875).

Por la poesía mostró preferencias desde muy temprano. En 1868 daba a conocer *Odas anacreónticas,* como resultado de sus primeras versiones del griego. Preparó una antología de sonetos clásicos y una edición del *Viaje al Parnaso* que no vieron la luz. Aunque a tan temprana edad ya confesaba que quería abandonar la creación lírica, continuó escribiendo versos en sucesivas etapas de su vida. Cuando los camagüeyanos se incorporaron a la lucha emancipadora en noviembre de 1869, Varona se integró a sus filas, pero poco después regresaba a su ciudad enfermo y agotado. Publicó un poema dramático provocado por su experiencia «antiheroica», *La hija pródiga* (1870), de adhesión a España, del que se arrepentiría pronto.

Al finalizar la guerra publica en la capital de la Colonia, un tomo de *Poesías* (1878) y *Paisajes cubanos* (1879), una serie de traducciones de poemas de Heine, Schiller y Goethe que revela que no había decrecido su inclinación a la poesía. En su madurez editó un breve volumen, *De mis recuerdos (1917)* bajo el seudónimo de Luis del Valle. Son versos íntimos escritos en distintas épocas con formas muy próximas al parnasianismo. Poco después, reunió poemas escritos en su vejez, *Poemitas en prosa* (1921) que transparentan ciertas amargas cavilaciones. Este tono reflexivo corre como veta constante por toda su obra lírica. Al incluir su poema «Alas» en *Las cien mejores poesías cubanas* (Madrid, 1922), José María Chacón y Calvo señala «un matiz de aristocrática elegancia» en sus poemas, «un ambiente diáfano, sereno, meditativo» (página 242). Su sobriedad y nitidez contrastan con la poesía de tono declamatorio que predominaba en su etapa de formación. Colaboró con algunos poemas al volumen colectivo *Arpas amigas* (1879) y a la antología *Arpas cubanas* (1904). En el proceso de la poesía cubana, Varona ocupa un lugar de transición abandona el romanticismo pero no se adscribe al modernismo finisecular, aunque siempre sus aportes líricos sobresalen por su tersura y transparencia.

Instalado en La Habana durante el período llamado de «paz fecunda» propiciado por el Pacto de Zanjón que finalizó la primera guerra independentista, Varona extiende sus actividades intelectuales en los años que corren desde 1879 a 1895, entrega sus mejores contribuciones a la indagación filosófica y a los problemas político-sociales, convirtiéndose en una de las principales figuras de dicha etapa. Reunió algunos de sus trabajos anteriores en *Estudios literarios y filosóficos* (La Habana, 1883). Junto a él están sus amigos de Camagüey: Esteban Borrero Echeverría y José Varela Zequeira. «Varona nos leía, entre otros autores —recordaba este último— a Darwin, Schopenhauer, Emerson, Víctor Hugo y Renan.»

Imparte por estos años sus cursos libres en la Academia de Ciencias (1880-1883) sobre Lógica, Psicología y Moral que publica con el título *Conferencias filosóficas*. El comentarista francés del tomo de Lógica recomendaba que se tradujera para usar en las clases de filosofía. Sobre el tomo dedicado a la Psicología, Francisco Romero ha dicho que «quedará como uno de los monumentos del positivismo americano y aún como uno de los buenos libros de todo el positivismo». Varona fue un expositor y crítico de la filosofía, más que un verdadero creador. Desde 1877, cuando empezó a colaborar en la *Revista de Cuba* (1877-1884), dirigida por José Antonio Cortina, fue un divulgador de nuevas ideas que enfrentaban los rutinarios moldes que pesaban sobre la filosofía y la educación que imperaban en la isla antillana.

Estas *Conferencias filosóficas* señalan un hito, un positivo avance de la lucha contra la tradición filosófica que desde principios de siglo había comenzado el presbítero Félix Varela (1788-1853). Varona defendió la variante evolucionista del positivismo, mientras que Andrés Poey era el paladín de la modalidad dogmática de ese movimiento entre los intelectuales cubanos. Varona asumió una actitud crítica frente a los postulados de Auguste Comte, aproximándose más a la escuela inglesa de John Stuart Mill y Herbert Spencer. El pensador advertía que los principios positivistas coincidían con los propósitos de desarrollo de la burguesía insular. De ese modo aplica sus doctrinas evolucionistas y agnósticas a las dilucidaciones filosóficas y al análisis de la situación colonial en la forma más progresista que permitían la condiciones de la cultura cubana de esta época.

De los problemas filosóficos pasa Varona, en esta segunda etapa de su vida que se cierra con el siglo, a las más urgentes cuestiones político-sociales de aquel momento histórico que podemos llamar de entreguerras. La iniciación «antiheroica» de 1869 no sería continuada, de inmediato, con un salto hacia el independentismo. Su correspondencia política con su coterráneo Salvador Cisneros Betancourt revela su evolución paulatina hacia el separatismo. Habla allí de «el espíritu de explotación y rapiña de la colonización española». Todavía se encuentra vinculado a soluciones reformistas.

Dicho proceso ideológico se advierte en su tránsito por las vías del autonomismo. Fue electo diputado por el Partido Liberal Autonomista para representar a su región nativa en las Cortes metropolitanas. Expone su pensamiento moderado en un Manifiesto que dirige a sus electores de Puerto del Príncipe el 14 de febrero de 1884. Al llegar a España, en una entrevista, el Ministro de Ultramar le comunica que no se concederán más reformas a la Isla. De su directa observación de la realidad política española regresa desilusionado, lo que producirá una renuncia de su acta de diputado retirándose del Partido Autonomista en abril de 1886. Desde este instante defiende, directa o indirectamente, la solución independentista. A través de artículos, conferencias y manifiestos resalta lo que llamará más tarde «el fracaso colonial de España» y la necesidad de la independencia, censurando a los autonomistas que hicieran el juego de la oposición a la Metrópoli. Cuando estalla de nuevo la guerra en febrero de 1895 ha estado en contacto con sus organizadores y su hijo mayor parte hacia los campos de batalla.

Representativa de esta etapa en su conferencia «El poeta anónimo de Polonia» que pronunció en mayo de 1887. La velada pudo estar dedicada al estudio académico de la obra de un lejano poeta. Sin embargo, era muy similar la situación política de Polonia y Cuba. Varona utiliza su conferencia como un arma para denunciar la explotación colonial y la política conciliadora de los autonomistas. Proclama lo erróneo de la actitud pasiva y gemebunda de Segismundo Krasinski: frente al yugo colonial sólo cabían soluciones más radicales. Enfrentándose a sus principios evolucionistas, Varona se acerca a la necesidad de la lucha armada.

Con esta pieza oratoria, el pensador transita hacia el ejercicio de la crítica literaria nunca desasida de sus preocupaciones patrióticas. Dos volúmenes, *Seis conferencias* (1887) y *Artículos y discursos* (1891) incluyen varios de sus ensayos y disertaciones sobre temas literarios y estéticos. Uno de los más importantes, «Importancia social del arte» (1883) puede servir como adecuada guía para desentrañar las posiciones del autor sobre las relaciones entre el arte y la sociedad, aunque su explicación sociológica aparezca teñida con el escepticismo tan propio de su pensamiento. Del mismo año es su conferencia sobre Cervantes que revela sus vínculos con el método mesológico de Taine: el estudio de la vida de un hombre insigne debe incluir el examen de «su sociedad habitual, sus ocupaciones más frecuentes /.../ en una palabra: el medio en que se desenvuelve, que lo conforma y lo solicita a la acción». Se mueve, pues, en la órbita tainiana. Años después en «Cervantes y *El Quijote*» (1905) le interesa más lo subjetivo, los elementos estéticos en la creación cervantina. Ya había escrito en 1894 un artículo que demuestra su alejamiento del crítico francés: «Algo de Taine con motivo de Sorel». Con tono evidentemente irónico dice: «Me gustan las obras históricas de Taine. Me parecen más historia que las novelas de Walter Scott /.../ Me hacen pensar en las *Metamorfosis* de Ovidio, que también me agradan mucho».

El severo análisis sociológico de la realidad colonial motiva su ensayo «El bandolerismo, reacción necesaria», aparecido en su *Revista Cubana,* y su conferencia «Los cubanos en Cuba», ambos de 1888. Indaga en la situación de un pueblo que se siente desvalido en su propia tierra, sometido a las arbitrariedades de los gobernantes, marcado por un signo de violencia que genera el bandolerismo, «signo característico de atraso social», estimulado por el despotismo colonial. Son dos trabajos que descubren como su autor quiere mantener la objetividad del científico, aunque puede percibir el lector cierto resuello apasionado derivado de su patriotismo.

Al comenzar de nuevo la guerra, Varona se encamina al destierro, se establece en Nueva York donde sustituye a José Martí (1853-1895) en la dirección del periódico *Patria,* órgano del Partido Revolucionario Cubano; pronuncia dos conferencias «El fracaso colonial de España» y «Cuba contra España», este último manifiesto dirigido a los pueblos hispanoamericanos para difundir la ideología y los propósitos de la guerra comenzada en Cuba. De 1896 es su conferencia «Martí y su obra política», uno de los primeros análisis esclarecedores de la personalidad excepcional del gran escritor e ideólogo revolucionario. Durante estos años bélicos tendrá la oportunidad de difundir el pensamiento de la revolución cubana, como ocurre cuando analiza «La política cubana de los Estados Unidos», a causa de que el presidente Cleveland sugiere un régimen autonómico español como solución a la crisis cubana.

Al producirse la derrota del imperio español con la intervención de los Estados Unidos en la guerra que los patriotas sostenían contra la metrópoli, Varona retorna en 1899 y colabora en las tareas de reconstrucción. Acepta la responsabilidad de Secretario de Hacienda y después de Instrucción Pública del gobierno interventor. No era un improvisado en cuestiones pedagógicas. Desde muy joven se preocupó por los métodos y planes educacionales. Preparó el plan de reorganización de la enseñanza secundaria y la universitaria. De sus principios pedagógicos surgen estas reglamentaciones derivadas de sus criterios utilitaristas.

Quería que la enseñanza cubana dejara de ser memorista y verbalista para que fuera técnica, experimental y científica, por eso eliminó los estudios clásicos en el nivel secundario y varió la orientación de los históricos. En la única universidad que existía, la de La Habana, fundó nuevas escuelas y facultades. Sus planes no fueron aplicados cabalmente. Durante la república neocolonial la educación continuó siendo memorista y verbalista, de ningún modo experimental y técnica como deseaba su orientador.

Varona no quiso participar en las actividades políticas promovidas durante la primera intervención norteamericana de 1899 a 1902. No intervino en la Asamblea Constituyente de 1901. «No veo claro», escribía por entonces. Se dedicó en los primeros años del nuevo siglo a ejercer como profesor de Filosofía, Pedagogía y Sociología en la Universidad de La Habana. Publicó algunos textos sobre estas materias. Veía con recelo cómo se desenvolvían los primeros años de aquella república nacida en 1902, en cuya constitución estaba inserta la Enmienda Platt impuesta por el gobierno norteamericano que le permitía intervenir cuando lo creyera conveniente.

En este extenso tercer período de su existencia, Varona encara inevitablemente los nuevos problemas de la nación cubana. En la Universidad pronuncia su conferencia «El imperialismo a la luz de la sociología» (1905). Lo analizó como un fenómeno de biología social, resultado de una expansión territorial característica de grandes imperios como el romano y el británico. Aunque mencionaba el factor económico, no era decisivo en su concepción. Advertía como en nuestras cercanías emergía un nuevo imperialismo que quería participar en el reparto del mundo. Al año siguiente, cuando ocurre la segunda intervención norteamericana, realizada bajo el amparo «constitucional» de la Enmienda Platt, Varona escribe una serie de artículos en la revista *El Fígaro* que recogió en un folleto: *Mirando en torno.* Ahora observó la verdadera significación de la Enmienda, la situación de dependencia de la República; Cuba «hasta ayer una factoría gobernada y explota por España es hoy una factoría gobernada por los cubanos y explotada por capitales extranjeros».

Todavía tenía esperanzas en una acción reivindicadora dentro de la política cubana. Fue vicepresidente de la república representando al Partido Conservador, del que fue uno de sus fundadores, y al que se opuso desde su alto cargo. En 1917 se retiró de la política activa, solicitó su jubilación como profesor universitario. En 1919 publicaba sus trabajos políticos

Enrique José Varona.

en el tomo *De la colonia a la república*. En su prólogo escribe: «En ocasiones me figuro asistir a la apocalíptica destrucción del mundo, la cual predice el alumbramiento de otro orden social muy diverso».

Durante estos años colaboró asiduamente en periódicos y revistas. Volvió a interesarse por los temas literarios. Sus artículos periodísticos alcanzan alta calidad estilística. Con ellos formó dos tomos: *Desde mi belvedere* (1907) y *Violetas y ortigas* (1917), en los que prevalece la crítica literaria. Estos breves trabajos revelan una buena dosis de humor, de ironía, de agudeza intelectual. Su particular agnosticismo se opone a cualquier dogmatismo filosófico o estético. Es de observar una evolución en su prosa desde las formas oratorias, de períodos amplios —que podemos percibir en sus conferencias y ensayos del período de entreguerras— hasta la expresión concisa, escueta, sobria de estos artículos y ensayos breves. Sin embargo no podemos considerar que ha desaparecido por entero el ritmo tribunicio en esta etapa pues lo hallamos en «Sobre la Avellaneda» que es de 1914 y «La más insigne elegíaca de nuestra lírica» (Luisa Pérez de Zambrana) que es de 1918.

Documento esencial para el conocimiento de sus ideas y de su estilo durante este período es el discurso de ingreso en la Academia Nacional de Artes y Letras (1915). El pensador advierte cómo sus presupuestos ideológicos se han quebrantado a causa de la profunda crisis que sufre el mundo en estos años de la Primera Guerra Mundial. Su patria le ofrece ejemplos de su corrupción y estancamiento: «Cuba republicana parece hermana gemela de Cuba colonial». El ajuste de cuentas es doloroso, pero lo enfrenta con valentía y honestidad. De todo su discurso se desprende un tono elegíaco, no obstante la sobriedad y el conmovido patetismo de sus reflexiones, no obstante la esperanzadora nota final sobre la Victoria de Samotracia que abre sus brazos hacia el futuro, un futuro desconocido.

Frente a las experiencias políticas que ha sufrido su país en los últimos años, el anciano se torna cada vez más pesimista. Recogió en aforismos sus pensamientos más íntimos, adoloridos, transidos de pesadumbre. Los publica bajo el título *Con el Eslabón* (Manzanillo, 1927), a los que añadió una serie de *Comprimidos*, aparecidos en varias revistas. Por la forma impecable de su prosa es una de sus contribuciones literarias más admirables. Dio pábulo esta reflexión fragmentaria de sus apotegmas para ratificar su condición de pesimista, aunque con acierto Pedro Henríquez Ureña lo considera escéptico, pero «escéptico activo, sin ataraxia, sabedor de que, sean cuales fueran las insolubles antinomias de su dialéctica trascendental, su razón práctica debe optar, y la mejor opción es la de hacer el bien».

Mas la misma crisis interna de su pueblo le hará recobrar, ya cercano a sus ochenta años, energías y esperanzas al vislumbrar reacciones positivas en su entorno. «El pueblo se ha incorporado —decía— parece tantearse el cuerpo gigantesco y trata de convencerse de que sus miembros no están agarrotados.» Percibe las causas, cada vez más evidentes, que explicaban la situación dependiente y menguada de la República, el sentido de ciertos fenómenos políticos y sociales que décadas atrás no observaba. Será en su ancianidad más radical que en sus años juveniles. Los estudiantes universitarios y los obreros que enfrentan desde 1927 las represiones de una férrea dictadura hallan en el viejo mentor admoniciones y estímulos, que los orientan. Los jóvenes intelectuales que querían transformar las estructuras básicas de la nación se agrupan a su lado. En breves escritos, en respuestas a entrevistas que le hacen durante estos años quedan estampados sus lúcidos pronunciamientos antidictatoriales y antimperialistas. Cuando fallece, pocos meses después del derrocamiento de la dictadura de Gerardo Machado, su sepelio constituyó un reconocimiento popular a su tenaz desvelo por la suerte de su país.

La trayectoria vital de Enrique José Varona permite rastrear en los sucesivos intereses que atrajeron su capacidad creadora. Considerado por algunos tan sólo como un mero expositor de filosofía, cabe subrayar que dota a sus reflexiones de un indudable acento personal, con criterios y puntos de vista propios de mucha validez. No aceptaba el título de filósofo que se le prodigaba en su etapa de madurez, deseaba ser estimado más como un investigador científico. Los méritos literarios de su obra obligan a resaltar su talla como escritor, como un prosista de subida calidad. Porque la obra de Varona no sólo tiene un lugar imprescindible en la historia de las ideas políticas, sociales, educacionales, de su tiempo, sino sobre todo en la historia literaria de la América hispánica. Como crítico literario fue de los primeros en desprenderse de las normas formalistas, preceptistas, que predominaban en su etapa formatriz y se encamina hacia el examen del influjo de los determinismos mesológicos, método que pronto abandona para elaborar análisis que atienden más a elementos estrictamente psicológicos, estéticos, en la creación de arte. Tuvo desaciertos en ciertos enfoques de su actividad crítica, pero en conjunto es una de sus funciones literarias más acreditadas. En cualquier género que utiliza trasmite su exquisita sensibilidad expresada siempre en formas mesuradas, sobrias, pulcras. Esa prosa dúctil y desenvuelta lo convierte en uno de los escritores de perfil más relevante en la literatura hispanoamericana de principios del siglo XX. Si podemos estudiarlo como filósofo, poeta, crítico, ensayista, periodista excepcional, siempre se le recordará como mentor: «maestro de juventudes» lo llamó Medardo Vitier y «maestro de Cuba» lo tituló Pedro Henríquez Ureña.

BIBLIOGRAFÍA

OBRAS

VARONA, Enrique José, *Odas anacreónticas,* Impr. de El Fanal, Puerto Príncipe, 1968.
—*Conferencias filosóficas, Primera serie, Lógica,* Imp. de la Vda. de Soler, La Habana, 1880.
—*Estudios literarios y filosóficos,* Imp. La Nueva Principal, La Habana, 1883.
—*Seis conferencias,* Biblioteca de «La Ilustración Cubana», Barcelona, 1887.
—*Conferencias filosóficas, Segunda serie, Psicología,* La Habana, 1888.
—*Conferencias filosóficas, Tercera serie, Moral,* La Habana, 1888.
—*Artículos y discursos, Literatura, Política, Sociología,* La Habana, 1891.
—*Desde mi belvedere,* Imp. Rambla y Bouza, 1907.
—*Violetas y ortigas,* América, Madrid, 1917.
—*De la Colonia a la República,* «Cuba Contemporánea», La Habana, 1919.
—*Con el eslabón,* Manzanillo, 1927.
—*Trabajos sobre educación y cultura,* Comisión Nacional Cubana de la Unesco, La Habana, 1960.
—*Crítica literaria,* Letras Cubanas, La Habana, 1981.

CRÍTICA

BUENO, Salvador, «Vigencia de E.J.V.», en *De Merlin a Carpentier,* La Habana, Unión, 1977.
—*La crítica literaria cubana del siglo XIX,* La Habana, Letras Cubanas, 1979.
ENTRALGO, Elías, *Algunas facetas de Varona,* La Habana, 1965.
FERRER CANALES, José, *Imagen de Varona,* Santiago de Cuba, 1964.
GAOS, José, *Antología del pensamiento de lengua española en la edad contemporánea,* México, 1945.
HENRÍQUEZ UREÑA, «El maestro de Cuba», en *Obra crítica,* México, 1960.
ROMERO, Francisco, *Filósofos y sistemas,* Buenos Aires, 1947.
VARIOS, *Homenaje a E.J.V.,* La Habana, 1935. *E.J.V., Homenaje del Municipio de La Habana,* La Habana, 1949, *Homenaje a E.J.V. en el centenario de su natalicio* (2 vols.), La Habana, 1951.
VITIER, Medardo, *Varona, maestro de juventudes,* La Habana, 1937.
—*La lección de Varona,* México, 1945.
ZUM FELDE, Alberto, *Índice crítico de la literatura hispanoamericana, El ensayo y la crítica,* México, 1954.

III

Modernismo

La literatura hispanoamericana de fin de siglo

RAFAEL GUTIÉRREZ GIRARDOT

La literatura hispanoamericana de fin de siglo que se conoce como Modernismo no fue un fenómeno exclusivo de Hispanoamérica, pero tampoco fue una literatura mimética e inauténtica, como suele ser juzgada contradictoriamente. Fue, como observó Federico de Onís en el prólogo de su canónica *Antología de la poesía española e hispano-americana* (1934) «la forma hispánica de la crisis universal de las letras y del espíritu que inicia hacia 1885 la disolución del siglo XIX y que se había de manifestar en el arte, la ciencia, la religión, la política y gradualmente en los demás aspectos de la vida entera, con todos los caracteres, por lo tanto, de un hondo cambio histórico cuyo proceso continúa hoy[1]». Es preciso rectificar y complementar que el Modernismo no es solamente «la forma hispánica de la crisis universal» (hay otros Modernismos contemporáneos europeos, como el comienzo del inglés y como el alemán, que también se los llama así), sino la manifestación de un doble proceso de transformación social, política y cultural del llamado Occidente que consiste en la integración de las Españas y en el mundo de la sociedad burguesa y en la estabilización de dicha sociedad desde la Revolución Francesa. La estabilización de la sociedad burguesa, cuyos primeros perfiles se dibujan ya en la alta Edad Media (Jose Luis Romero), provoca efectivamente una crisis, pero no la de la disolución del siglo XIX, sino la de la disolución del antiguo régimen o sociedad tradicional, cuyo difícil proceso constituye la característica ambigüedad del siglo XIX. El Modernismo hispánico responde a los efectos de estos procesos: la integración de las Españas en el mundo burgués, la disolución lenta de la sociedad tradicional y la lenta formación de la sociedad burguesa.

La disolución de la sociedad tradicional y la estabilización relevante de la sociedad burguesa, concomitante con el capitalismo, fueron obra del *Code Napoléon*. No sólo por las disposiciones concretas sobre la propiedad indivisa tradicional o señorial y consecuentemente sobre la capitalizabilidad de las tierras, por ejemplo, entre muchas más, sino porque introducía el principio de racionalización del dere-

cho que lo fundaba no en las jerarquías y en la diversidad de legislaciones, sino en la relación entre medio y fin y en el principio unificador de la razón. Esta racionalización del derecho correspondía a la racionalización de la sociedad que según Hegel, el primer intérprete de la Revolución Francesa y el primer y definitivo teórico de la sociedad burguesa, consistía en que «cada uno es fin para sí, todo demás es nada para él. Pero sin relación con otros, él no puede lograr el alcance de sus fines. Estos otros son medios para el fin» de cada uno. Es decir, que la sociedad burguesa es una sociedad de fines y medios que fundamenta «un sistema de dependencia» total, cuyo principio es el «fin egoísta»[2]. (Burgués y egoísmo no son en Hegel conceptos valorativos, sino descriptivos). Por el camino de la adaptación del Code Napoléon en las Españas se expandió y formó allí la sociedad burguesa, diferente de las europeas, especialmente de la francesa en el grado de realización, pero semejante por el efecto estructural, esto es por las fuerzas innovativas y las resistencias conservadoras que desató[3]. En las Españas, el *Code Napoléon* fue adaptado sabiamente por Andrés Bello con el *Código Civil de la República de Chile* (1854) —para la que tuvo en cuenta otras legislaciones— que dio al problema central del Antiguo Régimen, esto es, el del mayorazgo una solución de transición con efecto a largo plazo. Efecto semejante tuvo en España el *Código de comercio* de 1829, inspirado en la legislación napoleónica, y que, pese a sus contradicciones, ofrecía un «sistema de legislación uniforme», es decir, un principio racional, y consagraba el derecho de contratar[4]. Lo que importa consignar aquí, aunque sea de

---

[1] Federico de Onís, *Antología de la poesía española e hispano-americana,* Madrid, 1934, pág. XV.

[2] Hegel, *Grundlinien der Philosophie des Rechts,* páginas 182-256. En la ed. de Jubileo editada por H. Glockneer, t. 7, Stuttgart, 1952, págs. 262-328.

[3] E. Fehrenbach, *Sociedad tradicional y derecho moderno* (el título original decía «derecho revolucionario»), Buenos Aires, 1979, colección «Estudios alemanes», especialmente cap II, para el ejemplo de Alemania. Un estudio semejante falta para los países hispanos.

[4] F. Tomás y Valiente, *Manual de historia del derecho español,* Madrid, 1981, pág. 508 y ss. No tematiza el problema, planteado por E. Gómez Arboleya en «El racionalismo jurídico y los códigos europeos» (1950-52) y recogido en la colección póstuma del autor, *Estudios de teoría de la sociedad y del Estado,* Madrid, 1962, págs. 438-543. Este esbozo no parece haber animado a los estudiosos de Bello a examinar su *Código civil* desde una perspectiva menos miope que la de las instituciones.

manera tan sumaria, es que las Españas entraron por el camino de la legislación —y no sólo por ese camino— al mundo de la sociedad burguesa, esto es, al de una sociedad racionalizada. Por difícil que haya sido la racionalización en las dogmáticas Españas, la realidad es que tuvo efectos profundos —tan profundos como los que tuvo la racionalización de la vida social impuesta por el *Code Napoléon* no sólo en las zonas rural-tradicionales de Francia, sino en los otros países que fueron conquistados por Napoleón. En el contexto de la literatura, tanto de la europea como de la hispana, es preciso mencionar tres: la situación del artista y su autocomprensión, la secularización de la vida, y el cosmopolitismo debido a la expansión comercial de la sociedad burguesa capitalista y al crecimiento de las grandes ciudades, consecuencia a su vez de estos mismos factores.

LA SITUACIÓN DEL ARTISTA Y SU AUTO-COMPRENSIÓN EN LA MODERNA SOCIEDAD BURGUESA

En la primera edición de *Azul* de Rubén Darío, incluyó este hombre de Metapa, en quien Unamuno creía encontrar las plumas del indio, las siguientes prosas narrativas (no las recogen las reediciones minuciosamente «filológicas» de A. Méndez Plancarte, «enriquecida» por A. Oliver Blemás: Madrid, Aguilar, 1968, ni las de Ernesto Mejía Sánchez: F.C.E., 1952, Biblioteca Ayacucho, 1977, quien las recoge en su volumen de *Cuentos completos,* F.C.E., 1950, siguiendo un criterio de géneros, al parecer, incompatible con Darío y el desarrollo disolutivo de los géneros en las letras modernas): «El rey burgués», «La canción del oro», «El velo de la reina Mab», «El sátiro sordo», «El rubí». Su tema es el de la situación del artista en la sociedad burguesa. Dos de ellos son relevantes: *El rey burgués* y *El velo de la reina Mab.* En el primero, Darío pone de presenta la marginalidad del artista en una sociedad de «rastacueros», en una sociedad mesocrática, en una sociedad, en la que su mensaje, por así decir, no llega. El vidente, el bardo tradicional, termina moviendo el manubrio de una caja de música y muere aterido por el frío,«como gorrión que mata el hielo, con una sonrisa amarga en los labios, y todavía con la mano en el manubrio[5]». *El velo de la Reina Mab* describe, por así decir, el camino que queda al artista para subsistir en esta sociedad en la que él es un marginal: el ensueño. Sería considera-

blemente ingenuo pedir del poeta Darío que formulara con la adecuada reflexión y en todo su alcance un problema que enunció Hegel en sus *Lecciones de Estética* (1835, póstuma) y que se conoce como el del «fin del arte». «El arte ya no es para nosotros la más alta forma en la que la verdad se da existencia... Se puede esperar que el arte siga ascendiendo cada vez más, pero su forma ha dejado de ser la más alta necesidad del espíritu[6]», dijo Hegel, y con ello se refería al «mundo moderno» de la sociedad burguesa, en el cual el «horizonte de la vida» es inadecuado a la totalidad sustancial del mundo social, político y religioso que exponía el arte. En la «era mundial de la prosa», el arte carece de función, es marginal[7]. Esta marginalidad conduce al artista a tomar conciencia de su situación especial, pero al mismo tiempo lo libera de los cánones a que estaba sometido cuando el arte expresaba «la más alta necesidad del espíritu», es decir, posibilita la existencia estética. Y esta puede ser la que Darío esboza alegóricamente en *El velo de la Reina Mab.* Con esos cuentos, y con las novelas de artistas como *Amistad funesta* (1885), de José Martí, *De sobremesa* (1887-1896), de José Asunción Silva, *Ídolos rotos* (1901), de Manuel Díaz Rodríguez, *Resurrección* (1901), de José María Rivas Groot, y *Redención* (1905), de Ángel de Estrada, la literatura hispanoamericana finisecular recuperaba una tradición europea, esto es, la de la «novela de artistas» que desde *Ardinghello* (1787) de Winhelm Heinse, pasando por la *Lucinda* (1799) de Fiedrich Schlegel hasta llegar al *A Rebours* (1884) de Joris-Karl Huysmans, por sólo citar a los más conocidos, había tenido como tema el de la situación del artista en la sociedad burguesa y el de la existencia estética. Representativo de esta recuperación del tema es el personaje central de la novela de Silva, José Fernández, con su ambigua condena del hombre práctico y su exaltación del poeta, pero también con su sensibilidad extrema que en el esfuerzo de convertir su «vida en obra de arte» (Schlegel) va poniendo en tela de juicio este ideal. Estas novelas hispanoamericanas no sólo confirman una vez más la tesis hegeliana del «fin del arte», sino que documentan indirectamente y desde la perspectiva del artista y de su conciencia de marginalidad, la existencia de una sociedad burguesa, esto es, del principio burgués de la racionalidad y del egoísmo, en la Hispanoamérica finisecular. Tal situación la había enunciado concisamente Pe-

[5] Rubén Darío, *Obras completas,* ed. de M. San Miguel, Madrid, 1953, t.. 5, pág. 625 y ss.

[6] Hegel, *Vorlesungen über die ästhetik,* ed. Fr. Basenge, Berlín Este, 1955, pág. 139.

[7] Un resumen de la cuestión en W. Oelmüller, *Die unbefriedigte Aufklärung,* Frankfurt M, 1969, cap. IV.

dro Henríquez Ureña cuando en su libro magistral *Las corrientes literarias en la América hispánica* (ed. castellana, 1949) observó que con el período de fin de siglo, que aplicó y cosechó los principios del liberalismo económico (son los de la sociedad burguesa moderna), comenzó en Hispanoamérica, en su vida intelectual, «una división del trabajo. Los hombres de profesiones intelectuales trataron de ceñirse a la tarea que habían elegido, y abandonaron la política... Y como la literatura no era en realidad una profesión, sino una vocación, los hombres de letras se convirtieron en periodistas o en maestros, cuando no en ambas cosas[8]». Es decir, el arte perdió su función más alta —la que daba a los políticos una especie de legitimación— y fue relegado al margen —profesional y socialmente, los periodistas y los maestros eran «marginales». Pero la marginalización del artista y su nueva conciencia de artistas en libertad, no sujetos a normas estéticas (*El rey burgués* de Darío, ilustra también esta situación), abrió el camino a un enriquecimiento del arte y a una relación ambigua con la sociedad burguesa que los marginaba. La relación ambigua con la moderna sociedad burguesa, con sus principios de racionalidad y egoísmo, es uno de los presupuestos del enriquecimiento del arte, y este contexto se muestra ejemplarmente en el fenómeno que estudiamos a continuación.

LA SECULARIZACIÓN DE LA VIDA

Como «marginado» de la sociedad burguesa moderna, como víctima, si se quiere, de la racionalización de la vida, el artista había desarrollado una conciencia de sí, cuyas expresiones eran las del desprecio y el desafío del «vulgo» en que consistía dicha sociedad. En las figuras del dandy y del bohemio se cristalizó positivamente este desprecio, irradiación, a su vez, de la existencia estética. Las Españas no conocieron un Oscar Wilde, pero sí muchos intentos de «épater le bourguesie»[9], y muchos bohemios, especialmente entre los que para poder vivir su vocación de poeta vivían del periodismo. Pero este desprecio por la sociedad burguesa estaba condicionado por el hecho de que sin ella, el artista no hubiera podido despreciarla, ni formular los principios de su existencia estética, ni descubrir nuevas zonas de la

sensibilidad y de la intensidad de la vida humana. Pues el principio de racionalización y de egoísmo, de interdependencia en las relaciones sociales equivalía, frente a la sociedad señorial o tradicional fundamentada teocrática y teológicamente, a un reconocimiento del mundo terreno, a lo que José Luis Romero ha llamado «trascendencia profana», esto es, la de «un mundo volcado hacia el futuro, pero no hacia el futuro del más allá de la muerte, sino hacia un futuro histórico: no el de la eternidad, sino el de la posteridad»[10]. Esta «trascendencia profana» o, si se quiere, trascendencia intramundana, es lo que Max Weber y Ernst Troeltsch llamaron «secularización». Desde que Max Weber, principalmente, puso este concepto en circulación (con *Economía y sociedad,* 1921) el fenómeno designado por él ha sido tema central de las discusiones sobre el «mundo moderno», excepto en las Españas. Por «secularización» se entiende en estos magnos reinos del saber todavía la desamortización de los bienes de la Santa Madre, o en el mejor de los casos, el «laicismo». No es difícil encontrar algunos pocos hispanos interesados en la historia del arte patrio que, como Fernán Caballero en *La Gaviota* (1849), culpan a la «secularización» de la destrucción de viejos conventos e iglesias. El que en las Españas no se haya tenido en cuenta el concepto de «secu-

[8] Pedro Henríquez Ureña, *Las corrientes literarias en la América hispánica,* trad. castellana de J. Diez-Canedo, México, 1949, pág. 165.

[9] G. Sobejano, «*Épater le bourgeois* en la España literatia del 1900», en *Forma literaria y sensibilidad social,* Madrid, 1967, pág. 178 y ss. Parece que el interés de los estudiosos de las letras hispanas de fin de siglo impidió la profundización de esta fundamental suscitación de Sobejano.

[10] José Luis Romero, *La revolución burguesa en el mundo feudal,* Buenos Aires, 1967, pág. 13. Parece que este libro y *El ciclo de la revolución contemporánea,* Buenos Aires, 1956, que se complementan, no lograron despertar a los historiadores hispanoamericanos del Modernismo de su pesada modorra municipal. Igual destino ha tenido al parecer una obra del mismo autor que trabaja con textos literarios, entre otras fuentes más: *Latinoamérica: las ciudades y las ideas,* Buenos Aires, 1956. Uno de los miembros del consejo de redacción de la *Revista Iberoamericana,* Klaus Meyer-Münemann, «latinoamericanista» de la Universidad de Hamburgo, ha descalificado sutilmente este libro: en una nota a pie de página de una reseña de un libro sobre Valdelomar, que se sirve de los capítulos del libro de Romero sobre el fin de siglo y el tema de las ciudades en esa época, recomienda el latinoamericanista Meyer-Müehemann como una obra más al día sobre el tema el curioso trabajo de un joven historiador alemán, Horst Pietschmann, sobre la organización administrativa en la época colonial hispanoamericana. Aparte de que es extraordinariamente difícil encontrar información sobre el desarrollo urbano y sus problemas en la Hispanoamérica finisecular en una obra sobre las instituciones administrativas en los siglos XVI, XVII y comienzos del XVIII (hasta la primera mitad), llama la atención el hecho de que a Pietschmnn parece habérsele olvidado la obra de un historiador hispanoamericano tan fundamental como Silvio Zavala. El libro recomendado por Mayer-Münemann para el mejor conocimiento del fin de siglo hispanoamericano se titula, *Die staatliche Organisation des Kolonialen Iberoamerika,* Stuttgart, 1980. Es posible que el tema le haya hecho pensar que no los «colonializados», sino los «colonialistas» son capaces, pese a Francisco Sánchez, de pensar. La deliciosa nota se encuentra en el delicioso comentario del consejero de la *Revista Iberoamericana* en la rev. *Romanische Forschungen* (3/4, 1981, página 495). La rutina es pertinaz, y a veces, parece racista.

larización» acuñado por Max Weber es comprensible si se recuerda que el Magister Hispaniae, José Ortega y Gasset, diagnosticó en su magna obra sociológica, *El hombre y la gente (1956)* una pobreza conceptual de la sociología que documentaba el hecho de que en las voluminosas obras de Spencer y Comte no se encontraba una definición de la sociedad. No una definición, pero sí una descripción detallada de la sociedad se encuentra en Max Weber, a quien el Magister Hispaniae no cita, pese a que la magna obra de la sociología española, *El hombre y la gente,* se compone de fragmentos de la teoría sociológica de Weber, combinados con fragmentos de Heidegger. No ha de sorprender entonces, que la historiografía literaria hispana haya pasado por alto un fenómeno tan esencial para la comprensión de la Modernidad y de la literatura de fin de siglo como es el de la «secularización». Esta es tan compleja y tan ambigua como la relación entre el artista y la sociedad burguesa o entre el régimen señorial o sociedad tradicional y la sociedad nueva, o entre el *Code Napoléon* racional y moderno y su reincorporación de derechos tradicionales, o la frase de Darío en las «Palabras liminares» de *Prosas profanas* (1896): «Abuelo, preciso es decíroslo: mi esposa es de mi tierra; mi querida, de París» o la poesía castamente moderna de Gutiérrez Nájera. Pero su ambigüedad no impide la comprobación del hecho sociológico de que la «secularización» es un proceso «por el cual partes de la sociedad y trozos de su cultura han sido liberados del dominio de las instituciones y símbolos religiosos». La referencia a los símbolos implica que se trata de algo más que de un proceso socio-cultural, que tiene efectos en la «totalidad de la vida cultural y de las ideas», y que se muestra «en la desaparición de contenidos religiosos de las artes, la literatura o la filosofía»[11]. Esta desaparición puede consistir

generalmente en la transformación de los símbolos y contenidos religiosos en medios para expresar contenidos profanos, es decir, en una enajenación de lo sacral, que a su vez sacraliza lo profano. La «religión del arte» del idealismo alemán (Schelling), el culto del arte, la concepción del artista como sacerdote son formas de la secularización. Pero desde el punto de vista del contenido, uno de los ejemplos más claros de «secularización» es el soneto de Rubén Darío «Ite, missa est, en cuyo primer cuarteto dice: «su espíritu es la hostia de mi amorosa misa/ y alzo al son de una dulce lira crepuscular». O, en dirección semejante, *Gratia plena* de Amado Nervo, o *De blanco* de Manuel Gutiérrez Nájera o *Liturgia erótica* de Julio Herrera y Reissig, por sólo citar algunos ejemplos. En ellos, la secularización, esto es, el uso de imágenes y nociones sagradas para expresar el amor o lo erótico, no solamente sacraliza lo erótico y el amor, sino que al hacerlo, lo libera de la obligada castidad y represión de la moral tradicional, es decir, lo intensifica. Y esta intensificación sólo es posible gracias a la secularización, consecuencia inmediata de la racionalización de la vida. Por el camino de la «secularización», esta intensificación de un sentimiento y de un instinto, este enriquecimiento de la sensibilidad, pero también del mundo de las imágenes, se encuentra y confluye con el positivismo, que, esencialmente, no ha de confundirse con la política de los positivistas, sino que como expresión de la secularización, había sacralizado a la humanidad, y tenía un talante claramente religioso o, para decirlo con José Luis Romero, se caracterizaba por su «trascendencia profana». Se conocen los «cismas» que dentro de los positivistas, no solamente franceses, sino latinoamericanos como Lagarrigue, provocó el giro dado por Comte cuando conoció a Clotilde de Vaux, a la que endiosó como a la Virgen de su culto humano. Por otra parte, y sin necesidad de mencionar expresamente el Parnaso francés, la secularización que se expresaba en la «religión de la humanidad» de Comte, implicaba una nueva catolicidad —en el sentido literal de la palabra— o, simplemente, el cosmopolitismo. El tan reprochado cosmopolitismo del Modernismo en Hispanoamérica, correlativo y contemporáneo del cosmopolitismo de los Modernismos europeos, no era una huida de la realidad y la busca de un refugio en mundos extraños y lejanos, solamente. Era una consecuencia del arte libre, que al romper con las normas a que lo habían atado su función suprema en las sociedades pre-modernas, y al sentirse liberado de ellas, descubrió la fantasía, esto es, la posibilidad de actualizar lo le-

[11] Peter L. Berger, *Zur Dialektik von Religion und Gesellschaft,* trad alemana de *The Sacred Canopy,Elements of a Sociological Theory of Religion,* 1967; la trad. alemana por la que se cita es de 1973, pág. 101 y ss. Sobre este tema de la secularización y de su problemática, informa resumidamente el vol. recopilado por H.-H. Schrey, *Säkularisierung,* Darmstadt, 1981. Su compleja historia, con muchos paralelos no mencionados con la historia hispana, la dilucida O. Chadwick en sus Gifford Lectures en la Universidad de Edinburgo, 1973-74, publicadas en 1975 por la Cambridge U. Press, bajo el título, *The Secularization of the European Mind in the Nineteenth Century.* El tema de la secularización es, pese a su desconocimiento en las Españas, un tema fundamental de la historia europea: junto al de la economía, la industria, la demografía, la burocracia, la revolución, el pensamiento científico y la ciencia social, mereció un peculiar capítulo del compilador Peter Burke del *Companion Volume* -T. XIII- de la «New Cambridge Modern History», Cambridge University Press, 1979, pág. 293 ss. Pero parece que la modorra de la historiografía literaria hispana es como la Iglesia: nada «prevalecerá contra ella».

jáno y lo extraño. Pero el cosmopolitismo era una realidad inmediata y circundante del artista no solamente europeo, sino, igualmente, latinoamericano. Ese cosmopolitismo inmediato o circundante, se encontraba en las grandes ciudades hispanoamericanas finiseculares. Aunque su crecimiento fue menor que el de las grandes ciudades europeas, su efecto fue, en relación con la realidad hispanoamericana, igualmente profundo. Todavía en 1930, el novelista colombiano Tomás Carrasquilla, que vivía en la provincia, decía que la capital Bogotá «es ciudad muy complicada que necesita de largo estudio». Esta era ya entonces la experiencia del provinciano hispanoamericano y europeo frente al fenómeno de la «gran ciudad». Para determinar en este caso el concepto de «gran ciudad» no es adecuado comparar las capitales y «grandes ciudades» hispanoamericanas con las grandes ciudades europeas como París, la «capital del siglo XIX» (W. Benjamin), sino con su contorno nacional. Pues es en este contorno —agrario generalmente, no sólo en Hispanoamérica, sino también en Francia, Inglaterra y la Europa Central— en el que se puede medir el efecto de la forma de vida urbana. En este sentido, el «cosmopolitismo» propio de las «grandes ciudades» (debido, además, al comercio y a la banca) tuvo efectos semejantes en la Metrópoli europea y en sus diversas zonas periféricas, entre ellas sus propias provincias o Hispanoamérica y España.

LA EXPERIENCIA DE LA VIDA URBANA

De 1890 data una descripción de Santiago de Chile, debida al viajero norteamericano Teodoro Child, en la que con el habitual sentido folklórico de la tradición y la arrogancia didáctica de los «hombres de los diversos Nortes», reprochaba a los santiaguinos que

> desde que don Pedro de Valdivia fundó a Santiago hace trescientos cincuenta años, sus habitantes no han tenido tiempo de crearse una personalidad distintiva, y han preferido ir a buscar su inspiración en los templos griegos del siglo de Pericles (¡qué hubiera dicho Child del renacimiento de los cultos romanos en la Revolución Francesa!, olvidando claro, no sólo el Capitolio y la "Catedral de Saint Patrick" de su país auténtico, sino tanta casa de estilo gótico) y los castillos medievales de la época de las cruzadas, como se manifiesta en el edificio del Congreso, en la Catedral y en las torres de Santa Lucía. Una ausencia semejante, no sólo de originalidad, sino también de las más elementales ideas de adaptación a un fin útil, a la aco-

modidad, etc., se manifiesta en muchas mansiones particulares que la riqueza o la vanidad han erigido. Un señor tiene una casa al estilo de Pompeya, otro se ha hecho construir un sombrío edificio de un falso estilo Tudor, y otro ha querido ser más original y ha pedido un palacete turco-siamés con cúpulas y minaretes. La más suntuosa mansión de Santiago, la de la señora Isidora de Cousiño, está más desprovista de originalidad que las otras. Es una valiosa construcción de dos pisos, con pilastras jónicas y capiteles de fayenza azul y amarilla a lo largo de la fachada. El jardín que rodea la casa también recuerda la horticultura europea[12].

El viajero Child era muy poco viajado. Pues esa mezcla de estilos arquitectónicos que por las mismas fechas se llamó en España «neísmo» y que el arquitecto Juan de Dios de la Rada elevó a principio de la arquitectura del siglo XIX en su «manifiesto del eclecticismo[13]», no solamente se encontraba en Santiago, sino en Barcelona, en Madrid, y hasta en París, y ante todo en Viena, que se puede llamar la «capital de los Modernismos». Sería injusto reprochar a Child que no tuviera la cabeza de Hermann Broch, quien desde la distancia, decía de la Viena de 1890 —con conocimiento de causa: «La peculiaridad de un período se puede deducir de su fachada arquitectónica, y esta que, en la segunda mitad del siglo 19... indudablemente una de las más lamentables de la historia universal; fue el período del eclecticismo, del barroco falso, del falso Renacimiento, del Gótico falso. Cuando entonces el hombre occidental determinó el estilo de vida, éste se convirtió en estrechez y a la vez en pompa burguesa, en una solidez que significaba sofoco y seguridad al mismo tiempo. Si alguna vez se ha encubierto la pobreza con la riqueza, entonces esto se ha ocurrido aquí»[14]. Lo que Child encontraba carente de originalidad y de sentido práctico en Santiago de Chile era, como también en Buenos Aires, la «originalidad» de la Modernidad. Y aunque esta «originalidad»

[12] Recogido en Ricardo A. Latchman, *Estampas del Nuevo Extremo,* Santiago, 1941, pág. 268.
[13] M. Tuñón de Lara (coordinador y director), *Historia de España,* Barcelona, 1981, t. VIII, pág. 328. Lo poco que allí se dice sobre la ciudad es más bien sustancial que todas las meditaciones lírico-orteguianas de Fernando Chueca sobre Madrid. Con todo, sigue siendo «subdesarrollado»: los esquemas interpretativos invocan pertinazmente las generalidades de L. Mumford en su *The City in History,* 1961. Esta obra es una versión muy corregida y aumentada de *The Culture of Cities,* de 1938, que aunque apareció en versión castellana en Buenos Aires en la editorial Emecé en los años 40 tampoco logró, al parecer, despertar de su secular modorra a los hijos de Ortega y Gasset.
[14] Hermann Broch, «Hofmannsthal und seine Zeit», recogido en *Dichten und Erkennen,* Essays, t. I, Zurich, 1955, pág. 43.

que se manifestaba en las ciudades era de «imitación a primera vista, cada una de ellas escondía un matiz singular que se manifestaría poco a poco»[15]. A las ciudades latinoamericanas de fin de siglo cabe aplicar también la observación de Broch sobre Viena: en ellas se encubrió la pobreza con la riqueza. La prosperidad comercial, dependiente de Europa, no solamente influyó en la europeización paulatina de las costumbres que imitaban a las de Londres y de París, sino que posibilitó la transformación del rostro de las ciudades: avenidas suntuosas, parques, paseos, teatros, edificios públicos, nuevas urbanizaciones comienzan a sustituir el marco de la ciudad colonial, y con el nuevo rostro arquitectónico de la ciudad vienen también no solamente sus aditamentos, sino algunas liberaciones; algunas profesiones tradicionales sucumben al empuje renovador. Sobre la Lima de fin de siglo —que, como Córdoba en Argentina, se consideraba conservadora, monacal y «virreinal»— observa Jorge Basadre: «Se van el faite, la jarana, el mataperro, el conversar de los vecinos de balcón a balcón, la palizada, el pregonero, la tertulia... el aroma del hogar, los decires arcaicos, los servidores leales de las familias viejas, el rosario, la hora de la oración, las serenatas, las rome-

rías. En cambio, llegan la luz eléctrica, la pavimentación, el tranvía, el automóvil, el cinema... los restaurantes tienden a reemplazar a las fondas; los días de recepción heterogéneos y de mayor intimidad, a la tertulia y al sarao»...[16]. Estos cambios —que son producto y a la vez concomitantes de la secularización— dan ocasión a una significativa literatura nostálgica de «recuerdos del pasado» (*Reminiscencias de Santa Fe y Bogotá*, 1893, del colombiano J.M. Cordovez Moure; *Recuerdos del pasado*, 1886, del chileno Vicente Pérez Rosales y *Recuerdos del tiempo viejo, 1886*, de su compatriota Luis Orrego Luco; *Una Lima que se va*, 1921, del peruano José Gálvez, por sólo citar algunos ejemplos) que en medio de la nostalgia esboza vagamente el sentido y la significación que estos tienen. El esbozo es sociológicamente insuficiente, pero los contemporáneos europeos que observaron iguales cambios, y, a veces, con igual nostalgia, supieron articularlos teóricamente y darle una transparencia que permite comprender su alcance en Hispanoamérica. Así por ejemplo, el «primer sociólogo alemán» Ferdinand Tönnies publicó en 1887 una de sus obras fundamentales, *Comunidad y sociedad*, en la que pretendía analizar la dinámica de su presente con los dos conceptos del título: comunidad —para decirlo muy sumariamente— como forma de vida social fundada en relaciones personales, espontáneas, tal como se conocen en el campo y en la provincia; y sociedad, como forma de vida social fundada en relaciones anónimas, racionales, tal como se presentan en la ciudad. Lo que no solamente en Hispanoamérica se estaba yendo era la «comunidad» y lo que llegó fue la sociedad, es decir, la vida urbana. Pero esta no era solametne la sustitución de una forma de relación social por otra, sino un complejo enriquecimiento de la vida síquica. En uno de los ensayos sociológicos de mayor significación para la comprensión de la Modernidad, *Las grandes ciudades y la vida intelectual*, de 1903, observó Georg Simmel que «el fundamento sicológico sobre el que se levanta el tipo de la individualidad de la gran ciudad es la *intensificación de la vida de los nervios,* que proviene del veloz e incesante cambio de impresiones internas y exteriores. «Esta velocidad de los cambios de impresiones e imágenes propia de la vida urbana —dada «con cada salida a la calle, con el tempo y la

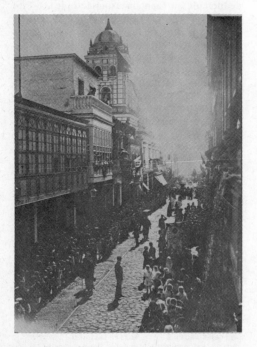

Procesión en Lima, 1885 (Eugenio Courret, Perú).

[15] J.L Romero, *Latinoamérica: las ciudades y las ideologías*, Buenos Aires, 1976, pág. 250.

[16] Romero, *op. cit.*, pág. 249. Jorge Basadre, *La multitud, la ciudad y el campo en la historia del Perú* (1929), segunda edición, ed. Huascarán, Lima, 1947, pág. 252. Parece que esta obra pionera no logró impresionar a nadie en el imperio «filológico» del anti-hispanoamericano Neo-Cid, Ramón Menéndez Pidal.

variedad de la vida económica, profesional, social»— funda «una profunda contraposición frente a la vida del campo y del pueblo con el ritmo más lento, más habitual y más regularmente fluyente de su imagen sensorial —espiritual de la vida». De ahí resulta «comprensible ante todo el carácter intelectualista de la vida anímica de la gran ciudad, frente a la de los pueblos que está orientada más bien al ánimo y a las relaciones de sentimiento»[17]. Este cambio de «comunidad» a «sociedad» y el carácter «intelectualista» e «hipersensible» de la nueva forma de vida social los percibió la literatura hispanoamericana de fin de siglo, pero no solamente eso: sin la hipersensibilidad y sin el intelectualismo urbanos, ella no solamente no los hubiera podido percibir, sino que no hubiera sido posible. La obra de los llamados Modernistas hispanoamericanos, la de Darío, Lugones, Jaimes Freyre, José Asunción Silva, José Martí, la de Julio Herrera y Reissig y Julián Casal, por sólo citar los más conocidos, es mucho más que un movimiento puramente formal y representa, consiguientemente, mucho más que una renovación formal de la lengua poética[18]. La «nueva sensibilidad» de que se habló entonces resumía —aunque sin especificarlo— los efectos del cambio de forma de vida social y a su vez los elementos de que constaba dicho cambio: la secularización, la hipersensibilidad de la vida urbana y su carácter intelectualista. Estos elementos de la nueva forma de vida social son el presupuesto de la renovación formal modernista.

Pero el cambio de una forma de vida social a la otra no ocurrió de manera definida. Como en el caso de la situación del artista frente a la sociedad burguesa, este cambio fue también ambiguo. Tal ambigüedad la ilustran, por ejemplo, la novela de Augusto D'Halmar, *Juana Lucero* (1902), que sólo superficialmente puede considerarse como una variación mimética de la *Nana* de Zola, o, más tarde, el *Paisano Aguilar* (1934) de Enrique Amorim; o en poesía, dos poemas representativos de Francisco A. de Icaza (1863-1925) como «Estancias» y «Rincón del parque» —las traducciones de Nietzsche de este mexicano injustamente olvidado y algún poema como «La canción del camino» alimentaron la musa de Antonio Machado— o «Luna ciudadana» y «Luna bohemia» del *Lunario sentimental* (1909) y la disposición simétrica (ciudad y campo) de las *Odas seculares* (1910) de Leopoldo Lugones,

o, en fin, el «Paisaje familiar» del venezolano Andrés Mata (1870-1931), por sólo citar algunos ejemplos que podrían multiplicarse. En todos estos ejemplos, la percepción de la vida urbana moderna va acompañada de un redescubrimiento casi nostálgico de la vida del campo y de la provincia. Característico en este sentido es el citado poema de Andrés Mata que comienza con estas líneas:

> En la plaza del pueblo, mientras llega el
>   tranvía
> que me vuelve a Caracas a vivir otro día
> de inútiles afanes y de satisfacciones
> efímeras, me siento bajo un árbol som-
>   brío,
> y lejos del suplicio de las indiscreciones
> escucho en el silencio otro silencio, el mio.

Las dos líneas finales podrían considerarse como una acertada versión aforística de la descripción analítica del cambio de «comunidad» a la «sociedad» de F. Tönnies:

> La ciudad es la idea
> el campo, la emoción.

Cierto es que esta contraposición entre ciudad y campo es un venerable topos que se remonta a Virgilio y que actualizó Andrés Bello en la silva «A la agricultura de la zona tórrida» (1826). Pero el topos adquiere una dimensión sociológica, que va más allá de la puramente literaria, en el momento histórico en que la ciudad comienza a desplazar las formas sociales de la vida sencilla del campo y de la provincia, tras un largo proceso que se inicia en la Edad Media[19] y que tiene en Europa sus primeras manifestaciones culminantes en el siglo XVIII. En Hispanoamérica este cambio se hace perceptible a mediados del siglo pasado y especialmente a sus finales. A la dimensión sociológica —diferente de la «teológica» o moral[20] de otras versiones anteriores— del topos, se agrega la ambigüedad con que aparece en las obras de Lugones y Casal, José Martí y Rubén Darío, Amado Nervo y José Asunción Silva o, por citar un novelista, Carlos Reyles. Esta ambigüedad, esto es, la simultaneidad de lo no simultáneo (ciudad y campo, comunidad y sociedad, idea y emoción, lo sacro y lo profano o el «neísmo» arquitectónico que se llamó también «eclecticismo») cristaliza en la figura del artista como «intelectual», es decir, es una figura unívocamente indefinible.

[17] Recogido en la selección de ensayos de Simmel, hecha por M. Landmann, bajo el título *Brücke und Tür*, Stuttgart, 1957, pág. 227 y ss.
[18] Pedro Henríquez Ureña, *Las corrientes literarias...* pág. 103.

[19] José Luis Romero, *La revolución burguesa en el mundo feudal,* ver nota 10.
[20] Karl Mannheim, «Das konservative Denken» (1927), recogido en la selección de K. H. Wolff, *Wissenssoziologie,* Berlín and Neuwied, 1964, especialmente págs. 454 y ss. Comp. además, César Graña, *Modernity and its Discontents,* Nueva York-Evanston-Londres, 1964.

La historiografía literaria de lengua española, habituada a las periodizaciones definidas como Barroco, Romanticismo, Naturalismo etc., ha intentado *definir* el Modernismo y equipararlo a otras épocas anteriores. Aparte de que el problema de las periodizaciones históricas es arduo y cada vez menos soluble en la forma de una definición; es, también, cada vez menos útil; aparte de esta circunstancia, la historiografía literaria de lengua española —el francés G. Lanson peca de lo mismo— no ha tenido en cuenta el hecho de que al aumento de la complejidad social corresponden pluralidades culturales, una de las cuales era la «pluralidad de estilos» o «pluralismo de estilos[21]» que, precisamente por eso, no se pueden reducir a un común denominador concreto. Tratar de definir el Modernismo —hispanoamericano o europeo— como mentalidad o como «movimiento» (O. Paz) o como «busca de un estilo» o como «afán de belleza» es tanto como definirlo mediante la reducción a un elemento difícilmente demostrable de manera concreta y específica. Todas las épocas de la historia literaria han sido, necesariamente eso: mentalidad, «movimiento», «busca de un estilo», «afán de belleza». En este sentido, el Modernismo es indefinible. Y no estaría de más que la historiografía literaria de la lengua española abandonara ese afán escolástico de la definición según género próximo y diferencia específica, y en vez de empobrecer los fenómenos buscara otras formas científicas de comprenderlos: las descriptivas como la dialéctica hegeliana (o marxista; no la versión causalista de Lenin), o como la fenomenología husserliana, aplicada a análisis de textos, que no excluye el horizonte histórico porque el texto mismo lo contiene. El Modernismo no es definible, sino descriptible. La descripción de sus elementos les «da la palabra» y los muestra en su aparente contradicción. Así, por ejemplo, se verá que no hay contraposición entre los ideales de la ciencia natural moderna y los postulados del «arte por el arte[22]», sino que trata de una nueva coherencia. Es, por paradójico que parezca, la coherencia de las ambigüedades modernas, de la simultaneidad de lo no-simultáneo, de la «pluralidad de los estilos» y de la complejidad social. Y esta es sólo comprensible cuando no se la reduce a un elemento o a varios, sino cuando se busca en la descripción de

los fenómenos su propio y su nuevo sentido.

* * *

La ambigëdad de la figura del artista como «intelectual» se expresa ya concísamente en la designación que dio Karl Mannheim al «intelectual»: «inteligencia libremente fluctuante[23]». Aunque el nombre de «intelectual» fue conocido y popularizado en 1898, cuando Zola, A. France, M. Proust, Charles Andler, G. Lanson, Ch. Seignobos, V. Bérard y otros más, publicaron el «Manifiesto de los intelectuales» para protestar contra las irregularidades del «affaire Dreyfus» su concreción más inmediata se remonta al Romanticismo alemán. Su presupuesto sociológico en Hispanoamérica, esto es, la división del trabajo, lo señaló brevemente Henríquez Ureña en sus *Corrientes* más arriba citadas[24] cuando observó que los «hombres de profesiones intelectuales» abandonaron la política y «como la literatura no era en realidad una profesión, sino una vocación» se «convirtieron en periodistas o en maestros, o en ambas cosas». Henríquez Ureña habla de «hombres de profesiones intelectuales» y de «hombres de letras» y de que la «literatura no era una profesión, sino una vocación»: lo que esta sintética observación no puede expresar es la situación concreta de esta «conversión en periodistas y maestros», en profesiones inseguras y consideradas con desconfianza y cierto desprecio por la sociedad burguesa hispanoamericana de entonces. Con las naturales variantes debidas a la diversa tradición histórica e intelectual, la situación concreta de los «hombres de letras» y «hombres de profesiones intelectuales» hispanoamericanos de fin siglo es estructuralmente igual a la de los románticos alemanes que Mannheim llama «intelectuales socialmente fluctuantes libremente» o «inteligencia libremente fluctuante». No es del caso entrar en la distinción entre «inteligencia» e «intelectual» que hace Theodor Geiger, pues dicha distinción trata de comprender el fenómeno en una época posterior (los años 40), en la que la sociología había ampliado considerablemente el concepto de «intelectual». El análisis de Mannheim tiene por objeto los «hombres de letras» en el sentido en que P. Henríquez Ureña utiliza este nombre para la Hispanoamérica de fin de siglo.

Estos «hombres de letras» se caracterizan por una situación económica precaria. Como no podían vivir de la pluma, concretamente, de sus obras, no tenían una existencia independiente. Y así es comprensible, observa Mannheim, que «la curva típica de la vida» los

---

[21] Joat Hermand, *Der Schein des schönen Lebens.* Frankfurt/M., 1972, pág. 188 y ss.

[22] Gilbert and Kuhn, *A History of Esthetics,* Bloomington, 1954, pág. 491.

[23] K. Mannheim, ver nota 20.

[24] Ver nota 8.

llevara de una «oposición juvenil turbulenta al mundo y a su mundo circundante» a buscar un empleo oficial, generalmente. Es también la «curva de la vida» de un Leopoldo Lugones, de un José Enrique Rodó, de un José Santos Chocano, de un Amado Nervo y, con variantes, de Rubén Darío, de José Asunción Silva, de José Martí, de Julián de Casal, de Ricardo Jaimes Freyre. Fueron periodistas —como Gutiérrez Nájera— y funcionarios de diverso rango: Casal fue escribiente de Hacienda, Martí y Darío, ocuparon cargos diplomáticos, lo mismo que Silva y Amado Nervo. Julio Herrera y Reissig fue empleado en la Inspección de enseñanza secundaria, lo mismo que Lugones en su juventud en el Correo, etc. Pero esta situación externa voluble —propia en Hispanoamérica de todos los cargos públicos y de todos los empleos— y el horizonte intelectual que sobrepasa el estrecho ámbito de su vida y de su mundo circundante, produce en ellos «una inmensa sensibilidad» ligada a «una inseguridad moral y a una permanente disposición a la aventura y al oscurantismo», según apunta Mannheim. La excepción de José Martí confirma la regla de la «inseguridad moral», que no es solo y exclusivamente política, como en los casos de Rubén Darío y Leopoldo Lugones, sino también «religiosa» como en Darío, Nervo y Julián del Casal. «Socialmente fluctuantes, librados a sí mismos, no pueden sostenerse» y ofrecen su pluma al gobierno respectivo. Lo hicieron de diversa manera: como Darío, que cantó a la Argentina, a Mitre, a los Estados Unidos (contra los Estados Unidos también, y, sinceramente, a la «raza de Hispania fecunda») o como los que al representar diplomáticamente a su país, tenían que justificarlo. Pero como ellos no eran funcionarios profesionales —y no podían serlo en la Hispanoamérica de fin de siglo, a diferencia de Alemania, a la que se refiere el análisis de Mannheim— sino que su tarea esencial consistía en la «influencia de la opinión pública» directamente, como en el caso de Darío o del Lugones que anunció «la hora de la espada», o indirectamente, en cuanto ponían su prestigio al servicio del gobierno que los agraciaba, su «pensamiento adquiere ese rasgo semiconcreto que se halla en la mitad de la carencia de realismo de los idealistas y de la orientación exclusiva por tareas concretas del funcionario. No son soñadores abstractos ni prácticos limitados. El signo de la época es el signo de sus planteamientos de problemas, son los filósofos natos de la historia». El nombre de «filósofos de la historia» tiene un carácter ambiguo: no se refiere, en modo alguno, a la interpretación de la historia por Hegel, cuyas *Lecciones de fi-*

Julio Herrera y Reissig inyectándose morfina.

losofía de la historia universal no caben bajo esta designación. Se refiere a especulaciones sobre la historia, no como parte de un determinado pensamiento filosófico, sino como «aplicación» de la filosofía a la historia, y de la cual fueron testimonio tantos esbozos de románticos como Friedrich Schlegel o Novalis, o en los comienzos de siglo, sus sombras: Oswald Spengler o Hermann Kayserling. Y en este sentido —aunque por diferentes razones que no vienen al caso, porque el resultado es el mismo— fueron «filósofos de la historia» José Martí, José Enrique Rodó, Leopoldo Lugones: el primero con su *Nuestra América*, el segundo con *Ariel*, el tercero con sus obras «históricas» (desde *La guerra gaucha* hasta sus estudios helénicos o la *Historia de Sarmiento*). Cabe agregar el «indigenismo» de Santos Chocano y el noble «americanismo» de Darío —no sólo en sus poemas, sino en muchos de sus visionarios artículos periodísticos— aunque, a diferencia de Martí, Rodó y Lugones o del hoy olvidado Manuel Ugarte, estos serían esbozos fragmentarios de una especulación filosófico-histórica. Aunque la «filosofía de la historia» de estos «intelectuales» es especulativa —y nada muestra con tanta claridad ese carácter como el «arielismo»— su actividad es altamente positiva: ellos, liberados en parte de los lazos del gobierno, reflexionan sobre los problemas del presente y del futuro, abren caminos para la exploración intelectual de una sociedad cada vez más compleja y cada vez menos abierta al pensamiento y a la reflexión. La peculiaridad de su estilo de pensamiento —dice Mannheim de los románticos alemanes— se caracteriza por su sensibilidad. «Su virtud no es la laboriosidad profunda, sino su "fina mirada" para los acontecimientos en los espacios vitales intelectuales-anímicos. Por eso, sus construcciones son siempre falsas o falsificadas: pero hay en ellas algo que siempre ha sido "visto certeramente". Este estilo del pensar planteó problemas nuevos, «descubrió campos enteros» que después fueron confiados a la investigación. En Hispanoamérica, empero, se desaprovecharon los planteamientos y los descubrimientos de estos filósofos de la historia»: una guerra literaria contra el Modernismo, en la que la miope filología sirvió de arma para resolver querellas municipales sobre estas o aquellas prioridades en la formulación de la poética modernista, distrajo de los esbozos de estos «intelectuales» que, pese a todo, pusieron al día la literatura de lengua española, lograron, en algunos casos, colocarse a la altura de sus contemporáneos europeos e hicieron posible lo que en analogía con la «normalidad filosófica» de que habló Francisco Romero podría llamarse la «normalidad de la literatura», esto es, la dignificación de la literatura y del oficio de escritor —presupuesto sin el cual hoy sería impensable toda la literatura hispanomeriana del siglo XX.

Pues estos «intelectuales» —como Rodó, Martí, Darío, Ugarte, Rufino Blanco Fombona, entre otros más —no solamente supieron articular literariamente el legado político-histórico de los Libertadores y perfilar así de manera más transparente la conciencia de unidad continental hispanoamericana —acción sólo posible en la confrontación y asimilación de la cultura europea— sino que dieron ejemplo de lo que es el oficio de escritor: trabajo consciente, dominio del «métier», en vez de la llamada «inspiración», que era una máscara de la indisciplina intelectual del aficionado; trabajo de artesano, en vez del desafuero provincial de los versificadores más o menos diestros que repetían las «jactancias soldadescas» y cultivaban «la imitación del siglo que llaman de oro» (Valle-Inclán) en que consistía la académica y castizamente menesterosa literatura peninsular.

Pero estos méritos de los «intelectuales», de los «filósofos de la historia» natos, de esta «inteligencia libremente fluctuante», en una palabra: los presupuestos de una renovación literaria total, no fueron obtenidos por héroes épicos como el rústico Mio Cid o el fuerte Sigfrido o el astuto Tristán, sino por naturalezas que muchas veces ni siquiera se parecían al le-

gendario David. No solamente eran naturalezas «finas», como suele decirse, sino problemáticas, pero en modo alguno «agónicas» en el robusto sentido que adquirió esta palabra en Unamuno; su tradición se remonta, como en muchas cosas más del Modernismo —entre otras: sus postulados teóricos— a la figura del «poeta» que encarnan Novalis y Höderlin, el «pobre Lelian» y el mismo Baudelaire. Corrientemente se los considera víctimas de la «enfermedad del siglo» y Silva, por ejemplo se comprendió a sí mismo —como también Casal y Darío— como paciente de esa «enfermedad». En realidad, no se trataba de una enfermedad o de un «mal del siglo», según reza el «slogan», sino de la insoportable tensión a que estaba sometido el artista entre ideal y realidad. Los románticos —y por tales se entienden los del primer romanticismo alemán, Fr. Schlegel y Novalis, por ejemplo— habían postulado la «poetización del mundo»: el amor debería ser su eje y su soporte, para decirlo muy sumariamente. De ello esperaban un nuevo «siglo de oro» —no en el sentido español— una armonía total, una Utopía. Pero la realidad, la «prosa del mundo» siempre destruyó esas esperanzas. A esa tensión entre ideal poético y realidad prosaica sucumbió, por ejemplo, Höderlin. Y como todo lo Moderno tiene su origen en ese romanticismo, la figura del poeta que ha perdido su centro y que encarnan Höderlin y Novalis constituye la tradición a la que pertenecen los «excéntricos» poetas del Modernismo hispanoamericano: un José Asunción Silva, un Julián del Casal, Rubén Darío con su poema, «Lo fatal» de *Cantos de vida y esperanza,* cuyas líneas finales: «y no saber adónde vamos, ni de dónde venimos» expresan la situación de fin de siglo que José Martí describió en el prólogo al poema «Al Niágara» de Juan Antonio Pérez Bonalde. «Nadie tiene hoy su fe segura —dice Martí. Los mismo que lo creen, se engañan. Los mismos que escriben su fe se muerden, acosados de hermosas fieras interiores, los puños con que escriben... Todos son soldados del ejército en marcha. A todos besó la misma maga. En todos está hirviendo la sangre nueva. Aunque se despedacen las entrañas, en su rincón más callado están airadas y hambrientas la Intranquilidad, la Inseguridad, la Vaga Esperanza, la Visión secreta[25]».

Pero estas naturalezas «excéntricas» que llevaban en su pecho la Intranquilidad, la Inseguridad, la Vaga Esperanza y la Visión Secreta no eran solamente mártires de la Modernidad. Lo mismo que la vida de la gran ciudad,

---

[25] Recogido en R. Gullón (compilador), *El modernismo visto por los modernistas,* Madrid, 1980, pág. 35.

estas cuatro «hambrientas» intensificaron la «vida de los nervios» de los nuevos «intelectuales»; y así como sus modelos desconocidos y secretos Hölderlin y Novalis depararon a la literatura alemana y universal los más bellos poemas después de la separación de Diótima, el uno, y de la muerte de Sophie, el otro, así también los «excéntricos» hispanoamericanos de fin de siglo dieron a la literatura del Nuevo Mundo y de la Antigua Metrópoli un nuevo mundo de sensaciones, sensibilidades, lejanías, creencias, joyas, cosas, pasados y futuros, o, más exactamente, transpusieron su derredor (las ciudades «sin originalidad» o «neístas» y la semilla de ese «eclecticismo», los «interieurs» —que la literatura hispanoamericana conocía antes de la influencia francesa: en la *Amalia* de José Mármol, por ejemplo) a esa esfera de la intensa «vida nerviosa» e inauguraron, con ello, el reino de la fantasía. La obra literaria de Borges, de García Márquez, de Arreola, de Cortázar, entre otros, cosechó los frutos de esta renovación. Y aunque parezca paradójico y contradiga los reproches que la concepción burocrática de la literatura, de todos los colores políticos, suele hacerse al Modernismo, estos «excéntricos» descubrieron, gracias precisamente a la fantasía, «el reino de este mundo». Pues esta fantasía, ese «cosmopolitismo» no era huida de la realidad, sino gozo hedónico de ella, y, además, la lección utópica de que este mundo es inmensamente rico y de que siempre puede ser mejor. No es difícil reconocer, de paso, que esta noción subyace a toda idea de progreso: tanto a la dialéctica de Hegel como a la menos diferenciada del positivismo del sacerdotal Comte.

Con esto, los «excéntricos» hispanoamericanos de fin de siglo llegaron a la misma meta a que, por esas mismas fechas habían llegado poetas europeos como Yeats, Stefan George, Hugo von Hofmannsthal o el mismo D'Annunzio —quien provenía de una tradición «moderna» tan pobre como la del mundo hispano. Era apenas natural, pues el mundo de la Intranquilidad y de la Inseguridad, de la Vaga Esperanza y de la Visión Secreta era común a todos: era el mundo de la «edad del capital» (E. Hobsbawm), de la expansión del capitalismo y de la consecuente uniformización de las sociedades occidentales. Pero en esta era de la historia, cupo a los nuevos «intelectuales» hispanoamericanos de fin de siglo la tarea de evitar que las Españas permanecieran pertinazmente en su encerramiento. Eso les valió el reproche de «galicismo mental», de inautenticidad, de femineidad. Y cuando Rodó observó que Darío no era el poeta de América, olvidó tener en cuenta lo que había apuntado

Hegel en sus *Lecciones de Estética:* que ya había pasado la era de la poesía épica y que la poesía ya no expresaba las necesidades de la «era mundial de la prosa». Así, la obra de estos «excéntricos» se refugió en el ensueño, en la fantasía, en la interioridad... y también en el campo americano de la infancia, y escribió, en su conjunto, el poema de la América en la «era mundial de la prosa», esto es, de un estado contradictorio y complejo de las sociedades y de los individuos. Y lo que se decía de los contemporáneos europeos, cabe afirmar también de los «intelectuales» y «excéntricos» hispanoamericanos de fin de siglo. En un ensayo de 1893 sobre D'Annunzio, Hugo von Hofmannsthal —el más penetrante observador de su tiempo— describía así el estado contradictorio de la época de fin de siglo, de la Modernidad: «Hoy parecen ser modernas dos cosas: el análisis de la vida y la huida de la vida... Se practica anatomía de la propia vida anímica o se sueña. Reflexión o fantasía, imagen especular o de sueño. Modernos son los muebles viejos y las nerviosidades jóvenes. Moderno es el sicólogo oír crecer la yerba y el chapuceo en el mundo maravilloso puramente fantástico. Modernos son Paul Bourget y Buda; el cortar átomos y jugar a la pelota con el cosmos; moderno es el análisis de un humor, de un suspiro, de un escrúpulo; y moderna es la institintiva, casi sonámbula entrega a toda revelación de lo bello, a un acorde del color, a una metáfora chispeante, a una alegoría maravillosa[26]» Y en ese sentido fueron modernos Rubén Darío y Herrera y Reissig, José Asunción Silva y Julián del Casal, Martí y Rodó, Lugones y Nervo, entre otros más. Y como sus contemporáneos europeos, ellos fundaron la literatura de la Modernidad. Ella fue —lo mismo que la secularización y la vida urbana, la racionalización de la vida y la fe en el progreso, la incertidumbre y la esperanza— presupuesto de las renovaciones formales y temáticas de la literatura hispanoamericana de fin de siglo.

Cuando en 1910 Enrique González Martínez dio a conocer el famoso soneto «Tuércele el cuello al cisne», se creyó que el llamado Modernismo había llegado a su fin. La necrología de González Martínez era exacta solo bajo la condición de que el finado no fuera la poética modernista, sino el «manierismo» de los epígonos. Las renovaciones formales y temáticas del Modernismo se habían convertido en el haber común de los versificadores y hasta de los oradores. Ese destino fue quizá el único que compartió con otras poéticas anteriores. Pero así

---

[26] H. v. Hofmannsthal, *Ausgewählte Werke in zwei Bänden,* selección de R. Hirsch, Frankfurt/M 1957, t. 2., páginas 293 y ss.

como el Romanticismo no murió por obra y gracia de sus pálidos epígonos y de la vulgarización del concepto, así tampoco sucumbió el Modernismo, ni a las embestidas de Clarín y de los «académicos» tradicionalistas, ni al desprestigio que le causaron sus epígonos y la vulgarización del nombre. Pues tanto el Romanticismo como el Modernismo siguieron impulsando subterráneamente la poética pluralista y compleja de la literatura moderna. Como «los astros y los hombres» del poema «La noche cíclina» de Borges, hay nociones, temas, problemas y pretensiones del Romanticismo y del Modernismo que han vuelto «cíclicamente» en la literatura que se llama posmoderna o que cree haber dejado atrás el Romanticismo y el Modernismo. Los ha superado en el sentido de que la literatura llamada pos-moderna o «modernismo» vanguardista (en el sentido de las etiquetas del modernismo brasileño) acentúa su diferencia con el Modernismo hispanoamericano —en realidad eso parece deberse a un olvido o a una confusión. José Verissimo habla en su *Historia da literatura brasileira*, de 1915, del Modernismo y se refiere a uno de «sus principales agentes», Tobías Barreto, uno de cuyos discípulos, Graça, Aranha[27] abrió el camino al «segundo» Modernismo. Barreto formuló filosóficamente el «eclecticismo» de todos los modernistas de entonces —éste repite y profundiza una contradicción del modernismo hispanoamericano y de los demás modernismos contemporáneos: la del «cosmopolitismo» y el descubrimiento de los orígenes «nacionales» —«comunidad», para decirlo con Tönnies. El Modernismo pereció con la Segunda Guerra Mundial. Pero es vano hablar de un pos-modernismo, pues la literatura posterior al fin de la guerra— si se dejan

de lado las primeras manifestaciones de restauración— se caracteriza por ese pluralismo de estilos y por esa libertad del arte que se afianzó con el Modernismo de fin de siglo en el mundo occidental, y que hoy, llevados a una nueva plenitud, llega a su límite. Es un límite igualmente paradójico, pues, por una parte, esa plenitud condujo a la «destrucción» de la literatura, y, por otra, a la nostalgia y al redescubrimiento de los años en que se disolvió el Modernismo en diversos «ismos» que llevaban su cuño.

El Modernismo hispanoamericano, la literatura hispanoamericana de fin de siglo, sigue esperando a que, con la distancia histórica y a la luz de nuevas experiencias y de nuevos conocimientos en la historia, la sociología y la historiografía literaria, se le analice con detalle, más allá de las rencillas municipales, de las limitaciones de la «filología» y con conciencia de tradición; a que se le contemple en el contexto europeo de su tiempo y a que se le juzgue por lo que él significó como primera contribución hispana al enriquecimiento de las letras europeas y, consiguientemente, a la toma de conciencia de sí de Hispanoamérica en el rico, complejo y deliciosamente «decadente» fin de siglo del hasta entonces engolado y pacato Occidente. Los feligreses de los campanarios aldeanos —los que que esperaban o esperan aún del Modernismo que repita el epos del Cid o que se adelante a Stalin y Jaruzelski —seguirán esperando vanamente que el Modernismo les satisfaga sus postulados voluntaristas a posteriori. Como toda tendencia o movimiento literario, el Modernismo actúa libremente, y no se deja encerrar en reglamentaciones burocráticas: como el dandy, como el bohemio, como el intelectual es una expresión de la libertad de la inteligencia, que de por sí es revolucionaria. O fue revolucionaria, precisamente en los tiempos del Modernismo.

---

[27] José Verissimo, se cita según la 2.ª ed. de 1916, impresa en Lisboa, pág. 342.

La novela modernista

DONALD SHAW

Ya en 1965 Juan Loveluck se quejaba del poco interés que mostraban los críticos hacia la novela modernista hispanoamericana

> El descuido con que se suele encarar la contribución del modernismo a la prosa hispánica, escribe, se ha hecho tradicional. Ese lastre negativo ha impedido hasta hoy que contemos, para el estudio del modernismo en la prosa, con libros pares a los que analizan la poesía durante el mismo movimiento. No se ha publicado hasta nuestros días una obra de conjunto sobre la novela o el cuento modernista. [1]

Desde entonces, si exceptuamos algunos artículos de Allen Phillips, siempre de gran interés, y algún que otro trabajo sobre la prosa de Martí, nada ha cambiado. Basta constatar que en la bibliografía de Lily Litvak en *El modernismo* (Madrid, Taurus, 1975) no hay nada que tenga que ver específicamente con la novela. Las consecuencias son evidentes:

1) Los orígenes más remotos de la narrativa modernista quedan prácticamente inexplorados.
2) Circulan afirmaciones singularísimas acerca de quiénes son los novelistas modernistas más importantes. Según José Arrom, por ejemplo, «en la primera promoción modernista» figuran Federico Gamboa, Roberto J. Payró, Manuel Díaz Rodríguez y Carlos Reyles; mientras Alfredo Roggiano menciona a Enrique Larreta, Pedro César Domínici, Leopoldo Lugones, Pedro Emilio Coll, Angel Estrada y Manuel Díaz Rodríguez.
3) La discusión crítica en torno al significado del modernismo se ha desarrollado casi sin referirse a la narrativa. Por tanto, la aportación de Martí a la renovación de la prosa no se ha apreciado debidamente fuera del círculo de especialistas de su obra.
4) Casi toda la discusión ha girado en torno al estilo, como si cupiera separarlo de los demás aspectos de la técnica novelística. Estos últimos en general quedan por examinar.

5) No se ha estudiado sistemáticamente el influjo de los modernistas en los novelistas de la siguiente generación.

En un artículo que a pesar de su título, «El modernismo y la novela en la América Hispana»[2], apenas trata la narrativa, Roggiano insiste correctamente en el influjo romántico en el modernismo. Según el:

> Debemos partir del romanticismo, porque la revisión de todos los valores establecidos implicó, desde luego, la del concepto de lo poético y literario... el romanticismo, si fracasa como modo de vida y pensamiento, se diversifica y penetra así, con nuevas caras, en las formas literarias más disímiles de la segunda mitad del siglo XIX y primera del siglo XX. El modernismo sigue todos los caminos de esta evolución del romanticismo.

También Guillermo Díaz Plaja en el capítulo «La evolución de la prosa artística en América» en *El poema en prosa en España* (Barcelona, Gili, 1956) sugiere que la línea de desarrollo parte de Chateaubriand y pasa a través de la prosa de Juan Montalvo para llegar, tras recibir la aportación valiosísima de Bécquer, a Martí y a Darío.

El ala más subversiva del romanticismo, con lo que Albert Camus llama su «rebelión metafísica», produjo posteriormente una fuerte reacción. En la literatura Fernán Caballero y luego Pereda abogaron por las «buenas ideas» y paralelamente empezó a propagarse el «idealismo». No es casual que los partidarios de este último (Valera, Palacio Valdés) fueran aquellos a quienes repugnaba y atemorizaba el redescubrimiento por parte de los románticos de lo angustioso de la condición humana. Antes de que naciera Darío ya Valera proclamaba «la religión de lo bello» y preguntaba «¿qué provecho nos trae el relatar la verdad, si la verdad es siempre inmunda?» y «¿no sería mejor mentir para consuelo?» En América la misma visión humanista-idealista del arte enlaza al Montalvo de «De la nobleza», «Réplica a un sofista» y «Los banquetes de los filósofos», con Martí, con Darío y sobre todo con Rodó. Así

[1] Juan Loveluck, «*De sobremesa*, novela desconocida del modernismo», *Revista Iberoamericana*, 59, 1965, página 17.

[2] Alfredo A. Roggiano, en *La novela iberoamericana*, Arturo Torres Rioseco (ed.), Alburquerque, Universidad de Nuevo México, 1952, págs. 34 y 35.

en *De sobremesa* de Silva, novela arquetípicamente modernista, advertimos la confluencia de dos corrientes ideológicas: la búsqueda de la belleza en tanto que ofrece una respuesta a un mundo dominado cada vez más por el materialismo y la fealdad, y la búsqueda del ideal en tanto que constituye una respuesta positiva a la desesperación posromántica.

La obra del novelista que pertenece de veras al modernismo estará caracaterizada, pues, por el «idealismo», el esteticismo, el exotismo, la falta de interés en el progreso social puramente materialista, el rechazo del realismo y de la prosa realista. Pero al mismo tiempo estará penetrada por la visión de lo que Rodó en *Ariel* llama «la faz misteriosa y grave de las cosas», es decir por las inquietudes heredadas del romanticismo. Partiendo de este postulado, podemos afirmar que los novelistas más representativos del modernismo son Silva, Martí, Díaz Rodríguez y Larreta. Ilustraremos nuestro argumento con referencias a sus novelas principales. [3]

De estos cuatro escritores el mayor fue Martí y como prosista fue el más influyente. Aceptamos la fecha de 1882 propuesta por Manuel P. González en su prefacio a *Amistad funesta* como el año de transición, de lo que se sigue que «La conquista de la prosa artística antecedió en una década exacta las innovaciones y reformas que Darío introdujo en la versificación» (pág 17). Lo que no aceptamos, por supuesto, son las exageraciones características de González que le llevaron a proponer a Martí como el creador del poema en prosa en castellano y a sostener, contra toda la evidencia, que la transformación de la prosa es «mucho más decisiva y trascendente» que la de la poesía.

Como ya sugerimos, es erróneo presentar las innovaciones estilísticas como si fuesen lo único importante. El estilo constituye un aspecto de la forma y no hay autonomía de la forma en las obras literarias. Las novelas modernistas no son novelas realistas o costumbristas escritas con un estilo distinto. Las innovaciones estilísticas corresponden a cierta visión de la vida y esta visión se manifiesta también a través de la selección de temas y técnicas narrativas. En realidad la técnica narrativa es el aspecto menos estudiado de la novela modernista. Constituye un rasgo importante de esa técnica el que en general el personaje central domine el mundo narrado y sea su desarrollo lo que determine la evolución de la trama. ¿Hasta qué punto cabe hablar de un héroe modernista así como cabe hablar del héroe romántico o noventaiochista? Hay cierto «aire de familia» entre los varios protagonistas. Con quien se relacionan principalmente es con el héroe romántico negativo, el individuo inteligente y alienado, insatisfecho y soñador, el inadaptado, el hombre de ilusiones perdidas, el buscador de nuevos valores. Incluso el más positivo de los que vamos a mencionar, Juan Jerez en *Amistad funesta*, al indicar que siente a veces «una melancolía dolorosa» y afirmar que «no voy a ser feliz» (págs. 142-43) se revela menos distante de lo que se creería del torturado José Fernández en *De sobremesa*.

Típico del protagonista modernista es el rechazo de aquella realidad cuyo descubrimiento había constituido el orgullo de la generación literaria anterior. «Para mí», exclama Fernández, «lo que se llama *percibir la realidad* quiere decir *no percibir toda la realidad*... Llaman *la realidad* todo lo mediocre, todo lo trivial, todo lo insignificante, todo lo despreciable» (pág. 226). En lugar de novelas cuyos protagonistas son «prostitutas», «cocineras», «ganapanes» y «empleadillos», Fernández saluda «el renacimiento idealista del arte, causado por la inevitable reacción contra el naturalismo estrecho y brutal que privó hace unos años.» (pág. 265). En *Amistad funesta*, publicado más de una década antes, el contraste que establece Martí entre el noble desinterés de Juan Jerez y la vil codicia de los intelectuales que «sirven al gobernante fuerte que les paga y corrompe, o trabajan para volcarle cuando... les retira la paga abundante de sus funestos servicios» (pág. 71) expresa un idéntico rechazo de la mezquindad del medio ambiente. Como Fernández, Juan Jerez es un poeta y un adorador de la belleza; como Fernández, pero sin su histerismo y sus altibajos morales, es un buscador del ideal.

Por la fuerza tal concepción del protagonista afecta su trato con la heroína. Juan es casto, Fernández da rienda suelta a sus instintos, pero en última instancia ambos ven en la mujer «más el símbolo de las hermosuras ideadas que un ser real» (*Amistad,* pág. 72). La mujer se convierte en el símbolo del ideal inasequible. A finales de *De sobremesa* se descubre que la Helena a quien busca Fernández ya murió. Aún más simbólicamente, Belén, la amada ideal de Tulio Arcos en *Sangre patricia*, muere en el primer capítulo, después de que Díaz Rodríguez la haya presentado, en términos

---

[3] Es decir, *Amistad funesta* de Martí, publicada con el título de *Lucía Jerez* por Gredos, Madrid, 1969, edición de M.P. González; *De sobremesa*, en José Asunción Silva, *Obras completas*, Bogotá, Banco de la República, 1965; *Sangre patricia* de Manuel Díaz Rodríguez, Madrid, *Sociedad Española de Librería*, 1916; y *La gloria de don Ramiro* de Enrique Larreta, Buenos Aires, Espasa-Calpe, octava edición, 1949. Los números entre paréntesis se refieren a las páginas de estas ediciones.

perfectamente modernistas, como una Diosa. Germán Gullón en uno de los pocos artículos que investigan la técnica en la narrativa modernista, escribe:

> Ya estamos en otro mundo. El narrador está convocando una mujer bella, de tal género de belleza que tiene algo de sobrenatural, no es un ser de carne y hueso... La *diosa* se convertirá en *visión de sediento*, espejismo, por tanto, sin realidad verdadera. [4]

A tal idealización de la mujer corresponde un desdén profundo hacia casi todo el resto de la humanidad. Salvo un pequeño grupo de amigos refinados, los demás hombres tienden a ser vistos como «una turba inacabable de mercaderes» (*Sangre patricia*, pág. 41), gente insoportable para el héroe modernista quien «quería ver por todas partes actitudes y almas bellas» (*ibíd.,* pág. 26). La visión de la sociedad característica del modernista está expresada memorablemente por Díaz Rodríguez:

> Arriba, muy arriba, el primero que por traición y de asalto llegó hasta ahí con sus instintos de lobo; a su alrededor, lo más impuro de todas las clases, desde el renegado hijo de próceres hasta la hez de la plebe; debajo, muchas almas pálidas a cuyo honor pusieron sitio con el fuego y la sed; más abajo, un pueblo moribundo de tristeza y de hambre; y más abajo todavía, la simple honradez, la dignidad, la entereza... (*ibídem,* pág. 40).

Sin embargo, este rechazo del medio ambiente sórdido y vulgar no excluye el compromiso político-social. Juan Jerez sueña con «crear pueblos sanos y fecundos de soledades tan ricas como desiertas» (*Amistad funesta,* pág. 67) y al nivel práctico vuelve por los derechos de algunos indios locales oprimidos. En *De sobremesa* Fernández cultiva la ilusión de transformar a su patria mediante la instauración de una dictadura iluminada y progresista. Tulio Arcos incluso se asocia a un partido de guerrilleros liberal-revolucionarios (que Díaz Rodríguez llama inevitablemente «la falange del ideal») y al ser derrotado, sufre la cárcel y el exilio. Pero tanto el ideal del progreso, como el de la belleza absoluta, son meros sueños. La fragilidad del primero se revela simbólicamente con el cuartelazo brutal que destruye los proyectos de otro héroe modernista comprometido, Alberto Soria en *Idolos rotos* de Díaz Rodríguez.

Psicológicamente hablando, el héroe moder-

José Martí.

nista tiende a ser un obsesivo, a veces condicionado por su atavismo. Confluyen en el don Ramiro de Larreta, por ejemplo, una tradición familiar de heroísmo y otra tradición mística. Llama la atención la semejanza con Tulio Arcos entre cuyos antepasados también se contaban conquistadores y guerreros por una parte y por la otra una mujer muerta en olor de santidad. Como ha demostrado Orlando Araujo [5], en el fondo de la psicología del héroe modernista late una crisis moral, de la que sus conatos de heroísmo y su tendencia mística no son sino manifestaciones. Por eso cuando Larreta transfirió al pasado el ambiente de su novela más famosa le hacía falta un símbolo, un elemento perturbador de la vida del protagonista don Ramiro, algo que fuese como una maldición y que acompañase al joven como acompaña a Tulio Arcos la memoria de Belén, su mujer muerta, o como acompaña a José Fernández la memoria de la dulce Helena. En el caso de Ramiro es su sangre mora. En cada novela hay, pues, algo simbólico y fatal que rompe la armonía de la vida y destruye el ensueño idealista.

[4] Germán Gullón, «Técnicas narrativas en la novela realista y en la modernista», *Cuadernos Hispanoamericanos*, 286, 1974, pág. 83.

[5] Orlando Araujo, *La palabra estéril*, Universidad del Zulia, Venezuela, 1966, esp. págs. 36-37.

Enrique Larreta.

Si en la novela criollista posterior se creó un mito pastoral en el que la civilización y los valores de la sociabilidad se impusieron a la barbarie de la pampa o de los llanos, en la novela modernista descubrimos otro mito: el del «hombre superior» que pertenece a «esa aristocracia del espíritu que en estos tiempos nuevos ha sustituído a la aristocracia degenerada de la sangre» (*Amistad funesta*, pág. 111). Pero no es un mito dinámico; más bien se crea como un refugio de la realidad circundante: el ideal de hacer lo grande y amar lo exquisito rara vez en la narrativa modernista lleva a logros concretos. En el peor de los casos, como en *Sangre patricia* o en *La tristeza voluptuosa* (1899) de otro venezolano, Pedro César Domínici, lleva al suicidio. Mientras el héroe de la novela realista o naturalista se ve derrotado por la hostilidad social, el héroe modernista, tras una larga búsqueda, queda decepcionado por lo inasequible del ideal. De modo que, mientras la novela modernista está llena de acendrado idealismo, el conflicto con la realidad produce un tono de pesimismo e ironía.

En torno al protagonista suelen agruparse otros personajes que comparten su estetismo: músicos, como Keleffy en *Amistad funesta* o Martí en *Sangre patricia*, individuos de gustos refinados como don Alonso Blázquez en *La gloria de don Ramiro*, intelectuales como los amigos de Fernández en *De sobremesa*, incluso luminarios de la ciencia como Rivington y Charcet en la misma novela. Si asoma alguna vez alguien menos culto, como el espadero toledano en *La gloria de don Ramiro*, el autor se apresura a sugerir que «la sabia fabricación de armas debiera estar exenta de villanía» (página 247) o bien se abraza la oportunidad de escarnecerlo, como ocurre con Perales en *Sangre patricia*.

Y en estos «simposios» de amigos cultos ¿de qué se habla? y ¿cómo se habla? Valdría la pena de estudiar el diálogo en la novela modernista. Valga como ejemplo el primer capítulo de *Amistad funesta*. Al principio se habla de cosas banales. Pero luego interviene la pintora para lanzar la idea poética de que detrás de la frente de una mujer se esconden simbólicas flores. Y prosigue Martí: «Ana iba así ennobleciendo la conversación» (pág. 80). La frase puede no llamar la atención; pero luego en *Sangre patricia* leemos acerca de Borja (el «aficionado a la música» y «maestro de elegancia» típicos rasgos del esteta modernista) «Ninguno como él para conducir con bridas de oro la conversación» (pág. 79). Así concebía el diálogo el escritor modernista: un intercambio verbal noble, conducido con bridas de oro, sobre temas de arte, de amor, de idealismo, de sacrificio. Incluso en el modo de hablar el personaje modernista revela su esteticismo radical. Ocampo, paseándose cerca del Sena en París con Tulio Arcos, le dice

> Apenas me he enterado alguna vez de si el agua del Sena corre o no corre, ahí donde el río y el canal se mezclan, *después de ceñir el cuerpo de la cité con su terco abrazo de siglos*.

El ideal del personaje modernista cuando dialoga es hablar de cosas bellas bellamente.

Esta insistencia en embellecer hasta la conversación normal forma parte de la tendencia generalizada entre los modernistas de rechazar la realidad vulgar. Por ese motivo también, incluso cuando la narrativa avanza con ritmo acelerado, como en *La gloria de don Ramiro*, se para a intervalos frecuentes para que el novelista introduzca descripciones de ambientes y escenas hermosos. Típicas son las descripciones de Keleffy en *Amistad funesta* y de Martí en *Sangre patricia* mientras tocan el piano; de la antesala de la casa de Lucía en la novela de Martí, de la salita en *De sobremesa* y del salón llenos de tesoros artísticos de don Alonso Blázquez en *La gloria de don Ramiro*. Allen Phillips y Klause Meyer-Minnemann han mostrado que tales descripciones de interiores que se destacan por su «lujo moderno, artístico, raro», sin duda imitadas de novelas francesas (Huysmans, Bourget) eran *de rigueur* a partir de los años ochenta[6]. Incluso la descripción de algo tan vulgar y cotidiano como una cena en casa (*De sobremesa*) o de una merienda en el campo (*Amistad funesta*) se convierte en un festín para los sentidos del lector. El mundo de la novela modernista es un mundo de exquisitez.

Pero es, también, un mundo trágico en el que el amor sucumbe, en el que se traiciona el ideal, en el que acecha la muerte. El lector alerta notará entre los otros rasgos de la técnica narrativa el uso casi sistemático de elementos simbólicos para comentar la acción. En *Sangre patricia* la muerte de Belén anuncia la tragedia de Tulio y se enlaza con el suicidio de éste mediante el uso insistente del *motif* del agua. De modo semejante en *Amistad funesta* el cuadro pintado por Ana, en el que figura un monstruo que está devorando rosas, prepara el final. En *De sobremesa* el breve encuentro con Helena a quien Fernández persigue inútilmente a lo largo del resto de la novela simboliza el encuentro con el ideal. Estrechamente relacionado con este tipo de comentario simbólico está el comentario psicológico. Aquí el uso de símiles es tradicional. Pero en la novela modernista el empleo de símiles y metáforas poéticos para expresar estados de ánimo adquiere una densidad inusitada. Así Martí, para prepararnos a comprender los celos homicidas de Lucía Jerez, desarrolla en un largo párrafo (pág. 126) la imagen de un portero a quien narcotizan una legión de duendecillos repugnantes. Valdría la pena estudiar extensamente el uso de tropos poéticos en la narrativa modernista, no como meros adornos estilísticos sino con la función precisa de contribuir al comentario.

Tras echar esta ojeada al héroe modernista, a la selección de los personajes secundarios y a otros aspectos de la técnica narrativa, llegamos finalmente al estilo. Se ha afirmado hasta la saciedad que con la prosa modernista se inicia una reacción contra la chabacanería y el casticismo excesivo de un gran sector de la prosa hispánica en el siglo pasado. Con la obra en prosa de Bécquer en España y la de Montalvo en Hispanoamérica se advierte la aparición de una prosa artística cuyas características son: el empleo mucho más sistemático que antes de metáforas y sobre todo de símiles

principalmente relacionados con lo sensorial, el fuerte colorismo, el uso de efectos rítmicos muy pronunciados, la mayor brevedad de la frase y en general la tendencia a enfatizar sensaciones más que ideas. Ahora bien, lo que la mayoría de los lectores desconoce es el tipo de estilo contra el que reaccionaron los modernistas, el que llama Amado Alonso en *Materia y forma en poesía* (Madrid, Gredos, 1955, página 403) «nuestra manera de escribir «fin de siglo»: prosa momificada en España; prosa de andares cojitrancos, llena de floripondios, de tumores metafóricos en América». El influjo más notable, según Darío en su autobiografía, fue el de Castelar. Contribuía a acrecentarlo el apego a un casticismo rancio y anacrónico de escritores como José Portillo y Rojas, quien en el prólogo a *La parcela* (1898) insiste:

> Nuestra literatura, en cuanto a la forma, debe conservarse ortodoxa, esto es, fidelísima a los dogmas y canones de la rica habla castellana... En la Península Ibérica, donde se conserva viva la tradición de los siglos XVI y XVII... están, hoy por hoy, a no dudarlo, la pauta y el modelo del buen decir.

El resultado fue un estilo descriptivo basado en la simple enumeración (metonimia, diría Jakobson), llena de adjetivos fosilizados, clichés y frases de cartón. Era sobre todo un estilo ampuloso. ¡Hemos descubierto en un contemporáneo exacto de los modernistas, el mejicano Federico Gamboa (en el cuarto capítulo de su novela *Reconquista*) una frase con nada menos de 437 palabras!

La reacción empezó con Montalvo; pero fue Martí el portaestandarte. Schulman cita el trozo memorable en que el cubano afirma:

> Es fuerza que se abra paso esta verdad acerca del estilo: el escritor ha de pintar como el pintor. No hay razón para que el uno use de diversos colores y no el otro. Con las zonas se cambia de atmósfera, y con los asuntos de lenguaje. Que la sencillez sea condición recomendable no quiere decir que se excluya del traje un elegante adorno. De arcaico se tachará unas veces, de las raras en que escriba, al director de la *Revista Venezolana* [es decir, a Martí mismo]; y se le tachará en otras de neólogo; usará de lo antiguo cuando sea bueno, y creará lo nuevo cuando sea necesario: no hay por que invalidar vocablos útiles, ni por que cejar en la faena de dar palabras nuevas a ideas nuevas.

El mismo crítico nos hace notar que no sólo en lo que dice, sino en la manera de decirlo, Martí nos ofrece «un ejemplo de composición en prosa de calidad enteramente modernista»[7].

---

[6] Véanse Allen Phillips, «Nueva luz sobre *Emelina*», *Atenea*, 165, 1967, 381-404 y «El arte y el artista en algunas novelas modernistas», *Revista Hispánica Moderna*, 34, 1968, 757-75; y Klaus Meyer-Minnemann, «Enrique Gómez Carrillo, *Del amor del dolor y del vicio*», *Nueva Revista de Filología Hispánica*, 22, 1973, 61-77.

[7] José Martí cit. Ivan A. Schulman, *Símbolo y color en las obras de José Martí*, Madrid, Gredos, 1960, pág. 15.

Nótese como la fuerza de la afirmación inicial «el escritor ha de pintar como el pintor» se acentúa a causa de la oración antepuesta algo más larga. Luego Martí construye una serie climática de paralelismos rematada con la admirable *chute de phrase* «dar palabras nuevas a ideas nuevas». Manuel Gutiérrez Nájera añade otro elemento importantísimo al declarar que «lo interesante es trasmitir a otros la *sensación* nuestra»[8], pues de eso se trata, de sensaciones más que de ideas. Tomemos como ejemplo lo siguiente:

> entro aquí a encontrar el comedor iluminado *a giorno* por treinta bujías diáfanas y perfumado por la profusión de flores raras que cubren la mesa y desbordan, multicolores, húmedas y frescas, de los jarrones de cristal de Murano; el brillo mate de la vieja vajilla de plata marcada con las armas de los Fernández de Sotomayor; las frágiles porcelanas decoradas a mano por artistas insignes; los cubiertos que parecen joyas; los manjares delicados, el rubio jerez añejo, el johannissburg seco, los burdeos y los borgoñas que han dormido treinta años en la bodega; los sorbetes helados a la rusa, el tokay con sabores de miel, todos los refinamientos de esas comidas del sábado y luego en el ambiente suntuoso de este cuarto, el café aromático como una esencia, los puros riquísimos y los cigarrillos egipcios que perfuman el aire.
>
> (*De sobremesa*, pág. 127)

Aquí las sensaciones son principalmente visuales. Pero ahí están también las olfativas, las gustativas y las táctiles. Sólo faltan las auditivas. Llama la atención la acumulación de referencias a objetos o hermosos en sí mismos o relacionados con el placer; y en segundo lugar la adjetivación: acompaña cada objeto una palabra o una frase que subraya intencionalmente el impacto sensorial. Todo parece culminar en el adjetivo-clave «suntuoso».

Sacamos otro ejemplo del quinto capítulo de *La gloria de don Ramiro*:

> Su amor por las cosas que concretaban una calidad exquisita de rareza o de arte era sobradamente sincero... Los objetos que herían la imaginación del hidalgo con más sútil embeleso eran sus vidrios y marfiles. Estos, fríos, tersos y cuasi dorados, provocábanle indecible entusiasmo. Tenía gestos de verdadero amor para cogerlos en los fanales y acercarlos a la luz. Hubiérase dicho que sus manos oprimían con fraternidad aquella aristocrática y pálida materia, donde los rayos de luz remedaban un rubor interno de sangre.

[8] Manuel Gutiérrez Nájera, cit. José Luis Martínez, *El ensayo mexicano moderno*, Méjico, Fondo de Cultura Económica, I, 1959, pág. 88.

> ...Algunos de aquellos objetos prolongaban el milagro de vivir centenariamente. Piezas del siglo anterior, arquetipos de la generación innumerable, habían sido exornados de mascarones y de imprevistas alimañas por la tenacilla de Vistori, de Ballorino, de Beroviero, en la gran época visionaria de la cristalería. Vidrios turbios, de un glauco tinto lodoso como el agua de los canales, de la cual aparentaba haber tomado toda su fantasía. Su manejo educaba la mano mejor que los marfiles (pág. 33).

Otra vez se trata de prosa decorativa, ahora reforzada por la aliteración, los arcaísmos y el ritmo cuidadosamente orquestado de la frase.

Salta a la vista que los efectos así conseguidos por los modernistas eran efectos estáticos, descriptivos no narrativos. No se puede adaptar este lenguaje pictórico a todo. He aquí, pues, la gran limitación de la prosa modernista: impone al novelista el deber de seleccionar no sólo los ambientes sino incluso los episodios, excluyendo o embelleciendo de algún modo los banales o feos. Por eso el estilo modernista, una vez cumplida su misión de romper los moldes de la prosa decimonónica, se convirtió en un estilo peligroso. Ya en el Lugones de *La guerra gaucha* lo poético ha decaído en preciosismo: «La evanescencia verdosa del naciente desleíase en un matiz escarlatino, especie de agüita etérea cuyo rosicler aún se sutilizaba como una idea que adviniese a color». Lo mismo ocurre, por ejemplo, en las obras primerizas de Güiraldes. Pero luego el autor de *Don Segundo Sombra* se dio cuenta de que «La belleza está más en la fuerza y la grandeza de los conceptos, las ideas, los sentimientos, que en el pulido extremo de la frase» (*Obras completas*, Buenos Aires, Emecé, 1962, pág. 724). Otros escritores de la próxima generación, entre ellos Mariano Azuela, Manuel Rojas, Horacio Quiroga, Eduardo Barrios —incluso Borges— han criticado el estilo modernista. Pero en su época el impacto de la prosa modernista fue enormemente positivo. Sólo después del modernismo pudo escribir Rufino Blanco Fombona: «Nosotros americanos le hemos infundido al español una soltura y una gracia que apenas conocieron por excepción nuestros abuelos cultivadores de una lengua almidonada como la golilla de algún prócer hidalgo.»[9]

Para concluir: en 1896 el uruguayo Carlos Reyles en el prefacio de *Primitivo* escribió

> la novela moderna debe ser obra de arte tan exquisita que afine la sensibilidad con múltiples y variadas sensaciones y tan perfuma-

[9] Cit. Rafael Cansinos Assens, *Verde y dorado en las letras americanas*, Madrid, Aguilar, 1947, pág. 491.

da que dilate nuestro concepto de la vida con una visión nueva y clara... estudiando preferentemente al hombre sacudido por los males y pesares.

Tal definición nos recuerda que no cabe enjuiciar la novela modernista como si hubiera llevado únicamente a la renovación del estilo. Más de medio siglo más tarde el gran novelista paraguayo Augusto Roa Bastos hubo de insistir en que se trataba de una manera nueva de enfocar la realidad[10]. En efecto, en la na-

rrativa hispanoamericana moderna podemos discernir *groso modo* tres actitudes ante la realidad. En los escritores de la novela realista o «documental» lo que se evidencia es la aceptación pasiva de la realidad, su reflejo más o menos «fiel». En la novela modernista lo que se ve es la búsqueda de «otra» realidad, más hermosa, más ideal. Finalmente, los novelistas del «boom» tienden a cuestionar la realidad y nuestra capacidad de comprenderla. Es decir, con el aparecer de la narrativa modernista se inicia la crisis del realismo que se prolonga hasta nuestros días, mientras renace la idea de la novela como artefacto estético. Ambos fenómenos han tenido consecuencias felices.

---

[10] Augusto Roa Bastos, «Imagen y perspectivas de la narrativa hispanoamericana actual», en Juan Loveluck ed., *Novelistas hispanoamericanos de hoy*, Madrid, Taurus, 1976, 47-63.

El cuento modernista: su evolucion y características

ENRIQUE PUPO-WALKER

Todo el que haya examinado los ciclos evolutivos de las letras hispanoamericanas comprobará, sin dificultad, que el relato modernista se destaca como un estadio primordial en el desarrollo de nuestra narrativa de ficción. Pero aunque así es, las reflexiones aportadas por la crítica ante ese hecho han sido escasas y carentes de genuino rigor analítico[1]. En más de una ocasión se han señalado algunos rasgos específicos del cuento modernista[2] y abundan sobre todo los ensayos y notas que aún se esfuerzan por caracterizar esa modalidad narrativa en el contexto de literaturas nacionales[3]. En los últimos años, sin embargo, predominan los trabajos que enfocan la especifidad en la práctica literaria, llevada a cabo por los modernistas, pero vinculándola siempre a las determinaciones que impone la estructura social. En ese orden deben consignarse principalmente los estudios de Angel Rama y François Perus[4], aunque bien está decirlo, se trata de una crítica —especialmente en el trabajo de Perus— que con frecuencia soslaya el texto para exaltar formulaciones ideológicas que expanden aún más el ámbito polémico del modernismo.

Sin desvirtuar en modo alguno la utilidad de los ficheros, cronologías y de los ensayos de interpretación cultural[5], insistiré en la necesidad de que emprendamos una valoración más exigente y metódica de los textos porque ellos son en definitiva la entidad primordial en el hecho literario. Con esa certidumbre propongo a continuación un breve análisis que asume, simultáneamente, dos objetivos: a) precisar las características formales del relato modernista como tipología establecida b) destacar la significación de esos textos en el desarrollo formal de la cuentística hispanoamericana; y para limitar todavía más la perspectiva de estas observaciones comentaré principalmente textos que pertenecen a las dos promociones de escritores que consolidaron la narrativa modernista. Es decir, la que encabezan José Martí (1853-1895), Manuel Gutiérrez Nájera (1859-1895), José Asunción Silva (1865-1896), Rubén Darío (1867-1916), Amado Nervo (1870-1919), Manuel Díaz Rodríguez (1871-1934) y Leopoldo Lugones (1874-1938). Me atengo deliberadamente a un número limitado de narradores y textos por razones muy concretas. Ante todo, porque, a mi entender, en ese primer *corpus* de libros cristalizó el diseño estructural del cuento modernista. Y también porque en esas primeras etapas es posible señalar, con las salvedades inevitables, una tipología definida del cuento, en lo que se refiere a la postura del narrador ante el texto, la elección de procedimientos narrativos, la temática y lo que es aún más importante, la presencia de una voluntad de creación que condujo al enriquecimiento espectacular de la escritura literaria en Hispanoamérica.

Es cierto que una vez rebasadas las primeras etapas creativas del modernismo, las generaciones posteriores; las de Enrique López Albujar (1872-1966), Rufino Blanco Fombona (1874-44), Horacio Quiroga (1878-1937), Rafael Arévalo Martínez (1884), Alfonso Hernández Catá (1886-1940) y Ricardo Güiraldes (1886-1927) ampliaron considerablemente el registro del cuento; y a partir de aquellos años,

---

[1] El estudio más valioso, dedicado a un autor, es el que Raimundo Lida, ofreció como trabajo preliminar, a la edición de *Los cuentos completos de Rubén Darío*. Edición y notas de Ernesto Mejía Sánchez, México, Fondo de Cultura, 1950. De gran utilidad es también el estudio del profesor Mejía Sánchez que apareció en su libro *Cuestiones rubendarianas,* Madrid, Revista de Occidente, 1970, páginas 161-265. Me interesa destacar, además, los estudios que ha reunido el profesor José Olivio Jiménez en el libro titulado *Estudios críticos sobre la prosa modernista hispanoamericana,* Nueva York, Eliseo Torrer, ed., 1975. Deben consultarse también las obras siguientes: Esperanza Figueroa, *Julian del Casal. Estudios críticos sobre su obra,* Miami, Florida, Universal, 1974; Francisco Sanchez-Castañer, *Estudios sobre Rubén Darío,* Madrid, Universidad Complutense, 1976.

[2] Ver mi ensayo «Notas sobre los rasgos formales del cuento modernista», en *Anales de Literatura Hispanoamericana,* 1, núm. 1 (1973), págs. 469-480, y Antonio Muñoz en *El cuento hispanoamericano ante la crítica,* Madrid, Castalia, 1973, págs. 37-49.

[3] El más certero de esos trabajos es el de Alberto Escobar, «Incisiones en el arte del cuento modernista», en *Patio de letras,* Lima, Caballo de Troya, págs. 236-242.

[4] Ver François Perus, *Literatura y sociedad en América Latina. El Modernismo,* Buenos Aires, Siglo XXI, Editores, 1976; Angel Rama, *Rubén Darío y el Modernismo,* Caracas, Publicaciones de la Universidad Central de Venezuela, 1970.

[5] Entre los estudios que con mayor éxito calibran el modernismo, como hecho cultural, se destacan los siguientes: Ivan A. Schulman, *Génesis del modernismo,* México, Colegio de México, 1968. *Estudios críticos sobre el modernismo,* selección y prólogo de Homero Castillo, Madrid, Gredos, 1963.

la cuentística hispanoamericana asumió direcciones múltiples que desembocarían en variantes muy diversas del relato criollista y en una narrativa de alto contenido imaginativo que hemos disfrutado en relatos memorables de Alfonso Reyes (1889-1959) y Manuel Rojas (1896), entre otros.

Pero al detenernos hoy ante la cuentística modernista propiamente dicha, siempre conviene tener presente que la vocación fundamental de aquellos escritores fue, ante todo, la poesía. En la obra de Martí, por ejemplo, el cuento ocupa un sector muy limitado y hasta humilde. La mayoría de sus relatos (publica-

Portada de un número de *La Edad de Oro.*

dos en *La Edad de Oro,* 1889) son cuentos infantiles, apuntes o estampas narrativas que esbozan un material anecdótico muy escueto y en el que predomina la evocación intimista de recuerdos personales. Algunos de sus cuentos —sólo escribió seis— no son más que versiones libres de cuentos famosos. Tal es el caso de «Meñique» y «Los ruiseñores encantados»[6]. Sus relatos originales, sobre todo «La muñeca negra» y «Nené traviesa», son de factura más compleja; no en lo que se refiere al diseño estructural, pero sí en el grado de penetración

psicológica que se permite el narrador. En «La muñeca negra» —su narración más lograda— el foco del relato se localiza en la disyuntiva de una mente infantil que lucha contra diversas fijaciones emotivas que no puede comprender. Pero, con todo, el relato martiano no alcanza la solidaridad orgánica o la intensidad expresiva que sí lograron contemporáneos suyos. Los cuentos de Martí fallan en parte debido a que la narración está construida sobre una concepción moralizante de la anécdota y también porque narrar fue —hay que decirlo— un quehacer pasajero en la obra de Martí.

No sucedió así con el mexicano Gutiérrez Nájera, que se sintió durante toda su vida fascinado por los misterios y posibilidades del cuento. Nájera comenzó, como era lo usual, publicando relatos sueltos para la prensa que luego reunió en sus *Cuentos frágiles* (1883); libro que hoy se reconoce como un verdadero hito del cuento hispanoamericano. En esa primera colección, sus facultades de narrador quedaron demostradas para siempre; sobre todo en los cuentos «La mañana de San Juan» y «La novela del tranvía». En el primero Nájera trabaja la narración a niveles muy diversos que convergen en un foco de alta tensión. La tragedia de un niño que se ahoga se convierte gradualmente, debido a la manipulación del lenguaje, en un episodio de mórbido lirismo. El tono del relato es de una intensa desolación que expresan oblicuamente frases como: «Y las estrellas no podían ayudarle.»

El hechizo brutal de una muerte inútil es, en efecto, el elemento motor de este cuento que parece fluir desde una reprimida sensación de júbilo. En «La mañana de San Juan», la escritura de Nájera a veces nos parece una multitud de sílabas luminosas. Es la escritura que pretende revelarse desde una perspectiva espacial como si nuestra función de lectores fuese contemplar la superficie del vocablo como tal. Siguiendo una pauta frecuente entre los modernistas, Nájera se desdobla en personaje para intervenir en sus relatos y proyectar sobre la trama preocupaciones suyas de matices muy variados.

En otro orden debo añadir que «La novela del tranvía» interesa hoy por la estructura novedosa de la trama y también por la sutileza con que Nájera integra en un incidente furtivo y casi trivial el pathos y el humor de lo ridículo. Conseguido su primer libro, el Duque Job —que fue uno de sus seudónimos— continuó refinando su obra narrativa.

En la década comprendida entre 1884 y 1894 se publicaron en la prensa mexicana sus «Cuentos de domingo», «Cuentos del jueves», «Cuentos de la casa», y en la *Revista Azul*

---

[6] Las versiones de «Meñique» y de «El camarón encantado» están tomadas del francés Lefevre de Laboulaye y «El ruiseñor encantado» de Anderson.

—que él fundó con Carlos Díaz Dufoo— publicó, además, «Cuentos color humo». Póstumamente se publicó, una selección de sus mejores cuentos entre los que se destacan: «El vestido blanco», «Juan el organista» y «El peso falso»[7]. Este último, es en mi opinión, su texto más logrado, a pesar de las libertades que se permite el narrador. En síntesis, se narran las aventuras de una moneda que se humaniza a medida que circula de mano en mano, pasando de la comicidad al infortunio hasta convertirse en un prisma que revela toda una concepción irónica de la vida. El cuento tiene raíces profundas en la tradición picaresca española, lo cual se advierte no sólo en el carácter sobrio y a veces desgarrado de los incidentes sino también en los virajes que permite el punto de vista narrativo. La moneda es personaje y vínculo que articula con gran efectividad situaciones distintas que de otra manera hubiesen dado un carácter excesivamente fragmentario a la narración. Pero es cierto también que el relato posee varias lagunas que entorpecen la secuencia narrativa. Los comentarios del narrador, las exclamaciones retóricas y los paréntesis en que se intenta un diálogo entre narrador y lectores son frecuentes y debilitan los hilos centrales de la narración. Por ejemplo:

> Pero, ¡vean ustedes cómo los pobres somos buenos y cómo Dios nos ha adornado con la virtud de los perros: la fidelidad!

Más adentrado en la trama, el narrador añade explicaciones redundantes y hasta se inmiscuye en el asunto, con lo cual sólo consigue empañar algunos de los valores principales de la narración:

> El de mi cuento, sin embargo, había empezado bien su vida. Dios lo protegía por guapo, sí, por bueno, a pesar de que no creyera el escéptico mesero de la Concordia en tal bondad; por sencillo, por inocente, por honrado. A mí no me robo nada; al cantinero tampoco, y al caballero se le sacó de la cantina, en donde no estaba a gusto porque los pesos falsos son muy sobrios, le recompensó la buena obra, dándole una hermosa ilusión; la ilusión de que contaba con un peso todavía.

Pero esos procedimientos, reprochables hoy, eran frecuentes y hasta sintomáticos entre casi todos los primeros cuentistas del modernismo. El hábito, adquirido en la poesía, de convertir al narrador en portavoz e interlocutor de todo cuanto le rodea se mantuvo en la prosa. Es la personalidad del creador —específicamente, la del poeta— la que impone límites y hasta se convierte en referente de la experiencia imaginativa. En todo caso esas son algunas de las inevitables anomalías que produce la efusión lírica al integrarse en la estructura narrativa. Es justo señalar, sin embargo, que Nájera se destaca por sus cualidades genuinas de narrador; es, sin duda, el primer cuentista importante de la era modernista. A pesar de los defectos que he señalado sus cuentos representan un gran avance para el arte narrativo hispanoamericano. Utilizó un lenguaje muy preciso, pero de gran vitalidad expresiva; lenguaje que era, en muchos sentidos, materia ideal para la hechura ceñida del cuento.

Comparada con los cuentos de Nájera, la obra narrativa de Darío podría parecernos desigual. Para Darío, sobre todo en su primera época, escribir, en verso o en prosa, conducía a un mismo fin; la invención de un nuevo idioma poético. Fue tal su potencial imaginativo que sus cuentos y versos se convirtieron, en pocos años, en el gran foco luminoso de toda una época.

Como Nájera y tantos otros, Darío se inició en el mundo de las letras publicando cuentos y poemas para la prensa de Managua. El cuento surge muy temprano en su obra y lo sigue cultivando hasta el final. «La actividad de Darío narrador —según Raimundo Lida— se extiende, pues, desde antes de su primer libro de versos hasta después del último, y nace y crece tan unida a la obra del poeta como a la del periodista. Es natural que a menudo lleguen a borrarse los límites del relato con la crónica, el rápido apunte descriptivo o el ensayo. Sólo la presencia de un mínimo de acción es lo que puede movernos a incluir, entre sus cuentos, páginas como «Esta era una reina...» o «¡A poblá!...» y desechar tantas obras que no se distinguen de ellas sino por la falta de ese elemento dinámico[8].

Darío se inicia como narrador hacia 1885 o 1886, con sus cuentos «A las orillas del Rhin» y «Las albóndigas del coronel». Son, aún, textos ingenuos y vacilantes. El primero es un cuento de trabazón débil y que está dispuesto siguiendo una división estrófica muy próxima a la de sus poemas de aquellos días. Ernesto Mejía Sánchez, en un estudio ejemplar que dedica a este cuento señala como el «arcaísmo con disfraz de elegancia, sintaxis y vocabulario pomposos, revelan la inocencia literaria del autor[9]». Por otra parte, «Las albóndigas del

[7] Para el estudio de los cuentos de Nájera debe utilizarse: *Cuentos completos y otras narraciones*. Prólogo, edición y notas de E. K. Mapes. Estudio preliminar de Francisco González Guerrero, México, 1958.

[8] Lida, pág. 201.
[9] Mejía Sánchez, pág. 196.

coronel» no es más que una imitación fallida y juvenil de las *Tradiciones* del peruano Ricardo Palma. Pero aunque así fuese, varios detalles de aquellos primeros ensayos narrativos anuncian motivos retóricos y procedimientos estilísticos que Darío cultivaría en los cuentos que ya incubaba su fantasía. El uso de los valores cromáticos y de las tensiones elípticas figuran entre esos recursos que más tarde explotaría en otros relatos.

Sus dones de narrador se revelaron de manera espectacular con la publicación de *Azul* (1888). La aparición de aquellos textos deslumbrantes fue un verdadero estallido imaginativo y, de hecho, un momento crucial para la literatura hispanoamericana en general.

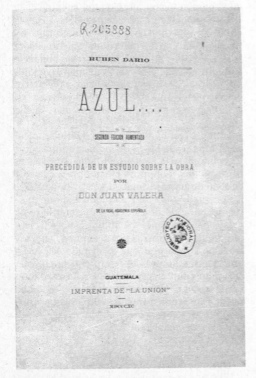

Portada de la segunda edición de *Azul* (1890).

Sus cuentos de *Azul* son, en varios órdenes, lo más importante del libro, porque, como acertadamente lo señaló Enrique Anderson Imbert, «innovó más en los cuentos y prosas poemáticas que en los versos». «El rubí» y «El fardo» son relatos que ampliaron considerablemente el horizonte de la narrativa hispana y que, por muchos años, serían modelos para toda una legión de escritores. Los cuentos de *Azul*, elaborados con brillantez inigualada hasta entonces, contrarrestaron violentamente con el desaliño y la pobreza del relato naturalista. Y esos mismos cuentos señalaban, desde sus simetrías y estructuras más ajustadas los vicios y desatinos en que había caído repentinamente la narración costumbrista [10].

Pero a pesar de los indiscutibles hallazgos de Darío en la narrativa breve, sus cuentos suelen ser un género híbrido. Salvo unos pocos textos, casi todos sus relatos contienen una notable imbricación de la secuencia narrativa y el lenguaje poético. Y no es que se trate de simple blandura estructural. Esa ambivalencia de escrituras es, en su caso, todavía más que en el de Nájera, una consecuencia del desdoblamiento que percibimos en la persona de un narrador que se reserva los privilegios del discurso poético y que hasta se excluye de la trama para contemplarla desde fuera y meditar sobre las implicaciones estéticas o filosóficas del relato en cuestión. Con frecuencia, el protagonista es, pues, el poeta que cumple tanto la función narrativa que le corresponde, como la de elaborar un lenguaje con las simetrías y las correspondencias internas de la poesía. Este trozo, entre otros, de «El rey burgués» ilustra precisamente esa dualidad expresiva frecuente en los relatos de Darío:

> He acariciado a la gran Naturaleza, y he buscado, al calor del ideal, el verso que está en el astro en el fondo del cielo, y el que está en la perla en lo profundo del Océano... Porque viene el tiempo de las grandes revoluciones, con un Mesías todo luz, todo agitación y potencia, y que es preciso recibir su espíritu con el poema que sea arco triunfal, de estrofas de acero, de estrofas de oro, de estrofas de amor.

Esa organización poética del discurso narrativo a menudo se hace a expensas de la fábula. A los estribillos, ritornelos y las rimas internas pueden atribuírseles funciones estructurales que refuerzan la configuración externa; o sea la epidermis del relato. Pero, al mismo tiempo, los recursos a que he aludido pueden ser un escollo en el desenvolvimiento narrativo que pretende la obra. Esas y otras dualidades, verificables en el nivel de la estructura y el lenguaje, tienen en mi opinión su raíz en una visión antitética de la realidad. La imposibilidad de reconciliar el ideal estético que rige la creación con el mundo circundante se traduce, en el cuento modernista, en una visión conflictiva; visión que a la postre intenta equilibrarse en las armonías y pureza del arte; conflicto ese

---

[10] Las simetrías y encuadramientos que utilizaba Darío eran recursos favoritos de narradores franceses que Darío admiraba; pienso sobre todo en Catulle Mendes y A. Daudet.

que fue comentado en otros órdenes por Pedro Salinas y posteriormente por Kieth Ellis en un análisis minucioso del poema «Venus»[11]. Tal actitud conflictiva conduce, con frecuencia, a la evasión contemplativa que se deleita en las texturas y el semblante de lo bello y lo exótico. Al configurarse de esa manera el lenguaje, la narración puede adquirir un carácter estático que percibimos, por ejemplo, en otros relatos de aquel período. Así, a veces la escritura narrativa se fatiga con la sobrecarga de imágenes, evocaciones gráficas y cromáticas que llegan a parecernos un interminable encaje de artificios decorativos. Pero, en último análisis, la perspectiva antitética a que me he referido y que yace en tantas creaciones del modernismo viene a ser el núcleo de tensión que suele aglutinar la materia del relato o del poema. Esa percepción de valores contrapuestos es, además, frecuente si no congénita en un lenguaje de alta tensión expresiva como el que cultivaron los modernistas.

En todo caso, hay que decir que no todos los cuentos de Darío adolecen de la exquisitez verbal que nos deslumbra en los cuentos que he mencionado. «El fardo» —acaso la mejor realización narrativa de Darío— da a conocer otra veta del genio creador de Darío. En «El fardo» no se impone la presencia del carmín y alabastros sino que, por el contrario, Darío prefiere un lenguaje que más de una vez se acerca a la crudeza y objetividad de los naturalistas. El cuento —aparte de sus méritos particulares— es un texto de suma importancia histórica en cuanto que revela una de las primeras convergencias de las dos corrientes artísticas que predominaban en la narrativa hispanoamericana de fin de siglo: el ideal modernista y el naturalismo criollista.

«El fardo» describe, específicamente, la vida difícil de pescadores humildes que luchan desesperadamente por sobrevivir en un ambiente fatalista que casi de una vez aplasta el físico y las aspiraciones más modestas de aquellos hombres. La narración se inicia con el esbozo muy efectivo de un ambiente en el que contrastan metáforas sugestivas y la pesadumbre de un muelle que rondan pescadores empobrecidos. Es un ámbito repleto de augurios y de ecos que suscitan en la mente del lector la tensión imaginativa frecuente en los cuentos más finos de Daudet, Kipling y Poe:

> Allá lejos, en la línea, como trazada con un lápiz azul, que separa las aguas y los cielos, se iba hundiendo el sol, con sus polvos de oro y sus torbellinos de chispas purpura-

das, como un gran disco de hierro candente. Ya el muelle fiscal iba quedando en quietud; los guardas pasaban de un punto a otro, las gorras metidas hasta las cejas, dando aquí y allá sus vistazos. Inmóvil el enorme brazo de los pescantes, los jornaleros se encaminaban a las casas. El agua murmuraba debajo del muelle, y el húmedo viento salado, que sopla del mar afuera a la hora en que la noche sube, mantenía las lanchas cercanas en un contínuo cabeceo.

El relato fluye hacia su lógica conclusión con la naturalidad que imparte un narrador que se siente identificado con cada uno de los incidentes que componen la narración. El procedimiento narrativo es admirable, no sólo por la economía del lenguaje sino también por el cuidado con que se integran todos los elementos que entran en juego. Es, además, sorprendente que una narración que combina trozos de matizaciones estilísticas muy delicadas y descripciones sórdidas de timbre naturalista pueda mantener el grado de unidad tonal que contiene «El fardo». Es necesario presenciar los contrastes que ofrece el texto:

> Volvían a la costa con buenas esperanzas de vender lo hallado, entre la brisa fría y las opacidades de la neblina, cantando en baja voz alguna triste canción y enhiesto el remo triunfante que chorreaba espuma.

Y en la misma página:

> El tío Lucas (protagonista del cuento) era casado, tenía muchos hijos. Su mujer llevaba la maldición del vientre de las pobres: la fecundación. Había, pues, mucha boca abierta que pedía pan, mucho chico sucio que se revolcaba en la basura, mucho cuerpo magro que temblaba de frío; era preciso ir a llevar qué comer, a buscar harapos y para eso, quedar sin alientos y trabajar como un buey[12].

Las correspondencias internas del lenguaje que trabaja Darío en este cuento se descubren en el nivel sintáctico. Son trozos, casi siempre, endurecidos por la elipsis y por matizaciones calificativas que adoptan un orden muy similar. El cuento termina con un párrafo que, en tono y sintaxis, se articula con los primeros renglones: «una brisa glacial, que venía de mar afuera, pellizcaba tenazmente las narices y las orejas». Ese recurso estilístico cuenta porque actúa oblicuamente en el relato como un marco que ciñe la narración a un espacio bastante bien definido.

Darío aprendió en su propio taller a mane-

[11] Ver: «Un análisis estructural del poema "Venus" de Darío», *RI*, XXXII (1967), págs. 251-257.

[12] Cito por *Obras completas*, Madrid, Afrodisio Aguado, 1955, pág. 427.

jar los mecanismos sutiles del cuento. Su registro como narrador es considerablemente más amplio de lo que pudiera creerse. Pero, aún así, narrar no fue nunca su vocación principal. Es necesario, sin embargo, conocer sus cuentos porque estos abarcan un sector de indiscutible importancia en la obra total de Darío[13]. Y hay que recordar también que el enorme prestigio de su talento brindó al cuento un nivel de dignidad artística que muchos le habían negado.

En la obra de otros escritores modernistas el discurso narrativo tiene tanta importancia como la obra poética. Ese fue el caso de Amado Nervo y Manuel Díaz Rodríguez. Nervo fue un escritor fecundo; su obra de más de veinte tomos abarca casi todos los géneros literarios[14]. Los relatos iniciales —totalmente vinculados a la opulencia sensual del primer modernismo— se publicaron en periódicos mexicanos de provincias y, todavía hoy, algunos de esos relatos continúan dispersos. Escribió abundantemente desde las grandes capitales del mundo hispano y, en contraste con otros modernistas, Nervo cultivó el cuento a lo largo de toda su vida. Además de cultivarlo con esmero, también intentó explicar la génesis y hechura de sus propios cuentos. En su libro *Almas que pasan* (1906) confesaba:

> Es cierto que para escribir un cuento suele no necesitarse la imaginación; se ve correr la vida, se sorprende una escena, un rasgo, se toman de aquí y ahí los elementos reales y palpitantes que ofrecen los seres y las cosas que pasan, y se tiene lo esencial. Lo demás es cosa de poquísimo asunto: coordinar aquellos datos y ensamblar con ellos una historia; algo que no es cierto actualmente, pero que es posible y ha existido sin duda. Hacer que cada uno de los personajes viva, respire, ande, que la sangre corra por sus venas, que, por último, haga exclamar a todos los que lo vean en las páginas del libro «¡Pero si yo conozco a esa gente!».

A pesar de sus afirmaciones categóricas, una lectura detenida de sus cuentos desmiente gran parte de esa estética realista que defendía entonces y que sólo practicó en relatos como «Una esperanza», que figura entre sus cuentos más conocidos. Lo que en realidad predomina en sus relatos es el vuelo y la fertilidad de su imaginación que, a veces, se desborda para caer de lleno en la fantasía pura. Fantasía que, en parte, arranca de sus preocupaciones trascendentalistas que oscilaban entre la magia y la fe más ortodoxa. Fue hombre de temperamento hipersensible, que vivió asediado por una morbosidad sensual que, en sus cuentos, se traduce en una inquietante tensión nerviosa; tensión que es parte de su estilo.

La trayectoria literaria de Nervo, como la de Horacio Quiroga, parece estar estrechamente vinculada a los vaivenes de un vida angustiada. Como escritor, y en eso también es afín a Quiroga, quiso obsesivamente reducir sus cuentos y poemas a la sustancia más pura y sencilla. Algunos de sus textos dan la impresión de ser un tejido fugaz. Refiriéndose a un «Sueño» —uno de los mejores cuentos de Nervo—, Alfonso Reyes comentaba: «Todo el enredo se entreteje en el estambre de luz que se cuela, al salir el sol, por las junturas de la ventana»[15]. Pero es justo señalar que si sus relatos «El ángel caído», «Ellos», «Cien años de sueño», son admirables despliegues de su imaginación y maestría, otros, sin embargo, son meros apuntes narrativos en los que sólo se destaca una leve intención satírica o humorística. Tal es el caso de «El horóscopo» que, inexplicablemente, figura entre varias antologías muy difundidas.

Los cuentos de Nervo, vistos desde una perspectiva formalista, abarcan casi todas las posibilidades que el género había logrado en Hispanoamérica. Su punto débil fue, quizá, la dramatización sentimental exagerada que, como en el caso de «Una esperanza», choca violentamente con la frialdad, concisión y afectividad general del desenlace. En conjunto, la temática y el desarrollo formal de sus cuentos ilumina con excepcional claridad la evolución de la narrativa modernista hacia otras tipologías de la ficción breve.

Esa trayectoria formal, de hecho mucho más extensa que la de Darío o la de Nájera, también se observa en los cuentos del narrador venezolano Manuel Díaz Rodríguez que, como Nervo, recorrió la gama que va desde el modernismo puro hasta la ficción desgarrada y soez del realismo criollista[16]. Un fragmento de

---

[13] Al referirse a las relaciones del verso y la prosa, Lida apunta lo siguiente: «No es sólo, pues, que el estudio de sus cuentos ilumine al mismo tiempo, desde fuera, aspectos parciales de la creación poética de Rubén, sino que la poesía misma penetra de continuo en estas páginas en prosa», *op. cit.*, pág. 201.

[14] Para una lectura más extensa, y en edición cuidada, véase la de Luis Leal, *Amado Nervo, sus mejores cuentos*, Boston, 1951. Es útil, además, el libro de Manuel Durán, *Genio y figura de Amado Nervo* (Buenos Aires, EUDEBA, 1968.

[15] Citado por Luis Leal, *Historia del cuento hispanoamericano*, México, De Andre, 1966, pág. 62.

[16] El estudio más útil sobre este autor se debe al profesor Lowel Dunhan, *Manuel Díaz Rodríguez, vida y obra*, México, De Andrea, 1959. La mejor edición de sus obras en *Manuel Díaz Rodríguez*, prólogo de Rafael Angarita Arvelo, estudio preliminar de L. Dunhan, 2 vols., Caracas, Colección Clásicos Venezolanos, 1964; vols. 10 y 11.

«Égloga de verano» —cuento bien conocido de Díaz Rodríguez— ilustra, con toda claridad lo que acabo de apuntar. Se destacan al mismo tiempo en la culminación del relato, el incidente brutal y la precisión exquisita del lenguaje; se trata, además, de un fragmento que resume e integra imágenes y recursos que aparecen en sectores diversos del texto.

> Al trasponer la puerta y simultáneamente ver el cuerpo mutilado y el negro cuajarón de sangre que iba del bahareque al mismo centro del patio, la sacudió un escalofrío y tuvo un miedo como no lo sintiera hasta entonces. Partió llevándose en las retinas aquel inmenso coágulo rojo-negruzco.
> Amanecía. Aunque el sol no se hubiera alzado aún sobre los cerros del oriente, ya lo iluminaba todo. Pero Justa, a pesar de eso, todo lo veía de color de sangre: le pareció que el río arrastraba sangre, no agua; se turbó ante la visión de un alba campánula pascual que se balanceaba abierta al mismo ras del agua, como tendida a llenarse en la corriente; se horrorizó a la vista de los cafetales remotos incendiados bajo flameantes bucares de púrpura; y, cuando se vió del otro lado del Guaire, echó a correr desalentadamente hacia el pueblo, mientras un claro son de campanas volaba de la iglesia del pueblo a todo el valle, anunciando la Epifanía[17].

Ricardo Güiraldes.

Díaz Rodríguez y Nervo representan, en efecto, el entronque modernista con la narrativa fantástica de penetración psicológica y la del criollismo rural que se mantuvo en boga hasta el primer lustro de los años 40. Esas nuevas etapas del cuento hispanoamericano fueron, en gran medida, una violenta reacción contra el idealismo perfumado del primer modernismo. Pero no es menos cierto que casi todas las grandes figuras que surgían: Leopoldo Lugones, Quiroga, Rafael Arévalo Martínez y Ricardo Güiraldes (1886-1927) se iniciaron como narradores a la sombra del ideal modernista que por aquellos días aún se mantenía como centro de gravedad de la actividad literaria.

Ricardo Güiraldes, enriquecido por las enseñanzas de los modernistas y por otras lecciones aprendidas de Flaubert, diría hacia principios de siglo «En todo caso, uno quedaba envenenado por aquel sortilegio de belleza y por el afán de trabajar la prosa en toda la riqueza de sus amplias cadencias, libres de maneras y retintines»[18]. Ese agudo sentido de innovación que proyectaban los textos de Lugones, Güiraldes y Quiroga entre otros, se esclarece al

examinar en detalle algunos textos de excepcional calidad. Pienso ahora en «La metamúsica» que Lugones publicó en su libro *Las fuerzas extrañas* (1906) o en textos ya célebres de Quiroga. A Güiraldes precisamente se deben relatos que son crónicas sutiles y a la vez textos que retienen una predisposición desconcertante hacia lo satánico y la alucinación: todo lo cual pone en evidencia la huella modernista así como el impacto de Poe, Baudelaire y Huysmans. Me refiero ahora sin más a «El pozo» y al «El trenzador»; textos admirables de Güiraldes que he comentado en otra ocasión[19].

Esta breve contemplación analítica de textos y datos revela con suficiente claridad que en el modernismo cristalizó una concepción *sui generis* del cuento literario. Se produjo, de hecho, una estructura narrativa de rasgos muy particulares que imitaron incontables escritores de lengua española.

El cuento, a partir de Nájera y Darío, no sólo refina su organización interna sino que también se enriquece notablemente en cuanto al lenguaje. Lo comprobaremos específicamente, al examinar el control de los valores tonales de la escritura, así como en la elaboración

---

[17] *Ibíd.,* pág. 232.
[18] Texto citado por A. J. Battistessa en «Güiralder y Laforgue», *Nosotros,* CVI (1952), pág. 48.

[19] Véase mi trabajo: «Elaboración y teoría en los cuentos de Ricardo Güiraldes», *Cuadernos Americanos* XXXVI (1977), págs. 164-172.

de narraciones que informan, a un mismo tiempo, a través del concepto y desde su dimensión paradigmática. Así, el cuento modernista —especialmente el de la primera época— adopta una pauta discursiva que informa a menudo desde el símbolo, la metáfora, el símil y otros recursos habituales de la escritura poética. No sorprenderá, pues, que el ámbito usual de la narración se convierta en un tejido de imágenes y que los personajes sean, repetidamente, proyecciones muy diversas de la persona narrativa.

En el cuento modernista de raíz lírica, el volumen anecdótico es, por lo general, muy reducido. En parte, esa escasez se debe a que la narración pretende comunicar, como el poema, desde el aguijonazo intuitivo y no mediante una progresión detallada de incidentes encadenados. Debido a ese carácter vitalista, la estructura, en muchos casos, se fragmenta, y surgen los vacíos que se producen en el flujo y reflujo de la personalidad creadora. Concretamente, el cuento lírico de los primeros modernistas carece de las áreas de fricción que asociamos con la ficción del realismo histórico. El relato lírico evita, por lo general, el enfrentamiento del yo creador con su contexto histórico-social. Y de hecho, el referente inmediato suele ser más bien la vida anímica y no el mundo circundante, siempre sujeto a razonamientos que a la postre sublima la efusión lírica.

Si en el cuento modernista se cuestiona la conducta humana, suele hacerse a partir de conceptos absolutos. O sea, en cuanto a creencias, valores morales y actitudes extremas ante la vida o la muerte. Entiendo que es así porque la ficción lírica tiende a borrar la distancia que media entre el yo narrador y el mundo

físico en que se ubica. La experiencia humana, como tal, se vio entonces, como un acto de imaginación creadora que trasciende los límites del tiempo y espacio que habitualmente utiliza la narrativa. Esa tendencia, en manos de los narradores postmodernistas, se transformará en una yuxtaposición escrupulosamente manipulada de coordenadas temporales.

Con la perspectiva de los años y de una historiografía literaria más precisa, el cuento modernista se revela como un estadio de indiscutible importancia en el desarrollo de la narrativa hispanoamericana. No sólo por lo que hay en esos textos de creación original, sino también por el impulso de renovación formal que conllevan los mejores cuentos de Nájera, Darío y Nervo, entre otros. Y, en otro orden de cosas, una de las realizaciones más importantes del modernismo, entre varias, es que demostró al escritor americano que la materia prima de la creación literaria se encuentra en la experiencia imaginativa y no en la documentación más o menos exacta del mundo o de los hechos históricos.

Pero, desafortunadamente, esa valiosa lección fue ignorada por casi todos los narradores que años después se entregaron sin reservas a los excesos documentales del realismo criollista. Añadiría, también, que más allá de los usos suntuarios del lenguaje y de la dinámica misma de la creación literaria, el relato modernista —como la poesía— postulaba la preeminencia de un orden racional y la necesidad de una perspectiva cultural más amplia y refinada. El relato modernista, sin más, inauguró una modalidad narrativa que rebasa la travesura estilística para instituir y hacer inteligible un espacio cultural que legítimamente ya habíamos conquistado.

Poesía modernista

Modernismo / modernidad: teoría y poiesis

IVAN A. SCHULMAN

El modernismo, pese a los enfoques exclusivamente historicistas[1], es un fenómeno sociocultural multifacético cuya cronología rebasa los límites de su vida creadora más intensa, fundiéndose con la modernidad en un acto simbiótico y a la vez metamórfico. Nada sorprendente, por lo tanto, que el término haya entrado a formar parte de la cultura popular contemporánea, y que el dueño de una estación de radio en *La tía Julia y el escribidor*[2] se queje de las actividades «modernistas» del creador de radioteatros cuyas bromas juzga peligrosas, y al que en tono de amenaza recomienda que se deje de *modernismos*[3]. Estos, según el dueño, consistían en «tomarle el pelo a la gente..., pasar personajes de un radioteatro a otro y... cambiarles los nombres, para confundir a los oyentes»[4]. Ruptura, novedad, rebeldía, extrañamiento, son términos que se asociaron con el modernismo en la era de su génesis, y esta correlación de conceptos en torno a él pervive en la imaginación y la cultura modernas. Para Octavio Paz el modernismo «fue una escuela poética...; una escuela de baile, un campo de entrenamiento físico, un circo y una mascarada»[5]. Pero, según Manuel Machado, «la cabellera de Valle-Inclán..., los cuplés del Salón Rouge..., los cigarrillos turcos y... los muebles de Lissárraga»[6] describían la voz *modernismo*.

Con el modernismo ocurre lo mismo que con el romanticismo: su definición exacta fue (y es) motivo de diferencias de opinión respecto a su naturaleza y su alcance social y cultural. Pero, como en el caso del romanticismo, hoy en día la distancia histórica de la época inicial modernista —1875-1882— nos permite formular generalizaciones sobre un fenómeno ligado con la aparición de la modernidad sociocultural en los centros más desarrollados de Hispanoamérica hacia la década del 70.

El modernismo en literatura y arte, visto por los modernistas no significaba «ninguna determinada escuela de arte o literatura»[7]. Se trataba más bien de una crisis, la de la conciencia señalada por Saúl Yurkievich, y la misma que generará la visión contemporánea al mundo. «Todos los continuos se fracturan —observa—. Las seguridades de la concepción renacentista que originó la moderna ciencia experimental se relativizan o se invalidan»[8]. Y frente a su desmoronamiento se inicia un período de rupturas cuyos orígenes algunos asocian con el Renacimiento, y otros, con el Siglo de las Luces. En América empezaron a manifestarse, con características sincréticas, a partir de los depojos de la Conquista y el subsiguiente proceso de transculturación. El sincretismo de la Colonia siguió floreciendo en el período nacional del siglo XIX, cuando aparece la literatura hispanoamericana verdaderamente moderna. En ella se aunó lo decadente con lo bárbaro, «una pluralidad de tiempos históricos, lo más antiguo y lo más nuevo, lo más cercano y lo más distante, una totalidad de presencias que la conciencia puede asir en un momento único»[9]. Las formas simbióticas de esta expresión constituyen una constante *natural,* característica de las disyunciones que irrumpen y se perpetúan en «sociedades segmentadas»[10], que son las que generan expresiones que evidencian una mezcla de estilos[11].

De ahí la imposibilidad de definir el arte de las creaciones poéticas del modernismo mediante una codificación rigurosa, y menos si

---

[1] Véase, por ejemplo, el estudio reciente de Joan-Lluis Mafarny, «Algunas consideraciones sobre el modernismo hispanoamericano», *Cuadernos Hispanoamericanos,* número 382 (abril, 1982), 82-124. Este crítico, que confiesa no conocer adecuadamente el «terreno hispanoamericano» se refiere a su contribución como una posible «presuntuosa desfachatez» (pág. 83). Repite el manido argumento de un modernista que cubre el período 1890-1910, y que incluye a ciertos autores y ciertas obras publicadas en este tiempo... Todo lo otro es irse por los cerros de Úbeda» (pág. 86). Obviamente Marfarny ha pasado por alto estudios recientes, de Gullón, Rama, Schulman y otros sobre el tema de la evolución histórica del modernismo.

[2] Novela de Mario Vargas Llosa, Barcelona, Seix Barral, 1977.

[3] Pág. 242.

[4] Pág. 243.

[5] *Cuadrivio,* México, Mortiz, 1965, pág. 12.

[6] En Ricardo Gullón, *El modernismo visto por los modernistas,* Barcelona, Guadarrama, 1980, pág. 129.

[7] Pensamiento de Manuel Díaz Rodríguez reproducido por Gullón, *El modernismo visto por los modernistas,* página 110.

[8] Saúl Yurkievich, *Celebración del modernismo,* Barcelona, Tusquets, 1976, pág. 18.

[9] Paz, *Cuadrivio,* pág. 21.

[10] Daniel Bell, *The cultural contradictions of capitalism,* Nueva York, Basic Books, 1976, pág. 13.

[11] Bell, *The cultural contradictions of capitalism,* pág. 13.

en ella sólo se subrayan los elementos exóticos, preciocistas o decadentes los cuales se cifran en: la elaboración de la forma; la búsqueda de nuevos metros y nuevos ritmos; el amor a la elegancia; la guerra al prosaísmo de léxico y de intención; el exotismo del paisaje; el juego de la fantasía; el cultivo de un arte desinteresado; la exhibición y complacencia sensual[12]. Más productivo a la larga, y más en armonía con las investigaciones modernas, es el concepto desarrollado por Federico de Onís en 1934, según el cual el modernismo «es la forma hispánica de la crisis universal de las letras y del espíritu que inicia hacia 1885 la disolución del siglo XIX y que se había de manifestar en el arte, la ciencia, la religión, la política y gradualmente en los demás aspectos de la vida entera, con todos los caracteres, por lo tanto, de un hondo cambio histórico *cuyo proceso continúa hoy*»[13]. Idéntica concepción es desarollada por Juan Ramón Jiménez, testigo y partícipe del período álgido del modernismo español y de sus manifestaciones hispánicas posteriores, para quien el modernismo no fue «solamente una tendencia literaria...» sino «una tendencia general... no [una] cosa de escuela ni de forma, sino de actitud. Era el encuentro de nuevo con la belleza sepultada durante el siglo XIX por un tono general de poesía burguesa. Eso es el modernismo: un gran movimiento de entusiasmo y libertad hacia la belleza»[14].

LA HISTORIA DE UN MOVIMIENTO DE LIBERTAD

Este «gran movimiento de entusiasmo y libertad», el mismo que Rubén Darío tildara de un «movimiento de libertad»[15] fue deformado y reducido durante la primera mitad del siglo XX, mediante un trocamiento de valores, irónico y a la vez equivocado, a una amañada expresión barroca y afrancesada. Según estas distorsiones que resultaron de un análisis de los textos centrado en sus valores estéticos, se consideraba a Rubén Darío el iniciador, el artista prototípico y la figura máxima del modernismo, y *precursores,* José Martí, Manuel Gutiérrez Nájera, Julián del Casal y José Asunción Silva. Indudable es que en esta errónea concepción parte de la culpa la tuvo Darío quien se vanaglorió en más de una ocasión[16], muertos ya los verdaderos iniciadores del modernismo, de haber creado la nueva literatura, dejando en el olvido la contribución cronológicamente anterior de los forjadores de la revolución modernista, es decir, la de los llamados *percursores*.

La rectificación de estas inexactitudes históricas no disminuye en absoluto el arte rubeniano; ni procede de un fatuo juego lingüístico el afirmar que Martí, Nájera, Silva y Casal pertenecen a la primera generación del modernismo, iniciadora de lo que hoy entendemos por este término incoloro y controvertido.

Precursores tuvo el modernismo como todo movimiento, escuela o período de cambio o trastorno, pero éstos no fueron los arriba mencionados poetas y prosistas, sino más bien figuras como Domingo Faustino Sarmiento, Juan Montalvo, Ricardo Palma, Rafael Pombo, Eugenio María de Hostos y Antonio Pérez Bonalde en cuyas obras se transparenta una inconformidad ideológica y una insatisfacción con la académica y gris expresión literaria de la época. En ellos se manifestaron primero los gérmenes de la gran transformación que a partir de 1875 cobrará coherencia y conciencia, y, que en el verso aparecerá en el volumen primigenio de Martí, el *Ismaelillo* (1882). En estos verdaderos precursores están las raíces de aquella «multiplicidad de tendencias contradictorias...»[17] de que hablara Onís. Y el modernismo, de acuerdo con esta perspectiva, viene a ser un período de hondos buceos en todas las esferas del saber humano, una época de productivos experimentos, de brillantes hallazgos y de fervorosa actividad literaria e intelectual. Pasado su período de mayor florecimiento sobrevivirá como actitud vital dentro de la modernidad, o sea, como parte de lo que Onís caracterizó como un «cambio histórico cuyo proceso continúa hoy».

La importancia de precisar el momento en que cobra conciencia ese cambio histórico en la literatura hispanoamericana no es exclusivamente historiográfica; al contrario, entraña el concepto contemporáneo del modernismo y su relación con la modernidad cuyos signos y formas Baudelaire esbozó en 1853 sobre el pintor europeo y la sociedad moderna («Le peintre de la vie moderne»). La lectura contemporánea de sus ideas sobre los elementos transitorios y fugitivos de la creación nos obligan a

---

[12] Véase Raúl Silva Castro, «¿Es posible definir el modernismo?», *Cuadernos Americanos*, XXIV (1965), 172-179.

[13] Introducción a la *Antología de la poesía española e hispanoamericana*, 2.ª ed., Nueva York, Las Américas, 1961, pág. XV.

[14] Citado por Ricardo Gullón en su ensayo introductorio al libro de Juan Ramón Jiménez, *El modernismo; notas de un curso (1953)*, México, Aguilar, 1962, pág. 17.

[15] Véase el «Prefacio» a los *Cantos de vida y esperanza.*

[16] Véase el «Prefacio a los *Cantos de vida y esperanza*» y «Los colores del estandarte» en *Escritos inéditos de Rubén Darío*, Nueva York, Instituto de las Españas, 1938, página 121.

[17] *Antología de la poesía española e hispanoamericana,* pág. XVIII.

meditar sobre las para nosotros imprescindibles interrelaciones entre *moderno, modernismo* y *modernidad,,,* tomando en cuenta el perfil de la *modernidad* trazada en nuestro siglo por M. Calinescu:

> [Consiste en]... an increasingly sharp sense of historical relativism. This relativism is in itself a form of criticism of tradition. From the point of view of modernity, an artist... is cut off from the normative past with its fixed criteria... At best he invents a private and essentially modifiable past... a major cultural shift from a time-honored aesthetics of permanence, based on a belief in an unchanging and transcendent ideal of beauty, to an aesthetics of transitoriness and immanence, whose central values are change and novelty[18].

La crisis a que alude Onís o el «shift» a que se refiere Calinescu responden a un malestar sociohistórico que a partir de la segunda mitad del siglo XIX se evidenció en la cultura hispanoamericana, disfunción de la cual la literatura modernista representaba sólo una de las manifestaciones. Dentro de esta línea ideológica interpretaron el complejo e inestable ambiente de transición finisecular hombres como José Enrique Rodó quien en 1899 dio constancia de las ideas que orientaban a todos los cultivadores de la nueva literatura:

> Yo tengo la seguridad de que, ahondando un poco más bajo nuestros *pensares,* nos reconoceríamos buenos camaradas de ideas. Yo soy un *modernista* también; yo pertenezco con toda mi alma a la gran reacción que da carácter y sentido a la evolución del pensamiento en las postrimerías de este siglo; a la reacción que, partiendo del naturalismo literario y del positivismo filosófico, los conduce, sin desvirtuarlos en lo que tienen de fecundos, a disolverse en concepciones más altas. Y no hay duda de que la obra de Rubén Darío responde como una de tantas manifestaciones, a ese sentido superior; es en el arte una de las formas personales de nuestro anárquico idealismo contemporáneo[19]...

Otro testigo de la época, artista en verso y en prosa, el panameño Darío Herrera, al explorar la cuestión de la iniciación del modernismo protestó contra la opinión sostenida por Clemente Palma, y sentenció en 1895: «Para mí Darío y Casal han sido los propagadores del modernismo, pero no los iniciadores. Este título corresponde más propiamente a José

Martí... y a Manuel Gutiérrez Nájera. Ambos vinieron a la vida literaria mucho antes que Darío y Casal, y eran modernistas cuando todavía no había escrito Darío su *Azul* ni Casal su *Nieve*[20].»

No faltaban, por supuesto, los que, en lugar de examinar las raíces sociales y los nexos entre éstas y las culturales, le atribuían a un solo artista, a Darío, por ejemplo, el mayor papel en la creación del modernismo, considerando que nació con el *Azul* de 1888 y murió en 1916 al fallecer el poeta nicaragüense. Pero, no predominaba esta actitud sobre el concepto contrario: la relevancia de figuras modernistas anteriores a Rubén y la noción de un amplio período de renovación social, cultural y literaria. Si rastreamos el tenor de la crítica sobre el modernismo anterior a 1916, tomando como ejemplo la encuesta sobre el tema dirigida por Enrique Gómez Carrillo en su efímera publicación parisiense, *El Nuevo Mercurio* (1907), topamos con valoraciones y comentarios críticos coevales cuyos detalles constituyen una anticipación de las ideas de Onís y de Juan Ramón Jiménez y una confirmación de la perspectiva del modernismo que hoy podemos leer en el indispensable libro de Ricardo Gullón, *El modernismo visto por los modernistas*.

La *enquête* de Gómez Carrillo consistía en la contestación a las siguientes preguntas: 1) ¿Cree usted que existe una nueva escuela literaria o una nueva tendencia intelectual y artística? 2) ¿Qué idea tiene usted de lo que se llama modernismo? 3) ¿Cuáles son entre los modernistas los que usted prefiere? 4) En una palabra: ¿Qué piensa usted de la literatura joven, de la orientación nueva del gusto y del porvenir inmediato de nuestras letras?

Entre los españoles e hispanoamericanos que intervinieron en esta encuesta hubo partidarios y detractores del modernismo. Entre éstos la opinión de Rafael López Haro era típica; refleja el concepto limitado del modernismo: «El modernismo —escribió— aquí [en España] es una bella mariposa que vivirá dos días. Nació en el afán de distinguirse y morirá por extravagante. De tanto vestirse de colores, viste ya de payaso. Se empeña en buscar la quintaesencia de las cosas simples»[21]. Dos colaboradores, Miguel A. Ródenas y Francisco Contreras, señalaron a Darío como el iniciador del modernismo. Contreras, con inexactitud histórica tocante a la publicación de *Azul*... empezó la exposición de sus ideas con la afirmación rotunda: «Aunque fue desde

[18] Matei Calinescu, *Faces of Modernity: Avant-garde, decadence, kitsch,* Bloomington, Indiana University Press, 1977, pág. 3.

[19] *Obras completas,* Montevideo, Barreriro y Ramos, 1956, II, 101-102.

[20] Publicado originalmente en la revista *Letras y Ciencias,* Santo Domingo, julio de 1895. Citamos de la reproducción en la *Revista Dominicana de Cultura,* 2 (1955), 255.

[21] Núm. 6, 672.

Chile de donde partió la primera verdadera palabra de renovación literaria en América —nos referimos a la publicación de *Azul,* de Rubén Darío, hecha en Valparaíso, en 1887— solamente varios años después puede decirse que la juventud de aquel país comenzó a hacer suyas las mismas ideas»[22]. Pero, la mayoría de los pareceres tendían a ver el fenómeno investigado por Gómez Carrillo[23] de manera más profunda. «Para mí —atestiguó, por ejemplo, Carlos Arturo Torres— el modernismo existe como una orientación general de los espíritus, como una modalidad abstracta de la literatura contemporánea, como una tendencia intelectual... es, para valerme de una definición de Emile Fog, la totalidad de obras en que se formulan, viven y combaten las necesidades y aspiraciones de nuestro tiempo»[24]. Roberto Brenes Mesén escribió a Gómez Carrillo que el modernismo «es una expresión incomprensible como denominación de una escuela literaria. El modernismo en el arte es simplemente una manifestación de un estado de espíritu contemporáneo, de una tendencia universal, cuyos orígenes se hallan profundamente arraigados en la filosofía trascendental que va conmoviendo los fundamentos de la vasta fábrica social que llamamos el mundo moderno»[25]. En esta misma encuesta J. Suárez de Figueroa sostuvo que era «la libertad de expresión del pensamiento», y, que por eso, «el modernismo no tiene reglas, rompe los metros que para nada valen, sino para encerrar al poeta en un estrecho círculo»[26].

Como puede verse por los arriba citados comentarios los artistas del período modernista estaban convencidos de que el mundo estaba en transformación, y que las instituciones y actividades humanas, inclusive las literarias, pasaban por una etapa de reajuste. Estaban presenciando en aquellos años el principio del proceso evolutivo percibido por Martí en 1882 con su acostumbrada clarividencia:

> Esta es —observó el cubano— en todas partes época de reenquiciamiento y de remolde. El siglo pasado aventó, con ira siniestra y pujante, los elementos de la vida vieja. Estorbado en su paso por las ruinas, que a cada instante, con vida galvánica amenazan y se animan, este siglo, que es de detalle y prepa-

ración, acumula los elementos durables de la vida nueva[27].

Frente a testimonios y exposiciones como los anteriores es inconcebible que la crítica hubiera reiterado durante muchos años la equivocada noción del modernismo como un fenómeno puramente estético, limitado al verso, y de manifiesta expresión preciosista y afrancesada. Y, todavía más increíble que los que tal concepción apoyaban, basándose a menudo en ideas darianas, no se hubieran fijado en el hecho de que hasta en los llamados libros «escapistas» o «amanerados» de Rubén hay un ser profundo, un alma pensante, un hombre que siente y sufre, y, que su poesía y prosa, estudiadas con el debido rigor revelan contradicciones internas características del modernismo y de la modernidad. Sus posiciones antitéticas, en el fondo armonizables, constituyen la expresión de un mundo que pasaba por vertiginosas transformaciones ideológicas, sociales y políticas. De ahí que en la obra de Rubén Darío se den confesiones *volte face* como «Yo soy aquel...», y que afirme, ya en plena madurez la necesidad de un arte individual, libre y profundo, subrayando el sustrato ideológico del modernismo tanto como José Enrique Rodó. «No es [esta revolución] como lo sospechan algunos profesores o cronistas —escribe Darío en el prólogo a *El canto errante*—, la importación de otra retórica, de otro *poncif,* con nuevos preceptos, con nuevo encasillado, con nuevos códigos. Y, ante todo, ¿se trata de una cuestión de forma? No. Se trata, ante todo, de una cuestión de ideas»[28].

PROSA Y VERSO EN LA GÉNESIS DEL MODERNISMO

Con las revaloraciones del modernismo de los últimos veinte años la relectura de los textos primigenios descubrió desconocidos valores estilísticos en la prosa y reveló su prioridad en la evolución literaria del modernismo. De acuerdo con estos renovados conceptos el modernismo se manifestó primero en la prosa de José Martí y de Manuel Gutiérrez Nájera, ya desde 1875. Estos dos iniciadores estrenaron una prosa distinta en sus tendencias, pero igualmente innovadora. En lugar de la anquilosada expresión literaria que por entonces dominaba en las letras hispánicas, Martí se sirvió de una prosa enraizada en el arte de las grandes figuras del Siglo de Oro, Santa Tere-

---

[22] Núm. 6, 636.
[23] Donald F. Fogelquist en su libro *Españoles de América y americanos de España,* Madrid, Gredos, 1967, señala una encuesta anterior en *Madrid Cómico,* págs. 44-45, número 20.
[24] Núm. 5, 508-509.
[25] Núm. 6, 663.
[26] Núm. 4, 403.

[27] *Obras completas,* La Habana, Trópicos, 1936-1953, XXVIII, 220.
[28] *Poesías completas,* Madrid, Aguilar, 1967, pág. 695.

sa, Cervantes, Quevedo, Gracián, Saavedra Fajardo, legado enriquecido, sobre todo a partir de 1879, con las formas coevales: simbolistas, impresionistas y parnasianas. Martí plasmó la tradición hispánica y la novedad francesa en un conjunto armónico, cromático y musical, profundamente suyo.

Mientras el cubano cultivó un estilo de entronque clásico, el mexicano se inclinó hacia una expresión eminentemente influida por los autores y los estilos franceses del momento. En Martí los elementos franceses de su estilo están asimilados y convertidos en procedimiento individual; en Gutiérrez Nájera éstos se transparentan de manera directa en su escritura: en giros y vocablos franceses, en los ambientes parisienses, y en los temas frívolos aprendidos de Catulle-Mendès, Coppée, Musset, Paul de Saint-Victor y Gautier. En 1894, un año antes de su muerte, dirá Gutiérrez Nájera que «hoy toda publicación artística, así como toda publicación vulgarizadora de conocimientos, tiene de [sic] hacer en Francia su principal acopio de provisiones, porque en Francia, hoy por hoy, el arte vive más intensa vida que en ningún otro pueblo...» [29]. Mientras que Martí confiesa: «El uso de una palabra extranjera entre las palabras castellanas me hace el mismo efecto que me haría un sombrero de copa sobre el Apolo de Belvedere» [30]. Pero, el autor de los *Cuentos frágiles* utiliza los elementos franceses con tal maestría que en la renovación de la prosa «sólo cede el paso a José Marti. La prosa del período que podemos llamar *parisiense* en el modernismo y tiene su revelación más resaltante en *Azul* es hija de la de Gutiérrez Nájera, aunque parezca artificiosamente trabajada» [31]. Esta variante afrancesada contribuyó a renovar y a vigorizar el estilo literario, tanto en la prosa como en el verso. Pero no triunfó como forma permanente, pues a la postre se impuso, aún en la escritura madura de una figura como Nájera, la modalidad de raigambre española, la que Martí estrenó en su prosa rítmica y cromática. Cabe notar que la bifurcación de modalidades novadoras en la renovación de la prosa es una de muchas pruebas de que *ab initio* el modernismo se revela como expresión «anárquica» como diría Rodó, es decir, como arte irreductible a un concepto monolítico, y, por consiguiente, afiliado con la modernidad naciente. Si en esta expresión primigenia hay un denominador común es el de innovar y así, flexibilizar la expresión literaria. En la persecución de esta

meta Martí, Nájera y otros modernistas se servían de variados procedimientos, entre los cuales se destacan algunos de fuente y naturaleza comunes.

¿Por qué aparecen los rasgos de la renovación modernista primero en la prosa y más tarde en el verso? La prosa modernista aparece ya desde 1875; el verso empieza a darse en la década del 80, en 1882, fecha en que aparece el diminuto y revolucionario *Ismaelillo* de Martí. En contestación a la pregunta que planteamos, si a modo de ejemplo centramos nuestra atención en el *Azul*, notamos que Rubén se revela osado y experimentador en la prosa de la primera edición (1888), pero tímido y conservador en la poesía. Esta discrepancia se debe, según Enrique Anderson Imbert, al ejemplo de los prosistas franceses, el cual le indujo a Darío a estrenarse como innovador en prosa antes que en el verso. «Quizá —observa Anderson— estimara en sí mismo más al versificador que al prosista; y se arriesgó a experimentar con lo que le interesaba menos. Además, como poeta innato, sentía el peso de todas las tradiciones del verso» [32]. La cuestión del peso de la tradición más el ejemplo de los poetas franceses tal vez explique la prioridad de la prosa en la plasmación del modernismo literario. Pero en el caso de Rubén y en el de *Azul* también cabe señalar el modelo de prosistas hispanoamericanos precursores del modernismo, y luego el de Martí y sus crónicas publicadas en *La Nación,* las cuales leía embelesado el joven Darío.

POIESIS DEL MODERNISMO: FORMAS Y MOTIVOS DINÁMICOS

Rubén Darío en el prólogo a *El canto errante* (1907), criticó a los que deseaban reducir el modernismo a «nuevos preceptos con nuevo encasillado, con nuevos códigos». De otros escritos rubenianos podrían espigarse conceptos similares en apoyo de la libertad de expresión del individualismo y del acratismo estético ideas fundamentales al modernismo y en oposición a su aminoración a un arte decorativo de cisnes y princesas, de jardines versallescos o de exotismos y experimentos decadentistas. El espíritu de la época es de protesta y replanteamiento frente al vacío y a la alienación espirituales. Debilitadas las normas y tradiciones antiguas por el positivismo y las ideas de la nueva ciencia experimental, el artista se sentía aislado y marginado en una cultura bur-

---

[29] *Obras I,* México, UNAM, 1959, pág. 101.
[30] *Obras completas,* LXIV, 177.
[31] Max Henríquez Ureña, *Breve historia del modernismo,* México, Fondo de Cultura Económica, 1954, pág. 76.

[32] En el «Estudio preliminar» a Rubén Darío, *Poesía,* México, Fondo de Cultura Económica, 1952, pág. XIV.

guesa que lo convertía en un instrumento mediocre, en un ser cautivo como el del cuento rubeniano, «El rey burgués». Para conservar su libertad creadora el artista se vio obligado a labrar una cultura «fugitiva» y vivir enclaustrado en ella. De ahí que en esta época de crisis en que el modernismo se perfila dentro de la modernidad burguesa el signo del individuo y su mundo se cifre en «la dispersión de voluntades y de fuerzas... [y] la variedad inarmónica»[33].

En consecuencia de esta variedad inarmónica es natural que el modernismo, punto inicial de la modernidad literaria en Hispanoamérica, transparente una estética multifacética y contradictoria, de alcance epocal, y en metamorfosis incesante. En consecuencia de los amplios lindes temporales que atribuimos hoy al modernismo, se explica la confusión en torno a la fijación de su estética, pues aún entre algunos de sus creadores el modernismo llegó a tener «una significación tan amplia como dudosa»[34]. Los estilos del modernismo y de la modernidad, como los del Renacimiento pertenecen a un concepto del arte heterogéneo y proteico. En el Renacimiento europeo, si éste se estudia en los términos sugeridos por Wylie Sypher, entre el siglo XIV y el XVII surgen modalidades distintas como parte de un proceso evolutivo: la renacentista («clásica»), barroca y barroca tardía[35]. De modo similar, dentro del modernismo literario se evidencia un tardío romanticismo, el naturalismo, el parnasianismo, el simbolismo, el impresionismo y el expresionismo, limitándonos a la etapa del florecimiento, y sin considerar las escuelas y los movimientos que surgirán como continuación o reacción en contra de este florecimiento como consecuencia de las evoluciones socioculturales de la modernidad americana. De ahí la futilidad de hacer una nítida catalogación de las características modernistas, esfuerzo vano que nos enfrentaría, como dice Ricardo Gullón, «con la propensión a simplificar, a encuadrar lo por naturaleza complejo y vario... a reducir el modernismo a dos o tres de sus elementos más característicos»[36].

La única simplificación admisible sería el rechazo de las hueras formas académicas por parte de los modernistas y su insistencia sobre la experimentación —la estética y la ideología abiertas— con el fin de extender las fronteras del pensamiento y del lenguaje literario. A éste incorporaron procedimientos de toda laya, incluyendo los de otras artes: la escultura, la pintura, la música. Después de tres siglos de transculturaciones de origen español, con los modernistas se inicia la apertura hacia todas las corrientes universales, o sea, lo que Pedro Salinas llamó el «acomodaticio crisol del modernismo»[37].

En este crisol caben expresiones de verso y prosa —novela, cuento, ensayo, crítica— heterogéneas, las cuales pertenecen, sin embargo, al proceso de ruptura y de sublevación modernistas:

> Yo soy en Dios lo que soy
> y mi ser es voluntad
> que, perseverando hoy,
> existe en la eternidad.
>
> Cuatro horizontes de abismo
> tiene mi razonamiento,
> y el abismo que más siento
> es el que siento en mí mismo
> ....
> ¡Señor, que la fe se muere!
> Señor, mira mi dolor.
> *Miserere! Miserere!*...
> Dame la mano, Señor...
>
> [R. Darío, «Sum»]

Presidía nuestra Aspasia, quien a la sazón se entretenía en chupar como niña golosa, un terrón de azúcar húmedo, blanco entre las yemas sonrosadas. Era la hora del chartreuse. Se veía en los cristales de la mesa como una disolución de piedras preciosas, y la luz de los candelabros se descomponía en las copas medio vacías, donde quedaba algo de la púrpura del borgoña, del oro hirviente del champaña, de las líquidas esmeraldas de la menta[38].

Así, celebrando el músculo y el arrojo; invitando a los transeúntes a que pongan en él, sin miedo, su mano al pasar; oyendo con las palmas abiertas al aire, el canto de las cosas; sorprendiendo y proclamando con deleite fecundidades gigantescas; recogiendo en versículos édicos las semillas, las batallas y los orbes; señalando a los tiempos pasados las colmenas radiantes de hombres que por los valles y cumbres americanas se extienden y rozan con sus alas de abeja la fimbria de la vigilante libertad; pastoreando los siglos amigos hacia el remanso de la calma eterna, aguarda Walt Whitman, mientras sus amigos le sirven en manteles campestres la primera pesca de la Primavera rociada con champaña, la hora feliz en que lo material se aparte

---

[33] José Enrique Rodó, «El que vendrá», *Revista Nacional de Letras y Ciencias Sociales,* II (1896), 82.

[34] Ramón del Valle-Inclán, citado por Gullón, *El modernismo visto por los modernistas,* pág. 193.

[35] *Four Stages of Renaissance Style,* Nueva York, Doubleday, 1955, pág. 6.

[36] *Direcciones del modernismo,* Madrid, Gredos, 1964, pág. 8.

[37] *Literatura española del siglo XX,* México, Robredo, 1949, pág. 15.

[38] Rubén Darío, *Azul...,* Valparaíso, Imprenta y Litografía Excelsor, 1888, pág. 11.

de él, después de haber revelado al mundo un hombre veraz, sonoro y amoroso, y en que, abandonando a los aires purificadores, germine y arome en sus ondas, «desembarazado, triunfante, muerto»[39].

Figuraos un vestíbulo amplio y bien dispuesto, con pavimiento de exquisitos mármoles, y en cuyo centro derramaba perlas cristalinas, un grifo colocado en una fuentecilla de alabastro... Convenido conmigo en que este *parterre* lindísimo es el summum de la belleza y la elegancia... El floripondio de alabastro y el nenúfar de flexible tallo crecen al lado de la camelia aristocrática y del plebeyo nardo[40].

> Corazón que bien se da,
> tiene que darse callado,
> sin que el mismo objeto amado
> llegue a saberlo quizá.
>
> Que ni un suspiro indiscreto
> nuestros firmes labios abra.
> Que la más dulce palabra
> muera en dichoso secreto.
>
> Todo calla alrededor.
> Y la noche, sobre el mundo,
> se embellece en el profundo
> misterio de nuestro amor.
> [L. Lugones, «Lied del secreto dichoso»]

Mientras redondea su ampo
En monótono viaje
El Sol, como un faisán crisolampo
La ampolla con ardor siempre nuevo.
¿Qué olímpico linaje
brotará de ese luminoso huevo?

Milagrosamente blanca,
Satina morbideces de *cold cream* y de histeria:
Carnes de espárrago que en linfática miseria,
La tenaza brutal de la tos arranca.
[L. Lugones, «Himno a la Luna»]

Mañana de viento
de frío, de lluvia
en el mar.
Ansias y memorias
se enredan, se embrollan, y de la madeja
el alma recoge y anuda los hilos
al azar.

Mañana de viento,
de frío, de lluvia
en el mar.
¡Cabos sueltos de cosas que fueron,
hebras rotas de lo que vendrá!

Yo con un recuerdo até una esperanza,
y ligué mi vida con la eternidad...
[E. González Martínez, «Hilos»]

Estos fragmentos constituyen un muestrario mínimo de los muchos que podríamos reunir para demostrar la disparidad artística del modernismo; en ellos hay elementos expresivos que van desde el afrancesamiento hasta el tradicionalismo hispánico, del exotismo y preciosismo hasta una escritura de la sencillez más austera. Pero, pese a estas diferencias, en todas estas citas hay una nota común que las distingue de la expresión literaria anterior al modernismo: la exploración de nuevos senderos.

En poesía los modernistas experimentaron con ritmos y metros desusados —versos de diez, once, doce, quince y más sílabas. A estas novedades, según nos explica Tomás Navarro Tomás, agregaron otras que representaban una amplificación y simbiosis de lo tradicional, o sea, «la conocida y aceptada doctrina de las cláusulas rítmicas de Bello [patente]... en los elementos binarios, ternarios y cuaternarios, ascendentes y descendentes, de M. González Prada, en las notas de sus *Exóticas,* Lima, 1911... [o] los períodos silábicos de más o menos extensión, uniformes o distintos, de R. James Freyre, *Leyes de la versificación castellana,* Tucumán, 1911»[41]. En sus «Wagnerianas» Julio Herrera y Reissing usó estrofas de cuatro versos en que los impares son de diecinueve sílabas y los pares de dieciséis:

> ¡Oh!, llévame con tus ansias; en las nevadas uvas de tus senos,
> fermenta el vino sublime de los placeres azules.
> Quiero librar de tu boca la satánica miel de los venenos;
> con el haschisch de tus besos me hará ver mil Estambules.

O bien remozaron formas clásicas españolas como el endecasílabo dactílico, el uso del monorrimo, el cultivo del verso blanco o el verso de pie rítmico fijo. En la poesía de José Martí hay innovaciones rítmicas que responden a lo que Manuel Machado en 1913 llamó «la música general de los versos modernos»[42]. El deseo del escritor de rebasar en ellos las limitaciones «de los acentos tónicos obligatorios, constituyentes»[43] se realiza en la poesía de Martí mediante el uso de una puntuación insólita:

> ....
> Los héroes, de pie, reposan:
> ¡De noche, a la luz del alma,
> Hablo con ellos: de noche!

---

[39] José Martí, *Obras completas*, XV, 208-209.
[40] Manuel Gutiérrez Nájera, *Cuentos completos y otras narraciones,* México, Fondo de Cultura Económica, 1958, pág. 12.

[41] *Métrica española; reseña histórica y descriptiva,* 3.ª ed., Madrid, Guadarrama, 1972, pág. 399.
[42] Gullón, *El modernismo visto por los modernistas,* página 131.
[43] *Loc. cit.*

Están en fila: las manos
De piedra les beso: abren
Los ojos de piedra: mueven
Los labios de piedra: tiemblan
Las barbas de piedra: empuñan
La espada de piedra: lloran:

....
[*Versos sencillos*, XLV]

Cada uno de los artistas modernistas en su afán por experimentar y ampliar las dimensiones expresivas del lenguaje literario decimonónico fueron por su propio camino. Por eso no habría una definición capaz de precisar todos los atributos estilísticos e ideológicos de los poetas y prosistas de las primeras generaciones del modernismo. El modernismo que se inicia en poesía con los versos de José Martí y Manuel Gutiérrez Nájera sigue evolucionando con la obra de Lugones, Nervo, Herrera y Reissig y Jaimes Freyre, hasta desembocar en el versolibrismo, la ironía, la vuelta al tradicionalismo hispánico, la expresión ambigua, angustiada y enajenada, la literatura de tonos y matices extraños, discordantes —heterogeneidad y consanguinidad, ruptura y continuidad que son los signos de la crisis de la modernidad.

De Octavio Paz, por ejemplo, teórico de la modernidad y creador dentro de sus etapas evolutivas, se ha señalado que su obra pertenece a «una época esencialmente *iconoclasta* y de *transición* de valores»; «proclaman —sigue el comentario crítico— como credo estético la *ruptura,* la disensión; *no respetar cánones establecidos, convertir en norma la experimentación, extender los linderos de la conciencia y del arte,* renovar la visión poética por el examen y la crítica del lenguaje y del hombre como objetos mágicos y estructuras»[44]. En las sentencias subrayadas encontramos las analogías con la primigenia estética modernista, y en las últimas palabras, en especial el concepto del criticismo y la aniquilación lingüísticos, lo que diferencia la poesía, del «vanguardismo» a nuestros días de la de un Darío, un Martí, un Silva o un Casal, en cuya obra, sin embargo, ya se patentizan las formas incipientes del proceso de modernización expresiva. En la evolución en marcha que parte de la primera generación modernista se evidencia el modernismo dentro de la modernidad.

La estética modernista aún en sus conceptualizaciones primigenias reveló la presencia del simbolismo, parnasianismo, impresionismo y expresionismo, rasgos formativos que constituyeron motivos de divergencia, pues

frente a ellos, en particular, el exotismo, el afrancesamiento y la frialdad del parnasianismo, hubo una reacción interna. Martí, por ejemplo, que fue uno de los mayores críticos del arte parnasiano, a pesar de ser seducido él mismo por su plasticidad y belleza sensual, hizo las siguientes observaciones alusivas a él:

Parnasianos llaman en Francia a esos trabajadores del verso a quienes la idea viene como arrastrada por la rima, y que extiende el verso en el papel como medida que ha de ser llenada, y en esta hendija, porque caiga majestuosamente, se encaja un vocablo pesado y luengo; y en aquella otra, porque parezca alado, le acomodan un esdrújulo ligero y arrogante... Ni ha de ponerse el bardo a poner en montón frases melodiosas, huecas de sentido, que son como esas abominables mujeres vacías de ella [sic][45].

Otro amaneramiento hay en el estilo, que consiste en fingir, contra lo que enseña la naturaleza, una frialdad marmórea que suele dar hermosura de mármol a lo que se escribe, pero le quita lo que el estilo debe tener, el salto del arroyo, el color de las hojas, la majestad de la palma, la lava del volcán[46].

El cubano defendió el principio de la naturalidad, la sencillez y la espontaneidad. La belleza forzada le repugnó tanto como el preciosismo rubeniano a Blanco Fombona quien protestó contra el rubendarismo:

Nacido en algunos poemas de *Prosas profanas,* la obra que dio más crédito a Darío, y que mayor influencia ejerció primero en América y más tarde en España, el rubendarismo consiste en la más alquitarada gracia verbal, en un burbujeo de espumas líricas, en un frívolo sonreír de labios pintados, en una superficialidad cínica y luminosa, con algo exótico, preciosista, afectado, insincero[47].

De idéntica intención crítica es el vapuleo en verso de José Asunción Silva intitulado «Sinfonía en color de fresa con leche» que lleva el epígrafe-dedicatoria «(A los colibríes decadentes)»:

¡Rítmica Reina lírica! Con venusinos
cantos de sol y rosa, de mirra y laca,
y polícromos cromos de tonos mil,
oye los constelados versos mirrinos,
escúchame esta historia rubendariaca
de la Princesa Verde y el paje Abril,
rubio y sutil.

En esta primera estrofa del poema Silva se

---

[44] María Embeita sobre Paz en «Octavio Paz: poesía y metafísica», *Ínsula,* núm. 260-261, 1968, 12.

[45] *Obras completas,* XLVII, 33-34.
[46] *Ibíd.,* LXXIII, 30.
[47] *El modernismo y los poetas modernistas,* Madrid, Mundo Latino, 1929, pág. 32.

burla de las modalidades expresivas de los segundones darianos a quienes el mismo Rubén no aceptó, según se lo declara a Clarín en su artículo «Pro domo mea»: «Yo no soy jefe de escuela ni aconsejo a los jóvenes que me imiten; y el 'ejército de Jerges' puede estar descuidado, que no he de ir a hacer prédicas de decadentismo ni a aplaudir extravagancias y dislocaciones literarias»[48].

Contra estas «dislocaciones» y contra la superficialidad a que se refiere Blanco Fombona, reacciona el poeta mexicano Enrique González Martínez, buscando la vida profunda por el camino de la sencillez y la intimidad. Lo que rechaza en su conocido poema de *Los senderos ocultos* es el verbalismo ostentoso de la retórica rubendariana. Suele considerarse «Tuércele el cuello al cisne» la conclusión simbólica de la fase preciosista de la expresión modernista en verso, y el principio de una nueva sensibilidada poética. En realidad, es una vuelta a las fuentes modernistas, a los valores innovadores de la sencillez del *Ismaelillo* martiano y las creaciones en verso de Silva. Y, mientras González Martínez va en busca de la naturalidad, otros como Herrera y Reissig y el Lugones del segundo período exploran, con variaciones y notables diferencias, el venero barroco del Darío de las *Prosas profanas*. Y, si en este mismo período comparamos los versos de *Silenter* (1909) de González Martínez con los del *Lunario sentimental* (1909) de Lugones y los de *La torre de las esfinges* (1909) de Herrera y Reissig, se comprobará la heterogeneidad de los procedimientos y recursos modernistas, y la nota inestable o centrífuga de la modernidad.

ARTE E IDEOLOGÍA MODERNISTA

La época modernista corresponde a un período de turbulenta metamorfosis cultural y social[49]. A un reestructuración sociocultural se aunó el deseo de libertarse ideológica y literariamente, cerrando así la lucha por la independencia consumada en terreno político. En 1882 Martí observó: «Conocer diversas literaturas es el medio mejor de libertarse de la tiranía de algunas de ellas; así como no hay manera de salvarse del riesgo de obedecer ciegamente a un sistema filosófico, sini nutrirse de todos»[50]. Y, este deseo de nutrirse de todos, de abarcar-

Leopoldo Lugones.

lo todo, tan común entre los modernistas, crea en ellos conceptos confusos por mezclados, o para expresarlo de otra manera, del origen a un estilo de pensar sincrético que comprende moldalidades tan disímiles como el romanticismo, el parnasianismo, el simbolismo, el impresionismo, el neutralismo. El panorama intelectual de fines del siglo XIX y principios del XX es, en verdad multifacético según Carlos Real de Azúa:

En una provisoria aproximación, podría ordenarse escenográficamente el medio intelectual novecentista hispanoamericano. Colocaríamos, como telón, al fondo, lo romántico, lo tradicional y lo burgués. El positivismo, en todas sus modalidades, dispondríase en un plano intermedio, muy visible sobre el anterior pero sin dibujar y recortar sus contornos con una última nitidez. Y más adelante, una primera línea de influencias renovadoras, de corrientes, de nombres, sobresaliendo los de Nietzsche, Le Bon, Kropotkin, France, Tolstoi, Stirner, Schopenhauer, Ferri, Renan, Guyau, Fouillée...

No cabe duda de que de todas estas corrientes filosóficas, la del positivismo, con su orien-

[48] *Escritos inéditos,* pág. 51.
[49] Sobre esta cuestión véase el estudio de Ángel Rama, «La dialéctica de la modernidad en José Martí», en *Estudios martianos,* San Juan, Editorial Universitaria, 1974, 129-197.
[50] *Obras completas,* LIII, 19.
[51] «Ambiente espiritual del novecientos», *Número,* números 2, 15.

tación cientificista, preparó el terreno para la aparición de un fenómeno tan revolucionario como el modernismo. Desde el momento de «La oración cívica» (1857) de Gabino Barreda, los conceptos utilitarios, en el fondo revisionistas del vago pensar idealista hispanoamericano predominante entonces, empezaron a penetrar las capas intelectuales de la sociedad americana, en formas comtianas, spencerianas o utilitarias. Esta corriente cientificista chocó desde el principio con la espiritualista anterior, produciendo debates y polémicas como los del Liceo Hidalgo en México (1875) en los que intervino Martí. Pero aun los que defendían el espiritismo contra la nueva filosofía utilitaria, terminaron por aceptar los cánones de ésta, al menos en parte, como fue el caso de Martí. En 1910, cuando ya el furor del positivismo había amainado, un pensador como Rodó que también había caído bajo la férula del positivismo para luego separarse de él, señaló la trascendencia de esta filosofía —y sus nexos con la expresión literaria— en *Rumbos Nuevos:*

> La iniciación positivista dejó en nosotros, para lo especulativo como para lo de la práctica y la acción, su potente sentido de relatividad; la justa consideración de las realidades terrenas; la vigilancia e insistencia del espíritu crítico; la desconfianza para las afirmaciones absolutas; el respecto de las condiciones de tiempo y de lugar; la cuidadosa adaptación de los medios a los fines; el reconocimiento del valor del hecho mínimo y del esfuerzo lento y paciente en cualquier género de obra; el desdén de la intención ilusa, del arrebato estéril, de la vana anticipación [52].

Después del fervor positivista y su conflicto con el espiritualismo, el vaivén de los polos ideológicos se inclinó hacia el neoespiritualismo. Este se caracterizó por la búsqueda de lo ideal sin perder de vista, sin embargo, las realidades más inmediatas de la vida, solución de síntesis y de armonía, tan fundamental en el modernismo.

Al positivismo el modernismo, debió, más que nada, su insistencia sobre el espíritu crítico, reformador, y la refutación de nociones tradicionales, absolutas por consagradas de ahí, en la literatura, el deseo de abrirse a los cuatro vientos, de recibir influencias extranjeras, de conocer otras culturas. Época innovadora en todos los terrenos del saber humano es la modernista, hasta en la religión donde para algunos se manifestó primero [53]. El modernismo religioso fue un movimiento reformador que tipifica el ambiente espiritual del período: sus defensores deseaban poner la fe al día, despojarla de elementos anacrónicos, acercarse a ella con el relativismo del positivismo, dar mayor importancia al individuo en la estructuración eclesiástica, y por fin, armonizar la tradición y la modernidad [54].

En la filosofía del período presenciamos una nota de evolución incesante o de fluidez lo mismo que en la literatura donde se descubre una sucesión de tendencias y de normas, superadas, absorbidas o armonizadas de acuerdo con el sincretismo perenne de la cultura hispanoamericana. Este complejo y trascendente proceso evolutivo incluye, como se ha observado «la industrialización, el positivismo filosófico, la politización creciente de la vida, el anarquismo ideológico y práctico, el marxismo incipiente, el militarismo, la ciencia experimental, el auge del capitalismo y la burguesía, neoidealismo y utopías» [54].

El artista modernista absorbe estas fuerzas, algunas de las cuales son de patente dirección antitética. Y, éstas se traducen en las estructuras polares que tan relevante función tienen en la escritura modernista. Recuérdese en lo moral, la aseveración martiana: «Y la pelea del mundo viene a ser la de la dualidad hindú: bien contra mal» [56]. Su triste y malogrado coterráneo, Julián del Casal, se servirá de semejante polarización en los versos de «¡O Altitudo!»: «Joven, desde el azul de tu idealismo, / vista al cieno bajar tus ilusiones.» Y, Darío, acosado por análogas contradicciones y frustraciones, tanto en lo social, como en lo personal, hablará con melancolía de una dualidad que más que étnica es cultural: «¿Hay en mi sangre alguna gota de sangre de África, o de indio chorotega o nagrandano? Pudiera ser, a despecho de mis manos de marqués» [57]. La tensión y la distensión de estos factores en conflicto produjeron una estética acrática, una mentalidad confusa, y una literatura polifacética y contradictoria en sus tendencias, eludicables en términos estético-poéticos, y a la luz de los contextos socioeconómicos de una organización (pre) capitalista del incipiente proceso de la modernización del continente.

La multiplicidad de ideas y el estrépito con que fueron adoptadas y abandonadas creó en los intelectuales de este período una anarquía

[52] *El mirador de Próspero,* Montevideo, García y Cía., s. f., 45-46.
[53] Véase Juan Ramón Jiménez, *El modernismo...,* páginas 222-223.
[54] Véase Luis Farré, «El modernismo religioso de principios de siglo», en *Rubén Darío (Estudios reunidos en conmemoración del centenario) 1867-1967,* La Plata, Universidad Nacional de la Plata, 1968, págs. 117-127.
[55] Gullón, *Direcciones del modernismo,* pág. 69.
[56] *Obras completas,* X, 143.
[57] «Palabras liminares» a *Prosas profanas.*

y una angustia tales que frente a su creciente marginalidad en el mercado económico[58], se replegaron en sí mismos cada vez más, buscando aclarar sus propias inclinaciones o esperando encontrar el solaz que el mundo trastornado en trance evolutivo les negaba. Algunos poetas, como Julián del Casal, rechazaron de modo tajante el mundo circundante:

> Nada del porvenir a mi alma asombra
> y nada del presente juzgo bueno;
> si miro al horizonte, todo es sombra;
> si me inclino a la tierra, todo es cieno.
>
> [Nihilismo]

El examen de estas «sombras» nos lleva a la consideración de la primacía de la individualidad en la evolución del modernismo, nota primordial que Rodó caracterizó en 1896 como un principio dinámico:

> El movimiento de las ideas tiende cada vez más al individualismo en la producción y aun en la doctrina, a la dispersión de voluntades y de fuerzas, a la variedad inarmónica, que es el signo característico de la transición. —Ya no se profesa el culto de una misma Ley y la ambición de una labor colectiva, sino la fe del temperamento propio y la teoría de la propia genialidad[59].

La ideología y la estética van por el mismo camino; en ambas se destaca el signo individual y la insistencia sobre la invalidez de reglas, sistemas y escuelas.

La exaltación de los valores personales se acentuará con el correr de los años, llegando a una aterradora libertad en nuestros días en que presentamos los extremos nihilistas, disgregadores y destructivos de la modernidad tanto en lo lingüístico como en lo ideológico. En su forma primitiva esta tendencia individualista se inicia en la época positivista, al separarse el individuo de la sociedad jerarquizada y sentir como consecuencia de tal acto un aislamiento perturbador poblado en momentos dolorosos de visiones apocalípticas. En su poema «Pax» Darío recomienda:

> Púrguese por el fuego
> y por el terremoto
> y por la tempestad
> este planeta ciego,
> por los astros ignoto
> como su pasajera Humanidad.
> Y puesto que es preciso,
> vengan a purgar este

planeta de maldad,
con la guerra, la peste
y el hambre, mensajeras de Verdad.

Destruir/reconstruir constituyen dos formas alternativas —complementarias y antagónicas— de enfrentarse con la realidad. En un plano filosófico el positivismo postuló el progreso ideológico, pero al destruir principios anquilosados dejó al individuo a flote sin el sostén de tradiciones. De ahí la presencia en la literatura modernista de una profunda preocupación metafísica de carácter agónico, existencial: «Ser, y no saber nada, y ser sin rumbo cierto,/ y el temor de haber sido y un futuro terror.../ Y el espanto seguro de estar mañana muerto,» dirá Rubén en «Lo fatal;» y Silva: «¿Qué somos? ¿A do vamos? ¿Por qué hasta aquí vinimos?/ ¿Conocen los secretos del más allá los muertos?/ ¿Por qué la vida inútil y triste recibimos?» en «La respuesta de la tierra;» y Gutiérrez Nájera: «Oh Destino! La lluvia humedece/ en verano la tierra tostada;/ en las rocas abruptas retozán,/ su frescor esparciendo las aguas;/ pero el hombre de sed agoniza,/ y sollozan las huérfanas almas: ¿Quién nos trajo? ¿De dónde venimos?/ ¿Dónde está nuestro hogar, nuestra casa?» en «Las almas huérfanas.» Y hasta en la obra de Martí, cuya dedicación revolucionaria dio sentido y dirección a su vida, se dan momentos de desesperación análoga; si bien éstos nacen del desengaño del «Homagno» frente a la estrechez del carácter humano, también expresan la vana pero insistente tentativa del hombre de profundizar el secreto de la naturaleza:

> Las ciencias aumentan la capacidad de juzgar que posee el hombre, y le nutren de datos seguros; pero a la postre el problema nunca estará resuelto; sucederá sólo que está mejor planteado el problema. El hombre no puede ser Dios, puesto que es hombre. Hay que reconocer lo inexcrutable del misterio, y obrar bien, puesto que esto produce positivo gozo, y deja al hombre como purificado y crecido[60].

La misión del redentor se manifiesta en la recomendación moral de la última sentencia. Pero, en vista de que en la mayoría de los modernistas el vacío creado por la crisis epocal del desgaste de tradicionales contextos filosóficos y religiosos, sin que pudiera reemplazarlos la ideología cientificista de la era, ni el espíritu burgués campante (ibíd. «La canción del oro» y «El rey burgués» de Darío), era natural que el artista sensible a las corrientes filosófi-

---

[58] Véase el ensayo de Angel Rama, «Los poetas modernistas en el mercado económico», publicado por la Facultad de Humanidades y Ciencias, Universidad de la República (Uruguay), 1968.

[59] «El que vendrá», pág. 82.

[60] Sección constante, Caracas, Imprenta Nacional, 1955, pág. 401.

cas e ideológicas, y perplejo ante sus enigmas, produjera una literatura escéptica. En el modernismo no se dieron filósofos ni pensadores sistemáticos, pero las expresiones angustiadas de Martí, Nájera, Silva, Casal, Nervo, González Martínez y Rodó, amén de otros, tampoco deben pasarse por alto, pues sus buenos buceos y preguntas definen el modernismo primigenio y anticipan la modernidad contemporánea. Rodó, por ejemplo, escrutando el ambiente en que le tocó vivir, dio expresión a la duda modernista de tal modo que sus palabras sugieren los patrones ideológicos del momento actual: «La duda es en nosotros un ansioso esperar; una nostalgia mezclada de remordimientos, de anhelos, de temores; una vaga inquietud en la que entra por mucha parte el ansia de creer, que es casi una creencia»[61]. El frenético deseo de afirmar una fase se convierte en congoja, como dice Darío en su *Historia de mis libros:*

> Me he llenado de congoja cuando he examinado el fondo de mis creencias, y no he encontrado suficientemente maciza y fundamentada mi fe, cuando el conflicto de las ideas me ha hecho vacilar y me he sentido sin un constante y seguro apoyo... Después de todo, todo es nada, la gloria comprendida. Si es cierto que «el busto sobrevive a la ciudad», no es menos cierto que lo infinito del tiempo y del espacio, el busto, como la ciudad, y, ¡ay!, el planeta mismo, habrán de desaparecer ante la mirada de la única Eternidad[62].

MODERNISMO/AMERICANISMO

El arte modernista no es, como algunos todavía afirman, una expresión evasionista, una literatura que traiciona el desarrollo natural de una literatura encaminada anteriormente a la representación de lo americano. El mundo de cisnes, pavos reales, sátiros y ninfas; el decorado de diamantes, rubíes, jaspe; los trabajos de orfebrería, de ebanistería y cristalería que decoran las páginas de prosistas y poetas del modernismo; los ambientes regios, exóticos, aristocráticos y las trasposiciones pictóricas, sólo representan un aspecto del arte modernista.

El llamado venero exótico de los modernistas representaba una manera de concretizar anhelos estéticos e ideales vedados por la realidad cotidiana. El positivismo, por un lado, y la incipiente modernización socioeconómica,

Ilustración de una edición de la época, de *Cantos de vida y esperanza,* de Darío.

por otro, crearon actitudes cientistas, y un ambiente materialista que los modernistas, frustrados y alienados, no lograron aceptar. Frente a esta realidad construyeron otro, un mundo ideal, una visión soñada, las cuales terminaron siendo para muchos de ellos, la única realidad valedera. El mundo ideal modernista entre algunos poetas y prosistas asumió visos de una realidad palpable, y, paradójicamente, carente de irrealidad. «Sueño con claustros de mármol» leemos en los versos de Martí, tan práctico y a la vez tan iluso en su faena revolucionaria. El mundo visionario para muchos de su período era una especie de velo de la reina Mab, que los protegía de la vida rutinaria y las increpaciones y la sorna de los «burgueses». Por lo tanto, la «evasión», como sagazmente observa Ricardo Gullón, afirmó los valores eternos de nuestra cultura con «palabras imperecederas»[63].

En la valoración del venero escapista hay que tener en cuenta que la piedra de toque de esta época es la síntesis, el deseo de armonizar, y este principio opera también en relación al llamado escapismo. Es decir, que la fuga, vista en su raíz lleva en sí una visión de la realidad. Al rechazar los modernistas el positivismo y el materialismo no cortaron los nexos con la realidad: más bien efectuaron una especie de síntesis armónica[64]. No pretendemos negar el escapismo de Darío: «En verdad, vivo

[61] *Obras completas,* Buenos Aires, Zamora, 1956, página 117.
[62] *Obras completas,* XVII, 214-215.

[63] *Direcciones del modernismo,* págs. 42-43.
[64] Véase sobre este tema Arturo Ardao, *La filosofía en el Uruguay en el siglo XX* (México, Fondo de Cultura Económica, 1956), págs. 37-38.

de poesía. Mi ilusión tuvo una magnificiencia salomónica. Amo la hermosura, el poder, la gracia, el dinero, el lujo, los besos y la música. No soy más que un hombre de arte»[65]. Pero, examinado con detenimiento, lo que tradicionalmente se ha caracterizado como evasionismo, entraña mucho de realismo como puede verse por ejemplo en «El rey burgués», «El velo de la reina Mab» o «La canción del oro», un realismo que corta más hondo —pues revela la mezquindad humana, la de las *Gotas amargas* de Silva— que el menos poético e idealizado de «El fardo». Conviene además reflexionar sobre el sentido del realismo hispanoamericano, modalidad importada de España y con antecedentes franceses además en especial, la cuestión de su veracidad, de su capacidad para reflejar objetivamente la realidad externa. Ilustran este problema, dos novelas escritas por José López Portillo y Rojas en el período del florecimiento del modernismo. La primera, de 1898, *La parcela,* encarna el punto de vista del porfiriato, al presentar un cuadro utópico e idealizado de la realidad campesina; la segunda, de 1919, *Fuertes y débiles,* corrige la perspectiva errada de la primera a la luz de la Revolución, liberado el novelista de su compromiso con la dictadura. Por lo tanto, debemos preguntarnos si lo que solemos llamar realismo es siempre tan «real» y verídico, pues grandes irrealidades pueden presentarse con técnicas objetivas. Por eso, urge considerar si lo que se suele calificar de evasionismo en el caso del modernismo son construcciones artísticas de contornos escapistas, o más bien retratos de la *unidad realidad* del artista, asediado por angustias y rechazado por los «reyes burgueses». Para nosotros, la obra del artista modernista es tan auténtica y tan «realista» como la del novelista del porfiriato en quien se evidencia una aceptación tácita de un régimen dictatorial, y, por ende, una visión deformada del cuadro social.

El anverso del medallón —lo que suele señalarse como «mundonovismo»— es a veces, una preocupación mitológica americana («Caupolicán», «Momotombo») que revela al poeta modernista —igual que al hombre de nuestra época— buscando raíces fuera del ámbito de la realidad circundante, y, por lo tanto, en postura centrífuga a pesar del indigenismo de su orientación.

El fidedigno elemento contrapuntual en una discusión de realidad y evasión no es el indigenismo, sino más bien la preocupación por el escenario americano. Es, por ejemplo, lo «otre-

dad»[66] de Martí, quien se percató con su acostumbrada claridad de la rémora principal a la plasmación de una expresión americana en la época modernista:

> No hay letras, que son expresión, hasta que no hay esencia que expresar en ellas. Ni habrá literatura Hispano Americana, hasta que no haya Hispano América. Estamos en tiempos de ebullición, no de condensación; de mezcla de elementos, de obra enérgica de elementos unidos. Están luchando las especies por el dominio en la unidad del género[67].

Estos conceptos martianos tanto como la cuestión de realidad y evasionismo tocan el tema del americanismo literario y la autenticidad de la expresión modernista. En la valoración de este asunto hay que tener presente que el modernismo es tan americano como otras modalidades que se ciñen al retrato de escenas naturales y de tipos de una región dada. Es que el americanismo en una sociedad que se busca a sí misma y que está en «ebullición», como dijo Martí, quiere decir muchas cosas y no debe concebirse como «limitada acepción que le reduce a las inspiraciones derivadas del aspecto del suelo, [y] las formas originales de la vida en los campos»[68]. El modernismo literario fue la forma americana de buscar una identidad en el mundo moderno, y por consiguiente, como toda cultura naciente anheló «vigorizarse a condición de franquear la atmósfera que la circunda a los 'cuatro vientos del espíritu'»[69]. Y, desde esta perspectiva, hasta el afrancesamiento fue una manifestación «auténtica» de la cultura hispanoamericana de las últimas décadas del siglo XIX, una entre muchas pertenecientes al sincretismo fundamental del período.

MODERNISMO/SINCRETISMO

Los años del florecimiento del modernismo, 1875 a 1920, son de enorme fecundidad, máxime en comparación con el ritmo *tempo lento* de la colonia. El holocausto de la Independencia, y la liberación consiguiente de la tutela española, plantearon cuestiones de identificación y de definición culturales (véase al respecto las ideas de Sarmiento, Alberdi, Lastarria), en particular frente a Europa y los Es-

---

[65] «Los colores del estandarte» en *Poesías y prosas raras,* Santiago, Prensas de la Universidad de Chile, 1938, página 68.

[66] Usamos el término según las conceptualizaciones de Roberto Fernández Retamar en «Nuestra América y Occidente», *Casa de las Américas,* 98 (1976), 36-37.

[67] *Obras completas,* LXII, 98.

[68] José Enrique Rodó, «El americanismo literario», *Revista Nacional de Literatura y Ciencias Sociales,* I (1895), 133.

[69] *Loc. cit.*

tados Unidos. La independencia política obtenida en 1824, no se consiguió en lo literario hasta la renovación modernista, o sea, cinco décadas más tarde. Pero, curiosamente, acompaña esta restauración, una inclinación entre algunos de los modernistas, a desplazar lo español y entronizar lo francés.

Juan Bautista Alberdi.

Pero también hubo defensores de la tradición clásica española y tanto Darío como Nájera, si rechazaron las hueras expresiones poéticas de la España de aquellas calendas, incorporaron elementos de la literatura peninsular del Siglo de Oro a su estilo maduro. Éstos, ya desde 1785, los había introducido José Martí en su prosa rítmica, plástica y musical, tan hispánica, pero, a la vez, reveladora de los huellas del parnasianismo, del simbolismo, del impresionismo y del expresionismo franceses.

Otra perspectiva del modernismo —la temática— revela que hay en él tres corrientes: una extranjerizante, otra americana, y la tercera hispánica. En la obra de Darío, por ejemplo, al lado de «Bouquet», «Garçonnière», y «Canto a la Argentina». Y, asimismo, una preocupación por y dedicación a lo hispánico: «Un soneto a Cervantes», «Cyrano en España», «A Maestre Gonzalo de Berceo», «Letanía de Nuestro Señor Don Quijote». En lo temático, como en lo lingüístico y lo estilístico, lo hispánico se impuso como norma expresiva, sin que por eso desaparecieran los elementos extranjeros mezclados y unidos con los hispánicos, todos los cuales contribuyeron a la renovación modernista en sus etapas primigenias.

Las contradicciones y los antagonismos, el flujo y el reflujo de los componentes del arte modernista, se manifiestan en numerosas antítesis que el artista esperaba armonizar. La síntesis se efectúa no sólo dentro de lo literario («¿La prosa en verso es un defecto? Creo que no si el asunto es por esencia poético»[70]), sino a través de la incorporación en la expresión literaria de procedimientos y técnicas que generalmente pertenecen a otras artes: pintura, escultura, música. El escritor ha de pintar como el pintor, sentenció Martí[71]. Y, Nájera, como Martí, siguiendo la tradición becqueriana ambicionó «presentar un estudio de claroscuro, hacer con palabras un mal lienzo de la escuela de Rembrandt, oponerle luz a la sombra el negro intenso al blanco deslumbrante»[72]. Casi todos los modernistas, en su afán por ensanchar la expresividad del español literario, asimilaron elementos descomunales que enriquecieron la lengua: el color, la plasticidad, ritmos desusados, esculturas en prosa y verso, trasposiciones pictóricas, estructuras impresionistas y expresionistas, intercaladas a veces en escritos de estilo realista o naturalista[73]. Así crearon los modernistas su multifacético arte en prosa y verso.

En esta literatura se evidencian ciertas características que también pertenecen a la modernidad: el espíritu de desorientación, la introspección, el buceo interno, la soledad, el acoso metafísico, la angustia existencial. Vista esta cuestión desde el punto contemporáneo podríamos decir que presenciamos una proyección del pasado sobre el presente —reverberaciones lezamianas—, o, en términos evolutivos, una etapa más en el viaje hacia la modernidad cuyos primeros pasos pertenecen al impulso dinámico del modernismo.

Reconociendo las diferencias, y pensando más bien en las semejanzas, podemos decir con Enrique González Martínez que «será el afán de siempre y el idéntico arcano/ y la misma tiniebla dentro del corazón»[74]. Y, si aceptamos el concepto del modernismo en su relación con la Edad Moderna, los artistas de hoy, como los modernistas primigenios serán «Edipos sin esfinge» frente a «la misma tiniebla»[75].

[70] Gutiérrez Nájera, *Obras I*, pág. 94.
[71] *Obras completas*, XX, 32.
[72] *Obras I*, pág. 317.
[73] En 1951 Federico de Onís escribió sobre la novela: «La novela del modernismo no puede reducirse a una fórmula estética; en ella conviven las nuevas tendencias de fines del siglo hacia la narración lírica con la verdadera incorporación a las letras del realismo y el naturalismo europeos del siglo XIX.» / «Tomás Carrasquilla, precursor de la novela americana moderna» en *La novela iberoamericana*, Albuquerque, University of New México Press, 1952, pág. 135.
[74] Enrique González Martínez en «Mañana los poetas».
[75] Gullón, *Direcciones del modernismo*, pág. 42.

El ensayo y la crónica del modernismo

JOSÉ OLIVIO JIMÉNEZ

En la historia cultural de Hispanoamérica la época modernista delimita una zona cronológica que, como el fin de siglo de todo Occidente —en el cual aquella época se inscribe de modo legítimo y ya sin grandes «retrasos alarmantes»— aparece sellada por la más aguda inestabilidad espiritual y aun por la mayor complejidad y contradictoriedad ideológica. El «empirismo utilitarista de muy bajo vuelo», a que, como acertadamente lo juzgara José Enrique Rodó, había quedado reducido el positivismo decimonónico en los países hispanoamericanos, vino a actuar aquí de acicate negativo doblemente potenciado. Porque el artista de ese fin de siglo en estos países —el escritor modernista— se balanceaba dramáticamente entre dos formas afiladas de negatividad, que a su vez e inevitablemente vinieron a constituirse en impulso positivo y salto de reacción. Y sin la consideración de estos condicionamientos —germinales, raigales—, se hace difícil el entendimiento cabal de la razón de ser y el alcance último del espíritu modernista.

Así, si miraba a su contorno inmediato, ese escritor no descubría sino la composición cultural de una sociedad que iniciaba una estratificación rígidamente burguesa y la cual, en sus capas más privilegiadas, comenzaba a enriquecerse en técnicas y bienes materiales en la misma medida en que espiritualmente se empobrecía y se cegaba. Sociedad, o clase, que en consecuencia marginaba al escritor en cuanto artista, o cuando más lo apreciaba oscuramente como un productor de otro objeto de consumo que tampoco del todo sabía comprender y valorar. De otra parte, y mirando ahora hacia dentro, ese mismo escritor del modernismo vendría a verificar, al cabo, análoga operación a la que en su momento habían practicado los genuinos románticos europeos: el detectar la quiebra total de un mundo axiológico caduco —en cuya manifestación, de esa quiebra, la ruptura del orden artístico establecido por la tradición greco-latina no era la menor de sus señales— y el asumir por ello el opresivo peso de un absoluto vacío existencial que, especialmente comprobada la insuficiencia de las explicaciones científicas o mecanicistas del positivismo, le privaba de cualquier supuesto y valedero sostén. Pero esta misma asunción de tal vacío le habría de impeler —y de aquí esa reacción saludable aludida— a la búsqueda nueva

y a la aventura arriesgada por los caminos del espíritu, el pensamiento y el arte. En Hispanoamérica, ha afirmado con razón Octavio Paz: «la gestión estética de los modernistas fue el verdadero romanticismo». Y fiel en ello al destino que en todas las altitudes cupo al ideario esencialmente romántico, el modernismo significó también aquí la segura vía de acceso a la modernidad, en proceso continuado de crisis —de crítico— que hasta hoy nos alcanza.

Las respuestas de los modernistas ante una y otra de tales negatividades, tomaron rumbos naturalmente diversos, aunque en su origen explicables desde ese común subsuelo espiritual de pregunta y de duda, de oquedad axiológica y perplejidad, sobre el cual históricamente se asentaban. Negaron unos —en el principio, podría decirse que los más— la eficacia de la acción directa sobre una sociedad que veían como irredimible y hostil, y frente a una realidad total que, por secreta, les era incognoscible mediante aquella aproximación documental —exterior en suma— que el cientificismo positivista anterior había pretendido dar por válida y coherente. Se aventuraron, entonces, en la exploración y constatación de los más «raros» estados interiores del espíritu, en solipsistas y aun morbosas experiencias, en investigaciones por los senderos heterodoxos de la ya larga tradición del esoterismo y el ocultismo que los renovados contactos con el Oriente (a veces sólo librescos, desde luego) venían ahora oportunamente a abonar. En toda esa disposición «evasiva» —dentro de la cual hay que situar su pasión extremada por la Belleza y el Arte puros, así como sus características mayúsculas magnificadoras— vislumbran el único reducto seguro frente a aquella doble insustancialidad, social y ontológica, que arriba quedó apuntada. Repitieron, con un ademán que tenía en muchos casos algo de «aprendido», los semejantes y conocidos breviarios, delicuescentes y refinados, de la decadencia europea; y hasta aceptaron y esgrimieron algunos, orgullosos y desafiantes, el mote de *decadentes* con que la moral burguesa «normal» pretendía descalificarlos y convertirlos en objeto de irrisión y rechazo.

De un modo paralelo, no tuvo que ser cronológicamente posterior, hubo quienes hicieron suya la decisión ética del cubano José Martí (1853-1895): «Hay que reconocer lo inescrutable del misterio, y obrar bien...» Pusieron éstos —y también aquellos en sus momentos de mayor acendramiento moral y de responsabilidad solidaria— su interés central en esa voluntad del bien obrar, del pensar con hondura y clarividencia en su caso, lo cual vino a significar a la vez, cuando abiertos hacia el Hombre y hacia los demás, un modo de compromiso con los tiempos y un acto de fe en la salvación de ese mismo hombre en la historia. Intelectuales como eran, y herederos en esto de aquel escepticismo crítico que el positivismo había practicado, esa confianza en la acción que tal actitud implicaba no pudo traducirse en ellos —salvo en el propio Martí, que da su vida por la libertad de su patria— sino en una meditación moral, de graves y universales resonancias, sobre la problemática mayor de la existencia, y dentro de una orientación cálidamente servicial y compartible. Esa meditación, que nutrirá toda una vertiente importante del ensayismo hispanoamericano del siglo XX, conoce dos hitos mayores en el período modernista. Uno, en sus justos albores, en el «Toca a cada hombre reconstruir su vida: a poco que mire en sí la reconstruye» de Martí en su fundamental «Prólogo al *Poema de Niágara* de Juan A. Pérez Bonalde», de 1882, agudo diagnóstico del complejo drama espiritual del hombre moderno, y de la amplia época social y cultural que con el modernismo se abre. Otro, casi en los finales de ese mismo período, en el «Reformarse es vivir» que, con gran acopio de ejemplos y parábolas desarrolla José Enrique Rodó (Uruguay, 1871-1917) en sus *Motivos de Proteo* (1909). Aun desde su resistente fe idealista, y debiéndole aún mucho a ella, acomete aquí Rodó, como tema central, lo que será una de las mayores preocupaciones del pensamiento existencial contemporáneo: la cuestión de las transformaciones de la personalidad. Vale decir: la obligación, en el hombre, y apremiado a ello por el tiempo y por el cambio, someter a su vida a un continuo proceso de reajustes y metamorfosis, lo cual en su teorización no ha de suponer, sin embargo, ninguna suerte de «descaracterización» de la propia personalidad.

Esta actitud de atención al hombre, y reduciendo ahora el lente de esa atención desde lo más universal a lo particular e inmediato, tuvo que llevar a los pensadores modernistas hasta el enfrentamiento directo de las debilidades históricas del entorno sobre el que ese mismo hombre latinoamericano se movía, en lo cultural y aún en lo político ya amenazado de modo inminente. Es, otra vez, el Martí zahorí de *Nuestra América* (1891): valiente y oportunísimo índice de advertencia hacia la identi-

dad que necesariamente habrían de lograr, en su conjunto, las tierras del Sur («del Bravo al Magallanes») como escudo y defensa ante la ignorancia, y la acechanza del «vecino formidable» del Norte. Y es, también, el Rodó de *Ariel* (1900) —con toda su secuela de tenaz «arielismo», llevado en ocasiones a extremos que no estaban en el maestro uruguayo pero que históricamente son perfectamente explicables. En *Ariel* su autor, movido por ese amor suyo a la inteligencia, el espíritu y el arte tanto como de su pasión por la raza latina, pergeña una amplia apología de la «integridad de la condición humana», los derechos de la razón, y la libertad del espíritu, que él siente consustanciales a la cultura latina. Y para ello tiene que salir al paso del peligro que, a tal respecto, percibe en la burda imitación, por los nuestros, del utilitarismo materialista del «modelo» anglosajón, tan cercanamente encarnado por los Estados Unidos: necesario le fue, así, someter a un delicado e incisivo examen las negatividades de tal modelo, del cual los hispanos habrían de retirar su vista so pena de perder su identidad.

De este modo, sobre la base de las motivaciones anteriores, someramente apuntadas (por lo cual habremos después de volver sobre algunas de ellas), puede adelantarse la ejemplaridad mayor que el ensayo del modernismo ofrece en las letras hispanoamericanas: el hacerse indispensable, como género, para redondear la comprensión del alcance y la significación totales de aquella época literaria —aún más allá de lo específicamente artístico y aún más allá de sus límites cronológicos. También, o antes, sirvió como el recipiendario natural —ya esto se verá en mayor detalle— de la doctrina estética del periodo; pero esta utilidad como clave interpretativa *total* de la época, que aquí se le atribuye al ensayo modernista, y después de este interés primero de facilitarnos un acceso directo a la teoría artística que pudo albergar, procede de esas dos razones mayores ante esbozadas. De un lado, porque al reflexionar sobre los problemas últimos y esenciales de hombre de aquellos tiempos, anuncia y aun perfila algunas de las cuestiones más candentes que, sistemáticamente, habrían de alimentar al moderno pensamiento existencial —y en tal sentido Martí y Rodó son tan anticipadores de ese pensamiento como, desde el costado peninsular y dentro del ámbito hispánico, lo fueron Miguel de Unamuno y Antonio Machado. De otro, porque el ensayo de esos años pudo dar voz oportunamente —germinalmente— a muchas de las *nuevas* (e incluso actuales) urgencias culturales y políticas de la América hispana. Y es que esas nue-

Oficiales del ejército de liberación (anónimo, cuba, 1895).

vas urgencias conocieron entonces el cataliza-
dor imperativo crítico de 1898: guerra hispano-
norteamericana y triunfo de los Estados Unidos sobre España —con su anexión de Puerto
Rico y la concesión (y práctica) del derecho a
intervenir en el destino político interior de
Cuba. Es decir: victoria ya históricamente con-
cretada del latente expansionismo yanqui, que
tempranamente denunciara Martí, y el cual habría de crecer vorazmente en nuestro siglo.

(Desde luego que el gran tema de América,
en sus más vastas proyecciones, no nace ciertamente en esta etapa[1]. Acorde a las particulares necesidades históricas y culturales de
cada fase su presencia se atestigua de modo natural, desde Andrés Bello y Domingo Faustino Sarmiento, en todos los pensadores hispanoamericanos a partir de la Independencia;
pero conoce a lo largo del modernismo, y por
las razones sucintamente enumeradas, de importantes reactivos que acrecen la historia de
dicho tema con gran acopio de nuevas preocupaciones, autores y obras significativas.)

Y dentro de las fronteras estrictamente literarias fue entonces, durante el modernismo,

cuando el ensayo se define en cuanto a tal: desde la cuestión no insignificante de sus límites
de extensión —rebasando la más amplia e informe «prosa de ideas» del siglo XIX— hasta
la más esencial, estéticamente hablando, de la
calidad artística de página. No pueden silen-
ciarse al respecto, desde luego, los avances tan
insignes hacia esa calidad artística que se habían dado magistralmente en la brillante prosa de Juan Montalvo (Ecuador, 1832-1889), ni
la prédica por una prosa elegante, elaborada y
cuidadosa que coetáneamente desplegara Manuel González Prada (Perú, 1848-1918), que
son los dos escritores en diverso grado de antecedente y nada ajenos a la renovación modernista (pues incluso las fechas de publicación
de los libros ensayísticos de este último caen
dentro del período: sus *Pájinas libres* es colección que aparece en 1894, y *Horas de lucha*
en 1908). En general, sin embargo, es en la
órbita donde se sitúa la ejecutoria literaria
de los modernistas, y condicionado ello por el
surgimiento entonces en los países hispanoamericanos más avanzados de los grandes diarios y rotativos, que estimulan la redacción y
la publicación periódica del ensayo, cuando
éste alcanza su entidad nítida como género literario en esos países y cuando a sus cultivadores se les designa ya directamente como ensayistas.

[1] Para la trayectoria de este tema, fundamental es el ensayismo de la América Hispánica, véase *Conciencia intelectual de América. Antología del ensayo hispanoamericano*,
ed. de Carlos Ripoll, 3.ª ed. aumentada y corregida, Nueva
York, Eliseo Torres and Sons, 1974.

Este recorrido que aquí se intentará por los vastos terrenos del ensayismo hispanoamericano en la época modernista no va a amoldarse al método, seguido por lo común en manuales e historias literarias, de ordenar individual y cronológicamente a sus autores más representativos, y glosar sistemáticamente sus obras mayores. Operará, de diversa manera, tratando de agrupar las motivaciones centrales y más continuadas (algunas adelantadas ya, por razones expositivas) que dieron cuerpo a la literatura ensayística del período, y de ofrecer ilustraciones respectivas de esos motivos. De aquí que el nombre de algún escritor tenga que aparecer repetidamente; y que también se incorporen algunas figuras cuya significación mayor correspondería a la historia de otro género —la poesía o la narración— pero que escribieron páginas ensayísticas indispensables para el entendimiento en profundidad del espíritu de la época.

* * *

No se niega la bullente y aun contradictoria vitalidad cosmovisionaria (y temática) del modernismo, ni se incurre en formalismo, cuando se asume que aquél, el modernismo, cristalizó, ante todo y sobre todo, en una experiencia del lenguaje, en un estilo —o tal vez, con mayor precisión, en una definida *voluntad de estilo*, que es quien propicia a dicho movimiento su ingreso en la historia literaria con todos los rangos de una decisiva renovación y apertura artística. Y para hurgar en su fundamentación estética e ideológica (de ideología estética, para ser en estos momentos más exactos) es imprescindible acudir al ensayo literario de intencionalidad teórica o doctrinal que tan abundantemente se practicó en aquellos años. Pues con sus naturales pero aislados precedentes —que en ese particular sentido irían desde Andrés Bello y Esteban Echeverría— la época modernista respresentó, ya de manera unánime y definitiva, la fase en que, dentro de las letras de la América hispana, la reflexión crítica sobre la escritura incide en el artista de un modo obligadamente paralelo al ejercicio de la propia creación (incidencia que ya concede al modernismo, más allá de sus realizaciones formales, su significado último de primer acorde de entrada a la modernidad en la literatura hispanoamericana. El poeta, el narrador y el cronista —que con general frecuencia coinciden en el mismo autor— meditan, en piezas que no pueden ser consideradas sino como ensayísticas, sobre su voluntad de arte, a veces sobre su obra —sus aspiraciones y sus logros—, y sobre las exigencias más decisivas de aquella misma renovación que estaban emprendiendo y orientando reflexivamente. Como es sabido, ese designio renovador actuaba en sentido de reacción y superación de muchos escollos estilísticos que ya iban haciéndose casi endémicos en el castellano literario: el imperio del clisé seudoclásico, que había atravesado indemne todo el romanticismo hispano, la afectada engolación de éste (no las verdaderas esencias del romanticismo) y, sobre todo y como estímulo más directo, la general penuria de lenguaje de corto vuelo imaginativo a que había impulsado la estética del realismo y el naturalismo inmediatamente anteriores.

Lo que en miembros de la primera generación modernista, de Martí y Manuel Gutiérrez Nájera (México, 1859-1895) hasta Rubén Darío (Nicaragua, 1867-1916) tuvo que ser necesariamente inauguración y programa —*manifiesto*, aunque sin todavía así llamarlo: esto será cosa de las vanguardias—, acabó por ser reconocimiento y afianzamiento orgulloso de una estética acrática, varia, sutil y complejísima que venía por naturalísimo cauce a integrarse (al *modo* americano desde luego; es decir, sincrético) con las distintas tendencias y maneras de estilo que habían ido surgiendo en Francia y en las literaturas occidentales más dinámicas a todo lo largo de la segunda mitad del siglo XIX y en el fin de siglo. Bajo el diseño de esta estética lo que en el fondo se defendía eran los derechos absolutos de la individualidad, del espíritu libre y de la imaginación creativa sobre el amputador determinismo dominante en aquella etapa —positivista y realista— precedente. Y así, muy pronto, el mismo Darío y algunos de los otros grandes escritores de la segunda hornada modernista —Amado Nervo (México, 1870-1919), José Enrique Rodó (Venezuela, 1871-1927), Enrique Gómez Carrillo (Guatemala, 1873-1944), Rufino Blanco-Fombona (Venezuela, 1874-1944), Julio Herrera y Reissig (Uruguay, 1875-1910), Horacio Quiroga (Uruguay, 1878-1937)— pudieron abordar una aguda y comprensiva exégesis crítica del arte practicado por ellos y por sus antecesores inmediatos.

Debido a ello cabe afirmar que el servicio de orientación teórica y de valoración crítica que puede brindar el género ensayístico en manos del crítico practicante (en la denominación de T. S. Eliot: el escritor que crea y a la vez comenta analíticamente, desde sus coordenadas estéticas, la creación literaria), servicio que en los tiempos posteriores habría de conocer dentro de Hispanoamérica una impecable tradición desde Alfonso Reyes y Jorge Luis Borges a Octavio Paz, Cintio Vitier y Guillermo

Sucre, quedó pulcramente definido ya en los años mismos de la peripecia modernista.

De entrada, el ensayo conoce así, en esos años, un ensanchamiento temático que puede comenzar a registrarse documentando algunas de las amplias cuestiones —teóricas y críticas— a que pudo dar cabida: y después, los intentos de penetración filosófica de la realidad y el arte mismo en que por vía natural aquella investigación vino a desembocar. Los variados intereses artísticos de esos creadores quedarían unificados desde sus inicios —y esto se ve mejor desde una mirada retrospectiva— por el propósito común, aunque muy individualmente encauzado, de «trabajar por el brillo de la lengua castellana en América», según estamparían con ya mayor clara coincidencia de esa comunidad de intenciones, Darío y el boliviano Ricardo Jaimes Freyre (1868-1933) en la declaración editorial del número primero (1894) de su *Revista de América* publicada en Buenos Aires. Tal propósito entrañaba lógicamente la necesidad saludable de alzarse sobre la inercia de un mal entendido *casticismo* en que se afincaba una España «amurallada de tradición, cercada y erizada de españolismo» (Darío: «Los colores del estandarte», 1896). Pero, por modo natural, la multiplicidad de tales intereses tenía que acotar, desde muy diversos y complementarios flancos, el arduo problema de delimitar de un modo más preciso las múltiples aristas de la renovación artística radical que se perseguía. Implicaba, ante todo, un ataque frontal al principio, generalmente extendido y apoyado en una fuerte tradición mimética, de que «el objeto del arte es la imitación de la naturaleza», creencia básica del realismo y vista ya por Gutiérrez Nájera como un «error monstruoso» («El materialismo y el arte», 1876). Y comportaba, como instrumento de ampliación dentro del arte literario, la necesidad de aplicar al lenguaje los principios y procedimientos de otras modalidades estéticas, base de las frecuentes y características transposiciones artísticas que ensayaron los modernistas. «El escritor ha de pintar como el pintor. No hay razón para que el uno use de diversos colores, y no el otro» (Martí: «El carácter de la *Revista Venezolana*, 1881); y la idéntica convicción, ampliada después por Darío, de que «llevar el arte de la palabra al terreno de otras artes, de la pintura verbigracia, de la escultura, de la música», no es extralimitación alguna sino «dar toda la soberanía que merece el pensamiento escrito» («Catulle Mendès. Parnasianos y decadentes», 1888).

Análogo empeño de apertura —tal es el signo de la época— va implícito en la voluntad modernista de cosmopolitismo, de ampliar urgentemente los horizontes artísticos hacia donde el autor ha de mirar y donde ha de nutrirse. Así Martí se pregunta, también tempranamente: «¿Por qué nos han de ser fruta vedada las literaturas extranjeras, tan sobradas hoy de ese ambiente natural, fuerza sincera y espíritu actual que falta en la moderna literatura española?»; para responderse, aforísticamente: «Conocer diversas literaturas es el medio mejor de libertarse de la tiranía de algunas de ellas» («Oscar Wilde, 1882). Todos vendrán, aquí, casi literalmente a coincidir: «Conserve cada raza su carácter sustancial; pero que no se aísle de las otras ni las rechace, so pena de agotarse o morir» (Gutiérrez Nájera; «El cruzamiento en literatura», 1894). O con un índice más preciso hacia la literatura francesa como fuente y suministro mayores, el poeta mayor del modernismo escribirá: «Al penetrar en ciertos secretos de armonía, de matiz, de sugestión, que hay en la lengua de Francia, fue mi pensamiento descubrirlos en el español, o aplicarlos» (Darío, otra vez en «Los colores del estandarte»).

En consecuencia y resumen de tantas aperturas, se admitirá y proclamará un bien asimilado *eclecticismo* como única ley provechosa de enriquecimiento espiritual y expresivo. Ya, y en fecha no muy tardía, Julio Herrera y Reissig lo saludaba así: «Ser ecléctico es poseer ese refinamiento sibarítico, esa quintaesencia del gusto que constituye la naturaleza intelectual del siglo —es estar a la última moda—, es habitar un palacio lujoso en la Babilonia del saber: el eclecticismo es el punto más alto de la escala que tiene que ascender el crítico.» («Conceptos de crítica», 1899). Vale decir que el sincretismo, que en lo ideológico y lo estético constituye el rasgo común y definitorio del modernismo según la más atinada crítica actual, era ya así percibido, bajo los mismos términos, por los propios creadores de la época y en su justo momento. Hasta aquí hemos ofrecido, en muestrario extremadamente mínimo, una selección de aquellos ensayos literarios fundamentales del período donde el interesado puede encontrar algunas claves hacia las bases teóricas o doctrinales de la nueva estética [2]. Del mismo modo se procederá en seguida al observar cómo, cuando ya consolidado el movimiento (es decir, traspasado el filo del 900), sus propios representantes alcanzan la perspectiva suficiente para emprender una evaluación crítica total de lo que aquel movimiento había venido a significar en suma.

---

[2] Todos los ensayos mencionados en estos párrafos, entre otros muchos de análogo tema, aparecen recogidos en *Antología crítica de la prosa modernista hispanoamericana*, ed. de José Olivio Jiménez y Antonio R. de la Campa, Nueva York, Eliseo Torres and Sons, 1976.

Así, a Enrique Gómez Carrillo le es posible ratificar como tal vez la más importante de las conquistas recientes, la incorporación del escritor —poeta y prosista— a «la gran religión del ritmo». Y es que el ritmo y la armonía —la búsqueda de una palabra armoniosa y pura que reflejara la armonía secreta de la Creación— eran las imposiciones ineludibles que la asumida ley estética y espiritual de la analogía condicionaba en ese escritor del modernismo. Y lo más interesante de tal imposición es que su obligatoriedad se hacía sentir ahora por primera vez —así lo proclama Gómez Carrillo— en el campo de la prosa, la cual rebasaba así su carácter meramente ancilar o vehicular para demandar y obtener al fin, en su elaboración, la mayor paciencia y el arte sumo («El arte de trabajar la prosa», en *El modernismo*, 1905). Poco después, Amado Nervo definirá toda la literatura modernista hispánica en calidad de *una* manifestación más de las tendencias universales de la época y la identificará, filiándola así dentro de una «tonalidad» simbolista, como una manera de «ver *hacia* dentro» y como una respuesta del artista ante la exigencia de una «Naturaleza múltiple, misteriosa y divina, que quería externar para nuestros oídos lo mejor de su alma» («El modernismo», 1907). Y Manuel Díaz Rodríguez, consciente ya de la parcialización estimativa que empezaba a obrarse sobre el modernismo al asociarlo excluyentemente con «rubendarismo» —el «primer» Rubén— y preciosismo, se negará a reducirlo a la categoría de escuela de arte o literatura. Por el contrario, se afanará, como Nervo, en situar aquél dentro de su justo contexto universal, e insistirá en apreciarlo con entera justicia, pues con ello destaca igualmente cuánto debió el modernismo al estímulo simbolista, como un «movimiento espiritual y profundo» («Paréntesis modernista o ligero ensayo sobre el modernismo», en *Camino de perfección*, 1910). Y bastantes años más tarde, Rufino Blanco-Fombona, al disponer por ello de un mayor punto de vista no sólo sobre el movimiento sino también sobre sus consecuencias ulteriores, podrá describirlo como un trampolín que sirvió al escritor del continente para «saltar al corazón de nuestra América» (*El modernismo y los poetas modernistas,* 1929).

Además de tan amplio destino de fundamentación estética y valoración global, que hasta este momento hemos documentado esquemáticamente, el ensayo literario durante el modernismo cumplió otra función: el examen y enjuiciamiento crítico inmediato de autores y obras de la época —en una palabra: la crítica literaria. Los modernistas de ambos lados

del Atlántico se acompañaron, en este respecto, unos a otros: Martí escribe sobre Casal; Baldomero Sanín Cano (Colombia, 1861-1957) sobre José Asunción Silva; Leopoldo Lugones (Argentina, 1874-1938) sobre Ricardo Jaimes Freyre; Rodó sobre Darío; Nervo sobre Lugones, Darío, Enrique González Martínez, y Manuel Díaz Rodríguez; Darío sobre Martí y, generosamente, sobre casi todos; y aun Rufino Blanco-Fombona precipita toda una polémica sobre la prioridad entre Lugones y Herrera y Reissig, hoy salvada justicieramente a favor de este último (y la ejemplificación es harto incompleta, aun en cada autor, limitándonos a unas escasísimas muestras del lado hispanoamericano). También acometieron, con esa voluntad de cosmopolitismo que ya les conocemos, la crítica sobre autores europeos y norteamericanos: Martí sobre Walt Whitman, Emerson y Oscar Wilde; Julián del Casal (Cuba, 1863-1893) sobre Joris Karl Huysmans; Gómez Carrillo sobre prácticamente toda la decadencia europea. Y Darío dejó en esta dirección un libro de sólida perduración, ante todo para comprenderle cabalmente: *Los raros* (1896), conjunto de muy personales semblanzas literarias sobre las preferencias estéticas de su juventud —desde cuyo título se entiende sutilmente ese sentido de marginación y extrañeza en que, para contrastarlo con el estragado gusto de la «mayoría» burguesa, situaban voluntariamente su arte los propios modernistas. Fue, en general, una crítica situada aparte de todo rigor metodológico, de corte subjetivo e impresionista e incluso lírico —crítica de «empatía»—, válida especialmente para comprender, en sus más logradas concreciones y en sus casos individuales, las aspiraciones estéticas de aquellos artistas y las entretelas espirituales de la época[3]. Y aunque no un libro que trate totalmente esta temática, *El mirador de Próspero* (1913) de José Enrique Rodó, contiene algunas de las páginas de mayor altura y dignidad en la crítica literaria de los tiempos del modernismo.

Dentro de nuestras naturales limitaciones de espacio, habrá de darse fe ahora de otras inquietudes más profundas y esenciales que afectaban también a aquellos espíritus —y que pasaron al ensayo, completando así la visión del período. Aunque en general «más artistas que pensadores» —así se veía, y veía a los modernistas, Horacio Quiroga («Aspectos del modernismo», 1899), el ensayismo de entonces testi-

---

[3] Una amplia y excelente representación de estos trabajos de crítica literaria, practicados por los modernistas sobre autores y obras del mismo período, puede encontrarse en *El modernismo visto por los modernistas*, ed. de Ricardo Gullón, Madrid, Guadarrama, 1980.

monia la hondura y lucidez con que supieron pensar la problemática histórica y cultural de América, de su América, tanto como abrirse nerviosamente al misterio total del mundo y la realidad (vislumbrando de paso la inextricable relación que se tendía entre ese misterioso y la forma —o formas— de arte que asumieron). Aunque obligatoriamente anticipada su mención, este es el lugar exacto de destacar el importantísimo puesto que, por su extensión y la clarividencia en el tratamiento de la candente cuestión, tiene en la vasta obra en prosa de José Martí la definición de *Nuestra América* como él mismo la designara en aquel ensayo de 1891 que se sitúa en el corazón mismo de la época modernista. Artículos suyos como «Nuestras ideas» (1892), «Mi raza» (1893), tanto como sus numerosos, limpios y robustos enfrentamientos a los temas del indio y del negro, se jalonan en esa ardorosa prédica americanista que da una de las dimensiones más sólidas de la múltiple personalidad de Martí.

Esta preocupación de América, de signo inicial y básicamente cultural pero de implicaciones sociales y políticas por los condicionamientos de la historia a que se ha hecho referencia, estuvo por ello llamada a un más amplio desarrollo a partir de la fecha crucial de 1898. Así, las manifestaciones del creciente expansionismo de los Estados Unidos, de índole abiertamente política y económica, determinaron que, en el ensayismo de esta dirección, el antiimperialismo *cultural* de Rodó en su *Ariel* confluyese al cabo en el anti-imperialismo *total* de muchos de los representantes del *arielismo* —discípulos, continuadores (y a veces deformadores) del pensamiento del maestro. Abundaron entonces, y por mucho tiempo, las «explicaciones» de América, algunas deudoras en mayor o menor grado del pensador uruguayo, y otras ya fuera de su alcance ideológico: *El porvenir de la América española* (1920) y *Mi campaña americana* (1922) del argentino Manuel Ugarte (1878-1951); *Nuestra América* (1903) del también argentino Octavio Bunge (1875-1918); *La creación de un continente* (1912) del peruano Francisco García Calderón (1880-1953); *Idola fori* (1910) del colombiano Carlos Arturo Torres (1867-1911). Relacionadas también anchamente con el tema de América, desde lo cultural y literario hasta lo definitivamente social y político, ha de advertirse que no se traen a mención aquí obras de Pedro Henríquez Ureña, Alfonso Reyes, José Vasconcelos y José Carlos Mariátegui por considerar que, si bien los inicios literarios de los dos primeros se enraizan cronológicamente en los límites canónicos del modernismo, las fechas de publicación y el carácter mismo de

las obras de madurez de todos ellos rebasan en lo general esos límites.

Les fue dable también a los pensadores de la época —e incluso a los escritores que no cultivaron sistemáticamente la literatura de pensamiento— penetrar, a través del ensayo, hasta los trasfondos morales y filosóficos desde los cuales el hombre de «este angustioso fin de siglo» —así lo calificaba ya José Asunción Silva (Colombia, 1865-1896)— interpretaba la realidad y ejercía su arte. En su citado «Prólogo al *Poema del Niágara*», de 1882, pudo ya Martí describir visionariamente la angustia moral y sus universales consecuencias —«Nadie tiene hoy su fe maga segura... Todos son soldados del ejército en marcha. A todos besó la misma maga»— que a ese hombre asaltaba como secuela natural de unos «tiempos de reenquiciamiento y remolde». Para el mismo Silva, a través de su alter ego José Fernández y en páginas de sus novelas *De sobremesa* que pueden leerse como puro ensayismo, «lo que se llama *percibir la realidad* quiere decir *no percibir toda la realidad*, ver apenas una parte de ella, la despreciable, la nula, la que no importa» (1895). Era una visión más honda e integradora de la realidad lo que ahora se demandaba, y este inquisitivo afán pudo llegar a ser comprendido y señalado como la raíz de «esta nerviosa generación actual» que busca «satisfacer su curiosidad del misterio de la vida» —como suscribe Carlos Reyles (Uruguay, 1868-1938) en el prólogo a su novela *El extraño* (1896). La conciencia de aquella angustia y de esta nerviosidad, que da su vibración más incisiva a tantas creaciones poéticas y narrativas del modernismo, aparece pulcramente notariada y comentada en muchos ensayos del período.

Sin embargo, no debe sorprender, pues estos desfases suelen ocurrir a nivel individual en la historia de las letras y el pensamiento hispánicos, que algún ensayista aún defiende honestamente, ya en los años del neoespiritualismo modernista, una posición anterior. Tal sucede en el argentino José Ingenieros (1877-1925), cuyo examen de la evolución y condición del hombre, tanto como su ética, reconocen un origen matizado en el cientificismo y el determinismo que la filosofía positivista había puesto en circulación. Frente a este caso, en cambio, Carlos Vaz Ferreira (Uruguay, 1873-1958), de obra que cae sustancialmente en el ensayismo filosófico, ofrece un pensamiento de tono marcadamente vitalista que recorre la evolución propia de la época: desde unos inicios aún marcados por el positivismo hasta la misma puesta en cuestión de éste y su ya definida superación.

Fue allí, en tierras del Plata, donde el modernismo artístico encontró su justa articulación contextual dentro del más vasto y comprensivo trasfondo de las ideas filosóficas de la época; y ello fue obra, por modo natural, de pensadores y de expositores —o creadores— de filosofía. José Enrique Rodó, al declararse a sí mismo como también partícipe del espíritu del modernismo, lo supo interpretar ya en calidad de «la reacción que, partiendo del naturalismo literario y del positivismo filosófico, los conduce, sin desvirtuarlos en lo que tienen de fecundos, a disolverse en concepciones más altas» («Rubén Darío, *La vida nueva* II, 1899). Y algo más tarde, a raíz del libro *Idola fori* de Carlos Arturo Torres, el propio Rodó examinó con más detalle la crisis del pensamiento positivista que se cumple durante el lapso del modernismo. Y observa allí cómo el hombre de ese lapso histórico estaba reivindicando «la sublime terquedad del anhelo que excita a la criatura humana a encararse con lo fundamental del misterio que la envuelve». En su análisis, Rodó no abjura de las conquistas válidas y permanentes, irrenunciables, del positivismo —y aun las enumera y enuncia—, y por ello puede deslindar escrupulosamente las profundas diferencias que separan el idealismo de su tiempo del anterior idealismo romántico del XIX. Por ello puede concluir con un *nosotros* que define y abarca a todos los espíritus de la época: «Somos los neoidealistas...» («Rumbos nuevos», 1910, recogido en *El mirador de Próspero*). Este rescate y reincorporación del misterio dentro del escrutinio de la realidad, que no supone negar la atención y constatación de ésta en sus dimensiones más inmediatas (hubo también una veta «realista» a todo lo largo del modernismo), sino ampliarla hasta sus estratos más hondos, es la clave mayor —más necesaria— para entender raigalmente ese neoidealismo o neoespiritualismo que con tanta precisión y rigor rubrica Rodó como sustrato filosófico último de la época.

Así también la ha caracterizado el argentino Alejandro Korn (1860-1936), quien tiene un merecido puesto de honor en la historia hispanoamericana de las ideas por haber formulado, desde su posición idealista, una personal doctrina de los valores y de la libertad creadora. Ya casi al final del periplo modernista, si lo tomamos en sus más estrictos límites cronológicos, Korn pudo practicar la diagnosis del sentido esencial de este movimiento hondo y universal —todo un «mundo nuevo»— dentro del que el modernismo se inscribe. Reconociendo justamente también, como Rodó, cuánto debe esa reacción finisecular a la «in-vestigación positiva» inmediatamente anterior, pone énfasis, sin embargo, en lo que de novedad y compleción tal reacción comportaba: «Es la sublevación de los esclavos de la exactitud que descubren el peso de sus cadenas, la estrechez de sus encierros y, rebeldes, intentan formarse una concepción amplia sobre la totalidad de lo existente» («Corrientes de la filosofía contemporánea», 1917). No es ya sólo el mundo aparencial y verificable, el mundo de las cosas y los fenómenos —campo de operaciones del positivismo—, lo que el espíritu de aquellos hombres rebeldes, de los modernistas por tanto, ansiaban entonces aprehender y concebir: es ya la totalidad del mundo —esto es, también lo secreto, lo evasivo, el misterio.

Muy sumariamente habrá quedado ratificado ese ensanchamiento temático, al cual más atrás hubimos de referirnos, que conoce el ensayo durante el modernismo: desde la fundamentación teórica y la valoración crítica de su doctrina estética y de sus conquistas expresivas en la escritura hasta la dilucidación de los graves problemas de la identidad cultural y política de la América latina, y, concluyendo, la ubicación histórico-filosófica del arte y el pensamiento modernistas. No es pequeña, pues, la importancia del ensayo para la comprensión, desde sus mismos adentros, de esa etapa decisiva en la historia de las letras hispanoamericanas, por lo general tan tenazmente mal entendida o deformada en su apreciación.

* * *

Un recorrido por la prosa modernista no narrativa —es decir, excluidos el cuento y la novela— no puede soslayar alguna somera atención sobre un género que representa una absoluta novedad y aportación de aquellos escritores a las literaturas hispánicas: la crónica. Como es sabido, fueron los años del modernismo también los del surgimiento en la América de lengua castellana de un fenómeno de doble dimensión, literaria y sociológica, ya desarrollado en el ámbito francés con varias décadas de anterioridad y precisamente por algunos de los mismos autores que los modernistas habrían de tomar como dechado e inspiración: el de la profesionalización de la literatura. De otro modo: el del nacimiento del periodismo literario, que por venir a cumplirse en manos de artistas excepcionales supuso la dignificación de esa misma actividad periodística. El resultado fue el brote de la crónica como género nuevo en las letras hispanoamericanas.

Con escasas pero importantes excepciones —el colombiano José M.ª Vargas Vila

(1860-1933), y la mayor de todas: Enrique Gómez Carrillo, el cronista por antonomasia del modernismo—, ese género, por determinación de las transformaciones socio-económicas del fin de siglo, aparece como obra de quienes militan entre sus más altos poetas : desde Martí y Gutiérrez Nájera hasta Casal, Darío, Nervo, Luis G. Urbina, José Juan Tablada. Esa circunstancia propicia el hecho de que, por debajo del carácter exteriormente informativo y prosístico de la crónica, ésta se sienta filtrada en todo momento del intenso lirismo que fue uno de los rasgos más acusados de la literatura modernista.

El itinerario que llevó a la irrupción de este género ha sido trazado por Angel Rama, quien ha explicado además las hondas coincidencias de aquél con las normas estéticas generales del modernismo. Disuelto el sistema de libre patrocinio sobre la creación artística, sistema ejercido habitualmente por la antigua aristocracia y luego por la burguesía que le sucede, el poeta como tal se siente desplazado de la nueva organización social y experimenta la necesidad de adaptarse al utilitarismo pragmatista que es la marca de aquélla, lo que le impele a buscar por su cuenta un mercado consumidor de esa *mercancía* inmediata en que venía a quedar convertido el producto artístico. De aquí esa urgencia factual, digamos existencial, que no es mero calco del *chroniqueur* francés, sino el estimulante histórico del nuevo giro que habrán de dar a sus capacidades creadoras.

El progreso económico de los países más adelantados de Hispanoamérica al favorecer la aparición de los grandes periódicos, como se dijo, les dio entrada a ese mercado, al menos como escritores, y devinieron *cronistas,* asegurándose así el nivel mínimo de subsistencia que les permitiera continuar paralela y a veces casi secretamente el ejercicio de su personal labor poética. Los mejores no tuvieron, sin embargo, que renunciar a un tono sostenido de excelencia y aun brillantez artística en esos aparentemente circunstanciales trabajos en prosa; e incluso el estímulo del general principio competitivo les fue un oportuno acicate para la búsqueda de un estilo que concediera una personalidad distintiva a tales productos. Rama puede aun notar con especifidad las muy evidentes similitudes entre las exigencias del periodismo nuevo a que aquellos poetas, convertidos en cronistas, tuvieron que ajustarse («novedad, atracción, velocidad, *schock*, rareza, intensidad, sensación»») y las tendencias estilísticas más resaltantes del arte modernista: «la búsqueda de lo insólito, los acercamientos bruscos de elementos disímiles, la renovación permanente, las audacias temáticas, el registro de los matices, la mezcla de las sensaciones, la interpretación de distintas disciplinas, el constante, desesperado afán de lo original[4]. Las equivalencias son, a todas luces, convincentes; aunque no basten a explicar, con un carácter determinista, las proyecciones más sustanciales del nuevo arte.

La consecuencia de tal proceso fue que aun a despecho de la reluctancia con que algunos de esos hombres asumieron sus faenas de escritores a sueldo, emplazados a un trabajo vertiginoso y muy propicio a «aniquilar las ideas propias» y a «descuidar el pulimento de la frase» (como sostiene Julián del Casal en su crónica sobre «Bonifacio Byrne», de 1893) —las cuales fueron las preocupaciones claves de los modernistas—, para los efectos generales de la naciente literatura se cumplió el más afirmativo y categórico juicio de Rubén Darío: «El periodismo constituye una gimnasia del estilo.» Y hasta escribió un artículo sobre el tema, de título alertador: «El periodismo y su mérito literario». De crónicas, antes publicadas generalmente en diarios, se componen algunos de los libros más conocidos de Darío: *España contemporánea* (1901), *Peregrinaciones* (1901), *Tierras solares* (1904).

En las páginas de las publicaciones de la época hay que buscar en rigor, las primeras plasmaciones de la expresión en prosa del modernismo, y después el placentero regodeo —la sutilización— en ella: desde el estilo vigoroso y denso pero siempre funcional de Martí hasta el completamente distinto de Gutiérrez Nájera, al remedar éste las notas que precisamente indicaba como características del temido y poco respetado *réporter* de los periódicos nuevos, de inspiración norteamericana, a quien veía como «ágil, diestro, ubicuo, invisible, instantáneo». Y es que la naturaleza aún no definida del género, que ellos mismos iban configurando, permitía llevar a su terreno las personales inclinaciones de cada escritor. En verdad, a lo largo del modernismo pareció predominar en la crónica la orientación ligera y entretenida —dejando aparte el caso de Martí, y aun el de Darío que tiene en su *España comtemporánea* páginas de gran dramatismo y «seriedad»— que ya se plasmara incialmente en Gutiérrez Nájera. Uno de los cronistas más activos de esos años, Luis G. Urbina (México, 1864-1934), definirá años más tarde esa orientación de esta manera: «Sólo un pretexto para batir cualquier acontecimiento insignificante y hacer un poco de espuma retórica, sahumada con algunos granitos de gracia y elegancia.» Todo ello no obligaba, por tanto, a

---

[4] Angel Rama, *Rubén Darío y el modernismo*, Caracas, Universidad Central de Venezuela, 1970, pág. 76.

«El Cometa del 82», grabado de José Guadalupe Posada.

desatender la preocupación estilística, ni ahogaba el refinamiento sensorial y exquisito: esa «gracia y elegancia» de que habla el propio Urbina. Ni aun siquiera callaba los fondos melancólicos y escépticos del pesimismo finisecular —léanse muchas crónicas de Nájera, de Casal, del mismo Urbina, de Darío— que dio vida a lo mejor de la obra lírica de estos poetas.

Nada hay menos seguro que delimitar con rigor las fronteras del género. Colinda la crónica con muchas manifestaciones en prosa que, en un grado y otro, pueden serle vecinas: el ensayo, la crítica, el relato, el apunte descriptivo, el poema en prosa. O mejor sería decir: se aprovecha ocasionalmente de ellas, o deriva sin acaso pretenderlo el autor hacia cualquiera de esas modalidades. Cuando en 1915 Luis G. Urbina selecciona, para recopilar en volumen, algunos de sus trabajos periodísticos de esta índole, escritos entre 1893 y 1912, le da a aquel volumen un título que sirve de aviso sobre este punto: *Cuentos vividos y crónicas soñadas,* indicativo de ese voluntario entrecruzamiento de ficción y realidad, de vivencia y fantasía —y por tanto, de entrecruzamiento de los géneros subsecuentes— que se dio en la prosa artística del período. Un solo criterio, y aun aproximado, pudiera ser válido para reconocer lo más característico de la crónica, y permitir la clasificación genérica de un texto como tal: la inmediatez y actualidad de lo comentado, es decir, de lo que pudiera considerarse como núcleo o semilla de su más o menos sólida, más o menos leve materia argumental.

Se dan a continuación algunas de las posibilidades temáticas de la crónica —tal como cristalizaron concretamente en la literatura modernista—, seguidas de los títulos de piezas que han quedado como antológicas en la historia del género durante aquella época. Un suceso ocurrido, presenciado o no como testigo por el cronista pero que por su resonancia histórica habría de despertar el inmediato interés de los lectores: «El terremoto de Charleston» (1886), «Fiestas de la Estatua de la Libertad» (1887) y, sobre el sangriento proceso de los anarquistas de Chicago, «Un drama terrible» (1887), todas de José Martí. Un acontecimiento de brillo en la sociedad o una escena costumbrista que deleitara, principal aunque no exclusivamente, al público femenino (con frecuencia particularmente tenido en cuenta por el cronista): «Un gran baile en Nueva York» (1888) de Martí, «La Noche Buena en México» de Manuel Gutiérrez Nájera; «Los payasos norteamericanos» (1890) de Julián del Casal; y las numerosísimas de Amado Nervo sobre este tema, escritas a lo largo de 1895 y reunidas en sus *Obras completas* bajo el título colectivo de «Crónicas teatrales». La descripción de motivos fascinantes por exóticos, como tantas del *príncipe* de la crónica modernista, Enrique Gómez Carrillo: «Danza de bayadera», «En una fumería de opio anamita»[5]. El retrato o semblanza —con incursiones hacia sus ideas, su estilo, su personalidad literaria o pública— de algún personaje conocido o visitado, de muchos momentos en el día: «Walt Whitman» (1882) de Martí, «Castelar» (1899) de Darío.

A veces esa actualidad de lo tratado, apuntada como mínimo rasgo definitorio de la crónica, sólo se registra en el ámbito personal de la realidad vivida por el escritor, pero de todos modos el cronista intenta comunicársela al lector a través de la escritura. Por ello, muchas así llamadas crónicas son en verdad poemas en prosa más o menos extensos, hilvanados en torno a algún suceso o alguna impresión mínimos: «Crónica color de bitter», de Gutiérrez Nájera; «Bocetos sangrientos. El matadero» (1890) de Casal; numerosísimas piezas breves de Darío que van en esa dirección; y todas las *Crónicas soñadas* de Urbina, a las que éste puso un subtítulo muy expresivo de lo que aquí se intenta hacer notar: *Subjetivismos*. Debido también a esta intromisión del lirismo en la materia textual de lo supuestamente informativo se produce el hecho de que, en ocasiones, la presentación de un autor nuevo o el comentario de un libro reciente —lo que en último alcance correspondería al ensayismo literario o a la crítica— tómase la forma más vivaz, cálida y suelta de la crónica: «Oscar Wilde» (1882) de Martí, «Joris Karl Huysmans» (1802) de Casal.

Un capítulo aparte merecen dentro del género —a pesar de lo difícil de una acotación o deslinde nítido en tal sentido— las crónicas (o notas, o sencillamente impresiones) de viaje. Es para los hispanoamericanos la ocasión de vivir factualmente su inveterada vocación de cosmopolitismo, de hacer su apasionada experiencia del mundo. Desde luego, los modernistas supieron también mirar y escribir sobre lo propio, nacional y americano; y valgan como ilustraciones, dentro de este tipo de crónica, los apuntes de viaje de Martí por tierras de México, «el lago de Pátzcuaro» de Gutiérrez Nájera, «Frente al Chapala» de Urbina, *El encanto de Buenos Aires* de Gómez Carrillo, y todo *El viaje a Nicaragua* de Darío. Más les encandilan, sin embargo, los lugares exóticos del Oriente y los países o rincones más pintorescos —o más sofisticados— de Europa: «¿Por qué va uno a la India, como Jules Bois;

a España, como Rubén Darío, al Japón, como José Juan Tablada?», se pregunta Amado Nervo en un artículo cuyo título es una invitación al tema del viaje: «¿Por qué va uno a París?» (1902). La respuesta está en la misma raíz por la que innovaban —en verso y prosa— la expresión literaria; al menos, tal lo siente el propio Nervo: «... la característica de unos y de otros, de todos los viajeros, es ésta: el anhelo de novedad». Así Rubén recoge parcialmente el recuento cronístico de sus andanzas parisinas en *Peregrinaciones* (1901); y del mismo modo Nervo las suyas en *El éxodo de las flores del camino* (1902) y en otras colecciones. José Juan Tablada (México, 1871-1945) da cuenta de sus aventuras por el Oriente en el libro titulado *En el país del sol* (1919); y Manuel Díaz Rodríguez de las que emprendiera por varios países de Europa en *Sensaciones de viaje* (1896) y en *De mis romerías* (1898).

Quien con mayor lujo verbal y prolijidad de datos e información y también más sotenidamente, describiera sus excursiones por muy remotos paisajes fue Enrique Gómez Carrillo. Sus crónicas que llenan más de veinte volúmenes en sus *Obras completas*, nos trasladan a los más variados lugares del mundo; y los títulos de esos libros anuncian ya los distintos destinos de tan incansable viajero: *De Marsella a Tokio* (1905), *La Rusia actual* (1906), *La Grecia eterna* (1907), *Jerusalén y la Tierra Santa* (1913), *Sensaciones de Egipto* (1918), *El Japón heroico y galante* (1922) —y muchos más, sin descuidar, y muy continuadamente desde luego, «el alma encantadora de París», como la calificara desde el rótulo de otro de esos libros. Pues Gómez Carrillo, ejemplar extremado del modernista hispanoamericano transculturizado y desarraigado, vivió voluntaria y largamente en París y allí publicó la mayor parte de su obra.

Y hasta teorizó el prolífico escritor guatemalteco sobre esas peregrinaciones y sobre el arte del relato de viajes. Cuando el viajero es personal, nos dice, «tiene que ser lírico». Y añade, condensando la doble imposición, estética y subjetiva, que él, dentro de una escritura que no pudo ser sino brillantemente superficial, se propuso cumplir: «Lo único que se le permite es que exhale, en una prosa sensible y armoniosa, las sensaciones de su alma» («La psicología del viaje», en el tomo VI de sus *Obras completas,* 1919). Por su parte, Manuel Díaz Rodríguez sabrá captar la personal sugestión agridulce del viaje y de las descripciones que lo recuerdan. Para él, si existe el placer de los viajes, es un «placer melancólico». Y solo «melancolías, nostalgias y deseos impo-

---

[5] Muchas de las crónicas aquí citadas se incluyen también en el volumen antológico consignado en la nota 2.

sibles forman lentamente la tristeza que se alza de las páginas de muchos libros de viajes» («Alma de viajero», en *De mis romerías).* Así, ni en el tipo de escritos que pudiera parecer más frívolo, el modernista pudo callar ese sutil mal de fin de siglo, tejido de pesimismos y de sueños, que a su través encontró la más fina expresión en las letras hispánicas.

Bibliografía del modernismo literario hispanoamericano

LUIS ÍÑIGO MADRIGAL

La presente *Bibliografía del modernismo literario hispanoamericano* recoge sólo, por lo regular, estudios acerca de aspectos generales o particulares del Modernismo en Hispanoamérica en su conjunto, o en cada uno de los países que la conforman. Sin embargo, se han incluido también algunos títulos sobre ese fenómeno literario en el terreno hispánico general, así como diversas contribuciones a la bibliografía del modernismo (entre las que destacan los índices de revistas hispanoamericanas en que los modernistas publicaron) y, en suma, todas las referencias que de una u otra manera tengan relación con los aspectos generales o gregarios del Modernismo en Hispanoamérica. No forman parte de esta recopilación, por tanto, los estudios dedicados a la obra de escritores modernistas en particular (cuyas referencias pueden encontrar en los artículos pertinentes de esta *Historia*), salvo en los casos en que están enderezados a comprender o describir características totales del Modernismo.

Se excluyen también las referencias a los capítulos o menciones del Modernismo que aparecen en las historias literarias hispanoamericanas generales o genéricas, así como los artículos dedicados a él en diccionarios o enciclopedias generales o de la literatura (aun cuando en algunos casos ellos puedan ofrecer una buena visión panorámica: ver, por ejemplo, Germán Bleiberg, «Modernismo», en *Diccionario de Literatura Española,* Madrid, Revista de Occidente, 1964[3]; Gerardo Diego, «Modernismo literario», en González Porto-Bompiani, *Diccionario Literario,* Barcelona, Montaner y Simón, 1960, volumen I; Federico Carlos Saínz de Robles «Modernismo», en su *Ensayo de un Diccionario de la Literatura,* Madrid, Aguilar, 1954, volumen I, etcétera).

Tampoco constan en la presente Bibliografía los muy numerosos artículos aparecidos en diversas revistas españolas que, a comienzos de siglo, efectuaron encuestas sobre el Modernismo (ver, por ejemplo, *Madrid Cómico,* Madrid, 1900 y siguientes; *Gente Vieja,* Madrid, abril de 1902 y siguientes; *El Nuevo Mercurio,* Barcelona, I, 1907).

A más de esas exclusiones premeditadas esta Bibliografía tiene, sin lugar a dudas, muchas involuntarias; tampoco es imposible que algunas de las entradas registradas contengan errores de transcripción. En cualquier caso, y dentro de las características que hemos reseñado, es la más amplia compilación bibliográfica sobre el Modernismo literario hispanoamericano publicada hasta el momento.

Las entradas están ordenadas alfabéticamente por el apellido de sus autores y, en el caso de varias pertenecientes a un mismo autor, cronológicamente. Se señala regularmente la primera edición de cada artículo o libro, salvo indicación contraria. En el caso de artículos publicados en revistas muy conocidas y que han cambiado de lugar de edición durante su historia (p. ej. *Revista Iberoamericana*, del Instituto Internacional de Literatura Iberoamericana; *Hispania,* de The American Association of Teachers of Spanish and Portuguese), se omite el lugar de edición; ello también ocurre en el caso de algunas publicaciones cuyo lugar de edición desconocemos. Algunos de los artículos incluidos forman parte de polémicas sobre el Modernismo, o reseñan críticamente libros dedicados a ese movimiento, lo que no se señala.

El presente trabajo tiene una utilidad evidentemente menor de la que podría tener una bibliografía anotada sobre el mismo objeto (empeño del que ya existen intentos), pero quizá contribuya a que ella sea posible. Para facilitar la consulta de esta *Bibliografía del Modernismo Literario Hispanoamericano* se incluye, a su término, un índice temático.

Se ha agregado también un apéndice que registra las Antologías generales de la obra de los modernistas; casi no vale la pena aclarar que las introducciones y notas de estas Antologías tienen en algunos casos una gran importancia crítica y documental, cuyo ejemplo mayor continúa siendo la obra de Federico de Onís *Antología de la poesía española e hispanoamericana (1822-1932).*

1. AITA, Antonio «El significado del modernismo», *Nosotros,* Buenos Aires, LXXI, 1931, págs. 361-371.

2. —«Sobre el significado del modernismo», *Nosotros,* Buenos Aires, LXXIII, 1931, págs. 80-83.

3. ALEGRÍA, Fernando, «Whitman y los modernistas», en su *Walt Whitman en Hispanoamérica,* México, De Andrea, 1954, págs. 250-281.

4. ALONSO, Amado, *Ensayo sobre la novela histórica . El modernismo en «La Gloria de don Ramiro»,* Buenos Aires, Instituto de Filología, Universidad de Buenos Aires, 1942.

5. AMARAL, Raúl «El modernismo literario en el Paraguay (De la etapa precursora a la iniciación formal)», *Cuadernos Americanos,* México, CLXXXVII, 1973, págs. 205-222.

6. —«Rubén Darío, Valle Inclán y el modernismo Paraguayo», *Cuadernos Americanos,* México, CLXXXIX, 1973, págs. 195-210.

7. ANDERSON, Robert Roland, *Spanish American Modernism. A Selecter Bibliography,* Tucson, University of Arizona Press, 1970.

8. ANDRENIO [E. Gómez Vaquero], «El modernismo en América», *El Sol,* Madrid, 10 de marzo de 1929.

9. ARAUJO, Orlando, «El modernismo literario», *Revista Nacional de Cultura,* Caracas, 20, 126, 1958, págs. 7-24.

10. ARDURA, Ernesto, «El mundo azul del modernismo», *Cuadernos del Congreso para la Libertad de la cultura,* París, 63, 1962, págs. 39-43.

11. ARGUELLO, Santiago, *Modernismo y modernistas,* Guatemala, Tipografía Nacional, 1935, 2 vols.

12. ARIAS LARRETA, Abraham, «Literatura mestiza y modernismo», América, La Habana, XLII, 1, 1954, págs. 6-12.

13. ARRIETA, Rafael Alberto, *Introducción al modernismo literario,* Buenos Aires, Columba, 1956.

14. —«El modernismo. 1893-1900», en Lily Litvak, *El modernismo* (V.) págs. 261-294 [tomado de R. A. Arrieta, ed., *Historia de la literatura Argentina,* Buenos Aires, Peuser, 1958-1960, 6 vols., III, 1959, págs. 441-482].

15. —«Contribución al estudio del modernismo en la Argentina», *Boletín de la Academia Argentina de Letras,* Buenos Aires, XXVI, 1961, págs. 7-48.

16. AYALA DUARTE, Crispín, «El modernismo» en *Primeras Jornadas de Lengua y Literatúra Hispanoamericana (Comunicaciones y Ponencias), Actas Salmanticiensia,* Salmanticensia, Salamanca, X, I, 1956, 2 vols., I págs, 409-429.

17. BAR-LEWAW, Itzhak, «Modernismo e impresionismo», en sus *Temas literarios iberoamericanos,* México, Costa-Amic, 1961, págs. 15-32.

18. BARRERA, Isaac J., *Albert Samain: la influencia francesa en la literatura ecuatoriana,* Quito, Universidad Central, 1930.

19. BELLINI, Guiseppe, *La poesía modernista: formalismo e sviluppo,* Milán, La Goliardica, 1956.

20. —*La poesía modernista,* Milán-Varese, Istituto Editoriale Cisalpino, 1961.

21. BLANCO FOMBONA, Rufino, «Ensayo sobre el modernismo literario de América», *Revista de América,* París, 3, enero 1913, págs. 19-39.

22. —«Caracteres del modernismo: lo que debe ser el arte en América», *El Sol,* Madrid, 17 de mayo de 1924.

23. —*El modernismo y los poetas modernistas,* Madrid, Mundo Latino, 1929.

24. BLANCO GARCÍA, M., *Los voceros del modernismo,* Barcelona, 1908.

25. BOLLO, Sarah, *El modernismo en el Uruguay. Ensayo estilístico,* Montevideo, Impresora Uruguaya, 1951.

26. BONET, Carmelo M., «Neopreciosismo y estilo modernista», *Cursos y conferencias,* Buenos Aires, 50, 1957, págs. 20-50.

27. BRATSAS, Dorothy, «Exoticism in the Prose of the Mexican Modernist», en Dina Reck, ed., *Explorations of Literature,* Louisiana State University Studies, Daton Rouge, 1966, páginas 124-136.

28. BRUSHWOOD, John S., «Introdution» a Mildred E. Johnson, *Swans, Cygnets, and Owl* [Antología de poesía modernista traducida], Columbia, University of Missouri Press, 1956.

29. BUENO, Salvador, «Contorno del modernismo en Cuba», *Revista de las Indias,* Bogotá, 116, 1950, págs. 155-163.

30. —*Contorno del modernismo en Cuba,* La Habana, Lex, 1950.

31 BURGOS, Fernando, «El concepto de modernidad en la novela hispanoamericana», *DAI,* 1982, marzo, 42, 9, págs. 4017A-4018A.

32. CAMPOS, Jorge «Los problemas del modernismo» *Ínsula,* Madrid, 22, abril de 1967, pág. 11.

33. CANSINO ASSENS, Rafael, *Poetas y prosistas del novecientos,* Madrid, América, 1919.

34. CANTELLA, Bárbara D., «Del modernismo a la vanguardia», *Revista Iberoamericana,* XL, 1974, págs. 639 -649.

35. —«From Modernism to vanguard: The Aesthetics of Haiku in Hispanic Poetry», *Dissertation Abstract International,* 37 (197), páginas 296A-297A.

36. CARDEN, Poe, «Parnassianism, Simbolism, Decadentism and Spanish American Modernism», *Hispania,* XLIII, 1960, págs. 545-551.

37. CARDONA PEÑA, Alfredo, «Algunos antecedentes del modernismo», *Letras de México,* México, 5, 116, 15 de agosto de 1946, págs. 311-312.

38. CARTER, Boyd G., *Las revistas literarias de Hispanoamérica,* México, de Andrea, 1959.

39. —«Gutiérrez Nájera y Martí como iniciadores del modernismo», *Revista Iberoamericana,* XXVIII, 1962, págs 296-310.

40. —*La Revista de América,* edición facsímil con un estudio preliminar de..., Managua, Comisión Nacional para la celebración del Centenario del nacimiento de Rubén Darío, 1966-1967.

41. —«*La Revista Azul.* La resurrección fallida. Revista Azul de Manuel Caballero» [Conferencia pronunciada en 1962 y recogida en *Las revistas literarias de México,* México, 1963], en Lily Litvak, *El modernismo* (V.), págs, 337-358.

41a. —«Darío y el modernismo en *El Iris* (1984) de Clemente Palama», *Revista Iberoamericana,* núm. 64, jul.-dic. 1967, págs. 281-292.

42. — «El modernismo en las revistas literarias: 1894», *Chasqui,* 1979, febrero, 8, 2, págs. 5-18.

43. CASTAGNINO, Raúl H., *Imágenes modernistas : Rubén Darío, Rufino Blanco Fombona, Amado Nervo. R. M. del Valle-Inclán,* Buenos Aires, Nova 1967.

44. CASTILLO, Homero, ed., *Estudios críticos sobre el modernismo,* introducción, selección y bibliografía por..., Madrid, Gredos, 1968.

45. CASTRO CALVO, Jose María, *Rubén Darío y el modernismo en la literatura hispanoamericana,* Barcelona, Instituto de Estudios Hispánicos, 1949.

46. CEJADOR Y FRAUCA, Julio, «Chocano y los demás poetas jóvenes de América», *La Lectura,* Madrid, II, 1907, págs. 240-248. Tambien en su *Cabos sueltos: literatura y lingüística,* Madrid, Sucesores de Hernando, 1907, págs. 351-366.

47. COESTER, Alfred, «The Modernist Movement in Spanish American Literature», *Bulletin of the Pan American Union,* Washington, 44, 1917, páginas 173-177.

48. —«El movimiento modernista», *Revista Nueva,* Panamá, 6, 1919, págs. 126-135.

49. —«El movimiento modernista en la literatura hispanoamericana», *Boletín de la Institución Libre de Enseñanza,* Madrid, L, 1926, páginas 313-319.

50. COLMO, Alfredo, «El modernismo literario en la Argentina», *Nosotros,* Buenos Aires, XXXVII, 1921, págs. 313-319.

51. COLL, Pedro Emilo, «Decadentismo y americanismo» en su *El Castillo de Elsinor,* Caracas, Tipografía Herrera Irogoyen y Cía., 1901.

52. CONTRERAS, Francisco, «Preliminar sobre el Arte Nuevo», en su *Raúl,* Poema, Santiago de Chile, librería e Imprenta del Progreso, 1902; también en *Revista Moderna,* México, 2, 1902, 2.ª quincena de enero, págs. 25-27.

53. —*Los modernos,* París, Sociedad de Ediciones Literarias y Artísticas Librería Paul Ollendorff, 1909.

54. —*Letres Hispano-Américaines: Poétes d'aujourd hui,* París, Extrait du «Mercure de France», 1914.

55. —*Le Mondonovisme,* París, Extrait du «Mercure de France», 16-II-1917.

56. —*Les écrivains contemporaines de l'Amerique espagnole,* París, La Renaissance du Livre, 1920.

57. —«De la cultura colonial al modernismo», *Nosotros,* Buenos Aires, 1930, págs. 26-45.

58. —*L'esprit de l'Amerique Espagnole,* París, Editions de la «Nouvelle Revue Critique», 1931.

59. CORDOVA, Ramiro de, *Neurosis en la literatura centroamericana; contribución al estudio del modernismo en Guatemala, El Salvador, Honduras, Nicaragua y Costa Rica,* Managua, Nuevos Horizontes, 1942.

60. CORNELL, Diane C., «El modernismo hispanoamericano visto por los modernistas», en José Olivio Jiménez, *Estudios críticos* (V.), páginas 305-321.

61. CORTÉS, René G., «Primeros poetas modernistas hispanoamericanos», *Círculo,* 2, invierno 1970, págs. 17-23.

62. COSTA, René de, «Del modernismo a la vanguardia: el Creacionismo pre-polémico», *Hispanic Review,* Filadelfia, 43, 1975, págs. 261-274.

63. —«Notas para una revaloración del modernismo postrero», en Maxime Chevalier, François López, Joseph Pérez y Nöel Salomon, eds., *Actas del Quinto Congreso Intenacional de Hispanistas, 1974,* Burdeos, 1977, 2 vols., páginas 301-309.

64. CHARRY LARA, Fernando, «Del modernismo en Colombia», *Novedades,* México, 28 de septiembre de 1958.

65. DARÍO, Rubén «El modernismo» [1899], en *España contemporánea,* París, Garnier Hnos., 1921, páginas 311-317.

66. DAVIS, Lisa E., «*Revista de las Antillas:* el modernismo como resistencia cultural en Puerto Rico», en Mátyas Horányi, ed., *Actas del Simposio Internacional de Hispanistas, 1976,* Akadémiai Kiado, 1978, págs. 133-140.

67. DAVIDSON, Ned J., *The Concept of Modernism in Hispanic Criticism,* Boulder, Colorado, Pruett Press Inc., 1966. Hay edición española: Ned Davinson, *El concepto de modernismo en la crítica hispánica,* Buenos Aires, Nova, 1971.

67a. DÍAZ ALEJO, Ana Elena y PRADO VELASQUEZ, *Índice de la* Revista Azul *(1894-1896);* con estudio preliminar de..., México, UNAM, 1968.

68. DÍAZ MARTÍNEZ, Manuel, «El modernismo en Cuba», *Panorama de la literatura cubana,* La Habana, Universidad de la Habana, Colección Cuadernos Cubanos, 1970.

69. DÍAZ PLAJA, Guillermo, *Modernismo frente a Noventa y ocho,* Madrid, Espasa-Calpe, 1951.

70. —«El modernismo, cuestión disputada», *Hispania,* XLVIII, 1965, págs. 407-412.

71. DÍAZ RODRÍGUEZ, Manuel, «Paréntesis modernista o ligero ensayo sobre el modernismo», en su *Camino de perfección,* París, Sociedad de Ediciones Literarias y Artísticas Librería Paul Ollendorff, s.d., [1908²], págs 115-145.

72. DÍAZ CANEDO, Enrique, «Rubén Darío, Juan Ramón Jiménez y los comienzos del modernismo en España», *El Hijo Pródigo,* México, 9, 1943, págs. 145-151.

73. DIÉZ ECHARRI, Emiliano, «Métrica modernista: innovaciones y renovaciones», *Revista de Literatura,* Madrid, XI, 1957, págs. 102-120.

74. DONOSO, Franciso, «Misticismo moderno en América», en su *Al margen de la poesía. Ensayos sobre poesía moderna e hispanoamericana,* París, Agencia Mundial de Librería, 1927, páginas 75-95.

75. DUMAS, Claude, «Tradicionalistes et modernistes au Mexique: La querelle littéraire de 1898», en DUMAS Claude (ed.) *Culture et société en Espagne et en Amérique Latine au XIXᵉ siècle,* Lille, Centre d'Etudes Ibériques et Ibéro-Américaines de l'Université de Lille III, 1980, páginas 149-165.

76. DUNDAS CRAIG, George, *The Modernist Trend in Spanish-American Poetry,* Berkeley, University of California, 1934.

77. EARLE, Peter G., «El ensayo hispanoamericano: del modernismo a la modernidad», *Revista Iberoamericana,* 1982, enero-junio, págs. 47-57.

78. EDREIRA, Orlando, «El nocturno en la poesía modernista», *Dissertation Abstract International,* 34, 1974, págs. 6636A-6637A.

79. EGUÍA RUÍZ, E., «Orígenes y fases del modernismo literario», *Razón y Fé*, Madrid, LXXX, 1927, págs. 5-25.

80. ENGLEKIRK, John E., *Edgard Allan Poe in Hispanic Literature*, New York, Instituto de las Españas en Estados Unidos, 1934 [v. páginas 152-417].

81. —«Whitman y el anti-modernismo», *Revista Iberoamericana*, XIII, 1947, págs. 39-52.

82. —«Heine and Spanish American Modernism», en Werner P. Friederich, ed., *Comparative Literature*, Proceedings of the Second Congress of the International Comparative Literature Association (1958), Universit of North Carolina Press, 1959, 2 vols., II, págs. 488-500.

83. —«La Generación Modernista», en *Actas del Simposio de Montevideo, 1966*, Asociación de Linguïstica y Filología de América Latina, México, 1975, págs. 150-160.

84. —«El periodismo literario en los albores del modernismo», en Renato Rosaldo y Robert Anderson, eds., *La literatura iberoamericana del siglo XIX*, Memoria del XV Congreso Internacional del Instituto de Literatura Iberoamericana (1971), Tucson, University of Arizona, 1974, págs. 81-93.

85. ESCOBAR, Alberto, «Incisiones en el *arte* del cuento modernista», en su *Patio de letras*, Lima, Caballo de Troya, 1965, págs. 141-179.

86. ESPINOZA, Francisco, «El modernismo en América», *Síntesis*, El Salvador, II, 1955, págs. 65-77.

87. EYZAGUIRRE, Luis B., «*La Gloria de don Ramiro y Don Segundo Sombra*: dos hitos en la novela modernista en Hispanoamérica», *Cuadernos americanos*, México, CLXXX, 1972, páginas 236-249.

88. FABBIANI RUÍZ, José, «Emoción y esencia del modernismo», en sus *Cuentos y cuentistas*, Caracas, Cruz del Sur, 1951 [fundamentalmente sobre M. Díaz Rodríguez]

89. FALCONI VILLAGÓMEZ, José Antonio, *Los precursores del modernismo en el Ecuador: César Borja y Fálquez Ampuero*, Quito, Casa de la Cultura Ecuatoriana, 1958; tb. *Los precursores del modernismo en el Ecuador; dos capítulos de historia literaria: César Borja y Francisco J. Fálquez Ampuero*, Guayaquil, Casa de la Cultura Ecuatoriana, 1965.

90. FAURIE, Marie-Joséphe, «El modernismo hispanoamericano y sus fuentes francesas», *Cuadernos del Congreso para la Libertad de la Cultura*, París, 98, 1965, págs. 66-70.

91. —*Le modernisme hispano-américain et ses sources françaises*, París, Centre de Recherches de l'Institut Hispanique, 1966.

92. FEIN, John M., «*Modernismo» in Chilean Literature: The second Period*, Durham, North Carolina, Duke University Press, 1965.

93. FERNÁNDEZ, Jesse, «El poema en prosa en la iniciación modernista hispanoamérica», *Dissertation Abstract International*, 38, 1977, página 2155A.

94. FERNÁNDEZ RETAMÁR, Roberto, «Modernismo. Noventiocho. Subdesarrollo», en su *Ensayo de otro mundo*, Santiago de Chile, Universitaria, 1968, págs. 52-62; también en su *Para una teoría de la literatura Hispanoamericana y otras aproximaciones*, La Habana, Casa de las Américas, 1975, págs. 97-106.

95. FERRERES, Rafael, «Los límites del modernismo y la generación del noventa y ocho», *Cuadernos Hispanoamericanos*, Madrid, 73, 1955, págs. 6-84.

96. —«La mujer y la melancolía en los modernistas», *Cuadernos Hispanoamericanos*, Madrid, 1963, págs. 456-467.

97. —*Los límites del modernismo y del 98*, Madrid, Taurus, 1964.

98. FIERRO GONZÁLEZ, Margarita, *Revistas mexicanas en que se inicia el modernismo*, México, UNAM, 1951.

99. FIGUEROA, Esperanza, «El cisne modernista», *Cuadernos Americanos*, México, CXLII, 1965, págs. 253-268.

100. FLETCHER, Glynn Lea, «El cuento modernista en revistas y diarios argentinos: 1890-1910», *DAI*, 1981, octubre, 42, 4, pág. 1653A.

101. FOGUELQUIST, Donald F., «Helios, voz de un renacimiento hispánico», *Revista Iberoamericana*, XX, 1955, págs. 291-299.

102. —«El carácter hispánico del modernismo», en *La cultura y la literatura iberoamericana*, Memoria del VII Congreso del Instituto Internacional de Literatura Iberoamericana (1955), Berkeley, University of California Press, 1957, págs. 139-146.

103. —*Españoles de América y americanos de España*, Madrid, Gredos, 1963.

104. FONDO NACIONAL DE LAS ARTES, *Artes y Letras en «La Nación» de Buenos Aires, 1870-1899*, Buenos Aires, Fondo Nacional de Las Artes, 1968.

105. FOREMAN, Dorothy Z., «Modernismo in *El mundo* (1894-1900), *Dissertation Abstract International*, 32, 1972, pág. 5226A.

106. FRAKER, Charles F. «Gustavo Adolfo Béquer and the Modernist», *Hispanic Review*, Filadelfia, III, 1, 1935, págs. 36-44.

107. GALVÁN GONZÁLEZ,C., «En defensa del modernismo», *Cosmos*, 28, 1914, págs. 392-395.

108. GALLEGO VALDÉS, Luis, «Modernismo frente a noventa y ocho, nueva obra sobre dos temas en debate», *Ars*, El Salvador, 4, 1954, págs. 60-67.

109. GARCÍA GIRÓN, Edmundo, «La azul sonrisa. Discusión sobre la adjetivación modernista», *Revista Iberoamericana*, XX, 1955, páginas 95-116.

110. «El modernismo como evasión cultural», en *La cultura y la literatura iberoamericana* (V. 102.), págs. 131-138.

111. GARCÍA GODOY, F., *Americanismo literario: José Martí, José Enrique Rodó, F. García Calderón, R. Blanco Fombona*, Madrid, América, 1917.

112. GICOVATE, Bernardo, «El signo de la cultura en la poesía hispanoamericana», en *La cultura v La literatura iberoamericana* (V. 102), páginas 117-122.

113. —*Conceptos fundamentales de literatura comparada. Iniciación de la poesía modernista*, San Juan de Puerto Rico, Ediciones Asomante, 1962.

114. —«El modernismo y su historia», *Hispanic Review,* Filadelfia, XXXII, 1964, págs. 217-226.

115. —*Ensayo sobre poesía hispánica. Del modernismo a la vanguardia,* México, de Andrea, 1967.

116. GIUSTI, Roberto F., *Nuestros poetas jóvenes. Revista crítica del actual movimiento poético argentino,* Buenos Aires, Nosotros, 1912.

117. GOIC, Cedomil, «Generación de Darío. Ensayo de comprensión del modernismo como una generación», *Revista del Pacífico,* Valparaíso, Chile, IV, 4, 1967, págs. 17-35.

118. GÓMEZ CARRILLO, Enrique, *El modernismo,* Madrid, Librería Española y Extranjera de Francisco Beltrán, 1905.

119. GÓMEZ LOBO, Arturo, *La literatura modernista y el idioma de Cervantes,* Ciudad Real, Talleres de «El Diario de la Mancha», 1908.

120. GONZÁLEZ, Carlos I., *Viñetas del cisne. Presencia de México en la poesía modernista,* Oaxaca, Universidad Autónoma Benito Juárez, 1972.

121. GONZÁLEZ, José Ignacio, «Baldomero Sanín Cano y el modernismo literario en Colombia», *Universidad de Antioquía,* Medellín, Colombia, XXXVII, 1961, págs. 560-570.

122. GONZÁLEZ, Manuel Pedro, «Marginalia modernista», *La Gaceta Literaria,* Madrid, 1º de agosto de 1931, págs. 9-10.

123. —«Marginalia modernista: Apostillas a un artículo de Antonio Aita», *Revista Bimestre Cubana,* La Habana, 28, 1931, págs. 371-380.

124. —«Apostillas a una réplica del sr. Aita», *Revista Bimestre Cubana,* La Habana, 29, 1932, págs, 59-66.

125. —«Una notable revaloración del modernismo», *Cuadernos Americanos,* México, LXXX, 1955, págs. 283-292.

126. —«José Martí: Jerarca del modernismo» en *Miscelánea de estudios dedicados al Doctor Fernando Ortiz por sus discípulos, colegas y amigos con ocasión de cumplirse sesenta años de la publicación de su primer impreso en Menorca en 1895,* La Habana, 1955-1956, 2 vols., II, págs, 727-762.

127. —*Notas en torno al modernismo,* México, Facultad de Filosofía y Letras, Universidad Nacional Autónoma de México, 1958.

128. —«En torno a la iniciación del modernismo», en *José Martí en el octogésimo aniversario de la iniciación modernista,* Caracas, Ediciones del Ministerio de Educación, 1962.

129. —«Aclaraciones en torno a la génesis del modernismo», *Cuadernos del Congreso para la Libertad de la Cultura,* París, 75, 1963, páginas 41-50.

130. —«Marginalia modernista», *Atenea,* Concepción, Chile, 403, 1964, págs. 70-83.

131. GONZÁLEZ GUERRERO, Francisco, «El modernismo y la renovación de la técnica», *Metáfora,* México, I, 4, 1955, págs. 6-14.

132. GONZÁLEZ-PÉREZ, Aníbal, «Máquinas de tiempo: Temporalidad y narratividad en la crónica modernista», *DAI,* 1982, octubre, 43, 4, página 1160A.

133. GONZÁLEZ ROJAS, Publio, «Orígenes del modernismo en Colombia: Sanín, Cano, Silva y Darío», *Cuadernos Hispanoamericanos,* Madrid, 268, 1972, págs. 62-92.

134. GRADA Y FERNÁNDEZ, Juan J., «El Modernismo. Sus precursores», Introducción a *Julián del Casal. Selección de Poesías,* La Habana, 1931.

135. GRASS, Roland, «The Symbolist Mode in the Spanish American Modernista Novel, 1885-1924», en BALAKIAN Ana (ed.), *The Symbolist Movement in the Literature of European Languages,* Budapest, Akadémiai Kiadó, 1982, págs. 229-252.

136. GUERRA, José Eduardo, «Sobre la poesía modernista en Bolivia», *Kollasuyo,* La Paz, I, 6, 1939, págs. 3-20.

137. —«La prosa en los escritores bolivianos de la era modernista», *Kollasuyo,* La Paz, I, 12, 1930, págs. 31-45.

138. GUERRERO, Luis Beltrán, *Modernismo y modernistas,* Caracas, Academia Nacional de la Historia, El Libro Menor, 1978.

139. GULLÓN, Germán, «Técnicas narrativas en la novela realista y en la modernista», *Cuadernos Hispanoamericanos,* Madrid, 286, 1974, páginas 173-187.

140. GULLÓN, Ricardo, «Direcciones del modernismo», *Revista Shell,* Caracas, 20, 1956, págs. 21-27.

141. —*Direcciones del modernismo,* Madrid, Gredos, 1964 (1971², aumentada)

142. —«Exotismo y modernismo», *Cuadernos Hispanoamericanos,* Madrid, 175-176, 1934, páginas 5-25.

143. —«Indigenismo y modernismo», en *Literatura Iberoamericana. Influjos locales,* Memoria del X Congreso Internacional del Instituto de Literatura Iberoamericana (1961), México, 1965, págs.. 97-108.

144. —«Esteticismo y modernismo», *Cuadernos Hispanoamericanos,* Madrid, 212-213, 1967, págs. 373-387.

145. —«Pitagorismo y modernismo», *Mundo Nuevo,* París, 7, 1967, págs. 22-32.

146. —«Ideologías del modernismo», *Ínsula,* Madrid, 26 de febrero de 1971, págs. 1 y 11.

147. —ed., *El modernismo visto por los modernistas,* Barcelona, Labor, 1980, [compilación de textos de los propios modernistas].

148. GUTIÉRREZ GIRARDOT, Rafael, «Hispanoamerikanische Literatur 1880-1910», *Neues Handbuch der Literaturwissenschaft,* Wiesbaden, Klaus von See, Bd. 19, 1976, págs. 153-170.

149. —«Sobre el Modernismo», *Escritura. Teoría y Crítica Literarias,* Caracas, Universidad, Universidad Central de Venezuela, 2, 4, julio-diciembre 1977, págs. 207-234.

150. —«Problemas de una historia social del modernismo», *Escritura,* 1981, enero-junio, páginas 197-122.

151. — *Modernismo,* Barcelona, Montesinos, 1983, 197 págs.

152. H. M., «Del modernismo: apuntes para su estudio», *Ateneo,* Vitoria, 53, 1918, págs. 4-11.

153. HAMILTON, Carlos D., «Notas sobre la renovación modernista», *Cuadernos del Congreso*

para la Libertad de la Cultura, París., 32, 1958, págs. 46-49.

154. —«La voz profunda y sencilla del modernismo: Darío, Nervo, Machado, González Martínez», *Cuadernos Americanos, 233*, 1980, páginas 239-255.

155. HANDELSMAN, Michael H., «La época modernista del Ecuador a través de sus revistas literarias publicadas entre 1895 y 1930», *Hispania,* 1983, marzo, 66, 1, págs. 40-47.

156. HENRÍQUEZ UREÑA, Max, *Les influences françaises sur la poésie hispanoamericaine,* París, Institut des Etudes Américaines, 1938.

157. —«Las influencias francesas en la poesía hispanoamericana», *Revista Iberoamericana,* II, 1940, págs. 401-417.

158. —*Breve historia del Modernismo,* México, Fondo de Cultura Económica, 1954.

159. —«El modernismo en México», *Letras Patrias,* México, 2, 1954, págs. 47-86.

160. —«Influencias francesas en la novela de la América española», en *La cultura y la literatura iberoamericanas* (V. 98), págs. 107-116.

161. HENRÍQUEZ UREÑA, Pedro, «El modernismo en la poesía cubana», en sus *Ensayos críticos,* La Habana, 1905; tb. México, Fondo de Cultura Económica, 1960, págs. 17-22.

162. HERRERA, Darío. «Martí y el modernismo americano», *Letras y Ciencias,* Santo Domingo, 79, 1895.

163. HOLDSWORTH, Carole A., «Some Modernist "manias verbales" and Their Connotations in the *Revista Moderna*», *Hispania,* 55, 1972, págs. 60-65.

164. HUERTAS »MEDINA, A.,«Base filosófica del modernismo literario», *Revista Calasancia,* Madrid, 19, 1914, págs. 634-645.

165. IBAÑEZ, Roberto, «Americanismo y modernismo», *Cuadernos Americanos,* México XXXVII, 1948, págs. 230-252.

166. IBARRA, C.M. *Francisco Gavidia y Rubén Darío. Semilla y floración del Modernismo,* San Salvador, Departamento Editorial del Ministerio de Cultura, 1958.

167. ICAZA, Francisco A. de, «Poetas modernos de México», *Nuestro tiempo,* Madrid, enero de 1901.

168. IGLESIAS, Augusto, *Gabriela Mistral y el modernismo en Chile. Ensayo de crítica subjetiva,* Santiago de Chile, Universitaria, 1950. [v. espc. págs. 27-61]

169. INGWERSEN, Sonya Anne, «Light and Longing: Occultism, Heterodoxy and Modernism», *DAI,* 1983, noviembre, 44, 5, pág. 1469A.

170. IÑIGO MADRIGAL, Luis, «Bibliografía general del modernismo hispanoamericano», *Noter og Kommentarer fra Romansk Insititut,* Odense, Odense Universitet, 28, oktober 1978.

171. IRAZOS, Francisco, «El modernismo en América», *La Revista de Bolivia,* 8, 6 de marzo de 1898, pág. 202.

172. JENSEN, Theodore W., «Modernista Pythagorean Literature: The Symbolist Inspiration», en Roland Grass and Williams R. Risley, eds., *Waiting for Pegasus: Studies of the Presence of Symbolism and Decadence in Hispanic Letters,* Macamb, Western Illinois University, 1979, págs. 169-179.

173. JÉREZ VILLARREAL, Juan, «Una revolución literaria», *Universidad de la Habana,* La Habana, 27, 164, 1963, págs. 171-183.

174. JIMÉNEZ, José Olivio ed., *Estudios críticos sobre la prosa modernista hispanoamericana,* New York, Eliseo Torres and Sons, 1975.

175. JIMÉNEZ, Juan Ramón, «El modernismo poético en España y en Hispanoamérica», *Revista de América,* Bogotá, VI, 1946, págs. 17-30.

176. —*El modernismo. Notas en torno de un curso, 1953,* edición, prólogo y notas de Ricardo Gullón y Eugeni Fernández Méndez, México, Aguilar, 1962.

177. JITRIK, Noé «Las contradicciones del modernismo. Productividad poética y situación sociológica, México, El Colegio de México, Colección Jornadas núm. 85, 1979.

178. JONES, Cecil Knight, «Modern Hispanic American Literary Development: The Modernist Movement», en A. Curtis Wilgus, ed., *Modern Hispanic America,* Washington, The George Washington University Press, 1933, págs. 308-337.

179. JOSET, Jacques, «Estudios sobre el modernismo», *Nueva Revista de Filología Hispánica,* México, XXI, 1972, págs. 100-111.

180. JRADE, Cathy, «Tópicos románticos como contexto del modernismo», *Cuadernos Americanos,* México, ,1980, págs. 114-122.

181. JRADE, Cathy Login, *Rubén Darío and the Romantic Search for Unity: The modernist Recourse to Esoteric Tradition,* Austin, University of Austin Press, 1983, 182 pags.

182. KEJLAROVÁ, Ingeborg, «Der Kreolismus in der venezolanischen modernistischen Prosa», *Philologica Pragensia,* Praga, 15, 1972, páginas 15-24.

183. KRESS, Dorothy, « El peso de la influencia francesa en la renovación de la prosa hispanoamericana», *Hispania, 20,* 1937, págs. 125-132.

184. —«Síntesis del modernismo», *Atenea,* Concepción, Chile, 154, 1938, págs. 84-91 [fundamentalmente lo mismo que 171]

185. LACAU, María Hortensia y Mabel MANACORDA DE ROSSETI, «Antecedentes del modernismo en la Argentina», *Cursos y Conferencias,* Buenos Aires, XXXI, 1947, págs. 163-192.

186. LAGOS, Ramiro, «Nueva polémica sobre el modernismo», *Anales de Literatura Hispanoamericana,* Madrid, 2-3, 1973-1974, págs. 873-878.

187. LAGUERRE, Enrique A., *La poesía modernista en Puerto rico,* San Juan de Puerto Rico, Coqui, 1969.

188. LAZO, Raimundo, «Caracterización y balance del modernismo en la literatura hispanoamericana», *Cuadernos Americanos,* México, LXIV, 1952, págs. 242-251.

189. LEAVITT, Sturgis E., *Revistas hispanoamericanas; índice bibliográfico 1843-1935,* recopilado por... con la colaboración de M. W. Nichols y J. Rea Spell, Santiago de Chile, Fondo Histórico y Bibliográfico José Toribio Medina, 1960.

190. LEE, Muna, «Compemporary Spanish-Ameri-

can Poetry», *North American Review,* New York, 219, 1924, págs. 687-698.

191. LITVAK, Lily, ed., *El modernismo,* edición de..., Madrid, Taurus, 1975. [Colección de artículos críticos de diversos autores]

192. LOAYZA, Luis, «Riva Agüero contra el modernismo», *Lexis,* 1981, julio, 5, 1, págs. 119-124.

193. LOPRETE, Carlos Alberto, *La literatura modernista en la Argentina,* Buenos Aires, Poseidón, 1955.

194. LOYNAZ, Dulce María, «Influencia de los poetas cubanos en el modernismo», *Cuadernos Hispanoamericanos,* Madrid, XVIII, 1954, págs. 51-66.

195. LOZANO, Carlos, «Parodia y sátira en el modernismo», *Cuadernos Americanos,* México, CXLI, 1965, págs. 180-200.

196. LLACH, E., *El modernismo en literatura,* Sevilla, 1914.

197. LLAMBÍAS DE AZEVEDO, Alfonso, *El modernismo,* Montevideo, Casa del Estudiante, 1950.

198. MAPES, Erwin K., «El modernismo en las letras chilenas», *Revista Chilena de Historia y Geografía,* Santiago de Chile, 76, 1935, páginas 480-495.

199. —«Recent Research on the Modernist Poets», *Hispanic Review,* Philadelphia, 4, 1936, páginas 47-54.

200. MARFANY, Joan Luis «Algunas consideraciones sobre el modernismo hispanoamericano», *Cuadernos hispanoamericanos,* 1982, abril, 382, págs. 82-124.

201. MARINELLO, Juan, «El modernismo, estado de cultura», en su *Literatura hispanoamericana. Hombres-Meditaciones,* México, Ediciones de la Universidad Nacional de México, 1937, págs. 119-123.

202. —«Qué cosa fue el modernismo», *Argón,* Montevideo, 3, 1955, págs. 3-5.

203. —*Sobre el modernismo: polémica y definición,* México, Facultad de Filosofía y Letras, Universidad Nacional Autónoma de México, 1959.

204. MARTÍNEZ CACHERO, Porfirio, *Algunos epígrafes del modernismo y otras notas,* México, Jus, 1966.

205. MATLOWSKY, Bernice D., *The Modernist Trend in Spanish American Poetry. A selected bibliography,* Washington D.C., Pan American Union, 1952.

206. MAYA, Rafael, *Los orígenes del modernismo en Colombia,* Bogotá, Imprenta Nacional, 1961.

207. —«La prosa "estética" del modernismo (un recuerdo de Ventura García Calderón)», *Boletín Cultural y Bibliográfico,* Bogotá, 7, 1964, páginas 337-380.

208. MAZZEI, Ángel, *El modernismo en la Argentina. Enrique Banchs. El día domingo en la poesía argentina,* Buenos Aires, Ciordia & Rodríguez, 1950.

209. —*El modernismo en la Argentina. Las baladas,* Buenos Aires, Ciordia, 1958.

210. —*El modernismo en la Argentina. La poesía de Buenos Aires,* Buenos Aires, Ciordia, 1962.

211. MEDINACELLI, Carlos, «Los prosistas bolivianos en la época del modernismo»,*Kollasuyo,* La Paz, 15, 1940, págs. 38-55.

212. —«Los prosistas bolivianos en la época del modernismo»[2], *Kollasuyo,* La Paz, 16, 1940, págs. 22-35.

213. MEEHAM Thomas C., «El tema del visitante nocturno en algunos poemas modernistas», *Explicación de textos literarios,* Sacramento, 9, 1980-1981, págs. 73-82.

214. MEJÍA SÁNCHEZ, Ernesto, «Hércules y Onfalia, motivo modernista», en *Influencias extranjeras en la literatura iberoamericana y otros temas,* Memoria del IX Congreso Internacional del Instituto de Literatura Iberoamericana (1959), México, 1962, págs. 41-54.

215. —«Los comienzos del poema en prosa en Hispanoamérica», *Revista de Letras,* Univesidad de Puerto Rico, Mayagüez, 13, 1972,

216. MELIS, Antonio, «Bilancio degli studi sul modernismo ispanoamericano», en *Lavori ispanistici,* Firenze, Universitá degli Studi di Firenze, Facoltá di Magisterio, Instituto Ispánico, Serie 2, 1970, págs. 259-312.

217. MENDES CAMPOS, Mario, «Fundamentos del Modernismo Hispanoamericano», *Universidad Pontificia Bolivariana,* Medellín, Colombia, 30, 1968, págs. 204-213.

218. MEZA FUENTES, Roberto. *De Díaz Mirón a Rubén Darío,* Santiago de Chile, Nascimento, 1940, [trata además sobre Gutiérrez Nájera, Martí, Silva y Casa].

219. MICHAELSSON, Karl, *Entre el cisne y el buho,* Barcelona, Instituto Internacional de Cultura Románica, 1960.

220. MILIANI, Domingo, «Vísperas del modernismo en la poesía venezolana», *Thesaurus,* Bogotá, 23, 1968, págs. 515-532.

221. MIRANDA, César, «El decadentismo en América» [*Evolución,* Montevideo, 1907] *Revista Nacional,* Montevideo, 52, 1951, págs. 26-69.

222. MIRÓ, Rodrigo, «Los modernistas panameños y la literatura de la República», *Humanismo,* México, 13, 1953, págs. 64-70.

223. MONGUIÓ, Luis «Sobre la caracterización del modernismo», *Revista Iberoamericana,* VII. 1943, págs. 67-79.

224. —«La modalidad peruana del modernismo», *Revista Iberoamericana,* XVII, 1952, páginas 225-242.

225. —«El agotamiento del modernismo en la poesía peruana», *Revista Iberoamericana,* XVIII, 1958, págs. 227- 267.

226. —*La poesía postmodernista peruana,* México, Fondo de Cultura Económica, Colección Tierra Firme, 57, 1954.

227. —«De la problemática del modernismo. La crítica y el "cosmopolitismo", *Revista Iberoamericana,* XXVIII, 1962, págs. 75-86.

228. MONNER SANS, Jose Mária, *Julián del Casal y el modernismo hispanoamericano,* México, El Colegio de México, 1952.

229. —«La poesía epigramática en los comienzos del modernismo hispanoamericano», *Revista de la Universidad de Buenos Aires,* Buenos Aires, 3, 1957. págs. 371-388.

230. MONTERDE, Francisco, «Consideraciones sobre el modernismo», en *Memoria del Primer Congreso Internacional de Catedráticos de Litera-*

tura Iberoamericana, agosto 1938, México, Univesidad Nacional Autónoma de México, 1939, págs. 123-128.

231. —«La poesía y la prosa en la renovación modernista», *Revista Iberoamericana,* I, 1939, págs. 145-151.

232. —«Federico Gamboa y el modernismo», *Revista Hispánica Moderna,* New York, XXXI, 1965, págs. 329-330.

233. MONTERO BUSTAMANTE, Raúl, «Iniciación del Uruguay en el modernismo literario», *Revista Nacional,* Montevideo, 137, 1950, págs., 173-212.

234. MORA, Luis María, *Los maestros de principio de siglo,* Bogotá, A B G, 1938.

235. MORETIC, Yerko, «Acerca de las raíces ideológicas del modernismo hispanoamericano», *Philologica Pragensia,* Praga, 8, 1965, págs. 45-53.

236. MORÍNIGO, Mariano, «Capítulo antimodernista en la literatura paraguaya», *Revista Nacional de Cultura,* Caracas, 165, 1964, págs. 31-66.

237. MOSTAJO, Francisco, *El modernismo y el americanismo. Los modernistas peruanos,* Arequipa, Imprenta de la Revista del Sur, 1896.

238. MUÑOZ, Antonio [Enrique Pupo-Walker], «Notas sobre los rasgos formales del cuento modernista», en Enrique Pupo-Walker, ed., *El cuento hispanoamericano ante la·crítica,* Madrid, Castalia, 1973.

239. NAVARRO LEDESMA, F., *«Rubén Darío y su escuela»,* Unión Ibero-Americana, Madrid, 8 de septiembre de 1897.

240. NAVARRO TOMÁS, Tomás, «Modernismo », en su *Métrica española,* Syracuse, New York, Syracuse University Press, 1956, págs. 386-460.

241. NERVO, Amado, «El modernismo», *La cuna de América,* Santo Domingo núm. 45, 10 de noviembre de 1907, [*Obras completas,* Madrid, Aguilar, 1951-1952), 2 vols., II, pág. 398]

242. NICHOLS, Madelaine W. y Lucía Burt KINNAID, *Bibliografía Hispánica. Revista «Nosotros» (artículos sobre literatura hispanoamericana),* Nueva York, Instituto de las Españas en los Estados Unidos, 1937.

243. NIETO, Silvia, «Algunos aspectos del modernismo en el Uruguay», en *Primeras Jornadas de Lengua y Literatura Hispanoamericanas,* (V. 16), I, págs. 385-393.

244. NOLASCO,Sócrates, *El modernismo y la poesía tradicional,* Santiago de Cuba, Universidad de Oriente, 1955.

245. NUÑEZ, Estuardo, «Las generaciones post-románticas del Perú», *Letras,* Lima, 5, 1936.

246. —«El sentimiento de la naturaleza y el modernismo en el Perú», *Mercurio Peruano,* Lima, 25, 1942, págs. 558-564.

247. OBERHELMAN, Harley D., «La *Revista Azul* y el modernismo mexicano», *Journal of Inter-American Studies,* Gainesville, Florida, 1, 1959, págs. 335-339.

248. —«Modernism and the *Revista Azul*», *Chasqui, Revista de Literatura Latinoamericana,* 7, II, 1973, págs. 5-17.

249. OGLES, Laurel M., «A Comparative Study of Modernism in Four Spanish American Novels», *Dissertation Abstract, International,* 29, 1969, pág. 2272A.

250. OLIVERA, Otto, «Antimodernismo en *Guatemala Ilustrada», en La Literatura iberoamericana del siglo XIX,* (V. 84), págs. 95-106.

251. ONÍS, Federico de, «Sobre la caracterización del modernismo», *Revista Iberoamericana,* VII, 1943, págs. 69-70.

252. —«Sobre el concepto del modernismo», *La Torre,* San Juan de Puerto Rico, 2, 1952, págs. 95-103.

253. —«Historia de la poesía modernista (1882-1932)», en su *España en América: estudios, ensayos, y discursos sobre temas españoles e hispanoamericanos,* Río Piedras, Ediciones de la Universidad de Puerto Rico, 1955, págs. 182-190.

254. —«La poesía hispanoamericana», *Cuadernos del Congreso para la Libertad de la Cultura,* París, 21, 1956, págs, 11-19.

255. PACHECO, León, «Una visión del modernismo», *Cuadernos Americanos,* México, CXC, 1973, págs. 191-200.

256. PACHÓN PADILLA, Eduardo, «El modernismo en Colombia», *Boletín Cultural y Bibliográfico,* Bogotá, 14, 1, 1973, págs. 33-46.

257. PARTIDA, Armando, «Acerca del modernismo», *Revista Nacional de Cultura,* Caracas, 218, 1975, págs. 41-52.

258. PAZ, Octavio, «Antecedentes y explicación del modernismo», *La Gaceta del Fondo de Cultura Económica,* México, 151, 1967, págs. 6-7.

259. PEREDA VALDÉS, Ildefonso, «El modernismo en el Uruguay», *Letras,* Curitiba, Brasil, Universidade do Paraná, II, 1960, págs. 204-214.

260. PÉREZ PETIT,Víctor, *Los modernistas,* Montevideo, Editora Nacional, 1903.

261. PERUS, Françoise, *Literatura y sociedad en América Latina: el modernismo,* La Habana, Casa de las Américas, 1976.

262. —«El modernismo hispanoamericano en relación con los cambios estructurales en las formaciones sociales latinoamericanas hacia 1880. Algunos problemas teóricos y metodológicos en historia literaria: periodización, definición de corrientes y ubicación de autores», en Mátyás Horányi, ed., *Actas...* (V. 65), págs. 125-131; tb. [título abreviado] en *Ideologías and Literature,* Minnesota, I, 3, 1977, páginas 6-12.

263. PHILLIPS,Allen W., «Rubén Darío y sus juicios sobre el modernismo», *Revista Iberoamericana,* XXIV, 1959, págs. 41-64.

264. —«El arte y el artista en algunas novelas modernistas», *Revista Hispánica Moderna,* New York, XXXIV, 1969.

265. PODESTÁ, Bruno, «Hacia una conceptualización ideológica del modernismo hispánico», *Cuadernos Americanos,* CXCV, 1974, páginas 227-237.

266. POLIDORI, E., *Introduzione allo studio del modernismo letterario ibero-americano,* Milano, Gastaldi, 1953.

267. PORTNOY, Antonio, «El modernismo en la literatura argentina», *Hemisferio,* México, 3, 1943, pág. 35.

268. RAED, José, *El modernismo como tergiversación historiográfica.* Bogotá, Devenir, 1964.

269. RAFOLS, J.F., *Modernismo y modernistas*, Barcelona, Destino, 1949.

270. RAMA, Ángel, *Rubén Darío y el modernismo (circunstancia socioeconómica de un arte americano)*, Caracas, Ediciones de la Biblioteca de la Universidad Central de Venezuela, 1970.

271. RAMOS MIMOSA, Aurelia, «El modernismo en la lírica puertorriqueña», en *Literatura puertorriqueña: 21 conferencias*, San Juan de Puerto Rico, Instituto de Cultura Puertorriqueña, 1960 [hay tirada aparte].

272. REAL DE AZÚA, Carlos, «Ambiente espiritual del novecientos», *Número*, Montevideo, 2, 1950, págs. 15-36.

273. —«El modernismo literario y las ideologías», *Escritura. Teoría y Críticas Literarias*, Caracas, Universidad Central de Venezuela, 2, 3, 1977, págs. 41-75.

274. RIVERA, Modesto, «El modernismo: la prosa», en *Literatura Puertorriqueña: 21 conferencias*, (v. 271), págs. 209-239 [hay tirada aparte]

275. RODRÍGUEZ CHICHARRO, César, «Cuatro aspectos del modernismo», *Texto crítico*, Xalapa. 4 1976, págs. 134-148.

276. RODRÍGUEZ FERNÁNDEZ, Mario, «La poesía modernista chilena», *Estudios de Lengua y Literatura como Humanidades*, Santiago de Chile, Seminario de Humanidades, 1960, págs. 58-72.

277. —*El modernismo en Chile y en Hispanoamérica*, Santiago de Chile, Instituto de Literatura Chilena, Universidad de Chile, 1967.

278. RODRÍGUEZ MONEGAL, Emir, «La generación del 900. Apunte preliminar», *Número*, Montevideo, 2, 1950, págs. 37-61.

279. ROGGIANO, Alfredo, «El modernismo y la novela en la América Hispana», en *La novela Iberoamericana*, Memoria del V Congreso Internacional del Instituto de Literatura Iberoamericana, Albuquerque, New México, The University of New México Press, 1952, páginas 24-45.

280. —«El origen francés y la valoración hispánica del modernismo», en *Influencias extranjeras en la literatura iberoamericana*, (V. 214), págs, 27-39.

281. —«Modernismo: origen de la palabra y evolución de un concepto», en Vera Catherine y R. Mc Murray George (eds.), *In Honor of Boyd G. Carter: A Collection of Essays*, Laramie, University of Wyoming, 1981, págs. 903-103.

282. ROSA-NIEVES, Cesáreo, «Preludio al tema del modernismo en Puerto Rico. Ciclo generacional 1907-1921», *Revista Iberoamericana*, XXII, 1957, págs. 359-363.

283. RUPRECTO, H.G., «Justo Sierra and the Reception of Frech Literature in México», *Revue de Littérature Comparée*, París, 45, 1971, págs. 18-39.

284. SALGADO, María A., «La nueva prosa modernista», *Thesaurus*, Bogotá, 22, 1967, págs. 81-94.

285. SALINAS,Pedro, «El cisne y el buho (Apuntes para la historia de la poesía modernista)», *Revista Iberoamericana*, II, 1940, págs. 55-77.

286. SAMUROVIC-PAULOVIC, Liliana, *Les Letres Hispano-américaines au "Mercure de France" (1879-1915)*, París, Centre de Recherches Hispaniques, Institut d'Etudes Hispaniques, 1969.

287. SÁNCHEZ, Luis Alberto, «Antesala y precursores del modernismo», *Revista Nacional de Cultura*, Caracas, 2, 1938, págs. 9-13.

288. —*Balance y liquidación del novecientos*, Santiago de Chile, Ercilla, 1941.

289. —«Enrique Gómez Carrillo y el Modernismo», *Atenea*, Concepción, Chile, 299, 1950, págs. 185-205.

290. —«Setenta años de hazaña modernista», *El Nacional*, Caracas, 25 de septiembre de 1958.

291. SÁNCHEZ Rufino R. «Rasgos del héroe en la novela modernista», *Dissertation Abstract International*, 34, 1973, pág 1933A.

292. —«Notas sobre el héroe-agonista en la narrativa del modernismo», en GUTIÉRREZ DE LA SOLANA y ALBA-BUFFILL (eds.), *Festschrift José Cid Pérez*, New York, Senda Nueva, 1981, págs. 247-253.

293. SÁNCHEZ-BOUDY, José, *Modernismo y americanismo*, Barcelona, Bosch, 1970.

294. SANÍN CANO, Baldomero, «El modernismo», en sus *Letras colombianas*, México, Fondo de Cultura Económica, 1944, págs. 175-203.

295. SCHADE, George D., «La mitología clásica en la poesía modernista hispanoamericana», en *La cultura y la literatura iberoamericana* (V. 102), págs. 123-129.

296. SCHEBEN, Helmut, «Indigenismo y Modernismo», *Revista de Crítica Literaria Latinoamericana*, 1979, 2.º semestre, 5, 10, págs. 115-128.

297. SCHULMAN, Ivan A., «Los supuestos "precursores" del modernismo hispanoamericano», *Nueva Revista de Filología Hispánica*, México, XII, 1958, págs. 61-64.

298. —«Génesis del azul modernista», *Revista Iberoamericana*, XXV, 1960, págs. 251-271.

299. —«José Martí y Manuel Gutiérrez Nájera: Iniciadores del modernismo», *Revista Iberoamericana*, XXX, 1964, págs. 9-50.

300. —«El modernismo y la teoría literaria de Manuel Gutiérrez Nájera», en *Studies for M. J. Benardete; Essays in Hispanic and Sepahrdic Culture*, New York, Las Américas Publishing Co., 1965, págs. 227-244.

301. —*Génesis del modernismo: Martí, Nájera, Silva, Casal*, México, El Colegio de México, 1966.

302. —«Reflexiones en torno a la definición del modernismo», *Cuadernos Americanos*, México, CXLVII, 1966, págs. 211-240.

303. —«Carta abierta a Raúl Silva Castro», *Cuadernos Americanos*, México, CLVI, 1963, págs. 268-270.

304. —*El modernismo hispanoamericano*, Buenos Aires, Centro Editor Latinoamericano, 1969.

305. SCHULMAN, Ivan A., y GARFIELD, Evelyn Picon, «Modernismo/modernidad: Apostillas a la teoría de la edad moderna», en Catherine Vera y George R. Mc Murray (eds.), *In Honor of Boyd G. Carter*; v. entrada 281.

306. SCHULMAN, Ivan A. y Manuel Pedro GONZÁLEZ, *Martí, Darío y el modernismo*, Madrid, Gredos, 1969.

307. SELUJA CECÍN, Antonio, *El modernismo literario en el Río de la Plata,* Montevideo, Imprenta Sales, 1965.

308. SEMPRÚN, Jesús, «Del modernismo al criollismo», en sus *Estudios Críticos,* Caracas, Elité, 1938.

309. SHAW, D.L.,«Modernismo: a contribution to the debate», *Bulletin of Hispanic Studies,* Liverpool, XLIV, 1967, págs. 105-202.

310. —«A Propos of Modernist Prose Style in Fiction», *Ibero-Romania,* München, 1, 1969, págs. 328-339.

311. SIEBENMANN, Gustav, «Reinterpretación del modernismo», en *Pensamiento y letras en la España del siglo XX,* (Symposium Unamuno, Vanderbilt University, 1965), Tennessee, Vanderbilt University Press, 1966, págs. 497-511.

312. SILVA CASTRO, Raúl, «El ciclo azul en Rubén Darío», *Revista Hispánica Moderna,* New York, XXV, 1959, págs. 81-95.

313. —«¿Es posible definir el modernismo?», *Cuadernos Americanos,* México, CXLI, 1965, págs. 172-179.

314. —*El Modernismo y otros ensayos literarios,* Santiago de Chile, Nascimento, 1965.

315. —«Reflexiones en torno a la definición del modernismo», *Cuadernos Americanos,* México, CLIII, 1967, págs. 181-182.

316. SILVA UZCÁTEGUI, R. D., *Historia crítica del modernismo en la literatura castellana; estudio de crítica científica. Psicopatología de los corifeos del modernismo, demostrada con los actos, las teorías, las innovaciones y las poesías de ellos mismos,* Barcelona, Imprenta, Vda. de Luis Tasso, 1925.

317. SPELUCÍN, Alcides, «El simbolismo en el Perú», *Letras,* Lima, núm. 1, 1929.

318. STEVENS, Kathryn Lee, «Literature and the Plastic Arts in the Modernist Aesthetic», *Dissertation Abstract International,* 39, 1979, página 6794A.

319. STRINDBERG, Augusto, «¿Qué es lo moderno?», *La Revista Blanca,* La Habana, 7, 1895, páginas 112-113.

320. SUÁREZ Ana, «Cervantes ante modernistas y noventayochistas» en CRIADO DE VAL Manuel (ed.), *Cervantes. Su obra y su mundo. Actas del I Congreso Internacional sobre Cervantes,* Madrid, EDI-6, 1981, págs. 1047-1054.

321. SUÁREZ CALIMANO, Emilio, «Orientación de la literatura hispanoamericana en los últimos veinte años», *Nosotros,* Buenos Aires, LVII, 1927, págs. 285-314.

322. TAURO, Alberto, *«Contemporáneos» y «Cultura», dos revistas de la generación modernista. Contribución a una bibliografía peruana,* Lima, Librería e Imprenta Gil, 1938.

323. —«*Colónida* en el modernismo peruano», *Revista Iberoamericana,* I, 1938, págs. 77-82.

324. TOPETE, José Manuel, «La muerte del cisne (?)», *Hispania,* XXXVI, 1953, págs. 273-277.

325. TORRES RÍOSECO, Arturo, *Precursores del modernismo. Casal, Gutiérrez, Martí, Silva,* Madrid, Talleres Calpe, 1925 (1963²: *Precursores del modernismo,* New York, Las Américas Publishing Co., 1963).

326. —«El modernismo y la crítica», *Nosotros,* Buenos Aires, LXV, 1929, págs. 320-327.

327. —«Notas sobre el origen del estilo modernista», *Cuadernos del Congreso para la Libertad de la Cultura,* París, 42, 1960, págs. 59-61, tb. en *Influencias extranjeras en la literatura iberoamericana y otros temas* (V. 214), págs. 11-15.

328. —«Influencia de la cultura francesa en la literatura hispanoamericana», *Cuadernos del Congreso para la Libertad de la cultura,* París, 78, 1963, págs. 69-75.

329. TRASLOSHEROS, Alejandro, «Los modernistas mexicanos», *Cosmos,* 4, 1914, págs. 1416-1422.

330. UGARTE, Manuel, «El francesismo de los hispanoamericanos», *Revista Moderna de México,* México, VII, 9, 1903, págs. 142- 143.

331. —*Escritores iberoamericanos de 1900,* Santiago de Chile, Orbe, 1943.

332. UMPHREY, George W. «Fifty years in Spanish American Poetry», *Modern Language Quartely,* Washington, I, 1940, págs. 101-114.

333. UNDURRAGA, Antonio de, «Chile, patria del modernismo. Necesidad de un nuevo espíritu americano y otros temas», *Caballo de Fuego,* Santiago de Chile, II, 1958, págs. 3-4.

334. URIBE FERRER, René, *Modernismo y poesía contemporánea,* Medellín, Colombia, La Tertulia, 1968.

335. VALBUENA PRAT, Ángel, «La poesía de Leopoldo Lugones o del modernismo al "ultra"», *Anales de Literatura Hispanoamericana,* Madrid, 2-3, 1973-1974, págs. 813-852.

336. VALDÉS, Héctor, *Índices de la Revista Moderna (1898-1903),* México, Univesidad Nacional Autónoma de México, 1967.

337. VALDÉS, Ricardo, «Una opinión sobre el lirismo modernista», *Revista Chilena,* Santiago de Chile, IV, 1918, págs. 210-217.

338. VALENZUELA, Jesús Emilio, «Los modernistas mexicanos», *Revista Moderna,* México, 1º de diciembre de 1898, págs. 139-143.

339. —«Los modernistas mexicanos» [2], *Revista Moderna,* México, I, 15 de diciembre de 1898, págs. 152-157.

340. —«Modernismo», *Revista Moderna,* México, VIII, 1907, págs. 131-132.

341. VALLE-INCLÁN, Ramón de, «Modernismo», *La Ilustración Española y Americana,* Madrid, 22 de febrero de 1902.

341a. DE VEGA, Nelson, *El mundo ilustrado como vehículo literario de México entre 1905 y 1910,* México, Secretaría de Hacienda y Crédito Público, 1974.

342. VELA, Arqueles, *Teoría literaria del modernismo: su filosofía, su estética, su técnica,* México, Botas, 1949.

343. VERA, Catherine Anne, «El modernismo y la expresión nacional en *El Mundo Ilustrado»,* *Dissertation Abstract International,* 36, 1975, pág. 6740A.

344. VIAM, Franceso, *Il «Modernismo» nella poesia ispanica,* Milano, La Goliardica, 1955.

345. VIDELA, Gloria, *El ultraísmo,* Madrid, Gredos, 1963.

346. WAYNE ASHMURST, Anna, «Clarín y Darío: una

guerrilla literaria del modernismo», *Cuadernos Hispanoamericanos,* Madrid, 260, 1972, págs. 324-330.

347. WHITMORE, Donell R., «Music and Modernist Poetry: A Re-evaluation», *Dissertation Abstract International,* 33, 1972, páginas 2957A-2958A.

348. YURKIEVICH, Saúl, «Liróforos contra lirófagos: Celebración del modernismo», *Punto de Contacto/ Point of Contact,* New York, 1, II, 1976, págs. 78-87.

349. —*Celebración del modernismo,* Barcelona, Tusquets, 1976.

350. —«El modernismo o la totalidad de lo decible», en *Aspects du XIX e siécle ibérique et ibéro-americaine. Actes du XX Congrés de la Societé d'hispanistes français de l'enseignement superieur, Lille, 1976,* Université de Lille III, 1977, págs 85-94.

351. ZAMBRANO, David, «Presencia de Baudelaire en la poesía hispanoamericana», *Cuadernos Americanos,* México, XCVIII, 1958, págs. 217-235.

352. ZAVALA, Iris M., «1898, Modernismo and the Latin American Revolution» *Revista Chicano Riqueña,* 3, IV, 1975, págs. 43-47.

353. ZAYAS, Antoni de, «El modernismo en la poesía lírica», en sus *Ensayos de crítica histórica y literaria,* Madrid, 1907, págs. 387-419.

354. ZEREGA FOMBONA, Alberto, *Le symbolisme français et la poésie espagnole moderna,* Paris, Mercure de France, 1919.

355. ZIMMERMAN, Marc, «Françoise Perus and Latin American Modernism. The Interventions of Althusser», *Praxis,* 1982, 6, págs. 157-175.

355. ZULETA, Emilia; FRETES, Hilda Gladys; BARBARA, Esther y Hebe PAULIELLO DE CHOCHOLOUS, *Bibliografía anotada del modernismo,* Mendoza, Univesidad Nacional de Cuyo, 1970.

ANTOLOGÍAS DEL MODERNISMO

ARA, Guillermo, *La poesía modernista. Antología.* Selección de... Buenos Aires, Centro Editor de América Latina, 1968.

CASTILLO, Homero, *Antología de poetas modernistas hispanoamericanos,* Waltham, Massachusetts, Blaisdell Company, 1966.

FERNÁNDEZ DE CASTRO, José A., y Félix LIZASO, *La poesía moderna en Cuba, (1882-1925),* Madrid, Hernando, 1926.

GARCÍA CALDERÓN, Ventura, *Del romanticismo al modernismo. Prosistas y poetas peruanos,* París, Sociedad de Ediciones Literarias y Artísticas Librería Paul Ollendorff, 1910.

GIMFERRER, Pedro, *Antología de la poesía modernista,* Barcelona, Barral, 1969.

GONZÁLEZ, Claudio Santos, *Antología de poetas modernistas americanos,* [con un ensayo acerca del modernismo por Rufino Blanco-Fombona], París, Garnier hnos., 1913.

HERNÁNDEZ AQUINO, Luis, *El modernismo en Puerto Rico: poesía y prosa,* San Juan de Puerto Rico, Universidad de Puerto Rico, Ediciones de La Torre, 1967.

JIMÉNEZ, José Olivio y Antonio Radamés de la CAMPA, *Antología crítica de la prosa modernista hispano-americana,* New York, Eliseo Torres and Sons, 1976.

LANDAETA, Leopoldo, *Poetas parnasianos y modernistas,* Caracas, 1946.

MARTÍNEZ, David, *Antología de la poesía hispanoamericana. El modernismo,* Selección e introducción de... Notas y vocabulario de Juan C. Pellegrini, Buenos Aires, Huemul, 1964.

MEDINA, José Ramón, *Poesía de Venezuela: románticos y modernistas,* Buenos Aires, Eudeba, 1966.

ONÍS, Federico de, *Antología de la poesía española e hispanoamericana, (1882-1932),* Madrid, Centro de Estudios Históricos 1934. (1961², facsímil de la 1.ª New York, Las Americas Publishing Co.)

PACHECO, José Emilio, *Antología del modernismo (1884-1921),* Selección, introducción y notas de..., México, UNAM, 1970, 2 vols. [incluye sólo poetas mexicanos].

POETAS, *Poetas parnasianos y modernistas,* Quito, Biblioteca Ecuatoriana Mínima, 1960.

RODRÍGUEZ FERNÁNDEZ, Mario, «Selección de textos de poetas modernistas chilenos», en su *El Modernismo en Chile y en Hispanoamérica,* Santiago de Chile, Instituto de Literatura Chilena, Universidad de Chile, 1967, págs. 163-255.

SILVA CASTRO, Raúl, *Antología crítica del modernismo hispanoamericano,* New York, Las Americas Publishing Co., 1963.

TORRES RÍOSECO, Arturo, *Antología de poetas precursores del modernismo,* Washington D.C., Unión Panamericana, 1949.

UGARTE, Manuel, *La joven literatura hispano-americana,* París, Colin, 1906, [antología de prosistas y poetas].

PORRATA, Francisco E., y Jorge A. SANTANA, *Antología comentada del modernismo,* Introducción de Antonio Sánchez-Romeralo, [*Explicación de textos literarios* 3, Anexo 1], Sacramento, California State University, 1974.

YAHNI, Roberto, *Prosa modernista hispanoamericana. Antología,* Selección, prólogo y notas de..., Madrid, Alianza Editorial, 1974.

INDICE TEMATICO

Naturalidad y novedad en la literatura martiana

ROBERTO FERNÁNDEZ RETAMAR

Desde que, al ir a cumplir Martí treinta y cuatro, afirmara Sarmiento en 1887: «En español, nada hay que se parezca a la salida de bramidos de Martí»[1], su primacía entre los escritores hispanoamericanos ha sido ampliamente reconocida. ¿A qué traer aquí una suma de los numerosísimos juicios que la proclaman? Baste evocar los que debemos a Rubén Darío, Miguel de Unamuno, Gabriela Mistral, Federico de Onís, Juan Ramón Jiménez, Juan Marinello, José Antonio Portuondo, Andrés Iduarte o Cintio Vitier[2], y sintetizarlos en las memorables palabras de Alfonso Reyes, al llamar a Martí «supremo varón literario»[3]. Pero en vez de limitarnos a repetir o glosar tales juicios (de los que por supuesto nos valdremos), preferimos destacar aquí los rasgos que consideramos más salientes en la literatura martiana: su naturalidad y su novedad.

A primera vista, podría parecer una contradicción que, después de haber presentado a Martí, en las palabras de Reyes como «supremo varón *literario*», digamos de inmediato que es esencialmente un escritor *natural*. Sin embargo, la aparente cotradicción es buena entrada para comprender de veras la obra literaria de Martí.

No cabe duda de que el concepto de lo *natural* tuvo gran importancia para él. «Contra el verso retórico y ornado,/ el verso *natural*»,

dijo[4]. Y a su amigo Mercado, con referencia evidente a sus *Versos libres,* le preguntó, en carta de 14 de septiembre de 1882, si habría «hallado al fin el molde *natural,* desembarazado e imponente, para poner en verso», sus «revueltos y fieros pensamientos». Ahora bien, ¿qué es para Martí el verso *natural,* el modelo literario *natural?* Pregunta que nos lleva, de inmediato, a otra más amplia: ¿qué es para Martí, cuando se trata de las cosas humanas, lo *natural?* Sin intentar responder aquí completamente esta interrogación, señalaremos algunos aspectos.

En 1891, Martí escribió que en nuestra América «los hombres *naturales* han vencido a los letrados artificiales. El mestizo autóctono ha vencido al criollo exótico. No hay batalla entre la civilización y la barbarie, sino entre la falsa erudición y la *naturaleza*»[5]. Para Martí, el hombre *natural* en nuestras tierras, es el mestizo autóctono, que representa la *naturaleza;* mientras el letrado artificial es el criollo exótico, ornado de falsa erudición. Al enfrentamiento de ambos queda reducida, según él, la inexistente dicotomía que hizo suya con pasión Sarmiento: civilización contra barbarie. Martí no contrapone la naturaleza a la cultura; lo natural a lo histórico; por el contrario, ese mestizo autóctono de que habla es el hijo y el protagonista de la *verdadera* historia de la que llama «nuestra América *mestiza*»; mientras considera exótica a aquel cuya historia es otra; la de las correspondientes metrópolis: hombre cuya «falsa erudición» remite a realidades distintas, y por eso no puede dar razón de la *naturaleza* de este concreto mundo *histórico.* Ya había observado Marx que «la historia es la verdadera historia *natural* del hombre»[6].

Y es la plena fidelidad de Martí a su historia, lo que está en la raíz de la característica esencial de sus letras; su naturalidad, su completo acuerdo con su mundo, y con la función que deben cumplir allí. Esa función explica la

---

[1] Domingo Faustino Sarmiento: «La libertad iluminando al mundo», en *Obras,* tomo XLVI, Buenos Aires, 1900, págs. 175-176. Se trata de una carta abierta, aparecida en *La Nación* de Buenos Aires el 4 de enero de 1887, en que Sarmiento pide a Paul Groussac que traduzca a Martí al francés para hacer conocer en Europa «esta elocuencia sudamericana áspera, capitosa, relampagueadora, que se cierne en las alturas sobre nuestras cabezas». Más adelante afirma Sarmiento: «después de Víctor Hugo nada presenta la Francia de esta resonancia de metal [...] Deseo que le llegue a Martí este homenaje de mi admiración por su talento descriptivo y su estilo de Goya, el pintor español de los grandes borrones con que habría descrito el caos» *(Ibíd.).*

[2] Véase bibliografía al final.

[3] Alfonso Reyes, *El deslinde. Prolegómenos a la teoría literaria,* México, 1944, pág. 213. Reyes insistió en este juicio. Por ejemplo, en un apunte escrito el 10 de octubre de 1958 llamó a Martí «la más pasmosa organización literaria» (A.R., *Anecdotario,* México, 1968, pág. 108). Por su parte Guillermo Díaz-Plaja considera a Martí «el primer "creador" de prosa que ha tenido el mundo hispánico» (G.D. -P., *Modernismo frente a noventa y ocho. Una introducción a la literatura española del siglo XX,* Madrid, 1951, pág. 305).

[4] J.M., «Contra el verso retórico...», en *Obras completas,* tomo XVI, La Habana, 1964, pág. 239. En lo adelante citaremos por esta edición (ventiocho volúmenes, 1963-1973), indicando sólo el tomo, en números romanos, y la página en arábigos.

[5] J.M., «Nuestra América» (1861), en *O.C.,* VI, 17.

[6] Karl Marx, «Economic and Philosophical Manuscripts», en K.M. y Frederick Engels, *Collected Works,* vol.. 3, *1843-44,* Nueva York, 1975, pág. 337.

esencia utilitaria de la literatura más real en la Cuba, en la América Latina de la época de Martí; y en apreciable medida, incluso de nuestra época.

Precisamente la naturalidad, la genuinidad de la literatura de Martí (y no su presunto carácter excéntrico), se encuentran entre las razones fundamentales que han obligado a un replanteo sobre los límites, géneros predominantes y caracteres generales de la literatura entre nosotros[7]. Replanteo para el cual es inútil, vístase del ropaje de que se vista, la «falsa erudición»: pero para el cual, en cambio, es imprescindible la verdadera sabiduría: el conocimiento de lo verdadero en Martí, como en nuestra América toda.

Martí prestó suma atención a los aspectos formales en la obra de arte: aspectos cuya endeblez, a sus ojos, sencillamente hace desaparecer esa obra como tal. Hablando de Heredia, afirmó en 1888, que «a la poesía, que es arte, no vale disculparla con que es patriótica o filosófica, sino que ha de resistir como el bronce, y vibrar como la porcelana»[8]; y dos años después, insistió en que no era poeta «el

José Martí.

que pone en verso la política o la sociología»[9]. Justo reconocimiento de la especificidad de distintas zonas supraestructurales. Sin embargo, al repasar la espléndida obra literaria martiana, quizá lo primero que llame la atención sea la imposibilidad de establecer en ella un deslinde tajante entre lo estrictamente literario y lo estrictamente político. Desde su soneto «¡10 de octubre!» y su poema dramático «Abdala», escritos a sus quince años, hasta su *Diario de campaña,* hecho en los últimos días de su vida, nos encontramos, a lo largo de toda su obra, con textos *a la vez* literarios (en el sentido habitual del término) y políticos.

Martí tuvo plena conciencia de ello, como en general de los rasgos esenciales de su obra literaria. Su crítica orientadora también se volvió sobre su propia obra, como se ve en sus agudísimos prólogos a *Ismaelillo, Versos libres* y *Versos sencillos;* en el proyecto de prólogo para su novela *Lucía Jerez (Amistad funesta);* en sus numerosísimas observaciones en sus cartas, apuntes, fragmentos y trabajos varios. Nada más lejos, ante esos textos, que suponerlo un escritor ajeno a lo que se proponía; nada más lejos que la idea de un escritor en quien la naturalidad significase espontaneidad ciega, ignorancia de sus dones y de sus fines: por el contrario, la impresión que tiene el lector de esas páginas no es sólo la de una amplia familiaridad con clásicos y modernos de muchas lenguas, sino también (o sobre todo) la de una desafiante lucidez, tan grande en el orden literario como en el político. Es incluso agresivo en la defensa de sus criterios. Al frente de los *Versos libres,* tras proclamar la completa autenticidad de esos versos, explica: «Amo las sonoridades difíciles, el verso escultórico, vibrante como la porcelana [recordemos su observación a propósito de Heredia: la poesía «ha de resistir como el bronce y *vibrar como la porcelana»],* volador como un ave, ardiente y arrollador como una lengua de lava.» No se han escrito palabras más exactas (ni más bellas) con referencia a esos poemas. Pero además hay estas otras: «Todo lo que han de decir, ya lo sé, y me lo tengo contestado.» Y en el prólogo a *Versos sencillos:* «¿Ni a qué exhibir ahora, con ocasión de estas flores silvestres, un curso de mi poética, y decir por qué repito un consonante propósito, o los gradúo y agrupo de modo que vayan por la vista y el oído al sentimiento, o salto por ellos, cuando no pide rimas ni soporta repujos la idea tumultuosa?»

Diez días antes de desembarcar en Cuba

[7] Cfr. R.F.R., *Para una teoría de la literatura hispanoamericana y otras aproximaciones,* La Habana, 1975.
[8] J.M., «Heredia» (1888), en *O.C.,* V, 137.

[9] J.M., «Un poeta. *Poesías,* de Francisco Sellén» (1890), en *O.C., V, 181.*

para intervenir como un combatiente de primera línea en la guerra preparada por él, que arde ya en la Isla, donde morirá peleando el 19 de mayo de 1895, encuentra ocasión para escribir a Gonzalo Quesada la carta de 10 de abril de aquel año llamada con justicia su testamento literario. Lo que allí está dicho, y lo que allí está omitido, constituyen preciosas visiones críticas de su propia obra. En primer lugar, al proyectar la disposición de esa obra en los que considera «seis volúmenes principales», no hay en ellos distinción entre lo que pudiera considerarse político y lo que pudiera llamarse literario. De tal manera ambos son en Martí una unidad indisoluble, que dichos tomos se articulan atendiendo sólo a los temas; los Estados Unidos, Nuestra América, «Letras, Educación y Pintura». Además de aquellos volúmenes, Martí sigue sugiriendo a Quesada otros posibles, de existencia independiente por razones obvias: *La Edad de Oro*[10], versos[11], la traducción del *Lalla Rookh*, de Thomas Moore (que al cabo se extravió), el *Espíritu*[12], y, al parecer, otro tomo, de nuevo monotemático, con materiales relativos a Cuba.

En segundo lugar, es importante ver lo que Martí, explícita o implícitamente, ha excluido en esa carta: por una parte, todos sus versos anteriores a 1881; sobre ello fue tajante: «Versos míos, no publique ninguno antes de *Ismaelillo*; ninguno vale un ápice. Los de después, al fin, ya son unos y sinceros.» Por otra parte, al no nombrarlas, ha excluido también su novela[13] y sus obras de teatro[14], con la excepción

posible del drama, «o borrador dramático», sobre la independencia guatemalteca: «Patria y Libertad». Por modestia o por necesidad (el *Diario de Campaña* no estaba aún escrito), no hizo ninguna mención de su epistolario ni de sus diarios. Indudablemente Martí, una vez más, acertaba con su crítica, que en esta ocasión era con frecuencia silenciosa. Lo que ha incluido en el proyecto son trabajos periodísticos, (entre los cuales hay que situar *La edad de oro*), versos, discursos, alguna traducción[15]. Aparte de la imposibilidad de seguir literalmente aquel proyecto, debido a que algunos de los tomos previstos se cruzan entre sí, lo fundamental de esa carta testamentaria es la claridad implacable con que Martí ve sus letras.

Comentaristas diversos de la obra martiana han tenido la impresión de que la vida de servicio y militancia política de Martí obstaculizó su tarea de escritor supremo. Basta pensar que entre esos comentaristas se encuentran gentes de la talla de Federico de Onís[16] y Afonso Reyes[17], quienes tantas cosas acertadas dijeron sobre él, para comprender que no se trata siempre de observadores ligeros. Por supuesto, es evidente que el Martí que muere peleando, a los cuarenta y dos años, es un hombre en la plenitud de sus prodigiosos dones, los cuales hubieran debido seguir centelleando durante décadas más, y que incluso había proyectado libros que no tuvo tiempo de hacer. Lo que no podemos compartir con aquellos estudiosos es la idea de que Martí se hubiera realizado mejor en otros géneros que aquellos que fueron los suyos por obligación, por naturalidad. Más que lamentar lo que no logró, debemos aprender de lo que sí logró. Es lo que, en

[10] De la revista *La edad de oro*, dedicada a los niños de nuestra América, se publicaron cuatro números, en Nueva York, entre julio y octubre de 1889, y sus artículos, cuentos y poemas fueron enteramente redactados por Martí.

[11] Martí pidió a Quesada que se limitara a recoger los dos libros de versos publicados por él mismo (en modestas ediciones de autor): *Ismaelillo* (1882) y *Versos sencillos* (1891), además de otro integrado por «lo más cuidado o significativo de unos *Versos Libres*» cuya primera edición no vendría a publicarse (conjuntamente con los anteriores) sino hasta 1913. Martí había añadido en sus instrucciones: «No me los mezcle a otras formas borrosas y menos características.» En su prólogo a *Versos sencillos* mencionó también unos *Versos cubanos* «tan llenos de enojo que están mejor donde no se los ve.» Estos últimos no aparecieron, pero en 1933 el hijo del primer editor de Martí, a la sazón albacea de su «papelería», dio a la luz un volumen con poemas martianos inéditos al que tituló *Flores del destierro*. Diferentes autores han conjeturado, al parecer con razón, que algunas de tales *Flores* podrían haber formado parte de aquellos *Versos cubanos*. Los poemas de Martí han sido recogidos en *O.C.*, XVI y XVII, pero existe una amplia discusión sobre su edición. Ver Emilio de Armas, *Un deslinde necesario*, La Habana, 1978.

[12] Martí dijo a Quesada: «De lo que podría componerse una especie de *Espíritu*, como decían antes a esta clase de libros, sería de las salidas más pintorescas o jugosas que V. pudiera encontrar en mis artículos ocasionales.»

[13] En 1885, por entregas y con el seudónimo Adelaida Ral, Martí publicó en el periódico *El latino Americano*, de Nueva York, la novela *Amistad funesta*, que escribiera en

una semana a solicitud de su amiga Adelaida Baralt, quien le transmitió el encargo —y las estrechas condiciones— del periódico. Quesada encontró luego la novela preparada para ulterior publicación, con el nombre del autor, el título *Lucía Jerez* y un proyecto (inconcluso) de prólogo. Está en *O.C.*, XVIII.

[14] El teatro de Martí está integrado por «Abdala» (1869), *Adúltera* (dos versiones, 1872-1874): póstumo, *Amor con amor se paga* (1876), *Patria y libertad (drama indio)* (c. 1878, póstumo), *O. C.*, XVIII.

[15] Martí tradujo en abundancia como mera tarea de pan ganar. Pero también tradujo amorosamente, *transpensando* los textos, como postuló él mismo (*O. C.*, XXIV, 16). Tal fue el caso de *Mis hijos*, de Víctor Hugo; *Ramona*, de Hellen Junt Jackson (*O. C.*, XXIV), y varios textos de *La edad de Oro*.

[16] «su vida atormentada no le permitió la concentración y la quietud necesarias para escribir obras de gran aliento, y la mayor parte de su producción tuvo que ser periodística y de ocasión.» (F. de O., «José Martí, en *Antología de la poesía española e hispanoamericana [1882-1932]*, Madrid, 1934, pág. 34.)

[17] «gran parte de su obra, y su vida misma, fueron sacrificadas a su apostolado de libertad.» (A.V., «José Martí...», en *Archivo José Martí*, 8, La Habana, 1945, pág. 115.

repetidas ocasiones, con identificación y perspicacia, hizo Juan Marinello, al señalar que «lo mejor de la papelería martiana», eran las cartas, las arengas y las crónicas»; que «la ficción ocupa porción minúscula de su escritura. La crónica, la carta familiar o política, los discursos, los ensayos bibliográficos y los comentarios al paso, ventanas sobre la realidad, *hacen su obra y nos dan al prosista extraordinario*»[18]. A estos materiales martianos hay que añadir, desde luego, sus versos, que también encontrarían en Marinello uno de sus mejores estudiosos[19].

Atravesando y consolidando la violenta unidad de su obra, está la razón misma de su existencia, la lucha revolucionaria; razón que no podemos homologar a lo que en este siglo, con referencia a determinados escritores, ha sido llamado el «compromiso». Si es necesario valernos de términos contemporáneos, o si ello puede echar alguna luz sobre Martí, pensemos en el partidismo socialista de nuestros días, que indudablemente Martí anuncia en múltiples aspectos. Ello explica el ajuste (para usar un término que él amó tanto) entre los propósitos revolucionarios de Martí y las formas y géneros de que se valió. Recuérdese, por ejemplo, el sitio primordial ocupado en sus letras por el periodismo. Un crítico tan sagaz como Pedro Henríquez Ureña escribió: «Su obra es, pues, periodismo; pero periodismo elevado a un nivel artístico como jamás se ha visto en español, ni probablemente en ningún otro idioma»[20]. Desde luego que un concepto desdeño-

so y estrecho del periodismo, no permite comprender el papel extraordinario que este tuvo en manos de Martí. Aquí, de nuevo, es conveniente mirar a Martí no desde el pasado, sino desde su porvenir. En este sentido, es notable la cercanía de buena parte de su obra con lo que algunos artistas renovadores de la Revolución de Octubre defenderían a raíz del triunfo de esta.

Cuando se leen ciertas observaciones de tales artistas durante aquellos años genéricos es difícil no pensar en Martí como un antecesor orgánico suyo, que desgraciadamente ellos desconocieron. Por ejemplo, Sergio Tretiakov, quien sucedería a Mayacovski en la dirección de la revista *Nuevo Lef,* escribió en 1929 lo siguiente:

> Nosotros tenemos nuestra epopeya. Nuestra epopeya es el periódico. [...] De qué novela [...] se puede hablar, cuando cada día, por la mañana, después de haber sostenido el periódico, volvemos finalmente la última página de esa novela, la más sorprendente, que lleva por título nuestra época. Somos los héroes, los escritores, los lectores de esa novela[21].

Esta peleadora opinión de Tretiakov nos invita a detenernos un momento en una cuestión importante. El Martí joven, anterior a aquella fecha de 1881 en que inicia sus obras mayores, expresó con relación al realismo un manifiesto rechazo que sólo años después empezaría a tener comentaristas acertados[22]. En 1879, al polemizar en el Liceo de Guanabacoa, Cuba, sobre este punto, dijo, de acuerdo con las notas suyas que se conservan para dicha polémica: «El arte no puede, lo afirmo en términos absolutos, ser realista. // Pierde lo más bello; lo personal. // Queda obligado a lo imitativo: lo reflejo»[23]. Ahora bien ¿a qué *realismo* se estaba oponiendo entonces Martí? Indudablemente, al realismo ramplón, meramente especular, de ciertos positivistas, a las estrecheces de un materialismo vulgar. Por lo cual, al oponerse a *ese* realismo amputado Martí se encontraba, como ha dicho Mirta Aguirre, más cerca del punto justo. Esta autora ha añadido: «A Marx no dejaba de acercarse Martí —*Te*-

[18] Juan Marinello, «Caminos en la lengua de Martí» (1955), en *Once ensayos martianos,* La Habana, 1965, página 108; *José Martí, escritor americano. Martí y el Modernismo,* México, 1958, págs. 240-241.

[19] Juan Marinello, «Martí: poesía», en *Anuario Martiano,* 1, La Habana, 1969.

[20] Pedro Henríquez Ureña, *Las corrientes literarias en la América hispánica,* trad. de J. Días-Canedo, México, 1949, pág. 167. Martí ejerció el periodismo, valiéndose de él para sus tareas políticas desde su adolescencia (en periódicos cubanos como *El Diablo Cojuelo* y *la Patria Libre,* que sólo lograron editar un número cada uno, en 1869) hasta en sus últimos días. Se hizo plenamente periodista en México, donde entre 1875 y 1876 publicó sobre todo en la *Revista Universal,* y también en otros periódicos como *El socialista* y *el Federalista.* En Nueva York, en 1880, colaboró en *The Hour* y *The Sun:* en este último, al parecer, colaboró hasta su muerte. Entre las publicaciones que fundó y dirigió (y a veces redactó íntegramente) sobresalen la *Revista Venezolana* (Caracas, 1881), *La Edad de Oro* (Nueva York, 1889) y el órgano oficioso del Partido Revolucionario cubano, *Patria* (fundado en Nueva York en 1892). Además Martí colaboró copiosamente en periódicos como *La Opinión Nacional,* de Caracas (1881 y 1882), *La Nación,* de Buenos Aires (desde 1882), *La América* (desde 1882), *El Avisador Cubano* (desde 1885), *El Economista Americano* (desde 1886) —estos tres últimos, de Nueva York—, *El partido Liberal,* de México (desde 1886), y *La Revista Ilustrada de Nueva York* (entre 1891 y 1892). A finales de la década del ochenta, una veintena de periódicos del continente republicaban sus trabajos.

[21] Serge Tretiakov, *Dans le front gauche de l'art,* trad. de varios, París, 1977, págs. 114 y 116.

[22] Ver, por ejemplo, Juan Marinello, «Sobre el modernismo. Polémica y definición», en *Once ensayos...* cit. en nota 18, Arturo Arango; «Notas sobre la posición de Martí frente al realismo», en *Aspectos en la obra de José Martí,* La Habana, 1977; Mirta Aguirre, «Los principios estéticos e ideológicos de José Martí», en *Anuario del Centro de Estudios Martianos,* 1, La Habana, 1978; María Poumier, «Aspectos del realismo martiano», *Ibid.*

[23] José Martí, «Apuntes para los debates sobre "El idealismo y el realismo en el arte."» (1879), *O. C.,* XIX, 421.

sis sobre Feuerbach— al rebelarse contra un realismo que se presentaba como un método de reproducción puramente contemplativo de un objeto ajeno al sujeto, sin tomar en cuenta el influjo de lo subjetivo en las consecuencias prácticas de la actividad humana sensorial»[24].

Aquel rechazo por Martí de un realismo empobrecedor, lo preparó para la aceptación y la práctica de un realismo creador, de alto vuelo. Ya no en la juventud, sino en la madurez, al bocetar un posible prólogo para su única novela, escribió (y piénsese, ante la vergüenza confesada, en la altivez con que habla de su poesía):

> El autor, avergonzado, pide excusas. Ya él sabe bien por dónde va, profundo como un bisturí y útil como un médico, la novela moderna. El género no le place, sin embargo, porque hay mucho que fingir en él, y los goces de la creación artística no compensan el dolor de moverse en una ficción prolongada; con diálogos que nunca se han oído, entre personas que no han vivido jamás.

El despego martiano hacia los géneros de ficción, pues, no es accidental, sino esencial en su teoría y su práctica literarias. Pero ¿dónde puede encontrarse *en la literatura* ese rechazo de la «ficción prolongada»? ¿Dónde diálogos que *se han oído,* personas *que han vivido de veras*? No en la novela, sino en ese tipo de literatura que desde hace unos años solemos llamar testimonio, y a la que en los años veinte daban el nombre de *literatura factual.* En un cuaderno de apuntes cuya fecha se ignora, Martí enumera algunos libros que hubiera querido hacer. Entre ellos menciona uno poemático cuyo esbozo es el siguiente:

> mi tiempo, fábricas, industrias, males y grandezas peculiares; transformación del mundo antiguo y preparación del nuevo mundo. Grandes y nuevas corrientes; no monasterios, cortes y campamentos, sino talleres, organizaciones de las clases nuevas, extensión a los siervos del derecho de los caballeros griegos; que es cuanto, y no más, se ha hecho desde Grecia hasta acá. Fraguas, túneles, procesiones populares, días de libertad: resistencias de las dinastías, y sometimientos de las ignorancias. Cosas ciclópeas[25].

Esas palabras están precedidas por estas otras: «Recoger toda la savia de la vida, y darla a gustar en un vaso ciclópeo: los tres libros que acumulo, y no tendré tiempo para hacer.» Pero ¿fue realmente así? ¿Es verdad que Martí

no tuvo tiempo para hacer al menos este libro? ¿No existe tal libro en su obra, tal «vaso ciclópeo» que indudablemente es una epopeya? Recordemos las palabras de Tretiakov: «Nosotros tenemos nuestra epopeya. Nuestra epopeya es el periódico.» Aquel libro de Martí existe, y es realmente ciclópeo: sus páginas son, en primer lugar, las extraordinarias crónicas que escribiera durante sus años (1881-1895) de residencia en los Estados Unidos; son sus numerosísimos trabajos en publicaciones como *La Edad de Oro* y *Patria;* son también las de su formidable *Diario de campaña...* Allí están, en la aparente enumeración caótica de la poesía whitmaniana o de los murales de Diego Rivera, fábricas, industrias, males y grandezas, transformación del mundo antiguo y preparación del nuevo mundo, grandes y nuevas corrientes; no monasterios ni cortes, pero sí campamentos de la guerra por la independencia, talleres de tabaqueros, organizaciones de las clases nuevas, «los pobres de la tierra»: aparecen fraguas, túneles, procesiones populares que piden la excarcelación de los obreros de Chicago, días de libertad en la radiante manigua; resistencias de las dinastías —las coronas de la vieja Europa, y las financeras de la Europa americana—, y sometimientos de las ignorancias. Cosas ciclópeas.

Es sobre todo en su gigantesca literatura factual, donde Martí habrá encontrado el «molde natural, desembarazado e imponente» de que hablara a Mercado: tríada de adjetivos que tanto recuerda, por cierto, a la que el propio Martí dedicara a Whitman en 1887, al llamarlo el poeta «más intrépido, abarcador y desembarazado de su tiempo»[26]. Refiriéndose a las colaboraciones periodísticas de Martí en *La Nación,* de Buenos Aires, escribió a raíz de su muerte Rubén Darío (quien después afirmaría que en muchos textos martianos «se siente como el clamor de una épica rediviva»[27]):

> Con una magia incomparable, hacía ver unos Estados Unidos vivos y palpitantes, con su sol y sus almas. [...] Mi memoria se pierde en aquella montaña de imágenes, pero bien recuerdo un Grant marcial y un Sherman heroico que no he visto más bellos en otra parte; una llegada de héroes del Polo; un puente de Brooklyn literario igual al de hierro; un hercúlea descripción de una exposición agrícola, vasta como los establos de Augías; unas primaveras floridas y unos veranos ¡Oh, sí! mejores que los naturales; unos indios sioux que hablaban en lengua de Mar-

[24] Mirta Aguirre, ob. cit. en nota 22, pág. 142.
[25] José Martí, «Libros», *O.C.,* XVIII, 291.

[26] José Martí, «El poeta Walt Whitman» (1887), en *O.C.,* XIII, 132.
[27] Rubén Darío, «José Martí, poeta. I» (1913), *Archivo José Martí,* 7, La Habana, 1944, pág. 331.

tí como [si] el Manitú mismo les inspirase; unas nevadas que daban frío verdadero, y un Walt Whitman patriarcal, prestigioso, líricamente augusto, antes, mucho antes de que Francia conociera por Sarrasin al bíblico autor de las *Hojas de hierba.*

Y cuando el famoso Congreso Panamericano, sus cartas fueron sencillamente un libro. En aquellas correspondencias hablaba de los peligros del yankee [sic], de los ojos cuidadosos que debía tener la América Latina respecto a la hermana mayor; y del fondo de aquella frase que una boca argentina opuso a la frase de Monroe[28].

Como lo reitera esta cita, la variedad de los trabajos periodísticos de Martí es muy grande, y sería forzar la mano intentar reducirlos precipitadamente a un denominador común. Por el contrario, hay que reconocerles su rica diversidad. Entre ellos hay ensayos sociopolíticos, como «Nuestra América» (1891); artículos de fondo, como los de los congresos panamericanos (1889-90; 1891); críticas, como las que dedica a Wilde (1882), a los pintores impresionistas (1886) o a Whitman (1887); epopeyas («ensayos biográficos», dirá Marinello), como las de la Emerson (1882), Grant (1885), o Céspedes y Agramonte (1888); crónicas como «La guerra social en Chicago» (1887) o «El asesinato de los italianos» (1891); e incluso la vasta gama de obras para niños y muchachos que ofrece su revista *La edad de Oro.* Cercanas a algunas de esas obras, pero a la vez separadas de ellas por la total inmediatez de sus vivencias, están los testimonios de aquellos hechos de los que Martí fue protagonista, como *El presidio político en Cuba* (1871)[29] o sus diarios, en especial el *Diario de campaña.*

Menos atención que aquella línea periodística y testimonial de sus letras, ha merecido una segunda línea: la de sus discursos (con los que se emparientan, interiorizándolos, sus intensas y fascinantes cartas). Distintos hechos han pesado en esta relativa desatención. Alguno de esos hechos es insalvable; una buena parte de tales discursos, de los que no se conservó transcripción, se ha perdido. Además, es indudable que el suyo es género que, prestigioso hasta el siglo XIX inclusive, perdería temporalmente su atracción entrado este siglo. El propio adjetivo que lo identifica —*retórico*— se convertiría en negativo; negatividad que le reconoce Martí mismo cuando escribe: «Contra el verso *retórico*— y ornado.» Por último, los discursos martianos, generalmente políticos, suelen ser ejemplos de literatura de circunstancia, referida a una específica coyuntura.

En relación con lo primero, poco hay que añadir. Con respecto al relativo descrédito en que caería la oratoria, lo que explicaría una atención menor por los discursos martianos, si es necesario añadir algo que ya destacó Cintio Vitier: [30] la incomprensión que la intelectualidad cubana de la Isla contemporánea de Martí (es decir, de la época en que la oratoria era altamente apreciada) mostró hacia aquellos discursos, mientras, en cambio, se sentía fascinada por los discursos —y a menudo por las ideas— del autonomista Rafael Montoro. No podemos menos que recordar cómo, en cambio, los tabaqueros cubanos desterrados en Tampa y Cayo Hueso reaccionaban con fervorosa identificación ante aquellas piezas en que Martí los convocaba al combate y al sacrificio. Tal fervor, y el que, para encenderlo, jamás accediera Martí a darle un demagógico tinte populista a su palabra, se encuentran, sin duda, entre las más nobles y perdurables lecciones de la cultura latinoamericana.

En cuanto al carácter coyuntural de la mayoría de los discursos martianos, citaremos algunas observaciones recientes de Alfred Melon: [31]

> Resulta conveniente, ante todo, refutar el argumento —rutina esteticista— que consiste en marginar o minimizar las llamadas literaturas de circunstancia, en rechazar particularmente, luego de un uso único y momentáneo, las obras comprometidas en una acción política o social localizada; y eso, en nombre de un criterio de universalidad selectiva que terminaría significando la eliminación masiva de sectores enteros de la literatura latinoamericana.

Después de insistir en que «la oratoria —como en sus orígenes la poesía— se funda en una relación oral, a menudo en la práctica relativamente vivaz de la agrupación popular [...] de una literatura viva al servicio de la comunicación masiva», y que en nuestra América se adecua «al objetivo de convencer, de estremecer o de enseñar a unas masas en las cuales eran raros aquellos que supieran leer», añade de que en sus grandes piezas oratorias los lí-

---

[28] Rubén Darío, «José Martí» (1895), en *Los raros.* Buenos Aires, 1952, págs. 197-198.

[29] Recientemente Jaime Concha ha llamado a *El presidio político en Cuba* «El primer testimonio latinoamericano en sentido estricto y actual», J.C., «Testimonios de la lucha antifascista» (1978), en *Casa de las Américas,* número 112, enero-febrero de 1979.

[30] Cintio Vitier, «Los discursos de Martí», en C.V. y Fina García Marruz, *Temas martianos,* La Habana, 1969.

[31] Alfred Melon, «Sobre tres discursos de Juan Marinello», ponencia presentada en el coloquio en homenaje a Juan Marinello y Noël Salomon, Universidad de Tolouse-le-Mirail, noviembre de 1978. Aparecerá en *Casa de las Américas,* núm. 115, julio-agosto, 1979.

deres que la Independencia de nuestra América revivían

> posiblemente sin tener conciencia de ello, la tradición precolombina de la exhortación (pensamos en el viracocha incaico), ligada a inmensos conglomerados, a una especie de ritual épico destinado a comunicar el fervor combativo y a soldar la unidad del grupo. Los discursos de José Martí [concluye Melon] se inscriben, cierto que en el más alto nivel, dentro de esta tradición.

En contraste con su oratoria, la poesía martiana ha sido objeto de trabajos más o menos afortunados, pero copiosos. Además, como ya hemos recordado, él mismo nos dejó observaciones del mayor valor para apreciar esta poesía. A la cabeza de tales observaciones, se encuentra su recomendación a Quesada según la cual sólo a partir de *Ismaelillo* reconoce verdadero valor a sus versos. Con anterioridad a este pequeño libro grande, Martí ha realizado el aprendizaje de la poesía, se ha asimilado su tradición, ha pagado su deuda a las estribaciones del romanticismo, que en general fue débil en español, y cuyos ramalazos más fulgurantes, sin embargo, se sentirán aún en algunos *Versos libres*.

En su obra en verso se aprecian dos vertientes mayores. Martí parece referirse a ellas cuando, en el prólogo de los *Versos sencillos,* escribe: «A veces ruge el mar, revienta la ola, en la noche negra, contra las rocas del castillo ensangrentado: a veces susurra la abeja merodeando entre las flores.» Aunque también es posible que, para él, esa dualidad atraviese toda su poesía de madurez, una interpretación de tales palabras permite aludir, por una parte, a sus violentos *Versos libres* y a algunos de los que parecen ser sus airados *Versos cubanos* («a veces ruge el mar, y revienta la ola, en la noche negra, contra las rocas del castillo ensangrentado»); por otra parte, a la poesía del arte menor de *Ismaelillo, La edad de Oro* y *Versos sencillos* («a veces susurra la abeja merodeando entre las flores». En un extremo, una poesía revuelta y encendida, volcánica, cuyos versos *libres,* no ajenos a Whitman, lo son más por el fuego que los impulsa que por el mero hecho de ser endecasílabos sin rima[32]; en otro extremo, una poesía de conquistada serenidad, en que las rápidas visiones que debemos a poetas de la estirpe de Rimbaud entran, iluminan-

Fragmento de una carta autógrafa de Martí, de 1985.

do, en estrofas de la poesía popular española como villancicos y coplas. Tales estrofas, en especial las de los *Versos sencillos,* ¿no dan voz a una entrañable tradición hispanoamericana —de raíz española— que aún hoy está viva en payadores y decimistas?[33]. Cuando tales poemas salieron a ser cantados, se les hizo regresar con música a la poesía popular, oral, de donde provenían. Pues aunque a primera vista pueda no parecer evidente, el oído revela que, como en su oratoria, Martí también entronca en su poesía con la literatura oral, con la literatura sin letras del hombre americano libre, sencillo y fiero, fundador, como Ismael, de un pueblo nuevo.

Fundador: he ahí la palabra que define a Martí, en todos los órdenes. En lo político, sabemos, gracias a Fidel, cuál ha sido su fundación: es el autor intelectual de la segunda y definitiva independencia de nuestra América; su

---

[32] Al aparecer los *Versos libres,* encontraron comentaristas entusiastas en Rubén Darío y Miguel de Unamuno; este último los emparentó a los salmos hebraicos y a la poesía de Whitman (M. de U., «Sobre los *Versos Libres* de Martí», en *Archivo José Martí, 11, La Habana, 1947).* Para algunos críticos, los *Versos Libres* influyeron en el *Cristo de Velázquez* (1920) unamuniano.

[33] En este punto reparó con agudeza Gabriel Mistral: «Martí escribió casi todos los *Versos sencillos* en el octosílabo de la copla criolla, porque la sencillez le pedía un metro y un ritmo parientes [...] de lo popular y que se allegase a lo cantable. Yo me oigo en coplas la mayor parte de los *Versos sencillos* [...] en la técnica del payador o del coplero [...] Parecen versos de tonada chilena, de habanera cubana, de canción de México, y se nos vienen a la boca espontáneamente.» (G.M., los *Versos sencillos* de José Martí, 1938, en J.M., *Versos sencillos,* La Habana, 1939, págs. 13 y 14.)

pensamiento democrático revolucionario conduce a la ideología socialista. ¿Y en lo literario?

Es indudable que Martí postuló una renovación raigal de nuestra literatura, y que tal renovación la vio siempre estrechametne vinculada a la existencia concreta de nuestra América. Aquí, como en todo, Martí no desgrarró lo político de lo literario. Es más, fue la insuficiencia de nuestro ámbito histórico en las últimas décadas del siglo pasado, la no realización del proyecto de las burguesías nacionales latinoamericanas, lo que le llevó a señalar la endeblez de nuestras letras, cuando en su famoso apunte caraqueño de 1881 escribió: «No hay letras, que son expresión, hasta que no hay esencia que expresar en ellas. Ni habrá literatura hispanoamericana, hasta que no haya —Hispanoamérica.»[34] Al mismo tiempo que esas palabras, también en Caracas, en 1881, escribió los versos seminales de *Ismaelillo,* y sus trabajos de la *Revista Venezolana,* algunos de los cuales, como «El carácter de la *Revista Venezolana*», bien pueden considerarse los primeros manifiestos de la nueva literatura latinoamericana. Tales manifiestos no coronaban una obra ya realizada, sino que la anunciaban: eran el programa de lo que había que hacer.

La práctica independencia de esa literatura latinoamericana de primer orden; el que, según las palabras de Martí, todavía no hubiéramos dado al mundo un «escritor inmortal [...] como el Dante, el Litero, el Shakespeare o el Cervantes de los americanos», el que tuviéramos «alardes y vagidos de literatura propia [...] mas no literatura propia», llevaría al joven Darío a confesar quince años después, en sus patéticas «Palabras liminares» de *Prosas profanas:* «Yo detesto la vida y el tiempo en que me tocó nacer.» En cambio, Martí, sumo creador americano, seguía diciendo en aquellos apuntes caraqueños: «A pueblo indeterminado, ¡literatura indeterminada! Mas apenas se acercan los elementos del pueblo a la unión, acércanse y condénsanse en una gran obra profética los elementos de su literatura.» Imposible no reconcer que esa «gran obra profética» anunciada entonces resultaría ser la propia obra que Martí realizaría entre 1881, cuando se escribieron tales palabras, y su caída en combate el 19 de mayo de 1895. Martí, además, se sabía para entonces padre de las nuevas letras que iban surgiendo en nuestra América. Al abrazar en 1893 a Darío, lo llamó «hijo», hecho que el gran nicaragüense no olvidó jamás[35]; y ese mismo año, al morir Casal, diseñó en *Patria* el ámbito mejor (y en gran medida futuro) de aquella literatura naciente:

> Y es que en América está ya en flor la gente nueva que pide paso a la prosa y condición al verso, y quiere trabajo y realidad en la política y en la literatura. Lo hinchado cansó, y la política hueca y rudimentaria, y aquella falsa lozanía de las letras que recuerda los perros aventados del loco de Cervantes. Es como una familia en América esta generación literaria, que principió por el rebusco imitado, y está ya en la elegancia suelta y concisa, y en la expresión artística y sincera, breve y tallada, del sentimiento personal y del juicio criollo y directo. El verso, para estos trabajadores, ha de ir sonando y volando. El verso, hijo de la emoción, ha de ser fino y profundo, como una nota de arpa. No se ha de decir lo raro, sino el instante raro de la emoción noble y graciosa[36].

Hoy sabemos que ese «rebusco imitado» todavía haría estragos un tiempo más, y que «la expresión artística y sincera del juicio criollo y directo» (donde el adjetivo *criollo* tiene ahora el sentido de *natural* de nuestras tierras) apenas ofrecía entonces ejemplos fuera de su propia obra. Pero también sabemos que entonces, en efecto, nacía la nueva literatura del continente. De ella, al año siguiente, en 1894, habló así Martí, también en *Patria:*

> En América hay un alma nueva, ya creadora y artística, que, en el horno de su primer siglo libre, ha fundido al fin en la misma generación la pujanza ingenua de las tierras primerizas y la elegante pericia de las civilizaciones acendradas. Era como segundón de Europa, hasta hace poco tiempo, el más emancipado de los americanos, y el de más luz caía en el yerro de salir por la selva leyendo a los indios un Hugo o un Daudet. Hoy se habla en América la lengua concreta donde encaja la idea de como el acero en el tahalí, y el pensamiento criollo impera y resplandece. Ya nuestra América se busca, y no hay pueblo que no tenga sus hombres de raíz, que procuran el remedio de los malos en el conocimiento de ellos, y tienen fe en el asiento visible de las mezclas americanas. Con vehemente simpatía se unen, como si fueran de un solo pueblo, todas estas almas superiores, y está al proclamarse el credo independiente de la América nueva[37].

En realidad, aunque la modestia de Martí no le permitiera decir otra cosa, ese «credo independiente de la América nueva» no estaba

[34] J.M., «Cuaderno de apuntes. 5» (1881), en *O.C.,* XXI, 163-164.

[35] Ver *La vida de Rubén Darío escrita por él mismo,* Barcelona, s.f., págs. 142-146, esp. pág. 143.

[36] José Martí, «Julián del Casal» (1893), *O.C.,* V, 321-322.

[37] José Martí, «La Casa Editorial Hispanoamericana» (1894), *O.C.,* V, 440.

«al proclamarse», sino que había sido proclamado en su propia obra, en la que sus criterios de demócrata revolucionario encarnaron en textos de «lengua concreta donde encaja la idea como el acero en el tahalí, y el pensamiento criollo impera y resplandece»; ahí está, con ejemplo suficiente, su «Nuestra América», de 1891, verdadero «credo independiente de la América nueva». Desde sus textos caraqueños diez años atrás, hasta esa proclama de la plena independencia, el nuevo pensamiento y la nueva expresión latinoamericana habían desplegado el estandarte de sus vastos y hermosos programas. Y no se trataba ya, sólo, de proyectos, pues junto a ellos, acompañándolos y desbordándolos, Martí produjo las obras que, en prosa y verso, comenzaron a realizar esos programas.

América, e inaugura así una etapa de nuestras letras en la que nos encontramos aún.

Uno de los hombres auténticamente grandes de la literatura latinoamericana, y además uno de los que con más cariño y admiración hablaron de Martí, como escritor y como hombre, Rubén Darío, es sin embargo responsable de un malentendido que ha llegado a nuestros días. Al escribir sobre Martí en 1913, Darío hizo esta pregunta pasmosa: «¿No se diría [Martí] un precursor del movimiento que me tocara iniciar años después?»[38]. Por supuesto que a esta pregunta hay que responder con una rotunda negativa. Martí no es un precursor: es, como ya lo hemos dicho, el fundador, el iniciador de una etapa nueva en nuestras letras. Dentro de esta etapa, Darío, que lo llamaba Maestro, fue uno de sus hijos, aunque desde

La Junta Revolucionaria de Nueva York (el núm. 4 corresponde a Gonzalo Quesada).

Cada vez se hace más evidente que, así como en lo político Martí es el iniciador de una nueva etapa en nuestra historia, al plantearse metas antimperialistas y de justicia social cuya realización correspondería ya a nuestro siglo, a nuestros días, lo que le da en ese plano su vigencia beligerante, su viva contemporaneidad —otro tanto ocurre en lo literario. Él proyecta e inicia la nueva literatura de nuestra

luego con sus propias virtudes y sus propias limitaciones (que en ambos órdenes fueron grandes). En cuanto al «movimiento» que según Darío le tocara a el «iniciar años después» («inicio» que parece hoy bastante discutible), alude claramente al «modernismo» en el senti-

[38] Rubén Darío, «José Martí, poeta. IV. Los Versos Libres» (1913), en *Archivo José Martí*, 7, La Habana, 1944, pág. 351.

do más estrecho del término, a aquella literatura que Martí consideraba en 1893 «rebusco imitado». Probablemente Martí se refería también a ella cuando en 1890 hablaba de una poesía «hecha de retazos de todas las sedas, cosidos con hilo pesimista, para que vea el mundo que se es persona de moda, que acaba de recibir la novedad de Alemania o de Francia»[39]. ¿Cómo podría Martí ser precursor de lo que con tanto énfasis rechazaba? Ahora bien: ese no es *todo* el modernismo, cuyo estudio cabal esperamos todavía[40]. Y sin duda no pocos escritores entre los que iban a llamarse, o a ser considerados, «modernistas» —Gutiérrez Nájera, Darío, Silva, Rodó entre ellos— leyeron a Martí con deslumbramiento discipular, en especial su prosa, admirando en ella su «alma nueva, ya creadora y artística», aunque no siempre captaran la almendra de aquella prosa, el alma de aquella alma. Martí, por su parte, a pesar de sus reservas, apreció también el trabajo de varios de aquellos jóvenes[41] que, en países apenas hechos, esquilmados y difíciles, vivían prendados, como él dijo de Casal, «del cristal tallado y de la levedad japonesa; del color del ajenjo y de las rosas del jardín; de mujeres de perla, con ornamentos de plata labrada».

Ya en 1934 Federico de Onís deshizo el malentendido dariano, al afirmar que la modernidad de Martí «apuntaba más lejos que la de los modernistas, y hoy es más válida y patente que entonces»[42]. Juicio que complementó Marinello cuando en 1968 escribió: «es justicia proclamar que es Martí la figura primordial en una transformación de las letras latinoamericanas que llega hasta nosotros»[43].

Más que el conocimiento tardío de muchos de sus textos, con ser ello tan importante[44], lo que vincula la obra de Martí a las letras del porvenir, de hoy, es su concepción y su práctica de una literatura genuina, natural, es decir fiel a las exigencias del mundo nuevo por el que peleó y murió. A medida que ese mundo barruntado por él se ha ido afirmando, su obra, que había podido aparecer admirable pero marginal, ha revelado ser, por el contrario, la obra central, arquetípica, de ese mundo.

Estos años que vivimos en nuestra América, además de la consolidación de una narrativa propia, de evidente originalidad, ¿no han visto renacer con fuerza la *literatura factual,* la literatura de testimonio que fue el núcleo de la obra de Martí? Su *Diario de campaña* ¿no resuena en el *Diario de Bolivia* del Che? Su ardiente y medular oratoria ¿no se continúa en muchos discursos de Fidel? Su ensayo ¿no es el modelo de los mejores ensayos latinoamericanos de hoy? Su literatura para niños ¿no inicia lo que se realizará luego en esa línea? Su poesía de juego y canto, de «música y razón», ¿no rige la actual poesía de nuestras tierras? ¿Qué literatura pueden requerir nuestros días sino la que sale, útil, combatiente y hermosa, de la mano de fundador del hombre que un día anunció: «Mi verso crecerá: bajo la yerba, / Yo también creceré»[45].

---

[39] José Martí, ob. cit. en nota 9, *Ibid.*

[40] Nos referimos, desde luego, a una *interpretación* ampliamente aceptada del modernismo, abierto aún a considerables polémicas, de muchas de las cuales se hizo eco Antonio Melis en «Bilancio degli studi sul modernismo ispanoamericano», en *Lavori della Sezione Fiorentina del Grupo Ispanistico C.N.R.,* Serie II [c. 1969].

[41] Ya hemos mencionado algunas opiniones de Martí sobre Darío y Casal. Además, hay numerosos ejemplos, en sus artículos, cartas e incluso versos («Para Cecilia Gutiérrez Nájera y Maillefert», 1894), del aprecio que le merecía Gutiérrez Nájera. En sus cuadernos de apuntes, dejó constancia de que proyectaba un estudio sobre los poetas de América entre los que estaban Díaz Mirón, Gutiérrez Nájera y Darío (*O.C.*, XVIII, 287).

[42] Federico de Onís, ob. cit. en nota 16, pág. 35.

[43] Juan Marinello, ob. cit. en nota 19, pág. 128.

[44] La primera edición conjunta de obras de Martí, compiladas por su fiel albacea Gonzalo de Quesada y Aróstegui, apareció en varias ciudades (Washington, La Habana, Roma-Turín, Berlín) entre 1900 y 1919, y comprende quince volúmenes. La gran mayoría de los materiales allí reunidos se encontraba hasta entonces desperdigada en multitud de publicaciones periódicas, de difícil acceso. Con posterioridad a aquella importante edición, fueron apareciendo otros textos martianos hasta entonces poco conocidos e incluso inéditos. Por ejemplo, sólo al inicio de la quinta década de este siglo saldría a la luz su *Diario de campaña,* obra maestra de la prosa castellana.

[45] J.M., «Antes de trabajar», en *O.C.*, XVI, 251.

BIBLIOGRAFÍA*

A) *Fuentes bibliográficas:*

GONZÁLEZ, Manuel Pedro, *Fuentes para el estudio de José Martí. Ensayo de bibliografía clasificada,* La Habana, 1950.
SARAUSA, Fermín Pereza, *Bibliografía martiana,* La Habana, 1954.
BLANCH Y BLANCO, Celestino, *Bibliografía martiana. 1954-1963,* La Habana, 1963.
La bibliografía martiana desde 1964 hasta la fecha aparece, primero, en el *Anuario martiano* (1969-1977), y a partir de 1978 en el *anuario del Centro de Estudios Martianos,* La Habana. En el primer número del *Anuario Martiano* fue compilada por Celestino Blanch y Blanco; del número 2 en adelante, y también en el *Anuario del CEM,* por Araceli García-Carranza.

B) *Bibliografía activa:*

1. *Primeras ediciones*

El presidio político en Cuba, Madrid, 1871.
La República Española ante la Revolución Cubana, Madrid, 1873.
Amor con amor se paga, México, 1876.
Guatemala, México, 1878.
Ismaelillo, Nueva York, 1882.
Amistad funesta (seud. Adelaida Ral), en *El Latinoamericano,* Nueva York, 1885.
La Edad de Oro, Nueva York, julio a octubre de 1885.
Cuba y los Estados Unidos, Nueva York, 1891.

2. *Obras completas*

[Obras], Ed. Gonzalo de Quesada y Aróstegui, Washington, La Habana, Roma-Turín, Berlín, 1900-1919, 15 volúmenes.
Obras completas, Ed. Gonzalo de Quesada y Miranda, La Habana, 1936-1953, 74 volúmenes.
Obras completas, Ed. M. Isidro Méndez, La Habana, 1946, 2 volúmenes.
Obras completas, Ed. Gonzalo de Quesada y Miranda, La habana, 1963-1973, 28 volúmenes.

3. *Antologías de conjunto:*

Antología, edición, introducción y notas de Julio Ortega, Madrid, 1972.
Antología, edición preparada por Andrés Sorel, Madrid, 1975.
Argentina y la Primera Conferencia Panamericana, ordenación y prólogo de Dardo Cúeo, [Buenos Aires, 1955].

Crítica literaria, selección [y prólogo] de Juan Marinello, La Habana, [1960].
Cuba, Nuestra América, los Estados Unidos, selección y prólogo de Roberto Fernández Retamar, México, D.F., 1973.
En los Estados Unidos, edición, prólogo y notas de Andrés Sorel, Madrid, 1968.
Ensayos sobre arte y literatura, selección y prólogo de Roberto Fernández Retamar, La Habana, 1972.
Escritos de un patriota, selección y reseña de la historia cultural de Cuba por Raimundo Lazo [Buenos Aires, 1948].
Esquema ideológico, selección, prefacio, glosas y notas por Manuel Pedro González e Iván A. Shulman, México, 1961.
Flor y Lava, prólogo de Américo Lugo, París, 1910.
Genio y figura de José Martí [selección y prólogo de] Fryda Schultz de Mantovani, Buenos Aires, 1968.
Martí, prólogo y selección de Mauricio Magadaleno, México, 1942.
José Martí, prólogo de Roberto Fernández Retamar, selección y notas de Alfonso Chase y Dennis Mesén, San José, Costa Rica, 1976.
Nuestra América, introducción por Pedro Henríquez Ureña, Buenos Aires, 1939.
Nuestra América [selección de Roberto Fernández Retamar], prólogo de Josep Fontana, Barcelona, 1970.
Nuestra América, compilación y prólogo de Roberto Fernández Retamar, La Habana, 1974.
Nuestra América, prólogo de Juan Marinello, selección y notas de Hugo Achugar, cronología de Cintio Vitier, Caracas, 1977.
Obras escogidas, selección y prólogo y notas de Rafael Esténger, Madrid, 1953.
Obras escogidas en tres tomos [selección y prólogo del Centro de Estudios Martianos], tomo I (1869-1884), [La Habana, 1978]
Obra literaria, prólogo, notas y cronología de Cintio Vitier, [Caracas, 1978]
Páginas escogidas, selección e introducción por Max Henríquez Ureña, París, 1919.
Páginas escogidas, selección y prólogo de Alfonso M. Escudero, O.S.A., Buenos Aires, 1953.
Páginas escogidas, selección y prólogo de Roberto Fernández Retamar, la Habana, 1966.
Páginas selectas, selección, prólogo y notas de Raimundo Lida, Buenos Aires, 1939.
Prosa escogida, selección y prólogo de José Olvido Jiménez, Madrid, 1975.
Sobre España, introducción, selección y notas de Andrés Sorel, Madrid, 1967.
Sus mejores páginas, selección y prefacio de Jorge Mañach, Lima-La Habana, 1959.
Trincheras de papel, La Habana, 1945.

---

* La bibliografía martiana es copiosísima, como lo revelan los títulos mencionados en el epígrafe A. Aquí sólo damos una idea muy general de ella, destacando su aspecto literario. Somos particularmente parcos en lo que toca a selecciones poéticas o a *La Edad de Oro,* de las que hay un gran cúmulo de ediciones. Los epígrafes A, B1 y B2 están ordenados cronológicamente; los demás, en orden alfabético, atendiendo a los títulos de los autores.

4. *Otras ediciones:*

Diario de Campaña [edición crítica al cuidado de Nuria Gregori], *en Anuario* L/L, n. 1, La Habana, 1970.

La Edad de Oro, edición fascsimilar, La Habana (en prensa).

Epistolario, Antología, introducción, selección, comentarios y notas por Manuel P. González, Madrid, 1973.

Epistolario, arreglado cronológicamente con introducción y notas por Félix Lizaso, La Habana, 1930-1931, tres volúmenes.

Ismaelillo. Edición facsimilar, introducción y notas por Ángel Augier, La Habana, 1976.

José Martí [Poesía] [selección y prólogo de] Juan Marinello, Madrid, 1972.

Lucía Jerez y otras narraciones, selección y prólogo de Mercedes Santos Moray, La Habana, 1975.

Lucía Jerez, edición patrocinada por Manuel P. González, Madrid, 1969.

Poesía, selección y estudio de Juan Carlos Ghiano, Buenos Aires, 1952.

Poesía mayor, selección y prólogo de Juan Marinello, La Habana, 1973.

Poesías completas, prólogo de José Antonio Portuondo, Lima-La Habana, 1959.

Sección constante, compilación y prólogo de Pedro Grases, Caracas, 1955.

Teatro, selección y prólogo de Rine Leal, La Habana [en prensa].

C) *Bibliografía pasiva:*

1. *Obras colectivas y publicaciones periódicas*

Acerca de la Edad de Oro, compilación y prólogo de Salvador Arias, La Habana (en prensa).

Antología crítica de José Martí, Ed. Manuel P. González, México, D.F., 1960.

Anuario del Centro de Estudios Martianos, La Habana, 1978.

Anuario Martiano, La Habana, 1969-1977: siete números.

Archivo José Martí, La Habana, 1940-1952: veintidós números.

Aspectos en la obra de José Martí, La Habana, 1977.

Boletín de la Academia Cubana de la lengua. Homenaje a José Martí en el centenario de su nacimiento, La Habana, t. I, núm. 4, oct-dic. de 1952.

Bulletin Hispanique, t. LXXV bis 1973, *[En torno a José Martí],* Burdeos, 1974.

Estudios martianos, Universidad de Puerto Rico, Barcelona, 1974.

Homenaje a Juan Marinello et Noël Salomón, Cuba: les etapes d'une liberation, Université de Tolouse-Le Mirail, 1979.

Revista Cubana. Homenaje a José Martí en el centenario de su nacimiento, v. XXIX, jul. 1951-dic. 1952.

Revista Hispánica Moderna, a. XVII, núm. 1-4, enero-diciembre de 1952.

Pensamiento y acción de José Martí, Santiago de Cuba, 1953.

Vida y pensamiento de José Martí, La Habana, 1942, dos volúmenes.

2. *Obras individuales*

ACOSTA, Leonardo, «Martí descolonizador. Apuntes sobre el simbolismo náhualt en la poesía de Martí», en *Casa de las Américas,* núm. 72, jul.-ago. de 1973.

AGUIRRE, Mirta, «*La Edad de Oro* y las ideas martianas sobre educación infantil», en *Acerca de la Edad de Oro.*

—*Los principios estéticos e ideológicos de José Martí,* en Anuario del CEM, 1, 1978.

ALMENDROS, Herminio, *A propósito de la Edad de Oro. Notas sobre literatura infantil [2a. ed.],* La Habana, 1972.

—«Notas sobre Martí, innovador en el idioma», en *Casa de las Américas,* núm. 41, marzo-abril de 1967.

ANDERSON IMBERT, Enrique, «La prosa poética de José Martí. A propósito de *Amistad funesta*», en *Antología crítica...*

ARCE DE VÁZQUEZ, Margot, «Algunas notas sobre la estructura general de los *Versos sencilos*», en *Bulletin Hispanique...*

ARMAS, Emilio de, *Un deslinde necesario,* La Habana, 1978.

ARROM, José Juan, «Raíz popular de *los Versos sencillos*», en *Antología crítica...*

AUGIER, Ángel, «Martí, poeta y su influencia innovadora en la poesía de América», en *Vida y pensamiento...,* t. II.

BRENES MESÉN, Roberto, «José Martí, poeta», en *Archivo José Martí,* núm. 16, 1950.

CARTER, Boyd G., «Martí en las revistas del modernismo antes de su muerte», en *Anuario Martiano,* núm. 4, 1972.

CUÉ CÁNOVAS, Agustín, *Martí el escritor y su época,* México, D.F., 1961.

CHACÓN Y CALVO, José María, «La poesía de Martí y lo popular hispánico», en *Antología crítica...*

DARÍO, Rubén, «Impresión de Martí» y otros textos, en *Archivo José Martí,* núm. 7, 1944.

DESSAU, Adalbert, «José Martí en la literatura latinoamericana», en *Bulletin Hispanique...*

DÍAZ PLAJA, Guillermo, «Martí», en *Antología crítica...*

—«Lenguaje, verso y poesía en José Martí», en *Cuadernos Hispanoamericanos,* núm. 39, 1953.

FERNÁNDEZ RETAMAR, Roberto, «La crítica de Martí» en *Para una teoría de la literatura hispanoamericana y otras aproximaciones,* La Habana, 1975.

—*Introducción a José Martí,* La Habana, 1978.

FLORIT, Eugenio, «Versos [de José Martí]», en *Antología crítica...*

GARCÍA MARRUZ, Fina, «José Martí», en *Antología crítica...*

GONZÁLEZ, Manuel Pedro, *Indagaciones martianas,* Universidad Central de las Villas, 1961.

—*José Martí en el octogésimo aniversario de la iniciación modernista (1882-1962),* Caracas, 1962.

GONZÁLEZ, Manuel Pedro y SCHULMAN, Ivan A., *Martí, Darío y el Modernismo,* Madrid, 1969.

GUTIÉRREZ NÁJERA, Manuel, «La Edad de Oro», en *Acerca de la Edad de Oro.*

HENRÍQUEZ UREÑA, Pedro, «Martí, escritor», en *Archivo José Martí,* núm. 7, 1943.

HENRÍQUEZ UREÑA, Max, «Martí, iniciador del modernismo», en *Antología crítica...*

IDUARTE, Andrés, *Martí, escritor, México, 1945.*

JIMÉNEZ, Juan Ramón, «José Martí», en *Antología crítica...*

MARINELLO, Juan, *José Martí escritor americano. Martí y el Modernismo,* México, D.F., 1958.

—*Once ensayos martianos,* La Habana, 1964.

—«Martí, poesía», en *Anuario Martiano,* núm. 1, 1969.

MARTÍNEZ ESTRADA, Ezequiel, *Martí revolucionario,* La Habana, 1967.

MISTRAL, Gabriela, «La lengua de Martí», y «los *Versos sencillos* de José Martí», en *Antología crítica...*

ONÍS, Federico de, «José Martí», en *Antología de la poesía española e hispanoamericana (1882-1932),* Madrid, 1934.

—«Valoración», en *Antología crítica...*

PORTUONDO, Jose Antonio, *José Martí, crítico literario,* Washington, 1953,

—«La voluntad de estilo en José Martí», en *Antología crítica...*

POUMIER, María, «Aspectos del realismo martiano», en *Anuario del CEM,* núm. 1, 1978.

ROGGIANO, Alfredo A., «Poética y estilo de José Martí», en *Antología crítica...*

SABOUIRÍN, Jesús, *Amor y combate (algunas antinomias en José Martí),* La Habana, 1974.

SCHULMAN, Ivan A., *Símbolo y color en la obra de José Martí,* Madrid, 1960.

STOLBOV, Valerio S., «José Martí, patriota, revolucionario y poeta cubano», en *Universidad de La Habana,* núm. 175, sept-oct. de 1965.

UNAMUNO, Miguel de, «Sobre los *Versos libres* de Martí» y otros textos, en *Archivo José Martí,* núm. 11. 1947.

VITIER, Cintio, «Sobre *Lucía Jerez*», en *Anuario del CEM,* 2, 1979.

VITIER, Cintio y GARCÍA MARRUZ, Fina, *Temas martianos,* La Habana, 1969.

VITIER, Medardo, «Estudio técnico de un estilo en prosa», en *Antología crítica...*

Salvador Díaz Mirón (1853-1928)

José Emilio Pacheco

A fines del siglo XIX Salvador Díaz Mirón era el poeta mexicano de mayor prestigio en el orbe hispánico. Rubén Darío, Julio Herrera y Reissig, Leopoldo Lugones y Francisco Villaespesa lo reconocieron entre sus maestros. Según Francisco A. de Icaza, «en España misma hubo quienes hicieron calcos facsimilares de sus estrofas». El mejor testimonio se halla en la segunda edición de *Azul* (1890). Darío lo imita en «A un poeta» y lo elogia en «Medallones» al lado de Walt Whitman y Leconte de Lisle («Tu cuarteto es cuadriga de águilas bravas/ que aman las tempestades, los océanos...»). La fama se basó en la excelencia de su poesía tanto como en un mito: Díaz Mirón era el defensor del pueblo y sus versos luchaban contra las dictaduras militares.

Lascas (1901) fue el único libro que admitió como suyo. José Juan Tablada celebró «su perfección de forma» que «no tiene en castellano precedente ni continuación». Ha escrito, dijo Luis G. Urbina, «las estrofas más perfectas que pueda presentar hasta hoy la poesía mexicana» y dio al lenguaje «flexibilidad, sonoridad y delicadeza no poseídas hasta ahora». No todos sus lectores del XIX conservaron su entusiasmo en el siglo XX: el Díaz Mirón preferido y popular siguió siendo el de su primera etapa. *Lascas* no fue realmente apreciado hasta después de la experiencia vanguardista. Aparecido entre *Prosas profanas* (1896) y *Los crepúsculos del jardín* (1905), *Lascas* resulta un libro extraño. Simultáneamente lleva a los orígenes románticos del modernismo y anticipa algunos elementos esperpénticos del *Lunario sentimental* (1909).

Hoy Díaz Mirón es un nombre prestigioso al que siempre se reconoce pero a quien casi nadie lee fuera de su país. Allí ha arraigado el juicio que supone la existencia en él de dos poetas distintos y aún opuestos: el héroe que combate a los tiranos y el artífice que, después de convertirse en asesino y periodista venal, sólo pelea contra el idioma. Esto evita entrar en terrenos polémicos: situarlo al lado de José Martí (nacido también en 1853), Manuel Gutiérrez Nájera, Julián del Casal y José Asunción Silva como iniciador del modernismo, vocablo no empleado hasta fines del período inicial (1882-1896) que tiene en Díaz Mirón a una de sus figuras centrales; o bien, hallan en *Lascas* y en los poemas últimos una versión irre-

petible, una coexistencia que no aspira a la síntesis, de los materiales románticos, parnasianos, simbolistas, naturalistas, neoclásicos y aún clásicos (en el doble sentido de grecorromanos y del siglo de oro español) que sucesiva o simultáneamente participan en la formación de este gran movimiento literario.

ARMAS Y LETRAS

Díaz Mirón nace el 14 de diciembre de 1853 en Veracruz. Durante el virreinato el puerto monopolizó los tratos comerciales con Cádiz y Sevilla. Ciudad amurallada, su Castillo de Ulúa fue el último bastión continental de las tropas españolas y luego resistió ataques franceses y angloamericanos. Al parecer, Díaz Mirón pertenece a la élite criolla de una zona *jarocha*, es decir mezcla de indígena y africano. Su nombre reúne el principal atributo de Cristo, el apellido del dictador que determinará la vida adulta del poeta y un doble significado que aparece una y otra vez en sus poemas: Mirón, el escultor del *Discóbolo*, y también el mirón, el *voyeur* que contempla y desea a distancia.

Su niñez y adolescencia transcurren en tiempos violentos. En 1855, con la caída del dictador Santa Anna, empieza la era del liberalismo y la lucha armada contra los conservadores. Benito Juárez, el presidente de los liberales, traslada a Veracruz la capital. En 1859-60 resiste allí los asedios del presidente conservador, Miguel Miramón, y firma las leyes de Reforma que destruyen el poder económico y político de la Iglesia. Manuel Díaz Mirón (1821-1895) es coronel en las filas juaristas y gobernador militar de Veracruz en 1861. Cuando su hijo Salvador tiene 9 años, Manuel Díaz Mirón parte a combatir al ejército francés que ocupará a Mexico de 1862 a 1867. El país se convierte en el Vietnam del siglo XIX. En tierras veracruzanas alcanzan el mayor grado de violencia las operaciones de guerrilla y contraguerrilla.

Se han vuelto a unir las armas y las letras. Manuel Díaz Mirón publica unos *Ensayos literarios* (1865) en prosa y verso. Su hijo ha nacido tarde para actuar en la edad heroica y romántica del liberalismo. Esta nostalgia de lo no vivido lo acompañará siempre. Adolescente, encuentra una compensación degradada: encabezar una pandilla de tiradores y duelistas. Para enmendarlo su padre lo envía a estudiar humanidades en el seminario de Jalapa. Luego va por dos años a Nueva York. Aprende inglés y francés y escribe un poema becqueriano, «Mística» (1874).

Salvador Díaz Mirón en su juventud

De regreso publica en la revista, ahora perdida, *La Sensitiva*. Sus ídolos son Lord Byron (1788-1824) y Víctor Hugo (1802-1885), famosos por sus obras y por sus actos. Díaz Mirón se propone ser al mismo tiempo el Byron y el Hugo mexicano. Sin tragedia no hay figura romántica: En Orizaba tiene un duelo. La bala, al destrozarle la clavícula, inutiliza el brazo izquierdo. A partir de 1878 llevará la mano oculta en un bolsillo de la americana; en el otro cargará siempre un revólver. Su manquedad lo identifica con Cervantes (en 1910 escribirá un poema, «El Ingenioso Hidalgo») y es análoga a la cojera de Lord Byron.

EL PROFETA ARMADO

Pofirio Díaz (1830-1915), general sobresaliente de la resistencia nacional, se adueña del poder en 1876. Tres años más tarde, ante un conato de rebelión, ordena por telégrafo al gobernador militar de Veracruz: «Mátalos en caliente». En *El Diario Comercial* del puerto el joven Díaz Mirón lo desafía: «Luis Mier y Terán mandó asesinar como un cobarde a nueve hombres indefensos... pero nunca se atrevería a batirse con un hombre que esté dispuesto a partirle el corazón, como yo estoy dispuesto a hacerlo, si su cobardía le impide aceptar mi reto.»

Terán responde que se enfrentará a Díaz Mirón cuando deje su puesto. De junio de 1879 a diciembre de 1880 el poeta publica un recuadro que se ajusta diariamente («Faltan dos meses», «faltan tres semanas», etc.) hasta culminar en: »Hoy Luis Mier y Terán ya no es gobernador: mañana deberá batirse conmigo». Un tribunal de honor sentencia que al convertirse en ciudadano Terán no tiene obligación de lavar ofensas recibidas cuando era funcionario.

A pesar del anticlímax, el reto proporciona a Díaz Mirón una fama que jamás hubiera alcanzado con sus versos. Al mismo tiempo lo obliga a forjarse un personaje poético que mantenga e incremente la fama de su persona pública. Para ello recurre a un cuerpo de ideas probablemente encontrado en la literatura anarquista española que Lili Litvak estudia en *Musa libertaria* (1981). Sus poemas de estos años son fascinantes por el choque entre el antiautoritarismo esencial de los ácratas y la personalidad autoritaria de Díaz Mirón. Siempre se enorgullecerá de haber sido el primer mexicano que empleó en un poema el término «proletario», no en el sentido marxista de obrero industrial sino en el más amplio que le dio Bakunin para abarcar a toda «la masa de los desheredados».

El joven Díaz Mirón ha hecho una lectura a fondo de la poesía castellana. Emplea con la mayor destreza sonetos, décimas, liras, tercetos. Su admiración más inmediata entre los peninsulares se diría Gaspar Núñez de Arce (1832-1903), a quien a su vez admiró Rubén Darío. *Gritos de combate* es de 1875 y, como Núñez de Arce, Díaz Mirón cree que «la poesía, para ser grande y apreciada, debe pensar y sentir, reflejar las ideas y las pasiones, dolores y alegrías de la sociedad en que vive». Así, Díaz Mirón toma el partido de los pobres y asume el papel de nihilista según lo definió Iván Turgueniev en *Padres e hijos* (1862): «hombre que no se inclina ante ninguna autoridad, que no acepta ningún principio sin examen». Cuando increpa «Al zar de todas las Rusias, Nicolás II» (1883) Díaz Mirón da a entender que se refiere al zar de México.

Sé bueno y justo porque Dios se irrita,
ama a este pueblo que a tus pies se agita
con latentes hervores de volcán;
no me persigas más, dame la mano,
tiéndemela, si no... tiembla, tirano,
¡yo soy la Libertad!

Los revolucionarios de 1910-17 repetirán en sus campamentos las célebres «Asonancias» en que Díaz Mirón parafraseó a Pierre-Joseph Proudhon («Nous avons exageré le superflu, nous n'avons pas le nécessaire»):

Sabedlo, soberanos y vasallos,
próceres y mendigos:
nadie tendrá derecho a lo superfluo
mientras alguien carezca de lo estricto.

A la violencia verbal se suma de nuevo la física. En 1883 un dependiente español, Leandro Llada, golpea a Díaz Mirón. El poeta lo persigue y le da muerte. Queda absuelto al juzgarse que actuó en legítima defensa. La sangre de Llada cimenta la estatua que se está erigiendo Díaz Mirón.

1884

1884 es el año estelar en su vida. Díaz Mirón lo empieza con una oda a «Víctor Hugo» en que autocelebratoriamente enumera los atributos del poeta: rey triunfador, recinto del progreso, verdad, virtud, hermosura, crisol de la luz del alma, vidente, noble y sereno, Prometeo sublime, soñador excelso, Cristo, misionero de luz, coloso, columna que dirige al mundo. Sigue con el primer poema, «Preludio», en que ya están en acto y en potencia el ojo y el oído de Díaz Mirón. En estas décimas se despide de Núñez de Arce y se interna por el camino de lo que pronto se llamará «modernismo»:

Los árboles, al sentir
la ráfaga, se doblegan
y tal parece que bregan
por desprenderse y huir
Caos de plata y zafir
que la vaga niebla esfuma,
las olas entre la bruma
hierven, se encrespan, batallan
y son volcanes que estallan
en explosiones de espuma.

Desde el comienzo de su vida independiente México ha vivido bajo el agobio de la deuda externa. Cuando Díaz Mirón llega al Congreso le toca discutir la forma de pagarle a Inglaterra. Leonardo Pasquel recoge en *Prosa* (1954) los discursos en que Díaz Mirón aparece como defensor del pueblo y crítico del

convenio que intentaba saldar la deuda inglesa. Hay motines contra el gobierno y en ellos se aclama a Díaz Mirón. Su rival en la Cámara es Justo Sierra (1848-1912). Contra él Díaz Mirón lanza «Sursum», un poema hecho por alguien que, como dijo Nietzsche de los aforistas, no quiere ser leído sino aprendido de memoria:

Cantar a Filis por su dulce nombre
cuando grita el clarín: ¡Despierta, hierro!
¡Eso no es ser poeta ni es ser hombre!

En «Sursum» crece el tono autoglorificatorio. El poeta es sacro blandón, vaso glorioso, Quijote sublime, ave fénix y en él respira la belleza heroica. Sorprenden las semejanzas con *Zaratustra* (1883-92) que difícilmente pudo haber leído Díaz Mirón en alemán y en 1884. El poeta es el *superhombre*, el héroe de *gran alma* que trasciende la *moral de esclavos* del cristianismo. No soporta injurias, está en guerra contra quienes se resisten a coronarlo. Su pasión suprema es la voluntad de poder. Díaz Mirón se instruye a sí mismo al ordenarle a Sierra:

¡Rompe en un himno que parezca un trueno!
El mal impera de la choza al solio,
todo es dolor, iniquidad o cieno:
pueblo, tropa, senado y capitolio!

Vida y obra parecen rimar en 1884 con la misma fluidez de sus versos. El *bardo*, no el simple poeta, de «Sursum» es «el tribuno del pueblo» que en el Congreso ataca al presidente (no Díaz, como se cree, sino Manuel González que gobernó en el interregno 1880-84) por sus «debilidades complacientes y sus rapacidades cínicas». En realidad, al impugnar por corrupto e ineficiente a González en las últimas semanas de su régimen, el poeta apoya a Díaz que en diciembre de 1884 volverá a la presidencia para ya no abandonarla hasta 1911.

Mientras tranto, Díaz Mirón concluye 1884 con el más difundido de sus poemas, «A Gloria»: una mujer y también «la gloria», la recompensa del bardo. Más que su consagración de los papeles tradicionales:

¡Confórmate, mujer! Hemos venido
a este valle de lágrimas que abate,
tú, como la paloma, para el nido,
y yo, como el león, para el combate.

O su capacidad para deducir al laconismo la verbosidad de Hugo:

Fiado en el instinto que me empuja,
desprecio los peligros que señalas:
«el ave canta aunque la rama cruja
como que sabe lo que son sus alas».

(Antonio Castro Leal encontró la fuente de la cita en *Les chants du crépuscule* (1835): «Soyez comme l'oiseau, posé pour un instant/ Sur des rameaux trop frêles,/ Qui sent ployer le branche et qui chante pourtant/ Sachant qu'il a des ailes.») Más que todo lo anterior hoy interesa una estrofa que ya anuncia a Darío:

> Alumbrar es arder. Estro encendido
> será el fuego voraz que me consuma.
> La perla brota del molusco herido
> y Venus nace de la amarga espuma.

Al ser recogidos estos y otros poemas en el volumen de la serie «El Parnaso Mexicano» consagrado a Díaz Mirón (1886) se establece la leyenda del poeta del pueblo que alza la voz contra el tirano. Pero Díaz Mirón jamás se opone a Porfirio Díaz: sigue una carrera política (secretario del cabildo en Veracruz) impensable sin el consentimiento del dictador. Acaso su simpatía por los oprimidos es genuina y escribe de buena fe, pero el resultado objetivo de sus acciones ayuda a consolidar el poder de Díaz.

POLÉMICA Y PRISIÓN

En *Los poetas mexicanos contemporáneos* (1888) «Brummel», Manuel Puga y Acal (1860-1930), censura a Díaz Mirón por heredar de Hugo «el abuso de las metáforas y antítesis». Las otras objecciones de «Brummel» cumplen hoy el efecto paradójico de mostrar a Díaz Mirón como uno de los iniciadores del modernismo: «no escribe: pinta; a veces con el pincel de Ribera, ya con la paleta de Géricault; pero siempre con los contrastes de luz de Rembrandt». O bien: «Decididamente, en la poesía de Díaz Mirón, como en la de Rollinat, hay algo de neurótico.» El autor rechaza tales observaciones e insiste ya anacrónicamente: «Mi musa es el siglo, es el pueblo, es la patria.» Porque para entonces ha dejado atrás al bardo romántico. «Cleopatra» (*circa* 1889) es plenamente parnasiano:

> La vi tendida de espaldas
> entre púrpura revuelta...
> Estaba toda desnuda
> aspirando humo de esencias
> en largo tubo escarchado
> de diamantes y de perlas...

«Cleopatra» no tiene continuación directa pero establece una constante de su poesía: las mujeres contempladas y deseadas a las que nunca

(con la sola excepción de «Engarce») llega a tocar. El dato se corresponde con otro: este personaje violento que asesina a varios hombres jamás resulta el agresor, siempre mata en defensa propia.

En 1892, cuando está a punto de volver al Congreso, da muerte a Federico Wólter, un adversario político. Sus enemigos logran encerrarlo cuatro años en la cárcel de Veracruz. La experiencia altera radicalmente su poesía. María Ramona Rey (*Díaz Mirón o la exploración de la rebeldía*, 1974) considera que, fracasada su ambición de alcanzar el todo, se empeña en descender a la nada y emprende una degradación nihilista en que la aventura rebelde se transforma en aventura retórica.

Lascas (1901), su único libro, es parcialmente la crónica de su prisión. El bardo se transforma en «poeta maldito». Un «poeta maldito» singular que acepta la sociedad en que vive y busca ser premiado por ella. Al salir de la cárcel en 1896 se va a radicar en Jalapa. Dirige allí un periódico, *El Orden*, y en una época en que la poesía se imprime cuando más en 500 ejemplares tiene el privilegio de que se hagan 15.000 de *Lascas*. El librero y editor Ramón Araluce compra la edición en otros tantos pesos-oro, acaso la cifra más alta pagada por un libro de poemas en castellano. A fin de lavar el nombre de su autor el dinero se entrega al Colegio Preparatorio de Jalapa.

REVOLUCIÓN Y CONTRARREVOLUCIÓN

Lascas es el último golpe afortunado de Díaz Mirón. Anuncia varios libros que tal vez ni siquiera llega a escribir («Melancolías y cóleras», «Triunfos», «Astillas»). Probablemente no redacta poema alguno después de 1914. En 1903, nuevamente diputado, pide que se extienda a seis años el enésimo período presidencial de Díaz. Según el testimonio atroz de la *Prosa*, actúa como delator contra Teodoro Dehesa, gobernador de Veracruz, que lo protegió siempre. Su única aventura militar: la persecución del guerrillero Santana Rodríguez «Santanón» (1910) resulta el más humillante de los fracasos. Va nuevamente a la cárcel por disparar contra otro diputado. En 1913-14, durante la usurpación golpista de Victoriano Huerta, dirige *El Imparcial* y escribe los editoriales más abyectos del periodismo mexicano.

Al triunfo de la revolución se exilia primero en Santander y más tarde en La Habana. Da clases en el instituto Newton y tiene entre sus alumnos a Alejo Carpentier y Julio Antonio

Mella. En 1920 regresa amnistiado a Veracruz. Rehúsa homenajes y pensiones gubernamentales. En 1927 golpea a un estudiante. La respuesta es una huelga leve que lo hace renunciar como director del Colegio Preparatorio. Se encierra en su casa y muere a los setenta y cuatro años, el 12 de junio de 1928. El día 15 es sepultado en la capital en la Rotonda de los Hombres Ilustres. Miles de personas siguen el cortejo. A pesar de todo sigue siendo (en su patria) un poeta popular: en 1984 se estrena una película 'inspirada en su poema «Paquito» y aún circulan sus versos en ediciones de cordel.

Torre de esqueletos, grabado de Manuel Manilla

LOS ENIGMAS DE LASCAS

El título no engaña: el afán escultórico parnasiano (sintetizado por Théophile Gautier en «El arte»: «Esculpe, lima, cincela») domina en *Lascas.* También hay rasgos simbolistas: obsesión por la música y gusto por la musicalidad verbal, matiz, sugerencia, textos autorreferenciales en que la poesía se interroga a sí misma

y deplora su imposibilidad de ocupar el mundo o de sustituirlo. La estética baudelaireana de la fealdad y lo repulsivo aparece junto a la confesión, la autobiografía, el remordimiento. Catolicismo y erotismo conviven con la voluntad narrativa de un naturalista. Los relatos en verso de *Lascas* evocan todavía a Núñez de Arce pero en el léxico de Zola, Maupassant y los Goncourt. El poeta como novelista, cronista, fotógrafo e incluso camarógrafo («Idilio» tiene la extrema novedad para 1901 de ser un poema cinematográfico) se une al poeta como pintor, escultor y músico.

La coexistencia de tantos elementos dispares no se resuelve nunca en una síntesis. De esta tensión *Lascas* deriva su extrañeza tanto como su vitalidad casi hipnótica. Libro central y marginal, es un museo activo de las complejidades y contradicciones del modernismo, sí; pero también de los territorios que ganó a lo que hasta entonces resultaba indecible.

En *Lascas* no hay un solo poema de ciudad. Inaugura y agota caminos. Es un libro innovador que nadie puede imitar y un libro tradicional que no se parece sino muy superficialmente a sus modelos. (Un ejemplo clave: «La giganta» es homenaje y refutación de «La géante» de *Les fleurs du Mal,* 1851). Es el punto extremo al que llega el modernismo antes que la conciencia crítica se transforma en la autoirrisión de la parodia o el silencio del desengaño.

«El fantasma», poema del reencuentro con Cristo en la celda, llamó la aguda atención de J.R. Jiménez por su condensada sobriedad y la extraordinaria belleza formal de sus tercetos monorrimos:

> Y suele retornar y me reintegra
> la fe que salva y la ilusión que alegra—
> y un relámpago enciende mi alma negra.

«Ejemplo», descripción preciosista de un ahorcado que se pudre en la rama, e «Idilio» constituyen rencorosos vejámenes de la tradición pastoril y exploran los confines de una poesía muy distinta para la cual no hay nada que no pueda decirse en verso. Todo es capaz de convertirse en material poético:

> Y como un monolito pagano,
> un buey gris en un yermo altozano
> mira fijo, pasmado y absorto,
> la pompa del orto.

Cuarenta poemas integran *Lascas.* Al lado de los que mencionamos destacan los sonetos con ritornello que, según Castro Leal, Díaz Mirón aprendió de Gabriele D'Annunzio (1863-1938), el único poeta vivo a quien se menciona en *Lascas:*

Mi corazón percibe, sueña y presume.
Y como envuelta en oro tejido en gasa,
la tristeza de Verdi suspira y pasa
en la cadencia fina como un perfume.

No existe en el libro armonía que no esté balanceada por su disonancia en un afán de humillar lo poético o de poetizar lo humillado:

Tetas vastas, como frutos del más pródigo
    papayo;
pero enérgicas y altivas en su mole y en su
    peso,
aunque inquietas, como gozques escondidos
    en el sayo.

Veinte años después de «Sursum», «A Gloria» y los homenajes a Byron y Hugo, la confianza en la poesía y el orgullo de ser poeta se han transformado en impaciencia y visión esperpéntica:

¡La palabra en el metro resulta baja y fútil
    pirueta en maroma,
y un funámbulo, erecto pontífice lleva manto de pompa caudal
y si el Gusto en sus ricas finezas pide nuevo
    poder al idioma
aseméjase al ángel rebelde que concita en el
    reino del mal!

En el poema, no incluido en *Lascas*, que iba a dar título al libro «Melancolías y cóleras», Díaz Mirón resulta aún más explícito:

Al chorro del estanque abrí la llave
pero a la pena y el furor no pude
ceñir palabra consecuente y grave.
Pretendo que la forma cede y mude
y ella en mi propio gusto se precave,
y en el encanto y en el brillo acude.

Termina por plantearse exigencias que se vuelven un arte, una técnica y una estrategia del silencio: no repetir en el mismo verso ninguna vocal acentuada, no rimar entre sí adjetivos ni inflexiones verbales, no reiterar vocablos. La personalidad autoritaria exige del lenguaje la obediencia absoluta. El antiguo anarquista no se somete a ninguna escuela, no es romántico, parnasiano, decadente, simbolista, naturalista sino todo esto al mismo tiempo. Es decir, modernista.

Antonio Castro Leal dedicó su vida a estudiarlo. En 1969 llegó a la conclusión de que Díaz Mirón es uno de los grandes poetas del modernismo y «en la más alta poesía de lengua española tiene un lugar de honor, cerca de Góngora y Quevedo». Quién sabe si resulta excesiva la generosidad de Castro Leal. Pero es innegable que en el conjunto de la poesía en castellano Salvador Díaz Mirón (para citar lo que dijo Walter Benjamín acerca de Baudelaire) «brilla como una estrella solitaria».

BIBLIOGRAFIA

Libros de Salvador Díaz Mirón.

El único que preparó personalmente y admitió como suyo es *Lascas*, Jalapa, Tipografía del Gobierno del Estado, 1901. Hay edición facsímil presentada por Luis Miguel Aguilar, Premiá, 1980. (Excepto *Lascas*, todos los libros citados fueron impresos en la ciudad de México.)

Recopilaciones y antologías

Poesías completas, edición y prólogo de Antonio Castro Leal, Porrúa, 1945. Tercera edición, corregida, 1966 (hay reimpresiones).
Los cien mejores poemas de Salvador Díaz Mirón, selección, prólogo y notas de Antonio Castro Leal, Aguilar, 1969.

Antología, selección y preámbulo de Francisco Monterde, Fondo de Cultura Económica, 1979.

Libros acerca de Díaz Mirón

ALMOÍNA José, *Díaz Mirón. Su poética*, Jus, 1958.
CAFFAREL PERALTA, *Díaz Mirón en su obra*, Porrúa, 1956.
CASTRO LEAL, Antonio, *Díaz Mirón. Su vida y su obra*, Porrúa, 1970.
MÉNDEZ PLANCARTE, Alfonso, *Díaz Mirón, poeta y artífice*, Robredo, 1954.
MONTERDE, Francisco, *Díaz Mirón. El hombre. La obra*, Andrea, 1956.
RAMONA REY, María, *Díaz Mirón o la exploración de la rebeldía*, Rueca, 1974.

Manuel Gutiérrez Nájera

MARINA GÁLVEZ

En contraste con la de su amigo José Martí[1] la breve vida de Manuel Gutiérrez Nájera (México: 1859-1895) discurre sin alteraciones, dentro de un ambiente familiar pequeño-burgués. De formación autodidacta muy extensa se dedica al periodismo desde la adolescencia[2]. Tuvo oportunidad de explicar en una ocasión, con su habitual humor:

> ...escribo de seis a ocho horas diarias; cuatro empleo en leer, porque no sé todavía cómo puede escribirse sin leer nada; aun cuando sólo sea para ver qué idea o qué frase se roba uno; publico más de treinta artículos al mes; pago semanariamente mi contribución de álbumes; hago versos cuando nadie me ve y los leo cuando nadie me oye porque presumo de bien educado[3]...

Usualmente Nájera firmaba sus trabajos con seudónimos. El primero de sus artículos periodísticos, firmado «Rafael», data de 1875[4], a los catorce años de edad. De todos los seudónimos que utilizara es el de «Duque Job» aquel que le hizo más popular y acaso el que mejor le caracteriza. En colaboración con Carlos Díaz Dufóo funda la *Revista Azul,* semanario en el cual había de publicar su último artículo el mismo año de su muerte[5].

Los estudiosos de Nájera parecen empeñados —aunque unos y otros, por la misma debilidad de sus argumentos no se pongan de acuerdo— en localizar un cuerpo teórico najeriano capaz de otorgarle una fundamentación estética modernista[6]. Lo cierto es que a la luz de lo que conocemos, las reducidas formulaciones teóricas de Nájera[7], ciertamente nunca sistemáticas, permiten delinear un pensamiento más perfiladamente romántico que modernista. Diríase que todo confluye en poner de manifiesto que el poeta no tuvo clara conciencia de las dimensiones y el sentido de su aportación a lo que más tarde conoceremos como prosa artística modernista. Las ideas de Nájera acerca del arte, la poesía o la creación literaria se encuentran plenamente articuladas con la ideología estética romántica. Por otra parte, en no pocas ocasiones se presentan en

---

[1] Martí vivió en México durante 1875-1876 estableciéndose una gran amistad entre ellos. Se ha reconocido la huella de Martí en Nájera pero no con la importancia que yo creo que tiene. Cfr. Iván A. Schulman, «José Martí y Manuel Gutiérrez Nájera: iniciadores del modernismo 1875-1877» y «El modernismo y la teoría literaria en Manuel Gutiérrez Nájera» en *Génesis del Modernismo. Martí, Nájera, Silva, Casal.* Las fichas bibliográficas aparecen completas en la Bibliografía final.

[2] Entre otros, colaboró en *El federalista, La Libertad, El Nacionalista, El Cronista Mexicano, El Universal, El Partido Liberal, El correo Germánico, La Voz de España, La Colonia Española, El Noticioso, El Republicano, Revista Nacional de Artes y Ciencias, La Juventud Literaria,* etc.

[3] De «Un banquete al maestro Altamirano» (1889), en M. G. N. *Obras* I, Crítica Literaria, (México, 1959) páginas 365-366. En lo sucesivo citaremos *Obras* I, 1959.

[4] «Un soneto», *El Porvenir* 17 de mayo de 1875. Con este trabajo el joven Nájera terció en una polémica sobre el autor del soneto «A Cristo Crucificado» y fue muy celebrada su intervención; posteriormente se ha demostrado que el trabajo no era enteramente suyo, sino que lo había copiado del original de José M. Shardi aparecido en *La Ilustración Española y Americana,* de Madrid, el 1 de agosto de 1872. Alfonso Junco, «Gutiérrez Nájera plagiario», G. N., «pecados de juventud» y «Travesura de G. N.: el imberbe desliz», publicados en *El Universal,* de enero a febrero de 1941. Algunos de los seudónimos utilizados también por G. N. son: Can-Can, Croix-Dieu, El cura de Jalatlaco, Etincelle, Fritz, Fru-fru, Gil Blas Ignotus, Juan Lanas, Junius, Junius (Senior), Mr. Can-Can, Nemo, Omega, Perico de los palotes, Pomponet, Puck, Rafael, Recamier, XX, El alcalde Ronquillo, Incógnito, Cry Santema, El estudiante polaco, El cronista, etc. El más importante de los trabajos de investigación realizado en este sentido se debe al Dr. Erwin K. Mapes, base también de las publicaciones de Nájera que se están realizando, «M. G. N. Seudónimos y bibliografía periodística», págs. 132-204.

[5] La *Revista Azul* fue el suplemento dominical del periódico *El partido Liberal.* A los nueve meses de vida (6 de mayo de 1894-3 de febrero de 1895) murió G. Nájera y al año siguiente, exactamente el 11 de octubre de 1895, dejó de salir por haberse suprimido el Diario del que era suplemento. La revista fue un importante órgano de difusión de las nuevas corrientes literarias, sobre todo las francesas. Puede verse el índice de Colaboradores en F. González Guerrero, «Estudio Preliminar», *Cuentos Completos,* págs. XXIII-XXVI. Citaremos *C. C.,* 1958.

Igualmente los versos de fecha más lejana hasta hoy conocidos, datan de 1875, el mismo año de su primer trabajo periodístico. El 13 de enero de 1876 aparece su primera oposición, «A la Virgen María», en *El Mensajero Católico,* con firma del autor y fecha del mes anterior; y el último, el que lleva por título «A la corregidora», lo compuso el mismo año de su muerte.

[6] Entre otros. Cf. B. G. Carter, *M. G. N. Estudio y escritos inéditos,* I. A. Schulman, «El modernismo y la teoría literaria de M. G. N.»; Porfirio Martínez Peñaloza, «Escritos inéditos de G. N.», y «Para la estética de la *Revista Azul*».

[7] Los trabajos de Nájera que contienen sus ideas teóricas sobre arte o literatura son fundamentalmente los recogidos en la primera sección de *Obras* I, 1959, «Ideas y temas literarios», y algunos de la segunda sección, «Literatura mexicana», como «*Páginas sueltas*» de Agapito Silva (sept. 1876), «Un certamen literario» (sept. y oct. 1876), «*Los Ensueños,* de Pedro Costera» (marzo, 1877), «*Ocios poéticos* de Ipandro Acaico» (oct. 1878), «Al pie de la escalera» (1894), «El bautismo de la *Revista Azul» (1894).*

franca contradicción con la expresión de su propia obra.

El análisis del pensamiento estético de Nájera revela que está inserto en la tradición ideológica del idealismo artístico así como en la del neoplatonismo estético, sin contribuir en nada a la ampliación de los conceptos romántico-tradicionales. Las reflexiones de Nájera se reducen a unos poco conceptos básicos de teoría poética perfectamente fijados y asimilados por el pensamiento moderno desde finales del siglo XVIII y principios del siglo XIX: poesía sentimental (desde F. Schiller: *Sobre la poesía ingenua y sentimental,* 1795-6), antimímesis (desde el *Sturn und Drang*), libertad temática (presupuesto revolucionario romántico fundamental). La base de la concepción de Nájera es pues, romántica, aunque posee la peculiaridad de adherirse a la vertiente trascendentalista neoplatónica del idealismo, probablemente de procedencia emersoniana. La cuestión radica en que Nájera acepta como inevitable la relación entre los conceptos de belleza, bondad y verdad, punto de vista moral de origen clasicista recuperado modernamente por los trascendentalistas norteamericanos de la primera mitad del siglo XIX[8]. Como es sabido, los principios elementales del cuerpo doctrinal romántico pasaron a formar parte del modernismo, pero no así el esquema de relación moral belleza-bondad-verdad, base de todas las reflexiones de Nájera, aun planteándolo, como él lo hace, en el sentido antiutilitario que también habían adoptado los trascendentalistas.

A no ser que existan textos najerianos hasta ahora desconocidos, el poeta se manifiesta, con los años, desde una posición cada vez más aprogramática y siempre escasamente renovadora. Lo más cercano al modernismo que se observa, siempre desde el punto de vista teórico, consiste en lo que podemos denominar «sincretismo» cultural o literario, concepto que Nájera mantuvo al correr de los años y que formuló al final de sus días como «cruzamiento» en literatura pero que de hecho se halla en estrecha ralación con el de imitación, e incluso el de plagio, según una cierta casuística de interpretación relativamente frecuente[9]. Otra cosa es si atendemos no a lo que dijo sino a lo que hizo. Desde esta perspectiva fue más renovador en la prosa que en el verso; y en el «cruzamiento» o fecundación renovadora, se sirvió básicamente de la literatura francesa.

LA OBRA DE NÁJERA

La extensa obra literaria de Nájera prácticamente quedó dispersa en su totalidad entre las páginas de las múltiples publicaciones periódicas en que colaboró. Sólo publicó en vida un libro que consta de quince narraciones: *Cuentos frágiles* (México, 1883)[10].

La primera recopilación de la obra en verso de Nájera se publica póstumamente en 1896: *Poesías,* volumen que se iría ampliando en ediciones posteriores[11].

Posiblemente porque la temprana muerte no le permitió decantar de modo definitivo su propia estética, la obra poética najeriana, más breve que su prosa, se presenta más insegura o necesitada de una tradición cultural que la avale y por tanto como menos innovadora.

Más que en la prosa, cuando menos a partir de 1890, conviene otorgar a su poesía la opinión que de sí mismo tenía el poeta: «Tengo el entendimiento como lo están las planchas fotográficas, de modo que reflejo sin quererlo el último autor que he leído[12]. La obra en verso de Nájera, ofrece tal variedad de modalidades que induce a tomar literalmente las palabras del autor. F. G. Guerrero la ha clasificado atendiendo esencialmente a la cronología, pero también a ciertos aspectos temáticos o estilísticos, de forma que es fácil comprobar su gran diversidad ya en una simple ojeada de conjunto. La primera etapa, «Primeras poesías», corresponde a cuatro apartados perfectamente diferenciados, cuyos epígrafes indican sustancialmente la materia que introducen: «La fe de mi infancia», «Trovas de amor», «Otros poemas juveniles» y «Caminos del viento». Son todos poemas escritos entre 1875

---

[8] Cfr. Pedro Aullón de Haro, «*La construcción del pensamiento crítico-literario moderno*», en *Id.* (ed.), *Introducción a la crítica literaria actual,* Ed. Playor, 1984, páginas 19-82.

[9] Cfr.«El pensamiento en Literatura», *Obras*, I, 1959. página 101.

[10] M. G. N. *Cuentos frágiles.* Contiene los siguientes cuentos: «La balada de año nuevo», «La novela del tranvía», «La venganza de Mylord», «La mañana de San Juan», «En el hipódromo», «La pasión de Pasionaria», «Los amores de un cometa», «Después de las carreras», «La hija del aire», «Tragedias de actualidad», «Las misas de navidad», «Los suicidios», «Historia de una corista», «En la calle», «Al amor de la lumbre».

[11] M. G. N. *Poesías* (México, 1896), este volumen salvó la obra de la dispersión, y fue introducido por un prólogo de Justo Sierra, que ya recoge las principales características del poeta: elegancia y gusto exquisito, conocimiento de la literatura de la época, introductor de la melodía en la estructura del lenguaje, rara y delicada mezcla de gracia y melancolía. Esta edición es la que se ha venido reimprimiendo hasta que en 1943 el profesor norteamericano E. K. Mapes editó una nueva serie que, pensaba, comprendía todos o casi todos los poemas del autor hasta hoy desconocidos. Sin embargo en 1953 Francisco González Guerrero añade a la edición de Mapes, que había recogido unas 27 composiciones realmente nuevas, otras 20, a pesar de lo cual todavía, dice el editor, no se puede hablar sino convencionalmente de Poesías Completas (México, 1953), citaremos *P. C.,* 1953.

[12] Citado por G. Guerrero en el Prólogo *P. C.,* 1966, página IX.

y 1883, quizás los mejores entre los muchos que debió escribir el joven Nájera en aquellas fechas de aprendizaje. De temática eminentemente religiosa y amorosa, Bécquer y Campoamor fueron sin duda los guías del poeta adolescente, asimismo y todos los tópicos de un romanticismo-católico-tradicional están explícitos. Ya desde el comienzo el amor y la muerte son los ejes fundamentales de su construcción temática, así como el enfrentamiento entre el plano ideal y el real, ante cuya encrucijada sólo cabe la búsqueda de Dios como remedio, en estas primeras fechas, y el ansia de una fe perdida pero necesitada en las últimas.

Si en líneas generales es en el campo de las imágenes o de la adjetivación donde se advierte claramente la labor innovadora de Nájera poeta, esta primera etapa lo describe sin embargo como perfectamente tradicional, a excepción de algunos poemas del último apartado. «Del libro azul» (1880) es tal vez la primera composición de rasgos modernos no sólo por el rubendariano azul sino además por cierta utillería imaginística que recuerda a Martí: «átomos de oro», «torres de oro», «alitas», «perlas» o «nácar»; los esdrújulos característicamente modernistas de «Efímeras» (1881) —átomos, témpanos, hiperbóreos, pétalos...—, o las adjetivaciones que sorprenden por su novedad: «átomos rojos», «hiperbóreos mares», «estrella fría» (de «Efímeras»), «alcoba azul», «tersa fuente» («Invitación al amor», 1882), así como el preciosismo parnasiano referente a mármoles, porcelanas, caobas o «purpurina seda» («Invitación al amor»), dentro de una atmósfera sensual con amadas al gusto de los prerrafaelistas («El primer capítulo», 1883) y heterodoxas fantasías sobre el amor y la muerte («Neuróticas», 1883) van tímidamente preparando el camino para las composiciones definitivamente innovadoras de los siguientes años.

De 1884 a 1885 Nájera continúa mostrándose escritor de estética imprecisa, pero dueño de un oficio entre cuyos logros aparecen algunos poemas antológicos. «Ala y Abismo» (1884-1887), «Elegías» (1887-1890), «Nuevas canciones» (1888-1895), «Odas breves» (s. f.), «Poesías Varias» (1876-1891) son los apartados en que las ha clasificado González Guerrero. La versatilidad del poeta es todavía mayor en esta etapa a consecuencia del contraste de tendencias de temas y tonos. Prevalece sin embargo el tema de tipo elegíaco; su poesía, dice Schulman, «revela una vida perseguida por el dolor y la desesperación»[13]. Se distinguen tres modalidades fundamentales

Partitura de «Jarabe tapatío», de la segunda mitad del siglo XIX.

desde el punto de vista temático: la elegíaca, que contiene tal vez los mejores poemas, («Tristíssima nox», 1884; «Ondas muertas», 1887; «Mariposas», 1887; «Mis enlutadas», 1890...); la filosófica, con diverso tono, que puede ir desde el más hondo pesimismo («To be», 1889) a la más estoica, equilibrada o serena protesta resignada («Para entonces» 1887; «La serenata de Schubert», 1888...) Y una última modalidad, cultivada incidentalmente desde el inicio de la obra, consiste en un tipo de poemas de tema más o menos frívolo o intrascendente, normalmente en verso breve, musical y de considerable contenido cromático («Para el corpiño», 1887 o «La misa de las flores», 1892), modalidad donde también se incluirían algunas composiciones ocasionales, celebrativas, «Versos de álbum» y aquellos de atmósfera francesa cuyo ejemplo más característico es «La duquesa Job» (1884).

La abundancia y variedad del léxico referente a color se acrecienta en textos posteriores, prevaleciendo sin embargo el color blanco, color najeriano por excelencia, símbolo de la idealidad, la castidad, la inocencia o la espiritualidad en general. «Mariposas», de 1887, marca el inicio definitivo de la utilización simbólica del color, según el procedimiento de las correspondencias[14]. De 1888 es «De blanco»,

[13] Génesis del modernismo, op. cit., pág. 151.

[14] Baudelaire en 1857 y Rimbaud en 1871 fueron promotores de importantes ensayos sinestésicos, que tanta repercusión tuvieron en el modernismo. La teoría de las correspodencias, de fundamento teórico neoplatónico fue expuesta, entre otros, por Swedemborg de donde la toma Baudelaire «L«Art romantique» o R. W. Emerson.

que inspirado en la «Symphonie en Blanco Majeur» (1852) de Gautier, es el ejemplo más característico de influencia parnasiana.

Son elementos distintivos de la renovación modernista najeriana, los motivos litúrgicos situados en contextos profanos («Todos mis sueños sin cesar te llaman / serás en mi existencia, bien amado, como el óleo bendito que derraman / en el ara del tempo profanado»)[15]; el «tedium vitae», la adjetivación innovadora («La noche es formidable: hay en su seno / formas extrañas, voces misteriosas; / es la muerte aparente de los seres / es la vida profunda de las cosas...»[16]; la utilización de palabras francesas salpicando el discurso en castellano, o de cierta rareza o rebuscamiento («undívago»); orientalismo, asociaciones entre diversas artes (En «La serenata de Schubert», bajo la influencia de Musset, asocia la música de Schubert a recuerdos y emociones personales); imágenes atópicas de gran originalidad etc., siempre con la elegancia y el buen gusto presidiéndolo todo, a pesar de su nula innovación métrica o estrófica. De las aproximadamente doscientas composiciones que conocemos del autor, más del cincuenta por ciento están escritas en octosílabos y endecasílabos; otros metros de que se sirve son el decasílabo de variados ritmos, el de doce compuesto de dos hexasílabos, el alejandrino en su forma tradicional y el de siete sílabas, todos ellos en estrofas igualmente clásicas.

Es muy probable que la mayor contribución de Nájera a la formación de la poesía modernista hispanoamericana consista en el magisterio que representó para generaciones posteriores [17].

La obra en prosa de Nájera fue también recogida unos años después de su muerte, en dos volúmenes. El primero, publicado en 1898, apareció prologado por Luis G. Urbina, y el segundo, de 1903, por A. Nervo[18]. Mucho más tarde, en 1912, Carlos Díaz Dufó editó una nueva serie de prosas bajo el título de *Hojas sueltas*[19]. Nájera se formó en el ejercicio dia-

rio del periodismo, al que acudió en principio de forma espontánea mediante colaboraciones de carácter literario y polémico, y posteriormente obligado por necesidades pecuniarias, como único medio de subsistencia. Nájera sostuvo con el medio periodístico una relación incómoda. Muchas son las veces en que se duele del oficio, sobre todo debido a la premura que exige y a lo efímero de su existencia. En otras ocasiones su queja viene derivada de la excesiva versatilidad que era imperativo del periodista. A pesar de todo ello, veinte años estuvo, como dijimos, colaborando incansablemente en los periódicos.

Nájera fue el introductor en Hispanoamérica de la «chronique» francesa. Sus primeras crónicas, que son lo más importante de su obra prosística, se publican hacia 1880 en *El Nacional,* de México. El mismo o parecido origen que tuvo la crónica europea[20] pudo tener la mexicana en el caso de Nájera; la censura del porfiriato fue con probabilidad favorable condicionante de su nacimiento. La crónica de Nájera es, no obstante, esencialmente literaria, incluso muchos de los cuentos aparecieron incluidos en ellas; otras son difícilmente diferenciables del género del poema en prosa. Nájera tenía conciencia de que la crónica, presentada habitualmente de semana en semana, se alejaba del periodismo en cuanto que no podía, como el simple reportaje, captar los sucesos en el mismo instante de su acontecer. De ahí que potenciara otras funciones, como la de entretener y hasta divertir mediante fantasías, sobre la de informar. Esta circunstancia, unida a su escasa afición por la política, determinó que sus crónicas no fueran muy proclives a defender ideología alguna. No quiere decir ello que propendiera a no señalar los males que aquejaban a la sociedad mexicana del momento, mediante una crítica social más o menos velada pero patente, sobre temas tan diversos como el desempleo, el fraude electoral, la prostitución, la insalubridad, la venalidad, etc. Sin embargo, sobre esta actitud prevalece un tono desenfadado, aparentemente frívolo, heredero directo del modelo francés de las crónicas mundanas de *Le Figaro*. La crónica es género propicio para la versátil imaginación de Náje-

---

[15] De «Desconocida», 1884.

[16] De «Tristissima nox», 1884.

[17] Entre otros, González Guerrero, Prólogo y Estudio preliminar de *P. C.,* 1966 y *C. C.,* 1958 respectivamente.

[18] *Obras de M. Gutiérrez Nájera, Prosa,* 2 vols. (México, 1898 y 1903) Citaremos *Prosa I,* 1898 y *Prosa II,* 1903. El v. de 1898 incluye prosa narrativa en tres de sus secciones. Las otras secciones del libro son «Notas de viaje», «Humoradas dominicales» y las «Cuaresmas.»

[19] La revolución mexicana impuso una forzosa tregua en la exégesis y revisión de la obra de Nájera, aunque esporádicamente fueran preparándose algunos trabajos y colecciones, generalmente reimpresiones de los cuentos y otras prosas, de los volúmenes en 1898 y 1903. A partir de 1940 estudiosos norteamericanos y mexicanos, volvieron a ocuparse de su obra y como fruto de esas investigaciones han ido

publicándose una serie de trabajos fundamentales para el conocimiento del autor. Si en la poesía fueron las aportaciones de Mapes y González Guerrero, en la prosa las investigaciones del primero condujeron a la publicación, en 1958, de 87 cuentos que se han llamado *Cuentos completos*. Por último la U. N. A. M., desde 1959, está empeñada en un esfuerzo meritorio y necesario; las *Obras completas en edición de Ernesto Mejía Sánchez y Alfonso Rangel Guerra en los volúmenes en circulación.*

[20] Cfr. Aníbal González, *La crónica modernista hispanoamericana,* págs. 64-76.

ra. El oficio de cronista él lo creía simbolizado en la figura de Proteo, lo cual explica, en cierta manera, la utilización habitual de seudónimos tan variados. Por debajo de las triviales justificaciones que el propio cronista expuso en cierta ocasión[21], el uso de seudónimos le permite ejercitar los mil y un cambios a que le obligaba el oficio tal y como él lo entendía. Refiriéndose a otro cronista mexicano, Alfredo Bablot, comenta Nájera: «Bablot estaba en todo, sabía todo, veía todo. Su seudónimo es el que realmente le define: Proteo»[22].

Fue Nájera sin duda un periodista forzado por la necesidad y un creador nato, de ahí que intentara en sus crónicas salvar, dentro de lo posible, la contradicción, acercando los dos medios de expresión, la literatura de creación y el periodismo. El problema del tiempo y la utilización de seudónimo explica también otro rasgo peculiar de los trabajos de Nájera: el trasvase de textos de un lugar a otro, bien insertándolos en otro contexto, bien introduciendo pequeñas variantes, o bien incluyéndolos en otra publicación bajo diferente seudónimo. A veces hasta utilizaba textos que no eran suyos, como reconoce explícitamente con el humor de siempre:

> Te levantas un día de mal humor y en vez de ponerte a trabajar, cortas una novela de Zola, la das a traducir y la envías con tu seudónimo a un semanario de caricaturas... Quieres dormir después de un baile y haces que tu secretario te traduzca una a dos historietas de Mendés. Publícanse, autorizadas por alguno de tus seudónimos, y sin saberlo, te encuentras convertido en el autor de alguna historia escandalosa, que nunca habrías escrito ni firmado porque yo sabes respetar bastante. Dos vueltas más de vals por la noche, una correría matinal por el Bosque, los ojos de una señora o la cita de un amigo, te han decidido a cometer los plagios que te echo en cara[23].

Esta práctica era bastante habitual por entonces y no tiene nada que ver con las otras formas que Nájera comenta en su artículo «El plagio». Es posible que además de ser recursos de periodistas en aprieto, Nájera lo ejercitase como diversión a fin de poner a prueba la cultura de sus conciudadanos. Que esto puede ser así, lo demuestra el hecho de que existen casos contrarios, como es el de «Los moscos» y el de «La exposición universal»[24], versos propios que fueron publicados como de Víctor Hugo.

Manuel Gutiérrez Nájera.

Muchas fueron las series o colecciones de artículos o crónicas que Nájera escribió durante su vida. Aparecían bajo títulos generales como los de *La vida en México, México en invierno, Plato del día,* y series de Crónicas con multitud de nombres: «Kaleidoscópicas», «Color de rosa», «Color de humo», «Color de lluvia», «Color de muertos», etc. Las últimas que escribió fueron las *Cuaresma del Duque Job,* dos series de siete «Sermones» dirigidas a un público femenino (cada serie tenía sus propios lectores) en las cuales su estilo personal aparece en plena madurez, lejos ya del afrancesamiento o la imitación servil de los primeros

---

[21] «Escribir sin seudónimos, dijo Nájera, es como salir a la calle sin camisa. Para que las ideas de un escritor sean estimadas, es preciso que nadie lo conozca. Ninguno cree que puede ser un hombre de talento el amigo con quien acaba de jugar al billar.» Citado por B. G. Carter en «Estudio preliminar» *Divagaciones y fantasías,* pág. 14. De nuestro cronista dice su hija Margarita que al cambiar de seudónimo cambiaba de temática e incluso hasta cierto punto, de estilo. *Reflejo,* págs. 44-45.

[22] M. G. N. *Obras* I, 1959, pág. 469.

[23] M. G. N. *Prosa II,* 1903, pág. 395.

[24] Cfr. *Revista Azul,* t. III, pág. 415 y «Carta del Duque Job a Brummel» citados por González Guerrero en «Estudio preliminar», *C. C.,* 1958.

años[25]. Un fino humorismo, una gran riqueza léxica y cromática, así como un ritmo musical perfectamente adaptado al asunto, lo cual permite una fácil lectura a pesar de la frondosidad adjetival, son sus características más sobresalientes.

Multitud de textos de Nájera confirman de forma explícita su predilección por las corrientes de la literatura francesa que le eran contemporáneas, hasta el punto de llegar a desaconsejar lo que creía excesivo a un amigo comunicante: «...olvidé, si es que lo supe, cuanto me enseñaron algunos preceptistas de literatura y a vuelta de leer, por innata afición, libros franceses —lo cual aconsejo a usted que no haga con exceso y frenesí— ando muy descarriado en español»[26]. Nájera leía y escribía perfectamente en francés, y esta circunstancia le posibilitó estar al día, a través de libros y revistas, de lo que se estaba haciendo en aquellas latitudes. Su gran sensibilidad le hizo ser pionero en la intuición de ver en el proceso literario francés el modelo que habría en parte de seguir nuestra literatura, anquilosada en formas estereotipadas y caducas. «Hoy toda publicación artística, dijo, así como toda publicación divulgadora de conocimientos, tiene que hacer en Francia su principal acopio de provisiones, porque en Francia hoy por hoy, el arte vive más intensa vida que en ningún otro pueblo...»[27]. Sin duda todos los grandes escritores franceses admirados por los modernistas fueron lectura habitual de Nájera. Su enumeración, simplemente a través de las veces que se les cita o se les nombra en artículos o crónicas, sería prolija, sin que por otra parte esta predilección presuponga el desconocimiento de otras literaturas. De la española, por ejemplo, conoce a la perfección a los clásicos y modernos y ni siquiera le pasan desapercibidas figuras no tan importantes pero no menos atractivas para sus afines contemporáneos modernistas, como es el caso de la rusa María Bashkirtseff.

Sea como fuere, la influencia francesa es aquella que prevalece y, en consecuencia, expresiones, giros, vocablos y temas de muchos de sus escritos, poseen clara ascendencia francesa. En un principio pareciera no haber asimilado esa influencia, como ya dijimos, sin embargo más tarde alcanza a conseguir un estilo muy personal en el cual se ajustan estructuras de oriundez hispánica y una cierta atmósfera parisina junto a un acento profundamente mexicano[28]. Tal conjunto de factores logra hacer de la prosa de Nájera una de las más bellas en un período de grandes prosistas, a pesar de la valoración minimizada en que se encuentra respecto del verso.

Lo hasta aquí relatado cabe aplicarse sin violencia alguna al estudio de sus cuentos. Los componentes básicos de sus relatos provienen de experiencias personales, observaciones de su medio y lecturas de obras extranjeras, preferentemente francesas, que a veces adapta o traduce. Nájera escribe narraciones a lo largo de toda su vida activa, pero durante los años 1877 a 1883, es decir en su juventud, publicó la mayor parte de los títulos. Muchos de ellos no se escribieron autónomamente, sino que fuero apareciendo formando parte de crónicas diversas.

La obra narrativa najeriana ha sido clasificada en cuatro secciones: Cuentos, Otras narraciones, Fragmentos de novelas y Adaptaciones e imitaciones[29]. Las dos primeras recogen lo que puede ser considerado como relato —muchos de ellos valiéndose de una mínima acción, y algunos brevísimos— con la diferencia de que en la segunda existe mayor indicación periodística relativa a sucesos y circunstancias de la realidad histórico-social del momento najeriano. No obstante en todos ellos el autor ha mezclado realidad y fantasía, prevaleciendo lo segundo, lo cual compensa al poeta de lo insatisfactorio de su medio circundante tanto como de las servidumbres periodísticas. En los relatos Nájera proyecta sin cortapisas su imaginación, al tiempo que hace predominar en ellos lo sentimental, la ternura (sobre todo ante mujeres y niños, sus personajes preferidos), y el lirismo. Aunque presentan algunas notas sociológicas, Nájera prefiere el cuento lírico, algunos de ellos verdaderos poemas en prosa, donde al ritmo, las imágenes y la emotividad se suma la reducida acción de la peripecia.

Nájera no llegó a escribir novela alguna, si bien es verdad que se conservan tres fragmentos: «Un drama en la sombra» (1879), tentativa juvenil y malograda; «La mancha de Lady Macbeth» (1889), texto que diez años después permiten añorar la madurez novelística que el autor pudiera haber alcanzado; y por último el «Monólogo de Magda» (1890), cuyo planteamiento inicial ofrece suficientes indicios para suponer que Nájera se proponía escribir un drama psicológico.

[25] Cfr. Ivan A. Schulman, *Génesis del modernismo,* ob. cit., págs. 63 y 95.
[26] «Carta abierta al señor D. Ángel Franco,» *Obras,* I 1951, pág. 94.
[27] «El cruzamiento en literatura», *Obras,* I 1959, pág. 101.

[28] Cfr. entre otros, G. Bellini, *La poesía modernista. Formacione e Sviluppo,* Milán, La Goliárdica, S. A. S. P. Martínez Peñaloza, «Introducción», *Obras,* I, 1959; Schulman, *Génesis de modernismo,* etc.
[29] Cfr. E. K. Mapes, *C. C.,* 1958.

BIBLIOGRAFÍA

OBRAS

Libros y folletos

Al Sagrado Corazón de Jesús. Poesía, México, Imprenta católica, 1876.
Cuentos frágiles, México, Imprenta del Comercio, de E. Dublán y Cía., 1883.
Un baile en la Legación inglesa (Crónica, 28 de junio de 1886). Apuntes por el Duque Job, México, Imp. y Lit. de Dublán y Cía, 1886.
La hija del tambor mayor. Crónica de la representación, 2 de diciembre de 1893, México, Imprenta de I. Escalante, 1893.

Ediciones póstumas

Poesía. Prólogo de Justo Sierra, México, Establecimiento Tipográfico de la Oficina Impresora del Timbre, 1896.
Prosa. Tomo I, Prólogo de Luis G. Urbina, México, Tip. de la Oficina Impresora del Timbre, Palacio Nacional, 1898.
Prosa. Tomo II, Prólogo de Amado Nervo, México, Tip. de la Oficina Impresora del Timbre, Palacio Nacional, 1903.
Hojas sueltas. Prólogo de Carlos Díaz Dufóo, México, Antigua Imprenta de Murguía, 1912.

Selecciones y reimpresiones

Cuentos. Cultura, tomo I, núm. 3. Primeras palabras de Margarita G. N. y Rasgos biográficos, México, Imprenta Victoria, 1916.
Cuaresmas del Duque Job. Prólogo de Ventura García Calderón, París, *Colección Liliput,* Franco-Ibero Americana, 1922.
Cuentos, crónicas y ensayos. Prólogos y selección de Alfredo Maillefert, México, Biblioteca del Estudiante Universitario, 20. Ediciones de la Universidad Nacional Autónoma, Imprenta Universitaria, 1940.
Cuentos color de humo, Cuentos frágiles, Cuaresma del Duque Job, Dominicales, Fantasías y viajes. Prólogo de Francisco Monterde, México, Stylo, 1942 (2.ª edición, 1948).
Obras inéditas. Crónicas de «Puck», recogidas por E. K. Mapes, Nueva York, Hispanio Institute, 1943.
Divagaciones y fantasías: crónicas de M. G. N. Selección, notas y estudio preliminar de Boyd G. Carter, México, Secretaría de Educación Pública, 1944.
Cuaresma del Duque Job y otros artículos. Selección y prólogo de Francisco González Guerrero, México, Chapultepec, 1946.
Prosa selecta. Prólogo de Salvador Novo, México, W. M. Jackson Inc., editores, 1948.
Poesías completas. Dos tomos, Edición y prólogo de Francisco González Guerrero, México, Colección de Escritores Mexicanos, Porrúa, 1953.
Cartas del jueves. Edición y prólogo de Ernesto Mejía Sánchez, Suplemento de *Las Letras Patrias,* México, 1957.
Cuentos completos y otras narraciones. Prólogo, edición y notas de E. K. Mapes, Estudio preliminar de Francisco González Guerrero, México, Biblioteca Americana, Fondo de Cultura Económica, 1958.
Obras. Crítica literaria. Ideas y temas literarios. Literatura mexicana. Investigación y recopilación de E. K. Mapes, Edición y notas de Ernesto Mejía Sanchez, Introducción de Porfirio Martínez Peñaloza, México, Centro de Estudios Literarios, Universidad Nacional Autónoma de México, Imprenta Universitaria, 1959.
Cuentos y Cuaresmas del Duque Job. Edición e Introducción de Francisco Monterde, México, Porrúa, 1972.
Escritos inéditos de sabor satírico, «Plato del día», estudio, edición y notas de Boyd G. Carter, Columbia, Mo. University of Missouri Press, 1972.

CRÍTICA

CARTER, Boyd G., *Manuel Gutiérrez Nájera. Estudio y Escritos inéditos,* Prólogo de E. K. Mapes, México, Colección Studium, 12. Ediciones de Andrea, 1956.
— *En torno a Gutiérrez Nájera y las letras mexicanas del siglo XIX,* México, Botas, 1960.
BRACKEL-WELDA, Othón E. de, *Epístolas a Manuel Gutiérrez Nájera.* Prólogo y recopilación de la doctora Marianne O. de Bopp, México, Ediciones Filosofía y Letras, 18, Universidad Nacional Autónoma, Imprenta Universitaria, 1957.
CONTRERAS GARCÍA, Irma, *Indagaciones sobre Gutiérrez Nájera,* (Tesis, Facultad de Folosofía y Letras) México, Universidad Nacional Autónoma de México, (S. p. o.) 1957.
GOMEZ BAÑOS, Virginia, *Bibliografía de Manuel Gutiérrez Nájera y cuatro cuentos inéditos,* México, Imprenta Arana, 1958.
GONZÁLEZ GUERRERO, Francisco, *Revisión de Gutiérrez Nájera,* Discurso de recepción en la Academia Mexicana Correspondiente de la Española (16 de febrero de 1955), seguido de la respuesta de Alfonso Méndez Plancarte, leída por Alfonso Junco, México, Imprenta Universitaria, 1955.
GONZÁLEZ, Aníbal, *La Crónica Modernista Hispanoamericana,* Madrid, J. Porrúa Turanzas, 1983.
GUTIÉRREZ NÁJERA, Margarita, *Reflejo,* Biografía anecdótica de Manuel Gutiérrez Nájera, México, Instituto Nacional de Bellas Artes, Departamento de Literatura, 1960.
KOSLOFF, Alexander, *Los cuentos de Manuel Gutiérrez Nájera,* (Tesis. Universidad de Southern California, Calif. E. U. A.) Introducción: «Técnica de los cuentos de Manuel Gutiérrez Nájera», *Re-*

vista Iberoamericana, México, 1954, v. XIX, núm. 38.

OXFORD TAYLOR, Terry, *La expresión simbólica de M. G. N.,* Madrid, Colección Maisol de Literatura Hispánica, 1877.

MEJÍA SÁNCHEZ, Ernesto, *Exposición documental de Manuel Gutiérrez Nájera,* 1859-1959, Preliminar de Francisco Monterde, México, Dirección de Publicaciones, Universidad Nacional Autónoma de México, Imprenta Universitaria, 1959.

MAPES EERWIN, K., «Manuel Gutiérrez Nájera, Seudónimos y bibliografía periodística», *Revista Hispánica Moderna,* XXIX, Nueva York, 1953.

MARTÍNEZ PEÑALOZA, P., «Escritos inéditos de G. N.», *México en la cultura,* México, 12, 19 y 26 de mayo de 1957 y «Para la estética de la Revista Azul» Ibid, 12 de enero y 30 de marzo de 1959.

MONTERDE, Francisco, *Manuel Gutiérrez Nájera,* México, Publicaciones de la Secretaría de Educación Pública, tomo I, núm. 6, 1925, (Reimpreso, con el título de «Gutiérrez Néjera y el modernismo» en *Cultura mexicana,* aspectos literarios, México, Intercontinental, 1946).

RAMOS ARCE, María de los Angeles, *Estudio de la influencia francesa en la vida y en la obra de Manuel Gutiérrez Nájera,* (Tesis, Facultad de Filosofía y Letras), México, Universidad Nacional Autónoma, (s. p. i).

SCHULMAN, Ivan A., *Genésis del modernismo Martí,* Nájera, Silva, Casal, El Colegio de México, Washington University Press, 1968.

Julián del Casal

EMILIO DE ARMAS

En los últimos días de octubre de 1893, la prensa habanera se llenó de homenajes al poeta Julián del Casal, quien había muerto repentinamente, cuando estaba a punto de cumplir treinta años de edad. Poco después era recibido por los lectores, con la curiosidad que despiertan las obras «póstumas», el tercer libro de Casal. Los dos anteriores habían ganado para su autor un reducido grupo de admiradores, entre los que figuraban los principales miembros de la joven generación, y las reiteradas censuras de la crítica tradicionalista, expresadas en reseñas de intenciones preceptivas y en algún libelo de autor encubierto.

Pero tanto la admiración como el repudio suscitados por la obra de Casal reflejaban, en su escasa comprensión del caso literario representado por el poeta, la insuficiencia cultural en que se debatían los intelectuales de la isla bajo el colonialismo español, ya en proceso de franca descomposición económica y política al finalizar el siglo XIX.

En este período de la historia nacional, que transcurre entre la extinguida Guerra de los Diez Años (1868-1878) y la Guerra de Independencia (1895-1898), se produjo una intensa polarización clasista del pensamiento: los campesinos, artesanos, obreros y estudiantes, junto con los combatientes que habían vuelto a la vida civil, se convirtieron en los principales defensores del separatismo, en tanto que la mayoría de los intelectuales, procedentes de las capas más altas de la burguesía, aceptaron las gestiones del Partido Autonomista, surgido en 1881 como una opción reformista dentro del *status* colonial del país. El ideal de libertad se fue atenuando en el de progreso, y la evolución desplazó a la revolución en las conciencias de muchos hombres cultos, cuyo lenguaje comenzó a expresar el auge de las ideas positivistas, que en Cuba se identificaron estrechamente con las posiciones políticas del reformismo. La obra de Casal se desarrolló dentro de tales circunstancias, evidentemente adversas para el surgimiento de un poeta con intensas aspiraciones de libertad artística, riqueza cultural y cosmopolitismo, y esta contradicción, unida a la angustia que aparece como signo dominante en su personalidad, lo llevó a vivir y a crear en abierta oposición a su medio.

José Julián del Casal y de la Lastra nació en La Habana, el 7 de noviembre de 1863, y murió en la misma ciudad, el 21 de octubre de 1893. Era hijo de un inmigrante vizcaíno, copropietario de dos ingenios azucareros y de esclavos, y de una cubana de ancestros españoles e irlandeses. Conoció una infancia de holganza y protección, interrumpida por la muerte de la madre en enero de 1868. La posterior decadencia económica de su padre obligó a éste a internarlo en el Real Colegio de Belén, donde cursó el bachillerato (1873-1879). Allí dio las primeras muestras de sus inclinaciones y aptitudes literarias y fundó, con otros condiscípulos, *El estudio*, periódico clandestino y manuscrito cuyos dos únicos números fueron recogidos por las autoridades escolares. En 1879 ingresó en la Universidad de La Habana, para cursar el período preparatorio de la carrera de Derecho Civil y Canónico. Su primer poema conocido, «Una lágrima», apareció en el semanario habanero *El Ensayo*, el 13 de febrero de 1881. De este mismo año datan otras dos composiciones, en las que se advierte su preferencia por la escuela romántica española representada por Zorrilla, Espronceda, Núñez de Arce y Bécquer, mucho más afín con su temperamento que los anteriores. Su indiferencia hacia los estudios de leyes, así como el alto costo de la matrícula, fueron casua de que en 1882 abandonase las aulas universitarias. Según se afirma, desde el año anterior desempeñaba un modesto empleo burocrático en la Intendencia General de Hacienda. Su vida literaria se inició, de manera regular, en 1885, año en que empezó a frecuentar las tertulias literarias de José María de Céspedes y a colaborar con *La Habana Elegante,* revista de discreto matiz nacionalista a la que permanecería vinculado siempre. Un año después comenzó a publicar en *El Fígaro,* donde dio a conocer poemas, artículos, cuentos y traducciones. En 1888 fue llevado ante los tribunales por su artículo «El general Sabas Marín y su familia», en que satirizó al Capitán General de la isla. Aunque resultó absuelto, perdió su empleo en Hacienda y se convirtió en centro de una polémica periodística, al respaldar la prensa liberal a *La Habana Elegante* —en cuyo número del 25 de marzo había aparecido el artículo— frente a los ataques provenientes del sector oficial. El 5 de noviembre de aquel año partió rumbo a Madrid, de donde regresó a la capital cubana el 26 de enero del año siguiente. Comenzó entonces a trabajar en el suplemento literario de *La Discusión,* periódico para el que más tarde redactaría crónicas firmadas con el seudónimo *Hernani.* En 1890 ocupó el importante cargo de folletinista de *El País,* diario de tendencia liberal que aparecería como órgano del Partido Autonomista. Allí escribió dos secciones semanales en que se aunaban la crítica literaria y artística con la crónica social, pues la literatura y el arte se expresaban con frecuencia a través de las veladas y los bailes que auspiciaban en sus casas las familias más cultas de la burguesía habanera.

El periodismo fue el principal medio de vida de que dispuso el poeta, cuyo sustento diario dependía de sus crónicas y demás trabajos de redacción, algunos de ellos realizados con evidente apresuramiento. El propio autor, consciente de las graves limitaciones que, en este sentido, afectaban su quehacer cotidiano, afirmó que en las columnas principales de los periódicos no se hablaba más que de las barrabasadas de los ministros o de las proezas de los bandoleros, de los desfalcos perpetrados por los burócratas, de los homicidios y de los matrimonios, o de la llegada de cómicos de la lengua.

El primer poemario de Casal, *Hojas al viento,* fue editado en mayo de 1890. Se trata de un libro donde la orientación romántica es aún más fuerte que los rasgos renovadores. En este volumen, sin embargo, se anuncia ya la línea principal del poeta, caracterizada por la búsqueda de temas poco frecuentados hasta entonces por la poesía hispanoamericana, y por una acuciante sed de belleza formal. La realización de ambas aspiraciones a través de un estilo personalísimo, lo llevaría a ser figura avanzada de una generación que, al dar inicio en diversos países de América al vasto movimiento modernista, conquistaría la independencia literaria de aquélla.

En *Hojas al viento* es posible sorprender la lucha entre la formación romántica de Casal y la seducción que los parnasianos decadentes y simbolistas franceses ejercían ya sobre él. Este volumen, aunque de calidad irregular, ofrece varios poemas que dan fe de las dotes literarias del autor, y en los cuales se anuncia —alrededor de la temática central del Arte como refugio ante una realidad hostil— la madurez del poeta.

El principal crítico cubano de la época, Enrique José Varona, escribió un mesurado artículo acerca de *Hojas...* [1] Allí señaló que el temperamento de Casal, en quien «los signos verbales —las palabras— adquieren importancia decisiva», al enfrentarse a una sociedad avocada a la imitación como resultado de su coexistencia con «otras más ricas, más cultas y sobre todo [...] infinitamente más numerosas», era la causa mayor de la orientación literaria del autor, pues éste, carente aún de una concepción integral de la vida, se veía impelido a buscar refugio «en el mundo ideal que le forman sus libros favoritos», y a extraer de allí sus más complejas emociones. Y aunque afirmó que el medio que sustentaba al poeta era subjetivo y artificial, Varona admitió que «muy poderoso talento se necesita para poner el sello de sentimientos propios en composiciones escritas en condiciones tan desventajosas».

Este juicio expresa la actitud asumida por la crítica más responsable del país ante Casal, cuya predilección por la literatura francesa contemporánea, y por algunos temas orientales tratados por ella, facilitó su rápida liberación de las fuertes y ya retardatarias influencias españolas, vigentes aún entre algunos de sus coetáneos, al mismo tiempo que satisfizo su apetencia de ideas y formas renovadoras. Su participación en el movimiento intelectual de la época dotó al poeta de un sentido generacional que contribuyó, en gran medida, a afianzar sus preferencias artísticas, proclamadas en *Hojas al viento:*

> Amo el bronce, el cristal, las porcelanas,
> las vidrieras de múltiples colores,
> los tapices pintados de oro y flores
> y las brillantes lunas venecianas.

Casal sostuvo correspondencia con escritores hispanoamericanos —entre ellos Darío y Francisco de Icaza, a quienes trató personalmente, y Luis G. Urbina— y con algunos europeos, que le enviaban libros, revistas y periódicos a través de los cuales pudo conocer, en lengua original, las obras de los más destacados poetas franceses del momento. Su familiaridad con una cultura que, para los intelectuales latinoamericanos, había sido fuente acostumbrada de ideas acordes con sus propias aspiraciones de libertad, marcó indeleblemente el desarrollo de la poesía de Casal, quien contó entre sus autores favoritos a Baudelaire, Rimbaud, Verlaine, Amiel, Téophile Gautier, Leconte de Lisle, José María de Heredia, Jean Moréas, Maupassant, Mallarmé, los hermanos Goncourt, Flaubert, Merimée, Pierre Loti y —entre otros— a Joris Karl Huysmans, quien lo puso en contacto epistolar con el pintor Gustave Moreau, cuya obra llegaría a ser una

---

[1] Enrique José Varona, «*Hojas al viento.* Primeras poesías. Por Julián del Casal», *La Habana Elegante,* 1 de junio de 1890.

importante motivación para Casal, y en la cual encontraría éste la expresión plástica de importantes elementos de su psiquis.

En el segundo libro de Casal, *Nieve,* que fue publicado en abril de 1892, el poeta domina ya sus modelos parnasianos, con una amplia asimilación de las obras de Leconte Lisle y de Heredia «el francés». Si *Hojas al viento* no fue más que una primera selección de su poesía, el segundo libro de Casal presenta, junto al cuidado trabajo con que ha sido realizada cada composición, un ordenamiento que revela, a través de las cinco secciones que constituyen el volumen, un criterio de agrupaciones temáticas a la vez que formal.

Aunque no llegó a ser un innovador de la talla de Darío, Casal aportó al modernismo el estremecimiento de una genuina e intensa angustia, que recorre su poesía como una presencia inexpresable pero cada vez más tangible, a la vez que el sueño del Arte como refugio se desvanece en la conciencia del poeta. «Yo no amo más que a los seres desgraciados», confesó en una carta. «Las gentes felices, es decir, los satisfechos de la vida, me enervan, me entristecen, me causan asco moral. Las abomino con toda mi alma. No comprendo cómo se puede vivir tranquilo teniendo tantas desgracias alrededor.» Esta actitud, ratificada casi literalmente en su correspondencia y en sus prosas en más de una ocasión, se revela también en su simpatía por determinadas figuras históricas o mitológicas, todas las cuales tienen en común la condición de haber aceptado altivamente su derrota en el combate con la vida. En los poemas de *Nieve,* Casal asume las voces de héroes vencidos por fuerzas omnipotentes: Prometeo, entregado por Zeus a un martirio eviterno; un gladiador herido, que escucha con indiferencia el clamor de la muchedumbre; Moisés, sometido a la cólera del Dios hebreo; Saulo, derribado en el camino de Damasco por la revelación divina.

El nuevo libro de Casal mereció un acertado juicio crítico de Verlaine, quien señaló al cubano los peligros a que su excluyente orientación literaria le exponía, al mismo tiempo que anunció, esperanzado, su pronta conversión en poeta de primer orden.

Rimas, la selección en verso que, junto con los *Bustos* en prosa integró el tercer libro de Casal, representa su plenitud literaria, conseguida a través de una cabal integración entre su individualidad humana y sus recursos expresivos, lo cual se aprecia plenamente en el poema «En el campo», escrito después de una breve visita que el autor, aquejado por la enfermedad que causaría su muerte, hizo al interior del país en busca de reposo:

Julián del Casal.

Tengo el impuro amor de las ciudades,
y a este sol que ilumina las edades
prefiero yo del gas las claridades.

A mis sentidos lánguidos arroba,
más que el olor de un bosque de caoba,
el ambiente enfermizo de una alcoba.

Mucho más que las selvas tropicales,
pláceme los sombríos arrabales
que encierran las vetustas capitales.

A la flor que se abre en el sendero,
como si fuese terrenal lucero,
olvido por la flor de invernadero.

Más que la voz del pájaro en la cima
de un árbol todo en flor, a mi alma anima
la música armoniosa de una rima.

Nunca a mi corazón tanto enamora
el rostro virginal de una pastora,
como un rostro de regia pecadora.

Al oro de la mies en primavera,
yo siempre en mi capricho prefiriera
el oro de teñida cabellera.

No cambiara sedosas muselinas
por los velos de nítidas neblinas
que la mañana prende en las colinas.

Más que al raudal que baja de la cumbre,
quiero oír a la humana muchedumbre
gimiendo en su perpetua servidumbre.

El rocío que brilla en la montaña
no ha podido decir a mi alma extraña
lo que el llanto al bañar una pestaña.

Y el fulgor de los astros rutilantes
no trueco por los vívidos cambiantes
del ópalo, la perla o los diamantes.

Realizado en tercetos monorrimos que acentúan el tono de hastío que lo recorre, este poema constituye una verdadera profesión de fe estética y vital: la ciudad se opone al campo; los interiores suntuosos, a la intemperie; la belleza artificial, a la natural; el conocimiento, a la inocencia; el dolor, a la alegría, y los materiales preciosos y labrados opacan «el fulgor de los astros rutilantes».

Es preciso señalar, sin embargo, que en el autor de *Rimas* lo artificial no equivale a falso, sino a lo creado con fines artísticos conscientes. Esto lo comprendió, desde una posición ante el arte y la vida polarmente opuesta a la de Casal, José Martí, quien afirmó que aquél «aborrecía lo falso y lo pomposo».

Los tres libros del poeta cubano tienen en común, como rasgos que los definen y unifican, un rechazo sincero y desesperanzado de la vida, tal como ésta se le ofrecía al autor en uno de los últimos reductos coloniales de América, y un creciente entusiasmo por los paraísos de la imaginación —baudeleriano en sus raíces— como único refugio posible ante la quiebra de su fe en la colectividad humana. «Tranquilo iré a dormir con los pequeños», prometió Casal en su soneto «A un crítico», «si veo fulgurar ante mis ojos,/ hasta el instante mismo de la muerte,/ las visiones doradas de mis sueños».

La significación del poeta en la literatura hispanoamericana ha sido establecida por Max Henríquez Ureña, quien escribió:

> En la obra de Casal podemos encontrar todas las facetas que dieron carácter al modernismo y todos los elementos que constituyeron la temática de ese movimiento. En nadie se manifestó en forma tan intensa la nueva y morbosa sensibilidad del alma contemporánea; y a estos tres elementos esenciales del modernismo culto de la forma, adopción de combinaciones métricas no usuales y revelación de la inquietud y la angustia del vivir contemporáneo, se agregan en Casal otras modalidades complementarias de la temática modernista: evocación de la Grecia antigua y de otras épocas de la vida del mundo («Bocetos antiguos», «Mi Museo ideal»), sin olvidar los siglos de la Francia galante («Mis amores; soneto Pompadour»); exotismo («Sourimono», «Kakemono»); empleo de símbolos de elegancia plástica (cisne, pavo real, flamencos); y acumulación de palabras que dan brillo y color a la frase y producen efectos de deslumbramiento. Fue, en el sentido más hondo de la frase, un poeta exquisito [2].

En el extraordinario ensayo que Martí dedicó a Casal en el periódico *Patria*, el 31 de octubre de 1893 [3], escribió que el poeta había muerto «de su cuerpo endeble o del pesar de vivir, con la fantasía elegante y enamorada, en un pueblo servil y deforme». Desde el frío destierro en que se gestaba la revolución libertadora, Martí comprendió que Casal, expresando con toda enteresa la frustración de su vida, participó intensa y entrañablemente en la agonía de la nación oprimida: el doloroso hastío de Casal implicó una desgarrada manera de compasión —es decir de pasión compartida— que lo animó siempre, como hombre y como escritor, más allá de su exigente postura esteticista. Casal fue el poeta de un momento de crisis, y su obra alcanzó a expresar, a través de complejos símbolos de raíz emocional, la impotencia de sus actos como consecuencia de un estado de sujeción supraindividual, y —de modo implícito— el ambiente opresivo de la última etapa del colonialismo español en Cuba. El «ansia infinita de llorar a solas», confesada por el poeta en radical contraste con el día de fiesta que da título a uno de los mejores sonetos de *Rimas,* no es sólo el rechazo neurótico de una situación en que se es incapaz de participar, sino también el reflejo de un medio social que es imposible compartir:

Un cielo gris. Morados estandartes
con escudo de oro; vibraciones
de altas campanas; a báquicas canciones;
palmas verdes ondeando en todas partes;
    banderas tremolando en los baluartes;
figuras femeninas en balcones;
estampido cercano de cañones;
gentes que lucran por diversas artes.
    Mas ¡ay! mientras la turba se divierte
y se agita en ruidoso movimiento
como un mar de embravecidas olas,
    circula por mi ser frío de muerte
y en lo interior del alma sólo siento
ansia infinita de llorar a solas.

Los «morados estandartes con escudo de oro», las «banderas tremolando en los baluartes», y el «estampido cercano de cañones», enumerados en el soneto, son elementos que corresponden a la realidad colonial del país, y que se integran en una fiesta vacía de todo sentido para una conciencia alerta —como la de Casal— a la captación de los contrastes. Tras el bullicio de la celebración, el poeta reconoce la risotada de la farsa, y el «frío de muerte» que circula por sus venas se nos revela como un oculto signo de la nacionalidad herida, sin

[2] Max Henríquez Ureña, *Panorama histórico de la literatura cubana*, t. 2. La Habana, Edición Revolucionaria, 1967, pág. 249.

[3] José Martí, «Julián del Casal», en sus *Obras completas*, T. 5. La Habana, Editorial Nacional de Cuba, 1963, págs. 221-222.

que deje por ello de ser el frío de Casal, el hastío de su vida rota y sin esperanzas.

Con sus logros y sus limitaciones —también señaladas por Martí al recordar que, «si se le lleva con dignidad», en el mundo «hay aún poesía para mucho», pues «todo es el valor moral con que se encare y dome la injusticia aparente de la vida»— la obra lírica de Julián del Casal es uno de los más valiosos legados hechos a la literatura hispanoamericana durante el siglo XIX, y el fruto de una vida consagrada a defender la dignidad de la poesía.

BIBLIOGRAFÍA

OBRAS

Hojas al viento, (Primeras poesías), La Habana, Imp. el Retiro, 1890.
Nieve, (Bocetos antiguos. Mi museo ideal. Cromos españoles. Marfiles viejos. La gruta del ensueño.) La Habana, Imp. La Moderna, 1892; Pról. de Luis. G. Urbina, México [1893].
Bustos y rimas, La Habana, Imp. la Moderna, 1893.
Selección de poesías, Introd. de Juan J. Geada y Fernández, La Habana, Cultural, 1931.
Poesías completas, recopilación, ensayo preliminar bibliografía y notas de Mario Cabrera Saqui, La Habana, Dirección de Cultura del Ministerio de Educación, 1945.
Selected Prose of Julián del Casal, pról. por Marshall E. Nunn. El paso, Texas, 1949,
Crónicas habaneras, compilación e introd. por Ángel Augier, pról. de Samuel Feijóo, La Habana, Universidad Central de las Villas, 1963.
Poesías, La Habana, Consejo Nacional de cultura, 1963 (Edición del centenario).
Prosas. La Habanera, Consejo Nacional de Cultura, 1964. 3 v. (Edición del centenario).
Sus mejores poemas, Madrid, América [s.a.].
The Poetry of Julián del Casal: A critical edition, compilación, notas y cuadros comparativos de Robert Jay Clickman, Gainesville, The University Presses of Florida, 1978, 3 vols.
Prosa, compilación, pról. y notas de Emilio de Armas, Ciudad de la Habana, Editorial Letras Cubanas, 1979, 2 vols.
Obra poética, compilación, pról. y notas de Alberto Rocasolano, Ciudad de La Habana, Letras Cubanas, 1982.

CRÍTICA

ARMAS, Emilio de, *Casal.* Ciudad de La Habana, Letras Cubanas, 1981.
AUGIER, Ángel I., «Julián del Casal (Noviembre, 1863-Octubre, 1893)», *en Universidad de la Habana,* La Habana, 8 (50-51): 133-144, set.-dic., 1943.
BERGERER, Margaret Robinson: «The influences of Baudelarie on the Poetry of Julián del Casal», en

The Romanic Review, Nueva York, 37 (2): 177-187, apr., 1946.
CRUZ, Manuel de la, «Julián del Casal», en sus *Cromitos cubanos,* Madrid, Saturnino Calleja, 1926, págs. 229-243.
DUPLESSIS, Gustavo, *Julián del Casal,* La Habana, Molina, 1945.
FIGUEROA, Esperanza [y otros], *Julián del Casal: Estudios críticos sobre su obra,* Miami, Florida, Universal, 1974.
GLICKMAN, Robert Jay, «Julián del Casal: Letters to Gustave Moreau», en *Revista Hispánica Moderna,* XXXVII, 1-2, 101-135 (1972-1973).
HENRÍQUEZ UREÑA, Max, *Panorama histórico de la literatura cubana,* T. 2. La Habana, Edición Revolucionaria, 1967, págs. 222-251.
—*La Habana Elegante,* La Habana, oct. 29, 1893.
LEZAMA LIMA, José, «Julián del Casal», en su *Analecta del reloj,* La Habana, Orígenes, 1953, páginas 62-67.
MARTÍ, José, «Julián del Casal», en sus *Obras completas,* t. 5. La Habana, Editorial Nacional de Cuba, 1963, págs. 221-222.
MEZA, Ramón, «Julián del Casal», en *Revista de la Facultad de Letras y Ciencias,* La Habana, sep., 1910.
MONNER SANS, José María, *Julián del Casal y el modernismo hispanoamericano,* México, D.F., El Colegio de México, 1952.
—,«Número dedicado a Julián del Casal», en *Universidad de La Habana,* La Habana, 27 (164): :7-183, 1963.
NUNN, Marshall, «Vida y obras de Julián del Casal», en *América,* La Habana, 4, (1): 49-55, oct., 1938.
PONCET, Carmen P., «Dualidad de Casal», en *Revista Bimestre Cubana.* La Habana, 53: 193-212, 1944.
PORTUONDO, José Antonio, *Angustia y evasión de Julián del Casal,* La Habana, Imp. Molina, 1937.
VITIER, Cintio, «Casal como antítesis de Martí. Hastío, forma, belleza, asimilación y originalidad. Nuevos rasgos de lo cubano» «El frío» y «Lo otro», en su *Lo cubano en la poesía,* La Habana, Universidad de las Villas, 1958. págs. 242-268; «Julián del Casal en su centenario», en *Estudios críticos,* por [...] y Fina García Marruz, La Habana, Biblioteca Nacional José Martí, 1964, páginas 5-42.

Jose Asunción Silva

Eduardo Camacho Guizado

José Asunción Silva nació en Bogotá y se suicidó en la misma ciudad, a los treintaiún años, en 1896. Corta vida que, en sus frustraciones y fracasos, resulta muy representativa de lo que el medio colombiano de fines de siglo podía ofrecer como realización individual de posibilidades intelectuales y literarias que no fueran las de los tradicionales repúblicos aficionados al verso clásico, la gramática o la prosa costumbrista. Miembro de una familia de la aristocracia criolla, en la que se reflejan los cambios que se habían venido produciendo a lo largo del siglo XIX en las estructuras económico-sociales del país (el padre por ejemplo, es un próspero comerciante de artículos de lujo y no un poderoso terrateniente), el adolescente sensible que ha descubierto en sí mismo la señas de la creación poética, entra pronto en conflicto con su entorno familiar y social, en el que la naciente burguesía impone cada vez más su prosaica y «materialista» —como el propio Silva diría— ideología. El suyo es un caso que ilustra bien el conocido conflicto entre arte y burguesía. En efecto, su poesía y su propia vida expresan paladinamente tal conflicto: su sensibilidad, su refinamiento, sus ansias de lujo material y espiritual se enfrentan siempre al sórdido mundo del dinero, a la estrechez mental, la gazmoñería y la indiferencia provinciana de su medio social. Muy joven, viaja a París, donde tiene la oportunidad de conocer de cerca el esplendor deslumbrante de la capital cultural del mundo y una vez olfateado el gran banquete que ofrece Europa, debe regresar a los suburbios del planeta, a enfrentarse a las letras de cambio sin pagar, a las ejecuciones judiciales por deudas comerciales, a la incomprensión, la envidia y la hostilidad burlona de su aldea natal, comprobando amargamente que las exquisiteces de la fiesta están reservadas a los miembros de ese exclusivo club de las metrópolis imperiales, y que la gente del común de las barriadas históricas, de las antecocinas y despensas del planeta no han sido invitadas.

Un corto paréntesis diplomático en Caracas sólo sirve para dilatar temporalmente el aprisionamiento en las redes de mal llevados (por despego, por falta de talante capitalista) negocios familiares. Finalmente, después de haber intentado llevar lo mejor que pudo una vida comparable en algún modo a la de la aristocracia decadente europea, a pesar de las evidentes incompatibilidades con todo lo que le rodea, se suicida, en medio de la total ruina económica y la persecución despiadada de sus acreedores (entre los que se incluyen cercanos miembros de su propia familia), que además, le desprecian y le consideraban un inhábil y estrambótico comerciante que contaba mejor las sílabas que las cifras.

Entre los llamados premodernistas (denominación desafortunada en lo que tiene de disminución de la entidad poética individual de cada uno de ellos), Silva fue tal vez el más audaz en la búsqueda de una síntesis entre la innovación formal y la nueva sensibilidad que, procedente del romanticismo, lo supera y trasciende sin embargo e inaugura la poesía moderna.

Obra breve y desigual la suya, en ella destaca nítida y reconocidamente un gran poema —el «Nocturno» III— y un puñado de aciertos indudables que llegaron a alcanzar una enorme popularidad e influencia en aquellos tiempos en los que la forja de una poesía diferente (que, al tiempo, es consciente de sus diferencias, lo que la convierte en algo original: la conciencia de algo nuevo y diferente es, a su vez, totalmente nueva y diferenciadora), esta forja, decía, empezaba a ser un empeño continental —al menos entre las élites intelectuales.

Su obra consta apenas de un libro organizado por el poeta: *El libro de versos;* otro, reconstruido en parte por sus amigos, *Gotas amargas,* y un novela, *De sobremesa.* Todos ellos publicados póstumamente. También se conservan una serie de poemas sueltos y algunas prosas sobre temas literarios principalmente. Hay, asimismo, varios poemas de dudosa atribución o francamente apócrifos que demuestran, entre otras cosas, la popularidad de su obra y la novedad del estilo. En total, unos ochenta poemas, una novela, unas diez prosas. De todo ello, lo más sobresaliente es *El libro de versos,* en el que se recogen los poemas mejor logrados del infortunado Silva: «Infancia», «Los maderos de San Juan», «Crepúsculo», los «Nocturnos», *Estrellas que entre lo sombrío...,* «Un poema», «Día de difuntos». El libro fue fechado por su autor: 1891-1896, pero contiene poemas escritos desde 1883. Es un libro cuidadosamente construido: en primer lugar, un poema-prólogo que define la materia y el tono del libro; luego, la primera parte del volumen reúne los poemas de tema infantil; la segunda, subtitulada «Páginas suyas», incluye los tres «Nocturnos», y su tema es el intenso amor de la juventud; la tercera, «Sitios», se compone de poemas de temas variados, descripciones, paisajes a la parnasiana, estampas, reflexiones líricas; se podría decir que constituye la plenitud de la vida. Y, por último, «Cenizas», en donde se concentran los poemas más pesimistas, cuyo tema es, en casi todos, la degradación de la vida o la muerte. El libro conforma una unidad biográfica, ya que recorre el ciclo humano y sus preocupaciones dominantes; sus grandes temas son la vida y la muerte, el tiempo, el misterio. Desde una evocación del pasado infantil, de estirpe romántica, hasta un enfrentamiento con el más allá mortuorio, el poeta va recorriendo la vida humana con tono pesimista que se torna amargo hasta llegar al sarcasmo.

La segunda colección, *Gotas amargas*, incluye trece poemas satíricos que los amigos del poeta reunieron y publicaron, fiándose muchas veces de la memoria, por lo cual existen numerosos problemas textuales. Silva desdeñaba estos poemas y no quiso que se publicaran y en verdad no le faltaba razón, ya que carecen

José Asunción Silva.

de valores propiamente poéticos y sólo ofrecen interés en sus intenciones de denuncia social y literaria, cuyo blanco es lo más convencional del sistema burgués de fines de siglo.

El resto de su obra poética, en general, resulta menos interesante, sobre todo ante la importancia estética e histórica de *El libro de versos*, a pesar de que algunos poemas ofrecen un cierto interés.

La novela de Silva es, al parecer, un intento apresurado y poco riguroso de reconstrucción, por parte de su autor, de un original perdido en un naufragio que sufrió el barco en que viajaba el poeta desde Venezuela hasta Colombia en 1895 (en el que también se perdieron numerosos poemas desconocidos). Es una novela típicamente modernista, así como su personaje central, José Fernández resulta ser un perfecto «héroe» (o anti-héroe) de la época. Pero la obra está llena de defectos, de fallos literarios en todos sus aspectos: lenguaje, caracterización, diálogos, estructura. Aristocratismo, pedantería, excesos descriptivos, exotismo forzado caracterizan la narración, en la que un rico *snob* latinoamericano, de personalidad neurótica y sentimental, persigue la figura entrevista de una hermosa joven a la que al fin no logra encontrar, en una Europa convencional, idealizada y aristocráticamente refinada. El escritor-protagonista rememora, desde una América cuya imaginación resulta ser precisamente una síntesis de lo que los modernistas rechazan y desprecian (aunque, por otra parte, en la novela existe una clara intención reformista política de ribetes contradictorios y francamente reaccionarios), y establece el consabido conflicto entre el mundo de la cultura y la mezquina realidad inmediata. En este sentido (y en otros) el libro, como se dijo, es una ingenua plasmación de la escisión histórica y espiritual del modernismo, y su valor documental e ilustrativo es considerable. Por otra parte resulta ser también la primera novela genuinamente urbana y la única respetable entre las pocas que produjo el modernismo en Colombia.

Al haber vivido un momento histórico de transformaciones sociales y económicas de gran importancia (dicho en breves palabras: el tránsito del viejo mundo colonial al capitalista neoimperialista), de cambio profundo de las estructuras, aunque perduren insistentemente arcaísmos de toda índole, Silva expresa en su poesía y en su prosa la imposibilidad de superar realmente la contradicción entre el cada vez más dominante espíritu burgués y el mundo arcaico y señorial de la vieja aristocracia criolla. Ante sus ojos se desmoronan las instituciones del pasado colonial y surge, «municipal y espeso», un incipiente burgués que tan pronto se inclina hacia la tradición hispánica o, en el mejor de los casos europea, como hacia el neoimperialismo sajón. Por ello, la pluma de Silva se ocupa preferentemente de un romántico retorno al pasado, a la época feliz de la infancia, mientras dirige una crítica pesimista al presente y consigna la falta de fe en el futuro ; satiriza con rencor y rabia mal disimulados su entorno local y lo que la nueva época arroja sobre la poesía y el espíritu y, como término de solución a tales conflictos, inicia un escape poético hacia la irrealidad y el misterio, escape análogo pero al tiempo profundamente divergente de cualquier experiencia religiosa, el cual, finalmente, se asombra ante la contemplación de lo desconocido.

Consecuentemente, el estilo de Silva intenta de modo sistemático desrealizar lo real, de forma a la vez personal y coincidente, en términos generales, con la de los modernistas coetáneos y posteriores: Casal y Darío, principalmente. La realidad pierde sus características de tal: inmediatez, evidencia, concreción; luego, es dignificada a través de su exaltación parcial en cuanto lujo, exquisitez, exotismo, suntuosidad. Por último, el poeta se dirige, como hemos señalado, hacia lo irreal fantástico, donde no pueden funcionar las inhibiciones y prohibiciones, y donde la imaginación, si bien no se atreve a asumir toda su libertad (como sí es el caso de intentos coetáneos —el simbolismo francés—, o posteriores —la vanguardia—), se instala decidido aunque brevemente.

Excepcional plasmación de las mejores cualidades creadoras del poeta bogotano es el «Nocturno» *Una noche...* Bien sabida y repetida resulta la afirmación de que constituye seguramente uno de los más plenos aciertos de la poesía en lengua española de todo el siglo XIX y, sin ningún género de dudas, de la colombiana. Su amplísima difusión, influencia y su carácter inaugural de la modernidad, admiten poca discusión. Aun a riesgo de caer en reiteraciones resulta imprescindible un comentario por fuerza breve y esquemático de esta obra, de la que ha dicho el crítico francés Robert Bazin: «de ese poema se desprende una música hasta entonces desconocida para la poesía castellana». Eso explica tanto la reacción negativa con que fue recibido por el tradicionalismo conservador o el prosaísmo aburguesado de los círculos intelectuales colombianos, como el entusiasmo de las avanzadas poéticas de países más progresivos.

Desde el exterior, lo más notable del poema es su novedosa y acertada realización formal, que consiste inicialmente en la adopción de un criterio prosódico más acentual (a la manera de la poesía sajona) que silábicamente cuantitativo. La unidad mínima es el pie tetrasílabo, que se multiplica libre e irregularmente, pero determinado por las sutiles necesidades internas del discurso poético. Así, el poema ofrece una gran variedad rítmica, pero no arbitraria: versos largos, versos cortos, encabalgamientos, acentos diestramente dispuestos logran plasmar en la «música» exterior los matices del «contenido». No cabe duda de que Silva fue el primero en la poesía en lengua española en realizar tan efectiva y lograda innovación.

Otro de los grandes aciertos «exteriores» del poema es su difícil elaboración del llamado «estrato de la sonoridad»: notas altas, resonancias profundas, prolongaciones vibrantes y silencios sabiamente organizados pueden ejemplificarse con el segundo verso, entre otros muchos, con sus acentos distribuidos en la *o*, la *u* y la *a*, y su aliteración de *m*:

> una noche toda llena de perfumes,
> de murmullos y de músicas de alas...

También la estructuración del poema, en dos partes casi simétricas («Una noche», «Esta noche»), hábilmente correlacionadas, así como la andadura, calculada hasta la apertura final, resultan sencillamente perfectas.

Entre los múltiples aspectos de esta obra fundamental cabe destacar, para terminar, el que parece tal vez más importante: la solución final. La amorosa unidad de la primera parte, en el pasado, contrasta violentamente con la soledad y la muerte que se han posesionado del presente. La pareja enamorada se ha reducido a la sombra doliente del protagonista, asediado por las nostalgias y por la disonante realidad. Entonces,

> (...)tu sombra esbelta y ágil.
> ....
> se acercó y marchó con ella,
> se acercó y marchó con ella
> se acercó y marchó con ella... ¡Oh las
>   sombras enlazadas!
> ¡Oh las sombras que se buscan y se juntan
>   en las noches de negruras y lágrimas!

La fantasía del poeta se instala en la plena irrealidad, de ningún modo identificable con el más allá religioso (a pesar de las analogías): ello es lo que diferencia este poema de sus posibles antecedentes y lo que lo coloca en la modernidad; esa trascendencia imaginaria, aparece ahora por vez primera en las letras hispánicas, aunque no con todas sus consecuencias. No podríamos, por ejemplo, atribuirle la radicalidad del descubrimiento del *voyeur* Rimbaud y tal vez ni aun la del de Baudelaire. Pero interpretar esta fantástica fusión como una mera metáfora de la fuerza de la evocación que se autorrealiza, o como una proclamación más de una unión semimística, empequeñece el poema. Al parecer, en una redacción anterior del poema, aparecía el siguiente verso inmediatamente antes del último:

¡Oh las sombras de los cuerpos que se juntan
con las sombras de las almas!

La eliminación de tal concesión racionalista en la redacción definitiva confirma a mi juicio que la trascendencia a la que llega el poema al final es la visionaria y fantástica de la poesía moderna (en el sentido que le da a la palabra Hugo Friedrich, por ejemplo) y no la tradicional tópica religiosa.

La posición de Silva en la historia de la literatura se fundamenta principalmente en este poema. A pesar de que en su obra existen algunos otros (ya mencionados) que llegan a alcanzar una calidad poética, es el «Nocturno», sin discusión posible, el que asegura a su autor la consideración especial que ha merecido. Yo diría que, precisamente, su ruptura con el racionalismo rígido de la tradición; su irrespeto por el positivismo; su desenganche de la tiranía de la lógica estrecha, cegata y meramente cuantitativa, aunque sea momentáneo, todo ello es lo que, en buena parte, justifica la importancia que se concede a Silva. Aparte, claro está de su innovación métrica y musical. El propio Darío consigna su deuda con Silva en este aspecto al colocarlo, junto con Lugones y Jaimes Freyre, entre «los primeros que han iniciado la innovación métrica a la manera de los «modernos» ingleses, franceses, alemanes e italianos.»

La crítica, sin excepción notable, está de acuerdo en señalar el doble carácter innovador del «Nocturno». Principalmente, la audaz ruptura con la visión burguesa del mundo, estrechamente racionalista, que, como se ha dicho antes, inicia una vía de la poesía moderna, es en Colombia, país cuya tradición poética decimonónica no ofrece sino muy contados ejemplos de inconformismo, de audacia, de originalidad, de búsqueda, verdaderamente revolucionaria, y, durante muchos años, excepcional. Como es sabido, es la llamada «Atenas suramericana», el modernismo se enfila enseguida por la senda del parnasianismo, en la obra de Guillermo Valencia y sólo muy tarde hacen su aparición (bastante esporádica, por cierto) los intentos de tipo vanguardistas (realmente hasta la publicación del libro *Suenan timbres*, de Luis Vidales, en 1926, no se puede hablar de vanguardia y modernidad en las letras nacionales). Así, pues, la situación de Silva en la poesía colombiana sólo puede valorarse justamente teniendo en cuenta su excepcionalidad, su valentía, y, claro está, la calidad de sus obras.

BIBLIOGRAFÍA

OBRAS

ASUNCIÓN SILVA, José, *Obra completa,* ed., prólogo y notas de Eduardo Camacho Guizado y Gustavo Mejía, Caracas, Biblioteca Ayacucho, 1977. Contiene bibliografía.

CRÍTICA

ARANGO, Daniel, «José Asunción Silva en el Modernismo», en *Revista de las Indias,* núm. 90, Bogotá, 1946.

BRIGARD SILVA, Camilo de, «El infortunio comercial de Silva», en José Asunción Silva, *Obras completas,* Bogotá, Banco de la República, 1965.

CAMACHO GUIZADO, Eduardo, *La poesía de José Asunción Silva,* Bogotá, Universidad de los Andes, 1968.

—«Ubicación de Silva», en *Eco,* tomo XI, núm. 6, Bogotá, 1965.

CHARRY LARA, Fernando, «Silva y el Modernismo», en *Estaciones,* vol III, núm. 9, México, 1958.

—«Divagación sobre Silva», en *Eco,* Tomo XII, Bogotá, diciembre de 1965.

GICOVATE, Bernardo, «Escritura y significado en la poesía de José Asunción Silva», en *Revista Iberoemericana,* Vol XXIV, núm. 48 (1959).

HENRÍQUEZ UREÑA, Max, *Breve historia del Modernismo,* México, Fondo de cultura económica, 1962.

HOLGUÍN, Andrés, «El sentido del misterio en Silva», en *La poesía inconclusa y otros ensayos,* Bogotá, Centro, 1947.

KING, Georgina Goddard, *A Citizen of the Twilight, José Asunción Silva,* Nueva York, Longmans, Green and Co., 1921.

LIÉVANO, Roberto, *En torno a Silva; selección de estudios e investigaciones sobre la obra y la vida íntima del poeta,* Bogotá, El Gráfico, 1946.

LOVELUCK, Juan, «*De sobremesa,* novela desconocida del modernismo», en *Revista Iberoamericana,* Vol. XXXI, núm. 59 (1965).

MCGRADY, Donald, «Diez poesías olvidadas de José Asunción Silva, en *Thesaurus,* Tomo XXII, núm. 3, Bogotá, 1967.

MANCINI, Guido, «Notas marginales a las poesías líricas de José Asunción Silva», en *Thesaurus,* tomo XVI, Bogotá, 1961.

MAYA, Rafael, *Los orígenes del modernismo en Colombia,* Bogotá, Imprenta Nacional, 1961.

—«Alabanzas del hombre y la tierra, Bogotá, Casa Editorial Santafé, 1934.

—«Mi José Asunción Silva», en José Asunción Silva: *Obras completas,* Bogotá, Revista Bolívar, 1956.

MIRAMON, Alberto, *José Asunción Silva,* Bogotá, Litografía Villegas, 1957.

OSIEK, Betty Tyree, *José Asunción Silva,* México, De Andrea, 1968.

ROGGIANO, Alfredo, «José Asunción Silva a un siglo de su nacimiento», en *Letras Nacionales,* número 5, Bogotá, 1965.

SANÍN CANO, Baldomero, *De mi vida y otras vidas,* Bogotá, ABC, 1949.

—«Notas», en José Asunción Silva, *Poesías completas,* Madrid, Aguilar, 1963.

SCHULMAN, Ivan A., «Tiempo e imagen en la poesía de José Asunción Silva», en *Génesis del modernismo,* México, El Colegio de México-Washington Univ. Press, 1966.

UNAMUNO, Miguel de, «Prólogo», en José Asunción Silva, *Poesías completas,* Madrid, Aguilar, 1963.

Rubén Darío

JUAN COLLANTES DE TERÁN

El conocimiento de la personalidad de un escritor y el papel que desempeña en la época que le toca vivir, así como su aportación a la literatura vigente en los años en que realiza su obra más significativa, serían datos suficientes en donde apoyar un simple estudio; son los casos normales en que el crítico se plantea el hecho de conocer a un determinado autor y sus escritos. No ocurre esto con Rubén Darío quien desborda los moldes habituales de un enfoque bio-bibliográfico según los usos más frecuentes. Su perfil humano, la profunda significación de su obra, la fuerza aglutinadora para captar voluntades poéticas en uno y otro continente y la huella que deja en los escritores de habla española que van a continuar su rastro, le configuran como un ser excepcional en todos los órdenes de la vida, por lo que una aproximación al conocimiento global de su obra literaria debe hacerse con tino para tener la garantía de no errar el camino que conduce al fin que se propone.

Ocurre además que el poeta nicaragüense tiene tras de sí una abundante bibliografía, no siempre elaborada con criterios hoy sostenibles, que oscurece conceptos que deberían estar claros cuando ya han transcurrido setenta años de su muerte, tiempo más que suficiente para conocer con mayor claridad los factores que han intervenido hasta cristalizar en una estética literaria en la que Darío tiene un protagonismo singular.

Se pretende aquí seguir un método de análisis consistente en acudir a los episodios más sobresalientes de su vida, siempre que tengan una explicación adecuada en la sensibilidad literaria que en ese momento se traduce en su obra. De ahí, como se verá, y buscando una mayor facilidad de exposición, que se divida la existencia de Rubén Darío en varias etapas, haciendo coincidir cada una de ellas con un viaje o estancia en un país determinado, significando en cada una de estas residencias un libro importante que, analizado en sus rasgos más representativos, pueden dar al final una visión lo más totalizadora posible del personaje que durante cuarenta y nueve años de su existencia reunió el deslumbramiento fascinador de su humanidad y el aplauso de sus obras con las lógicas críticas y polémicas por parte de sus enemigos, como ocurre casi siempre en estos casos.

Antes de continuar debe expresarse la intención de marginar toda referencia al tan debatido tema de Darío iniciador o no del Modernismo y salvar las encontradas posiciones sobre la cuestión; y no tomar tampoco una postura que vincule la estética de dicho movimiento con el gusto de Darío por lo francés en unos momentos determinados de su obra. Los remozamientos verbales, la riqueza técnica, el nuevo ropaje con que se reviste el verso y la prosa, una vez superadas las filias y las fobias, lo que permanece, en suma, de la expresión literaria que le caracterizó y definió es, fundamentalmente, lo que va a ser objeto de estudio en las líneas que siguen. Por supuesto que hay que conocer las circunstancias que influyeron para que unas determinadas lecturas se adaptaran a las preferencias del escritor en especiales momentos de su vida. Interesa sobre todo qué atracción sintió en especial por unos escritores concretos, qué toma de ellos y cómo y a través de qué circunstancias determinadas depura el lenguaje literario que, al fin, era la expresión de sus propios sentimientos. Se quiere conocer la trayectoria estética, muy vinculada a su vida, que el autor nicaragüense se traza para evolucionar primero a partir de un Rubén Darío preocupado por la exteriorización suntuosa de los sentimientos líricos, exhibidor de lujos verbales, dominador de ritmos y cadencias en la construcción del discurso y buscador de temas exóticos y otras decoraciones preciosistas, para llegar al escritor intimista, preocupado por los problemas trascendentes de su existencia, debatiéndose en una lucha infatigable contra la vida, ya gastada, tal como aparece en los últimos textos que escribe. Este es, en síntesis, el método de trabajo que se va a seguir de ahora en adelante.

PRIMERA FORMACIÓN LITERARIA DE RUBÉN DARÍO

El país donde nace el escritor[1] está sometido a fenómenos y conmociones telúricas que en no pocas ocasiones han transformado la

---

[1] Rubén Darío nace en Metapa, cerca del lago de Managua, el 18 de enero de 1867. Su verdadero nombre es Félix Rubén García Sarmiento. Se conocía a la familia por «los Daríos», por haber tenido un bisabuelo con ese nombre. El escritor pasa su niñez en León, en casa de su tía ma-

presencia física en algunas áreas del territorio. De ello quedan testimonios objetivos en la accidentada geografía: lagos, montañas de plegamiento, llanuras, litorales pantanosos, volcanes —entre ellos Telica (1040 m.) y El Viejo (1781 m.) en actividad en 1865, dos años antes del nacimiento de Darío— todo ello en una superficie de 139.000 Km², que la hace la nación centroamericana de mayor extensión y la de mayor variedad lingüística, que se destaca preferentemente en el léxico por su riqueza expresiva y colorido. Alfonso Valle ha escrito a este respecto:

> Ascienden, aproximadamente, a unas mil doscientas las voces indígenas puras y las indígenas castellanizadas, que en su casi totalidad tenemos en uso en el habla nicaragüense, desde la época colonial. Estas voces designan personas, parentescos, animales, árboles, aves, armas, utensilios, adornos, trajes, frutas, bebidas, alimentos; sin contar los nombres de lugares, que alcanzan a más de mil quinientos. [2]

Se ha señalado que la acumulación de los fenómenos geológicos, junto con los entrecruzamientos étnicos, ha dado lugar a la personalidad típica del país en sus tipos humanos más frecuentes, caracterizados como impetuosos, francos, abiertos a las impresiones, aventureros, audaces, ocultando la tristeza interior con la alegría superficial. Es lógico que las letras reflejen aquellos sucesos y fenómenos. Juan Felipe Toruño se ha referido a estas circunstancias señalando que normalmente el escritor en Nicaragua «hace poesía sintiéndose en el pulso de ésta la descarga anímica con variadas expresiones: trepidante, tormentosa, fuerte, dulce y acariciadora, dramática, o de fogosidad política, evocativa y amorosa; más siempre con el rescoldo melancólico que la distingue» [3]. Son rasgos generales los señalados que deben tenerse en cuenta cuando se inicia una aproximación a la personalidad humana y la obra de Rubén Darío.

Asimismo conviene expresar algunos datos que permitan conocer el estado en que se encuentra la literatura hispanoamericana cuando Darío empieza a escribir; la vigencia en su país de unos moldes estéticos que empezará a conocer y recibir como influencias y transmitir en sus primeros textos, así como el marco literario donde deben encuadrarse los escritos de su juventud. En este sentido hay que señalar el amplio desarrollo que tuvo el romanticismo en Hispanoamérica a lo largo de casi todo el siglo XIX, prolongando incluso su presencia en años posteriores. Darío se forma literariamente en el clima artístico que Emilio Carilla ha caracterizado como segunda generación de escritores románticos [4], acaso, y para ser más exactos, cuando declina esta promoción. Debe pensarse que el poeta nicaragüense Felipe Ibarra es el maestro de las primeras letras de Rubén Darío y ha nacido en 1853, nueve años antes que Román Mayorga Rivas, quien además de cultivar el periodismo y la poesía, realiza notables traducciones de Byron, Musset y Lamartine. Se quiere señalar con esto que Darío, cuando escribía sus primeros versos a los trece años, está identificando también literatura con la profesión periodística y con cierta influencia francesa que ahora le llega, en un estrecho hermanamiento del que siempre le será difícil separarse. Cuando a los diecisiete años entra a desempeñar un cargo en la Biblioteca Nacional de Managua lee con interés a los clásicos españoles (entre ellos Santa Teresa, Cervantes, Lope de Vega, Góngora, Quevedo) así como a Quintana y autores románticos, quienes dejan una indudable huella en sus primeros pasos literarios.

Fruto de todas estas experiencias es su primer libro de versos, *Epístolas y Poemas*, que se publica en Managua en 1885, pero no circuló hasta tres años después con el título de *Primeras notas*, también en la misma ciudad y editado en la Tipografía Nacional. El propio autor aludió años más tarde a este volumen juvenil de primeros versos en los que demostraba la herencia debida a sus lecturas españolas, por lo que se consideraba «en verdad un buen conocedor de las letras castellanas, como cualquiera puede verlo en mis primeras producciones publicadas, en un tomo de poesías, hoy inencontrable, que se titula *Primeras notas*, como ya lo hizo notar don Juan Valera...» [5]. Efectivamente se trata de un libro en donde está presente una métrica clásica (décimas, romances, estancias, tercetos encadenados y

terna Bernarda Sarmiento y siempre recordó aquella ciudad como la de sus miedos infantiles.
Los padres del muchacho estaban separados y no pudo hacer una vida hogareña; tal vez sea el motivo por el que decidiera suprimir, en su nombre, los apellidos García y Sarmiento. Niño de once años ya escribe ingenuos versos y a los catorce enseñaba gramática castellana en un colegio de párvulos.

[2] Alfonso Valle, *Diccionario del habla nicaragüense*, Managua, 1948.
[3] Juan Felipe Toruño, *Sucinta reseña de las letras nicaragüenses en 50 años (1900-1950)*, en *Panoramas das Literaturas*, Angola, Ediçao do Municipio de Nova Lisboa, 1959, vol. III, pág. 1096.

[4] Cfr. *El romanticismo en la América Hispánica*, Madrid, Gredos, Biblioteca Románica Hispánica, 1958, página 367.
[5] *La vida de Rubén Darío escrita por él mismo*. Barcelona, Maucci, 1915, cap. X, pág. 46 (citado por R.D. *Poesía*, Caracas, Ayacucho, 1977, pág. LV)

otras formas, así como la utilización de versos heptasílabos, octosílabos y endecasílabos, junto con el tono altisonante y solemne de algunas expresiones románticas: (*Vosotros, los de arriba, la nobleza, / poderosos, tiranos; / usáis mucho las uñas y las manos / y venís a quedaros sin cabeza...*). Se incluyen «epístolas» a la manera neoclásica dedicadas a Ricardo Contreras, Juan Montalvo, Emilio Ferrari, Víctor Hugo, y otros poemas de claro sabor dieciochesco: las típicas odas a exaltar «El Porvenir», «El Arte»; al tiempo que comienza a aparecer la veta exótica, usada con frecuencia en el romanticismo, en forma de leyendas orientales. Sin embargo, la dedicada al doctor Jerónimo Ramírez va precedida de una carta que puede ser importante conocer en este comienzo, por la significación que va a tener después en la selección de sus gustos artísticos y que, en este momento, tan sólo es el testimonio de unas lecturas que habían dejado su huella en el primer momento literario de su vida. En la carta se expresa de la siguiente forma:

A usted que tanto gusta de las cosas del misterioso Oriente; amigo de todo lo lujoso e imaginativo; a usted que tanto se engríe saboreando ese estilo mitad perlas, mitad mieles y flores, de las leyendas del Maestro Zorrilla; a usted mi querido doctor que es tan benevolente con todo lo que sale de mi pobre pluma, dedico este poemita. Ya recordará usted cuando me indicó que escribiese algo como lo presente. Ahí va, pues. Siento que no haya resultado como yo quisiera...; pero desgraciadamente, no he podido encontrar en ninguna parte del «haschis» de Théophile Gautier. ¡Qué vamos a hacer! Suyo siempre. RUBEN[6].

A pesar de lo que el escritor lamenta hay en el poema *guzla de oro, suave rima, tinte de coral, rostro de hurí, manojo de lirios puros / es su mano tersa y breve...*, por citar algunos ejemplos notables. De todas formas es conveniente señalar que en este primer libro ya están presentes Hugo y Gautier, como testimonio de un interés estético por el gusto francés que va ampliando su órbita a medida que transcurren estos primeros años juveniles.

En 1882, y a raíz de la lectura de un poema que leyó en el palacio del Presidente de la República, según cuenta el propio Darío en su *Autobiografía*, se le aconseja que abandone el país (al parecer también para disuadirle de llevar a cabo su matrimonio con Rosario Muri-

llo[7]) y se traslada por este motivo a El Salvador. Allí se encuentra con Mayorga Rivas; Darío es profesor de gramática en varios colegios salvadoreños y conoce, esto es lo más importante, a Francisco Gavidia, quien le aficionó a la lectura de los escritores franceses contemporáneos. Su nuevo amigo se encontraba por entonces adaptando las formas del alejandrino francés al castellano y era un gran conocedor de la obra de Víctor Hugo. Rubén Darío se deslumbra ante el nuevo horizonte literario que tiene ante sus ojos y comienza a aumentar la especial predilección que sentía por todos los temas franceses, ahora a través de las expresiones líricas que le traduce su amigo Gavidia, a quien le dedicará un poema en el libro que se ha citado antes.

El inicial y juvenil interés del poeta nicaragüense por la literatura francesa irá aumentando paulatinamente hasta que llegue el momento de su primer viaje a París y comience el trato directo con algunos de los poetas que ahora está descubriendo. Gavidia a su lado cumple un importante papel: hacerle el oído al ritmo de unos metros factibles de adaptarse al castellano, así como descubrirle la brillantez y sonoridad de nuevos temas, lo que supone para Darío una indudable novedad. Durante esta breve estancia junto al poeta salvadoreño, escribe buena parte de los poemas para el libro que se ha hecho referencia antes.

Orlando Guillén[8] en una breve semblanza de Francisco Gavidia ha puesto de relieve la importancia que tiene en su poesía la tradición y novedad; ésta adquiere la calidad de sorprendente, como ocurre en su poema titulado «La ofrenda del Brahamán», donde su autor se pierde, una vez envuelto en ella, en la luz del ritmo y en el goce de la forma. «Arte cuajado de lumbre, —dice Guillén—, y pedrería». [9] Este es, en definitiva, el gran descubrimiento de Rubén Darío en la corta estancia en El Salvador.

Todo ello queda además plenamente certificado por las propias palabras del nicaragüense, quien años más tarde, aludiendo a la sugerente atracción que había sentido por la obra de Mendès, aclaró:

---

⁶ *Primeras notas*, («Alí. Oriental»), pág. 96 (Todas las citas correspondientes a los poemas de Darío remiten a la edición de su *Poesía*, Prólogo de Angel Rama, edic. Ernesto Mejía Sánchez y Cronología de Julio Valle-Castillo, Caracas. Biblioteca Ayacucho. 1977)

⁷ Darío casó por primera vez con la salvadoreña Rafaela Contreras, en 1890; de ella tuvo un hijo, Rubén Darío Contreras. Rafaela, la «Stella» de los versos del poeta, muere a los tres años de su matrimonio. Ese mismo año contrae nuevas nupcias con la nicaragüense Rosario Murillo con la que apenas tuvo convivencia. En el segundo viaje a España el escritor conoce en Madrid a Francisca Sánchez, campesina del pueblo de Navalsauz (Avila), de quien tuvo varios hijos y con la que vivió hasta su regreso definitivo a Nicaragua.

⁸ *Hombres como madrugadas, La poesía en El Salvador*, Barcelona, Anthropos, Hombre, 1985

⁹ *Ibídem*, pág. 33

... mi penetración en el mundo del arte verbal francés no había comenzado en tierra chilena. Años atrás, en Centroamérica, en la ciudad de San Salvador, y en compañía del buen poeta Francisco Gavidia, mi espíritu adolescente había explorado la inmensa salva de Víctor Hugo y había contemplado su océano divino en donde todo se contiene...

(*Historia de mis libros*)

En Managua, a donde había regresado 1883, trabaja en la Biblioteca Nacional, así como en la secretaría privada del presidente de su país y va a comenzar a dirigir, junto con otros dos colegas, el periódico *El Imparcial*; poco después, y debido a una fuerte conmoción sentimental, viaja a Chile en 1886, estableciéndose en Valparíso, después de conocer en Santiago a los principales intelectuales chilenos de la época, tales como Eduardo Poirier, Orrego Luco, Narciso Tondreau, Rodríguez Mendoza y hacer amistad con Balmaceda Toro, hijo del presidente y poseedor de una espléndida biblioteca de autores franceses. Allí publicará en 1887 *Abrojos*, *Rimas*, y al año siguiente *Azul...* En primer lugar se comentarán los dos primeros libros citados.

Abrojos se publica en Santiago, en la Imprenta Cervantes. Alguno de los poemas que componen el volumen habían aparecido antes en *La Epoca*, de Santiago, al final del año 1886 que es la fecha en que prácticamente están escritas la mayor parte de las composiciones. Según ha señalado Rodríguez Mendoza el título del libro procede de una «dolora» de Manuel Acuña, poeta mejicano de fuerte contextura romántica[10]; Rafael Soto Vergés[11] quiere encontrar en los versos que componen el primer libro publicado en Chile la definitiva configuración de la influencia campoamoriana. «No es extraño, dice, que el joven Rubén Darío, permeable a todas las influencias de aquel siglo, acogiera con entusiasmo a Campoamor y aun que utilizase aquella lente escéptica en sus visiones liminares de la realidad»[12]. Por eso este libro viene a significar un importante punto de equilibrio entre clasicismo y romanticismo. A partir de ahora el verso del nicaragüense irá perdiendo poco a poco los signos lógicos, racionales e intelectualistas, para adquirir mayor consistencia en la intuición y el sentimiento, que junto con el refuerzo de los elementos irreales de su visión poética, afirmarán de manera definitiva el camino hacia los libros básicos que definen su personalidad en las letras hispánicas.

Aún en el mismo año de 1887 publica *Rimas*; se trata de una serie de catorce breves poemas presentados al Certamen Varela[13] de aquel año, en el que sólo obtuvo un accesit y que, no sólo por el título, sino además, por la carga emocional que poseen y su expresión, se encuentran muy próximos al sentimiento becqueriano. Darío leía al poeta sevillano desde los quince años, como consta en algunos documentos y cartas que se conservan, en los que aparece alguna composición con el mismo nombre que el libro de Bécquer. La tonalidad anímica, las construcciones métricas y la comunicación lírica mantienen un impronta característica que le acerca a este poeta, como ocurrió con otros escritores de la época, incluso más tardíamente, tanto en Hispanoamérica como en España[14]. Para comprobarlo con mayor claridad, pueden comentarse las siguientes estrofas finales de un poema, a título de ejemplo:

> Yo quisiera poder darte
> una rima
> que llevara la amargura
> de las hondas penas mías
> entre el oro del engarce
> de las frases cristalinas.
>
> Yo quisiera poder darte
> una rima
> que no produjera en ti
> la indiferencia o la risa,
> en su pálida alegría,
> y que, después de leerla...,
> te quedaras pensativa[15].

Se trata de las dos últimas estrofas de la Rima VIII. En ellas el poeta consigue un tono de intimidad profundamente subjetiva, que se aleja del tono grandilocuente que afectó a buena parte del romanticismo hispánico. La comunicación amorosa deseada se hace como a media voz, acaso la más adecuada para la confesión de unos íntimos sentimientos. Para ello se utilizan dos elementos fundamentales. En primer lugar una métrica idónea: las estrofas de pie quebrado van repitiendo su construcción a lo largo de todo el poema, con lo que se consigue una especial cadencia adaptada a la idea que también repite en toda la composición; la rima ha perdido la contundencia y

---

[10] Enrique Anderson Imbert señala en los poetas mejicanos Acuña y Manuel M. Flores la matización de «románticos a la española, si bien más líricos...» (*Historia de la literatura hispanoamericana*, México-Buenos Aires, Breviarios del Fondo de Cultura Económica, 1954, pág. 196).

[11] «Rubén Darío y el neoclasicismo (La estética de Abrojos)», en *Cuadernos Hispanoamericanos*, Madrid, 212-13, agosto-septiembre de 1967, págs. 462 y ss.

[12] *Ibídem*, pág. 462.

[13] Al mismo certamen poético y el mismo año presentó *Canto épico a las glorias de Chile*, compartiendo con otro autor el primer premio.

[14] Cfr. Anderson Imbert..., pág. 195.

[15] *Rimas*, VIII, pág. 152 y sig.

sonoridad de la consonancia y se hace, por este motivo, más íntima y sencilla al utilizar la rima asonante en los versos pares.

En segundo lugar, este tono sentimental de carácter intimista se consigue con un lenguaje lírico que llega a través de varios elementos: por la construcción anafórica repetida al comienzo de cada estrofa (*Yo quisiera poder darte / una rima...*), como ocurre en la ordenación métrica que se ha señalado; por la utilización del procedimiento expresivo del contraste (*amargura, hondas penas,* frente a la alegría y brillantez que sugieren el *oro* y las *frases cristalinas*); por el refuerzo contenido de la adjetivación (*pálida alegría*); y por el uso reiterado del verbo expresado en subjuntivo (*quisiera, llevara, produjera, contemplaras, quedaras*), con lo que se consigue una fuerte carga de irrealidad, que va a desembocar al fin en el clima de vaguedad sugerente que antes se había señalado. Conviene recordar, sin embargo, que muchos de estos procedimientos métricos y expresivos fueron utilizados por Gustavo Adolfo Bécquer en las composiciones de su breve libro de poemas que tan importante huella deja en los poetas que le siguen, debido a la apertura de nuevos horizontes líricos que ellos contienen.

En este momento se puede decir que se ha superado la primera etapa en la vida y en la obra de Rubén Darío. A pesar de su precocidad, el poeta tiene veinte años, ha realizado una fase de formación literaria en la que hay que distinguir, de una parte lo que supone la adquisición de un lenguaje artístico proveniente de sus lecturas de autores españoles de los Siglos de Oro que se han señalado, de otra el interés por los temas literarios del siglo XVIII y su identificación con los escritores románticos, tanto americanos como castellanos, cuyo ejemplo esclarecedor se ha comprobado en el caso de Bécquer; y, sobre todo, el descubrimiento de la literatura francesa, particularmente, y en primer lugar, Víctor Hugo a través de las traducciones que conoce de su amigo Gavidia, ya que el nicaragüense está todavía lejos de dominar los textos en su lengua originaria. La amistad con el escritor salvadoreño es un hito fundamental en su vida y el mismo Rubén Darío lo va a reconocer así, expresándolo en varias ocasiones:

> ... con quien penetré en iniciación ferviente en la armoniosa floresta de Víctor Hugo y de la lectura mutua de los alejandrinos del gran francés, que Gavidia, el primero seguramente, ensaya en castellano a la manera francesa, surgió en mí la idea de renovación métrica que debía ampliar y realizar más tarde. (*Historia de mis libros*)

Retrato juvenil y firma del poeta

ESTANCIA EN CHILE

Se ha aludido antes de una manera muy somera a la fecha en que Darío llega a Chile y los motivos que le impulsaron a ello; se ha hecho referencia escueta a los personajes de la vida intelectual que destacaban en el país en aquellos momentos; la participación del poeta en el Certamen Varela y la publicación de tres libros, de los que se han hecho referencia a los dos primeros, *Abrojos* y *Rimas*.

La estancia en Chile dura algo más de dos años y medio; allí va a ejercer el cargo de inspector de la Aduana en Valparaíso, lo que le permite frecuentes viajes y residencias en Santiago, procurando, dice, «vestirme elegantemente, como correspondía a mis amistades aristocráticas», según confiesa en su *Autobiografía*. Publica colaboraciones periodísticas en *El Heraldo* de la primera ciudad citada y en la *Revista de Artes y Letras*. Escribe mucho y el tiempo de su estancia en este país es muy fructífero desde el punto de vista literario. En él se han asimilado las primeras lecturas y se puede decir que la apertura a nuevas tendencias es un hecho claro a todas luces. En 1888, reunidos los poemas y cuentos de esta etapa chilena, publica *Azul...*: un libro clave, no sólo como hito importante en su producción literaria personal, sino también como libro básico para la trayectoria del Modernismo hispánico. La primera edición se publica en Valparaíso a final de julio y la segunda en Guatemala dos años después.

El volumen tiene dos partes claramente diferenciadas: «Cuentos», en prosa y «El año lírico» (que así iba titularse el libro), en verso; hay que añadirle un poema con el título de «Ananke», una composición llamada «A un poeta», además de «Pensamiento de otoño» y una traducción de Armand Silvestre. Precisamente los críticos señalan la influencia francesa, en especial referida a los cuentos, que nunca negó el propio poeta. Estos ecos estarían referidos a los escritores Catulle Mendès, Leconte de Lisle, los hermanos Goncourt, René Maizeroy, Louis Bouilhet y Émile Zola, este último tal vez en la configuración naturalista del cuento que titula «El fardo». Debe señalarse además que durante la época en que Rubén Darío preparaba la segunda edición del libro, escribió, según testimonia Max Henríquez Ureña, poemas en francés, experiencia que repitió años más tarde, en dos ocasiones más, con no mucha fortuna[16]. El mismo crítico hispanoamericano señala que

> En cuanto al título de *Azul...*, en el cual don Juan Valera encontró cierta relación con la frase de Víctor Hugo «L'art c'est l'azur», expresión que Rubén Darío declaró no haber conocido antes, pudo ser inspirado por el poético grito de Mallarmé: «Je suis hanté! L'Azur! L'Azur! L'Azur! L'Azur!» o por estos versos de Víctor Hugo («Les châtiments») que Darío conocía al igual que los de Mallarmé: «Adieu, patrie,... / l'onde est en furie! / Adieu, patrie!... / Azur![17].

La obra lírica de Darío recogida en *Azul...* posee un innegable gusto, en especial, por los siglos galantes franceses, con escenas en parques versallescos, evocaciones de gnomos y hadas y con el deslumbramiento fastuoso de los elementos irreales y fantásticos, así como de una cierta preferencia por los temas orientales, en la exaltación de un exotismo puesto de moda en Francia precisamente por Teófilo Gautier y otros compatriotas suyos. Se ha puesto de relieve también la influencia de la escuela francesa parnasiana, sobre todo, del ya citado Leconte de Lisle, en la evocación de la mitología griega, con una incidencia mayor en la prosa de los cuentos que se publican en este volumen. El poeta español José Hierro[18] ha destacado este matiz literario en el escritor nicaragüense, al expresar:

> Cuando se habla del parnasianismo del primer Rubén se está pensando en el Rubén poeta, no en el Rubén prosista, que es realmente donde se produce el encuentro con lo francés. Entre los autores que él cita, al reconocer las deudas literarias de su *Azul...* la mayoría tienen relación con sus cuentos. Los autores franceses que aparecen al hablar Rubén de sus versos son: Leconte de Lisle (para negar que su «estival» sea traducción o hurto de dicho autor); Armand Silvestre, al que debe su versión de «Un pensamiento de otoño» (*Huye el año a su término | como arroyo que pasa | llevando del Poniente | luz fugitiva y pálida...*); y finalmente, Leconte de Lisle y Catulle Mendès, modelos de sus retratos líricos.

De hecho son Silvestre, al que imita en su poema citado, y Catulle Mendès los que, si hacemos caso a nuestro poeta, dejan huella en su poesía:

> Fue Catulle Mendès mi verdadero iniciador, de un Mendès traducido, pues mi francés todavía era precario. Alguno de sus cuentos líricos-eróticos, una que otra poesía de las comprendidas en el «Parnasse Contemporaine» fueron para mi una revelación. (*Historia de mis libros*)

Todo esto lleva a lo que Juan Valera llama, al hacer la recensión del libro, el «galicismo mental» de Darío, pero opina que la lengua en que se expresa es española, auténtica y legítima. El novelista español vio pronto la novedad que traía el libro y lo valoró sin asustarse de los radicalismos expresivos y el aire de ruptura que ya llevaba en sí. *Azul...*, aún en la tradición y la novedad, comienza a trazar un camino por donde el poeta recorre las más variadas singladuras estéticas que serán desde ahora un rasgo definidor de su personalidad lírica. A partir del descubrimiento que proyecta este libro, casi a los cien años de su publicación, se puede comprender mejor los que serán perfiles más acusados del poeta de Nicaragua desde este momento, aumentados y desarrollados en obras de creación posteriores.

En este sentido, conviene recoger las palabras de Yurkievich, cuando a grandes rasgos esboza la trascendencia posterior del libro de Darío, al señalar que:

---

[16] Cfr. *Breve historia del modernismo*, México-Buenos Aires, Fondo de Cultura Económica, 1962, pág. 93.

[17] *Breve historia...*, pág. 93.

[18] «La huella de Rubén en los poetas de la posguerra española», en *Cuadernos Hispanoamericanos*, Madrid, 212-13, agosto-septiembre 1967, pág. 348.

Coexistiendo con el idealismo estético, con los refinamientos sensoriales, con el boato, con el exotismo, con la cosmética versallesca, con la parodia de las literaturas pretéritas, con los virtuosismos orquestales, con la transposición mítica... está descubriendo de una realidad específicamente contemporánea de acelerada metamorfosis, de la era de las comunicaciones, de la expansión tecnológica, de las exitaciones de la urbe moderna, de la historia de pronto mundial, de una actualidad que ha roto los confinamientos nacionales e idiomáticos, que presiona ahora en escala planetaria. Darío, como los gobernantes de las aparentemente prósperas repúblicas de América Latina, importa todo: el maquinismo, la modernolatría futurista, la vida multitudinaria, el *spleen*, el deporte, el turismo, el dandismo, el panamericanismo y el art nouveau [19]

Hay, como es fácil comprobar, una intención clara de crear literatura cosmopolita que se irá acentuando a medida que el poeta vaya desarrollando su técnica poética, la visión del mundo y la variedad de los procedimientos expresivos, mientras experimenta los efectos de su agitada vida.

El poeta tiene conciencia de la importancia de *Azul...* y de las transformaciones que puede operar en la mentalidad literaria de los jóvenes poetas americanos y españoles, para quienes los versos del poeta nicaragüense van a suponer la apertura a nuevos aires poéticos. Años después de su publicación, diría:

... mi amado viejo libro, mi libro primigenio, el que iniciara un movimiento mental que había de tener después tantas triunfales consecuencias... de allí debía derivar toda nuestra futura revolución intelectual. (*Historia de mis libros*)

Más aún, doce años después de haber escrito el libro y de expresarse de esa forma, queriendo resaltar la impotancia que en aquellos versos de *Azul...* habría que darle a la impronta francesa que llevaba en sí, escribía:

... al penetrar en ciertos secretos de armonía, de matiz, de sugestión, que hay en la lengua de Francia, fue mi pensamiento descubrirlos en el español, o aplicarlos (*Los colores del estandarte*)

con lo que se pronuncia en la línea que había descubierto y señalado Valera. Sin embargo, no sólo hay que ver en este libro la personalidad lograda del escritor, sino también el desarrollo de otros temas importantes, aunque lle-

guen por ese mismo camino. Porque, como ha señalado Juan López-Morillas,

esto no supone que el estudio lingüístico de *Azul...* haya de limitarse a un examen crítico de lo galicano de la obra, examen que, por su naturaleza, ya tendría en sí algo de peyorativo. Pero aún admitiendo que no es el galicismo el único aspecto de interés lingüístico que nos ofrece el libro, también es menester confesar que muchas otras innovaciones que poco o nada tienen de galicanas penetraron, no obstante, en la obra por vía del afrancesamiento «mental» de su autor. Tal sucede, por ejemplo, con la nueva afición de Darío por vocablos relacionados con la antigüedad helénica y el Extremo Oriente [20].

La misma precaución debe tenerse en cuenta a la hora de hacer una breve referencia a la métrica que se emplea en el libro, punto de partida para posteriores utilizaciones en su producción literaria, campo al que también afecta gran parte del material crítico que ha querido ver en Rubén Darío una proporción exagerada en el uso de novedades líricas consideradas como influencias francesas, o ha calificado como innovaciones ciertos visos de técnicas que el poeta redescubrió del verso castellano anterior a *Azul...* Tan exagerada es la frecuente interpretación de querer ver tan sólo una amplia influencia expañola, como la de otros críticos de descubrir una vasta influencia francesa [21].

Comienza el libro a adquirir de nuevo la flexibilidad que habían tenido los metros tradicionales en la poesía española de los Siglos de Oro, como ocurre con el endecasílabo, que había perdido su esbeltez en los versos de Campoamor. Es ésta una notable restitución que ha de valorarse en toda su extensión. Así lo ha visto Gerardo Diego, que tan frecuente uso ha hecho de él en su poesía:

Rubén Darío liberó al endecasílabo español de la obediencia a la ley de no acentuación en séptima sílaba, volviendo al endecasílabo italiano, dantesco. El caso es que después de todos hemos regresado a la estrecha disciplina que no tolera esa llamada, mal llamada, *membración anapéstica*. Hay una razón para evitarla. Y es la que la familia, el linaje de los versos en cuarta, séptima y décima —y más también si van acentuados en primera sílaba— es de carácter completamente opues-

[19] Saúl Yurkievich, *Celebración del modernismo*, Barcelona, Tusquet Editor, Cuadernos Infimos, 1976, pág. 26.

[20] «El 'Azul...' de Rubén Darío. ¿Galicismo mental o lingüístico?», en *Revista Hispánica Moderna*, Nueva York.

[21] Sobre el tema de la métrica en Rubén Darío, véase E.K. Mapes, «Innovación e influencia francesa en la métrica de Rubén Darío», en *Nueva Revista Hispánica Moderna*, Nueva York.

to a los acentos en sexta, o en cuarta y octava juntamente[22].

El uso reiterado del verso alejandrino, con interesantes soluciones y licencias pausales, impuesto como paradigma del nuevo gusto estético, es en *Azul...* una nueva cadencia rítmica que comienza a sonar y enseguida es aceptado, encontrándosele grandes posibilidades expresivas. Compruébese cómo en la serie de sonetos que ofrece el libro, las composiciones tituladas «Caupolicán», «De invierno», «Catulle Mendès» construidas en solemnes alejandrinos, se combinan con otros sonetos de dieciséis sílabas, «Venus», por ejemplo, junto a las mismas estrofas elaboradas con versos dodecasílabos, en «Walt Whitman», «Salvador Díaz Mirón» y otros. Todo esto supone iniciar una renovación de la métrica española que proyecta potenciales conquistas en las siguientes obras, como la revalorización de otros metros que en el verso castellano habían sido poco usados, tal es el eneasílabo; así también la novedad que supone la musicalidad interna conseguida por la adaptación a la métrica hispánica de los antiguos pies rítmicos clásicos, buscando la combinación de sílabas breves y largas, renovación que llega a los principales escritores epígonos de Rubén Darío, en quienes arraigan con fuerza las enormes posibilidades y atrayentes sugerencias que pueden obtenerse de los modelos expuestos por el poeta nicaragüense. Los éxitos conseguidos en esta línea son elocuentes y habrá que volver sobre el tema de la métrica más adelante.

Es interesante recoger aquí una acertada apreciación sobre la actitud renovadora que lleva a cabo Darío, interpretada por Oliver Belmás, quien comenta:

> Este libro, *Azul...,* cierra literariamente el siglo XIX y se anticipa al XX. Los siglos literarios no se ajustan a los hitos cronológicos. *Azul...* destruye el párrafo enfático y declamatorio característico de la centuria decimonónica y trae a la prosa y al verso castellano una voluntad de estilo y de belleza, a la que fueron ajenos los últimos románticos[23].

Para comprobar todo lo que se va señalando en *Azul...,* debe acudirse a un par de poemas de este libro. Se han escogido los textos que Rubén Darío titula «Invernal» (de la serie

«El año lírico») y el soneto construido con versos alejandrinos «De invierno». Con ellos se intenta un acercamiento más directo a la obra del escritor.

El primero es una composición que bien pudiera tomarse como ejemplo de la nueva línea estética que ahora domina en el escritor; el poema es muy personal: se trata de expresar los sencillos sueños y anhelos amorosos del poeta junto al fuego, con unos versos acaso menos exóticos, más humanos también. Así comienza a introducir la expresión lírica a base de raros efectos sugestivos, logrados por medio de un léxico vulgar y con palabras que se cargan de extrañas sugerencias:

> Noche. Este viento vagabundo lleva
> las alas entumidas
> y heladas. El gran Andes
> yergue al inmenso azul su blanca cima.
> La nieve cae en copos,
> sus rosas transparentes cristaliza;
> en la ciudad, los delicados hombros
> y gargantas se abrigan;
> ruedan y van los coches,
> suenan alegres pianos, el gas brilla;
> y, si no hay un fogón que le caliente
> el que es pobre tirita[25].

La adjetivación es sencilla (*alas entumidas, delicados hombros, blanca cima*); si hay algo de violento en los versos escogidos son los encabalgamientos que aparecen; igualmente es suave la aliteración en el segundo y tercer verso, sobre la base de la repetición sucesiva de las *l* (*las alas... heladas*), lo mismo que la asonancia en *i-a*; como la combinación acompasada de versos endecasílabos y heptasílabos, con un sentido de morosidad rítmica en la acentuación de los mismos, todo ello conseguido con dos tipos de metros de entonación suave. Se quiere poner de relieve que están lejos las estridencias que pueden aparecer en otras composiciones del libro y que suponen desvelar atrayentes visiones a los jóvenes poetas por las novedades que contenía. El secreto está en que el poema va creando una tensión emocional que sube pausadamente el clima sentimental (*ropas transparentes*), hasta llegar al contraste, a la oposición, que se va a dar a lo largo de todo el poema: la sencillez, humildad y pobreza frente a la suntuosidad, grandeza y lujo. De esta forma se van conectando las diferentes partes de la composición para intercalar los sueños del poeta y sus ilusiones:

---

[22] «Ritmo y espíritu en Rubén Darío», en *Cuadernos Hispanoamericanos,* Madrid, 212-13, agosto-septiembre 1967, pág. 251.
[23] *Última vez con Rubén Darío,* Madrid, Cultura Hispánica del Centro Iberoamericano de Cooperación, 1978, página 343.

[24] Se hace referencia en este epígrafe tan sólo a los poemas incluídos en el volumen; los cuentos que se publicaron en el libro se comentan en *La prosa de Rubén Darío.*
[25] «Invernal», en *Azul...,* págs. 166 y ss.

Y me pongo a pensar: ¡Oh, si estuviese
ella, la de mis ansias infinitas,
la de mis sueños locos,
y mis azules noches pensativas!...

El poema termina resumiendo dicha oposición, ahora ya en el momento final, muy condensada y con una fuerte intención simbólica:

Dentro, el amor que abrasa,
fuera, la noche fría.

La expresión lírica de Darío consigue por fin culminar la cima de contrastes que se han venido expresando: interior en la estancia-exterior en la calle, el fuego amoroso que abrasa-la noche fría que hiela el corazón, para llegar a la más alta culminación del proceso que plantea el poema: amor=luz, soledad=noche, que así se proyecta sobre el poeta.

El segundo poema de *Azul...* que aquí se trae, es el soneto titulado «De invierno»:

En invernales horas, mirad a Carolina
medio apelotonada, descansa en el sillón,
envuelta con su abrigo de marta cibelina
y no lejos del fuego que brilla en el salón.

El fino angora blanco junto a ella se reclina,
rozando con su hocico la falda de Alençon,
no lejos de las jarras de porcelana china
que medio oculta un biombo de seda del
    Japón.

Con sus sutiles filtros la invade un dulce
    sueño:
entro, sin hacer ruido; dejo mi abrigo gris;
voy a besar su rostro rosado y halagüeño

como una rosa roja que fuera flor de lis.
Abre los ojos, mírame con su mirar risueño,
y en tanto cae la nieve del cielo de París.

Ha cambiado la intención conceptual y decorativa de la composición. Darío ambienta la escena en un París que no conoce, toda vez que no ha viajado aún a Europa. Se trata de una visión libresca localizada en una estancia que imagina. La ambientación externa del poema recoge las notas más características de su atracción por los motivos orientales (porcelana china, biombo de seda del Japón), empleo frecuente de objetos construidos con materiales nobles, tejidos, prendas (*abrigo de marta cibelina, falda de Alençon, jarras de porcelana*), la capacidad sugeridora y aristocrática de símbolos heráldicos (*flor de lis*), el ambiente de sopor que emerge de la realidad conseguido por medio de los *sutiles filtros*, con los que *la invade un dulce sueño*, el sentido de plasticidad que se obtiene por la composición corporal femenina (*Medio apelotonada... envuelta con su*

abrigo*), que se complementa con la colocación plástica del felino a los pies de Carolina (*junto a ella se reclina*), las notas cromáticas que se desprenden del texto colorean la estancia parisina en un día invernal: el plateado de la piel de marta cibelina, los resplandores del fuego que arde en la chimenea del salón, el fino *angora blanco, abrigo gris, rostro rosado, rosa roja*. Todos estos elementos, reunidos de la forma que están colocados en el poema, crean un clima especial que es precisamente la única base del texto, que ha perdido la anécdota para fortalecer más la atmósfera poética por medio de la trasmisión lírica de un cúmulo de sensaciones. El final de la composición es una muestra palpable de lo que se ha venido expresando. En lugar de cerrarse con un final que busca normalmente la sorpresa expresiva, aquí se queda tan sólo en la languidez de la mirada de Carolina que se vincula íntima y sentimentalmente con la visión que se pierde en la lejanía del cielo de París mientras nieva pausadamente, como un telón que cayese despacio después de haberse escenificado los elementos aquí reunidos.

El texto, como otros del mismo libro, comienza a crear un nuevo clima expresivo, más sugerente, en la lírica hispánica. Muchos de estos elementos se emplearán después con más insistencia en el siguiente libro, marcando de esta forma el momento culminante de la estética de Darío, que será imitado desde entonces en muchos poemas de escritores contemporáneos y posteriores de Darío en ambos continentes.

ESTANCIA EN ARGENTINA

En 1888, en Chile, consigue Darío el cargo de corresponsal de *La Nación*, de Buenos Aires, donde colaboraban, entre otros escritores, Santiago Estrada, José Martí y Paul Groussac; y en febrero del siguiente año se embarca para su país, haciendo escala en Lima; viaja después por Centroamérica; en El Salvador contrae matrimonio civil con Rafaela Contreras; viaja a Guatemala; antes, en las costas de este país centroamericano, ha pensado escribir «Sinfonía en gris mayor» para un libro que se titularía «Trópico»; de él quedan algunas composiciones que se publicarán posteriormente; en Guatemala se celebra el matrimonio canónico con su esposa; en 1891 está trabajando en la redacción de *La Prensa Libre*, en Costa Rica y allí nace su hijo Rubén Darío Contreras; vuelve a Guatemala y es nombrado, en 1892, secretario de la delegación que el gobierno de Nicaragua envía a España para las fiestas del Cuarto Centenario del Descubrimiento de América. En el viaje a la península hace escala en La Habana donde conoce a Julián del Casal. En agosto de ese año llega a Madrid en su primer viaje a España, que se comentará más adelante; a su regreso a América se entera de la muerte de su esposa y dos meses más tarde vuelve a contraer matrimonio con Rosario Murillo, que años después intentará anular. Se traslada a Nueva York, conociendo a José Martí y al comenzar el mes de mayo de 1893 se embarca para realizar su primer viaje a Francia, donde residirá dos meses, hasta que agote sus recursos económicos; entonces parte hacia Buenos Aires, incorporándose enseguida a la redacción de *La Nación*. En la Argentina va a vivir hasta finales de 1898, en que se traslada nuevamente a España para informar a los lectores del periódico bonaerense de las noticias que históricamente vive España en esas fechas.

Interesa en primer lugar conocer el ambiente literario que existía en Buenos Aires a la llegada del escritor. Emilio Carilla [26] ha reconstruido la década de 1880-90 en las letras argentinas, en la que cree encontrar claros síntomas de una cada vez más llamativa variedad, frente al tono monolítico de las generaciones inmediatamente anteriores. Se señala en este sentido, en primer lugar, una supervivencia del romanticismo, ya sin las notas de exaltación y grandilocuencia que caracterizó las etapas de iniciación y triunfo; continúa asimismo el desarrollo del realismo y naturalismo y surgen, por último, los primeros síntomas muy próximos a las estéticas de los simbolistas y parnasianos. Se acostumbra a llamar al grupo de escritores argentinos que lo forman como «generación del 80», compuesta, entre otros, por Guido Spano, José Manuel Estrada, Eduardo Wilde, Lucio V. López, Miguel Cané (hijo), Paul Groussac, Rafael Obligado, Almafuerte, Martín García Mérou, Calixto Oyuela y otros. Tal vez gozaban de mayor prestigio, cuando Darío llega a la Argentina, los escritores Guido Spano y Obligado.

En torno a 1890 la literatura argentina, que se consideraba la más avanzada de América por ser receptora de las novedades europeas, era la que sentía una especial atracción por los llamados «modelos parnasianos» [27]. Se leía además a Carducci, Leopardi, D'Annunzio y Edgard A. Poe [28] en traducciones que publicaban los periódicos y revistas de la época. De los jóvenes escritores citados Eduardo Wilde «es de la llamada generación del 80 el que más se acercó al Modernismo por las características de su estilo y por una postura original. No obstante, después del triunfo de este movimiento no encontró su camino para realizarse en tal sentido, ni se advierte en su obra ninguna evidencia de su contacto con Darío» [29].

No es difícil señalar que Rubén Darío encontró un clima propicio en Buenos Aires para el desenvolvimiento de su vocación literaria que ahora se vuelca en dos libros más, aunque encontrara las lógicas incomprensiones de los que triunfan; situaciones que Darío salvó por su exaltada personalidad, su extroversión y la indudable calidad de la obra elaborada en aquellos años; razón por la cual, Carilla no tiene inconveniente en destacar la situación del poeta en el panorama argentino de la época como eje y centro de sus amistades literarias:

> Darío como imán en que confluían los jóvenes argentinos que se asomaban entonces a las letras y que buscaban un apoyo firme para reaccionar contra una literatura que sentían ajena o ya superada. Darío como bandera de otros, no tan jóvenes, pero que se adherían a sus ideas y su poesía. El poeta nicaragüense aceptó con presteza el papel. Venía con aureola de innovador y los años en Buenos Aires no hicieron sino aumentar en forma considerable su prestigio. Buenos Aires le dio la consagración definitiva, sobre todo, a caballo de sus libros de 1896, permitió la gran expansión hispánica del poeta» [30].

Es ésta, tal vez, la mejor descripción que puede hacerse a manera de síntesis que resumiera la vida del escritor centroamericano en la vida literia de Buenos Aires, como miembro de la redacción de *La Nación* y cónsul de Colombia, cargo que también ejerció durante algún tiempo, repartiendo el trabajo con otras colaboraciones periodísticas y la elaboración de sus libros [31].

[26] *Una etapa decisiva de Darío (Rubén Darío en Argentina)*, Madrid, Gredos, Biblioteca Románica Hispánica, 1967.
[27] *Ibídem*, pág. 154.

[28] En el mismo libro de Carilla, se señala que en 1887 apareció en Buenos Aires el volumen de J.H. Ingram, traducido del inglés por Edelmiro Mayer, titulado *Edgardo Allan Poe. Su vida, cartas y opiniones*, lo que demuestra que existía interés por su lectura.
[29] H.M. Lacau y M. Manacorda de Rossetti, «Eduardo Wilde y el Modernismo», en *Exposición*, Buenos Aires, 1947, tomo II, pág. 16 (citado por Carilla, ob. cit., pág. 162)
[30] Carilla, ob. cit., pág. 160.
[31] Darío en Buenos Aires y en compañía del poeta boliviano Ricardo Jaimes Freyre funda y dirige la *Revista de América*. Colaboran también, por mediación de Mariano de Vedia, en *La Tribuna*. Durante su estancia en Argentina viaja a la isla Martín García y a Córdoba. Además de sus colaboraciones periodísticas, comienza a publicar en *La Biblioteca* tres capítulos de una novela que no llegó a terminar.

El testimonio de la semblanza que de él hace Antonino Lamberti es esclarecedor; así lo vio uno de sus compañeros en aquellas fechas:

> En aquel tiempo, Darío, muy joven todavía, no era tan triste y callado como se hizo después, ni tenía esa timidez y recelo tan extraños que le vinieron más tarde. Es verdad que, generalmente, su mirada tenía ya algo de sombría, y le clavaba a unos ojos con una fijeza extraordinaria. Pero también solía conversar alegremente, y a veces tenía accesos de risa homérica... En Rubén Darío el sentimiento de la amistad era fino, profundo, a veces, se manifestaba en una forma muy original...[32]

Los dos libros de Rubén Darío en su etapa argentina son *Los Raros* y *Prosas profanas*, los dos publicados en 1896; el primero en los Talleres de «La Vasconia» y el segundo en la imprenta de Pablo Coni e hijos, cuyos gastos de edición fueron sufragados por Carlos Vega Belgrano. Son dos libros sobre los que interesa hacer una referencia más pormenorizada, ya que, como ha señalado Ignacio M. Zuleta: «Como hipótesis susceptible de corrección (como toda que se sustente en un examen histórico-biográfico en el terreno político), hay que aceptar provisionalmente que hay en la obra reunida en *Los raros* y *Prosas profanas*, al menos un estado mental remisible al «espíritu de Buenos Aires»[33], en la línea que se ha expresado antes.

En el prólogo a la segunda edición de *Los raros*, fechado en París, en 1905, Darío expresa datos y opiniones en torno a su obra y del clima literario en el que nace; como, por ejemplo, confesar que los artículos recogidos en el libro fueron escritos cuando en Francia estaba el simbolismo en pleno desarrollo. Interesa exponer aquí, por la evocación que hace de los años bonaerenses en que fueron escritos, estas ideas estéticas que mantenía el escritor por entonces; dice, pues, en este sentido:

> Me tocó dar a conocer en América este movimiento (se refiere al simbolismo francés), y por ello y por mis versos de entonces fui atacado y calificado con la inevitable palabra «decadente»... Todo eso ha pasado como mi fresca juventud.
> Hay en estas páginas mucho entusiasmo, admiración sincera, mucha lectura y no poca buena intención. En la evolución natural de mi pensamiento, el fondo ha quedado siem-

pre el mismo. Confesaré, no obstante, que me he acercado a algunos de mis ídolos de antaño y he reconocido más de un engaño de mi manera de percibir... (Prólogo a la 2ª edición de *Los raros*)[34].

En *Los raros* se recogen veinte semblanzas de escritores que atraían la atención de los modernistas, más una glosa sobre «El arte en silencio», de Camilo Mauclair. Algunos de estos autores son Leconte de Lisle, Villiers de l'Isle Adam, Verlaine, Moréas, Poe, el conde de Lautréamont, Martí, el portugués Eugenio de Castro y otros. No hay ningún español. En cierto modo estos nombres reflejan sus lecturas preferidas en esos años, de ahí que abunden los escritores contemporáneos y, sobre todo, los franceses. Cuando en noviembre de 1896 acababa de publicarse el libro, Rubén Darío contestó a la crítica que le había hecho Paul Groussac en *Los colores del estandarte*, y decía sobre el contenido de la edición:

> Los raros son presentaciones de diversos tipos, inconfundibles, anormales; un hierofante olímpico, o un endemoniado, o un monstruo, o simplemente un escritor que, como D'Esparbés, da una nota sobresaliente y original... (*Los colores del estandarte*)[35]

En los años en que vive Darío, y posteriormente aún con mayor énfasis, se puso de moda este tipo de evocación (recuérdese después el libro de Juan Ramón Jiménez: *Españoles de tres mundos),* que mantuvo esa frontera imprecisa entre el artículo, como los llamó el poeta nicaragüense, la crónica, la impresión, divagación o semblanza; era, en fin, el característico «medallón», que con frecuencia se hacía. Emilio Carilla perfila la articulación de este tipo de literatura haciendo destacar algunos rasgos comunes: en primer lugar, lo que llama el perfil de «raro», en relación al personaje; la crítica impresionista que lleva en sí; la libertad expresiva a manera de ensayo; la alternancia de vida y obra; y el matiz poemático que le imprime[36].

Se podría expresar, para que sirviese de ejemplo, el comienzo del texto dedicado a la figura de Lautréamont, el autor de los *Cantos de Maldoror,* para conocer las características de la prosa de *Los raros*, de Darío en este momento. Dice así:

> Su nombre verdadero se ignora. El conde de Lautréamont es pseudónimo. El se dice mon-

---

[32] Declaración recogida por Carlos Alberto Leumann, en *La Nación*, Buenos Aires, 12 de marzo de 1925 y reproducida por Lamberti, en *Poesías*, Buenos Aires, 1929, pág. 126 y ss. (Cfr. Carilla, ob. cit., pág. 161).

[33] En Rubén Darío, *Prosas profanas y otros poemas*, Edic., introd. y notas de Ignacio M. Zuleta, Madrid, Clásicos Castalia, 1983, pág. 9.

[34] La primera edición llevaba una dedicatoria-prefacio que desapareció después, sustituída por este prólogo. En aquella se reproducía el programa de la *Revista de América*.
[35] En *La Nación*, Buenos Aires, 21 de noviembre de 1896
[36] Carilla, ob. cit., pág. 62 y ss.

tevideano; pero ¿quién sabe nada de la verdad de esa vida sombría, pesadilla tal vez de algún triste ángel a quien martiriza en el empíreo el recuerdo del celeste Lucifer? Vivió desventurado y murió loco. Escribió un libro que sería único si no existiesen las prosas de Rimbaud; un libro diabólico y extraño, burlón y aullante, cruel y penoso; un libro en que se oyen a un tiempo mismo los gemidos del Dolor y los siniestros cascabeles de la Locura... (*Los raros*).

Emilio Carilla también ha destacado la significación que tiene el libro de Darío, y las particularidades que en él concurren «por su situación cronológica, su carácter, y por lo que nos aclara sobre las ideas estéticas y preferencias literarias de Rubén Darío por aquellos años. Lo es también como referencia obligada a la trayectoria del poeta, como obra elaborada en Buenos Aires y como libro inicial en la bibliografía argentina del escritor nicaragüense»[37].

El segundo de los libros publicados por Rubén Darío en Buenos Aires, en 1896, es *Prosas profanas y otros poemas*. Junto a las críticas laudatorias que obtuvo se hicieron otras negativas, pero casi siempre se admitía el talento del escritor centroamericano, aunque puntualizaran algunas influencias: «Darío es un poeta de imaginación exótica con extrañas magnificencias, y de factura novedosa y exquisita: un cincelador a lo Moréas y Régnier»[38]; de esta forma le caracterizó Paul Groussac el mismo año de la publicación del libro. Diferente perspectiva dio José Enrique Rodó, quien destacó el carácter esteticista de la obra por el predominio parnasianista cálido que posee, haciendo hincapié en la plasticidad, las suntuosidades expresivas y novedades de vocabulario, así como en la métrica. Con frecuencia se empezó a distinguir en el verso de Darío lo que podríase llamar «poesía de sensaciones», frente a «poesía de ideas». En este sentido Carilla cree interpretar que, cuando se señala esta división, en casos como en *Prosas profanas*, no se alude preferentemente al texto, sino a lo que con más facilidad fue imitado por sus seguidores[39].

La ordenación del libro se hace sobre la base de un primer apartado que lleva el título del volumen; hay poemas importantes y básicos, junto con algunos textos meramente circunstanciales; «Coloquio de los centauros», «Va-

ria», «Verlaine», «Recreaciones arqueológicas», «El reino interior» son otras tantas secciones, a las que hay que añadir los poemas que se agregan en la segunda edición (en París, 1901), en los apartados que llevan por título «Cosas del Cid», «Dezires, layes y canciones», y los poemas que componen «Las ánforas de Epicuro». Los textos que fueron publicados en 1896 van precedidos de «Palabras liminares»[40], que viene a representar, aunque Darío lo niegue, el manifiesto poético que le habían solicitado por entonces y que él no quiso redactar por no considerarlo oportuno en esos momentos, debido a la incomprensión y el desconocimiento por parte de los nuevos poetas de América, así como por la contradicción que supondría imponer unas reglas poéticas cuando defendía una estética «acrática»; por eso afirmaba al comienzo del libro:

> Yo no tengo literatura «mía» —como la ha manifestado una magistral autoridad—, para marcar el rumbo de los demás: mi literatura es *mía* en mí; quien siga servilmente mis huellas perderá su tesoro personal y, paje o esclavo, no podrá ocultar sello o librea. Wagner a Augusta Holmes, su discípula, dijo un día: «Lo primero, no imitar a nadie, y sobre todo, a mí. Gran decir». (*Prosas profanas y otros poemas*)

En esta mismas «Palabras liminares» hace otras declaraciones en las que se descubre la conciencia que tiene de considerarse el primer poeta americano; se refiere a su espíritu aristocrático y a sus manos de marqués; y muy apegado asimismo a sus convicciones personales, señala sus gustos: *yo detesto la vida y el tiempo en que me tocó nacer*; o bien la frase famosa de: *mi esposa es de mi tierra, mi querida de París...*Es verdad, sin embargo, que Darío consiguió hacer desaparecer con el tiempo esta afectada postura de engreimiento ante sus colegas literarios; después, cuando asuma la voz americana de las letras de su época, estos gestos que ahora le caracterizan ya no tendrán sentido.

Se ha destacado que en *Prosas profanas y otros poemas* existe la cargazón que en sus versos hay de preciosismo, de notas exóticas y refinada fantasía, de matices que fueron imitados con exagerada afectación por sus principales epígonos; se ha puesto de manifiesto también la persistencia de las huellas francesas, sobre todo, de los autores más próximos a sus gustos estéticos ya señalados, así tam-

---

[37] *Ibídem*, pág. 63.
[38] En *La Biblioteca*, Buenos Aires 2 de julio de 1896, año I, tomo I, núm. 2, pág. 489 (citado por Antonio Pagés Larraya, «Dos artículos de Paul Groussac, en *Anuario de Letras*, México, 1962, año II, pág. 233 y ss.).
[39] Cfr. Carilla, ob. cit., pág. 73.

[40] En Buenos Aires, hacia 1898, Darío piensa en la composición de un tercer libro frustado con este título; ahora, y en este apartado, se incluyen algunas de las composiciones que iban destinadas a ese volumen.

bién de otros ecos literarios, como de D'Annunzio, el citado Eugenio de Castro, escritor portugués por el que los modernistas de Buenos Aires sintieron especial predilección, extendida después al resto de las literaturas americanas. Max Henríquez Ureña cree que esta influencia en Darío es más técnica que ideológica[41].

Ha destacado Ignacio M. Zuleta la importancia del libro en la producción poética del nicaragüense.

> Sin una unidad temática o retórica, *Prosas profanas y otros poemas* es el libro axial de Darío: el punto de llegada del Darío que tiene su manifestación en *Azul...* (a los veintidós años) y el lanzamiento de una poética de madurez de quien se ve como «peregrino pálido de un país distante» («El faisán») que «hace treinta años sueña» («El reino interior»). En perspectiva, hay que tomar conciencia de que entre el último libro y éste hay sólo seis o siete años, lo cual no es mucho, en especial si se tiene en cuenta que *Prosas profanas* recoge todo lo importante escrito en ese período. La segunda edición de la obra (1901) abarcará los años 1897-1901, años del final de la etapa de Buenos Aires y del segundo y definitivo viaje a España y Francia, marcado por inquietudes que sólo en parte quedan reflejadas en los textos agregados en ese años[42].

Basta comparar en un somero análisis estilístico el primer poema que se incluye en el libro, «Era un aire suave...», con «La espiga», por ejemplo, en el grupo reunidos bajo el título de «Las ánforas de Epicuro», en los cuales, aunque los ideales estéticos sean los mismos, se ha depurado el tono de la orquestación expresiva, las sinestesias, calificaciones, recursos retóricos tradicionales, todo lo que daba el sello personal a una manera de construir el poema según el verso de ese cuño.

Prosas profanas es un libro muy personal de Rubén Darío, en donde, por fin, se consigue un modelo estético de poesía que fue, como se ha dicho, ampliamente imitado. Desde ahora los cisnes, heraldos, encajes, violines, boscajes, faunos y divinidades clásicas, toda la decoración empleada por el poeta fue imitada sin contemplaciones, dejando una estela deslumbrante de colorido exótico y decadente. Ha culminado lo que se podía llamar «ciclo azul» en la poesía de Darío y se ha cubierto una etapa en el desenvolvimiento estilístico de su obra poética. Quedan señalados unos modelos personales, cuya huella se continuará después durante cierto tiempo. Muchas referencias líricas

en ambos continentes remiten desde ahora al nicaragüense. Sus novedades se imitan y quedan consagradas como paradigmas para una determinada manera de hacer el verso, tanto en la métrica como en la expresión.

Conviene destacar en primer lugar las notables aportaciones a la cadencia interna del versículo. En «Palabras liminares» había dejado la siguiente afirmación, después de la doble pregunta:

> ¿Y la cuestión métrica? ¿Y el ritmo?
> Como cada palabra tiene un alma, hay en cada verso, además de la armonía verbal, una melodía ideal. La música es sólo de la idea, muchas veces. (*Prosas profanas y otros poemas*)

Las posibilidades entonces que sugiere para la musicalidad del verso son amplias y variadas. Las palabras se cargan de un ritmo interior, conseguido sobre la base de combinar sílabas breves y largas, con las que quiere ampliar el campo de significación que ellas poseen en una sonora orquestación del verso. La variedad de metros también muestran la actitud esteticista de Darío. En el libro se utilizan el alejandrino de procedencia francesa («Sonatina»), el dodecasílabo sin acento fijo («Bouquet»), endecasílabo de «gaita gallega» («Pórtico»), dodecasílabos también en los tercetos monorrimos del poema «El faisán», la alternancia de prosa y verso, con enormes posibilidades para la literatura posterior y de probable procedencia de Catulle Mendès, el uso del verso libre en «Heraldos», o verso blanco en «Friso», por citar algunos ejemplos del libro.

Asimismo debe señalarse la novedad que supone en ese momento el empleo que Darío hace del adjetivo por la brillante cargazón de sugerencias que le imprime. Se puede afirmar que su poesía anterior a *Azul...* posee un léxico claramente tradicional. Edmundo García-Girón ha señalado a este respecto que:

> En su empleo del adjetivo, como en los demás aspectos de su creación, Rubén Darío es poeta de genio sintético. No inventa adjetivos, y raras veces usa neologismos y galicismos (sus escasos neologismos suelen ser más bien sustantivos como «panamericanizar», «nemrodizar», «canallocracia», «mediocracia», «bulevares», etc., y aparecen sobre todo en su prosa). Por lo general su adjetivación es tradicional y castiza[43].

La novedad está en la carga de sugerencias que admite el vocablo. De ahí que se señale el

---

[41] Cfr. *Breve historia...*, pág. 94.
[42] R. D., *Prosas profanas*, ed. cit., pág. 27.

[43] «La adjetivación modernista en Rubén Darío», en *Nueva Revista de Filología Hispánica*, México, julio-diciembre 1959, año XIII, núms. 3 y 4, pág. 345.

procedimiento por el que el adjetivo es la clave de la metáfora (*azul sonrisa*); en este género de metáforas, dice, aparecen con mayor frecuencia los adjetivos que denotan sensación colorista, como una gama amplia de significaciones en las diversas tonalidades que se expresan

> —¡Príncipes, estrechadme con vuestros brazos *rojos!*[44]

donde el color señalado en la adjetivación se refiere a la tela del vestido, pero también, es innegable, que la palabra se carga de contenido amoroso (rojo=fuego=pasión). También se pone de manifiesto que en Darío se vuelve al empleo del adjetivo en su sentido etimológico verdadero, perdido ya en sus connotaciones modernas, restaurando la asociación original que tuvo. Existe además, y García-Girón lo pone también de manifiesto, el aprovechamiento del sentido ambivalente en las frases adjetivales (claveles de *rubí*), donde se acentúa y resalta la metáfora con más fuerza, ya que no sólo se evoca el color encarnado, sino que se reviste a los claveles de todas las cualidades de la piedra preciosa. Igualmente Darío emplea con frecuencia el aprovechamiento del sentido plurivalente que puede poseer un adjetivo; se pone el ejemplo tomado del poema «Pórtico», cuando el escritor expresa:

> de una *eucarística* y casta blancura[45]

aquí la blancura evocada es la de la Hostia consagrada («pan eucarístico»), y por lo tanto, el adjetivo sugiere multitud de significaciones imaginativas: devoción, emoción religiosa, actitud hierática y litúrgica ante el objeto que se describe, el sacrificio de la misa, las blancas vestiduras del sacerdote, los paños del altar. Se ha señalado también en *Prosas profanas* que no sólo cada uno de los adjetivos, sino el léxico va cargado de estas evocaciones plurivalentes que se vienen citando. Hay que decir también que el empleo de la adjetivación en este momento estético por el que atraviesa el poeta, comienza a tener unas enormes posibilidades para la estilística posterior.

Después de los estudios que se han venido realizando se puede llegar a la conclusión que son escasos los neologismos en Darío. En general, se han indicado los que usados por el poeta han tenido más fortuna, como *alucinante, apelotonado, broncíneo, carnavalesco, embriagante, espectral* («sobra de un sátiro *espec-*

tral»), *fálico, florecido* (por «florido»), *jocundo, luciferino, macabro, matinal, pasional, volteriano*; otros serán derivaciones de patronímicos: *hermosillesco, jupiterino, verleniano, wagneriano*, etc. Sin ánimo de agotar todo el repertorio habría que señalar *florestal, hímnico, septicorde, talismánico, tritónico*. De la misma manera, en la adjetivación de Darío los galicismos llegan apenas a una media docena, algunos de cuyos ejemplos, podrían ser los dos siguientes:

> Parlanchina, la dueña dice cosas *banales*[47]
> Y las manos *liliales* agita, como infanta[48]

El adjetivo *funambulesco*, en la «Canción del carnaval»[49], más que neologismo, como se le ha querido ver, es un galicismo, según García-Girón; así lo demuestran los dos versos de las «Odes funambulesque», de Banville, que Darío pone a manera de lema para la composición:

> Y lleve la rauda brisa,
> sonora, argentina, fresca,
> la victoria de tu risa
> *funambulesca.*

Habría que hacer referencia además a las nuevas restauraciones adjetivales (*arisca, bermeja, garrido*), a los adjetivos puestos de moda por el poeta nicaragüense, como «azul», «blasonado»... de frecuente uso por los modernistas a los cada vez más arraigados: *divino, lírico, mágico, misterioso, sonoro*; a los de sensaciones cromáticas, *blanco, rojo, azur*, etc.; así como a los procedentes de la luz y calor: *luminoso, ardiente*, y muchos otros.

Es lógico que los gustos artísticos varíen según las épocas; hoy, tal vez, la poesía contenida en *Prosas profanas*, a la vista de lo que se ha expuesto puede parecer frívola y artificiosa, por lo que se la considera en cierto modo postergada. Es verdad que deslumbra la superficialidad decorativa, la gama colorista de los recursos expresivos empleados, la brillantez parnasiana, los alardes técnicos, en definitiva, la visión del mundo que Rubén Darío tiene estos años en Buenos Aires, en los ambientes que se concretan en unos paisajes que no son naturales, sino culturales, como señaló Salinas[50], aún en el sello personal que le imprime como creador de belleza; todo esto ha pasado a un segundo término y se prefiere ahora un Darío más íntimo, más auténtico, preocupado por in-

---

[44] «El reino interior» (*Prosas profanas*, pág. 225)
[45] «Pórtico» (*Prosas...*, pág. 207)
[46] «Responso» a Verlaine (*Prosas...*, pág. 218)
[47] «Sonatina» (*Prosas...*, pág. 187)
[48] «El reino interior» (*Prosas...*, pág. 225)
[49] «Canción de carnaval» (*Prosas...*, pág. 191)
[50] *La poesía de Rubén Darío*, Buenos Aires, Losada, 1948, pág. 115

dagar en los grandes misterios de la vida y la muerte, como aparecerá en los últimos textos.

Y, sin embargo, recientemente se ha empezado a poner de manifiesto en *Prosas profanas* que existe un Rubén Darío que se interioriza en algunos poemas, los cuales preludian, como ha señalado Allen W. Phillips, el camino ascendente que un poco después llevara a la profunda y sincera pregunta por la existencia, tan precisa en su poesía más universalmente admirada[51]; lo que, incluso, le hace preguntar a Octavio Paz: «... ¿cómo no advertir el erotismo poderoso, la melancolía viril, el pasmo ante el latir del mundo y del propio corazón, ya conciencia de la soledad humana frente a la soledad de las cosas?»[52]. Para el profesor norteamericano en «Las ánforas de Epicuro» ya se encuentra un modernismo más esencial; no se olvide que esta parte del libro está formada por poemas que fueron agregados a la segunda edición de 1901, pero pueden rastrearse textos anteriores con una intención más reflexiva en algunos poemas de 1896, que tienden a un intimismo de gran importancia en la evolución posterior, en donde Darío va a tomar una actitud más filosófica. Para Phillips el poeta centroamericano «siempre atento a las vibraciones de su alma tensa y estremecida, empieza a alejarse de lo que vino a ser en manos de los epígonos una mera retórica, en parte creada por el mismo»[53], y muchos de los símbolos empleados no son simples elementos decorativos, sino sugerencias estéticas, correspondencias mágicas, para permitirle entrar a la senda que ha de conducirle a contestar a los interrogantes que la vida le planteó. Esta preocupación, dice Phillips, no es nada superficial y se revela en la viva curiosidad que tenía Darío por las doctrinas esotéricas de las ciencias ocultas y el pitagorismo. Existen pues en este importante libro de poemas datos suficientes para marcar un hito rotundo tanto en la trayectoria lírica del escritor, como en el desenvolvimiento estilístico del modernismo; hay composiciones que poseen un tono meditativo en los que se ahonda en la visión poética esencial. De ejemplo de ello pueden servir dos versos del poema «El reino interior», en donde se expresa de este modo:

> Mi alma frágil se asoma a la ventana obscura
> de la torre terrible en que ha treinta años
> sueña[53]

El citado profesor norteamericano ha expre-

sado algo en este sentido que puede resumir una visión actual y valoración del libro que se comenta: «Es injusto querer condenar por superficial toda la poesía de *Prosas profanas*, porque en sus páginas al parecer más exquisitas, Rubén Darío incorpora una serie de motivos que reflejan con toda claridad sus más íntimas inquietudes vitales»[54].

LOS VIAJES DE RUBÉN DARÍO A PARÍS

Se señaló antes que el primer viaje de Darío a Francia tiene lugar en el mes de junio de 1893, antes de incorporarse a las tareas periodísticas en *La Nación,* de Buenos Aires. Se cumplía así el sueño del poeta, cuya visión parisina había añorado desde su primera juventud, y aumentó al tener los primeros conocimientos de literatura francesa que había adquirido en El Salvador, orientado por Francisco Gavidia. En un trabajo de Albareda se alude a la llegada del poeta a la capital gala y se hace una evocadora descripción de aquella estancia, recordando su vieja aspiración que ahora se hacía realidad:

> Parece ser que Rubén, muchacho, rezaba a Dios para que no le dejase morir sin conocer París. Vida bohemia, poetas decadentes, reinas del can-can, alcohol y rarezas elegantes. París fue una fascinación en el ánimo del nicaragüense que cayó íntegro, en la tentación fácil de los poetas malditos y en los tópicos deslumbradores de sus vidas. París le absorbe, le domina. París es una fiebre incontenida en el alma del poeta. En París vive una vida de gran burgués, entreverada de barrio latino y de bohemia. Con lujos lánguidos, madrugadas junto al Sena, lunas dolientes..., que los poetas cantarán luego sobre las mesas de los cafés de Montmartre. Lee a Baudelaire y conoce físicamente a Verlaine, viejo ya, con ojos de fauno, perdido por el ajenjo y el vicio... Enrique Gómez Carrillo es su introductor en aquellas tertulias parnasianas, simbolistas y decadentistas...[55]

Siempre que tuvo oportunidad, Darío dedicó sentidos elogios tópicos a la capital francesa: «Era, dirá en una ocasión, la ciudad del Arte, de la Belleza y de la Gloria; y, sobre todo, era la capital del Amor.» El citado Gómez Carrillo y Alejandro Sawa lo atienden y puede conocer no sólo a Verlaine, sino a Charles Morice y Jean Moreàs, que fue para él un verdadero descubrimiento desde sus años juveniles. Del primer París habló el propio poeta, cuan-

[51] «Releyendo Prosas profanas», en *Temas del modernismo hispánico y otros ensayos*, Madrid, Gredos, Biblioteca Románica Hispánica, 1974, pág. 63.
[52] Citado por Allen W. Phillips, ob. cit., pág. 63.
[53] «El reino interior» (*Prosas...*, pág. 225).

[54] Allen W. Phillips, ob. cit., pág. 69.
[55] En *Cuadernos Hispanoamericanos,* Madrid, 212-13, agosto-septiembre 1967, pág. 590.

do se refería al tiempo empleado en ocupaciones, tales como «aventuras de alta y fácil galantería». Pero no fueron solamente diversiones. El escritor se interesó y sintió gran curiosidad por libros y publicaciones que en ese momento estaban en los escaparates de las librerías; debió leer y adquirir importantes ediciones. Arturo Marasso recuerda que, según le informó Leopoldo Díaz, «Darío trajo a Buenos Aires la biblioteca del simbolismo»[56]

Algún poema escribió durante aquella fugaz estancia parisina, que incluiría después en *Prosas profanas y otros poemas*; del mismo año 1893 son los poemas titulados «A Francia» y «Flirt», que se publicarán en *El canto errante*, de 1907. Cuando Darío ha agotado sus recursos económicos y es requerido desde Buenos Aires para incorporarse a su trabajo en el periódico argentino, inicia un viaje a Sudamérica en los primeros días de agosto. Su estancia en Francia había durado tan sólo dos meses, pero se había hecho realidad un viejo sueño.

El escritor ya no volverá a París hasta final del año 1899, cuando tiene fijada su residencia en España; esta vez por encargo también de *La Nación* para hacer las crónicas sobre la Exposición Universal.[57] Entonces todavía aparece en sus artículos el fresco recuerdo que guarda del primer viaje:

> Y el mundo vierte sobre París su vasta corriente, como en la concavidad maravillosa de una gigantesca copa de oro. Vierte su energía, su entusiasmo, su ensueño, y París todo lo recibe y todo lo embellece cual con el mágico influjo de un imperio secreto. Me excusaréis que a la entrada haya hecho sonar los violines y trompetas de mi lirismo; pero París, ya sabéis, que bien vale una misa, y yo he vuelto a asistir a la misa de París, esta mañana, cuando la custodia de Hugo se alzaba dorando aun más el dorado casco de los Inválidos, en la alegría franca y vivificadora de la nueva estación. (*Peregrinaciones*).

El poeta, como puede observarse en el párrafo transcrito, revive su satisfacción al encontrarse de nuevo en la capital francesa y arrastra, como es lógico, la fanfarria de violines y exaltaciones líricas que caracteriza a su expresión literaria en esa época: Víctor Hugo surge de nuevo como en los ímpetus de su primera juventud. En el texto se expresa con toda rotundidad su situación anímica; hay como una plena identificación con la visión que emerge de la ciudad, en los objetos que describe; «entu-

siasmo», «aspiración» y «ensueño» son las palabras más significativas que aparecen en la primera crónica que el poeta envía desde París, que valen como testimonio para explicar el énfasis que pone en la descripción.

En Francia reanuda la vieja amistad con el guatemalteco Gómez Carrillo, con los mejicanos Amado Nervo y Justo Sierra; conoce a otros americanos, Manuel Ugarte, Rufino Blanco Fombona, que allí residen o están de paso en la ciudad. Frecuenta la vida nocturna de Montmartre y muchas veces le sorprende el amanecer en la Cave de la rue de Rivoli. Se interesa por el arte, admira la obra del pintor belga Henri de Groux, escribe sobre Rodin.[58] El poeta está descubriendo un panorama cultural y artístico que va asimilando paulatinamente y con el que logra un enriquecimiento estético, de cuyas consecuencias habrá que dar cuenta en sus textos, prosa y verso, posteriores.

Se reúne en París con Francisca Sánchez y publica en 1901 la segunda edición de *Prosas profanas y otros poemas*, como ya quedó señalado, además de otros dos volúmenes editados, como el anterior, por la viuda de Ch. Bouret, *España contemporánea* y *Peregrinaciones*, donde están recopilados sus artículos aparecidos anteriormente en *La Nación*. Es la época en que la editorial de los hermanos Garnier publica *La caravana pasa*, en donde se coleccionan los textos, divididos en cuatro libros en los que Darío recoge sus impresiones parisinas, con una identificación sentimental y paisajística plenamente lograda. Una bellísima prosa, a título de ejemplo, expresa la interpretación urbana de París, que deja una fuerte huella, no sólo en su retina poética, sino también en su espíritu de artista:

> Desde el aparecer de la primavera he vuelto a ver cantores ambulantes. Al dar vuelta a una calle, un corro de oyentes, un «camelot» lírico, una mujer o un hombre que vende las canciones impresas. Siempre hay quien compra esos saludos a la fragante estación con música nueva o con aire conocido. El negocio, así considerado, no es malo para los troveros del arroyo. ¿Qué dicen? En pocos estimables versos el renuevo de las plantas, la alegría de los pájaros, el cariño del sol, los besos de los labios amantes. Eso se oye en todos los barrios... más es grato sentir estas callejeras músicas y ver que hay muchas gentes que se detienen a escucharlas... ¿Quién no se ha sentido vagamente sentimental, en la tristeza de la tarde, al oír cómo brota en fatigadas ondas de melancolía la música soñadora de un organillo limosnero?... (*La caravana pasa*)

[56] Recoge la cita Alfonso Llambias, *El modernismo literario y otros estudios,* Montevideo, 1976, pág. 66.
[57] La recopilación de dichos artículos se publicarán después en 1901 con el título *Peregrinaciones*.

[58] Cfr. Llambias, ob. cit., pág. 75.

Vinculado a la casa Garnier está Antonio Machado, a quien Darío conoció también en la capital francesa, manteniendo desde entonces una interesante amistad. En 1903 el gobierno de Nicaragua le nombra Cónsul en París. Es cuando nace su segundo hijo, a quien su padre le llama en un poema de *Cantos de vida y esperanza*, «Phocás, el campesino». Al final de ese año y principios de 1904 regresa a España, realizando un viaje por el sur, que incluyen Gibraltar y Marruecos, y cuyas crónicas aparecerán reunidas en un nuevo libro titulado *Tierras solares*. Después vuelve otra vez a París.

Tras de viajar posteriormente por Alemania, Austria, Hungría e Italia, país que ya había visitado antes y regresar a España en posteriores viajes, es designado secretario de la delegación de Nicaragua en la Conferencia Panamericana de Río de Janeiro. Darío vive habitualmente por esos años en París con Francisca Sánchez, salvo períodos de tiempo más o menos largos en que viaja por Europa; excepto las breves estancias en América, como la de 1907 en Nicaragua para conseguir que el parlamento de su país vote una ley de divorcio, la llamada ley Darío, que, sin embargo, no sirvió para resolver su situación sentimental, puesto que ni siquiera, en aplicación de esa ley, le fue posible obtener la disolución de su matrimonio. Fue pues un viajero infatigable, alternando sus estancias en España, donde fue ministro de su país, o en Francia, pero aprovechando cualquier circunstancia para recorrer una amplia geografía: el fracasado viaje a México con motivo de las fiestas del Centenario de la Independencia, no pudiendo llegar hasta la capital por deseo de su presidente Porfirio Díaz, las visitas a la Bretaña francesa, de suave clima, o las estancias en Mallorca para serenar su espíritu y encontrar una salud física que ya no tenía, o los viajes dramáticos como el realizado para promocionar la revista *Mundial Magazine*, de la que fue director cuando su economía estaba muy debilitada, a propuesta de los empresarios uruguayos hermanos Guido, con estancias en Barcelona, Lisboa, Río de Janeiro, Sao Paulo, Montevideo, Buenos Aires.

Rubén Darío realiza su última salida de París al final del año 1914, una vez que ha comenzado la primera Gran Guerra, camino de Nueva York, en una gira que se puede calificar de pacifista. Ya se encuentra muy enfermo e irá agravándose durante todo el año 1915, para morir en Nicaragua al comenzar el siguiente año. Atrás queda el recuerdo del viejo París de sus entusiasmos juveniles y de sus ensueños, que contó habitualmente en las crónicas de prensa.

Rubén, hijo del poeta y Francisca Sánchez.

Durante el tiempo que Darío vivió en Francia publicó los siguientes libros: la segunda edición de *Prosas profanas y otros poemas*, en 1901; el mismo año *Peregrinaciones* y *España contemporánea*; en 1911 *Letras*, que, como los anteriores, recopila artículos ya publicados en periódicos y revistas. El resto de su obra se edita en España, salvo *Todo al vuelo*, 1912, consistente en una selección de artículos aparecidos en Buenos Aires.

RUBÉN DARÍO EN ESPAÑA

Se ha indicado antes que el poeta nicaragüense llega a Madrid por vez primera en 1892. Tiene veinticinco años cumplidos y forma parte de la delegación que Nicaragua envía a España a los actos conmemorativos del IV Centenario del Descubrimiento de América. Además de asistir a las celebraciones colombinas conoce los círculos literarios madrileños. Cuando en 1912 escribe su *Autobiografía*, al comentar sus recuerdos españoles, surge de improviso el nombre de la persona que primero, a juzgar por el texto de la narración que hace, se le ofreció conocer:

> En Madrid me hospedé en el hotel de Las Cuatro Naciones, situado en la calle del Arenal y hoy transformado. Como supiese mi calidad de hombre de letras, el mozo Manuel me propuso: —«Señorito, ¿quiere usted conocer el cuarto de don Marcelino? El está ahora en Santander y yo se lo puedo mostrar». Se trataba de don Marcelino Menéndez y Pelayo, y yo acepté gustosísimo. Era un cuarto como todos los cuartos de hotel, pero lleno de tal manera de libros y de papeles, que no se comprende cómo allí se podía caminar. Las sábanas estaban manchadas de tinta. Los libros era de diferentes formatos. Los papeles de grandes pliegos estaban llenos de cosas sabias, de cosas sabias de don Marcelino. —«Cuando está don Marcelino no recibe a nadie», me dijo Manuel. El caso es que la buena suerte quiso que cuando retornó de Santander el ilustre humanista yo entrara a su cuarto, por lo menos algunos minutos todas las mañanas. Y allí se inició nuestra larga y cordial amistad. (*Autobiografía*).

A la vista del texto que se transcribe conviene señalar que la primera referencia que Darío hace en sus memorias para narrar su inicial contacto con las letras españolas, sea la alusión al polígrafo y humanista santanderino, residente en Madrid; pudo haber sido un creador, un poeta, novelista o dramaturgo; estos vendrán después. Su primer encuentro, lo que parece además un hecho simbólico, es con la cultura española de ese momento, personificada en la figura de Menéndez Pelayo. También el párrafo refleja su conciencia de escritor conocido en un país extraño entonces para él (*Como supiese mi calidad de hombre de letras...*); descubierto además por un mozo de hotel; su admiración destacada en primer término de la narración hacia la cultura (habitación llena de libros y papeles); y el sentirse halagado particularmente por ser a él a quien Menéndez Pelayo recibiera *por lo menos algunos minutos todas las mañanas*. Texto significativo éste, que se corresponde con los pasajes en donde cuenta las amistades y conocimientos que fue adquiriendo en el Madrid de la época, de tal forma, que, salvo el contacto que tuvo con Salvador Rueda —el escritor más joven con el que se relaciona entonces y a quien le escribió un poema titulado «Pórtico» para que sirviese de prólogo al libro «En tropel», recogido más tarde en *Prosas profanas*— los demás amigos españoles de Darío son escritores o políticos consagrados, de edad madura, con obra literaria ya realizada. En este sentido están los nombres de Castelar, Núñez de Arce,

Emilia Pardo Bazán, Campoamor, Juan Valera, José Zorrilla, Antonio Cánovas del Castillo, entre otros. En la relación no aparece ninguna joven promesa literaria que entrara en el círculo de sus amistades. Esta falta de conexión es difícilmente explicable, toda vez que el poeta americano debió exponer los aires de novedad que traía en los cenáculos literarios madrileños. El propio poeta cuenta en su *Autobiografía* que, asistiendo a la tertulia de Valera, conoció al escritor romántico y profesor de literatura, el sevillano Narciso Campillo, amigo y albacea testamentario de Bécquer, y de quien deja expresado lo siguiente:

> Campillo, que era catedrático y hombre aferrado a sus tradicionales principios, tuvo por mí simpatías, a pesar de mis demostraciones revolucionarias. (*Autobiografía*)

Ante los hechos que se comentan cabe plantearse muchas preguntas, cuyas contestaciones pudieran explicar razonablemente los verdaderos motivos de esa falta de conocimiento y relación del joven poeta nicaragüense con sus coetáneos españoles que, por entonces, vivían en Madrid, poeta que, además, llegaba a la capital de la corte con un libro de versos, *Azul...*, que había elogiado don Juan Valera, una indiscutible autoridad literaria. Se puede pensar que Darío busca con preferencia, porque le interesan, a los escritores españoles de una generación anterior a la suya; eran acaso por los que más admiración sentía, desdeñando a los escritores de su edad que no sabían apreciar sus cualidades literarias o la desconocían. Es extraño que Salvador Rueda no le pusiera en contacto con los literatos jóvenes, con quienes hubiera conectado mejor. ¿Tanto se desconocía en España un libro como *Azul...*, obra básica que consolida una nueva estética? ¿Hubo recelos contra Darío o escaso tiempo para conocerse y comenzar a anudar lazos de amistad? Sin embargo, dispuso de los dos meses para conocer a los mayores. Jaime Delgado, y esto es tal vez lo más importante, recoge una opinión de Torres-Rioseco, en el sentido de que «es difícil calcular hasta qué punto influye en la vida y en la obra de Darío este viaje a España, pero sí podemos afirmar que para él fue su camino de Damasco»[59].

Acaso las preguntas que se han hecho tengan su contestación en las impresiones recibidas entonces, que posteriormente quedaron escritas. En su siguiente viaje a España, cuando debiera interesarse más directamente con la ge-

---

[59] «Rubén Darío, poeta transatlántico», en *Cuadernos Hispanoamericanos*, Madrid, 212-13, agosto-septiembre 1967, pág. 324.

neración del «desastre», deja entrever el impacto que debió suponerle aquellos primeros conocimientos españoles, cuando usa expresiones sorprendentes que expone de esta forma:

> He buscado en el horizonte español las cimas que dejara no hace mucho tiempo, en todas las manifestaciones del alma nacional; Cánovas, muerto; Ruíz Zorrilla, muerto; Castelar, desilusionado y enfermo; Valera, ciego; Campoamor, mudo; Menéndez Pelayo... No está, por cierto, España para literaturas, amputada, doliente, vencida. (*España contemporánea*)

Hay que llegar pues a la conclusión de que la primera impresión que Rubén Darío recibe de España y de sus hombres de letras es claramente negativa y desilusionada, como la recibida seis años más tarde.

La segunda estancia del escritor americano en España tiene lugar al comenzar el año 1898 y dura hasta la primavera de 1900. Como se ha dicho, llega enviado por *La Nación,* de Buenos Aires, con la misión de dar a conocer a sus lectores los pormenores del estado de opinión y el clima anímico del país después de la pérdida de la guerra sostenida con los Estados Unidos de América y la consiguiente liquidación de las últimas colonias. Las crónicas que escribió entre el 3 de diciembre de 1898 y el 7 de abril de 1900 se reunieron en un volumen, *España contemporánea,* que se publicó al año siguiente. Nuevamente aparece la omisión de los literatos jóvenes entre sus conocimientos y amistades. Cuenta Darío, en esta ocasión, sus conversaciones con el pintor Moreno Carbonero, con los periodistas Valdeiglesia, Moya, López Ballesteros, Ricardo Fuentes, Castrovido, Mariano de Cavia y otros; también reanuda, como en años anteriores, sus visitas a Castelar, en vísperas ya de su muerte, Galdós, Menéndez Pelayo y otros. La visión que da de Madrid tiene característicos tintes sombríos y demuestran una desagradable sorpresa:

> ... los cafés, llenos de humo, rebosan de desocupados; entre hermosos tipos de hombres y mujeres, las gestas de Cilla, los monigotes de Xaudaró se presentan a cada instante; Sagasta, olímpico, está enfermo; Castelar está enfermo; España ya sabéis en qué estado de salud se encuentra y todo el mundo, con el mundo al hombro o en el bolsillo, se divierte: ¡Viva España!
> Acaba de suceder el más espantoso de los desastres; pocos días han transcurrido desde que en París se firmó el tratado humillante en que la mandíbula del yanki quedó por el momento satisfecha después del bocado estupendo: pues aquí podría decirse que la caí-

da no tuviera resonancia... Hay en la atmósfera una exhalación de organismo descompuesto. (*España contemporánea.*)

Hay una frase escrita en la *Autobiografía* de Rubén Darío que tiene un profundo sentido simbólico: «Busqué por todas partes el comunicarme con el alma de España»; esta idea e intención estarán siempre presente en su ánimo. En el viaje a la península y en los siguientes, tuvo ocasión de recorrer una amplia geografía: Castilla, Asturias, Cataluña, Andalucía, Mallorca. En *Tierras solares,* como se señaló, están recogidas parte de estas impresiones viajeras.

Es posible que el paulatino acercamiento a los escritores españoles de la generación del «desastre» se efectúe a través de la bohemia madrileña de la época, por lo menos sirvió para iniciar nuevas amistades, aunque en las impresiones recogidas para los argentinos en las primeras crónicas, se extrañaba ante el estado en que se encontraba la sociedad y la cultura españolas, advirtiendo un cierto estancamiento literario —¿no estaría aquí la razón de su tardanza en relacionarse con los escritores jóvenes?— y quedara negativamente sorprendido ante aquella rotunda afirmación de Miguel de Unamuno, cuando prefería: «todo el estampido bravío y fresco que nos pone a descubierto las entrañas de la vida, que no todas esas gaitas que acaban en los sonetos de Heredia o en las atrocidades de Baudelaire...»; [60] frases como éstas debieron impresionar al joven Darío que llegaba ahora a Madrid con dos libros más publicados y que habían tenido tanta resonancia en toda América y estar más próximo a esa estética que condenaba Unamuno.

Sin embargo, pronto se daría cuenta de que en España, como había ocurrido en el continente americano, estaban apareciendo los indicios de una notable renovación. Poco después comenzará a relacionarse con Azorín, Benavente, Baroja, Maeztu, y con «un núcleo de jóvenes, dice Darío en la *Autobiografía,* que debían adquirir más tarde un brillante nombre», citando a este respecto a los hermanos Machado, Antonio Palomero, Cristóbal de Castro, Candamo y otros; y, por supuesto, a Francisco Villaespesa, Juan Ramón Jiménez y Eduardo Marquina. Conviene destacar, como dato curioso, la triple distinción que hace el nicaragüense de «antiguos» (camaradas), «nuevos» y «jóvenes». Aún después añadiría a sus recuerdos los nombres de Pérez de Ayala,

---

[60] *Vida y Arte,* en «Helios», Madrid, agosto de 1903 (citado por Donald F. Fogelquist: «Dualidad modernista: hipanismo y americanismo», en *Cuadernos Hispanoamericanos,* Madrid, 212-13, agosto-septiembre 1967, pág. 419).

Martínez Sierra, Antonio de Zayas, el gaditano Eduardo de Ory, Carlos Fernández Shaw, el onubense Rogelio Buendía y los hermanos Juan Antonio y Genaro Cavestany.

Hay un momento en que refiriéndose a sus contactos y relaciones con los jóvenes poetas españoles, el tono de su expresión se hace exultante. Es cuando Darío, consciente de su papel en la literatura de la época, escribe:

> ... esparcí entre la juventud los principios de libertad intelectual y de personalismo artístico... La juventud vibrante me siguió, y hoy muchos de aquellos jóvenes llevan los primeros nombres de la España literaria. (*Autobiografía*)

Las amistades con Valle-Inclán[61], Unamuno (Rubén Darío fue el primero y el más cortés en elogiar la labor literaria del escritor vasco) y Juan Ramón Jiménez ofrecieron facetas muy importantes para la historia del modernismo en España. El poeta de Moguer, al aventurar años después, una posible definición de aquel movimiento literario, también se refirió al entusiasmo, a la juventud, a la libertad y belleza. Más aún: «hubo un tiempo en que (Antonio) Machado y yo nos paseábamos por los altos del Hipódromo, en las tardes de verano, recitando versos de Darío... Darío nos trajo un vocabulario nuevo que correspondía a una forma sensorial y no a una forma hueca, como creían algunos necios. Ese vocabulario nos llegó muy adentro».[62]

En Madrid, y durante el segundo viaje, conoce a Francisca Sánchez, su compañera, que permanecerá a su lado hasta el último y definitivo regreso a Nicaragua. Albareda cuenta así la circunstancia del encuentro:

> ... una tarde, paseando por los jardines del Campo del Moro —sierra velazqueña al fondo, acacias y rosales entre surtidores galantes— conoce a Francisca Sánchez, la hija de un guarda de los jardines, con la que inicia un idilio que durará varios años... Francisca Sánchez será, a su lado, en Madrid y en París, una sombra amorosa, un silencio cuajado de renunciamientos y entregas, «princesa Paca» la llamará Amado Nervo a aquella humilde mujer iletrada que tuvo el instintivo don de saber siempre perder.[63]

En la capital española, Darío asistió a las tertulias literarias que se reunían en el Café de Madrid, con Valle-Inclán, Benavente, Alejandro Sawa, los hermanos Baroja y otros; a las reuniones en casa de Luis Ruíz Contreras, a la que asistían Antonio Palomero, Ricardo Fuentes, Adolfo Luna, Joaquín Dicenta, Azorín y los citados en la reunión anterior; acudió también a la tertulia del Café de Fornos, en la que eran habituales Dicenta, Sawa; la presencia de Darío era frecuente en la fundada por Valle-Inclán en el Café de Levante, en compañía de pintores y dibujantes, Baroja, Azorín, Bargiela, los Machado, «Silverio Lanza» y Manuel Bueno.

Desde el primer momento en que el poeta residió en Madrid colaboró en muy distintas publicaciones periódicas y en algunos diarios madrileños, tales como *La Ilustración Española y Americana, Madrid Cómico, Blanco y Negro, Renacimiento, Heraldo de Madrid, Ateneo, América* (suplemento mensual de la *Revista Nueva*), *La Vida Literaria, Electra, Alma Española*. Su participación en la revista *Helios,* tan importante en el modernismo español, fue especialmente significativa. En dicha publicación aparecen los elogios de Juan Ramón Jiménez, tan poco dado a ellos, al poeta nicaragüense; expresiones como éstas lo demuestran:

> La gente sigue ignorando quién es Rubén Darío. Darío es el poeta más grande que hoy tiene España, grande en todos los sentidos aún en el de poeta menor. Desde Zorrilla nadie ha cantado de esta manera... Este maestro moderno es genial; es grande, es íntimo, es musical, es exquisito, es atormentado, es diamantino. Tiene rosas de la primavera de Hugo, violetas de Bécquer, flautas de Verlaine y su corazón es español. Vosotros no sabéis, imbéciles, como canta este poeta.[64]

En 1905 Rubén Darío publica en Madrid un nuevo libro de poemas: *Cantos de vida y esperanza*, en la tipografía de la «Revista de Archivos, Bibliotecas y Museos». Esta primera edición fue cuidada, y tal vez organizada, por Juan Ramón Jiménez, impresa con colores morado y oro en la cubierta. En el volumen de *Poesía* de la Biblioteca Ayacucho, señala Angel Rama que en la segunda edición de *Los raros* se anunciaba como «obra en preparación» *Los cisnes*, que debe fecharse en París el mismo año de 1905; pero al llegar Darío a Madrid y tras conversar con Juan Ramón Jiménez, decidió juntar las dos *plaquettes*. Los poe-

---

[61] Véase el artículo de Obdulia Guerrero, «Valle-Inclán y su vinculación con el modernismo rubeniano», en *Cuadernos Hispanoamericanos*, Madrid, 212-13, agosto-septiembre 1967, págs. 551-55.

[62] Ricardo Gullón, *Conversaciones con Juan Ramón Jiménez*, Madrid, 1958, págs. 51 y 56.

[63] Ginés de Albareda, «Rubén Darío en España», en *Cuadernos Hispanoamericanos*, Madrid, 212-13, agosto-septiembre 1967, pág. 591.

[64] La cita la recoge Luis S. Granjel, «Rubén Darío, 'fin de siglo'», en *Cuadernos Hispanoamericanos,* Madrid, 212-13, agosto-septiembre 1967, pág. 273.

mas fueron escritos entre 1892 y el citado año de 1905. Max Henríquez Ureña pone de manifiesto los que se pueden considerar como temas básicos del libro y que, de forma resumida, se podría expresar de esta manera: 1) la presencia de profundas interrogantes con las que pregunta el poeta:

¿Tántos millones de hombres hablaremos
inglés?[65]
¿Qué elegido no corre si su trompeta llama?[66]

o las preguntas angustiosas sobre la existencia del hombre con que termina el libro:

¡Y no saber a dónde vamos,
ni de dónde venimos!...[67]

2) una inquietud anti-yanki, que tiene carácter casi continental en América ante el creciente poderío norteamericano en la época del «big stick»; esta preocupación se expresa de una manera más clara en la «Oda a Rooselvelt» y puede considerarse como el testimonio literario en que se manifiesta una gran problemática político-social producido en las relaciones entre Estados Unidos e Hispanoamérica; 3) a veces esta inquietud posee una notas de esperanza, como en los poemas «Salutación del optimista», «Canto de esperanza» y «Marcha triunfal»; 4) la nota sentimental predominante en el libro es de una marcada melancolía otoñal y aparece, por ejemplo, en «Canción de otoño en primavera», «De otoño» y, por supuesto, en el poema inicial del libro, que comienza:

Yo soy aquel que ayer no más decía
el verso azul y la canción profana,
en cuya noche un ruiseñor había
que era alondra de luz por la mañana.[68]

5) los misteriosos y trágicos planteamientos de la naturaleza y el destino del hombre, relacionado con las preguntas que se hacía antes: «de ir a tientas... hacía lo invevitable» y tal como aparece configurado en el poema «Nocturno»; 6) el dolor y sufrimiento de la vida y que espera al niño que también desconoce su destino, en el soneto dedicado a su hijo y titulado: «A Phocás, el campesino»; y 7) aún cuando canta la seducción de la carne con acentos vigorosos y sensuales, hay ciertas notas de melancolía, tal como ocurre en la composición, cuyo primer verso es el siguiente:

¡Carne, celeste carne de mujer! Arcilla...[69]

En síntesis, este sería —según Henríquez Ureña[70]— el contenido de *Cantos de vida y esperanza*. Habría que añadir a todo ello el carácter hispánico que ya posee el verso del nicaragüense en el libro. Bien es verdad que el año en que se publica se conmemoró en España el tercer centenario de la aparición de la primera parte del *Quijote*. No falta por lo tanto, un poema de homenaje, que titula «Letanía de nuestro señor don Quijote»; este sentido de exaltación hispánica puede encontrarse también en los versos de «Al rey Oscar». Existe, desde el punto de vista lírico un conocimiento profundo de España, como lo pone de manifiesto Folgelquist[71] al destacar la diferencia con el libro anterior. El que se publica ahora destaca, sobre todo, por una visión más universal de la vida española; fueron temas y motivos literarios utilizados también por otros poetas hispanoamericanos de la época modernista.

Los críticos han resaltado también en *Cantos de vida y esperanza* la variedad métrica que posee la estructura de los poemas que lo componen. Lo primero que salta a la vista es la gama de medidas con las que se construyen los versos. La «Marcha triunfal» está escrita en verso libre, con cláusula rítmica fija de tres sílabas:

/ ¡Ya - vie - ne el / cor - te - jo. / Ya - se o
- yen / los - cla - ros / cla - ri - nes / ,

dicha cláusula se emplea después en el poema «Salutación a Leonardo», donde mezcla versos de 15, 12, 9 y 6 sílabas; con frecuencia se usa la combinación de metros de medidas diferentes, cuyo esquema es un mismo período rítmico, introducida en 1894 por el poeta colombiano José Asunción Silva, en el poema titulado «Nocturno», aquí con base tetrasilábica. En el libro anterior, *Prosas profanas*, Darío había seguido la práctica del versolibrismo tomada, tal vez, del poeta portugués Eugenio de Castro, combinando versos de medidas diferentes. En el empleo del endecasílabo mezcla diferente acentuación, por lo que la combinación de ritmos resulta interesante. El uso que hace también del verso de catorce sílabas (alejandrino) es digno de destacarse, así como los octosílabos, eneasílabos (por el que Darío sintió una especial predilección), dodecasílabos de base trisílaba; y, sobre todo, el hexámetro, que no era una innovación del poeta

---

[65] «Los cisnes» (*Cantos...*, pág. 263).
[66] «Cyrano en España» (*Cantos...*, pág. 252).
[67] «Lo fatal» (*Cantos...*, pág. 297).
[68] «Yo soy...» (*Cantos...*, pág. 244).

[69] «Carne, celeste carne...» (*Cantos...*, pág. 280).
[70] Cfr. Henríquez Ureña, *Breve historia...*, pág. 102 y ss.
[71] «Dualidad modernista...», pág. 246.

centroamericano, sino que había sido utilizado ya en el siglo XVIII, en una adaptación de Villegas de la Oda VII, de Virgilio; también lo había usado el colombiano José Eusebio Caro y, anteriormente, en España Sinibaldo de Mas. No lo introdujo, pues, Darío en el verso castellano, pero logró darle el realce, la sonoridad y la elegancia que no había tenido hasta entonces. Después iban a seguirle en el uso el colombiano Guillermo Valencia y el español Eduardo Marquina.

Cantos de vida y esperanza es la publicación donde Rubén Darío mira hacia atrás, para dejar en sus páginas una gran nostalgia por la niñez perdida y muchos poemas son como un sollozo por la juventud que ya ha desaparecido y los errores cometidos en su vida anterior:

> Quiero expresar mi angustia en versos que abolida
> dirán mi juventud de rosas y de ensueños
> y la desfloración amarga de mi vida,
> por un vasto dolor y cuidados pequeños[72].

Esta es la nota sentimental más llamativa; con frecuencia aparece el cansancio y hastío de vivir. Entonces el poeta procurará el sosiego y serenidad, que contrasta con los deseos viajeros y la exaltación de una vida intensamente vivida; el volver a empezar para caer de nuevo; la alegría y el desaliento unidos; el cansancio y la duda juntos. Martínez-Barbeito[73] ha querido ver cómo el libro tiene muchos reflejos y cambiantes, demasiados estremecimientos para que no sólo aparezca la naturaleza arrolladora como una selva en unos casos, sino también la floresta del jardín francés en otros; paisajes evocados melancólicamente o angustiosa interrogante frente a la vida.

RUBÉN DARÍO EN MALLORCA

Se quiere considerar capítulo aparte la estancia de Darío en Mallorca porque su vida, y sobre todo, la obra que allí escribe se caracteriza por rasgos y matices, tanto ideológicos como estilísticos, en cierto modo diferentes dentro de una lógica evolución, a los expresados en etapas de su vida y libros anteriores. Los viajes a Mallorca del poeta llevan siempre el sello que caracteriza la búsqueda de una paz de espíritu, de la que Darío estaba tan necesitado. En la isla del Mediterráneo piensa con más sosiego, se mira hacia su interior, comienzan a tener respuestas las preguntas anteriores y, lógicamente, sus escritos —prosa y verso— son más introspectivos, más sinceros y, en definitiva, más auténticos. Se diría que la artificiosidad y mucha de la decoración externa anterior han desaparecido. Habría que señalar también que las estancias en aquellos parajes incitan al poeta a expresarse de una manera más sincera.

Para Enrique Macaya Lahmann[74] los días que pasa en dos ocasiones en la isla balear se traduce en una labor poética abundante y de gran trascendencia. De manera resumida se puede expresar que la poesía de Darío, escrita en Mallorca, se concreta en tres puntos fundamentales: a) la obra se hace más descriptiva en función del paisaje de la isla, así como los detalles que allí se captan ocupan un lugar predominante en esta producción; b) el poeta consigue la afirmación latina de su poesía como no lo había sentido antes, ni aún en los momentos de plenitud; se revela así la raíz profunda de su latinidad como poeta de una cultura hispánica que, en cierto modo, viene a ser como una prolongación de la «hispanidad» que se había señalado en el último libro comentado; 3) lo hispano y lo latino llevan hacia una suerte de mística, como resolución final de una poesía religiosa; es decir, el camino de acercamiento hacia una poesía absoluta como la que se hace, por ejemplo, en el poema «La Cartuja», escrito durante su segundo y último viaje a Mallorca.

La paulatina gradación que se efectúa en este proceso es la siguiente: primero comienza con la visión nítida paisajística de la isla, apareciendo con frecuencia en los poemas velas marinas, pinos del litoral, olivos y, sobre todo, un amplio mar azul; dicha visión conduce después a una honda sensación sobre la que emergen las claves mediterráneas de esa latinidad; y por último, unificando todo este mundo sensorial Darío siente el agobio de la vida, como un presentimiento de la muerte. Todo ello supone, además, plasmar líricamente unos estados anímicos de interiorización que con tanta fuerza se habían dado en la vida del poeta centroamericano.[75] Un poema escrito en Mallorca puede servir como ejemplo de lo que se ha expresado:

> Quietud, quietud... Ya la ciudad de oro
> ha entrado en el misterio de la tarde.
> La catedral es un gran relicario.
> La bahía unifica sus cristales

---

[72] «Nocturno» (*Cantos...*, pág. 270).
[73] Carlos Martínez-Barbeito, «Con Darío por los *Cantos de vida y esperanza*», en *Cuadernos Hispanoamericanos,* Madrid, 212-13, agosto-septiembre 1967, págs. 537-544.

[74] «Rubén Darío en Mallorca», en *Cuadernos Hispanoamericanos,* Madrid, 212-13, agosto-septiembre 1967, páginas 490 y ss.
[75] Cfr. Macaya, pág. 492 y ss.

en un azul de arcaicas mayúsculas
de los antifonarios y misales.
Las barcas pescadoras estilizan
el blancor de sus velas triangulares
y como un eco que dijera: «Ulises»,
junta alientos de flores y sales.[76]

El texto pertenece al libro que Darío tituló *El canto errante*, publicado en 1907 en Madrid, en la Biblioteca Nueva de Escritores Españoles, por el editor Pérez Villavicencio; un volumen de versos donde se incluyó también la *Oda a Mitre*, que había publicado un año antes en París. Varias composiciones del libro están escritas en Mallorca, donde el autor estuvo por primera vez desde noviembre de 1906 a marzo del siguiente año.

El poema se inicia a partir de una sensación de serenidad, repetida en dos ocasiones; inmediatamente aparece la visión de la ciudad (debe señalarse que la connotación *de oro* tiene en este momento una resonancia especial, como se verá después) con una percepción selectiva en la pupila del escritor: ciudad-bahía-catedral-barcas pescadoras. La decoración modernista tradicional deja la huella desvaída en el paisaje (*relicario, cristales, antifonarios*, todo ello sobre un cielo *azul*). Toda la visión de la escenografía expresada nace del ánimo sosegado del propio escritor y termina con el esbozo rápido de unas velas blancas triangulares, que le llevan de inmediato a la figuración irreal de un mar latino, clásico, que se prolonga hasta el Ulises griego (pero siempre *como un eco...*), que aparece en el penúltimo verso, al final de la composición, como si se perdiese en la lejanía visual del paisaje descrito. En otro poema del mismo libro, dirá:

Aquí, junto al mar latino,
digo la verdad:
Siento en roca, aceite y vino
yo mi antigüedad.[77]

Y para conocer la expresión de sinceridad religiosa que predomina en estos momentos puede citarse el final del poema que lleva por título «Sum...»:

¡Señor, que la fe se muere!
Señor, mira mi dolor.
Miserere! Miserere!...
Dame la mano, Señor...[78]

Se señaló antes que el reposo físico y anímico en Mallorca supone una tendencia a la introspección. El poeta se mira hacia dentro y

surge, entre otros temas, el de la preocupación religiosa, de mayor consistencia en este libro que en los que restan por publicar: *Poemas del otoño*, en Madrid, Biblioteca «Ateneo», aparecido en 1910 y *Canto a la Argentina y otros poemas*, en Madrid, Biblioteca Corona, editado en 1914. En este último se incluye el citado poema «La Cartuja», con toda la significación ascética precisa para que aparezca el arrepentimiento y el dolor por la culpa. Darío visitó el monasterio de Valldemosa a fines de 1913, después del viaje que le organizaron los Guido en su gira por Europa y América. A Mallorca llega abatido y hastiado de la vida y cada vez más enfermo; en la «isla de oro» que él cantó repetidas veces encontrará el reposo que necesita. En la Cartuja viste el hábito blanco con el que posa para el retrato que le pinta Vázquez Díaz. Su conversión religiosa y moral en Mallorca, con las consiguientes caídas, van a trazar definitivamente el camino por el que transitarán los tres años que le quedan de vida.

LA PROSA DE RUBÉN DARÍO

Se aludió antes de la publicación de *Los raros*, durante la estancia de Rubén Darío en la

Darío con uniforme de diplomático.

[76] «Vésper» (*El canto...*, págs. 335-36).
[77] «Eheu» (*El canto...*, pág. 336).
[78] «Sum...» (*El canto...*, pág. 333).

Argentina y al tratamiento especial que de la prosa hace con las impresiones que recibe de los escritores que está leyendo esos años, y se señaló también cómo su primer libro importante, *Azul...*, que deja tan grande huella en la poesía de habla hispana, incluye junto a los poemas una serie de cuentos en los que existe un contagio ornamental e imaginativo, paralelo al que poseen las composiciones poemáticas del libro; asimismo colaboró en sus años juveniles en Chile con un amigo escritor en una novela que después desechó. Se plantea pues aquí la participación que Darío tuvo en un campo literario tan amplio como es la prosa: en el artículo periodístico, en el cuento y en la novela, género este último donde su labor quedó siempre fallida, como ahora se expresará.

En varias ocasiones se han venido citando títulos de libros de Darío donde se recogen colecciones de artículos publicados en la prensa americana a lo largo de su vida, preferentemente los aparecidos en *La Nación*, durante los muchos años que colaboró en sus páginas. El escritor vivió profesionalmente, en parte, de estas colaboraciones, además de las misiones diplomáticas que desempeñó, expuestas siempre a los vaivenes de la política de su país, y conoció todos los resortes para construir el artículo de prensa que sabía captar la atención del lector con breves notas, no sólo por la noticia que daba sino por el desarrollo literario de la misma. Son modélicos muchos de ellos; en otros se nota la prisa y la falta de concentración; como es lógico, estas abundan en las épocas de su vida en que estuvo más agobiado de problemas económicos. Dichos artículos sirven, además, de vehículo para exponer sus ideas y pensamientos sobre temas y acontecimientos históricos de los que informa, para la creación y elaboración de cuadros descriptivos, ambientación de escenas, paisajes y personajes de los que tuvo conocimientos, para evocaciones de la niñez, noticias de sus gustos estéticos, de sus lecturas preferidas y otros temas.

Es fácilmente comprobable que en su obra literaria completa es más abundante la prosa periodística, ocupando más espacio que las páginas dedicadas a la poesía. Silva Castro ha señalado, refiriéndose a dicha labor y a la variedad de temas que Darío trató en ello, que:

> si bien cuando se trata de España, el autor aspira a dar una impresión algo más profunda de la vida española. No se olvide que todo un libro se le debe, *España contemporánea*, en donde veremos la más fiel fotografía de lo que parecía la madre patria a un americano que acudió especialmente a estudiarla a raíz del desastre, es decir, a corta distancia

de la pérdida del imperio colonial. Cuando se habla de generación de 98 no puede olvidarse este libro, llamado a dar cuenta de casi todos los temas que podían en aquella circunstancia ocupar al español sensible a quien interesaba el porvenir de la patria.[79]

Un estudio a fondo de la prosa periodística de Darío, que en la actualidad está sin hacer, descubriría facetas muy interesantes para resaltar aún más su personalidad y el sentido de su obra.

La narración breve, en forma de cuento, que escribió Darío desde el comienzo de su carrera literaria y que se extiende desde entonces hasta después de publicado el último libro de versos, y cuya actividad nace y crece apegada a la labor poética, y a la del escritor de prosa periodística, se desarrolla en varias etapas, tal como ha señalado Raimundo Lida.[80] En primer lugar los gérmenes del relato aparecen dispersamente en los artículos que se escribieron antes del primer cuento conocido («A orillas del Rhin») y es éste un período que culmina con la publicación de *Azul...*, en 1888; en segundo término el año citado será muy fecundo para el escritor y muy interesante desde el punto de vista estilístico por la incidencia que en los relatos tiene el cuento francés; para Lida vienen a colocarse dos años más, entre la fecha de *Azul...* y 1890, en la que aparece una pequeña etapa donde la prosa se hace más sombría, aunque el número de relatos decrece, para contrastar con el año 1893 en que la producción es más extensa; finalmente el período entre 1893 y 1898, más los cuentos que aparecen durante los cinco años siguientes, en que se supone la época más importante de su vida como narrador por su refinada elaboración formal y por su intensidad y originalidad.[81]

Resulta poco claro, como ocurre en otros escritores que cultivan diversos géneros narrativos, marcar los linderos exactos que delimitan estos cuentos. Raimundo Lida dice, a este respecto:

> Es natural que a menudo lleguen a borrarse los límites del relato con la crónica, el rápido apunte descriptivo o el ensayo. Sólo la presencia de cierto mínimo de acción es lo que nos mueve a incluir entre sus cuentos páginas como «Esta era una niña...» o «¡A poblá!...», mientras que quedan desechadas tantas otras que no se distinguen en ellas sino

[79] *Prosa periodística y artística en Rubén Darío*, en *Darío*, Santiago de Chile, Departamento de Extensión Universitaria, 1968, págs. 69 y ss.

[80] *Los cuentos de Rubén Darío,* estudio preliminar a R. D., *Cuentos Completos,* México, Fondo de Cultura Económica, Colección Popular, 1983.

[81] Cfr. Raimundo Lida, art. cit., pág. 7.

por la falta de ese elemento dinámico. En el extremo opuesto, una frontera también difusa que separa el relato de la prosa lírica, a veces de tono muy afín.[82]

No se trata aquí de dilucidar estos pormenores en la prosa narrativa de Rubén Darío. Interesa más conocer los rasgos que perfilan estos textos en lo que se refiere a organización interna en función de factores característicos de tipo estético y a los que su autor llamó «romanza en prosa» desde la época de *Azul...* Se ha dicho que esta denominación es el vehículo para que la poesía misma penetre continuamente en las páginas de la narración. Es cierto que, como en tantas otras ocasiones, en esta época ya es difícil distinguir las diferencias entre prosa poemática, poema en prosa, prosa artística, manifestaciones literarias todas ellas probablemente de ascendencia francesa, que empiezan a tener un amplio cultivo al final del siglo XIX entre los escritores de habla hispánica. El fenómeno expresivo tiene un punto cumbre en el período vanguardista, para seguir utilizándose con posterioridad y con ejemplos elocuentes[83]. Estos campos de penetración poética se superponen a veces, y el texto en prosa adquiere calidad lírica mediante procedimientos expresivos que se utilizan habitualmente en el verso. En la mayor parte de los cuentos de Darío, principalmente los escritos en la etapa de *Azul...* y en los del período de 1888 a 1898, y aún después, la prosa del escritor nicaragüense se apropia, igual que el verso de esa época, de intensos cromatismos, coloristas metáforas, brillantes adjetivaciones y exóticas localizaciones geográficas que embellecen la envoltura formal del cuento.

Sin embargo, se empieza a estudiar hoy algunos matices en el relato de Darío, penetrando en la articulación interna de la narración para investigar los paralelismos y simetrías que aparecen en los momentos más significativos de su elaboración, con lo que consigue notables hallazgos. A título de ejemplo se señala que el cuento «El rey burgués», publicado en *Azul...*, tiene un pasaje en que un extraño personaje, que resulta ser un poeta, expresa un larga parlamento en el que dice:

> He acariciado a la gran Naturaleza y he buscado, al calor del ideal, el verso que está en el astro en el fondo del cielo, y el que está en la perla en lo profundo del Océano. ¡He querido ser pujante! Porque viene el tiempo de las grandes revoluciones, con un Mesías todo luz, todo agitación y potencia, y es pre-

ciso recibir su espíritu con el poema que sea arco triunfal, de estrofas de acero, de estrofas de oro, de estrofas de amor...[84]

Se trata de uno de los momentos más expresivos del relato. Aquí se muestra la intención tripartita utilizada por Darío en el ritmo acentual de algunos de sus poemas (recuérdese «Marcha triunfal», en *Cantos de vida y esperanza*). El párrafo anuncia la llegada de un «mesías», con la lógica carga simbólica que lleva consigo, que anuncia un tiempo nuevo para la poesía, que será:

> todo luz / todo agitación / (todo) potencia /

triple división que lleva al final del período sintáctico, para el que se prepara la llegada de ese «enviado» con un poema que fuera *arco triunfal*, construído también con tres elementos:

> 1) // de es - tro - fas / de a - ce - ro //
> 2) // de es - tro - fas / de - o - ro //
> 3) // de es - tro - fas / de a - mor + 1 //

donde, no sólo la anáfora tres veces repetida y la distribución silábica en cada uno de los apartados (la dialefa *de - o - ro* está compensada acústicamente por la palabra aguda de *a - - mor* + 1), sino también la triple significación conceptual que otorga el verdadero sentido global al párrafo: *acero - oro - amor* y que viene a ser el símbolo definitivo de las tres vías místicas que llegan hasta el Espíritu-Inspiración, que son, en fin, los caminos de la «purgatio» (la dureza), «iluminatio» (la brillantez) y la «unitio» (la fusión amorosa definitiva), demuestra y que el interés por la ornamentación únicamente en la prosa de Darío es una de las múltiples facetas que pueden ser estudiadas y que esos recursos externos de la decoración en las frases pueden ser, en muchas ocasiones, un camino de penetración para la intencionalidad más profunda por parte del autor.[85]

A través del suntuoso ropaje de los cuentos de Darío hay casi siempre la posibilidad de analizar el esqueleto que sostiene la narración, que normalmente está en función de esa cobertura. A veces son simples simetrías, «composiciones estróficas», como las ha llamado Raimundo Lida[86], las que articulan la narración. Véase, a continuación, un acercamiento estructural en el cuento «El velo de la reina

---

[82] *Ibídem*, pág. 8.
[83] Véase Guillermo Días-Plaja, *El poema en prosa en España*, Barcelona, Gustavo Gili, 1956.

[84] «El rey burgués», pág. 129 (Todas las referencias a los cuentos se hacen por la edición R. R., *cuentos completos...*).
[85] V. p. ej. el análisis que de «Huirzilopoxtli» hace Carmen de Mora en su «Darío, escritor fantástico», en *Anuario de Estudios Americanos*, Sevilla 1977, tomo XXXIV, págs. 113-35.
[86] Raimundo Lida, art. cit., pág. 15.

Mab», publicado también en *Azul...* Se trata de cuatro personajes que se sienten insatisfechos de su arte (escultor, pintor, músico y poeta). Al saberlo la reina Mab los envuelve con su velo azul, el velo de los sueños, y a partir de ese momento dejan de estar tristes. El relato termina de esta forma:

> Y desde entonces, en las boardillas de los brillantes infelices, donde flota el sueño azul, se piensa en el porvenir como en la autora, y se oyen risas que quitan las tristezas y se bailan extrañas farandolas alrededor de un blanco Apolo, de un lindo paisaje, de un violín viejo, de un amarillento manuscrito. [87]

El texto es rico en connotaciones sensoriales y se utilizan procedimientos propios de la poesía, como la anáfora, comparación, sinestesia, aliteración y otros recursos expresivos; existe en el párrafo una movilidad rítmica conseguida por medio de una acentuación adecuada. Pero la brillantez y musicalidad responden en última instancia a una estructura que está en función de la base conceptual del texto, y que se puede esquematizar de esta manera:

(1)

Y desde entonces

(2)

se piensa
se oyen
se baila

alrededor de

(3)

un blanco Apolo
un lindo paisaje
un violín viejo
un amarillento manuscrito

De nuevo puede comprobarse la construcción tripartita en Darío, que representan en este caso: 1) la referencia habitual en todo cuento popular (hubo una vez...), 2) la frecuente construcción anafórica en los textos de Darío, en esta ocasión para expresar las tres formas verbales, y 3) la referencia espacial referida a los cuatro símbolos que personifican a los personajes de la narración. Las consecuencias que pueden obtenerse de este análisis pueden ser muy sugerentes y cabe aplicarlas a otros relatos de Rubén Darío.

Queda por último hacer referencia a Darío como escritor de novelas, empresa en la que, como se expresó, fracasó todas las veces que la intentó. El primer intento novelístico lo realiza en Chile en el año de su llegada, 1886; la escribe en colaboración con su amigo Eduardo Poirier; se tituló *Emelina* y fue presentada, sin obtener premio, al certamen que organizaba «La Unión» y publicada al año siguiente. Raimundo Lida la califica de «improvisada» y señala que «no parece que este libro pueda identificarse, como alguna vez se ha propuesto, con el que la primera edición de *Azul...* anunciaba bajo el título de *La carne*, irónicamente comentado luego por Juan Valera». [88] La novela fue siempre desechada por Darío.

Llevó a cabo en Buenos Aires, una nueva tentativa en 1897; escrita para publicarse en la revista *La Biblioteca,* que dirigía Paul Groussac, solamente aparecieron tres capítulos con el título de *El hombre de oro*, quedando pues inconclusa. Se ha dicho que la novela proyectada estaba concebida sobre los moldes de *Salammbó*. Posteriormente, en 1898, se publica un nuevo capítulo con el título de «La fiesta en Roma», pero Darío no continuó su proyecto. Hamilton recuerda que el crítico argentino Alberto Ghiraldo llevó a cabo la publicación de este texto en la editorial Zig-Zag de Santiago sin especificar la fecha; estos capítulos venían a ser una fantasía bíblica, en donde «el hombre de oro» es Judas Iscariote [89].

Cuando Darío visita Mallorca en el invierno de 1906 concibe en aquel paisaje una novela que llevaría el título de *La Isla de Oro* y que tampoco termina. Son textos ideados, según Ghiraldo, como prosas poéticas; la califica como «apuntes autobiográficos semi-novelados» y las notas más destacadas son observación, emoción, sinceridad, todo ello en un estilo muy personal del autor. [90] Consta de una introducción y cinco capítulos que titula: «Jardines de España», «George Sand y Chopin», «Todavía sobre George Sand», «El Imperial filósofo», y «Soller: azul, velas, rocas». En estas páginas el escritor americano evoca situaciones nostálgicas, paisajes y descripciones en torno a un personaje que además de ser un admirador de los gustos clásicos, es «un romántico que viene de muy lejos». En las páginas que se conservan de *La Isla de Oro* se puede conocer el estado de ánimo de Darío en esos

---

[87] «El velo de la reina Mab», pág. 126.

[88] Raimundo Lida, art. cit., pág. 7, nota 1.
[89] Carlos D. Hamilton, «Rubén Darío en la Isla de Oro», en *Cuadernos Hispanoamericanos*, Madrid, 212-13, agosto-septiembre 1967, pág. 567.
[90] Cfr. Alberto Ghiraldo, prólogo a *El hombre de oro*. Santiago, Zig-Zag, s/f. (citado por Hamilton, art. cit., página 568).

momentos, como ocurre con toda la literatura que escribió en Mallorca:

> Amo este «Damer jardí» mallorquín en el cual entre las flores y los árboles espesos y obscuros no hay más que una soledad en espera de inminente presencia que vaya con paso de meditación hacia la solitaria puerta que se abre en la claridad del fondo... Aquí para amar es bueno este asilo de verdores, de una composición arcaica, y en donde un aislado chorro de agua apenas humedece el paso de las horas... (*La Isla de Oro*)[91]

En 1913 Darío vuelve a Mallorca invitado por el escritor Juan Sureda y su esposa, la pintora Pilar Montaner. Pasa el otoño en Valldemosa en un período de gran actividad creadora; está gravemente enfermo y agobiado por situaciones sentimentales y económicas. En esta tesitura anímica vive etapas de misticismo y comienza otra novela autobiográfica, que titulará *Oro en Mallorca*; posteriormente intentó continuarla en París, pero ya su estado no le permitía una concentración psíquica adecuada para llevar a cabo el proyecto. Hubiera sido la novela que contara su vida, a través de un personaje imaginario llamado Benjamín Itaspe. «Ahora quiere, dirá Edelberto Torres, dejar marcado el itinerario de su existencia con más cuidado y prolijidad que lo hizo al dictar su autobiografía. Con este ánimo emprende la novela *Oro en Mallorca*... al dejarla inconclusa pone un velo imposible de descorrer sobre sus más íntimas angustias, esperanzas y satisfacciones...».[92] Mallorca era de nuevo una oportunidad para revisar su vida y desahogar sus sentimientos. Es la época del Darío de los últimos poemas.

LA ETAPA FINAL

En París está el poeta en 1914 cuando comienza la primera Gran Guerra. La enfermedad preocupa al círculo de sus amigos. Ese mismo año consigue editar *Canto a la Argentina y otros poemas*, en Madrid y por la Biblioteca Corona, al cuidado de Ramón Pérez de Ayala y Enrique de Mesa y en la misma colección que publicó ese mismo año los volúmenes antológicos: *Muy siglo XVIII* y al año siguiente, 1915, *Muy antiguo y muy moderno* e *Y una sed de ilusiones infinitas*. Ha surgido el proyecto de una gira por América, propuesta por Alejandro Benítez que el poeta acepta para intentar paliar los quebrantos económi-

Darío en 1914.

cos que tanto le agobian: ya ha desaparecido la revista *Mundial Magazine* que dirigía y ha sido desposeído de sus cargos oficiales, quedándole tan sólo para poder subsistir las colaboraciones en *La Nación*.

Después de hacer escala en Barcelona, donde los amigos catalanes intentan disuadirle de hacer tan larga travesía, se embarca de nuevo y llega a Nueva York en noviembre de 1914. Allí enferma de pulmonía; poco después se restablece y escribe algunos poemas dramáticos, como «La gran Cosmópolis» y participa en actos pacifistas y en homenajes que se le tributan. En 1915 lee su poema «Pax» en la Universidad de Columbia, en acto organizado por la Hispanic Society of America, en el que insta al Nuevo Mundo a huir del fantasma de la guerra. En abril de ese año es invitado a Guatemala y escribe el poema «Palas Athenea». Su esposa Rosario Murillo regresa a Nicaragua para reunirse con el poeta. Al final del año, cada vez más enfermo, Darío está por fín en Managua. Se publica entonces en Barcelona *La vida de Rubén Darío escrita por él mismo*, en la editorial Maucci. En 1916 sus amigos le trasladan a León, donde muere el día 6 de febrero de ese año.

Este es el camino que recorrió en la vida el poeta centroamericano; quien cruzó todos los ámbitos de la poesía para llegar, después de muchas elaboraciones, etapas, evolución de su estética, ilusiones y fracasos, gloria y desaliento, a la actitud serena y remansada de sus últimos libros.

---

[91] Citado por Hamilton, art. cit., pág. 569.
[92] *La dramática vida de Rubén Darío*, Guatemala, del Ministerio de Educación Pública, 1952, pág. 84.

OBRAS

A la Unión Centroamericana, León, Tipografía de J. Hernández, 1883.

Abrojos, Santiago, Imprenta Cervantes, 1887.

Rimas, Certamen Varela, I. Santiago, Imprenta Cervantes, 1887.

Azul... Valparaíso, Imprenta y Litografía Excelsior, 1888. Segunda edición ampliada, Guatemala, Imprenta de «La Unión», 1890.

Primeras notas, Managua, Tipografía Nacional, 1888.

Los raros, Buenos Aires, Talleres de «La Vasconia», 1896. Segunda edición aumentada, Barcelona, Maucci, 1905

Prosas profanas y otros poemas, Buenos Aires, Imprenta Pablo E. Coni e hijos, 1896. Segunda edición ampliada: París-México, Librería de la Vda. de Ch. Bouret, 1901.

España contemporánea, París, Vda. de Ch. Bouret, 1901.

Peregrinaciones, París, Vda. de Ch. Bouret, 1901.

La caravana pasa, París, Hermanos Garnier, 1902.

Tierras solares, Madrid, Tipografía de la Revista de Archivos, 1904.

Cantos de vida y esperanza, Los cisnes y otros poemas, Madrid, Tipografía de la «Revista de Archivos, Bibliotecas y Museos», 1905.

Oda a Mitre, París, Imprimerie A. Eymeoud, 1906.

Opiniones, Madrid, Librería de Fernando Fe, 1906.

El canto errante, Madrid, Biblioteca Nueva de Estudios Españoles. M. Pérez Villavicencio, 1907.

Parisiana, Madrid, Librería de Fernando Fe, 1907.

Alfonso XIII, Madrid, Biblioteca «Ateneo», 1909.

Obras escogidas, Madrid, Librería de los Sucesores de Hernando, 1910, 3 vols. Estudio Preliminar de Andrés González Blanco.

Poemas del otoño y otros poemas, Madrid, Biblioteca «Ateneo», 1910.

Letras, París, Hermanos Garnier, 1911.

Todo al vuelo, Madrid, Renacimiento, 1912.

Canto a la Argentina y otros poemas, Madrid, Biblioteca Corona, 1914.

Muy siglo XVIII, Madrid, Biblioteca Corona, 1914.

La vida de Rubén Darío escrita por él mismo, Barcelona, Maucci, 1915.

Muy antiguo y muy moderno, Madrid, Biblioteca Corona, 1915.

Y una sed de ilusiones infinitas, Madrid, Biblioteca Corona, 1916.

Lira póstuma, Madrid, Mundo Latino, 1919.

Poesías y artículos en prosa (1881), León, Nicaragua, edición facsimiliaria de la Universidad Nacional Autónoma de Nicaragua, 1967.

Recopilaciones

Obras completas, Madrid, Mundo Latino, 1917-1919, 22 vols. Prólogo de Alberto Ghiraldo.

Obras completas, Madrid, Biblioteca Rubén Darío hijo, Imp. G. Hernández y Galo Sáez, 1921, 7 vols.

Obras completas, Madrid, Biblioteca Rubén Darío, 1923-1929, 22 vols. Ordenadas y prologadas por Alberto Ghiraldo y Andrés González Blanco.

Obras poéticas completas, Madrid, Aguilar, 1932. Ordenación y prólogo de Albereto Ghiraldo; 9.ª ed. 1961.

Obras desconocidas. Escritas en Chile y no recopiladas en ninguno de sus libros, Santiago, Prensas de la Universidad de Chile, 1934, de Raúl Silva Castro.

El hombre de oro y la isla de oro, Santiago, Zig-Zag, 1937. Prólogo de Alberto Ghiraldo.

Escritos inéditos de Rubén Darío, Recogidos de periódicos de Buenos Aires. New York, Instituto de las Españas, 1938. Compilación y notas de E. K. Mapes.

Poesías y prosas raras, Santiago, Prensas de la Universidad de Chile, 1938. Compilación y notas de Julio Saavedra Molina.

Cuentos completos, México, Fondo de Cultura Económica, 1950. Edición y notas de Ernesto Mejía Sánchez. Estudio preliminar de Raimundo Lida.

Obras completas, Madrid, Afrodisio Aguado, 1950-1953, 5 vols. Preparada por M. Sanmiguel Raimúndez y Emilio Gascó Contell.

Poesías, México, Fondo de Cultura Económica, 1952, de Ernesto Mejía Sánchez. Estudio preliminar de Enrique Anderson Imbert.

Poesías completas, Madrid, Aguilar, 1952. Edición, introducción y notas de Alfonso Méndez Plancarte. (Edición revisada por Antonio Oliver Belmás, 1967).

Escritos dispersos de Rubén Darío, La Plata, Universidad Nacional de La Plata, 1968. Compilación, prólogo y notas de Pedro Luis Barcia.

Páginas desconocidas, Montevideo, Marcha, 1970. Compilación y prólogo de Roberto Ibáñez.

Obras completas, Madrid, Aguilar, 1971, 2 vols.

CRÍTICA

AGUADO-ANDREUT, Salvador, *Por el mundo poético de Rubén Darío,* Guatemala, Universitaria, 1966.

ALEMÁN BOLAÑOS, Gustavo, *La juventud de Rubén Darío,* Guatemala, Universitaria, 1958
Divulgaciones de Rubén Darío, Managua, Ministerio de Educación Pública, 1958.

ALONSO, Amado, *Estudios sobre Rubén Darío,* Ed. Ernesto Mejía Sánchez, México, Fondo de Cultura Económica, 1968
poetas españoles contemporáneos, Madrid, Gredos, 1952. Tercera edición aumentada. Reimpresión, 1969.

ANDERSON IMBERT, Enrique, *La originalidad de Rubén Darío.* Buenos Aires, Centro Editor de América Latina, 1967.

BALSEIRO, José Agustín, *Seis estudios sobre Rubén Darío.* Madrid, Gredos, 1967.

BAZIL, Osvaldo, *Rubén Darío y sus amigos dominicanos,* Ed. Emilio Rodríguez Demorizi, Bogotá, Espiral, 1948.

BONILLA, Abelardo, *América y el pensamiento poético de Rubén Darío,* San José, Costa Rica, 1967.

BORGHINI, Vittorio, *Rubén Darío e il modernismo,*

Génova, Instituto Universitario di Magisterio, 1955.

BOWRA, C. M. y otros, *Rubén Darío en Oxford*. Managua, Academia Nicaragüense de la Lengua, 1966.

BRICEÑO JÁUREGUI, Manuel, *Rubén Darío: artífice del epíteto*. Caracas, Universidad Católica Andrés Bello, 1972.

BUITRAGO, Edgardo, *La casa de Rubén Darío: influencia del medio en el poeta durante su infancia*, León, 1966.

CABEZAS, Juan Antonio, *Rubén Darío. (Un poeta y una vida)*, Madrid, Morata, 1944.

CABRALES, Luis Alberto: *Provincialismo contra Rubén Darío*, Managua, Ministerio de Educación Pública, 1966.

CAPDEVILA, Arturo, *Rubén Darío, «Un bardo rei»*. Buenos Aires, Espasa-Calpe, 1946.

CARILLA, Emilio, *Una etapa decisiva de Darío (Rubén Darío en la Argentina)*. Madrid, Gredos, 1967.

CASO MUÑOZ, Concepción, *Coloquio de los centauros de Rubén Darío, estudio y comentario*, México, 1965.

CASTRO, Humberto de, *Rubén Darío y su época*, Bogotá, Soc. Editora de Los Andes, 1967.

CONCHA, Jaime, *Rubén Darío*. Madrid, Júcar, 1975.

CONDE, Carmen, *Acompañando a Francisca Sánchez (Resumen de una vida junto a Rubén Darío)*, Managua, Unión, 1964.

CONTRERAS, Francisco, *Rubén Darío: su vida y su obra*, Barcelona, Agencia Mundial de Librería, 1930.

DARÍO Y BASUALDO, Rubén, *Los detractores de Rubén Darío*, México, 1967, 2 vols. *Rubén Darío y los mercaderes del templo*, Buenos Aires, Nova, 1967.

DÍAZ-PLAJA, Guillermo, *Rubén Darío, la vida, la obra: Notas críticas*, Barcelona, Sociedad General de Publicaciones, 1930.

FIORE, Dolores A, *Greco Roman Elements in the Vocabulary of Rubén Darío*, Diss. Radcliffe College, 1958.

FOGELQUIST, Donald F., The literary collaboration and personal correspondence of Rubén Darío and Juan Ramón Jiménez. Coral Gables, University of Miami Press, 1956 (University of Miami Hispanic American Studies, 13).

GARCIASOL, Ramón de, *Lección de Rubén Darío*, Madrid, Taurus, 1961

GHIANO, Juan Carlos, *Rubén Darío*, Buenos Aires, Centro Editor de América Latina, 1967.

— *Análisis de Prosas Profanas*, Buenos Aires, Centro Editor de América Latina, 1968.

GHIRALDO, Alberto, *El archivo de Rubén Darío*, Buenos Aires, Losada, 1943

GIORDANO, Jaime, *La edad del ensueño: sobre la imaginación poética de Rubén Darío*, Santiago, Universitaria, 1971.

GÓMEZ ESPINOZA, Margarita, *Rubén Darío, patriota*, Madrid, Triana, 1966

— *Rubén Darío, poeta universal*, Madrid, Paraninfo, 1973.

GONZÁLEZ OLMEDILLA, Juan, *La ofrenda de España a Rubén Darío*, Madrid, América, 1916.

GUANDIQUE, José Salvador, *Gavidia, el amigo de Darío*, San Salvador, Ministerio de Educación, 1965-7, 2 vols.

GUERRERO, Luis Beltrán, *Rubén Darío y Venezuela*, Caracas, Instituto Nacional de Cultura y Bellas Artes, 1967.

GUTIÉRREZ LASANTA, Francisco, *Rubén Darío, el poeta de la Hispanidad*. Zaragoza, 1962.

HOLM, Lydia, *The epithet in the works of Rubén Darío*, Diss. Iowa State University, 1947.

Homenaje a Rubén Darío (1867-1967). Los Angeles, Centro Latinoamericano, Universidad de California, 1970.

HUEZO, Francisco, *Ultimos días de Rubén Darío*, Managua, Lengua (Academia Nicaragüense de la Lengua), 1963.

HURTADO CHAMORRO, Alejandro, *Observaciones en la obra poética de Rubén Darío*, Granada, Magia, 1962.

— *La mitología griega en Rubén Darío*, Avila, La Muralla, 1967.

IBARRA, CRISTÓBAL Humberto, *Francisco Gavidia y Rubén Darío, Semilla y floración del modernismo*, San Salvador, Ministerio de Cultura, 1958.

JINESTA, Carlos, *Rubén Darío en Costa Rica*, México, 1944.

JOVER, Marcelo, *Rubén Darío*, del Ministerio de Educación Pública, Guatemala, 1950.

LEDESMA, Roberto, *Genio y figura de Rubén Darío*. Buenos Aires, Universitaria, 1965.

Libro de oro, *Semana del centenario de Rubén Darío 1867-1967*, Managua, Nicaragüense, 1967.

LÓPEZ ESTRADA, Francisco, *Rubén Darío y la Edad Media: una perspectiva poco conocida sobre la vida y obra del escritor*, Barcelona, Planeta, 1971.

LÓPEZ JIMÉNEZ, José, (Bernardino de Pantorba), *La vida y el verbo de Rubén Darío*, Madrid, Compañía Bibliográfica Española, 1967.

LÓPEZ-MORILLAS, Juan, *El vocabulario y la dicción de Rubén Darío*, Diss., University of Iowa, June, 1940.

LÓPEZ, Santos Flores, *Psicología y tendencia poética en la obra de Rubén Darío*, Managua, Academia Nicaragüense de la Lengua, 1958.

LORENZ, Erika, *Rubén Darío bajo el divino imperio de la música*, Managua, Lengua, 1960.

LOVELUCK, Juan (ed.), *Diez estudios sobre Rubén Darío*, Santiago, Zig-Zag, 1967.

LUGO, José María, *El caballero de la humana alegría: el pensamiento oculto en Rubén Darío*, Monterrey, Arte Universitario, 1967.

MAPES, Erwin K., *L'influence française dans l'oeuvre de Rubén Darío*, París, Librairie ancienne Honoré Champion, 1925. [*La influencia francesa en la obra de Rubén Darío*, traducción de Fidel Coloma González, Managua, Comisión Nacional para el Centenario de Rubén Darío, 1966.]

MARASSO, Arturo, *Rubén Darío y su creación poética*, La Plata, Facultad de Humanidades, 1934.

MARTÍN, Carlos, *América en Rubén Darío: aproximación al concepto de la literatura hispanoamericana*. Madrid, Gredos, 1972.

MEJÍA SÁNCHEZ, Ernesto, *Los primeros cuentos de Rubén Darío*, México, Studium, 1951. (Ed), *Estudios sobre Rubén Darío*, México, Fondo de

Cultura Económica y Comunidad Latinoamericana de Escritores, 1968.
— *Cuestiones rubendarianas,* Madrid, Revista de Occidente, 1970.
NOEL, Martín Alberto, *Las raíces hispánicas en Rubén Darío,* Buenos Aires, Universidad de Buenos Aires, 1972.
OLIVER BELMAS, Antonio, *Este otro Rubén Darío,* Prólogo de Francisco Maldonado de Guevara, Barcelona, Aedos, 1960.
PEDRO, Valentín de, *Vida de Rubén Darío,* Buenos Aires, Compañía Fabril Editora, 1961. Colección los libros del Mirasol.
PINTO GAMBOA, Willy, *Epistolario de Rubén Darío con escritores peruanos,* Lima, Universidad Nacional Mayor de San Marcos y Universidad de Chile, 1967.
PONCE, Mario Ancona, *Rubén Darío y América, El Nuevo Mundo como realidad política en la poesía rubeniana,* México, Parresia, 1968.
QUINTIAN, Andrés Rogelio, *Cultura y literatura española en Rubén Darío,* Madrid, Gredos, 1974.
RAMA, Angel, *Rubén Darío y el modernismo, Circunstancias socio-económicas de un arte americano,* Caracas, Ediciones de la Biblioteca, 1970.
RODRÍGUEZ DEMORIZI, Emilio, *Rubén Darío y sus amigos dominicanos,* Bogotá, Espiral, 1948.
— (Ed.), *Papeles de Rubén Darío*, Santo Domingo, Caribe, 1969.
Rubén Darío y Ecuador, Quito, Casa de la Cultura Ecuatoriana, 1968.
Rubén Darío Centennial Studies, Austin, Univesity of Texas, 1970. (Ed. Miguel González-Gerth y George D. Schade).
SALINAS, Pedro, *La poesía de Rubén Darío,* Buenos Aires, Losada, 1948, (2ª ed. 1957).
SÁNCHEZ, Juan Francisco, *De la métrica en Rubén Darío,* Ciudad Trujillo, Pol Hermanos, 1955.
SÁNCHEZ, María Teresa, *El poeta pregunta por Stella,* Managua, Nuevos Horizontes, 1967.
SÁNCHEZ CASTAÑER, Francisco, *Estudios sobre Rubén Darío,* Madrid, Universidad Complutense, 1976.
SÁNCHEZ-REULET, Aníbal (Ed.),*Homenaje a Rubén Darío (1867-1967),* Los Angeles, Centro Latinoamericano, Universidad de California, 1970. (Memoria del XIII Congreso Internacional de Literatura Iberoamericana).
SCHULMAN, Ivan A. Y GONZÁLEZ, Manuel Pedro, *Martí, Darío y el modernismo,* Madrid, Gredos, 1969.
SEQUEIRA, Diego Manuel, *Rubén Darío criollo o raíz y médula de su creación poética,* Buenos Aires, Guillermo Kraft, 1945.
— *Rubén Darío criollo en El Salvador,* (Segunda estada o atalaya de su revolución poética),León, Nicaragua, Hospicio, 1965.
SILVA CASTRO, Raúl, *Rubén Darío a los veinte años,* Madrid, Gredos, 1956.
SOLÓRZANO OCÓN, Ildefonso (Ildo Sol), *Rubén Darío y las mujeres,* Managua, Estrella de Nicaragua, 1948.
SOTO HALL, Máximo, *Revelaciones íntimas de Rubén Darío,* Buenos Aires, El Ateneo, 1925.
TORRE, Guillermo de, *Vigencia de Rubén Darío y otras páginas,* Madrid, Guadarrama, 1969.
TORRES, Edelberto, *La dramática vida de Rubén Darío,* Barcelona-México, Grijalbo, 1966. Cuarta edición.
TORRES BODET, Jaime, *Rubén Darío, abismo y cima,*México, Fondo de Cultura Económica, 1967. Colección Letras Mexicanas.
TORRES RIOSECO, Arturo, *Rubén Darío. Casticismo y americanismo, Estudio precedido de la biografía del poeta,* Cambridge, Harvard University Press. 1931.
— *Vida y poesía de Rubén Darío,* Buenos Aires, Emecé, 1944.
VALLE, Rafael Heliodoro, *Rubén Darío en el recuerdo,* México, s.e. 1967.
VARGAS VILA, José María, *Rubén Darío.* Barcelona, Ramón Sopena, 1935.
VARIOS AUTORES, *Darío,* Santiago de Chile, Universidad de Chile, 1968.
WATLAND, Charles Dunton, *Poet-erant: a biography of Rubén Darío,* New York, Philosophical Library, 1965.
— *La formación literaria de Rubén Darío,* Managua, Publicaciones del Centenario de Rubén Darío, 1966-7.
YCAZA TIJERINO, Julio, *Los nocturnos de Rubén Darío y otros ensayos,* Madrid, Cultura Hispánica, 1964.
ZEPEDA-HENRIQUEZ, Eduardo, *Estudio de la poética de Rubén Darío,* Managua, Comisión Nacional del Centenario de Rubén Darío, 1967.

Repertorios bibliográficos

DEL GRECO, Arnold Armand, *Repertorio bibliográfico del mundo de Rubén Darío,* New York, Las Américas Publishing Co., 1969.
GRATTAN DOYLE, Henry, *A Bibliography of Rubén Darío,* Cambridge, Harvard University Press, 1935.
JIRÓN TERÁN, José, *Bibliografía general de Rubén Darío,* Managua, Universidad Nacional Autónoma de Nicaragua, 1967.
LOZANO, Carlos, *Rubén Darío y el modernismo en España 1888-1920,* Ensayo de bibliografía comentada, Nueva York, Las Américas Publishing Co., 1968.
SAAVEDRA MOLINA, Julio, *Bibliografía de Rubén Darío,* Santiago; separata de la *Revista chilena de historia y geografía,* 1946.
WOODBRIDGE, Hensley Charles, *Rubén Darío, a selective, classfied and annotated bibliography,* Metuchen, N. J. The Scarecrow Press Inc., 1975.

Manuel Díaz Rodríguez

DOMINGO MILIANI

Manuel Díaz Rodríguez (1871-1927), nace y vive en un tiempo singularmente inclinado en Venezuela —como en Hispanoamérica— hacia la conquista de universalidad. En Venezuela, asume el poder un «autócrata civilizador» de gusto afrancesado, uno de los pocos gobernantes que han sentido, entre nosotros, la vanidad intelectual como obsesión y, por lo mismo, afanado en transformar el panorama cultural de la nación: Antonio Guzmán Blanco.

Ideológicamente, desde la década de 1860, irradiaba en las aulas universitarias un nuevo modo de entender la vida y la realidad nacional. El pensamiento positivista, el maridaje con los postulados evolucionistas de Darwin se difundía en las lecciones del alemán Adolfo Ernst y sus discípulos. Los pensadores nacidos de tales fermentos se proponían reinterpretar *lo nacional* a la luz de los enfoques sociológicos determinantes. Esas ideas invaden por igual el campo de las ciencias y de las artes, particularmente la literatura. Desde los años 80, emerge un regionalismo condicionado por los conceptos del determinismo geográfico. No fue simple azar de trópico incinerante la presencia antropofágica del paisaje de nuestra narrativa regional. Esta visión convierte *lo rural* en emblema de *lo nacional*. *La tierruca* de Pereda se vuelve tribuna propicia a soportar las arengas reiteradas sobre el orden y el progreso de Comte.

Sobre este contexto de base, al final de los 80, hay suelo fecundo para recibir el Modernismo, ni más temprano ni más tarde que otros países de Hispanoamérica. La memorable carta-prólogo de Juan Valera, sobre *Azul,* de Darío, se publica inicialmente en Madrid, en *El Imparcial* del 22 de octubre de 1888. Dos meses y medio después, *La Opinión Nacional* de Caracas, la reproduce en sus entregas del 10 y el 11 de enero de 1889[1].

Aquel apoyo conceptual debió acicatear las inquietudes universalistas de intelectuales jóvenes, empeñados en abrirse camino más allá del regionalismo romántico, oficializado como norma literaria a partir de la novela *Peonía* (1890), de Manuel Vicente Romero García, Coronel de las Guerras Civiles que lo llevan,

derrotado, como los personajes de García Márquez, a morir exiliado en Aracataca, (léase *Macondo)*[2]. Por sobre las montoneras y asonadas crónicas de nuestro siglo XIX, privaba en nuestros escritores una sensibilidad diferente, una conciencia de artistas responsables con la calidad estética de sus obras, en contraposición a la intención francotiradora de un regionalismo panfletario que hacía de la obra una arenga y de la vida un asalto caudillesco del poder político. La conciencia intelectual de los «artistas» fue muy vilipendiada. La pugna entre un documentalismo temático de *lo nacional* (lo rural) y una expresión cosmopolita aprendida en el humanismo de Tolstói, polarizan el debate literario. Ambas líneas coexisten un momento, pero siempre se enfrentan encarnizadamente, en especial a través de las dos grandes revistas del Modernismo. La primera, longeva, fue *El Cojo Ilustrado,* (1892-1915), la otra, efímera y densa en la polémica estética, *Cosmópolis* (1894-1895). En esta última, desde el primer número, está presente la dualidad de concepciones, en un «Charloteo» entablado por sus redactores. Allí, Luis Manuel Urbaneja Achelpohl comienza su ardua defensa del *criollismo,* —que él fundó pero no bautizó— en frases interjectivas de entusiasmo: «¡Regionalismo! ¡Regionalismo!... ¡Patria! Literatura nacional que brote fecunda del vientre virgen de la patria; vaciada en el molde de la estética moderna, pero con resplandores de sol, de sol del trópico, con la belleza ideal de la flor de mayo, la mística blanca, blanca, con perfumes de lirios salvajes y de rosetones de montaña, con revolotear de cóndor y cabrilleo de pupilas de hembra americana»[3].

Por su parte, Pedro Emilio Coll —uno de los más agudos ensayistas del Modernismo venezolano— fue portador de las nuevas ideas «El cosmopolitismo es una de las formas más hermosas de la civilización, pues que ella reconoce que el hombre, rompiendo con preo-

---

[1] Cfr. Rafael Angel Insausti, *El modernismo literario en Venezuela en sus orígenes,* París, Delegación Permanente de Venezuela en la UNESCO, 1971.

[2] En efecto, Romero García se radica en Aracataca, ansioso de riqueza. Espera años un permiso para destilar ron y no le llega nunca. Planta varias hectáreas de té y lo arruina un diluvio. Muere en Santa Marta, en el Hospital de las bananeras, víctima de una hernia estrangulada. Se erige casi en premonición histórica de los personajes de García Márquez.

[3] «Charloteo». en *Cosmópolis.* Caracas, 1 de mayo de 1894, año I, núm. 1, págs. 6-7. V. en este mismo volumen Boyd G. Carter.

cupaciones y prejuicios, reemplaza la idea de Patria por la de Humanidad»[4].

Ese clima de tensiones se mantendrá hasta bien entrado del siglo XX. Tanto, que Gallegos, en la novela, es culminación y no comienzo del proceso. La crítica literaria, en sus valoraciones u omisiones, no escapó sino secundó la hegemonía regionalista. Tuvo, además, aliados omnímodos en románticos y nativistas atrincherados en las academias, desde la caída de Guzmán Blanco, cuyo laicismo combatieron con un catolicismo ultramontano, en perenne controversia frente a los positivistas, y, por extensión, modernistas, a quienes entendieron como preconizadores de un «paganismo hereje».

En este fondo turbulento nació Manuel Díaz Rodríguez el 28 de febrero de 1871. Hijo de agricultores de ascendencia canaria, vio la luz y creció en una hacienda de Chacao, pueblo entonces aledaño de una Caracas aldeana. Estudió su bachillerato en el Colegio Sucre, donde recibió formación católica, debilitada al poco tiempo cuando ingresó para estudiar Medicina en la Universidad Central de Venezuela, en cuyas aulas asimiló algunas ideas positivistas y evolucionistas.

Graduado de médico en 1892, casi enseguida viaja a Europa. Estudia en Viena. Recorre Francia. Se enamora de Italia. Adquiere des-

Portada de la edición de Garnier Hermanos, París, de *Sensaciones de viaje.*

[4] *Ibíd.,* págs 3-4.

trezas en otras lenguas. Su cultura se amplía e inclina hacia el arte y la literatura. Lee con furia. Entra en contacto con otras ideas. Ya no es sólo Taine, familiar desde Venezuela. Ahora son William James y sus innovadores ideas psicológicas, Renan, Emerson, Nietzsche, Proudhon, Keynes, Ruskin, Hauptmann, Spengler, Ibsen. Son todos autores a quienes menciona con conocimiento a lo largo de su producción intelectual. Los viajes y una sensibilidad permeable al refinamiento, el contacto con las estéticas simbolistas, no tardan en sustraerlo de la Medicina y orientarlo hacia la literatura. Comenzará escribiendo un libro de impresiones europeas: *Sensaciones de viaje* (1895). Lo edita Garnier, en París. Meses después, el prosista incipiente retorna a Caracas. Lo que él llamó su «iniciación involuntaria», su primer libro, había levantado revuelo. Pese a las reticencias de un sacerdote, el volumen es premiado, nada menos que por la Academia de la Lengua.

Años después, el autor habría de rememorar:

> En realidad, al escribir fragmento a fragmento, y disponer luego en libro algunas de mis sensaciones de viaje, no pensé jamás encontrarme realizando obra de literatura. Satisfacía una ingenua jactancia de juventud, ganaba una apuesta fanfarrona entre camaradas de mocedad cierta mañana de sol, un día de primavera, bajo el influjo todo fuego y aroma de los vinos de Italia, en un dulce y apartado rincón de Lombardía[5].

Voluntaria o involuntariamente, el libro se impuso con rapidez. El médico de veinticuatro años de edad, se involucraba en un borrascoso ambiente literario. Elogios y detracciones se desbordaron. Al reconocimiento de la Academia siguió una censura de herejía que partió del antiguo Colegio donde se había graduado de Bachiller. Le hirió el incidente. Se defendió por escrito. El crítico e historiador literario Gonzalo Picón Febres, sumo sacerdote del regionalismo, lo elogia sin reservas pero, a renglón seguido, le formula una curiosa invitación:

> (...) Ese deseo consiste en verlo a usted, en adelante, más venezolano, más criollo, más patriota, no en el estilo, que puede usted dejar como hoy le tiene, sino en los asuntos que escoja para lucir las gallardías de su ingenio. Nuestra naturaleza es rica, nuestra leyenda precolombina inagotable, fecunda nuestra historia, dignas de estudiarse nuestras costumbres; y es a los hombres como usted a

[5] «Involuntaria iniciación», en *Sermones líricos.* Caracas-Madrid, Nueva Cádiz, s.a., págs. 207-216.

quien toca trabajar por el engrandecimiento de la Patria, contribuyendo a la fundación definitiva de una literatura propia[6].

Poco obediente fue el prosista. No tardó en publicar dos nuevos títulos. Uno, narraciones psicológicas, *Confidencias de psiquis* (1897), muy en la línea *dilettante* de Paul Bourget, sin asomo de criollismo, acciones centradas en espacios interiores de los personajes. El otro, continuación de sus vivencias de viajero: *De mis romerías* (1898). Su estética universalista, cosmopolita, se afincaba, peligroso ejemplo, ante los ojos molestos de sus detractores. Tiempo después, en 1913, al prolongar la obra de un compañero, definiría su visión literaria, cuando ya los escarnios habían minado su entusiasmo. En 1913 escribía:

> No tengo en cuenta, naturalmente, el criterio simplista que se imagina hacer literatura nacional cuando pinta la vida y hazañas de nuestros héroes. (...) De igual modo resulta endeble y candoroso el criterio que sólo considera nacional aquella literatura en que se describen costumbres y pasiones más o menos apócrifas de aborígenes, como si todos fuéramos teques, mariches o jirajaras. Y es fortuna que no haya habido quien, paladinamente, por lo menos, declara que sólo sería digna de intitularse criolla la literatura que, en dialecto semiespañol y semiloango, se deleitara en describir la zambra mozambique de nuestras antiguas esclavitudes el día de San Juan, o de nuestro paisanaje actual en una hacienda cacahuera. En efecto, sin olvidar que tratándose de literatura, el instrumento del arte, la lengua, es de pura estirpe europea y española, no somos completamente españoles ni completamente indios, ni completamente africanos. Con el abono de la cultura de otros pueblos, principalmente del francés, tenemos algo de todo eso, y somos a la vez algo distinto. Dentro de la forzosa y pintoresca heterogeneidad, con los intereses materiales comunes, hay sentimientos homogéneos, rasgos de familia, ya concentrados y evidentes en el hombre del interior, llanero o montañés —y de ahí quizá el predominio de la nota llanera— ya dispersos y dudosos en el habitante de nuestras ciudades costeñas y cosmopolitas, que, si no con la misma fijeza que en los pueblos de unidad racial y cuya constitución es vieja de centurias, pueden, sin embargo, reputarse como caracteres de un alma propia[7].

Aquella conciencia de búsqueda de otras dimensiones en el *alma* y no sólo en la epidermis del paisaje o el hombre, definió, pues, desde temprano, la estética de Díaz Rodríguez. Con ello, más que perder vigencia, la acumuló para acercarse al pensamiento de muchos escritores de nuestros días. Obvian los paralelos.

En 1899, recién casado con Graciela Calcaño, ratifica sus dotes de narrador por antonomasia del Modernismo. Un cuarto libro, *Cuentos de color* lo sitúa definitivamente como un maestro de la ficción venezolana. La acción de sus relatos se restringe y debilita por la eufonía de la prosa, que entonces procura sin dificultades. Y de nuevo, se marcha a Europa. Esta vez, residirá en París hasta 1901. La literatura lo había ganado definitivamente. Abandona la Medicina. Esos tres años bastan para madurar al novelista. Escribe *Ídolos rotos*.

En Venezuela, una dictadura, de signo nacionalista, se imponía en la discutida figura de Cipriano Castro. Díaz Rodríguez, cosmopolita y defensor a ultranza de la condición artística del escritor, fue un adversario. El autoexilio europeo que tanta recriminación despertó contra los modernistas (al igual que contra los actuales narradores que luchan por un reconocimiento profesional más allá de sus países), estaba en la conciencia crítica del narrador venezolano. El desencanto respecto del ambiente intelectual limitado de una Caracas provinciana, el hastío del oportunismo político, la ironía contra una pequeña burguesía superficial y engreída pero inculta y ciega a toda expresión de la sensibilidad, fue la materia elegida para novelar. La ciudad *inmunda* ayer como hoy, cierta estética de la fealdad, conjugaba la atmósfera, poco inclinada a las epopeyas idílicas del paisaje. Y, claro, la novela cayó como un explosivo sobre los indignados lectores que se vieron retratados en *Ídolos rotos*. Ahora, cuando el escritor asumía un tema nacional, *no rural,* y lo analizaba a través de una novela intelectual cuyo sujeto agente era un artista, el escultor Alberto Soria, no tardó el anatema. Antes, había sucedido algo similar cuando por otra línea estética, el realismo sarcástico, Miguel Eduardo Pardo había centrado su pupila crítica sobre la ciudad capital. Era como tocar una esencia divina pero, sobre todo, era abjurar del credo regionalista-rural. Fue la dura faena de escritores condenados al silencio o al vilipendio. El catálogo de novelas marginales de esta naturaleza sería largo, no sólo en Venezuela, sino en el Continente. Y dentro de una trayectoria de avanzada, Díaz Rodríguez era un iconoclasta enfrentado a los códigos de su momento. Novela del desencanto existencial, narración de interioridades donde el fluir psíquico se anuncia en intentonas de monólogos indirectos, novela de modernidad

    ⁶ G. Picón Febres, «Sensaciones de viaje», en F. Paz Castillo, *Manuel Díaz Rodríguez. Entre contemporáneos.* Caracas, Monte Avila, 1973, vol. I, pág. 32.
    ⁷ «Comentario del otoño», en *Sermones líricos,* ed. cit., págs. 191-192.

indiscutible en su estructura, fue leída como un insulto a la ciudad y una traición a la patria, en el país natal del novelista. No así fuera del ámbito venezolano. Mientras Gonzalo Picón Febres desencadena sus iras sin reservas, Rubén Darío se prodigó en elogios al autor y a la novela. He aquí el juicio del gran nicaragüense:

> (...)Desde su primer libro, la nobleza de su pensamiento y la distinción de su estilo le colocaron en un lugar aparte en nuestra literatura.*Confidencias de psiquis, De mis romerías, Cuentos de color* nos pusieron en comunión con una de las más fervientes almas del arte que hayan aparecido en tierra americana. Dentro de poco se publicará una novela, obra de médula y aliento, muy americana en su psicología, y muy europea en la forma arquitectural del libro, que revela desde luego en el autor la seguridad y la fuerza de un maestro. Y el señor Díaz Rodríguez es aún muy joven, apenas roza la treintena. Yo quisiera que todos los nuevos talentos de América cultivasen la propia personalidad con la firmeza y discreta gallardía de este generoso trabajador. La publicación de *Ídolos rotos*, si no se pudiera llamar con el usado cliché, un acontecimiento literario, causará innegable agrado. Y levantará los más justos y sinceros aplausos en los grupos pensantes de las repúblicas de lengua española[8].

Los pronósticos venturosos del maestro modernista no se cumplieron tan cabalmente. Pedro Emilio Coll fue uno de los pocos en comprender el arraigo simbólico de los personajes en el medio caraqueño. La mayoría identificó —siguiendo a Picón Febres— la peripecia de Alberto Soria, agente central de la novela, con oscuros desencantos autobiográficos del novelista frente a la sordidez de su medio. Se estimó que la obra era una venganza o un vilipendio contra la patria. Díaz Rodríguez había llegado demasiado lejos. Su novela urbana, no rural, presentaba un personaje culto, no campesino. Su calidad artística era objeto de burla entre las mediocridades pequeño-burguesas de los centros sociales y la plaza. El lenguaje era directo, pero culto, sin concesiones a la dialectología del criollismo. Eso, a los ojos de un historiador de la literatura que, además era novelista del regionalismo, como Picón Febres, constituía delito digno de todo reproche, sin olvidar la desobediencia de aquel joven a quién él, crítico normativo, le impartiera temprano sus consejos de patriotismo. Por tanto,

el autor de *Ídolos rotos* devenía en una suerte de engendro apocalíptico en cuya ejecutoria peligraba el credo criollista. No pensaba igual don Miguel de Unamuno, quien se entusiasmó con la obra[9]. Y fue de los pocos lectores contemporáneos que advirtió el tremendo mensaje connotado en la novela, respecto a las dictaduras y los oportunismos políticos del momento histórico. Picón Febres, identificado con el régimen de Cipriano Castro, en ningún momento de su juicio deja ver el juego, pero identifica el autor y personaje en una unidad de blanco a sus ataques. Díaz Rodríguez responderá con una carta que le permitió exponer sus ideas sobre la novela, cuya vigencia lo acerca más a la sensibilidad y a las concepciones de lectores de nuestros días. Particularmente llama la atención su conciencia diferencial entre el mundo de la ficción y la realidad del autor, como sujeto de la escritura total, pero no del discurso y menos de los comportamientos de un determinado agente en el relato. Sus ideas lo alejaron abismos de las prédicas, más literales que literarias, repicadas infatigablemente por los pontífices del realismo normativo y del regionalismo rural. Así escribía Díaz Rodríguez en 1906 a Picón Febres:

> Pero mientras cultivemos tales géneros literarios (novela y cuento) como los entendemos hoy, creo que el crítico no tiene derecho a ver al autor en ninguno de sus personajes, comparsa o protagonista.
>
> Desde luego salta a los ojos que el procedimiento es injusto, porque puesto el crítico a sospechar y a creer al autor en íntima coexistencia con uno de sus personajes, debe hallarse forzado a elegir entre ellos, hasta ver al autor en este personaje más bien que en el otro. ¿Y por qué ha de ser en éste más bien que en el otro? ¿Por qué, en el caso de *Ídolos rotos*, ha de verse al autor en el protagonista Alberto Soria y no en su hermano Pedro? Basta esa pregunta, a mi entender, para marcar, con sobra de relieve, que tan insólito procedimiento expone a graves injusticias. De ver siempre el autor en uno de sus personajes, o de verlo siempre de protagonista en el decurso de su obra, habría de concedérsele un alma prodigiosa, infinita y proteica. Aparte de esto, que ya por sí solo sería una mostruosidad, los grandes creadores, los Shakespeare, los Balzac, los Zola, los Galdós, no tendrían por dónde cogérseles, como insignes monstruos, porque todos ellos han pintado con bastante crudeza de vida muchos monstruos verdaderos[10].

---

[8] «La caravana pasa», *Obras Completas*, Madrid, Afrodisio Aguado, 1950, t. III, págs. 758-759. (Cit. por L. Dunham, *M. Díaz Rodríguez, Vida y obra*, México, de Andrea (Studium), 1959, págs. 25-26).

[9] «Ídolos rotos», en F. Paz Castillo, *op. cit.*, t. I, páginas 95-106.

[10] «Epístola ingenua» (A Gonzalo Picón Febres), *Sermones líricos*, págs. 167-168.

El juicio de Picón Febres había aparecido ese año de 1906, en su *Literatura Venezolana del siglo XIX*. Es decir, que el crítico tardó cinco años, desde la aparición de *Ídolos rotos*, en hacerse notar con tanta furia. Díaz Rodríguez, por su parte, había regresado de París a Caracas en mayo de 1901. Al poco tiempo, la muerte de su padre, Juan Díaz Chávez, lo lleva a administrar el patrimonio familiar, una hacienda «carcomida de hipotecas» ubicada en Chacao. Permanece retirado en las actividades agrícolas hasta la caída de Cipriano Castro, ocurrida en 1908. Este acontecimiento provocaría un cambio drástico de rumbo en su vida y, por ende, en su trayectoria intelectual: el ingreso activo en la política, durante el régimen dictatorial de Juan Vicente Gómez. Antes, sin embargo, publicaría su novela más importante: *Sangre patricia* (1902).

Su segunda novela fue editada por la Empresa el Cojo, de Caracas. *Sangre patricia* consolida la maestría técnica de un novelista hábil para manejar los tiempos del relato con asombrosa actualidad. En ambas novelas, el paisaje, más que la transcripción polícroma y musical de una geografía inerte, es trasunto de una memoria ordenadora y evocativa a través de la cual se construye una atmósfera psíquica para el desarrollo de la acción. Si la primera novela había sido el drama artístico y existencial de un escultor, dentro de un desgarrado contexto nihilista del país, planteado directamente, en *Sangre patricia* el *finis patriae* se convierte en el fin de una estirpe de guerreros heroicos cuya descendencia se convirtió en comerciantes sórdidos. Pero esa realidad está propuesta en connotación, por paralelos intelectuales con la podredumbre y la luminosidad del *Quattrocento* italiano. Tulio Arcos, exilado político en Europa, es el núcleo de una estirpe de patricios, en quien se va concentrando la potencia lírica de la acción novelesca. Su esposa, Belén, con quien se había casado por poder, muere en alta mar durante el viaje a Europa. Ese soporte indicial de realidad sume progresivamente a Tulio Arcos en un mundo de obsesión, onírico, cuyo desarrollo, técnicamente apuntalado por sincronicidades muy del sicoanálisis, va borrando la frontera diferencial entre el sueño y la vida real. Novela de indicios, que exige al lector una permanente concentración en el texto poemático, lleno de reiteraciones simbólicas, *Sangre patricia* se constituye no sólo en la obra maestra de Díaz Rodríguez, sino en uno de los grandes aportes narrativos del Modernismo a la historia de la novela hispanoamericana moderna. Fernando Alegría emite un juicio de revalorización digno de ser transcrito:

... una de las primeras novelas poemáticas de Hispanoamérica en que el mundo de la subconsciencia reemplaza la imaginería exotista del Modernismo. En ella Díaz Rodríguez es un precursor del surrealismo y de la novela de interpretación psicológica e intención poética que representan, más tarde, autores como Ricardo Güiraldes en *Xamaica*, Torres Bodet, en *Margarita de niebla* y Barrios en *El niño que enloqueció de amor*.

A la luz del poderoso desarrollo que ha alcanzado en nuestra época la novela esteticista, la reputación de Díaz Rodríguez crece considerablemente. *Sangre patricia*, redescubierta por la crítica, tendrá que ser redescubierta también por las nuevas generaciones de novelistas que aprenderán en ella una lección de alto oficio literario [11].

Si se pensara exagerado el considerar a *Sangre Patricia* como precursora del surrealismo, al menos habría que recordar dos hechos significativos: Díaz Rodríguez estudia su postgrado de Medicina en Viena. Su inclinación intelectual por la psicología es notoria en la obra, desde *Confidencias de psiquis*. Escribe *Sangre patricia* en momentos en que el psicoanálisis de Freud hacía furia en los países del Viejo Continente. Y surge la pregunta: ¿Conoció Díaz Rodríguez la obra de Sigmund Freud, particularmente sus teorías sobre el simbolismo del mundo onírico? Uno de los primeros en plantearse el problema fue Lowell Dunham [12]. La forma de reiteración obsesiva con que se construye la atmósfera poética de la novela, entre las metáforas del oceáno y el símbolo de la sirena, que conduce finalmente a Tulio Arcos hasta el suicidio, hacen presumir que, por lo menos, el novelista tenía clara conciencia de estos materiales, asumidos luego como fundamento teórico de la creación artística por los surrealistas del Primer Manifiesto.

El mismo año en que circula *Sangre patricia*, se publica en *El Cojo Ilustrado* el cuento «Música bárbara». Lo reprodujo en 1903 la *Revista Moderna*, de México. El cuento había participado en un concurso promovido por la prestigiada revista venezolana. Su autor, sin embargo, no recibió el premio. Se produjo un pequeño escándalo en el Jurado y el incidente

[11] *Breve historia de la novela hispanoamericana*, 3.ª ed., México, De Andrea, 1966, pág. 122.
[12] «También puede apuntarse que las nuevas teorías de Freud, aun en aquella temprana época, debieron de ser conocidas por Díaz Rodríguez, y en consecuencia hubieron de influir en él, pues se sabe que Díaz Rodríguez estaba aún en Viena estudiando Medicina cuando el gran científico austríaco comenzaba a publicar sus primeros descubrimientos hechos en el reino de la psiquiatría.
El examen de las obras de Díaz Rodríguez le deja a uno la impresión de cúan adelantado en, el tiempo, se hallaba éste respecto del cuadro general de la literatura latinoamericana». (*Díaz Rodríguez, Vida y obra.*, pág. 28).

trascendió. Díaz Rodríguez había iniciado con aquel cuento, un camino de retorno a los temas nacionales. El autor estaba en su plenitud. «Música bárbara» en su cuentística es lo que *Sangre patricia* en la novela: una pequeña obra magistralmente construida. Ahí estaba la materia nacional, pero no como el cimiento de la epopeya pintoresca de la geografía, sino como territorio interior, visto por los ojos inútiles de un ciego y, así, se tornaba esencia de formas naturales, como el paisaje evocativo que había entremirado Alberto Soria, en *Ídolos rotos*, cuando rememora vivencias de su niñez, o como el paisaje submarino, soñado por Tulio Arcos en *Sangre patricia*. El contraste entre la riqueza espiritual de los personajes y la sordidez o la miseria de una exterioridad degradada, había sido la constante simbólica del gran narrador. Las críticas persistentes a su «exotismo», lo habrían de conducir forzadamente a la estética del criollismo, asumida en los años posteriores que lo llevaban al eclipse intelectual y político. Este último, precipitó una fama negativa y marcó una impronta de injusticias en la valoración literaria nacional.

En 1908, luego de la caída de Cipriano Castro, Díaz Rodríguez sale de su refugio agrícola de Chacao para intervenir en la vida política activa. El gobierno de Juan Vicente Gómez se iniciaba. El novelista se agrupa con otros intelectuales que habían rechazado el régimen de Castro: Rufino Blanco Fombona, César Zumeta, Pedro Manuel Arcaya. Fundan un periódico: *El Progresista*. Lo dirige Díaz Rodríguez. La intención era constituir un partido político. Para sus compañeros, sería de oposición a Gómez. Para Díaz Rodríguez, no era así. Poco duró la alianza. Advino la ruptura y, en el caso de Blanco Fombona, la enemistad. El nuevo partido se instaló el 21 de abril de 1909. Díaz Rodríguez pronunció el discurso en el Teatro Caracas, con la presencia de Gómez. Fue el comienzo y el final de la agrupación. Díaz Rodríguez, Zumeta y Arcaya, modernista el primero, positivistas los dos restantes, entraron al servicio de la nueva dictadura. Blanco Fombona tomaría el camino de la oposición, la cárcel y el exilio.

Ese mismo año de 1909, Díaz Rodríguez es designado Vice-Rector de la Universidad Central de Venezuela. Desde entonces, fue incondicional e ininterrumpida su figuración en cargos públicos: Representante de Venezuela ante la IV Conferencia Panamericana reunida en Buenos Aires (1910); Director de Educación Superior en el Ministerio de Instrucción Pública (1911). Ministro de Relaciones Exteriores (1914), en cuyas funciones se manifestó partidario de la neutralidad venezolana y latinoamericana durante la Primera Guerra Mundial; Senador del Congreso (1915 y 1918); Ministro de Fomento (1916); Ministro Plenipotenciario en Italia (desde 1919 hasta 1923); Presidente de los Estados Nueva Esparta (1925) y Sucre (1926). Recibió además los honores de las Academias de la Lengua y de la Historia (1924). En cambio, durante esos años, su producción literaria disminuyó notablemente. Apenas publica un volumen de ensayos, *Camino de perfección* (1910), otro de oratoria y ensayo: *Sermones líricos* (1918) y su discutida última novela: *Peregrina, o el pozo encantado* (1922), subtitulada por el propio autor como «novela de rústicos del valle de Caracas». Fue su concesión al criollismo, una regresión hacia las historias de idilios romántico-rurales, aunque la prosa impecable de un maestro lucía con destellos postreros. Aquejado de una enfermedad irremediable, murió en Nueva York el 24 de agosto de 1927.

Aquella figura controvertida y recia de escritor por encima de todo que mantuvo, impuso y universalizó una estética de gran narrador del Modernismo, sigue constituyendo un centro de negaciones y revalorizaciones. Hay quienes calificaron de «estéril» su palabra de artista[13] en un primer momento; al releer la obra, dieron un toque de rectificación a sus juicios. Hay quienes lo consideraron novelista por antonomasia del Modernismo[14]. Queda la obra más allá de la detracción y el elogio, a la espera de otras ópticas para la relectura. Y un continuo repensar, con mayor o menor equidad, sobre la figura desconcertante que hizo cristalizar en la prosa un credo de voluntad universal, aunque la vida contradictoria de un país políticamente en convulsión continua, lo llevó a la flaqueza y a las actitudes censuradas unas veces, esgrimidas otras como tabla de mediación para la obra. Para cerrar, cito una visión de conjunto, escrita como balance por Luis Beltrán Guerrero:

> Le faltó un punto de abnegación y de heroísmo. Como hombre y como artista, el defecto capital de Díaz Rodríguez es haber sido excesivamente fiel a su tiempo. Pero nadie puede lanzar sobre su tumba un pedrusco. Aspiró como ninguno a hacer obras eternas

---

[13] Orlando Araujo, *La palabra estéril*. Maracaibo, Universidad de Zulia, 1966. Posteriormente, Araujo ha declarado estar trabajando en una revalorización del autor y en rectificaciones a su juicio.

[14] Arturo Torres Rioseco señalaba en 1939: «Para que el Modernismo no se limitara a la poesía hacía falta un crítico, un novelista y un dramaturgo, que aplicaran a estos géneros los principios de la nueva escuela. Ese crítico fue José Enrique Rodó, ese novelista, Manuel Díaz Rodríguez.» (*Novelistas contemporáneos de América*, Santiago de Chile, Nascimento, 1939.)

y a dirigir conductas. Dentro de las limitaciones de su carácter, de su medio y de su tiempo, deja una obra perdurable. Más de cien páginas suyas no se marchitarán. Su externa elegancia cubría una mayor elegancia íntima. El penacho sobre la frente pensadora, pareciera, como en el verso de Díaz Mirón, plumaje que cruzó el pantano sin mancharse [15].

---

[15] *Manuel Díaz Rodríguez o el estilista,* Caracas, Comité de Orígenes de la Emancipación, 1971, pág. 15.

BIBLIOGRAFÍA

OBRAS

Camino de perfección, París, Paul Ollendorff, 1910.
Confidencias de psiquis, Caracas, Emp. el Cojo, 1896.
Cuentos de color, Caracas, 1899.
De mis romerías, Caracas, Emp. el Cojo, 1898.
Entre las colinas en flor, (Edic. póstuma.) Barcelona (España), Araluce, 1934.
Ídolos rotos, París, Garnier, 1901.
Peregrina o el pozo encantado, Madrid, Biblioteca Nueva (1921?).
Sangre patricia, Caracas, Imp. de J. M. Herrera Irigoyen, 1902.
Sensaciones de viaje, París, Garnier, 1896.
Sermones líricos, Caracas, Talleres de El Universal, 1918.

CRÍTICA

ARAUJO, Orlando, *La palabra estéril,* Maracaibo, Edics. de la Universidad del Zulia, Fac. de Humanidades, 1966.
BELLO, Luisa et Al, *Contribución a la bibliografía de Díaz Rodríguez,* Caracas, Eds. de la Gobernación del Distrito Federal y de la Universidad Católica «Andrés Bello» (Col. Bibliografías, 2), s. a.
DARÍO, Rubén, «La caravana pasa», en *Obras completas,* Madrid, Afrodisio Aguado, Ed., 1950; vol. III, págs. 758-759.
DUNHAM, Lowell, *Manuel Díaz Rodríguez, Vida y obra,* México, de Andrea (Col. Studium, 25), 1959.
GUERRERO, Luis Beltrán, *Manuel Díaz Rodríguez o el estilista,* Caracas, Instituto Panamericano de Geografía e Historia, Comité de Orígenes de la Emancipación (Serie Opúsculos 4), 1971.
KEY AYALA, Santiago, «Manuel Díaz Rodríguez, El artista y la moral de su acción», *Bajo el signo del Avila.* Caracas, Avila Gráfica, 1949, págs. 71 y ss.
ORIHUELA, Augusto G., «Manuel Díaz Rodríguez, máximo exponente del Modernismo venezolano», en *En tono menor,* Caracas, Edit. Simón Rodríguez (Colegio de Profesores de Venezuela), 1956, págs. 13-44.
PAZ CASTILLO, Fernando, (Comp). *Manuel Díaz Rodríguez, Entre contemporáneos,* (Antología de textos críticos), Caracas, Monte Avila, (Biblioteca Popular Eldorado, 77-78), 2 vols., 1973.

Ricardo Jaimes Freyre

Emilio Carilla

INTRODUCCIÓN

Ricardo Jaimes Freyre (1868-1933) suele figurar corrientemente en las historias literarias como uno de los nombres mayores del Modernismo hispanoamericano. No me parece oportuno establecer aquí tajantes escalas de valores y dilucidar, en principio, si pertenece a un primer o segundo plano: lo que realmente cuenta en este lugar es el aquilatamiento de un prestigio. Su nombre se liga, también a menudo, con la figura más espectacular, de Rubén Darío. Agreguemos, a esta breve referencia, las noticias vinculadas a su origen, a su vida en la Argentina, a su relativamente «escasa» obra poética. En fin, al recuerdo de su libro inaugural, como colección lírica, *Castalia bárbara*...

Como el tiempo no transcurre en vano, y debilita o borra los hombres y sus obras, no suele ser mucho más lo que se conoce de nuestro autor. Y, si no muestra total coherencia con lo anterior, vale igualmente la siguiente comprobación: tenemos varias ediciones de sus versos, pero no tenemos hasta ahora una edición de su lírica acorde con la importancia que la crítica, en general, le concede[1].

Ahondando más en su existencia, cabe establecer una elemental separación, separación momentánea, entre el hombre y el escritor. (De sobra sabemos que toda división tajante es imposible.) La comprobación del «hombre» nos lleva a recortar una vida que, sin sorpresa, vemos repetida con mayor o menor exactitud en otros escritores de su tiempo: Jaimes Freyre había nacido en territorio boliviano, pero su vida transcurre, en buena parte, en la Argentina. (Y, en la Argentina, en Tucumán, más que en Buenos Aires.) Vuelve, hacia el final, a su patria, si bien es más exacto decir que vuelve para representarla en el extranjero. De inmediato, conviene agregar que los últimos años los pasa, de nuevo, en la Argentina, y que en la Argentina muere, en 1933.

Como era difícil (casi imposible) que el escritor hispanoamericano de la época viviera de sus libros, Jaimes Freyre vivió, como era entonces corriente, del periodismo. Y, sobre todo, de la cátedra. Algo menos, de funciones diplomáticas.

Como he dicho, la vida de Jaimes Freyre en la Argentina transcurrió en Tucumán y no en Buenos Aires, aunque en un principio se liga, junto a Darío, a la significación que tiene Buenos Aires como «capital» (o una de las «capitales») del Modernismo. Como vemos, la separación entre el «hombre» y el «escritor» resulta en buena parte vana. Pero esto no debe preocuparnos porque así debe ser en todo auténtico poeta.

Sigamos. Enfilando con más hondura hacia su obra de escritor debemos mencionar su importante tarea como director de revistas literarias. No muchas, si bien de relieve en la época. Basta con citar estos nombres: *La Revista de América* (tres números. Buenos Aires, 1894; codirectores, Rubén Darío y Ricardo Jaimes Freyre)[2] ,y la *Revista de letras y ciencias sociales* (Tucumán, 1904-1907)[3]. Su labor específica de escritor ofrece la particularidad de darnos, en un número relativamente escaso de obras, una variedad llamativa. Pero como de esto nos ocuparemos en especial, me parece que corresponde la mención de otro rasgo que individualizamos con Jaimes Freyre: una comparativamente, importante labor historiográfica que, en determinada época, se superpone y aún acalla la obra específicamente literaria.

[1] Hay, sí, diversas ediciones de sus poesías, entre ellas algunas mal llamadas «completas». Enumero las ediciones en orden cronológico:
—*Castalia bárbara* (Buenos Aires, 1899)
—*Los sueños son vida* (Buenos Aires, 1917)
—*Castalia bárbara. Los sueños son vida.* (Madrid, 1918).
—*Castalia bárbara. País de sueño. País de sombra.* (La Paz, 1918).
—*Castalia bárbara y otros poemas* (México, 1920).
—*Poesías completas* (Buenos Aires, 1944).
—*Poesías completas* (La Paz, 1957).
Como curiosidad, agrego que la revista *Ideas* de Tucumán publicó en varios números las poesías de *Castalia bárbara* con el anticipo de *Páginas inolvidables.* (Ver revista *Ideas*, de Tucumán, núms. 38-46, 15 de mayo-15 de noviembre de 1939).

[2] Sobre Darío y Jaimes Freyre, la *Revista de América* y otros aspectos de esa relación, ver los capítulos que les dedico en mi libro. Una etapa decisiva de Darío (Darío en la Argentina), Madrid, 1967, págs. 29-40 y 99-122.
[3] Sobre la revista tucumana, ver mi estudio *La «Revista de letras y ciencias sociales» de Tucumán* (separata del *Boletín de la Universidad Nacional de Tucumán*, núm. 4, 1955; también, el índice de la revista hecho en colaboración con la profesora Elsa A. Rodríguez de Colucci, *La «Revista de letras y ciencias sociales» de Tucumán (1904-1907),* Tucumán, 1963.

Como acabo de decir, Jaimes Freyre no fue en realidad un autor muy fecundo, si bien tiene —repito— el sello de la variedad. Es cierto que la parte que más ha trascendido, y que le ha dado renombre más visible, ha sido su obra lírica. Pero bueno será saber que, ligado especialmente a ese perfil, está su relieve como teorizador de la métrica. Y menos conocidos aún son dos obras dramáticas, cinco cuentos, una novela incompleta, y diversas notas de crítica literaria y de viajes, dispersas en las revistas que dirigió.

Teniendo en cuenta características que defendemos de la bibliografía precedente, llegamos a la conclusión de que nuestro autor fue un hombre de autocrítica notoria. A su vez, por el repertorio de sus libros poéticos (concretamente, dos libros, separados por un lapso de veinte años y algunas poesías dispersas) cabe concluir que pocos en su tiempo lograron lo que logró Jaimes Freyre con un caudal bibliográfico tan reducido.

Se podrá argüir que, aún colocando en el centro su obra lírica, también lo restante de su obra literaria contribuyó a su prestigio. No lo niego, si bien noto bastante diferencia en el peso de uno y otro sector. Sin ir muy lejos, conviene tener presente que aún para muchos lectores y defensores de su obra lírica, no siempre resultó accesible el resto de su producción, salvo quizá su libro sobre las *Leyes de la versificación castellana.* Aunque aquí pudo, igualmente, surgir otro problema: la dificultad para captar lo que Jaimes Freyre pretendía.

Conviene saber que las *Leyes de la versificación castellana,* aparte de otras breves notas vinculadas al tema, fue el libro que Jaimes Freyre miró siempre con especial estima y como teoría realmente novedosa. El autor trabajó en él en sus años de Tucumán. Anticipó algunas partes en *Revista de letras y ciencias sociales* y le dio forma definitiva en 1912. Es importante observar que Jaimes Freyre trabajó en la obra alentado por Unamuno, tal como vemos en una carta del autor español, de 1906.

Después de pasar revista a otras explicaciones tentadas en relación a unas buscadas «leyes» métricas (la que aplica a la versificación castellana el sistema clásico; la que considera al verso como un conjunto de pies métricos acentuales de dos o tres sílabas cada uno; y la del verso como un grupo determinado de sílabas, con acentos fijos) Jaimes Freyre propone su «teoría». La apoya en lo que llama «período prosódico», es decir, una sílaba acentuada o un grupo no mayor de siete, de las cuales la última está acentuada, y a ese acento lo llama «acento rítmico». La combinación de períodos prosódicos determina los versos castellanos. Este es, para Jaimes Freyre, el verdadero fundamento de su teoría. Observamos que llama a su libro *Leyes de la versificación castellana* (en el interior, *Las leyes,* pero más exacto me parece el primero). Y el carácter de «leyes» lo defiende porque —según dice— su teoría no sólo resulta válida para explicar el mecanismo de los versos conocidos hasta entonces, sino también, como verdadera ley, para crear nuevas combinaciones futuras.

Su teoría se completa al distinguir entre *períodos prosódicos iguales* (de igual número de sílabas) y *períodos prosódicos análogos* (de desigual número, pero sólo pares o impares). En estos dos casos, se determina *el verso.* Una tercera forma, la de los *períodos prosódicos diferentes* (formados por un número desigual, pares e impares) determina la *prosa.*

Hay algo de paradoja en el hecho de que prácticamente el libro de Jaimes Freyre sobre las *Leyes de la versificación castellana* coincide con el alborear del verso libre, y ya el propio autor señalaba algunas excepciones en la métrica tradicional. Además, críticos recientes no dejan de reparar, igualmente, en el peso que dentro del verso tienen también otros elementos (silencios, cesuras, etc...)

Sin embargo, estas posibles objeciones no disminuyen la singularidad y el valor de su teoría. Que, no casualmente, coincide con una época literaria de notable desarrollo de la métrica. Por eso, creo que no puede negársele —como digo— individualidad e ingenio. Por lo pronto, opino que merece recordarse mejor, junto con los juicios positivos que destaco (de Unamuno, de Emilio Becher, de Enrique Díez-Canedo, de Pedro Henríquez Ureña, etc.), juicios a los que no sería justo exigir coincidencia total[4].

Con cierta ubicación simbólica, los dos intentos dramáticos de Jaimes Freyre aparecen al comienzo y al final de su itinerario bibliográfico. El primero, un drama bíblico, *La hija de Jefté* (La Paz, 1899); el segundo, un drama histórico, *Los Conquistadores* (Buenos Aires, 1928). Por lo que sé, ninguna de las obras se representó. Y tenemos además, con respecto a la primera, la noticia de que su autor mandó

---

[4] Cfr. Unamuno, «Leyes de la versificación castellana», en la *Revista de letras y ciencias sociales,* Tucumán, 1906, IV, núm. 19, págs. 26 y 34; Emilio Becher, *Diálogo de las sombras y otras páginas,* ed. de Buenos Aires, 1938, página 266; Pedro Henríquez Ureña, *La versificación irregular en la poesía castellana* (ed. de Madrid, 1933, pág. 327); Enrique Díez-Canedo, *Letras de América* (México, 1944, pág. 272); Rudolf Baehr, *Manual de versificación española* (traducción y adaptación de K. Wagner y F. López Estrada, Madrid, 1969, pág. 410).

recoger posteriormente los ejemplares para distribuirlos. En cuanto a *Los conquistadores* poco cuesta relacionar el eje fundamental de la obra —centrado en la figura de Diego de Rojas— con los libros históricos del propio Jaimes Freyre dedicados al Tucumán. El drama incluye personajes históricos y personajes líricos, pero es justo decir que poco o nada agrega este sector al prestigio de Jaimes Freyre.

Comparativamente, le asigno más valor a los cuentos —los cinco cuentos— escritos por nuestro autor. Corresponden a diferentes momentos de su obra, si bien ubicamos, a la mayoría, en la época de la *Revista de letras y ciencias sociales* de Tucumán.

Los cuentos de Jaimes Freyre son típicos cuentos modernistas, es decir, narraciones donde se destaca por un lado, el tema histórico, en general, y por otro, el trabajo de la prosa, que llega en ocasiones a la resonancia poemática. Los nombres anticipan su carácter: «Zoe» es la historia de una cortesana de Bizancio; *Los viajeros,* la historia de Anthropos el ermitaño; «Zaghi», la historia de un mendigo en la antigua China. Más cercanía tienen los dos cuentos restantes («En las montañas» y «En una hermosa tarde de verano».) Los dos, de tema indígena y con resonancias sociales notorias[5].

Reitero que, sin tratarse de ejemplos extraordinarios, estos cuentos, aunque escasos, dan respaldo al prestigio literario del autor. Más, por lo pronto, que los capítulos de una novela histórica —*Los jardines de Academo*— que Jaimes Freyre dejó sin concluir. Se trata de cuatro capítulos publicados en la *Revista de Letras y Ciencias sociales*, con tema y desarrollo adivinables. Obra trunca, nos situa igualmente dentro de la inconfundible novela histórica de tipo modernista.

El cuadro se completa con la mención de las escenas de viajes (por el Brasil), varios artículos críticos, y los discursos literarios que pronunció (destaco particularmente los dedicados al poeta brasileño Cruz e Sousa y a la muerte de Rubén Darío). De este modo tenemos, si no una visión total, por lo menos una idea, bastante completa de los diversos géneros cultivados por Jaimes Freyre. Y, mejor aún, el anticipo adecuado para situar ahora la explicable culminación lírica de nuestro autor.

    [5] Hace años publiqué los textos de los cinco cuentos con una introducción y notas bibliográficas (ver «Jaimes Freyre, cuentista y novelista», en la revista *Thesáurus,* Bogotá, 1961, XVI, págs, 1-35). Algo semejante he pensado hacer con los cuatro capítulos de la novela.

«CASTALIA BÁRBARA»

La publicación de *Castalia bárbara* (aparecida en Buenos Aires, en 1899)[6] fue momento capital en la bibliografía de Ricardo Jaimes Freyre, autor que, como otros modernistas destacados, no se distinguió —sabemos— por una producción nutrida. Naturalmente, el libro ponía base más firme a un prestigio literario creciente, apoyado en buena medida en sus colaboraciones periodísticas y —no olvidemos— en el hecho singular que, en 1894, significa la *Revista de América* (los tres números de la revista) en que el nombre de Jaimes Freyre, mucho menos conocido, crecía al lado del ya famoso Rubén Darío.

Con respecto al título de *Castalia bárbara* bueno será tener presente cierto aire de familia con *Prosas profanas,* que Rubén Darío había publicado años antes en Buenos Aires, en 1896. Efectivamente, en ambos títulos resalta el carácter de corrección llamativa, de contraste, de enriquecimiento expresivo, dentro de un significado que, si no requiere claves especiales, obliga a precisar antiguos nombres poéticos.

Grupo espectacular de poemas en la obra fue el sector que evocaba —más en consonancia con el título— el mundo medieval nórdico. Exactamente, trece poemas que constituyen la primera parte del libro. Aclaro que no se cierra allí ese mundo, ya que encontramos ramificaciones en la segunda parte. Pero la tercera y la última parte borra totalmente dicho tema.

Una muy elemental caracterización de la poesía de Jaimes Freyre suele destacar su signo individualizador en una simple cuestión temática. Y es precisamente la que hace hincapié en el mundo nórdico, sus dioses, sus mitos, su paisaje... (Otra individualización se mueve en el plano de las influencias o relaciones literarias)[7].

Creo que tiene más importancia subrayar que la poesía de Jaimes Freyre es la poesía del sueño, de lo vago y neblinoso, de la música interior. En efecto, este carácter primordial es también el que llega a conceder especial resonancia a un mundo que —como el nórdico me-

    [6] Como sabemos, el volumen apareció con un prólogo de Leopoldo Lugones. Creo que este prólogo sustituyó a otro que tenía preparado Ricardo Jaimes Freyre. (Cf., Ricardo Jaimes Freyre, *Castalia bárbara,* en *El Cojo ilustrado,* de Caracas, 1º de abril de 1897, VI, núm. 127, pág. 266; ver también mi libro *Ricardo Jaimes Freyre,* Buenos Aires, 1962, págs. 23-24).

    [7] En un sector, con visible proximidad, es justo mencionar el nombre de Darío (más lejanamente, el del brasileño Cruz e Sousa); en otro sector, menos preciso, obras y autores como las *Eddas,* Wagner, Leconte de Lisle, Poc, Carducci... En mi libro *Ricardo Jaimes Freyre,* ed. citada, ver págs 23-34.

dieval— no identificamos en un principio con esos rasgos. (Y un descubrimiento singular: el magnífico pórtico del libro, el soneto «Siempre...»; sutil desarrollo del tema de la poesía, que enlaza armónicamente todo el libro[8].)

Observemos que la segunda y tercera parte del poemario se llaman «País de suelo» y «País de sombra». Junto a estos títulos generales valen también los títulos particulares de los poemas. No se trata de explicar la poesía por el nombre, pero bien sabemos que en gran parte de toda auténtica obra literaria el contenido comienza con su título.

Dentro de los temas de Jaimes Freyre, es válido subrayar igualmente la presencia del mundo religioso. En ocasiones, ligado a la forma más típica de los modernistas (es decir, con relieves plásticos). En nuestro. autor, sin negar ese perfil, con filones más originales y, sobre todo, como choque de mundos e ideas.

Los elementos de la lengua poética de Jaimes Freyre nos acercan a un «estilo de época», pero de ninguna manera como un bien común, y sí como un rasgo identificador y personalizador. Retórica o no retórica, aparecen coherentemente dentro de los temas que el poeta desarrolla.

Sector especial —también coherente— es el que ligamos a la métrica del poemario. Es una especie de lugar común destacar la importancia de la métrica modernista. De manera especial, a través de los aportes de autores como Rubén Darío, Silva, Herrera y Reissig, Jaimes Freyre y otros. Cuando Lugones escribió el prólogo para la primera edición de *Castalia bárbara* no pudo menos que reparar, como correspondía, en el «ritmo propio» y en las novedades métricas del libro (aunque mostrara alguna reticencia para aceptar formas extremadas).

Algunos años después de *Castalia bárbara*, Jaimes Freyre publicó —como sabemos— sus *Leyes de la versificación castellana*. Lo que importa agregar es que, en más de una oportunidad, el poeta sintió necesidad de recurrir a sus propios versos como ejemplificación. El proceso es explicable en quien, como cuesta poco adivinar, venía ya trabajando lentamente sus poemas y, en forma paralela, dando o construyendo respaldo teórico a sus novedades.

La publicación de *Castalia bárbara* acabó por consagrar el nombre de Ricardo Jaimes Freyre. La verdad es que el libro fue la ratificación de un prestigio literario, y sus poemas se extendieron, sobre todo a través de él, tanto en Hispanoamérica como —comparativamente— en España. Digo comparativamente, porque, si bien de manera algo tímida (y sin la pretensión de emular a Darío) fue Jaimes Freyre uno de los poetas hispanoamericanos que sirvió de incitación a los entonces jóvenes poetas peninsulares. Enrique Díaz-Canedo y Juan Ramón Jiménez (sin contar al propio Darío) son algunos de los testimonios que respaldan esta noticia[9].

«LOS SUEÑOS SON VIDA»

Casi veinte años después de *Castalia bárbara*, y también en Buenos Aires, en 1917, apareció el segundo y básico poemario de Ricardo Jaimes Freyre. De inmediato conviene aclarar que la distancia cronológica entre las dos obras, no responde a un valor absoluto. Y así como *Castalia bárbara* recogía composiciones

Portada de la edición conjunta de *Castalia Bárbara* y *Los sueños son vida* (Madrid, 1918).

---

[8] Me parece oportuno destacar el excelente estudio de David Lagmanovich, *Una estética del temblor* (en *La Gaceta,* de Tucumán, 8 de octubre de 1978). En un próximo trabajo me referiré más detalladamente a este logrado soneto de Jaimes Freyre.

[9] Cfr. Rubén Darío, «El Modernismo», en *España contemporánea,* ed. de Madrid, s. a., pág. 272; *íd.,* «El Brasin intelectual», en *Letras,* ed. de Madrid, 1921, pág. 55; Enrique Díez-Canedo, *Letras de América,* México, 1944; Juan Ramón Jiménez, «Recuerdos del primer Villaespesa (1899-1901)», en *Pájinas escojidas,* ed. de Madrid, 1958, pág. 128.

de un pasado (eso sí, reciente), *Los sueños son vida* recogen composiciones que corresponden a un más demorado proceso. Lo evidente es que se trata de poemas escritos en su larga etapa tucumana, y que la recopilación en forma de libro pretende, sobre todo, ordenar un grupo de poesías líricas escritas por Jaimes Freyre en años de más continuada producción en prosa (obras historiográficas, leyes de versificación, cuentos, crítica literaria, etc.).

Para comenzar, de nuevo, con el título, notamos ahora un cambio apreciable con respecto a *Castalia bárbara*. Esto reproducía —como he dicho— un típico esquema modernista. En cambio, el segundo libro —ya en 1917— da la impresión, en un comienzo, de «volver por la pasiva» (rasgo de ingenio) el conocido título calderoniano. El primer poema del libro parece confirmar esa dirección. Pero prefiero mejor pensar que ya Unamuno, en su difundida *Vida de don Quijote y Sancho* había proclamado que, en efecto, «los sueños son vida». No resolvemos con esto el motivo fundamental de la obra, pero nos ayuda a introducirnos en ella, como un signo de ahondamiento interior y de un mayor juego conceptual.

En el cuadro general de los temas, lo más notorio es la continuidad de aquellos que veíamos en la segunda y tercera parte de *Castalia bárbara*.

Con más exactitud, lo que *Los sueños son vida* muestran, es cierta coincidencia temática, de expresión y de métrica, que ligan los poemas de la nueva obra a la anterior. En el otro extremo, para subrayar mejor las diferencias o cambios más llamativos, diré que —por un lado— resalta la desaparicion del mundo nórdico medieval, sus mitos y su paisaje, y, por otro, como novedad en los versos de Jaimes Freyre, y, no menos, como eco cercano a su tiempo, la aparición del tema social. No como un rasgo muy abundante, pero sí como particular presencia.

Conclusión

Como he señalado en más de una oportunidad, asistimos desde hace años a un debilitamiento del prestigio de Ricardo Jaimes Freyre. En buena medida, como consecuencia de la lejanía que suele establecerse hoy entre el carácter esencial de su poesía (a la que no debemos limitarnos a llamar, simplemente «modernista») y tendencias o escuelas más en boga en la lírica hispánica de esta segunda mitad del siglo.

Por supuesto, hubiera sido pretender demasiado el exigir a sus versos una continuidad que el tiempo, inexorable, suele cortar o em-pequeñecer. Por otra parte, este fenómeno acompaña a la mayor parte de la lírica modernista, aun cuando se valore, en general, lo que esa lírica significó en las letras del continente.

No es sin embargo un espejismo el que nos hace ver a Ricardo Jaimes Freyre como una presencia viva en la literatura hispanoamericana. De manera especial, en el sur del continente, por razones obvias, en Bolivia, su patria, y en la Argentina, su segunda patria y donde realizó la mayor parte de su obra. Claro que en el caso de la Argentina es justo destacar que su centro geográfico lo constituyó realmente Tucumán.

Los veintitantos años pasados por Jaimes Freyre en esta provincia argentina son de una actividad ejemplar. Y el hecho es digno de destacarse porque nuestro escritor prefirió, ya con prestigio literario reconocido, el ambiente más humilde de la provincia a aquel que podía brindarle Buenos Aires. Jaimes Freyre probó una vez más —si es que hacia falta probar eso— que la capacidad triunfa en cualquier latitud [10].

Así, no resulta exagerado afirmar que prácticamente no hubo obra «cultural» en Tucumán, en el primer cuarto del siglo, que no haya contado con el apoyo, directo o indirecto, de Ricardo Jaimes Freyre.

Por todo lo dicho, se comprende perfectamente que en Tucumán dejó un grupo más visible de discípulos: lo atestiguan nombres como los de Manuel Lizondo Borda, Pablo Rojas Paz y Amalia Prebisch de Piossek, entre muchos otros. En Bolivia se han señalado igualmente discípulos directos. En primer lugar, Gregorio Reynolds...

A pesar del tiempo transcurrido, no descartamos la ejemplaridad de su poesía. Claro: no aceptación en bloque, sino asimilación digna y aquilatamiento de lo mucho que hizo Jaimes Freyre por la poesía. En este sentido, su obra sigue deparándonos goces inéditos y descubrimientos de excepción. Sólo hace falta descubrir la clave recóndita de su poesía [11].

[10] Ver otras noticias en mi estudio *La «Revista de letras y ciencias sociales» de Tucumán*, y el *Índice*, ya citados.

[11] Destaco, dentro de la escasez de estudios de cierto nivel sobre la obra de Jaimes Freyre, los siguientes:

—Enrique Díez-Canedo, «Poetas de Bolivia», en *Letras de América*, ed. citada.

—Rafael Alberto Arrieta, «Cincuentenario de un libro de versos», en *La prensa*, Buenos Aires, 27 de noviembre de 1949.

—Arturo Torres Rioseco, Ricardo Jaimes Freyre en *Ensayos sobre literatura latinoamericana*, México, 1953.

—Carlos Coello Vila, «Subliminar: síntesis de un concepto de la vida», en la revista *Thesaurus*, Bogotá, 1971, XXVI, 3, págs. 622-630.

—David Lagmanovich, «Una estética del temblor», en *La Gaceta*, Tucumán, 8 de octubre de 1978.

Mientras tanto, y a manera de palabras finales, recordamos nuestra deuda con el poeta: no contamos con una edición de sus poesías acorde con la importancia que le concedemos. Y no abundan, igualmente, los buenos estudios dedicados al ahondamiento de su obra[12].

---

[12] Hace años que vengo trabajando por estas realizaciones. Yo tengo a mi alcance un material apreciable, aunque no creo haber agotado las posibilidades...
Por último, me parece apropiado enumerar aquí la serie de estudios que he dedicado a Jaimes Freyre:
[Libros]
—*Ricardo Jaimes Freyre* (Buenos Aires, 1962).
—*Una etapa decisiva de Darío (Darío en la Argentina),* Madrid, 1967, capítulos II y IX.
[Artículos]
—«La *Revista de letras y ciencias sociales* de Tucumán», en el *Boletín de la Universidad Nacional de Tucumán,* número 4, 1955.
—«Ricardo Jaimes Freyre y sus estudios sobre versificación», en la *Revista de Educación,* La Plata, 1956, I, número 8, nueva serie, págs. 418-424.

—«Jaimes Freyre, Darío y Lugones», en el diario *Clarín,* de Buenos Aires, 7 de febrero de 1956.
—«Los cuentos de Jaimes Freyre», en el diario *Clarín,* de Buenos Aires, 8 de abril de 1956.
—«Jaimes Freyre en Tucumán», en la revista *Universidad de México,* XII, núm. 4, México, 1957, págs. 18-21.
—«Jaimes Freyre, cuentista y novelista», en *Thesaurus,* de Bogotá, 1961, XVI, págs. 1-35.
—«La elaboración de *Castalia bárbara*», en la revista *Universidad,* de Santa Fe, 1962, núm. 53, págs. 5-24.
—*La «Revista de letras y ciencias sociales» de Tucumán (1904-1907),* Universidad Nacional de Tucumán, 1963. (Índice, en colaboración con Elsa A. Rodríguez de Colucci).
—«Jaimes Freyre, traductor de Safo», en el *Homenaje a D. Gazdaru,* 1, La Plata, 1974, págs. 87-91.

BIBLIOGRAFÍA

Primeras ediciones

1895: *Historia de la Edad Media y los tiempos modernos* (Buenos Aires).
1899: *La hija de jefté,* drama bíblico (La Paz).
1899: *Castalia bárbara* (Buenos Aires).
1908: *La lectura correcta y expresiva* (Tucumán).
1909: *Tucumán en 1810* (Tucumán).
1911: *Historia de la República de Tucumán* (Buenos Aires).
1912: *Leyes de la versificación castellana* (Buenos Aires).

1914: *El Tucumán del siglo XVI* (Buenos Aires).
1915: *El Tucumán colonial,* I, único publicado (Buenos Aires).
1916: *Historia del descubrimiento de Tucumán* (Buenos Aires).
1917: *Los sueños son vida* (Buenos Aires).
1921: *Memoria* como Ministro de Instrucción Pública y Agricultura (La Paz).
1928: *Los conquistadores,* obra dramática (Buenos Aires).

Amado Nervo

ALMUDENA MEJÍAS ALONSO

Dentro del movimiento modernista en México, la figura más destacada junto con la del iniciador y magnífico prosista Manuel Gutiérrez Nájera es, sin duda, la de Amado Nervo, autor que ha gozado de extraordinario éxito popular a lo largo del tiempo.

Resulta conveniente, antes de adentrarnos en su obra y la significación de la misma, ofrecer algunos detalles de su biografía, ya que existe una fuerte repercusión de ésta en aquélla, como en todos los escritores pertenecientes a este movimiento. Los cambios habidos en su estilo y en el contenido de sus obras están en estrecha relación con los hechos más importantes ocurridos en la vida del escritor, afirmación que compartimos con Raúl H. Castagnino:

> La trayectoria poética de Nervo está íntimamente ligada con su trayectoria vital y puede seguirse a través de tres líneas conductoras, de las cuales surgen tres imágenes concurrentes del autor de *Elevación:*
> 1.º) Como poeta de su tiempo vinculado a escuelas y tendencias;
> 2.º) Como poeta de los contenidos religioso-filosóficos;
> 3.º) Como poeta del sentimiento amoroso.
> Estas tres líneas confluirán, inevitablemente, en una gran arteria: el amor, comunión de vida y poesía. De tal conjunción surge un Nervo moderno y asceta entrañable; un Nervo poeta del amor; en definitiva, un Nervo asceta enamorado [1].

Nació en Tepic, capital del estado de Nayarit, el 27 de agosto de 1870. Su nombre completo era Amado Ruiz de Nervo Ordaz y el propio autor nos explica la causa de su cambio:

> Mi apellido es Ruiz de Nervo; mi padre lo modificó encogiéndolo. Se llamaba Amado y me dio su nombre. Resulté, pues, Amado Nervo, y esto, que parecía seudónimo —así lo creyeron muchos en América— y que en todo caso era raro, me valió, quizá, no poco para mi fortuna literaria [2].

En Tepic transcurrió su infancia, pero en 1879 murió su padre y en 1883 fue enviado a Jacona (Michoacán) al Colegio de San Luis donde realizó sus primeros estudios. Luego, en 1886, siguió sus estudios en el Seminario de Zamora aunque tuvo que dejarlos por problemas familiares y se vio obligado a regresar a Tepic. Años más tarde (1894), decide marchar a la capital y allí es donde comienza su carrera literaria, dándose a conocer en la *Revista Azul*, dirigida por Manuel Gutiérrez Nájera, y cultivando la amistad de cuantos escritores tenían en Ciudad de México su lugar de residencia durante aquella época (José Juan Tablada, Luis G. Urbina...).

A finales de 1895 publica su primera novela: *El Bachiller* y tres años más tarde sus primeros libros de poemas, *Perlas negras* y *Místicas,* formados por algunas poesías que ya habían aparecido dispersas en distintos periódicos y revistas.

Hacia 1900 viaja a Europa como corresponsal del periódico *El Imparcial* y, una vez en París, entabla una profunda amistad con Rubén Darío y otros escritores del momento. Allí también conoce al gran amor de su vida, la que años más tarde sería «la amada inmóvil»: Ana Cecilia Luisa Dailliez; un amor que duró diez años y que sólo la muerte de ella, en 1912, pudo romper.

Durante estos años publicó varios libros de poemas y algunas prosas: *Poemas* (1904), *El éxodo y las flores del camino* y *Lira heroica* (1902), *Las voces* (1904), *Los jardines interiores* (1905), *En voz baja* (1909). Dirigió, además, junto con Jesús Valenzuela, la *Revista Moderna* de México y fue nombrado segundo secretario de la Legación mexicana en Madrid, una vez superados los exámenes para ingresar en el Cuerpo Diplomático (1905), cargo que desempeñó hasta 1914 en que, debido a la Revolución Mexicana, fueron destituidos todos los diplomáticos de este país acreditados en el extranjero. En este mismo año publica *Serenidad* al que seguirá en 1917 *Elevación* y en 1918 como cumbre de su arte, *Plenitud.*

Por esta época volvía a ejercer la diplomacia como ministro plenipotenciario en Argentina y Uruguay. Fue en la capital de este país, en Montevideo, donde Nervo murió. Era la mañana del 24 de mayo del año 1919. El cuerpo sin vida del poeta fue trasladado por mar

---

[1] Castagnino, Raúl H., «Imágenes de Amado Nervo», en *Imágenes modernistas,* Buenos Aires, Nova, 1967, pág. 63.

[2] Nervo, Amado, *Obras completas,* Edición, estudios y notas de Francisco González Guerrero y Alfonso Méndez Plancarte, Madrid, Aguilar, 1972, tomo II, pág. 1065. Citamos por esta edición.

a la capital mexicana y allí, en la Rotonda de Hombres Ilustres, está guardado para siempre.

El último libro publicado el mismo año de su muerte fue *El estanque de los lotos* (1919) y después aún aparecieron dos conjuntos de poemas que resumen la vida del poeta: *La amada inmóvil* (1920), homenaje al amor y recuerdo emocionado de Ana Dailliez, y *El arquero divino,* escrito entre 1915 y 1918, pero no publicado hasta 1922, un canto a la religión y al amor. En 1943 se publicó un nuevo volumen con el título de *La última luna.* Anteriormente, en 1938, Alfonso Méndez Plancarte había recopilado un grupo de poesías compuestas entre 1886 y 1891 con el título de *Mañana del poeta.*

POESÍA

Su obra poética es muy extensa y «evoluciona de un romanticismo modernista, visual y sonoro, a una poesía desnuda, abstracta, conceptual, voluntariamente prosaica y narrativa, exenta de 'procedimientos'»[3].

Siguiendo a Manuel Durán podemos hablar de tres etapas en la poesía de Amado Nervo:

> 1) Un periodo inicial, de romanticismo 'ingenuo', provinciano, con abundante uso de adjetivos y expresión enfática de sentimientos siempre tristes, siempre apasionados, a veces melancólicos y suaves; 2) el período modernista, en el centro de su carrera poética; 3) una etapa de simplificación, en la cual se aparta de la retórica modernista sin abandonarla del todo y sin esforzarse demasiado por innovar técnicamente[4].

Efectivamente, en sus primeras composiciones juveniles nos encontramos con un Nervo romántico y apegado a las costumbres literarias de un movimiento que lentamente iba extinguiéndose. Nos estamos refiriendo a los poemas incluidos en *Mañana del poeta,* recopilación que hizo Alfonso Méndez Plancarte, en 1938, de una serie de poesías, inéditas y dispersas hasta esa fecha, escritas por Amado Nervo entre los años 1886 y 1891. En la colección coexisten poemas como «A Iturbide» destinado, muy en la línea de la tradición romántica, a exaltar las hazañas y bondades del «Libertador de México», junto con otros dedicados a la Virgen de Guadalupe o a la Asunción de María, que contrastan con otros pertenecientes a lo que pudiéramos llamar un tercer

grupo: «Nuestro amor», «Tus ojos azules», «Desde aquel día...» etc., en los que Nervo nos habla de amor, de lo que fuera su primer amor de juventud.

Ya en estas composiciones, pues, están presentes los dos temas que jamás abanonarán la poesía del mexicano: la religión y el amor.

Pero al hablar del carácter romántico de la poesía de Nervo no podemos olvidar los primeros poemarios publicados en vida del autor: *Perlas negras,* de 1898 (poemas aparecidos en *El Mundo* en 1895), *Místicas* (1898), *Poemas* (1901), *El éxodo y las flores del camino* (verso y prosa, 1902) *Lira heroica* (1902) y *Los jardines interiores* (1905), aunque en ellos ya se apunte, a veces, un cierto gusto por el modernismo y sus formas, con los que se consagró ante el público.

Es ésta una etapa en la poesía de Nervo que nos descubre uno de los rasgos característicos a lo largo de la vida y de la obra del escritor: su sinceridad. Siguen siendo poemas de juventud y en ellos se nota la influencia de los simbolistas franceses —Verlaine principalmente—, Manuel Gutiérrez Nájera y Julián del Casal. Hay todavía presencias románticas manifestadas en la protesta o denuncia del escritor ante la vida y sus situaciones injustas, donde conviven la probreza con la riqueza y el placer con el dolor.

En estos momentos aparece ya otro de los temas que le acompañará a lo largo de su trayectoria poética y vital: el miedo a la muerte y el hastío por la vida. Es la presencia del misterio y la actitud del hombre ante él lo que más preocupa a Nervo. Y le obsesiona la muerte porque no sabe qué hay más allá[5], y la vida porque no la entiende. En la poesía «Predestinación», de *Místicas,* nos lo dice:

Y me agobian dos penas sin medida:
un disgusto infinito de la vida,
y un temor infinito de la muerte.
(*O. C.,* tomo II, pág. 1311.)

Este libro, *Místicas,* presenta una unidad temática: la religiosidad y es el que le ha valido al autor que la crítica la adjudicara el apelativo de «poeta místico». El título del libro, su tema y el hecho de que el poeta estuviera durante algún tiempo en el Seminario de Zamo-

---

[3] Xirau, Ramón, «Amado Nervo, pensamiento y poesía», en *Mito y poesía,* México, U. N. A. M., 1973, pág. 69.

[4] Durán, Manuel, *Genio y figura de Amado Nervo,* Buenos Aires, Eudeba, 1968, pág. 126.

[5] Esta preocupación por la muerte la fundamenta Nervo en una de sus lecturas: *Imitación de Cristo* de Tomás Kempis. También lo confiesa él mismo en el poema «A Kempis»:

Ha muchos años que busco el yermo,
ha muchos años que vivo triste,
ha muchos años que estoy enfermo,
¡y es por el libro que tú escribiste! (*O. C.,* tomo II, pág. 1322.)

ra ha sido y sigue siendo un condicionante a la hora de valorar la poesía de Amado Nervo. Es cierto que hay en algunos poemas recuerdos de lo que fue la vida del autor en el Seminario pero también se apuntan, en otros, ciertos rasgos de sensualismo que llegarán hasta el erotismo en poemas como «Lubricidades tristes» y «El prisma roto», pertenecientes ambos a *Poemas* (en el segundo hay una clara influencia de *El Cantar de los Cantares*.)

Es a partir de la publicación de estos *Poemas* en 1901, cuando poco a poco comienza Nervo a dejar sus influencias juveniles y a evolucionar hacia la madurez. En París, donde reside durante algún tiempo, conoce a Rubén Darío y a los escritores parnasianos de quienes aprenderá una técnica algo más objetiva de la que hasta entonces había ensayado (simbolismo).

Es la búsqueda de la tranquilidad espiritual lo que hace que Nervo evolucione en su poesía hacia la sencillez. Después de esta primera época, su léxico se simplifica, los adjetivos son empleados de una manera moderada y su lírica su vuelve más personal. De *En voz baja* (1909) el autor nos explica antes de publicarlo:

> Será un libro exclusivamente de tono menor en el que no hay que buscar ni sonoridades, ni oratorias, ni conceptuosismos: es la Vida, en lo que tiene de enigmático, de insinuante y bellamente impreciso, que pasa cuchicheando por esas páginas. (*O. C.*, Tomo II, pág. 1.066.)

En estos momentos Nervo conocía la felicidad. Desde 1901 tenía el amor de Ana Cecilia Luisa Dailliez y no pedía nada más a la vida.

La misma sencillez se desprende de *Serenidad* (1914), publicado dos años después de la muerte de la amada. En él se nos muestra como un poeta cristiano y el erotismo juvenil ya es sólo un recuerdo que desaparecerá por completo en *Elevación* (1917).

Amado Nervo ha ido alejándose poco a poco del modernismo para entrar en sí mismo. Ha llegado a su madurez como escritor y de ahí el tratamiento de los temas religioso-filosóficos. En *Elevación* utiliza toda clase de rimas, versos libres y huye de la excesiva utilización de imágenes en los poemas. Ha llegado a la simplificación del poema (que supone una fácil lectura y de ahí su éxito[6]) y a través de ella a esa tranquilidad de espíritu que buscó a lo largo de su vida, siempre por medio del amor. Por ello, en mayo de 1915, cuatro años antes de morir, escribía:

Amé, fuí amado, el sol acarició mi faz.
¡Vida, nada me debes! ¡Vida estamos en paz!
(*O. C.*, tomo II, pág. 1.733.)

En *El estanque de los lotos* (1919) nos encontramos un Nervo que realmente podríamos llamar «místico», pero no dándole a la palabra el sentido que tiene comúnmente en occidente. En esta última época el poeta, dentro de una simbología cristiana hasta ese momento, ha encontrado la paz, pero a través de la filosfía y la espiritualidad hindú. Desde el poema «La Hermana Agua» (*Poemas*) en que la inspiración cristiana estaba muy presente (es evidente la referencia a San Francisco de Asís) y su ansia de divinidad le hacía desarrollar una especie de panteísmo universal, poco a poco desaparece de su poesía esta religión dirigiéndose hacia el mundo oriental, cuyo símbolo es el loto, y culminando con este libro.

No podemos olvidar la alusión a los tres libros póstumos de poesías de Amado Nervo que resumen uno de los aspectos más importantes en la vida del autor: el amor. Nos referimos a *La amada inmóvil* (1920), *El arquero divino* (1922) y *La última luna* (1943).

El primero le ha valido el título de «poeta del amor» y está escrito en una época de crisis: después de la muerte de Ana Cecilia Dailliez. Plenamente modernista por el tema y por la métrica, en él nos explica la historia de su relación amorosa a través del tiempo y desde el momento en que la mujer ya ha muerto.

El arquero divino y *La última luna* son también versos en la misma línea temática y formal. Este último título le ha sido dado por Alfonso Méndez Plancarte al publicar el cuaderno íntimo del último amor de Nervo en Buenos Aires en 1919.

Podemos terminar con las palabras de Raúl H. Castagnino que resumen el quehacer poético del autor:

> Nervo descubrió su vocación poética entre los dulzores románticos del seminarista; le atrajeron, luego, los clisés de las legiones rubendarianas y, pagando tributo a las formas, alcanzó el ecuador modernista. Pero, cuando halla el Amor, su poesía se hace más honda, más recoleta, más suya[7].

PROSA

La obra en prosa de Nervo es también de una extensión considerable. Francisco Gónzalez Guerrero nos dice que «la fama del poeta ha dejado en segundo témino al prosista. Hay

---

[6] Téngase en cuenta que estos años, en los que publica Nervo sus últimos libros, son los del final del modernismo y, aún así, seguía teniendo una gran aceptación.

[7] Castagnino, Raúl H., *op. cit.*, pág. 72.

Amado Nervo.

quienes ignoran las mejores prosas de Nervo...»[8]

Podemos hablar de tres vertientes en la prosa del mexicano: por una parte, los textos periodísticos, ensayos literarios y crónicas; por otra, la obra narrativa, donde se reúnen novelas y cuentos; y finalmente la prosa poética.

Con respecto a los primeros hay que decir que son, en su mayoría, textos muy breves que contienen una gran dosis de ingenio y humor. Colaboró en *El Correo de la Tarde* de Mazatlán a través de reseñas de los bailes ofrecidos allí y en ellos se atiene al gusto de la época, describiendo en un estilo muy romántico a las jóvenes que asistían a las fiestas. Aparecen estas crónicas bajo el seudónimo de *Román*.

En *El Nacional* también contribuyó con algunas crónicas teatrales, ensayos y artículos sobre costumbres mexicanas de los que se desprende no poco humorismo. En este caso el seudónimo utilizado fue *Rip-Rip*, quizá como influencia de Gutiérrez Nájera, al que admiró desde su más temprana juventud, y de quien fue compilador y prologuista en el volumen III de sus *Obras*. Igualmente publicó en el mismo periódico entre 1895 y 1896 la colección *Fuegos fatuos y pimientos dulces* y *Semblanzas íntimas* en 1895.

[8] González Guerrero, Francisco, «Introducción» a *Obras completas* de Amado Nervo, Madrid, Aguilar, 1973, tomo I, pág. 9.

Pero sus colaboraciones se extienden también a otros periódicos como *El Imparcial* (del cual fue corresponsal en Europa y en el que colaboró con Luis G. Urbina) y *El Mundo*, en los que aparecieron *Semblanzas y crítica literaria* en 1898, *La Semana* y la *Revista Moderna*, en la que empezó su actividad de crítico, con comentarios acerca de casi todos los literatos del momento. En todos los casos la participación de Nervo era muy celebrada por los lectores de la época, tanto por su estilo y bien hacer como por la gracia que se desprende de sus escritos, característica que no desapareció de ellos ni siquiera en los informes diplomáticos que se veía obligado a mandar desde Europa a la Secretaría de Relaciones mexicana. También desde España mandó periódicamente informes sobre lengua y literatura (estilo, métrica, poesía lírica... etc.) entre noviembre de 1905 y septiembre de 1906.

En 1895, residiendo ya en la capital mexicana, comenzó a ser famoso gracias a la publicación de su novela *El Bachiller,* que supuso un escándalo en el país por su fuerte carácter naturalista. El propio director de la Biblioteca Nacional, José M.ª Vigil, «tuvo que aplacar la polvareda que se levantó en el pacato ambiente de la época»[9] por desarrollar un tema bastante escabroso. Es la historia de Felipe, un muchacho que a los catorce años e influido por el ambiente en que siempre ha vivido (una sociedad casi de la Edad Media, patriarcal y muy religiosa), decide seguir la carrera sacerdotal. Pero en la vida del joven Felipe surge el problema de una relación amorosa con Asunción, la hija del administrador. El conflicto que genera en él la contraposición entre la carne y el espíritu hace que, en una resolución dramática, en la escena final de la novela, se castre a sí mismo para no caer en la tentación. Es un final en el que Nervo, probablemente tratando de ser original, asombra a su lectores, acostumbrados al refinamiento modernista, utilizando una técnica más propia del naturalismo:

> ...Por lo audaz e imprevisto de su forma, y especialmente de su desenlace, ocasionó en América tal escándalo, que me sirvió grandemente para que me conocieran. Se me discutió con pasión, a veces con encono; pero se me discutió, que era lo esencial. *El Bachiller* fue publicado en francés, por Varnier, el editor de Verlaine...
>
> (*O. C.,* tomo II, pág. 1.065.)

En la edición original la novela estaba dividida en cuatro capítulos bastante explícitos con respecto a su contenido: Preludio. En bra-

[9] Mejía Sánchez, «Estudio preliminar» a *Amado Nervo,* México, Porrúa, 1979, pág. XXI.

zos del ideal, Tentación, y Orígenes. Hay que señalar que, quizá como justificación del tema, Nervo encabeza la novela con una cita del Evangelio de San Mateo:

> Por tanto, si tu mano o tu pie te fuere ocasión de caer, córtalos y échalos de tí, mejor es entrar cojo o manco en la vida que, teniendo dos manos y dos pies ser echado al fuego eterno. Mat., XVIII, (*O. C.*, Tomo I, pág. 185.)

En la misma línea de naturalismo está su segunda novela, *Pascual Aguilera* que, aunque escrita en 1892 no fue editada sino años después de *El Bachiller*. Hay en ella también escenas escabrosas y explicaciones excesivas de ciertas situaciones que el lector de la época, acostumbrado sobre todo a la poesía de Amado Nervo, le sorprendieron desagradablemente.

La tercera novela, *El donador de almas* (1899) se aparta de la tendencia de las anteriores para ofrecernos fantasía, filosofía y humor. Se publicó por entregas en la revista *Cómico* a partir del 9 de abril de 1899.

Al comienzo de la novela nos encontramos con la figura de un médico muy bien considerado por su competencia, pero que carece de alma. Un poeta amigo suyo le da una y éste es el tema de la novela: la relación del médico con su alma[10].

Se puede decir que es una anticipación, en cuanto a tema y técnica, de los posteriores cuentos publicados por el autor. Nos estamos refiriendo a los *Cuentos misteriosos,* colección aparecida después de su muerte que recoge escritos de diferentes épocas. En ellos predomina, no el misterio, como podría pensarse al leer el título, sino la fantasía, y podemos encontrar, de nuevo, esas tres etapas características también de la poesía de Nervo: en primer lugar, la apasionada y romántica, en la que el tema se centra en el amor; un amor que lleva a la muerte. Los dos cuentos más representativos de esta etapa podrían ser «La yaqui hermosa» y «Los que no quieren que son amados.» El primero cuenta la historia, tradicional en el romanticismo hispoanoamericano, de una india hermosa que muere de amor. El segundo cuento tiene un matiz distinto, aunque igualmente romántico: el suicidio será la forma de demostrar el amor por el hombre amado que no correspondía a la que lo ama.

La segunda etapa es ya plenamente modernista, con cuentos como «El horóscopo», «Don Diego de noche», «Muerto y resucitado», «El mayusculismo», «Historia de un franco que no circulaba» (con influencia directa de Gutiérrez Nájera y su «Historia de un peso falso»), en los que predomina la crítica social, la ironía, el humor y, a veces, incluso el sarcasmo. La afición y veneración que los modernistas sintieron por París se hace patente en dos cuentos: «Una marsellesa» y «Buquineando» en los que se pone de manifiesto el amor que Nervo sintió por aquella ciudad. Leemos en «Una marsellesa»: «Mi alma venía de Francia, no sé por qué caminos misteriosos, a través de quien sabe qué peregrinaciones oscuras» (*O. C.,* Tomo I, pág. 386.)

La última etapa está representada por un intento de búsqueda de la sencillez y un gusto por los temas religioso-filosóficos. Es el caso de «El signo interior» en el que el deseo de encontrar la paz que tiene la protagonista pudiera ser una trasposición del estado anímico de propio autor.

Hay además en la colección de *Cuentos misteriosos* otros que podríamos considerar como antecedentes de la literatura de tendencias posteriores. Son los cuentos en los que la fantasía ocupa un lugar esencial, aún cuando Nervo apunte algunas veces un dato científico para dar al relato mayor credibilidad. Se diría que estos cuentos son la puerta abierta a la literatura fantástica. Es el caso de «El país en que la lluvia era luminosa» (que en su estructura nos recuerda a «La lluvia de fuego» de Leopoldo Lugones). En él un viajero llega a una ciudad misteriosa a orillas de un mar de aguas fosforescentes. Al lado de esto nos ofrece una serie de datos científicos sobre las causas que producen el fenómeno de la fosforescencia. Al final del cuento comienza a llover de una manera misteriosa:

> Todo en contorno era luz; luz azulada que se desflecaba de las nubes en abalorios maravillosos; luz que chorreaba de los techos (...) como pálido oro fundido; (...) luz (...) formando arroyos de un zafiro o de un nácar trémulo y cambiante. (*O. C.,* Tomo I, página 408.)

En el cuento «La serpiente que se muerde la cola» sería posible observar una referencia al mito del eterno retorno[11]. Y en «El ángel caído» nos cuenta la historia de un ángel que lle-

---

[10] *Vid.* el artículo de Grass, Roland, «Notas sobre los comienzos de la novela simbolista-decadente en Hispanoamérica (Amado Nervo y Carlos Reyles)», en *El simbolismo,* edición de José Olivio Jiménez, Madrid, Taurus, 1979.

[11] *Vid.* Schiminovich, Flora H., «Lirismo y fantasía en los 'Cuentos misteriosos' de Amado Nervo», en *Estudios críticos sobre la prosa modernista hispanoamericana,* edición de José Olivio Jiménez, Nueva York, Eliseo Torres & Sons, 1975.

ga a la tierra donde lo encuentran dos niños con quienes va a compartir los juegos y todos los sucesos de la vida cotidiana. Desde el comienzo hasta el final del cuento nos movemos en el plano de la fantasía y observamos el suave lirismo que se desprende de la narración.

Hay que recordar también las obras narrativas publicadas en España (*Almas que pasan, El diablo desinteresado, El diamante de la inquietud, Una mentira, Un sueño, El sexto sentido* y *Amnesia*) entre los años 1916 y 1918.

Concluyamos con unas breves palabras sobre la prosa poética del autor en la que se pueden incluir los textos del *El éxodo y las flores del camino, La amada inmóvil* y *Plenitud.* El primero nos ofrece una crónica en la que se pone de manifiesto su adoración por la capital francesa que contrasta con las meditaciones filosóficas de *Plenitud,* que pueden ser consideradas como la cumbre espiritual del autor. En *La amada inmóvil* encontramos la historia de la muerte de Ana Cecilia Luisa Dailliez recreada por quien más la amó. Con respecto a esta prosa poética, podemos concluir haciendo nuestras las palabras de Manuel Durán:

> Los poemas en prosa de Nervo no han formado escuela: eran demasiado personales y subjetivos, respondían a una paz interior que nuestra época ha conocido sólo de oídas y que casi no podemos comprender [12].

---

[12] Durán, Manuel, *op. cit.,* págs. 176-177.

BIBLIOGRAFÍA

OBRAS

NERVO, Amado, *El Bachiller,* México, Tip. de «El Mundo», 1895.
— *Los cien mejores poemas de —,* prólogo de Enrique González Martínez, México, Cultura, 1919.
— *Obras completas,* edición de Alfonso Méndez Plancarte, Madrid, Biblioteca Nueva, 1920-1928, 29 vols.
— *Poesías completas,* edición de Genaro Estrada, Madrid, Biblioteca Nueva, 1935.
— *Mañana del poeta,* edición y prólogo de Alfonso Méndez Plancarte, México, Botas, 1938.
— *Un epistolario inédito,* prólogo y notas de Ermilo Abreu Gómez, México, Imprenta Universitaria, 1951.
— *Fuegos fatuos y pimientos dulces,* edición de Francisco González Guerrero, México, Porrúa, 1951.
— *Obras completas,* introducción y notas de Francisco González Guerrero y Alfonso Méndez Plancarte, Madrid, Aguilar, 1951-1956, 2 vols.
— *Semblanzas y crítica literaria,* edición de Francisco González Guerrero, México, Imprenta Universitaria, 1952.
— *Obras poéticas completas,* prólogo de Arturo Marasso, Buenos Aires, El Ateneo, 1955.
— *Poemas,* Buenos Aires, Espasa-Calpe, 1956, 4.ª ed.
— *Elevación,* Buenos Aires, Espasa-Calpe, 1956, 6.ª ed.
— *La amada inmóvil,* Buenos Aires, Espasa-Calpe, 1957, 14.ª ed.
— *Serenidad,* Buenos Aires, Espasa-Calpe, 1958, 9.ª ed.
— *Plenitud,* Buenos Aires, Espasa-Calpe, 1961, 10.ª ed.
— *Primavera y flor de su lírica,* prólogo de Alfonso Méndez Plancarte, Madrid, Aguilar, 1963, 3.ª ed.
— *Sus mejores cuentos.* Boston, Houghton Mifflin, 1963.
— *Los cien mejores poemas de —,* Selección y notas por Antonio Castro Leal. México, Aguilar, 1969.
— *Poesías completas,* México, Editora Latino Americana, S. A., 1969.
— *La amada inmóvil. Serenidad. Elevación. Última luna,* Prólogo de Ernesto Mejía Sánchez, México, Porrúa, 1979.

CRÍTICA

CASTAGNINO, Raúl, «Imágenes de Amado Nervo», en *Imágenes modernistas,* Buenos Aires, Nova, 1967.
COESTER, Artur, *Amado Nervo y su obra,* Montevideo, Claudio García Edit., 1922.
DAVISON, Ned, «El frío como símbolo en 'Los pozos' de Amado Nervo», en *Revista Iberoamericana,* Pittsburg, XXVI, enero-junio, 1961.
DELGADO, F., «Amado Nervo. Revisión y análisis», en *Estudios Americanos,* Sevilla, IX, 1955.
DURÁN, Manuel, *Genio y figura de Amado Nervo.* Buenos Aires, EUDEBA, 1968.
ESTRADA, Genaro, *Bibliografía de Amado Nervo,* México, Secretaría de Relaciones Exteriores, 1925.
GARCÍA PRADA, Carlos, «Vida y perfil de Amado Nervo», en *Ábside,* México, XXXIV, 1970.
GATTI, J. F.: «Amado Nervo prosista», en *Nosotros,* Buenos Aires, II, 1936.
GRASS, Roland, «Notas sobre los comienzos de la novela simbolista-decadente en Hisponoamérica (Amado Nervo y Carlos Reyles)», en *El simbolismo,* edición de José Olivio Jiménez. Madrid, Taurus, 1979.
HAMILTON, T. E., «Amado Nervo and Hinduism,» en *Hispanic Review,* University of Pennsylvania, XVII, 1949.
HERRERA Y SIERRA, Amada, *Amado Nervo: su vida,*

su prosa, México, Editores e Impresores Beatriz de Silva, 1952.

LEAL, Luis, «La poesía de Amado Nervo: a cuarenta años de distancia», en *Hispania,* Washington, marzo de 1960.

MALVIGNE, P. C., *Amado Nervo. Fraile de los suspiros,* Buenos Aires, Difusión, 1964.

MELÉNDEZ, Concha, *Amado Nervo,* New York, Instituto de las Españas, 1926.

MEZA INDIA, José Luis, «Amado Nervo, el periodista», en *El Informador,* Guadalajara (México), 15 de junio de 1969.

MORGAN, Patricia, «Amado Nervo: su vida y su obra», en *Atenea,* Concepción (Chile), mayo de 1955.

ORTIZ DE MONTELLANO, Bernardo, *Figura, amor y muerte de Amado Nervo,* México, Edics. Xochitl, 1943

QUIJANO, A., *Amado Nervo, el hombre,* México, Imprenta de Murguía, 1919.

REYES, Alfonso, *Tránsito de Amado Nervo,* Santiago de Chile, Ercilla, 1937. También en *Obras completas* de Alfonso Reyes, México, F. C. E., 1958, vol. VIII, págs. 9-49.

TORRES RUIZ, A., *La poesía de Amado Nervo,* Valladolid, Talleres Tipográficos Cuesta, 1924.

UMPHREY, GEORGE W., «The Mysticism of Amado Nervo and Maeterlinck», en *Hispanic Review,* University of Pennsylvania, XVII, 1949.

WALLMAN, Esther Turner, *Amado Nervo, Mexic'os religious poet,* New York, Instituto de las Españas, 1936.

XIRAU, Ramón, «Amado Nervo, pensamiento y poesía», en *Mito y poesía,* México, U. N. A. M., 1973.

Números monográficos de revistas y homenajes

Revista *Nosotros,* Buenos Aires, junio de 1919.

Amado Nervo y la crítica literaria (Antología de semblanzas y notas críticas), México, Botas, 1919.

Amado Nervo, Homenaje de la Universidad Nacional, México, U. N. A. M., 1919.

Revista *Universidad de México,* México, agosto de 1970.

José Enrique Rodó

MABEL MORAÑA

Inserta en el período de rearticulación de las naciones latinoamericanas en el contexto internacional, en cuyo centro se va consolidando el predominio norteamericano, la obra de José Enrique Rodó[1] manifiesta a la vez, en muchas de sus facetas principales, la presencia y deterioro del modelo liberal decimonónico.

El culto a la personalidad, el romanticismo social e incluso el esteticismo aristocratizante de sus escritos denotan, en efecto, una fiel adhesión al individualismo mesiánico y europeizado vigente durante el período de consolidación de los estados nacionales. Inclusive los textos más abiertos a la problemática continental, como *Ariel,* realizan, a partir de los principios de un idealismo axiológico, una fuerte afirmación del ideario «mucho más liberal que democrático[2]» que caracterizó a buena parte de la «minoría pensante» en la Hispanoamérica de la época.

Frente al campante paradigma modernista, la obra rodoniana expresa, como ninguna otra en el Río de la Plata, las tensiones existentes en el contexto ideológico finisecular. En ella se concentran las líneas principales de la sensibilidad *fin de siécle* que caracterizó en el Uruguay a los intelectuales del 900. Se acentúa más, también, la conciencia generacional[3].

La de Rodó es literatura de tesis. A través de su prosa pura, académica, reflexiva —de su «prosa togada», como la calificaría Eugenio D'Ors—, Rodó buscó fijar la dimensión social y psicológica del individuo, definiendo un espacio axiológico a partir del cual se quiere descubrir lo colectivo.

Como alternativa a la «tramoyería sensible» vulgarizada por los acólitos del Modernismo, Rodó ejerce una literatura de ideas, elocuente y magisterial, aunque igualmente universalizante y antipragmática.

Ha sido dicho con acierto que Rodó comparte con Julio Herrera y Reissig la jefatura intelectual del 900[4]. En ambos, aunque en claves distintas, se expresa la misma voluntad de incidencia, idéntica fe en la palabra como portadora de mensajes, lo más apartados posible de localismos restrictivos. Como indicó en este sentido Ángel Rama respecto al Modernismo:

---

[1] José Enrique Rodó nació en Montevideo el 15 de julio de 1871, hijo de un comerciante catalán, José Rodó y Janner, y de Rosario Piñeiro y Llamas, perteneciente a una familia uruguaya tradicional. La situación económica desahogada de su hogar —José Enrique era el menor de seis hermanos— sufre un vuelco con la muerte de su padre. A los quince años comienza a trabajar como ayudante de un escribano. Deja incluso su bachillerato, en el que se desarrollará como un estudiante mediocre y excesivamente tímido. Conflictivo y reconcentrado, Rodó expresa sus sentimientos en muchas notas juveniles en las que se manifiesta hondamente depresivo y pesimista con respecto al futuro. Hay testimonios, durante las diferentes épocas de su vida, que lo muestran en lucha contra esos sentimientos negativos, que en muchos momentos hacen crisis. Su obra misma aparece, en este sentido, como un intento de autosuperación y apertura. Sus primeras incursiones en el periodismo literario las realiza muy tempranamente, en boletines manuscritos que redactaba con compañeros de estudios. *Los primeros albores* es el primer periódico impreso, de circulación estudiantil, que publica. En él aparecen sus primeros trabajos dedicados a Benjamín Franklin y Simón Bolívar. Rodó tenía entonces once años de edad.

[2] La frase pertenece a Carlos Real de Azúa, quien en su «Ambiente espiritual del Novecientos» caracteriza el pensamiento hispanoamericano de la época: «Mucho más liberal que democrático, es decir: mucho más amigo de la libertad de una clase superior y media que preocupado e imantado por lo popular.» Montevideo, *Número,* 6-7-8, 1950.

[3] La generación del 900 estaba constituida por el filósofo Carlos Vaz Ferreira (1872-1958), los narradores Carlos Reyles (1868-1938), Javier de Viana (1868-1926) y Horacio Quiroga (1878-1937), los poetas Julio Herrera y Reissig (1875-1910), María Eugenia Vaz Ferreira (1875-1924) y Delmira Agustini (1886-1914), el dramaturgo Florencio Sánchez (1875-1910) y José Enrique Rodó (1871-1917), ensayista y crítico. También se asocian a la generación los nombres de Roberto de las Carreras, Emilio Frugoni, Álvaro Armando Vasseur, Raúl Montero Bustamante, Ángel Falco, Víctor Pérez Petit y los hermanos Carlos y Daniel Martínez Vigil, entre otros, que aportaron una obra significativa en diferentes rubros. La caracterización generacional corresponde a la tarea de Emir Rodríguez Monegal que señala entre los escritores mencionados, como elementos comunes, sobre todo las fechas de nacimiento, educación (en general autodidacta), experiencias relacionadas con la historia nacional, ciertos rasgos comunes de lenguaje fijados por la dominante modernista, y formas y actitudes en el plano de su vinculación con la generación anterior, así como un intento generalizado por superar un nacionalismo estrecho, a través de formas artísticas más universalizadas. Por lo demás, las relaciones entre los miembros del grupo generacional fueron más bien distantes. Véase al respecto Emir Rodríguez Monegal, *José Enrique Rodó en el Novecientos,* Montevideo, Ed. Número, 1950 y, para un análisis más global, Carlos Real de Azúa, «Ambiente espiritual del Novecientos», art. cit.

La afirmación pertenece a E. Rodríguez Monegal. En realidad, se sabe que tanto a nivel nacional como en el resto de América ningún miembro de la generación tenía el prestigio de Rodó. Los múltiples testimonios que recibió de escritores americanos y españoles durante su vida así lo demuestran. Incluso escritores como Javier de Viana, solicitaron consejo del autor de *Ariel,* o el favor de una reseña consagratoria, como pidió el mencionado narrador uruguayo para su *Macachines.*

La religión del arte es la forma ideológica de la especialización provocada por la división del trabajo, en un momento en que ha quebrado el público real. Y el idealismo renaniano y el esteticismo los únicos asideros autónomos que en primera instancia descubren los poetas como territorios propios que les permitan justificarse y redefinir su función social[5].

Renan, Guyau, Taine y el positivismo spenceriano y más lateralmente Emerson, Sainte Beuve, William James, Maeterlinck, Flaubert, se citan habitualmente como las influencias básicas que en ideas y estilo actúan sobre el escritor uruguayo[6]. Se ha especulado menos, sin embargo, sobre el sentido final de esas actualizaciones, sobre su inserción en la problemática regional, sobre la cohesión ideológica de ese influjo complejo y sus proyecciones sobre el contexto cultural latinoamericano de la época.

Ante todo, las influencias anotadas, prestigiadas por una tradición eurocentrista, se combinan con un ambiente cultural marcado fundamentalmente por el anarquismo y los ecos de un reelaborado socialismo utópico. Rodó conoció tempranamente la obra de los emigrados argentinos a través de colecciones de *El Comercio del Plata* y *El iniciador*, que se encontraban en la biblioteca familiar. Entra a sí en contacto principalmente con los escritos de Miguel Cané, Juan Bautista Alberdi y Juan María Gutiérrez, a quien dedicaría uno de sus mejores ensayos, incluido en *El Mirador de Próspero*. Obviamente, los ecos de la rebeldía reformadora y libertaria de los románticos del Río de la Plata contribuyen al planteamiento de la cuestión social, que adquiriría en Rodó la forma de una a la vez elocuente y moderada prédica.

En su obra, tanto su tan mentada teoría de los valores —éticos, estéticos—, como su ucrónica concepción de una democracia deseable

aunque amenazante en su capacidad niveladora, intentan conciliar los principios más estabilizadores de la tradición europea con la necesidad de una redefinición del orden social que asegura los mecanismos para una creciente, pero regulada, participación de las masas.

Para comprender y valorar justamente los alcances y limitaciones de la obra rodoniana sería necesario, sin embargo, ubicarla en la peripecia política de su Uruguay de entonces, y vincular cada trazo con otras áreas de su actividad de intelectual, especialmente con su labor parlamentaria y periodística.

La iniciación de Rodó en la vida pública y literaria se produce en un ambiente nacional de pugna por la estabilización institucional. Los atentados contra el General Máximo Santos, el 17 de agosto de 1886, y contra el presidente Juan Indiante Borda, el 25 de agosto de 1897, va pautando un período conmocionado por las luchas políticas. Rodó comenta en su momento el asesinato de Borda en un tono de mesurada censura moral, sin esconder su discrepancia con el régimen político vigente[7]. Comenta, asimismo, con desesperanza, las repercusiones de ese clima político en la vida cultural del país, cuando deja de aparecer, en noviembre de 1897, la *Revista Nacional de Literatura y Ciencias Sociales* que había fundado dos años antes con Víctor Pérez Petit y los hermanos Carlos y Daniel Martínez Vigil:

> ¿Quién escribe? ¿Quién lee? El frío de la indiferencia ha llegado a la temperatura del hielo por estas cosas. Montevideo es mitad un club de hablillas políticas y mitad una factoría de negociantes (...) No hay tribuna, no hay prensa política, no hay vida de inteligencia. Cada uno de nosotros es un pedazo de un gran cadáver[8].

Este es el sentimiento de descontento con el medio y el abatimiento personal que lo perseguirían, con altibajos durante toda su vida.

Durante la gestión presidencial de Juan Lindolfo Cuestas, Rodó empieza gradualmente a tomar posiciones dentro de la política nacional, al tiempo que comienza a perfilarse como crítico en el ambiente literario hispanoamericano. En ambos niveles manifiesta el mismo revisionismo principista y aleccionador y el mismo consecuente civilismo que caracteriza

---

[5] En *Rubén Darío y el Modernismo,* Caracas, Ed., de la Biblioteca de la Universidad Central de Venezuela, Colección Temas, 1970, pág. 48.

[6] La lista de autores que se relaciona en general con la obra de Rodó es mucho más extensa que la citada, y casi todos los críticos que se han ocupado de la producción rodoniana coinciden en señalar además de los nombres aludidos, Platón, Nietzsche, Brunetiére, Gautier, Anatole France, por ejemplo. Debe distinguirse, sin embargo, entre aquellos autores que ejercieron sobre Rodó un influjo más marcado y constante, y aquellos de los que se utilizan citas o ideas de manera eventual, y con respecto a los cuales no existe certeza de que Rodó conociera su obra de manera directa o profunda. Entre los mejores trabajos sobre fuentes e influencias está el excelente «Prólogo» de C. Real de Azúa a *Motivos de Proteo,* Montevideo, Ministerio de Instrucción Pública y Previsión Social, Biblioteca Artigas, 1957. Ver también G. Albarrán Puente, *El pensamiento de José Enrique Rodó,* Madrid, Ed. Cultura Hispánica, 1953.

[7] En carta a Francisco Piquet del 1 de septiembre de 1897, Rodó señala «la íntima complacencia» que produjo la noticia en la opinión pública que discrepaba con los excesos del régimen de Borda, aunque no llega a asumir la defensa de Avelino Arredondo, el estudiante responsable del hecho, tal como hace en su momento Batlle y Ordóñez.

[8] En carta a Francisco Piquet, citada por Wilfredo Penco, *José Enrique Rodó,* Montevideo, Arca Ed. 1978, página 14.

su actuación de hombre público durante toda su vida.

«El que vendrá», publicado el 25 de junio de 1896 en la *Revista Nacional*, será su primer trabajo de resonancia y pasará a constituir, un año después, junto con «La novela nueva», el primer opúsculo de *La vida nueva*[9].

Sin pretender alternativas al canon modernista, «El que vendrá» expone sobre todo, en un lenguaje ampuloso y profético, el desconcierto ante el descaecimiento de las fórmulas estético-ideológicas del siglo XIX.

> El vacío de nuestras almas sólo puede ser llenado por un grande amor, por un grande entusiasmo; y este entusiasmo y este amor sólo pueden serles inspirados por la virtud de una palabra nueva (...) Esperamos: no sabemos a quién. Nos llaman, no sabemos de qué mansión remota y oscura. También nosotros hemos levantado en nuestro corazón un templo al dios desconocido[10].

La imprecisa voluntad de creencia que proclaman las páginas de «El que vendrá» no cae en el vacío. Se vinculaba ya a los artículos críticos de Rodó que venían publicándose en la *Revista Nacional* y a un todavía difuso continentalismo a través del cual se buscaba redefinir «la unidad intelectual y moral de Hispanoamérica»[11]. Pero, lo que es más importante, aparecía como producto de una conciencia crítica que percibía en el ocaso del siglo, la necesidad de reenfocar el trabajo cultural y por consiguiente la función de intelectual, a partir de bases más acordes a los principios de la modernidad.

El balbuceo metafísico de «El que vendrá» anuncia ya la crisis de la concepción romántica del arte que textos posteriores de Rodó expondrían en muchos de sus términos. Plantea

también, bajo la forma de una «inquietud histórica», la perspectiva de una intelectualidad que, cada vez más consciente de su desplazamiento en el cambiante sistema de relaciones sociales, buscaba redefinir su papel en el contexto conflicitivo de los cambios por los que atravesaba la sociedad civil.

«El que vendrá» no intenta una respuesta. Funciona más bien como una especulativa apertura a las nuevas doctrinas que, en la línea que el mismo Rodó calificara como «neoidealismo», venían a sustituir la orientación positivista. El estilo vago y grandilocuente ahueca, sin embargo, el contenido de estas páginas[12].

Una postura similar, de acentuado eclecticismo, se manifiesta en «La novela nueva», artículo surgido como comentario a *Las Academias,* novelas cortas de Carlos Reyles, y en especial al prólogo que este autor hace a «Primitivo», la primera de ellas. En su ensayo Rodó expresa su reconocimiento a la renovación modernista, enfatizando sin embargo la importancia de la tradición literaria europea, especialmente de la novela española de Galdós, Valera, E. Pardo Bazán, etc., sobre cuya base se asentarán los logros de las nuevas escuelas[13].

Publicado en el mismo año que *Los Raros* y *Prosas Profanas, La vida nueva* no esconde su sentido augural ni sus reservas con respecto a lo que se perfilaba ya como el Modernismo canónico.

Si frente a la pujanza de las nuevas corrientes del pensamiento europeo y anglosajón América tenía, en la conciencia cultural de los intelectuales del 900, la «presencia borrosa e intermitente» que señaló Real de Azúa en sus estudios sobre el Modernismo, es cierto también que muchos hechos de la escena continental impulsaban la búsqueda de nuevas fórmulas estético-ideológicas que ayudaran a tematizar, de cara al nuevo siglo, los cambios suscitados mundialmente por la reestructuración, de las relaciones de dependencia. En Rodó esa búsqueda se extenderá dentro de los

---

[9] El espaldarazo nacional lo darán principalmente los juicios de Samuel Blixen, crítico de *La Razón,* quien se preocupa en destacar especialmente el estilo del texto: «el verbo se ha hecho síntesis de todas las cosas bellas y además de ser poesía parece también música y pintura», Montevideo, *La Razón,* 3 de julio de 1896.

Según consigna Rodríguez Monegal, sólo Herrera y Reissig reprochan a Rodó, en páginas que éste no llegó a conocer, la excesiva fe que su ensayo manifiesta en los literatos como guía espiritual del ser humano. *Obras completas* (Introducción, prólogo y notas de Emir Rodríguez Monegal). Madrid, Aguilar, 1957, págs. 144-145. En lo sucesivo se citará a partir de esta edición.

[10] *Obras completas,* pág. 150.

[11] En carta a Manuel Ugarte, Director de la *Revista Literaria de Buenos Aires,* del 1 de abril de 1896. *La Revista Nacional de Literatura y Ciencias Sociales* permitió difundir en España la producción de muchos escritores hispanoamericanos, entre otros de Rubén Darío, Leopoldo Lugones, Rufino Blanco Fombona, Ricardo Palma, Jaime Freire, Manuel Ugarte, etc., y fue muy bien recibida en aquel medio, como testimonian por ejemplo los juicios de Leopoldo Alas, «Clarín».

[12] Mario Benedetti, *Genio y figura de José Enrique Rodó,* Buenos Aires, Ed, Universitaria de Buenos Aires, 1966, pág. 29. El mismo Rodó comentaría después negativamente «El que vendrá», diciendo que sus páginas, en realidad, «no dicen nada».

[13] Señala Rodó en su artículo, asimismo, los ecos de la obra de Tolstoi, Ibsen, Renan, Spencer, como parte de la tradición que corresponde a la literatura hispanoamericana, a la que busca visualizar como parte de la cultura universal. «Todo propósito de autonomía literaria que no empiece por reconocer la necesidad de vinculación fundamental de nuestro espíritu con el de los pueblos a quienes pertenece el derecho de la iniciativa y de la dirección por la fuerza y la originalidad del pensamiento, será, además de inútil, estrecho y engañoso.» *Obras completas,* pág. 157.

precisos límites marcados por los valores de la tradición cultural europea y el individualismo liberal y romántico, y sus tendencias básicas —el americanismo de *Ariel,* el proteísmo— no serán, en esencia, diferentes a algunas líneas ideológicas que elaboraba, con mayor colorido, la estética dariana.

La segunda entrega de *La vida nueva* está constituida por el ensayo sobre «Rubén Darío. Su personalidad literaria. Su última obra.» En este estudio, aparecido en 1899, Rodó analiza los alcances y la capacidad innovadora del Modernismo, viéndolo fundamentalmente como una instancia de superación de corrientes anteriores, y como una concreción excepcional del arte que se desarrollaba dificultosamente en medio de «la vida mercantil y tumultuosa» de las sociedades americanas. En su estudio declara:

> Yo soy un modernista y pertenezco con toda mi alma a la gran reacción que da carácter y sentido a la evolución del pensamiento en las postrimerías de este siglo; a la reacción que, partiendo del naturalismo literario y del positivismo filosófico, los conduce, sin desvirtuarlos en lo que tienen de fecundos, á disolverse en concepciones más altas[14].

Expresa al mismo tiempo breves reservas respecto a Darío a quien califica como «el gran poeta exquisito». Para Rodó, «la obra de Rubén Darío (...) es en el arte una de las formas personales de nuestro anárquico idealismo contemporáneo». Hace notar, al mismo tiempo, «el antiamericanismo involuntario del poeta» y las dificultades de su estilo, «que llega al oído de los más como los cantos de un rito no entendido». Retóricamente, Rodó expresa como para sí mismo la siguiente interrogante:

> ¿No crees tú que tal concepción de la poesía encierra un grave peligro, un peligro mortal para esa arte divina, puesto que, a fin de hacerla *enfermar de selección,* le limita la luz, el aire, el jugo de la tierra[15]?

Con mayor rigor condena, hacia el final del artículo, a los imitadores de la nueva estética, a quienes llama «falsos demócratas del arte», por su profanadora vulgarización del estilo modernista.

José Enrique Rodó.

Desde «El que vendrá», Rodó era ya figura conocida en el ambiente intelectual hispanoamericano, pero la resonancia de su sagaz estudio sobre Darío le consagra definitivamente en el continente.

Aunque el vate nicaragüense contesta fríamente ese estudio, con una breve nota al crítico uruguayo, incluye (aunque sin firma) ese análisis como prólogo a la segunda edición de *Prosas Profanas* (París, 1901,) reconociendo la importancia del ensayo rodoniano que, como Darío indicara, no era en absoluto «sospechoso de camaradería cenacular»[16].

La actividad de Rodó no se limitaba, mientras tanto, a las letras. A partir de febrero de 1898 había defendido, desde las páginas del periódico *El Orden*[17] la gestión presidencial de Juan Lindolfo Cuestas, quien apoyado por

---

[14] *Id,* pág. 187.
[15] *Id,* pág. 170 (La cursiva es de Rodó.) En el artículo están presentes tanto la admiración como las reservas de Rodó respecto a la estética dariana, a la que el escritor uruguayo contraponía su adhesión a una literatura «de trascendencia social, en lo que tiene de propaganda de ideas, de eficaz instrumento de labor civilizadora». Carta a Manuel Díaz Rodríguez, 10 de enero de 1904, citada por M. Benedetti, *op. cit.,* pág. 115.

[16] La lacónica respuesta de Darío (4 líneas) agradeciendo el ensayo de Rodó y el «error» de eliminar la firma del mismo cuando se lo incluye como prólogo de la edición francesa de *Prosas profanas,* da la idea de la tirantez de relaciones entre ambos escritores, así como de la creciente estatura de Rodó en el continente, especialmente a partir de este ensayo consagratorio. Ver M. Benedetti, *op. cit.,* páginas 43-44.
[17] Rodó formaba parte, junto con Juan Andrés Ramírez, V. Pérez Petit, Domingo Arena, Juan Carlos Blanco Acevedo, entre otros, del equipo de redactores de ese periódico colorado. Allí aparecen varios artículos de Rodó de carácter político.

Batlle y Ordoñez comienza una política de co-participación con el partido blanco opositor, que va variando poco a poco hacia la represión y el autoritarismo[18].

El grupo de redactores de *El Orden* se dispersa cuando el periódico es disuelto en marzo de 1897. Desalentado por todos estos giros negativos de la política nacional, Rodó se retira por unos años del periodismo político. Ocupa varios cargos burocráticos, hasta que en mayo de 1897 es nombrado catedrático de Literatura por el Dr. Alfredo Vázquez Acevedo. En 1901 se reintegra al periodismo como colaborador de *El Día,* periódico colorado. Se aboca a tareas tendientes a la unificación de las diversas tendencias en que para entonces se dividía el Partido Colorado, promoviendo la creación de una nueva agrupación política, el Club Libertad, de la cual es nombrado primer vicepresidente[19]. Por renuncia de algunos de los titulares a la Cámara de Representantes, Rodó, que figuraba como suplente, pasa a ocupar por primera vez la banca de diputado por Montevideo, desde marzo de 1902 hasta 1905.

También internacionalmente, los años que corresponden al cambio de siglo son un período intenso. En 1898 se produce la intervención de Estados Unidos en Cuba, arrebatada así del dominio español, hecho que provoca especialmente en el Río de la Plata una serie de sentimientos encontrados. En un clima nacional de simpatía generalizada por las luchas independentistas de la isla. La acción norteamericana es interpretada, fundamentalmente, como un avance en contra de «la latinidad», como la violación de un ámbito que por raza, historia y tradición, pertenecía a la América hispana. La intervención es vista ya por muchos como signo inequívoco de un proceso expansivo que amenazaba a la totalidad continental, y que debía ser denunciado[20].

---

[18] El 10 de febrero de 1898 Cuestas disuelve el Parlamento nombrando en su lugar un Consejo de Notables.

[19] El 21 de febrero de 1901 Rodó da un discurso en el Teatro San Felipe sobre el tema de la unidad partidaria. El fraccionamiento del Partido Colorado preocupó largamente a Rodó, y a ese problema dedicaría gran parte de sus esfuerzos durante esos años.

[20] Víctor Pérez Petit, biógrafo de Rodó, condensó con estas palabras el pensamiento de la época respecto a ese problema: «Queríamos y anhelábamos la libertad de Cuba, último pueblo de América que permanecía sujeto al yugo de España no obstante sus viriles luchas por la independencia y la actuación gloriosa de los Martí y los Maceo. Pero deseábamos, al par, que esa libertad fuera conquistada, como había sido conquistada la de toda Sud América por los hijos de la nación sojuzgada y, a lo sumo, con el concurso de pueblos hermanos (...) En esa lucha estábamos por España. Cuba libre sí, pero no por el favor o el interés de Norte América.» *Rodó. Su vida. Su obra.* Montevideo, Imprenta Latina, 1918, pág. 152. Citado por Mario Benedetti, *op. cit.* págs. 39-40.

Desde esta perspectiva coyuntural es concebido *Ariel,* publicado en 1900 como tercera entrega de *La vida nueva.*

Combinando los rasgos del ensayo, el discurso y la parábola, *Ariel* plantea, en una prosa marmórea y elocuente, la necesidad de defender los valores de la latinidad, ante el agresivo avance del Norte.

Teniendo como antecedentes *La Tempestad* shakespeareana (1612), y más directamente la reelaboración de Renan en su *Calibán,* drama político-filosófico de 1878, Rodó retoma los símbolos básicos de Próspero, encarnación de la desinteresada sabiduría, y Calibán, hombre de baja condición, ignorante e instintivo, para delinear una «estética de la conducta» que se propone como mensaje salvador «a la juventud de América», a quien el escritor dedica su texto.

Las líneas más salientes de *Ariel* —defensa de los valores hispánicos y de la tradición greco-latina, alerta ante las derivaciones del utilitarismo, exaltación de la personalidad como reducto final del individuo, fe en el ideal y el porvenir— plantean en los términos de un humanismo clasicista un problema crucial en la época y el pensamiento de Rodó: el de las posibilidades y peligros de la democracia. El elitismo racista y europeizante de Renan impregna, sin embargo, las páginas de *Ariel*[21]. Ariel representa inequívocamente la fuerza del espíritu, la intelectualidad capaz de rescatar de entre los conflictos y tensiones sociales, un puñado de valores incólumes a partir de los cuales propender hacia una «aristarquía», predominio selecto de la virtud y de la inteligencia.

Si el avance norteamericano había permitido mirar a nueva luz la ubicación de América Latina como área periférica sometida a la influencia imperial, también es cierto que la toma de conciencia —temprana, parcial— que incluye *Ariel,* es en sí misma producto de una perspectiva a la vez conservadora y reivindicativa, surgida en medio de un conflictivo proceso de reordenamiento social, desde un horizonte ideológico limitado. A estas circunstancias debe *Ariel* sus aciertos y sus insuficiencias.

Al tiempo que se constituye como alegato americanista, *Ariel* apunta a la redefinición de los fueros y funciones de la *intelligentsia* que en el continente buscaba rearticularse dentro del cambiante sistema de relaciones sociales. Desde su perspectiva básicamente ecléctica y universalista, las páginas de *Ariel* afirman el ideal del hombre integral y los valores del es-

---

[21] Roberto Fernández Retamar ha actualizado y reinterpretado la antinomia ideológica de *Ariel* en su *Calibán.* México, Ed. Diógenes S. A. 1974.

piritualismo que el positivismo había relegado. Ética y estética son en Rodó disciplinas estabilizadoras para un orden social jerárquico, regido por el principio de la «aristocracia del mérito», esencial para una intelectualidad que aspiraba a actuar como interlocutora del poder político en el proceso de conducción social[22].

Siguiendo las huellas siempre presentes del pensamiento comtiano, Rodó ve en la democracia un principio de orden cuyo riesgo principal es la tendencia a la eliminación de las diferencias naturales entre los hombres, especialmente en lo que se refiere a inteligencia, virtud y sensibilidad. El progreso se asienta según él, sin embargo, en el predominio de los mejores, en la legitimación de esa última, ineludible desigualdad.

Son justamente esos valores los que intenta preservar el americanismo rodoniano, su vi-

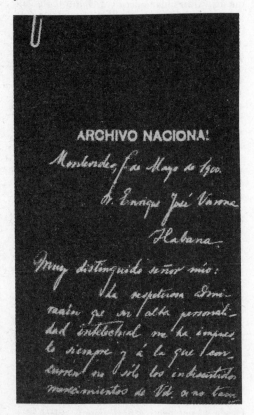

Carta en la que Rodó llama a Varona «Próspero».

sión del continente como «una sola patria», ámbito cultural y asiento de la latinidad, los mismos valores —comunidad de origen, lengua, religión— que Darío opondría a los Estados Unidos en su «Oda a Roosevelt», incluida en *Cantos de Vida y Esperanza,* libro de 1905 dedicado a Rodó. El espiritualismo antipragmático que ambos escritores oponen al poderío norteamericano aparece así como producto de una visión sectorial que tamizaba, con los elementos posibles dentro del panorama ideológico de esos autores, una «inquietud histórica». Ambos textos retienen asimismo algo del idealismo mesiánico y reformista del Romanticismo.

Aunque nueve años posterior a la publicación de «Nuestra América», de José Martí, en periódicos mexicanos, *Ariel* fue, no sólo por su oportunidad y contenido sino también por la inmensa difusión que obtuvo a poco de publicado, como bien ha indicado Mario Benetti, «la primea plataforma de lanzamiento para otros planteos posteriores»[23]. Aunque sin detenerse en las causas político-económicas del fenómeno imperialista y restringiendo su mensaje al terreno axiológico, *Ariel* es una denuncia y un alerta, un intento pionero de desmitificación y resistencia a los símbolos materiales e ideológicos transnacionalizados por la política expansionista norteamericana, una firme y optimista exhortación a la solidaridad entre las naciones latinoamericanas, un intento de definir la dimensión total del individuo, y propender a la constitución de su personalidad social. *Ariel* fue recibido, así, en el continente, como un texto de valor programático, como un manifiesto que puede aún hoy ser leído

---

[22] Como Henríquez Ureña indicara en su estudio sobre Rodó, el objetivo principal del autor de *Ariel* es «contribuir a formar un ideal en la clase dirigente, tan necesitada de ellos». «*Ariel». Obra crítica,* México, Fondo de Cultura Económica, 1960, pág. 24.

[23] Mario Benedetti, *op. cit.,* pág. 102. Hay asimismo numerosos testimonios de que el mensaje arielista cundió principalmente después del consagratorio prólogo de «Clarín», entre sus contemporáneos. Benedetti cita, por ejemplo, las consideraciones de Alfonso Reyes que reconoce en *Ariel* un texto iluminado, que contribuye a desterrar de los latinoamericanos el «concepto estático de la patria», favoreciendo en su lugar la toma de conciencia de los peligros existentes «...Y entonces la primera lectura de Rodó nos hizo comprender a algunos que hay una misión solidaria en los pueblos (...) A él, en un despertar de la conciencia, debemos algunos la noción exacta de la fraternidad americana.» *Op. cit.,* pág. 103. El mismo reconocimiento es compartido por muchos otros intelectuales de la época: Francisco García Calderón, Juan Valera, Miguel de Unamuno, P. Henríquez Ureña. El número excepcional de ediciones que alcanza *Ariel* en sus diez primeros años de vida (cuatro en Montevideo, una en Valencia, una en Santo Domingo, una en La Habana, dos en México) indica asimismo la popularidad del texto, que recogía y tematizaba una preocupación continental. Este hecho contrapesa el de la fría recepción de *Ariel* en el medio montevideano a que alude Washington Lockart cuando enlista, en muchos casos injustamente, a los «negadores de Rodó». *Rodó y el arielismo,* Montevideo, Cedal, capítulo oriental núm. 12, pág. 186.

como la modalidad cultural —epocal— del antimperialismo [24].

En su país, la actividad de Rodó se define más específicamente en relación a «los ídolos del Foro» y los avatares de sus luchas y acuerdos partidarios. Durante los primeros años del nuevo siglo se va definiendo en el Uruguay la figura de José Batlle y Ordóñez como líder del coloradismo. A pesar de sus reservas, Rodó apoya su candidatura en los comicios de 1903 en que Batlle resulta electo presidente de la República. Los reparos de Rodó con respecto a los peligros de polarización política que el régimen batllista podía aparejar se ven confirmados con los levantamientos de los blancos que, acaudillados por Aparicio Saravia, desembocan tras variadas alternativas en la definitoria batalla de Masoller, de 1904. La violencia civil desasosiega a Rodó, que desaprueba tanto los atentados contra el orden institucional como las medidas del régimen vigente, especialmente las que limitaban la libertad de expresión [25].

Los años en que se va gestando *Motivos de Proteo* coinciden con una serie de problemas económicos que, sumados a la convulsionada realidad nacional, llevan a Rodó a una honda crisis anímica de la que hay profusas evidencias en su correspondencia y escritos personales [26].

En 1906, la redacción de una serie de artículos que aparecerían luego agrupados bajo el título de «Liberalismo y Jacobinismo» se intercala en el proceso de gestación de Proteo. En ellos Rodó aparece atacando, en polémica con el Dr. Pedro Díaz, la posición anticlerical del gobierno batllista que había ordenado el retiro de los crucifijos de los hospitales. Su laicismo no impide a Rodó dar una nueva muestra de tolerancia y respeto a la tradición, manifestando así una vez más su disidencia con el batllismo, ahora desde una postura independiente de su labor parlamentaria, a la que había renunciado en febrero de 1905.

Lírico, didáctico, reflexivo, *Motivos de Proteo* ve la luz en 1909 [27]. Proteo es, en Rodó, el principio creador que se va definiendo temporalmente, a través de sus continuas mutaciones. La actividad incesante, la razón y el impulso sensible, innovador, se conjugan en ese que Rodó anunciara desde el prólogo como un libro en perpetuo devenir, «un libro abierto sobre una perspectiva indefinida» [28].

En efecto, *Motivos de Proteo,* modificando un proyecto inicial en que la futura obra era concebida como un orgánico tratado sobre la personalidad, se organiza, de un modo más acorde con el tema y tesis principales, como un conjunto de páginas que, dirigidas a un receptor marcado («tú», lector ideal), fluyen acumulativamente y en las cuales alternan, según descripción del mismo Rodó, «la filosofía moral con la prosa descriptiva, el cuento con el apotegma, la resurrección de tipos históricos con la anécdota significativa, los ejemplos biográficos con las observaciones psicológicas» [29].

Las parábolas, que en muchas ediciones han sido desglosadas del cuerpo del libro, son un intento de representación, a través de la imagen o con auxilio de la anécdota ficticia y los símbolos, de mensajes morales, guías para la

---

[24] El americanismo y el antiimperialismo son temas constantes en el pensamiento de Rodó. Además de los más conocidos momentos de sus obras, en los que se dedica a desarrollar esas ideas, sus intervenciones parlamentarias y su labor periodística también registran esta preocupación. Mario Benedetti cita, por ejemplo, un artículo publicado en *El Telégrafo,* en que Rodó alude a la exhortación del gobierno estadounidense para que las naciones latinoamericanas intervengan en la situación interna de México para intentar su estabilización. Rodó defiende airadamente el principio de no-intervención y autodeterminación, citando los antecedentes de las acciones norteamericanas en Cuba y Panamá, indicando: «toda intervención extranjera en asuntos internos de un estado soberano, máxime cuando estos asuntos no tienen complicaciones de hecho que hieran directamente las inmunidades o la dignidad de los Estados, debe excluirse y repudiarse con resuelta energía, haciendo de esa exclusión uno de los fundamentos esenciales de toda política internacional americana». 4 de agosto de 1915, en Mario Benedetti, *op., cit.,* págs. 104-105.

[25] Rodó, que había manifestado sus preferencias por la postulación del candidato Dr. Juan Carlos Blanco, aparece así como un temprano crítico de Batlle y Ordóñez, a quien juzgaba sostenedor de un intransigente partidismo que redundaría en contra de la unidad nacional. En medio de la guerra civil que se desata, Rodó comenta amargamente los efectos de la violencia, ansiando poder ausentarse del revuelto país. «Nada hay seguro en nuestro bendito país, ni en política, ni en cuestión económica, todo es inestable, problemático, todo está amenazado de mil peligros y expuesto a desaparecer de la noche a la mañana, inclusive el país mismo.» Carta del 19 de enero de 1904 a Juan Francisco Piquet, en Mario Benedetti, *op., cit.,* pág. 53.

[26] A través del epistolario de Rodó y de datos biográficos aportados por Pérez Petit, se sabe que Rodó atraviesa a partir de 1903 varios años de dificultades familiares y financieras. Tras fallidas operaciones en la Bolsa, debe recurrir a prestamistas para poder sobrevivir. En su diario íntimo figuran también testimonios de sus crisis de angustia y de su soledad.

[27] Hay desacuerdo en cuanto a los años que corresponderían a la gestación de este libro. Según algunos críticos Rodó no empieza su elaboración sino en 1904. Según otros, sus primeras páginas surgen inmediatamente después de la publicación de *Ariel.* Hay incluso autores que aseveran que las ideas principales que luego constituirían el armazón de *Motivos de Proteo* son anteriores al ensayo de 1900, y que *Ariel* sería, entonces, una especie de introducción o «primer capítulo» de aquella obra, que toma cuerpo autónomo con posterioridad. Ver Mario Benedetti, *op., cit.,* pág. 58. Para un estudio de los diferentes aspectos estilísticos, compositivos, ideológicos, etc., relacionados con *Motivos de Proteo* ver Carlos Real de Azúa, «Prólogo» a *Motivos de Proteo,* ed., cit.

[28] *Obras completas,* págs. 301-302.

[29] En carta a Francisco Piquet del 3 de abril de 1904, citada por E. Rodríguez Monegal en su «Introducción general» a J. E. Rodó, *Obras completas,* pág. 135.

conducta, un esfuerzo, en fin, por fijar estéticamente principios éticos, un recurso efectivo para la persuasión. Entre las más logradas y conocidas están «Mirando jugar a un niño» (VIII), «La respuesta de Leuconoe» (XVII), «El faro de Alejandría» (XXII), «Los seis peregrinos» (C), «La pampa de granito» (CLI)[30].

El hilo conductor del volumen, al que Rodríguez Monegal calificara de «autobiografía espiritual», es la reflexión vitalista, psicofilosófica, sobre el individuo, las fuerzas interiores que lo constituyen, sus posibilidades de realización y perfeccionamiento. El ideal proteico —«reformarse es vivir»— celebra la transformación permanente, la innovación, el cambio que no implica ruptura sino nuevas posibilidades de adaptación, la capacidad de modificación que no altera la estructura profunda del ser, que lo enriquece sin desnaturalizarlo.

> Reformarse es vivir... Y desde luego, nuestra transformación personal en cierto grado, ¿no es ley constante e infalible en el tiempo? ¿Qué importa que el deseo y la voluntad queden en un punto si el tiempo pasa y nos lleva? El tiempo es el sumo innovador[31].

> Somos la estela de la nave, cuya entidad material no permanece la misma en dos momentos sucesivos, porque sin cesar muere y renace de entre las ondas; la estela, que es, no una persistente realidad, sino una forma andante, una sucesión de impulsos rítmicos que obran sobre un objeto constantemente renovador[32].

La realización personal es la meta y, a la vez, la limitación del proyecto. La doctrina de la evolución creadora, de raíz bergsoniana, así como las ideas de Nietzsche, Harmann, Schopenhauer, se funden en una concepción relativista del hombre y de la vida que quiere proyectarse como una filosofía práctica, como una preceptiva y una ética que guíen la conducta individual.

Los temas de la vocación, el amor a la vida, el tiempo, la soledad, el problema general del valor, ayudan a delinear en esta obra de Rodó los parámetros de un humanismo voluntarista y estabilizador —de un «humanismo burgués», como definiría con posterioridad Aníbal Ponce— que no se realiza tanto a través de una temporalidad histórica, conflictiva, sino sobre todo como proceso o devenir íntimo, privado, en clave subjetiva.

Los años que preceden a la aparición de su siguiente libro son para Rodó profusos en responsabilidades públicas. Su actividad periodística y parlamentaria alterna con la redacción y corrección de muchas de las páginas que aparecerán luego en El Mirador de Próspero. En 1907 Rodó es electo para la dirección del Club Vida Nueva. Mientras tanto actúa como corresponsal del diario La nación, de Buenos Aires, donde aparecen adelantos de Motivos de Proteo. En 1908 es elegido presidente del Círculo de la Prensa, y en ese mismo año comienza su segundo período en las Cámaras como diputado por el Partido Colorado, posición que retoma por tercera vez en el siguiente lapso 1911-1914.

Su labor parlamentaria corresponde así a la presidencia del colorado Claudio Williman y a la nueva candidatura de Batlle y Ordóñez, de quien Rodó se separará definitivamente en 1912.

Durante la gestión de Williman, alentado por sus afinidades con lo que califica como «un gobierno de espíritu impetuoso aventurado, audaz, de tendencias radicales»[33], Rodó brinda su apoyo a diversos proyectos relacionados con la cultura nacional, interviene en los debates sobre establecimiento de límites con el Brasil y viaja a Chile como representante uruguayo en los actos de celebración de la independencia de ese país. En el Congreso chileno pronuncia un importante discurso en el que nuevamente afirma su fe americanista.

Durante los primeros años de la nueva presidencia de Batlle y Ordóñez se ahondan sus disidencias con éste, especialmente a raíz de la orientación anticolegialista que Rodó defiende. Bajo el seudónimo de «Calibán» o con su propia firma, Rodó expone en diversos periódicos sus críticas y argumentos, consolidando así su oposición al líder de su partido.

En 1913, un año antes del estallido de la Primera Guerra Mundial, se publica El Mirador de Próspero. Cuatro años después, el 1 de mayo de 1917, Rodó muere en un hospital de Nápoles, a los cuarenta y cinco años de edad. Decepcionado por el desenlace de su relación política con Batlle y Ordóñez, frustrado por las limitaciones del medio, solitario como en toda su vida, había partido diez meses antes hacia Europa como corresponsal de la revista argentina Caracas y Caretas. Unas notas de viaje son las últimas páginas que produce antes de caer enfermo[34].

[30] Ver el citado «Prólogo» de C. Real de Azúa a Motivos de Proteo, ed., cit., págs. LXXXV-XCIX, y E. Rodríguez Monegal, «Introducción general», ed., cit., págs. 131 y ss.

[31] Obras completas, pág. 302.

[32] Id., pág. 303.

[33] Citado por Wilfredo Penco, op., cit., pág. 45.

[34] Póstumamente, sus últimos escritos fueron recogidos por el editor de Rodó, Vicente Claverl, en El camino de Paros, Barcelona, 1918. También póstumamente se publican Los últimos Motivos de Proteo. Manuscritos hallados en la mesa del Maestro (1932). Son textos recogidos por familiares de Rodó y prologado por Dardo Regules.

En *El Mirador de Próspero* reúne Rodó cuarenta y cinco artículos y ensayos de diferentes épocas y estilos. Discursos, prólogos de libros, ensayos de interés filosófico, meditaciones éticas, cartas, estudios sobre personajes de la historia continental, artículos, circunstancias sobre temas sociales, componen el volumen que, para muchos, es el que entrega de manera más fiel y matizada la estatura intelectual de Rodó.

Algunos textos recogidos en el volumen, como «El Rat-Pick», provocan más bien a la reflexión moral sobre usos y tradiciones, o se exponen como ejemplares piezas de estilo («Mi retablo de Navidad»). Otros tienen un interés sociológico más preciso, como el estudio («Del trabajo obrero en el Uruguay»), compuesto y presentado como informe a la Cámara de Diputados en 1908. En él Rodó se concentra en el tema de la legislación laboral con consideraciones adelantadas para la época en torno a los problemas de la limitación de la jornada de trabajo, el sindicalismo, las condiciones de seguridad e higiene en el trabajo, descanso semanal, salario mínimo e indemnizaciones. Otras páginas, como «La gesta de la forma», de 1900, interiorizan al lector sobre la concepción de la escritura en Rodó, obviamente afectada por el Modernismo, y sobre sus ideas acerca del proceso creativo entendido como una lucha íntima y voluptuosa en busca de la perfección. Sin embargo el conjunto aparece más bien dirigido a ofrecer una multifacética crítica de la cultura. Se destacan fundamentalmente los estudios históricos sobre Montalvo y el bien documentado «Juan María Gutiérrez y su época» —junto a un «Bolívar» de estilo demasiado ampuloso— sobre todo porque son índice del interés del autor en el pasado americano, y de su intento por recuperar las raíces y los hitos del pensamiento contiental. Otros estudios proyectados —un ensayo sobre Artigas, otro sobre Martí, que no llegaron a realizarse— hubieran entregado nuevas muestras de la capacidad de Rodó en esa veta de la interpretación histórico-biográfica, que constituye el aporte más sólido de *El Mirador.*

Muchas páginas testimonian en este libro el ideal de América como esa «magna patria indivisible» que existía aún sin una plena conciencia de sí. Esa idea de la unidad continental implica para Rodó no sólo la posibilidad de superación de restrictivos nacionalismos, y una base de defensa contra cualquier forma de influencia ajena a la tradición americana, sino también un punto de partida para la integración efectiva de los pueblos de América en un diálogo cultural universal. Por eso, como ha señalado Arturo Ardao, el americanismo de Rodó se proyecta, en lo político y en lo cultural, con un sentido heroico, programático[35].

El impulso retórico no es, en *El Mirador de Próspero,* diferente ni menor del que alienta en *Ariel* o en las múltiples parábolas incluidas en *Motivos de Proteo* o en otros de los textos rodonianos, ensayos estéticos, notas o discursos parlamentarios. Rodó se perfila siempre como maestro y busca en la ficción ejemplarizante o en la historia, en cuadros de costumbres o en la tradición literaria, casos paradigmáticos que den apoyo a su voluntad moralizante, a su fe en la cultura como clave para la definición de la personalidad social, individual y colectiva.

Quizá ha sido esa misma voluntad de abrir senda, de reinvidicar, en épocas revueltas, la función del intelectual como conductor de almas e intérprete de la historia, lo que dio mayor base a los debates que en torno a Rodó y el arielismo se extendieron durante varias décadas en el continente.

Calificado alternativamente de ecléctico y *dilettante,* de liberal y de conservador, de europeizado y de americanista, Rodó proyectó sobre un sector del pensamiento hispanoamericano un conjunto de ideas que, sin ser originales, tematizaban las inquietudes de una intelectualidad que, en muchos casos desde posiciones conservadoras, sentían como suya la causa americana. La obra de Rodó y en especial el mensaje de *Ariel,* que precedió a la Primera Guerra Mundial y a la Revolución Mexicana, a muchas experiencias dictatoriales en Hispanoamérica y a un efectivo y sistemático avance norteamericano en el continente, parecieron adquirir con el tiempo un sentido histórico más concreto, ante el desconcierto del atropello político y la incertidumbre del futuro. Pero esos mismos hechos confirmaron también las insuficiencias de una obra que en su estilo excesivamente declamatorio y ponderado, no alcanzaba a cubrir, en muchos aspectos básicos una problemática compleja que ya estaba planteada desde antes en Hispanoamérica.

El avance y movilización creciente de los sectores medios, así como las crisis político-económicas de postguerra, replantearían también, de modo más dramático y urgente, los problemas de la democracia y del imperialismo, de la cultura nacional y de un nuevo humanismo, dejando mucho más al descubierto el individualismo elitista y romántico que marca de manera conspicua los textos rodonianos. Otra cosa son las alternativas que, más allá de

---

[35] Arturo Ardao, *Rodó. Su americanismo,* Montevideo, Biblioteca de Marcha, 1970.

la «polémica Rodó» corresponden al arielismo, como desprendimiento y en muchos casos deformación o extralimitación de los contenidos concretos presentes en la producción del escritor uruguayo[36]. De todos modos, en uno y otro caso, el alcance, los méritos y las limitaciones, ilustran de manera ejemplar la inserción de un modelo de pensamiento que, arraigado aún en el prestigio cultural europeo, intentaba entender y proyectarse sobre una específica coyuntura continental, dando líneas

directrices para enfrentar nuevos problemas, a partir de un cuerpo de ideas que, en muchos de sus términos, perdía progresivamente su vigencia.

La obra de Rodó no provee un modelo de reemplazo, no adhiere tampoco, de manera orgánica y total, en una ideológica única, definida y localizable. Plantea sí, y en ese sentido es innegablemente representativa, el problema de la tradición y los valores propios de América en los albores de una época de modernización transnacionalizada, y se pregunta y nos pregunta sobre su sentido histórico real, sus alcances verdaderos y sus peligros.

---

[36] Ver C. Real de Azúa, «Prólogo» a *Motivos de Proteo*, ed., cit., págs. CXXIII y ss.

BIBLIOGRAFÍA

Se incluyen aquí solamente estudios básicos para una aproximación crítica a la obra de José Enrique Rodó. Para una información bibliográfica más amplia puede apelarse al trabajo de Arturo Scarone o a la bibliografía que figura en las *Obras completas* preparadas por Emir Rodríguez Monegal.

Obras

Obra original

La vida nueva, I. (El que vendrá. La novela nueva). Montevideo, Imprenta de Dornaleche y Reyes, 1897.
La vida nueva, II, (Rubén Darío, Su personalidad literaria, su última obra), Montevideo, Imprenta de Dornaleche y Reyes, 1899.
La vida nueva, III, (Ariel.), Montevideo, Imprenta de Dornaleche y Reyes, 1900.
Liberalismo y Jacobinismo, Montevideo, Librería La Anticuaria, 1906.
Motivos de Proteo, Montevideo, José María Serrano y Cía., 1909.
El Mirador de Próspero, Montevideo, José María Serrano Ed., 1913.

Obra póstuma

El camino de paros (meditaciones y andanzas), Valencia, Cervantes, 1918.
Epistolario, (Recopilación y notas preliminares de Hugo D. Barbagelata) París, Biblioteca Latino-America, 1921.
Los últimos motivos de Proteo (Manuscritos hallados en la mesa de trabajo del Maestro), (Prólogo de Dardo Regules), Montevideo, 1932.
Los escritos de La Revista Nacional de Literatura y Ciencias Sociales, Poesías dispersas, (Introducción de José Pedro Segundo), Montevideo, Barreiro y Ramos, 1945.

Obras Completas

Editorial Cervantes, Valencia-Barcelona, 7 volúmenes, 1917-1927.
Edición oficial, Montevideo, iniciada en 1945, 4 volúmenes publicados, Coordinación, José Pedro Segundo y Juan Antonio Zubillaga.
Ediciones Antonio Zamora, Buenos Aires, I volúmen, 1948, Edición y prólogo de Antonio José Vaccaro.
Editorial Aguilar, Madrid, I volúmen, 1957. Introducción, prólogo y notas de Emir Rodríguez Monegal.

Crítica

ALAS, Leopoldo, «Ariel». *El imparcial,* Madrid, 23 de abril de 1900, incluido como prólogo a la segunda edición de *Ariel,* 1900.
ALBARÁN PUENTE, Glicerio, *El pensamiento de José Enrique Rodó,* Madrid, Cultura Hispánica, 1953.
ARDAO, Arturo, «La conciencia filosófica de Rodó», Montevideo, *Número,* 6-7-8, enero-junio de 1950.
— *Espiritualismo y positivismo en el Uruguay,* México, Fondo de Cultura Económica, 1950.
— *Rodó, Su americanismo,* Montevideo, Biblioteca de Marcha, 1970.
BARBAGELATA, Hugo, D., (ed.) *Rodó y sus críticos,* París, H. D. B., 1920.
CRISPO ACOSTA, Osvaldo, («Lauxar»), *Rubén Darío y José Enrique Rodó,* Montevideo, Agencia General de Librería y Publicaciones, 1924.
GIL SALGUERO, Luis, *Ideario de Rodó, (Preludios a una filosofía del heroísmo),* Montevideo, Ministerio de Instrucción Pública, 1943.
GONZÁLEZ MALDONADO, Edelmira, *El arte del estilo en José Enrique Rodó, Análisis de El Camino de Paros,* San Juan, P. R., Edil, 1968.
HENRÍQUEZ UREÑA, Max, *Rodó y Rubén Darío,* La Habana, Soc. Ed. Cuba Contemporánea, 1918,
HENRÍQUEZ UREÑA, Pedro, «Ariel» en, *Obra Crítica,* México, Fondo de Cultura Económica, 1960.

IBAÑEZ, Roberto, «Sobre Motivos de Proteo», Montevideo, *Anales del Ateneo,* junio de 1947.

— «Americanismo y Modernismo», México, *Cuadernos Americanos,* enero-febrero, 1948.

LOCKART, Washington, *Rodó y su prédica. Sentimientos fundamentales,* Montevideo, Banda Oriental, 1982.

MONGUIO Luis, «De la problemática del modernismo, la crítica y el «cosmopolitismo», Pittsburg, *Revista Iberoamericana,* enero-junio, 1962.

ORIBE, Emilio, *El pensamiento vivo de Rodó,* Buenos Aires, Ed. Losada, 1944.

PENCO, Wilfredo, *José Enrique Rodó,* Montevideo, Ed. Arca, 1978.

PÉREZ PETIT, Víctor, *Rodó, Su vida, Su obra,* Montevideo, Ed. Claudio García, 1937.

PIQUET, Francisco, *Perfiles literarios,* Montevideo, Imp. y Lit. Oriental, 1896.

REAL DE AZÚA, Carlos, «Rodó en sus papeles», Montevideo, *Escritura,* 3 marzo 1948.

— «Prólogo» a *Motivos de Proteo,* Montevideo, Biblioteca Artigas, 1957, 2 volúmenes.

REYES, ALFONSO, «Notas sobre la inteligencia americana» en, *Obras completas* de A. R. México, Fondo de Cultura Económica, 1955-65, XI, 82-90.

RODRÍGUEZ MONEGAL, Emir, *José Enrique Rodó en el Novecientos,* Montevideo, Ed. Núm., 1950.

— «Rodó, crítico y estilista», Montevideo, Núm. 21, octubre-diciembre, 1952.

— «Introducción», en, *Obras Completas* de R. E. R. Madrid, Ed. Aguilar, 1957.

SÁNCHEZ, Luis Alberto, *Balance y liquidación del 900,* Santiago de Chile, Ed. Ercilla, 1941.

SCARONE, Arturo, *Bibliografía de Rodó,* Montevideo, Publicaciones de la Biblioteca Nacional de Montevideo, 1930, 2 volúmenes.

SEGUNDO, José Pedro, «Introducción» al volúmen I de las *Obras completas* de J. E. R., «Los escritos de la Revista Nacional de Literatura y Ciencias Sociales, Poesías dispersas», Montevideo, Edición oficial, 1945.

ZALDUMBIDE, Gonzalo, *José Enrique Rodó,* Montevideo, Claudio García, 1944.

Guillermo Valencia

Jesús Benítez Villalba

Al igual que ocurrió en el resto de Hispanoamérica, Colombia vivió en el cambio de siglo un momento de reestructuración social caracterizado por el progresivo auge de la burguesía y por el desarrollo, más o menos abierto, de conflictos con origen económico, en este caso relacionados básicamente con las explotaciones petrolíferas y cafeteras.

A partir de las últimas décadas del 800 la burguesía tradicional burocrática colombiana se ve amenazada por la aparición y cada vez mayor peso político de una nueva burguesía de comerciantes que basa su poder en el café y el petróleo, que contempla horrorizada al país hundirse en la guerra civil de los Mil Días y que tiene sus ideales de vida y de arte en las sociedades europeas, especialmente en la francesa.

Pero, a pesar de las tensiones internas —como la provocada por la propiedad y especulación del rico suelo petrolífero—, de los recelos que produce la creación de Panamá por el interés norteamericano y la dependencia comercial respecto a otros países, Colombia va mejorando sensiblemente su infraestructura general a través de la apertura de nuevos puertos, ferrocarriles y carreteras. Aunque con evidente recelo y desasosiego de ciertos grupos políticos liberales, también aparecen ideologías más radicales y se producen las primeras grandes huelgas en el país.

En la transición del siglo y primeros años de nuestra centuria, la vida intelectual y cultural colombiana continúa el desarrollo iniciado en el pasado y, aunque con cierta irregularidad, aparecen numerosas figuras destacadas, como la de Baldomero Sanín Cano (1861-1957), el infatigable promotor y luchador por la cultura que ejerció su influencia en todo el continente a lo largo de sucesivas generaciones.

La literatura se desarrolla enormemente durante esta época y aparecen autores tan distintos como los narradores Tomás Carrasquilla, José Eustasio Rivera o José María Vargas Vila, y los poetas Porfirio Barba-Jacob, Aurelio Martínez Mutis, Julio Flórez o las destacadas figuras de José Asunción Silva y Guillermo Valencia.

Guillermo Valencia (1873-1943) nació en el seno de una familia de la alta burguesía en Popayán, ciudad marcadamente tradicionalista y bastante aislada del resto del país. Comenzó a

Guillermo Valencia al lado de su hermana y unas amigas.

formarse siendo muy niño en la biblioteca de su padre, destacado jurista, Rector de la Universidad y jefe local del Partido Conservador. Continuó sus estudios tras la muerte de sus padres en el Seminario de la ciudad, bajo la dirección de los jesuitas, donde permaneció durante cinco años con especial dedicación a las letras clásicas, lo que debió influir más adelante en el extraordinario equilibrio, mesura y claridad de sus obras.

En 1888 se matriculó en la Facultad de Derecho de la Universidad del Cauca, estudios que nunca llegó a concluir por problemas económicos, en un primer momento, y por dedicarse a otras ocupaciones distintas.

El año 1895 el joven Guillermo Valencia se trasladó a Bogotá con un alto puesto en el Ministerio del Tesoro y allí entró en contacto con los inquietos grupos de artistas que buscaban con avidez todo tipo de novedades.

Elegido como Diputado suplente, ingresó en 1896 en la Cámara de Representantes —antes, incluso, de haber cumplido la edad mínima legal— y comenzó a desarrollar su actividad como orador, en la que habrá de destacar a lo largo de toda su vida, y como político en el Partido Conservador.

En estos primeros años de estancia en Bogotá (1896-1897) es cuando Guillermo Valencia escribió algunas de sus mejores composiciones poéticas, como «Leyendo a Silva,» poema compuesto seguramente bajo la inmediata impresión de la trágica y reciente muerte del otro gran poeta colombiano.

Entre 1898 y 1901 residió en Europa con un cargo diplomático que le permitió recorrer Francia, Suiza y Alemania. Fue una etapa de gran intensidad intelectual en la que, de forma desordenada y ansiosa, Guillermo Valencia escuchó a los mejores profesores de la Sorbona en París y entabló conocimiento con personajes de la talla de Rubén Darío, Gómez Carrillo, Manuel Díaz Rodríguez, Oscar Wilde, Jean Moréas, José María Heredia y Ernesto Lajeuneuse. La estancia europea se vio alterada por el comienzo de la guerra de los Mil Días (1899), en la que colaboró directamente haciendo llegar desde París armas destinadas a uno de los bandos.

En el mismo 1899 se publicó en Bogotá la primera edición de *Ritos,* libro inicial y casi único de G. Valencia que recoge mayoritariamente poemas conocidos con anterioridad a través de revistas y otras publicaciones y que, sin embargo, provocó el entusiasmo y la admiración del público.

Tras su regreso, el joven poeta se reincorporó a la vida política nacional con su participación activa en la polémica desatada sobre el conflicto de Panamá. Después fue nombrado Gobernador del Estado del Cauca (1904), representante de su país en la Tercera Conferencia Panamericana de Río de Janeiro (1907) y Senador en 1908.

Unos años más tarde pareció apartarse de la política activa y dedicarse de nuevo al trabajo literario en su retiro provinciano, hasta que en 1917 fue elegido como candidato a la Presidencia de la República y en 1922 asistió como delegado colombiano en la Quinta Conferencia Panamericana de Chile.

En 1929 se editó *Catay,* segundo libro de Guillermo Valencia que está compuesto por poemas chinos y árabes de distintas épocas en traducción, o más bien versión, realizada a partir de ediciones francesas. Por las mismas fechas fue de nuevo candidato a Presidente. Tampoco salió elegido en las votaciones, pero el nuevo mandatario le llamó poco después como asesor político en el conflicto entre Perú y Colombia por el territorio de Leticia y participó en la firma del acuerdo final en Río de Janeiro (1933-1934).

En desacuerdo con la evolución del gobierno liberal y la situación de desorden que, según él, dominaba el país, Guillermo Valencia, nuevamente elegido como Senador, se retiró a su Popayán natal, donde murió en 1943.

La obra de Guillermo Valencia ha sido considerada tradicionalmente como demasiado breve porque se ha reducido a dos únicos libros. En realidad, las composiciones poéticas del autor fueron mucho más numerosas y sólo muy tardíamente se ha hecho alguna edición en la que se han recogido sus muchos poemas dispersos en revistas y manuscritos. Y esto en lo que se refiere a sus escritos en verso; respecto a la prosa, todavía parece necesaria una recopilación y edición que sea representativa de sus discursos o artículos y que permita realizar un detallado estudio sobre ella.

El libro fundamental para conocer su poesía es *Ritos,* editado, como ya se ha dicho, en Bogotá el año 1899, del cual se hizo una segunda edición aumentada y con prólogo de Baldomero Sanín Cano en Londres en 1914. Se recoge en él un grupo representativo de poemas originales y traducidos, pero sólo es la cuarta parte de la obra completa de Guillermo Valencia en este campo.

En 1929 se publicó *Catay,* segundo y último volumen del autor, que es una colección de traducciones de poemas escritos por distintos autores chinos y árabes, tomados de una edición francesa en prosa realizada por Franz Toussaint. Guillermo Valencia lleva a cabo su versión con extraordinaria sutileza, sencillez, sinceridad y comprensión del alma oriental, ajustándose muy correctamente al tema y al espíritu de los originales mediante unos poemas breves en versos de arte menor entre los que predominan los de siete, cinco y seis sílabas.

Pero el grueso de la obra poética de Valencia está formado por un gran número de poesías sueltas, algunas de ellas muy representativas, dedicadas a los temas más variados: las hay de circunstancias, dirigidas a amigos, epitalamios, himnos de distintos tipos, composiciones dedicadas a sus antepasados, a los miembros de su familia, descripciones de cuadros, meditaciones de tipo filosófico, sobre temas religiosos o dedicados a otros escritores.

También de forma dispersa se publicó la gran cantidad de traducciones que, además de la calidad y acierto con que están realizadas, sirven de índice certero para conocer cuáles fueron los intereses literarios predominantes en el autor. Las traducciones más destacadas de Valencia quizá sean las de poemas de Goethe y de Oscar Wilde, pero sus gustos poéticos fueron muy variados y oscilaron entre Anacreonte y Víctor Hugo o Verlaine, pasando por Maeterlinck, Heredia, Mallarmé, D'Annunzio, Peter Altenberg, Stefan George, Rainer María Rilke, Hugo von Hoffmannsthal, Keats, Machado de Assis o Eugenio de Castro. En general, la crítica parece estar de acuerdo en que algunas de las versiones que hizo Valencia de todos esos autores no han sido igualadas hasta el momento.

Aparte quedan, como ya se ha dicho, más de setenta artículos periodísticos de temas varios (crítica literaria, sociología, historia,...) y alrededor de trescientos discursos, generalmente de tipo político, alguno de ellos bastantes destacado, como el pronunciado en homenaje póstumo a su anterior enemigo político el general Rafael Uribe Uribe.

Los orígenes de la obra poética de Guillermo Valencia se basan, pues, en una enorme cantidad de lecturas dispersas, pero con base en unos arraigados conocimientos adquiridos previamente en su etapa de formación. En el Seminario de Popayán había leído a autores como Quintana, Bécquer o Núñez de Arce, y en la copiosa biblioteca de su padre tuvo acceso a las obras de Voltaire, Rousseau, Bentham, De Tracy... A lo que se añadió, de acuerdo con una línea educativa muy característica y arraigada en Colombia, sus estudios sobre latín, hebreo y castellano. La profunda formación clasicista e intelectual de Valencia es, en consecuencia, un substrato anterior al planteamiento de su actividad práctica literaria, y éste es un rasgo que diferencia al autor respecto a otros escritores contemporáneos: frente al característico autodidactismo de tantos poetas modernistas, Guillermo Valencia parece partir de una concepción muy clara de sus intenciones y límites; en su etapa juvenil no aparecen abiertas influencias de nadie ni momentos de ensayo o tanteo literario. La poesía de Valencia se nos presenta como algo ya madurado e independiente desde el primer momento. Esto parece haber creado algún desconcierto entre las opiniones de los críticos más próximos a él en el tiempo. Así Rufino Blanco Fombona lo encuentra «difícil de encasillar» pero «cerebral» de cualquier manera. Unamuno, que no parece conocer su obra muy bien, lo define como un poeta «francés». Para Gómez Restrepo habría que situarlo entre lo griego, lo bizantino y lo afrancesado. Max Grillo dice que es un autor cosmopolita y desarraigado de su patria colombiana. De acuerdo con Rafael Maya, es «el latino por excelencia». Para su amigo Baldomero Sanín Cano es un poeta alejandrino. Y según Carlos García Prada se le definiría como «el clásico payanés». Como se puede ob-

servar, las opiniones han sido bastante diferentes pero, en conjunto, la mayoría de los críticos aproxima de forma más o menos clara la poesía de Guillermo Valencia a la de los modernistas.

Hay que tener en cuenta que uno de los elementos que mayor polémica han despertado en torno al Modernismo es, sin duda, su falta de límites claros. El hecho literario modernista tuvo manifestaciones lo suficientemente amplias y variadas como para admitir bajo su denominación a autores que, en principio, parecen ser tan diferentes como José Martí, Rubén Darío, Leopoldo Lugones, etc. Y, en este sentido, uno de los poetas que mayores dificultades ha parecido ofrecer para su adscripción al movimiento ha sido Guillermo Valencia. Quizá porque él mismo rechazó el ser afiliado a ninguna escuela con exclusión de otras.

De cualquier manera, la obra de Valencia muestra cantidad suficiente de elementos comunes a la de los modernistas:

Es un escritor parnasiano, a la manera de Leconte de Lisle, por su descriptivismo, por el cuidado en la pureza formal, por la plasticidad, el colorido y la emoción no expresada directamente; como se puede observar en su composiciones «Homero», «Palemón el estilita», «Cigüeñas blancas», «¡Oh paganismo!» o en uno de sus poemas más celebrados, «Los camellos»:

Dos lánguidos camellos, de elásticas cervices,
de verdes ojos claros y piel sedosa y rubia,
los cuellos recogidos, hinchadas las narices,
a grandes pasos miden un arenal de Nubia.

Alzaron la cabeza para orientarse, y luego
el soñoliento avance de sus vellosas piernas
—bajo el rojizo dombo de aquel cenit de fuego—
pararon silenciosos al pie de las cisternas.

Un lustro apenas cargan bajo el azul magnífico,
y ya sus ojos quema la fiebre del tormento:
tal vez leyeron, sabios, borroso jeroglífico
perdido entre las ruinas de infausto monumento.

Vagando taciturnos por la dormida alfombra,
cuando cierra los ojos el moribundo día,
bajo la virgen negra que los llevó en la sombra,
copiaron el desfile de la Melancolía...

Son hijos del Desierto: prestóles la palmera
un largo cuello móvil que sus vaivenes finge,
y en sus marchitos rostros, que esculpe la Quimera,
¡sopló cansancio eterno la boca de la Esfinge!
....

Aunque también hay que admitir que tiene obras en las que se aleja del Parnasianismo por describir casi exclusivamente sentimientos y por su escaso afán de investigación o de audacias formales. En este sentido, resulta, sin embargo, destacable el intento de adaptación de los hexámetros latinos en su oda «A Popayán»:

Ni mármoles épicos claros de lumbre y coronas,
ni muros invictos, que prósperos hierros defiendan,
y guarden leones de tranquila postura triunfal,
ni erectas pirámides —urnas al genio propicias—
magníficamente tu fama dilatan, sonora,
con voces eternas, ¡fecunda Ciudad maternal!
....

—Es simbolista por la abundancia de abstracciones expresadas a través de imágenes, por la vaguedad e indefinición, por los tonos sutiles que expresa con frecuencia.

—También se puede considerar que tiene mucho de romántico por su emoción ante el paisaje, su constante sentimiento cristiano, su humanismo individualista al presentar los conflictos interiores.

—Por último, se puede decir que está muy próximo a los clásicos por la enorme claridad

Retrato al óleo de Guillermo Valencia.

y precisión con que su código lingüístico se adapta a las ideas que quiere expresar.

En resumen, el conjunto de la obra resulta modernista por la enorme cantidad de innovaciones, en un sentido muy profundo, que introduce, por su eclecticismo positivo y su capacidad de asimilar lo mejor de las tendencias más variadas.

Guillermo Valencia es un poeta intelectual, mucho más interesado en expresar el pensamiento que el sentimiento. Frecuentemente intenta esconder sus emociones bajo una capa de serenidad (aunque hay algunas excepciones destacables, como su famoso poema «Anarkos», contra la injusticia social desde una especie de socialismo cristiano) y en alguna de su mejores composiciones consigue la unión armoniosa de pensamiento y sentimiento; por ejemplo, en «Hay un instante...»

Hay un instante del crepúsculo
en que las cosas brillan más,
fugaz momento palpitante
de una morosa intensidad.

Se aterciopelan los ramajes,
pulen las torres su perfil,
burila un ave su silueta
sobre el plafondo de zafir.

Muda la tarde, se concentra
para el olvido de la luz,
y la penetra un don süave
de melancólica quietud.

Como si el orbe recogiera
todo su bien y su beldad,
toda su fe, toda su gracia
contra la sombra que vendrá...

Mi ser florece en esa hora
de misterioso florecer;
llevo un crepúsculo en el alma,
de ensoñadora placidez;

en él revientan los renuevos
de la ilusión primaveral,
y en él me embriago con aromas
de algún jardín que hay ¡*más allá*!..

Muy admirado por los grupos modernistas de la nación —como se puede ver a través de los elogios aparecidos en la *Revista Gris,* dirigida por Max Grillo—, puede decirse que Guillermo Valencia es, en cierto modo, el complemento de José Asunción Silva y, como él, su figura ofrece algunos llamativos contrastes: como ciudadano, fue un hombre muy arraigado en su patria, luchador político entusiasta y un vibrante y emotivo orador; como escritor, parece desarrollar, en su etapa juvenil al menos, una obra alejada de lo local o continental, sumido en un mundo de belleza, de equilibrio e impasibilidad formalista. En realidad, y para conciliar las apariencias, hay que advertir que también en lo literario fue un apasionado, pero por la forma, lo que produjo en su poesía una imagen de poco espontáneo, de erudito y dependiente casi exclusivamente de fuentes literarias. En sus poesías se muestra, a veces, como persona insatisfecha y desgraciada, lo que parece que no se correspondía con la realidad; pero sí parecen ciertas las dudas de tipo religioso expresadas en «San Antonio y el centauro» o «Palemón el estilita», por ejemplo, en que se debate entre la ortodoxia y el nihilismo, y que también viene a ser un elemento de aproximación a una temática muy frecuente entre los modernistas.

En cuanto al contenido general de su obra, también parece oscilar dialécticamente entre lo pagano y lo cristiano. Más concretamente, se podrían encontrar varios núcleos de composiciones de acuerdo con sus temas:

— Clásicos: «Homero», «La medalla de César», «Pigmalión», «Ovidio en Tome»...

— Orientales: «Palemón el estilita», «Las dos cabezas», «Job», «La balada del pozo»...

— Cristianos: «San Antonio y el centauro», «A Jesucristo», «Mater Christi», «El caballero de Emaús»...

— Medievales: «A Erasmo de Rotterdam», «Melancolía (Grabado de Durero)», «Moisés»...

— Contemporáneos: «Anarkos», «Víctor Hugo», «A Charles Baudelaire», «Motivos», «La tristeza de Goethe»...

— Colombianos: «Leyendo a Silva», «A Popayán», «A Palmira», «A Jorge Isaacs», «Alma mater»...

En todo momento utiliza un léxico impecable, selecto y erudito, elegante y exacto, pero huye siempre de parecer excesivamente académico. Aunque no son muy abundantes, sus adjetivos llaman la atención por lo originales, por destacar ante todo lo visual y lo auditivo; utiliza las notas de color con extraordinaria mesura y son frecuentes los tonos suaves y matizados (blanco, gris, amarillo pálido, azul, dorado...). También resulta llamativo, a pesar de no ser muy frecuente, el acertado uso de la siniestra dentro de una línea muy modernista.

En conjunto, se podría hablar de un lenguaje valiente pero sin alardes gratuitos. El autor se enfrenta a las formas tradicionales y utiliza los recursos necesarios para expresarse sin querer deslumbrar al lector, aunque en ocasiones tenga que echar mano de arcaísmos o neologismos que extrae del latín o del griego.

Los mismos rasgos se podrían aplicar a la prosa de Guillermo Valencia, en la que destacan sus frases amplias, profundas, llenas de sonoridad y elegancia, pero siempre con un espíritu preciso y matizador.

El ritmo, tanto en el verso como en la prosa, es también muy modernista y se orienta a destacar la musicalidad del texto.

También cuida mucho Guillermo Valencia la versificación y busca sus modelos en poetas españoles hasta el Renacimiento. Predominan los versos de arte mayor: alejandrinos con ritmo yámbico, endecasílabos clásicos, dodecasílabos,... Es notable su contribución al engrandecimiento del eneasílabo modernista. En cuanto a estrofas, también predominan las clásicas con alguna aparición de formas modernistas: parados alejandrinos, tercetos, cuartetos, quintillas, sextinas a la manera de Darío y, sobre todo, sonetos —dos terceras partes del total— en los que adopta las formas renacentistas, las francesas de Heredia o Baudelaire o los ritmos que había utilizado también Rubén Darío.

En resumen, Guillermo Valencia es un poeta que, en el conjunto de su obra, destaca por su constancia y regularidad. Las líneas generales de cada una de sus poesías son absolutamente permanentes desde su etapa juvenil hasta sus trabajos últimos. Si bien hay que reconocer que el nivel de inspiración decae en composiciones de circunstancias y encargos, la estética modernista, concebida de un modo sereno y profundo, marca su poesía a través de sus enfoques intelectuales y el exquisito cuidado de la forma.

BIBLIOGRAFÍA

CAPARROSO, Carlos Arturo, *Dos ciclos de lirismo colombiano,* Bogotá, Instituto Caro y Cuervo, 1961,

KARSEN, Sonja, *Guillermo Valencia, Colombian Poet,* Nueva York, Hispanic Institute, 1951.

MAYA, Rafael, *Alabanzas del hombre y de la tierra,* Bogotá, Casa Edit. Santafé, 1934.

NUGENT, Robert, «Guillermo Valencia and French Poetic Theory», en *Hispania,* vol. XLV, Washington, 1962.

SÁNCHEZ, Luis Alberto, *Escritores representativos de América, Segunda serie,* Madrid, Gredos, 1972.

SANÍN CANO, Baldomero, *Letras colombiana,* México, F. C. E., 1944.

— «Prólogo» a *Obras poéticas completas* de G. V., 3.ª ed., Madrid, Aguilar, 1955.

VILLEGAS, Silvio, *Ejercicios espirituales,* Bogotá, Librería Suramérica, 1945.

Leopoldo Lugones

Marcos-Ricardo Barnatán

Leopoldo Lugones nació en la Villa de María del Río Seco, en la provincia argentina de Córdoba, un sábado 13 de junio de 1874. Los Lugones se preciaban ya de ser una familia cordobesa de antiguo linaje, su ascendencia criolla se remonta al Perú del siglo XVI, y sus abuelos conocieron la Argentina de los primeros años de la independencia. Desde niño Lugones convivió con los nombres de los próceres y «fundadores de la Patria», familias ligadas por parentesco o amistad con la suya. Esta diferencia con los hijos de los emigrantes extranjeros, que él adoptó como un rasgo de hidalguía aristocrática, fue quizá determinante en el nacionalismo extremado que profesó políticamente. Aprendió las primeras letras de la mano de su madre doña Custodia Arguello, y de ella recibió también una educación católica estricta. De la infancia de Lugones se conserva el recuerdo de sus primeros octosílabos, dictados a su madre antes de conocer la escritura. Más tarde concurrirá a la pequeña escuela de Ojo de Agua, dirigida por Miguel Novillo, donde recibió su enseñanza: ortografía, letra redonda y matemáticas rudimentarias. El hijo homónimo de Lugones detalla esa época de su vida en su libro *Mi padre*.[1] Cursa el bachillerato en el Colegio Nacional de la ciudad de Córdoba, en donde destacó tanto por su aplicación como por su rebeldía. Y es en esa ciudad provinciana donde se iniciará a los dieciocho años en el periodismo y en la literatura.

Las primeras actividades literarias de Lugones se desarrollarán en el marco de un periódico liberal, *Pensamiento libre*, anatemizado por ateo, anticlerical y anarquista. Es entonces cuando funda en Córdoba el primer centro socialista, y en 1898 decide instalarse en Buenos Aires. Rubén Darío lo encontró en esos años en la capital argentina y lo describió como «un muchachón bizarro de veintidós años, de chambergo y anteojos» y lo definió como «fanático y convencido inconquistable». Su trabajo esporádico en distintos diarios porteños se verá reforzado por un empleo en Correos que no le durará demasiado tiempo. Una

ocupación singular: hace la crónica de sucesos en el diario *La Montaña* junto con José Ingenieros. Más tarde ingresa en el Ministerio de Instrucción Pública y en pocos años accede al empleo de inspector de enseñanza media. Su actividad política no cesa, pese a su rápido abandono del socialismo, y en 1903 apoya la candidatura del conservador Quintana para la Presidencia de la República. Para entonces ya era conocido en Buenos Aires como poeta, orador y polemista. Revistas importantes, como *La Biblioteca* que dirigía Paul Groussac, publican capítulos de *La Guerra Gaucha* y *Las Montañas de Oro* desde 1897, año en que nace su único hijo.

Entre 1896 y 1903 desarrolla su actuación socialista, en compañía de quienes serían también escritores importantes dentro de la literatura argentina, como el historiador Roberto Payró, Alberto Gerchunoff autor de *Los gauchos judíos*, Manuel Ugarte y José Ingenieros. Es entonces un militante exaltado que se rebela contra el orden social impuesto por la oligarquía gobernante. Juan B. Justo recordó esa época impregnada de un romanticismo «fuera de lugar y de tiempo» que hacía que Lugones adoptara el calendario de la Revolución Francesa y fechara en el mes de *Nevoso* los números de enero de un periódico editado en la ciudad de Buenos Aires, que se caracteriza por tener un verano especialmente caluroso. En el Ateneo de Buenos Aires lee una conferencia-manifiesto titulada *Profesión de fe* que es saludada como «subversiva e incendiaria» y el periódico *La Vanguardia* la describe así: «Canta a la ciencia, y a la igualdad, fulmina el dios Millón, desprecia al clero, espera de la agitación del pueblo, excita a la lucha por la idea, pinta sus dolores y predica su triunfo». Pero es ese mismo periódico socialista el que publicará la expulsión de Lugones del Partido Socialista por inconsecuencia, medida que suscitará la protesta del escritor en nombre de los servicios prestados a la causa.

Tres años después, en 1906, Lugones hace su primer viaje a Europa tras el éxito de su primera reunión de poemas importantes *Los crepúsculos del jardín*. Viaje que repetirá en 1911 después de *Lunario sentimental*. Dos salidas al extranjero, obligadas en un argentino que se precie, que tienen cierto paralelismo con los dos viajes adolescentes de quién sería su mejor

---

[1] L. Lugones (hijo), *Mi Padre*, Buenos Aires, 1949, También: *Las primeras letras de Leopoldo Lugones*, Buenos Aires, Centurión, 1949.

Leopoldo Lugones.

discípulo: Jorge Luis Borges. Salvando las distancias, tanto en Borges como en Lugones el regreso a su país incrementa el interés de ambos escritores por los temas nacionales. Borges al regresar publica *Fervor de Buenos Aires* y se interesa por la literatura gauchesca. Lugones escribe varias conferencias sobre el *Martín Fierro* que constituirán su libro *El Payador* y publica otro sobre Sarmiento. Pero aún volverá a viajar en 1913, enviado por el diario *La Nación*, ya en los umbrales de la guerra mundial. Cuando muere Rubén Darío, está otra vez en Buenos Aires, es su viejo amigo y maestro al que homenajea con una oración funeraria en la que le llama «mi hermano en el misterio de la lira». En 1920 publica *Mi beligerancia*, un libro de panfletos doctrinarios que lo aleja cada vez mas del joven socialista que fue y lo acerca al incipiente nacionalismo ultra argentino, calcado del fascismo italiano y de los movimientos belicistas europeos. Pero la política no es su única pasión, Lugones se sigue interesando por la ciencia y de ese interés surge su libro *El tamaño del espacio* (1921) que versa sobre la física moderna, influencia de esos estudios los veremos también en muchos de sus cuentos fantásticos que merodean la ciencia-ficción. Escribe también como un simbolista tardío las páginas de *Las horas doradas* (1922).

Pero el gran escándalo tendrá lugar un día de julio de 1923, cuando Lugones pronunciará una incendiaria conferencia en el teatro Coliseo de Buenos Aires titulada «Ante la doble amenaza». La virulencia de sus palabras y el tono exaltado de sus ideas provocarán la repulsa de las fuerzas democráticas que comienzan a verlo como un peligro. Los diarios más progresistas, entre los que estaban *Crítica* de Botana y *La Argentina*, lo presentan como un nacionalista que copia «los peores modelos extranjeros». El líder socialista Alfredo Palacios, desde su cátedra de la Facultad de Derecho, y en el parlamento lo llaman «chauvinista». Pese a ello sus actividades no decrecen, y mientras escribe verso, prosa, o se dedica a los estudios helénicos, prosigue su campaña en favor de una dictadura derechista que llegará en 1930 con el golpe militar del general Uriburu, que acaba con el gobierno constitucional del viejo caudillo radical Hipólito Yrigoyen. Su importancia en la «trama civil» del golpe le trajo el rechazo de muchos intelectuales, algunos de los cuales habían sido sus amigos de juventud. Lugones se defendía escribiendo «Vivir es renovarse continuamente y renovarse es cambiar.» Y es ese cambio lo que suscita una intervención parlamentaria en la que se dice «Ayer fue comunista, hace poco maximalista, ahora fascista. ¿Y quién puede asegurarse que un hombre tan barométrico y movedizo en su ideología no puede tambien variar mañana sus actuales conceptos y doctrinas?» Y en los círculos de los escritores más jóvenes, entre los que se encontraba Borges que no llegó nunca a visitarlo, también se le atacaba con dureza. Era el poeta del régimen, el poeta «burocrático», el intelectual de la oligarquía. Pero sin embargo los jóvenes acabarán reconociendo en él al gran escritor, sobre todo tras su muerte. Hizo falta que desapareciera el hombre que atraía la polémica, para que su obra fuera considerada con serenidad.

Y decepcionado por la marcha de la historia política argentina y quizá desengañado, una vez más, de sus ideas políticas, se suicida el 18 de febrero de 1938 en la habitación de un hotel llamado «El Tropezón» en el Tigre, una localidad cercana a Buenos Aires. Lo hace un año después del suicidio de Horacio Quiroga, mezclando arsénico y whisky.

LA POESIA

Carlos Obligado preparó en 1941 una excelente antología de la poesía de Leopoldo Lugones[2], que había estudiado con mucha admi-

---

[2] L. Lugones, *Antología Poética*, Selección y prólogo de Carlos Obligado, Buenos Aires, Espasa-Calpe, 1941.

ración en su libro *La Cueva del Fósil*.[3] Su exégeta no puede dejar de comenzar su estudio con una mención a la *versatilidad* que todos los críticos han señalado como característica de la obra poética de Lugones. *Versatilidad* que debemos aplicar fundamentalmente a sus tres primeros libros libérrimos: *Las Montañas del Oro, Los crepúsculos del jardín* y *Lunario sentimental,* que constituyen un primer ciclo de su obra. Por su parte los siete restantes, mucho más coherentes entre sí, pueden constituir un segundo ciclo que coincide con la adopción de una ideología reaccionaria y que cantan sobre todo a la patria y al hogar. Curiosamente obligado le reprocha, leve pero memorioso, el no haber tenido una mayor preocupación religiosa, de esa manera se hubiera completado la trinidad emblemática del pensamiento reaccionario: *Dios, patria y hogar.*

Las Montañas de Oro se publica en 1897, y está escrito entre los veinte y los veintidós años de Lugones. En él quedan evidentes las grandes devociones que profesaba el poeta en ese tiempo: Walt Whitman, Víctor Hugo, los Salmos, y también dos poetas argentinos muy diferentes, Olegario de Andrade y el populista Almafuerte. Estos, junto a Homero y Dante, constituyen la *asamblea* de próceres líricos que integran el tomo. Una retórica atrevida, «trompetería de combate» dice Obligado, para un pensamiento libertario y cuasi socialista. La «Introducción» que tuvo el elogio de Paul Groussac, fue definida como capaz de «movilizar en profundas metáforas un ritmo cósmico que estrecha vínculos con un ritmo humano, biológico, rasgos transitados desde el *Prometeo* de Andrade, con idéntica propensión magnificente». Pero no es un canto meramente ornamental como puede parecer a simple vista, ya que su modernismo está respaldado por una constante exaltación de la justicia, que aparece como meta optimista en su profecía que no deja de tener tintes mesiánicos. Usa el alejandrino con destreza, y nos hace saber que conoce bien a Poe. Su verso libre e incluso su prosa, esconde siempre endecasílabos. El libro está dividido en tres ciclos, en el último, constituido por el suntuoso poema *Las Torres* el poeta aparece como centro y motor de la lucha que predica.

Los crepúsculos del jardín, aparece ocho años después con un Lugones distinto al anterior. Se trata de un libro próximo a la estética decadentista, donde la influencia de los parnasianos y en especial de Samain es muy clara. Sensualidad verleniana, y lo que hoy podríamos llamar «vencianismos» están mezclados con sentimientos de soledad y tristeza como ejemplariza su poema «El Solterón». Abundan los sonetos, aunque también utiliza la quintilla o el verso libre.

Lunario Sentimental (1909) es sin duda el más importante de sus libros poéticos, y quizá por eso fue la piedra angular del escándalo durante muchos años. «Un libro entero dedicado a la luna. Especie de venganza con que sueño casi desde mi niñez, siempre que me veo acometido por la vida», dice el poeta defendiéndose de los ataques que recibió al publicar primero su poema «Himno a la luna», cinco años antes, en el que la crítica veía, y veía bien, una hostilidad a la realidad de la que no se salvaba ni la misma luna, despojada ya de los atributos míticos que le habían concedido los románticos. Lugones inicia así con este libro la después tan alardeada «*deshumanización del arte*». Y la inicia con un libro atrabiliario en el que hay «conceptos singulares y versificación extraña». Y al decir de Carlos Obligado:

> Ni la deidad majestuosa de los antiguos, ni el astro soñador de los románticos: sino más bien la activa e inquietante luna, la luna del hechizo de los siglos medios, que un poeta actualísimo examina, penetra, vulgariza y casi echa a rodar por la tierra...

Un lenguaje ecléctico, en el que entran términos de la física y de la química, neologismos, voces dialectales, junto a una rima caprichosa y sorpresiva, llena de diversidades métricas, además de un tono desenfadado, irónico, y desmitificador hacen que «Lunario Sentimental» suscitara reacciones de extrañeza en la poesía argentina de su época. Libro provocador por excelencia tardó en ser considerado como fundador de la poesía moderna en castellano. Antes recibió la crítica brutal.

Con *Odas Seculares*, escrito en 1910 para celebrar el primer centenario de la independencia argentina, inicia Lugones ese segundo ciclo de su obra poética donde patria y hogar son los temas de su verso. La patria, las cosas útiles y magníficas, las ciudades y los hombres, son las metas de sus odas. Algunos de sus exégetas prefieren este libro a los atrevimientos de *Lunario Sentimental*, quizá por su clasicidad formal y por la temática que tenía antecedentes en Andrés Bello y en el mismo «Canto a la Argentina» de Rubén Darío; temática que Lugones profundiza y extiende en este libro amplio, en el que entona el verso gaucho, el énfasis épico, la exaltación de la flora y la fauna de las pampas, todo con ese espíritu nacional que contagia las celebraciones de países muy jóvenes.

---

[3] Carlos Obligado, *La Cueva del fósil*, Buenos Aires, La Facultad, 1927.

El *Libro Infiel* (1912) es el libro de amor a la esposa, Juanita González, en el que la poesía amorosa le devuelve a su segundo libro *Los crepúsculos del jardín*, aunque el carácter estrictamente conyugal de este amor empañe la emoción decadente que había en sus poemas simbolistas. Cinco años después aparece *El libro de los paisajes* (1917) que retoma el espíritu de una de las partes de *Odas Seculares*: La «Oda a los ganados y las mieses». El poeta se dedica a la observación de los pájaros, influido por el italiano Pascoli, y expresa en este libro «los momentos poéticos» del campo argentino, representado en muchos de sus pájaros, las lluvias, el mar, y hasta el granizo.

Las horas doradas (1922) se abre con un poema filosófico «El Dorador» que a cierta crítica le recuerda el poema «If» de Kipling y en general repite el tono del libro anterior, en el que el poeta contempla la naturaleza y la describe con serenidad. En 1924 se publica su *Romancero*, que recibirá la mordaz burla de los jóvenes ultraístas que lo rebautizan *Roman-Cero*. Es un libro variado, lleno de experimentos, juegos y hasta autoburlas, en el que a veces reitera modelos de sus libros anteriores y otras intenta motivos de actualidad, como los deportivos, u homenajes históricos-legendarios.

Por fín *Poemas Solariegos* (1927) y el volumen póstumo *Romances del Río Seco* completan la obra poética de Lugones. Ambos son los libros más «argentinos» de Lugones, junto con *Odas Seculares*, y es por eso que reciben el aplauso de sus exégetas nacionalistas, o de quienes creen ver en la radicalización de las esencias patrias una forma de construir una literatura personal y diferenciada. La evolución constante de Lugones del modernismo fastuoso o del verso decadente a la poesía sencilla y populista es un movimiento pendular que no se detendrá durante toda su vida. Y gracias a ello puede hoy cosechar lectores de gusto muy distinto, e incluso opuesto, ya que cultivó con idéntico entusiasmo las fantasías lujosas y los austeros paisajes.

LA PROSA

El periodismo fue la escuela cotidiana de la prosa de Lugones. Desde que en 1893 dirigió en Córdoba *El Pensamiento Liberal* hasta la fecha de su muerte no dejó nunca de colabo-·rar con la prensa como cronista, articulista político, o investigador literario. Y es en los periódicos y revistas donde se verán publicados los panfletos y discursos que orientaran sus principios estéticos e ideológicos. En todos los estadios de su pensamiento demostró intransigencia y fanatismo, pero siempre presentados con habilidad refutadora, y una oratoria ampulosa y sonora. Así sucede cuando canta al socialismo, o cuando apoya al conservador Quintana, al igual que en los discursos militaristas que desembocaron en la incendiaria proclama que pronunció en Lima en 1924, en la que afirmaba que «la guerra constituye una función vital, resultado de su índole conquistadora y agresiva.» Sus artículos, discursos y conferencias los fue reuniendo en tomos como *Mi beligerancia* (1917); *La Torre de Casandra* (1919); *Acción* (1923), claramente antidemocrático y reaccionario, y *La patria fuerte* (1932). En otro apartado podríamos señalar obras más unitarias como *La reforma educacional* (1903), cuya polémica le obligó a renunciar a su puesto en el Ministerio de Instrucción Pública, *Las limaduras de Hephaestos*, *Piedras liminares* (1910), *Didáctica* (1910); o *El imperio jesuítico* y *La gran Argentina*.

El imperio jesuítico (1909) lo escribe Lugones por encargo del Ministro del Interior Joaquín V. González, y es un libro en el que su anticlericalismo encuentra un campo en el que prodigarse. Una prosa dura en la que no ahorra improperios para la Iglesia y pocas comprensiones para la Corona Española. Su nacionalismo le impide comprender el barroco de los templos, y aunque elogia a Quevedo, no acepta las virtudes del estilo de Cervantes. Su *Historia de Sarmiento* (1911) expresa afinidad con el liberalismo del prócer, liberalismo que luego abandonaría. Curiosamente Lugones que sería líder nacionalista escribió este libro apologético de una figura que sería la más denostada por los nacionalistas. El libro es singular además por los métodos grafológicos y quirománticos que utiliza Lugones para explicar a Sarmiento.

Su ensayística quedará completada con *El Payador*, donde estudia el célebre poema nacional *Martín Fierro* y por sus dos tomos de *Estudios Helénicos* (1924 y 1928). Además de los volúmenes científicos como *El tamaño del espacio*, ya citado, *Elogio de Ameghino* (1915) y por fin *Filosofícula* (1924) donde reunió sus pensamientos éticos y estéticos.

NARRATIVA

Como el de Quevedo, como el de Joyce, como el de Claudel, el genio de Leopoldo Lugones es fundamentalmente verbal. No hay una página de su numerosa labor que no pueda leerse en voz alta, y que no haya sido escrita en voz alta. Períodos que en otros escritores resultan ostentosos y artificiales, corresponden, en él, a la plenitud y a las amplias evoluciones de su entonación natural,[4]

escribe Borges al iniciar un poco conocido libro sobre su maestro. Y es justamente en la narrativa fantástica de Lugones donde encontramos el venero más singular. Dos volúmenes: *Las fuerzas extrañas* (1906) y *Cuentos fatales* (1924), reunen las narraciones pertenecientes a la literatura fantástica, que en algún momento roza con la ciencia-ficción.

Aunque el primer libro de relatos de Lugones tiene unas características bien distintas, *La Guerra Gaucha* (1905) cuenta las historias de los guerrilleros del general Güemes, que lucharon contra España durante la Independencia Argentina. Relatos inspirados quizá en la lectura y traducción del francés D'Esparbès, que había escrito sobre la épica napoleónica. Son cuentos muy argentinos, con un vocabulario casi críptico para quienes no hablen como los gauchos, y en ese sentido parecen estar escritos con un diccionario de términos gauchescos. Pero pese a ello la fuerza del relato vence las dificultades del lenguaje. Algunos críticos han considerado abusivas las referencias paisajísticas, que sin duda son abundantes. *La Guerra Gaucha* es un libro exaltado, en el que Lugones da muestras una vez más de ese «gigantismo» que Borges ve en muchas de sus prosas ensayísticas.

Por su parte los cuentos de *Las fuerzas extrañas* y *Cuentos fatales* están profundamente marcados por el interés que Lugones sintió por el ocultismo y el espiritismo. Inclinación que Rubén Darío compartió con Lugones, y de la que dejó testimonio en sus ensayos. Pero no sólo las ciencias ocultas están presentes en sus narraciones, sino también la física, la astronomía, la biología, la química y las matemáticas de las que fue un autodidacta aventajado. El conocimiento directo de la ciencia hace verosímiles sus ficciones, y le permiten utilizar el lenguaje científico apropiado.

He aquí el espiritualismo y la inmortalidad del alma como soluciones racionales de una concepción cosmogónica, —escribe Lugones, explicándolos— es decir, aceptables sin conflicto con la ciencia o la razón. Posición intermedia, bien que sólo por razones de distancia entre el materialismo y el supernaturalismo, la nuestra considera todos los fenómenos como naturales, pero no los deriva totalmente de la materia.

El libro se abre con *El milagro de San Wifrido*, el menos coherente con el resto del volúmen, y puede evocarnos la literatura de Edgar Allan Poe, aunque como señala Borges no se le parece de una manera directa. El mejor es, sin duda, *La lluvia de fuego*, que describe la destrucción divina de Sodoma y Gomorra, lugar que puede compartir con *Los caballos de Abdera*, con ecos de Swift y tema mitológico, *Yzur* y *La estatua de sal*.

El escuerzo es un cuento de tema popular contado en un estilo sencillo raro en Lugones, mientras que *El origen del diluvio* es espiritista y lírico. *La fuerza Omega*, insiste por su parte en el ocultismo y en los peligros que puede correr quien experimenta tan hondos misterios. El *Ensayo de una cosmogonía en diez lecciones* tiene un proemio y un epílogo, que Borges llama «novelescos» o bien signos de modestia de su autor, que expone una teoría científica seria escudado en dos momentos literarios.

Cuentos fatales, publicado como una continuación de *Las fuerzas extrañas*, es inferior a su antecesor, cierta fatiga y alejamiento de los temas hacen un libro menos verosímil. Es aquí donde aparece el tema del suicidio, que volverá a aparecer en *El ángel de la sombra* (1926), una novela en la que se cuenta un amor imposible, de poco interés literario. Un suicidio que llegaría a hacerse realidad una década después. En un artículo que le dedicó Borges en los días posteriores a su muerte[5] hay una frase que puede servirnos de cierre o colofón de esta nota: «En vida, Lugones era juzgado por el último artículo ocasional que su indiferencia había consentido. Muerto, tiene el derecho póstumo de que lo juzguen por su obra más alta.»

---

[4] J. L. Borges, *Leopoldo Lugones*, Buenos Aires, Pleamar, 1965.

[5] J. L. Borges, «Lugones», *Nosotros,* 1938, Buenos Aires.

BIBLIOGRAFÍA

OBRAS

Las montañas de oro, Buenos Aires, Imp. de Jorge A. Kern, 1897.
El imperio jesuítico, Buenos Aires, Cía. Sudamericana de Billetes de Banco, 1904.

Los crepúsculos del jardín, Buenos Aires, Edit. A. Moen y Hermanos, 1905.
La guerra gaucha, Buenos Aires, Edit. A. Moen y Hermanos, 1905.

Las fuerzas extrañas, Buenos Aires, Arnaldo Moen y Hermanos, 1906.
Lunario sentimental, Buenos Aires, A. Moen y Hermanos, 1909.
Odas seculares, Buenos Aires, A. Moen y Hermanos, 1910.
Didáctica, Buenos Aires, Talleres de Otero y García, 1910.
Las limaduras de Hephaestos, Buenos Aires, A. Moen y Hermanos, 1910, 2 vols.
Historia de Sarmiento, Buenos Aires, Otero y Cía, 1911.
El libro fiel, París, H. Piazza, 1912.
Elogio de Ameghino, Buenos Aires, Otero y Cía., 1915.
El payador, Buenos Aires, Otero y García, 1916.
Mi beligerancia, Buenos Aires, Otero y García, 1917.
El libro de los paisajes, Buenos Aires, Otero y García, 1917.
Estudios helénicos, Buenos Aires, Edit. Babel, 1924.
Romancero, Buenos Aires, Edit. Babel, 1924.
Cuentos fatales, Buenos Aires, Edit. Babel, 1924.
Filosofícula, Buenos Aires, Edit. Babel, 1924.
El ángel de la sombra, Buenos Aires, M. Gleizer, 1926.
Poemas solariegos, Buenos Aires, Edit. Babel, 1928.
Nuevos estudios helénicos, Buenos Aires, Edit. Babel, 1928.
La patria fuerte, Buenos Aires, Círculo Militar, 1930.
La grande Argentina, Buenos Aires, Edit. Babel, 1930.
Política revolucionaria, Buenos Aires, Anaconda, 1931.
El estado equitativo, Buenos Aires, Editora Argentina, 1932.
Romances del Río Seco, Buenos Aires, Sociedad de Bibliófilos Argentinos, 1938.

CRÍTICA

ACEVEDO, Ramón Luis, «El gaucho en la obra de Leopoldo Lugones», *La Torre,* 1973, numeros 79-80, págs. 87-124.
ANTONI, Claudio G., «Per una decodificazione strutturale di una calsse di segni in Leopoldo Lugones», *Studi Ispanici,* Pisa, 1977, págs. 163-174.
ARA, Guillermo, *Leopoldo Lugones uno y múltiple,* Buenos Aires, La Mandrágora, 1961.
— *Leopoldo Lugones,* Buenos Aires, La Mandrágora, 1958.
— *Leopoldo Lugones. La etapa modernista,* Buenos Aires, Industrias Gráficas Aeronáuticas, 1955.
ASHHURST, Anna W., «El simbolismo en *Las montañas de oro»,* *Revista Iberoamericana,* XXX, 1964, págs. 93-104.
BORGES, Jorge Luis, *Leopoldo Lugones,* Buenos Aires, Troquel, 1955 (2.ª ed., con la colaboración de Betina Edelberg, Buenos Aires, Pleamar, 1965).
BRAVO, Mario, «Leopoldo Lugones en el movimiento socialista», *Nosotros,* VII, núms. 26-27, mayo-julio, 1938, págs. 27-47.

CAMBOURS OCAMPO, Arturo, *Lugones, el escritor y su lenguaje,* Buenos Aires, Theoria, 1957.
CARBONELL, José Manuel, *Alrededor de un gran poeta: Leopoldo Lugones,* La Habana, Imp. Seoane y Alvarez, 1912.
CARILLA, Emilio, «Sobre la elaboración poética en Lugones», *Humanitas,* Tucumán, II, núm. 5, 1954, págs. 167-184.
CASTELLANI, Leonardo, *Sentir la Argentina, Leopoldo Lugones,* Buenos Aires, Adsum, 1938.
CASTILLO, Homero, «Función poética del movimiento en un poema de Leopoldo Lugones», *Romance Notes,* 1981, núm. 20, págs. 35-39.
CIRUTI, Joan E., «Leopoldo Lugones: The Short Stories», *Revista Interamericana de Bibliografía,* 1975, núm. 25, págs. 134-149.
CORVALÁN, Octavio E., *La madurez de Leopoldo Lugones,* Ph. D. Dissertation, Yale University, 1972.
DÍAZ BIALET, Agustín, «Leopoldo Lugones. Génesis y progreso de sus ideas», *Revista de la Universidad Nacional de Córdoba,* XXVII, núms. 1-2, 1940, págs. 46-78.
DIMITROWICZ, Gregory, «El concepto de 'espiritualización' en Lugones», *Revista Canadiense de Estudios Hispánicos,* primavera 1983, VII, núm. 3, págs. 387-392.
ETCHECOPAR, Máximo, *Lugones o la veracidad,* Guadalajara (México), Universidad Autónoma de Guadalajara, 1963.
FERNÁNDEZ-MORENO, César, «Lugones, el hombre y su expresión», *Humanidades,* Córdoba (Argentina), IV, núm. 4, 1961, págs. 100-119.
FINGERIT, Julio, *Un enemigo de la civilización: Leopoldo Lugones,* Buenos Aires, Tor, 1926.
FRANCESCHI, Gustavo, *El caso Lugones,* Buenos Aires, Unión Popular Católica Argentina, 1923.
GHIANO, Juan Carlos, *Análisis de «La guerra gaucha»,* Buenos Aires, Centro Editor de América Latina, 1967.
— *Lugones escritor: notas para un análisis estilístico,* Buenos Aires, Raigal, 1955.
HERNÁNDEZ, Juan J., «Leopoldo Lugones: la luna doncella en su poesía erótica», *Cuadernos Hispanoamericanos,* mayo 1981, núm. 371, páginas 266-280.
HUNT, Lydia Longstreth, «The Apocalyptic Tales by Leopoldo Lugones: A Phenomenological Inquiry into Their Meaning as Parables for the Present», *Dissertation Abstracts International,* enero 1983, XLIII, núm. 7, pág. 2359 A.
IRAZUSTA, Julio, *Genio y figura de Leopoldo Lugones,* Buenos Aires, Eudeba, 1969.
JITRIK, Noé, *Leopoldo Lugones, mito nacional,* Buenos Aires, Palestra, 1960.
KADIR, Djelal, «Inquisición: Leopoldo Lugones, cuentista fatal», *Revista de Estudios Hispánicos,* University of Alabama, 1975, núm. 9, páginas 309-311.
KIRKPATRICK, Melinda Gwen, «The Early Poetry of Leopoldo Lugones (1893-1909): From Monumentalism to Dislocation», *Dissertation Abstracts International,* 1981, núm. 40, págs. 1495 A-1496 A.
LERMON, Miguel, *Contribución a la bibliografía de Leopoldo Lugones,* Buenos Aires, Maru, 1969.

LONCAN, Enrique, *Sens et mort de Leopoldo Lugones,* París, Societe industrielle d'imprimerie, 1939.

LUGONES, Leopoldo (hijo), *Mi padre,* Buenos Aires, Centurión, 1949.

MAGIS, Carlos Horacio, *La poesía de Leopoldo Lugones,* México, Ateneo, 1960.

MALLEA, Eduardo, *Adiós a Lugones,* Buenos Aires. Augusta, 1942.

MANGARIELLO, María Esther, *Tradición y expresión poética en «Los romances de Río Seco» de Leopoldo Lugones,* La Plata, Universidad Nacional, 1966.

MARTÍNEZ-ESTRADA, Ezequiel, *Leopoldo Lugones, retrato sin retocar,* Buenos Aires, Emecé, 1968.

MÁS Y PI, Juan, *Leopoldo Lugones y su obra. Estudio crítico,* Buenos Aires, Renacimiento, 1911.

NAVARRO, Carlos, «La visión del mundo en el *Lunario sentimental»,* *Revista Iberoamericana,* XXX, 1964, págs. 133-152.

NÚÑEZ, Jorge A., *Leopoldo Lugones,* Córdoba (Argentina), Universidad de Córdoba, 1956.

OBLIGADO, Carlos, *La cueva del fósil, diálogos sobre la vida literaria. De la poesía de Leopoldo Lugones,* Buenos Aires, La Facultad, 2.ª ed., 1938.

OLIVARI, Marcelo, *Leopoldo Lugones,* Buenos Aires, Imp. López, 1940.

OMIL, Alba, *Leopoldo Lugones: poesía y prosa,* Buenos Aires, Nova, 1968.

PAGES LARRAYA, Antonio, «Actualidad de Lugones», *Cuadernos Hispanoamericanos,* 1975, núm. 301, págs. 22-32.

— «Lugones», *Atenea,* XLV, núm. 420, abril 1968, págs. 31-47 y números 421-422, julio-diciembre 1968, págs. 117-125.

PHILLIPS, Allen W., «La prosa artística de *La guerra gaucha»,* *La Torre,* V, núm. 17, enero-marzo, 1957, págs. 161-198.

— «Notas para un estudio comparativo de Lugones y Valle-Inclán: *Lunario sentimental* y *La pipa de Kif»,* *Boletín de la Biblioteca Menéndez Pelayo,* 1980, núm. 56, págs. 315-345.

PICÓN-SALAS, Mariano, «Para una interpretación de Lugones», *Revista Nacional de Cultura,* Caracas, VIII, núm. 59, noviembre-diciembre 1956, págs. 29-42.

PLÁCIDO, A. D., *Leopoldo Lugones: su formación, su espíritu, su obra,* Montevideo, Imp. El siglo ilustrado, 1943.

PULTERA, Raúl, *Lugones: elementos cardinales destinados a determinar una biografía,* Buenos Aires, 1956.

ROGGIANO, Alfredo A., «Qué y qué no del *Lunario sentimental»,* *Revista Iberoamericana,* 1976, núm. 42, págs. 71-77.

— «Bibliografía de y sobre Leopoldo Lugones», *Revista Iberoamericana,* XXVIII, núm. 53, enero-junio 1962, págs. 155-213.

SCARI, Robert M., «Ciencia y ficción en los cuentos de Leopoldo Lugones», *Revista Iberoamericana,* XXX, núm. 57, junio 1964, págs. 163-187.

— «El idealismo del joven Lugones», *Cuadernos Americanos,* 1978, núm. 218, págs. 237-248.

— *«El imperio jesuítico. Aspectos del pensamiento de Leopoldo Lugones»,* *La Torre,* XVII, número 64, abril-junio 1969, págs. 63-71.

— «El neoclasicismo de Leopoldo Lugones en las *Odas seculares»,* *Revista de Estudios Hispánicos,* University of Alabama, IV, núm. 1, abril 1970, págs. 135-145.

— «La formación literaria de Lugones», *Revista de Letras,* 1975, núms. 25-26, págs. 7-17.

— *«Los crepúsculos del jardín* de Leopoldo Lugones», *Revista iberoamericana,* XXX, núm. 57, junio 1964, págs. 106-121.

— «Los temas de *Las montañas de oro* de Leopoldo Lugones», *Cuadernos Americanos,* XXIX, núm. 171, mayo-junio 1970, págs. 191-204.

— «Lugones y la ficción científica», *Iberoromanía,* 1975, núm. 2, págs. 149-156.

SPECK, Paula, «*Las fuerzas extrañas:* Leopoldo Lugones y las raíces de la literatura fantástica en el Río de la Plata», *Revista Iberoamericana,* 1976, núm. 42, págs. 411-426.

STIVERS, William, *A Study of the Poetic Works of Leopoldo Lugones,* Ph. D. Dissertation, University of Southern California, 1951.

TORO Y GISBERT, Miguel de: «El idioma de un argentino: *La guerra gaucha»,* *Boletín de la Real Academia Española,* IX, 1922, págs. 526-548 y 705-728.

VERA, Humberto B., *Evocación lírica de Leopoldo Lugones,* La Plata, Talleres Gráficos Oliveri y Domínguez, 1942.

VIDAL PEÑA, Leónidas, *El drama intelectual de Lugones,* Buenos Aires, La Facultad, 1938.

VIÑAS, David, «Leopoldo Lugones. Mecanismo, contorno y destino», *Centro,* Buenos Aires, III, núm. 5, 1953, págs. 3-22.

VV. AA., *Lugones,* Cuaderno de homenaje por Juan B. Aguilar, Angélica B. Lacunza, Norma Pérez Martín, Estela Dos Santos, Natalio Kisnerman y Teresita Frugoni de Fritszche, Buenos Aires, Grupo Editor Argentino, 1964.

Julio Herrera y Reissig

NICASIO PERERA SAN MARTIN

Julio Herrera y Reissig nació en Montevideo, capital —algo provinciana— de un país próspero, el 9 de enero de 1875, en el seno de una familia rica y poderosa. Murió en la pobreza, el 10 de marzo de 1910[1], en una ciudad que seguía llevando el mismo nombre, pero que había entrado de lleno en el siglo XX en la cual no era ninguna ventaja el llamarse Herrera.

Perteneció a la mayor pléyade de escritores intelectuales de la historia de la literatura uruguaya: la Generación del 900. Vivió y creció en pleno auge del primer movimiento literario y artístico cabalmente americano: *El Modernismo*. Fue poeta, probablemente el mayor —en lengua española, al menos (Cfr. Lautréamont)— que haya nacido en el Uruguay.

En el breve lapso de treinta y cinco años, que confiere ya de por sí un cariz romántico a su figura, Herrera y Reissig vio transformarse profundamente la sociedad uruguaya y adoptó, con respecto a la vida política del país, un actitud lúcida y valiente. Vio transformarse radicalmente su mundo familiar y asumió ruidosamente todas las posturas del decadentismo que destruía los últimos fundamentos de los privilegios de su casta. Vio extenuarse el hálito posromántico que inspirara sus primeros versos y se adentró en la corriente renovadora del modernismo, viviendo una de las experiencias más ricas, originales y secretas que haya inspirado ese movimiento.

BIOGRAFÍA Y CONTEXTO HISTÓRICO

Julio Herrera y Reissig es el último personaje ilustre de una familia que ocupaba la primera plana de la vida civil del Uruguay, desde las primeras décadas del siglo XIX. Era nieto del Dr. Nicolás Herrera, destacado hombre político del periodo de la Independencia: hijo del Dr. Manuel Herrera de Obes, varias veces ministro y candidato fallido a la Presidencia de la República; sobrino del Dr. Julio Herrera y Obes, ministro y Presidente de la República (1890-1894). Por su parte, no alcanzó el grado de bachiller y sólo ocupó oscuros cargos burocráticos. Pero también era primo de Carlos María Herrrera (1875-1914), pintor, y de Ernesto Herrera, *Herrerita,* malogrado dramaturgo (1889-1917). Contrariamente a los venerables y longevos togados, los artistas de la familia Herrera fueron más o menos autodidactas y gozaron de vidas breves.

En 1875, el 10 de enero —él había nacido la víspera— estalla la crisis que abre un periodo militarista de diez años en la historia del Uruguay. En él se agota el militarismo y habrá que esperar un siglo para ver a los militares volver al poder.

La infancia de Julio transcurre en una de esas apacibles y señoriales quintas del Prado: rosaledas, jardines, estanques y palomares. Lejos de los cuartelazos, de la agitación, de las crisis económicas y financieras. Lejos también del puerto, por el que ingresan por entonces varios miles de inmigrantes cada año. Lejos de las polémicas que inspiran el establecimiento de la escuela pública, laica, gratuita y obligatoria (1877) y la ley de matrimonio civil obligatorio (1885). Julio es un muñeco rubio, de ojos azules que va encarnando la imagen legendaria que dará de él Rubén Darío dos años después de su muerte: «out of the world» (Conferencia dictada en Montevideo en 1912).

En 1880, a los cinco años, sufre el primer ataque cardíaco con que se manifiesta una afección congénita. El poeta traducirá años más tarde:

> ¿Queréis saber de mi amistad primera?
> Pues bien: fue con la muerte. (*Lírica invernal*).

Dos años después, el Banco Herrera Eastman, del cual Manuel Herrera y Obes es copropietario, da en quiebra. La familia abandona su quinta del Prado. Julio ingresa en la escuela. Según el testimonio familiar, es alegre y bullicioso.

Poco —y poco digno de interés— dicen sus biógrafos sobre la vida de Herrera y Reissig en general y sobre este periodo en particular. Una escuela nacional, otra de salesianos, un año de estudios superiores (prólogo del bachi-

---

[1] Fecha tradicionalmente admitida por la crítica. En la «Cronología» de la edición de la «Biblioteca Ayacucho» (1978) (v. Bibliografía), se habla del 18 de enero sin aportar ningún documento ni comentario tendente a acreditar dicha novedad. Numerosas obras compulsas nos han confirmado el 10 de marzo, pero otras obras hablan insidiosamente del 18 de marzo. Cuestión secundaria, sin duda, pero que se queda pendiente de una confrontación de los documentos correspondientes.

llerato) en una de ellas. Zum Felde, que le despedirá en su tumba en 1910, lo describe así:

A los quince años, en el colegio católico donde se educaba, durante la presidencia de su tío Julio, era un adolescente pálido y suave: bajo la luna melancólica de su frente se abrían las dos flores azules de sus ojos, de una dulzura vaga y soñadora, que conservó inmarcesibles hasta su muerte. Aquel retoño crepuscular de la cuarta generación nativa de una familia de políticos y letrados, no mostraba el temple vigoroso y las tendencias positivas de sus mayores: temperamento delicado y contemplativo, más inclinado al ensueño que a la realidad, la sensibilidad y la imaginación predominaban en él sobre la voluntad, trazándole ya, desde la adolescencia, un camino que no conducía precisamente al Capitolio...[2]

A los quince años abandona sus estudios e ingresa en la administración pública, como funcionario de Aduanas (curiosamente, esos mismos serán los comienzos de Juan Carlos Onetti, a la misma edad, varias décadas más tarde). En 1891 muere su hermano Rafael, quien, al parecer, le era muy cercano. Su propia salud es siempre deficiente y en 1892 la fiebre tifoidea agita una vez más el espectro de la muerte. Julio renuncia a su empleo. Su convalecencia en una estancia de Salto, así como su permanencia, años después, en Minas, le proveen los paisajes que transformará tan radicalmente —al punto de volverlos exóticos— la alquimia de su verso.

El país sigue transformándose y el auge «civilista» de la presidencia de su tío, la política de la «influencia directriz» marca el apogeo de los Herrera. En ellos se agota casi definitivamente la república «patricia». En 1897, Julio Herrera y Obes parte al exilio. La familia Herrera ha perdido toda influencia y toda fortuna. Su padre sobrevivirá hasta 1908, pero, por entonces, ya hace mucho tiempo que Julio ocupa la primera plana de la vida literaria del Uruguay.

Los últimos del siglo son años de lecturas ávidas y desordenadas. Años de desorden político y de lucha social en el país.

La primera central sindical —de inspiración anarquista— ha cumplido ya más de veinte años de actividad y logrado importantes reivindicaciones para la clase obrera. Las armas, tempranamente estrenadas en Montevideo, son la huelga y el atentado. En los últimos años de la vida de Herrera, todo el panorama social quedará transformado: reconocimiento de los derechos sindicales y del derecho a la huelga en 1905, reglamentación de los horarios de trabajo y los días de descanso (1905, 1908, 1910), leyes jubilatorias (1906). Éste es un aspecto fundamental de la vida del país, en el cual Herrera y Reissig no interviene y del cual no se halla ninguna traza en sus escritos. Otro tanto cabría decir de las controversias que culminan en 1907 con la abolición de la pena de muerte.

En cambio, las últimas «patriadas», conatos de guerra civil (1897 y 1904), le inspiran dos formas de rotunda condena: el panfleto y el exilio voluntario. Refiriéndose a la situación del país, al «caudillo» que capitanea esos movimientos y al Presidente de la República (Juan L. Cuestas, 1897-1903), escribe:

Los límites del Uruguay son: por el Norte Aparicio Saravia; por el Sur, Juan Lindolfo Cuestas; por el Este una lengua de Brasil que se bebe todo el agua del lago de Merín; por el Oeste una garra de la República Argentina que se ha posesionado de Martín García[3].

En 1904, se marcha a Buenos Aires, donde permanecerá cinco meses. Esa será, prácticamente (en 1908 vuelve a hacer un brevísimo viaje a Buenos Aires), la única salida del país de Julio Herrera y Reissig. En efecto, contraviniendo la moda del imprescindible viaje a París que han impuesto rápidamente los poetas modernistas, Herrera y Reissig no viajará nunca a Europa.

Pero entre tanto, ha comenzado a publicar poemas. En 1898 ha fundado La Revista; en 1899 ya ha forjado el penúltimo eslabón del mito: La Torre de los Panoramas, modesto altillo de mobiliario pobre y desvencijado que abrigará el cenáculo más célebre de la historia literaria del Uruguay, del cual Julio Herrera y Reissig es, naturalmente, inspirador, artífice y oráculo supremo.

En 1900, un nuevo ataque cardíaco le hace abandonar un nuevo cargo burocrático, obtenido éste en 1898, y le condena, en gran medida, a esa aparente displicencia decadentista que tal vez fuera, en él, simple defensa. Lo seguro, de esa gran crisis, es que de ella surge el último eslabón del mito: la morfina.

El poeta transmuta la afección en señal del destino, la agonía en muerte y resurrección poética, el calmante que se vuelve cada vez más

[2] Zum Felde, Alberto, Proceso intelectual del Uruguay, 1930, 3.ª Ed., Montevideo, Nuevo Mundo, 1967, T. II, página 238.

[3] Herrera y Reissig, Julio, «Epílogo wagneriano a la Política de fusión», en Poesía completa y prosa selecta, Caracas, Ayacucho, 1978, pág. 298. Cfr. la excelente demostración producida por Idea Vilariño en el «Prólogo» a la edición de la Colección Ayacucho, citada ut supra.

indispensable, en vicio refinado *pour épater le bourgeois.*

De la dolencia en sí, dirá:

> Yo hubiera debido morir. Eso era lo científico, lo serio. Mi resurrección en cambio fue lo literario, lo paradojal, lo enfermo. *(Lírica invernal.)*

Y, más tarde se las arreglará para hacer coincidir la crisis con la muerte del poeta romántico y el nacimiento a la nueva sensibilidad.

La morfina, por su parte, secreto a voces de la aldea, será reconocida como vicio y sacrificio decadentista y publicitada como parte de «Los martirios de un poeta aristócrata», según el título de un artículo de Juan José de Soiza Reilly, aparecido en la célebre revista porteña *Caras y Caretas,* en 1907.

El escándalo de alguna polémica periodística y los cuchicheos de la chismografía local ocultan los detalles verdaderos de la vida íntima de Herrera y Reissig.

Poco sabemos, por ejemplo, de una hija natural suya, Soledad Luna, que nace en 1902, y que el poeta reconoce en 1904.

1900-1907 son los años de gloria de la Torre de los Panoramas: Julio Herrera y Reissig, *Imperator,* dictamina, consagra o vitupera, ensaya sus gestos de *dandy* al atardecer, por la calle Sarandí, y adopta de inmediato toda actitud que pueda escandalizar al Montevideo provinciano de entonces.

En 1904 conoce a Julieta de la Fuente, con quien se casará el 22 de julio de 1908, y que será fiel guardián de su memoria hasta 1974. En septiembre viaja a Buenos Aires, donde permanece hasta febrero de 1905, como empleado de la Oficina del Censo. A su regreso, la situación económica de la familia le lleva a trabajar de forma permanente como periodista.

De ahí en adelante, todo su mundo personal se disgrega: en julio de 1907 muere su padre; en agosto de 1908, pocos días después de su casamiento con Julieta, muere su madre; su hermano Alfredo, que pasará hasta entonces por un «melancólico», naufraga definitivamente en la demencia a fines de ese mismo año.

Por entonces, el país ha sobrepasado ya su primer millón de habitantes. La política introducida a partir de 1903 por don José Batlle y Ordóñez se ha consolidado. Las leyes de la época consagran no sólo el derecho laboral, sino también la educación popular, los controles económicos a las empresas extranjeras, la prohibición de los crucifijos en los hospitales, la abolición de la pena de muerte y el divorcio, entre otras cosas. En una palabra, *el progreso...*

Julio sobrevivirá poco más de un año, retirado en casa de los de La Fuente, al cuidado solícito de Julieta, que celebra su poesía y ejecuta, al piano, sus autores favoritos. Muere a principios de 1910, a poco de cumplir treinta y cinco años.

Su biografía oficial termina, tal vez, con el apasionado elogio fúnebre de un joven escritor de la nueva generación, Alberto Zum Felde. O, mejor aún, con el solemne traslado de sus restos al Panteón Nacional, en 1941.

OBRA Y CONTEXTO LITERARIO

A fines del siglo XIX, el panorama literario, las concepciones filosóficas vigentes, el clima intelectual del Uruguay se transforman al mismo ritmo que las instituciones políticas y sociales.

Julio Herrera y Reissig.

El romanticismo tardío, que se sobrevive aún más largamente en América que en España, tiene en Río de la Plata —y en Uruguay en particular— una agonía más prolongada que en el resto del continente. En las dos últimas décadas del siglo, el panorama literario está dominado, fundamentalmente, por dos nombres: José Zorrilla de San Martín y Eduardo Acevedo Díaz.

La lírica post-becqueriana, los pujos de bardo nacional de José Zorrilla de San Martín (1855-1931) se hacen presentes en sus *Notas de un himno* (1877), *La leyenda patria* (1879) y cierran, simbólicamente, el ciclo, con esa especie de interiorización del mito romántico americano que es el folklórico *Tabaré* (1888)[4].

También de cuño romántico, pero de poética realista, la novela histórica da, al Uruguay, por esos años, su primer gran novelista: Eduardo Acevedo Díaz (1851-1921), *Ismael,* (1888), *Nativa* (1890), *Grito de gloria* (193), *Lanza y sable (1914),* son estrictamente contemporáneas de las primeras narraciones modernistas[5].

Los enfrentamientos ideológicos entre espiritualistas (católicos y liberales confundidos) y positivistas culminan en 1884, con la destitución del rector y el cierre de la Universidad. Se abre entonces un periodo de dos décadas de predominio absoluto del positivismo en el ámbito universitario y de grandes reformas en la institución.

Coincidentemente, la nueva generación que pasa a ocupar la primera plana de la vida intelectual del país en los últimos años del siglo, está constituida por autodidactas. La episódica vinculación con la Universidad de algunos de los miembros del grupo (Rodó, por ejemplo), subraya aún más la ausencia de vínculo orgánico general con la cultura institucional.

Otros son los ámbitos, las instituciones y los medios de difusión a través de los cuales esta nueva generación se exterioriza y se proyecta: la peña, el cenáculo, la asociación cultural, la revista literaria. Ahí se instalan la bohemia, el *dandysmo,* la rebeldía acrática que caracterizan a esta época. Ahí se ensalza o se denuesta la poesía parnasiana o simbolista, la estética decadentista o naturalista. Ahí se difunden los ideales del anarco-sindicalismo y los principios del socialismo marxista. Todo mezclado. Ahí nace el *mundonovismo.*

A la fugaz condensación —a menudo explosiva— de esos *ismos* llámasele, comúnmente, *Modernismo.* Julio Herrera y Reissig será una de sus representaciones más insignes.

Ahora bien, en el Uruguay, el Modernismo se manifiesta primero en la prosa narrativa y en el ensayo: los mayores de la generación son narradores como Javier de Viana (1868-1926, *Campo,* 1896, *Gaucha,* 1899; *Gurí,* 1901), Carlos Reyles (1868-1938, *Beba,* 1894, *Las Academias,* 1896-98, *El Terruño,* 1916; *El Embrujo de Sevilla,* 1922) o teóricos, como José Enrique Rodó (1871-1917)[6].

Los escritores de la segunda promoción, Herrera y Reissig (1875-1910), Florencio Sánchez (1875-1910)[7]. María Eugenia Vaz Ferreira (1875-1924), Horacio Quiroga (1878-1937), los más ilustres, los de influencia más perdurable, aunque muy precoces todos ellos, apenas comenzaban sus primeros balbuceos literarios cuando, con el mesianismo americanista y mundonovista de *El que vendrá* (1897), el lúcido, sutil y consagratorio *Rubén Darío* (1899), y el emprendedor y tonificante *Ariel* (1900), Rodó había perfilado ya la dimensión continental del movimiento, había explorado sus raíces estéticas y culturales y había definido los alcances de una de sus opciones ideológicas fundamentales.

Aventajado sólo por Florencia Sánchez[7], cuya vocación periodística se manifiesta ya en 1891, a los dieciséis años, Herrera y Reissig comienza a publicar sus primeros versos en 1898.

«Miraje» aparecido en abril de ese año, ha sido tradicionalmente considerado como el primer poema publicado por el autor. Son ciento cinco decasílabos cuidadosamente rimados en quintillas de ritmos variados, pero que respetan con gran regularidad la cesura, en la que hay siempre, como en la rima, una sonoridad grave.

Miraje parece un título emblemático: el atardecer, tema romántico, si los hay, anunciado por el primer hemistiquio del primer verso («Muere la tarde...») recibe un tratamiento sorprendente por la luminosidad de las imágenes, el cromatismo y la vivacidad de cuanto encierra la naturaleza en esa aparente inmovilidad de tiempo detenido: «Muere la tarde...» v. 1 y 6: «El sol se ha puesto...», v. 11: «Nacen las sombras de ignotos nidos», v. 16; «Blancos cendales de tenue bruma», v. 21; « ya todo duerme», v. 36. Y ese contraste nos sorprende ya en los primeros versos:

Muere la tarde... Copos de llamas
forman las nubes puestas en coro...

Paralelamente corre el contraste entre la riqueza y la majestuosidad de lenguaje descriptivo y la humildad y banalidad de su objeto, contraste que nos hunde a veces en el misterio

---

[4] Sobre Zorrilla de San Martín, v. en este volumen el artículo de Rómulo Cosé (N. del coord.).

[5] Sobre Acevedo Díaz, v. en este volumen el artículo de Fernando Ainsa.

[6] Sobre Rodo, v. en este mismo volumen el artículo de Mabel Moraña (N. del Coord.).

[7] Sobre Florencio Sánchez v. en este volumen el artículo de Trinidad Barreda (N. del Coord.).

: de una imaginación poética embriagada por su propia verba y totalmente hermética. Versos 36-45.

> Ya todo duerme, ¡y es la cuchilla
> el seno hinchado de la natura,
> lecho ofrecido por la gramilla
> al cargo agreste y a la flechilla
> que van subiendo de la llanura!
>
> Y esos insectos, esos chispeos,
> que van surgiendo de los juncales,
> son cual fantáseos chisporroteos
> de los ensueños, de los deseos
> de mil perfumes primaverales!

Inmovilidad del tiempo, animación vibrante de la naturaleza inerte, materialización corpórea de lo evanescente apresadas en un lenguaje rejuvenecido y ceñido a un rigor formal clásico. Se diría que todo el programa poético de Herrera y Reissig está ya claramente delineado en ese «Miraje»: la poesía surgiendo del misterio de la palabra.

Claro está que no todo el primer Herrera es igualmente prometedor. Hay un Herrera poeta «civil» que, en textos como «La dictadura» (primer texto publicado por Herrera según lo probó Roberto Ibáñez), «¡Arriba!» o «Castelar», por ejemplo, fatiga una retórica extenuada que poco y nada tiene que ver con su universo poético.

Hay también, un Herrera becqueriano, cuya falsa ingenuidad retórica es sólo comparable a la indigencia de su lenguaje:

> ¿Qué es esperanza, dices?... ¿esperanza?
> ¡Esperanza es soñar
> es tener fe en el día de mañana
> es creer que me querrás!

Tal la segunda estrofa de «Indiscretas» que no cuenta menos de catorce de la misma vena (Bécquer tenía, al menos, la virtud de la brevedad).

Ese Herrera publica, en 1898, su primer opúsculo. *Canto a Lamartine,* que la crítica piadosa, olvida regularmente. Pero ese primèr Herrera crea, también sucesivamente, su primera revista y su cenáculo.

Las revistas son, por entonces, tan numerosas como efímeras. Rodó publica la *Revista Nacional de Literatura y Ciencias,* de 1895 a 1897. Ese año comienza a aparecer *La Alborada,* de inspiración anarquista, y en 1899, Raúl Montero Bustamante funda *La Revista Literaria,* Horacio Quiroga, aún en su ciudad natal, funda la *Revista de Salto* y Herrera y Reissig, naturalmente, *La Revista.* La aventura se prolonga un año durante el cual aparecen veintidós números. En *La Revista,* el autor publica, entre otras cosas, un ensayo,

«Conceptos de crítica», que le muestra como profundo —y reverente— conocedor de la poesía «decadente», en época en la cual la crítica tradicional le afilia al «post-romanticismo».

En 1898 también sitúan los biógrafos *El Cenáculo,* antecedente del primer *Mirador* (1900), a la espera de la definitiva *Torre de los Panoramas* (1903). Los cambios de designación, prurito de la crítica, o los cambios de domicilio de la familia Herrera no implican cambios ni en el espíritu ni en la naturaleza del fenómeno. Mezcla de *salon* y de *garconnière,* el cenáculo tiene mucho de supervivencia aristocrática en su espíritu «elitista» y algo de «escuela», por la supremacía de un «Maestro» y la solidaridad clánica del grupo. De 1900 a 1902 funciona el *Consistorio del Gay Saber,* encabezado por Horacio Quiroga, que publicará sus versos modernistas en *Los Arrecifes de coral,* en 1901. Los miembros de ambos grupos se conocen, se tratan y hasta pueden reunirse, con ocasión de algún acontecimiento, como fue la venida de Lugones a Montevideo, por ejemplo, pero nadie frecuenta dos cenáculos a la vez. Por su funcionamiento, los cenáculos se oponen al carácter abierto y a la vocación polémica de las peñas, como las que se reúnen por esos años en el Café *Polo Bamba,* o más tarde, en el *Tupí-Nambá.* Como se oponen también, por la predominancia o exclusividad de sus preocupaciones estéticas, a la marcada tendencia política y a la vocación proselitista de asociaciones del tipo del *Centro Internacional de Estudios Sociales,* que por esos mismos años frecuenta Florencio Sánchez.

Revistas, peñas, cenáculos y asociaciones son característicos del ambiente espiritual del 900, pero son también elementos significativos de opciones fundamentales de los escritores de la época.

Un cenáculo sólo admite un gran poeta y quienes frecuentan la *Torre* son personajes de segundo plano, como Juan J. Ylla-Moreno, César Miranda o Vidal Belo. La presencia allí de Roberto de las Carreras entraña de por sí la muerte de la *Torre,* que periclitará a partir de la polémica de 1906.

Herrera es un poeta de *cenáculo,* como Roberto de las Carreras es un hombre de *peña* y Alvaro Armando Vasseur *(Cantos augurales, 1904; Cantos del nuevo mundo,* 1907), el creador del auguralismo, es un intelectual de *asociación.*

En 1900, reaparece ruidosamente en Montevideo, de regreso de París, un personaje al que acabamos de aludir, el más excéntrico y escandaloso de la Generación del 900, Roberto de las Carreras (1873-1963).

De origen encumbrado, culto, distinguido, de un *snobismo* que tiene sin duda mucho que ver con su neurosis, ese *dandy* que lleva un nombre respetado —y hasta temido— tiene la indiscutible superioridad de sus cinco años vividos en París y una fortuna que dilapidar, y trae en sus valijas tesoros desconocidos en Montevideo: Samain, Moréas, D'Annunzio, y —sustraido tal vez a este último— un descubrimiento ignorado en el Río de la Plata: el Amor Libre.

El impacto y la influencia de este personaje en el Montevideo de la época fueron sin duda importantes. Su obra es reducida: *Sueño de Oriente,* 1900; *Amor libre,* 1902; *Psalmo a Venus Cavalieri,* 1905, y algunos otros opúsculos de impresión primorosa, que son hoy joyas de bibliófilo.

Su influencia sobre Herrera y Reissig, indudable en cuanto a determinados comportamientos y por las lecturas que le procuró, parece menos evidente —y menos profunda— de lo que algunos críticos han pretendido.

La coquetería de Herrera, que hace coincidir su crisis cardíaca de 1900 con su «metamorfosis» poética, facilita la identificación de esta última como el encuentro con Roberto de las Carreras.

Por otra parte, el desorden de los papeles del autor y el cauce que tomó su modalidad creativa hacen generalmente imposible la datación de buena parte de sus textos. Todo parece indicar que Herrera desarrolla *paralelamente* sus modalidades «parnasiana», «simbolista», «decadente» y «pre-vanguardista», aunque sea en ese orden que predominen sucesivamente, si es dable diferenciarlas. Al menos en lo que se refiere a los textos publicados por Herrera mismo.

En 1900, en el *Almanaque Artístico del Siglo XX* publica *Las Pascuas del tiempo.* Es un conjunto de ocho cantos, de extensiones, ri-

Fotografía de Herrera y Reissig en su lecho (c. 1907).

mas y metros variados. Una especie de *burlería* en la que el poeta parece tomar a contrapelo el acontecimiento del nuevo siglo, a través del tema de la vejez del tiempo y de su tratamiento burlesco.

En un decorado parnasiano desfilan variados personajes de la mitología, de la historia —antigua o moderna—, de la literatura —sobre todo fantástica—, los meses y las horas.

Del mismo año es un texto intitulado «Wagnerianas», pero ya se ha comprendido que Herrera y Reissig hace de lo mitológico, lo imaginario, lo histórico y lo fantástico, una utilización de segundo grado que, no por ser más risueña, deja de crear una distancia que entraña una lectura poética; lectura que hoy nos aparece como un prólogo ineludible al análisis antropológico actual de esos sistemas discursivos.

En 1902 publica el «Epílogo wagneriano a la *Política de fusión»,* ya citado. Un largo ensayo con un acápite de Nietzsche *(Así hablaba Zarathustra)* y copiosas citas de Spencer, un texto en que Herrera y Reissig rompe definitivamente con la tradición política familiar, enjuicia severamente a la sociedad uruguaya y condena las prácticas de los partidos tradicionales, negándoles, además, toda razón de ser.

Sólo un anarquista reconocido, convicto y confeso, como Florencio Sánchez, se había permitido, hasta entonces, publicar —en su caso en un periódico político— una diatriba tan violenta contra las tradiciones y las glorias nacionales (*Cartas de un flojo,* 1900). Herrera demuestra lucidez y valentía, se cierra muchas puertas y se hace algunos enemigos.

También, en 1902, publica *La sortija encantada,* «Ciles alucinada», y los primeros sonetos de *Los parques abandonados.* Traduce a Samain, Baudelaire, Émile Zola.

Son años de adquisición de un lenguaje mediante ejercicios arriesgados, casi siempre sorprendentes y a menudo cautivantes. Herrera aparenta oficiar homenajes rituales a Virgilio, a Verlaine o a Mallarmé y adopta metros, rimas y formas de versificación que le imponen verdaderas hazañas de acrobacia verbal. Como en los títeres, siempre y cuando no se vean los hilos, es fascinante.

«La vida», «Desolación absurda» (1903) marcan otras modalidades: la interrogación óntica, la adquisición metafísica. «Poética omnívora», dictaminará Saúl Yurkiévich en un trabajo que, con su talento habitual, intituló «Julio Herrera y Reissig, el aúrico ensimismo».

La disputada autoría de una imagen de «La vida» será el pretexto, en 1906, de la violenta ruptura con Roberto de Las Carreras, quien acusa a Herrera y Reissig del «robo de un dia-

mante». Se tráta de una dentadura que, en *Onda Azul,* de las Carreras, aparece bajo la forma:

> Un no sé qué de vívido en sus ojos fundiéndose en el relámpago nevado de la sonrisa.

Según el acta de acusación «el poeta volcánico la arroja en esta forma»:

> el relámpago luz perla
> que decora su sonrisa.

El lector apreciará. En todo caso, la polémica es violenta. Roberto de las Carreras insulta soezmente a Herrera y Reissig, y aprovecha la ocasión para burlarse, de paso, de Lavignani, de Roxlo y de Vasseur. No contradice —ni siquiera se molesta en examinarlas— las pruebas que alega Herrera y Reissig, sobre la anterioridad de su texto y el conocimiento que de él tenía Roberto de las Carreras.

Hoy, nos sorprenden la violencia de semejante tipo de polémica y el hecho de que los periódicos de la época le hicieran lugar. Pues esta dista mucho de ser la única. Roberto de las Carreras ya ha sostenido otras con Papini, con Alvaro Armando Vasseur, etc. Guzmán Papini y Zas tuvo una, de trágicas consecuencias, con Federico Ferrando... La lista será interminable.

La polémica —y, eventualmente, el duelo subsiguiente— forma parte tanto de la vida política como de la vida literaria del 900.

En 1904, Herrera y Reissig comienza la composición de *Los éxtasis de la montaña,* y en 1906, la de los *Sonetos Vascos.* En 1907 funda una nueva revista, *La Nueva Atlántida,* pero ésta será más efímera que la primera. En ese año queda cerrado, prácticamente, el ciclo de *Los parques abandonados.*

Su tercer y último cuento, «Mademoiselle Jaquelín», aparece en 1906 (antes había publicado «Aguas del Aqueronte» y «El traje lila»). Ninguno de ellos agrega gran cosa a su obra.

En 1909 publica *El collar de Salambó,* serie de cinco sonetos de octosílabos en rimas abrazadas, *camafeos* sobre los ojos. Por esa época escribe *Las clepsidras* y *La torre de las esfinges.*

De 1910 data *Berceuse blanca,* largo poema inacabado o, en todo caso, no definitivamente pulido, a juzgar por las numerosas versiones que existen en borrador.

Al morir, deja preparado un primer volumen que será editado bajo el título *Los peregrinos de piedra,* y que aparecerá en 1910, a poco de su muerte.

El resto de su obra fue editado por su amigo y albacea literario, el poeta César Miranda, en cinco volúmenes (Montevideo, Orsini Bertani, 1913).

Dicha ordenación no ha satisfecho nunca a la crítica, y cada edición posterior ha intentado la suya, usando —a veces con buena fe— la casi inagotable lista de títulos que el propio Herrera barajó en sus publicaciones o en sus planes de publicación.

En 1914, Rufino Blanco Fombona publica en París, en la Editorial Garniel, *Los peregrinos de piedra*. Su prólogo desata una polémica larga y sonada, pues acusa a Lugones de haber «imitado» a Herrera y Reissig en *Los crepúsculos del jardín* (1905).

La polémica tal vez no hubiera tenido lugar en vida de Herrera y Reissig, quien no habría tardado en confirmar, seguramente, que él conocía los poemas de Lugones desde una fecha muy anterior. Pero ese tipo de polémica, sobre dos escritores rioplatenses, lanzada desde París, por un escritor venezolano, es también un rasgo típico del movimiento modernista que, a esas alturas, está ya agotado.

POESÍA

Como se habrá advertido ya, hasta aquí hemos descrito el conjunto de la obra de Herrera y Reissig, limitándonos deliberadamente a analizar algún detalle de algunos textos menores, reservándonos la posibilidad de ver con más tiento un ejemplo de cada una de las cuatro modalidades fundamentales de su poesía.

A pesar de su dispersión general en los diez años cabales de creación herreriana, y, por ende, de la contemporaneidad frecuente de estas maneras, se las puede distinguir por la tonalidad estilística, por la temática y por sus características formales.

Los éxtasis de la montaña se abren con el texto siguiente:

EL DESPERTAR

Alisia y Cloris abren de par en par la puerta
y torpes, con el dorso de la mano haragana,
restregándose los húmedos ojos de lumbre
  incierta,
por donde huyen los últimos sueños de la
  mañana...

La inocencia del día se lava en la fontana,
el arado en el surco vagaroso despierta
y en torno de la casa rectoral, la sotana
del cura se pasea gravemente en la huerta...

Todo suspira y ríe. La placidez remota
de la montaña sueña celestiales rutinas.
El esquilón repite siempre su misma nota

de grillo de las cándidas églogas matutinas
Y hacia la aurora sesgan agudas golondrinas
como flechas perdidas de la noche en derrota.

Se trata, como se ve, de un soneto en alejandrinos con dos rimas alternadas en los cuartetos (ABAB-BABA), de perfecta autonomía sintáctica, y combinación de abrazadas y pareadas en los tercetos (CDC-DDC), que se organizan, aquí, en tres unidades sintácticas. Tal es el esquema estructural de las *eglogánimas*.

Bien llamadas, porque de *églogas,* sí tienen tema, ambiente, y personajes, así como la tonalidad bucólica, églogas que se *animan* en una visión que trasciende la quietud de su modelo clásico.

Los personajes son apenas un tipo, más que nada un hombre, evocador y musical (Alisia, Cloris), o una sombra, como el cura afantasmado por la sinécdoque («la sotana [...] se pasea gravemente»). No hay casi anécdota, y la pintura se articula en un doble movimiento que va de la escena aldeana con sus personajes, a la inmensidad del horizonte, descrita y calificada en términos abstractos.

El último verso del primer cuarteto alude, muy sutilmente, al mundo del inconsciente, que pertenece a los dominios de la noche. Y el último verso del poema, entre el símil y la metáfora que lo articulan, deja entrever a través de la leve evocación *(flechas-derrota),* de la *tragedia de la naturaleza,* el misterio de su animación secreta. Ambos elementos representan la nota personalísima de la égloga herreriana, de la *eglogánima*.

Porque tales son, también, los términos generales en que, según motivos temáticos diversos y organizaciones semánticas ligeramente diferentes, puede describirse el conjunto de los sonetos de *Los éxtasis de la montaña* (1.ª y 2.ª serie).

Lasa *eufocordias,* por su parte, tienen características diferentes:

EL SAUCE

A mitad de mi fausto galanteo
su paraguas de sedas cautelosas,
la noche desplegó, y un lagrimeo
de estrellas, hizo hablar todas las cosas...

erraban las walkirias vaporosas
de la bruma, y en cósmico mareo
parecían bajar las nebulosas
al cercano redil del pastoreo...

En un abrazo de postrero arranque
caímos en el ángulo del bote...
Y luego que llorando ante el estanque

tu invicta castidad se arrepentía
¡el sauce, como un viejo sacerdote,
gravemente inclinado nos unía!...

Soneto clásico, de endecasílabos, la eufocordia sustenta la perfecta autonomía sintáctica de cada uno de los cuartetos, y de las dos o tres frases que forman los tercetos, en dos rimas iguales —a veces pareadas, a veces abrazadas— para los primeros, y tres preferentemente alternadas para los últimos.

Cadenciosa, la eufocordia apoya su melodía en el ritmo acentual que, en su alternancia de troqueos y dactílicos, respeta siempre dos normas: el acento en la cesura, y la sonoridad grave en la rima. (Aunque aquí no hay ejemplos, la ausencia de acento en la cesura puede ser subrayada (¿o subrogada?) por una diéresis, mientras que el desplazamiento del acento puede ser realzado por una sinalefa). Del mismo modo, la quiebra del ritmo de los tres acentos (v. 4) coincide, generalmente, con una violencia a la sintaxis o a la semántica.

Lírica erótica, si se nos autoriza el aparente antítesis, la eufocordia tiende a apresar un instante de una eterna esgrima amorosa («fausto galanteo») que el poeta evoca (frecuente preterición de los imperfectos) a menudo con una irónica sonrisa («tu invicta castidad se arrepentía»). Ese momento es, generalmente, crepuscular y la descripción del crepúsculo da lugar a algunas de las imágenes más suntuosas («su paraguas de sedas cautelosas / la noche desplegó»). Los personajes son aquí meros *actantes*, ocultos tras un índice de su función en el escarceo amoroso («fausto galanteo» / «invicta castidad» unidos en «un abrazo de postrero arranque»). En concomitancia con el marco temporal, el ámbito espacial remite a un mundo pretérito: el de las quintas, los lagos, estanques y rosaledas de la infancia del propio Herrera y Reissig.

Por otra parte, los índices actanciales que señalábamos suelen ser mucho más precisos que aquí: las eufocordias están plagadas de símbolos sexuales.

«El sauce» tiene, a nuestro ver, el mérito suplementario de salvar la ambigüedad de la escena. En otros textos, ritmo e imagen pueden concurrir incluso a evocar la penetración, el coito o el orgasmo. Como muy bien lo señala Idea Vilariño, Herrera y Reissig es el poeta —hombre— más osado del Uruguay en su erotismo.

La fugacidad del tiempo, y el misterioso espectáculo de la naturaleza, el cromatismo y la musicalidad aleves de las imágenes, la caducidad del mundo circundante y el esplín que aflora en el sujeto de la enunciación poética, en una palabra, temática, retórica y poética son típicamente *modernistas*. Julio Herrera y Reissig alcanza en las *eufocordias* y en las *estrolúminas* el pleno dominio del lenguaje poético de la época.

Pero la estrolúmina contiene ya rasgos marcadamente decadentes:

EPITALAMIO ANCESTRAL

Con pompa de brahmánicas unciones
abrióse el lecho de tus primaveras,
ante un lúbrico rito de panteras,
y una erección de símbolos varones...

Al trágico fulgor de los hachones,
ondeó la danza de las bayaderas,
por entre una apoteosis de banderas
y de un siniestro trueno de leones.

Ardió el epitalamio de tu paso,
un himno de trompetas fulgurantes...
Sobre mi corazón, los hierofantes

ungieron tu sandalia, urna de raso,
a tiempo que cien blancos elefantes
enroscaron su trompa hacia el ocaso.

Este poema pertenece a *Las Clepsidras* (Cromos exóticos), 1909. Esta serie, que el autor designará con el nombre sugestivo de *estrolúminas,* podría tener este soneto —cuyas características formales no varían con respecto a las eufocordias— como emblema.

Temáticamente predomina la celebración talar, que induce la tonalidad estilística del *epitalamio,* de un erotismo transformado en lubricidad. La retórica es más exquisita: a la contorsión sintáctica (tres de los cinco verbos activos del texto, por ejemplo, presentan inversión del sujeto), se unen el preciosismo del léxico —con esa predilección tan modernista por las esdrújulas (brahmánicas-lúbrico), la adjetivación sinestésica («trompetas fulgurantes») y el hermetismo de las imágenes («urna de raso»), que, a menudo, son ya sólo cadencia sonora y potencial connotativo. La rarefacción del elemento denotativo —sea por hermetismo de la imagen, sea por exotismo del universo referencial— hace trabajar al texto a nivel del inconsciente estimulado ya por la pululación de símbolos sexuales (panteras, hachones, trompetas, trompas de elefantes) y por el tabú de la inspiración temática.

La perfección formal de los *cromos* lleva a sus últimos límites las posibilidades expresivas de la poética modernista. La inflación discursiva y el mundo hierático que el poema refleja desembocan en la entropía. Ella corre pareja con la delectación morbosa, aquí en el fetichismo («Sobre mi corazón, los hierofantes / ungieron tu sandalia urna de raso») más allá en la celebración de la droga, que son otros tantos signos decadentes.

La Torre de las esfinges, 1909, lleva como subtítulo explicativo —entre paréntesis— la inscripción siguiente: *Psicologación morbopanteísta.* Parece una buena definición de la poética que inspira ese conjunto de cuarenta y cinco *espinelas* distribuidas de forma muy desigual en siete partes (I a VII) que ostentan subtítulos en latín.

Citemos, simplemente, las dos primeras estrofas de la primera parte:

VESPERAS

En túmulo de oro vago,
cataléptico fakir,
se dio el tramonto a dormir
la unción de un Nirvana vago...
Objetívase un aciago
suplicio de pensamiento,
y como un remordimiento
pulula el sordo rumor
de algún pulverizador
de músicas de tormento.

El cielo abre un gesto verde
y ríe el desequilibrio
de un sátiro de ludibrio
enfermo de absintio verde...
En hipótesis se pierde
el horizonte errabundo,
y el campo meditabundo
de informe turbión se puebla,
como que todo es tiniebla
en la conciencia del mundo.

Ya se habrán reconocido aquí las referencias orientales trazadas con el esfumino modernista («un Nirvana vago»), la nota «decadente» («enfermo de absintio verde»), así como las espinelas de «Desolación absurda» y el tono de interrogación metafísica que caracterizaba ya a este último poema. Andando el texto, se reconocería igualmente la búsqueda óntica que caracteriza a «La vida». A pesar de cierta disparidad formal, esos tres largos poemas están indisolublemente ligados, conformando las *nocteritmias.*

En esta serie, el atardecer no es mero pretexto a suntuosas imágenes cromáticas, la noche no es simple marco privilegiado de la misteriosa animación del universo (nunca lo son totalmente, por otra parte), sino que ambos son consustanciales a la inspiracion temática y a la visión poética que el autor nos entrega.

Si indagamos un poco más en el simple aspecto formal, veremos que en «La vida», alguna *quintilla* canónica alterna con *cuartetas*

no menos clásicas, y con otras *quintillas* a las que se agrega un verso suelto, en rima libre, o con conjuntos de dos o tres *cuartetas* seguidas, o con otros ensamblajes no codificados. «Desolación absurda», por su parte, está integrado por catorce *espinelas* dignas del mejor poeta romántico. Y no decimos esto por provocación, sino que los cuatro primeros versos de «Desolación absurda», «Noche de tenues suspiros / platónicamente ilesos: / vuelan bandadas de besos / y parejas de suspiros», nos recuerdan irremediablemente a Zorrilla, de quien están muy lejos «La vida» y *La Torre de las esfinges.* En esta última, para cerrar el tema, Herrera compone *espinelas* en las que, no satisfecho, sin duda, con la dificultad tradicional del metro, se impone el cierre de los versos primero y cuarto de cada estrofa con la misma palabra.

Todo parecería indicar que estos textos representan una vena profunda de la inspiración poética del autor, cuya importancia misma, la intensidad con la cual la personalidad íntima del poeta se siente implicada en ella, hace difícil, tentativa, hesitante, la cristalización formal. En ese sentido, *La Torre de las esfinges* representa, tanto en la forma, como en el lenguaje poético propiamente dicho, la adquisición y el dominio del instrumento más adecuado. Tienen aún estas espinelas otra característica formal que ha sido raramente señalada, y es que la regularidad de las rimas graves es tal, que la rima aguda determina un *heptámetro* (v. 2 y 3- 8 y 9, pero también v. 21 y 22, 58 y 59, etc.), así como la rima esdrújula determina un verso de *nueve sílabas* (v. 42 y 43, 52 y 53, etc.) Se diría que la musicalidad del texto relega a un segundo plano al *pie forzado* al que, por otra parte, Herrera se ha mostrado siempre tan afecto. Sin embargo, la tradicional *licencia* se ha transformado rápidamente en nueva sujeción...

No podemos ni siquiera esbozar aquí un análisis de un poema tan importante. Remitimos al lector al excelente exégeta de ese gran poeta que es Idea Vilariño. Agreguemos, sin embargo, que no sólo coincidimos con ella en la importancia del tema de la poesía y en la identificación del poeta con ese «búho de ojos de azufre» de v. 101 «Sobre la torre enigmático / [...] / su canto insaluble sufre / como un muezín enigmático...», sino que *Vesperas* se nos aparece como un historial del poeta y de su poética.

Su imagen evoluciona de esa mera conciencia a través de la cual «Objetívase un aciago / suplicio de pensamiento», hasta el «búho». Pero, entre ambas concreciones desfilan varios elementos, tal vez reconocibles: v. 13 «un sátiro de ludibrio / enfermo de absintio verde» (¿Verlaine?); v. 21 «las lucíernagas-brujas / de joyel de Salambó— guiñan la *marche aux flambeaux*» (¿Flaubert?); v. 37 «se electriza el hirsuto / laberinto del proscenio / con el fósforo del genio / lóbrego de lo Absoluto» (¿Baudelaire?). ¿Cuántos y quiénes más?

En esa primera parte del poema puede leerse la trayectoria estética del poeta, representada con tal grado de potenciación del lenguaje figurado, con tal exacerbación del carácter personal del sistema simbólico que, sin duda, muchas lecturas son posibles.

La tentación, precisamente, de las lecturas hipotéticas habrá hecho comprender que en este poema, al final de su vida, Herrera y Reissig se internaba en aventuras de una importación poética sólo comparable a las de la poesía «contemporánea», sobre la cual no tuvo, tal vez, la influencia que habría debido, en mérito a su austera disciplina formal, tan alejada

de las rebeliones más ruidosas —y superficiales— de esta última.

Sin embargo, *creacionistas y ultraístas* le señalan como precursor. Anderson Imbert —heredero de estos últimos— le llama —en una imagen tan poco feliz como las de su propia poesía— «ametralladora metafórica».

El culto de la metáfora, entre otras cosas, inspira seguramente a Guillermo de Torre cuando señala, desde Madrid, en 1925, la importancia de Herrera y Reissig en la evolución de la lírica contemporánea.

Luego viene mucho de olvido...

La perspectiva histórica nos permite hoy aquilatar el alto valor poético de Herrera, la ejemplaridad de su trayectoria y admirar, sin cortapisas, esa total identificación con una época y un lenguaje estético que es, sin duda, un atributo del carácter meteórico de su carrera, pero que es también fruto de esa austera disciplina de que hablábamos antes.

BIBLIOGRAFIA

OBRAS

Los peregrinos de piedra, Montevideo, Orsini Bertani, 1909.
Poesías Completas, Montevideo, Orsini Bertani, 1913, 5 volúmenes.
— I. *Los peregrinos de piedra.*
— II. *El teatro de los humildes.*
— III. *Las lunas de oro.*
— IV. *Las pascuas del tiempo.*
— V. *La vida y otros poemas.*
Prosas, críticas, cuentos y comentarios, Prólogo de Vicente Salaverri, Valencia, Cervantes, «Biblioteca de Autores Uruguayos», 1918.
Ediciones disponibles
Poesías completas, Estudio preliminar de Guillermo de Torre, Buenos Aires, Losada, 1942, 391 págs. (varias reimpresiones).
Poesías completas, Edición, prólogo y notas de Roberto Bula Píriz, Madrid, Aguilar, «Crisol», 300 (1951), 514 págs.
Poesías completas y páginas en prosa, Edición, estudio preliminar y notas de Roberto Bula Píriz, Madrid, Aguilar, 1961, 896 págs.
Obra poética. Prólogo de Alberto Zum Felde, Montevideo, Biblioteca Artigas, «Clásicos uruguayos», 113 (1966), XXVII, 279 págs.
Poesía completa y prosa selecta. Prólogo de Idea Vilariño. Edición, notas y cronología de Alicia Migdal, Caracas, Biblioteca Ayacucho, 46. XLIII, 441 págs.

CRÍTICA

ALBERTI, Rafael, *Imagen primera de...* Buenos Aires, Losada, 1945, 175 págs.
BLANCO FOMBONA, Rufino, *El modernismo y los poetas modernistas,* Madrid, Mundo Latino, 1929, 364 págs.
BORGES, Jorge Luis, *Inquisiciones,* Buenos Aires, Proa, 1925.
CANSINOS-ASSENS, Rafael, *Poetas y prosistas del 900,* Madrid, América, «Andrés Bello», 1919, 314 págs.
CASAL, Julio J., *Exposición de la poesía uruguaya desde sus orígenes hasta 1940,* Montevideo, Claridad, 1940, 755 págs.
CELUJA CECÍN, Antonio, *El modernismo literario en el Río de la Plata,* Montevideo, Imprenta Sales, 1965.
GARCÍA CALDERÓN, Ventura y BARBAGELATA, H. D., «La literatura uruguaya (1757-1917)», en *Revue Hispanique,* XL, Nueva York-París, 1917, págs. 511-524.
PEREIRA RODRÍGUEZ, José, «El caso Lugones-Herrera y Reissig», en Coester, Arthur, *El movimiento modernista en la literatura hispanoamericana,* Madrid, Instituto Libre de Enseñanza, 1926.
— «De la Revista de La Nueva Atlántida», en *Número,* año 2, núms. 6-7-8, Montevideo, 1950.
PÉREZ PETIT, Víctor, «El pleito Lugones-J. Herrera y Reissig», en Coester, Arthur, *op. cit.*
PINO SAAVEDRA, Yolando, *La poesía de J. Herrera*

691

y *Reissig. Sus temas y su estilo,* Santiago de Chile, Prensas de la Universidad, 1932, 148 págs.

RAMA, Ángel, «La estética de Julio Herrera y Reissig: el travestido de la muerte», *Río Piedras,* 2, Universidad de Puerto Rico, 1973

REAL DE AZÚA, Carlos, «Ambiente espiritual del 900», en *Número, op. cit.*

RODRIGUEZ MONEGAL, Emir, «La Generación del 900», en *Número, op. cit.*

SILVA UZCATEGUI, R. D., *Historia crítica del moder-* nismo en la literatura castellana, Barcelona, Vda. de L. Tasso, 1925, 459 págs.

TORRE, Guillermo de, *Literaturas europeas de vanguardia,* Madrid, Caro Reggio, 1925: 390 páginas.

VILARIÑO, Idea de, «Julio Herrera y Reissig», en *Número, op. cit.*

ZUM FELDE, Alberto, *Proceso intelectual del Uruguay,* (1930), 3.ª ed., Montevideo, Nuevo Mundo, 1967, t. II, págs. 207-247.

José Santos Chocano

JULIO ORTEGA

José Santos Chocano (Lima, 1875 - Santiago de Chile, 1934) representa no sin énfasis la suerte literaria del Modernismo hispanoamericano: tanto por su resonante éxito social y mundano, como por su fugacidad y desvalorización poéticas. En efecto, Chocano, en su tiempo consagrado como el cantor de América (título que lo separaba de Rubén Darío, supuesto cantor afrancesado), conoció al final de su vida aventurera el menosprecio y la condena; su obra, en consecuencia, pasó de ser considerada casi sublime a la postergación. Solamente en los últimos años podemos leer a Chocano con la imparcialidad necesaria como para hacer justicia a sus habilidades rítmicas y prosódicas y verificar, en mucho de su producción, los gustos pasajeros de una época.

Pero si en un sentido Chocano es característicamente «modernista», por el repertorio americanista hecho de optimismo y grandilocuencia que le es propio, en otro sentido su destino literario está señalado por el papel público que las sociedades latinoamericanas parecen reservar a sus escritores de renombre. Chocano, en ello, no es distinto a Pablo Neruda o a Mario Vargas Llosa. Antes aún que su poesía adquiriese importancia, era ya un activo político. Y uno que hizo de la política una aventura personal, imbricada en su carrera literaria y en su vida económica. Es en este sentido que Chocano es también típico: representa muy bien la noción latinoamericana de que el escritor es alguien cuyo renombre lo prové de una autoridad política para juzgar, y para hacerlo impunemente, inobjetablemente. De allí la conducta permisible de Chocano, su arrogancia y vacuidad, que lo llevaron incluso al asesinato.

Ya en 1895 estuvo a punto de ser fusilado, pero pasó de prisionero a director de las prensas del estado, donde publicó sus dos primeros libros, *Iras santas* (1895), que señala su iracundia señorial, el carácter arrogante que estará asociado a su figura política, y *En la aldea* (1895), que preside la parte evocativa de su obra, el ruralismo arcádico, la perspectiva pintoresquista sobre las cosas nacionales. *La epopeya del Morro* (1899) señala la otra vertiente de su poesía, la patriótica y oratoria, hecha para el teatro; efectivamente, Chocano fue uno de los últimos poetas modernistas en escribir para un auditorio específico, el que pa-

José Santos Chocano.

gaba su entrada a los teatros para escuchar la oratoria civil del nacionalismo vindicativo y tardío. Este público, que consagró a Chocano como su voz americanista, era de estirpe liberal y, por tanto, generalmente opositor a los gobiernos conservadores; pero era, sobre todo, la pequeña burguesía ilustrada, cuya crítica del conservadurismo se alimentaba del fracaso de la guerra peruana con Chile. Chocano proveyó una voz compensatoria, optimista y mundana, a esa juventud de comienzos de siglo. Pronto, Chocano se convierte en un delegado diplomático en Centro América, tratando de buscar apoyo para su país frente a Chile, al inicio de las largas y complicadas negociaciones después de la guerra. En 1906, el año en que llega a Madrid, aparece su *Alma América,* el libro que lo representa mejor en su credo poético novomundista.

De su amistad con el dictador guatemalteco Estrada Cabrera, que justificará en sus *Memorias* (1941), provendrá, desde 1912, su dedicación a los dictadores y su convicción política de que los gobiernos fuertes son preferibles a la democracia. Luego de ensayar un período revolucionario como secretario de Pancho Villa (1915-1918), volvió en 1919 a Guatemala, pero al año siguiente fue hecho preso y condenado a muerte por los reemplazantes del dictador caído. Una protesta internacional, en la que intervino incluso el Rey de España, salvó su vida. En 1922 Chocano es coronado como poeta nacional por el dictador peruano Augusto B. Leguía.

Pero en los años 20 ha empezado en toda América Latina el movimiento de las reformas populares, la emergencia de los partidos democratizadores de base amplia, la introducción de ideas críticas en el debate político: en ese nuevo clima, Chocano es un extemporáneo; pronto es dejado de lado por los jóvenes. Empieza a ser cuestionado por los «vasconselistas», los grupos de estudiantes que se enfrentan a la idea de los gobiernos fuertes y que postulan una democratización social y política. Uno de estos jóvenes es Edwin Elmore, escritor en ciernes, quien se enfrenta a Chocano; en la disputa, Chocano pasa del insulto al crimen. El 31 de octubre de 1925, en el hall del diario *El Comercio,* dispara sobre el joven Elmore, quien muere días después; Chocano es apresado, juzgado y condenado; saldrá libre en diciembre de 1927. En *El libro de mi proceso* (1928), justifica su acción, y se reafirma en su crimen, juzgándolo en defensa propia. Como dijo el venezolano Blanco Fombona, Chocano había «fatigado la infamia», aunque Blanco Fombona tampoco ignoraba el debate a tiros.

Recluido en Chile, Chocano vio oscurecerse su estrella aventurera. Su obra pasó de un exaltado paisajismo tópico a un intimismo severo y melancólico, pero había perdido ya su público y no tenía lugar en los nuevos tiempos de urgencias sociales y nuevas demandas. En 1934 fue apuñalado en una tranvía por un demente, al que estaba asociado en una última aventura, la búsqueda de tesoros enterrados; sus restos fueron trasladados a Lima en 1965. En una última ironía, fue enterrado de pie, porque en un poema había pedido ser enterrado erguido, por consecuencia grandilocuente pero también por imposición de la rima.

Pero si Chocano puede ser considerado uno de los últimos modernistas públicos, pronto la poesía dejará el teatro, las masas patrioteras, y pasará a ocupar el lugar más bien marginal que desde entonces, la primera post-guerra, ha ocupado. Otros géneros, otras especializaciones del discurso público, la reemplazarán en la explicación simbólica de los procesos sociales. En este sentido, la poesía de Chocano ilustra el fracaso del liberalismo de fin de siglo, con su novomundismo militante, que ingenuamente creía en América como «granero de la humanidad», en el mestizaje de todas las razas en una síntesis superior, en la suma de las culturas en una nueva latinidad, y en la feliz y fácil convergencia de América y Europa. Los años 20 probarían que esas convergencias no eran sino una pugna de intereses, y la poesía se recluía, sin voz en el concierto. Chocano, así, solo prueba cuánto se debía a su propio público, cuya imaginación saturó de promesas retóricas y acertijos rítmicos.

La poesía de Chocano se organiza, característicamente, en torno a un yo protagónico, una persona poética robusta y aventurera, que se presenta como culturalmente situado: es heredero del pasado pre-colombino, pero es también español conquistador. Si esta definición es tópica, también lo es el escenario que este yo enfático se construye: un paisaje americano, se ha dicho, pero sería mejor decir un paisaje tópico, hecho de grandes telones de fondo, pero hecho especialmente de tropos reconocibles al modo de emblemas barrocos que representan climas, tipos humanos, pasiones terrestres y promesas sensuales. Esta tipicidad paisajista hace que la naturaleza americana sea aquí un rasgo de estilo más que una materialidad activa (como será, por ejemplo, en Neruda); y en ello no hay un defecto de la perspectiva sino una virtud de la poética. En verdad, Chocano es mejor poeta cuando más superficial es, cuando más tópico resulta, cuando menos personal se nos presenta. De allí que sus mejores poemas sea un breve conjunto dedicado al elogio de unas flores, unos animales y unos árboles del paisaje apócrifo de su América tópica. Las virtudes parnasianas de la descripción destacan en la percepción escultórica y barroca de Chocano, pero sobre todo destaca su flexibilidad rítmica, si bien lejana de la sensibilidad actual, ya que se basa en un movimiento grandilocuente, heroico y gestual; sin embargo, no es desdeñable la capacidad que demuestra para el control rítmico, la diversidad prosódica, y el juego combinatorio de dicciones plásticas, sonoras. Chocano, no en vano, fue el poeta favorito de los recitadores.

Uno de sus sonetos, «Blasón», que está en *Alma América,* declara bastante explícitamente su poética:

Soy el cantor de América autóctono y salvaje:
mi lira tiene un alma, mi canto un ideal.
Mi verso no se mece colgado de un ramaje
con un vaivén pausado de hamaca tropical...
Cuando me siento Inca, le rindo vasallaje
al Sol, que me da el cetro de su poder real;
cuando me siento hispano y evoco el coloniaje,
parecen mis estrofas trompetas de cristal.

Mi fantasía viene de un abolengo moro:
los Andes son de plata, pero el León de oro;
y las dos castas fundo con épico fragor.

La sangre es española e incaico es el latido;
¡y de no ser Poeta, quizás yo hubiese sido
un blanco Aventurero o un indio Emperador!

Que la poesía se defina desde su productor es rasgo subsidiario del modernismo, tanto como lo es la ilusión de las síntesis, ya que, después de todo, el discurso modernista se concibe desde su público, adicto de una modernización que plantea las sumas del bienestar con las promesas del futuro.

También de *Alma América* es otro soneto, «La Magnolia», quizá la mejor página de este poeta que más bien se concibió a sí mismo como una voz épica. Dice así:

En el bosque, de aromas y de músicas
[lleno,
la magnolia florece delicada y ligera,
cual vellón que en las zarzas enredado
[estuviera
o cual copo de espuma sobre lago sereno.

Es un ánfora digna de un artífice heleno,
un marmóreo prodigio de la Clásica Era;
y destaca su fina redondez a manera
de una dama que luce descotado su seno.
No se sabe si es perla, ni se sabe si es
[llanto.
Hay entre ella y la luna cierta historia de
[encanto,
en la que una paloma pierde acaso la vida;

Porque es pura y es blanca y es graciosa y
[es leve,

como un rayo de luna que se cuaja en la
[nieve
o como una paloma que se queda
[dormida...

Reemplazar al objeto con sus atributos gracias a la prodigalidad del símil es lección retórica del barroco, tanto que aquí la magnolia emblemática es sustituída por sus términos de comparación. Solo que, una vez más, Chocano es un barroco discreto, o modesto, cuyos mecanismos descriptivos obedecen más que a la exploración material del objeto a la necesidad de decorarlo con una perspectiva estetizante, más mundana (más burguesa) que sensorial. He ahí el tópico sustituyendo a la naturaleza. Pero allí también la virtud de una elocuencia capaz de encontrar en las puras apariencias la razón estética de su transformación poética.

Chocano no es un poeta mayor, y sólo es un poeta importante en la medida histórica de su tiempo, porque lo traduce y lo representa, incluso a pesar suyo y a costa de su propia obra. Así nos revela hasta qué punto un escritor puede deber su repertorio al público que lo consagra, Y en ese pacto del consumo vemos también la intensidad del cambio literario, la transición del gusto, que convierte a Chocano en uno de los modernistas más circunscritos a su época. Siendo así, un fenómeno literario, autor de algunas páginas válidas, Chocano es un caso ilustrativo de ciertas constantes en la interacción del escritor y su público. Como tal, su estudio puede revelarnos todavía aspectos insospechados de nuestro consumo literario.

BIBLIOGRAFÍA

OBRAS

Iras santas: poesías americanas, Lima, Imp. del Estado, 1895.
En la aldea: poesías americanas, Lima, Imp. del Estado, 1895.
Azahares, Lima: Imp. del Estado, 1896.
Selva virgen: poemas y poesías, Lima, Imp. del Estado, 1898?
La epopeya del Morro: poema americano, Lima, Ed. Iquique, Imp. Comercial, 1899.
El derrumbe: poema americano, Lima, 1899.
El canto del siglo: poema finisecular, prólogo de Emilio Gutiérrez de Quintanilla, Lima, Imp. La Industria, 1901.
El fin de Satán y otros poemas, Guatemala, Imp. en la Tipografía Nacional, 1901.

Poesías completas, prólogo de Manuel González Prada, Barcelona, Edit. Maucci, 1902.
Los cantos del Pacífico: poesías selectas, París-México, Librería Bouret, 1904.
Alma América: poemas indo-españoles, prólogo de Miguel de Unamuno y carta de M. Menéndez y Pelayo, Madrid, Ed. Suárez, 1906, y París, Librería Bouret, 1906.
¡Fiat Lux!: poemas varios. Prólogo de Andrés González Blanco, Madrid, Ed. Pueyo, 1908, y París, Librería Ollendorff, 1908.
El Dorado: epopeya salvaje, fragmentos de un libro en preparación. Santiago de Cuba, E. Beltrán, 1908.
Poemas escogidos, París-México, Librería Bouret, 1912.
Puerto Rico lírico y otros poemas, prólogo de Luis

Lloréns Torres, San Juan de Puerto Rico, Edit. Antillana, 1914?

Poesías selectas, prólogo de Ventura García Calderón, París, Franco-Ibero-Americano. 1920.

Idearium tropical, «Apuntes sobre las dictaduras organizadoras y la gran farsa democrática», «Ante los Estados Unidos de América», «El sumario del programa de la revolución mexicana», Lima, Imp. La Opinión Nacional, 1922.

La coronación de José Santos Chocano, Lima, Imp. La Opinión Nacional, 1924.

Ayacucho y los Andes, Canto IV de *El Hombre Sol,* Lima, Pedro Berrio, 1924.

El libro de mi proceso, tomo I, 1927; II y III, 1928; Lima, Imp. Americana de la Plazuela del Teatro, y Madrid C(compañía) I(bero) A(mericana) (de) P(ublicaciones), 1931.

Primicias de oro de Indias: poemas neo-mundiales, Santiago de Chile, Nascimento, 1937.

Poemas del amor doliente, Santiago de Chile, Nascimento, 1937.

Oro de Indias, tomo I, 1939; II, 1940; III y IV, 1941, Santiago de Chile, Nascimento.

Memorias. Las mil y una aventura, Santiago de Chile, Nascimento, 1940.

Carlos Pezoa Véliz

Fernando Alegría

Para el estudioso de la poesía chilena siempre ha sido obvio que, a pesar de la presencia de Rubén Darío en los medios literarios de Santiago y Valparaíso a fines del siglo XIX, nunca se dio en ella un movimiento modernista firmemente estructurado, comparable al de otras naciones latinoamericanas. Generalmente se cita el nombre de Carlos Pezoa Véliz (1879-1908) como un ejemplo de «modernismo criollo» por el fuerte eco dariano de algunos de sus poemas. Se trata, en cierto modo, de una ilusión óptica. Pezoa Véliz se acerca al maestro nicaragüense ávido de absorber en sus fuentes preciosistas una apariencia de modernidad a la moda de la época. Consigue extraer un humilde puñado de joyas gastadas que en el contexto de su temática predominantemente social desentonan, palidecen. Capta sonidos, no las palabras que buceaban bajo el mar de resonancias, ni, mucho menos, los mitos darianos ricos en ascendencia clásica. La mejor poesía de Pezoa Véliz, ésa que dejará profunda huella en la obra juvenil de Pablo Neruda, desmiente el exotismo de sus versos «modernistas». Galas de plumas y metales preciosos, de rebozos, mantones y castañuelas, casacas y pantuflas chinas, se deslizan por la superficie de poemas como «Romanza de amor», «Al amor de la lumbre» y «Pergamino clásico»[1]. Son aderezos retóricos.

En una lectura cuidadosa de la obra madura de Pezoa Véliz se forma ante el lector el extraño cuadro de una poesía curiosamente arbitraria que, sin proponérselo, funciona a base de factores que no le son idóneos, sino antagónicos, una poesía que subsiste por lo que no quiso decir. Se convoca el aparato retórico de una belleza decadente que no ha sido parte de la experiencia vital del poeta. Cáscara que se desgasta y cae. Pero, algo fascinante sobrevive, una contradicción, una bella y sorprendente fealdad, desequilibrio inconsciente, preñado

de sugerencias psicológicas. En medio de la vulgaridad rimada se queda un verso, uno solo, flotando por breves instantes antes de desaparecer; puede ser la imagen visual de un objeto o de una persona en acción anacrónica. Examinamos el verso con mayor detención: nos ha detenido algo en apariencia grosero o vulgar o cínico, algo triste o de intimidad sexual. Las cosas, las figuras, están ante nosotros fijas en una realidad insultante, excéntrica, en medio de un ambiente de romántica retórica al que han llegado por error o por intención aviesa, en todo caso, inesperadamente.

«Tú soñabas con alhajas» —le está diciendo a su dulce enamorada por ahí— «yo soñaba con Ofelias» y, de improviso, recuerda:

> aquella obra chocarrera
> que no pasó del preámbulo
> cuyo largo título era:
> «Amores de una ramera con un poeta noctámbulo».
>
> (Ibíd., pág. 100)

En «Noctámbula», cuya dedicatoria reza: «Canción de amor para una compatriota», en medio de refinadas dulzuras, de ruegos melancólicos y promesas apasionadas, exclama:

> Y cómo no adorarte. Eres tan linda
> con esa endemoniada cabellera,
> con esos labios con sabor de guinda
> y esa tristeza alegre de ramera...
>
> (Ibíd., pág. 70)

La tentación de la rima no es mayor que la de manchar el diseño armonioso. Poner una mosca en el rostro del ángel. Incontenible. La misma tentación sobreviene en instantes de erótica actividad, como de uncido recogimiento. Con amadas o fantasmas, con dioses o demonios en un verso o una estrofa.

«Amada... hoy es el día de difuntos...», comienza su poema «En este día» y prosigue luego de proponer una visita a la tumba de su madre:

> Donde una estampa atada a una cornisa,
> a la sañuda muerte representa
> y hay una calavera amarillenta
> presa de eterna y espantosa risa.
>
> (Ibíd., pág. 94)

Todo esto que, bajo el signo de Darío, pudo tomarse como inocente pasatiempo, alarde hu-

---

[1] Véase *Poesías y prosas completas de Carlos Pezoa Véliz, edición definitiva. Recopilación y estudio de Armando Donoso,* Santiago, Nascimento, 1927. Para una evaluación justa de la obra de Pezoa Véliz deben considerarse también los siguientes estudios y recopilaciones: Leonardo Pena, *Las campanas de oro,* prólogo de L.P., París, s.a.; Humberto Díaz Casanueva, «C.P.V., actitud fundamental de su ser y de su poesía», *Atenea,* XV, abril 1938, 154, págs. 46-56; Noberto Pinilla, «Bibliografía crítica sobre C. P.V., Santiago, Escuela Nacional de Artes Gráficas, 1945; Antonio de Undurraga, *Pezoa Véliz, biografía crítica y antología,* Santiago, Nascimento, 1951.

morístico de modernista bohemia antiburguesa, y en muchos poetas no pasó de ser tal cosa, en Pezoa Véliz fue ganando cuerpo hasta convertirse en parte esencial de su expresión poética; única ventana, acaso, por donde el poeta pudo sacar la cabeza y evadirse momentánemetne de la retórica que lo asfixiaba. Este humorismo «chusco» fue tema obligado del modernismo de principios de siglo. En él incidieron todas las figuras de la plana mayor, empezando por Darío. Gutiérrez Nájera, entre todos, fue modelo predilecto de Pezoa Véliz en poemas como «Contra avaricia, larqueza», «Contra gula, templanza», «Contra lujuria, castidad», «Contra soberbia, humildad».

A mi juicio, Darío despertó en Pezoa Véliz el demonio de la antipoesía. Lo empujó también suavemente por los recodos del sensualismo, pero lo abandonó a mitad de camino. Circunspecto, donoso en sus arranques descriptivos, gozando con los efectos de rima y ritmo conseguidos tan esforzadamente, Pezoa Véliz deja ir su pluma y, tal vez sorprendido él mismo, no acaba de entender su desviación del artificio modernista e insiste:

Elogiando tus formas aún estaban
todas las cosas que tu mano había
arrojado después de los placeres:
el soberbio collar de pedrería
que envidiosas miraban las mujeres,
los zapatitos breves, tentadores,
el lazo que oprimía tu cintura,
y las medias que cálidas ceñían
de tu mórbida pierna la escultura.

(*Ibíd.*, pág. 74)

¿Literatura? ¿Clichés del decadentismo? Pienso que Pezoa Véliz es más genuinamente sensual en sus ejercicios retóricos que el resto de los «modernistas» chilenos y que la mayor parte de los modernistas hispanoamericanos. Su raíz criolla, su instinto popular, rompen la premeditada elegancia decadente y donde hubo de quedar un refinado perfume parnasiano se arrastra el aliento y el desaliento de la pasión sexual ardida en vino. Qué abismo separa la torpeza sensual, tan verdadera, de Pezoa Véliz, de la maestría pictórica, helénica de Guillermo Valencia, por ejemplo.

Este sensualismo de carácter primordialmente visual queda en la poesía chilena a través del erotismo de Neruda y la antipoesía de Nicanor Parra. En Pezoa Véliz es corriente subterránea, ardor indefinido que explota sorpresivamente en exclamaciones como ésta con que se inicia su poema «Capricho de artista»:

Yo quiero una mujer... ¡Así lo quiero!
carne sólida y tibia, color rosa

y hambrienta de impudicias...
ceño despreciativo y altanero
y ojos como violeta pudorosa
preñados de caricias;

sollozos de laud entre los nervios,
mejillas empapadas de ambrosía
y labios opulentos más soberbios
que dos rojas tajadas de sandía...

(*Ibíd.*, pág. 84)

Hasta este punto la desviación de Pezoa Véliz es inconsecuente y, podría decirse, hasta de esperarse en un temperamento como el suyo forjado en lo más grueso del vivir criollo. Poco a poco, sin embargo, su poesía deja traslucir una contradicción interna que presentimos violenta, mordaz, angustiada. La desviada pieza de su mecanismo poético salta más a menudo y no sólo en un verso aislado sino en un poema entero. Su poesía que primero se nos apareció como un agudo contraste —un oponer lo sensual y grosero a lo retóricamente exquisito— se abre como una fruta pasada y las mitades permanecen brillando al sol con una carga de dulzura en descomposición, con sus semillas y sus gusanos. De perfil ante el silencioso drama de su pueblo, denigrado en la miseria y frente a la dorada de un arte «decente» que le conduce sobre alfombras hasta la puerta del Ateneo de Santiago, Pezoa Véliz se mantiene en una media vigilia: con un ojo sigue las piruetas que se esperan de su papel de literato escapista, y con el otro mira estupefacto breves escenas de pesadilla que repiten en una secuencia absurda el contenido emocional de su propio fracaso y desamparo. Un soneto hay en su obra que representa mejor que nada este hoy cruzado de ofensas en que se debatió secretamente, «La pena de azotes»:

Formado el batallón, rígido humilla
al pobre desertor aprehendido
que sobre el patio del cuartel tendido
siente el roce brutal de la varilla.

Sobre sus carnes ulceradas brilla
rojiza mancha. Escúchase un aullido.
Cada brazo en el aire da un chasquido
que las entrañas del soldado trilla.

El sol que sale en el nevado quicio,
irónico sonríe ante el suplicio...
Y mientras que vertiendo vibraciones

la banda el patio de sollozos llena,
una estatua cubierta de galones
mira impasible la salvaje escena.

(*Ibíd.*, pág. 68)

El borracho, el vagabundo muerto y abandonado a la orilla de una acequia, el pintor que vegeta como un zapallo con la pipa en la boca, pájaros de circo (pág. 96 y siguientes), un jilguero llorón, un zorzal de San Bernardo, una tenca enamorada de un viejo verde, un tordo a quien le desfloran su novia, dos amantes a quienes les separa la tisis (pág. 99), gatos huraños que sueñan aterrorizados (pág. 104), bueyes adinerados (pág. 113), carneros donjuanescos (pág. 114), yeguas en celo (pág. 124), peones torturados por el odio, la ambición los celos y la muerte (pág. 178), inmigrantes entumecidos a orilla de los muelles, hambrientos, desamparados (pág. 197), todo esto y mucho más es el universo que Pezoa Véliz mira con ojo despiadado, a espaldas de los preciosistas que esperaban de él filigrana de plata en los campos chilenos, té y galletas al amor de la lumbre, suspiros en la plaza del pueblo.

Hecho de sarcasmo, de ironía amarga, de introspección cruel este mundo poético de Pezoa Véliz respira esa cualidad característica que, convertida en tendencia literaria, puede denominarse *feísmo*. No me refiero exactamente al feísmo convencional y literario que, según Federico de Onís, identifica a la reacción contra el preciosismo dariano en México y otros países hispanoamericanos. Eso estaba hecho de tanto artificio como la exquisitez que combatía. Producto de biblioteca. Me refiero a una visión de Pezoa Véliz que corresponde a la realidad en que sucumbió. A una grieta, mejor dicho a un agujero, por el cual espió en su soledad y acaso con disimulo el hervor de la ruina que la literatura oficial de su tiempo se empeñaba en tapar.

Considérese, por ejemplo, su famoso poema «Nada...»:

Era un pobre diablo que siempre venía
cerca de un gran pueblo donde yo vivía;
joven rubio y flaco, sucio y mal vestido,
siempre cabizbajo... ¡Tal vez un perdido!
Un día de invierno lo encontraron muerto
dentro de un arroyo próximo a mi huerto,
varios cazadores que con que sus lebreles
cantando marchaban... Entre sus papeles
no encontraron nada... Los jueces de turno
hicieron preguntas al guardián nocturno:
éste no sabía nada del extinto;
ni el vecino Pérez, ni el vecino Pinto.
Una chica dijo que sería un loco
o algún vagabundo que comía poco,
y un chusco que oía las conversaciones
se tentó de risa... ¡Vaya unos simplones!
Una paletada le echó el panteonero;
luego lió un cigarro, se caló el sombrero
y emprendió la vuelta... Tras la paletada,
nadie dijo nada, nadie dijo nada...

(*Ibíd.*, pág. 150)

Frente a este poema pongamos su breve narración en prosa titulada *Marusiña (ibíd.*, pá-

gina 225). Leamos primero la prosa, y el poema después resultará su epitafio. En este sentido figurado Marusiña es el rubio y flaco vagabundo cuyo cadáver barren de la calle con otros desperdicios. Aquello de humilde y patético, aquello de popular, de hondo desamparo en arrabales y puertos, en campos y aldeas, en conventillos y basurales, que años más tarde se hará literatura en la obra de escritores como Manuel Rojas, González Vera, Nicomedes Guzmán y Juan Godoy, está desnudo, al aire como un andrajo, en *Marusiña*.

Está asimismo en *El niño diablo* (pág. 248), ensayo único en la literatura chilena pues en él Pezoa Véliz, hablando en realidad del roto, del roto choro, consigue una síntesis de esa chilenidad falsa, disfrazada de un heroísmo absurdo que, presente en todas las clases sociales, se convierte en símbolo de la irresponsabilidad colectiva, del cinismo, la «viveza», del desprecio de los valores humanos, que tantos males ha causado en nuestra sociedad. Pezoa Véliz parece sacársela del pecho, como quien se despluma, castigándose. Ensayo es éste que antecede en muchos años al memorable libre *Contribución a la realidad* de Benjamín Subercaseaux.

Identificado con el paria chileno, atento a esa imagen maldita que lo enciende en colérico sarcasmo, Pezoa Véliz arrasa con la mentira oficial de su tiempo y en otro poema, «El candor de los pobres», deja un documento elocuente, vibrante, de protesta contra la corrupción de los gobiernos, contra el mito de una independencia nacional que no existe.

Pezoa Véliz cala profundamente en la psicología de un pueblo con su socarrona ironía que secretamente va tornando el incidente ocasional en drama lleno de consecuencias sociales. Sus cuentos en verso —«Entierro de campo», «Pancho y Tomás», «Vida de puerto», «El perro vagabundo», «Alma chilena»—, sobreviven por eso: en ellos surge la visión de un pueblo que no reconoce su condición explotada, a quien su humildad le sirve como un signo de paz en la abyección, que se abraza en la miseria para disfrazar de hermandad su fracaso. La nota optimista del poema «De vuelta de la pampa» suena dudosa.

Escapado de los salones literarios santiaguinos, de los cafés de Viña del Mar, de los imperiales del tranvía crepuscular chileno y de las colonias tolstoyanas histriónicamente fundadas por colegas suyos que llamándose Thompson se ponían D'Halmar, Pezoa Véliz, al fin, deja su mensaje más poderoso en sus versos criollos y revolucionarios, por cursis y sentimentales que puedan parecernos hoy. Vive en la tristeza del campo chileno, en el verso galopado rítmicamente, en el duro y viril romance del huaso y del roto y en la suerte oscura de los vagabundos chilenos; en el tierral de las zarzamoras, en el destello parpadeante de las velas de barrio, en la escarcha del amanecer, en los aguaceros sureños, en las ocuras cités de Valparaíso. Tal es su mundo poético. En todas partes donde alienta un paisaje chileno allí está la tristeza derrotada de Pezoa Véliz.

Carlos Pezoa Véliz fue un personaje curioso, excéntrico, contradictorio, y su obra vive de ese contraste que desordena la estructura de sus poemas.

No creo que nadie haya dejado una visión más certera de Pezoa que la escrita por el doctor Eduardo Cienfuegos, quien, describiéndolo en su lecho de muerte, sintetizó su genio y figura con estas palabras:

> Pezoa Véliz era un artista cabal; pero siempre me llamó mucho la atención una dualidad de personas que había en él. Por un lado había un hombre fino, exquisito, que sabía conducir la conversación y el trato a su gusto; y, por el otro, un roto, un hombre de la plebe, con el lenguaje propio de un hombre del pueblo; los ademanes del huaso, el gesto, todo, hasta la manera de tomar el cigarrillo. Las sesiones en que se le hacían curaciones a la herida eran famosas. Decía cuanta obscenidad y garabato se le venía a la mente. Al preguntarle cuál era la razón de tanta blasfemia, nos contestaba que aquello lo aliviaba. En efecto, a pesar de los padecimientos físicos y el estrago consiguiente que le causaba la enfermedad, Pezoa Véliz era sensual en extremo. Cuando visita el hospital alguna mujer hermosa, sus ojos le brillaban y sus deseos se agudizaban en forma increíble. Era sumamente macho, pese a la situación en que se hallaba, atado a aparatos clínicos[2].

A mi parecer no debe intentarse una evaluación de esta poesía juzgándola exclusivamente por aquello de artificio que la cubre como un barniz. La obra de Pezoa Véliz debe mirarse a contraluz: como un vidrio roto nos va a dar muchos colores y planos. En esas imágenes quebradas se oculta su verdad y su belleza.

Anuncio en un periódico mexicano de la segunda mitad del siglo XIX.

---

[2] Cfr. Undurraga, *op. cit.*, págs. 163-164.

Cronologías

Cronología europea

1810   El ejército francés triunfa en la campaña de Andalucía. La Regencia. Las Cortes.
Las cortes se reúnen en la Isla de León.
Libertad de imprenta.
Libertad de Prensa.
Divorcio de Josefina; Napoleón se casa con M.ª Luisa, hija de Francisco II de Austria.
Goya, *Los desastres de la guerra.*

1811   Las Cortes se trasladan a Cádiz.

1812   España: promulgación de la Constitución de 1812.
Victoria de Wellington en Arapiles.
Campaña de Napoleón en Rusia; retirada y desastre francés.

1813   Las Cortes decretan la suspensión del Santo Oficio.
José I se retira a Francia. Abdicación de Napoleón).
Tratado de Valençay.
Comienzan las guerras de liberación en Europa.

1814   Fernando VII regresa a España.
Abolición de la Constitución de 1812. El rey restablece la Inquisición.
Luis XVIII rey de Francia.
Pio VII restablece la Inquisición, la Congregación del Índice y la Compañía de Jesús.

1815   Los Cien Días: Napoleón en París. Batalla de Waterloo: destierro a Santa Elena.
Congreso de Viena: nuevo ordenamiento europeo de las colonias.
Fundación de la Santa Alianza.
Goya: *Tauromaquia.*

1816   Fernando VII casa con Isabel de Braganza.
España se adhiere a la Santa Alianza.
Luis XVIII entra en París.
Rossini: *El barbero de Sevilla.*

1817   Sublevación de Lacy en Cataluña. España tratado con Inglaterra: se le concede el comercio con las Indias.

1818   Congreso de Aquisgrán.
Muere la reina Isabel de Braganza.
Fundación del Museo del Prado.
Nace Marx.

1819   Muere Carlos IV.
Complot del Puerto de Santa María.
España vende Florida a EE.UU.
El barco de vapor «Savannah» cruza el Atlántico.

Cronología americana

1810   Movimiento independentista en Argentina.
Independencia oficial de Chile. Bello a Londres con Bolívar y López Méndez.
Movimientos revolucionarios en las colonias españolas: grito de Dolores en México.

1811   Movimientos de independencia en Paraguay y Venezuela.
Primera constitución en Chile.
Declaración oficial de independencia de Bolívar en Venezuela.
Moreno, *La Gaceta de Buenos Aires.*

1812   Reacción de los realistas en América.
Guerra de EE.UU. contra Inglaterra.
Victoria en Tucumán. San Martín llega a Buenos Aires.
Enríquez: *La aurora de Chile.*

1813   Nueva Granada (actual Colombia) y Paraguay proclaman su independencia.
Independencia de México.

1814   Bolívar derrotado por Bobes.
Alvear en Montevideo.
O'Higgins en Chile. Desastre de Rancagua.
Primera Constitución Mexicana.
San Martín: expedición liberadora contra Perú, vía Chile.
Paz de Gante entre EE.UU e Inglaterra.
Nace Gertrudis Gómez de Avellaneda.

1815   Expedición Morillo.

1816   Victorias españolas sobre independentistas americanos.
Independencia de Argentina: Congreso de Tucumán.
Los portugueses en Uruguay.
Fernández de Lizardi: *Periquillo Sarniento.*

1817   Martín triunfa en Chacabuco.

1818   Independencia de Chile: batalla de Maipú.

1819   Bolívar vence en Bocayá.
Primera constitución en Argentina.
Primera constitución en Venezuela.
Nueva Granada se une a Venezuela con el nombre de Colombia.

1820	Pronunciamiento de Riego. Fernando VII jura la Constitución de 1812. Nombramiento del primer gobierno liberal. Intentona absolutista de Fernando VII.	1820	San Martín desembarca en el Perú. Independencia de Ecuador.
1821	Crisis de la coletilla. Muerte de Napoleón en Santa Elena.	1821	Plan de Itúrbide para la Independencia de México. San Martín jura en Lima la Independencia del Perú. Santo Domingo, sin lucha, se independiza de España. Los portugueses en Brasil. Universidad de Buenos Aires.
1822	Regencia de Urgel. Enfrentamientos en las calles de Madrid.	1822	Sucre gana la batalla de Pichincha. Brasil independiente. Itúrbide emperador. Conferencia de Guayaquil entre San Martín y Bolívar.
1823	Los Cien Mil Hijos de San Luis. Destitución temporal de Fernando VII. Fernando VII rey absoluto: ejecución de Riego. Bello y García del Río: *Biblioteca americana,* revista aparecida en Londres. Beethoven: *Novena Sinfonía.*	1823	Independencia de América Central. Itúrbide destronado. Primera constitución en Perú. Ocupación portuguesa en Uruguay. Nace P. Pueyrredón, pintor argentino (1823-1870).
1824	Conjuración Carolina. Carlos X en Francia. Ley de derecho de huelga en Inglaterra.	1824	Batalla de Junín. Fin de la dominación española en los territorios continentales. Constitución de México, régimen presidencial. Muerte de Itúrbide.
1825	Ejecución del Empecinado. Nicolás I, zar de Rusia; revueltas decembristas.	1825	República de Bolívar. Francia reconoce la independencia de Haití.
1826	España: arancel proteccionista. Manzoni: *Los novios.*	1826	Primera constitución en Bolivia por Bolívar. Inglaterra reconoce las repúblicas americanas. Rivadavia: presidente de Argentina.
1827	Revueltas en Cataluña. Guerra de los Agraviados. Batalla naval de Navarino: derrota turca.	1827	Bello: «A la agricultura de la zona tórrida». Caída de Rivadavia. Periódico *El mercurio* de Valparaíso, el más antiguo diario en lengua española aún existente. Restrepa: *Historia de la revolución de Colombia.*
1928	Guerra ruso-turca	1828	Argentina: lucha unitarios y federales. Guerra entre Perú y Bolivia. Uruguay, república independiente.
1929	Matrimonio de Fernando VII con M.ª Cristina de Borbón. Viaje de Humboldt a la Rusia asiática. Comienza la difusión de la locomotora. Schlegel: *Lecciones sobre la filosofía de la historia.* Braille: sistema de escritura para ciegos. Balzac comienza *La comedia humana.*	1829	Primera constitución Uruguay. Bello llega a Chile.
1930	España: nace Isabel II. Abolición de la Ley Sálica. Movimiento liberal en Navarra. Revolución en Francia: Luis Felipe rey. Los franceses en Argel y Orán. Independencia de Bélgica. Comte empieza a publicar su *Curso de Filosofía positiva.*	1830	Asesinato de Sucre. Muerte de Bolívar. La gran Colombia se divide en tres países independientes: Colombia, Venezuela y Ecuador.
1831	Desembarco de Torrijos en Málaga. Ejecución de Mariana Pineda. Agitación en los Estados Pontificios. Polonia se convierte en provincia rusa. Stendhal: *Rojo y negro.*	1831	Pedro II emperador del Brasil. Fusilamiento de Vicente Guerrero, presidente de México. La Habana: *Revista bimestre cubana.*

1832	Regencia de M.ª Cristina. Intrigas de los partidarios de Carlos María Isidro. Encíclica *Mirari Vos,* contra los católicos liberales.		

1832   Regencia de M.ª Cristina. Intrigas de los partidarios de Carlos María Isidro.
Encíclica *Mirari Vos,* contra los católicos liberales.

1833   Muere Fernando VII: Isabel II reina de España. Comienza la guerra carlista.
Gauss: el telégrafo eléctrico.

1833   Fundación de la asociación americana antiesclavista.

1834   Entrada de Carlos María Isidro en España. Epidemia de cólera en España.
Constitución de la Cuádruple Alianza (Inglaterra, Francia, España y Portugal).
Abolición de la esclavitud en las colonias inglesas. China cierra sus puertas al comercio europeo.

1835   Sitio de Bilbao.
Desamortización de Mendizábal y Espartero. Disolución de las órdenes religiosas en España, excepto las hospitalarias.
Sublevación de los sargentos de La Granja.
Restablecimiento de la Constitución de 1812.
Disolución de la Mesta.
Código telegráfico de Morse.

1835   Dictadura de Rosas en La Argentina (1835-1852).
Uruguay formación de los partidos «blanco» y «colorado».
Bello: *Principios de ortología y métrica de la lengua castellana.*

1836   Texas se proclama independiente.
Pichardo: primer diccionario americano de regionalismos.

1837   Constitución de 1837 en España.
Victoria, reina de Inglaterra.
El primer Ferrocarril en Francia.

1837   Crisis Financiera.
Guerra chileno-portuguesa.

1838   Maroto, jefe del ejército carlista.
El general carlista Muñagorri busca una paz moderada.

1838   El primer ferrocarril en Cuba.
América Central se divide en cinco pequeñas repúblicas: Guatemala, El Salvador, Honduras, Nicaragua y Costa Rica.
Guerra de «los pasteles» entre México y Francia.
Echeverría: *El matadero.*

1839   Convenio de Vergara: fin de la guerra carlista en el norte, continúa en Levante. Escisión del bando carlista.

1839   Batalla de Yungai: chilenos derrotan a peruanos y bolivianos.
Sucre, capital de Bolivia.

1840   M.ª Cristina renuncia a la Regencia: Espartero.
Guerra anglo-afgana.
Cunard Line: primera compañía de barcos transatlánticos regulares y de pasaje.

1840   Partido abolicionista en EE.UU.
Gobierno parlamentario en Canadá.
Muere el Dr. Francia, dictador paraguayo.

1841   Espartero regente: levantamiento de O'Donnell.
Asalto al Palacio: represión sangrienta.
En París se crea la Orden Militar Española.

1841   Victoria de Ingavi: independencia de Bolivia.
Rafael M.ª Baralt y Ramón Díaz: *Historia de Venezuela* (1841-ª1843).

1842   Movimiento republicano en Barcelona: Espartero lo sofoca.

1842   Guerra entre Argentina y Uruguay, con intervención franco-inglesa.

1843   Pronunciamientos de Narváez, Prim y Serrano: Espartero huye a Inglaterra. Mayoría de edad de Isabel II.
Nace Benito Pérez-Galdós.
Los ingleses en la India.

1843   Refundación de la Universidad de Chile.

1844   Regresa M.ª Cristina. Suspensión de las medidas desamortizadoras.
Se funda la primera *cooperativa* en Rochdale (Inglaterra).
Guerra franco-marroquí.
Morse: primer telégrafo eléctrico.

1845   Matrimonio de la Reina. Carlos María Isidro renuncia a favor de Carlos Luis de Borbón.
Gran hambre en Irlanda.
Poe: *El Cuervo.*

1845   Guerra de EE.UU contra México.
Texas, estado de la Unión.
Perú: oposición al general Flores.
Sarmiento: *Facundo.*

1846	Isabel II se casa con Francisco de Asís.	1846	Tratado de Washington: fijación de fronteras entre EE.UU y Canadá.
			La América poética: primera antología de poesía hispanoamericana recopilada por Juan María Gutiérrez.
1847	Brotes carlistas en diversos puntos de España.	1847	Bello: *Gramática de la lengua castellana destinada al uso de los americanos.*
	Francia completa la conquista de Argel.		
	Manifiesto Comunista de Marx y Engels.		
	Crisis alimenticia y financiera en toda Europa.		
1848	Revolución europea de 1848: liberalismo y constitucionalismo dominan Europa. En España, Narváez da la réplica autoritaria a esta revolución.	1848	Inglaterra ocupa el asentamiento hondureño en la desembocadura del río San Juan: lo declara colonia británica.
	Guerra anglo-bóer.		Fin de la guerra entre EE.UU y México: Texas, Nuevo Méjico California para EE.UU.
1849	Gabinete Narváez.	1849	Guerra de castas en el Yucatán.
	En Francia, Luis Napoleón forma gobierno: prohíbe las huelgas.		
1850	Creación del sello de correos en España.		
	Entente austro-rusa contra Prusia.		
1851	Concordato España-Vaticano.	1851	Pronunciamiento de Urquiza en Argentina.
	Dictadura de Luis Napoleón en Francia.		J. Mármol: *Amalia.*
	Invención de la rotativa.		
	Exposición Internacional de Londres.		
1852	Bravo Murillo derrotado en las Cortes.	1852	Fin de la dictadura de Rosas en la Argentina.
	Napoleón III Emperador.		
1853	Derrota del gobierno: disolución de las Cortes. Destierro de O'Donnell.	1853	Nueva Constitución en Argentina.
	Francia ocupa Nueva Caledonia.		Nace José Martí.
1854	España, revolución de 1854. Motines populares en Madrid.	1854	Partido republicano en EE.UU.
	Guerra de Crimea: Francia, Inglaterra y Turquía contra Rusia.		
	Estado libre de Orange.		
1855	España: rotura de relaciones con el Vaticano.	1855	Andres Bello: *Código Civil* de Chile.
	Concordato de Austria. Alejandro II, zar de Rusia.		
	Canal de Suez.		
1856	España: represión de la agitación de la Milicia.		
	Fin de la Guerra de Crimea: tratado de París.		
	Restos humanos prehistóricos en Neanderthal.		
1857	Nace Alfonso XII. Restablecimiento de relaciones con el Vaticano.	1857	Constitución reformista en México.
	Primer censo oficial en España.		
	Crisis financiera en Inglaterra.		
	Comités de nobles rusos para la abolición de los siervos.		
	Flaubert: *Madame Bovary.*		
1858	España: Unión Liberal.	1858	Guerra civil en México. Juárez presidente.
	Guillermo: regente de Prusia.		
	Rusia: liberación de los siervos.		
1859	Declaración de guerra a Marruecos.	1859	Ley de nacionalización de bienes eclesiásticos en México.
	Darwin: *El Origen de las Especies.*		
1860	Conquista de Tetuán: batalla de Wad-Ras. Fracasa el golpe carlista de San Carlos de la Rápita.	1860	Lincoln, presidente de EE.UU.
	Garibaldi en Calabria.		R. Palma: *Tradiciones peruanas.*
1861	Carlos María de los Dolores nuevo heredero carlista a los derechos de la Corona.	1861	Confederación de los Estados del Sur de la Unión: Guerra de Secesión.

Tratado de paz con Marruecos en Madrid.
Primer parlamento italiano.

1862   Bismarck: canciller.
        Victor Hugo: *Los miserables.*

1863   Fin del poder O'Donnell.
        Sublevación de Polonia.
        Manet: *Desayuno sobre la Hierba.*

1864   M.ª Cristina vuelve del destierro.
        Fundación de la Internacional de Trabaja-
        dores.
        Fundación de la Cruz Roja.
        Tólstoi: *Guerra y Paz.*

1865   España: Noche de San Daniel, insurrección
        de los estudiantes.
        Wagner: *Tristán e Isolda.*

1866   Conspiración de Prim.
        Guerra austroprusiana: victoria de Prusia.
        Paz de praga y de Viena.
        Nobel inventa la dinamita.
        Dostoievski: *Crimen y Castigo.*

1867   Muerte de O'Donnell.
        Monarquía austro-húngara.
        K. Marx: *El Capital.*
        Exposición Internacional de París.

1868   España: muere Narváez; revolución de sep-
        tiembre. Isabel II a Francia.
        Se establece en España el sufragio univer-
        sal para varones mayores de 25 años.

1869   Serrano regente: Prim jefe de gobierno.
        Inauguración del Canal de Suez.
        Concilio Vaticano.
        Zola comienza les Rougon-Macquárt

1870   Isabel II abdica en favor de su hijo Alfon-
        so. Amadeo de Saboya rey de España.
        Prim asesinado.
        Anarquismo y socialismo en España.
        Guerra Franco-Prusiana: desastre francés
        de Sedán y sitio de París.
        Victor Manuel: unidad italiana.

1871   Amadeo de Saboya en Madrid.
        Armisticio Franco-Prusiano.
        Alemania: Imperio, triunfo de Bismarck.
        II República en Francia. La Comuna de París.
        Roma, capital de Italia.
        Bécquer: *Rimas.* Darwin: *El Origen del
        Hombre.*

1872   Nueva guerra carlista.
        Fundación de la Oficina Internacional de
        Pesos y Medidas.

1873   Abdicación de Amadeo, proclamación de
        la Primera República.
        Nace Proust.
        Pérez Galdós comienza *Los episodios na-
        cionales.*

1874   Golpe del General Pavía.
        Guerra Carlista. Martínez Campos procla-
        ma a Alfonso XII.
        Gobierno Disraeli en Inglaterra.
        Rimbaud: *Las iluminaciones.*

Fin de las luchas entre la provincia de Buenos Aires y las demás provincias argentinas.

1862   Guerra con España: Chile, Bolivia y Ecua-
        dor al lado de Perú.
        Napoleón II propone su mediación en La
        Guerra de Secesión.
        Intervención francesa en México.
        Blest Gana: *Martín Rivas.*

1863   Ocupación de las Islas Chinchas.
        Triunfos nordistas en EE.UU. Abolición de
        la esclavitud en EE.UU.

1864   Maximiliano de Austria, emperador de
        México.
        Comienza la guerra en Paraguay.

1865   Fin de la Guerra de Secesión: capitulación
        del ejército confederado.
        Asesinato de Lincoln.

1866   El Congreso norteamericano garantiza la
        igualdad de derechos de los negros. El
        Ku-Klux-Klan.
        Conflicto de España con Chile.

1867   Juárez fusila a Maximiliano.
        Nace Rubén Darío.
        EE.UU compra Alaska a los rusos.
        Cuervo: *Apuntamientos críticas sobre el len-
        guaje bogotano.*
        Isaacs: *María*

1868   Comienza en Cuba la Guerra de los Diez
        años: primera guerra de independencia
        cubana.

1869   Fundación de *La prensa* de Buenos Aires.
        Altamirano: *Clemencia.*

1870   Primera constitución Paraguay.
        Fundación de *La Nación* de Buenos Aires.

1871   Creación de la Academia Colombiana co-
        rrespondiente de la RAE.

1872   Hernández : *Martín Fierro.*

1873   Frontera entre Chile y Argentina: tratado
        de La Paz.

1874   Insurrección de Díaz en Méjico.

1875	Alfonso XII en España. Derrota carlista en Olot. Nace A. Machado. Pinturas rupestres de Altamira. Bizet: *Carmen*.		
1876	Termina la Tercera Guerra Carlista. Disolución de la Primera Internacional. Aparece en Rusia el movimiento «Tierra y Libertad». Graham Bell: el teléfono. Mallarmé: *La siesta de un Fauno*.	1876	Dictadura de Porfirio Díaz en México.
1877	Isabel II en España. La Reina Victoria emperatriz de la India Edison: micrófono y fonógrafo.	1877	*Squier: Perú: Viaje y exploración en la tierra de los incas.*
1878	Alfonso XII se casa con M.ª de las Mercedes; muere la reina. Congreso de Berlín. Edison y Swan: la lámpara eléctrica incandescente.		
1879	Alfonso XII se casa con M. Cristina de Habsburgo. Alianza austro-alemana. Pasteur: principio de las vacunas.	1879	Guerra Perú/Bolivia contra Chile. Paz de Zanjón en Cuba.
1880	Conferencia de Madrid sobre Marruecos. Guerra anglobóer. Rodin: *El pensador*.	1880	Ley de abolición de la esclavitud en Cuba. Francia ocupa Haití. Buenos Aires capital de Argentina.
1881	Turno de partidos en España. Inglaterra: muere Disraeli, sucesión de Salisbury. Alejandro III, zar de Rusia. Independencia de los bóers bajo la supremacía británica. Nace Pablo Picasso.	1881	Bello: *Filosofía del entendimiento*.
1882	Penetración europea en África: Bélgica. Funda Leopoldville; Italia ocupa Eritrea. Depresión internacional (1882-1884).	1882	Primera ley de restricción de inmigración en EE.UU. Martí: *Ismaelillo*.
1883	Movimiento anarquista de «La Mano Negra». Alfonso XII a Alemania: descontento en Francia. Los franceses en Madagascar. Nace Franz Kafka.		
1884	Motín universitario: La Santa Isabel. Conferencia colonial internacional en Berlín: reparto de África. Clarín: *La Regenta*.	1884	Tratado de Ancón entre Chile y Perú. Desastre bursátil en Nueva York.
1885	Epidemia de cólera en Madrid. Muere Alfonso XII; M.ª Cristina regente. Los rusos en Afganistán. Pasteur: vacuna contra la rabia.		
1886	Nace Alfonso XIII. España tratado comercial con Inglaterra. Pérez Galdós: *Fortunata y Jacinta*.	1886	Disturbios obreros en Chicago. Zorrilla de San Martín: *Tabaré*.
1887	Partido Reformista. Acuerdos mediterráneos: Inglaterra con España, Austria e Italia. Isaac Peral: primeras noticias del submarino. Invento de la linotipia.	1887	Mitre: *Historia de San Martín y de la emancipación*.
1888	Fundación de la Unión General de Trabajadores. Guillermo II emperador de Alemania. Conflicto entre Alemania y EE.UU. por las Islas Samoa. Exposición internacional de Barcelona.	1888	En Brasil, abolición de la esclavitud. Hustos: *Moral Social* Rubén Darío: *Azul*.
1889	Fundación de la II Internacional: 1º de mayo día universal del trabajo.	1889	Primera conferencia panamericana en Washington.

708

Exposición Internacional de París: la Torre Eiffel.

1890 España: se establece la Ley del Sufragio Universal.
Se propaga el socialismo.
Guillermo II prescinde de Bismarck.
Luxemburgo, gran ducado independiente.
Wilde: *El Retrato de Dorian Gray.*

1891 Agitación anarquista en Andalucía.
Acuerdo militar Franco-ruso.
Convención anglo-italiana sobre Abisinia.
León XII publica la encíclica social, *Rerum Novarum.*

1892 Se celebra el IV Centenario del Descubrimiento de América.
Catalanismo.
Viaje de Rubén Darío a España.

1893 Se acentúa el Regionalismo.
Guerra de Melilla.
Marey: primer proyector cinematográfico.

1894 Convenio de Marrakesh: fin de la guerra de Melilla.
Italia invade Abisinia.
Primer proceso Dreyfus.
Nicolás II zar.

1895 España, inflación por la guerra de Cuba. Gabinete Cánovas.
Los hermanos Lumière: primer cinematógrafo.

1896 Paz entre Italia y Abisinia.
La primera olimpiada deportiva moderna en Atenas.
Bécquerel descubre la radiactividad.

1897 Asesinato de Cánovas.
Creta se une a Grecia. Guerra greco-turca.
Ader: primer vuelo en aeroplano.
Ganivet: *Idearium español.*

1898 Asesinato de la emperatriz Isabel de Austria.

1899 Gabinete Silvela.
Comienza la guerra de los bóers.
Segundo proceso Dreyfus indultado.
Primera Conferencia internacional de la paz en La Haya.

1900 Unión Nacional. Asesinato de Humberto I: Victor Manuel III rey de Italia.
Revuelta de los «boxers» en China.
Zeppelín: primer dirigible.
Freud: *Interpretación de los Sueños.*

1901 Gabinete Sagasta
Muere la reina Victoria: Eduardo VII rey de Inglaterra.

1902 Mayoría de edad de Alfonso XIII.
Barcelona: primera huelga general.
Paz entre Inglaterra y los bóers.
Acuerdo hispano-francés sobre la partición de Marruecos en dos zonas.

1903 Gabinete Maura.
Muere León XIII: Pio X, Papa.
Primer vuelo de los hermanos Wright.

1904 Descanso dominical para los obreros.
Personalismo del rey en los Consejos de Ministros.
Guerra ruso-japonesa.

Brasil, República.

1890 Revolución política en Buenos Aires.
Creación de la Unión Panamericana.

1891 Constitución democrática en Brasil.
Martí: *Nuestra América.*

1892 Martí funda el partido revolucionario en Cuba.

1893 Islas Hawai: protectorado de EE.UU.

1894 González Prada: *Páginas libres.*

1895 II Guerra separatista en Cuba, dirigida por Martí. Martínez Campos en Cuba.
Litigio fronterizo entre Venezuela e Inglaterra.

1896 Agitación separatista en Filipinas.
Rubén Darío: *Prosas profanas.*

1897 Rebelión en Cuba.

1898 El *Maine.* Cuba: guerra con EE.UU. Deastre: paz de París, fin de la guerra. Fin del Imperio Español en Ultramar.
EE.UU. anexión de las islas Hawai.

1900 Sierra: *Evaluación política del pueblo mexicano.*

1901 Teodoro Roosevelt presidente de EE.UU.

1902 Conflicto entre Venezuela y las potencias europeas.

1903 Panamá se separa de Colombia.

1904 Estudios sobre el canal de Panamá.

Echegaray: Premio Nobel de Literatura.
Los franceses obtienen Marruecos..

1905   La Solidaridad Catalana.
Huelga general en Moscú y «Domingo Rojo» en Sasn Petersburgo.
Francia: separación Iglesia-Estado.
Picasso: *Los Arlequines.*

1906   Matrimonio Alfonso XIII-Victoria Eugenia: bomba de Morral.
Conferencia de Algeciras.
Aplastados los huelguistas de Moscú.
Rehabilitación de Dreyfus.
Ramón y Cajal: Premio Nobel de Medicina.

1907   Gobierno largo de Maura.
Formación de la Triple Entente: Francia, Inglaterra y Rusia.
Encíclica *Pascendi* contra el modernismo.
Libertad de cultos en Francia.

1908   Hostilidad contra Maura.
Entente cordial entre Francia e Inglaterra.
Anexiones en África de Austria y Bélgica.
Gris, Picasso, Matisse, Braque: principio del cubismo.

1909   Guerra de Melilla: desastre del Barranco del Lobo.
Huelga General en Barcelona: «Semana Trágica».
Conjunción republicano-socialista.
Austria: ultimátum a Serbia. Alemania: ultimátum a Rusia.
Manifiesto futurista de Marinetti.

1910   Gabinete Canalejas.
Revolución en Portugal: la República.
Jorge V, rey de Inglaterra.

1911   Insubordinación en el *Numancia.*
Francia ocupa Fez. Portugal: república.
Revolución en China.
Amudsen llega al Polo Sur.

1912   Asesinato Canalejas; Romanones, presidente.
Convenio hispano-francés sobre el Protectorado de Marruecos.
Guerra en los Balcanes. China: república.

1913   Gabinete Dato; surge el «maurismo».
Segunda guerra balcánica; Tercera guerra balcánica. Paz de Bucarest. Albania independiente.

1914   La Guerra europea: división de la opinión española: la neutralidad.
Francisco Fernando: asesinato en Sarajevo; declaración de guerra.
Inglaterra y Francia: bloqueo económico a Alemania.
Proust: *A la busca del tiempo perdido.*

1915   Política humanitaria de Alfonso XIII en la guerra europea.
Los aliados atacan los Dardanelos. Desembarco en Gallipali. Los rusos pierden Varsovia.
Comienza la guerra submarina; empleo de gases asfixiantes.

1916   Conflictos sociales en España.
Batalla de Verdun; Pétain defensor.
Rusia: asesinato de Rasputin.
Ofensiva aliada en el Somme.

1905   Lugones: *La guerra gaucha.*

1907   Ramas Mejía: *Rosas y su tiempo.*

1908   Gómez empieza la dictadura en Venezuela.

1909   Domínguez (historiador paraguayo): *escritos históricos.*

1910   Revolución en México (Madero).
Justo Sierra funda la Universidad Nacional de México.

1911   Madero, presidente de México. Zapata: plan Ayala.

1912   Argentina: voto secreto y obligatorio

1913   Enrique José Varona vicepresidente de la República de Cuba (1913-1917).
México asesinato de Madero y Pino Suárez.

1914   Batallas navales de Coronel y de las Islas Malvinas.

1916   Tropas de EE.UU entran en México.
Yrigoyen, presidente de Argentina: declara la neutralidad la guerra europea.
Azuela:*Los de Abajo.*

Aparecen los tanques.
Freud: *Introducción al Psicoanálisis.*
Kafka: *La metamorfosis.*

1917   Juntas de Defensa Militares. Huelga General revolucionaria.
Abdicación de Nicolás II: Lenin en Rusia.
Revolución de Petrogrado: asalto de los soviets, República de los soviets.
Abdica Constantino de Grecia.

1917   Guerra con Alemania, EE.UU.
Los nativos puertorriqueños, ciudadanos norteamericanos.
Constitución mexicana en Querétaro.

Índice de autores

713

Díaz, Ramón, 66
Díaz Covarrubias, Juan, 193
Díaz de Guzmán, Ruy, 95
Díaz Dufóo, Carlos, 83, 517, 583
Díaz Mirón, Manuel, 577
Díaz Mirón, Salvador, 79, 81, 572n, **577-582**, 578il., 639
Díaz Rodriguez, Manuel, 25, 239, 242, 242n, 496, 507, 508, 508n, 509, 515, 520, 521, 523n, 542, 547, **633-639**, 658n, 668
Díaz Romero, Eugenio, 84, 107, 110
Dickens, Charles, 107, 112, 164, 172, 185
Discépolo, Armando, 389
Domínguez, Luis L., 155, 156
Domínici, Pedro César, 507, 510
Dumas, Alejandro, 102, 212, 248, 431n, 432n, 438, 440
Durand, Augusto, 476, 477

E

Echagüe, Pedro, 371
Echeverría, Esteban, 71, 79, 80, 91, 92, 155, 157, 162, 210, 232, 279, 282, 283, 287, 288, 288n, **315-321**, 316il., 350, 487, 540
Egaña, Juan, 363il., 404, 404n, 423, 435n
Egaña, Mariano, 300n
Elio, Francisco Javier, 340
Emerson, R. W., 329, 334, 542, 585n, 568, 634, 656
Emparán, Gobernador, 297
Ercilla, Alonso de, 166
Escobedo, Mariano, 194n
Espiñeira, Antonio, 374
Espronceda, José de, 102, 103, 152, 158, 332, 350, 591
Estébanez Calderón, 205, 230, 259
Estrada, Angel de, 496, 507
Estrada, José Manuel, 612
Estrada, Santiago, 611
Estrada Cabrera, Manuel, 693

F

Facio, Justo A., 78
Fajardo, Heraclio, 371
Falcó, Angel, 655n
Fallón, Diego, 329, 330
Faraelio, *ver* Pombo, Rafael
Feijoo, Padre Benito Jerónimo, 400, 402
Felipe II, 286, 433
Felipe V, 11
Fernández de Lizardi, José Joaquín, 69, 76, 91, 91n, **135-144**, 135il., 197, 364
Fernández Madrid, José, 93, 281, 299, 300, 365
Fernández Vilarós, Francisco, 383
Fernández y Medina, Benjamín, 377
Fernández y Juncos, 130
Fernando VI, 11
Fernando VII, 15, 16, 18, 97, 137, 138, 289, 310, 424
Fiallo, Fabio, 79
Fidel, *ver* Prieto, Guillermo
Figueroa, Pedro Pablo, 80
Flaubert, Gustave, 107, 107n, 115, 122, 236, 521, 592, 656, 691
Flores, Juan José, 291, 294, 294n
Flores, Manuel M., 194n, 606n

Florez, Julio, 667
Foxá, Francisco Javier, 366, 381
Franklin, Benjamín, 14, 434n, 435, 655
Fray Mocho, 230, 234, **267-273**, 271il.
Frías, Félix, 155
Frías, Heriberto, 108, **121-122**.
Frugoni, Emilio, 655n
Fuentes Castro, Pablino, 474

G

Gallegos del Campo, Emilio, 81
Galli, Florencio, 76
Galván, Manuel Jesús, 70, 101, **103-104**, 283
Gálvez, José, 500
Gálvez, Mariano, 30
Gamarra, Abelardo, 219, 220
Gamboa, Federico, 124, 507, 511
García Bahamonte, Salvador, 91, 91n, 103
García Calderón, Francisco, 543, 660n
García del Río, Juan. 80, 300
García Granados, Pepita, 380
García Merou, Martín, 112, 612, 682
García Moreno, Gabriel, 81, 96, 455, 456, 457
García Pérez, Luis, 383
García Reyes, Antonio, 93
García Velso, Enrique, 377
Garcilaso de la Vega, Inca, 104, 254, 325, 331
Gautier, Theophile, 581, 586, 592, 605, 606, 608, 656n
Gavidia, Francisco, 78, 81, 605, 606, 607, 617
Gerchunoff, Alberto, 673
Ghiraldo, Alberto, 389
Godoy, Domingo, 430, 430n, 435
Godoy, Pedro, T., 271
Goethe, Joham W. von, 76, 306, 315, 331, 339, 366, 473, 487, 668
Gómez, Juan Carlos, 210n
Gómez, Juan Vicente, 637, 638
Gómez Carrillo, Enrique, 525, 526, 540, 542, 545, 547, 617, 618, 668
Gómez de Avellaneda, Gertrudis, 70, **97-99**, 97il., 103, 147, 367, 487
Gómez Hermosilla, José, 305
Gómez Restrepo, Antonio, 330, 669
Goncourt, Edmond y Jules, 122, 581, 592, 608
González, Joaquín V., 676
González, Juan Vicente, 83il., 307il.,
Gonzalez, Manuel, 579
González Martínez, Enrique, 505, 529, 531, 534, 536, 536n, 539, 542
González Prada, Manuel, 71, 82, 118, 219, 221, 257il., 263, 413il., 413n, **473-486**, 475 il., 529, 539
González Vigil, Francisco de Paula, 479
Gordon, Eduárdo, 371
Gorostiza, Manuel Eduardo de, 368
Gravina, Alfredo, 217
Grillo, Maximiliano, 82n, 84
Groussac, Paul, 79, 84, 112, 563n, 611, 612, 613, 614, 628, 673, 675
Gruesso, José María, 281
Guadalajara, José Rafael, 94
Guadalupe Victoria, Presidente, 311
Güemes, Martín, 677
Guerra, Rosa, 95
Guerrero, Juan José, 383

715

Índice de obras

«Contra lujuria, castidad» (Manuel Gutiérrez Nájera), 698
«Contra soberbia, humildad» (Manuel Gutiérrez Nájera), 698
Contrato social (J.J. Rousseau), 13
Conversaciones del payo y el sacristán, 143
Copiapino, El, 245
«Copiapó» (José Joaquín Vallejo), 247
Cora o la virgen del sol (Salvador Sanfuentes), 370
«Coro de brujas» (Manuel José Othón), 239
«Coronel Aureliano Cuenca, El» (Fray Mocho), 270
«Corpus Christi» (José Joaquín Vallejo), 247
Corral abierto (Enrique Amorim), 216
Correo de México, 194
Correo de la Tarde, El, 650
Correo del Domingo, 179
Correo del Perú, El, 82, 474, 478
Correo Germánico, El, 83, 583n
Correo Literario, El, 80, 164
«Corrientes de la filosofía contemporánea» (Alejandro Korn), 544
Corsario, El, 448
«Cosas notables» (José Joaquín Vallejo), 249
Cosmópolis, 82, 83, 84, 633, 633n
Cosmopolita, El, 81, 456
Cosmos, El, 78
Costa Rica Ilustrada, 78
Costumbres de antaño, Las (Manuel Eduardo de Gostiza), 368
«Costumbres, Fiestas de indios» (Guillermo Prieto), 252
Costumbres y viajes (Páginas olvidadas) (Alberto Blest Gana), 164n
Creación de un continente, La (Francisco García Calderón), 543
«Crepúsculo» (José Asunción Silva), 597
Crepúsculo, El (Chile), 66, 80
Crepúsculo, El (Panamá), 78
Crepúsculos del jardín, Los (Leopoldo Lugones), 577, 673, 675, 676
«Crimen pasional» (Amado Nervo), 237
Cristiana (Daniel Muñoz), 210
Crítica, 674
Crítica literaria (Joaquín Blest Gana y José Victorino Lastarría), 166n
«Crónica color de bitter» (Manuel Gutiérrez Nájera), 547
Crónica de un mundo enfermo (Manuel Zeno Gandía), 130
Crónicas Chilenas (José Joaquín Vallejo), 249
Crónicas del Centenario (Benjamín Vicuña McKenna), 425n
Crónicas, discursos y conferencias (Eduardo Acevedo Díaz), 211
Crónicas soñadas (Luis G. Urbina), 547
«Crónicas teatrales» (Amado Nervo), 546
Crónicas y artículos (Manuel Gutiérrez Nájera), 587
«Croniquillas de mi abuela» (Ricardo Palma), 260
Cronista, El, 78
Cronista Mexicano, El, 583n
Cruz, La, 76
Cruzado, El (José Mármol), 158, 371
«Cruzamiento en literatura, El» (Manuel Gutiérrez Nájera), 541, 588n
«Cuadro de Murillo, Un» (José María Roa Bárcena), 241

«Cuaresma, La» (José Joaquín Vallejo), 247
Cuarterona, La (Alejandro Tapia y Rivera), 382
Cuarto poder, El (Emilio Rabasa), 121
Cuatro épocas (Bartolomé Mitre), 371
«Cuba contra España» (Enrique José Varona), 489
«Cubanos en Cuba, Los» (Enrique José Varona), 489
Cuchara, La, 77
«Cuento áureo» (Manuel Díaz Rodríguez), 242
«Cuento azul» (Manuel Díaz Rodríguez), 239
«Cuento de invierno» (Amado Nervo), 237
Cuentos (Manuel Zeno Gandía), 237n
Cuentos andinos (Enrique López Albujar), 222
«Cuentos color humo» (Manuel Gutiérrez Nájera), 517
Cuentos completos (José López Portillo y Rojas), 233n
Cuentos completos (Rubén Darío), 237n
Cuentos completos y otras narraciones (Manuel Gutiérrez Nájera), 517n
«Cuentos de caza» (Fray Mocho), 271
Cuentos de color (Manuel Díaz Rodríguez), 242n, 635, 636
Cuentos de Fray Mocho (Fray Mocho), 271, 272
Cuentos de invierno (Ignacio Manuel Altamirano), 195, 229
Cuentos de juventud (Amado Nervo), 237
«Cuentos de la casa» (Manuel Gutiérrez Nájera), 516
«Cuentos del domingo» (Manuel Gutiérrez Nájera), 516
Cuentos del general, Los (Vicente Riva Palacio), 233, 234
Cuentos fatales (Leopoldo Lugones), 677
Cuentos Frágiles (Manuel Gutiérrez Nájera), 83, 516, 527, 584, 584n
«Cuentos gauchos» (Fray Mocho), 269
Cuentos misteriosos (Amado Nervo), 651, 651n
«Cuentos morales para niños formales» (Rafael Pombo), 330
Cuentos orientales (José María Heredia), 229
«Cuentos pintados para niños» (Rafael Pombo), 330
Cuentos románticos (Justo Sierra), 467
Cuentos vividos y crónicas soñadas (Luis G. Urbina), 546
Cuentos y cuaresmas del Duque Job (Manuel Gutiérrez Nájera), 238n
Cuentos y notas (Rafael Delgado), 229, 229n
Cueva de Taganaca, La (Cirilo Villaverde), 145n
«Cueva del Tigre, La» (Eduardo Acevedo Díaz), 213n
Cumandá (Juan León de Mera), 70, 94, **95-96**, 149, 337
Curdas, Los (Florencio Sánchez), 390, 390n

CH

«Chachalaca, La» (Rafael Delgado), 240
Chaparral, El (Manuel Ascencio Segura), 369
Charca, La (Manuel Zeno Gandía), 124, **130-132**, 133
Charro, El (José Agustín de Castro), 363
Charrúa, El (Pedro Pablo Bermúdez), 371
«Chascarrillos militares» (Daniel Riquelme), 234
«Chasco, Un» (José Joaquín Vallejo), 247
«Chiflón del diablo, El» (Baldomero Lillo), 241
Chincol en sarten (Antonio Espiñeira), 374

Índice

4. Teatro

5. Ensayo y crónica